KB260452

예수와 하나님의 승리

예수와 하나님의 승리

N.T. 라이트

박문재 옮김

JESUS AND THE VICTORY OF GOD

크리스찬 다이제스트

차례

제2부 한 예언자의 프로필

제9장 상징과 논쟁 ······ 567

제3부 예수의 목적들과 신념들

제12장 예수의 십자가 처형의 이유들 ⋯⋯⋯ 820

제13장 왕의 귀환 ··· 924

제4부 결론

서문

I

"주후 1세기를 연구하는 역사가는 ⋯ 예수 문제를 피할 수 없다." 이것은 내가 이 시리즈의 제1권의 끝부분에서 내렸던 결론으로서, 본서는 이러한 결론의 토대 위에서 시작된다.[1] 나는 주후 1세기의 유대교와 기독교에 관한 연구가 우리로 하여금 예수에 관한 몇 가지 구체적인 질문들을 제기하지 않을 수 없게 만든다고 주장하였다: 그는 누구였는가? 그의 목적들은 무엇이었는가? 그는 왜 죽었는가? 초기 기독교는 왜 그런 식으로 시작되었는가? 본서는 이러한 질문들 중 처음 세 개에 답변하고서 네 번째 질문의 방향을 보여주려는 나의 시도이다.

사람들이 내게 본서가 무엇에 관한 책이라고 물을 때, 나는 아직도 종종 당혹스러워 하면서, "예수"에 관한 책이라고 말한다. 이러한 대답은 뭔가 잘난 체하는 것처럼 들린다. 예수를 기인(奇人)이나 이단아(異端兒) 또는 아주 평범한 한 사람으로 만들지 않고서는, 예수에 관하여 아직도 뭔가 새롭게 말할 것이 남아 있을 수 있는가? 나는 예수에 관한 앞에서 말한 질문들이 결정적으로 중요하고 중심적인데, 아직도 충분히 답변되지 않았으며, 분명하게 정립된 역사적 방법론과 주후 1세기 유대교 및 기독교에 대한 새로운 읽기가 우리에게 올바른 방향을 보여줄 것이라고 믿게 되었다.

질문자의 관점이 무엇이든, 예수에 관한 질문들은 본질적으로 엄청난 흥미를 지니고 있다고 나는 믿는다. 우리가 역사가이든 철학자이든 신학자이든 문화 비평가이든, 또는 단순히 인간의 애환과 부침(浮沈), 위험들과 가능성들에 관심을 가진 사람이든, 이러한 질문들은 해볼 가치가 있다. 그러나 그러한 질문들이 기독교 신앙을 고백하는 사람들에게 특별히 흥미로울 것임을 구태여 숨

---

1) *The New Testament and the People of God*(앞으로는 *NTPG*로 표기함), 468.

길 필요는 없다. 사람들이 교회에 가지 않는 여러 가지 이유들에 대하여 조사
한 영국교회의 최근의 연구는 다음과 같이 빈정대는 투로 논평한다:

> 그 이유 중의 하나는 단순히 그리스도의 죽음이 역사의 전환점이었다
> 는 것에 대한 믿음의 결여이다 … 당신이 메시야를 기대하였고 세상의
> 종말을 준비하고 있었던 주후 1세기의 광신도들에 관하여 더 많은 것을
> 찾아내면 낼수록, 그 믿음은 점점 더 사실일 가능성이 희박해지는 듯하다.[2]

우리가 적어도 이 질문에 대하여 답변할 수 없다면, 우리는 모든 것을 포기
하고 집으로 가는 것이 나을 것이다. 퇴임한 종교철학자인 존 힉(John Hick)
도 조금 다른 시각에서 이와 동일한 내용을 지적한다.[3] 예수에 관하여 당신이
말하는 것은 당신의 전체 세계관에 영향을 미친다. 당신이 예수를 다르게 본다
면, 모든 것이 달라진다. 이 작은 방향타를 돌리면, 배 전체의 항로가 달라질 것
이다. 과감하게 한번 말해보자: 만약 그 광신도들이 옳았다는 것이 밝혀진다면,
어떻게 되는가?

물론, 역사와 신앙을 혼합하고자 하지 않는 사람들도 있다. 나는 본서가 진행
됨에 따라 이 딜레마에 관하여 어느 정도 말하지 않으면 안 될 것이다. 그러나
현재로서는 나는 현역 역사가로서, 그리고 그리스도인으로서 이 작업을 하게
되었고, 두 세계(역사와 신앙)에 대한 나의 체험은 이 둘을 밀접하게 결부시키
는 것이 결코 어느 쪽에 대해서도 타협이라고 느낄 필요가 없다고 말해두는
것으로 충분할 것이다.

II

어떤 의미에서 나는 거의 평생토록 이 책을 써 왔다고 할 수 있다. 그러나
이 책에 관한 본격적인 구상은 내가 1978년에 케임브리지 대학에서 "복음서
들 속에서의 복음"에 관한 강좌를 하도록 초청받았을 때에 시작되었다. 이 주
제는 단지 불가능할 정도로 방대했던 것만이 아니었다; 나는 그 주제를 이해

---

2) Maxtone Graham 1993, 129.
3) Hick 1993, 특히 chs. 2, 3.

할 수 없었다. 그래서 나는 예수의 십자가상에서의 죽음만이 아니라 예수의 삶 전체가 어째서 "복음"인지에 관한 문제에 진정한 답변을 하지 못했다. 케임브리지 대학에서 강좌를 맡은 후 15년 동안, 몬트리올 대학과 옥스퍼드 대학에서의 강의를 통해서 나는 이 문제 및 이것과 결부된 세부적인 문제들이 탐구해볼 가치가 있고, 우리가 해석학적으로 건초더미나 양떼 같은 방해물들을 만나서 자주 멈춰서야 하는 훨씬 더 현대적인 복음서 연구라는 겉보기에 좀 더 매력적인 시골길들로 빠져들기를 거부하고 역사적 탐구라는 높은 길을 탐구한다면 그 문제에 대한 답변을 얻어낼 수 있다는 확신을 갖게 되었다.

내가 역사적 탐구를 끈질기게 고수하게 만든 또 다른 추동력은 내가 제1부에서 설명한 학문적인 예수 연구들의 새로운 물결로부터 왔다. 나는 오늘날의 예수 연구의 한 특정한 유형, 즉 예수를 유대인들이 오랫동안 기다려 왔던 하나님 나라를 선포한 종말론적 예언자로 보고 그 점을 중심으로 진지한 역사 서술을 수행하는 경향을 지칭하기 위하여 "제3의 탐구"라는 어구를 만들어내었다(제3장을 보라). 그 이후에 일부 저술가들은 예수에 관한 현대의 모든 연구를 지칭하는 데에 이 명칭을 사용해 왔지만, 나는 내가 원래 사용하였던 좀 더 선명한 의미를 포기할 필요는 없는 것으로 본다. 이 "탐구"의 새로운 가지에 속한 동료들이 내가 제시하는 해법들에 대하여 방향을 제시해 주었다는 점에서, 나는 그들에게 많은 빚을 진 셈이다. 이와 동시에, 매우 다른 방향의 탐구를 추진하고 있는 예수 연구가들(제2장에서 설명된)은 나로 하여금 내가 왜 그들에 동의하지 않는지를 훨씬 더 분명하고 자세하게 제시하지 않을 수 없게 해주었기 때문에, 나는 이 점에 대해서 그들에게 진심으로 감사하고, 또한 그들이 올바르게 부각시킨 강조점들과 뉘앙스들이 아니었다면, 나를 비롯한 많은 학자들이 엉뚱한 길로 갔을 수도 있다는 점에서 감사한다.

예수에 관하여 글을 쓰는 모든 저술가들은 역사가는 깊은 우물에 비친 자신의 얼굴을 보고는 그것을 예수의 얼굴로 착각하는 경향이 있다는 옛 조롱을 안고 살아가지 않으면 안 된다. 나는 내가 본서에서 서술하는 얼굴은 언제나 내 자신의 얼굴과는 당혹스러울 정도로 다르다는 것을 말하지 않을 수 없다. 나는 예수를 대학의 강사 또는 영국 국교회의 신부의 모습으로 만들고자 해오지 않았다; 예수는 그러한 세계들 및 나를 포함해서 거기에서 살아 가는 사람들에게 계속해서 도전하고 당혹스럽게 한다. 물론, 그런 이유로 해서 예수에 관한 이러한 초상이 옳다는 애기는 결코 아니다; 내가 말하고자 하는 것은 본서의 예수상은 나의 자화상이 아니라는 것뿐이다. 예수상이 내 모습과 같았으면 좋겠지만.

사실, 본서는 연구를 시작하기 전에 처음부터 정해 놓은 결론들을 논증하고자 하는 것이 아니다. 결론들은 내가 가르치는 과정 중의 초기에서 정해진 것도 아니고, 내가 결론들을 얻었다고 생각해서 본서를 쓰기 시작했을 때에조차도 정해지지 않았다. 단계단계마다 나는 역사적 문제점들에 직면했고, (나는 완전히 다른 사람이 되지 않고는 그리스도인으로서의 나의 기본적인 신념들을 포기할 수 없었기 때문에) 어떻게 하면 역사와 신념이 서로 융합될 수 있는지라는 문제에 직면하였다. 그 과정에서 역사적 맥락 속에서의 예수에 관한 나의 견해는 실질적으로 발전되고 변화되어 왔다. 불가피하게 기독교가 실제로 무엇이고, 그 안에서 나의 신앙의 성격은 무엇인지에 관한 나의 이해도 발전되고 변화되어 왔다. 지금도 계속되고 있는 이러한 과정은 결코 쉽거나 편안한 것이 아니다. (다시 한번 말해두지만, 이것은 결론들이 옳다는 것을 보장해주지 않고, 단지 나는 결론들을 처음부터 지니고 있었다는 주장을 반박하고 있는 것뿐이다.)

본서는 어쩔 수 없이 내가 초고를 썼던 1989년에 머물고 있었던 땅, 예수에 관한 이야기가 배경으로 하고 있었던 그 땅에서 일어난 상황들을 반영하고 있다. 나는 내 방에서 멀리서 들려오는 총소리를 들을 수 있었고, 거리에서도 마찬가지로 유대인들의 근심과 팔레스타인 주민의 좌절을 느낄 수 있었다. 내가 십자가에 관한 장(章)을 쓰고 있는 동안에 창 밖에서 시위대가 최루탄 속에서 이리저리 흩어지는 모습은 적어도 내게 생각할 거리를 제공해 주었다. 본서를 마지막으로 수정하고 있던 때인 1995년 말과 1996년 초의 사건들을 지켜보는 일도 적지 않은 고통이었다. 저 아름다운 땅의 다양한 모호성들과 긴장들은 내 마음 속에서 본서의 주제와 지금도 영원히 서로 얽혀 있다. 내가 쓰는 글이 어떤 식으로든 거기에서 또는 모든 곳에서 정의와 평화를 가져오는 데에 기여할 수 있다면, 나는 깊이 감사할 뿐이다.

III

일곱 가지 작은 것들 — 그 중 하나는 그리 작은 것도 아니지만. 첫째, 나는 하나님이 아니라 신이라는 단어를 계속해서 사용해 왔고, 예수를 지칭할 때에도 "그리스도"가 아니라 "예수"로 지칭해 왔다. 내가 이렇게 하는 이유는 『신약성서와 하나님의 백성』의 서문에 설명되어 있다.

둘째, 나는 나사렛 예수가 실존했다는 것을 당연한 것으로 전제하였다. 일부 저술가들은 종종 그것을 부인하고자 하는 사람들에 맞서서 이러한 전제를 길게 증명할 필요성이 있다고 느낀다. 솔직히 말해서, 예수 같은 그런 인물이 결코 존재하지 않았다고 믿는 것보다 예수의 동시대인인 디베료 가이사가 상상에 의한 허구의 인물이었다고 믿는 것이 더 쉬울 것이다. 이 분명한 사실을 계속해서 부정하는 사람들은 어쨌든 본서와 같은 책을 읽고자 하지 않을 것이다.

셋째, 본서는 대체로 공관복음서들에 토대를 두고 있다. 그러면 요한복음은 어떻게 되는 것인가?[4] 요한복음보다는 바울과 공관복음서들을 연구하는 데에 많은 시간을 들이는 사람은 종종 히말라야에 관한 이야기들을 듣는 알프스 등반가 같이 느껴질 수 있다. 나는 우리를 기다리고 있는 수많은 산들이 존재한다는 것을 알고 있고, 또한 그 산들이 내가 습관적으로 오르는 산들보다 더 벅찬 조망들과 힘겨운 위험성들을 안겨줄 수 있다는 것도 알고 있다. 나는 언젠가 적절한 때에 그 산들을 탐험해 보기를 소망하고, 알프스산에 대한 지침서가 마찬가지로 히말라야에 대한 지침도 포함시켜줄 것을 원하는 사람들의 양해를 구한다. 그러나 내가 본서에서 행하고자 하는 논의는 거의 전적으로 공관복음 전승의 견지에서 수행되었다. 결국 이것이 약점으로 판정된다고 할지라도, 그렇지 않아도 방대한 분량이 되어 버린 본서로서는 어쩔 수 없는 일이다.

넷째, 내가 『신약성서와 하나님의 백성』 서문에서 이차 문헌들에 관하여 말했던 것은 여기에서도 그대로 적용된다. 예수와 복음서들에 관한 오늘날의 저작들은 너무도 방대하기 때문에, 그러한 저작들의 일부와 대화를 시도하고자 해도 그것은 절망적일 정도로 각주들의 늪에 빠져버리는 결과를 가져오게 될 것이다. 우리는 대화 상대방들을 선별하고, 나머지 사람들에 대해서는 오직 논

---

4) 추가적인 질문인 "도마복음서 등은 무엇인가?"에 대해서는 아래의 제2장을 참조하라.

증을 위하여 필요한 경우에만 언급하지 않으면 안 된다. 본서가 출간될 시점에 간행된 모든 저작들을 "담으려고" 시도한다면, 우리는 본서의 출간을 영원히 미루지 않을 수 없게 된다. 나는 본서에서 자세하게 다룰 수 없었던 그러한 학자들에게 사과한다.

다섯째, 내가 실제로 해결하려고 시도하지 않았던 분량의 문제가 있다. 몇몇 경우들에서 특정한 말씀은 몇 쪽에 걸쳐서 다루어졌고, 어떤 대목에서는 복잡한 한 단화(單話) 전체를 동일하거나 더 적은 분량으로 다룬 경우도 있었다. 이것에 대한 유일한 대안은 그 특정한 논증 속에서 그 말씀을 더 적은 분량으로 다루거나 그 단화에 관한 논의를 얇은 단행본으로 넘기는 것이다. 포도원 주인들처럼, 저자들은 서로 다르게 지불해야 마땅할 것처럼 보이는 사람들에게 동일한 삯을 지불하거나 그 반대로 행하기로 선택할 수 있다. 논증 전체는, 내가 생각하기에는, 어느 정도 균형이 잡혀 있지만, 그 몇몇 부분들은 그렇지 않다. 다 그런 법이다.

여섯째, 방법론에 관한 한 마디. 예수의 말씀들을 읽을 때, 물론 우리는 지나친 주석을 조심하지 않으면 안 된다. 하지만, 불충분한 주석도 마찬가지로 위험한데, 종종 한층 더 위험할 수도 있다. 역사적 주석은 단순히 단어들과 문장들의 사전적 의미들을 규정하는 문제가 아니다. 그것은 그러한 단어들과 문장들이 그 맥락들 속에서 지니고 있었을 울림들(resonances)에 대한 탐구를 포함한다. 인류학자들이 언어와 문화를 동시에 배우는 것과 마찬가지로, 우리는 한 단어 또는 한 어구 속에서 사전으로 포착할 수 있는 것 이상의 것을 들을 준비가 되어 있지 않으면 안 된다. 하나의 작은 말씀은 소용돌이치는 큰 세계를 엿볼 수 있게 해주는 망원경과 같은 기능을 할 수 있다. 현학적인 태도에 의해서든 실증주의에 의해서든 이러한 작업에 반대하는 것은 집들과 밭들과 배들이 망원경이라는 물리적인 몸체 속에 담겨질 수 없다고 항의하는 것과 같다.

일곱째, 본서는 예수의 삶에 관한 공관복음서의 기사들을 곧이 곧대로 따라가려고 시도하는 것이 아니라, 그 자료들을 주제별로 배열한다. 이로 인해서 어느 정도의 반복은 불가피하다: (예를 들면) 악한 농부들에 관한 비유는 서로 다른 쟁점들과 관련하여 서로 다른 대목에서 논의된다. 물론, 이것에 대한 대안은 또 다른 종류의 반복이 될 것이다: (예를 들면) 우리는 또 하나의 일련의 본문들과 관련해서 "신(하나님)의 나라"에 관한 비슷한 내용들을 계속해서 말해야 한다. 그러므로 각각의 장(章)은 기본적인 하나의 지도 또는 그림 위에 얹혀진 투명층(a transparent layer)과 같은 기능을 하도록 의도되어 있다. 궁극적인 목표는 제2부의 서두에 제시된 밑그림은 모든 층들을 통해서 동시에 볼 수 있게 하는 것이다 — 물론, 선명하게 보기 위해서는 이 층들이 모두 한 꺼번에 집적되어야 하겠지만.

여덟째, 나는 『신약성서와 하나님의 백성』에서 주후 1세기의 대부분의 유대인들은 그들 자신이 온갖 종류의 의미에서 여전히 "포로생활 중에" 있다고 보았다는 것을 논증한 바 있다.[5] 거기에 나오는 각주들이 분명하게 보여주듯이, 이것은 결코 특이한 견해가 아니다; 그리고 많은 동료들이 직접 또는 그들의 저작들을 통해서 내게 그러한 견해를 견지하도록 격려하였다.[6] 그럼에도 불구하고, 일부 학자들은 여전히 이것에 대하여 확신을 갖지 못하고 있다. 나는 이 점을 해명하기 위하여 더 애쓸 생각은 없고, 비판자들에게 다음과 같은 질문에 정면으로 맞서보라고 요구하고자 한다: 주후 1세기의 유대인들 중 진지하게 사고한 사람이라면, 그는 과연 이사야 40-66장, 예레미야, 에스겔, 스가랴의 약속들이 이미 성취되었고, 이교 사상의 권능과 지배가 분쇄되었으며, 야훼께서 이미 시온으로 돌아왔고, 계약이 갱신되었으며, 이스라엘의 죄악들이 사함받았고, 오랫동안 기다렸던 "새로운 출애굽"이 일어났으며, 제2성전이 참되고 최종적이며 완전한 성전이라고 주장할 수 있었을까? 달리 말하면, 포로생활이 실제로 지나갔다고 주장할 수 있었을까? 포로생활이 끝났다고 말하는 것에 가장 가까운 본문은 마카베오1서 3:3-9에서 유다 마카베오의 승리를 언급하기 위하여 사용한 웅장한 성서적 언어라고 나는 생각한다. 이 시기의 여러 다양한 책들은 제2성전의 적절성 또는 심지어 제2성전을 하나님이 주셨다는 것에 대하여 명시적으로 의문을 제기하거나 도전한다.[7] 쿰란 문헌들은 자신의 분파를

---

5) *NTPG* 268-70; 거기에 언급된 전거들에 "포로기 이후의" 이스라엘이 여전히 "종살이" 가운데 있다는 것을 강조하고 있는 에스라 9:8-9을 첨가한다. mSot. 9:15("메시야의 발자취들"과 이스라엘에 수반된 화들에 관한 대목; cf. 아래의 535f.)에 대한 Danby의 논평(306 n.9)은 아주 적절하다: 이것들은 "포로기의 끝에 메시야의 도래를 알리는 표적들"이다.

6) *NTPG* ad loc.와 아울러서 Garnet 1977, 1980a & b, 1982, 1983; Ackroyd 1968, ch. 13; Harvey 1982, 143-5; Scott 1993; Ito 1995를 보라.

포로생활로부터의 진정한 귀환을 위한 비밀 선봉대로 자처하고 있는데, 물론 이것은 이스라엘의 나머지 사람들은 여전히 포로생활 중에 있다는 의미를 내포하고 있는 것이다.

이 모든 것이 의미하는 것은 이 시기에 포로생활이 하나의 모범, 즉 야훼께서 역사하시는 방식에 관한 과거로부터의 한 예시로서의 기능을 하였다는 것도 아니고, 또한 "실제로는" 뭔가 다른 것으로 이루어져 있는 구원론을 표현하는 데에 유용하였던 하나의 개념(idea), 모형(type), 표상(image)이었다는 것도 아니다. 요지는 제2성전 시대의 유대 종말론은 바벨론 포수(捕囚)에서 일어났던 일, 즉 죄악들로 인한 이스라엘에 대한 이교 사상의 승리가 여전히 당시의 지배적인 상태였지만 마침내 지나가게 될 것에 대한 소망에 그 초점이 맞춰져 있었다는 것이다. 아이러니컬하게도, 이 점과 관련해서 기독교적이라고 자처하는 하나의 통상적인 견해 — 성서는 무시간적이고 비역사적인 구원 체계를 위한 증거 본문들을 담고 있다는 것 — 는 주후 135년 이후의 랍비들의 비종말론적인 견해와 결합되어, 이 두 전통에 속한 사람들을 오도하여 왔다. 우리가 예수 당시의 시대에 대한 역사가들이 되려면, 우리는 그러한 이후의 다시 읽기들로부터 거꾸로 제2성전 시대의 매우 역사적이고 구체적인 세계관을 읽어내지 않으면 안 된다. 이러한 관점 전체는 이하의 서술에서 전제되어 있고, 그것은 예수에 관한 상당수의 전승을 탁월하게 설명해 준다는 점에서 매우 실질적으로 밑받침되고 있다고 나는 생각한다. 특히, 나는 내가 "포로생활의 종언(終焉)" 또는 이와 비슷한 말들을 할 때에 모든 것을 단일한 주제로 축소시키고자 하는 것이 아니라는 점을 강조해두고자 한다. 오히려, 나는 이 어구를 축약된 표현으로 사용함으로써, 이스라엘의 신이 이스라엘의 역사 내에서 다시 한번 행하실 것이라는, 제2성전 시대 유대인들이 지닌, 풍부한 질감을 지니고 다양한 면모를 지닌 기대를 환기시키고자 하는 것이다.

IV

내가 여러 해 동안 본서를 집필하면서 받은 온갖 도움을 여기에 다 적는 것

---

7) 예를 들면, 1 *En.* 89:73-7; *Ass. Mos.* 4:5-6:9; lQpHab. 9:3-7; 12:7-9; 4QTest. 25-30. 예를 들면, cf. Rowland 1991.

은 불가능하다. 그러나 몇 가지 빚진 것들은 구체적으로 언급해야 할 것 같다.

조지 케어드(George Caird)는 내가 옥스퍼드에서 박사과정을 밟는 동안 나의 스승이었다. 내가 그와 함께 연구했던 시기 동안에, 우리는 언제나 바울에 관해서 얘기했고, 예수에 관해서는 전혀 얘기하지 않았다; 그러나 내가 나중에 복음서들을 좀 더 진지하게 보게 되었을 때, 내게 신선한 사고에 대한 단서를 제공해준 것은 그의 작은 책인 『예수와 유대 민족』(*Jesus and the Jewish Nation*)이었다. 그런데 애석하게도 내가 그의 사고를 따라 이러한 사고를 한 시점부터 그가 비극적으로 일찍 죽은 사건 사이에 단지 한 번의 서신 교환만을 했을 뿐이다. 그는 분명히 나의 모든 결론들에 동의하지는 않았겠지만, 그의 저작이 없었다면, 나는 그러한 결론들에 도달할 수 없었을 것이다.

더 이상 우리 곁에 없지만 나에게 뚜렷한 족적을 남긴 또 한 명의 걸출한 학자는 벤 마이어(Ben Meyer)이다. 내가 본서를 거의 끝내가고 있을 무렵에, 그가 오랜 투병 끝에 죽었다는 소식이 내게 전해졌다. 그의 저작들, 우정, 모범, 격려는 기독교 학계의 훌륭한 유산으로 여전히 남아 있다.

찰리 무울(Charlie Moule) 교수는 본서의 여러 부분들을 포함하여 내가 여러 해에 걸쳐서 쓴 글들의 상당수를 읽는 수고를 아끼지 않았다. 그의 논평들은 언제나 명철하고 지혜로우며 박식하고 극히 유익한 것들이었다 — 심지어 내가 그의 견해에 동의하지 않는 경우일지라도. 로원 윌리암스(Rowan Williams) 주교는 1980년대 말에 함께 예수에 관한 세미나를 가르쳤을 때에 나와 관련된 쟁점들 대부분을 토론하였다; 내가 그로부터 배운 것은 생각나는 것만 해도 많이 있고, 그 밖에도 내게 생각나지 않는 것들도 많을 것이다. 올리버 도노번(Oliver O'Donovan) 교수는 여러 해 동안 나와 함께 많은 쟁점들을 토론하면서, 이런 토론이 없었다면 내가 생각해내지 못했을 지혜와 학식을 제공해 주었다. 마이클 로이드(Michael Lloyd) 신부와 브라이언 월쉬(Brian Walsh) 박사도 자주 나와 본서의 주제를 놓고 토론하였고, 귀중한 도움과 지원을 내게 주었다. 내가 『신약성서와 하나님의 백성』과 아울러 본서의 초고를 썼던 1989년 여름 동안에, (당시) 예루살렘의 성 조지 성당의 주임사제였던 휴 와이브류(Hugh Wybrew) 신부는 내게 그의 아파트의 한 방을 제공해주고,

---

8) Caird 1965. 이 내용의 상당 부분은 Caird and Hurst 1994에 다시 실려 있다.

유쾌한 우정과 격려로 내게 힘을 주었다. 그 단계에서 타자로 된 원고 대부분을 폴 악트마이어(Paul Achtemeier)와 리처드 헤이스(Richard Hays) 교수, 프랜시스 왓슨(Francis Watson) 박사가 읽고 매우 유익한 논평을 해주었다.

내가 예루살렘에 머물 수 있었던 것은 레버험 재단(Leverhulme Trust)의 도움 때문이었다. 이 재단의 재정적 지원이 없었다면, 본서가 제대로 된 형태를 갖추기 어려웠을 것이다. 또한 나는 1989년과 1993년에 두 번의 안식년을 허락해주어서 본서의 상당 부분에 대한 작업을 할 수 있게 해준 옥스퍼드 대학과 우스터 칼리지에 감사하고, 안식년 동안에 내 일을 맡아서 수고해준 마이클 로이드, 앤드류 무어 신부와 수잔 길링험(Susan Gillingham) 박사에게 감사한다.

그 밖의 친구들과 동료들도 여러 가지 방식으로 많은 도움을 주었다. 어떤 이들은 본서의 여러 부분들을 읽고 논평해 주었고, 어떤 이들은 공개적으로 나와 본서에 대하여 토론하기도 하였다. 전자와 관련해서, 나는 특히 안소니 커민스(Anthony Cummins), 앤드류 고다드(Andrew Goddard), 실비아 키즈마트(Sylvia Keesmaat), 소스턴 모리츠(Thorsten Moritz), 피터 헤드(Peter Head) 박사, 그랜트 르마컨드(Grant LeMarquand) 신부와 월터 윙크(Walter Wink) 박사에게 감사한다; 후자와 관련해서는 마커스 보그(Marcus Borg), 콜린 브라운(Colin Brown), 크리스토퍼 로울랜드(Christopher Rowland), 에드 샌더스(Ed Sanders), 도미닉 크로산(Dominic Crossan), 존 리치즈(John Riches), 파울라 프레드릭센(Paula Fredriksen), 존 마이어(John P. Meier), 엘리자베스 쉬슬러 피오렌자(Elisabeth Schüssler Fiorenza) 교수에게 감사한다. 물론, 그 결과물에 대해서는 이들 중 그 누구도 책임이 없다; 이들 중 일부는 내가 그들의 조언을 좀 더 경청하지 않은 것에 실망할 것이다. 나는 이들 모두에게 깊이 감사한다.

본서의 여러 부분들을 본, 케임브리지, 더럼, 예루살렘, 리치필드, 런던, 로스앤젤레스, 몬트리올, 옥스퍼드, 셰필드, 토론토, 밴쿠버, 그리고 영국과 북미의 여러 곳에서 청중들에게 시험해 볼 수 있는 기회를 가진 것은 내게 아주 고무적이고 도전적이었다. 나는 이 모든 곳들의 청중들에게 그들의 질문들, 비평들, 격려에 대하여 깊은 감사를 드린다. 나는 『신약성서와 하나님의 백성』과 대중적인 수준의 저서인 『예수는 누구였는가』(*Who was Jesus?*)가 출간된 이후에 전세계로부터 내게 쇄도한 격려 편지에 놀라움을 금치 못하였다. 그들은 내가 방대하고 엄청난 본서의 작업을 진행하는 동안에 큰 힘이 되어 주었다. 나는 그들이 이 결과물에 너무 실망하지 않기를 소망한다.

세부적인 연구 작업에서 제인 커민스, 엘리자베스 고다드, 루시 더펠(Lucy Duffell), 캐슬린 마일스(Kathleen Miles), 캐서린 윌슨(Catherin Wilson), 앨리슨 테일러(Alison Taylor)는 여러 단계에서 나를 도와 주었다. 나는 다시 한 번 그러한 도움을 받을 수 있도록 기금을 조성해준 전 세계의 친구들에게 깊은 감사를 표하고자 한다.

나는 본서를 집필하던 최종 단계에서 집과 직업을 옮기리라고 예상하지 못했다. 또한 그러한 이동이 결정되었을 때, 나는 그로 인해서 본 프로젝트가 어느 정도나 연기될지도 예상하지 못했다(나의 몇몇 친구들이 내게 말해주었음에도 불구하고). 나는 나로 하여금 완전히 새로운 유형의 일에 잘 적응하고, 비록 어려운 일이었지만, 진지한 연구와 저술을 계속함으로써 나를 임명한 사람들의 기대를 충족시키게 해준 리치필드 성당의 참사회원들, 성당의 직원들, 특히 데이빗 월링턴씨, 그 밖의 많은 사람들에게 감사한다. 내가 리치필드의 주교 케이스 서튼(Keith Sutton)으로부터 받은 지원과 영감은 말로 표현할 수 없을 정도였다.

나는 이 프로젝트 전체에 대한 열심, 이 프로젝트를 추진함에 있어서 그들이 준 도움, 본서의 출간이 늦어진 것을 잘 참아준 데 대하여 SPCK와 Fortress 출판사의 직원들, 특히 필립 로, 사이먼 킹스턴씨, 마샬 존슨 박사에게 다시 한 번 감사하지 않을 수 없다. 데이빗 매킨더씨는 교열을 통해서 다시 한번 본문을 잘 정리해주어서, 나는 많은 서투른 표현들을 고치는 수고를 덜 수 있었다. 또한 나는 본서와 같은 복잡한 저서를 쓰고 간행하는 작업을 능률적으로 가능케 해준 *Nota Bene*라는 소프트웨어를 만든 스티브 시버트와 그의 동료들에게도 감사한다.

∨

본서는 저자의 감사와 사랑으로써 그의 아내에게 헌정된다. 그녀는 오랫동안 비탄과 슬픔들을 간직한 채, 온갖 어려움에도 불구하고 본서에 대하여 열정을 가지고 저자를 계속해서 격려해 주었다. 그녀는 내(그리고 본서)가 받을 만한 것보다 훨씬 더 많은 것을 본서에 주었는데, 그러한 것은 이러한 말들로는 도저히 표현할 수 없다.

N. T. Wright
1996년 8월 14일
리치필드의 주임사제실에서

본서의 재판을 찍으면서, 나는 몇몇 사소한 오자들을 수정할 기회를 얻었다. 오자들을 내게 지적해준 사람들에게 감사한다.

N. T. W.
1999년 5월 1일

제1부

서론

제1장

과거와 현재의 예수

1. 천사들, 거인들, 조각그림들

실루엣은 모든 것을 다 그려넣은 초상화에 비해서 분명한 장점들을 지닌다. 그것은 호소력이 있고 사람들로 하여금 뭔가를 생각해내도록 도발한다. 그림을 감상하는 사람들은 상상력을 발휘하기 위한 여백을 필요로 하는데, 만약 화가가 상상력을 위한 여지를 조금도 남겨두지 않는다면, 흥미는 사라져버리고 만다. 바로 이것이 금세기에 예수에 대하여 관심을 가져왔던 대부분의 학자들이 모든 것을 그려넣은 초상화를 만들고자 시도했던 고전적인 시도들을 외면해 왔던 이유 중의 일부일 것이다. 이러한 고전적인 시도들은 대단히 시대착오적이고 전혀 어울리지 않는 옷들을 빌려와서 부지런히 예수에게 입혔을 뿐만 아니라, 너무도 많은 것들을 입증하고자 시도하였다. 따라서 거기에는 상상력과 성찰을 위한 여지만이 아니라 신앙을 위한 여지도 전혀 없어 보였다. 그러한 시도들은 잘못되었을 뿐만 아니라 지루하기도 하다.

그러한 시도들 대신에, 이제 우리는 새로운 종류의 부정의 길(via negativa)을 보아 왔다:

예수는 우리에게 미지의 인물로 다가온다 … [1]

사실 나는 우리가 지금으로서는 예수의 삶과 인격에 관하여 거의 아무 것도 알 수 없다고 생각한다 … [2]

---

1) Schweitzer 1954 [1906], 401.

2) Bultmann 1958a [1926], 8.

> 사실 역사적으로 … 예수에 관한 정보를 얻는 것은 대단히 어렵다.[3]

> 천상의 그리스도만이 아니라 지상의 그리스도의 모습도 대부분 우리에게 감춰져 있다 … 우리는 복음서들 속에서 오직 예수의 행적들의 언저리만을 추적할 수 있을 뿐이다.[4]

> 이제는 아무도 예수의 삶에 관하여 글을 쓸 수 있는 위치에 있지 않다.[5]

우리는 이렇게 해서 만들어진 실루엣들의 도발적이고 극적인 힘을 오해해서는 안 된다. 우리는 이 실루엣들을 단순히 냉소적인 불신앙의 산물들로 치부해 버릴 수는 없다. 이러한 시도들은 바보들이 서두르다가 엄청난 실수를 저지른 것(지독히 서투른 역사가)보다는 훨씬 적절하고 존중할 만한 천사의 조심스러움을 지니고 있는 것으로 보인다. 수많은 유대교 학자들이 타낙(Tanakh)이 아니라 탈무드를, 성경이 아니라 랍비의 글들을 연구하는 것을 선호해 왔듯이, 20세기의 기독교 신학자들은 예수에 대한 연구는 점점 더 포기하고 초대교회에 관한 연구에 점점 더 많은 에너지를 쏟아 왔다. 왜냐하면, 그것이 좀 더 안전한 길처럼 보였기 때문이다.

이러한 거의 본능적이고 또한 충분히 이해할 수 있는 경향성, 즉 예수에 대한 연구를 회피하는 경향성은 그 밖의 다른 좀 더 미묘한 일련의 동기들에 의해서 더욱 강화되어 왔다. 알버트 슈바이처(Albert Schweitzer)는 "예수의 후광(halo)을 벗겨내어서 예수를 감상적인 인물로 바꾸어 버렸던" 르낭(Renan)과 쇼펜하우어(Schopenhauer) 같은 학자들에 반대하여 예수의 "압도적인 역사적 위대성"이라는 개념을 회복하는 데에 몰두하였다.[6] 마치 교실 벽에 붙어 있던 군주의 초상화를 떼어내고 새로운 지도자의 초상화로 바꾸어 다는 혁명가

---

3) Barth 1936-1969, 1.1.188.

4) Lightfoot 1935, 225.

5) Bornkamm 1960 [1956], 13. 또한 Bowden 1988, 32와 비교해 보라: "우리가 예수에 관하여 알고 있는 것들이 상당히 많을 것이다; 그러나 문제는 우리가 그것이 무엇인지를 확실하게 알기가 힘들다는 것이다." 각각의 저술가들에 관한 논의는 아래를 보라.

6) Schweitzer 1925 [1901], 274; 강조는 원저자의 것.

와 같이, 슈바이처는 감상적인 예수상들을 깨부수고, "현대인"과는 전혀 다른 모습이면서도 현대인을 향하여 하나님 나라를 이루는 고상한 길로 따라오도록 부르고 있는 우뚝 솟은 예언자적인 기인(奇人), 수수께끼 같은 영웅적인 인물의 모습을 한 날카롭고 충격적인 예수상을 제시하였다. 물론 블레이크 (Blake)는 슈바이처보다 80년 전에 이미 이와 비슷한 우상파괴적인 내용들을 말했었다; 그러나 블레이크가 말했던 그것이 이제는 학문적인 신학의 요새들 속에서 활동하던 대단히 학식 있고 존경받는 한 선생에 의해서 말해지고 있는 것이다.[7]

불트만은 제1차 세계 대전 이후에 독일 신학이 지닌 여러 가지 모호성들과 강력하게 맞서서 싸운 결과, 비록 그의 신학은 그 싸움의 후유증으로 절뚝발이가 되고 말았지만, 어쨌든 주석자들 가운데에서 왕자의 지위를 차지하게 되었다. 불트만과 그의 추종자들, 그리고 바르트는 이러한 예수상은 너무 아득하며, 실제로 잘못된 생각을 품은 영웅(그는 결코 도래하지 않은 하나님 나라를 소망했기 때문에)의 모습이라고 생각하였다. 그래서 그들은 예수 자신조차도 그가 살았던 시대의 아들로서 어쩔 수 없이 자신의 진정한 메시지에 덧칠할 수밖에 없었던 가필(加筆)들을 벗겨내고 원화(原畵)를 발견해 내기로 결심하였다. 결국 그들이 무시간적인 진리를 얻기 위한 필수적인 조건이라고 생각했던 원화가 드러낸 창백한 메시지는 창조주가 인간에게 미래를 향하여 마음을 열고 믿음과 순종으로 살아가라는 끊임없는 초대에 관한 메시지라는 것을 밝혀 내었다. 이와 아울러, 복음서에 나오는 기록들의 상당 부분은 우리가 모방해서는 안 되는 예수에 관한 이야기들을 말함으로써 자신들의 신앙을 표현하고자 했던 초대 교회 또는 복음서 기자들의 관점들을 제시하기 위한 단순한 수단으로 치부되어 안전하게 한쪽 구석으로 치워질 수 있었다.[8] 바르트와 불트만의

---

7) Bronowski 1958, 73-86에 수록된 Blake, *The Everlasting Gospel* [c. 1818]를 보라. 거기에는 다음과 같은 기억해 둘 만한 이행구가 나온다: "나는 이 예수가 영국인들이나 유대인들 모두에게 유효하지 않을 것이라고 확신한다"(84). (Blake 자신이 만들어낸 예수는 매우 특이하고 허구적이었다는 말을 덧붙여둘 필요가 있을 것 같다.)

8) 특히 Bultmann 1958a [1926], 1958b, 1968 [1921]을 보라. 최근의 글들로는 Thiselton 1980, chs. 8-10; Painter 1987; Jones 1991; Fergusson 1992를 참조하라.

이러한 강력한 신학적 구성물들은 역사를 지나치게 천착해 들어가게 되면 정통 기독교에 무슨 일이 일어날지 모른다는 보통 사람들의 두려움과 공감대를 형성하고 있었다. 성상(聖像, icon)과 실루엣(silhouette)이 통속적인 차원과 학문적인 차원 양쪽에서 강력한 지배력을 행사하였다.[9]

슈바이처와 불트만은 오늘날의 신약성서에 대한 연구에 있어서 비록 부정적이긴 하지만 결정적인 중요성을 지닌다. 이것은 단지 그들이 끼친 직접적인 영향력 때문만은 아니다. 사실 슈바이처는 결코 자신의 제자들로 이루어진 "학파"를 거느리고 있지 않았다. 그럼에도 불구하고, 사람들은 슈바이처가 불트만보다 더 위대하다고 말하기도 한다. 사실 불트만의 학파들은 여전히 우리와 함께 있어서, 그들의 이야기(종종 "현대 신약학의 역사"라고 잘못 불리고 있는)를 마치 그것이 유일한 신약학에 관한 이야기인 것처럼 반복해서 말하거나, 또는 그들이 함부로 업신여길 수 없는 유대 묵시문학 저작들과 같은 방식으로 그들의 씨족의 창건으로부터 이제 곧 장엄한 세미나나 학술 대회를 통해서 마지막 계시가 일어날 것만 같은 현재의 시점에 이르기까지의 일련의 위대한 사건들을 추적함으로써 그들의 조상의 유산을 강화시키고 있다. 그러나 결코 그렇지 않다: 슈바이처와 불트만이 중요한 것은 그들이 금세기의 그 어떤 사람들보다도 신약성서가 지닌 조각그림으로서의 근본적인 모습, 그리고 그 조각그림을 맞추려는 시도에 내재되어 있는 문제점들의 성격을 더 분명하게 보았기 때문이다. 이렇게 해서, 그들은 앞으로 시험하고 정교히 가다듬고 수정해야 할 근본적인 가설들을 정립했던 것이다. 그들은 거인들, 즉 학술 논문들, 세미나 원고들, 본문상의 이독(異讀)들 같은 좁은 세계를 떠받치고 있는 거대한 두 기둥, 즉 두 거인이다.

그들이 알고 있었던 조각그림은 무엇보다도 역사적인 조각그림이었다. 이 조각그림 맞추기가 난해한 것은 각각의 조각그림들의 형태가 불명료하다는 사실에 있다: 우리는 각각의 조각그림들을 잘라서 다른 그림 조각들과 맞추지 않으면 안 된다. 그리고 여기에서 예외는 없다. 양쪽 경계 ― 그 자체가 격렬한 논쟁의 대상이다 ― 는 기독교 이전의 유대교와 주후 2세기의 교회이다; 그리고 우리 앞에 놓여진 조각그림 맞추기는 이 양쪽 경계 사이에 있는 그림조각

---

9) 예를 들면, Baillie 1948, 34-9; Tatum 1982, 71-4 같은 이 시기의 글들을 보라.

들을 서로 맞춰서 하나의 분명한 역사적 연쇄를 만들어내는 것이다. 기독교라는 이 새로운 운동은 어떻게 생겨났고, 그 운동은 왜 그런 식으로 출현한 것인가? 물론 중심적인 그림조각들은 세례 요한(그는 기독교 이전의 유대교에 속한 인물인가?), 예수, 초대 교회, 바울, 바울 등이 세운 교회들, 신약성서의 그 밖의 다른 저자들, 특히 요한(그들 중 일부는 주후 2세기의 교회와 관련이 있는가?)이다. 우리가 이 조각그림들 중 어느 한 조각을 어떤 모양으로 만들어내는가 하는 것은 다른 조각그림들이 어떤 모습이 될지를 결정할 것이고, 또한 그 역도 성립한다. 우리가 예수에 관하여 어떻게 말하는가 하는 것은 주후 1세기 전체에 관하여 우리가 어떻게 말하는가와 뗄래야 뗄 수 없을 정도로 얽혀 있다. 그래서 우리는 『신약성서와 하나님의 백성』 제3부와 제4부에서 주후 1세기에 관하여 상당히 자세하게 살펴본 바 있다.

20세기의 신약학계는 적어도 그 이전에 비해서 한 가지 중요한 이점(利點)을 가지고 있다. 금세기 초에 바이스(Weiss)와 슈바이처의 연구가 행해진 이래로, 예수는 유대적 배경 속에서 이해되어야 한다는 것이 일반적으로 인정되어 왔다. 이와는 정반대의 길을 택했던 19세기의 옛 "탐구"(Old Quest)는 오직 오늘날의 방향과 날카로운 대비를 보여주었다는 점에서만 실제로 의미가 있었다. 옛 탐구에서는 유대인들은 잘못된 종류의 종교를 가지고 있었고, 예수는 이를 바로잡고 올바른 종류의 종교를 굳게 세웠다고 보았다.[10] 그러므로 여기에서 해야 할 일은 "예수"에 관한 그림조각들 가운데에서 지나치게 유대적이거나 지나치게 인종적으로 제한되어 있어 보이는 그림조각들을 모두 제거하여서 예수를 위대한 보편적인 "영적" 종교의 창시자로 드러내는 것이었다. 이렇게 만들어진 예수상은 칸트와 헤겔 이래로 개신교에 의해서 고상하게 재정립되었다. 이런 식으로 해서, 그림조각들 가운데에서 잘 맞지 않는다고 생각된 많은 조각들은 그림판에서 쓸어내려졌다. 그러나 바이스와 슈바이처는 역사적 조각그림 맞추기에서 예수는 엄연한 주후 1세기의 유대인으로 묘사되어야 하고, 말과 행위를 비롯한 모든 면에서 다른 주후 1세기의 유대인들과 결부되어 고찰되어야 한다고 올바르게 주장하였다. 역사에 관하여 말하고 있다

---

10) 예수를 유대의 혁명적 배경에 두고, 실패한 개혁자로 묘사하면서 거기에 예수를 묶어두고자 했던 Reimarus 1970 [1778]을 보라.

고 주장하는 그 어떤 견해도 이러한 기본적인 원칙을 무시해서는 안 된다.

그러나 이러한 원칙은 구체적으로 무엇을 내포하는 것인가? 이 점에 대해서는 아직도 의견의 일치가 없다. 우리는 아래에서 예수와 그의 유대적 배경의 관계가 예수를 역사적으로 이해하고자 하는 진지한 시도에서 제일 먼저 부딪치는 첫 번째 문제라는 것을 보게 될 것이다. 나는 지금까지 충분하게 검토되어 오지 않았던 가능성들이 존재하고, 그러한 가능성들은 이 그림조각 맞추기의 중심적인 그림조각에 좀 더 엄격한 역사적인 형태를 부여해 줄 수 있고, 따라서 궁극적으로 이 조각그림 맞추기 전체에 좀 더 만족스러운 새로운 해법을 제시해 줄 수 있다는 것을 보여주고자 한다.

이러한 조각그림 맞추기를 우리 앞에 내놓고는 스스로 그것에 대한 아주 조심스럽고 부정적인 대답들을 제시했던 이 거인들은 단순히 역사 그 자체에 관심을 가졌던 것은 아니었다. 『신약성서와 하나님의 백성』에서 보았듯이, 몇몇 학자들은 "단순한 역사가"로서 글을 쓰고 있다고 주장했지만, 사실 "단순한 역사"라는 것은 존재하지 않는다. 슈바이처와 불트만은 둘다 오늘날의 기독교 신앙과 삶에 의미를 부여해 줄 수 있는 주후 1세기 기독교의 기원들을 재구성하고자 하였다. 슈바이처가 재구성한 예수상은, 비록 미친 짓처럼 보일지 모르지만 (슈바이처 자신과 마찬가지로) 하나님 나라 운동에 스스로를 헌신하고자 했던 이후의 모든 사람들에게 본보기가 되었다. 역사 속에서 예수의 메시지는 분명히 실패한 것이었기 때문에, 우리는 적극적인 재해석이라는 이러한 비역사적인 조치를 취하지 않으면 안 된다고 그는 말했다.[11] 이렇게 해서, 슈바이처

---

11) Schweitzer 1954 [1906], 249ff. 특히 251f.를 보라: "신학은 마구간에 딸린 작은 목장에서 풀을 뜯고 있어서는 안 된다. 신학은 자유롭다. 왜냐하면, 신학의 임무는 예수 자신의 인격이 당시에 어떤 식으로 표현되었는지와는 상관 없이 예수 그리스도의 인격에만 의거해서 우리의 기독교적인 세계관을 세우는 것이기 때문이다. 예수는 그의 죽음을 통해서 이러한 형식을 파괴하였다. 역사는 신학으로 하여금 이러한 비역사적인 발걸음을 내딛도록 부추긴다." 슈바이처가 초인(超人)에 관한 니체의 사상을 기독교화하는 데에 성공했는지의 여부에 관한 문제는 탐구해 볼 가치가 있지만, 여기서는 그럴 자리가 아니다; O'Neill 1991a, ch. 19을 보라. Weiss(1971 [1892])도 근본적으로는 니체 식의 자유주의 신학을 스스로 견지하는 가운데 예수를 유대적인 묵시론적 예언자로 묘사한다.

는 이미 수십년 전에 불트만의 저 유명한 "탈신화화" 작업에서 중요했던 한 가지 핵심적인 요소를 보여주었다: "진정한" 메시지를 둘러싸고 있는 역사적 껍데기를 찾아내어서 폐기하여야 한다는 것. 그러나 예수가 슈바이처에게 "미지의 인물"이었다면, 불트만에게 예수는 더욱 모호한 인물이었다고 할 수 있다: 불트만의 예수는 우리가 예수의 "인격"을 전혀 알 수 없다는 의미에서 "미지의 인물"이었지만, 슈바이처에게 예수의 "인격"은 너무도 충격적인 것이었다. 슈바이처는 그의 선배들이 예수상을 잘못 그렸었다고 주장하였다; 불트만은 예수에 관한 그 어떤 초상을 그리는 것 자체가 불가능하다고 주장한다. 그러므로 불트만은 예수의 실루엣을 그렸다: (불트만 자신과 마찬가지로) 사회적 혼돈 가운데 살아가면서 현재의 어둠 속에서 장차 무슨 일이 일어날지를 모르는 채 하나님을 의지하여 하루하루 하나님을 쫓아 살아갈 필요성을 느끼고 있었던 모든 사람들에게 실존주의적인 결단을 요구하는 설교자로서의 예수. 슈바이처와 불트만은 둘 다 그들의 도식(圖式)을 완성하기 위하여, 특히 바울이 기독교를 예수가 물려준 형태(이것에 대해서는 서로 의견이 달랐다)로 전해 받아서 이방 세계에 적용할 수 있도록 하기 위하여 어떻게 하였는지를 보여줄 필요가 있었다.

이러한 두 가지 해법 중 그 어느 쪽도 영향력을 미치지 않았던 곳에서조차, 예수에 관한 거의 모든 책들은 은연중에 예수가 어떤 분인가를 "진정으로" 발견한다면, 우리는 엄청난 가치를 지닌 진주, 우리를 살릴 수 있는 감추어진 보배를 발견한 것이 될 것이라는 전제를 지니고 있다 — 그 보배라는 것이 결국 예수는 아주 평범하고 보잘것없는 인물이었다는 것, 따라서 우리는 예수에 관한 교회의 오만한 주장들로부터 해방될 수 있다는 것으로 밝혀진다고 해도. 역사, 특히 이 부분의 역사는 결코 진공 속에서 이루어질 수 없다. 따라서 첫 번째 그림조각과 어느 정도는 연결되어 있는 두 번째 그림조각, 즉 이번에는 그리스도인들만이 아니라 예수라는 분명히 매력적인 인물을 포함할 수 있는 세계관을 탐구하고자 하는 모든 사람들에 의해서 제기되는 다음과 같은 질문들로 이루어지는 두 번째 그림조각이 존재한다: 우리는 현대 세계 속에서 무엇을 믿고 어떻게 행동하여야 하는가? 나는 그러한 질문들에 무관심한 척 하고자 할 마음도 없고 회피할 마음도 없다; 나는 적당한 때에 그러한 질문들에 답변할 것이다. 그러나 우리는 이러한 질문들은 첫 번째 질문들과 필연적인 상

호연관성을 지니고 있음에도 불구하고 동일한 질문들이 아니라는 것을 알아야 한다.[12]

그렇지만 이 거인들의 유산은 두 개의 그림조각("예수는 누구였는가?"와 "그래서 어떻다는 말인가?")의 관계가 매우 희박해 보인다는 것을 보여주었다. 우리가 그것들을 연관시켜야 한다는 것은 분명하다(적어도 내가 알고 있는 그 주제에 관하여 글을 쓴 모든 저술가들에게는 예외 없이): 그러나 우리가 어떻게 그것을 해낼 수 있는지는 분명하지 않다. 이로 인해서, 예수에 관한 글들은 흔히 이 두 차원이 서로 잘 맞아떨어지지 않는 글들이 되어 버리기 십상이었다. 한 가지 좋은 예는 쉴레벡스(Edward Schillebeeckx)가 쓴 방대한 책이다. 그 책에서 쉴레벡스는 단순히 인간 예수를 연구하는 데에 수백 쪽을 할애한 후에, 끝 부분에 가서 앞서의 논증과는 별 상관없이 예수는 하나님의 아들이었다는 신앙고백으로 글을 마친다.[13] 극단적인 정통주의로부터 극단적인 급진주의에 이르기까지 모든 진영의 저술가들이 특히 예수에 관하여 글을 쓰면서 역사와 신학을 통합하는 것은 불가능하진 않겠지만 어렵다는 것을 은연중에 단정해 온 것은 역사와 신학 간의 균열이 최근의 서구 기독교 사상을 얼마나 뿌리깊게 지배해 왔는지를 단적으로 말해준다.[14] 우리는 미리 예수는 "하나님"(이 서술어의 의미는 통상적으로 우리가 이미 알고 있는 것으로 전제된다)이라는 것을 "알고" 있다고 생각하고, 예수의 삶에 관한 역사의 서술은 이러한 사실을 반영해야 한다고 생각한다: 그런 경우에 예수상은 원래의 인물과는 다른, 경건에 유익한 성상(聖像, icon)이 된다. 아니면 이와는 반대로, 우리는 가차없는 역사적 연구에 몰두해서, 기쁘든지 두렵든지 정통적인 신학이 "잘못되었다는 것을 밝혀내거나" 적어도 심각하게 손상시키고자 한다. 이러한 두 가지 대안 중 그 어느 것도 마음에 들지 않는다면, 우리는 우리의 신앙을 손상시키지 않기 위하여 예수에 관한 실루엣으로 만족하거나, 아무런 설명도 없이 한쪽으로부터 다른 쪽으로 건너뛰면 된다. 본서의 밑바탕에 깔려있는 논거는 역사와 신학의 이러한 균열은 근거없는 것이고, 엄격한 역사(즉, 주후 1세기 팔레

---

12) 나는 *NTPG* ch. 1에서 이것들 간의 몇몇 연결고리들을 살펴본 바 있다.

13) Schillebeeckx 1979 [1974], 575-674.

14) 최근의 저술가들 중에서 특히 Hick 1993을 보라.

스타인에서 일어난 실제 사건들에 대한 열려 있는 탐구)와 엄격한 신학(즉, "신"이라는 단어, 그러니까 "신적인"이라는 형용사가 실제로 무엇을 가리켰는 지에 대한 열려있는 탐구)는 서로 결합되어 있으며, 이것은 예수에 관한 논의 에 있어서도 결코 예외가 될 수 없다는 것이다. 이것이 우리가 결국 새로운 형 이상학을 필요로 한다는 것을 의미한다면, 우리는 주저없이 그렇게 할 것이다. 한번쯤 역사가들과 신학자들이 철학자들에게 해결과제를 제시할 수 있다면, 그 정반대의 경우보다는 훨씬 유쾌한 일이 될 것이다.[15]

이 시점에서 우리는 『신약성서와 하나님의 백성』 제2부에서 제시한 논증을 따라서 한 가지 꼭 말해둘 것이 있다. 사람들은 흔히 기독교가 살아남으려면, 또는 살아남기 위해서 적절한 변화를 꾀하기 위해서는 "역사"에 의해서 알려 지거나 "입증된" 것과 "진리여야 하는" 것 사이의 간격을 "신앙"이 메워줘야 한다고 말한다. 사람들은 역사는 우리를 바로 그 지점까지만 데려다 줄 수 있 기 때문에, 우리는 그 나머지 여행길을 신앙에 의지해서 가야 한다고 말한다. 그러나 이것은 잘못된 생각이다. 모든 역사는 상상에 의한 재구성을 포함하고 있다. 우리는 과거의 어느 시기, 사건, 또는 인물에 관하여 설명하고자 할 때에, 실증주의적으로 의심할 수 없는 증거라는 견지에서 충분할 정도로 "알고" 있 지 못하다. 실제의 증거들과 제대로 된 재구성 사이에는 항상 간격이 있기 마 련이다. 그리고 이 간격을 뛰어넘는 수단을 우리는 "신앙"이라고 부를 수도 있 을 것이다; 그러나 그런 의미에서의 "신앙"은 기독교 특유의 의미에서의 신앙 과는 거의 아무런 관계가 없다. 그러므로 진정으로 흥미로운 관계는 "역사"(실

---

15) 내가 말하는 "끝을 열어놓은 탐구"라는 것은 원칙적으로 밤새워라도 계속 진 행되는 탐구 — 물론, 이것이 사실이 될 수도 있지만 — 가 아니라 미리 그 결과들 을 정해놓지 않은 탐구를 의미한다. 그리고 여기서 흔히 주석자들과 신학자들이 그 리는 그림, 즉 주석자들은 "중립적이고, 객관적인" 역사적 작업을 행하고, 그 결과물 들을 신학자들에게 넘겨준다는 그러한 그림은 전적으로 아무런 근거도 없다는 것을 지적해둘 필요가 있다. 이것이 통상적으로 실제에 있어서 의미하는 것은 주석자들 은 그들 자신의 전제들을 알지 못하고, 신학자들은 그들이 지지하고자 하는 철학적 또는 신학적 신념들에 의해서 만들어진 그러한 주석학적인 "결과물들"을 선택적으 로 채택한다는 것이다. 다소 다른 차원에서의 예들에 대해서는 cf. Macquarrie 1990, Hick 1993; 이러한 딜레마로부터 빠져나올 길에 대해서는 *NTPG* Part II를 보라.

증주의의 입장에서, 입증 가능한 일련의 사건들, 수학적으로 확실한 자료들의 집합이라는 의미로서)와 "신앙"(그러한 자료들이 없는 공백을 어둠 속에서 뛰어넘는 것으로 인식된) 간의 관계가 아니라, 극히 복잡한 가설적인 재구성으로 이루어진 진정한 역사와 그리스도인들이 역사 과정 자체에 긴밀하고도 열정적으로 개입하고 계시다고 믿고 있는 하나님에 대한 끊임없는 탐구와 신뢰로서의 진정한 신앙 간의 관계이다. 그리고 그러한 관계(진정한 역사와 진정한 신앙 간의)는 이러한 탐구 전체를 마치기 전까지는 확정될 수 없는 것이기 때문에, 실제적인 역사적 연구가 진행되는 동안에는 일단 보류해 두어야 한다.

그러므로 우리는 좋든 싫든 모두 이 거인들과 그들의 조각그림 맞추기를 이어받고 있는 상속자들이자 후계자들이다. 우리가 그들의 고전적인 실루엣들이 보여주는 천사와 같은 조심성을 거부한다면, 그것은 우리가 그들의 문제제기를 거부하기 때문이 아니라, 우리가 역사적 탐구라는 겉보기에 어리석어 보이는 길을 진지하게 수행하기로 결심했기 때문이다. 우리는 이러한 시도들이 지니는 위험성들을 충분히 알고 있지만, 그럼에도 불구하고 역사적 예수상을 그려 보고자 한다. 나는 『신약성서와 하나님의 백성』에서 이러한 시도는 20세기의 학자들이 보통 생각해 왔던 것만큼 사실은 그렇게 어리석은 시도가 아니라는 것을 논증한 바 있다. 앞으로 보게 되겠지만, 오늘날에는 과거보다 이런 유의 바보들이 더 많다; 나는 이 길을 가면서 좋은 동반자들을 만나게 될 것이다. 메시야의 출신지에 대한 나다나엘의 반론을 조금 확대해서 "역사에서 무슨 선한 것이 나올 수 있겠느냐?"라고 여전히 말하는 사람들에게 내가 해줄 수 있는 가장 좋은 대답은 빌립이 나다나엘에게 한 대답이다: "와서 보라."[16]

---

16) 요 1:46. 본서를 집필하는 후반기에 역사와 신학을 분리하고자 최선을 다하는 Johnson 1995가 간행되었다. 본서에서 전승과의 세부적인 논쟁을 벌이는 것은 본서의 취지에서 너무 많이 빗나가는 것이 될 것이다. 그가 역사와 신학의 "운명적인 연결관계"(69), "역사적인 것"과 "실제적인 것"의 상반관계, 또는 "사실"과 의미의 불연속성(160)에 관하여 말할 때, 나는 우리가 과연 동일한 언어를 말하고 있는지조차 의심스러울 정도로 철저하게 견해가 다르다는 것을 발견한다는 점만을 지적해두는 것으로 충분할 것이다. 실제로, 어떤 의미에서 우리는 동일한 언어를 말하고 있는 것이 아니다; Johnson은 "역사"와 그 동의어들을 "과거의 일어났던 일"이 아니라 "사람들이 과거에 관하여 쓰는 것"에 한정시킨다(cf. *NTPG* ch. 4, esp. 81f.).

예수의 이야기들 중 잘 알려진 한 이야기에서 다시 한번 비유를 들어보자. 계몽주의를 나타내는 탕자는 전통적인 기독교의 정통주의를 거부하고, 역사적 회의주의라는 아주 먼 나라로 길을 떠났다. 역사에 대하여 별 신경을 쓰지 않았고, 따라서 전통적인 신앙을 포기하지 않았던 "정통적인" 그리스도인을 나타내는 맏아들은 화가 났고 또한 의구심을 품게 되었다. 그러나 작은 아들이 갑자기 다시 집으로 돌아온다면 어떻게 될까? 좀 더 충격적으로 말해서, 작은 아들이 돌아온 것을 환영해야 한다고 한다면, 어떻게 될까?

오늘날의 맏아들 중에는 초상화 또는 실루엣이 아니라 성상(聖像, 내가 앞서 잠깐 얘기했던)을 고집하는 자들이 있다. 그들이 기도하는 대상인 하나님인 구세주는 주후 1세기의 팔레스타인과는 오직 부수적인 관계만을 가질 뿐이고, 그들은 그러한 관계를 계속해서 유지하고자 한다. 그는 예배의 대상이 될 수 있지만, 그의 실제의 모습은 온 몸에 칙칙한 황갈색의 옷을 걸친 채 경건한 엄숙함을 띠고 꿈꾸는 듯한 표정을 얼굴에 머금은 매우 낯설은 인물로 그려진다. 이러한 모습의 성상은 빅토리아 시대의 경건이 계몽주의적인 합리주의에 대처하기 위하여 만들어 낸 하나의 수단이었다 — 물론 이러한 성상의 사용은 당시에 논쟁이 되었던 주된 쟁점을 감추고 있었지만(역사적 예수와 예배 대상으로서의 그리스도가 동일하지 않다는 것). 그러한 견해는 종종 "우리가 초상화(역사의 예수)를 찾고자 한다면 부적절한 실루엣, 또는 좀 더 나쁘게 말해서 잘못되고 위조된 그림만을 가질 수 있다는 것을 알기 때문에, 우리는 성상(신앙의 그리스도)을 예배한다"라고 말하는 일종의 실루엣적인 견해와 결합되어 있다.[17] 대중적인 차원에서 성상은 복음서들에 대한 비역사적인 읽기에 의해서 유지된다. (예를 들면, "하나님의 아들"이라는 어구는 마치 제자들, 그리고 실제로 재판 장면에서 가야바가 그것을 완전히 니케아 신조에 나오는 의미로 이해했다는 듯이 읽혀지고, "인자"는 예수의 "신성"과 반대되는 예수의 "인성"을 가리키는 것으로 읽혀진다.) 물론 다른 보조수단들이 실패하는 경우에는 성상

---

17) C. S. Lewis의 유명한 *Screwtape Letters*, no. 23(Lewis 1955 [1942])에 나오는 "역사적 예수" 연구를 반대하는 흥미로운 변증을 보라. 이와 비슷한 입장을 보여주는 최근의 예로는 cf. Johnson 1995; 좀 더 조심스러운 입장으로는 Schnackenburg 1995 [1993]를 보라.

들이 신앙을 유지시켜줄 수 있다는 것은 사실이다. 그러나 우리는 성상을 그 성상이 가리키는 진정한 원본과 혼동해서는 결코 안 된다. 실제로 성상을 그리는 사람들은 이 점을 알고 있기 때문에, 그것에 따라서 그림을 그린다. 나의 임무는 성상을 파괴하고자 하는 것이 아니라, (무엇보다도 특히) 성상이 진정으로 무엇이고, 또 무엇이 아닌지를 일깨워주는 것이다.

그러므로 본서는 당당하게 예수에 관하여 말한다. "예수는 누구였는가?"라는 질문은 근래에 사람들의 생각과 상상력 속에서 상당히 많이 다루어져 왔다: 극장과 영화관에서, 학문적인 글과 대중적인 글 속에서 예수에 관한 소묘들과 초상화들이 쏟아져 나와서, 대체로 주류 신학자들(또는 그들 중 일부)이 제공해 주었던 성상 또는 실루엣을 선호하던 평범한 그리스도인들에게 경종을 울려주었다.[18] 예수는, 서로 매우 다르고 실제로는 흔히 양립될 수 없는 이유들을 근거로 해서, 거의 보편적으로 인정을 받고 있다. 예수는 이런저런 신념의 사회적 또는 정치적 프로그램들을 밑받침하거나, 여기에서는 엄격한 도덕성을 보호하기 위하여, 저기에서는 엄격한 규제로부터의 해방을 제공해 주기 위하여 이리저리 끌려다닌다. 그러나 우리가 어떤 예수에 관하여 말하고 있는가 하는 문제는 없어지는 것이 아니다.[19] 또한 이러한 질문이 우리가 어떤 신에 관하여 말하고 있는 것인가에 대한 좀 더 깊은 문제를 내포하고 있다는 인상도 사라지지 않을 것이다. 앞으로 우리가 곧 보게 되겠지만, 이것이 예수에 관한 문제가 현대의 신학과 교회 생활에 있어서 이런저런 방식으로 대단히 중요시되어 왔던 이유이다. 예수를 근거로 제시하면, 비록 은연중에라도, 분쟁은 해결되는 것처럼 사람들은 생각해 왔다.

그러나 논쟁의 두 당사자가 예수를 동시에 근거로 제시할 때, 그들은 솔로몬의 판단을 구하기 위하여 어디로 눈을 돌릴 수 있는 것인가? 예수를 종교 또는 신앙의 중심에 둘 수 있는 것은 우리에게 예수가 존재하기 때문이다: 암호 또는 이상한 모양의 실루엣인 그리스도라는 인물, 또는 성상이 아니라, 신약성

---

18) 나는 이 문장을 1989년에 처음으로 썼다; 1992년의 사건들은 이것을 단지 확증해 주었을 뿐이다(Wright 1992c, 그리고 거기에 논의된 "인기 있는" 저술가들을 보라); 이 이야기는 계속된다.

19) Bowden 1988, *passim.*을 보라.

서의 기자들이 알고 있었던 오직 하나의 예수, 아우구스투스 카이사르가 로마를 다스릴 당시에 팔레스타인에서 태어났던 예수, 그리고 그의 후계자인 티베리우스의 치세 때에 예루살렘 밖에서 십자가에 못 박히셨던 예수. 기독교는 역사를 근거로 한다; 따라서 기독교는 역사에 눈을 돌리지 않으면 안 된다.[20] 우리가 찾아내게 될 대답들이 우리의 견해들 또는 심지어 우리 자신들을 바꾸어 놓을 수도 있다는 인식 때문에, 우리가 그러한 연구에 착수할 수 없다는 것은 있을 수 없는 일이다.

2. 절차

우리는 이 장의 나머지 부분에서 지난 백여 년 동안에 예수에 관하여 씌어진 중요한 글들중 일부를 간략하게 살펴 보는 것으로 논의를 시작하고자 한다. 이러한 이야기는 수없이 반복되어온 것이기 때문에, 나는 다른 곳에서 이것에 관하여 쓴 내용에 사실 덧붙일 것이 별로 없다.[21] 그러나 이 주제에 처음 접하는 사람들에게 방향을 제시해 주고, 내가 제시하는 가설이 이 주제에 관한 연구사 속에서 차지하는 위치를 보여주기 위해서는 그러한 개관이 반드시 필요하다. 그런 다음에 나는 제2장과 제3장에서 지난 20여 년간에 걸친 학계의 동향을 좀 더 자세하게 살펴보고자 한다. 이 기간 동안에는 부정의 길(via negativa)을 벗어나서 역사적 사실주의를 향한 인상적인 방향 전환이 일어났다 — 물론 자주 부정적인 결과를 가져오긴 했지만: 이제는 예수에 관한 전면적인 초상화들을 말하는 것이 흔한 일이 되었지만, 우리가 그러한 것들 속에서 왜 초대 교회가 예수에 관한 기억을 소중히 여겼을 뿐만 아니라 예수에 관하여 놀랍고도 독특한 주장들을 하게 되었는지를 설명해 주는 내용을 찾고자 한다면, 이내 허사가 되고 만다. 따라서 우리는 제4장에서 하나의 비유에 대한 예비적인 연구를 통해서 앞으로 본서의 나머지 부분에서 다루어지게 될 핵심적

---

20) Caird 1965, 3을 보라: "그리스도의 삶과 가르침 속에서 하나님은 자신의 성품과 목적에 관한 독특한 계시를 주었다고 믿는 사람이라면 그가 그것을 좋아하든 안 하든, 그것을 인정하든 안 하든, 이러한 믿음 때문에 역사적 예수에 대한 연구에 헌신하게 된다."

21) 아래의 제3절의 처음에 나오는 언급을 참조하라.

인 문제들 중의 일부를 검토하게 될 것이다. 이 네 개의 장으로 제1부는 끝나
는데, 그렇게 함으로써 이후에 전개될 적극적인 재구성을 위한 토대가 마련될
것이다.

본서의 대부분을 차지하는 제2부와 제3부는 예수의 사역에 관한 단계적인
논증으로 이루어져 있다. 먼저 나는 주후 1세기의 유대교 내에서 예수의 공적
인 면모는 예언자의 면모였다는 것과 그의 예언자적 선포의 내용은 이스라엘
의 하나님 "나라"였다는 것을 논증할 것이다. 이 명제는 『신약성서와 하나님의
백성』에서 발전시킨 바 있는 범주들에 비추어서 제2부에서 좀 더 자세하게
논의될 것이다: 실천(제5장), 이야기(제6-8장), 상징(제9장), 질문(제10장). 이것
을 통해서, 우리는 예수의 사고의 근본적인 윤곽, 주후 1세기 유대교의 전반적
인 세계관에 대한 예수 자신의 독특한 변형을 추적하게 된다.[22] 여기에서 공관
복음서들에 나오는 상당수의 내용들이 예비적인 검토의 대상이 될 것이다. 그
런 후에 나는 제3부에서 이러한 공적인 선포 및 이러한 기본적인 사고 내에
서 예수는 목표들(aims)과 신념들(beliefs)로 이루어진 복잡하지만 철저히 통
일되어 있는 네트워크를 지니고 있었다는 것을 논증하게 될 것이다. 학자들이
종종 생각해 온 것과는 달리, 단지 하나의 "메시야 비밀"이 아니라 서로 얽혀
있는 세 개의 비밀들이 존재했다. 이 비밀들 중 첫 번째 비밀인, 이스라엘에 대
비되는 자신의 역할에 관한 예수의 신념(제11장)은 제자들이 어느 정도 파악
하고 있었다. 두 번째 비밀인, 자신의 사명이 어떤 식으로 성취될 것인지에 관
한 예수의 신념은 예수가 그것을 제자들에게 가르치고자 하였지만, 결국 제자

---

22) 『신약성서와 하나님의 백성』 제3부가 보여주듯이, 나는 주후 1세기 유대교는
매우 복합적이고 다면적인 실체라는 것을 잘 알고 있다. 이것은 주후 1세기의 유대
교가 그것을 주후 1세기의 이교사상으로부터 구별시키는 전체적인 세계관을 소유
하고 있지 않았다는 것을 의미하지 않는다(cf. *NTPG* 118f.). 많은 "유대교들"이 존
재했다는 것은 아무리 일반화된 것이라고 할지라도 우리가 "유대교"라고 부르는 그
무엇이 여전히 존재했음을 의미한다. 또한 이러한 세계관에 대한 인정은 우리가 과
거의 몇몇 학자들이 했던 방식을 따라서 "후기 유대교"(Spät judentum)에 관한 묘
사 속으로 빠져들어가고 있다는 것을 의미하지도 않는다. 겉만 그럴듯한 사이비 분
석이 될 가능성은 자동적으로 모든 분석들을 유효하지 않은 것으로 만드는 것은 아
니다.

들이 깨닫지 못했다(제12장). 세 번째 비밀인, 자기 자신에 관한 예수의 신념은 두터운 베일에 가려진 채 말해질 수밖에 없었다. 그러나 우리는 예수 자신은 이러한 신념을 지니고 있었다고 말할 수 있다. 왜냐하면, 바로 그러한 전제 위에서만 예수의 행위들이 의미를 지니기 때문이다(제13장).

이러한 역사적 논증은 우리를 예수의 죽음의 순간으로 데려다준다. 그러므로 역사가는 다음과 같은 질문에 직면하지 않을 수 없다: 왜 초대 교회는 시작되었고, 왜 그러한 형태를 띠게 되었는가? 나는 처음에 이 주제, 특히 부활 사건에 관한 문제 전체를 본서에서 다룰 예정이었다. 그러나 지면의 부족으로 인해서 그 문제는 다음 기회로 미루지 않을 수 없었다. 그렇다고 해서, 나는 십자가에 못 박히기 전까지의 예수의 사고방식, 목표들, 신념들에 관한 본서의 나머지 부분의 논증이 이로 인해서 약화된다고 생각하지 않는다.

그러나 아직도 여전히 역사적으로 특정(特定)되어 있고 시간에 묶여 있으며 몇 가지 점에서는 이질적이기까지 한 예수에 관한 초상화가 후대의 교회와 세계에 효력을 미칠 수 있게 된 원인들을 탐구해야 하는 엄청난 작업이 여전히 남는다. (일부 학자들은 이러한 문제를 제기하는 것이 학문적인 약점을 보여주는 징표라고 볼 것이다. 이에 대해서 나는 단지 내가 지금까지 읽어 왔던 예수에 관한 모든 저작들을 쓴 저술가들은 그들의 저작이 이런저런 방식으로 오늘날의 문제와 연관이 있다는 것을 알고 있었다는 것, 그리고 초연함이나 "객관성"을 가장하는 것보다는 사실을 있는 그대로 인정하는 편이 더 낫다는 말만을 해두고자 한다.) 이 점에 대해서 여러 해 동안 심각하게 고민해 왔던 나는 이제 이와 관련하여 꼭 필요한 조치들을 행할 수 있는 몇몇 방식들을 알게 되었다고 느끼고 있고, 본서의 마지막 장에서 그러한 조치들이 취해질 수 있는 방식을 잠깐 언급하고자 한다. 조만간에 내가 그러한 것들을 좀 더 자세하게 개진할 수 있는 기회가 오기를 바라면서 말이다.[23]

어떤 독자들은 나의 역사적 논증을 따르면서도 나와는 좀 다른 해석적 제안들을 하고 싶어할지도 모르겠다. 나는 그러한 제안들을 얼마든지 환영할 것이다; 내 자신의 결론들은 내가 마냥 좋아하기만 하는 그런 것들이 아니라 사실 어느 정도 걱정스러운 것들이다. 나는 이 결론들이 적어도 나 자신에게 편

---

23) 예비적인 진술에 대해서는 cf. Wright 1992d.

하지 않다는 것이 내가 그 결론을 의식하지 않은 채 이 주제에 관한 논증을 철저히 해 온 진지함의 결과일 것을 소망한다. 사람들은 이러한 야심을 종종 상아탑에 갇혀서 행한 무책임한 학문적인 몽상으로 희화화한다. 그러나 "본서의 논증을 있는 그대로 받아들이기만 한다면," 독자들은 상아탑을 뛰어넘어서 온 세계를 향한 창조주의 목적들을 꿰뚫어 보고, 그러한 목적들이 편안하게 학문에 안주해 있는 신학자들이 당연시 여기고 있는 많은 것들에 의문을 제기하고 있을 가능성에 직면하게 됨으로써, 이전에 했던 생각들이 사실에 더 충실하지 않은 것들로 보이게 될 것이다. 사람들이 가장 먼저 반대를 하는 실제성(actuality), 즉 "실제적인" 세계 속에서의 삶에 대한 관심이 고대 및 현대의 역사를 진지하게 다루고 있다고 주장하는 본서의 논증에 대한 비판이 될 수는 없을 것이다.

그러므로 우리는 역사적 논증에 헌신할 것이다. 그리고 역사적 논증과 관련된 논란은 그 동안 심하게 요동쳐왔기 때문에, 우리는 그 동안 무슨 일이 진행되어 왔는지를 알 필요가 있다.

3. "탐구들"과 그 유용성[24]

(i) 역사 속의 예수

슈바이처 이래로 "역사적 예수 연구"는 18세기에 활동했던 라이마루스(Hermann Samuel Reimarus)에 의해서 시작되었다고 생각하는 것이 관례처럼 되어 왔다. 물론 이 말에는 일리가 있다. 그러나 라이마루스보다 훨씬 이전에 등장했던 16세기의 종교개혁자들의 작품과 신학적 입장은 적어도 이 주제의 전체적인 역사에서 마찬가지로 중요하다.[25] 그들은 "오직 성경"을 토대로

---

24) 이 절에 대해서 자세한 것은 수많은 글들 중에서 특히 Schweitzer 1954 [1906]; Meyer 1979, ch. 2; Tatum 1982; Brown 1988 [1985]; Sanders 1985, 23-58; Neill & Wright 1988 [1964], 379-403; Wright 1992b를 보라. Reumann 1989은 이상하게도 지난 10년간의 중요한 연구 업적들을 거의 무시하고 있다. 아래에서 살펴보게 될 많은 저술가들은 그 자체로 연구의 주제가 되어 왔다; 여기에서 이것과 관련된 논의를 하는 것은 불가능하다. 자세한 참고문헌들에 대해서는 Evans 1989c를 보라.

25) 이하의 모든 논증에 대해서 표준적인 글들로는 예를 들면 Kümmel 1972/3

한 교회를 원했고, 성경의 문자적 의미를 고집했음에도 불구하고, 과연 그들이 복음서들의 문자적 의미를 통해서 유효한 신학적 결과들을 생산해내는 만족스러운 길을 발견했느냐 하는 것은 의심스럽다.[26] 우리가 필요로 하는 것이 분명하고 "무시간적인" 교리적 및 윤리적 가르침이라면, 우리는 서신서들로 눈을 돌리지 않으면 안 된다(아니, 그들에게는 그렇게 보였다). 그러므로 복음서들은 이와 동일한 "무시간적인 진리"의 저장소로 바뀌지 않으면 안 된다. 이러한 목적은 복음서들을 문자 그대로 독자적으로 존재했던 이야기들이 아니라, 나중에 작은 서신들이 되어버린 예수의 말씀들의 모음집, 또는 잘못된 종교(여기에서는 어렴풋이 바리새인의 모습을 한 16세기의 율법주의자들 또는 형식주의자들에 의해서 제시된)와 예수에 의해서 제시된 참된 종교 간의 충돌을 보여주는 사건들의 모음집으로 다룸으로써 성취되었다. 물론, 이 모든 것들은 복음서들이 진정으로 가리키고 있는 사건, 즉 예수의 죽음과 부활에서 그 절정에 달하는데, 여기에서 예수의 죽음과 부활은 주후 1세기의 유대인들 또는 로마인들이 탄 배를 흔드는 일을 멈추기를 거부했던 서투른 한 인물의 처형이 아니라, 세상의 죄를 단번에 해결한 하나님의 구원 행위로 이해되었다.

그러나 이러한 하나님의 구원 행위는 그것에 앞선 그 밖의 많은 것들과는 별 상관이 없는 일이었다. 복음서들이 예수의 죽음으로 절정에 달하고 있다는 사실은 예수의 삶으로부터 도출될 수 있는 그 어떤 의미와도 별 관계가 없는 것처럼 보였다. 다만 사랑과 은혜에 관한 설교를 통해서 예수가 자초하였던 갈등만이 구속자 하나님이 역사적 이유와는 아무런 상관도 없는 구속 계획 속에서 "중시했던" 예수의 죽음에 대한 개략적인 이유였다는 것을 제외한다면 말이다. 종교개혁자들은 "예수는 왜 죽었는가?"라는 질문에 대하여 매우 철저한 대답들을 지니고 있었다; 하지만, 그들은 "예수는 왜 살았는가?"라는 질문에 대해서는 그러한 훌륭한 대답들을 거의 갖고 있지 못했다. 오늘날 그들의 후계자들도 사정은 거의 마찬가지다. 그러나 이 질문은 결코 사라지지 않을 것이다. 이에 대한 유일한 대답이 "뭔가 영악한 도덕적 가르침을 베풀고 모범적인 삶을 살며 희생적 죽음을 준비하기 위한 것"이라면, 그러한 대답은 분명 불충

[1970]을 보라.

26) *NTPG* 19f.를 보라; 그리고 지금은 cf. Noble 1993.

분한 것으로 느껴질 수밖에 없을 것이다. 또한 앞으로 보게 되겠지만, 그러한 대답은 자신의 소명과 사역에 대한 예수 자신의 이해와도 전혀 맞지 않는 것처럼 보인다.

그러므로 많은 대중적인 설교와 저술에 의해서 대변되고 있는 정통 신앙이 예수의 사역의 목적에 관하여 분명한 개념을 지니고 있지 않다고 말하는 것은 분명히 단순한 풍자만은 아닐 것이다. 많은 보수주의적인 신학자들에게는 예수가 동정녀에게서 나셨고(인간 역사의 어느 시점에, 그리고 어느 민족으로부터) 죄없는 삶을 살았으며 희생제사적인 죽음을 죽으셨다가 삼일만에 다시 살아났다고 말하는 것만으로 충분할 것이다. (몇몇 경우들에는 이러한 말들의 주된 의미는 성경은 모두 진리이다라는 결론이 되곤 한다.) 이러한 사건들의 와중에서 예수가 실제로 여러 가지 것들을 말하고 행함으로써 놀라운 도덕적 가르침을 베풀고 당시의 사람들을 곤혹스럽게 하였다는 사실은 이런 유의 정통 신앙의 도식 내에서는 한낱 하나의 장식물 정도의 역할만을 할 뿐이다. 예수는 궤변론자들을 물리친 소크라테스와 교황주의자들과 맞선 루터를 이어주는 다리(a cross) 역할을 하는 합성된 인물이 된다. 이런 식으로, 예수의 사역과 죽음은 느슨하게 연결된다. 하지만 이 문제를 진지하게 검토하게 되면, 이러한 연결의 고리는 끊어지고 만다. 추상적인 신학의 결과물로서 예수의 사역의 주된 목적을 십자가 위에서 죽는 것이라고 본다면, 마치 예수는 단순히 스스로 십자가에 못 박힘으로써 추상적인 희생제사 신학을 효력있게 하기 위하여 기득권 세력에 대항한 것처럼 된다. 이것은 예수의 사역과 죽음, 이 둘 모두를 철저한 계략으로 보이게 만든다.

앞에서 이미 말했듯이, 이와 동일한 이유들로 인해서 종교개혁자들과 그들의 후계자들은 복음서들보다는 서신서들을 해설하기를 훨씬 더 좋아했던 것으로 보인다. 루터를 비롯한 종교개혁자들은 예를 들면 갈라디아서 전체의 의미를 파악해서 그것을 당시의 상황과 연결시키는 데 최선의 노력을 기울였지만, 이를테면 마태복음 같은 것을 동일한 방식으로 연구하거나 복음서 기자들이 예수에 관한 흥미롭고 유익한 자료들을 수집했을 뿐만 아니라 그것들을 한데 엮어서 온 세상 사람들을 향하여 연속된 서사(敍事), 즉 하나의 이야기로 만든 이유가 무엇이었는지를 물으려는 시도는 거의 하지 않았다. 나는 나중에 논증을 통하여 이 두 가지 약점 — 예수의 사역이 지니는 신학적 의미에 관하여 묻지 않은 것과 복음서들을 있는 그대로, 즉 이야기들로서 진지하게 다루지 못한 것 — 이 현재의 많은 혼란의 주된 이유들이고, 그러한 약점들은 고쳐질 수 있고 또한 반드시 고쳐져야 한다는 것을 보여주고자 한다.

어쨌든 종교개혁자들은 역사의 예수 자체에 초점을 맞춘 것이 아니라, 예수의 사역의 결과들, 즉 "유익들"에 초점을 맞추었다. "우리가 해야 할 일은 그리스도를 아는 것, 그의 유익들을 아는 것이다. 만약 우리가 왜 그리스도께서 스스로 인간의 몸을 입으시고 십자가에 못 박히셨는지를 알지 못한다면, 예수의 삶의 역사를 배워본들 거기에서 무슨 유익을 얻을 수 있겠는가?"[27] 물론, 이 말은 우리가 "예수의 삶의 역사를 배울" 필요가 없다거나 배워서는 안 된다고 말하는 것은 아니지만, 분명히 예수의 삶의 역사가 아니라 추상적인 — 그러니까 좀 더 쉽게 적용할 수 있는 것처럼 보이는 — 성육신 교리와 속죄론에 대한 직접적인 관심을 보여주는 말이다. 그들은 "나를 위한"(pro me) 복음에 대한 강조는 복음서들의 구체성, 역사적 비반복성에 의해서 위협하는 것으로 보았다. 적어도 종교개혁자들 중 일부는 의도적으로 역사와의 단절을 꾀했고, 실제로 그런 결과를 낳았다: 그들은 본질적으로 새로운 교회들, 즉 그리스도 및 사도들(그리고 아마도 교부들)과 연속성을 지니고 있는 것으로 생각된 교회들, 그러나 중세 교회와는 결정적으로 단절된 교회들을 세웠다. 이러한 조치와 아울러, 적어도 원칙적으로는 이번에는 신앙의 핵심 영역에서 역사와의 단절이라는 또 하나의 단절이 생겨났다. 그리스도와의 연속성은 실제의 예수, 유대적인 예수, 예수 자신의 목표들을 무시한다는 것을 의미하였다. 지금 이 자리는 종교개혁자들이 왜 그러한 태도를 취했는지를 살펴볼 자리가 아니고, 또한 나는 그러한 검토를 할 능력도 가지고 있지 않다. 여기서는 다만 종교개혁 전통에 서 있었던 켈러(Kähler)와 불트만 같은 후기 루터파 학자들이 "이른바 역사적 예수"에 대항하여 "역사적 의미를 지니는 성서적 그리스도"를 제시하거나, 결단으로의 무시간적인 부르심을 밝혀내기 위하여 유대의 묵시론적 신화를 담고 있는 편집층들을 제거해야 한다고 주장했을 때, 그들의 주장은 확고한

---

27) Philipp Melanchthon, *Loci Communes,* 1521; in the English tr. of Melanchthon 의 저작들의 영역본으로는 2.7,(ed. Hill, 1944), 68. Cf. Melanchthon의 저작들의 한 권으로 된 판본: 1982 [1555].

토대를 이미 지니고 있었다는 것만을 말해두는 것으로 충분할 것이다. 또한 역사가를 내쫓는 신학자, 집에 다시 돌아온 탕자를 거부한 맏아들의 분위기가 여기에 어른거린다고 불안한 마음으로 말할 수도 있을 것이다.[28]

종교개혁 이후에 가톨릭과 개신교, 양쪽 모두에서는 문자적 의미(sensus literalis)라는 해석 원칙의 등 뒤에서 몰래 알레고리(allegory)를 사용하여, 복음서들을 윤리와 교리, 신도들의 덕을 세우는 이야기를 위한 자료로 사용하는 것이 일반화되어 왔다. 사람들의 관심이 "기독교적인" 사회를 만들어내고, 논쟁과 전쟁을 통해서 그러한 사회를 유지하고 방어해 내며 당시의 첨예한 신학적 및 실제적인 문제들을 해결하는 데에 관심이 쏠려 있었기 때문에, 사람들은 복음서들을 그런 식으로밖에는 사용할 수 없었다. 이런저런 방식으로 여전히 유럽의 대부분을 장악하고 있었던 교회에게 예수는 세상을 구속하신 신적인 그리스도, 그로부터 파생하는 권세를 교황 또는 설교자를 통해서 세상의 유익을 위하여 행사하고 계시는 신적인 그리스도였다. 이러한 성상(icon)은 확고한 자리를 확보하고 있었고, 그 성상이 묘사하고 있는 그리스도 — 그의 이름으로 많은 선과 악이 행해졌던 바로 그 그리스도 — 가 진정으로 그 성상이 대표하고 있다고 주장하는 예수와 동일한 모습인지에 대해서는 사람들은 묻지 않았다. 라이마루스가 등장할 때까지는 아무도 묻지 않았다.

내가 본서에서 제시하게 될 가설은 신학에 대한 종교개혁자들의 관심을 공유하고 있긴 하지만, 신학적 및 해석학적 과제와 관련해서 예수의 삶의 역사가 지니는 가치에 관한 그들의 불신(不信)을 공유하고 있지는 않다. 이러한 관점에서, 나는 두 세기 동안 편의(便宜)에 의해서 무시되어 왔던 예수의 삶의 역사에 대하여 종교개혁의 전통을 이어받은 교회들에게 경각심을 일깨워준 비평 운동의 등장을 환영할 수밖에 없다.

(ii) 비평 운동의 등장: 라이마루스에서 슈바이처까지

라이마루스(1694-1768)는 위대한 성상 파괴자였다. 그가 쓴 단편들(1778년에 레싱에 의해서 유고집으로 발간된)은 슈바이처가 열거하고 있는 "예수의

---

28) Kähler 1964 [1892], 그리고 Kümmel 1972/3 [1970], 222-5; McGrath 1994 [1986], 111-14에 나오는 글들을 보라; 지금은 cf. Braaten 1994; Johnson 1995.

전기들" 중에서 위대한 작품 축에 들지는 못했지만, 지배적인 신화에 도전한 최초의 인물, 또는 적어도 그러한 도전을 세상에 알린 최초의 인물이라는 평을 듣는다.[29] 콜린 브라운(Colin Brown)이 최근에 보여주었듯이, 라이마루스는 영국의 이신론(理神論, Deism)의 영향을 강하게 받았음에 틀림없고, 이러한 이신론은 그의 문제제기와 작업에 유리한 풍토를 만들어 주었다.[30] 그는 진공 속에서 글을 쓴 것이 아니었다. 반대로, 그는 당시의 주류 전통을 향하여 날카롭게 반응하고 있었던 것이다. 당시의 주류 전통 — 유럽의 기독교, 특히 대륙의 개신교 — 은 예수와 복음서들에 관한 나름대로 독자적인 견해를 지니고 있었고, 라이마루스는 그러한 것들이 틀리다는 것을 증명하려고 결심하였다. 그의 목표는 당시의 기독교가 역사적 왜곡 또는 허구에 기초하고 있다는 것을 보여줌으로써 기독교를 뿌리채 파괴하고자 했던 것으로 보인다. 예수는 점점 더 광신적이고 정치적이 되어 갔던 유대인 개혁자였다; 그리고 그는 실패하였다. 예수가 십자가 위에서 자포자기에 빠져 부르짖은 절규는 그의 신이 그를 지원하기 위하여 행동할 것이라는 그의 예상의 종말을 보여주는 신호탄이었다. 제자들은 겁을 집어 먹고 또 다른 메시야 모형을 만들어 내어서 예수가 "부활했다"고 알리고 다니면서 그들의 신이 세상의 종말을 가져오기를 기다렸다. 그들도 마찬가지로 실망했지만, 절망에 빠져 한탄만 하고 있었던 것이 아니라 초기 가톨릭 교회를 세웠는데, 이것은 라이마루스에게 절망의 행위나 매한가지로 보였다. 그의 명제는 가공할 정도로 단순하다. 역사는 신학으로부터 나온다. 조상들의 유산을 털어보라. 그러면 당신은 돼지들을 먹일 수 있는 먹이만을 얻게 될 것이다. 예수는 그저 평범한 유대인 혁명가에 불과했다; 복음서들

---

29) cf. Reimarus 1970 [1778], 그리고 Schweitzer 1954 [1906], 13-26; Meyer 1979, 27-31; Brown 1988 [1985], ch. 1에 나오는 논의들.

30) Brown 1988 [1985], chs. 1-3; Kümmel 1972/3 [1970], 51ff.를 보라. 17세기 후반과 18세기 초반에 등장한 영국의 이신론은 반초자연주의 풍토를 만들었고, 거기에서는 신약을 몇 가지 점들에서 잘못되었다고 보았고, 예수를 편협하고 고루한 유대인들과는 반대로 참된 영적인 종교를 창시한 인물로 이해하였다. 18세기 후반에 나온 Semler와 Michaelis, 특히 Lessing의 작품은 신약성서는 오직 그 당시에만 유효하다고 주장하였다: 진정한 종교는 역사 속에 있는 것이 아니라 그 밖의 다른 어딘가에 있었다(Kümmel 62-73과 거기에 나오는 참고문헌 및 전체 인용문들).

은 새로운 종교의 이익을 위하여 이 사실을 쉬쉬하며 덮어버렸다. 처음으로 되돌아가보라. 그러면 당신은 당신의 신앙(그리고 거기에 토대를 둔 유럽식의 생활방식)이 실패한 메시야와 거짓투성이의 복음서에 근거하고 있다는 것을 발견하게 될 것이다. 이와 같이 "역사적 예수 연구"는 명백하게 반신학적이고 반기독교적이며 반교리적인 운동으로 시작되었다. 이 운동이 내건 최초의 과제는 기독교 신앙이 토대로 삼을 수 있는 예수를 발견하는 것이 아니라 교회의 신앙(당시에 인식된 대로의)이 실제의 나사렛 예수를 토대로 하고 있지 않다는 것을 보여주는 것이었다.

우리는 종교개혁 이후의 교회가 이러한 공격에 그대로 노출되어 있었다는 것을 분명히 알아야 한다. 라이마루스는 위에서 인용한 멜란히톤의 말의 강조점 속에 내재해 있던 역사와 신앙 간의 균열을 단순히 이용하였을 뿐이었다. 라이마루스는 복음서들은 역사에 대한 기록이 아니라 초기 기독교의 신앙의 기록들이기 때문에, 실제 역사를 연구해 보면, 판이하게 다른 그림을 발견하게 된다고 주장하였다. 그러한 문제제기는 입밖에 꺼내기조차도 안 된다고 말하는 것으로는 이 문제가 해결되지 않는다. 라이마루스에 대한 슈바이처의 반론은 이런 것이었다: 슈바이처가 이스라엘의 소망이 장차 성취될 것이라는 예수의 주장을 강조한 것은 옳았지만, 예수의 종말론을 순전히 정치적인 의미로 해석한 것은 잘못되었다. 내 자신의 반론도 이와 비슷하지만 그 범위가 좀 더 넓다: 예수는 로마에 대한 유대 민족의 저항을 지지하지 않고, 오히려 반대하였다. 그러나 예수는 반드시 당시의 역사적 배경 속에서 이해되어야 한다. 종교개혁자들과 그 후계자들이 예수를 그런 식으로 이해하지 않았다는 점에서, 우리는 라이마루스 또는 그와 같은 부류의 사람들을 단순히 기독교를 반대하는 대항자로 볼 것이 아니라, 그들의 의도에도 불구하고 기독교의 참된 개혁자로 보아야 한다. 나의 이런 말은 기독교의 정통 신앙에 반대한 라이마루스와 그 밖의 계몽주의 사상가들의 편을 드는 것이 아니라, 계몽주의의 도전은 그들의 의도와는 상관없이 기독교에 대한 위협이 되었을 뿐만 아니라 기독교에 유익을 끼치는 것이 될 수도 있다는 것을 인정하는 것이다. 탕자의 비유에서 큰 아들은 탕자가 집에 돌아 왔을 때에 지나치게 시건방을 떨지 않았어야 했다.

자, 이제 우리의 입장을 분명히 해보자. 사람들은 흔히 초기의 "예수의 전기들"이 교회를 현실의 역사에로 되돌려 놓고자 시도하였다고 생각한다. 그러나 사실은 그렇지 않았다. 그것들은 역사적 현실이라는 하잘 것 없는 광경을 얼핏 보여줌으로써 사람들로 하여금 정통적인 신학에서 등을 돌리고 새로운 자유를 찾을 수 있도록 하기 위하여 역사적 진실이 실제로 무엇인지를 보여주고자 했던 것이다. 그러니까, 그들은 다른 곳을 보기 위하여, 즉 레싱(Lessing)이 말한 "추악한 시궁창"의 다른 쪽, 즉 일상의 사건들의 보잘것없는 사실들 또는 심지어 예수의 사건들 같은 이례적인 것들에 의해서 전혀 더럽혀지지 않을 이성의 영원한 진리들을 찾기 위하여 역사에 눈을 돌렸던 것이다.[31] 그로부터 200년이 지난 지금에 와서 볼 때, 흥미로운 사실은 역사를 근거로 삼고자 했던 그들의 시도는 실패했다는 것이다. 역사는 관념론자들이 믿고 있었던 것보다 훨씬 더 많은 것은 포함하고 있다는 것이 밝혀졌다. 이런 의미에서 라이마루스는 그 자신의 의도와는 상관없이 신앙의 진정한 개혁자였다. 그는 닫힌 휘장을 걷어내면 기독교의 기원의 보잘것없는 빈곤함이 그대로 드러날 것이라고 생각하였다. 그러나 좀 더 자세하게 살펴보라는 초대장은 한번 보내진 후에는 철회될 수가 없었다. 그리고 예수의 이야기의 보잘것없어 보이는 역사적 구체성 안에서 우리는 지금 복음의 온갖 감춰진 보화를 찾아낼 수 있다. 우리는 그 모든 것을 사기 위하여 일단 모든 것을 팔지 않으면 안 되었던 것이다 — 특히 레싱의 형이상학; 그러나 이제 와서 우리가 할 수 없는 것이 한 가지 있는데, 그것은 이미 젖혀진 휘장을 다시 제자리로 돌려놓는 것이다. 라이마루스는 우리에게 커다란 봉사를 했다. 그의 역사적 접근방식은 나름대로 약점들을 지니고 있지만, 그 약점은 궁극적으로 우리에게 다행스러운 것이라고 할 수 있다.

라이마루스와 슈바이처 중간에 등장했던 모든 사람들에게 이와 동일한 말을 할 수는 없을 것이다. 그들의 이야기는 너무도 잘 알려져 있고 아주 자주 말해지고 있기 때문에 여기에서 자세하게 살펴볼 필요는 없을 것이다. 슈트라

---

31) 19세기의 "탐구" 내에는 적어도 두 가지 흐름이 전제하였지만, 이것들을 갈라내서 구분하는 것은 나의 현재의 목적의 일부가 아니다. 일부 학자들은 역사를 "의미"로부터 구분한 계몽주의를 따랐고, 일부 저술가들은 헤겔과 슐라이어마허(Schleiermacher)를 따라서 그것을 비판하였지만, 더 나은 역사적 예수상을 만들어내지는 못했다. 이 모든 것에 대해서는 Brown 1988 [1985]; O'Neill 1991a; Theissen 1996을 보라.

우스(David Friedrich Strauss)가 쓴 저 유명한 『비판적으로 살펴본 예수의 전기』(*Life of Jesus Critically Examined*)(1835년)는 기독교를 합리주의, 특히 사변적인 헤겔 철학의 관점에서 바라보고, 선험적으로 이적과 관련된 요소들을 다 제거하였다(그리고 이적들을 합리화하기 위하여 정통 신앙이 제시한 논거들 다수가 우스꽝스러운 것들이라는 것을 입증하는 데에도 아무런 어려움도 느끼지 않았다).[32] 마찬가지로 유명한 르낭(Ernest Renan)의 『예수의 전기』(*Vie de Jesus*)(1863년)는 자유주의적인 "예수의 전기들"의 극치를 보여주는 작품인데, 그가 세상에 제시한 창백하고 무시간적인 갈릴리 사람은 다음 세대에 의해서 과감한 새로운 시대의 필요에 비해서 너무 나약하고 덧없다는 이유로 거부되었다.[33]

물론 자유주의적인 예수의 초상들을 가장 날카롭고 효과적으로 거부했던 사람은 슈바이처 자신이었다. 슈바이처는 라이마루스가 예수를 주후 1세기 유대교의 배경 속에서 본 것은 옳았지만 예수를 혁명가로 본 것은 잘못된 것이라고 보았다. 오히려 예수가 그의 동시대인들과 공유했던 주후 1세기의 현상은 세상의 임박한 종말에 대한 기대를 보여주는 "묵시사상"이었다. 그러나 슈바이처는 그 현란한 해설과 다른 사람들의 작품에 대한 비평에도 불구하고 단지 자기 멋대로 예수의 실루엣을 과감하고 대담하게 그리는 결과만을 낳았을

---

32) Strauss(1808-74): "내가 나 자신을 올바르게 알고 있다면 신학과 관련된 나의 입장은 신학 속에서 나의 관심을 끄는 것은 문제를 불러일으키고, 문제를 불러일으키지 않는 것은 내게는 관심이 없다는 것이다"(Kümmel 1972/3 [1970], 122에 나오는 인용문과 논의).

33) Renan(1823-92)에 대해서는 Schweitzer 1954 [1906], 180-92에 나오는 혹평을 보라: 르낭의 작품에는 "양심이 결여되어 있다."(C. E. Luthardt의 말); 르낭의 작품은 진실치 못하다; 그것은 역사적인 해법 대신에 "소설가의 화려한 색채의 글귀들"만이 가득하다; 신약성서에서 편안함을 느끼기 위해서는, 르낭은 "거기에 감상의 향수를 뿌려야 했다." "사람들의 주목을 끌었고, 사람들은 예수를 보고 있다고 생각했다. 왜냐하면, 르낭은 그들로 하여금 푸른 하늘, 파도가 넘실거리는 바다, 먼 산들, 반짝이는 백합들, 그 중앙에 있는 게네사렛 호수라는 정경을 보게 만들었고, 갈대들의 속삭임 속에서 산상수훈의 영원한 멜로디를 듣게 한 솜씨를 지녔기 때문이었다."(191f.; 181). 니체가 거부했고, 스윈번(Swimburne)으로부터 "창백한 갈릴리인"이라는 조롱을 불러일으켰던 것은 바로 이러한 모습의 예수였다.

뿐이다. 우리는 예수의 부르심에 순종하는 것 이외의 방법으로는 예수를 알 수 없다; 예수는 지금까지와는 전혀 다른 예수, 우리의 모든 기대들과 전혀 다른 예수이다. 예수는 자기 자신이 메시야라고 믿었지만, 사람들은 예수를 엘리야라고 생각하였다; 예수는 자신이 사역을 하는 동안에 그의 신이 개입하여 세상을 종말에 이르게 할 것이라고 자신있게 기대하였다. 예수는 세계 역사의 종말을 가져올 하나님 나라라는 불가능한 꿈을 꾸었다. 이런 일이 일어나지 않고, 역사의 거대한 수레바퀴가 돌기를 멈추지 않자, 예수는 그 수레바퀴에 자기 자신을 던졌고, 그 수레바퀴 속에서 스스로 분쇄되었지만, 역사의 수레바퀴를 돌리는 데에는 성공하지 못했다. 이런 식으로, 예수는 이스라엘과 세상에 임하게 되어 있었던 큰 환난(Great Affliction)을 스스로 담당하였다. 예수의 역사적 삶과 기독교를 이어주는 다리는 예수의 인격(personality)이다: 예수는 역사 속에 우뚝 서서, 사람들에게 세상을 바꾸는 일에 자기를 따르라고 부른다. 예수의 소망들의 실패는 사람들을 유대교의 족쇄로부터 해방시켜서, 새로운 모습으로 세상의 소망이 되게 만든다. 슈바이처가 그려낸 실루엣의 대체적인 윤곽들은 한 세기가 지난 지금에도 여전히 강력하고 뚜렷한 모습으로 남아 있다.[34]

슈바이처는 어느 정도 성공을 거두었다. 예수에 관한 거의 모든 서양의 사고는 그의 기본적인 개념들을 이런저런 방식으로 받아들여서 사용해 왔다. 참으로 이상한 것은 그들이 정도가 지나친 확신을 지니고 있다는 것이다. 슈바이처는 사람들로 하여금 어두운 묵시론적 하늘, 감추어져 있다가 드러나고 있는 비밀들, 다가올 파국의 기이한 그림자, 언덕 위에 세워진 십자가의 실루엣을 볼 수 있게 해주고, 제자들을 순종과 갈등과 고난과 마지막으로는 지식으로 부르는 영원한 소명, 그 괴상한 부르심들을 예수로부터 들을 수 있게 해주는 수완을 지녔기 때문에, 사람들은 슈바이처의 말에 홀려서, 자신들이 예수를 보고 있다고 생각하였다. 슈바이처의 예수가 지닌 온전한 함의(含意)들로부터 발을 뺀 사람들은 슈바이처의 작품이 역사적 연구의 정확한 기준들에 부합하지 않았

---

34) 특히 Schweitzer 1954 [1906], 328-401을 보라; 그리고 Schweitzer 1968a [1967], 68-130과 비교해 보라. Schweitzer의 저작에 대한 최근의 논의에 대해서는 O'Neill 1991a, ch. 19를 보라.

기 때문이라기보다는, 그러한 예수가 제시하는 총체적인 요구 때문이었을 것이다. 사람들에게 훨씬 더 인기가 있어 왔던 그 밖의 다른 많은 작품들도 역사적 연구의 그러한 기준이라는 면에서 결코 슈바이처의 작품보다 더 낫지 못했다. 발 빠른 자가 항상 경주에서 승리하는 것은 아니다.

내 자신의 가설은 이러한 옛 탐구(Old Quest)와 관련하여 모호한 관계에 있다; 그러나 이것은 옛 탐구가 지닌 모호성들을 생각하면 결코 이상한 것이 아니다. 한편으로 19세기의 저술가들은 대체로 어느 정도 역사적인 근거를 갖고 있으면서도 신학적, 또는 적어도 종교적인 의미를 유지할 수 있다고 생각되었던 예수의 전기들을 씀으로써 비평학의 도전에 대처하고자 하였다. 마찬가지로 나도 사건들이 지니는 "의미"를 잊어버리지 않는 가운데 역사를 서술하고자 한다.[35] 다른 한편으로 19세기의 역사가들은 흔히 예수가 유대인이라는 사실을 무시하고 가능한 한 예수를 보편적인 인물로 이해함으로써 예수를 영원한 진리들을 가르친 무시간적인 교사로 만들고자 애썼다. 예수에 대한 낭만주의적이고 관념론적인 해석에 기여하였던 그들의 작품이 지니고 있는 이러한 성향은 그들의 역사적 판단들 가운데에서 극소수만이 오늘날 아무런 수정 없이 살아남을 수 있다는 것을 의미한다. 나는 역사와 신학을 동시에 하고자 했던 그들의 태도를 공유한다; 그러나 그들을 지배하고 있던 해석학적 프로그램, 그리고 이에 따른 역사적 방법론은 결국 내가 그들이 행했던 것과 동일한 방향으로 연구를 진행할 수 없다는 것을 의미한다.

슈바이처 자신이 금세기 초에 예수를 연구하는 학자들은 둘 중의 하나를 선택할 수밖에 없는 처지에 놓여 있게 되었다는 것을 아주 분명하게 인정하였다. 슈바이처가 말한 양자택일의 상황은 그가 쓴 저서의 마지막 장의 표제에 잘 나타나 있다: "철저한 회의주의냐, 철저한 종말론이냐." 학자들의 이름을 들어서 이것을 표현해 본다면, 브레데(Wrede)의 견해냐 슈바이처(Schweitzer)의 견해냐, 이 둘 중에서 선택해야 한다는 것.[36] 이러한 반립명제(反立命題, antithesis)는 20세기 말에 살아가는 우리에게도 이런저런 형태로 문제가 되고 있기 때문에, 이것을 좀 더 자세하게 살펴볼 필요가 있다.

---

35) 특히 *NTPG* ch. 4, 109-18을 보라.
36) Schweitzer 1954 [1906], ch. 19.

브레데와 슈바이처는 둘 다 나름대로의 방식으로 라이마루스의 기본적인 입장을 발전시켰다. 두 사람은 모두 예수에 대한 진지한 역사적 연구는 주류 정통신앙이 전제해 왔거나 원했던 것과는 아주 판이하게 다른 모습을 보여줄 것이라고 생각하였다.[37] 그러나 거기에서 이 두 사람의 길은 갈렸다. 마가복음에 나타난 "메시야 비밀"에 관한 브레데의 책은 라이마루스보다 한층 더 나아 갔다: 우리가 예수에 관하여 알고 있는 모든 것은 예수가 뭔가 주목할 만한 것들을 행하고 말하다가 결국에 처형당한 갈릴리 출신의 교사 또는 예언자였다는 것이다.[38] 다른 공관복음서들의 토대가 된 마가복음은 이미 예수 자신의 주장으로부터 실질적으로 방향을 수정하였던 초대 교회 내에서 신학적인 동기에 의해서 만들어진 허구적인 이야기다. 그러나 슈바이처는 예수가 주후 1세기의 유대적 배경 속에 속해 있다는 라이마루스의 주장에 동의하면서도 당시에 유대적 배경 속에서 중요했던 것은 혁명이 아니라 묵시 사상이었다고 주장하였다. 이를 토대로, 슈바이처는 자신의 저술 속에 브레데보다 훨씬 더 많은 복음서의 내용들을 포함시켜서, 예수로부터 초대 교회를 거쳐서 복음서들의 저술에 이르기까지의 발전과정을 훨씬 더 섬세하게 제시할 수 있었다.

이 두 입장 간의 차이를 충분히 이해하게 되면, 우리는 20세기 말에 이루어진 예수에 관한 비평적 글쓰기의 두 가지 대로(大路)를 이해할 수 있다. 브레데의 길은 우리는 예수에 관하여 비교적 거의 알지 못하고 있고 복음서들은 그 개요와 세부적인 내용에 있어서 오직 초대 교회의 관심들만을 반영하고 있는 상당수의 내용들을 담고 있다고 주장한다. 슈바이처의 길은 예수를 묵시론적 유대교의 배경 속에 위치시켜 놓고, 이를 토대로 예수 자신, 초대 교회, 복음서들 사이의 훨씬 더 많은 연속성을 주장한다 — 물론 이들 각각이 지니는 서

---

37) Schweitzer 329: "철저한 회의주의와 철저한 종말론은 이 둘이 연합해서 오늘날의 역사적 신학을 멸하던가, 아니면 그 역사적 신학에 의해서 멸망 받을 것이다; 그러나 그것들은 역사적 신학과 합쳐져서 역사적 신학을 진보시킬 수 없고, 그것들도 역사적 신학에 의해서 진보될 수 없다." 신학이 이것을 인정하지 않는 것은 어리석은 짓이다: "신학은 집으로 가서 모든 가구 위에 집달리가 붙인 압류 딱지들을 발견하지만, 채무를 갚지 않는 경우에 모든 것을 잃을 수 있다는 것을 무시한 채 아주 태연하게 예전처럼 지내고 있다."(330).

38) Schweitzer의 요약, 336을 보라.

로 다른 역사적 배경들을 인정하는 가운데. 이 두 가지 접근방법은 아주 분명하게 구별되기 때문에, 우리는 오늘날의 저술들을 아래의 제2장과 제3장에서 각각 논의되는 두 가지 주된 부류로 범주화시킬 수 있다. 물론 오늘날에는 브레데와 슈바이처가 걸었던 두 오솔길은 수많은 사람들이 서로 다른 속도와 서로 다른 차선, 그리고 실제로 서로 다른 방향으로 달리고 있는 고속도로가 되어 있다.[39] 그리고 이러한 발전으로 인해서 상당히 많은 샛길들, 휴게소들, 공원 지역들이 우후죽순처럼 생겨났다. 또한 몇몇 저술가들은 이 두 대로를 잇는 새로운 도로들과 교차로들을 세우고자 시도해 오기도 했다. 그러나 앞으로 우리가 적당한 때에 보게 되겠지만, 이 두 대로 간의 차이는 여전히 뚜렷하다. 우리는 예수에 관하여 거의 아는 것이 없고, 복음서들은 우리에게 대체로 잘못된 예수에 관한 초상을 제공해 주고 있는 것인가(브레데)? 아니면 예수는 묵시론적 유대교의 예언자였고, 복음서들은 각각의 상황 속에서 하나님 나라에 관한 예수의 선포를 상당 부분 반영하고 있는 것인가(슈바이처)?

(iii) 무탐구(No Quest)에서 새탐구(New Quest)로: 슈바이처에서 쉴레벡스로

슈바이처는 "탐구"의 역사 속에서 전환점이다. 그는 옛 "탐구"를 아주 성공적으로 와해시키고 충격적인 대안을 제시하였기 때문에, 반 세기 동안 진지한 학자들은 예수를 연구할 때에 다시 역사로 돌아가야 하는 커다란 어려움을 겪었다. 이 시기는 신학자들이 그 밖의 다른 전승들에서는 한 분 하나님에 관하여 말하고 있는 것으로 여겨었던 경건한 침묵의 전승을 예수에게 돌린 위대한 부정의 길(via negativa)의 시대였다.[40] 마틴 켈러(Martin Kähler)는 이미

---

39) 나는 이 은유의 이러한 서술에 대하여 도미니쿠스 수도회의 Crossan에게 감사한다.

40) 이러한 부정의 길(via negativa)은 좀 이상하다. 이러한(원래는 신플라톤학파적인) 개념을 사용했던 아퀴나스 같은 과거의 신학자들은 참된 하나님에 관한 침묵은 예수에 관한 발언에 의해서 보상된다는 점을 강조하는 경향을 보여주었다(cp. Schillebeeckx 1979 [1974], 669; Williams 1994, 101f.). 그러나 우리가 예수에 관하여 침묵한다면, 우리는 무엇에 관하여 말할 수 있는가? 지난 100년 동안을 바라보면, 이 문제에 대하여 아주 분명한 대답들이 주어져 왔다는 것은 분명하다; 그러나

1892년에 이러한 방향을 보여주는 자신의 항변을 제시한 바 있었다: 선포된 그리스도가 신학의 초점이 되어야 한다; 만약 예수, 그러니까 참 신이 오직 역사를 통해서만 알려질 수 있는 것이라면, 역사가들이 제사장들이 될 것이다.[41] (오히려, 켈러는 설교자를 통제하에 두고 있는 듯이 보인다.) 1926년에 불트만은 예수의 설교 속에서 묵시론적인 장신구들을 다 떨어내 버리고 "다가올 세상을 소망하는 사고"를 폐기한 책 한 권을 발간함으로써 예수의 종말론을 실존주의적인 결단으로의 부르심으로 바꾸어 놓았다.[42] 슈바이처와 마찬가지로, 불트만은 19세기 개신교의 자유주의적인 예수를 거부하였다;[43] 하지만 슈바이처와는 달리, 불트만은 예수의 "인격"은 현존하는 기록들로부터 복원될 수 없고, 어쨌든 신학과는 아무런 관련이 없다고 주장하였다.[44] 역사적 예수에 관한 것들처럼 보였던 이야기들은 대체로 "부활하신 그리스도"에 관한 신앙의 진술들을 예수의 공생애 기간에 거꾸로 투사시켜서 읽은 것으로써 역사적인 기억이 아니라 초대 교회의 신앙을 표현하는 것이었다. 어쨌든 예수는 당시의 원시적이고 신화론적인 전망을 공유하고 있었고, 따라서 예수의 메시지가 지닌 "진정한" 요지를 알아내고자 한다면, 우리는 ("탈신화화"를 통해서) 그러한 전망의 뒷편으로 가서 살펴보지 않으면 안 된다. 그러므로 예수와 초대 교회의 삶을 이어주는 다리는 오직 말씀의 선포 속에서만 찾아져야 한다.[45] 불트만은 역

우리는 이렇게 해서 등장하는 전체적인 신학적인 방법론이 새롭다는 것을 과소평가해서는 안된다.

41) Kähler(1964 [1892])는 예수에 대하여 아무것도 알 수 없다고 말하는 것이 아니다: 그의 비평은 도끼날을 갈지 않고도 "순수하게 객관적인" 역사연구를 할 수 있다고 생각하는 자들을 겨냥한 것이다. 이러한 기본적인 점에 있어서 나는 전혀 이의가 없다(*NTPG* Part II를 보라); 내가 켈러에게 동의하지 않는 것은 또 다른 차원의 것, 즉 그가 명백하게 역사를 폄하하고 있는 것과 관련되어 있다.

42) Bultmann 1958a [1926], 52. 그 책은 아이러니컬하게도 "과거의 위대한 영웅들"이라는 제목을 지닌 총서의 일부였는데, 이것은 바로 불트만이 사람들이 예수를 그런 식으로 보지 말아야 한다고 주장하던 그것이었다.

43) 윤리적 이상주의에 반대하는 Bultmann 93f.

44) 그러나 Schweitzer는 몇 가지 점에서 Bultmann의 등장을 예상케 해주었다: 고린도후서 5:16에 대한 "불트만적인" 읽기를 포함한 Schweitzer 1954 [1906], 399f.를 보라.

사적 예수에 대하여 관심을 두지 않는 것과 예수를 있는 그대로 두는 것 사이의 기가 막힌 노선을 걸었다. 유대적 배경과 부활 사건 이후의 교회, 이 양자로부터 분리된("상이성의 기준"에 의해서 더욱 강화된 분리) 그러한 예수는, 이유는 달랐지만, 어쨌든 슈바이처의 예수와 마찬가지로 고독한 인물이 되었다.

불트만과 칼 바르트는 제1차 세계대전과 제2차 세계대전 사이의 기간 동안에 예수에 관한 진정한 역사적 연구를 진척시키는 일에서 거의 아무런 역할도 하지 못했다. 이 두 사람은 초기 기독교에서 일어났다고 생각되는 하나님의 계시에 대한 열쇠가 의심스럽게 재구성된 예수가 아니라 초대 교회에 있다고 믿었기 때문에, 관심을 초대 교회의 신앙과 체험에 집중시켰다. 사람들이 흔히 불트만과 결부시키고 있는 도구인 양식 비평은 원래 예수에 관한 것들을 발견해 내기 위한 것이 아니었다. 양식 비평은 원칙적으로 예수에 대한 탐구보다 훨씬 더 어려운 데도 불구하고 여전히 계속되고 있는 또 다른 위대한 "탐구," 즉 주후 1세기의 사고와 신념의 운동들을 재구성하고, 특히 초기 기독교의 신앙을 (두가지 의미에서) 다시 포착하고자 하는 시도인 케리그마적인 교회에 대한 탐구의 일부였다.[46] 복음서들은 역사책들이 아니라 신앙의 문서들이다. 여기에서는 멜란히톤의 영향력이 가까이에서 감지된다: 불트만은 "순수한 사실들"이 아니라 신앙에 사람들의 주의를 집중시키고자 하였다; 그러나 "실제로 일어난 일들"과 복음서 저자들의 신앙을 포함한 교회의 신앙들을 구별한 것은 라이마루스와 브레데의 영향력을 반영하고 있는 것이다. 차이점이 있다면, 그것은 라이마루스는 신학을 훼손시키기 위하여 역사에 눈을 돌린 반면에, 불트만은 그러한 전제들을 부정함으로써 그러한 도전을 실제적으로 거부하였다는 것이다. 역사는 신앙과 아무런 상관이 없다.[47]

물론 예수에 관한 책들은 계속해서 씌어졌다. 그러한 책들 중의 일부는, 말하

---

45) Bultmann 218f.(그 책의 결론부).

46) *NTPG* Part IV, esp. ch. 14을 보라. Cf. Perrin 1970, 79: 계시의 장소는 현재 속에 있다.

47) 나는 이것을 『신약성서와 하나님의 백성』에서 여러 곳에서, 예를 들면 제4장, 특히 94쪽에서 논의한 바 있다. 불트만의 반초자연주의에 대하여 목소리를 높여서 성토하는 많은 보수적인 비판자들이 이점에서 불트만의 기본적인 전제를 공유하고 있다는 것은 의미심장하다.

자면, 슈바이처의 도전을 제대로 받아들이지 않고 시기적으로 좀 늦게 씌어진 19세기의 "전기들"이라고 할 수 있다. 또한 그러한 책들 중의 일부는, 맨슨(T. W. Manson) 같은 학자가 대표적으로 보여주고 있듯이, 역사적인 문제들을 진지하게 고려하고자 하긴 했지만, 세부적인 연구내용을 좀 더 큰 그림 속에 통합시켜서 이후의 연구에 방향을 제시해주는 일은 하지 못했다. 학자들에 의해서 사랑받았던 "운동들" 중 그 어느 것에도 쉽게 부합하지 않는 예레미아스(J. Jeremias)와 도드(C. H. Dodd)의 저술들도 이러한 부류에 속한다고 할 수 있다.[48] 그러나 대륙 쪽에서는 침묵의 서약이 유지되기가 쉽지 않다는 것이 드러났다. 예수에 관하여 탐구하기를 원치 않는 온갖 절박한 신학적 이유들에도 불구하고, 불트만의 제자들 중에서 가장 대담했던 한 인물은 이번에는 자기 스승이 너무 멀리 나가버렸다는 것을 깨달았다. 1953년 10월 23일에 에른스트 케제만(Ernst Käsemann)은 한 무리의 불트만의 제자들 앞에서 "역사적 예수의 문제점"이라는 제목의 유명한 강연을 하였는데, 이를 계기로 신속하게 "역사적 예수에 대한 새탐구"라고 이름붙여진 새로운 중요한 국면이 시작되었다.[49] 관념론과 가현설적 견해의 위험성들을 알아차린(그의 모든 연구에서처럼) 케제만은 예수를 역사 속에 정초(定礎)시키지 않는다면, 사람들은 예수를 어느 방향으로나 자기 마음대로 끌어다 쓸 수 있고, 그 어떤 신학적 또는 정치적 프로그램의 주인공으로도 삼을 수 있다고 주장하였다. 틀림없이 케제만은 제1차 세계대전 이전의 독일에서 진지한 예수 연구가 없는 틈을 타서 비유대적인 예수를 만들어 낼 수 있었던 나치의 여러 신학들을 염두에 두고 있었을 것이다. 그는 십자가 위에서 죽으신 분이 누구인가를 알지 못하고는, 전후 독일에서 절실히 필요로 했던 십자가의 복음을 생생하게 떠받쳐 줄 확고한 토대는 존재할

---

48) Jeremias 1958 [1956], 1971; Dodd 1961 [1935], 1971(Dodd와 Tillich 간의 논쟁에 관한 유명한 기사에 대해서는 cf. Dillistone 1977, 241-3). 아마도 Betz 1968 [1965]; Hengel 1981b [1968]; Goppelt 1981 [1975]도 여기에 속해 있는 것 같다; 이 세 사람은 Caird 1965, 1982와 Moule 1967와는 다른 방식으로 "제3의 탐구"의 일부이다. 아래 제3장을 보라.

49) Käsemann 1964 [1960], 15-47의 영역본. Robinson 1959에 나오는 개관과 Meyer 1979, 51-4; Sanders 1985, 34ff., Reumann 1989, 506ff. 같은 좀 더 최근의 저술가들 속에서의 논의들을 보라.

수 없을 것이라고 말했다. 그러나 바로 이와 같은 매우 분명한 그의 신학적 주장은, 그 모든 가치에도 불구하고(그 가치는 오늘날에도 여전히 의문시될 수 없다), 아이러니컬하게도 새탐구는 완전한 의미에서 역사로의 회귀를 보여주지 않는다는 것을 의미하였다. 이 시기 동안에 출간된 책들 가운데에서 가장 유명한 책인 보른캄(G. Bornkamm)의 저서는 이미 앞에서 인용한 다음과 같은 말로 시작된다: "이제 더 이상 아무도 예수의 전기를 쓸 위치에 있지 않다."

사실 새탐구의 주요한 결과물들 중에서 지속적인 가치를 지닐 수 있는 것은 거의 없었다.[50] 새탐구를 행하는 학자들 또는 스스로 그렇게 생각한 학자들은 묵시사상은 정말 문자 그대로의 의미에서 세상의 종말에 대한 기대를 의미하는 것이라는 시대에 뒤떨어진 견해를 뒤흔들어놓지 못했다. 또한 그들은 원래 예수가 아니라 초대 교회를 발견해내기 위한 목적으로 만들어졌기 때문에 진지한 역사적 재구성에 상당한 장애가 되어 왔던 양식 비평과 전승 비평이라는 족쇄들로부터 벗어나지도 못했다. 이런 이유로, 방법론, 특히 예수의 생애를 재구성함에 있어서 적절한 판별기준들을 논의하는 데에 많은 시간이 할애되어 왔다 — 이러한 관심은 결국 각주들로 가득차 있는 책들을 양산했고, 이로 인해서 학자들은 너무도 무성한 나무들 때문에 숲 자체를 얼핏 바라볼 수조차 없었다.[51] 학자들의 관심은 공관복음 전승의 안과 밖에 나오는 예수의 말씀들에 집중되었다. 또한 이와 같은 말은 종교개혁의 강조점에도 그대로 적용된다: 예수의 삶의 목적은 어떤 것들을 말하는 것, 즉 무시간적인 위대한 진리들을 가르치는 것이었다. 또한 이러한 말은 관념론 철학에도 그대로 적용된다: 궁극적으로 중요한 것은 사건들이 아니라 관념들이다.

이 시기 — 즉, 슈바이처와 지난 15년 동안에 이루어진 제3의 탐구 사이 — 에 나온 가장 방대한 연구들 중의 하나는 도미니쿠스 수도회에 속한 신학자 쉴레벡스(Edward Schillebeeckx)의 저작이다. 예수에 관한 그의 방대한 이 저작은 전승사 비평 위에 구축되어 있다. 전승사 비평을 통해서 그는 공관복음서들을 이런저런 "초기 기독교 공동체"를 보여주는 증거들로 사용하기 위하여

---

50) 지금은 시대에 뒤떨어진 것으로 보이는 두 개의 중요한 저작들은 Perrin 1967과 Braun 1984 [1969]이다.

51) Epp & MacRae 1989, part 2에 나오는 개관을 보라.

철저하게 조사했고, 이 공동체들의 신앙 진술들의 행간에서 예수에 대한 희미한 기억들을 찾아낼 수 있었다. 그러한 논증은 괴롭고 지루한 것이 될 수밖에 없다. 왜냐하면, 전승사 비평을 사용하는 학자들마다 각각 서로 다른 대답들을 내어놓기 때문이다. 쉴레벡스는 불트만을 빼다박은 입장을 취하고 있다: 부활 기사들은 이미 알려져 있던 예수의 생애로부터 나온 이야기들이다. 쉴레벡스는 그 저작의 본론 부분에서 다룬 내용들과는 거의 아무런 상관도 없이 결국 순수하게 역사적인 예수로부터 성육신한 하나님의 아들로 건너뛰고 만다.[52] 그는 은연중에 역사와 신학은 철저히 분리되어져야 할 두 개의 세계라는 개념에 상당한 지지를 보내고 있는 것으로 보인다. 그의 저서는 용감하게도 초기 전승들의 핵심적인 모판(matrix)으로서의 분열된 "Q 공동체"와 모종의 규범적인 신학적 관심을 전제하는 데에 필요한 여러 가설들을 결합시키려는 시도들을 한다. 그러나 내게는 그의 저서는 슈바이처의 저서가 구약성서와 관련하여 했던 것과 마찬가지 방식으로 새탐구의 불모성(不毛性)을 여지없이 그대로 보여준 것으로 생각된다.

새탐구는 끝난 것이 아니다. (나는 이 시점에서 연구사를 엄격한 "시기들"로 구분하는 것은 우리로 하여금 사고의 흐름들을 파악할 수 있게 해주는 발견학습적인 도구로서의 유용성 외에는 별다른 유익이 없다고 생각한다는 것을 밝혀두는 것이 좋을 것 같다. 따라서, 지금 우리가 다루고 있는 문제와 관련해서 모든 학자들이 갑자기 어느 한 방법론을 포기하고 다른 방법론을 채택했다고 생각하는 것은 어리석은 짓이 될 것이다 — 마치 금세기에 나온 복음서 연구사에 대한 많은 개관들이 "모든 사람"이 갑자기 양식 비평, 편집 비평 등등을 수행하고 있다는 인상을 주는 것이 잘못된 것과 마찬가지로.[53])브레데-불트만

---

52) Schillebeeckx 1979 [1974], Part Four.

53) 독일에서 예수 전승들에 관한 새탐구의 연구를 이어받고 있는 것과 관련해서는 특히 Kümmel 1985에 나오는 논문 모음들을 보라. 1990년 9월에 열린 영국 신약학회 대회에서 발표된 한 논문 속에서, 뉴카슬 대학교의 W. R. Telford 박사는 제3의 탐구를 따르는 학자들이 그들이 더 이상 존재하지 않는 체한다면 새탐구를 따르는 학자들이 느끼게 될 학문적인 박탈감에 대하여 경고하였다. 우리는 지난 수십 년 동안에 예수에 대한 진지한 역사가들이 흔히 거만하고 불손한 태도를 지닌 전승사(Traditionsgeschichte)의 지지자들 때문에 느껴왔던 학문적인 박탈감에 대하여 지적

노선의 추종자들은 여전히 상당수 존재하고, 1980년대의 잠복기를 거쳐서 현재도 활동중이다. 그들은 여전히 끊임없이 판별기준을 논하고, Q를 재구성하는 등 그들의 스승의 논거들을 이리저리 결합하고 치환하는 일들을 시도하는 일을 포기하지 않았고, 최근에는 새로운 학회를 설립하고자 시도하고 있다. 이러한 작업을 통해서 현재 상당히 실질적인 결과물들이 나온 상태이고, 우리는 다음 장에서 그 결과물들을 어느 정도 자세하게 살펴보고자 한다. 그러나 그러기에 앞서 먼저 우리가 지금까지 걸어온 길들을 잠깐 살펴보도록 하자.

(iv) 지난 200년간의 탐구

라이마루스와 쉴레벡스 사이의 200년 동안에 우리는 이 탐구(Quest)를 통해서 무엇을 얻었는가? 이 탐구는 역사적 질문을 신학이라는 지도 위에 확고하고 돌이킬 수 없을 정도로 표기하는 데는 성공했지만, 이에 대한 분명한 대답을 제시하지는 못했다. 솔직히 말해서, 신학자들은 이제 예수가 누구이고, 그가 정말 우리가 복음서들 속에서 발견하는 내용들을 대체적으로라도 말하고 행동했는지, 예수의 죽음의 이유들, 기독교의 등장을 가져온 이유들 등과 같은 문제들을 무시할 수 없게 되었다. 이것은 결코 예수에 대한 역사적 연구가 단순히 교회와 신학의 유익을 위하여 계획된 것이라는 것을 뜻하지는 않는다. 라이마루스와 그의 일부 추종자들이 그랬듯이, 기독교는 신뢰할 만한 것이 되지 못한다는 것을 보여주고자 했던 사람들도 이러한 질문들을 진지하게 제기하였다. 그러나 역사가들은 과연 어느 쪽 진영 또는 중간 입장을 취하는 사람들로 하여금 아주 많은 것들을 얻을 수 있게 해 주었는가?

슈바이처와 쉴레벡스 사이의 기간을 잠깐만 훑어 보아도, 우리는 조직신학 분야, 특히 기독론 분야에서 많은 주목할 만한 저작들을 발견하게 된다. 이 모든 저작들은 정도 차이는 있지만 모종의 예수상을 활용하고 있다. 바르트와 틸리히 같은 저술가들의 방대한 체계를 지닌 저서들, 판넨베르크, 윙엘(Jüngel), 몰트만의 도전적이고 독창적인 저서들, 라너(Rahner), 카스퍼(Kasper), 쇼넨베르크(Schoonenberg), 쉴레벡스의 위대한 가톨릭적 저서들 — 한스 큉의 저 유명한 『기독교인이 된다는 것에 대하여』(*On Being a Christian*)라는 책은

할 수 있지만, 여기서 나는 그러한 것을 의도하는 것은 아니다.

말할 필요도 없고 ― 은 모두 그들의 각각의 체계 속에서 역사적 예수라는 문제가 지닌 중요성을 잘 증언해 준다.[54] 그러나 그 어느 대목에서도 역사적 증거들은 그들이 도달한 교의학적 결론들에 별 영향을 미치지 못해 왔다; 설령 영향을 미쳤다고 할지라도, 그것은 단지 하나의 용인(容認) 또는 양보 정도의 수준에서 그치고 만다. 이러한 나의 판단은 지나치게 성급한 판단으로 보일지도 모른다: 앞에서 말한 신학자들 중 일부(특히 판넨베르크)는 예수의 유대적 배경을 어느 정도 진지하고 철저하게 사용하였다; 그러나 나는 주후 1세기의 유대인들의 인식들, 세계관들, 사고방식들에 관한 상당히 많은 내용들이 조직신학과 관련하여 상당한 중요성을 지니고 있기 때문에 훨씬 더 많이 반영되어야 한다는 확신을 여전히 갖고 있다. 이것에 대한 예외는 해방신학자들이라고 할 수 있는데, 그들 가운데에서 특히 세군도(Segundo)는 인상적인 연구서를 내놓은 바 있다.[55] 그러나 세군도의 저서는 통상적인 조직신학적 저서들과는 판이하게 다르긴 했지만, 그 결론들은 여전히 그 개요가 미리 구상되어 있었던 것처럼 보인다; 따라서 세부적인 역사적 연구는 실제로 온전히 진지하게 받아들여지고 있지 않다.

실루엣의 시대는 결코 완전히 부정적인 것은 아니었다. 이 시대에 저술가들은 예수에 관한 확고한 결과들에 도달하지는 못했을지라도, 초대 교회에 관한 새로운 그림들을 제시하였다. 이러한 것들은 19세기의 예수의 전기(傳記)들에 해당하는 20세기적인 산물이었다:[56] 자료들 및 주후 1세기의 팔레스타인, 소아시아, 그 밖의 지역의 실제 역사와는 별상관도 없는, 초대 교회에 관한 허구적이고 이론만 난무하며 과제 해결에 급급한 가설들. 그러나 어쨌든 그들은 19

---

54) 자세한 것은 McGrath 1994 [1986]를 보라. 물론 틸리히는 이 문제에 대하여 최소한의 대답을 주었다(그가 예수에 관한 그의 견해를 슈바이처와 불트만의 저작에 근거를 두고 있었다는 점을 인정한다면: Tillich 1967, 49, 나의 이 인용은 Brown 1969, 197의 덕분이다); 그러나 이것은 그 자체로 그의 신학 속에서 아주 중요하였다. 당시의 윤리적 담론 속에서 예수의 위치에 대해서는 McGrath 1989에서 논의되고 있는 저작들을 보라.

55) Segundo 1985. 나는 본서에서 이 저작 및 이것과 비슷한 저작들을 자세하게 다룰 수 없다는 것이 매우 유감이다.

56) cf. *NTPG* ch. 11.

세기의 예수의 전기들과 마찬가지로 이 과제의 복잡성, 이 과제가 지니는 잠재적인 신학적 중요성, 그리고 부정적으로는 지금은 검증 과정을 거쳐서 부족하다는 것이 입증되어 쓰레기더미에 내던져져야 한다는 것이 밝혀진 수많은 이론들의 잘못된 전개를 증언해 준다. 이 모든 것으로부터 주후 1세기의 역사와 그 잠재적인 신학적 의미에 관한 새로운 인식이 자라날 수 있을 것이다.[57]

그러므로 이 200년의 기간 — 이에 대한 이야기는 너무도 자주 말해져왔기 때문에 여기에서는 간략하고 신속하게 살펴보는 것으로 그친다 — 은 역사적 예수에 대한 탐구가 아주 중요하지만 어렵다는 것을 보여주었다. 그 자료들은 예나 지금이나 까다롭기는 마찬가지이다. 또한 질문들도 예나 지금이나 결코 만만치가 않다. 사람들은 종종 지금까지 걸어왔던 잘못된 길들이 밝혀져서 봉쇄되었기 때문에, 이제는 사정이 훨씬 더 낫다고 생각할지 모르지만, 일단 그러한 생각을 품고 안도의 숨을 쉬는 바로 그때에, 그 잘못된 길의 또 다른 변형이 음흉하게 다시 등장한다.[58] 사람들은 종종 주후 1세기 유대 역사의 몇몇 측면들이 지금은 확고하게 밝혀져 있어서, 앞으로 연구할 때에 확고한 발판으로 사용할 수 있다고 생각할지 모른다; 그러나 복잡한 자료들은 항상 판이하게 다른 해석들이 등장할 여지들을 지니고 있다. 그럼에도 불구하고, 지난 20년 (1975년부터 1995년까지) 동안에 이 모든 문제들을 새로운 활기와 열정을 가지고 대답하고자 하는 연구들이 봇물처럼 쏟아져 나왔다. 이제 우리가 살펴보고자 하는 것은 바로 이러한 좀 더 새로운 동향들이다. 아마도 탕자가 다시 집으로 돌아오고 있는 중인 것 같다.

---

57) *NTPG* Parts IV and V를 보라.

58) 1967년에 Brandon에 의해서 부활되었다가 Bammel & Moule 1984에서 분쇄된 Reimarus의 혁명적인 이론. (이 이론의 변형들은 여전히 나타난다: 예를 들면, Buchanan 1984, 그리고 어떤 의미에서는 Horsley 1987.) 아래 제3장을 보라.

제2장

브레데의 길의 교통 체증: 새롭게 등장한 "새탐구"?

1. 서론

앞에서 보았듯이, 알버트 슈바이처는 다음의 둘 중에서 어느 하나를 양자택일해야 한다는 것을 후세에게 남겨주었다: 브레데의 "철저한 회의주의"와 그 자신의 "철저한 종말론." 예수 연구의 현재의 동향으로 눈을 돌려보면, 우리는 이 두 길이 어느새 넓은 대로가 되어 있고, 상당수의 차량들이 이 두 대로를 동시에 사용하고자 애를 쓰고 있는 모습을 발견하게 된다.[1] 우리는 이 장에서는 적어도 어떤 의미에서 브레데를 따랐다고 할 수 있는 사람들을 살펴보고, 다음 장에서는 슈바이처를 따랐던 사람들을 살펴보고자 한다.

하지만, 우리는 이러한 구별이 확정되어 있지 않고, 가장 중요한 저술가들 중의 몇몇은 이 두 입장의 여러 요소들을 통합해서 사용하고 있다는 점을 유의할 필요가 있다. 그럼에도 불구하고, 이와 아울러 우리가 분명히 해 두어야 할 구별이 존재하는데, 이러한 구별은 이 두 입장의 극단에서 아주 분명하게 드러난다. 한편에는, 우리는 예수에 관하여 거의 알 수가 없기 때문에 공관복음서들(그리고 요한복음은 말할 것도 없고)은 신학적인 허구 이상의 것이 될 수 없다고 생각하는 사람들이 있다. 따라서, 예를 들면 버튼 맥(Burton Mack, 아래를 보라)은 내용상으로는 아닐지 몰라도 형식상으로는 어느 정도 브레데의 노선에 서 있다고 할 수 있다. 다른 한편에서, 몇몇 사람들은 계속해서 예수를 유대의 묵시문학적 종말론 속에 위치시키고, 그 결과 어느 정도 이러한 입장을

---

1) 이 은유는 "The *Wredestrasse* becomes the *Hauptstrasse* ..."라는 제목의 Perrin(1966)의 논문에서 가져온 것이다.

제시하고 있는 공관복음서의 기록들에 훨씬 더 높은 가치를 두어왔다. 따라서, 내용상으로는 아닐지 몰라도 형식상으로는 하비(A. E. Harvey)와 샌더스(E. P. Sanders)는 슈바이처와 동일한 반열에 서 있다고 할 수 있다. 다양한 노선을 보여주기 위하여 말하자면, 중도파에 서 있는 사람들로는 최근의 두 저술가 보그와 크로산(Borg와 Crossan)이 있는데, 이들은 브레데(또는 맥)보다 훨씬 더 예수의 비중을 높게 잡고 있고, 예수의 사역 내에서의 "종말론"의 중요성을 역설한다. 이 때문에 우리는 그들을 어느 범주로 분류하기가 대단히 어렵게 된다. 하지만, 그들의 주된 강조점들을 고려하면, 우리는 그들을 결국 슈바이처의 흐름 속에 있는 것이 아니라 심하게 수정된 브레데의 추종자들이라고 보지 않을 수 없다. 또한 예수의 유대적 배경을 역설하는 데에 모든 노력을 바쳤던 버미스(Vermes)는 종말론을 거의 중시하지 않기 때문에, 그의 예수는 브레데의 예수와 많이 닮아 있다.

원칙적으로 여러 다양한 입장들을 여기에서 꼭 필요하거나 바람직한 것보다 훨씬 더 자세하게 다루는 것도 가능할 것이다. 그러나 나는 연구 결과를 통해서 세부적인 많은 내용들에 있어서는 조정할 필요가 있다고 할지라도 슈바이처의 길이 원칙적으로 더 옳다는 결론을 내리게 되었다. 따라서, 나는 다음 장에서 다루게 될 슈바이처의 오늘날의 추종자들의 입장을 나의 주된 대화 상대자들로 삼고자 한다. 그러나 최소화된 예수와 허구적인 복음서라는 노선을 추종하는 사람들이 최근에 다시 목소리를 높이고 있기 때문에, 그들이 무엇을 주장하고 있고, 왜 내가 그들의 견해에 동의하지 않는지를 말해두는 것도 중요하다. 그래서 나는 그 부분을 이 장에서 다루고자 한다.

2. "예수 세미나"

1970년대와 1980년대 초에 "새탐구"는 사양길에 접어들었고, 곧 보게 되겠지만, 이와는 판이하게 다른 새로운 접근방법이 등장하게 되었다. 그러나 1980년대 중반에 기본적으로 불트만 이후의 예수 연구에 속하는 것이 새롭게 등장하는 중대한 계기가 형성되었다. 1985년에 당시 몬태나 대학교의 교수였던 로버트 펑크(Robert Funk)는 북아메리카의 학자들을 결집시켜서 예수의 말씀들을 하나하나 검토하고 그것들의 진정성 여부에 대하여 투표하는 방식으로 연구를 진행하기 위하여 "예수 세미나"를 창립하였다. 이 세미나가 내건 활동 목표와 과제는 세 가지 중요한 특징들을 담고 있다. 첫째, 모든 관련된 예수 자료가 포함되어야 한다. 즉, 정경 복음서들 이외에도 도마 복음서를 비롯하여 몇몇 단편적인 문서들을 포함한 수많은 다른 작품들도 그들의 연구 대상이 되어야 한다는 것이다. 둘째, 투표는 서로 다른 정도의 확률을 상징하는 각기 다른 색깔의 구슬들을 사용하여 네 가지 범주로 나누어서 이루어 진다: 빨간색은 진정하다는 것을 의미하고, 분홍색은 진정한 말씀일 가능성이 높다는 것을 의미하며, 회색은 진정성이 없을 가능성이 높다는 것이며, 검은색은 명확하게 진정성이 없다는 것을 의미한다.[2] 셋째, 세미나에서는 그 결과물들을 간행하여 학자들만이 아니라 좀 더 많은 사람들이 알 수 있도록 가급적 널리 알린다. 그 결과물로 나온 것이 도마 복음서를 포함한 여러 복음서들의 여러 색으로 이루어진 칼라 판본인데, 이 판본을 보면, 우리는 예수의 여러 말씀들이 어떻게 평

---

2) 네 가지 색깔의 공식적인 의미는(혼란스럽기는 하지만) 두 가지 문제와 아울러 여러 곳들에서 제시된다. 첫 번째 문제는 예수가 누구였는지를 결정하기 위한 데이터베이스 속에 어떤 항목들을 포함시킬 것이냐에 관한 것이다: 적색은 그 항목이 명백하게 포함된다는 것을 의미하고, 분홍색은 그 항목이 유보 조건들 또는 수정들을 지닌 채 포함된다는 것을 의미하며, 회색은 그 항목이 포함되지 않을 것이지만 그 내용 중 일부는 사용될 수도 있다는 것을 의미하고, 흑색은 그 항목이 포함되지 않을 것이라는 것을 의미한다. 두 번째 문제는 좀 더 간단하다. 적색은 "예수가 틀림없이 이것 또는 그것과 매우 비슷한 것을 말하였다"는 것을 의미하고, 분홍색은 "예수가 이것과 같은 것을 말했을 가능성이 높다"는 것을 의미하며, 회색은 "예수가 이것을 말하지 않았으나, 거기에 포함되어 있는 사상들은 예수 자신의 것과 가깝다"는 것을 의미하고, 검은색은 "예수가 이것을 말하지 않았다; 그것은 후대의 전승 또는 다른 전승의 관점이나 내용을 나타낸다"는 것을 의미한다. (예를 들면, 이것은 Funk, Scott & Butts 1988, 21; Funk 1991, xxii; Funk & Hoover 1993, 36f.에 자세히 설명되어 있다.) 좀 더 간단하게 표현한다면,

적색: 이것은 예수다!

분홍색: 예수의 말씀 같이 들리는 것이 분명하다.

회색: 그래, 그럴 수도 있다.

검은색: 뭔가 실수가 있었다.

(Funk 1991, xx). 예수 세미나가 그러한 색채 도식이 과연 얼마나 정치적으로 올바른 것일 수 있는지에 관한 문제를 생각해 보았는지의 여부는 기록되어 있지 않다.

가되었는지를 한눈에 알 수 있게 된다.[3] 이 세미나에서는 다소 현학적인 제목
("학자본")을 단 구어체의 미국어로 된 새로운 번역본도 내놓았다.[4] 또한 그들
은 예수의 말씀들이 여러 가설적인 단계들을 거쳐서 발전해 온 과정을 추적함
으로써 루돌프 불트만의 『공관복음서 전승사』(*History of the Synoptic
Tradition*)를 완전히 개정한 것같은 결과물을 내어놓을 수 있는 가능성이 있
다는 말도 했다. 또한 영화를 만들 계획도 거기에 포함되어 있었다.[5]

예수 세미나를 은근히 조롱하는 말들이 거기에 직접적으로 참여하지 않고
있는 학자들 사이에서 유행이 되어 왔다. 예수 세미나에서 초기에 낸 성명서들
이 지닌 다소 으시대는 듯한 어조 때문에 이런 조롱의 말들이 생겨나게 된 것
이기는 하지만, 그러한 조롱은 핵심을 놓치고 있는 것이다. 위에서 우리가 언급
한 예수 세미나의 여러 특징들의 각각은 그 자체로 옳다고 할 수 있다. 정경
이외의 자료들을 포함시킨 것은 훌륭한 학문적인 태도이다; 사람들이 그것을
어떻게 평가하느냐 하는 것은 또 다른 문제이지만, 정경 이외의 자료들을 연구
에 포함시킨 것은 결코 잘못이라고 할 수 없다. 여기에서 우리는 예수 세미나
의 의장(議長)을 포함한 여러 회원들에게 복음서의 비평 본문들을 만들어 내
려고 하는 그들의 순수한 열정에 대해서 감사를 표시해야 할 것이다.[6] 하나하
나의 말씀들에 대하여 투표를 행하는 것은 영국 성서공회 판본의 그리스어 성
경 같은 비평 본문들의 편집자들이 행하는 표준적인 관습과 아주 비슷하다 —
물론 후자의 위원회에서는 실제의 사본들의 증거들을 서로 비교하여 평가하
는 반면에, 예수 세미나에서는 대체로 유형적(有形的)인 증거들에 대하여 투표

---

3) Funk & Hoover 1993; 자세한 분석과 비평에 대해서는 cf. Wright 1995a.

4) cf. Miller 1992; Funk & Hoover 1993. 후자의 작품의 서론은 이 판본이 교회의
통제와는 무관하다는 것을 아주 잘 보여주고 있고, "학자들의 판본은 학자들에 의
해서 공인된다"라고 결론을 내린다(xviii). 예수 세미나에서는 학자들의 교황권을 천
명한 이러한 명시적인 진술에 대해서 그 어떤 어색한 미소라도 지었는가?

5) 예수 세미나의 연구는 자체에서 발행되는 학회지인 *Foundations and Facets
Forum*에 연대순으로 게재된다. 이 예수 세미나의 시작과 실천에 관한 잡지 기사는
여러 곳에서 찾아볼 수 있다. 예를 들면, Funk 1991, xiii-xix.

6) Cameron 1982; Funk 1985b & c; Kloppenborg 1988; Crossan 1991b [1986];
Miller 1992 [1991].

하는 것이 아니라는 중요한 차이점은 있지만[7] 투표를 통해서 언제나 분명한 대답을 얻을 수 있지 않다는 사실과 투표는 특정한 때에 북아메리카 학자들의 분위기 및 전제들에 분명히 의존하고 있다는 사실 자체만으로는 이러한 시도가 옳지 못한 것으로서 하지 말아야 한다는 논거가 되지 못한다. 그리고 이러한 작업의 결과물들을 가급적 널리 많은 사람들에게 알리고자 하는 결정도 분명히 찬성할 만한 일이다 — 물론 세미나에 참여하는 학자들이 독자들이 듣고 싶어하는 것을 미리 염두에 둠으로써 세미나의 발표물들에 영향을 끼칠 가능성도 없지 않지만, 그러한 우려들은 누구에게나 있기 마련이다.[8] 또한 북아메리카의 성서학계의 여러 조류들이 이 세미나에 반영되기 때문에, 우리는 흥미롭고 가치있는 내용들이 출현하게 될 것이라는 희망을 가져봄직도 하다.

하지만 특히 두 가지 점이 비판의 표적이 될 수 있다.[9] 이 프로젝트의 밑바탕에 깔려 있는 전제들은 조직신학적으로 볼 때에 불분명하다; 그리고 이 프로젝트가 실제로 운용되는 방식도 염려가 되는 부분이다.

첫째, 이 세미나를 광고하는 최초의 전단지에서는 고전적 실증주의적인 용어들을 사용해서 "사실과 역사, 정직과 공평무사, 진리와 그 결과들에 대한 탐

---

7) Crossan 1991a, 424-6; 그리고 예수 세미나에서 네 가지 색깔에 대한 사용과 관련된 설명과 매우 유사한 견지에서 본문상의 이독들을 설명하기 위하여 A, B, C, D 라는 문자들을 사용하고 있는 것을 설명하는 Metzger 1971, xxviii과 비교해 보라.

8) 어느 정도 무작위적으로 고른 두 가지 예. 예수 세미나에 대한 Funk의 개막 연설은 무엇보다도 특히 이 집단이 "묵시론적인 외교정책의 위험성들에 관하여 우리의 대통령(즉, 로날드 레이건)에게 조언하는 임무를 수행할 수" 있다고 주장하였다 (Funk 1985a, 10). 또한 불트만의 반영웅적인 자세를 그대로 재현하는 듯한 흥미로운 말 속에서, 우리는 "예수는 개정되든 안 되든 미국사회가 필요로 하는 것이 아니다. 한편 예수 전승이 그래도 조금이나마 도움이 될 수 있는 것은 그것이 문화적인 혼돈 속에서 사회 형성의 극적인 업적을 이룬 연대기이기 때문이다"(Taussig 1986, 76). 여기서 우리는 레이건주의의 그림자가 면면마다 드리우고 있는 것을 볼 수 있고, 그들이 내건 과제들 중 몇몇 부분들은 1996년의 시각에서 볼 때에는 대단히 시대에 뒤떨어진 것으로 보인다: Mack 1985, 27; Carter & Hutchison 1985를 보라. 그러나 초기 기독교의 어떤 측면에 토대를 둔 서구사회에 대한 급진적인 비판에 관한 꿈은 여전히 살아있다: Mack 1993, 11, 249-58 및 그 밖의 다른 대목들을 보라.

9) 좀 더 자세한 비판에 대해서는 Wright 1995a를 보라.

구"라는 말을 하였다. 이 세미나는 "상상의 산물보다는 사실들," "연극 (histroinics)이 아니라 역사(history)," "미신이 아니라 과학"을 선호하는 사람들을 참여자들로 초청하였다. 이 세미나에서는 심지어 "역사 비평학의 확실한 결과물들"이라는 옛 표현을 사용하기까지 하였다; 1960년대까지만 해도 그런 식으로 분류되었던 많은 신념들이 예수 세미나에 참가한 학자들 중 몇몇에 의해서 이미 학문적으로 잊혀진 것들로 치부되어 왔었기 때문에, 1980년대에는 그러한 표현은 이미 과거의 농담이 되어 있어야 했다. 그러나 내가 『신약성서와 하나님의 백성』 제2부에서 논증했듯이, 이러한 실증주의적인 분위기는 진지한 역사적 연구에서 이미 설 자리를 잃어버렸다. 또한 그러한 실증주의적인 태도는 세미나의 실제 활동과도 잘 부합하지 않고, 이 세미나를 주도하는 몇몇 회원들이 공식적으로 밝힌 방법론과도 맞지 않는다. 버튼 맥(Burton Mack)이 말했듯이, 첫 번째 투표를 할 때에 이미 "우리가 우리 자신들 가운데에서조차도 실제로 통용될 만한 공통의 범주들을 갖고 있지 않다"는 것이 신속하게 분명해졌다;[10] 충분히 학문적인 공통의 범주, 또한 예수가 실제로 무엇을 말하였는지를 기대하고 있는 아메리카인들에게 뭔가를 말해줄 수 있는 개념을 만들어 낼 수 있는 범주. 그리고 이 세미나에 속한 가장 유명한 저술가인 도미니쿠스 수도회의 크로산은 (앞으로 보게 되겠지만) 이 세미나의 초기의 성명서들에 나타난 실증주의를 명시적으로 회피하여 왔다. 그러므로 이 세미나는 실증주의라는 공식적인 이미지와 내적인 방법론적 불확실성 사이에서 불안하게 요동하고 있는 것으로 보인다.

그러나 "결과물들"은 실제로 합의가 이루어지고 있다는 것을 보여주고 있는 것은 아닌가? 그렇기도 하고, 그렇지 않기도 하다. 두 번째 비판은 이것이다: 이 프로젝트가 운용되는 방식은 단순히 오늘날 아메리카의 학자들 중에서 한 무리가 대체로 선험적으로 예수가 누구이며, 초대 교회가 어떻게 발전하였는가를 이해하는 한 가지 특정한 방식을 택하였다는 것을 보여줄 뿐이다.[11] 이러한 최근의 전통은 이 세미나의 최초의 참여자들에게 매혹적인 목표와 상쾌

---

10) Mack 1985, 23f.

11) 이러한 사고 노선의 배경은 예를 들면 Robinson & Koester 1971 속에서 살펴볼 수 있다.

한 도전을 감동적으로 제시했던 이 세미나의 의장인 로버트 펑크에 의해서 열렬히 옹호되어 왔다. 펑크는 이 세미나가 이 작업을 완료하게 되면 예수에 관한 책을 스스로 쓰겠다고 약속했다; 그러나 우리는 그러한 책이 나왔을 때에 새로운 것이 별로 없을 것이라고 감히 말할 수 있다.[12] 그 동안에 이 세미나에서 연구한 결과들을 널리 알리고자 하는 바람직한 태도는 몇몇 놀라울 만큼 지나친 단순화들을 초래하였다. 마가복음에서 빨간 글자로 된 본문에 대한 서문(다섯 개의 복음서에도 수록된)에서, 우리는 학자들이 복음서들에 대한 모든 비평적 연구의 토대를 이루는 주요한 전제들에 대하여 의견의 일치를 보았다는 말을 듣는다. 전제란 말은 말 그대로 그것이 결론이 아니라는 것을 의미한다. 그러나 불행히도 그 다음에 나오는 내용들 중에서 "전제들"로 제시된 진술들의 대부분은 대단히 의심스러운 것이 많음에도 불구하고 결론들로 제시된다. 최근의 몇몇 예수 및 복음서들에 대한 연구와 관련된 논의 속에서 논란의 여지가 없는 것("전제 2: 예수는 제자들을 구두로 가르치셨다; 예수는 아무것도 문자로 쓰지 않았다")으로부터 대단히 논란되는 것("전제 4: 구전 전승은 유동적이다"; "전제 24: 도마 복음서는 정경 복음서들보다 전승의 초기 단계를 보여준다"; "전제 44: 가장 초기의 자료들은 Q1과 도마 복음서1이다. Q의 두 번째 및 세 번째 판본은 비교적 짧은 시기에 연속해서 나왔다")과 논쟁중인 것("전제 45: 복음서들에서 예수에게 돌려진 말씀들 중의 오직 소수만이 실제로 예수가 한 말씀들이었다")에 이르기까지 64개의 "전제들"이 선별되었다.[13] 이러한 것들을 "전제들"이라고 부르는 것은 논의를 미리 단정해 버릴 위

---

12) Funk 1991, xiii-xix, at xv, xvi, xix에 나오는 "Story of the Jesus Seminar"를 보라. 두려움 없는 제자도로의 Funk의 부름("우리는 이제 중대한 일을 시작하고자 한다. 우리가 가고자 하는 길은 위험스러울 수 있다. 우리는 반감을 불러일으킬 수도 있다. 그러나 우리는 여러 위험들에도 불구하고 우리가 전문가들이고 예수라는 문제에 직면해 있기 때문에 이 길을 시작해야 할 것이다")은 이상하게도 예수 세미나의 투표에서 압도적으로 흑색, 즉 비진정성이라는 투표 결과가 나왔던 마가복음 8:34 이하를 연상시킨다. 아마도 그 말은 좀 더 최근의 것을 실제로 암시하고 있는 것 같다: 아무도 이전에 가지 않은 곳으로 과감하게 가는 것? Funk의 이전 작품은 주요한 문법적이고 해석학적인 연구들을 포함하고 있었다. 예를 들면, Funk 1966, 1973 [1961].

13) Ibid., 5, 11, 16, 17.

험성을 초래할 수 있다. 학자들이 이른바 "전제들"에 대하여 의견의 일치를 보이고 있다고 말하는 것은 이 세미나의 회원들만큼이나 모든 점에서 "비평적인" 오늘날의 무수한 학자들의 연구를 무시하는 발언일 뿐이다.[14]

이러한 일련의 소위 "전제들"을 설명하고 있는 본문과 나란히 그 밖의 다른 몇몇 강조된 정의들이 있다. 여기에서도 일부는 논란이 없는 것으로 처리된다("양피지는 통상적으로 거기에 글을 쓰기 위하여 양이나 염소 같은 짐승들의 가죽들로부터 만들어졌다"); 또한 어떤 것들은 지금은 관련 문제를 연구하는 전문적인 연구가들에 의해서 폐기된 관점들을 반영하고 있기 때문에 극단적으로 잘못된 것들이다("묵시사상은 역사가 종말에 이르게 되고 새시대가 우주적 파국 후에 시작될 것이라고 보는 견해이다").[15] 이런 유의 통속화는 어떤 관점을 어떠한 희생을 치르더라도 밀어붙이기로 결심한 사람들을 제외하고는 어느 누구의 이익에도 봉사하지 못한다.

이러한 인상은 이 세미나의 투표 기록들에 의해서도 그대로 확증된다. *Foundations and Facets Forum* 제6권과 제7권으로 간행된 예수의 말씀들에 대한 투표 결과를 보면, "붉은 색" 평점들 — 즉, "진정한 것"으로 평가된 — 의 대다수가 Q 또는 도마 복음서 또는 이 둘에 나오는 말씀들에 매겨져 있다는 것이 눈에 띈다. 누가복음은 선한 사마리아인의 비유(10:29-37)와 옳지 않은 청지기 비유(16:1-9)만이 진정하다는 평점을 받아서 잠시 등장하는 반면에, Q와 도마 복음서의 붉은색 평점은 계속해서 우세를 차지한다. 이러한 말씀들이 "진정한" 것으로 여겨지는 주된 이유는 그 각각의 말씀이 개별적으로 몇몇 추상적인 판별기준에 비추어 보아서 검증되었기 때문이 아니라, 이미 선택되어 있는 예수상에 잘 부합한다고 판단되었기 때문이다. 여기에서 다시 버튼맥은 이렇게 말한다: "우리는 당시의 갈릴리의 사회적 삶과 사고를 재구성한 것에 비추어서 개연성의 원칙을 선호하고 [상이성의 원칙]을 포기할 수 있다."[16] 나는 이러한 조치를 잘못된 것이라고 거부하고 있는 것이 아니라는 점을

---

14) 아래 제3장을 참조하라.

15) Ibid., 17, 13; 이와 비슷한 잘못된 "정의"는 Miller 1992, 430에서 발견된다. "묵시사상"에 대해서는 *NTPG* ch. 10; 아래 특히 제6, 8장을 참조하라.

16) Mack 1985, 24. 이것은 특히 Boring 1985, Patterson 1989, Vaage 1989, Funk 1989에 의해서 애써서 다시 수집되고 발전된 "새탐구"의 그 밖의 다른 "판별기준

일단 말해두고자 한다: 나는 실제로 이러한 말에 찬성한다. 그러나 내가 여기서 진정으로 지적하고 싶은 것은 이러한 말은 예수 세미나가 제시한 분명한 목적과 주장을 완전히 상대화시키고 있다는 것이다. 적어도 지금까지 나온 "결과물들"이 보여주는 것은 개별적인 말씀들에 대한 자세하고 객관적인 연구를 통해서 예수와 초대 교회에 대한 새로운 견해를 도출해내는 것이 아니었고, 예수와 초대 교회에 관한 특정한 견해를 전제하고 여러 자료들을 헤집고 다니면서 그 견해에 부합하는 말씀들을 찾아내어 자세한 목록을 만들어 내는 것이었다. 이것을 깨달았다면, 또 한 가지 알아야 할 것은 예수를 연구하는 모든 학자들을 기다리고 있는 진정한 과제는 고립적인 단편들에 대한 원자론적인 연구가 아니라 주요한 가설들을 세우고 그 가설들을 진지하게 검증해 내는 일이다. 이것에 대해서 나는 이미 다른 곳에서 어느 정도 자세하게 글을 쓴 바 있다.[17] 이와 관련해서 내가 이미 선택한 견해는 그 주된 요소들 중의 하나로서 "묵시사상"과 "종말론," "예언"과 "지혜"에 관한 일련의 전제들을 포함하고 있다. 이에 대해서 우리는 이미 부분적으로 살펴보았고, 본서에서 계속해서 논증해 나갈 것이다.[18]

이 세미나의 실제 운용과 관련된 마지막 비판은 이 세미나에서는 서로 다른 평점에 대하여 "가중치가 매겨진 평균"을 부과하고 있다는 것이다. 회원들이 각각의 범주에 동일한 비율로 투표를 하게 되는 경우에는 결정을 할 수 없게 되고, 따라서 그 본문에 어떤 색을 칠할 것인지도 결정할 수 없게 될 것이다; 따라서 그러한 경우에 어떻게 할 것인가를 결정해 줄 어떤 체계가 꼭 필요하게 된다. 그러나 어떤 경우들에서는 붉은색 또는 분홍색, 즉 진정하거나 진정한 말씀일 가능성이 높다는 쪽에 높은 비율의 — 종종 분명한 대다수 — 표가 나오지만, 다른 한편으로 검은색 평점이 높은 비율을 차지한다는 이유로 "가중치가 매겨진 평균"은 회색이 되는 결과가 나올 수 있다.[19] 이와 같은 투

들"의 대부분을 효과적으로 무용지물로 만들어 버린다. 이 시기의 갈릴리의 상황에 관한 Mack의 재구성은 아주 특이하다는 점이 지적되어야 한다: cf. Mack 1993, ch. 4.

17) *NTPG ch.* 4, 특히 99-104.

18) 예를 들면, cf. Funk 1991, 52; 그리고 Q에 대해서는 *NTPG ch.* 10과 아래의 서술을 보라.

표 체계는 아메리카 사람들에게 "예수가 진정으로 무엇을 말했는지"를 알리고 자 하는 광고 제도와 아울러서 권장할 만한 것이 못된다. 예수 세미나라는 제 한적인 집단 내에서조차도, 대다수의 학자들이 어떤 말씀이 분명히 진정한 말 씀이거나 진정한 말씀일 가능성이 높다고 생각하는데, 소수가 붉은색 평점을 매김으로써 그 말씀을 "진정한 것이 아닐 가능성이 높은" 것으로 만들어 버리 는 것은 이해하기가 힘들다.

이러한 연구활동의 난맥상은 다음 장에서 다루게 될 과거의 "새탐구" 또는 내가 "제3의 탐구"라고 불러왔던 것과 관련이 있는 것인가? 어떤 관점에서는 이것은 단순히 명칭의 문제일 수 있다. 우리가 "예수 세미나," 그리고 맥, 크로 산 같은 핵심적인 활동가들을 "제3의 탐구"의 좌파로 생각하느냐, 또는 내가 지금 했던 것처럼 그들을 전혀 다른 범주에 놓음으로써 그들과 제3장에서 다 루게 될 사람들의 주된 차이점들을 인정하느냐 하는 것은 그다지 중요한 문제 가 아니다. 간단히 말해서, 그들의 입장은 다음과 같이 정리될 수 있다. "새탐 구"는 분명히 불트만적인 운동으로서 불트만의 몇몇 추종자들이 십자가와 부 활의 케리그마에 대한 불트만의 이해를 토대로 역사적 예수를 재건하고자 하 는 시도였다.[20] "예수 세미나"와 그 대표자들인 맥과 크로산(앞으로 곧 논의하 게 될)은 이와는 좀 다른 전제들과 방법론들을 가지고 연구한다; 그들은 예수 에 관하여 뭔가를 발견해내고 예수가 실제로 무엇을 말하였는지를 발견해내 고자 하는 관심을 가지고 있다는 점에서(불트만은 이러한 시도를 매우 불건전 한 선입견으로 간주하였을 것이다) 대단히 비불트만적이다. 그들은 예수를 그 의 사회적 및 문화적 배경 속에 위치시키는 데에 관심을 갖는다. 적어도 크로 산은 주류 불트만 학파에게는 낯설은 방식으로 역사와 신학을 결부시키는 데 에 관심을 갖고 있다. 이러한 점들에서 보면, 그들은 실제로 "제3의 탐구"에 좀 더 가깝다. 그러나 그들과 과거의 불트만 학파와의 공통점들도 내게는 여전히 분명해 보인다. 맥의 프로젝트 전체는 마가복음에 대한 (모든 의미에서) 허구 적인 이해에 중점을 둔 불트만과 브레데로부터 나온 것임은 아주 분명하다.[21]

---

19) 예를 들면, Funk & Hoover 232(마 21:28-31a; 28:31b에 대해서); 213(마 18:3 에 대해서); 250(마 24:32f.에 대해서).

20) 특히 Robinson 1959를 보라.

맥이 바울의 그리스도 제의(Christ-cult)와는 판이하게 다른 원시 팔레스타인 기독교를 강조하고 있는 것은 불트만 및 부세(Bousset)와 일맥상통하고, 바울에 대한 철저한 유대적 읽기를 더 선호하고 있는(예를 들면, 샌더스의 저서에서) "제3의 탐구"와는 별 공통점이 없다.[22] 맥이 Q를 재구성하고 예수 연구에 있어서 Q에 결정적인 역할을 부여하고 있는 것은 "새탐구" 및 거기에 수반된 전승사 연구를 훨씬 더 많이 연상시키는 것으로써, 그러한 것들로부터 스스로를 멀리해 온 "제3의 탐구"와는 거리가 멀다. 불트만 전통에 대한 크로산의 관계에 대해서는 앞으로 곧 살펴보게 될 것이다; 내가 믿기로는, 크로산을 갱신된 "새탐구"(renewed New Quest)와 동일한 범주에 놓을 만한 충분한 증거들이 있다. 이러한 갱신(renewal)이 "제3의 탐구"의 일부와 서로 중복된다고 생각하는 사람이 있는 경우에, 몇 가지 분명한 차이점들을 언급되기만 한다면, 나는 그러한 생각에 기꺼이 동의할 것이다. 만약 그렇게 말한다면, 이 장의 목적은 단순히 뒷문을 통해서 "제3의 탐구"를 소개하는 것이 될 것이다.

맥과 크로산은 지난 10년 동안에 북아메리카에서 예수 및 복음서들에 관하여 글을 쓴 가장 영향력있는 저술가들 중의 두 사람이었다. 이제 우리는 이 두 사람을 좀 더 자세하게 살펴 보고자 한다.[23]

---

21) 1993년 5월 8일자 *National Catholic Register*에 나온 인터뷰에서 Mack은 이렇게 말했다: "사실 우리가 예수에 관하여 어쨌든 역사적으로 알 수 있는 것은 매우 적다." "당신은 당신의 책 속에서 역사적 예수에 그리 흥미가 없다고 말했는가"라는 질문을 받자, 맥은 "그렇다"라고 대답하였다("예수 세미나"의 회원이 되기 위한 조건). 그는 계속해서 "나에게 중요한 것은 초기 그리스도인들이다"라고 말했다. 이것은 우리가 들을 수 있는 말들 중에서 아주 분명한 불트만적인 과제이다. 또한 Mack 1993, 239를 보라: 마가는 바울의 "그리스도 신화"를 "예수 운동으로부터 나온 예수에 관한 다양한 전승들"을 결합하였다 —. 어느 정도 정확하게 불트만의 입장. 이와 동시에, 맥은 불트만이 묵시론적인 말씀들에 우선 순위를 부여하였고 지혜 말씀들을 초대 교회의 창작으로 여겼다는 점에서 — 맥이 뒤집고 있는 판단(Mack 1993, 32f.) — Bultmann 1968 [1921]의 관점과 거리를 둔다. 하지만, 그는 불트만의 저서인 *Jesus*(Bultmann 1958a [1926]) 속에서 이 두 주제가 양립될 수 있는 것으로 간주되고 있다는 점을 지적한다.

22) 예를 들면, Mack 1993, 3-5를 보라.

23) 몇몇 영국의 동료들은 이러한 저자들의 견해가 대서양의 동쪽에서는 많은 사

3. 버튼 맥(그리고 Q의 문제)

나는 이미 버튼 맥을 한 차례 이상 인용한 바 있는데, 예수 세미나에 강력한 방향을 제시한 책들 중의 하나가 바로 그의 저서였다. 그는 자신의 저서인 『순수의 신화: 마가복음과 기독교의 기원』(*A Myth of Innocence: Mark and Christian Origins*)이라는 책에서[24] 예수, 기독교의 기원, 마가복음과 관련하여 통상적인 견해와는 날카로운 대조를 보이는 견해를 예리하고 대단히 탁월하게 밝히고 있다. 마가는 무죄한 신의 아들인 예수가 세상의 종말을 선포했다는 기독교의 기원에 관한 신화를 만들어 내었다고 그는 주장한다. 이것은 두 번째 세대가 기독교인이 되는 특정한 방식을 규정하였다 — 그리고 그것은 곧 정경화되어서, 오늘날에 이르기까지 재앙에 가까운 결과들을 초래하였다:

> 그럼에도 불구하고, 하나님에 대항하여 연합한 자들에 의해서 죽임을 당한 권세 있는 자의 화려한 등장은 하나님 나라의 비밀을 알고 있는 자들이 마침내 그의 권세를 받아들임으로써 신원받게 될 최후의 승리를 지향하고 있었다.

> 권세 있는 자의 최초의 등장에 관한 마가의 허구나 영광 중에 오실 자의 최후의 출현에 대한 마가의 환상은 지금 요구되고 있는 지혜와 부합하지 않는다. 교회는 초기 기독교가 세상을 정죄했던 바로 그 비참한 순간을 정경화하였다. 이렇게 해서, 세상은 지금 정죄 상태에 있다. 정말 그렇다. 마가의 무죄한 신의 아들의 손에 세상을 구속하는 권세가 없다면, 세

람들에게 믿을 수 없는 것으로 보이고 있기 때문에 이러한 저자들에게 우리가 그토록 많은 지면을 할애해야 하는지에 대하여 의문을 제기하곤 했다. 그럼에도 불구하고, 내가 이러한 저자들에게 내가 많은 지면을 할애하는 이유는 (a) 그들이 북미의 학계 내에서 점점 증대하고 있는 강력한 운동의 두 가지 판본을 대표하고 있다는 것; (b) 그들이 "새탐구"의 이러한 갱신을 평가하는 데에 있어서 우리가 직면하는 결정적으로 중요한 문제들의 대부분을 제기하고 있다는 것; (c) 그들과 그들의 추종자들이 내가 "제3의 탐구"라고 부르는 것의 현재적인 주요한 대안을 대표한다는 것이다.

24) Mack 1988. 이후로 연대표기 없는 참고문헌 인용은 이 작품을 가리킨다.

상의 미래는 더 이상 생각하기 힘들게 되었다.[25]

맥의 저서의 혈통은 분명히 금세기 초의 선구적인 두 인물에게로 거슬러 올라간다: 브레데와 불트만. 브레데와 마찬가지로, 맥은 마가복음의 줄거리가 마가 자신이 만든 것, 즉 기독교의 제1세대의 마지막 시기에 여러 신학적인 이유들로 인해서 만들어진 허구로서, 거기에는 예수의 원래의 메시지와 초기에 그를 따르던 자들의 대부분의 신념들이 판이하게 다른 사고도식에 의해서 근본적으로 수정되어 있다고 생각한다.[26] 브레데에게 있어서 이러한 도식은 예수의 메시야직(Messiahship)의 "비밀"에 집중되어 있었다; 그러나 맥에게 있어서 이러한 도식은 세상이 신의 아들에 의해서 정죄된 상태에 있다는 부정적인 묵시론적 메시지에 그 초점이 맞춰져 있다. 불트만과 마찬가지로, 맥은 초기 기독교의 발전을 두 가지 흐름으로 인식하고 있고, 마가는 바로 그러한 두 흐름을 통합하였다고 본다: 예수를 따랐고 그의 가르침의 노선을 계속해서 이어 갔던 대체로 유대인들로 이루어진 초기의 추종자들이 있었고, 바울을 대표로 하는 헬레니즘적인 그리스도 제의(Christ-cult)라는 한 흐름에 속한 사람들이 있었다.[27] 그러나 불트만에게는 마가가 이 두 흐름을 혼합한 것이 탁월하고 창조적인 시도였던 반면에, 맥에게 그것은 재앙이었고 또한 여전히 지금도 재앙으로 작용하고 있다.

그렇다면, 예수에 관한 진실은 과연 무엇인가? 복음서들에 나오는 내용들 중 하나를 어느 대목이든 선택해서 뽑아 보라. 거기에는 앞뒤가 잘 맞지 않는 내

---

25) Mack 323, 376(또한 cf. 14, 24). 두 번째 인용문은 이 책의 주된 서술의 결론부이다.

26) Wrede 1971 [1901]에 대한 Mack의 시인(54).

27) 예를 들면, cf. Mack 97. Mack의 예수(사회개혁자)는 물론 불트만의 예수(개인의 실존적인 결단을 설교한 설교자)와는 매우 다르다; 그러나 맥이 불트만의 전체적인 강령을 시인하고 있다는 것은 예를 들면, 355n 등과 같은 많은 곳에서 드러난다; "불트만이 현대에 좀 더 적합한 신화로서 복음서들보다 케리그마를 선호한 것은 의심할 여지없이 그의 루터파 전통에 기인한다. 그러나 그것은 직관적으로도 옳았다." 이것은 맥의 저서 배후에 있는 과제에 대한 분명한 통찰을 제공해주는 것이기도 하다.

용들이 들어있다: "귀신들을 내어쫓는 사람이 비유들을 말하는 데에 능숙할 것이라고 생각하기는 어렵다."[28] 특히 "경구를 통한 사회 비판은 파국에 대한 묵시론적 선포와는 전혀 다른 입장인데, 이 두 종류의 말씀들이 Q로 알려진 어록집 속에 함께 포함되어 있다."[29] 이것을 토대로 맥은 Q의 두 단계 편집설을 주장하는 자들과 마찬가지로 자신의 논지를 전개해 나간다:[30]

> 경구적인 지혜는 [Q의] 초기 편집층의 특징이다. 이것은 묵시론적 설교자로서의 예수라는 이전의 견해들을 뒤집어 엎고, 예수의 메시지를 전혀 다른 양식으로 바꾸어 놓는다.[31]

예수는 갈릴리라는 대체로 이방적인 환경에 속했던 것으로 보인다. (맥은 갈릴리에 관한 프레인의 자세한 연구 결과를 인용하고 있지만, 갈릴리가 여전히 얼마나 유대적이었는지에 관한 문제에 대해서는 그와 의견을 달리한다.[32] 적절하게 재구성해 보면, 예수의 가르침은 청중들의 사회적 및 문화적 세계를 전복시키기 위하여 경구들을 교묘하게 활용한 견유학파의 현자들의 가르침과 대단히 흡사하다.[33] 예수는 "하나님 나라"에 관하여 거의 말한 적이 없었고, 설령 말을 했다고 할지라도 적어도 유대적인 의미에서 그런 말을 한 것이 아니었다

---

28) Mack 55.

29) Mack 56. 이것은 예수 세미나의 연구의 아주 많은 부분을 지배해 왔던 손쉬운 양자택일식 방식이다.

30) cf. *NTPG* 435-43. Q에 대해서는 아래에서 논의된 Mack 1993을 보라.

31) Mack 59.

32) Mack 66f., n.9, Mack 1993, ch. 4; cf. Freyne 1980b, 1988b. 이 주제는 성서학회의 1993년 연례회의에서 자세하게 논의되었는데, 거기에서 Eric M. Meyers("Jesus and his Galilean Context")와 Freyne('The 'Jews' of the Galilee")이 발표한 논문들은 "예수 세미나"의 강단에서 주요한 강령이 되어 있었던 맥의 견해가 대체로 근거가 없다는 것을 분명하게 보여주었다.

33) Mack 68f. 견유학파설에 대해서는 Downing 1987a & b, 1988, 1992; 아래의 66-75를 보라. Mack은 예수의 경구적인 일부 말씀들과 유대 문헌들에서의 이와 비슷한 말들 간의 병행들을 언급하지 않는다: Dalman 1929, 225-31을 보라. 이 전거의 인용은 Colin Brown 덕분이다.

— 어쨌든 이 개념은 당시의 유대교에서 특히 두드러진 것은 아니었다.[34] 사실,

여기에서 특별히 유대적인 관심사들이 직접적으로 끼어들었을 가능성을 찾는 것은 헛된 일이다. 예수의 비판은 특별히 유대의 제도적인 문제들을 지향한 것도 아니었고, 예수의 권면들은 분명히 유대적인 개념들과 권위들을 토대로 이끌어내진 것도 아니었다. 예수의 나라는 역사 속에서 실현되지 못했던 옛 서사시적인 이상(理想)들의 성취가 아니었다. 예수의 사회 비판은 일반적인 성격을 띤 것으로서, 특히 개개인들에 초점을 맞추어서 행해진 것이었다. 개개인들에 대한 예수의 이러한 초대는 견유학파의 "나라"와 같은 것, 즉 혼란되고 모순된 사회 상황 속에서 견유학파적인 확신의 자세를 받아들이라는 것이었다. 간단히 말해서, 예수의 "메시지"는 "그것이 어떻게 된 것인지를 아는가? 너도 그것을 할 수 있다"라는 것이었던 같다.[35]

따라서 "예수가 시작했던 것은 다름 아닌 사회적 실험이었다."[36] 물론 이것만으로는 자신의 기원을 예수에게서 시작되었다고 본 기독교 운동을 설명해내기에는 불충분하다. 따라서 우리는 예수를 따랐던 자들의 집단 체험을 좀 더 자세하게 살펴볼 필요가 있다. 맥의 저서의 상당 부분은 초기 기독교의 사회사에 관한 논문인데, 이와 관련해서 그는 기독교 운동 내부에 몇 가지 분파들이 있었다고 설명한다. Q자료에 의해서 부분적으로 대표되고 있는 "예수의 추종자들"이 있었다. 그들은 "예수에 관한 기억을 생생하게 보존하는 가운데 그들 자신을 유대교의 개혁이라는 관점에서 생각하였다."[37] 그들은 예수를 선생, 지혜자, 카리스마적인 개혁자로 생각하였다. 그들에게는 "그리스도 제의"의 여러 특징들이 결여되어 있었다: 성찬식도 없었고, 부활에 대한 믿음도 없었으며, 예

---

34) Mack 70-3.

35) Mack 73. 20세기의 전반부에 많은 독일 학자들의 흐름을 따라 예수를 이렇게 아주 철저하게 비유대화시킨 것에 대해서는 이 장의 마지막에 나오는 말을 보라.

36) Mack 76.

37) Mack 96.

수를 신이나 구세주로 생각하는 사상도 없었다. 그들에게 "예수는 과거를 폐하고 변화를 받아서 새로운 피조물이 될 것을 요구한 새로운 종교 공동체의 주님이 아니었다."[38] 그러나 "그리스도 제의"는 예수 자신과는 거의 상관이 없는 혼합주의의 출현을 통해서 이 모든 것들을 포용하였다.[39] 그 후에 초기 기독교가 여러 방향으로 발전해 가면서, 여러 집단들 사이의 갈등을 통해서 각각의 경우마다 새로운 형태의 전승들이 생겨나게 되었다. 따라서 권위의 문제가 중요하게 되었다. 이 시나리오 속에 복음서 기자인 마가가 등장하게 되었다:

> 마가는 유대교와의 단절, 이 집단의 과거 역사와의 단절, 초기 예수-그리스도 운동들의 그 밖의 다른 경쟁적인 형태들과의 단절을 통해서 자신의 집단을 묵시론적으로 규정하였다. 그가 지은 복음서는 권위의 문제를 매우 도전적인 방식으로 말하였다. 모든 경쟁자들은 예수라는 한 인물을 통해서 분쇄되거나 복속되었다.[40]

그런 후에 예수에 관한 이러한 주장은 다음과 같은 두 가지 방식으로 보충된다: 마가복음에 나오는 여러 다양한 유형의 내용들에 대한 자세한 고찰과 마가가 실제로 자신의 저작을 편찬한 방식, 즉 한편으로 예수의 이야기들을 "기억하기 쉽게" 만들고 다른 한편으로는 그리스도 신화를 "기원의 신화"로 바꾼 방식에 관한 논의.[41] 마가는 완전히 부정적인 전망을 가지고 하나의 묵시록을 썼다: 그는 "실제 세계에 부합하는 공동체를 생각할 수 있는 가능성을 포기하였다."[42] 이런 식으로 맥의 저서의 상당 부분은 마가 및 그가 전승들을 개작한 것에 관한 것으로써, 후대에 씌어진 저작의 범위 안에 든다. 그러나 그가 그려낸 예수상은 아주 인상적이고, 오늘날 몇몇 논의들 속에서 영향력을 미쳐왔기 때문에, 여기에서 좀 더 살펴볼 가치가 있다.

---

38) 이 모든 것에 대해서는 cf. Mack 96f.

39) Mack 98-123.

40) Mack 130f.

41) Mack 312.

42) Mack 349.

물론 맥의 저서는 (학문적인) 전통의 서로 다른 여러 흐름들을 결합하여 근본적으로 새로운 대안을 만들어낸 초기 기독교에 대한 권위있는 설명이라고 자처한다. 아이러니컬하게도 그는 새로운 "기원의 신화"를 제시하였다. 먼저 예수가 있다: 그는 "신의 아들" 또는 "인간의 아들"이 아니라, 사회적 저항과 변혁이라는 어느 정도 비유대적인 전통을 개시시킨, "부드럽게 말하지만 사람들을 끄는 흡입력이 극히 강했던"[43] 견유학파적인 달변가였다. 맥의 도식에서 대적자는 마가복음에서 무죄한 신적인 존재를 제거하려고 마귀 같이 달려드는 악한 자들의 자리를 대신 차지하고 있는 마가 자신이다. 마가는 역사 속의 실제 예수에 관하여 글을 씀으로써 예수의 진정한 추종자들을 곧 정경화될 예수의 권위의 무게 아래에서 아무 소리도 내지 못하게 만들어 버린다. 우리는 유대교와 세상에 대한 마가의 근본적인 거부 대신에, 예수의 구원을 위한 죽음, 부활, 성찬, 교회를 초점으로 하는 주류 기독교가 되어버린 것에 대한 버튼 맥의 근본적인 거부를 보게 된다. 마가에 의해서 세워진 이러한 전통은 세상, 특히 자신의 "무죄의 신화"에 매달려 왔던 아메리카에 무언의 손상을 끼쳐 왔다.[44] 기독교는 지금 정죄 상태에 있다. 맥의 무죄한 견유학파적인 달변가에게 진리가 있다면, 기독교의 미래는 더 이상 생각하기 힘들다.

예수에 관한 맥의 재구성 속에 종말론이 결여되어 있다는 점을 생각하면, 그의 전체적인 구도 속에도 종말론이 없어야 마땅하다. 그러나 종말론에 관한 암시가 존재한다. 마가는 자신의 신화적인 예수를 굳게 붙드는 자들이 결국은 신원될 것이라는 기대를 갖고 있었던 반면에, 맥은 참된 견유학파적인 예수가 특히 오늘날의 미국 정치에 나타나고 있는 전적으로 마가적인 "기독교" 전통을 거부하는 자들을 (역사적 회상을 통해서) 신원할 것이라는 기대를 은연중에 갖고 있다고 할 수 있다. 그리고 예수 세미나는 바로 이러한 암시를 재빨리 알아차렸던 것으로 보인다. 맥은 1987년에 간행된 이 세미나의 한 논문에서 미리 자신의 논증을 개략적으로 제시한 바 있다.[45] 그런 후에 이 세미나는 하나

---

43) Mack 69. 이것은 Dominic Crossan의 실루엣과 비슷하게 들린다.

44) Mack 365-76.

45) Mack 1987. 예수 세미나에 대한 이 논문의 영향력은 이 운동 안에서의 Mack의 중요성을 잘 보여준다.

님 나라에 관한 말씀들에 대한 투표를 행하였고, 비묵시론적인 예수를 생산해 내었다 — 아니 재가하였다고 말하는 것이 더 나을 것 같다. 마가복음에 나오는 말씀들은 문자 그대로 검은색으로 도배되어 배척받았다. 맥의 영향력은 반 레이건주의의 조류를 타고 대안적인 아메리카 신화로서 호소력 있게 등장하였다. 이 세미나는 실제의 예수는 그토록 많은 그리스도인들, 특히 미국의 학문 세계가 그토록 강력하게 반발하고 있는 보수적인 미국의 교회들에 속한 그리스도인들이 그토록 오랫동안 예수와 결부시켰던 저 악한 묵시사상과는 아무런 상관이 없다고 대중들에게 공포하였다.[46]

맥의 탁월하고도 놀라운 묘기는 기독교의 기원에 관한 불트만적인 패러다임에 새로운 생명을 불어넣었다.[47] 그는 예수와 초기 기독교에 관한 역사를 다시 쓰기 위해서는 여러 가지 문제들을 해결할 필요가 있다는 것을 알았고, 그러한 문제들과 철저하고도 치열하게 씨름하여 왔다. 그러는 가운데, 그는 그리스도인들이 오랜 세월 동안 자신들이 십자가에 못 박히시고 부활하신 주님을 섬기고 있다고 생각했던 것들이 사실은 그들 자신의 이익을 섬기고 있는 것임을 깨달았다.[48] 그러나 우리의 의구심들이 맥의 예수와 그의 초기 기독교가 하나의 특정한 목표(agenda)에 손쉽게 갖다맞춘 것 때문에 생겨난 것이라면, 우리의 비평학계는 그의 제안을 그 개요와 세부적인 내용 모두에 있어서 거부해야 옳을 것이다.[49]

나는 이미 "Q와 도마 복음서"가 기독교의 초기 형태였다는 주장이 극히 가능성이 희박한 것이라는 점을 논증한 바 있다.[50] 나는 (a) 주후 1세기의 통속적인 유대교는 이스라엘의 신이 적극적으로 개입하여서 로마의 지배를 종식

---

46) cf. Butts 1987, 특히 108f.

47) cf. Mack 1995.

48) 예를 들면, 16세기의 종교개혁에 대한 그의 해체를 보라(364): "본문은 그것을 담당하는 자들에게 힘을 실어주었다. 설교자는 새로운 제의, 언어학적인 변형들의 제의를 주재하는 강단의 제사장이 되었다. 이제 기독교적인 체험은 청중의 청각 속에서 일어났다. 그것은 오로지 성서에 토대를 둔 믿음에 의한 구원이라 불렸다."

49) Mack에 대한 비판들에 대해서는 cf. Overman 1990; Witherington 1995, ch. 3; Boyd 1995.

50) *NTPG* 435-43. Mack과 Kloppenborg의 논의에 대해서는 아래를 보라.

시키기를 열렬히 기대하고 있었다는 것,[51] (b) 이러한 기대는 통상적으로 이스라엘의 신이 왕이 된다는 관점에서 표현되었다는 것,[52] (c) 유대교의 유명한 저작들 중의 일부에서 사용된 묵시론적 언어, 특히 다니엘서는 시공간적인 질서의 종말과는 아무런 상관이 없고, 이스라엘 역사의 위대한 절정, 즉 이방의 원수들로부터의 이스라엘의 최종적인 해방과 전적으로 관련이 있다는 것[53]을 어느 정도 자세하게 살펴본 바 있다. 또한 나는 마가복음은 실제로 어떤 의미에서 기독교적 "묵시록"이긴 하지만 이것은 세상 또는 역사에 대한 부정적인 태도와는 아무런 상관이 없다는 것도 논증하였다.[54] 특히 나는 공관복음 전승 전체는 문서 이전의 형태이든 문서의 형태이든 원래의 예수가 말할 수 없었던 예언의 말씀들을 말했다고 보아진 어떤 제의적 인물이나 유사신화적인 인물이 아니라 실제의 나사렛 예수를 보여줄 의도를 지니고 있었다는 것을 어느 정도 자세하게 살펴 보았었다.[55] 이 점은 당시의 중동에서의 촌락 생활에 있어서 구전 전승의 성격에 관한 자세한 고찰을 통해서도 한층 더 풍부하게 입증될 수 있다.[56] 우리는 좀 더 자세하게 논증하기에 앞서, 갈릴리에 견유학파에 속한 인물들이 존재해 있었다는 증거는 거의 찾아볼 수 없을 정도로 희박하다는 것, 성서를 성취하고 있다는, 즉 이스라엘의 역사 전체를 성취하고 있다는 예수의 주장은 팔과 다리를 잘라내는 것에 비견될 수 있는 철저하고 중대한 수술을 성서 본문에 가할 때에만 가능하다는 것, "예언" 전승과 "지혜" 전승, 또는 "묵시론적" 말씀들과 "지혜의" 말씀들 사이의 결정적인 균열은 일부 제한적인 학문 분파들에서 자주 언급되는 것 이상으로 강력한 증거에 의해서 보장되고 있지 않다는 것, 맥이 제시한 이론이 전제하고 있는 엄청난 발전 과정들을 예수의 전승이 거쳐 왔다는 것을 보여줄 만한 그러한 사회적 상황들을

---

51) *NTPG* ch. 7에 나오는 자세한 내용과 전거들.

52) *NTPG* 302-7: 예를 들면, Jos. *Ant.* 18:23f., *War* 7:323-36. 성서적 배경에 대해서는 시 145:10-13; 사 33:22; 52:7; 습 3:14-20 등과 성서 이후의 저작들인 *T. Mos.* 10:1-10; 1QM 6:4-6.

53) *NTPG* 280-99.

54) *NTPG* 390-6.

55) *NTPG* chs. 13, 14; 특히, 396-403.

56) cf. Bailey 1991; Kelber 1983; Ong 1970, 1982. 아래 제4장을 보라.

발견해 내려는 시도는 거의 전적으로 상상력의 산물이라는 것(거기에 대한 실제적인 증거가 하나도 없기 때문에)을 말해두고자 한다. 우리는 맥이 현란하게 제시하고 있는 집단들, 지역들, 문화적 영향력들 등등을 어느 정도 전제할 수 있을 정도의 증거들을 갖고 있지 않다. 우리는 실제로 초기 기독교에 관하여 거의 아는 바가 없다. 현재 우리가 알고 있는 것은 이와는 판이하게 다른 방향을 보여준다.[57]

여기에서 예수 세미나, 특히 맥과 크로산의 저서 속에서 Q가 차지하고 있는 위치에 관하여 한 마디 해둘 필요가 있을 것 같다.[58] 그들은 Q자료를 심혈을 기울여 분석해서 세 단계에 걸쳐서 Q가 편집되었다는 학설을 제시한 존 클로펜보그(John Kloppenborg)의 연구에 많이 의존해 왔다.[59] 나는 『신약성서와 하나님의 백성』 제14장에서 이 가설을 설명하고 이에 대한 반론을 간략하게 제시한 바 있다.[60] 그 반론에 나는 이제 다음과 같은 몇 가지 사항을 덧붙이고자 한다.

첫째, Q를 "복음서"로 취급하는 것은 증거들을 벗어나는 것이다. Q가 별개의 문서로 존재했었다고 할지라도, "복음서"라는 말은 "좋은 소식"을 의미하고, 이 표현의 의미는 이스라엘의 신이 이스라엘의 역사를 그 정해진 목표 지점에 데려다 놓는다는 의미에서 나온다 — 클로펜보그와 그의 추종자들에 의하면, 바로 이것은 Q의 초기 단계들이 믿지 않았던 바로 그것이었다.[61]

---

57) cf. *NTPG* Part IV, 특히 chs. 11-12과 15. Mack은 초기 그리스도인들이 무엇을 행하였고, 언제 그리고 어디에서 그것을 행하였는가를 실제적인 증거에 대한 토대 없이 손쉽게 확신하고 있다는 점에서 Koester(1982b [1980])에 못지 않다.

58) 이러한 논의는 이 장 전체와 연관되기는 하지만, Mack 1993로 인해서 특히 여기에서 적합하다 — 마치 Q 자료가 "잃어버린 복음서"였고, 그것의 최근의 "발견"은 예수 및 초기 기독교에 대한 철저한 재평가를 하지 않을 수 없게 만들었고 오늘날 새로운 과제를 발생시켰다는 식으로 매우 편향적이고 통속적인 Q 자료에 대한 설명으로 인해서.

59) 특히, Kloppenborg 1987을 보라. 이 견해는 Koester 1990, 133-71; Mack 1993 *passim;* Vaage 1994 등을 비롯한 많은 학자들이 따르고 있다.

60) pp. 435-43.

61) Catchpole 1993, 1ff.의 절제된 언어를 보라. "복음"의 의미들에 대해서는 Wright 1994를 보라.

둘째, 구전 또는 문서로 된 "Q자료"는 단지 단편으로만 존재했다고 믿는 사람들(Q는 처음부터 끝까지 오늘날의 허구라고 믿는 매우 진지한 학자들은 두말할 필요도 없고[62])만이 아니라 Q문서를 재구성할 수 있다고 굳게 믿고 있는 학자들조차도 Q가 초기 기독교 내에서 차지하는 역사적, 지리적, 신학적 위치에 대해서, 또는 Q의 편집 단계들에 대해서 결코 의견의 일치를 보지 못하고 있다. 비묵시론적인 내용, 실제로는 대체적으로 비유대적이고 "지혜적인" 초기 기독교와 예수에 관한 자료를 초기의 것으로 남겨두고, 종말론적이고, 예언적이며, 묵시론적인 자료들을 이차적인 단계로 보는 것은 대륙 및 영국의 대부분의 Q 연구 학자들만이 아니라 실제로는 모든 북아메리카 학자들에 의해서도 공유되고 있지 않다.[63] 지그프리트 슐츠(Siegfried Schulz)에 의한 방대한 Q 연구는 클로펜보그와 그의 추종자들이 내린 결론들과는 거의 정반대의 결론들에 도달하였다: 그에게 Q의 첫 번째 단계는 매우 유대적이었고, 인자로서의 예수에 그 초점이 맞춰져 있었던 반면에, 두 번째 단계는 좀 더 헬레니즘적인 것으로서 최초로 지혜적인 개념들이 등장하였다.[64] 또한 이 주제에 대한 오늘날 세계적인 권위자들 중의 한 사람인 크리스토퍼 터켓(Christopher Tuckett)이 *Anchor Bible Dictionary*에 기고한 Q에 관한 항목은 클로펜보그와는 아주 다른 노선을 취하고 있다.[65] Q에 관한 가장 최근의 진지한 학문적인 연구들 중의 하나도 북아메리카의 Q학파와는 매우 다르고, 맥을 비롯한 그밖의 다른 여러 학자들의 Q에 대한 견해를 완전히 배제하는 다음과 같은 결

---

62) 예를 들면, Farmer 1982; Goulder 1989.

63) 예를 들면, "지혜적 예언자들" – "예수 세미나"의 지배적인 견해가 옳다면, 존재하지 말아야 할 범주(이것이 Horsley & Hanson 1985이 이것을 억누르고자 애쓰는 이유이다; 이것에 대해서는 Webb의 논평, 329f.를 보라) – 를 논하고 있는 Webb 1991, 322-32를 참조하라. 또한 Allison 1994, 661-3을 보라.

64) Schillebeeckx 1979 [1974], 100-2, 410-14 등에서 많이 인용되고 있는 Schulz 1972. Schulz에 대해서는 Riches 1980, 57의 말을 보라: 이렇게 정확하게 "공동체들의 존재 시기와 장소를 규정하는 것은 놀라운 일이긴 하지만, 확고한 토대가 없다." Kloppenborg의 거울 이미지(mirror-image) 이론에 대해서도 마찬가지로 말할 수 있다고 나는 생각한다.

65) 지나치게 단순화된 이론들에 대한 Tuckett 1992의 경고(568f.).

론들에 도달하고 있다:

> … Q를 지지하는 학자들은 이 가설적인 문서의 경계가 여전히 불분명하다는 것을 받아들이는 것을 … 꺼려하지 않을 것이다.[66]

> 역사적 세례 요한의 메시지가 그의 동시대인들에게 어떠한 것이었든지 간에, Q에 나오는 요한이 그의 청중들에게 전한 메시지는 분명하다. 그러한 메시지는 Q에 반복해서 나오고, 처음부터 등장한다. 그것은 하나님의 백성은 현재 지연되고 있음에도 불구하고 머지않아 있게 될, 심판하고 구원하기 위하여 오실 인자를 중심으로 하는 종말론적 위기를 진정으로 준비하여야 한다는 것이다.[67]

> Q에 나오는 예수의 최초의 강화(講話)는 형식상의 구성과 신학적인 내용, 이 두 가지 면에서 모두 통일된 전체를 이루고 있다 … 이 최초의 강화의 핵심적인 역할을 고려하면, 이것은 Q를 이해하는 데에 극히 중요하다. 이것은 이스라엘 공동체에 속한 사람들을 위한 본문이다.[68]

> [누가복음 10장과 그 병행문들에 나오는 "선교 명령"에 대한] 연구 결과들은 존 클로페보그와 리스토 우로(Risto Uro) 등에 의해서 제시된 결과들보다 더 온건하다. 요컨대, 이 전승이 네 단계를 거쳐 진화했다는 재구성의 토대를 이루는 여러 차이들은 부당하게 세밀한 듯이 보이고, 마가복음과 Q가 독립적이라는 이와 관련된 전제는 부당하게 위태로워 보인다. 그러한 재구성 대신에 본 연구에서는 두 가지 결론을 제시한 바 있다. 첫 번째는 예수 자신으로부터 유래한 통일된 전체로서의 원래의 선교 명

---

66) 자세한 각주들에 의해서 밑받침되고 있는 Catchpole 1993, 6. 이 문장에 함축된 삼중적 부정은 아주 적절하게도 거기에 내포된 불확실성의 정도를 반영하는 것이라고 나는 본다.

67) Ibid., 78.

68) Ibid., 133; 그리고 Q에 함축되어 있는 사역을 "철저하게 예언자적인" 것으로 묘사하고 있는 cf. 172f.

령은 복원될 수 있다는 것이다 … 두 번째는 추가적인 내용으로 이루어진 한 편집층이 Q의 편집자에 의해서 덧붙여졌다는 것이다.[69]

지금까지 연구된 Q자료는 인자로서의 예수에 대한 신앙을 중심으로 하고, 예언자로서의 예수에 의해서 선포된 메시지에 대한 헌신이 강력했던 공동체를 밝혀 주었다. Q에 나타난 그리스도인들은 그들이 아버지로 알고 있었던 하나님 나라의 임박성을 굳게 믿었고, 또한 실제로 선포하였다.[70]

Q는 몇몇 말씀 모음집들에 대한 서문들을 제공해 준다; 각각의 경우에 이것들은 다음과 같은 것들을 말하고 있다:

유대 전쟁이 일어나기 30여년 전의 시기에 특유한 문제, 위대한 해방의 역사가 일어나게 될 특정한 장소들을 거론하였던 카리스마적인 예언자들의 문제. 이러한 사고 패턴 전체에 맞서서 Q공동체는 장차 오실 인자, 그 오심을 어느 곳에서나 볼 수 있는 분을 제시한다.[71]

우리는 본질적으로 예루살렘 중심의 전망을 지녔고, 토라 중심의 신학을 지녔으며, 성전 중심의 예배를 말했고, 이 모든 것과 예수에 대한 헌신이 양립할 수 없다고 보지 않았던 그러한 공동체의 모습을 본다.[72]

내가 말하고자 하는 요지는 이러한 진술들의 하나하나를 추가적인 논의 없이 그대로 받아들여야 한다는 것이 아니다. 캐취폴(Catchpole)이 우리가 알 수 있다고(그는 틀림없이 내게도 그렇게 말할 것이다) 생각하는 모든 것들을 우리가 정말 알 수 있는지에 대해서는 나 자신조차도 확신하지 못한다. 따라

---

69) Ibid., 188.
70) Ibid., 201, 228.
71) Ibid., 255.
72) Ibid., 279.

서, 내가 말하고자 하는 요지는 단순히 클로펜보그, 맥, 그리고 그 밖의 몇몇 북 아메리카 학자들의 Q 연구에 깊이 몰두해 온 학자들이 각기 다소 다른 이야 기들을 우리에게 들려주고 있다는 것이다. Q는 원래 초기의 비묵시론적이고 대체로 비유대적이며 예언적인 형태의 기독교를 보여주고 있었고, 여기에 이 차적인 편차들이나 훼손들이 도입되었다는 주장을 확고하게 밑받침해 줄 토 대는 사라졌다. "어려운 시절에 높은 기백(氣魄)을 가지고 산" 견유학파적 공 동체에 관한 주장도 사라졌다.[73] 이제 그러한 것들은 1960년대의 반문화 운동 들과 1980년대의 상황을 반영한 반발들을 대변한 신화로 밝혀져서, 처음 나왔 던 곳으로 다시 사라져 버렸다.[74] Q는 "복음서"였고, Q에 나오지 않는 내용들 (예를 들면, 십자가 사건)도 Q에 나오는 내용들만큼이나 의미를 지닌다는 확 신은 이제 사라졌다.[75]

요컨대, 맥의 주장은 통상적인 잣대를 따라 검증되어야 할 역사적 가설이고, 그러한 잣대들에 의해서 기준에 미달된다는 것이 밝혀진 상태이다.[76] 맥의 주 장은 자료들을 올바르게 다루고 있지 않다: 맥은 본문들을 제멋대로 잘라내어 버리고, 그 위치를 이리저리 바꿈으로써, 주후 1세기의 유대교를 근본적으로 잘못 읽고 있고, 바울의 신학과 종교 — 바울 서신은 우리가 실제로 소유하고 있을 뿐만 아니라 십자가 사건이 있은 후 30년 이내에 씌어진 것이라는 것을 확실히 알고 있는 일련의 문헌들이다 — 를 철저하게 소외시키고 있다. 맥의 도식은 단순성(simplicity)을 갖추고 있지 못하고 있으면서도, 예수와 관련해 서는 철저하게 단순화시키고 있다. 그의 도식이 조명해 주고 있는 것으로 보이 는 유일한 분야는 20세기 아메리카의 종교에 대한 분석이다. 아이러니컬하게 도 1980년대의 아메리카 학계에서 일어난 위대한 인물의 문화적 신화에 대한 거부는 불트만의 가설이 지도상에서 완전히 사라지기 직전에 등장한 1920년 대의 독일 학계의 위대한 인물 신화에 대한 거부와 유사하다. 그러나 이러한

---

73) cf. Mack 1993, 4.

74) Ibid., 117.

75) 특히, cf. Kloppenborg 1992, 117-19: 나는 본서의 제2부에서 십자가 처형에 관한 문제를 다룰 것이다.

76) cf. *NTPG* 98-109.

특정한 사회 문화적 상황이 변하게 되면, 이 역사적 이론에 내재되어 있던 커다란 균열들을 임시 방편으로 막고 있던 벽지들은 곧 벗어지기 시작한다. 예수에 관한 진지한 연구를 계속 하고자 하는 사람들은 뭔가 다른 토대들과 건축 재료들을 필요로 하게 될 것이다. 또한 이와 아울러 그들은 다른 건축자를 필요로 한다는 결론을 내릴지도 모른다.

4. 크로산

(i) 서론

존 도미닉 크로산(J. Dominic Crossan)은 오늘날 활동하고 있는 가장 탁월하고 매력적이고 박식하며 재치있는 신약학자들 중의 한 사람이다. 그에게 호의적인 한 비평가는 최근에 그를 "장난끼 많은 요정의 영혼을 지닌 다소 회의적인 신약학 교수"라고 평한 바 있다.[77] 적어도 그의 최근의 저서를 보면, 그는 지루한 사고를 하거나 재미없는 문장을 쓸 수 없는 사람인 것처럼 보인다.[78] 그의 주저인 『역사적 예수: 지중해의 한 유대 농부의 삶』(*The Historical Jesus: The Life of a Mediterranean Jewish Peasant*)은 그 해박함과 철저함, 복잡하고 다층적인 문제들을 탁월하게 다루는 솜씨, 놀라운 창의력, 특히 무엇보다도 아주 읽기 쉽게 글을 쓰는 능력을 보여주는 보물 창고 같은 책이다. 그 책은 여러 해에 걸친 주의 깊고 심혈을 기울인 연구의 산물로서, 그것에 앞서서 독립적으로 출간되어서 찬사를 받았던 여러 책들을 토대로 하고 있다.[79] 크로산은 "새탐구"의 새로운 물결 속에서 이루어낸 업적의 절정을 버튼 맥보다 훨씬 더 많이 대변하고 있다.[80]

---

77) van Beeck 1994, 97.

78) 물론, 몇몇 학자들은 서문을 통해서 자세한 논증의 밀도를 아주 올바르게 변명하고 있는 Crossan 1988a를 보게 되면 이 말에 동의하지 않겠지만.

79) 특히 Crossan 1973, 1983, 1988a, 1988b [1975]를 보라. 이후에 연대 없이 나오는 전거는 Crossan 1991a를 가리킨다. 이와 동일한 입장에 관한 좀 더 짧지만 몇 가지 점에서 더 공개적으로 도발적인 말은 Crossan 1994에서 찾아볼 수 있다; 수난과 부활 기사들에 관한 Crossan의 견해는 Crossan 1995에 좀 더 대중적인 형태로 제시되어 있다.

80) 나는 그와의 공개적인 토론 이후에 그가 기꺼이 나와 우호적이고 지속적인

그러므로 그 책이 거의 전적으로 잘못되었다고 결론을 내릴 수 밖에 없다는 것은 더욱 더 참담하다.[81] 이러한 판단이 옳다는 것을 입증하기 위하여, 우리는 본서와는 백팔십도 다른 방향을 지닌 학자에 의해서 씌어진 연구서를 요약하고 비판하는 데에 우리의 최선을 다하지 않을 수 없다. 우리는 먼저 크로산의 책이 그와 동일한 노선에 서 있는 학자들의 저서들과 다른 점들을 지적하기 이전에, 크로산이 예수 세미나의 전형적인 대표자로서 맥(Mack)과 동일한 흐름 속에 서 있는 여러 특징들을 지적하는 것이 아주 간단한 방법일 것 같다.

크로산은 맥과 마찬가지로 마가(그리고 그의 뒤를 이어 마태와 누가)가 겉보기에는 매력적이지만 근본적으로 허구적인 예수상을 후세에 물려주었다고 믿었다는 점에서 브레데를 따르고 있다. 마가는 탁월한 저술가와 마찬가지로 우리에게 아주 설득력 있는 줄거리를 보여줌으로써 우리로 하여금 그것이 진짜 역사라고 생각하게 만든다.[82] 그러나 크로산은 맥과는 달리 마가가 파괴적이고 이원론적인 묵시론적 관점을 내세우고 있다고 생각하지는 않는다. 크로산은 종말론, "세상을 부정하는" 것이라는 개념조차도 세상을 그 정해진 운명에 내맡기는 것이 아니라, 세상을 전복시키는 것과 관련이 있다고 본다. 크로산은 "종말론적"이라는 말과 "세상에 대한 부정"이라는 말을 "이 세상이 근본적으로 그리고 철저하게 부패하거나 부패되어 가고 있다고 생각하는 견해들"을 가리키는 것이라는 상당히 광범위한 의미로 사용한다.[83] 맥을 비롯한 예수 세미나의 많은 회원들과 공유하고 있는 이러한 생각은 묵시론적인 말씀들이 예수 자신으로부터의 허락 없이 예수 전승들 속으로 도입되었다는 견해이다. 그

토론을 해준 데 대하여 크로산에게 깊은 감사를 드리고자 한다(Wright 1993을 보라). 또한 나는 1992년에 샌프란시스코에서 열린 SBL 회의 및 1993년의 드폴 대학의 심포지엄에서 Crossan 1991a와 관련된 논의들에 참여하였던 그 밖의 몇몇 참가자들이 내게 당시에 제기되었던 미간행된 비판들에 관한 자료들을 복사해준 데 대하여 감사한다.

81) 짧지만 꽤 파괴력 있는 비판은 Meyer 1993에서 찾아볼 수 있다.

82) 이 이미지와 이후에 나오는 것의 일부는 1993년 2월 5일에 Crossan과의 사적인 대화에서 나온 것이다.

83) 1995년 9월 18일자의 사적인 편지.

러나 그는 그러한 발전 과정을 훨씬 더 세밀하게 읽는다. 마가는 (맥이 말하는 의미에서) 세상을 부정하는 것이 아니라, 세상을 전복시키는 것이었다.[84] 그럼에도 불구하고, 마가에서 시작된 전통은 가톨릭적인 기독교가 콘스탄티누스의 결정을 통해서 예수가 생각했던 것과는 다른 종류의 하나님 나라, 다른 종류의 성찬을 받아들이는 입장을 채택했을 때에 서글픈 결과들을 초래하게 되었다.[85]

크로산은 다시 한 번 맥과 마찬가지로, 우리가 그를 부활한 불트만적인 "새탐구"의 범주 속에 위치시키는 것을 정당화시켜 주는 몇몇 핵심적인 측면들에서 불트만을 따르고 있다. 사실, 그는 불트만과는 달리 우리가 예수에 관하여 상당히 많은 내용들을 알 수 있고, 그런 식으로 우리가 알게 된 것은 기독교적인 신앙과 실천에 있어서 중요하다고 생각한다.[86] 적어도 암묵적으로는 크로산이 제시하는 예수는 전승에 있어서의 이후의 발전물들을 판단하는 데에 기준이 될 수 있는 표준들을 제시한다.[87] 또한 크로산은 불트만과는 달리 역사는 실존적이 아니라 정치적으로 읽혀져야 하고, 불트만적인 해석학은 제도적인 악을 다루지는 않고 오직 개인적인 악만을 다루고 있다고 생각한다. 그는 예수의 말씀들만이 아니라 예수의 행위들도 연구한다; 사실 예수의 말씀들은 그 자체가 "행동"(performance)이기 때문에, 이 점을 부각시키고 있는 크로산의 방대한 저작의 서두에 나오는 문장은 스스로 불트만으로부터 거리를 두고자 하는 의도에서 나온 것이다.[88] 요컨대, 크로산의 예수는 불트만의 고독한 실존

---

84) Crossan 238에 나오는 논의와 아래에서의 나의 논평들을 보라.

85) Crossan 424; cf. Mack 1988, 361f. 첫 두 세기에서 권위에 관한 논쟁들은 단순히 콘스탄티누스의 결정에서 확정된 내용의 맛보기에 불과하였다고 주장하는 것은 지나친 단순화라 나는 생각한다.

86) 전자에 대해서는 Crossan xxvii에 나오는 불트만에 대한 암묵적인 비판을 보라; "(역사적 예수 연구는) 역사적인 문제점들 때문에 행해질 수 없다고 말한 역사가들이 항상 있었다. 그것은 신학적인 반론들 때문에 행해져서는 안 된다고 말한 신학자들이 항상 있었다. 그들이 후자를 의미했을 때 전자를 말한 학자들이 항상 있었다." "탐구"의 현대적인 타당성에 대해서는 Crossan 422-4를 참조하라.

87) 예를 들면, Crossan 263을 보라.

88) xi: "처음에 행동(performance)이 있었다; 단지 말씀만이 아니고, 단지 행위만이 아니라, 서로의 흔적을 영원히 간직한 이 둘 모두가." 이 말이 불트만을 지향한

주의적인 설교자로서의 예수의 모습과는 근본적으로 다르다. 크로산 자신이 역설하고 있듯이, 자신의 배경과 영감은 독일적이고 개신교적인 것이 아니고, 아일랜드적이고 가톨릭적이다.[89] 그러나 크로산의 저작의 앞선 단계들이 보여주듯이, 불트만과 동일한 관심들이 그 근저에 깔려 있음이 드러난다.[90] 20세기 학계에서 지혜로운 경구를 사용하는 설교자로서의 예수상을 주장하고, 초기 기독교 전승은 예수의 짧은 말씀들이 점점 더 영지주의적인 상황이 되어가는 시기에 점차적으로 정교화되어 나타났다고 주장한 사람은 과연 누구였는가? 이에 대한 대답은 당연히 불트만이다. 자기는 일차적으로 예수 자신이 아니라 예수 전승에 관심을 갖고 있다는 크로산의 고백은 우리에게 불트만과 동일한 방향을 보여준다:

나는 갈릴리의 과거에 있어서의 한 시점, 확실하게 고정되고 얼어붙은 한 시점을 살펴보고 있는 것이 아니다. 나는 예수 전승, 다양한 해석들을 낳기 위하여 행해지고 말해졌음에 틀림없는 것에 대한 이해를 탐구하고 있다. 나의 초미의 관심사는 예수의 목소리의 내용이 아니라 예수 전승의 성격이다. 그러나 나는 그 전승이 예수에게서 기원했는지를 묻지 않고는, 그 전승을 이해할 수 있는 방법을 알지 못한다.

게다가 이 예수 전승은 단순히 회상만 하면 되는 그런 전승이 아니라, 우리에게 해석을 요구하는 그러한 전승이다: 이 전승은

것이라면, 그 다음 문장은 분명히 슈바이처를 겨냥한 것이다: "그는 아직 알려지지 않은 자로서 하부 갈릴리의 한 촌락 속으로 온다 …"

89) Crossan 1985, 61을 보라.

90) 1994년 8월의 Leuven에서 열린 성서학회의 회의에서, Crossan은 불트만의 추종자였던 Perrin의 저서와 아주 유사한, 그의 좀 더 불트만적인 이전의 저작을 그의 최근의 단계로부터 스스로 구별하였다. 나는 초기 크로산의 몇몇 흔적들이 여전히 분명하게 후기 크로산 속에서 볼 수 있다고 생각한다. 우리의 동시대인들의 저작 속에서 그러한 것들을 모의하는 것의 문제점은 우리로 하여금 예를 들면 Q 자료 또는 도마복음서를 구분할 때에 조심하게 만든다.

기억을 되살려내기만 하는 전승이 아니라, 해석을 필요로 하는 전승이다. 그것은 우리에게 그저 순종만 할 것을 요구하는 것이 아니라, 해석을 통한 결단을 요구하는 전승이다.[91]

이러한 말은 켈트적이고 가톨릭적인 것 같다 — 사실 창시자보다는 전승을 강조하는 것, 로이지(Loisy)를 연상시키는 것들은 자유주의적인 가톨릭 사상의 반영들이다. 그러나 이 말에 표현된 정서는 게르만적인 개신교 스승의 정서에서 그리 멀지 않다.

또한 그 밖에도 흥미로운 반영들이 존재한다. 실제로 크로산의 저서는 슐라이어마허(Schleiermacher)로부터 르낭을 거쳐서 슈바이처에 이르는 거대한 저술가들의 흐름 속에 확고하게 자리잡고 있다고 주장되어 왔다:

> [그들은] 보편주의를 계발해냄으로써 — 즉, 예수를 인간이 상상할 수 있는 가장 매력적인 인간성(humanism)을 주창한 역사적 인물로 해석함으로써 [예수를] 신학적으로 매력 있게 만들기 위하여 노력한다.[92]

요컨대, 크로산은 19세기와 20세기의 예수 연구자들의 지도 속에 배치되는 것이 가장 좋고 가장 잘 어울린다는 것이다 — 비록 그가 이 연구를 진행한 방식이나 그가 얻어낸 결과들이 몇 가지 점에서 그의 선배들과는 두드러지게 다르다고 할지라도.

(ii) 기본적인 특징들

---

91) Crossan 1985, 61.

92) van Beeck 1994, 88. van Beeck이 지적하고 있듯이, 이러한 인상은 크로산이 르낭과 슈바이처를 자주 인용하고 있는 것에서 확증된다. 우리가 크로산에게서 볼 수 있는 것은 "낭만주의적 선입견의 20세기 판본이다; 참된 종교성은 인간의 진정성의 내적 체험의 문제일 따름이다; 초월적인 하나님에 대한 인위적인 예배와 사회정치적인 구조들에 대한 적극적인 개입은 이질적이고 진정한 것이 아니다. 크로산의 저작이 Strauss, Renan, Schweitzer를 연상시키는 것은 전혀 이상한 일이 아니다" (96: 강조는 원저자의 것).

그러면 이제 크로산의 저서 자체를 살펴보도록 하자. 세 가지 기본적인 특징들이 즉시 논의선상에 떠오른다: 자료들을 다루는 방법, 역사적 방법론, 거기에 함축되어 있는 인식론. 각각의 경우에서 크로산은 독창적이고 명쾌하며 매우 도발적이다.

자료들은 지금까지 시도되었던 것과 같은 철저한 방식으로 논의되고 다루어진다. 크로산은 상당한 분량의 "예수 전승의 목록"을 제시한다.[93] 이 목록은 먼저 연대순으로 정리되고, 두 번째로 독립적인 검증 절차에 의해서 정리된다: 물론 이렇게 하는 목적은 자료들 중의 어느 부분들이 초기의 것이면서도 잘 검증된 것인가를 알아보기 위한 것이다. 연대와 관련해서 크로산은 이 자료들을 네 부류로 구분한다: 주후 30-60년, 60-80년, 80-120년, 120-150년. 첫 번째 층위에는 바울 서신들 중의 일부,[94] 가설적인 도마 복음서의 초판, 이른바 "에거튼 복음서(Egerton Gospel)," 두 개의 파피루스 단편, 히브리인 복음서, 소위 "어록 복음서"인 Q, 마가복음과 요한복음으로부터 재구성된 이적 모음집, 디다케 16장과 마태복음 24장 배후에 있고 마가 복음 13장과는 다른 가설적인 자료, 그리고 베드로 복음서로부터 재구성된, 크로산이 "십자가 복음서"라고 부르는 것이 포함된다. 두 번째 연대기적 층위(60-80년)에는 애굽인 복음서(현존하지는 않지만 교부 저작들 속에 나오는 6개의 인용문들로부터 재구성된), 마가복음의 두 판본들(첫 번째 판본에는 이른바 "마가 비밀 복음서"가 포함되어 있다), 또 하나의 파피루스 단편(P. Oxy. 840), 도마 복음서의 완성판(제2판), 지금은 구주의 대화록이라 불리는 영지주의적인 저작 속에 들어 있는 "대화 모음집", 지금은 요한복음서에 통합되어 있는 "표적 복음서," 골로새서가 포함된다. 세 번째 층위(80-120년)에는 어느 정도 잘 알려진 작품들이

---

93) 부록1, 427-50. 실망스럽게도, 크로산은 이것과 관련하여 그가 열거하고 있는 모든 본문들을 우리가 어디서 발견할 수 있는지를 말하지 않는다. 그러나 다행히도 그 본문들 중 대부분은 Funk 1985b & c and/or Miller 1992 [1991]에 포함되어 있다. 이 목록을 심혈을 기울여서 부분적으로 초토화 시켜놓고 있는 비판은 Neirynck 1994에 의해서 제공된다.

94) 즉, 데살로니가전서, 갈라디아서, 고린도전서, 로마서. 우리는 고린도후서와 빌립보서도 포함시킬 수 있다고 생각했다. 골로새서는 60-80 그룹에 배치된다: 목회서신들을 제외하고, 그 밖의 바울 서신들은 놀랍게도 언급되지 않는다.

들어 있다: 마태복음, 누가복음, 요한계시록, 클레멘트1서, 바나바서, 디다케의 일부, 헤르마스의 목자서, 야고보서, 요한복음의 초판, 이그나티우스의 서신들, 베드로전서, 폴리캅의 빌립보인들에게 보낸 편지의 13-14장, 요한1서. 목록의 마지막에 나오는 네 번째 층위(120-150년)에는 요한복음(제2판), 사도행전, 야고보 외전, 디모데전후서, 베드로후서, 폴리캅의 빌립보인들에게 보낸 편지의 1-12장, 클레멘트2서, 나사렛인 복음서, 에비온 복음서, 디다케의 몇몇 단편들, 베드로 복음서의 완성판이 포함되어 있다.

분명히 이러한 목록은 크로산의 전체 프로젝트에서 대단히 중요하다. 만약 공관복음서들과 판이하게 다른 온갖 종류의 저작들을 시기적으로 예수의 공생애 기간 가까이에 위치시키고 공관복음서들 자체는 비교적 후기에 위치시킨 그의 견해가 옳다면, 지난 250년 동안에 이루어진 예수에 관한 거의 모든 연구는 거대한 허구(虛構) 아래에서 애를 써온 것이 되고 만다. 물론 이런 일이 얼마든지 가능할 수 있다; 그러나 과연 그러할까?

신약학계 내에서 소수를 제외한 모든 학자들이 이 목록을 극히 위태로운 것으로 여길 것이고, 크로산 자신을 제외한 모든 사람들이 적어도 이 목록에 대하여 대단히 심각한 문제 제기를 하게 될 것이라고 말하는 것이 옳을 것이다. 초기 바울 서신들을 제외한 거의 모든 목록이 도전을 받을 가능성이 있다. 우리는 각 층위별로 몇 가지 점들을 간략하게 살펴보도록 하자.

첫 번째 층위. 비록 도마 복음서가 두 개의 별개의 층위들로 구분된다고는 하지만, 도마 복음서를 이 층위에 배치시키는 것은 대단히 편향적이다. 도마 복음서 12장만을 근거로 들면서, 도마 복음서의 한 층위는 "예루살렘에서 야고보의 권위 아래에서 주후 50년대에 편집되었다"라고 대담하게 말하는 것은 과장된 허세가 아닐 수 없다.[95] 그리고 첫 번째 층위에 속한 그 밖의 다른 자료들도 마찬가지의 문제점을 안고 있다. 마태복음 또는 누가복음 같은 복음서들 전체의 삶의 자리를 재구성함에 있어서 우리가 가지고 있는 근거들을 확신하기는 어렵다; 하물며 파피루스 단편이나 오직 교부들의 저작에 나오는 인용

---

95) Crossan 427. 물론, 이것은 주장되어 왔다(예를 들면, Koester 1982a [1980], 150-4). 도마복음서에 대해서 자세한 것은 *NTPG* 435-43과 거기에 인용된 다른 문헌들을 보라.

문들을 통해서 알려진 작품들을 다룰 때에는 두말할 필요도 없다. Q를 하나의 문서로 다루는 것도 논란거리다. Q를 복음서로 다루는 것(크로산은 바로 이 점을 역설한다)은 더 말할 것도 없다; Q의 발전 과정에 있어서의 2단계 또는 3단계를 전제하는 것은 사상누각을 짓는 것과 마찬가지다; Q 문서가 "갈릴리의 디베랴에서 50년대에 편집되었다"고 주장하는 것은 상상력의 폭거이다.[96] 예수의 말씀들, 행위들, 묵시론적 말씀들의 초기 모임집들이 존재했었을 수도 있지만, 그러한 것들을 어느 정도 확실하게 재구성해 내는 일은 극히 위험스러운 일이다. 크로산 자신이 베드로 복음서(분명히 훨씬 후대의 것인)의 여러 부분들로부터 재구성해 낸 이른바 "십자가 복음서"와 관련해서는[97] 그러한 것이 별개의 문서로 존재했다는 것 자체가 그 어떤 진지한 학자에 의해서도 받아들여지지 않아 왔고, 크로산이 추정한 연대("주전 50년대")와 기원("갈릴리의 세포리스")은 순전히 상상에 의한 것이다. 나아가 십자가 복음서는 "정경의 수난 기사의 유일한 자료"였다고 주장하는 것은 크로산이 이미 그렇지 않아도 충분히 독창적인 자신의 저서에서 행하고 있는 가장 숨막히는 조치들 중의 하나이다.[98] 목록에서 행해진 수많은 판단들과 마찬가지로, 이 판단도 전적으로 예수 자신 및 초기 기독교의 성격에 관한 크로산의 선입견에 의존해 있다. (그렇다고 해서, 이러한 크로산의 선입견들이 그 자체로 잘못되었다고 말하는 것은 아니고, 단지 그것에 대한 진정한 논의가 다른 곳에서 있어야 한다는 것을 말하고자 하는 것이다.[99])

두 번째 층위. 크로산은 애굽인 복음서, 그리고 구주의 대화록에 산재되어 있다고 가정되는 대화 모음집을 첫 번째 층위에 속한 자료들보다 "좀 더 발전된" 형식들을 보여준다는 것을 근거로 이 층위에 귀속시키고 있다. 물론 이러

---

96) Crossan 429. Q에 대해서는 *NTPG* 435-43과 위의 84-87에서의 논의와 추가적인 문헌을 보라.

97) 그러므로 이러한 이미 가설적인 저작에 대한 "잃어버린 서론"에 관하여 말하는 것, 이 잃어버린 서론이 마태의 전승들 중 하나를 위한 자료였다고 주장하는 것(Crossan 394)은 가로대 없는 사닥다리를 오르려고 하는 시도이다.

98) Crossan 429; cf. Crossan 1995, *passim.* "예수 세미나"는 1996년 봄 대회에서 Crossan의 가설에 대하여 반대 투표를 하였다. 또한 cf. Brown 1994, 1317-49.

99) 이 점에 대한 좀 더 자세한 논의는 다음 장의 첫 부분을 보라.

한 재구성들은 그 밑바탕에 깔려 있는 발전이라는 개념과 아울러서 극히 위험스러운 것이다. 또한 크로산이 "좀 더 발전된" 형태라고 주장하는 옥시린쿠스 파피루스 840에 대한 연대 설정에 대해서도 이와 동일한 말을 할 수 있다. 모턴 스미스(Morton Smith)가 1958년에 발견했다고 주장한 "마가 비밀 복음서"는 대부분의 학자들에 의해서 기껏해야 마가복음을 상당히 후대에 결정적으로 영지주의적 방향으로 개작한 작품에 불과한 것으로 여겨지고 있다.[100] 요한복음 이전의 "표적 자료"가 존재했다는 것은 요한복음의 전사(前史)에 대한 수많은 해석들 중의 하나일 뿐이다.[101]

세 번째와 네 번째 층위. 이 모든 자료들이 주후 80년 이전의 연대 설정을 위한 의심스러운 후보들이라고 한다면, 그러한 것들을 대체할 어떤 다른 자료들이 존재하는가? 분명히 존재한다. 바울 서신을 제외한다면, 상당수의 학자들은 마태복음과 누가복음을 주후 80년 이전으로 연대를 설정하고자 하고, 이러한 연대 설정을 주저하는 학자들조차도 마태복음과 누가복음의 특수한 자료들 중의 상당수가 첫 번째 시기는 아닐지라도 두 번째 시기까지 거슬러 올라갈 수 있다고 말한다.[102] 여기서 다시 한번 임시 변통(deus ex machina)으로서가 아니라 초기 기독교가 탄생했고 자라났던 사회에 관한 진지한 역사적 내용을 지닌 것으로서, 구전 전승을 토대로 한 아주 강력한 논증을 제기할 필요가 있다.[103] 마태복음과 누가복음의 내용들(Q와는 다른)을 주후 80년 이후로 연대 설정을 하는 것은 근거가 없다. 그리고 요한복음의 제2판이 주후 120년 이후라고 주장하는 것도 강력한 증거에 반대되는 것이다: 나중에 추가되었을 가능성이 높은 자료들은 "사랑하시는 제자"의 최근의 죽음을 반영하고 있는 것으로 보이고, 그러한 사건을 어떻게 연대 설정을 해야 할지를 아는 것은 물론

---

100) cf. Smith 1973. Gundry 1993, 603-23에 나오는 자세한 논의를 보라.

101) 대안들에 대해서는 Hengel 1989b; Ashton 1991; Bauckham 1993a; 이 세 저서에 나오는 그 밖의 다른 문헌들을 참조하라.

102) 크로산이 설정한 연대도 물론 자의적인 것이다. 처음 두 시기는 20년 단위로 되어 있고, 세 번째 시기는 40년으로 되어 있어서, 크로산은 81년에 씌어진 문서는 79년에 씌어진 문서보다 119년에 씌어진 문서와 더 관련이 있다고 말할 수 있게 된다.

103) 위의 각주 56과 아래 제4장의 논의를 보라.

어렵지만, 그 사건을 주후 100년경 이후로 보는 것은 특히 문제가 많다.

사실 크로산의 연대기적 층위들은 어디에서 갑자기 튀어나온 것이 아니라 본래 그런 식으로 결론이 날 수밖에 없는 것이었다. 크로산은 이 층위들을 출발점들로 제시하고 있지만, 사실 그것들은 예수 및 초기 기독교에 관한 그의 기본적인 주장으로부터 도출된 결론들이다. 그렇기 때문에, 그것들은 더더욱 형편없는 것들이다. 그것들은 그가 제시하고 있는 전체적인 가설들의 일부이고, 앞에서 보았듯이, 그의 모든 가설들은 궁극적으로 순환적이다.[104] 그러나 그의 책을 주도하고 있는 포스트모더니즘적인 색채에도 불구하고, 방대한 자료들 목록은 철저하게 모더니즘적이어서, 그 책의 주된 논증을 위한 확고하고 거의 실증주의적 토대들을 놓기 위해 등장하고 있는 것으로 보여진다. 몇몇 경우에 크로산은 자신의 서술을 자기가 세워 놓은 잣대들에 맞추려고 조정한 흔적이 보이긴 하지만(예를 들면, 선한 사마리아인의 비유를 그것이 오직 한 번만 등장하고 그것도 세 번째 층위에서 등장한다는 것을 근거로 빼버린 것), 나는 그의 목록이 판이하게 다른 이유들에 의거해서 채택된 초기 기독교에 관한 입장의 근거가 아니라 결과라는 것을 말하고자 한다. 앞으로 보게 되겠지만, 이 지점이 바로 진정한 논의가 이루어져야 하는 지점이다. 많은 사람들은 이 목록을 이 명제에 대한 귀류법적 증명으로 여길 것이다. 왜냐하면, 이 목록은 엄청난 학식과 세심함과 복잡성을 보여주기 때문이다. 이 단계에서 이런 식으로 결론을 내리는 것은 문제를 제기하는 것이지, 그러한 가능성을 주장하는 것이 무책임하다고 지적하는 것은 아니다.

케익을 자르는, 즉 자료들을 다루는 크로산의 두 번째 방식은 자료들을 "독립적인 검증" 절차에 따라서 배열하는 것이다. 그는 각각의 연대기적 층위에 등장하는 항목들을 열거한 후에, 다시 그것들을 "다중적인 독립적 검증"(즉, 4번 이상 나오는 것), 3번 나오는 것, 2번 나오는 것, 마지막으로 단 한 번만 나오는 것으로 세분한다. 일단 상당히 복잡한 이 체계 — 물론 이것은 자료들의 복잡성을 충실하게 반영한 것이다 — 를 파악한 다음에는, 우리는 거의 한눈에 크로산이 어떻게 각각의 항목 또는 항목의 묶음에 "등급을 매길 수" 있었는지 알게 된다. 어떤 항목이 첫 번째 연대기적 층위에 등장하고 다중적 검증을 거

---

104) Crites 1989 [1971], 72 n:6과 *NTPG* 31f., 98-109를 보라.

친 것이라면, 그 항목은 진정한 것으로 받아들여질 수 있는 충분한 확률을 지닌 셈이다; 연대기적 층위가 낮아지면 낮아질수록, 그 항목이 진정한 것일 확률은 줄어들게 된다. 그러나 이러한 기준과 정반대의 방향으로 내려지는 판단들도 많다. "예수의 묵시론적 재림"에 관한 예언은 첫 번째 층위에 등장하고, 다중적인 검증을 통과하지만,[105] 예수 자신으로부터가 아니라 "후대의 예수 전승으로부터" 온 것으로 간주된다. 왜냐하면, 크로산은 그러한 "묵시론적" 자료들은 예수에게 특유한 것이 아니라고 이미 결론을 내리고 있기 때문이다.[106] 이것은 주기도문에도 그대로 적용된다.[107] 반대로, 잃어버린 동전 비유, 탕자 비유, 옳지 않은 청지기 비유(눅 15:8-10, 11-32, 16:1-7)는 세 번째 연대기적 층위에 등장하고 오직 한 번만 검증되는 것이지만 예수로부터 나온 것으로 판단된다.[108] 그러나 이러한 것들을 포함한 그 밖의 많은 예외들에도 불구하고, 크로산은 자신의 도식을 상당히 충실하게 고수하고 있고, 그의 저서 전체에 걸쳐서 독자들에게 해당 자료가 이 두 가지 잣대 속에서 어떠한 위치에 있는가를 끊임없이 상기시킨다.

---

105) Crossan의 목록(434): 살전 4:13-18; *Did.* 16:6-8; 마 24:30a; 막 13:24-7=마 24:29, 30b-31=눅 21:25-8; 계 1:7; 계 1:13; 계 14:14; 요 19:37. 바울 서신에 나오는 몇몇 구절들(예를 들면, 살후 2:1-12)은 이상하게도 이 목록에서 빠져 있다. (내가 추측하기는) 크로산이 데살로니가후서를 바울 서신으로 여기지 않는다면, 그것은 추가적인 독립적 증거로서의 기능을 하는 것인가?

106) 238-59, 284-7에서의 Crossan의 논의들과 아래 제6, 8장을 참조하라.

107) Crossan 293f.; 또한 Harvey 1993, 227을 보라. 크로산은 사실 이 기도문에 대한 세 가지 독립적인 판본들이 존재했고, 그것들 중 일부는 가장 초기의 자료 층위에 속한다고 믿는다; 그러나 그는 "나는 그러한 논리정연한 기도문을 [예수가] 그의 제자들에게 가르쳤다고 생각하지 않는다"(294)라고 말한다. 만약 예수가 가르친 것이라면, 좀 더 폭넓게 확인이 되고 내용에 있어서도 좀 더 통일성을 갖추고 있었을 것이라고 그는 말한다. "또한 …그러한 기도문의 정립은 어떤 집단이 스스로를 좀 더 넓은 종교 공동체로부터 구별하고 분리하기 시작한 시점을 나타내주는 것으로 보이는데, 나는 그 시점이 예수가 살아있는 동안에 도달되었다고 믿지 않는다." 그러므로 이에 대한 결정은 목록이 아니라 예수의 사역이 실제로 어떤 것이었는지에 대한 전체적인 재구성에 달려있다.

108) Crossan 449; 하지만, 그는 적극적인 재구성에서 이 자료를 사용하는 것을 꺼림으로써 자기 자신의 제한에 순종한다.

그러나 방금 지적한 예외들은 우리로 하여금 여기에서 두 가지 중요한 경고를 하지 않을 수 없게 만든다. 첫째, 어떤 말씀이 자료들에 등장하는 횟수(回數)는 그 말씀이 역사성이 있느냐 없느냐를 결정하는 데 있어서 매우 위험한 지표이다. 역사적 우연에 의해서, 우리는 어떤 자료들을 갖게 되고, 또 어떤 자료들을 갖지 못하게 될 수 있다. 좀 더 많은 수의 정경 이외의 복음서들이 남아 있었다면, 우리는 현재로서는 하나의 문서에만 나오는 것으로 보이는 내용에 대한 좀 더 많은 병행들을 쉽게 찾아낼 수 있었을지도 모른다. 둘째, 내가 다른 곳에서 주장했듯이, 예수께서 동일한 내용들 또는 비슷한 내용들을 여러 장소에서 여러 번에 걸쳐서 말하였다는 것이 예수의 사역에 관한 하나의 유력한 시나리오가 될 수 있다면,[109] 우리가 지금 비슷하거나 서로 의존적인 기사들로 보는 것들이 사실은 독립적인 것들일 가능성이 대단히 높다. 이 모든 것들은 우리가 좀 더 폭넓은 문제인 공관복음 문제(즉, 마태복음, 마가복음, 누가복음만이 아니라 도마 복음서와 그 밖의 복음서들의 상호관계에 관한 문제)를 어떻게 보느냐에 달려 있다. 그러므로 무엇을 "독립적인" 것으로 볼 수 있느냐 하는 문제는 결정하기가 대단히 어렵고, 역사적 진정성의 지표로 어느 정도 확실하게 사용하기가 매우 어렵다. 앞에서 말했듯이, 크로산 자신도 이 지표를 매우 엄격하게 사용하는 것이 아니라, 좀 더 큰 문제에 의존하고 있다는 것은 다소 위안이 되는 사실이다: 이 말씀은 미리 제시된 전체적인 역사적 가설과 부합하는가? 일단 이 문제가 결정적인 것이라는 것이 인정된다면, 우리는 다시 우리가 시작했던 지점으로 되돌아가야 한다. 이 긴 부록에 부여된 과학적이고 방법론적인 엄격함의 외관은 그저 단지 외관일 뿐이다. 크로산의 목록은 엄청난 세심함과 고도의 기술을 통해 짜여져 있지만, 우리가 굵직굵직한 역사적 판단들을 내리는 경우에는 많은 도움을 주지 못한다. 또한 나는 크로산이 실제로 이 목록을 그다지 그런 식으로 — 즉, 그의 주요한 역사적 재구성에 영향을 미치는 방식으로 — 사용하지 않았다는 말을 해두고 싶다. 이 목록은 그의 주장을 나타내주는 역할은 했지만, 그의 주장 자체의 토대를 이루지는 못했다.[110]

이제 예비적 고찰을 위한 두 번째 분야, 크로산의 역사적 방법론 자체를 살

---

109) cf. *NTPG* 422f.
110) cf. Harvey 1993, 227f,

펴보기로 하자. 여기에는 세 가지 차원이 작용한다. 방금 개략적으로 살펴본 자료들에 관한 문제는 "미시적"(microcosmic) 차원에 속한다. 고대 역사와 관련된 통상적인 연구, 즉 주후 1세기 지중해 동부 지역의 세계에 대한 복원은 "중간 규모의"(mesocosmic) 차원에 속한다. 이 둘 모두를 아우르는 "거시적"(macrocosmic)차원에서는 사회인류학적 차원에서의 분석이 행해진다.

우리는 이미 미시적 차원을 살펴본 바 있다. 중간 규모의 차원에서는 원칙적으로 아무런 문제도 없을 수 있다: 모든 학자들은 주후 1세기 팔레스타인에 대한 역사적 재구성이라는 중대한 작업이 예수 연구를 위해서 필수적인 배경이 된다는 데에 동의한다.[111] 크로산은 요세푸스, 여러 파피루스 문헌들, 키케로 같은 고전적인 저술가들의 글을 자유롭게 활용하면서, 광범위한 자료들을 새롭게 파악하여 이러한 작업을 수행한다. 그러나 거시적 차원에서는 추가적인 난점들이 생겨난다.

사회인류학이 역사가가 갖추어야 할 장비의 일부로서 커다란 가치를 지닌다는 사실은 아무도 의심하지 않을 것이다. 사실, 어떤 관점에서 보면, 사회인류학은 단지 역사적 작업의 한 가지 중요한 측면일 뿐이다: 사회인류학은 서로 다른 사회들이 서로 다른 세계관과 사회 규범들을 가지고 작용한다는 것을 인식함으로써, 시대착오적인 생각을 막아주는 역할을 한다.[112] 예를 들면, 이러한 사회인류학적인 고찰이 없다면, 마리아, 마르다, 예수 간의 대화는 단순히 마리아는 좀 더 "영적이고" 마르다는 좀 더 "실제적인" 사람이라는 식으로 해석될 것이다. 그렇게 해서, 이 대목(눅 10:38-42)은 가사일보다 기도가 우선이라는 식의 수많은 설교의 주제가 되어 왔다. 그러나 우리가 주후 1세기 팔레스타인 농촌의 문화를 들여다 보게 되면, 즉시 이런 식의 해석을 뒤집는 놀라운 사실들이 드러나기 시작한다. 마리아는 당시 여자들에게 맡겨졌던 일에 갇혀 있기

---

111) cf. *NTPG* Part III; Crossan Part II.

112) 특히, Neyrey 1991, 예를 들면, x-xv에 나오는 강령적인 진술들을 보라. Crossan 6과 비교해 보라: 오늘날 전통적인 지중해의 한 촌락에 대한 연구만 해보아도, 그것은 "고대 갈릴리의 촌락이 오늘날 미국의 시골과 같았고, 오직 규모만 훨씬 더 적고 오래되고 전기 시설이나 전기 장난감이 없었을 뿐이라고 전제하는 것에 대한 아주 좋은 치료약이 될 것이다." 사회학, 역사학, 신학의 관계에 대해서는 특히 Milbank 1990을 보라.

를 거부한 것이다:

> 예수가 마르다에게 한 말은 마리아가 그녀에게 기대되지 않은 공간에 이례적으로 있는 것이 옳다는 것을 보여주는 데에 기여한다; 이 이야기는 마땅한 도리에 관한 원래의 인식을 의도적으로 뒤집는다.[113]

그리고 누가의 이야기 속에서 마리아가 하나님의 말씀에 집중하기 위하여 식탁 시중을 드는 일을 포기하고 있는 것이라면, 이것은 앞에서 말한 것보다 좀 더 큰 뉘앙스들을 지니게 된다.[114] 이것은 사람들이 자기가 하는 일을 왜 하고 자기가 말하는 것을 왜 말하는지에 관한 문제와 아울러 사회과학자들이 역사적 재구성에 기여할 수 있고 기여해야 한다는 일종의 통찰이다.[115]

사회과학을 신약성서에 대한 역사적 연구에 적용하는 것은 아직 비교적 초보 수준에 머물러 있고, 크로산이 단순히 우리 자신의 세계와의 유비(類比)를 통해서 상상으로 만들어진 세계가 아니라 예수가 실제로 살았던 세계 속에 예수를 위치시키는 작업을 함에 있어서, 사회과학의 필수적인 통찰들을 가져와서 사용한 것은 그의 공로에 속한다. 특히, 크로산은 지중해 문화 속에서 농부의 위치를 잘 부각시켰다.[116] 크로산은 여러 인류학자들의 견해를 따라서, 특히 성(性) 역할과 관련된 기대(期待)들을 결정하는 기본적이고 중추적인 가치들로 작용하는 "명예"와 "수치"에 관한 극히 중요한 인식을 추적한다. 렌스키(Lenski)의 견해를 따라서, 크로산은 당시의 귀족층과 거기에 속한 가솔들이 인구의 약 10%를 차지하였고, 나머지는 농민과 장인(匠人)들이었는데, 그 최하층에는 일반적으로 소모품으로 인식된 사람들인 "천민들"이 큰 무리를 이루고 있었다. 진정한 "중산층"은 존재하지 않았다. 권력과 영향력은, 비공식적이지

---

113) Neyrey 1991, 62에 나오는 Malina와 Neyrey. 나는 마리아와 막달라에 관한 점에 대하여 Kenneth Bailey 박사의 미간행된 논문을 통해서 처음으로 경각심을 갖게 되었다.

114) Neyrey 1991, 379. Cf. 행 6:2.

115) cf. *NTPG* 109-12.

116) Crossan ch. 3.

만 극히 중요했던 후견인/예속민 체제를 통해 "중개되었고"(brokered), 거기에서 부유하고 권력 있는 후견인에게 속해 있던 소위 잘 나가는 예속민들은 다시 다른 사람들에 대한 후견인이 되었다. 사회는 이러한 이중적 관계를 떠받쳐 주는 "중개자들," 즉 "후견인에 대한 예속민인 자, 예속민에 대한 후견인인 자"를 축으로 돌아가고 있었다.[117] 그리고 크로산의 논증은 주로 이러한 분석을 중심으로 진행된다. 따라서,

> 로마 시대의 지중해 세계에서는 후견인 집단과 예속민 집단으로 이루어진 그물망 — 이들은 정확하게 그 숫자를 알 수 없었기 때문에, 결코 서로 균형을 이루고 있지는 않았을 것이다 — 은 사회를 통합시키고 있던 역동적인 도덕 체계였다.[118]

그런데, 후견인 체제가 생활필수품들을 원활하게 공급해주지 못하게 되는 경우에는, 무슨 일이 벌어지는가? 그러한 경우에 기본적으로 그 체제를 대체한 것은 궁핍(destitution)과 강도질(banditry)이었다. 이 둘을 향해 나아가는 여러 단계들이 존재하지만, 이 둘은 그 어느 것도 멀리 있는 것이 아니다. 이러한 관점에서 보면, 내가 앞서 제시하고자 했던 주후 1세기 팔레스타인의 역사가 분명하게 한 눈에 들어오게 된다.[119] 이렇게 해서, "거시적" 사회인류학적 모형은 원칙적으로 "중간 규모의" 역사적 작업에 그 깊이와 정확성을 더해준다.

하지만, 크로산이 사회과학들을 실제로 사용하고 있는 것과 관련한 여러 가지 의문들은 여전히 남는다. 네이레이(Neyrey)의 비판에 의하면, 우리는 다음과 같은 것들을 지적할 수 있을 것이다.[120] 첫째, 크로산은 농민층에 대한 자세하고도 충분한 분석을 수행하지 않았다. 특히, 크로산은 농민층을 묘사하기 위하여 사회과학의 성과들을 선별적으로 사용했고, 자료들을 "자기가 원하는 결과를 낳을 수 있도록, 즉 예수를 일종의 혁명가로 묘사하고자 한 자신의 의도

---

117) Crossan 60.
118) Crossan 65.
119) *NTPG* 167-81.
120) Neyrey 1992.

를 따라서 이데올로기적 관점에서 선별적으로 사용한 것으로 보인다."[121] 크로산은 장인(匠人)들이 농민들보다 더 하층 계급이었다는 것을 지적하면서, 예수가 이 집단에 속해 있었을 가능성을 전혀 고려하지 않는다.[122] 또한 둘째, 크로산은 정치적이고 위험한 예수상을 만들어냄에 있어서 그 결손 부분들을 채워넣기 위하여 "일탈의 사회학"을 결코 사용하지 않았다.[123] 셋째, 만약 크로산이 농민 사회 속에서 순결 개념이 어떻게 기능하였는지를 좀 더 철저하게 파헤쳤다면, 그는 "모호한 성적 역할 또는 동성애를 찬양하는 일"[124]을 하지 않았을 것이고, "평등 사상"에 관한 그의 개념이 문제가 있다는 것을 발견하였을 것이다.[125] 그 밖에도 크로산이 산적 또는 의적들에 관한 홉스봄(Hobsbawm)의 연구를 사용한 것과 관련해서도 몇 가지 비판이 제기될 수 있다(호슬리의 견해를 따라서).[126] 그러나 이러한 비판들을 제외하면, 일반적으로 사회인류학을 이용한 크로산의 거시적 연구는 역사적 서술에 대하여 결정적으로 중요한 배경으로서의 역할을 한다. 그의 연구는 동일한 노선을 따르는 앞으로의 연구를 위한 문을 열어놓았다.

사회인류학과 본문 연구 사이에 중간 규모의 차원으로서의 역사적 재구성이 존재한다. 여기서 우리는 기본적인 인식론과 연결되어 있는 우리의 세 번째 예비적인 논평들에 도달한다.[127]

크로산은 훌륭한 포스트모더니즘적 문체로 자기는 객관성을 가장하고 그 속에 숨겨진 사회적 및 문화적 프로그램과 과제들을 세심하게 은폐하였던 과거의 모더니즘적 역사 서술을 거부한다고 역설한다:

---

121) Neyrey 1992, 4f. 크로산이 검토하지 않았던 농촌 사회의 한 측면은 그 사회가 단순히 경구들만이 아니라 이야기들에 대한 기억을 강력한 지방의 민담으로 지닌 구전사회였다는 것이다. 아래 제4장을 보라.

122) Harvey 1993, 227f.

123) Neyrey 1992, 5.

124) Crossan 330ff.를 언급하고 있는 Ibid., 6.

125) Crossan 263, 298, 346, 361에 대한 Neyrey 1992, 7.

126) 자세한 것은 아래의 제4장을 보라.

127) 이 점에 대해서는 특히 Wright 1993을 보라.

19세기(그리고 20세기의 많은 부분을 여기에 더할 수 있을 것이다)가 꿈꾸었던 초연하고 객관적이며 감정이 개입되지 않은 역사 연구의 진정한 실상은 여러 다양한 형태의 사회적 권력과 제국주의적 통제를 은폐하기 위한 방법론적 차단막이었다는 것을 내가 구태여 말할 필요가 있을까?[128]

크로산은 어떤 자료를 진정성의 여부와 관련하여 분류하는 것이 "실증주의적 단순화"의 오류에 빠질 위험성이 있다는 것을 잘 알고 있었다("예수 세미나"에 속한 자신의 그 어떤 동료들보다 더 잘). 크로산은 자신의 방법론에 대한 입장을 이렇게 밝힌다:

나는 나의 방법론이 완벽한 객관성을 지니고 있다고 주장하지 않는다. 왜냐하면, 거의 모든 단계에서 학자로서의 판단과 다른 정보에 의거한 결단이 요구되기 때문이다.

그래서 크로산은 우리가 도달할 수 없는 객관성이 아니라 우리가 도달할 수 있는 정직성에 관심을 갖는다.[129]

이것은 내가 『신약성서와 하나님의 백성』 제2부에서 제시한 강령과 아주 잘 부합한다. 따라서, 크로산의 저서는 여전히 계속해서 과거 방식의 객관성에 대한 탐구를 고집하는 학자들과는 다른 부류에 속한다.[130] 크로산이 여기서 말하고 있는 "정직성"과 관련하여, 나는 그가 근본적으로 이 단어를 통해서 의도하고 있는 의미는 내가 이러한 연구가 지니는 "공적인" 성격에 관하여 말할 때의 의미와 근본적으로 동일하다는 것을 느낀다.[131] 완벽한 객관성에 대한 거

---

128) Crossan 423. 크로산은 여기에서와 그 밖의 다른 곳에서 니체와 맥을 같이 하고 있다는 것은 흥미롭다. 니체는 자신의 경구적인 철학 속에서 "오직 해석"만이 존재한다고 역설하였다. Cf. Nietzsche 1909-13, 15:2:12, aphorism 481(이 전거는 Thiselton 1995, 15f.의 덕분이다).

129) Crossan xxxiv.

130) 예를 들면, Meier 1991, 1f. Cf. van Beeck 1994, 85f.

131) *NTPG* Part II, 특히 135f.

부는 단순한 주관주의라는 사적인 세계, 폐쇄된 공간 속으로 후퇴하는 것을 결코 의미하지 않는다. 비평가의 정직성은 담론(談論)의 공공성과 결부되어 있다. 정직성이 없이는, 진정한 공공성은 존재할 수 없고, 오직 선전(宣傳)만이 존재하게 된다.

이와 동시에, 예수에 관한 크로산의 자료 목록에 관하여 위에서 우리가 살펴본 바에 의하면, 크로산의 저서는 과거의 "객관주의적" 가치들을 명시적으로는 거부하고 있지만 암묵적으로는 여전히 채택하고 있다는 것이 분명해진다. 자료들의 목록 자체 및 그 내용과 제시 방식은 그의 책의 표지에 나오는 주목할 만한 주장과 더불어 이것을 증언해준다: "예수가 누구였고, 무엇을 행하였으며, 무엇을 말하였는가에 대한 최초의 포괄적인 결정판." 크로산의 책은 모종의 내적 긴장을 지니고 있음이 분명하다: 완벽한 객관주의를 피하겠다고 한 크로산의 호언장담은 수 세대에 걸친 예수 연구자들이 기다려왔던 확고한 역사적 토대가 마침내 여기에 등장했다는 암묵적인 주장과 불편하게 나란히 앉아 있다. 비록 후자의 주장이 출판사가 "객관적인" 결과물들에 굶주려 있던 독자들에게 이 책을 팔기 위한 수단으로 한 것이라고 할지라도, 철학적, 특히 인식론적 차원에서는 여전히 해소되지 않은 긴장 관계가 존재한다. 크로산은 적절한 재구성의 필요성을 알고 있었지만,[132] 실제로 그러한 것을 달성할 수 있는 방법을 아직 개발해 내지 못했다. 우리가 이 일을 해낼 때까지는 — 그리고 나는 진지한 "비판적 실재론"이 적어도 그러한 목표를 향하여 어느 정도 나아갈 수 있다고 생각한다[133] — 역사는 여전히 역사가를 후견인으로 하고 독자들을 예속민으로 하는 일종의 중개 체제로 남게 될 것이다. 달리 말하면, "비판적 실재론"은 역사적 방법론의 영역에서 크로산이 주후 1세기 농민들의 삶 속에서 예수가 제시하고자 했다고 생각한 것, 즉 중개인 없는 나라를 제시하고자 하는 시도이다.

---

132) cf. Crossan 426: "우리는 역사적 예수에 대한 탐구를 마치 재구성이 전체 프로젝트를 망쳐놓기라도 할 것인 양 단순한 재구성으로 치부하여 기각해서는 안 된다. 왜냐하면, 오직 재구성만이 존재하기 때문이다"(강조는 원저자의 것).

133) cf. *NTPG* Part II.

(iii) 예수에 대한 역사적 재구성

그렇다면, 크로산은 역사적 재구성의 차원에서 무엇을 제시하고자 했는가? 그는 앞서 논의한 "중개 체제"라는 극히 중요한 개념을 염두에 두고, 내용을 셋으로 구분한다: "중개 체제인 제국"(주인-노예와 후견인-예속민 관계들로 이루어진 고도로 발달된 네트워크들을 지닌 고대 말의 로마 세계), "전투 태세를 갖춘 중개 체제"(주후 66-70년의 전쟁에 이르기까지 시위, 강도질, 혁명이 점점 고조된 주후 1세기의 팔레스타인 세계), "중개 체제 없는 하나님 나라" (예수 자신의 과제들과 사역).

처음 두 단원에 나오는 많은 내용들 중 특히 네 가지가 나의 논평을 필요로 한다. 첫째, 타키투스(Tacitus)가 "디베료 치하에서는 모든 것이 평온하였다"고 말했을 때에 그것은 사회적으로 시위가 없었다거나 반로마 감정이 고조되지 않았다는 것을 의미하지 않는다고 크로산이 강조한 것은 지극히 옳다. 중요한 것은 타키투스의 글이 의미한 모든 것은 "디베료 치하에서는 시리아 총독과 그의 휘하에 있던 군단 병력의 개입을 초래할 만한 폭동이 일어나지 않았다는 것"이라는 것이다.[134] 그러나, 둘째, 크로산이 호슬리(Horsley)의 견해를 따라서, 시카리당(the Sicarii)을 농민층으로 이루어진 의적들과는 전혀 다른 유의 혁명적 열심을 지닌 귀족층의 서기관 집단으로 보고, 이들이 이전에는 비폭력적인 혁명을 주장해 오다가 주후 50년대와 그 이후에 이르러서야 폭력이라는 수단에 의존하게 되었다고 말한 것은 내 생각에는 잘못된 것이다.[135] 물론, 한편으로는 시카리당, 다른 한편으로는 묵시문학을 쓰거나 읽었던 자들이 평균적인 농민들보다 더 잘 교육을 받은 계층 출신이었다는 것은 사실일 것이다. 그러나 "하나님 외에는 왕이 없다"라는 슬로건이나 다니엘서 같은 책들을 혁명적인 관점에서 읽은 것을 그러한 집단에 국한시키는 것은 증거들에 역행하는 것으로 보인다.[136] 셋째, 크로산은 맥을 비롯한 그 밖의 여러 학자들과 마찬가지로 예수는 견유학파의 일원이었다는 가설에 근거하고 있다. 나는 이것에

---

134) Crossan 101 f.(102에서 인용됨: 강조는 원저자의 것). 이것은 *NTPG* 171f.에서의 나의 논증을 강화시켜 준다. Tacitus에 관한 것은 *Hist.* 5:9에서 가져온 것이다.

135) Crossan 103-23. 이 점에 대해서는 아래 제11장을 보라.

136) 특히 cf. *NTPG* 177-81.

대해서 잠시 후에 좀 더 자세하게 말하고자 한다.[137] 지금으로서는 우리는 크로산 자신이 거의 모두가 통상적인 휴대품의 일부로서 전대를 지니고 다녔던 견유학파 사람들과 그렇게 하는 것이 명시적으로 금지되었던 예수의 제자들, 헬레니즘적이고 도시적인 현상이었던 견유학파와 유대적이고 농촌을 기반으로 하고 있었던 예수의 운동 간의 핵심적인 구별을 제시하여야 했다는 것을 말해두고자 한다.[138] 넷째, 나는 크로산이 대다수의 신약학자들과 마찬가지로 묵시 사상의 본질을 오해했다고 믿는다. 크로산이 예수의 치유 사건들과 공개적인 식탁 교제를 당시의 세계 속에서 전복 성향이 짙은 의도를 보여주는 것이라고 "읽었듯이," 나는 다른 곳에서 "묵시론적" 저작들, 특히 다니엘서는 주후 1세기에 "임박한 세상의 종말에 관한 암울한 시나리오"[139]가 아니라 현재의 세계 질서를 근본적으로 전복시키는 책으로 읽혀졌다고 주장한 바 있다.[140] 이것은 크로산이 (예수 세미나의 견해를 반영하여) "묵시 사상"과 "지혜 사상"을 대립되는 것으로 본 것을 철저하게 다시 수정해서 그릴 것을 요구한다. "묵시 사상"은 신이 어떤 일을 행하고 인간은 단지 바라만 보고 있는 것으로 사건들을 묘사하는 것이 아니다. 묵시 사상은 인간의 정치적 및 사회적 행위에 신학적 의미를 부여한다.[141]

예수와 관련해서는, 크로산은 예수가 "중개 체제 없는 하나님 나라"를 개시시키고자 했다고 주장한다. 예수는 온갖 부류의 사람들에게, 그러나 특히 오직 하나님만 의지할 수 밖에 없었던 "천민들"에게 후견인/예속민 체제 전체를 전복시켜야 한다고 선동하였다. 예수는 스스로를 새로운 부류의 "후견인"으로 내세우지 않았다: 이것이 어느 성읍이나 동네가 그를 그러한 후견인으로 여겨서 새로운 후견인 체제 속에서 그의 종교적 권세를 중개하는 중개자들로 스스로를 나서지 않도록 하기 위하여, 예수께서 그러한 원칙을 계속해서 지켜나갔던

---

137) 아래의 121-135.

138) Crossan 338f., 340, 421 f. Crossan의 해법 — 이러한 문제점들 중 하나를 사용하여 다른 것을 설명하고자 한 것 — 은 놀라울 정도로 독창적이긴 하지만, 역사적으로는 개연성이 없다. 또한 cf. van Beeck 1994, 95.

139) Crossan 238.

140) 특히 *NTPG* ch. 10을 보라.

141) cf. *NTPG* 459-64.

이유였다.[142]

　예수의 활동의 핵심은 "마술과 식사"라는 고도로 전복 성향을 지닌 결합 속에서 볼 수 있다. "마술"은 "강도 행위"와 마찬가지로 숨은 저의가 있는 용어라고 크로산은 주장한다: "상적" 또는 "의적"(이전의 공산주의식 말투에서의 "훌리건"과 마찬가지로)은 당국이 금지하는 것들을 행한 자이고, "마술"은 잘못된 부류의 사람들에 의해서 행해진 이적이다. 예수가 하나님 나라를 부르짖은 것은 "임박한 미래에 있어서의 묵시론적인 사건이 아니라 바로 현재에 있어서의 생활 양식으로" 보아야 한다.[143] 그것은 예수가

　　고대 지중해 사회의 핵심을 이루고 있던 후견인과 예속민, 명예와 수치의 교점(交點)을 향하여 직접적이고 의도적으로 던진 사회적 강령이었다.[144]

　치유 이적들(이 이적들 중 일부를 크로산은 분명하게 역사적인 것으로 본다)은 단순히 예수가 신체적으로 곤경에 빠진 자들을 돌보았다는 것을 보여주는 증거들이 아니다. 예수가 그러한 이적들을 행하였다는 사실 자체는 엄청난 사회적 함의들을 지니고 있었다: 축귀(逐鬼)들과 치유들은 "정치적 현실의 차원에서 하나님 나라가 무엇과 같은가를 보여주는 것이었다."[145] 유무상통(有無相通)의 관행, 즉 음식을 서로 나누어 먹은 것도 마찬가지로 사회적이고 영적인 전복 행위로서 강력한 것이었다. 그것은 "명예와 수치, 후견인과 예속민이라는 원칙들과는 근본적으로 다른 원칙들 위에 농민 사회를 건설하거나 재건하려는 전략"이었다.[146] 이런 식으로, 예수는 "하나님 나라를 지중해 세계와 대립시킨다."[147] 이것이 예수가 무엇을 했는가에 관한 크로산의 기본적이고 본질적인 시각이다: 그리고 이것은 크로산이 전승의 어느 부분들이 진정한 것이고,

---

142) Crossan 346ff., 422.

143) Crossan 304.

144) Crossan 304.

145) Crossan 332.

146) Crossan 344.

147) Crossan 302.

후세대들 속에서 원래의 모습으로부터 이탈한 것인지를 결정할 때에 사용한 주된 판별 기준이 된다.[148] "원래의 예수 운동의 핵심"은 "영적이고 물질적인 자원들의 공유를 통한 평등 사상"이었다. 크로산은 이런 말을 덧붙인다:

> 나는 할 수 있는 한 강력하게 이것을 강조하고자 하고, 나는 물질성과 영성, 사실성과 상징성은 결코 분리될 수 없다는 것을 역설하고자 한다. 우리가 지금 말하고자 하는 선교는 바울의 선교와는 달리 수백 마일이나 떨어진 도시의 중심지들을 향한 주요한 교역로들을 따라서 진행된 극적인 돌진이 아니다. 그렇지만 그것은 그리스-로마 세계 속에서 가장 긴 여정, 한 낯선 농부 집의 문턱을 넘어서 내딛어진 걸음에 관한 것이다.[149]

이러한 결과로서 나온 것은 당시의 견유학파에 속한 다른 인물들과 닮기도 했고 닮지 않기도 했던 농부 출신의 유대인 견유학파 철학자로서의 예수의 모습이었다:

> 자기 자신에게는 암묵적이었고 그의 제자들에게는 명시적이었던 그의 전략은 거저 베풀어주는 치유와 공동 식사의 결합, 유대 종교와 로마 권력에 있어서 위계질서적이고 후견인적인 일상의 것들을 일거에 부정해 버린 종교적 및 경제적 평등주의였다. 이적과 비유, 치유와 식사는 개개인들로 하여금 하나님과의 중개되지 않은 신체적 및 영적 접촉, 인간 상호 간의 중개되지 않은 신체적 및 영적 접촉으로 들어가게 하기 위한 의도적인 행위들이었다. 달리 말하면, 그는 중개 체제 없는 하나님 나라를 선포하였다.[150]

예수와 그의 사역에 관한 이와 같은 주목할 만한 견해에 대해서 우리는 무

---

148) 예를 들면, cf. Crossan 341-53.

149) Crossan 341.

150) Crossan 422(강조는 원저자의 것). 이것은 이 책의 최종적인 기본적 요약이다.

슨 말을 할 수 있을까? 분명히 우리는 이 견해를 부당하게 예수의 관심을 사회쪽으로 돌리고 있다고 말할 수는 없다. 나는 예수의 사역이 지니는 사회적 및 물질적 차원들은 오늘날 수많은 저작들에서와 같이 전면에 부각되어야 한다고 확신한다. 그러므로 나의 염려는 오히려 다음과 같은 것이다: 크로산은 맥(그는 그토록 무모하지는 않았다)과 마찬가지로 예수의 강령이 당시 지중해의 농민 문화의 통상적인 사회적 기대들과 어떤 식으로 단절되어 있었는지를 파악함에 있어서 문화 자체와 문화와 관련된 예수의 과제들이 지닌 유대 특유의 차원을 근본적으로 및 일관되게 과소평가했다는 것이다.(이것은 거의 한 세기 전의 독일의 한 위대한 저술가와 유사한 면을 보여준다. 아돌프 폰 하르낙[Adolf von Harnack]은 사회적 강령을 제시한 비유대화된 예수를 주장하였다.[151])

이러한 기본적인 비판 노선들은 본서가 전개되어감에 따라 점차 드러나게 될 것이다. 그러나 몇 가지 내용들은 지금 이 자리에서 말해둘 필요가 있는 것으로 보인다. 첫째, 크로산이 묵시 사상을 예수의 과제들과 어울리지 않는다고 하여 거부하였다는 것은, 내가 읽기에는(그리고 다른 몇몇 학자들의 읽기에서도) 예수가 성취하였다고 주장했던 유대적인 소망들에 대한 그의 거부 속에서 극명하게 드러난다. 이 소망을 품은 것, 그 소망이 성취되고 있고 또한 장차 성취될 것이라는 주장, 그 소망을 하나님 백성이 되는 것을 축하하는 새로운 방식과 새로운 과제라는 관점에서 실천에 옮긴 것 속에는 서로 모순된 것이 전혀 존재하지 않는다. 예수가 사회적 강령이라고 말할 수 있는 것을 가지고 있었다고 해서, 이것은 예수가 이스라엘의 신은 한 분 참된 신이고 자기 백성을 마침내 신원하실 것이라는 신앙으로부터 유래하는 유대적인 강령을 지니지 않았다는 것을 의미하지는 않는다. "하나님 나라"에 관한 표현들이 유대 묵시론적 소망이 아니라, 윤리적이고 지혜 사상적인 이상들과 더 관련이 있다는 것을 보이기 위하여, 크로산이 이 대목에서 맥을 의존함으로써, 그는 더욱 급속히 막다른 골목으로 빠져들게 된다.[152]

---

151) 내가 이 점을 말할 수 있었던 것은 Christopher Rowland 교수의 덕분이다.

152) Crossan 287f. 그는 Mack 1987과 1988, 73f.를 인용하고 있다. 아래 제6장을 보라.

둘째, 크로산의 재구성은 우리로 하여금 예수에 대한 반대가 왜 있을 수밖에 없었는지를 완벽하게 이해할 수 있게 해준다. 예수처럼 당시에 통용되던 세계관을 철저하게 부수고자 한 사람이 있었다면, 그는 반드시 적대감을 불러일으킬 수밖에 없었을 것이다. 그러나 크로산은 진정한 유대인을 자처한 유대인들로부터, 즉 스스로를 이스라엘의 신앙들, 소망들, 생활방식의 수호자로 자처한 사람들로부터 적대감이 있었던 이유를 결코 설명해 주지 못한다. 그렇지만, 예수가 어떤 의미에서 이러한 사회적으로 폭발력 있는 행위들을 통해서 이스라엘의 하나님이 왕이 되실 그 약속의 때를 건설하고 있다는 것을 어떤 의미로든 주장하고 있었다면, 그의 주장은 분명히 유대교의 당시 체제와 그러한 체제를 자신의 틀로 삼고 있었던 유대교 내의 여러 비공식적인 분파들이 도전을 받고 있었다는 것을 의미한다. 다른 수많은 학자들과 마찬가지로, 크로산은 논쟁 이야기들을 복음 전승의 후대의 단계로 돌리는 것으로 만족한다. 그러나 우리가 사회적으로 전복 성향을 지닌 크로산의 예수에다 유대적으로도 전복 성향을 지닌 예수일 가능성을 첨가한다면, 그 밖의 다른 대안들도 고려되어져야 할 것이다.[153]

그러므로 우리는 크로산이 묘사한 사회적 및 문화적 상황을 손상시키지 않으면서도, 그 밖의 다른 온갖 차원들, 특히 좀 더 유대적인 배경, 신학, 기대를 첨가할 수 있다. 이것은 그의 주된 주장들의 취지를 무디게 하지 않으면서도, 그의 몇몇 무모한 주장들을 상대화시키는 효과를 갖게 될 것이다.

예수의 사역이 "중개 체제 없는 나라," "천민들의 나라"를 세세하게 규정하고 실현하는 데에 집중되었다고 한다면, 왜 예수는 죽었고, 왜 초대 교회는 그의 죽음에 그들이 말한 의미를 부여하게 되었던 것일까? 여기서 우리는 크로산의 책 전체, 실제로는 그의 작품 전체에서 가장 무모하고 가장 만족스럽지 못한 측면을 보게 된다. 크로산의 견해에 의하면, 예수의 초기 제자들은 예수가 십자가에 못 박혔다는 사실을 제외하고는, 왜 그리고 어떻게 예수가 죽었는지에 관한 자세한 내막에 대해서 아무것도 알고 있지 못했다. 그들은 예수의 시신이 어디에 묻혀 있는지도 알지 못했다. 그 후에 "매우 박식하고 아주 정교한 전승의 흐름"[154]은 고난과 신원(伸冤)에 관하여 말하고 있는 본문들을 찾아

---

153) 아래 제9장을 보라.

내기 위하여 유대 성서를 뒤졌고, 그 본문들을 바나바서에서 볼 수 있는 것과 흡사한 방식으로 묵상하기 시작하였다. 그런 후에, 누군가가 이 본문들을 하나의 이야기로 결합시켰다. 그렇게 해서 탄생한 최초의 이야기가 이른바 "십자가 복음서"인데, 우리가 보았듯이, 크로산은 이 복음서를 (다 알다시피 훨씬 후대에 나온) 베드로 복음서를 근거로 재구성하였다. 예수의 죽음에 관한 그 밖의 모든 기사(記事)들은 십자가 복음서에 나온 기사 — 그리고 성서에 대한 그들 나름대로의 추가적인 성찰 — 에 의거한 것이다. 묵상에서 이야기로 바뀌는 과정의 어느 단계에서 초점은 고난과 신원에서 죽음과 부활로 옮겨지게 된다: 이렇게 해서 "부활 이야기들"이 탄생한다 — 물론 현재 형태의 부활 이야기들은 초대 교회의 몇몇 권력 중심들을 정당화하는 데에 그 초점이 맞춰져 있다고 크로산은 주장한다.

크로산의 주장 중에서 가장 독창적이면서 가장 설득력이 없는 대목이 바로 이 부분이다. 본문들에 대한 크로산의 도가 지나친 의심(본문들의 처리 방식과 관련하여 크로산이 내건 슬로건은 "예언은 숨기고, 이야기는 말하며, 역사는 만들어내라"이다[155])은 이제까지 이 학문 분야에서 다른 많은 학자들을 설득하지 못해 왔고, 또한 내 판단에는 그렇게 할 필요도 없는 완벽한 묘기를 연출해 낸다.

예수의 죽음과 관련된 가장 초기의 해석들은 이 사건을 유대 성서의 빛 아래에서 보았다는 것은 분명한 사실이다. 그리스도는 우리의 죄를 위하여 성경대로 죽으셨다고(고전 15:3) 바울은 매우 초기의 전승을 인용하여 말한다. 그러나 이것이 예수의 죽음에 관한 성서적 해석을 보여주는 모든 증거들이 역사적 공백을 은폐하기 위하여 이야기들을 만들어 낸 초대 교회의 필사자들의 활동을 보여주는 증거로 해석되어야 한다는 것을 의미한다면, 크로산은 본문들을 순전한 허구인 상황 속에 놓고 있는 것이 된다. 물론 해석되지 않은 역사적 이야기라는 것은 존재하지 않는다; 크로산은 그 누구보다도 이 점을 잘 알고

---

154) Crossan 375. 이 구절 전체는 강조되어 있다.

155) Crossan 372. Van Beeck 1994, 92는 이러한 노선이 "비평학계 및 비평적 감수성의 요구들에 무관심했던 시기"에 씌어졌음에 틀림없고, 그것은 "세심한 역사적 연구의 종언을 뜻한다"라고 평했다.

있다. 그러나 해석 활동을 보여주는 표시가 역사가 만들어졌다는 것을 드러내 주는 단서라고 한다면, 도대체 역사라는 것은 과연 존재할 수 있는 것인가? 만약 수난 이야기들이 "역사적 사실들"과 쉽게 벗겨낼 수 있는, 종종 이루어진 "해석적 보충 설명들"이라는 두 차원의 글쓰기로 이루어졌다고 한다면, 크로산은 역사성의 가능성에 대하여 좀 더 확신을 갖게 되었을까? 바로 이것이 마태가 행하였던 것이겠지만("이 모든 일은 예언자로 말씀하신 것을 이루기 위함이라"), 그것은 실제적인 사건들에 관하여 글을 쓰고, 그러한 사건들을 통해서 이스라엘의 역사가 그 목표 지점에 도달하였다는 의미를 그 사건들에 부여하는 유일한 방식은 아니다. 어쨌든, 이것이 "성경대로"가 의미하는 것이다.[156]

일단 예수의 가장 초기의 제자들이 예수에게 무슨 일이 일어났었는가를 알고 있었다고 가정해 보자. 또한 그 제자들은 이러한 사건들을 당시의 유식한 서기관들만이 아니라 수많은 평범한 유대인들이 품고 있었던 기대들과 결부시켰다고 하자. 그리고 아주 초기부터 그 제자들은 예수와 그의 죽음에 관한 이야기를 실제적인 사건들을 말하기 위한 것과 단순히 예수 안에서 예시된 것이 아니라(일종의 고난받는 의인으로서의 예수) 실제로 예수 안에서 절정에 도달한 성서의 전승을 인용할 목적으로 말했다고 하자. 바로 이것이 가장 초기의 기독교 저술가들 중 몇몇이 이 사건을 어떻게 바라보았는지를 보여주는 것이라는 강력한 징표들이 존재한다.[157] 그러나 그러한 가능성은 크로산의 의심의 해석학(hermeneutic of suspicion)을 통해서는 결코 얻어질 수 없고, 역사적으로 유력한 것으로 정립될 수 없다.

예수의 십자가 처형에 관한 우리의 지식에 대한 크로산의 깊은 불신은 한층 더 아이러니컬하다. 왜냐하면, 앞의 관계되는 장에서 크로산은 내가 십자가 처형을 촉진시킨 사건들에 대한 정확한 읽기라고 믿고 있는 것과 유사한 견해를 보이고 있기 때문이다. 크로산은 성전에서의 예수의 행위는 상징적인 파괴 행위였고, 이 파괴에 관한 예수의 몇몇 말씀들은 원래적인 것이며, 이러한 말씀들과 이러한 행위는 예수가 내건 나머지 과제들(agenda), 치유들 및 식탁 교제를 통해서 실현된 강령에서 보여준 흐름으로부터 자연스럽게 도출되었다고

---

156) cf. *NTPG* 241-3.
157) Wright 1991, 특히 ch. 7을 보라.

생각하는데, 나도 여기에 전적으로 동의한다.[158] 이것은 성전 사건에 관한 최근 그 밖의 다른 몇몇 읽기들과 대비하여 옹호되어야 할 결정적으로 중요한 통찰이다.[159] 크로산은 많은 학자들이 놓치고 있는 것, 즉 갈릴리에서의 예수의 강령과 예루살렘에서의 예수의 활동 간의 아주 중요한 연결고리를 보고 있다.[160] (물론 나는 이 등식의 양변을 크로산이 제시한 것과는 다른 내용과 의미로 채우고자 한다.) 크로산은 이러한 말씀들과 이 행위가 어느 정도 직접적으로 예수의 죽음을 불러왔을 가능성을 고려하지만, 그것을 가능성 이상의 것으로 단정하는 데에는 머뭇거리며 뒤로 물러난다. 나는 이 지점에서 우리는 실제로 매우 확고한 역사적 토대 위에 서 있다고 생각하고, 또한 이 점을 나중에 자세하게 논증할 것이다.[161]

수난 이야기들의 생성에 관한 크로산의 재구성을 통해서, 우리는 다시 브레데의 영역 속으로 되돌아오게 된다. 일단 당신이 이 이야기 속의 모든 것을 의심하고, 누군가가 부스러기들을 모아서 그러한 이야기를 만들어 낼 목적으로 일련의 사건들을 이용한 것이라고 의심한다면, 모든 것들이 가능해진다. 그러나 모든 것들이 가능하다고 해서, 모든 것들이 역사적으로 개연성이 있는 것은 아니다. 나는 적절한 곳에서 예수의 죽음에 대한 크로산의 읽기가 신학적이고 성서적인 암시로 가득 차 있긴 하지만, 실제로 일어난 일들을 묘사하고 기본적으로 그러한 의도를 성공적으로 관철시킨 공관복음서 전승들과 요한복음 전승의 읽기보다 훨씬 더 가능성이 희박하다는 것을 논증할 것이다.[162] 이러한

---

158) Crossan 354-60.

159) 예를 들면, Chilton 1992b: 아래 제3장을 보라.

160) "예수가 성전에 관하여 무엇을 생각했고, 말했고, 행하였는지와는 상관 없이 예수는 성전에 대한 기능적인 대적자, 대안, 대체물이었다"(355). 크로산은 이러한 멋진 — 그리고 내가 믿기는, 전적으로 정확한 — 말의 신학적 및 역사적 함의들을 생각했던 것인가? Vermes 1993, 155 n.2와 대비해보라(성전에 대한 예수의 관심은 "다소 주변적인 것이었던 것 같다"); 185.

161) 도마복음서 71장(성전의 파괴에 관한 말씀)에서 이러한 연관관계가 나타나지 않는다는 것에 관한 크로산의 염려(359)는 좀 이상하다. 왜냐하면, 크로산이 아주 자주 강조하고 있듯이, 도마복음서는 결코 어떤 유의 서사적인 연결관계들도 만들지 않고 있고, 어쨌든 수난에 관한 그 어떤 기사도 담고 있지 않기 때문이다.

가설은 관련 자료들을 훨씬 더 잘 설명해 줄 뿐만 아니라, 크로산이 제시한 복잡하고 뒤엉킨 사변보다 훨씬 더 단순하게 설명해내고 있다는 것을 나는 말하고자 한다.

(iv) 초대 교회

초대 교회 및 초대 교회가 보여준 나사렛 예수에 대한 관심과 관련하여 크로산이 제시한 설명에서보다 이러한 사변성이 복잡하게 뒤엉켜 있는 곳은 아마 없는 것 같다. 이것은 본서의 주제도 아닐 뿐더러 크로산의 주제도 아니었다: 그러나 예수에 관하여 글을 쓰는 모든 저술가들이 알고 있듯이, 복음서 전승들에 관한 이론은 그 어떤 것이라도 초대 교회가 어떻게 발전했는가에 관한 이론이기도 하다.[163] 크로산의 이론은 그의 책의 여러 곳에, 특히 자료 목록을 만들어내게 된 배후의 전제들 속에 존재한다. 그는 1993년 2월 4일에 시카고에서 열린 대회에 제출한 논문에서 이 점을 좀 더 자세하게 설명하였다. 그것은 다음과 같이 되어 있다.

첫째, "도마의 기독교"가 존재한다. 바울이 고린도에서 직면한 대적자들은 이 입장을 대변한다: 예수에 관한 회상들(말씀들은 인정하지만, 행위들은 필요 없다)에 대해서는 거의 필요성을 느끼지 않고 금욕주의에 관심을 가졌던 초기의 집단. 그들은 심지어 기독교 초기의 묵시 사상 운동에도 반대하였다: 그들에 관한 한, 낙원(성적인 관계 이전의 낙원, 그러니까 금욕주의)은 이미 되찾아졌고, 우리가 기다릴 종말은 존재하지 않는다. 이 집단은 여러 가지 다양한 가설적인 형태들로 재구성된 도마 복음서에 의해서 대표되는 초기 기독교의 영지주의 속으로 신속하게 흡수된다.

둘째, "바울의 기독교"가 존재한다. 이 집단은 그 사도와 마찬가지로 예수의 죽음의 사실이 아니라 방식을 강조한다: 그런 까닭에, 십자가를 전하는 것은 어리석은 짓이요 순전히 미친 짓이다. 역사적 예수, 특히 십자가에 못 박히신 분으로서의 역사적 예수는 가설적인 "도마적인 그리스도인들"에게와는 달리 바울에게는 기독교 신앙의 일부이다. 또한 부활하신 예수에 대한 신앙도 절대

---

162) cf. *NTPG* chs. 13, 14; 그리고 아래 제12장.
163) cf. *NTPG* Part IV; cp. Crossan 422.

적으로 중심적인 위치에 있다.

셋째, "Q의 기독교"가 존재한다. 이 입장을 견지한 사람들은 초기에 예수의 죽음과 부활에 대한 그 어떠한 관심도 보여주지 않았다. 그 대신에, 그들은 예수가 직접 행하였던 모든 것을 나누는 유무상통의 관습을 유지하고 예수와의 연속선상에서 살며 행하였다. 그들은 예수와 마찬가지로 세상이 등을 돌릴지라도 그 낯선 관습을 계속해 갈 지혜의 생활 양식을 따랐다. 그들은 남편과 아내가 한 조를 이루어서 초기 전도자들처럼 여기저기를 유랑하였다(이로 말미암아 사회적인 문제를 일으켰다; 여자들은 그러한 것들을 해서는 안 되었기 때문에). 나중에 Q 공동체는 도마의 공동체가 처음에 반발하였던 묵시론적인 생활 양식을 다시 복원하였다.

넷째, "주석적 기독교"가 존재한다. 이것은 초기의 변증에 기여하기 위하여 성서의 본문들을 다룰 수 있는 학식과 능력을 지닌 필사자들의 집단으로 이루어져 있다. 그들은 "역사에 대한 회상으로서가 아니라 역사 속에서 이루어진 예언으로서" 수난과 부활 이야기들을 썼다. 그들은 학식이 있었고, 그러므로 농민들이 아니었다 — 예수와 그의 최측근의 제자들, Q 공동체와는 달리. "역사적 예수에 대한 그들의 신앙은 아주 강력했기 때문에, 그들은 끊임없이 역사적 예수에 관한 많은 것들을 만들어 내었다."[164]

이러한 매혹적이고 현란하며 사람을 압도하는 재구성은 분명히 크로산의 저작에 나오는 대부분의 내용들의 핵심에 자리잡고 있다. 이러한 재구성이 없다면, 크로산이 여러 자료들을 사용하는 것은 아무런 의미도 없게 된다; 또한 수난과 부활 이야기에 대한 그의 고도로 특이한 읽기도 의미를 잃게 된다. 이러한 재구성은 그의 저작 전체에 완결성을 부여해 준다. 그렇지만, 그것은 그가 짜놓은 양탄자 전체 중에서 가장 초라하고 너덜너덜한 부분이다. 여기에서는 그것을 일일히 다 비판할 지면이 없다. 오직 다음과 같은 점들만을 지적하는 것으로 충분할 것이다.

첫째, 고린도전서에 나오는 바울의 대적자들이 하나의 구별된 집단이었다는 주장은 많은 학자들이 공감하는 주장이 아니다. 우리가 그들을 도마 복음서 —

---

164) 1993년 2월에 행한 Crossan의 강연.

또는 적어도 그 초기 형태 — 에서 볼 수 있는 이데올로기를 고수하는 도마적인 그리스도인들이라고 규정할 수 있다는 주장은 그 가능성이 극히 희박하다.[165] 물론, 고린도전서에 나타난 바울의 몇몇 표현들은 고린도 교회에서 "영지"(靈知)라는 단어가 일부 사용되었다는 것을 보여주고 있는 것 같다는 것은 사실이다. 그러나 대부분의 바울 연구가들은 고린도 교회의 문제들에 대한 설명으로서 "영지주의적" 가설을 전면에 내세우기를 거부하여 왔다.[166] 어쨌든, 고린도 교회의 바울 대적자들이 그로부터 1세기 후에 주장되었고 애굽에서도 찾아볼 수 있었던 이데올로기를 반영한 어떤 문서와 동일시될 수 있는 집단이었다고 생각하는 것은 우리의 인내의 한계를 넘어서는 정도로 믿기를 강요하는 것이다.

둘째, 물론 크로산이 바울의 교회들이 초기 기독교 내에서 상당히 중요한 집단을 형성하고 있었다고 본 것은 옳다. 그러나 바울의 교회들은 크로산이 은연중에 내비치고 있는 것처럼 강력한 유대 관계로 맺어져 있었던 것일까? 아니면, 바울의 교회들은 실제로 완전히 서로 분리된 집단들로서 다른 형태의 기독교들과 서로 교류가 없었던 것일까? 바울 서신과 사도행전에서 초대 교회가 지리적 및 문화적 경계들을 뛰어넘어서 온갖 종류의 교류를 했다는 부수적인 언급들은 이와는 정반대의 것을 암시해 준다. 이와 아울러, 바울을 "주석적 기독교"로부터 분리하는 것은 내게는 참으로 이상하게 보인다. 바울은 제1세대에 속한 그 어떤 저술가들과 마찬가지로 유대 성서를 샅샅이 뒤졌고, 유대 성서가 예수 안에서 성취되었다는 것을 보았었다.

셋째, 크로산은 Q는 단지 자료가 아니라 복음서였다는 것과 Q를 기반으로 한 한 무리의 그리스도인들의 실천을 전제할 수 있다는 것을 역설함으로써, 의도적으로 우리에게 도전하고 있다. 나는 이러한 주장에 대하여 이미 내 견해를 밝힌 바 있다.[167] 비록 우리가 마태와 누가가 중복되는 자료를 통해서 접근할 수 있는 — 그리고 오늘날 상당수의 학자들은 이것조차도 많은 부분 의심한다 — Q와 같은 단일한 문서 자료가 존재했다고 할지라도, 우리에게는 그 자료가

---

165) Koester 1982b, 121f.을 보라. 이에 대해서 Crossan이 답변하고 있다(228).
166) 최근의 논의에 대해서는 cf. Baird 1990.
167) *NTPG* 435-43; 그리고 아래의 84-88.

마태나 누가 또는 둘 다 생략했거나 간혹 마가와 중복되는 더 많은 내용을 담고 있지 않았다는 그 어떤 증거도 없다. 사정이 이렇기 때문에, Q의 범위는 정말 문자 그대로 우리가 알 수 없다. Q는 수난 이야기와 부활 이야기를 담고 있었을 가능성이 대단히 높을 수 있다. 이것이 사실이든 아니든 — 그리고 초기 기독교를 재인식하는 특정한 방식의 일부로서 Q의 재구성에 몰두한 매우 제한된 수의 학자들을 제외하고는 이것에 대하여 어떤 일치된 견해가 존재하지 않는다 — 이 문서가 초기 기독교 내의 상당한 수의 그리스도인들로 이루어진 집단의 신앙들과 생활 양식을 대변하고 있었다고 가정할 만한 특별한 근거는 존재하지 않는다. 예수에 관한 이야기들을 끊임없이 말하였던 그 밖의 다른 집단들 — 예를 들면, 주후 2세기의 교회, 특히 콘스탄티누스 시대의 교회 — 과 관련하여 우리가 알고 있는 것에 비추어 볼 때, 우리는 이야기 하기 (story-telling) 집단은 자신의 생활 양식을 예수 이야기들을 본떠서 형성하였다고 — 정도 차이는 있겠지만 — 생각하지 않을 수 없게 만든다. 결국 도마적인 그리스도인들의 존재와 마찬가지로 Q에 의거한 그리스도인들의 존재는 현대적인 신화로 밝혀지게 될 가능성이 많다: 당시의 현실을 해석하는 특정한 방식을 밑받침하기 위하여 실제적인 역사에 근거를 두지 않고 말해진 이야기.

끝으로, 크로산이 수난과 부활 이야기를 비롯한 그 밖의 많은 내용들을 만들어 낸 자로서 필요악이라고 얘기할 수밖에 없었던 "주석적 기독교"는 또 하나의 단순한 허구에 불과하다. 사실, 바나바서는 예수와 관련된 이해하기 어려운 몇몇 미묘한 점들을 설명해 낼 수 있는 증거 본문들을 찾기 위하여 유대 성서를 샅샅이 뒤졌다는 것을 분명하게 보여준다. 그러나 바나바서의 본문은 실제로 다음과 같은 문제점을 보여준다: 바나바서의 본문은 바울이나 마태 또는 그 밖의 다른 어느 것과도 너무도 다르기 때문에, 우리는 그 본문이 제1세대에서 통용되었던 한 가지 사고 방식을 반영하고 있다고 가정할 만한 특별한 근거를 갖지 못한다. 바나바서는 유대 성서에 대한 기독교적 주석 과정 속에서 나타난 몇몇 공백들을 메우기 위한 제2세대 또는 제3세대적인 시도로서, 우리가 바울 서신이나 공관복음 전승 전체 속에서 발견할 수 있는, 유대 성서가 이제 그 절정의 순간에 도달한 한 위대한 이야기를 말하고 있는 것이라는 좀 더 철저한 의식 없이 행해진 시도일 가능성이 훨씬 더 높아 보인다. 아울러, 예수의 초기 추종자들 중 오직 소수만이 유대 성서에 관심을 갖거나 어느 정도 알고 있었고, 예수가 죽기 전까지는 그 누구도 그들이 목격하고 있는 사건들이 하나님께서 약속하신 이스라엘 역사의 성취의 일부, 그러니까 유대 성서의 성취의 일부라는 것을 생각하지 못했다고 가정하는 것(크로산이 가정했듯이)은 증거들로부터 완전히 빗나가는 것이다. 요세푸스는 우리에게 대다수의 유대인들로 하여금 로마에 대항하여 봉기하도록 부추겼던 것은 바로 성서의 예언들이었다는 사실을 말해 준다.[168] 크로산은 당연히 바로 그것이 우리가 요세푸스에게서 기대할 수 있는 것이라는 반응을 보일 것이다. (a) 왜냐하면, 요세푸스는 유대 전쟁의 책임을 하층민들에게 돌리고 있고, (b) 요세푸스 자신이 바로 그와 같이 생각할 수 있는 서기관 훈련을 받은 자였기 때문이다.[169] 그러나 이것은 핵심을 놓치고 있는 말이다. 요세푸스는 이스라엘의 성서가 유대인 세계 지도자의 등장을 예언했다는 사상을 수정하는 데에 관심을 갖고 있었다. 그는 이 예언이 로마 황제 베스파시아누스(Vespasian)를 가리키는 것이라고 수정하였다. 그런 그가 자신의 동포들의 성급한 태도들을 잘 해명해서 그것을 새로운 방향으로 바꾸고자 한 그의 시도를 망칠 수도 있는 대중들의 신념을 만들어 내었을 가능성은 대단히 희박하다. 이것보다 훨씬 더 가능성이 있는 것은 이러한 신앙이 아주 잘 알려져 있었고 널리 퍼져 있었기 때문에, 그가 그것을 최대한으로 활용하고자 했다는 것이다. 이스라엘의 신이 평범한 유대인들이 매주마다 듣는 성서에 따라 자기 백성을 구원하기 위하여 행동하실 것이라고 믿었던 것은 오직 서기관들뿐이 아니었다. 또한 그들이 목격하고 있었던 사건들이 그러한 예언들의 성취라고 믿었던 — 아마도 예수의 죽음 이전부터 시작된 — 것은 "서기관적" 그리스도인들만이 아니었다.

나는 크로산의 저작에 대한 이러한 분석을 크로산은 오늘날 살아있는 신약학자들 중에서 가장 탁월한 인물 가운데 한 사람이라고 말하는 것으로써 시작하였다. 견해가 날카롭게 대립된다고 해서, 이러한 찬사가 약화되어서는 안 될 것이다. 크로산은 엄청난 노력과 세부적인 것에 대한 주도면밀한 관찰, 좌우와 중앙으로 불꽃을 내며 번쩍이는 가설들, 아주 세세한 내용과 아울러 커다란 그림에도 적용된 감각, 자신의 역사적 저작이 지니는 현대적인 의미들에 대한 열

---

168) *War* 6:312-15; 그리고 *NTPG* 312-14에 나오는 논의를 보라.
169) cf. Crossan 91-100.

린 눈, 그리고 무엇보다도 우리가 정말 동의하기 싫은 바로 그 순간에 우리로 하여금 탄복하며 웃게 만드는 솜씨있고 총명하고 장난꾸러기 같은 문체를 가지고 초기 기독교 전체를 재구성하고자 시도해 왔다. 크로산이 마가에 대하여 말했듯이, 우리는 크로산에 대하여 그야말로 천재적인 작가로서 우리를 그의 도식이 실제로 역사라고 생각하게 하는 유혹에 빠질 수 밖에 없게 만든다고 말할 수 있을 것이다.

그러나 우리는 오딧세이에 나오는 오디세우스와 같이 매혹적인 요정인 사이렌의 목소리에 저항하여야 한다. 본서의 나머지는 증거들을 훨씬 더 정당하게 다루고 있다고 자부하는 대안적 가설을 제시하고 있다. 본서는 원래 크로산의 주장에 대한 답변으로 구상된 것이 아니었다. 왜냐하면, 본서의 초고는 크로산의 저서인 『역사적 예수』(*The Historical Jesus*)가 출간되기 2년 전에 이미 씌어졌기 때문이다. 그러나 나는 그의 저서를 읽은 후에 모든 것을 다시 철저하게 생각하지 않으면 안 되었다; 크로산의 저서는 결코 흔한 책이 아니다. 마치 슈바이처와 불트만이 20세기 대부분의 학자들 위로 높이 솟아 있듯이, 크로산도 거의 동일한 이유들로 새롭게 등장한 갱신된 "새탐구"의 그 밖의 다른 학자들 위로 높이 솟아 있다. 크로산은 슈바이처와 불트만과 마찬가지로 전체적인 그림을 보고 자신의 가설을 끝까지 추적하며, 근본적으로 새로운 개념들을 만들어내고, 그것을 매우 매력적인 방식으로 풀어내고, 그것을 독설 없이 공적으로 토론할 수 있는 용기를 지녔다. 적이 이와 같다면, 친구가 굳이 무슨 필요가 있겠는가? 논쟁이 계속되기를 바란다.

5. 견유학파 예수?

새롭게 등장한 갱신된 "새탐구"의 일관된 흐름은 견유학파 철학을 반영하고 있는 자료들 속에서 예수의 말씀들에 대한 병행들을 찾아내는 것이었다. 우리는 맥과 크로산이 둘 다 이러한 방향에 거의 전적으로 의지하고 있다는 것을 보아왔는데, 결코 이들만이 그런 것은 아니다.[170] 맬허브(Abraham J. Malherbe)도 다른 각도에서 여기에 중요한 기여를 해왔다.[171] 그러나 이러한

---

170) Mack 1988, 67-74, 179-92, *passim*; Crossan 1991a, 72-88, 338-41, *passim*; 예를 들면, cf. Vaage 1987, 1994; 그리고 Mack 1988, 69에 열거된 연구서들.

주장을 가장 철저하고 상세하게 서술한 대표적인 저술가는 영국학자인 제럴드 다우닝(F. Gerald Downing)이었다.

다우닝은 여러 해에 걸친 일련의 저서들과 논문들을 통해서 자신의 대담한 주장을 제기하여 왔다: 개략적으로 말하면, 견유학파 사상으로 알려진 폭넓은 대중 철학이 예수의 가르침, 초대 교회, 특히 공관복음 전승 속에 상당히 많이 반영되어 있다는 것이다. 이러한 반영들은 우연한 것이 아니다. 예수는 의도적으로 자신의 가르침을 견유학파 스타일의 경구(警句)들과 도전들을 통해서 표현하고자 하였다. 초대 교회 내에서도 예수의 선도(先導)를 따르고자 하는 용기를 지녔던 사람들은 계속해서 이런 식으로 가르쳤다 — 물론, 바울 같은 몇몇 사람들은 이것을 사회적으로 훨씬 덜 비판적인 것으로 바꾸어 놓았다. 교부 시대에 기독교는 그 신봉자들과 아울러 비판자들에 의해서도 견유학파 사상과 몇몇 특징들을 공유하고 있는 것으로 알려져 있었다. 다우닝은 이런 유의 입장을 주창했던 그 누구보다도 강력한 역사적 사례를 제시함과 동시에, 이것이 오늘날에도 상당한 함의들을 지니고 있다는 것을 아주 분명히 보여준다.[172]

견유학파란 도대체 어떤 사람들이었는가?[173] 그 대답들은 언제나 모호하다. 왜냐하면, 이 학파의 신봉자들이 공식적인 체제를 갖추지 않은 것이야말로 바로 이 운동의 핵심이었기 때문이다. 현대 세계에서나 고대 세계에서나 견유학파에 대한 정의는 언제나 몇몇 문제 있는 측면들을 지니고 있다. 견유학파 철학자들은 그리스-로마 세계 내에서 활동한 대중 철학자들이었다. 그들의 기본적인 주장은 현재의 사회는 부패하고 무가치하다는 것과 인간으로서 최선의

---

171) 예를 들면, Malherbe 1977, 1989. Malherbe 1976는 Hock 1992과 마찬가지로 견유학파에 관한 짤막하고 명확한 훌륭한 설명을 제공해 준다.

172) 특히, 이전의 몇몇 내용을 다시 설명하거나 요약하고 있는 Downing 1992를 보라. 또한 Downing 1988에 나오는 본문들의 모음; 이전의 논문들, 특히 Downing 1984, 1987b; 그리고 Downing 1987a에 나오는 좀 더 대중적인 서술과 명쾌한 결론을 참조하라.

173) 언급된 그 밖의 다른 저작들과 아울러서 무엇보다도 Goulet-Caze 1990, 1993을 보라. 주요한 자료들은 견유학파에 속한 인물들의 서신들, Dio Chrysostom, Diogenes Laertius, Epictetus, Lucian of Samosata, Musonius Rufus, Plutarch, Seneca 의 저작들인데, 이 모든 것에 대해서는 Downing 1988, 192-5; 1992, 340-2를 보라. 이 운동에 대한 생생한 인상은 Crossan 1991a, ch. 4로부터 쉽게 얻을 수 있다.

길은 근본적으로 자기 자신, 자신의 재산, 자신의 삶 전체에 대한 태도를 재평가하는 것이라는 것이었다. "견유학파"(Cynicism)라는 명칭 자체는 "개"를 의미하는 그리스어 퀴온(kyon)에서 유래하였다: 견유학파 철학자들은 사회를 향하여 짖고, 그 발목을 물면서(개들은 통상적으로 그리스-로마 세계에서는 애완동물이 아니라 거리의 청소부들이었다는 것을 기억해야 한다[174]), 사람들에게 경고하고 그들을 일깨우며 그들을 끈질기게 괴롭혀서, 그들의 삶에 관하여 다르게 생각할 것을 요구하였다. 이러한 광범위한 과제들을 지니고 있었기 때문에, 지역과 사람마다 상당히 넓은 편차가 존재했을 것은 분명하다.[175]

전승에 의하면, 견유학파는 주전 5세기 내지 4세기에 살았다고 추정되는, 소크라테스의 제자였던 안티스테네스(Antisthenes)라는 인물로 소급된다. 전승에 의하면, 그의 제자 중에는 시노페의 디오게네스(Diogenes of Sinope, 주전 4세기)가 있었는데, 그는 재치가 있고 독설을 퍼붓는 인물로 묘사되었다. 디오게네스의 제자로는 테베의 크라테스(Crates of Thebes, 주전 360-280년경; 스토아 학파의 창시자인 제논은 그의 문도였다)가 있었고, 주전 3세기 전반에는 가다라의 메니푸스(Menippus of Gadara)가 출현하였다. 이러한 인물들 및 이 시대의 그 밖의 사람들에 대해서는 디오게네스 레르티우스(Diogenes Laertius)가 주전 200년경에 쓴 『유명한 철학자들의 삶』(*Lives of the Eminent Philosophers*)이라는 책 속에 묘사되어 있다. 시노페의 디오게네스는 특히 중요한 인물인데, 후대의 견유학파에 속한 철학자들은 사회적 인습을 거리낌 없이 무시해버린 그의 행동을 그들의 모범으로 삼았다. 주전 200년 이후의 증거들은 별로 많지가 않은데, 이는 견유학파 사람들이 없어서라기 보다는 당시의 사정을 기록한 역사가가 없었기 때문이다. 주후 1세기의 견유학파 사람들로는 세네카의 친구인 데메트리우스 같은 몇몇 인물들이 알려져 있다; 세네카는 그와 거의 동시대에 살았던, 노예에서 철학자로 변신한 에픽테투스(Epictetus)와 마찬가지로 견유학파 사람들의 생활방식에 관하여 많은 것들을 기록하고 있다.[176] 그러나 좀 더 자세하고 구체적인 증거들은 주후 2세기에 등

---

174) cf. Firmage 1992, 1143f.

175) cf. Malherbe 1989, ch. 1; Downing 1992, ch. 2.

176) cf. Epict. 3:22, 에픽테투스가 분명히 자신이 설명하는 통속적인 스토아 사상

장한다. 이것은 부분적으로 사모사타의 루키아누스(Lucian of Samosata)가 특히 두 사람의 견유학파, 데모낙스(Demonax)와 페레그리누스(Peregrinus)에 관한 기사를 썼기 때문이다. 증거들은 그 이후에도 300년 이상 계속되다가, 주후 6세기의 살루스티우스(Sallustius)에서 끝이 난다.[177] 따라서, 지중해 세계에서는 거의 1000년이 넘는 기간 동안 견유학파에 속한 사람들과 가르침이 계속해서 이어졌다고 볼 수 있다.[178]

견유학파는 특히 그들의 외관에 의해서 금방 알아볼 수 있었다. 견유학파 사람들은 올이 성긴 외투를 입었고, 구걸을 위한 부대와 지팡이를 지니고 있었던 것으로 보인다. 긴 머리와 맨발도 흔히 볼 수 있는 그들의 공통적인 특징에 속했다. 그들은 혹독한 날씨를 견뎌내며 무엇이든 있는 대로, 또는 구걸을 해서 먹고 마셨으며, 매일매일을 그들의 재치로 살아갔다. 그들의 가르침은 당시의 좀 더 진지한 교육이 지닌 복잡성들을 의도적으로 피하였고, 단순히 기존의 견해들에 도전하고 "통념을 바꾸며" — 디오게네스의 말이라고 전해진다[179] — 부(富)가 따르는 굴종과 부도덕의 삶이 아니라 자연과의 조화 속에서 살아가는 삶을 주창하는 것을 목표로 삼았다. 자유, 자족, 극기: 이러한 것들이 견유학파의 목표들이었고, 그들은 자신을 표현하거나 다른 사람들로 하여금 그들의 가치관을 깨닫도록 충격을 주기 위해서는 거의 모든 수단이 동원되었다. 흔히 "크레이아"(chreia)로 알려진 앞뒤가 잘려진 짤막한 형태로 된 견유학파 사람들에 관한 일화들이 많이 전해진다.[180]

견유학파의 몇몇 격언들과 행위들, 신약성서의 몇몇 구절들 간에는 분명한

에 대한 좀 더 극단적이고 철두철미한 판본으로 여기고 있는 어느 정도 이상화된 생활 양식에 관한 묘사. 그 밖의 다른 주후 1세기의 중요한 인물들로는 Musonius Rufus와 Attalus가 있다.

177) 위의 모든 것에 대한 좀 더 자세한 내용은 Hock 1992, 1221-3; Downing 1992, 57-84, 326-39를 보라.

178) 이것이 주전 1세기경에 퇴보했는지의 여부에 대해서는 Downing 1992, 63f.를 보라.

179) Diogenes Laertius, *Lives of Eminent Philosophers*(이후로는 *LEP*로 표기함) 6:20-21, 71.

180) cf. *NTPG* 428, 432, 435.

병행들이 존재한다. 예수께서 제자들 앞에서 어린 아이를 높였던 것과 마찬가지로, 디오게네스는 어린 아이가 철학자에게 가르칠 것이 있다고 말한다.[181] 맬허브(Malherbe)는 바울의 청중들은 특히 데살로니가 서신 속에 나오는 바울 자신에 관한 묘사 중 몇몇 특징들을 견유학파적 생활 양식의 측면들을 반영한 것으로 인식했을 것이라고 주장한다.[182] 최근의 연구 동향에서 새로운 것은 예수 자신이 실제로 몇몇 중요한 인식들과 관련하여 견유학파였고, 견유학파적 이상들을 구현하는 생활 양식과 가르침을 의도적으로 선택하였으며, 이것을 당시 사람들은 분명하게 인식하였을 것이라는 주장이다.

예수가 견유학파의 일원이었다는 여러 가지 주장들 사이에는 접근 방법의 차이들이 존재하지만, 이제까지 가장 자세한 논증을 제시한 사람은 다우닝이기 때문에, 여기에서 그의 글을 계속해서 살펴보는 것이 가장 좋을 것이다. 다우닝은 견유학파의 가르침과 예수(또는 적어도 Q)의 가르침 간의 병행들 속으로 독자들을 깊이 끌어들인다.[183] 무작위적으로 몇 가지만 예를 들어 보자. 예수는 하나님이 만물을 섭리에 의해서 돌보신다는 것을 나타내 보이기 위하여 새들이 아무런 염려 없이 살아간다는 것을 언급한다; 그런데, 무소니우스(Musonius)도 똑같은 말을 하고 있다.[184] 예수는 선한 나무가 나쁜 열매를 맺을 수 없고 악한 나무가 좋은 열매를 맺을 수 없다고 분명하게 말한다; 세네카(Seneca)는 악이 선을 낳을 수 없는 것은 감람 나무가 무화과 열매을 맺을 수 없는 것과 마찬가지라고 말한다.[185] 예수는 잃어버린 양떼를 위하여 목자로 왔다는 말을 한 것으로 보도된다; 디오(Dio)는 왕이란 모름지기 선한 목자와 같이 양떼를 돌보는 데에 전심을 기울여야 한다고 말한다.[186] 예수는 의사는

---

181) *LEP 6.37;* 막 9:33-7, 10:14-16.

182) cf. Malherbe 1989. 그러나 Malherbe는 바울을 견유학파에 속한 인물로 보는 데에 아주 신중을 기한다(48, 66 등). 이 증거에 대한 다른 해석에 대해서는 cf. Horbury 1982b; Stowers 1984.

183) Downing 1988; 그리고 논의에 대해서는 1992 ch. 5을 보라.

184) 마 6:25-33 par.; Musonius 15: Downing 1988, 68-71(그 밖의 몇몇 병행들); 그리고 Downing 1992, 137f.에서의 논의.

185) 마 7:16-21 par.; Seneca *Ep. Mor.* 87:25: Downing 1988, 31f.

186) 마 15:24; Dio 3:41: Downing 1988, 104.

건강한 자에게는 필요가 없고 병자에게만 필요하다는 말을 하였다; 안티스테네스(Antisthenes)는 의사가 병자를 방문하면 열병을 잡아낸다고 말한다.[187] 이러한 예들을 비롯한 이와 비슷한 많은 예들이 주후 50년대의 Q공동체가 그 자신을 "견유학파"적 관점에서 보았다는 것을 입증해 준다고 다우닝은 역설한다. 증거들은 주후 2세기와 그 이후의 세기들에서 많은 그리스도인들이 외부인들에게 견유학파와 흡사해 보였고, 그런 식으로 보여지는 것에 대하여 만족해 했다는 것을 암시해 준다.[188]

그렇다면 예수는 어떠했는가? 여기에서 연구는 종종 다음과 같은 질문들로 향한다. 첫째, 예수가 살던 시기에 갈릴리에 견유학파에 속한 사람들이 과연 존재했는가. 둘째, 견유학파에 속한 사람들은 여러 마을들과 촌락들에 있었던 것인가 — 예수께서 자신의 사역을 수행하였던 곳으로 보이는 장소들 — 아니면, 역으로 예수는 도시나 성읍에 근거지를 둔 견유학파 철학자들과 접촉하였던 것인가? 다우닝은 이러한 문제들은 이제까지 제시된 것보다 좀 더 많은 연구를 필요로 한다는 것을 인정하면서도, 예수가 견유학파에 속한 사람들과 접촉하였고 그들의 생활 양식을 본받기로 결심하였다는 것을 보여주는 여러 가지 단서들이 포착된다는 점을 강조한다.[189] 주전 3세기에 가다라 지방에 견유학파에 속한 한 사람이 살고 있었고, 주후 2세기에 또 다른 사람이 살고 있었다는 증거가 있다. 나사렛에서 불과 4마일 떨어진 곳인 세포리스는 예수가 자란 곳으로 중요한 장소였을 것이다. 따라서, 예수가 자신의 공생애 사역을 마을과 촌락들로 국한하였다고 할지라도, 여전히 그가 일찍부터 견유학파에 속한 사람들을 만났을 가능성은 존재한다. 어쨌든, 견유학파에 속한 사람들은 성읍에만 있었던 것이 아니었다.[190] 그렇다면, 우리는 어떠한 결론을 내릴 수 있는

---

187) 막 2:16f.; *LEP* 6:6, 또한 cp. Dio 8:5: Downing 1988, 122.

188) Downing 1992, chs. 7-10.

189) Downing 1992, 146f.에 나오는 조심스러운 언급 — 그리고 Mack과 Crossan 이 그것이 많은 논증 없이도 확실하다고 주장한 것에 대한 Downing의 비판을 보라.

190) Downing 1992, 82f., 148f. Hengel 1989a, 44은 Downing의 견해에 동의한다: "세포리스와 인접한 곳에서 성장한 장인(匠人) 예수가 어느 정도 그리스어를 말하고 있었다는 점에서 왜 견유학파의 순회 설교자들과 접촉이 없었겠는가? … 복음서

가? 예수는 철두철미 유대인 선생이었는데, 그의 사후에 그의 추종자들이 그를 견유학파적 관점에서 재해석한 것인가? 이런 일은 상상하기 힘들다고 다우닝은 말한다.[191] 요세푸스가 말한 "제4의 철학"을 유대교 사회 내에서 견유학파의 가르침이 존재한 것을 보여주는 것으로 해석하는 것이 더 낫다고 다우닝은 주장한다.[192] 따라서 예수는

> 갈릴리 출신의 견유학파에 속한 유대인으로서, 자신의 성장기 동안에 접했던 두 전승의 요소들을 융합하여 자신만의 독특한 가르침을 만들어 낸 인물이었다.[193]

그는 자기 자신의 권세로써 가르침을 베푼다. 그는 "개"라는 호칭을 순순히 받아들이는 이방 여인과 농담을 나눈다. 그는 아부성이 짙은 공손함을 거부한다. 그의 비유들은 인습적인 규범들을 전복시켰다. 그는 그의 신이 모든 것을 마련해 줄 걸로 믿고 가벼운 행장으로 여행하였다. "그는 사회적인 부적응자들을 위한 의사로서 온 것이다." 그는 권위 구조들에 관한 인습적인 지혜, 돈의 중요성을 반박하였다: "예수는 부를 경멸한 견유학파의 태도를 그대로 유지한다 ─ 비록 부를 유대적인 이름인 맘몬(Mammon)으로 부르고 있긴 하지만." 그는 청중들에게 하나님의 통치가 이미 현실로 온 것처럼 살아가라고 강권한다. "여기서도 그가 쓰는 용어들은 유대적이지만, 예수가 강조하고 있는 것은, 만물이 그렇듯이 단순하게 사는 것이 풍요롭게 사는 것이라는 견유학파의 어리석은 듯한 믿음이다."[194] 그러므로 예수는 다우닝이 Q에서 아주 분명하게 발견하고 있는 전승의 근원에 서 있다:

전승과 견유학파의 종교적 및 사회적 비평 간의 이러한 유사성들은 바로 예수 자신에게 소급된다."

191) Downing 1992, 151, 161f.

192) Ibid., 150-4. 나는 유대의 반역자들을 견유학파에 속한 사람들로 만들고자 하는 이러한 시도는 Downing의 주장 중에서 가장 설득력이 없는 부분이라고 생각한다. "제4의 철학"에 대해서는 cf. *NTPG* 170-81.

193) Downing 1992, 154.

194) Downing 1992, 154-62; 그리고 159f.로부터의 인용문들.

이 전승은 대체로 원래의 예수에게로 소급되는 개념들, 태도들, 실천들에 대한 개별적인 선별에 있어서 애초부터 대체적으로 견유학파의 것이었다.[195]

다우닝은 예수에 관한 그 밖의 몇몇 묘사들이 당시에 있었다는 점을 지적하고 있지만(그는 내가 다음 장에서 다루게 될 몇몇 저술가들을 열거한다), 초기 기독교와 예수에 대한 통상적인 인상은 일종의 견유학파적 운동이었음에 틀림없다고 주장한다. 청중들이 보인 반응은 십중팔구 "이것은 내게 견유학파 사람들의 말처럼 들리는데, 다른 어떤 사람보다도 견유학파에 속한 사람들 같은 많은 말들을 내가 방금 들었어"라는 것이었을 것이라고 다우닝은 주장한다.[196]

다우닝이 사용하는, 여러 측면에서 버팀목으로 받치는 문체 스타일과 분명한 논증은 아주 참신하다; 그가 보여주는 병행들은 흔히 인상적이다; 아주 잘 조율된 그의 논증은 감동적이다;[197] 그의 학식은 엄청나다; 그가 내린 결론들은 슈바이처의 결론만큼이나 오늘날에 있어서 도전적이다.[198] 다우닝이 예수와 그의 가장 초기의 추종자들이 청중들에게 그들 자신 및 그들의 말을 전혀 다른 방식으로 이해하도록 도전을 주었다는 사실을 강조하고 있는 것은 옳다고 나는 믿는다. 그들은 그들의 가르침과 행동을 통해서 기존의 지혜에 의문을 제기하고, 대안적인 자기 인식을 제시하면서, 사물들을 바라보는 통상적인 방식을 전복시켰다. 포스트모더니즘이 한동안 만인의 의심의 해석학(hermeneutic

---

195) Downing 1992, 162.

196) Downing 1992, 165.

197) 나는 특히 견유학파의 세계관과 도마 복음서의 세계관 간의 중대한 차이들에 대한 그의 서술을 좋아한다: Downing 1988, xi; 1992, 135 n:99.

198) Downing 1987a; 1992 ch. 11. 그러나 나는 묵시사상은 우리에게 아주 이질적인 것인 반면에, 견유학파의 현실적 윤리적인 성찰은 그렇지 않다는 그의 주장(1988, xii)에 대해서 의문이다. 이것은 이상한 현대화이고, 단지 현대화에 불과한 것으로서, 예수와 그의 제자들은 "아우구스투스의 여피족들의 세계 속에서 히피족들"이었다는 크로산의 결론 뉘앙스와 상당히 비슷하다(Crossan 1991a, 304, 421). 1960년대의 "예수"는 여전히 생생하게 살아있는 셈이다.

of suspicion-of-everybody)을 제시하였기 때문에, 이것이 예수와 그 이전까지 소급되는 전승 속에 있다는 것을 발견하는 것은 역설적으로 위로가 되는 일이다. 마음이 열려 있는 역사가라면, 이 이론에 후한 돈을 걸지 않을 수 없다. 그렇지만, 역사적인 근거들로 인해서, 나는 전체적으로 이 이론은 유효하지 않다고 확신한다.

여러 가지 반론들이 제기되어 왔다: 주후 1세기의 팔레스타인에 견유학파가 존재했다는 증거가 없다는 것; 그들은 대체로 성읍에 거주하였다는 것;[199] 견유학파에 속한 사람들의 통상적인 옷차림(전대를 지녔던)과 초기 기독교 선교사들의 표준적인 옷차림(전대가 없었던)의 차이;[200] 재구성된 Q에 의존하고 있다는 것; 병행들 중 많은 수가 얼핏 보는 것보다 그리 밀접하지 않다는 사실; 다우닝이 수집한 여러 자료들 중 많은 수가 견유학파의 것이라기 보다는 훨씬 더 폭넓은 대중 철학, 일종의 저급한 스토아 철학에 속한다는 것.[201] 이 모든 반론들은 타당하긴 하지만, 다우닝의 가설을 반박할 수 있는 철저하게 설득력 있는 주장을 제시하고 있지는 못하다.

진정한 반론들은 좀 더 깊은 곳에 자리잡고 있다. 나는 이미 우리가 기독교의 첫 세기에서 우리의 발 아래 있는 확고한 역사적 토대를 찾아 나갔을 때, 기독교가 로마, 서머나, 데살로니가에 이식되었다고 할지라도 여전히 매우 유대적 세계 속에 있다는 것을 발견하게 되었다는 것을 어느 정도 자세하게 논증한 바 있다. 다른 모든 신들에 도전하는 한 분 참 신이 존재하고, 이 한 분 참 신을 예배하는 자들은 그 밖의 다른 신들에게 충성을 맹세해서는 안 된다. 따라서,

로마 당국은 그리스도인들(그들이 유대인들로 알았던)이 사회적으로나

---

199) cf. Liefeld 1967, 213(Crossan 1991a, 340에 인용됨).

200) cf. Crossan 1991a, 338f., 이것에 대해서는 위의 n.138.

201) cf. Tuckett 1989; Harvey 1989. Downing의 대답들은 언제나 매우 설득력이 있는 것은 아니다. 1992, 135에서 그는 자기가 병행 본문들을 폭넓게 수집하였다고 말한다. 또한 Vaage가 견유학파의 개별적인 자료들을 사용한 것을 Strack-Billerbeck이 랍비 자료들을 무비판적으로 수집하여 끌어다 쓴 것에 비유한 Denaux 1996, 138을 참조하라.

정치적으로 위협적이거나 성가신 존재라는 것을 깨달았고, 그들에 대한 적대적인 조치를 취하였다. 그러는 동안에, 그리스도인들은 자기들은 단지 개인적 경건의 진보를 위한 사사로운 동호회에 불과하다고 변호하며 그 속에서 피난처를 구하지 않았던 것으로 보인다. 그들은 계속해서 비록 하나님 나라는 카이사르의 나라와 같지 않지만 카이사르에 대한 충성 맹세를 배제한다는 의미에서 "왕"이신 그리스도에 대한 그들의 충성을 선포하였다. 대단히 유대적이면서도 비유대적인(왜냐하면, 그리스도인들은 그 어떤 도시를 근거지로 삼지도 않았고, 모세 율법을 고집하지도 않았으며, 남자 아이들에게 할례를 시키지도 않았기 때문에) 이 이상한 신앙은 이 운동 전체의 중심적인 특징이었고 그 성격을 보여주는 핵심 열쇠였다.[202]

내가 다우닝의 묘사 속에서 전적으로 결여되어 있다고 보는 것이 바로 이러한 본질적인 유대성이다. 다우닝에게 있어서 예수의 세계관은 견유학파적이고, 그 밖의 부수적인 것들은 유대적이다. 내가 보기에는, 이것은 점잖게 말해서 완전히 거꾸로 된 것이다.[203]

다우닝 자신이 지적하고 있듯이, 어느 기독교 저술가 속에서 견유학파적인 특징들을 찾아냈다고 해서, 그것이 곧 견유학파의 세계관을 의미하는 것은 아니다. 그 분명한 예는 바울이다. 맬허브는 뭔가를 시사해주는 그림을 제시하였다: 바울은 견유학파를 연상시키는 표현들을 사용하였지만, 그의 사상과 논증의 방향은 여전히 초기 기독교의 유대적 및 묵시론적 세계 속에 머물러 있다.[204] 다우닝은 이것을 바울이 타협을 해서 좀 덜 대립되는 실존으로 안착했다는 것을 보여주는 징표로 여긴다 — 아이러니컬하게도 바울이 자기가 "세상

---

202) *NTPG* 355

203) 이러한 묘사의 비유대성에 대해서는 Downing 1988, xi를 보라. 또한 우리는 여기에 인용된 병행들 중 다수는 유대인들의 지혜자들과 견유학파의 철학자들이 서로 다른 목적으로 인용할 수 있었던 훨씬 더 일반적인 민담 지혜라는 견지에서 설명될 수 있다는 점을 지적할 수 있다. Colin Brown 교수는 내게 누가복음 16:3("땅을 파자니 힘이 없고 빌어 먹자니 부끄럽구나")에 나오는 청지기의 딜레마는 견유학파 사상의 간접 인용과 그것에 대한 반박일 수 있다고 지적하였다.

204) Malherbe 1989. 위의 n.182를 보라.

의 웃음거리요 만물의 찌꺼기처럼"(고전 4:13) 되었다는 사실을 축하하고 있는 고린도전서 4:8-13; 고린도후서 6:3-10, 11:16-33 같은 구절들과 잘 들어맞지 않는 입장. 바울이 이와 같이 모든 이교 사상에 맞서고 있다고 — 견유학파가 기꺼이 인정했던 여러 신들이나 에픽테투스 같은 저술가의 글 속에서 흔히 등장하는 만신전(萬神殿)의 한 신을 비롯한 — 주장한 것은 초기 기독교의 유대성을 보여주는 분명한 표지이다. 세계관에 있어서 근본적인 차이가 존재한다.[205] 기독교가 견유학파 사상과 일부 특징들을 공유하고 있다면 — 이것은 사실인 것으로 보인다 — 나는 그것은 본질적으로 피상적인 것이고, 기독교가 지닌 본질적인 유대성이 이교 세계와 대결하면서 온갖 전복을 위한 병기들을 동원했기 때문이지, 견유학파 사상으로 말미암아 유대교의 세계를 포기했기 때문이 아니라고 나는 생각한다. 초기 그리스도인들이 박해와 순교를 당할 정도까지 철저한 비타협주의자가 되었던 것은 이스라엘의 신의 나라가 예수라는 인물 속에서 임하였다는 본질적으로 유대적인 그들의 신념 때문이었다.[206]

이것은 특히 이스라엘의 신의 나라에 관한 예수 자신의 선포와 결부되어 있다. 이것은 다우닝이 의식적으로 주변으로 내몰고 있는 한 주제이다.[207] 그 어떠한 "묵시사상"도 시야에서 남겨두지 않겠다고 결심한 자들에 의해서 거세

---

205) 에픽테투스에 대한 나의 읽기는 나로 하여금 그를 "성인"으로 묘사하고 있는 크로산의 견해를 인정하도록 하지 않는다(1991a, 304).

206) Downing 1992, 95는 요한계시록이 고도로 비타협주의적이고 견유학파의 특징을 전혀 보이고 있지 않다는 것을 인정한다. 이것은 그에게 견유학파적 특징들이 없다는 것이 타협주의적인 기독교라는 것을 함축한다고 생각하는 것의 위험성에 대하여 경각심을 일깨워주었을 것이다.

207) Downing 1987a, 113에 아주 분명하게; 또한 cf. Vaage 1994, 예를 들면, 56; Mack 1988, 69-74, 특히 69 n.11: "이러한 학자들의 대부분[즉, 예수의 가르침과 견유학파의 가르침 간의 몇몇 병행들을 지적했던 학자들]은 [공관복음서 전승과] 견유학파의 병행들에 대한 그들의 고찰들을 바탕으로 역사적 예수에 관한 결론들을 이끌어내지 않기 위하여 조심해 왔다. 그러나 견유학파 가설은 예수를 묵시론적 예언자로 바라보는 견해가 문제가 있다고 인정되는 순간 신빙성을 얻게 된다." 이것은 대단히 아이러니컬하다: Downing(1988, xi), Mack(*passim*)을 비롯한 여러 학자들은 특히 그들의 오늘날 과제들로 인해서 매우 유대적인 내용들을 추출해내고 있다. 그렇지만 실제로 세상을 부정하고 이원론적인 철학을 지니고 있는 것은 예수 세미나가

되지만 않는다면, 예수 전승은 견유학파의 무시간적인 도전만이 아니라, 이스라엘의 신, 세계의 창조주가 이스라엘의 역사와 세계의 역사를 장엄한 절정으로 몰고 가고 있기 때문에, 이스라엘이 재앙을 가져올 심판을 면하고자 한다면, 절박한 행동이 요구된다는 매우 구체적인 어조로 가득 차 있다. 이것은 비역사적인 방식으로 개인 및 그들의 미래에 초점을 맞추고 있는 견유학파 전승들 속에서 발견되는 심판에 관한 매우 간헐적인 언급과는 전혀 다른 모습이다.[208] 우리는 그러한 차이에 놀라지 말아야 한다. 이교 사상의 세계관 체제와 느슨하게 스토아 철학적인 범신론적 경향을 손도 대지 않고 그대로 두는 것으로 만족했던 철학이라면, 우리가 초기 기독교에서만이 아니라 예수 자신의 가르침 속에서도 발견하는 종말론적 긴급성에 대한 인식을 결코 만들어 낼 수 없었을 것이다. 따라서, 다우닝이 그려낸 예수의 사역 속에는 크로산이 그토록 강조했던 통상적인 주제 활동으로서의 치유, 또는 열린 공생관계 및 그 의미가 진정으로 들어설 여지가 전혀 존재하지 않는다. 이러한 것들은 훨씬 더 유대적인 하나님 나라 선포와 잘 부합한다 — 나는 이것을 나중에 입증하고자 한다. 이 둘을 결합시키고자 한 크로산의 시도는 여전히 설득력이 없다.[209]

무엇보다도, 예수 전승을 가능한 한 많이 대중적인 견유학파 사상의 세계 속으로 끌어들이고자 하는 다우닝의 고상한 시도 속에는 기본적인 모순점이 존

그토록 좋아하는 도마 복음서의 영지주의이지, 예수와 마가의 유대적인 묵시사상이 아니다. Downing이 진정으로 오늘날의 사회 비판을 원한다면, 진지한 하나님 나라 신학이 느슨하고 개인주의화된 견유학파의 가르침보다 훨씬 좋은 토대가 될 것이라고 나는 생각한다. Mack이 진정으로 세상을 부정하는 철학을 피하고자 한다면, 나는 유대의 묵시사상에 제시되어 있는 새로운 세상질서가 유랑하는 견유학파 — 또는 영지주의 본문들의 도피주의적이고 반세상적인 신학 — 에게 뺨을 맞고 모욕을 당하는 것보다는 그에게 훨씬 좋은 전망을 제시해줄 것이라고 나는 생각한다.

208) Downing 1992, 140f.에서 이 점을 피하기 위하여 행하고 있는 시도를 보라.

209) Crossan 1991a, 340f.: "당신들이 원한다면 그것을 그리스-로마의 도시적인 견유학파 사상이 아니라 유대적이고 농촌적인 견유학파 사상이라고 부르라." 달리 말하면, 그것을 우리가 그것에 대하여 다른 증거들을 갖고있지 않은 그 무엇, 다른 범주들로 훨씬 더 쉽고 철저하게 설명해낼 수 있는 그 무엇으로 부르라고 그는 말한다.

재한다. 그가 전적으로 설명하는 데에 실패하고 있는 것은 견유학파에 속한 이 선생이 견유학파에 속한 사람들 전체 또는 어느 특정한 선생과는 판이하게 다르게 아주 급속하게 전 세계로 퍼져 나간 운동을 왜 시작했는가 하는 것이다. 예수가 왜 처형당해야 했는지에 대한 설명도 없다; 예수의 첫 제자들이 왜 예수께서 죽은 자로부터 부활하였다고 말하였는지에 대한 설명도 없다. 다우닝이 견유학파 사상 내에서의 변종이라는 차원으로 둘 다를 축소함으로써 만들어 내고 있는 예수와 초기 기독교의 통합성은 우리가 실제로 초기 기독교 자체에 대하여 알고 있는 것으로부터 수많은 결정적인 내용들을 생략함으로써 얻어진 것이다.[210]

"예수 세미나"에 속한 학자들의 대다수에 의해서 그려진 예수(와 초기 기독교)의 초상 내에서의 "견유학파 예수"라는 개념의 사용과 관련하여 마지막으로 한 마디 해둘 말이 있다. 견유학파 모형이 이 집단에 호소력이 있었던 이유들 중의 하나는 전통적인 유대교의 "수평적" 종말론(즉, 이스라엘의 신이 장래에 역사 내에서 행하실 것이라는 믿음)을 교묘히 피해갈 수 있는 가능성을 이 모형이 제공해 줄 수 있는 것으로 보였기 때문이다. 그들은 도마 복음서와 그 밖의 다른 저작들이 종말론적 표현을 시공간의 세계로부터의 도피라는 "수직적" 차원으로 "변환시키는" "수직적 종말론"을 우리에게 제시한다. 이것은 종종 매력적인 것으로 들리게 만드는 방식들로 씌어진다.[211] 여기에는 커다란 아이러니가 존재한다. 첫째, 도마 복음서는 "묵시 사상"은 실제로 존재하지 않는다는 방식으로 세상을 거부한 진정한 이원론의 훌륭한 예이다. 어느 진정한 견유학파에 속한 사람에게 도마 복음서의 복사본을 읽어보라고 한 경우를 잠깐 생각해 보자. 우리는 많은 시간을 들여서 생각하지 않아도 그가 통렬한 혹평으

---

210) cf. *NTPG* Part IV.

211) 예를 들면, "야만적이고 비천한 것으로 널리 인식되었던 세계 속에서 개인적 정체성에 대한" 관심을 공유하고 "사람들에게 혼돈으로부터 빠져나와서 하나님의 자녀로서의 참된 정체성을 발견하도록 구하고 찾으라고 요구한 말씀들을 전한" 예수상을 제시하고 있는 이 저작의 "반문화적인 지혜"를 말하고 있는 Miller 1992, 304를 참조하라. 예수가 유대적인 종말론적 언어를 사용하고 있는 것을 무시간적인 결단으로의 부르심을 표현하려고 하는 시도는 물론 불트만의 주된 특징이다. 예를 들면, 1958b, 1961.

로 반응할 것이라는 것을 쉽게 상상할 수 있다. 둘째, 소위 도마 복음서가 제시하고 있다고 하는 "수직적 종말론"이나 그 비의적(秘儀的)인 사변들은 에픽테투스 같은 사람에게 전혀 도움이 되지 않을 것이다 — 에픽테투스가 자기보다 더 진지한 진정한 견유학파에 속한 사람이라고 여긴 자들에게는 말할 것도 없고. 우리가 진정으로 초기 기독교 내의 여러 궤적들을 추적하고자 하는 시도를 본업으로 삼고자 한다면, 우리는 결코 견유학파, 도마 복음서, **Q**가 마치 어느 정도 동일한 것을 한 목소리로 말하고 있는 듯이 도매금으로 넘겨 버려서는 안 된다. (우리는 종종 이 이상한 동침자들 속에서 그들은 정통 신앙이 아니라면 무엇이든지 좋다는 태도를 지니고 있다는 인상을 받는다.) 셋째, 우리는 이 기묘한 혼합을 "지혜 사상"으로 분류하거나 "수직적 종말론"을 설명하고 있는 것으로 보아서는 안 된다 — 이것은 역사적 정확성을 전혀 반영하고 있지 않은 것이다. 또한 넷째, 우리는 마치 "묵시 사상"은 세상을 부정하는 것이고 견유학파 사상과 도마 복음서는 그렇지 않다는 듯이 "묵시 사상"을 폄하해서도 안 된다. 마지막이자 다섯째로, 우리는 이 이상한 혼합의 전부 또는 그 일부를 가져다가 실제적인 확고한 증거의 기반 위에 서 있는 예수 또는 제1세대 기독교의 그 어떤 운동에 적용해서도 안 된다.

학계에서의 이 새로운 운동이 우리에게 가져다 준 가장 중요한 것은 아마도 우리에게 예수를 주후 1세기 팔레스타인의 유대인으로 다룬다고 해서, 그것이 반드시 예수가 철두철미하게 "유대적"이 된다는 것을 의미하지 않는다는 사실을 경고해 준 데 있다고 할 수 있다. 우리는 더 이상 이 시기의 팔레스타인을 고대 근동 전반에 유포되고 있었던 사상들과 영향력들로부터 안전하게 지켜준 눈에 보이지 않는 철의 장막으로 둘러쳐져 있었다고 생각하지 않는다 (또는 적어도 우리는 더 이상 그렇게 생각해서는 안 된다). 학계에서 예수를 가급적 외관상으로만 "유대적"이 되게 하고자 하는 태도를 극복했다면, 그 밖의 다른 요소들도 같이 그 속에 짜넣어야 하는 것이 당연할 것이다.[212]

그러나 지금 우리 앞에 놓여진 견해의 온갖 다양한 표현들 속에는 극히 심각한 약점들이 존재한다. 하나님 나라를 전한 한 유대인 예언자(일부 사람들은

---

212) cf. Hengel 1989a.

그를 그렇게 인식하였다)의 말씀들이 좀 더 폭넓은 문화 환경 속에 받아들여져서 전승되는 과정에서, 그 거친(그리고 아마도 유대적인) 모서리들이 세월이 흐르면서 깎여나갔고, 결국에는 이따금씩 몇몇 견유학파에 속한 사람들이 말했던 일부 경구들과 비슷한 모양이 되었을 가능성이 훨씬 더 높아 보인다.[213] 이것은 병행들이 중요치 않다고 말하는 것이 아니다. 나는 그러한 반영(echoes)들을 듣기 위하여 최선을 다할 것이다. 예수를 견유학파에 속한 인물로 만들고, 그렇게 하는 과정에서 맞지 않는 부분들을 꿰맞추기 위하여 억지로 잘라내는 식으로 자료들을 다루는 것은 역사적으로 옳지 않다는 것이 내가 말하고자 하는 취지이다. 데모낙스(Demonax)가 말했듯이, "아테네 사람들이여, 여러분이 클리오(Clio)의 제단을 허물러뜨릴 때까지 이러한 해법에 찬성투표를 하지 마시오."[214]

6. 마커스 보그(Marcus J. Borg)

우리가 이 장에서 살펴볼 저술가는 사실 이 장과 다음 장을 연결해 주는 다리 역할을 한다. 그는 한편으로는 예수 세미나에 다리를 걸치고, 다른 한편으로는 슈바이처 이후의 "제3의 탐구"에 다리를 걸치고 있는 일종의 중도적인 입장에 속한다.[215] "예수 세미나"에서 버튼 맥의 영향력이 감소됨에 따라, 마커스 보그라는 이름은 예수 세미나 안에서 뿐만 아니라 그보다 훨씬 더 폭넓게 알려지게 되었다. 보그는 각기 다른 여러 차원에서 예수에 관한 몇 권의 책을 저

---

213) 이것의 양식 비평적인 함의들에 대해서는 *NTPG* 427-32를 보라.

214) Lucian, *Demonax* 57. 원문에서는 제단은 긍휼의 신(Mercy)에게 드려졌다; Demonax 는 검투사 시합의 혁신에 반대하였다. 물론 Clio는 역사의 여신이다.

215) 그래서 나는 그를 Neill & Wright 1988 [1964], 387-91(이 책에서 나는 부주의하게 Borg를 오레곤 주립대학이 아니라 오레곤 대학에 재직하는 것으로 말했는데, 이러한 실수에 대하여 나는 그와 두 기관에 대하여 사과한다) 및 Wright 1992b, 800f.에서 후자의 범주에 두었다. 나로 하여금 이제 그를 본질적으로 슈바이처 이후의 종말론적 "제3의 탐구"라는 범주가 아니라 비종말론적 "갱신된 새탐구"라는 범주 속에 두도록 확신시킨 것은 그의 최근의 저작이다. 이것은 내가 어쨌든 강조하고자 하는 점, 즉 범주는 절대적인 것이라기보다는 발견학습적이라는 것을 예시해준다 — 물론, 비종말론적 예수와 종말론적 예수라는 구별은 여전히 중요하지만.

술하였다. 또한 그는 예수를 좀 더 폭넓은 종교사적 맥락으로부터 가져온 모형들 속에 위치시킴과 동시에 자신의 발견물들을 기독교의 경험과 신학에 대한 긍정적인 재진술과 통합하고자 시도하여 왔다. "예수 세미나"에 속한 몇몇 학자들과는 달리, 그는 그리스도인으로서의 헌신에 관하여 분명하고 적극적인데, 그의 설명에 의하면, 예수에 관한 그의 연구가 진척될수록 그러한 헌신은 더욱 강화되었다고 한다.

보그는 자신의 첫 번째 저서에서 예수의 사역 속에는 정치적·사회적·신학적 주제들이 통합되어 있다는 것을 논증하고 있다.[216] 로마에 대한 저항은 거룩에 대한 탐구, 특히 바리새파의 목표와 결합되어 있었다; 예수는 배타성(exclusion)이 아니라 긍휼(mercy)을 특징으로 하는 거룩에 대한 새로운 패러다임을 가지고 이러한 바리새적인 강령 전체에 대항하였다. 그러므로 공관복음 전승에 나오는 위협의 말씀들은 시공간적인 우주의 종말에 관한 예언들이 아니라, 로마에 의한 예루살렘과 성전의 파괴에 관한 유대적인 예언들로 해석되어야 한다.[217] 보그는 케어드(Caird)를 비롯한 여러 학자들의 연구 결과를 따라서 이러한 말씀들의 묵시론적 언어는 "세상의 종말"을 가리키는 것으로 잘못 이해되어 왔지만, 사실 유대적인 예언 속에서 이러한 언어는 역사적·정치적 사건들에 신학적 의미를 부여하는 것이라고 논증한다.[218] 이런 식으로, 보그는 슈바이처와 마찬가지로 예수를 유대 묵시 사상 속에 위치시키고 있다 — 물론, 묵시론적 언어가 실제로 무엇을 나타내는지에 관해서는 슈바이처와 근본적으로 다른 견해를 지니고 있긴 하지만.[219] 이것은 보그가 "예수 세미나"에 속한 그의 동료들 중 다수와는 다른 축(軸)에 서 있다는 것을 의미한다. 왜냐하면, 그들은 예수를 철저하게 비묵시론적인 인물로 보고, 묵시론적 성격을 지닌 말씀들에 대해서는 여지없이 검은색 평점을 매기기 때문이다.[220]

---

216) Borg 1984.

217) Ibid., *passim*, esp. ch. 8과 the Appendix(265-76).

218) 동일한 노선으로의 내 자신의 논증에 대해서는 cf. *NTPG* ch. 10. Allison 1994은 이러한 사고노선이 틀렸다는 것이 입증되었다고 주장한다; 나는 그가 그러한 사고 노선을 이해했다고 생각하지 않는다. 아래 제8장, 특히 495f.를 보라.

219) cf. Borg 1994a, chs. 3 and 4.

220) 그러나 Borg는 여전히 "예수 세미나"의 옹호자로 남는다: Borg 1994a, ch. 8

보그는 자신의 최초의 저서 이래로 예수에 관한 그림을 종교에 대한 비교 문화적인 분석으로부터 가져온 범주들을 통해서 발전시켜 왔다.[221] 예수 세미나에 속한 그의 동료들은 예수에 관한 그림을 극히 단순화시키고 있는 것에 반해서, 보그는 다섯 가지의 굵직한 모습으로 예수에 대한 그림을 제시한다.[222] 예수는 대부분의 문화들 속에서 알려져 있었던 **탈혼 종교인**(a religious ecstatic)이었다: 즉, 그는 시공간으로 이루어진 세계 이외의 다른 여러 층의 현실에 대한 생생한 체험들을 자주 가졌다. 예수는 사회적 질병(질병의 사회적 결과들)과 신체적 질병, 이 둘 모두에 대한 치유자였다. 그는 인습적인 지혜가 아니라 전복 성향을 지닌 지혜를 전파한 지혜 교사(wisdom teacher)였다.[223]

그는 다가올 장래의 사건을 예언하거나 세상의 종말을 말한 것이 아니라, 고대 히브리 예언자들과 마찬가지로 당시의 사회 내에서의 불의와 압제에 대하여 항거한 사회적 예언자(social prophet)였다. 그는 예언들을 선포하고, 예언적 행위들을 수행하면서, 끊임없이 악을 행하는 자들을 규탄하며, 그들에 대한 (현세적 성격을 지닌) 하나님의 심판을 경고하였다. 끝으로, 그는 한 운동의 창시자(movement-founder) 또는 한 운동을 결집시킨 촉매자(movement-catalyst)였다: 즉, 예수의 생전에 그를 중심으로 형성되었던 운동, 그리고 이것은 그의 의도들과 무관하지 않았다. 이것은 그가 그를 따르는 자들과 함께 한 식탁 교제를 통하여 표현되었는데, 이러한 식탁 교제는 전통적인 사회적 경계들을 뛰어넘어서 하나님의 자비를 구현(具現)하는 행위였다.

보그는 인간 예수를 "하나님의 신적인 아들"로 생각하지 않는다; 그는 예수가 세상의 죄를 위하여 의도적으로 죽었다고 보지 않는다; 또한 그는 예수가 그의 메시지의 초점을 자기 자신에게 맞추었다고 보지도 않았다. 그럼에도 불구하고, 보그는 "예수 세미나" 전체, 특히 맥(Mack) 같은 저술가가 그려낸 예

을 보라.

221) 이 길에서 중요한 표지판은 Borg 1987a이다.

222) 이하의 내용은 부분적으로는 Borg의 저작들, 특히 1994b, 부분적으로는 1995년 2월 11일에 밴쿠버에서 한 그의 강연에 의거한 것이다. 1995년의 강연에서 그는 1994년의 개요("영적인 인간"으로서의 예수)에 관한 첫 번째 "소묘"를 직후에 나온 처음 두 범주들로 나누었다.

223) 자세한 것은 Borg 1994b, ch. 4을 보라.

수상보다 훨씬 더 긍정적인 예수상의 초보적인 모습들을 잘 보여준다. 아울러, 보그가 그린 예수는 철저히 유대적이고, 일부 학자들에 의해서 비판을 받고 있기 하지만, 보그가 그린 예수는 본질적으로 유대교 내부의 논쟁에 참여한다.[224]

보그는 이러한 재구성을 토대로 비교문화적인 분석이라는 차원에서 예수 속에서 모든 실존의 다층적 성격에 대한 분명한 증거, (그의 말을 빌면) 궁극적인 실체는 우리를 변화시키는 관계에 있는 그러한 실체라는 사실을 분명히 보여주는 증거를 본다.[225] 예수에 대한 역사적 연구의 결과로서, 우리는 관계 속에서 및 좀 더 깊은 기도의 차원 속에서 자라갈 수 있게 해주는 성령을 중심으로 한 삶으로 부르심받는다. 이러한 삶의 일차적인 열매는 자비, 그리고 이러한 자비를 세계 속에서 더욱 더 많이 산출해내고자 하는 시도이다. 그리고 이러한 삶은 바로 공동체로서 이 총체적인 비전을 고수하는 공통체 속에서 사는 것이 되어야 한다. 보그는 이러한 예수상이 자기에게 개인적으로 가져온 변화, 예수에 관한 도그마들을 믿는 것과 다음과 같은 의미에서의 믿음 간의 차이를 감동적으로 묘사한다: "살아계신 주님, 우리를 향하신 하나님, 하나님의 얼굴, 성령이시기도 한 주님의 부활 사건 이후의 예수께 가장 깊은 차원에서 자신의 마음과 자신을 드리는 것."[226]

"예수 세미나" 내에서 이토록 매우 다른 예수상을 제시하고 있는 학자를 내가 비판하는 것은 "예수 세미나"에 대한 나의 이전의 비판에 비추어 볼 때에 아주 이상하게 보일지도 모른다. 나는 단지 동료로서의 감사와 우정의 마음으로 지난 수 년간에 걸친 보그와의 논쟁 속에서 내게 떠올랐던 수많은 의문들 중에서 네 가지만을 제시하고자 한다.

첫째, 보그가 예수에게 적용한 비교문학적인 범주들은 신선한 것이다. 그러나 그러한 범주들은 반드시 가장 날카롭고 정확한 것인가? 일단 우리가 예수는 탈혼 종교인, 치유자, 교사, 예언자, 운동의 창시자였다는 것에 동의한다고 하여도, 왜 우리는 메시야 같은 좀 더 유대적인 범주들을 조직적으로 배제해야 하는가? 우리가 이를 테면 요세푸스의 글 속에서 처음 다섯 개의 범주에 맞아

---

224) cp. Fredriksen 1995a & b. 이것에 대해서는 아래 제9장을 보라.
225) 1995년 2월 11일에 있었던 강연.
226) Borg 1994b, 137.

떨어지는 어떤 인물을 발견하였다면, 우리가 그를 메시야일 가능성이 있는 인물로 생각하는 것은 잘못된 것인가?[227] 그리고 이것이 잘못된 것이 아니라면, 왜 보그가 그리고 있는 유대적 예수는 그러한 범주에 맞지 않는 것인가?

둘째, 보그의 예수는 다음에 무슨 일이 일어날 것으로 생각한 것인가? 예수는 분명히 속죄를 위한 죽음(이것이 논증의 이 단계에서 무엇을 의미하든지간에)을 죽으려고 생각하지 않았다. 예수는 더욱더 많은 사람들이 자신의 자비의 길을 택하게 되기를 생각했던 것인가? 만약 그렇다면, 예수는 라이마루스가 그린 예수와 마찬가지로 모든 점에서 실패한 것이 아닌가? 이것은 중요한 문제인가, 만약 그렇다면 왜인가?

셋째, 아마도 가장 중요한 것은 이것일 것이다: 보그의 예수는 실제로 종말론적 인물인 것인가, 아니면 자신이 처한 상황 속에서 하나님은 언제나 사람들이 가까이 할 수 있고 배타적이고 압제적인 생활방식들이 아니라 자비를 요구한다는 본질적으로 무시간적인 진리를 표현하기 위하여 종말론에 관한 언어를 사용한 것인가? 달리 말하면, 보그의 예수(이를 테면, 샌더스의 예수처럼)는 이스라엘의 신이 이스라엘(그리고 아마도 세계)의 이야기를 모종의 성취에 이르도록 하기 위하여 절정에 해당하는 특별한 일을 실제로 행하고 계시는 것으로 생각했던 것인가? 아니면, 이 예수는 그러한 언어를 사용하여 일반적인 진리를 날카롭고 국지적으로 가르쳤던 것인가? 보그의 첫 번째 저서를 보면, 사람들은 그가 전자를 선호했다고 생각할 수 있다; 그러나 이제 나는 그가 분명히 후자를 선택했다고 생각한다. 그러나 종말론적 언어 또는 예수에 대한 분석으로서의 이와 같은 유사 불트만적인 입장은 실제로 타당한 것인가?

넷째, 보그는 역사의 예수와 신앙의 그리스도라는 구분의 새로운 판본을 제시하고 있는 것으로 보인다. 보그가 "하나님이 아니었던" 부활 사건 이전의 예수로부터[228] "우리를 향한 하나님의 측면"인 부활 사건 이후의 예수로 건너뛰고 있는 것은 얼마나 설득력이 있는 것인가? 나는 여기서 보그가 초기에 그토록 반발했던(보그의 글은 종종 의도적으로 자서전적인 성격을 띠고 있었다) 교조주의가 그에게 전통적인 단언(斷言)들로 가는 길을 어떻게 차단시켰는지

---

227) 메시야적인 인물들과 기대들에 대해서는 cf. *NTPG* 307-20.
228) Borg 1994b, 37.

를 아주 잘 보여준다. 그러나 보그는 자신의 따뜻하고 경건한 신앙을 그러한 신앙을 공유하지 않은 사람들이 결국에는 건널 수 없다고 생각하게 될 하나의 교량으로 만들어 버릴 위험성은 없는 것인가? 만약 그런 위험성이 있다고 한다면, 보그는 그것을 하나의 문제점으로 인식하고 있는 것인가?

요컨대, 나는 보그의 신선한 묘사 속에서 나와 취향 및 성향이 비슷한 친근한 것들을 많이 발견한다. 내가 그와 다른 의견을 보인다면, 그것은 그의 수많은 통찰력있고 잘 짜여진 내용들을 내가 보기에 역사적으로 더 잘 부합하고 나은 맥락 속에 두고자 하기 위한 것이다(물론, 나는 그의 약점들이라고 볼 수 있는 것도 이것을 통해서 보완될 수 있다고 생각한다). 그러나 이런 작업을 수행하게 되면, 보그가 스스로 부정할 수 밖에 없다고 생각했던 것들 중의 일부는 다른 시각에서 볼 때에 또 다시 문제로 등장한다; 그리고 나는 그러한 것들이 결국에는 아주 받아들일 수 없는 것처럼 보이지는 않기를 희망한다. 그러나 논쟁을 진전시키기 위한 가장 좋은 길은 본서의 제2부와 제3부에 담겨 있는 적극적인 논증을 제시하는 것일 것이다.

7. 결론: 새로운 "새탐구"

10년 전만 해도, "새탐구"는 다 써버린 총알 정도로 치부해 버릴 수 있는 것처럼 보였다. 나는 그렇게 했다.[229] 그러나 나는 틀렸다. 나는 진지한 예수 연구의 미래는 폭넓게 보아서 슈바이처 이후의 준거틀 속에서 "제3의 탐구"라고 내가 불렀던 것에 있다고 믿는다. 이제 이것에 대하여 살펴보아야 할 것 같다. 그러나 이러한 인위적인 구별들은 오늘날 학계가 지닌 다면성을 제대로 보여주지 못한다.[230] 서로 다른 학파들 간에 넘나드는 부분들이 존재하고, 자료, 특히 역사적 자료들에 매우 철저하게 몰두하는 학자들은 이미 잘 닦여진 길로 보였던 것을 넘어서서 그들의 동료들이 여전히 전인미답의 분야들로 간주하는 것 속으로 들어갔다 나왔다를 반복하는 경향을 보여준다는 것은 점점 더 분명해지고 있다. 이 점에 있어서, 크로산 자신이 좋은 본보기이다: 과거의 새탐구에 속했던 학자들이 결코 근접하지 못했던 요세푸스의 글을 자유자재로

---

229) Wright 1982.
230) 위의 p. 60f.를 보라.

활용하는 그의 모습이 이것을 증언해 준다. 또한 보그도 결국에는 새탐구 쪽으로 기울어 버리긴 했지만, 어쨌든 그 경계선들을 넘나들었다. 마찬가지로, 내가 제3의 탐구에 속하는 학자들로 범주화하긴 했지만 이제 곧 살펴보게 될 저술가들 중 일부는 맥, 크로산, 예수 세미나와 맥을 같이 한다고 볼 수 있다. 이러한 범주들이 10여년이 지난 후에 무너진다면, 그것은 이 학문 분과를 위해서 대단히 좋은 일이 될 것이다.

그러나 그런 일이 일어나기 위해서, 우리는 먼저 새탐구가 지닌 내재적인 약점들을 진지하게 논의하지 않으면 안 된다. 나는 이미 그 중 몇 가지를 밝힌 바 있기 때문에, 여기서는 단지 결론 삼아서 명백한 약점들을 열거하고자 한다. 첫째, 불트만의 영향 아래에서 예수의 말씀들을 일차적인 자료로 사용하고자 하는 성향이 지속되고 있다는 것이다. 이것에 맞서서 보그는 다음과 같은 현명한 논평을 제시한다:

> 아이러니컬하게도, 20세기의 학계에서는 교사로서의 예수에 초점을 맞추었던 19세기 후반과 스스로 거리를 두고자 해 왔다; 그렇지만 우리가 예수의 말씀들에 몰두하고 있다는 것은 여전히 예수를 일차적으로 교사로 이해하고 있음을 보여준다.[231]

그러나 다른 모형들이 과연 열려져 있는 것인가? 이에 대한 진지한 대답을 위해서 우리는 제3의 탐구를 살펴보지 않으면 안 된다.

둘째, 이렇게 말씀들에 의존함으로써, 이러한 말씀들을 여러 가지 종류의 "판별 기준"에 의거하여 평가하는 것을 통해서 역사적 연구가 행해질 수 있다는 잘못된 사고가 싹트게 된다. 크로산의 저작은 물론 그것보다는 훨씬 더 정교하긴 하지만, 여전히 두 가지 아주 기본적인 판별 기준을 중심으로 진행된다: 연대와 검증. 우리가 이미 보았듯이, 크로산의 목록이 풍기는 자신만만함에도 불구하고, 이 두 가지는 평가하기가 극히 어렵고, 그것들은 단지 판이하게 다른 이유들 위에서 도달된 결정들을 반영하는 것일 뿐이라는 비난을 받기 쉽다. 새탐구에 속한 오늘날의 모든 학자들은 그들 자신의 생각과는 상관 없이 올바른

---

231) Borg 1987b, 91 n.28.

해법을 지시해 준다: 학자들은 큰 가설을 가지고 작업해야 하고, 궁극적으로 작은 규모의 결정들을 정당화시켜주는 근거로서 모든 것이 어떻게 서로 들어 맞는지에 관한 큰 그림을 토대로 삼아야 한다. 이것이야말로, 복음서의 이야기들을 다룸에 있어서 많은 사람들에게 요구되지만 선택하는 사람은 극소수인, 체제를 움직이는 진정한 판별 기준이다. 나는 기본적으로는 동일한 판별 기준, 그러나 이와 동시에 내가 뭔가 다른 것을 하고 있기 때문에 차이점이 있다고 주장하지는 않겠지만 자료들을 함부로 버리는 일이 없게 만들어주는 그런 차이들을 가지고 작업을 할 것이다.

셋째, 새롭게 등장한 갱신된 새탐구는 이제는 포기되어야 할 기독교의 기원에 관한 전체적인 그림을 가지고 작업한다.[232] 그것은 정도 차이는 있지만 어쨌든 불트만이 그린 그림이다: 탈신화화된 "수직적" 종말론을 전파한 비유대화된 예수;[233] 초기의 신학적 해석이 결부되어 있지 않았던 십자가 사건; 얼마 후에 특정한 집단의 그리스도인들의 신앙이 되어 버린 것으로서의 "부활"; 교사로서의 예수의 경구들을 다시 말하기는 했지만 이 교사의 생애에는 관심이 없었던 초기의 지혜적/영지주의적 집단; 헬레니즘적 그리스도 제의를 만들어낸 바울이라는 인물; 경구들이 천천히 유포되면서 그 주변에 이야기로서의 구조라는 이끼가 끼었고, 점차 복음의 형태로 굳어져서, 원래 예수의 도전이 지녔던 취지가 허구적인 역사적 구도로 말미암아 잘라져 나가거나 상실되어 이루어진 공관복음 전승. 사실, 이러한 모더니즘적 그림이야말로 진정한 허구(虛構)이다. 한동안 이것은 유익한 허구인 것처럼 보였다. 하지만 나는 그러한 시절은 이미 끝났다고 주장한다.

방법론의 관점에서 볼 때, 우리는 슈바이처가 20세기 초에 책을 썼던 시점으로 다시 돌아가야 한다. 슈바이처는 동일한 날에 간행되었던 마가복음에 관한 브레데의 저서와 아울러 자기 자신의 저작에 관하여 글을 쓰면서, 다음과

---

232) cf. *NTPG* Part IV.

233) 새탐구를 따르는 자들과 견유학파 예수를 주장하는 자들은 그들 자신과 1920년대와 1930년대에 예수와 그의 메시지의 구체적인 유대적 성격을 거의 영(零)으로 축소시켰던 독일 학자들 간의 정치적으로 문제가 많은 유비(類比)와 타협한 것인가?

같이 밝혔다:

> [이 두 책은] 아주 판이하게 다른 관점에서 씌어졌는데, 한 책은 문헌비평의 관점에서 씌어졌고, 또 한 책은 종말론에 대한 역사적 인정이라는 관점에서 씌어졌다.[234]

슈바이처는 이것을 어떤 의미에서 하나의 결합된 운동으로 보았는데, 이 두 접근 방법은 과거에 제시되었던 그릇된 "역사적" 그림들과 그러한 그림들을 사용해 왔던 정통 신앙의 거짓 도식들을 힘을 합쳐서 습격하는 것으로 보았던 것이다. 슈바이처가 의도하였던 좋은 부분은 과거의 예수의 "전기들"을 분쇄하는 소극적인 것이었기 때문에, 이것은 극히 만족스러운 것이었다. 그러나 이 두 가지 새로운 접근 방법이 그들의 공동의 승리를 축하하는 것을 멈추고 서로를 마주 보기 위하여 얼굴을 돌렸을 때, 그들은 서로 근본적으로 양립할 수 없다는 것을 발견하게 되었다:

> 여기에서 길들이 나누어진다. 한편으로는, 일관되지 못하고 서로 잘 연결되지 못하는 온갖 것들을 지닌 현재 상태의 마가복음 기사를 진정한 역사로 일거에 승격시키고 있는 종말론적 해법이 존재한다; 그리고 다른 한편으로는, 서로 모순되는 교의적인 요소를 가장 초기의 복음서 기자가 전승 속에 삽입해 넣은 것으로 간주하고, 이에 따라 메시야 주장을 예수의 역사적 삶으로부터 완전히 배제시키는 문헌비평적인 해법이 존재한다. 제3의 것은 존재하지 않는다(Tertium non datur).[235]

그러므로 슈바이처는 자기 자신의 견해를 아주 상세하게 제시하기 전에 브레데의 견해를 설명하고 날카롭게 비판한다.[236]

---

234) Schweitzer 1954 [1906], 328.
235) Ibid., 335.
236) Ibid., 336-48; 348-95. 또한 슈바이처의 동시대인에게는 물론이고 예수 세미나에게도 동일하게 적용될 수 있는 400쪽을 참조하라. "사람들은 종말론의 주장들

이제 20세기 말에 이르러, 우리는 새롭게 등장한 갱신된 "새탐구"는 브레데의 길 위에서 정체 상태에 빠져 있는 반면에, 내가 "제3의 탐구"라고 불렀던 것은 이제 슈바이처의 길을 따라 질주할 태세를 갖추고 있다고 말할 수 있다. 물론 이것은 상당한 정도로 지나치게 단순화한 것이긴 하지만, 나는 온갖 장단점을 다 비교해 보았을 때, 여전히 이 두 개의 기본적 접근 방법 간에는 주요하고도 중요한 한 가지 차이가 존재하는데, 후자는 결국 성공에 도달할 수 있는 훨씬 더 큰 가능성을 지니고 있다고 믿는다. "예수 세미나"는 유대적 종말론, 특히 묵시 사상을 예수를 이해하기 위한 적절한 배경으로 삼기를 거부하여 왔고, 이것을 관철시키기 위하여, 마가의 이야기를 하나의 허구로 선언하였다. "제3의 탐구"는 마가의 이야기를 아주 단순하게 정당화시키지 않으면서도, 예수를 유대적 종말론이라는 맥락 속에 위치시켜 왔고, 그 결과 확고한 역사적 연구의 새로운 길들이 열리는 것을 발견하여 왔다.

물론, 금세기 동안에 아무것도 바뀐 것이 없었다고 말하는 것은 아니다. 이 두 입장은 중요한 발전과 수정을 겪어 왔다. 브레데를 따르고자 하는 시도는 그의 기본적인 입장에 대한 회의적인 태도를 한층 더 "철저하게" 만들어 왔을 뿐만 아니라, 그 밖의 다른 문제들에 관한 극히 철저한 고지식함도 가져왔다. 마가의 이야기를 순전한 허구로 여겨서 거부함에 따라 생겨난 진공 상태를 메우기 위하여, 역사라는 공백은 도무지 근거라고는 찾아볼 수 없기 때문에 한층 더 공격하기 힘들게 되어 버린 새로운 허구들로 채워졌다. Q 및 Q의 여러 발전 단계들에 관한 태평스러운 "재구성"만이 아니라, 이러한 서로 다른 발전 단계 속에 정확하게 반영되어 있는 신앙들을 지닌 완벽한 공동체들에 관한 "재구성"은, 마가복음(바울은 말할 것도 없고) 같지만 않다면 그 어떤 것이라도 쉽게 믿어버리고자 하는 성향을 잘 보여준다. 브레데 자신의 기본적인 명제는 결함이 있는 것으로 확인되었지만, 학자들은 그것을 포기한 것이 아니라 한층

을 인정하는 것은 우리 시대에 대한 예수 말씀들의 의의를 폐기하는 것이 될 것이라고 두려워하였다; 그래서 예수의 말씀들 속에서 종말론적으로 규정되어 있지 않다고 생각될 수 있는 온갖 요소들을 발견해 내려고 하는 극심한 열성이 있었다. 그들은 어떤 말씀 속에 종말론적 연관성이 함축되어 있지 않다는 것을 보여주는 흔적이라도 발견하게 되면, 뛸 듯이 기뻐하였다 — 적어도 이것들은 다가올 붕괴(debacle)로부터도 아무런 상처를 입지 않고 보존되었었다."

더 이례적인 형태들로 발전시켜 왔다. 이와 동시에, 슈바이처를 따르고자 하는 시도는 유대적 종말론과 묵시 사상이 정확히 어떤 것인지를 밝혀내는 데에 상당한 성과를 거두었다. 슈바이처를 아주 유명하게 만든 것들 중의 하나는 지금에 와서는 점점 더 의문시되고 있다: 슈바이처에게(그리고 그가 자신의 저작을 쓴 이래로 90년 동안) "묵시 사상"은 시공간으로 이루어진 우주의 종말과 거의 동의어였지만, 이제는 그것이 주후 1세기 사람들이 철저하게 은유적으로 이해했던 것을 우리가 기괴할 정도로 문자 그대로 해석한 것에 불과하다는 것이 분명해졌다.[237] 브레데와 슈바이처의 연구에서 모든 것이 그 자리에 멈춰서 버린 것은 아니었다.

그러나 팀들은 약간 바뀌었다고 해도, 동일한 기본적인 시합은 계속되고 있다. 일단 꼭 필요한 재조정들이 이루어진 다음에는, 슈바이처의 재구성 속의 많은 요소들은 구조받을 수 있다. 그의 기본적인 입장(예수를 이해하기 위한 배경으로서의 유대적 종말론, 소박한 전통주의와 맞서기 위하여 회의주의와 손을 잡은 것, 그런 후에 적절한 역사적 재구성을 통해서 회의주의를 패배시킨 것)은 고스란히 보존될 수 있고, 본서는 그의 입장을 한층 더 발전시키기 위한 것이다. 슈바이처와 마찬가지로, 우리도 현대적인 타당성이라는 요구를 충족시키지 않으면 안 된다: 어떻게 주후 1세기의 묵시론적인 예언자가 20세기에 할 말을 갖고 있을 수 있는가? 나는 슈바이처가 제시했던 길들보다 이 질문에 답할 수 있는 더 좋은 길들이 존재한다고 생각하고, 때가 되면, 나는 그 길들을 제시할 것이다. 물론, 그 길들은 슈바이처의 기본적인 입장을 거부함으로써 발견되는 길은 아니다.

슈바이처의 입장을 부활시키는 데에 최대의 공헌을 한 것은 "제3의 탐구"였고, 이렇게 하여 정련된 슈바이처의 입장은 원래 그것이 지니고 있었던 매우 심각한 약점을 제거할 수 있었다. 그러므로 우리는 슈바이처의 발자취를 따라서 철저한 회의주의의 부활을 반박했기 때문에, 이제는 철저한 종말론에 의해서 형성된 새로운 형태로 눈을 돌려보기로 한다. 슈바이처식의 "제3의 탐구"를 위한 때는 이미 십 년 전에 무르익었다. 새로 등장한 갱신된 "새탐구"의 실

---

237) cf. *NTPG* ch. 10(이미 이 점을 말한 그 밖의 다른 학자들에 대한 언급들을 포함해서).

패로 말미암아, "제3의 탐구"가 가급적 빨리 주자(走者)로 나서야 할 필요성이 과거 어느 때보다도 절박하게 되었다.

제3장

미래를 향하여: "제3의 탐구"

1. 속박을 벗고

"새탐구"는 예수에 대한 진지한 연구를 가로막는 벽이 허물어지기 시작했다는 것을 보여주는 최초의 징후였다. 지금은 그 댐이 완전히 무너져서, 불과 수 년 사이에 예수에 관한 학문적이고 진지한 역사적인 책들이 봇물을 이루어 출간되어서 시장을 점령하고 있다.[1] 슈바이처에 의해서 마감된 옛 탐구와 케제만에 의해서 시작된 (그리고 예수 세미나에 의해서 부활된) 새탐구 대신에, 우리는 이제 "제3의 탐구"라는 명칭을 붙일 만큼 충분히 구별되는 하나의 현상을 맞고 있다.[2] 우리가 앞 장에서 보았듯이, 새로 등장한 갱신된 "새탐구"와

---

1) 이 운동은 현재는 대체로 논문들이 아니라 책들로 이루어져 있다; 이것은 왜일까? 학술지 편집자들이 변화를 수용할 충분한 준비가 되어 있지 않기 때문인가? 아니면, 새로운 패러다임이 완전히 정립될 때까지는, 전체적인 논증을 제시하지 않고 방법론에 관한 논의를 비롯해서 적어도 이 가설 전체가 작용하는지를 개략적으로 보여주는 것 등 하나의 세부적인 내용에 관하여 어떤 것을 말하는 것이 거의 불가능하기 때문인가? 나는 후자일 가능성이 더 크다고 생각한다; cf. Schweitzer 1954 [1906], 396: "그러므로 일련의 문제점들로부터 하나의 문제점만을 따로 구분해내서 그것 자체를 반박하는 것이 더 이상 허용될 수 없다. 왜냐하면, 전체의 무게는 각각의 논거에 달려있기 때문이다."

2) Neill & Wright 1988 [1964], 379-403; 자세한 것은 위의 135, 140-146를 보라. 현재의 운동을 새탐구(지금은 과거가 되어버렸지만)의 일부로 보는 일부 학자들에도 불구하고(예를 들면, Reumann 1989), 이 두 운동 간의 실질적인 차이점들은 예를 들면 Meyer 1979, 48-59; Charlesworth 1988, ch. 1, 예를 들면, 163 n.61, 204f.;

"제3의 탐구" 사이에서 양 다리를 걸치고 있는 몇몇 저술가들이 있다. 그러한 저술가들로는 버미스(Vermes, 유대적 예수를 강조하기는 하지만, 결국에는 실존주의적인 교사라는 결론으로 끝나버리고 마는), 보그(Borg, 예수를 확고하게 유대적인 사회적·문화적 배경 속에 두지만, 결국은 비묵시론적인 지혜자, 교사, 예언자, 운동의 창시자로서의 예수로 끝나버리고 마는)를 들 수 있을 것이다. 또한 크로산(Crossan)과 호슬리(Horsley)는 상당한 유사점들이 존재하기 때문에, 그들을 서로 다른 범주들에 놓는 것은 옳지 않다. 내가 여기서 다시 한 번 강조하고 싶은 것은 서로 구별해야 할 결정적으로 중요한 구분들이 존재하긴 하지만, 범주들은 완벽한 구획을 위한 것이라기보다는 최근의 저작들을 설명하기 위한 발견학습적인 시도들이라는 것이다. 그러나 나는 슈바이처가 자기 자신과 브레데 사이에 그었던 구분선은 여전히 권할 만한 많은 것들이 있다는 것, 슈바이처를 따라서 예수를 묵시론적인 유대적 종말론 안에 위치시키는 사람들은 그렇지 않은 사람들과는 구별되는 범주에 속한다는 것,[3] 이 범주는 오늘날 예수 연구에 있어서 진정으로 선도적인 역할을 할 수 있는 그러한 범주라는 것 등과 같은 견해에 도달하게 되었다.

내가 이러한 제3의 탐구에 속하는 학자들로 특히 중요하다고 보는 저술가들은 현재로서는 이십 여명이 있다. 영어로 간행된 저서들의 연대기적 순서에 따라서 열거해 보면, 다음과 같다: 케어드(Caird, 1965), 브랜던(Brandon, 1967), 베츠(Betz, 1968[1965],[4] 헹엘(Hengel, 1971, 1973, 1981b[1968]), 버미스(Vermes, 1973, 1983,[5] 1993), 마이어(Meyer, 1979, 1992a & b), 칠턴

Freyne 1988b, 3; Holmberg 1993에 의해서 인지되고 있듯이 아주 분명하다. **Meyer**는 거의 예언적으로 예수에 관하여 글을 쓰고자 하는 모든 저술가들이 주의 깊게 연구해볼 필요가 있는 제3의 탐구에 대한 철저한 방법론적 토대를 제공하였다. 어떤 저술가들은 계속해서 그러한 운동이 전혀 존재하지 않는 것처럼 여전히 공언한다는 말이 들린다; 예를 들면, **Drury 1985, 3; Bowden 1988** — 후자는 대답들이 불가능하다고 주장하면서도, 여전히 계속해서 그러한 대답들을 제시하는 책들을 내고 있다.

3) 후자는 계속해서(예를 들면) 크로산이 하고 있는 것처럼 예수의 메시지를 어떤 다른 의미에서 "종말론적"이라고 말하고 있지만.

4) 또한 cf. Betz 1987, 특히 Part II.

5) Vermes 1981에서 이미 간행된 몇몇 내용을 포함하고 있다.

(Chilton, 1979, 1984a, 1992b), 리치즈(Riches, 1980), 하비(Harvey, 1982, 1990), 로핑크(Lohfink, 1984), 보그(Borg, 1984, 1987a, 1994b), 샌더스(Sanders, 1985, 1993), 오크먼(Oakman, 1986), 타이센(Theissen, 1987), 호슬리(Horsley, 1987), 프레인(Freyne, 1988b), 찰스워스(Charlesworth, 1988), 위더링턴(Witherington, 1990, 1994, 1995), 마이어(Meier, 1991, 1994), 드종쥐(de Jonge, 1991a).[6] 이러한 책들을 잘 알고 있는 독자들은 곧 이들이 서로서로 얼마나 많이 다른가 하는 것과 그러면서도 그들이 제기하고 있는 일련의 문제들이 얼마나 비슷한가를 알아볼 것이다 — 바로 이것들이 우리가 본서 전체를 통해서 논의하고자 하는 질문들이다.

나는 다른 곳에서 이미 이러한 저작들 중 몇몇을 다룬 바 있다. 독자들은 이 시점에서 그러한 논의를 되풀이해야 아무런 득이 없다는 것을 알고 그러한 논의를 생략하는 것을 좋아할 사람도 있을 것이고, 또한 이 목록에 나오는 저자들을 하나하나 해설과 비평을 곁들여 소개하는 것을 좋아할 사람도 있을 것이다.[7] 내 자신의 견해를 제시하기 위한 전주곡으로서 제3의 탐구를 개관하는 더 좋은 방법은 여기 나오는 모든 저술가들이 논의하고 있는 질문들을 검토해서 그들의 구체적인 강조점들을 도출해내는 것이 될 것이다. 물론, 본서의 논의가 진행되어감에 따라서, 좀 더 자세한 내용과 좀 더 많은 논쟁이 등장하게 될 것이다.

그러면, 먼저 제3의 탐구에 관한 일반적인 것들을 몇 가지 말해두기로 하

---

6) Charlesworth는 1980년대에 나온 예수에 관한 저작에 대하여 주석을 붙여서 유용한 목록을 제시해 주고 있다(187-207). 또한 약간씩 다른 다양한 범주들을 사용한 목록들도 보라: Dodd 1971; Yoder 1994 [1972]; Bowker 1973; Derrett 1973; Maccoby 1980 [1973]; Dunn 1975; O'Neill 1980, 1995; Farmer 1982(좀 더 주의를 기울였다면 제3의 탐구를 촉진시켰을 그러한 저작인 Farmer 1956에 토대를 둔); Schüssler Fiorenza 1983, 1994; Bammel & Moule 1984; Rivkin 1984; Buchanan 1984; Riesner 1984 [1981]; Goergen 1986a & b; Leivestad 1987; Zeitlin 1988; Stanton 1989; Neusner 1993; Brown 1994; Johnson 1995(이 저작은 "탐구"의 적절성을 부정하지만, 그럼에도 불구하고 간접적인 기여를 하고 있다); O'Collins 1995. 또한 Brown 1984 등에 실린 자신의 이전의 글들을 토대로 Colin Brown이 1993년에 옥스퍼드 대학에서 행한 Hensley Henson 강좌도 언급되지 않으면 안 된다.

7) cf. Neill & Wright 1988 [1964], 379-403; Wright 1992b.

자.[8] 이제는 진지하게 역사를 연구하고자 하는 진정한 시도가 존재한다. 그토록 오랫동안 뭔가 알 수 없는 이유로 무시당해 왔던 요세푸스의 저작들은 최근에 갑자기 인기 절정을 달리기 시작하고 있다. 오늘날에는 당시의 역사와 문헌에 대한 현대적인 연구들로부터 얻을 수 있는 도움과 주후 1세기의 자료들의 지도를 받아서 당시의 유대교를 복잡하고 다양한 형태 속에서 이해하고자 하는 태도가 진정으로 존재한다.[9] 쿰란 문헌과 묵시론적 저작들은 단순히 복음의 큰 빛을 한층 더 밝게 빛나게 만드는 검은 배경막의 일부가 아니다; 그것들은 주후 1세기 팔레스타인 세계를 보여주는 역사적 증거들의 일부이다. 몇 가지 기본적인 질문들이 생겨 난다: 예수의 메시지는 그것이 지닌 무시간적인 의미와 관련해서가 아니라, 빈곤과 정치를 생각하느라 신학적 추상(抽象)들 또는 무시간적인 진리들을 생각할 겨를이 없었던 당시의 청중에게 그것이 지니고 있었음에 틀림없는 의미와 관련해서 평가된다. 오랫동안 역사상의 절대적인 기저(基底)로 인식되었던 십자가 사건은 지금은 이해의 중심 역할을 하게 되었다: 만약 예수가 로마의 십자가 위에서 생애를 끝마친 것이라면, 예수는 도대체 어떤 인물이었을까? 브랜던(S. G. F. Brandon, 오랜 계보 속에서의 최근의 대표자 중의 한 사람)에 의해서 주어진 대답은 지금은 통상적으로 거부된다: 예수는 유대인들의 폭력 혁명을 선동한 인물이 아니었다.[10] 그러나 브랜던의 실수는 일부 사람들이 생각했던 것만큼 그렇게 어리석은 것이 아니었다. 그의 견해는 계몽주의 이후의 이원론적 사고라는 값비싼 사치품을 반영하고 있는 정치와 신학의 분리라는 옛 견해에 의거해서 거부되어서는 안 된다. 예수가 어떤 방식으로든 로마를 전복시키고자 했던 사람들 편에 섰었는지의 여부에 관한 문제는 여전히 절박한 문제이다.

---

8) 이것들 중의 몇몇은 물론 앞 장에서 설명한 부활한 "새탐구"의 일부들에도 적용된다.

9) Cf. *NTPG* Part III. Vermes' *Jesus the Jew*(1973)는 그것이 처음 간행되었을 때에 새로운 개념을 제시하고 있는 것처럼 보였다; 그때 이후로 거의 모든 예수에 관한 묘사들(갱신된 새탐구 내에서의 몇몇 학자들을 제외하고는)은 유대적이었다. 물론, 서로 간의 상당한 차이점들이 여전히 존재하기는 하지만.

10) 기독교적 및 비기독교적인 광범위한 반대 증거들을 제시하고 있는 Bammel & Moule 1984를 보라(예를 들면, Sweet(9)와 Horbury(192, 195)에 요약되어 있는).

우리가 이것들과 같은 역사적 문제들로 시작한다면, 우리의 방법론을 위한 중요한 결론들이 존재한다. 우리는 예수의 말씀들을 나머지 증거들로부터 따로 떼어서 고립적으로 검토할 필요가 없다. 끊임없이 복음서 전승 속에 나오는 예수의 말씀들은 예수의 육성(ipsissima vox Jesu)을 좀 더 뚜렷하게 들으려 하지도 않고, 기독론적 칭호들의 수수께끼를 풀려고 하지도 않은 채 연구되어 왔다. 이것은 방법론적 측면에서 샌더스가 말하고 있는 취지이고, 나는 그의 말이 옳다고 생각한다.[11] 옛 탐구는 예수를 가급적 주후 1세기 유대인으로 보지 않기로 작정하였었다. 불트만은 예수는 역사적으로 주후 1세기의 유대인이었지만 예수가 지닌 주후 1세기의 유대인이라는 성격 속에서 예수의 "의미"를 찾아서는 안 된다고 단호하게 말하였다. 새롭게 등장한 갱신된 "새탐구"는 이러한 노선을 따라서 흔히 예수가 지닌 유대인 특유의 특징들을 경시했고, 그 대신에 지중해 세계의 다른 문화들과 그가 공유하였다고 생각되는 것들을 강조하였다; 또한 "새탐구"는 예수의 죽음이 지닌 의미를 대체로 과소평가하였고, 우리가 그것에 관하여 아는 것이 거의 없다는 점을 강조하며, 가장 초기의 그리스도인들도 그것에 특별한 관심을 갖지 않았다고 주장하였다 — 물론, 이것은 불트만과의 단절을 보여주는 하나의 특징이다. 현재의 "제3의 탐구"는 대체로 이러한 점을 하나도 가지고 있지 않다. 예수는 누구나 알고 있는 주후 1세기의 전형적인 유대인, 그렇지만 이를테면 십자가에 못 박힐 수 있는 일을 한 주후 1세기의 유대인으로 이해되어야 한다 — 그 신학적 또는 해석학적 결론들과는 상관 없이.

따라서 예전의 소위 "상이성의 기준"(criterion of dissimilarity)은 여전히 적용될 수 있을 것이다 — 물론, 아주 조심스럽게 적용해야 하긴 하지만. 이런 의미에서, 대다수의 유대인들은 십자가에 못박힐 일을 하지 않았고, 초기 그리스인들 중 대다수는 포괄적으로 유대적이지도 않았다. 물론, 당시에 팔레스타

----

11) Sanders 1985, 3-13, 특히 133: "말씀 자료들에 대한 분석은 우리에게 설득력 있고 역사적으로 중요한 문제들에 대하여 대답해주는 예수상을 제시해주는 데 성공하지 못하고 있다." 이것은 "지난 수십 년간의 주석적 노력들의 대부분"에 대한 샌더스의 평가이다; 위의 제2장에서 살펴본 부활한 불트만주의와 대비해 보라. "말씀들"과 "행위들"은 물론 궁극적으로 서로 다른 종류의 것들인데 이 점은 Downing 1995가 잘 설명해 놓았다.

인에서는 십자가 형으로 처형된 수많은 유대인들이 있었지만, 그들 중에서 예수와 마찬가지로 유대 당국에 의해서 넘겨진 경우는 있다고 할지라도 극소수였다.[12] 이 운동의 제1세대는 "유대 그리스도인들"이 많았다: 처음에는 모든 그리스도인들은 유대인들이었다. 그러나 그들이 예수에게 충성을 맹세하면서, 그들은 매우 초기부터 주류 유대인들로서의 특징을 포괄적으로 지니고 있지 않았다.[13] 이런 식으로 "상이성의 기준"을 정립하는 방식은 이러한 명칭을 지닌 판별기준을 과거에 사용해 왔던 방식, 즉 예수를 유대교 및 초대 교회로부터 구별하고 거리를 두는 것과는 실질적으로 다르다. 도리어, 우리가 채택하는 방식은 예수를 확고하게 유대교 내에 위치시키고, 예수, 그리고 그 후에는 그의 제자들이 유대 당국자들에 의해서 거부된 이유들을 찾는 것이다. 마찬가지로, 우리의 방식은 예수의 제자들은 예수와는 달리 아주 초기부터 유대교 내의 한 분파 운동으로 인식되지 않았다는 사실을 존중하는 가운데 예수와 그의 제자들 간의 주된 연속성을 전제한다. 이와 같은 새롭게 되살려진 "상이성의 기준"은 개별적인 말씀들 또는 문장들의 "유효성을 검증하는" 수단으로서 각각의 말씀들에 적용되어서는 안 된다. 역사가들은 오직 말씀들로만 사는 것이 아니다. 그 대신에, 이 판별기준은 좀 더 큰 규모에서 예수의 목표들을 다루는 가운데 행위들과 말씀들을 포함한 전적으로 역사적인 초상(肖像)의 각 선(線)들을 검토하는 데에 활용된다. 우리가 제1권에서 보았듯이, 이것은 진지한 역사가 탐구하는 바로 그런 것이다.[14]

나는 본서를 쓰고 또 다시 쓰고 하면서, 종종 이 현재의 논증 — 그리고 『신약성서와 하나님의 백성』 제4장 — 의 실질적인 내용이 공관복음서 자료를 다루고 있는 각 쪽의 난외 표제에 포함될 수 있기를 바라곤 했다. 이 단계에서 우리가 할 수 있는 모든 것은 불트만과 샌더스의 말을 인용하는 것이 될 것이다: "우리는 한 말씀 한 말씀에 관하여 이와 같은 질문들을 계속해서 던지지 않고는 더 이상 앞으로 나아갈 수 없다";[15] "말씀 자료에 대한 충분히 주의깊

---

12) 아래의 제12장을 참조하라.

13) Alexander 1992를 보라. 유대인들과 그리스도인들 간의 균열은 주후 70년 이후에야 실제적으로 시작되었다는 신화는 포기되어야 한다: cf. *NTPG* 161-6.

14) *NTPG* ch. 4. 이 점에 대해서 자세한 것은 아래의 제4장을 보라.

은 주석을 통해서 올바른 결정에 이를 수 있다는 확신은 수많은 신약학자들을 결코 다시는 빠져나올 수 없는 수렁 속으로 몰아넣었다."[16] 어떤 사람이 "그러니까 우리는 아무것도 알려고 하지 않는 것이 좋겠다"라고 대답한다면, 거기에 대한 가장 좋은 대답은 찰스워스(Charlesworth)의 대답인데, 그는 자기가 예전에 "거의 오류 없는 입장들을 제시할 수 있을 때까지는 조심스럽게 침묵했던" 신약학자들을 존경했던 마음을 어떻게 포기하게 되었는지에 관하여 말한다: "조심스러운 것은 지혜롭고 현명한 것이지만, 그것을 극단으로까지 밀고 가면, 미덕은 악덕이 될 수 있다. 랍비들이 말했듯이, 소극적 태도는 진리를 탐구함에 있어서 미덕이 아니다."[17]

그리고 진리 — 역사적 진리 — 의 추구는 바로 제3의 탐구가 행하고 있는 바로 그것이다. 손수 만든 "판별기준들"을 사이비 역사적으로 사용하는 것과는 반대로 진지한 역사적 방법론은 제3의 탐구에서 진정으로 되돌아오고 있다. 많이 부풀려진 과시적인 "통상적인 비평 도구들," 특히 양식 비평은 예수 연구에서는 암묵적으로(그리고 내가 보기에는 올바르게) 간과되고 있다; 연구는 적절하고 흔히 분명하게 명시된 가설과 검증의 방법론을 통해서 진행된다.[18] 우리가 제1권과 앞의 여러 장들에서 보았듯이, 양식 비평과 편집 비평적인 연구를 위한 추진력의 많은 부분은 예수에 관한 공관복음서 자료의 이런저런 단편이 역사적일 수가 없다는 전제, 달리 말하면, 예수에 관한 증거들을 설명하기 위해서는 추가적인 전승사적인 가설을 필요로 한다는 역사적 가설은 이미 전

---

15) Bultmann 1968 [1921], 105.

16) Sanders 1985, 131.

17) Charlesworth 1988, 17f. 다른 분야에서의 저명한 역사가의 말과 비교해 보라: "나는 문헌 자료들은 내가 그것들의 잘못들을 잡아낼 때에는 과장된다고 믿기 때문에, 나는 의심되는 점들은 그 자료들에 유리하게 해석한다 … 우리는 어떤 자료에 대해서 저항하는 회의주의의 태도로 접근해서는 안 된다"(Wallace-Hadrill 1974, 8).

18) 특히 Meyer 1979, ch. 4, esp. 87-92; Sanders 1985, 10, 18-22를 보라; 그리고 "역사적 제약"이라는 Harvey의 개념과 비교해보라. 이것에 대해서는 Wright 1986을 보라. 예수가 아니라 초기 기독교를 연구하기 위한 도구였던 "양식 비평"의 지속적인 타당성에 대해서는 *NTPG* ch. 14을 참조하라. Vermes는 역사적 방법론을 새롭게 다듬고 있는 점에 대해서 두드러지지만 스스로를 철저한 실증주의 및 실용주의라는 용어로 묘사하기를 선호한다(1993, 4, 7).

제될 수 있다는 전제로부터 나온 것이다. 그러나 예수에 관한 것이든 초대 교회에 관한 것이든, 이것을 대체할 수 있는 역사적 가설이 제시되고 논증되고 유지된다면, 예수 연구(그 밖의 다른 역사적 연구들 속에서의 가치는 말할 것도 없고) 속에서 전승 비평의 필요성은 원칙적으로 상당히 줄어들 수 있고, 그 형태도 바뀔 수 있을 것이다. 이것이 바로 샌더스와 마이어(Meyer)의 가설들이 수행하고 있는 바로 그것이다: 불트만적 패러다임에서는 전승사라는 복잡한 순환에 의해서 설명될 필요가 있었던 복음서들에 나오는 온갖 종류의 자료들은 결국 예수의 사역과 잘 부합이 되는 것으로 밝혀졌다.

처음부터 이러한 방법론의 핵심을 잘 파악해 두는 것이 결정적으로 중요하다. 본서가 위치해 있기도 한 지점인 제3의 탐구 내에서는 예수를 연구하는 진지한 역사가 앞에 놓여진 과제는 우선적으로 예수에 관한 전승들을 초대 교회의 역사 속에 두고 재구성하는 것이 아니라 예수 자신에 관한 진지한 역사적 가설들을 제시하고 — 즉, 큰 규모의 이야기들을 말하는 것 — 그것들이 얼마나 잘 들어맞는지를 보기 위하여 겉보기에 관련있어 보이는 자료들을 검토하는 것이다. 나는 이것이 몇몇 진영들 속에서 얼마나 논란을 불러일으킬지를 너무도 잘 알고 있다(또한, 다른 진영들 속에서는 이것이 얼마나 명백하고 상식적인 것에 속하는지도 아울러 잘 알고 있다). 그러나 나는 이 점을 제3의 탐구가 파악하고 있다는 데 큰 만족을 느낀다. 제3의 탐구는 서로 다른 광범위한 출신 배경과 전망을 지닌 학자들을 포괄하고 있기 때문에, 결코 좁게 한정된 운동이 아니다. 결국 내가 주장하는 것은 예수는 고대에 살았던 어느 인물을 연구할 때와 동일한 방법으로 연구되어야 한다는 것이다. 어느 저자가 둘 내지 세 개의 자료들을 "조화시켜서" 알렉산더 대왕에 관한 이야기를 쓴 책에 대하여 그 누구도 불평하지 않는다: 자료들을 산재된 채로 여기저기 흩어진 채로 놓아두는 것이 아니라, 통일적인 하나의 틀로 묶어서 가설들을 제시하는 것이 바로 저자의 과제이기 때문이다.[19] 물론, 알렉산더 대왕에 관한 자료들은 예수, 디베료, 베토벤, 간디 또는 그 어느 누구에 관한 자료들과 마찬가지로 자신만의 관점을 가지고 있고, 따라서 우리는 이 점을 신중하게 고려하지 않으면 안 된다. 그러나 연구의 목적은 가설의 기능을 하는 통일적인 종합을 만들어내

---

19) 예를 들어, Lane Fox 1986을 보라.

는 것이고, 이것은 가설 그 자체로 취급되어야 한다.[20] 내가 『신약성서와 하나님의 백성』에서 보여주고자 했던 것처럼, 문제는 이른바 "급진적인" 비평이 충분히 비평적이지 않고, 오히려 슈바이처와 불트만에 의해서 제시된 예수(그리고 초대 교회)에 관한 가설들과 그것들을 약간 수정한 것들에 대체로 만족했다는 데에 있다. 우리가 새로운 가설들을 만들어 내고자 한다면, 우리는 지금까지의 연구사로부터 가져올 수 있는 그 어떤 확고한 발판들을 전제해서는 안 된다. 모든 것에 대하여 의문을 제기하여야 한다. 이것이 판이하게 다른 패러다임들로부터 생겨난 그러한 견해들이 제시한 역사적 논거의 하나하나를 조목조목 논하는 것이 불필요하고 부적절한 이유이다.[21] 물론, 제3의 탐구에 속한 학자들 ─ 나 자신도 거기에 포함된다 ─ 은 서로 다른 연구 분파들의 학자들이 어떤 자료를 비유 또는 경구 또는 그 밖의 다른 것으로 생각하는지에 관심을 갖는다. 새롭게 등장한 갱신된 "새탐구," 특히 크로산의 상세한 연구는 이러한 논의 속에서 계속해서 염두에 두어져야 한다. 그러나 본질에 속하는 논증은 다른 차원에서 이루어져야 마땅하다.

오늘날 예수에 관한 역사적 진지성이 존재하는 한편, 초기의 편집 비평이 상정했던 것을 훨씬 뛰어넘어서 복음서들을 독자적인 본문들, 문학 작품들로 보아야 한다는 새로운 인식도 존재한다. 이것은 종종 학자들을 복음서들은 역사적 가치가 덜하다고 생각하도록 오도하여 왔다. 그러나 좀 더 성숙한 접근방법이 출현하기 시작하고 있다는 징후들이 보인다.[22] 여전히 우리에게 유효한 자

---

20) Moule 1984에 나오는 경향 비평(*Tendenzkritik*)에 관한 지혜로운 말들을 보라 ─그 저자와 마찬가지로 짧지만 지혜로 가득차 있는 논문. 또한 이야기를 쓰는 과제에 대해서는 *NTPG* 113-15를 참조하라; 그리고 특히 전기 작가의 과제에 대해서는 Solomon 1988, 114를 보라: "전기 작가의 과제는 증거 문서들을 잘 확증해주는 것뿐만 아니라 끊임없이 무지에 의해서 만들어진 공백을 대신 메우고 있는 허구들과 소문들의 축적된 내용들을 제거하는 것으로 보인다." 거기에서 베토벤에 관하여 말해주는 내용은 별 수정 없이 예수에게도 그대로 적용된다.

21) 목적들과 방법론들이 자기와는 판이하게 다른 논쟁을 세부적인 내용까지 벌인다는 것이 기본적으로 이상한 일이다. (예를 들면) 이런저런 말씀을 찬성하거나 반대하기 위하여 "불트만을 인용하는 것은 그가 이미 목적, 방법론, 전체적인 가설의 좀 더 근본적인 차원에서 불트만과 견해를 달리 한다면 아무런 것도 입증해 주지 못한다." 예를 들면, Sanders 1985, 368 n..66 등을 보라.

료들의 상당 부분을 제공해주고 있는 공관복음서들의 저자들은 그들 자신의 교회들과 신학에 관해서만이 아니라 예수에 관하여 뭔가를 쓰고자 의도했다는 것과 그들의 이러한 의도는 실질적으로 성공을 거두었다는 것이 점점 더 명백해지고 있다.[23]

그러므로 예수를 그의 역사적 배경 속에 위치시키려는 시도는 다시 한 번 널리 훌륭한 학문적 과제로 간주된다.[24] 이것 속에서, 제3의 탐구는 몇몇 확고한 장점들을 주장할 수 있다. 첫째, 제3의 탐구는 전적으로 유대적 배경을 극히 진지하게 받아들인다. 둘째, 제3의 탐구에 속한 학자들은 지극히 단색적인 새 탐구와 꽤 단색적인 새롭게 등장한 갱신된 새탐구와는 달리 통일된 신학적 또는 정치적 과제들(agenda)을 가지고 있지 않다; 출신 배경이 다양한 학자들이 참여해서 서로를 견제하고 균형을 맞추고 있기 때문에, 요세푸스의 글 속에 나오는 특정한 대목에 대한 한 학자의 해석은 또 다른 학자의 해석에 의해서 견제가 되고, 비판적 실재론(critical realism)이라는 척도는 가능할 뿐만 아니라 점점 더 현실화되고 있다. 셋째, 우리가 연구를 진척시키기 위해서는 꼭 제기해야 할 핵심 문제들을 향하여 서서히 나아가고 있다는 느낌이 점점 더 강화되어 왔다. 이 모든 것들은 예수 연구로 하여금 너무도 오랫동안 신학적인 동기에 의한 방법론들과 판별기준들이라는 다도해 주변을 맴돌며 표류한 후에 역사적 연구라는 본토에 재상륙할 수 있게 해 주었다.

---

22) Mack(1988)은 그릇된 대조법의 한 예를 제시한다; 그것을 어떻게 극복할 수 있는지에 대해서는 Freyne(1988b). 특히 *NTPG* chs. 13, 14을 보라.

23) cf. *NTPG* ch. 13, 특히 396-403.

24) 그러나 보편적으로 그런 것은 아니다: 정통 기독교 분파들 속에도 그것을 중대한 의심의 눈길로 바라보는 사람들이 일부 있고, 그들은(흔히 거의 가현설적으로 보이는) 신앙의 그리스도를 선호한다. (최근의 한 예는 Johnson 1995이다.) Käsemann은 새탐구의 초창기에 그러한 그리스도는 진정한 기독교를 방해할 가능성이 없고, 따라서 진정한 그리스도와 관계가 있을 것 같지 않다고 올바르게 보았다. 박사학위 과정을 밟는 학생들에게 제3의 탐구의 분야를 한번 연구해 볼 가치가 있다고 설득하는 일은 여전히 어렵다 — 끊임없는 전승사의 정체(停滯)를 뚫을 수 있는 길들이 있다는 것을 이 분과의 몇몇 동료들에게 설득하기는 여전히 어렵다. 나는 이 점과 관련해서 지나치게 조심스러운 보수주의를 극복하고 진정한 역사적 과제에 대하여 좀 더 열린 마음으로 접근하게 될 그날이 올 것을 기대한다.

2. 질문들

그렇다면, 이렇게 해서 떠오른 핵심 질문들은 무엇이고, 그 질문들은 제3의 탐구 속에서 어떻게 다루어지고 있는가?[25] 다섯 가지의 주요한 질문들이 있고, 그 옆에 여섯 번째 질문이 대기하고 있다고 나는 말하고 싶다. 이러한 질문들은 독립적이거나 고립적인 것이 아니라, 여러 가지 점에서 서로 중복되고 얽혀 있다는 것을 아는 것이 중요하다. 실제로 이 질문들 간의 상호작용은 이 논의 전체의 가장 복잡하고 흥미로운 특징들 중 하나이다. 이 질문들은 모두 제3의 탐구 속에서 명시적으로 제기된다; 사실, 예수에 관한 그 어떤 연구도 적어도 암묵적으로 이 질문 모두와 관련하여 어떤 입장을 취하지 않고는 개시될 수 없다 — 물론, 과거의 수많은 저술가들은 단순히 특정한 대답들을 전제하고서 거기로부터 출발했지만. 그러나 제3의 탐구 자체 내에서도 각각의 저술가들은 이 질문들의 서로 다른 결합들에 초점을 맞추어 왔고, 내가 결국에는 해내고 싶었던(물론 이것은 본서의 범위를 뛰어넘는다) 이 모든 질문들을 통합적으로 및 동일한 비중으로 다루었던 저술가는 단 한 명도 없었다.

이 다섯 가지 질문은 모두 주후 1세기의 모든 역사가들이 그 출신 배경과는 상관 없이 묻지 않으면 안 되는 좀 더 큰 질문의 하위 범주들이다: 즉, 우리는 주후 110년 경에서 머지않은 과거의 한 인물이었던 나사렛 예수라는 사람에 관한 이야기를 창건 신화로 한(아주 "중립적인" 의미에서), 이미 상당한 정도의 다양성을 보여주고 있는 큰 규모의 활발한 국제적인 운동이 존재했다는 사실을 어떻게 설명할 수 있는가? 달리 말하면, 우리는 주전 10년의 그리스-로마 세계 안에 존재했던 다양한 형태의 유대교로부터 주후 110년의 다양한 형태의 유대교와 기독교까지를 — (대략) 헤롯 왕으로부터 안디옥의 이그나티우스까지 — 어떻게 파악해야 하는가?[26] 모든 세대마다 이것을 예수에 의거하지 않고도 해낼 수 있다고 생각한 한두 명의 학자들이 존재해 왔다. 또한, 이것을 오직 예수에게만 거의 의존해서 해내고자 한 꽤 많은 수의 학자들도 존재해 왔다. 이 두 경우 모두 틀릴 가능성이 대단히 높다. 근본적인 혁신이 다

---

25) 이하의 글 속에서 연도 없이 저자만을 언급하는 것은 앞 절에서 언급된 책들을 가리킨다.

26) cf. *NTPG* Part IV.

른 곳에서 일어나야 하는데, 이러한 제안들의 유일한 강점은 그것들은 전혀 증거들 위에 구축된 것이 아니기 때문에 공격하기조차 힘들다는 것이다.[27] 따라서 단순한 역사가로서 우리는 다음과 같이 묻지 않을 수 없다: 도대체 예수는 누구였고, 그는 무엇을 하려고 했으며, 그에게 무슨 일이 일어났고, 왜 일어났는가? 그리고 우리가 바울 또는 글라우디오 황제, 또는 디베료의 병기잡이 세야누스(어느 정도의 역사적 증거들이 남아 있는 주후 1세기의 인물들)에 관하여 그러한 질문들을 제기할 수 있는 것과 마찬가지로, 예수에 관해서도 이러한 질문들을 제기할 수 있는 근거는 충분히 존재한다. 그러면, 이러한 문제들을 우리가 제시한 다섯 가지 주된 질문들로 좀 더 명확하게 표현해 보자: 예수는 어떻게 당시의 유대교와 부합하는가? 그의 목표들은 무엇이었는가? 그는 왜 죽었는가? 초대 교회는 어떻게 탄생되었고, 초대 교회는 왜 그러한 모습을 띠게 되었는가? 그리고 복음서들은 왜 현재와 같은 모습을 띠고 있는 것인가?[28]

여섯 번째 질문은 카드 패에서 조커와 비슷한 것으로서, 예수에 관하여 글을 쓰는 모든 저술가들은 이 질문을 아주 잘 알고 있다: 그래서 어떻다는 것인가?

이러한 질문들은 그리스도인들과 신학자들의 단순한 사적인 관심사가 결코 아니다. 이 질문들 — 여섯 번째 질문을 포함한 이 질문들 모두 — 는 공적인 영역에 속한다. 그것들은 제3의 탐구 자체 내에서도 매우 다른 대답들이 나오는 것에서 분명하게 알 수 있듯이, 특정한 신학을 향해서 "기울어져" 있는 것

---

27) 여기서 사고의 흐름은 다음과 같은 경향을 보여준다: "기독교"는 예수와는 별 상관 없이 바울 등에 의해서 창시되었다(예를 들면, Vermes, Maccoby); "기독교"는 예수와는 거의 연속성을 지니고 있지 않고, 신화를 만들어낸 공동체들과 복음서 기자들의 작품이다(Bultmann; Mack 등). *NTPG* ch. 14을 보라.

28) 질문들에 관한 나의 목록은 Sanders 1985의 목록과 아주 비슷해 보인다고 생각하기 쉽다. 그러나 우리가 논의를 진행해 갈수록, 그와 나는 이 질문들 중 몇몇을 흥미로울 정도로 다른 방식들로 이해하고 있다는 것이 분명해질 것이다. 샌더스는 비신학적인 과제를 가지고 있다고 주장한다(1985, 333f.; 하지만, cf. Charlesworth 1988, 26-9). 그는 이 점에 있어서 적어도 옳은데, 그는 기독교적 변증론을 제시하려고 시도하는 것이 아니다. 그러므로 내가 버미스 교수로부터 구두로 전해 받은 비판, 즉 이러한 질문들은 특별히 "기독교적"이라는 비판은 거짓이다.

도 아니다. 이제 우리는 이 다양성을 살펴볼 차례이다.

(i) 예수는 어떻게 유대교와 부합하는가?

첫 번째 질문(이 질문을 좀 더 명확히 하고 있는 두 번째 질문과 아울러)은 예수에 대한 역사적 연구의 움직임 전체로부터 자연스럽게 생겨난다. 예수가 역사상의 어느 지점에 속해 있다면, 그것은 주후 1세기 유대교의 역사 내이다. 그러나 어떻게 예수는 거기에 속해 있는 것인가? 예수는 전혀 비범하지 않은 평범한 유대인이었는가? 아니면, 정반대로, 예수는 평범한 유대인과는 전적으로 달라서, 전적으로 다른 현실에 관한 비전에 따라 전적으로 다른 일련의 목표들을 따른 철저하게 비범한 인물이었는가? 아니면, 우리가 이 두 가지 극단을 거부한다면, 예수는 당시의 사람들의 관점을 대체로 공유하면서도 여기저기 몇 가지 점들(하지만, 중요했던 점들)에서만 수정을 가했던 것인가? 아니면, 예수는 개혁을 위한 주요한 프로그램을 가지고 있었는가? 예수는 어떤 점에서 다양한 혁명 세력들 또는 바리새파 운동과 부합하였는가? 예수는 하시드(Hasid)였는가? 또는 예언자였는가? 예수는 어쨌든 로마에 대한 무장투쟁을 권장하였거나 용인하였던 것인가? 아니면, 예수는 무장투쟁을 반대하는 말을 했는가, 또는 이 문제를 무시하였는가? 예수는 어떤 의미에서 메시야적인 인물로 보였던 것인가? 요컨대, 우리는 예수를 주후 1세기 유대교 내의 어느 지점에 위치시켜야 하는가?[29]

이에 대하여 대답이 될 만한 가능성이 있는 것들의 목록을 열거해 보면, 그 수는 물론 엄청나게 많다. 우리는 그것들을 파악해 보기 위하여 세 가지로 분류해 볼 수 있는데, 이 각각의 분류 속에도 상당한 편차들이 존재한다. 우리는 먼저 처음 두 부류를 서로 비교하며 살펴본 후에, 세 번째 부류로 넘어가기로 하자.

첫째, 우리는 예수를 그가 살았던 배경 속에 아주 철저하게 넣어버려서, 그의 모습을 거의 찾아볼 수 없을 정도가 되게 할 수 있다. 이렇게 했을 때, 예수의 모습은 철저히 유대적인 유랑하는 하시드(Vermes), 유대인 혁명가(Brandon)

---

29) 이 모든 것은 물론 저 복잡하고 다면적인 실체인 주후 1세기 유대교에 대한 견해에 달려있다: cf. *NTPG* Part III.

의 모습이 된다. 둘째, 우리는 예수를 또 다른 극단에 놓고서 그가 지닌 유대적 배경을 극소화시킬 수 있다(이렇게 하면, 제3의 탐구의 경계를 넘어서게 된다). 이렇게 했을 때, 예수의 모습은 무시간적인(그리고 비유대적인) 진리들을 설파하는 설교자(Bultmann), 견유학파에 속한 예수(Downing, Mack, 예수 세미나에 속한 많은 학자들)가 될 것이다. 이러한 연쇄의 양 끝을 구부려서 서로 만나게 했을 때에 접촉이 되는 몇 가지 흥미로운 점들이 존재한다. 버미스의 예수는 매우 유대적 인물로 상정되고 있음에도 불구하고, 실제로는 꽤 철저하게 실존주의적인 자유주의적이고 무시간적인 형태의 유대교를 설파한다.[30] 크로산의 예수는 꽤 비유대적인 인물이면서도(그가 전한 하나님 나라 메시지는 고전적인 유대인들의 기대와는 거의 상관이 없다) 로마의 통치에 반대하는 메시지를 전하고, 이렇게 함으로써 거의 우연적으로 몇몇 매우 유대적 운동들과 연대한다.

물론, 이 두 가지 극단적인 입장은 여러 가지로 수정될 수 있다. 한편으로, 예수는 실제로 폭력 혁명을 원했지만, 당분간은 은밀하게 지지 세력을 규합하는 가운데, 무력을 사용할 수 있고 또 무력을 사용해야 할 그날을 기다리는 것으로 만족했을 수 있다(Buchanan). 예수는 당시의 농민 사회에 뿌리를 두고 있었던 비폭력적 사회 혁명과 연대함과 동시에, 다른 모든 것이 실패했을 때에 그들을 제도적으로 압제하여 왔던 체제에 반대하여 폭력을 선택하였던 "의적들"을 은밀하게 지지하였을 수 있다(Horsley).[31] 다른 한편으로, 예수는 실제로 견유학파 스타일의 유랑 교사였지만, 견유학파의 양식과 내용을 바꾸어 놓았던 유대 특유의 배경에 맞춰서 자신의 경구들과 세상을 놀라게 한 비유들을

---

30) Sanders를 제외한 그 밖의 다른 오늘날 저술가보다도 불트만에 대하여 더 많이 언급하면서 대체로 그의 의견에 찬성하고 있는 Vermes 1993을 참조하라. 예를 들면, 137쪽을 참조하라: "실존주의적 교사인 예수는 하나님 나라의 본질, 또는 구조가 아니라 하나님 나라에 대한 사람의 태도와 행위에 더 관심이 있었다." 153, 161, 193과 비교해 보라. 또한 180쪽을 보라: 버미스는 지금은 샌더스 등에 의해서 심한 비판을 받고 있는 옛 불트만적인 견해, 즉 예수는 "영원한, 멀리 계시는, 지배하는, 대단히 두려운 창조주"와는 반대되는 "가까이 있고, 접근할 수 있는 하나님"을 선포하였다는 견해를 되풀이한다.

31) cf. *NTPG* 177-81에 나오는 논의들.

전하였지만, 그 기본적인 취지는 여전히 지중해 세계 전체를 목표로 하고 있었다고 할 수 있다(Crossan).

이런 식으로, 역사가는 당혹스러울 정도로 폭넓은 선택지(選擇枝) 앞에 서게 된다. 한 가지 진부한 전통적 기독교의 입장은 예수의 배경이었던 유대교는 율법주의와 형식주의의 덩어리이고, 예수는 그것과는 다른 종류의 종교, 즉 내적인 영적 종교를 가르치기 위하여 오셨다고 말하는 것이다. 이것은 분명히 좋은 입장이 아니다.[32] 만약 이 입장이 진실이라면, 예수는 하나님이 역사 내에 개입하셔서 뭔가를 해줄 것으로 기대하였던 굶주린 백성들에게 추상적이고 내면적인 진리들을 설파한 도저히 이해할 수 없는 교사가 되고 만다. 백성들은 공기가 아니라 빵과 자유를 요구하고 있었다. 또한 예수는 단순히 교회를 세우기 위하여 오셨거나 산상수훈을 교회의 헌장(憲章)으로 주기 위하여 오신 것도 아니었다.[33] 이러한 왜곡된 견해들에 대한 대안을 찾기 위하여, 학자들과 주석가들은 통상적으로 유대인들의 기본적인 기대들을 여기저기 약간씩 수정해서 긍정적인 형태를 만들어서 예수와 연관시키는 것을 통해서 좀 더 밀접한 통합의 길들을 찾아보고자 하였다. 예수는 "회복 종말론"의 예언자였다.[34] 예수는 카리스마를 지닌 지도자들 중의 지도자로서, 바리새파의 열망을 아주 완벽하게 공유했던 위대한 영적 지도자였다.[35] 이러한 묘사들 및 이것들과 비슷한 그 밖의 다른 많은 묘사들 속에서, 예수는 주류 유대교와 별 마찰이 없거나 싸우지 않았고, 오직 예루살렘의 공식적인 귀족층과만 싸움을 했고, 이로 말미암아 결국 이 귀족층에 의해서 죽음을 맞게 되었다.

---

32) 자세한 비판은 Sanders 1985 *passim*, 예를 들면, 23-47, 331-4를 보라 — 그는 종종 불공정하다는 비판을 받긴 하지만.

33) 또한 — 특히 — 그는 죽은 후에 하늘나라에 가기 위해서 사람이 해야 했던 것들의 목록을 제시하지 않았다. 그러한 견해는, 내가 생각하기에는, 단순히 마태복음에 나오는 "천국을 유업으로 받다"라는 어구에 대한 잘못된 읽기에 근거한 것으로서, 이 어구를 "하나님의 통치"라는 의미로 읽은 것이 아니라 "나라"를 하나의 장소로, "하늘"을 그 장소가 있는 곳으로 이해한 결과이다. *NTPG* 302ff.와 아래 제2부를 보라.

34) Sanders 1985, 1993.

35) Rivkin 1984; 또한 cf. Maccoby 1980.

처음 두 가지 형태의 해법이 예수와 유대교를 거의 동일시하거나 거의 분리시켜 놓는 것이라면, 세 번째 해법은 예수가 유대교의 유산 자체의 핵심적인 부분을 수정함으로써 예수와 유대교 간에 대결 국면이 형성되었다고 본다. 이러한 관점을 가장 분명하게 주창한 사람들 중의 하나는 마커스 보그(Marcus Borg)이다.[36] 그에게 있어서 예수는 유대 성서, 특히 예언서들을 자기가 성취했다는 주장을 하면서, 당시의 유대교의 몇몇 측면들에 정면으로 도전한다. 이러한 도전이 생겨난 것은 예수가 비유대적 다른 종류의 종교를 가지고 있었기 때문이 아니라, 바리새파를 비롯한 주후 1세기 유대교가 예수의 관점에서 보기에 이스라엘의 신에게 불순종하고, 따라서 재앙을 자초하고 있는 것으로 보였기 때문이었다. 나는 보그의 주장을 그대로 다 따르지 않고, 사실 앞 장에서 말했듯이, 몇 가지 중요한 문제에 있어서 다른 방향을 취한다; 그러나 예수는 지극히 유대적이었지만 주후 1세기 유대교의 몇몇 분명한 특징들에 반대하였었다는 이러한 전반적인 그의 취지는 내게 공관복음서의 증거들(이것들은 결국 이것들이 지닌 함의들을 회피하고자 하는 비평가에게는 쉬운 게임이다)만이 아니라, 좀 더 구체적으로 예수에 대한 우리의 역사적 재구성에 있어서 일관성과 분명한 역사적 노선의 요구사항들을 우리가 제대로 다루고자 한다면, 가장 활용가능한 견해인 것으로 보인다.

우리는 이미 여러 차례에 걸쳐서 "유대교"는 예수와 마찬가지로 묘사하기가 어려운 대상이기 때문에(『신약성서와 하나님의 백성』 제3부를 보라), 이 둘을 결합시켜 놓는 것은 요동치는 한 배에서 다른 배로 옮겨 타는 것과 비슷하다는 말을 이미 한 바 있다. 그 동안의 연구사는 그렇게 하는 경우에 물 속으로 떨어질 확률이 얼마나 높은지를 잘 보여준다. 우리의 주요한 질문들 중의 첫 번째 질문을 좀 더 초점을 뚜렷하게 맞춘 구체적인 질문들은 특히 예수와 바리새파의 관계에 관한 것인데, 여기서 이 두 배는 종종 함께 거의 뒤집힐 뻔하는 것처럼 보인다. 몇몇 이론들은 이 갈등을 최소한도로 축소시키고자 한다: 샌더스에 의하면, 예수 당시의 바리새인들은 예루살렘을 기반으로 한 소규모 집단이었고, 예수와 바리새인들이 갈등 관계에 있었다고 묘사하고 있는 이야기들은 단순히 후대의 교회와 회당 간의 논쟁들을 반영한 것이다.[37] 그러나 리

---

36) 특히 Borg 1984를 보라. 이것에 대해서 Neill & Wright 1988, 387-91을 보라.

브킨(Rivkin)은 로마의 제국 체제가 예수의 죽음에 책임이 있다는 것을 보이고자 하는 그의 노력에도 불구하고, "서기관-바리새인들"(그는 이 두 집단을 동일한 것으로 취급한다)은 예수가 말하고 행했던 많은 부분에서 곤혹스러움을 느꼈을 것임을 인정한다 — 물론 예수의 종교적 이상들은 대체로 그들의 이상들과 일치하긴 했지만.[38] 그 밖의 다른 이론들은 상당한 정도의 갈등이 있었다는 것을 인정한다. 리치즈(Riches)는 바리새적 유대교가 참 하나님에 관한 잘못된, 또는 적어도 결핍된 견해를 제시하고 있었고, 예수는 이러한 견해를 올바른 것으로 "바꾸어 놓고자" 했었다고 본다(특히 그의 서술에서 중요한 것은 진노의 신에 관한 비전을 긍휼하신 신이라는 비전으로 "바꾸어 놓은 것"이다).[39] 마찬가지로, 보그(Borg)도 예수가 유대교의 기본적인 상징들과 제도들, 그 중심에 있었던 토라와 성전에 도전했다는 것의 역사성을 유지하는 데에 관심을 갖는다. 그러므로 보그가 묘사한 예수는 바리새파와 대단히 첨예한 갈등 관계에 있게 된다. 그러나 이것은 유대교가 잘못된 종류의 종교이기 때문이 아니라, 이스라엘이 자신의 소명을 잊어버렸기 때문이다.

첫 번째 질문에 대한 우리의 대답이 주후 1세기 유대교의 한 측면에 대한 세심한 재구성에 달려있다는 것을 보여주는 또 한 가지 점은 이스라엘의 소망 및 기대들과 예수의 관계라는 문제이다. 샌더스와 보그는 둘 다 이스라엘과 관련된 예수의 메시아적 지위라는 문제를 전혀 다루지 않는다. 그러나 성전이 유

---

37) 논의와 비판에 대해서는 *NTPG* 181-203을 보라. Sanders는 유대교에 대한 그의 최근의 저서(1992b)와 예수에 관한 그의 두 번째 저서(1993)에서 그의 입장을 수정한 것으로 보인다.

38) Rivkin 1984, 44(서기관들-바리새인들의 영적인 가르침), 96-9(예수의 행동에 대한 그들의 반론). 또한 Neusner 1993을 보라.

39) Riches 1980, 예를 들면, 130-5(133: "엄격한 경계들로 이루어진 체계는 곧 좀 더 요구가 무겁고 실천을 요구하는 일련의 인격적인 기준들로 대체된다"), 142-4, 166f.("예수는 하나님의 긍휼과 너그러우심에 관한 그의 견해가 그러한 엄격한 상벌론이 인간에 대한 하나님의 대우들에 가하는 제한들을 용납할 수 없다고 보고, 상벌에 관한 유대교의 교리를 효과적으로 재해석하고 있음에 틀림없다."), 특히 168-89(187: "예수의 삶과 사역의 중심적인 중요성은 하나님, 인간, 세계에 관한 근본적인 전제들에 대한 그의 개작에서 발견될 수 있다").

대교 사상 속에서 참된 왕과 결부되어 있었다는 것이 사실이라면,[40] 성전에 대한 예수의 태도가 역사적 연구의 가장 좋은 출발점이라는 샌더스의 주장은 말 그대로 예수의 자기이해 속에서, 또는 적어도 예수에 대한 당시 사람들의 이해 속에서 메시야 사상이 중심적인 위치를 차지하고 있었다는 것을 보여주는 논증이 된다. 그리고 이러한 맥락 속에서의 "메시야적 지위"는 "신적인" 범주(놀랍게도, 버미스조차도 이렇게 생각하는 것 같다)가 아니라, "이스라엘"과 관련된 범주이다. "유대인의 왕"으로서의 예수는, 빌라도가 십자가에 이 명패를 못 박아 걸어둠으로써 메시야를 참칭한 자(그리고 이제는 실패한 것으로 간주된 자)만이 아니라 이스라엘 민족에 대해서도 모욕을 주었을 때에 너무도 잘 알고 있었던 것처럼, 이스라엘의 운명을 한 몸에 짊어진 인물이었다.[41]

예수 및 유대인들의 기대들이라는 문제를 좀 더 천착해 보면, 우리는 끊임없이 다음과 같은 질문을 만나게 된다: 예수는 세상의 종말, 즉 시공간으로 이루어진 우주의 종말을 기대했었던 것인가, 또는 그렇지 않았던 것인가? 이 지점에서 두 배는 또 다시 거친 풍랑 속에 휩싸이게 된다. 유대인들은 세상의 종말을 기대했는가? 만약 기대했다면, 예수는 그러한 기대를 공유하였던 것인가, 아니면 그러한 기대에 반발하였는가? 만약 기대하지 않았다면, 예수는 그러한 사상을 도입한 것인가? 하비(Harvey)같은 몇몇 학자들은 슈바이처와 불트만의 견해를 따라서 이 두 가지 경우에 모두 "그렇다"라고 대답한다: 예수는 주후 1세기의 유대인들과 마찬가지로 세상의 종말을 기대하였다. 맥(Mack) 같은 그 밖의 몇몇 학자들은 "그렇다"와 "아니다"라는 대답을 각각 제시한다: 많은 유대인들은 "묵시론적" 기대들(세상의 종말에 관한 기대를 의미하는)을 품고 있었지만, 예수는 이와는 다른 노선을 취했다. 보그 같은 학자들[42]은 이중의 부정을 통해서 케어드(Caird)와 글래슨(Glasson) 같은 저술가들의 이의 제기들을 반영하고 있다: 예수나 그와 동시대의 유대인들은 세상의 종말을 기대하지 않았다.[43] 이것은 또 하나의 의문을 남긴다: 그렇다면, 예수는 자신의 설교 속

---

40) *NTPG* Part III, 특히 224-6, 307-20; 아래의 제11장; 그리고 예를 들면, Runnalls 1983을 보라.

41) 아래 제3부를 보라.

42) Borg 1984, 1986, 1987c.

에서 묵시론적 이미지들을 사용했는가, 만약 했다면, 우리는 그것을 어떻게 이해해야 하는가? 우리는 "묵시론적인" 말씀들의 진정성을 부정해 버릴 수도 있고, 그것들을 재해석할 수도 있다: 페린(Perrin)은 첫 번째 대안을 취하고, 보그는 두 번째 대안을 취한다.[44] 샌더스는 예수에 관한 자신의 저서 속에서 이 문제를 기가 막히게 균형있게 다룬다; 그러나 그는 자신의 좀 더 최근의 저서 속에서는 보그를 비롯한 여러 학자들의 견해 쪽으로 좀 더 기울고 있는 것으로 보인다.[45] 물론, 이 문제 전체는 그 꼬리 속에 여섯 번째 질문을 위한 함의(含意)라는 형태로 된 독침을 품고 있다: 예수가 세상의 종말을 기대했고, 그러한 기대는 잘못된 것이라고 한다면, 예수는 그 밖의 다른 온갖 것들에 관해서도 잘못 생각했던 것인가? (사실, 이 마지막 주장은 이 논쟁을 평가절하하는 것이다. 예수가 세상의 종말을 기대하지 않았다고 말하는 사람은 예수의 명성을 "보호하기" 위하여 증거들을 요리했다는 의심을 받게 될 수 있다 — 물론, 이러한 결론을 비묵시론적인, 그러니까 근본주의적이지도 않고 레이건주의적이지도 않은 예수를 원하는 "예수 세미나" 내에서 제기되지 않았다고 할 경우에!) 여기서 우리는 정확히 무엇에 관하여 말하고 있는지를 확인해 볼 필요가 있다; 우리는 묵시론적인 언어와 문헌을 읽을 때에 확고한 토대 위에서 그렇게 할 필요가 있다. 이 대목에서 제1권을 요약하는 형태로 이 두 가지에 대하여 짤막하게 언급해 두는 것이 좋은 것 같다.[46]

첫째, 우리는 주후 1세기 유대인들의 소망들을 논의함에 있어서 무엇을 말하고자 하는 것인가? 적어도 바이스(Weiss)와 슈바이처 이래로, 예수와 그의 동시대 사람들 중 다수는 시공간으로 이루어진 현재적 질서가 완전히 끝이 나고 역사는 사라지며 현재의 세대와 본질적으로 불연속성을 이루는 새로운 시대가 열릴 것이라고 기대했다는 것이 일반적으로 전제되어 왔다. 그러나 이 개념을 판이하게 다른 의미로 바라보는 것도 가능하다: 예수와 그의 동시대 사

---

43) cf. Caird 1965; 1980, chs. 12-14; Glasson 1984 [1977].

44) Perrin 1967, 202-6; Borg *passim*.

45) cf. Sanders 1992b; 그리고 *NTPG* 333f.에 나오는 논의.

46) 자세한 내용과 논증에 대해서는 특히 *NTPG* 280-99, 342f., 459-64; 그리고 아래의 제6, 8장을 보라.

람들 중 일부는 현재의 세상 질서의 종말, 즉 이방인들이 참 신의 백성을 주관하는 시대의 종말, 이 신이 권세를 잡고 통치하며 그 과정에서 자신의 고난받는 백성의 운명을 회복하게 되는 때의 개시를 기대하였다고 말이다.[47] 이 점에 대해서 좀 더 분명하게 말해 둘 필요가 있다. 우리는 극단적인 불연속성 또는 극단적인 연속성 또는 이 둘을 함께 결합시킨 중도적인 방법(샌더스가 탐구하고자 한) 중에서 어느 하나를 택할 수 있다.

둘째, 묵시론적인 언어와 문헌은 어떤 식으로 작용하는가? 불트만 이후의 새 탐구 속에서는 "신의 나라" 또는 "하늘 구름을 타고 오시는 인자"에 관한 말은 시공간 질서를 끝장낼 곧 일어날 사건들에 대한 문자적인 예언으로 해석되어야 한다고 전제되었다. 그러나 묵시론적인 언어를 이런 식으로 읽을(read) 필요가 없을 뿐만 아니라, 역사가로서 우리는 그렇게 읽기를 반드시 거부해야 한다. 묵시론적인 언어(다른 많은 것들도 있지만 특히)는 역사적 사건들에 신학적인 의미를 부여하기 위한 정교한 은유 체계였다. 묵시 문학에 대한 불트만 학파의 이러한 이해는 어쨌든, 불트만 학파가 그들의 불편한 잠자리 동료들인 주류 근본주의가 주장하는 부자연스러운 문자주의와는 대조적으로, 외관상으로는(prima facie) 역사적으로 제대로 된 훌륭한 주장이다.

그렇다면, 예수는 무엇에 관하여 말하고자 했던 것인가? 내가 나중에 자세하게 논증하겠지만, 지금으로서 해둘 말은 이제 예수가 시공간으로 이루어진 우

---

47) 그것을 이런 식으로 표현하더라고, 그것은 결코 분명해지지 않는다고 나는 생각한다. 샌더스는 현재의 시공간적인 사건들과 불연속적인 임박한 미래와 상당한 연속성을 지닌 미래라는 이 두 가지 개념을 모두 견지한 채 "현 세상 질서의 종말"이 미묘하게 다른 방식으로 올 것이라고 말한다. Cf. Sanders 1985, 예를 들면, 93, 123ff., 130, 306("공중에 있는" 또는 새로운 예루살렘에 있는 새로운 세상 질서"), 371 n.2, 특히 376 n.3: "나는 현재의 질서에 대한 임박한 종말의 기대를 가리키기 위하여 종말론이라는 용어를 사용한다." 우리가 결정할 필요가 있는 것은 이런 것이다: 이 질서는 무엇이고, 그 종말에는 무엇이 포함되는가? 또한 *NTPG* 333f.를 참조하고 최근의 것으로는 샌더스의 좀 더 조심스러운 말들(1993, 30f.)을 참조하라. 그의 저작 속에서 그의 가장 분명한 진술들은 유대교에 관한 것이다(1992): 예를 들면, 298: "많은 유대인들은 새롭고 더 나은 시대를 기대하였다. 백성의 회복, 성전과 예루살렘의 재건 또는 정화, 이방인들의 패배 또는 회심, 정결과 공의의 수립에 대한 소망들이 중심을 이루고 있었다"; cf. 303.

주의 종말을 기대했다는 옛 개념을 거부할 때가 되었다는 것이다 — 물론, 이것은 "예수 세미나"가 생각하듯이 예수가 "묵시론적인" 언어를 사용하지 않았다는 것을 의미하지는 않는다.[48] 또한 이것은 일부 동료들이 나를 비난하듯이, 우리가 여기서 "포기된 종말론"를 말하고 있는 것도 아니다. 그런 것과는 거리가 멀다. 나는 주후 1세기 유대교와 그 안에 견고하게 서 있는 예수는 오직 내가 이제까지 분명하게 밝히고자 시도해 왔던 강력한 종말론적 기대라는 풍토 속에서만 이해될 수 있다는 것을 강조하고자 한다.[49] 이러한 입장을 취했을 때에만, 케어드(Caird)가 그랬던 것처럼, 임박한 심판에 관한 예수의 경고들이 이스라엘의 역사 속에서 절정의 순간으로 인식된 사회 정치적 사건들을 가리키는 것으로, 따라서 민족적 회개를 촉구하는 것으로 해석되도록 의도되었다는 주장으로 나아갈 수 있게 된다. 이러한 빛 아래에서 보면, 예수는 예레미야 등과 같은 예언자들의 계승자로서 이스라엘에게 현재의 길로 계속해서 가게 되면 이스라엘 자신의 신의 심판으로 이해되어야 하는 정치적인 재앙을 맞이하게 될 것이라고 경고한 것이 된다.[50] 그러나 예수는 단순히 계승자, 즉 일련의 예언자 계보에 속한 한 인물이 아니었다. 그의 경고들은 그가 이 계보 속에서 최후의 인물이라는 경고를 포함하고 있다. 이것은 예수의 종말론이 어떤 것

---

48) Vermes 1993는, 내가 보기에는, 근본적으로 예수의 묵시론적 종말론을 잘못 읽고 있다. 그는 "예수의 종말론적 유대교"라고 말하지만(188f.), 나는 그가 그러한 사상체계가 어떻게 작동하는지를 이해했다고 확신하지 못한다. 여기서 버미스는 가장 불트만적인 태도를 취한다: "진정한 종말론적 분위기 속에서 그 변화는 총체적이다. 모든 의도들과 목적들에 대한 미래는 임박성, 직접성, 긴급성에 의해서 폐지되고 그것들에 의해서 대체된다 ··· 사회의 진보와 개선에 대한 탐구 대신에, 각 사람들[즉, "개인"]은 궁극적인 선택과 결단에 직면하지 않으면 안된다 ··· 지금이라는 시간이 극히 신성한 세계 속에서, 모든 빈둥거림은 금지된다."(189, 193). 버미스는 예수가 말한 하나님 나라가 정확히 무엇을 의미하는지에 대하여 스스로 잘 모르겠다는 점을 인정하면서도(146) 실제로 유형화되지 않은 위대한 사건으로서의 하나님 나라의 임박한 도래에 대한 예수의 믿음 위에 많은 것들을 구축한다(147, 211, 214).

49) cf. *NTPG* 268-79, 280-338.

50) 이 주제는 마태에 의해서 강조되고 있지만(cf. Knowles 1993), 그것이 이 주제가 비역사적이라는 것을 자동적으로 의미하는 것은 아니다.

인가를 잘 말해 준다고 나는 생각한다. 이스라엘의 역사는 그 절정을 향해 치달아가고 있었다.

이렇게 해서, 주후 70년의 사건들은 다시 한 번 이 논증 속에서 중요하게 된다. 숲이 아직 푸를 때에 로마인들이 이것(즉, 예수의 십자가 처형)을 행한다면, 숲이 메마를 때, 즉 수많은 젊은 유대인들이 예수와 마찬가지로 무죄한 "범죄"를 뒤집어 쓰고 예루살렘 밖에서 십자가 형에 처해질 때에 로마인들은 무엇을 행하게 될 것인가?[51] 그러나 예수가 심판을 설교하였느냐의 여부에 관한 문제는 그 자체가 제3의 탐구 속에서 수많은 논란되는 분야들 중의 하나이다. 보그(Borg)는 예수가 심판을 전하였다고 생각해서, 이 사실을 중심적인 것으로 삼는다. 샌더스(Sanders)는 예수가 세례 요한의 심판의 메시지를 인정했지만 그것을 되풀이할 필요성을 느끼지 않았다고 생각한다.[52] 샌더스의 저서 중에서 내가 이 점과 관련하여 이상하다고 생각하는 한 가지 측면은 그가 성전 말씀들을 다루고 있는 방식이다. 복음서 기자들이 예수의 것으로 돌리고 있는 말씀들 중의 오직 하나만이 성전의 재건을 언급하지만(요 2:16; 이 측면을 언급하고 있는 그 밖의 다른 말씀들은 거짓 증언들의 입 속에 넣어져 있다), 샌더스는 성전에 관한 그 밖의 다른 모든 말씀들의 압도적으로 부정적인 측면을 아주 신속하게 건너뛰어서, 마치 회복이 진정한 주된 주제라도 되는 것인 것처럼 회복에 초점을 맞춘다.[53] 종말론에 관한 논의 속에서 이러한 다양한 차원들은 예수와 유대교에 관한 논의가 지니는 한 가지 최종적이고 결정적인 특징을 보여준다. 그것은 정치와 신학, 민족적 기대와 "종말론적" 기대를 쐐기를 박듯

---

51) cf. Caird 1963, 249f.; 1965, 22. Caird의 사고에 대한 흥미로운 병행은 Downing 1963에서 발견된다. 아래 제12장을 보라.

52) Sanders 1985, 322, 326.

53) cf. Borg 1984, ch. 7. 특히 Sanders 1985, 71에서의 너무도 갑작스러운 전환을 보라: "분명한 대답은 파괴가 회복을 내다보고 있다는 것이다."(강조는 필자의 것). 성전 사건(샌더스가 올바르게 강조하고 있듯이, 희생제사 제의에 대한 내적 예배의 우월성 또는 매매하는 자들의 속임수와 관련이 전혀 없었던)과 무화과 나무에 대한 저주 사건 간의 병행은 이러한 대답이 분명치 않다는 것을 보여준다. (이것은 재건에 관한 말씀이 역사적 진정성이 결여되어 있다고 말하는 것이 아니다; Meyer 1989, ch. 8, 특히 162-6을 보라.) 아래의 제3부를 보라.

이 구분하는 것은 옳지 않다는 것이다. 우리는 혁명적 읽기를 거부하기 위하여 비정치적 예수를 선험적으로 주장하거나, 혁명적 읽기가 지닌 약점들을 드러내고서 비정치적 예수가 옳다는 것이 입증되었다는 식으로 생각해서는 안 된다.[54] 보그의 첫 번째 저서가 지닌 큰 장점들 중의 하나는 자진하여 이러한 난점과 싸우고 있다는 것이다. 그는 "정치"라는 말을 "역사상의 공동체의 구조와 목적에 관한 관심"을 의미하는 것으로 사용한다고 설명한다. 예수의 메시지는 이스라엘을 향한 것이었고,

> 이 전승 속에서 종교적 인물이 된다는 것은 이를테면 종교를 개인들이 홀로 수양하는 것 정도로 정의하는 전통 속에서 종교적 인물이 되는 것과는 판이하게 달랐다. 그것은 이스라엘이라는 역사상의 공동체의 목적, 구조, 운명에 관한 문제들에 정면으로 맞서는 것을 의미하였다. 하나님의 백성이 된다는 것은 무엇을 의미하였는가? 특히, 이스라엘의 주권이 부정되고 그 존립 자체가 헬레니즘 문화와 로마의 무력의 제국적인 결합에 의해서 위협을 받고 있는 상황 속에서, 이스라엘이라는 것, 즉 야훼의 피조된 질서를 다스리도록 운명지워진 약속의 백성이 된다는 것은 무엇을 의미하였는가?[55]

그러한 세계 속에서, 비정치적이라는 것은 말도 안 되는 것이었다.

그러나 "정치적"이라는 말에 대한 보그의 정의는 여전히 지나치게 넓은 감이 없지 않다. 그는 예수가 사회에 관심을 가지고 있었다는 것을 보여주었다고 나는 생각한다; 그러나 "정치"가 실제 권력의 세부적인 기제(機制)들을 가리킨다면(옥스퍼드 소사전에서는 정치를 "통치의 학문과 기술"이라고 정의한다), 우리는 예수가 정치로부터 초연했다고 말할 수도 있고(그는 자신이 산헤

---

54) 후자의 노선은 분명히 기독교적 이유들로 인해서 Bammel & Moule 1984의 기고자들에게 받아들여졌고, 유대교적 이유로 인해서 Rivkin 1984 등에 의해 받아들여졌다. Sanders(1985, 294)가 예수는 "비정치적"이라고 주장하였을 때, 그는 단지 비혁명적이었다는 것을 의미했음이 분명하다.

55) Borg 1984, 3f.

드린의 의원이 되고자 애쓰지 않았다는 점에서), 예수는 자기 자신과 열두 제자를 대안적인 정치 "권력"이라는 새롭고 매우 역설적인 위치에 둠으로써 주후 1세기 이스라엘의 권력 체계 전체에 도전하였다고 말할 수도 있다 — 이것은 정치와 권력의 의미를 재정의한 것으로 볼 수 있다.[56] 이런 의미에서, 예수는 실제로 "정치적"이었다: 이러한 형용사는 결코 어떤 사람이 다른 사람의 특정한 강령에 동의하고 있다는 것을 보여주지는 않는다. 우리는 우리 자신의 세대 속에서 토끼를 잡거나 사냥개를 데리고 사냥하기를 거부하는 사람들에게 무슨 일이 일어나고 있는지를 보아 왔다. 국가에 대한 그들의 비전이 잘못되었다는 것을 시시콜콜히 말하고, 마치 자기는 이와는 다른 비전을 보았고 실행하고 있는 것처럼 행동하는 것은 말썽을 초래할 뿐이다. 이러한 분석을 예수에 대하여 적용했을 때의 강점은 앞에서 말했듯이, 그러한 분석은 예수를 이해할 수 있고 십자가에 못 박힐 수 있는 자로 만든다는 것이다. 제3의 탐구 속에서의 무성한 논의로부터 첫 번째 질문에 대한 점점 더 분명한 대답이 출현하고 있다: 예수는 그의 유대적 배경과 분리되어서는 안 되지만, 또한 예수는 유대적 배경 속에 함몰되어서 그의 동시대인들에 대하여 예리한 비판을 행하는 것이 상실된 모습이 되어버려서도 안 된다. 나는 본서의 나머지 부분 전체에 걸쳐서 이러한 통찰을 분명히 하고 발전시키는 데 최선을 다할 것이다.

(ii) 예수의 목표들은 무엇이었는가?

두 번째 질문은 첫 번째 질문으로부터 자연스럽게 따라나온다. 예수는 유대교 내에서 무엇을 하고자 했던 것인가? 예수의 사역이라는 관점에서 볼 때, 어떤 사건 또는 일련의 사건들이 그가 "내가 목표에 성공하였다"라고 말할 수 있게 해 주었던 것일까? 보수적인 정통 신앙의 관점에서 보면, 그 대답은 "그는 세상 죄를 위한 화목제물로서 죽는 것을 목표로 삼았다"가 될 것이다; 라이마루스(Reimarus)나 브랜던(Brandon)에게 그 대답은 "그는 유대인들을 로마의 압제로부터 해방시키는 것을 목표로 삼았다"가 될 것이다. 이 두 대답은 서로 다른 방식으로 지나치게 단순화되어 있고 오도하는 것이라고 할 때, 어떻게 우리는 이와 다른 어떤 대안을 그려볼 수 있을까?

---

56) Riches 1980, 171f.에 나오는 "권력"에 관한 흥미로운 논의를 보라.

예수가 목표로 삼았던 것은 개인의 변화인가, 사회의 변화인가, 세계의 변화인가 또는 이 모든 것의 변화인가 — 그리고 만약 그렇다면 어떻게 변화시키고자 했던 것인가? 특히, 예수의 죽음은 그의 삶의 목표와 관련해서 부수적인 것이었는가, 아니면 어떤 의미로든 의도된 것이었는가? 신학은 통상적으로 예수가 왜 태어났는가에 관한 질문으로부터 예수는 왜 죽었는가라는 질문으로 건너뛰고, 그 중간 과정은 예수의 사역에 대한 낭만적 또는 정치적 재구성들을 위해서 깨끗하게 비워 놓는 것으로 만족해 왔다. 기껏해야, 가톨릭 계열의 어떤 글에서는 예수의 한 가지 목표는 교회를 세우는 것이었다고 주장한다 — 물론, 이것을 예수는 단순히 제자들을 불러서(특히 베드로), 그들에게 꼭 알아야 할 것들을 가르치고, 그런 다음에 그들의 죄를 위하여 죽음으로써 자신의 목적을 이루었다. 이러한 해법은 예수의 삶을 신학적 관점에서 진지하게 다루고자 하고 있다는 장점을 지닌다. 그러나 이것은 유대교를 예수와 관련된 이 모든 것을 이해할 수 있는 검은 배경막으로 볼 뿐이고, 다섯 가지 질문들 중에서 첫 번째 질문을 전혀 고찰하지 않은 채로 남겨두는 결점을 지닌다. 이 문제 있는 입장은 그대로 내버려두어서는 안 된다. 오히려, 우리는 예수의 목적들, 소원들, 기대들, 목표들에 관한 질문들이 핵심적인 중요성을 지니고 있다는 점을 강조해야 한다.[57]

이 일련의 질문들에 대한 한 가지 반론이 두 세대 전에 캐드베리(Cadbury)에 의해서 제기되었는데, 그는 어떤 사람이 일생 동안 지속되는 일관된 목적들을 지니고 있다는 생각 자체가 시대착오적인 것이라고 주장하였다.[58] 그러나 이것은 순전히 거짓이다. 바울은 분명히 일생 동안 일관되게 탐구했던 목표를 지니고서 활동하였다. 우리가 알고 있는 한, 세례 요한도 그러했다. 또한, 우리가 믿을 만한 정보를 갖고 있는 그리스-로마 세계의 많은 인물들도 그러했다.[59]

---

57) 목적들 등에 관한 논의에 대해서는 cf. *NTPG* 110f., 125f. "소원들," "기대들," "목표들"은 여기서 "목적들"의 몇몇 측면들을 보여주는 좀 덜 구체적인 용어들로 사용되고 있다.

58) Cadbury 1962 [1937].

59) Cadbury에 대한 샌더스의 대답(1985, 19f.)은 이렇게 해서 강화될 수 있다(예를 들면, Bowden 1988, 141-3에 반대하여). 고대의 인물들 중에서 그 목적들에 대한 연구가 가능한 사람들로는 페리클레스, 소크라테스, 키케로, 그리고 특히 아우구스투

이와 비슷하게, 특히 고대 역사 속에서 인간들의 의도는 우리에게 불명확할 수밖에 없다고 흔히 생각되어 왔다. 역사의 다른 시기에서 살았던 어떤 사람의 머릿속에서 무슨 일이 진행되고 있었는지를 재구성하는 것은 아주 어렵기 때문에, 우리가 그것에 대해서 확실하게 알기는 불가능하다. 그렇지만, 이것이 사실 역사를 구성하는 재료들이다. 우리가 인간 세계에서 일어난 사건들을 설명하고자 할 때, 우리는 인간의 동기들을 살펴본다.[60]

우리는 어떻게 이러한 위태한 연구를 해나갈 수 있을까? 달리 말하면, 어떻게 우리는 온전한 역사적 작업을 수행할 수 있을까? 특히 살펴보아야 할 두 가지의 것들이 있다.[61] 첫째, 우리는 해당 사회 또는 문화 또는 하위 문화의 세계관을 연구하여야 한다. 우리는 사람들이 세계를 보았던 방식, 그들이 소망했던 것, 그들이 두려워했던 것을 이해해야 한다. 우리는 좀 더 잘 알고 있는 다른 인간 사회들 간의 모종의 연속성을 전제할 수 있지만, 지나치게 전제하는 것은 좋지 않다. 예를 들면, 미래의 역사가가 제2차 세계대전 중의 일본의 가미가제 특공대를 연구한다고 할 때, 당시 일본인들의 세계관은 민족 전체의 승리를 위해서는 자기 자신의 목숨을 비롯한 인간의 생명을 헌신짝처럼 여겼다는 것 — 오늘날 서구의 역사가에게는 금방 이해되기 힘든 사상 — 을 파악하지

스, 베스파시아누스, 하드리아누스 등과 같은 몇몇 로마 황제들이 포함된다. 우리가 모든 사람들을 이런 식으로 연구할 수 없는 것은 일관된 생의 목표들을 지닌다는 것이 "현대적인" 현상이기 때문이 아니라 정보의 부족 때문이다.

60) *NTPG* Part II, esp. 109-12, 특히 이것은 우리가 과거의 인물들을 심리적으로 분석해 내려는 시도를 하는 것이 아니라는 점에 대한 강조를 보라(자세한 것은 아래의 제3부를 보라). 이 점에 대해서는 Schweitzer 1954 [1906], 331f.의 잘 알려진 항변을 보라: "예전에는 예수의 삶의 재구성에 관심이 있어서 여행하는 자들은 급행 열차를 사용해서 모든 작은 역과 환승역에 멈춰서서 그것들 간의 연결 관계를 놓칠 위험성을 감수해야 하는 불편함을 피할 수 있게 해준 직행표를 보완적이고 심리학적인 지식 사무국에서 구입하는 것이 가능하였다. 그러나 이제는 이러한 직행표를 발행하던 사무국이 문을 닫았다. 이야기 각각의 단락의 끝에는 정거장이 있고, 그 연결 관계들은 보장되지 않는다." 그러나 슈바이처는 목표들, 목적들, 동기들을 다루는 사무국들에서 몇몇 직행표들을 끊었음이 틀림없다 — 그가 그렇게 할 모든 권리를 지니고 있는 것처럼. 이것이 바로 역사가 무엇이라는 것을 잘 보여준다.

61) 이하의 서술에 대해서는 *NTPG* ch. 4을 보라.

않는다면, 그 역사가는 가미가제 현상 전체를 제대로 파악할 수 없게 될 것이다. 또 한 가지 예를 들어 보자. 사막의 교부들(Desert Fathers)을 이해하고자 한다면, 우리는 애굽에 있던 초기 기독교의 세계관 전체를 파악해야 할 것이다. 우리는 결코 우리가 지닌 생각들을 그대로 이입(移入)해서 그런 것을 이해할 수 있을 것이라고 미리 예단해서는 안 된다. 끝으로, 우리가 다루는 주제와 아주 밀접한 것으로서, 만약 우리가 탕자의 비유를 농촌 문화 속에서 하나의 관행이었던 자신의 유업의 몫을 달라는 이 탕자의 최초의 요구를 "제대로 파악하지" 못하고, 그의 아버지가 죽기를 바라는 충격적인 속내를 표현하는 것으로 해석한다면, 이 비유에 대한 해석 전체는 잘못된 발판 위에 세워지게 될 것이다.[62] 우리는 험난한 역사적 및 문화적 연구를 통해서만 그러한 문제점들을 극복할 수 있다.

둘째, 우리는 해당 개인의 사고방식을 연구해야 한다. 이것은 통상적으로 전체로서의 세계관에 대한 하나의 변종 — 종종 돌연변이 — 이 될 것이다. 세계관은 필연적으로 거대하고 포괄적이어서, 지역적 및 개인적 편차가 들어설 수 있는 풍부한 여지가 존재한다. 대부분의 사람들은 세월이 흘러도 상당한 정도의 일관성을 유지하는 사고방식을 소유하고 있다. 무리들로부터 동떨어진 이단아들이 생겨나고, 사람들은 뚜렷한 동기 없이 — 자기 자신에게조차 뚜렷하지 않은 — 괴상한 짓들을 한다. 그러나 한 개인이 어떤 문제에 대하여 자신의 마음을 결정하고 특정한 계획에 따라(비록 그 실제적인 계획이 제3자들에게는 불분명해 보일지라도) 어느 정도 일관성있게 행동하는 것으로 보이는 경우에, 그 개인에게 동기를 부여한 것이 무엇이었고, 그의 특정한 목적들은 무엇이었는지를 묻는 것은 의미가 있다. 게다가 — 이것이 내가 여기서 말하고자 하는 요지이다 — 이러한 일련의 질문들은 오늘날 역사에서와 마찬가지로 고대의 역사에서도 그대로 적용된다. 우리는 왜 한니발이 로마로 진군하고자 했는지, 왜 로마로 가는 길을 그런 식으로 선택했는지를 물을 수 있고, 이것은 지극히 의미있는 작업이다. 우리는 그의 사고방식을 카르타고의 정상적인 사람의 사고방식의 돌연변이로 이해할 수 있다. 우리는 왜 세네카가 자살하였는지를 물을 수 있고, 이것은 극히 의미있는 질문이다 — 네로 정권 하의 로마 스토아

---

62) cf. Bailey 1983 [1976, 1980], 1:161-9; 그리고 아래의 제4장.

학파의 세계관을 재구성하고 그 세계관의 변종 또는 돌연변이로서의 세네카의 구체적인 사고방식을 재구성함으로써 이 질문에 답할 수 있다. 이것과 관련하여 이상한 것이란 아무것도 없다; 이것은 실제로 역사가들이 늘 하는 일이다 ─ 물론, 신약학자들은 흔히 그렇지 않다는 듯이 말하긴 하지만. 한 개인의 확정된 의도들, 목적들, 야망들에 관하여 원칙적으로 주술적이거나 신비적인 것은 아무것도 없고, 원칙적으로 접근할 수 없는 것도 아무것도 없다. 그러한 것들에 관한 언급이 거의 없다고 할지라도, 그러한 것들은 그 개인이 행한 행동들, 선택들, 그 개인이 채택한 생활 양식들 속에서 점차로 분명해지게 될 것이다. 우리는 예수의 목적들을 탐구함에 있어서, 특정한 세계관 내에서 몇 가지 점에서는 그 세계관에 도전하면서도 그 세계관과 관련해서 의미가 있는 의도들을 지닌 특정한 사고방식을 찾을 것이다. 이러한 연구는 원칙적으로 가능하다; 나는 그것이 실제로 이루어질 수 있다는 것을 보여주고자 한다.

이 문제에 대하여 어떠한 대안들이 제시되어 왔는가? 이미 우리가 말한 대로, 비평학 이전의 전통적인 견해는 예수는 세상 죄를 위하여 죽었고 교회를 세우기 위하여 왔다는 것이다. 이와는 대조적으로, 옛 탐구(Old Quest)는 예수는 기본적으로 선생이었다는 것을 전제하는 경향을 보여준다 ─ 그리고 이것은 여전히 새탐구에 속한 많은 학자들에 의해서 추종되고 있다: 그렇기 때문에, 그들은 예수의 말씀들에 관심을 집중시키고, 끊임없이 그 말씀들을 하나님과의 관계 또는 인간과의 관계에 관한 무시간적인 진리들의 선포로 만들고자 시도한다.[63] 이런 관점에서 볼 때, 예수는 사람들에게 뭔가 새로운 것을 말하고 사람들이 이전에 알지 못했던 것을 알려주기 위한 의도를 지니고 있었다는 것이 된다. 이러한 관점은 버미스(Vermes)의 저작 속에 그대로 반영되어 있다. 그러나 제3의 탐구에 속한 대부분의 저술가들은 좀 더 구체적인 목표들에 접근해 왔고, 거의 언제나 예수의 목적들은 하나님 나라와 관련이 있었고, 거기로부터 출발하였다는 것을 기정사실로 받아들인다. 그러므로 우리는 예수는 이

---

63) 위의 제2장을 참조하라. 거의 무작위적으로 택한 하나의 예: Evans 1990, 589는 탕자의 비유가 무엇을 "가르치려고 의도했는가"라고 물으면서, 이것을 확증하기가 얼마나 어려운지에 스스로 놀란다. 그것이 어려운 것은 다음과 같은 질문이 좀 더 나은 문제 제기이기 때문이다: 이 비유는 무엇을 하려고 의도된 것인가?

런저런 종류의 혁명을 조성하고자 했거나(Brandon을 비롯한 여러 학자들), 또는 혁명적인 열심을 반대하는 의도를 지니고 있었다는 것(Hengel, Borg)이라고 생각한다. 우리는 예수가 다른 일부 사람들과 마찬가지로 성전의 파괴와 재건을 비롯한 "회복 종말론"을 탄생시킬 의도가 있었다고 해석한다(Sanders). 또는, 예수는 예루살렘의 종교적 제의에 대한 근본적인 개혁을 의도하였다; 이 일이 실패하고 나서야, 예수는 방향을 바꿔서, 그의 추종자들과의 식탁 교제를 성전에 대한 대안으로 여겼다(Chilton). 예수는 이스라엘과 자기 자신 간의 연합을 설정함으로써, 이스라엘이 예수의 말씀들, 행위들, 마지막으로는 그의 죽음을 통해서 이미 회복되어 가는 것을 의도하였다(Meyer).[64] 예수는 이스라엘에게 대속적 고난을 거쳐서 성전의 파괴를 포함한 "인자의 신원(伸寃)"으로 가는 길을 포함한 하나님 백성이 되는 새로운 길을 선포하고자 하였다(Caird).

이러한 간략한 개관으로부터 출현하는 두 가지 서로 얽힌 질문들이 있다. 첫째, 예수는 일생 동안 하나의 일련의 목표들에 계속해서 충실하였던 것인가, 아니면 특정한 단계에서 자신의 마음을 바꾸었던 것인가? 둘째, 예수는 거기에서 죽을 작정을 하고 예루살렘으로 올라간 것인가? 예수 자신의 소명 의식에 관한 세 번째 질문은 이 두 가지 질문이 논의되는 가운데에 저절로 제기될 것이다.

예수가 생각을 바꿨다고 전제하는 여러 가지 방식들이 있다. 그 고전적인 형태는 르낭(Renen)의 방식이다:[65] 예수가 성공을 거두고 인기를 누린 "갈릴리의 봄" 이후에, 그의 요구들이 충족되기에는 지나치게 무거운 듯이 보인 암울하고 매서운 시기가 뒤따른다. 이 이론의 이후의 형태들로는 뷰캐넌(예수는 로마 타도를 위한 혁명가가 되고자 했으나, 십자가로 가기 위해서 마음을 바꿨다), 칠턴(예수는 성전과 그 제사 제도를 개혁하고자 했다; 이것이 실패하자, 예수는 그의 추종자들을 반성전[counter-Temple] 운동으로 여겼다) 등의 견해가 있다.[66] 생각의 전환은 분명히 서로 얽힌 두 가지 질문들 중 두 번째와

---

64) 특히, cf. Meyer 1979, 221f., 251-3.

65) Renan 1863을 다루고 있는 Schweitzer 1954 [1906], 185ff.를 참조하라.

66) Buchanan 1984; Chilton 1992b.

직접적으로 결부되어 있다: 예수는 죽기 위하여 예루살렘에 올라간 것인가?

슈바이처는 오래 전에 예수의 생애를 두 개의 범주로 구분할 수 있다고 분명하게 말하였다: 예수는 사역하기 위하여 예루살렘에 올라간 것인가, 아니면 죽기 위해서인가? 슈바이처 자신은 생각의 전환을 전제하긴 했지만, 후자의 입장을 견고하게 지켰다: 예수는 원래 죽고자 하는 의도를 가지고 있었던 것이 아니라, 승리에 찬 "인자의 오심"을 준비하고자 하였다. 이러한 자신의 작전이 명백히 실패로 돌아간 후에야 — 인자의 출현의 실패 — 예수는 하나님의 손길에 스스로를 맡겼다. 그래서, 한 유명한 구절 속에서 슈바이처는 예수가 자신의 수정된 목표를 실행에 옮긴 모습을 보았다(강조된 부분이 생각의 전환이 일어난 시점을 보여준다.):

> 자기가 장차 올 인자라는 것을 안 예수는 모든 통상적인 역사를 끝장내게 될 그 마지막 한 바퀴를 돌리기 위하여 세계의 바퀴에 손을 얹는다. 그 바퀴는 돌기를 거부하고, 예수는 그 바퀴 위에 스스로를 내던진다. 그러자 그 바퀴는 돌았고, 예수를 짓뭉갰다. 예수는 종말론적 상태들을 가져온 것이 아니라 그것들을 파괴해 버렸다. 바퀴는 계속해서 굴렀고, 무한히 위대한 한 인간, 스스로를 인류의 영적 통치자로 생각하고 역사를 자신의 목적에 따라 움직일 수 있다고 생각했을 정도로 강력했던 인간의 토막난 시신은 여전히 그 바퀴에 걸려 있다. 이것이 그의 승리이고 그의 통치이다.[68]

이 입장의 좀 더 부드러운 판본을 제시하고 있는 학자는 마이어(Meyer)이다: 예수는 폭력적 죽음의 가능성을 항상 염두에 두고 있었는데, 사역의 아주 초기부터 이것을 그의 목표들의 구조 속에 확고하게 구축하였다.[69] 샌더스는 예수가 죽기 위하여 예루살렘으로 갔다는 이와 같은 견해 전체를 "섬뜩하다"

---

67) Schweitzer 1954 [1906], 333, 389 n.l; O'Neill 1980, ch. 4.

68) Schweitzer 1954 [1906], 368f.

69) Meyer 1979, 252. Cf. Schillebeeckx 1979 [1974], 298-302; Witherington 1990, 262.

고 말하였다;[70] 그러나 이것은 주후 1세기 팔레스타인과 오늘날 아메리카 간의 세계관의 주된 차이점들을 온전히 고려하지 않은 것이라고 나는 생각한다.[71] 훨씬 더 섬세한 설명을 하고 있는 무울(Moule)은 예수는 죽음을 탐구하지는 않았지만,

> 그는 그를 죽음으로 이끌 수밖에 없었던 진리의 길을 굽힐 줄 모르는 헌신으로써 탐구하였고, 결코 도피하려고 하지 않았다. 그는 사실 자기가 죽을 수밖에 없다는 것을 잘 알고 있었고, 도피하거나 스스로를 방어하려고 전혀 시도하지 않았다.[72]

우리가 이 두 가지 대안(사역하기 위하여 간 것인가, 아니면 죽기 위하여 간 것인가)을 좀 더 명확한 형태로 표현해 본다면, 우리는 다음과 같은 대조법을 사용하여 말해볼 수 있을 것이다. 버미스(Vermes)에게 있어서, 예수는 절망과 무너지는 심정 속에서 죽어갔고, 그의 일생에 걸친 목표는 허망하게 무너지고 말았다.[73] 케어드(Caird)에게 있어서 상황은 정반대였다:

> 신학적 진리 속에서만이 아니라 역사상의 사실 속에서도, 이 사람은 자기 안에서 유대 민족 전체가 십자가에 못 박혔다가 더 나은 부활로 다시 살아날 것을 확신하고 많은 사람들의 죄를 짊어졌다.[74]

예수가 과연 죽을 의도가 있었는지, 만약 있었다면, 그가 자신의 죽음에 어떤 특별한 신학적 해석을 부여하였는지의 여부에 관한 문제는 제3의 탐구 속에

---

70) Sanders 1985, 333; 이 대목 전체는 비록 샌더스가 흔히 그렇듯이 Jeremias의 극단적인 입장을 옹호하기 위한 목적으로 잘라내 버리고 있긴 하지만 아주 흥미로운 대목이다. 나는 예레미아스의 견해와는 매우 다른 견해를 취했던 제3부에서의 나의 논증이 샌더스의 반론들에 충분히 대처하고 있다고 생각한다.

71) cf. Neyrey 1991, xiv 등.

72) Moule 1977, 109. Moule은 여기서 Downing 1963을 언급한다.

73) Vermes 1993, 207.

74) Caird 1965, 22.

서 확고하게 여전히 열려 있다. 나는 본서의 후반에 나오는 여러 장들을 통해서 이 문제가 상당한 정도의 진척을 거두게 되기를 소망한다.

예수가 교회(또는 유일한 교회)를 세우고자 하는 의도를 지니고 있었는가라는 추가적인 질문은 분명히 좀 더 설명을 필요로 한다. 이 질문은, 그 대답이 "그렇다"이면, 우리는 예수가 주교와 추기경과 교황과 캔터베리 대주교 등을 비롯한 모든 것을 상정했다고 생각해야 한다는 식으로 — 약간 경멸조로 — 흔히 제기되고 대답된다. 그래서 버미스는 이렇게 말한다:

> [예수가] 자기가 전한 것, 즉 영원한 하나님 나라가 진실로 가까이 왔다는 것을 의도했고 믿었다면, 그는 다가올 여러 세대 동안 지속될 조직된 사회를 세우고 시작할 생각을 품었을 수가 결코 없었을 것이다.[75]

그러나 우리가 마이어 또는 샌더스의 견해를 따라서 예수의 목표가 열두 제자의 고도로 상징적인 부르심을 시작으로 한 어떤 의미에서의 이스라엘의 회복이었다고 본다면, 예수가 그의 사후에도 지속될 공동체를 "세우고자" 했다는 좀 특이해 보이는 생각은 좀 더 의미있고 완전히 믿을 만한 주후 1세기 유대적인 생각에 길을 내어주게 된다: 예수의 목표는 하나님의 백성을 회복하는 것이었고, 어떤 의미에서 자기 자신을 중심으로 한 하나님의 백성을 회복하는 것이었다. 그러한 목표를 품은 사람이라면 누구나 말 그대로 자신의 사역을 계승할 특정한 공동체, 갱신된 이스라엘을 남기고자 했을 것이다.[76] 우리는 사정에 따라 변화는 있겠지만 이 말은 의의 교사, 갈릴리 사람 유다, 힐렐과 샴마이, 불운했던 시몬 벤 코시바에게도 그대로 적용된다고 말할 수 있을 것이다. 이것은 철저하게 유대적인 의도로서, 결코 예수가 오늘날의 교회를 상정했다고 볼 수 없다는 조소 섞인 말에 의해서 거부될 수 없다.

---

75) Vermes 1993, 214f.; 버미스의 원래의 입장(1973)은 Wilson 1992에 의해서 확대된다. 버미스는 여기에서 다시 한 번 옛 불트만적인 입장에 호소한다: 예수는 세상이 종말을 맞을 것으로 기대하였기 때문에, 그의 제자들이 하나의 공동체를 계속 이어갈 것이라고 상정할 수 없었다.

76) 예를 들면, Lohfink 1984.

오늘날 연구의 물결에 의해서 생겨난 세 번째 질문은 물론 예수의 목표들은 개인적 소명 의식을 포함하고 있었는지의 여부에 관한 것이다: 달리 말하면, 예수는 자기가 선포하였던 하나님 나라에서 자신이 특별한 역할을 맡고 있다고 스스로 믿고 있었는가 하는 것이다. 예수가 자신이 신적인 메시야라는 것을 알았다는 비평학 이전의 견해는 옛 탐구 속에서 확실하게 기각되었고, 새탐구 속에서는 대체로 거부되었다. 제3의 탐구는 메시야적 지위에 관한 문제를 "신성(神性)"의 문제와 구별해서, 거의 전적으로 전자에만 초점을 맞추는데, 이것은 아주 올바른 것이다. 제3의 탐구에 속한 많은 학자들은 예수가 실천하고자 했던 하나님의 목적들 속에서 핵심적인 역할, 아마도 메시야적인 역할을 스스로 지니고 있는 것으로 보았다고 말하는 것으로 만족한다. 하비(Harvey)는 "그리스도"의 의미를 상당히 천착한 결과, 예수는 생전에 이 호칭으로 알려져 있었다는 결론을 내릴 수 있었다.[77] 샌더스는 "예수"의 제자들이 예수를 "왕"으로 생각했고, 예수는 암묵적으로든 명시적으로든 이 역할을 받아들였을 "가능성이 대단히 높다"고 보았다.[78] 위더링턴은 여기에서 한 걸음 더 나아간다: 예수는 분명히 자기 자신이 메시야라고 믿었다.[79] 물론, 이와 동시에, 예수는 스스로를 기껏해야 예언자로 보았다는 옛 견해를 꿋꿋하게 견지하는 많은 학자들이 여전히 있다.[80] 우리는 메시야적 신분과 하늘의 인자라는 인물, 후대의 예수의 "신성"에 관한 기독교의 주장과의 동일시를 말한 브레데의 피상적인 견해로부터 먼 길을 걸어 왔다. 그러나 우리는 여전히 일치된 견해를 갖기 위해서 아직도 먼 길을 가야 한다.

그렇다면 예수는 무엇을 하고자 했고, 그것은 구체적인 의도들을 통해서 어떻게 이루어졌는가?[81] 제3의 탐구에 속한 학자들 대부분의 대답은 하나님 나

---

77) Harvey 1982, 80-2, 120-51.

78) 234를 요약하고 있는 Sanders 1985, 326. 또한 321f.도 참조하라: "명확한 증거는 이것이다: 그는 하나님 나라에 관하여 말하였다; 그의 제자들은 거기에서 어떤 역할을 할 것으로 기대하였다; 그들은 예수를 그들의 지도자로 여겼다; 그는 왕이라고 주장했기 때문에 십자가에 처형당하였다."

79) Witherington 1990, *passim*: 결론부인 261-75를 보라.

80) 예를 들면, Vermes 1973, ch. 4.

81) cf. *NTPG* 110f.

라와 관련된 그 무엇, 성전과 관련된 그 무엇,[82] 예수 자신과 관련된 그 무엇, 예수의 죽음과 관련된 그 무엇, 예수의 사후에 그의 사역을 계승한 한 무리의 사람들과 관련된 그 무엇이라는 것이다. 우리는 여기서 좀 더 앞으로 나아갈 수 있는 것인가? 나는 우리는 그렇게 할 수 있다는 것을 논증할 것이다. 물론, 각각의 경우에, 우리는 이 친숙한 문제의 추가적인 형태를 만나게 된다: 예수의 추종자들의 제1세대가 스스로를 어떤 의미에서 예수의 사역과 선교를 계승한 것으로 보았고, 어떤 의미에서 예수의 가르침과 행위들의 상속자들로, 그리고 예수의 죽음의 수혜자들로 보았기 때문에, 그들이 이 모든 것들을 의도했던 예수에 관한 이야기들을 말하게 된 것은 어쩌면 당연한 일이다. 이 이야기들이 초대 교회의 여러 측면들에 대한 정당화를 제공해 주는 것이라면, 어떻게 우리는 그것들이 예수에 관하여 우리에게 말해준다고 신뢰할 수 있는가? 그러나 이 문제는 적어도 원칙적으로는 예수 자신에 관한 진지한 역사적 가설의 단호한 탐구를 통해서 해결될 수 있다. 그렇지 않다면, "비판적 역사"는 공동모의(共同謀議, conspiracy)에 관한 이론들을 고집하고 진정한 증거들이 보여주는 길을 볼 수 없게 만드는 단순한 편집증이 되고 말 것이다.[83] 그러므로 예수의 목적들이라는 문제는 비평학 이전의 기독교가 생각했던 것만큼, 또는 여러 탐구들(Quests) 내에서의 일부 학자들이 생각해 왔던 것만큼 모든 점에서 그리 간단치가 않다. 이 문제에 대한 해결의 실마리를 열 수 있는 몇 가지 길들이 존재한다; 그리고 우리는 마치 그 길들이 더 이상 우리에게 말해줄 것이 없다는 듯이 그 길들로부터 물러나서는 안 된다. 이 시점에서 적극적으로 탐구되어야 할 많은 노선들 가운데에서, 이 모든 질문들이 지시하고 있고, 이 모든 질문들을 의미있게 통합할 수 있는 한 가지 노선이 존재한다. 이것은 우리가 다음으로 살펴볼 주요한 질문이다: 왜 예수는 죽었는가?

---

82) 예를 들면, Meyer, Sanders, Chilton; 물론, Vermes, e.g. 1993, 155, 185에 의해서는 거부된다. Crossan(1991, 355, 359f.)조차도 예수의 성전 행위는 예수의 목적들에 대한 지표로서 매우 중요하다는 것을 인정한다 — 하지만, 그는 십자가 처형과의 직접적인 연관성에 대해서는 의구심을 갖고 있다.

83) Crossan에 대한 van Beeck의 논평들(1994, 89-93)을 참조하라; 예를 들면, 90: "재구성을 수행함에 있어서 예리한 통찰력이라는 미명하에 편견이 수없이 끼어드는 것을 무엇이 막아주겠는가?"

(iii) 예수는 왜 죽었는가?

우리가 예수는 죽고자 의도하였다고 결론을 내리든 안 내리든, 그러한 의도는 예수가 십자가에 못 박혀 죽은 것의 충분한 이유가 되지는 못한다. 이그나티우스(Ignatius)는 순교자로서 죽고자 하는 의도를 충분히 가지고 있었지만, 로마에 있는 그리스도인들이 쓸데없이 간섭하여 자기가 순교자로 죽는 것을 방해할지도 모른다고 생각하였다.[84] 바울은 죽는 것이 자기에게 주어진 운명이라는 것을 잘 알고 있었지만, 그런 일이 과연 일어날 것인지 또는 언제 그런 일이 일어날 것인지에 관해서는 생각을 열어 두었다.[85] 비록 우리가 예수는 충분히 죽고자 하는 의도를 지니고 있었고, 자신의 죽음에 미리 모종의 신학적 해석을 부여하였다는 강력한 견해를 취한다고 할지라도, 우리는 여전히 로마인들이 어떤 생각에서 예수를 십자가 형으로 처형하였는지를 알 필요가 있다. 로마인들이 아주 많은 사람들을 십자가 형에 처했다고 할지라도, 그들이 예수를 처형한 것이 무작위적이거나 우연한 일이었다고 주장할 사람은 극단적인 역사적 회의론자 외에는 없을 것이다.[86]

그렇다면 예수의 십자가 처형이라는 이러한 사건을 초래하게 된 상황은 도대체 어떤 것이었는가? 이 사건에 연루된 여러 주체들의 목적들과 의도들 — 세계관과 사고방식을 나타내주는 — 은 무엇이었는가? 물론, 이 차원에서 이러한 질문은 다음과 같은 (비교적) 직설적인 질문들과 맥을 같이 한다: 세례 요한은 왜 죽었는가? 율리우스 카이사르는 왜 죽었는가? 그리고, 우리가 행동 주체 자신의 의도성이 분명하게 포함되어 있는 사례들을 포함시키고자 한다면, 세네카는 왜 죽었는가?[87] 왜 이그나티우스는 죽었는가? 마사다(Masada)를 본거지로 한 열심당의 지도자였던 엘르아살은 왜 죽었는가?[88] 이러한 대략적으

---

84) Ign. *Rom.* 2.

85) 빌 1:20-6; 그리고 살전 4:17; 고전 15:51을 고후 1:9, 4:16-5:10과 비교해 보라.

86) cf. Harvey 1982, 16: "그것은 우연일 수 있지만 ⋯ 잠깐만 생각해 보면, [그러한 이론은] 이 특정한 경우에 맞지 않을 것이라는 것이 드러난다."

87) cf. Tac. *Ann.* 14:52-6, 65, 15:45, 60(여기에서 "우연이든 의도적이든" Tacitus는 동일한 일련의 질문들을 인정한다), 61-4.

88) cf. Schürer 1:51 1f. 그는 Jos. *War* 7:25-8, 320-401을 따르고 있다(cf. *NTPG*

로 병행이 되는 질문들은 이 질문이 원칙적으로 통상적인 역사적 수단에 의해서 대답될 수 있다는 것 — 물론 어렵기는 하지만 — 을 보여준다.

예수의 죽음을 가져온 인간의 동기들을 묻는 이러한 역사적 질문은 통상적으로 이것과는 판이하게 다른 질문과 혼동되어 왔다. 기독교의 많은 분파들에게 "예수는 왜 죽었는가?"라고 묻는다면, 그들은 다음과 같은 일련의 "신학적" 대답들을 제시할 것이다: 예수는 마귀를 물리치고 사람들을 영원한 사망으로부터 구원하기 위하여 세상 죄를 지고 죽으셨다 등등의 대답.[89] 이 두 가지 종류의 대답은 명확하게 서로 분리되어 있는 것처럼 보인다. 복음서 기자들은 두 번째 유형의 대답(신학적 대답)에 대해서는 단지 암시만 할 뿐이고, 첫 번째 유형의 대답(역사적 대답)에 집중하고 있는 것으로 보인다; 그래서, 흔히 복음서 기자들은 "십자가의 신학"이라 불리는 것을 지니고 있지 않다고 전제된다 — 물론, 그들이 보여주는 외관상의 "역사"는 교회의 신학적 관점을 이야기 속에 집어 넣어서 우리에게 들려주고 있기 때문에 상당히 그 역사적 가치가 떨어진다고 주장되어 오기도 했지만! 이러한 이유들 때문에, 우리가 십자가에 대한 "역사적" 설명이라는 것이 정확히 무엇인지를 세심하게 살펴보고, 그것을 제시하는 것이 아주 중요하다. 달리 말하면, 우리는 우리가 초기 및 후기의 기독교 속에서 — 예를 들면, 이미 바울 속에서 — 발견하는 십자가 사건에 관한 "신학적인" 기사들이 실제로 일어난 사건과 아무런 관련이 없을 가능성 및 복음서 기자들의 겉보기에 "역사적" 기사들이 후대의 신학적 또는 정치적 관심들을 반영한 것일 가능성을 진지하게 검토해 보아야 한다는 말이다.[90] 이 세 번째 질문은 본서의 전반적인 역사적 과제 안에 아주 확고하게 자리잡고 있다.

326f.). 물론, 엘르아살과 그 밖의 다른 사람들이 실제로 대량 학살에 의해서 죽임을 당했는지는 미지수이다; 그러나 그것은 단지 그들이 죽은 이유에 관한 문제는 제기될 필요가 있다는 나의 논점을 확증해 준다.

89) 이것은 Vermes가 이 질문 목록이 특히 "기독교적"이라고 생각한 이유일 것이다(위의 158f. n.28을 보라).

90) 우리가 이 이론에 대한 크로산의 판본을 거부할 상당한 이유들을 살펴보았다는 사실(위의 제2장)은 모든 그러한 이론들이 잘못되었다는 것을 선험적으로(a priori) 전제할 근거는 되지 못한다.

그렇다면, "역사적" 차원에서 이 세 번째 질문에 대한 가능한 대답들의 범위는 어떠한가? 적어도 탈무드 시대로부터 유대인들 가운데 유포되었던 한 가지 분명한 대답은 예수는 백성들을 기만한 자로 인식되었기 때문에 죽임을 당하였다는 것이다.[91] 또 한 가지 대답은 적어도 라이마루스 시대 이래로 역사가들 사이에서 주장되어 온 것으로서, 예수는 혁명가였기 때문에 처형을 당했다는 것이다. 달리 말하면, 예수는 분명히 이스라엘 당국과 로마 당국에 범죄하였다는 것이다. 그러나 자칭 기독교 문화 내에서의 반셈족주의의 오래된 비극적인 유산 때문에, 학자들은 지금에 이르러서야 "유대인들이 예수를 십자가에 못 박았다"라는 말에 올바르게 민감한 반응을 보인다;[92]

그리고 역사적 증거들의 압력으로 인해서, 거의 모든 학자들은 예수가 실제로 반란을 선동했다는 죄목으로 로마인들에 의해서 처형당했는지를 의심하게 되었다.[93] 유대인들은 부패한 형태의 종교를 신봉했기 때문에, 더 나은 종교를 전파하는 예수를 미워했다는 견해, 예수는 (로마의) 공공 질서에 직접적인 혁명적 위협을 가했다는 견해 같은 옛 견해들은 오늘날에 와서 거부되어야 한다.[94] 누군가가, 또는 어떤 집단이 뭔가 분명하게 밝혀지지 않은 이유들로 인해서 예수를 없애고자 하였다.

그러나 그 이유들이라는 것이 도대체 무엇이었는가? 거기에는 "정치적" 요소가 들어 있었다는 것 — 달리 말하면, 로마인들은 예수가 모종의 불순분자였다는 것을 확신하였거나 적어도 설득당했다는 것 — 은 분명해 보인다. 그러나 누가 그들을 설득시키거나 확신을 주었던 것인가? 여기에는 두 가지 주요한 대안들이 제시되어 왔다: 바리새인들과 성전의 성직자들. 공관복음 전승에 기록되어 있는 것과 같은(예를 들면, 막 2:23-3:6) 예수와 바리새인들의 충돌은 예수가 바리새인들의 "사소한 율법주의"에 반대했기 때문에 생겨났고, 바리새인들은 예수를 죽일 음모를 꾸밈으로써 그들 자신의 이익을 보호하고자 했으

---

91) 아래의 제9장을 보라.

92) 예를 들면, Rivkin 1984의 격렬한 항의와 Crossan 1994의 끈질긴 변증을 보라.

93) 예를 들면, Harvey 1982, ch. 2; 이 문제 전체에 대해서는 cf. Brown 1994.

94) cf. Sanders 1985, 296-306(후자에 반대하여); 331(전자에 반대하여).

며, 이 음모는 점점 도를 더해가다가 유대 당국자들 앞에서의 예수의 심문에서 그 절정에 달했고, 본질적으로 "종교적" 고소는 교묘하게 "정치적" 고소로 바뀌어서, 예수는 이교도들에게 넘겨질 수 있었다고 통상적으로 생각되곤 하였다. 이러한 대답은 상당히 그럴 듯한 명분을 내세우고 있기는 하지만(예수는 끊임없이 바리새인들을 자극하여 스스로 죽음을 자초하였고, 결국 바리새인들에 의해서 죽임을 당하였다), 역사적 개연성을 희생시킨 답변이라 할 수 있다. 바리새인들이 좀스러운, 아마도 펠라기우스적인 율법주의자들이었다는 설명은 역사적으로 전혀 그럴 가능성이 없다. 또한 바리새인들이 예수의 실제적인 죽음을 초래했던 사건들에 직접적으로 연루되어 있었다는 것을 보여주는 증거도 전혀 없다. 그리고 이 도식 속에서 보여주는 것과 같은, 예수에 대한 바리새인들의 대응과 십자가 처형으로 귀결되는 이야기들 속에 아주 크게 어른거리는 성전 사건 사이에는 그 어떠한 연결관계도 존재하지 않는다.

이러한 극단적으로 단순화된 설명에 반대하여, 특히 샌더스는 예수는 어떤 식으로든 바리새인들과 결코 논쟁하지 않았고, 문제를 크게 만든 것은 성전에서의 예수의 행위였으며, 이것에 자극을 받아 예수를 로마인들에게 넘긴 자들은 바리새인들이 결코 아니었고, 고위 제사장들과 통치자들이었다고 주장한다.[95] 이러한 반발은 물론 필요한 것이기는 하지만, 내 판단으로는 너무 지나친 감이 없지 않다. 많은 진지한 학자들은 여전히 예수가 바리새인들과 심각한 다툼 속에 있었다는 주장을 지지한다. 그러나 이러한 것들과는 판이하게 다른 세 번째 입장을 논증하는 것은 잠시 후로 미루기로 하고, 이 단계에서는 아직 생각하지 않기로 하자. 그러나 다시 한 번 우리는 제3의 탐구 속에서 결정적으로 중요하고 중심적인 한 가지 흐름이 등장하고 있는데, 그것은 성전에 대한 예수의 태도, 그리고 그것이 그의 죽음과 연관이 있을 가능성인 바, 이 점을 유의해 볼 필요가 있다. 실제로, 칠턴(Chilton)은 유다가 예수를 배신한 이유, 예수가 십자가에 못 박힌 이유는 성전에서의 예수의 행위 때문이 아니라 예수가 자기 자신 및 자신의 추종자들을 반성전 운동으로 규정하였기 때문이라고 주장한다.[96] 그러나 이것은 성전을 예수의 죽음과 결부시키고자 하는 최근 경향

---

95) Sanders 1985, 309-18. 또한 cf. Vermes 1973, 36f.
96) Chilton 1992b, 150-5.

을 확인해주는 것에 불과하다 — 나는 이러한 경향이 지극히 옳다고 믿는다. 그러나 이러한 연관관계의 정확한 성격이 무엇인지는 잠시 판단을 보류해 두기로 하자.

물론, 예수가 겪었던 "재판"과 관련된 문제는 여전히 남는다. 공관복음 전승 속에서, 이 재판은 고위 제사장들 앞에서의 심문과 빌라도 총독 앞에서의 심문으로 이루어져 있다. 이 이야기들을 연구한 대부분의 최근 학자들은 상당히 회의적인 태도를 표명해 왔다; 다시 한 번 여기서도 반셈족주의의 그림자가 어른거리는데, 다양한 배경의 많은 저술가들은 예수의 죽음에 어떤 식으로든 "유대인들"이 연루되어 있다는 것을 부정하기 위하여 최선을 다한다. 이것이 불러일으킨 여러 가지 의문들(유대 당국자들은 백성을 처형할 권리를 가지고 있었는지의 여부; 대제사장 앞에서의 "재판"은 유대 율법에 따라 가능한 것이었는지의 여부; 예수에게 "신성모독"의 죄목이 붙여졌는지의 여부 등등)은 이런 식으로 논의되어 왔고, 이러한 문제들 중 그 어느 것도 해결이 되지 못한 상태로 있다. 그럼에도 불구하고, 지금까지 제3의 탐구 내에서 어떤 의견의 일치가 존재한다면, 그것은 예수는 공식적인 유대 당국자들에 의해서 이방인 통치자들에게 넘겨졌다는 것이다. 우리가 세 번째 질문에 대하여 분명한 대답을 제시하기 위해서는, 아직도 이 분야에서 이루어져야 할 연구가 상당히 많이 남아있다는 것은 분명하다.

우리가 어떤 수단에 의해서든 왜 예수가 죽었는가라는 역사적 질문에 대한 만족스러운 대답에 도달한다고 해도, 여전히 신학적인 질문은 남게 된다. 이것은 싫든 좋든 역사가에게 강제적으로 떠맡겨진다. 왜냐하면, 기독교 전승 내에서 아주 초기에 예수의 죽음에 대한 신학적 해석이 주어졌기 때문이다. "그리스도께서 우리 죄를 위하여 죽으셨다"는 문구는 십자가 사건이 있은 지 불과 수년 안에 하나의 전승이 되어 있던 정형문구였다; 바울은 그때로부터 얼마되지 않아서 "하나님의 아들이 나를 사랑하사 나를 위하여 자기 몸을 주셨다"[97] 라고 썼다. 그러므로 예수의 죽음에 대한 설명은 다음과 같은 일련의 질문들에 대한 대답을 그 일부로서 반드시 포함하여야 한다: 왜 초대 교회는 예수의 십자가 처형에 그러한 광범위한 의미를 부여하게 되었는가? 그러나 이것은 이미

---

97) 고전 15:3(매우 초기의 정형문구를 인용하고 있는); 갈 2:20.

네 번째의 주요한 질문의 영역으로 넘어간 것이다.

(iv) 초대 교회는 어떻게 및 왜 시작되었는가?

어떤 사건을 이해하려면, 반드시 그 귀결을 살펴보아야 하고, 그 귀결을 이해하면, 그 사건도 더 잘 이해할 수 있게 된다.[98] 따라서 (예를 들면) 샌더스의 저작의 장점들 중 하나는 그가 예수의 죽음 후에, 사람들이 예상했던 것과는 달리, 제자들이 일제히 검거되어 처형을 당하지 않았다는 사실로부터 거꾸로 추론하고 있다는 것이다. 그러나 이와 같은 소극적 논거들과 마찬가지로 적극적 의문들도 존재한다: 부활절 아침에 실제로 무슨 일이 일어난 것인가? 바흐 (Bach)의 수난곡처럼, 예수에 대한 현재의 연구들이 성금요일에서 그대로 멈춰 선다면 아무 문제도 없을 것이다. 그러나 제3의 탐구는 바로 그러한 이유 때문에 부활이라는 문제를 미룰 수가 없다. 나는 적절한 때에 이 문제를 다시 논의할 것이다.

또한 제3의 탐구는 (a) 복음서들의 빛 아래에서, 그러니까 초대 교회에 비추어서 예수를 연구하는 것, (b) 예수의 빛 아래에서 복음서들을 비롯한 초대 교회를 연구하는 것으로 이루어지는 (완벽하게 흠이 없는) 순환을 피할 수 없다. 한 대목에서의 가설들은 다른 대목에서의 가설들과 부합하여야 하고, 이 학문 분과 내에서는 통상적으로 서로 부합하여야 한다. 이것이 내가 초대 교회와 그 안에서 생겨난 복음서들을 논의하는 데에 제1권의 한 부 전체(『신약성서와 하나님의 백성』제4부)를 할애한 이유이다. 그러나 우리 앞에 지금 놓여 있는 질문은 초점을 아주 좁혀서 하나의 특정한 순간에 그 초점을 맞추고 있다. 나는 앞에서 이렇게 주장하였다:

> 초기 그리스도인들을 모든 다양성을 넘어서서 하나로 통합시켰던 것은 그들이 예수 안에서 절정에 도달했고, 성령에 의해서 주어진 새 생활과 과제를 낳았던 이스라엘의 이야기의 한 형태를 말하고 살았다는 것이었다 …

---

98) Meyer 1979, 249-53; cf. *NTPG* 115; Downing 1992, 167: "오직 그 다음에 일어나는 것에 비추어서만 우리는 이전에 일어났던 일을 이해하고 설명할 수 있다."

교회는 창조주 하나님이 자기 백성을 마지막 날에 구원하실 것이라는 유대인들의 신앙을 자신의 것으로 받아들여서, 그 구원을 장엄한 법정 장면의 견지에서 해석하였다 … 이 점에 있어서 기독교적 견해와 유대적 견해 간의 주된 차이는 초기 그리스도인들은 그 평결이 예수의 죽음과 부활을 통해서 이미 선언되었다고 믿은 것이었다 …

주후 1세기 유대인들은 그들의 신이 단지 지역적이고 부족적인 신이 아니라 만물의 창조주요 주권자라는 것을 온 세상에 계시할 … 공적인 사건을 기대하고 있었다 … 초기 그리스도인들은 … 이스라엘의 신이 바로 그와 같은 일을 이미 행하신 — 그들은 그렇게 주장하였다 — 한 사건을 되돌아보았다.[99]

역사가로서 우리는 종말이 이미 이르렀으나, 그 종말 자체는 그들이 생각했던 그런 종말이 아니라고 믿었던 교회의 신앙을 가져온 이 사건을 어떻게 설명해야 하는가? 이 질문은 제3의 탐구에 속한 연구들 내에서 진지하게 답변되지 않았지만, 그 답변을 보여주는 몇몇 단초들은 존재한다. 이것은 샌더스의 저서 속에 가장 분명하게 나타나 있다:

부활이 없었다면, 예수의 제자들은 세례 요한의 제자들보다 더 오래 지속될 수 있었을까? 우리는 단지 추측할 수 있을 뿐이지만, 나는 결코 추측이라고 보지 않는다.[100]

나도 그렇게 생각한다. 좀 더 충분하게 예를 들자면, 우리는 세례 요한의 제자들만이 아니라 갈릴리 사람 유다, 시몬, 아트론게스(Athronges), 엘르아살 벤 데이나우스(Eleazar ben Deinaus)와 알렉산더, 므나헴, 시몬 바르 기오라(Simon bar Giora), 바르 코크바의 제자들도 마찬가지였다고 말할 수 있다.[101] 그들의 지도자가 실패했을 때, 그러한 인물들을 따르던 추종자들은 검거되거

---

99) *NTPG* 456, 458, 476: 강조는 원저자의 것.

100) Sanders 1985, 240.

101) 이 모든 것들에 대해서는 *NTPG* 170-81와 거기에 나오는 그 밖의 다른 참

나 더 이상 세력을 키우지 못하고 소멸해 버리고 말았다. 또 다른 가능성은 새로운 지도자를 내세우는 것이다: 시카리당으로 알려진 왕조를 표방했던 집단의 경우에는, 한 지도자가 죽임을 당했을 때, 그들은 동일한 가문으로부터 다른 사람을 선택하였다. 우리는 어떤 집단과 관련해서도 그 지도자가 죽은 후에 그가 어떤 의미에서 다시 살아났고, 따라서 이스라엘의 기대가 예상치 않은 방식이기는 하지만 실제로 실현되었다고 주장한 경우를 한번도 듣지 못했다. 그러므로 역사는 다음과 같은 질문을 집중적으로 조명한다: 무엇이 예수의 제자들로 하여금 처음부터 그러한 주장을 내세우고, 그 주장이 지닌 함의(含意)들을 실천하도록 만들었는가? 샌더스는 이렇게 말한다:

> 우리는 예수가 제자들로 하여금 하나님 나라를 세우게 될 극적인 사건을 기대하도록 이끌었었다고 생각할 만한 충분한 근거를 갖고 있다. 죽음과 부활은 그들에게 기대를 수정할 것을 요구하긴 했지만, 무(無)로부터 새로운 기대를 만들어 낸 것은 아니었다.[102]

다시 한번 나는 이 말에 전적으로 동의한다; 그러나 우리는 부활 자체에 대하여 어떠한 내용을 부여하는가? 여기서 샌더스의 논증은 핵심적인 문제를 지적만 할 뿐이고, 그것에 대해서 직접적으로 답변해 주지는 않는다:

> [예수의] 제자들은 변화된 상황 속에서 예수 자신의 입장의 논리를 수

고문헌들을 보라. Vermes는 이러한 운동들이 예수의 운동과 유사했다는 주장에 대하여 이의를 제기할 것이다; 그러나 그는 하나님 나라에 관한 예수의 가르침을 백성들의 기대로부터 분리함으로써만 그러한 반론을 유지할 수 있다(Vermes 1993, 130("하나님 나라에 관한 전적으로 다른 정치적-종교적 견해"), 148-50). 나는 *NTPG* ch. 10에서 이와는 반대되는 견해를 논증하였다; 아래의 제2부를 보라.

102) Sanders 1985, 320. 샌더스는 티아나의 아폴로니우스(Apollonius of Tyana)가 의심하는 한 젊은 철학자에게 나타나서 그에게 영혼의 불멸성에 관하여 확신을 심어준 것으로 유명하였다는 점을 지적하지만(Philostratus, *Life of Apollonius* 8.31), 그 이야기가 초기 그리스도인들의 체험에 대한 병행이 되지 못한다는 점을 올바르게 지적하고 있다.

행해 나감으로써, 계속해서 성장하고 변화될 운동을 만들어 내었다 … [103]

이것은 지극히 당연한 말이다. 그러나 무엇이 상황을 변화시켰단 말인가?

이와 같이 초대 교회의 기원에 관한 문제가 우리를 끊임없이 부활 사건의 문제를 되돌아 보지 않을 수 없게 한다면, 이와 동일한 질문은 예수 자신과의 모종의 연속성을 주장하는 초대 교회에서 나타나는 온갖 종류의 특징들을 포함하는 쪽으로 넓혀진다. 그래서, 우리는 이렇게 묻지 않을 수 없다: 왜 그리고 어떻게 초기의 제자들은 그들의 선생이 십자가 처형을 당했을 때에 흩어졌다가 다시 모여서 핍박을 각오하고 예수 안에서 이스라엘의 소망이 문자 그대로 실현되었다고 선포하기 위하여 나아갔던 것인가? 왜 그들은 스스로를 조직하여 그런 식으로 활동했으며, 특히 왜 그들은 아주 초기부터 예수를 예배하고 예수를 유대식의 유일신 사상의 정형문구들에 포함시키기 시작했던 것인가 (그들이 유대식의 유일신 사상을 계속해서 견지했다고 할 때)?[104] 왜 그들의 공동체들은 부족신을 숭배하는 인종 집단이나 사사로운 종교 동호회 등과 같은 고대 세계에서 찾아볼 수 있는 표준적인 그 어떤 모형들과도 판이하게 달랐던 형태를 취하였던 것인가? 그들의 공동체들이 이토록 판이하게 달랐음에도, 초기 그리스도인들은 종종 겉보기와는 다르게 그들이 "종교적" 조직이라는 것을 당국자들에게 논증해야 했다. 그들이 "무신론자들"이라는 별명을 얻게 된 것은 그들이 이교의 신들을 부정했기 때문만이 아니라, 그들이 사회-문화적으로 낯선 형태를 띠었기 때문일 것이다. 고대 세계에서는 인류 전체를 포괄한다고 주장하며 돌아다닌 집단이 전혀 없었다.[105] 초기 그리스도인들 자신이 이 문제에 대하여 주었던 대답은 죽기 이전의 나사렛 예수 및 예수가 죽은 자로부터 부활하였다는 그들의 신앙과 관련이 있었기 때문에, 역사가는 우리가 이 대답들 중 어느 하나를 거부할 수밖에 없는지의 여부를 묻지 않을 수 없다. 예를 들면, Q 공동체 — 그런 것이 존재하였다고 가정할 때 — 가 유랑하는 급

---

103) Sanders 1985, 340(강조는 필자의 것).

104) cf. *NTPG* 362, 448; Wright 1991, chs. 4-6. 자세한 것은 Hurtado 1988; Bauckham 1992, 그리고 거기에 나오는 참고문헌을 보라.

105) 이 내용은 모두 Rowan Williams 주교 덕분이다.

진주의자들로 구성되었다면, 그들은 누구로부터 그러한 사상을 가져온 것인가? 그리고 그들은 왜 예수의 죽음 이후에도 그것을 따를 가치가 있다고 생각했던 것인가?

이 네 번째 질문을 예수에 대한 연구 속에 포함시키고자 한 추진력은 부분적으로는 오늘날 몇몇 연구들을 검토했을 때에 느껴질 수 있는 불안전성(역사적 및 신학적)에 대한 인식 때문이다. 조각그림 맞추기를 구성하는 일부 조각그림들은 여전히 상자 속에 있는 것처럼 보인다; 이 사건의 귀결을 연구하면, 그 조각그림들이 드러날지도 모른다. 제3의 탐구에 속하는 일부 학자들은 이런 문제들을 은연중에 얘기하면서 예수와 초대 교회 간의 커다란 간격을 전제하지 않을 수 없다; 그들은 이를테면 예수를 그가 선천적으로 타고난 유대교 내에 위치시키고, 초대 교회를 특정한 어느 지점에 위치시키지 않으며, 예수와도 직접적으로 연결짓지 않는다.[106] 본서는 그러한 외관상의 약점(다소간 불트만의 약점의 정반대)을 피하고, 적어도 예비적인 방식으로 예수와 초대 교회 간의 연속성 및 분명한 불연속성들을 나타내 보이고자 한다.

그러므로 예수에 관한 모든 묘사들은 적든 많든 그것과 보완관계에 있는 초대 교회에 관한 묘사에 의존한다. 여기서 우리는 또 다시 역사와 신학의 상관관계라는 문제에 부딪친다. 불트만 학파의 표준적인 패러다임 속에서는 초대 교회의 역사(예수의 역사와 반대되는)는 특정한 신학적 신념들의 등장을 위한 배경 및 설명을 제공하여 주었다. 그런 후에, 이러한 것들 중 일부는 그 종교사적 혈통으로 인해서 또는 그 밖의 다른 외적인 표준과의 정합성 때문에 타당한 것으로 여겨졌다.[107] 나는 이러한 문제 전체가 신학적으로만이 아니라 역사적으로도 절실한 문제라고 생각하지만, 여기에서 그것을 다 말하지는 않을 것이다.

---

106) 특히, 예수 자신과 이후의 기독교 사이에 큰 쐐기를 박고 있는 Vermes를 참조하라(1993, ch. 8, esp. 212: "큰 바다들이 바울의 기독교 복음과 유대인 예수의 종교를 갈라놓고 있다고 주장하는 것이 과연 과장인가?"). 또한 cf. Maccoby 1986, 1991.

107) *NTPG,* 특히 Parts I and V; Neill & Wright 1988 [1964], 439-46을 보라.

(v) 복음서들은 왜 현재와 같은 모습을 지니고 있는 것인가?

마태복음, 마가복음, 누가복음[108]은 문학의 새로운 장르라는 것은 복음서 연구의 상식이다. 복음서는 이것도 아니고 저것도 아니다; 단순히 전기도 아니고 단순히 종교적인 선전물도 아니고, 그러면서도 이 둘의 중요한 특징을 다 가지고 있다.[109] 아무도 이 장르를 어떻게 설명해야 하는지를 확실하게 말할 수 없지만, 그런데도 분명한 것은 이 장르가 존재한다는 것이다. 그렇지만 복음서들은 분명히 예수 자신과 모종의 관계 속에 있고, 복음서들의 존재는 이런저런 방식으로 예수가 존재했고 행하였으며 말하였던 것으로부터 나온다. 그렇다면, 왜 복음서들은 현재와 같은 모습을 지니고 있는 것인가? 물론, 이 질문은 앞서의 질문의 하위 항목에 속하지만, 아주 특별해서 독립적으로 살펴볼 필요가 있다 — 앞서의 질문과의 연결관계들을 잊지만 않는다면.

사실, 이 질문을 통해서 우리는 예수를 중심적인 조각그림으로 하는 조각그림 맞추기의 다른 쪽 면에 도달하게 된다. 주후 1세기의 유대교와 복음서들은 서로 정반대쪽에 있는 모서리들이고, 예수에 관한 모든 담론(談論)은 이 둘 사이에서 생겨난다. 이 두 모서리는 그 자체로 정확하게 서술하기가 대단히 어렵고 그 자체로 다루기 힘든 주제들이기 때문에, 우리는 얼핏 보아서도 그러한 담론의 복잡성을 한 눈에 알 수 있다.[110] 이 다섯 번째 질문에 답하기 위해서는, 적어도 또 한 권의 책이 필요할 것이다. 그러나 예수에 관한 어느 특정한 가설이 복음서들이 현재의 모습을 지니고 있는 이유를 보여줄 수 있다면, 예수에 관한 그 특정한 가설은 엄청난 힘을 얻게 될 것이다.[111]

(vi) 다섯 가지 질문들에 대한 종합적인 고찰

다섯 가지 질문들은 서로 매우 밀접하게 연결되어 있기 때문에, 그 어느 한 질문에 대한 답변은 다른 질문들 속에서 공명(共鳴)을 일으킨다는 점을 다시

---

108) 요한에 대해서는 *NTPG* 410-17과 본서의 서문을 보라.

109) cf. *NTPG* ch. 13; 그리고 특히 Burridge 1992.

110) 정경 이외의 복음서들에 관한 문제는 말할 것도 없고. 이것에 대해서는 *NTPG* ch. 14과 위의 66f., 95f.를 보라.

111) NTPG ch. 13, 14을 보라.

한 번 말해둘 필요가 있다. 이 질문들 중 어느 하나에 대한 답변을 찾기는 비교적 쉽지만 그 답변을 나머지 질문들에 대한 대답들과 조화시키는 일은 그리 쉽지 않다. 이 다섯 가지 질문은 모두 합쳐져서 예수에 관한 조각그림을 형성하고, 이 조각그림은 그 자체로 기독교의 출현이라는 좀 더 큰 조각그림 안의 한 조각이다. 사실, 다섯 가지 질문들은 두 개의 표제 아래 통합될 수 있다: 한편으로는, 유대교에 대한 예수의 관계, 다른 한편으로는 초대 교회에 대한 예수의 관계.[112]

서로 다른 여러 사상 학파들은 이런저런 질문을 강조하고, 나머지 질문들을 무시하여 왔다; 한 가지 질문에 대하여 제시된 해법은 종종 다른 질문들에 대한 특히 엉성하고 잘 맞지 않는 답변을 초래하기도 하였다. 여기서 다시 한 번, 브레데와 슈바이처는 패러다임들을 제공해 준다: 브레데는 예수를 상당히 최소한도의 방식으로 분석하였고, 그 결과 먼저는 초대 교회, 다음으로는 복음서들에 상당한 비중을 두었다. 슈바이처의 묵시론적 예수는 후대의 좀 더 폭넓은 헬레니즘적 발전들의 시작으로 보아진 묵시론적 초대 교회 — 바울과 복음서들을 포함한 — 를 낳았다.

이러한 질문들을 20세기 연구라는 견지에서 통합한 가장 좋은 예는 아마도 루돌프 불트만일 것이다. 불트만은 네 번째 질문(초대 교회의 출현)에 모든 비중을 두었다. 초대 교회는 엄청난 폭발적인 창조 에너지를 지닌 채 시작되었고, 살아 계신 주님으로서의 십자가에 못 박힌 예수의 선포 속에서 인간 실존의 감옥을 여는 열쇠를 발견하였다. 초대 교회는 이 신앙을, 훈련받지 않은 사람들의 눈에는 예수를 가리키는 것으로 잘못 생각될 수 있지만 사실은 엄밀하게 말해서 "신화론적인," 즉 현재적인 "신앙"의 체험을 "역사" 속으로 투영시킨 언어로 표현하였다. 그러나 이러한 견해는 질문 1-3에서 심각한 장애를 겪게 된다. 예수는 추상적인 이상(理想)들의 대비를 통해서가 아니면 실제로 유대교와는 전혀 연관되지 않는다; 예수 자신의 목표들은 극도로 일반화되어 있고, 오직 주변적으로만 당시 대부분의 유대인들의 관심들과 연결될 뿐이다; 어쨌든 우리에게는 감춰져 있는 예수의 죽음을 둘러싼 역사적 이유들은 초대 교회가 그 사건에 부여한 신학적 해석과는 전혀 상관이 없다. 또한 질문 5도 여

---

112) Neill & Wright 1988, 398-401을 보라.

러 가지 문제점들을 불러일으킨다. 통상적인 양식 비평적 패러다임 속에서 보면, 복음서 기자들은 단순히 여러 가지 이야기들을 순서를 별로 고려하지 않고 수집하여 엮은 편집자들이었다. 그러나 복음서들에 대한 편집 비평과 그 이후의 문학 비평적 연구는 이 가지를 잘라내어 버렸다(물론, 일부 편집 비평가들은 그들의 학문적인 전통에 대한 존경심에서 여전히 그 가지 위에 앉아 있어야 한다고 주장하고 있긴 하지만). 복음서들은 대단히 복잡하고 정교한 문서들로 밝혀졌고, 불트만의 패러다임을 유지하고자 한다면, 우리는 현재 상태의 복음서들을 설명하기 위해서는 한층 더 교묘한 하위 이론들을 고안해 내지 않으면 안 되게 되었다. 이러한 입장 전체가 지닌 큰 아이러니는, 내가 앞으로 제시할 관점에서 본다면, 이 입장은 진정으로 신화론적인 언어(묵시론적)를 처음에 그 언어를 사용했던 자들이 마치 "문자 그대로" 이해했다는 듯이 여기고 있고, 진정으로 문자적인 언어(예수에 관한 말들)를 처음에 그것을 사용했던 자들이 "신화론적" 의도로 사용했다고 본다는 것이다.[113]

불트만의 도식 내에서 및 그의 틀을 적어도 일부분 유지하고 있는 새탐구 내에서, 비평적 방법론들은 역사가 신앙을 손상시킬지도 모른다는 위협(또는, "예수 세미나"의 경우에는 역사가 정통 신앙을 어느 정도 만들어 내거나 밑받침할 수 있다는 위협)에 직면하여 예수에 관하여 말을 아끼고 삼가거나 침묵을 유지하는 수단이 되어 버렸다. 앞에서 살펴보았듯이, 초대 교회의 역사에 대한 강조는 전승 비평이라는 영역 속에서의 한층 더 상세하고 입증할 수 없는 사변적인 가설들로 귀결되었다. 그러한 작업들은 우리가 지금 실제로 갖고 있는 것보다 초대 교회에 관하여 훨씬 더 많은 것을 알게 되었을 때에나 유용하게 될 것이다. 재신화화(remythologization)가 탈신화화(demythologization)를 대체하고 말았다. 불트만 학파는 여전히 역사를 필요로 한다 — 그러나 이번에는 그것은 초대 교회의 역사이다. 그리고 그것은 과거에 자유주의적인 예수의 "전기들"보다 역사가로부터의 전혀 근거 없는 상상에 의한 훨씬 더 큰 노력을 요구한다.[114] 질문 4에 대한 겉보기에 확고한 대답으로 시작되었던 것은 마침내 진창 속으로 빠져드는 것으로 끝이 나고 말았다.

---

113) *NTPG* 297을 보라.

114) *NTPG* ch. 11.

"거인들"을 공명정대하게 대접하기 위해서, 우리는 여기서 슈바이처의 이론은 아이러니컬하게도 그가 가장 자신있다고 주장했던 지점, 즉 질문 2를 다루는 부분에서 가장 취약하다는 점을 지적할 수 있다. 슈바이처가 그토록 많은 논쟁을 펼쳐 나갈 때에 토대로 삼았던 "후기 유대교의 묵시론적 세계관" 같은 것이 과연 존재했는지는 전혀 불분명하다.[115] 예수를 유대적 배경 속에 놓아야 한다는 그의 주장은 옳다; 또한, 그 배경이 틀림없이 묵시론적인 것으로 본 것도 옳다; 그러나 그러한 묵시론적 종말론을 그가 했던 방식으로 해석하는 것은 잘못된 것이다. 이러한 약점은 치명적인 결점으로서, 궁극적으로 질문 2와 3에 대한 그의 매력적인 대답들의 가치를 떨어뜨릴 뿐만 아니라, 질문 4와 5에 대한 그의 답변들조차 의문을 가지게 만든다.

심지어 제3의 탐구 내에서도 이런저런 질문을 부각시키느라고 나머지 다른 질문들을 희생시키는 약점이 여전히 남아 있다. 물론, 이것은 불트만의 경우처럼 아주 심각한 실패를 초래하고 있지는 않지만(내가 보기에는), 지적해 둘 필요는 있다. 질문 1과 2(예수의 목표들)에 답하고자 하는 시도는 종종 앞에서 본 것처럼 예수를 무력 혁명가로(Brandon, Buchanan) 또는 사회적 혁명가(Horsley)로 묘사하는 결과를 가져왔다; 이것은 실제로 질문 4와 5(교회와 복음서들)를 제대로 파악하지 못하게 되어, 초대 교회의 모습을 다루는 데에 실패하거나 적어도 그 방향을 완전히 바꿔 놓는다. 그리고 우리는 질문 1-3(그러한 견해의 강점들이라고 주장되는 것)에 관해서는 오직 질문 4에서 다루어진 초대 교회로부터 나온, 질문 5의 주제인 복음서들을 통해서만 알 수 있기 때문에, 이 이론들은 다시 한 번 대체로 잘려나간 가지들 위에 앉아 있는 것으로 보인다. 예수를 하시드의 일원으로 본 버미스(Vermes)의 묘사(질문 1과 2에 대한 그의 대답)는 왜 예수가 십자가에 못 박히게 되었는지를 설명하는 데에 완전히 실패하고 있고(질문 3), 초대 교회의 등장에 대해서는(질문 4) 예수의 종교와는 완전히 다른 종교로의 엄청난 비약을 통하여 출현한 것이라고만 설명한다. 그는 처음 두 질문에 대한 그의 매우 철저한 대답의 내용 때문에 질문 3에 대하여 대답하는 것을 매우 어렵게 만들어 버렸고, 질문 4와 5에 대해서는 견강부회식의 억지스러운 대답들을 할 수밖에 없었다. 이와는 반대로, 다

---

115) cf. Schweitzer 1954 [1906], 특히 364-8; cf. *NTPG* ch. 10, 특히 333f.

우닝(Downing)은 예수를 견유학파에 속한 설교자로 묘사한 도발적이고 매혹적인 연구를 제시함으로써, 질문 2에 대한 새로운 시각을 제공해 줌과 동시에 (예수의 목표들), 질문 3(예수의 죽음)에 대해서도 암묵적으로 해법을 제시했지만, 질문 1(유대교에 대한 예수의 관계)에 대해서는 극히 신빙성없는 대답을 제시하고, 질문 4(교회)와 질문 5(복음서들)를 설명하는 데는 전적으로 실패하여, 안면을 완전히 바꾸는 글들만을 쏟아내고 있다.[116] 호슬리(Horsley)는 질문 2(예수의 목표들)에 대한 대답을 제시하고 있고, 또한 어느 정도는 질문 1(유대교에 대한 예수의 관계)에 대해서도 대답을 주고 있지만, 질문 3, 4, 5에 대한 대답을 어렵게 만들어 버리고 만다: 호슬리의 책을 보면, 그가 그린 예수는 왜 십자가에 못 박혀야 했는지 또는 교회가 왜 그러한 노선을 취할 수밖에 없었는지, 그리고 복음서들과 같은 그러한 책들이 씌어졌는지를 분명하게 알 수 없다. 프레인(Freyne)은 질문 1과 5에 대하여 뛰어난 대답들을 제시한다: 갈릴리의 사회사에 대한 그의 설명과 복음서들에 대한 그의 통찰력있는 읽기는 가히 모범적이다. 그러나 그는 예수와 가장 초기의 그리스도인들을 이러한 틀 — 달리 말하면, 질문 2, 3, 4에 대한 그의 대답 — 속에 둠으로써, 관련된 복잡한 문제들을 제대로 다루지 못하게 되어 버렸다.[117]

그 밖의 다른 뛰어난 제3의 탐구에 속한 학자들 가운데 하비(Harvey)의 역사적 방법론은 예수를 당시의 시대와 상황의 "제약들" 속에 두는 것을 가장 우선시해야 한다고 역설한다. 분명히 이것은 처음 두 질문에 대하여 대답하는 하나의 방식이다.[118] 그럼에도 불구하고, 내 판단에는, 그는 유대적 배경의 미묘한 점들과 그와 관련된 예수의 목표들을 결코 총체적으로 다루고 있지 못하다. 그는 십자가 사건에 대한 광범위한 설명을 제시하고 있음에도 불구하고(질문 3), 왜 초대 교회가 십자가 사건에 그러한 의미를 부여하게 되었는지를 설명하지 못한다(즉, 질문 3과 4가 서로 중복되고 연결되는 지점). 달리 말하면,

---

116) 그와 위의 제2장에서 논의한 그 밖의 다른 학자들은 순전히 가설적인 Q공동체와 "견유학파적인" 판본을 여전히 생생하게 보존하였던 이후의 교회의 그러한 분파들이라는 견지에서 이에 대한 대답을 시도한다. 위의 94-106를 보라.

117) cf. Freyne 1988b. Horsley는 지금은 다른 곳에서 예수의 죽음에 관한 글을 썼다(1994).

118) Harvey 1982; cf. Wright 1986, 그리고 Neill & Wright 1988 [1964], 384-7.

초대 교회가 그들의 지도자의 처형으로부터 그의 죽음은 "우리의 죄를 위한" 것이었다는 신앙으로 그토록 신속하게 움직여간 이유를 설명해 주지 못한다는 말이다. 마찬가지로, 적어도 예수에 관한 그의 책 속에서 하비는 질문 5에 대해서도 답변을 주지 못한다. 예수의 목표들을 유대적 배경을 토대로 설명해 낸 보그(Borg)의 재구성은 질문 1과 2에 대한 매혹적이고 마음을 끄는 일련의 대답들을 제시한다. 그러나 그는 질문 3, 4, 5에 대해서는 직접적으로 대답해 주지 못한다; 나는 이것은 부분적으로 그가 자신의 이전의 논거들(1984년에 나온 그의 책 속에 있는)을 그대로 밀고 나가지 않았기 때문이라고 믿긴 하지만, 어쨌든 이 부분들에서의 그의 간접적인 진술들은 만족스럽지 못하다고 생각한다. 쟁점들이 무엇인지를 누구보다도 분명하게 알고 있는 샌더스(Sanders)는 "신학적" 관심을 명시적으로 부인함으로써, 예수의 사역과 죽음 속에서 일어난 것을 초대 교회가 믿게 된 것 및 어떻게 예수의 죽음 이후에 초대 교회가 살아가고 예배하기 시작하였는가라는 문제와 통합시키고자 하는 도전을 피한다.[119] 앞에서 보았듯이, 특히 샌더스는 단순히 "변화된 상황"이라고만 언급함으로써 질문 4(초대 교회의 등장)의 예각을 피해 간다. 보그와 샌더스는 질문 1에 대하여 가능한 한 충분하게 대답하고자 하는 분명한 그들의 의도에도 불구하고, 유대적 배경의 본질적인 부분을 형성하고 있는 다니엘서 7장에 대한 주후 1세기 유대인들의 읽기를 실제로는 제대로 파악하지 못하고 있다.[120] 보그는 메시야직은 예수와 관련된 주요한 범주가 아니었다는 견해 — 이것은 질문 1에 대하여 판이하게 다르게 대답하였던 시기에서 유래된 것이다! — 를 그대로 고수한다. 지난 15년 동안에 — 아마도 지난 150년 동안에 — 그 어느 책보다도 가장 박식하고 끈기있고 방법론적으로 철저한 책들 중의 하나를 자신의 주저(主著)로 쓴 마이어(Meyer)도 온갖 쟁점들을 분명하게 알고 있었다. 유대적 배경에 대한 그의 읽기는 통찰력이 있고, 예수의 목표들에

---

119) Sanders 1993, 176는 Borg의 주장에 대한 부적절한 요약인 것 같고, 1990, 336 n:20 은 그것에 대한 부적절한 대답인 것 같다.

120) "인자"의 사용에 관한 샌더스의 솔직한 고백을 보라: 1985, 308("나는 예수가 자기 자신, 인자, 아버지의 관계를 어떻게 보았는지라는 문제에 대하여 아무런 대답도 갖고 있지 않다"), 324.

대한 그의 전체적인 서술은 아주 정교하다; 십자가에 대한 그의 이해는 제3의 탐구에 속한 그 밖의 대부분의 학자들보다 훨씬 깊다. 나는 예수의 묵시론적 종말론 및 초대 교회에 관한 그의 설명들이 별로 만족스럽지 못하다고 생각한다.[121] 그의 저작에 대한 나의 찬사에도 불구하고, 나는 각각의 대목에서 그의 전반적인 해법에 대한 개선책들을 제시할 것이다.

(vii) 여섯 번째 질문: 오늘날의 과제들과 신학

물론, 성격이 다르긴 하지만, 항상 여섯 번째 질문이 따라다닌다. 우리가 "역사" 연구를 통해서 발견하는 예수는 오늘날 교회와 세계에 대하여 어떠한 관계가 있는가? 이 질문은 역사적 연구의 과정에서 지렛대 역할을 해서는 안 되지만, 궁극적으로 고려의 대상에서 제외될 수는 없다. 우리가 『신약성서와 하나님의 백성』에서 살펴보았듯이, 모든 역사는 논증의 목적상 무시해도 좋은 수학상의 한 점인 관찰자에 의해서 "순전히 객관적인" 관점에 도달할 수 있다는 실증주의적인 허구가 아니라, 연구자와 자료들 간의 대화이다. 그러나 이것은 관찰자가 말을 잘 듣지 않는 내용에 자신의 관점을 가할 수 있다는 것을 의미하지는 않는다. 대화가 실제 역사 속에서 이루어지도록 하려면, 관찰자는 자신의 마음을 바꿀 준비가 되어 있어야 한다. 우리는 "객관"과 "주관"이라는 허구적인 대립물 대신에, 공적인 것과 사적인 것이라는 적절한 구별을 견지해야 한다. 우리는 공적으로 토론할 수 있다; 우리가 그렇게 하기를 거부한다면, 우리는 사적인 견해로 남게 된다. 역사가는 공적으로 연구하는 일에 헌신한다. 역사가가 어떤 의미에서든지 과거의 몇몇 특징들과의 모종의 연속선상에서 살아가는 데 헌신한다면, 물론 그것은 이 과정 전체에 특별한 위험부담을 주게 된다; 그러나 그것은 역사적 과제가 역사가 자신의 이전의 신념들 또는 세계관이라는 견지에서 축소된다는 것을 의미해서는 안 된다.

물론, 여기에는 대단히 큰 쟁점들이 걸려 있다. 변증법적 신학이 계속해서 옛 탐구를 계승하기를 거부하는 주된 이유들 중의 하나는 역사적 연구는 신학적인 용도를 위한 것이 아니라는 신념이었다.[122] 탕자(계몽주의 역사 서술)는 아

---

121) 묵시사상에 대해서는 cf. Meyer 1992a, chs. 3, 9; 초대 교회에 대해서는 Meyer 1986(*NTPG* Part IV의 여러 곳에서 논의되었다).

버지의 집에서 환영을 받지 못했다. 단도직입적으로 말한다면, 우리가 예수를 주후 1세기 팔레스타인 속에 위치시킨다면, 우리는 예수가 20세기의 유럽이나 아메리카 등등에 대하여 해줄 말이 별로 없게 될 가능성을 감수하여야 한다 — 물론, 우연히 서로 잘 맞을 수도 있겠지만.[123] 우리는 이미 슈바이처와 불트만이 이 문제를 극복했는지를 살펴본 바 있다. 이것은 새탐구에 있어서는 문제가 되지 않았다. 왜냐하면, 해석학적 및 신학적 대답들이 처음부터 암묵적으로 내장되어 있었기 때문이다: 복음서들은 여러 가지 수단들에 의해서 "유의미한" 것이 되었는데, 양식 비평과 편집 비평은 그 중의 두 가지 수단에 불과하다.[124]

제3의 탐구는 미리 갈 길을 정해 놓고 그 길을 따라가는 것이 아니다. 사적인 게임으로 전락하는 대신에(새롭게 등장한 갱신된 새탐구가 그럴 위험성에 빠져 있다), 주요한 공적 활동으로서의 지위를 유지하려면, 그와 같이 하는 것이 마땅하다. 이것은 제3의 탐구에 속하는 여러 다양한 학자들이 그들의 연구 결과들을 오늘날에 비추어 성찰해서 말하려고 하는 시도를 해오지 않았다는 것이 아니다. 하비(Harvey)는 설교자의 대답을 직접 전개하고 있지는 않지만 암시를 주고 있다: 예수가 그의 동시대인들에게 준 도전은 "과거에서와 마찬가지로 오늘날에도 상당한 의미를 가지고 제시될 수 있다."[125] 마이어(Meyer)는 가톨릭의 해법을 암시한다: "특히 예수에 의해서 만들어진 전승 속에서 우리는 예수로 하여금 그런 식으로 행동하게 만들었던 것, 예수로 하여금 죽음으

---

122) Wright 1992b, 798; 그리고 위의 제1장을 보라.

123) 이런 식으로 Harvey는 우리가 오늘날 시대에 다시 한 번 세상이 종말을 맞게 될지도 모른다는 인식에 직면해 왔다고 주장함으로써 역사적 상대성의 문제를 해결하고자 한다. 이것은 예수의 종말론은 단지 히로시마 이후에 다시 한 번 현안이 되었다는 것을 함축함으로써 그것이 회피하고자 하는 점을 용인하는 것이라고 나는 생각한다.

124) 복음서들에 대한 구조주의적 해석이 그것들을 동일한 의미에서 "유의미하게" 만드는 데에 그 목적이 있느냐 하는 것은 좋은 질문이다. 다양한 방법론들과 그것들이 지닌 해석학적 의미들에 대해서는 *NTPG* ch. 3과 Neill & Wright 1988, 439-46을 보라.

125) Harvey 1982, 173.

로 나아가는 단일한 행위 속에 자신의 삶을 응축시키게 만든 것을 발견한다.[126] 샌더스(Sanders)는 역사가 올바르게 연구된다면, 신학은 스스로를 돌아보게 될 것이라고 말함으로써 해석자들에게 대담한 도전을 준다. 그러나 샌더스가 여러 신학적 입장들을 자주 조소함으로써, 우리는 그가 결국 확증하는 결론, 즉 그 자신이 신학적 입장("자유주의적이고 근대적이며 세속화된 개신교"의 입장)을 가지고 있고, 예수가 이 입장을 위하여 죽은 것은 아니지만, 예수는 분명히 거기에 따라 살았다는 신학적 입장을 확인하게 된다.[127] 버미스(Vermes)는 "복음서들에 대한 자신의 역사가적 읽기"를 통해서 엄청난 많은 비판들을 제시하면서, 결국 예수를 "다소 창백한 갈릴리 사람"(이 책이 나왔을 때, 헨리 채드윅의 BBC 라디오 3의 서평 프로그램의 제목에서)이라고 지칭하면서, 오늘날 예수의 의미는 특히 바울과 요한 이래로 교회가 예수를 "신격화하면서" 근본적으로 예수를 오해하였다고 말하는 것으로 끝을 맺는다.[128] 몇몇 학자들(호슬리, 다우닝, 맥)은 주후 1세기 팔레스타인의 관점에서 연구하면서도 오늘날 세계에 대한 분명한 함의들을 지니고 있는 사회적 과제들을 얄팍하게 숨기고 있지만, 신학 자체에 관해서는 거의 아무것도 말하지 않는다. 보그의 주저(主著)의 행간들을 읽으면, 우리는 좀 더 교묘한 주제를 들을 수 있다: 당시 사람들에 대한 예수의 도전은 민족주의적이고 무력적인 정치적 열망들을 포기하고 악한 세상으로부터의 이원론적인 분리를 주장하지 말고 긍휼 가운데 행함으로써 하나님을 본받으라는 요구였다.[129]

이러한 함의들은 제3의 탐구 내에서 매우 명시적으로 또는 철저하게 논의되어 오지 않았다.[130] 그러나 우리는 이것을 이 새로운 연구의 물결이 결국 "중

---

126) Meyer 1979, 252f.

127) Sanders 1985, 334. Charlesworth 1988, 28f.에 나오는 비평들을 보라.

128) Vermes 1993, ch. 8. Vermes는 기독교가 종종 "예수의 경건의 근본적인 요소들"을 여전히 보유할 수 있다는 점을 인정한다(214): 그는 Francis of Assisi, Albert Schweitzer, Mother Theresa를 그 예로 든다.

129) 이 과제는 Borg 1987a, 특히 그 책의 결론적인 장에서 좀 더 명시적으로 드러난다.

130) 예수의 가르침을 오늘날의 윤리와 결부시키고자 한 제3의 탐구에 속한 한 저술가의 시도에 대해서는 Harvey 1990을 참조하라.

립적인" 또는 "객관적인" 결과들을 획득하였다는 것을 의미하는 것으로 받아들여서는 안 된다. 우리는 온갖 종류의 암묵적인 결론들과 권고들을 찾아내기 위해서 구태여 표면 아래의 심층부까지 살펴볼 필요가 없다. 호슬리에게 있어서 예수는 적어도 온건한 혁명의 지지자이다. 마이어에게 있어서 예수는 암호 비슷한 것을 사용하여 주류 기독교의 모습을 보여준다.[131] 신학을 피하여야 한다고 주장하는 학자들(샌더스와 버미스 같은)조차도 그들이 매우 잘 알고 있듯이 과거에 이 두 학자 자신에 의해서 주장된 것들을 비롯한 여러 서로 다른 신학적 입장들에 대한 도전을 제시하는 결론들에 도달한다. 그들은 다른 학자들과 마찬가지로 그들의 연구가 사람들이 오늘날 세계 속에서 실제로 행동하는 방식에 영향을 줄 수 있는 방식들을 잘 알고 있다.[132] 내 생각으로는, 제3의 탐구가 그것에 앞선 어떤 선구자들보다도 예수에 관한 다섯 가지 주된 질문들에 대한 확고한 대답들에 도달할 가능성이 더 높기 때문에, 이 장을 끝내면서 우리는 몇몇 신학적 및 실제적 가능성들이 어디에 놓여져 있을 수 있는지를 살펴보는 것이 중요할 것이다.

여기서 첫 번째이자 종종 가장 두드러진 특징은 질문 1, 즉 유대교에 대한 예수의 관계라는 문제에 대한 대답들의 사용이다. 제3의 탐구를 향한 최초의 추진력들 중의 하나(유일한 것은 아니지만)는 예수를 좀 더 유대적이 되게 하고자 하는 것이었다; 이것은 다소 자각적인 친셈족주의를 향한 경향 속에 반영되어 왔다. 유대인 대학살에 대한 반발의 조류가 예수 연구에 이르렀던 것이다. 이렇게 해서, 바리새인들은 마태복음에 나오는 것과 같은 완악한 율법주의자들이 아니었고, 예수와 논쟁을 벌이지도 않았다(샌더스). 예수는 자신의 메시야적 지위 — 그토록 오랫동안 유대인들에게 걸림돌이 되었던 — 을 가르치거나 믿지 않았다: 버미스도 동일한 주장을 했고, 불트만도 그의 편을 들었다(물론, 매우 다른 이유들에서이긴 하지만). "유일신론의 제약"은 예수가 스스로를 신이라고 생각할 수 없었고, 단지 한 분 하나님의 신임을 받은 대리인이라는 의미에서 "신의 아들"로만 스스로를 생각할 수 있다는 것을 의미하였다(하비). 리브킨(Rivkin)의 신학적 음모는 가장 두드러진다: 책 표지에 나와 있는

---

131) Meyer 1979, 253.
132) 예를 들면, Vermes 1993, 214f.

과대 선전은 중립적인 역사적 연구서임을 말하고 있는 것이 아니라, 이 책을 "유대인들과 그리스도인 간의 중요한 화해의 교량"으로 치켜 세운다. (나는 본서도 그렇게 되기를 소망한다; 역사적 토대들에 대한 진지한 연구는 건강하고 공기를 정화시키는 것이 될 수밖에 없다.) 내가 위에서 열거한 책들 중의 몇몇에서 주목할 만한 특징들 중의 하나는 온갖 학자들에 의해서 제기된 기독교를 향한 반셈족주의의 비난들에 대한 반응 — 어떤 때는 암묵적이고, 어떤 때는 분명하고 큰 목소리로 — 이다.[133]

유대계 학자들(버미스, 리브킨) 속에서 이것은 클라우스너(**Klausner**) 같은 과거의 학자들과 맥을 같이 하여 예수를 복권시키려는 시도로서 행해진다.[134] 기독교계 학자들의 일부(하비, 샌더스) 속에서 나타나는 분위기(양식 비평적 방식으로 행간을 읽을 때)는 뉘우침의 분위기이다. 보그의 주목할 만한 주장은 예수는 주후 1세기 유대인들의 열망의 주류에 반대하였다고 보는데 — 따라서, 반유대주의의 불쾌한 냄새를 버리지 않고 있다 — 이는 그가 예수의 비판은 히브리 성서에 뿌리를 둔 유대의 주류 전승들을 겨냥한 것이었다는 것을 세심하게 보여주고 있기 때문이다. 리치즈(**Riches**)는 훨씬 현대적인 학문으로 무장하고 있긴 하지만, 유대교를 예수가 가르친 긍휼의 종교와 대비되는 심판의 종교로 보는 거의 옛 탐구에 가까운 낡아빠진 견해 쪽으로 기울어 있다.

유대교에 대한 예수의 관계의 의미라는 문제에 대한 이러한 다양한 입장들을 서로 다른 신학적 입장들에서 나온 상투적인 일련의 반응들이 아니라 좀 더 큰 문제의 일부로 바라보는 것이 중요하다.[135] 20세기 초에 그리스도인들은 유대교는 단지 밝은 빛이 더 환하게 비춰질 수 있도록 해 주는 어두운 배경막에 불과하다는 원칙 위에서 종교사적 연구를 수행했고, 이에 따라 기독교가 훌륭한 기원을 찾고자 한다면, 다른 곳을 바라보는 것이 좋다는 결론을 내렸다. 전후의 반동(反動)은 바르트의 신정통주의에 따라서 정반대의 노선을 따랐다: 유대적 개념들은 "선하고" 비유대적 개념들은 "나쁘다." 우리는 지금 진보할

---

133) 분명한 예로는 cf. Ruether 1974.

134) Klausner 1947 [1925]; 예수에 대한 유대적 개작에 대해서는 cf. Hagner 1984.

135) 이 모든 것에 대해서는 Neill & Wright 1988, 439-46을 보라.

수 있는 가능성을 지닌 흥미로운 시점에 와 있다. 만약 (a) 유대적 개념들과 비유대적 개념들을 구별하는 일이 우리가 보통 생각하는 것보다 사실 훨씬 더 어려운 일이고, (b) 우리가 어떤 개념들을 특정한 한 문화와 결부시켜서 평가해야 한다는 신념을 거부한다면, 어떻게 되는 것인가? 제3의 탐구는 그러한 문제들에 대한 방법론적으로 불확실한 시대 속에서 탄생하였고, 따라서 다양한 접근방법들을 사용하는 것은 별로 이상한 일이 아니다. 그러나 이 문제를 정면으로 맞부딪치지 않는다면, 더 이상의 진보는 기대할 수 없다. 이 문제를 해결하지 않는다면, 우리는 단지 오늘날 신학화의 은폐물로서 역사적 논증을 사용하는 혼자만의 게임을 하는 것이 되고 말 것이다. 그것은 현재의 연구를 선배들에 의해서 지금까지 도달되었던 수준 가운데 가장 낮은 수준으로 만들어 버리고 말 것이다.

제3의 탐구 내에서 연구되고 있는 가장 민감한 신학적 문제이자 앞으로 많은 학자들이 관심을 집중시키게 될 문제는 아마도 기독론일 것이다. 역사적 연구라는 방식을 통해서, 기독교가 전통적으로 드려 왔던 예배를 불러일으키거나 적어도 정당화할 수 있을 정도로 충분한 예수상을 그려내는 것이 과연 가능한가? 만약 가능하지 않다면, 그것은 우리가 단지 충분한 전기적(傳記的) 정보를 결여하고 있기 때문인 것인가, 아니면 우리가 예수를 예배할 가치가 있는 분으로 묘사하고 있는 듯이 보이는 복음서 기사들을 선험적으로 후대의 첨가로 보고 있기 때문인 것인가? 그리고 이러한 질문들에 대한 대답들에 비추어서, 우리는 교회가 복음서들을 계속적으로 사용하고 있는 것을 어떻게 바라보아야 하는가? 우리는 예수의 "실제의 모습"에 관하여 좀 더 많은 것을 알아내기 위하여 복음서들을 읽는 것인가, 아니면 예수의 지상적 삶의 모습이 어떠했든지 간에 예수는 실제로 성육신한 신의 아들이고 우리를 위하여 죽으신 분이라는 복음서 기자들의 신앙을 강화하기 위하여 복음서들을 읽는 것인가? 이러한 두 가지 차원의 읽기는 서로 결합될 수 있는 것인가, 아니면 상호배타적인 것인가?

예수에 관하여 서술한 최근의 세 가지 시도들은 역사적 연구를 통해서 기독론적으로 긍정적인 결론을 이끌어 낼 수 있다고 생각되는 방식들을 제시하였다. 우리는 앞서 쉴레벡스(**Edward Schillebeeckx**)가 자신의 방대한 저서의 끝부분에서 자기는 "예수가 하나님의 아들이다"라고 말하는 쪽을 선택한다고 분명하게 말하였다는 것을 살펴본 바 있다. 그러나 쉴레벡스의 저서의 논증이 실제로 그러한 결론으로 귀결되는지는 의심스럽다. 쉴레벡스는 복잡한 역사적 주장에서 신학적 판단으로 단순히 비약할 뿐이고, 이 둘 사이의 어떤 가시적인 연관성을 제시하지 않는 것으로 보인다. 안소니 하비(Anthony Harvey)는 그의 좀 더 간략하고 고무적인 저서 속에서 역사적 연구에 관하여 이렇게 말한다:

> 오늘날 우리는 이용할 수 있는 자료들이 많기 때문에, 하나님이 유일무이하고 결정적인 방식으로 역사상의 한 인물과 함께 하셨기 때문에, 그는 하나님의 실제적인 대리자로 여겨질 수 있었고, 이에 따라 우리의 끝없는 매력적인 연구의 대상만이 아니라 우리의 사랑과 경배의 대상도 될 수 있었다는 주장이 무엇을 의미하는지를 더 잘 이해할 수 있게 되었다.[136]

여기서도 하비가 그의 모든 독자들이 공감할 수 있는 논증을 전개하였는지는 의심스럽다. 그러나 예수로부터 기독론으로 옮겨가고자 하는 시도는 좀 더 자세한 성찰을 필요로 한다.[137] 위더링턴(Witherington)은 예수가 스스로를 메시야라고 믿었다는 것을 아주 자세하게 논증하고 나서 다음과 같은 가능성을 조심스럽게 내놓는다: 예수는 자기 자신을 "단순히 다윗보다 더 위대한 왕이 아니라 좀 더 높고 초월적인 범주 속에서" 바라보았다.[138] 이러한 문제들에 대하여 만족스러운 답변을 하기 위해서는 좀 더 많은 연구가 필요하다는 것은 분명하다.

제3의 탐구에 속한 학자들 가운데 몇몇(예를 들면, 샌더스)은 기독론적인 문제를 어느 정도 명시적으로 고려의 대상에서 제외하고 있지만, 이 문제를 언제까지나 미루어 둘 수는 없는 노릇이기 때문에, 본서는 이 문제에 대하여 정면으로 부딪쳐서 대답해 보고자 시도할 것이다. 일부 의구심을 지닌 사람들은

---

136) Harvey 1982, 10; 또한 cf. 그의 책 ch. 7과 1976, 88-92; 1987.

137) 그러한 시도(내가 생각하기에는 완전히 성공적이지는 않은)는 Fredriksen 1988에서 볼 수 있다.

138) Witherington 1990, 276.

제3의 탐구를 결국 마치 예수를 단순한 인간으로 바라보았던 예전의 "자유주의적인" 예수로 만들어 버리려는 시도라고 바라볼 수 있을지도 모른다. 물론, 망원경의 다른 쪽 끝에서 보면, 역사를 토대로 해서, 예수의 자기인식과 초대 교회의 고등 기독론(high christology) 간의 연속성을 보여준 논증에서 끝나 버리면, 그것은 바로 그러한 이유 때문에 많은 진영들 속에서 의심을 받게 될 것이다. 그러나 우리가 게임을 공정하게 한다면 — 즉, 우리가 자료들을 다 살펴볼 때까지는 "신성"과 "인성"의 의미를 미지(未知)의 것들로 그대로 남겨 놓는다면 — 그 결과가 어떠한 모습이 될지에 대하여 미리 예측할 필요는 없을 것이다.[139]

3. 결론: 제3의 탐구의 향후의 진로들

그렇다면, 제3의 탐구는 어디로 가고 있는 것인가? 제3의 탐구에 속한 학자들 중 일부는 그 전망에 있어서 라이마루스와 비슷한 면모를 보여주고 있는 듯하다: 우리가 역사를 그 자체로 가치 있는 것으로 연구한다면, 우리는 기독교 신학은 평가절하될 수밖에 없다는 것을 발견하게 될 것이다. 그 밖의 몇몇 학자들은 옛 탐구에 속한 일부 학자들과 같은 면모를 보여준다: 우리는 역사적 예수상을 그의 종교적 의의에 대한 재발견과 통합시켜야 한다. 나는 본서에서 엄격한 역사적 재구성을 위한 전자의 관심을 공유함과 동시에 역사와 신학을 분리하는 것이 아니라 역사와 신학을 정당하게 다루는 방식인 새로운 통합을 제시하고자 한다. 제3의 탐구는 우리로 하여금 이러한 과제를 실현할 가능성을 높게 해 주는 도구들을 만들어내 왔다.

물론, 제3의 탐구에 대한 다양한 반발들이 앞으로 존재할 것이다. 그 중 많은 수는 옛 탐구 및 슈바이처에 대한 변증법적 신학의 반동을 반영할 것이다: 우리에게 뭔가 신학을 위해서 즉각적으로 사용할 수 있는 것들을 제공하라. 그렇지 않으면, 우리는 너희의 연구가 무의미하다고 선언할 것이다.[140] 이 말아들

---

139) cf. *NTPG* xiv-xv, 12, 248-59, 456-8, 471-6.

140) 이 문제 — "역사적 예수"가 설교, "신약성서신학," 조직신학과 관련이 있고 또한 유효한가에 관한 질문 — 는 과소평가되어서는 안 된다: Robert Morgan의 뛰어난 논문(1987)을 보라. 제1장에서 살펴보았듯이, 이 문제에 대한 놀라울 정도로

은 탕자가 집으로 돌아오고자 하는 것을 반기지 않는 눈치이다. 옛 기억들은 쉽사리 없어지지 않는다; 라이마루스의 혁명적인 예수, 슈바이처의 묵시론적 환상가, 버미스의 갈릴리 출신의 하시드(Hasid)는 모두 신학자들 가운데에서 동조자들을 모아 왔다. 우리는 심지어 불트만이 예수를 유대의 묵시론적 사상으로부터 해방시키고자 했듯이, 호슬리를 비롯한 여러 학자들이 예수와 결부시켰던 정치적인 연루들로부터 예수를 해방시키고자 하는 새로운 "탈신화화" 시도를 예견해 볼 수도 있을 것이다. 또한 우리는 분명히 많은 사람들이 현재의 논의로부터 그들에게 유익한 것을 택하여서, 그것을 아무리 부적절하다고 할지라도 자기 자신이 고안해 낸 틀 속에 짜맞추게 될 것이라는 것도 예견할 수 있다; 이러한 질병은 나 자신을 비롯해서 학자들이 걸리기 쉬운 풍토병이기 때문에, 현재의 연구들이 여기에서 예외일 것이라고 생각할 근거가 전혀 없다. 또한 이 문제는 자신의 신앙에 근거를 제공해 줄 수 있는 예수상을 찾아내고자 하는 자들에게 국한되는 것도 아니다. 어떤 사람들은 자신의 불가지론에 토대를 제공해 줄 수 있는 예수상을 발견해 내고자 한다.

그러나 우리는 교회의 실천이나 신학에 소용없는 짓이라고 비판하는 자들이 두려워서 제3의 탐구를 수행하고 진보시키는 일을 미루어서는 안 된다. (물론, 종종 이러한 반응은 단순히 제3의 탐구가 지나치게 도전적이어서 비켜가고 싶다는 심정을 나타내는 것에 불과하다.) 나는 여러 해 동안 이러한 딜레마 속에서 살아 왔기 때문에, 이러한 상황에서 출구는 뒤로 물러나는 것이 아니라 앞으로 전진하는 데에 있다는 것을 확신한다. 우리는 역사적 문제들을 붙잡고 계속해서 도전해야 한다; 우리는 역사가 건드릴 수 없는 "신앙"이라는 사적인 세계 속으로 물러나서는 안 된다(만약 그렇게 뒤로 물러난다면, 우리는 도대체 어떤 신을 "믿고" 있는 것이 될 것인가?). 앞으로 전진하는 일은 학계나 교회 모두에 대하여 편안한 길은 아닐 것이다. 앞으로 전진하는 일은 거의

불트만적 입장은 C. S. Lewis, *The Screwtape Letters,* letter no. 23(1955 edn., 116-20)에 의해서 제시되고 있다 — 이것은 1967, 155f.에서의 루이스의 반불트만적 허세에 비추어 볼 때 상당히 놀라운 것이다. 거기에서 루이스는 예수의 "인격"에 관한 불트만의 논의가 슈바이처의 매우 구체적인 주장에 대한 반응이었다는 점을 간과하고 있다.

없다: 그리고 나는 자신의 논의 과제가 자기를 제외한 다른 모든 사람들에게 편치 않을 것이라고 보는 학자의 자기 만족감으로 이런 말을 하는 것이 아니다. 여기에 편하지 않은 것이 있다면, 나도 그것을 공유하게 될 것이다.

그러므로 제3의 탐구는 본서의 기본적인 출발점이다. 그것은 유대적 종말론을 예수를 이해하기 위한 열쇠로서 올바르게 부각시킨다: 그래서, 그것으로써 이 장의 제목을 삼은 것이다. 그 질문들을 따라가고 날카롭게 하며, 그 방법론들을 잘 갈고 닦아서 사용함으로써, 우리는 역사적 맥락 속에서 예수에 대한 우리의 이해를 실질적으로 진전시킬 수 있고, 나사렛 예수와 기독교 신앙 — 나사렛 예수의 과제와 교회의 오늘날의 과제 — 간의 연속성과 불연속성이라는 아주 중요한 문제들을 새로운 방식들로 제기할 수 있다. 역사를 살펴보면, 우리는 마찬가지로 기독교 신학의 전통적인 소재를 다루고 있으며, 그러한 신학은 기독교적 실천과 결코 분리될 수 없다는 것을 발견하게 된다.

이것을 다른 식으로 표현해 본다면, 신약성서의 기사(記事)들이 예수와의 만남을 이스라엘의 신과의 만남이라고 말했을 때에, 그들은 예수가 누구였으며 또한 누구인지를 새롭게 재정의함으로써 "신"(또는 "하나님")이 무엇을 의미하는지를 재정의한 것이다. 사건과 해석, 사실과 가치라는 이분법적 사고는 궁극적인 것이 아니고, 우리가 예수를 연구할 때, 그러한 이분법은 무너져서 해체되어 버리고 만다.[141] 이것은 분명히 유물론적 환원주의의 가능성을 지니고 있는 제3의 탐구의 일부 연구를 상대화시킨다. 그러나 슈바이처가 잘 보았듯이, 이것은 한편으로는 성상 숭배자들의 반역사적인 관념론과 다른 한편으로는 실루엣을 만드는 자들을 훨씬 더 호되게 질타하는 것이다.

단도직입적으로 말하자면, 우리는 예수에 관하여 아주 많은 것을 알 수 있다: 주인공의 머리 색깔 및 그가 아침 식사 때에 무엇을 좋아했는가 등등을 비롯한 현대식의 전기를 쓸 정도로 충분한 것은 아니지만, 그럼에도 불구하고 아주 많은 것. 우리가 아는 것은 모든 역사적 연구에 있어서의 "지식"과 마찬가지로 최근 학계와 기독교가 생각해 왔거나 원해 왔던 것과는 아마도 판이하게 다른, 그렇지만 훨씬 더 유용한 신학적 및 실제적 의미를 결국 생성해 낼 것이다. 새롭게 등장한 갱신된 새탐구는 종종 오직 자신의 방법만이 적어도 오

---

141) Thatcher 1993의 의미심장한 말들을 참조하라.

늘날 북아메리카에 있어서 예수 연구를 유효하게 진행시킬 수 있다고 자부하여 왔다. 나는 좀 더 진지한 역사적 연구를 통해서 훨씬 더 큰 유효성을 확보할 수 있다고 주장한다 — 물론, 우리는 그러한 유효성이 어떤 것인지를 미리 예측해서 말할 수는 없지만. 기독교의 첫 세기가 발견했듯이, 예수에 대한 전적인 제자도는 결코 종교이든 정치이든 현상(status quo)에 대한 무분별한 지지로 귀결되지 않는다.[142]

결국, 진정한 기독교는 역사를 두려워할 이유가 전혀 없다. 도리어, 온갖 출신 배경들을 지닌 학자들은 지금 주후 1세기 유대교에 대한 발견들과 연구의 엄청난 물결에 힘입어서 라이마루스, 슈바이처, 불트만, 샌더스, 크로산 등등과 루터와 멜란히톤에 의해서 제기된 문제들에 답할 수 있는 호기(好期)를 맞고 있다. 계몽주의의 도전에 대하여 적절하게 대응하고, 그렇게 함으로써 아무리 엄격하다고 할지라도 결코 신학을 포기하지 않고 오히려 성상들 무더기 아래에 또는 실루엣 무더기 배후에 감춰져 있던 신학적 가능성들을 재발견해 낸 역사의 관점으로부터 몇몇 도전들을 역으로 제시할 수 있는 호기가 지금 우리에게 있는 것이다. 먼 나라를 여행하느라 지저분해진 모습이긴 하지만, 역사는 이제 집으로 돌아와 잔치를 벌이게 될 것이다. 우리는 이제 이것을 다음 장에서 살펴보기로 하자.

---

142) cf. *NTPG* Part IV.

제4장

탕자들과 패러다임들

1. 유대인들, 소작농들, 탕자들

역사는 이야기들을 함으로써 진전된다. 여기에 가장 잘 알려진 이야기들 중의 하나가 있다:

또 이르시되 어떤 사람에게 두 아들이 있는데 그 둘째가 아버지에게 말하되 아버지여 재산 중에서 내게 돌아올 분깃을 내게 주소서 하는지라 아버지가 그 살림을 각각 나눠 주었더니 그 후 며칠이 안 되어 둘째 아들이 재물을 다 모아 가지고 먼 나라에 가 거기서 허랑방탕하여 그 재산을 낭비하더니 다 없앤 후 그 나라에 크게 흉년이 들어 그가 비로소 궁핍한지라 가서 그 나라 백성 중 한 사람에게 붙여 사니 그가 그를 들로 보내어 돼지를 치게 하였는데 그가 돼지 먹는 쥐엄 열매로 배를 채우고자 하되 주는 자가 없는지라 이에 스스로 돌이켜 이르되 내 아버지에게는 양식이 풍족한 품꾼이 얼마나 많은가 나는 여기서 주려 죽는구나 내가 일어나 아버지께 가서 이르기를 아버지 내가 하늘과 아버지께 죄를 지었사오니 지금부터는 아버지의 아들이라 일컬음을 감당하지 못하겠나이다 나를 품꾼의 하나로 보소서 하리라 하고 이에 일어나서 아버지께로 돌아가니라 아직도 거리가 먼데 아버지가 그를 보고 측은히 여겨 달려가 목을 안고 입을 맞추니 아들이 이르되 아버지 내가 하늘과 아버지께 죄를 지었사오니 지금부터는 아버지의 아들이라 일컬음을 감당하지 못하겠나이다 하나 아버지는 종들에게 이르되 제일 좋은 옷을 내어다가 입히고 손에 가락지를 끼우고 발에 신을 신기라 그리고 살진 송아지를 끌어다가 잡으라 우리가 먹고 즐기자 이 내 아들은 죽었다가 다시 살아났으며 내가 잃었다가 다시 얻었노라 하니 그들이 즐거워하더라.

맏아들은 밭에 있다가 돌아와 집에 가까이 왔을 때에 풍악과 춤추는 소리를 듣고 한 종을 불러 이 무슨 일인가 물은대 대답하되 당신의 동생이 돌아왔으매 당신의 아버지가 건강한 그를 다시 맞아들이게 됨으로 인하여 살진 송아지를 잡았나이다 하니 그가 노하여 들어가고자 하지 아니하거늘 아버지가 나와서 권한대 아버지께 대답하여 이르되 내가 여러 해 아버지를 섬겨 명을 어김이 없거늘 내게는 염소 새끼라도 주어 나와 내 벗으로 즐기게 하신 일이 없더니 아버지의 살림을 창녀들과 함께 삼켜 버린 이 아들이 돌아오매 이를 위하여 살진 송아지를 잡으셨나이다 아버지가 이르되 얘 너는 항상 나와 함께 있으니 내 것이 다 네 것이로되 이 네 동생은 죽었다가 살아났으며 내가 잃었다가 얻었기로 우리가 즐거워하고 기뻐하는 것이 마땅하다 하니라.[1]

아들 또는 아버지? 이 아들은 흔히 탕자로 불린다; 그러나 이 아들은 이 이야기 속에 나오는 유일한 탕자(역주: 후하게 사용하는 자라는 의미에서)는 아니다. 이 이야기는 유대인들의 역사에 대한 주후 1세기의 통상적인 읽기를 타파하고, 그것을 다른 읽기로 대체하기 위한 목적을 지닌 폭발성 있는 이야기이다. 우리가 『신약성서와 하나님의 백성』에서 유대적인 이야기에 대한 몇몇 다시 말하기들이 다른 이야기들을 전복시키려는 의도를 지니고 있었다는 것을 보았듯이(수산나 이야기는 바로 그러한 경우에 해당한다),[2] 이 이야기도 주후 1세기의 주류 유대인들, 특히 이스라엘 선조들의 유업을 수호하는 자들로 자처하는 자들로부터 예상할 수 있는 이야기를 전복시킨다. 우리가 본서의 서론의 결론부로 제시하고 있는 이 이야기는 식욕을 자극하고, 앞으로 등장하게 될 주요한 주제들 중 몇몇을 미리 보여주며, 앞 장으로부터 도출해 낸 방법론의 몇몇 요점들을 강조하기 위한 사례 연구로서의 기능을 하게 될 것이다.

---

1) 눅 15:11-32.
2) cf. *NTPG* 215-23; 수산나서에 대해서는 **220f.**

그 동안 학계에서는 누가복음에 관한 많은 주석서들을 내었고, 비유들에 대한 많은 책들도 나왔다. 그러나 내가 참고한 그 어떤 책에서도 내게는 가장 두드러지고 분명해 보이는 특징을 지적한 책은 한 권도 없었다. 생각해 보자: 여기 먼 나라에 가서 온갖 수모를 겪으며 방황하다가 다시 집으로 돌아 왔을 때 집에 머물러 있던 또 다른 아들이 그를 환영하는 것을 탐탁지 않게 생각한다는 것을 발견한 한 아들이 있다.[3] 이것이 함축하는 뉘앙스들은 아주 강력해서, 우리는 그것들을 결코 무시할 수가 없다. 이것은 이스라엘의 이야기, 특히 포로기와 회복기의 이스라엘에 관한 이야기이다. 이 이야기는 어느 정도 정확하게 포로기의 예언자들, 에스라서와 느헤미아서, 그리고 그 이후에 나온 상당수의 유대교 문헌들의 밑바탕에 깔려 있는 서사 문법(narrative grammar), 그러므로 제2성전 시대 유대교의 토대가 되었다고 볼 수 있는 서사 문법과 일치한다. 이 이야기의 궁극적인 배경은 출애굽 자체이다: 이스라엘은 이방 나라로 멀리 떠나가서, 종살이를 하게 되고, 그런 후에 자신의 본향으로 되돌아 온다. 그러나 본 주제는 포로생활(exile)와 회복(restoration)이다. 이것은 이 비유가 무엇에 관하여 말하고 있는지를 잘 보여준다.[4]

바빌로니아는 이스라엘 백성을 포로로 잡아 갔었다: 바빌로니아는 멸망했고, 이스라엘 백성은 본향으로 되돌아 왔다. 그러나 예수 시대에, 대부분은 아니지만 많은 수의 유대인들이 포로생활이 여전히 계속되고 있다고 여겼다. 백성들은 지리적 의미에서는 귀환한 것이지만, 위대한 회복의 예언들은 아직 성취되지 않았다.[5] 이스라엘은 무엇을 하여야 했는가? 이스라엘을 포로생활로 몰고

---

3) 이 이야기 속에서 아들은 떠나기로 결심한다. 그러나 조금 후에 분명해지듯이, 농촌의 청중들은 그가 배은망덕했다는 것을 알았을 것이다.

4) Drury 1985의 큰 장점은 그가 이 비유들의 유대적 배경, 특히(후대의 저술가들도 그렇게 보았듯이) 이 비유들이 지닌 유사 알레고리적 내용을 진지하게 수용했다는 것이다. 안타까운 것은 그가 예수가 이 비유들을 이런 식으로 사용했다고 말하면서 상당히 주저함을 보이고 있다는 것이다. 그러한 이야기들의 유대적 기대들, 여기에서 포로생활에 대한 언급을 강력하게 확증해 주는 매력적인 저작으로는 Magonet 1988, 143f.를 참조하라. (나의 이러한 언급은 Bruce Longenecker 박사 덕분이다.)

5) *NTPG* 268-72, 299-301, ch. 10 *passim;* 그리고 위의 xvif.

간 죄를 회개하고 전심을 다하여 야훼께로 돌아온 것은 왜인가?[6] 누가 이스라엘이 되돌아오는 것을 방해하고 있는 것인가? 이방인들과 혼합된 무리들, 특히 백성들이 포로생활을 하는 동안에 이 땅에 머물러 있었던 사마리아인들.[7] 그러나 이스라엘은 스스로를 낮추고 구속받은 가운데 되돌아오게 되어 있었다: 죄들은 사함받고, 계약은 갱신되며, 성전은 재건되고, 죽은 자들은 다시 살아나게 될 것이다. 이스라엘의 하나님은 출애굽 때에 이스라엘을 위하여 하셨던 일 ─ 이것은 항상 유대인들의 기대의 결정적인 배경이다 ─ 을 마침내 다시 한 번, 심지어 더욱 영광스럽게 행하실 것이다. 야훼는 마침내 왕이 되실 것이고, 계약에 의한 사랑 속에서 이스라엘을 위하여 예언자들이 예언했던 일을 행하실 것이다.[8]

포로생활과 회복: 이것은 이스라엘이 스스로 참여하고 있다고 믿었던 중심 드라마이다. 그리고 탕자의 이야기는 아주 간단하게 이렇게 말한다: 그 소망이 지금 이루어지고 있다 ─ 그러나 그것은 예상했던 것과 같아 보이지 않는다. 이스라엘은 자신의 어리석음과 불순종으로 말미암아 포로생활을 겪게 되었고, 지금은 엄청나게 관대한, 실제로 아낌없이 후하게 주시는 이스라엘의 하나님

---

6) cf. 신 30:1-10; 스 9:5-10:5; 느 1:4-11; 9:6-38; 렘 3:11-15, 19-25; 24:4-7; 29:10-14; 단 9:3-19; 호 5:15-6:2; 13:14; 14:1-7 등. 아래 제7장을 보라.

7) cf. 왕하 17:24-41; 스 4:1-24; 9:1-2; 느 4:1-8; 6:1-19; 13:23-9 등. 이스라엘의 회복과 성전의 재건에 대한 사마리아인들의 반대를 둘러싼 역사적 문제들에 대해서는 R. T. Anderson 1992, 941f.를 참조하라. 또한 포로기 동안에 팔레스타인 땅에 남아 있었던 유대인들에 대한 비난에 대하여 말하고 있는 예레미야서 24:8-10과 비교해 보라. 누가복음에서는 사마리아인들이 한결같이 좋은 방향으로 묘사되고 있다는 것과 같이 그러한 반응들이 가능했다는 것에 대한 분명한 대답은 이것이 이 비유가 상정하고 있던 첫 번째 청중인 주후 1세기 유대인들의 이해가 아니었다는 것이다. 누가가 사마리아인들을 재평가하고 있는 것은 그의 독자들 중 많은 사람들에게 의외의 일이었을 것이다; 그들은 여전히 이 이야기가 만들어 낼 의미들을 잘 알고 있었을 것이다.

8). cf. *NTPG* 268-338; 그리고 겔 36-37; 호 11:1-9, 사 40-55 등과 비교해 보라. 이 모든 것들이 예수 당시에 일어났다거나 이 시기의 경건한 유대인들이 그러한 모든 일들이 일어났다고 생각했을 것이라고 전제하는 사람들은 역사적으로 사고하는 법을 배우지 못한 것이다.

의 사랑으로 말미암아 되돌아오고 있다. 그러나 이 이야기는 고도로 전복성향을 지닌 다시 말하기(a highly subversive retelling)이다. 죽은 자로부터의 실제적인 부활을 포함한 포로생활로부터의 실제적인 귀환은 예수 자신의 사역 속에서 극히 역설적인 방식으로 일어나고 있다. 지금 일어나고 있는 일에 대하여 불평하는 자들은 포로로 잡혀가지 않은 유대인들, 귀환하는 백성들에 반대한 유대인들의 역할을 맡고 있다. 그들은 사실상 사마리아인들이다. 예레미야가 예언했듯이, 참 이스라엘은 정신을 차리고 아버지께로 되돌아오고 있다:[9] 그리고 하나님의 사랑과 은혜의 이 엄청난 물결에 반대하는 자들은 그들 스스로를 참 가족의 바깥에 있는 자들로 정의하고 있다. 여기에는 아마도 동생이 유업을 잇고 형이 이에 분노함으로써 유업에서 제외된 두 형제 간의 싸움에 관한 이야기의 반영(反映)들이 들어있는 것 같다.[10] 이러한 것들은 이 이야기에 깊게 공명하는 의미를 부여해 준다. 그러나 주된 줄거리는 여전히 분명하다. 이스라엘의 역사는 그토록 오랫동안 기다렸던 모퉁이를 돌고 있다; 이것은 예수 자신의 사역 속에서 일어나고 있다; 그리고 그것에 반대하는 자들은 참된 하나님의 백성의 대적들이다.[11]

물론, 누가는 이 이야기를 자신의 좀 더 큰 이야기 속에서 사용하고 있다. 학자들이 항상 주목하는 것은 아니지만, 누가복음 15장과 사도행전 15장 간에는 흥미로운 병행이 존재한다. 이 두 기사 속에서, 사람들은 통상적으로 받아들여질 수 있는 한계를 뛰어넘어서 환영을 받는다. 이 두 기사 속에서, 이것은 조상

---

9). 렘 31:18-20. 몇몇 학자들(Quell 1967, 973, 그를 따르고 있는 Marshall 1978, 604)은 예레미야서의 이 대목을 이야기의 맥락을 고찰함이 없이 이 비유에 대한 배경으로 본다. 이것을 토대로 Evans 1990, 589 등은 그 연결관계를 부정할 수 있었다.

10) 창 4; 27; 32f. A. Goddard 박사는 내게 눅 15:20은 창 33:4의 반영이라는 점을 지적해 주었다.

11) 이것은 의심할 여지 없이 이 비유를 두 부분으로 나누어서 하나는 본래적인 것이고 두 번째 것은 나중에 첨가되었다고 설명하려는 시도가 얼마나 어리석은 일인지를 잘 보여준다: Bultmann 1968 [1921], 212; Marshall 1978, 605, 그러나 Wellhausen, Weiss and J. T. Sanders 1969 등은 이에 반대. Evans 1990, 588은 25-32절이 "약간 서투른 첨부"인 것 같다고 주장한다; 이것은 단순히 이 비유를 천박한 도덕주의적 이야기로 변질시킴으로써 핵심을 놓치고 있는 것일 따름이다.

들의 전통의 수호자들로부터 불평을 불러일으킨다. 이 두 기사 속에서, 그러한 불평들에 대하여 이스라엘이 갱신의 때, 포로생활에서의 귀환의 때, 하나님 나라의 때에 진입하고 있고, 이미 실제로 진입해 있다는 답변이 들려진다. 그것은 버려진 자들이 환영을 받기로 되어 있는 때이다.[12] 사도행전 15장에서 결정적으로 중요한 대목은 아모스 9:11 이하에서 인용한 인용문이다:

> 이후에 내가 돌아와서
> 다윗의 무너진 장막을 다시 지으며
> 또 그 허물어진 것을 다시 지어 일으키리니
> 이는 그 남은 사람들과 내 이름으로 일컬음을 받는 모든 이방인들로
> 주를 찾게 하려 함이라 하셨으니
> 즉 예로부터 이것을 알게 하시는 주의 말씀이라.[13]

달리 말하면, 지금은 이방인들이 들어올 때라는 것이다. 왜냐하면, 이스라엘의 포로생활은 마침내 끝이 났고, 이스라엘은 회복되었기 때문이다. 성전은 재건되었다; 메시야도 마침내 도래하였다. 그러나 누가는 그러한 사상을 어디에서 얻었던 것일까? 내가 앞서 논증했듯이, 이것은 누가의 저작 전체 속에서 주된 주제였지만, 누가가 그 주제를 만들어낸 것은 아니었다. 이 주제는 누가가 그 밖의 다른 모든 주요한 초기 기독교 저술가들과 공통으로 갖고 있었던 것이었다. 이스라엘의 메시야적 회복, 이에 따른 세계에 대한 선교 활동의 신학적 근거 제시는 마태복음과 바울 서신 속에서도 두드러진 주제들로 나오고, 공관복음 전승 이전의 이야기를 따른 이야기 속에서도 발견된다.[14]

그러므로 우리는 대규모 협공 작전에서와 마찬가지로 예수 당시의 유대적 배경 및 초대 교회의 기독교 신학을 토대로 예수를 향하여 나아가는 연구를

---

12) cf. *NTPG* 223, 267f.; cp., 많은 예들 중에서 하나의 예로서 Tob. 13:9-11과 비교해 보라.

13) 행 15:16f.

14) cf. *NTPG* Part IV, 특히 chs. 13, 14. 누가복음에 대해서는 특히 381f.를 참조하라.

할 수 있다. 이스라엘은 구속, 포로생활에서의 귀환을 기다리고 있었다. 초기 그리스도인들은 마치 그 일이 이미 일어난 것처럼 행동하였고, 예수에 관한 이야기들을 말함으로써 이것을 정당화하였다. 여기서 가장 간단한 해법(신약학자들이 통상적으로 아주 간단한 해법을 선호하는 것과는 다른)은 예수 자신이 자기가 이 기이한 포로생활에서의 귀환을 수행할 주체라고 믿었고, 그에 따라서 살고 행동하였다는 것이다. 예수가 온갖 잡다한 무리들을 환대하고, 크로산(Crossan)이 그토록 감동적으로 썼던 자유롭게 나누고 공유하는 생활을 보여준 것은 부활-죄사함-회복-포로생활에서의 귀환-야훼의 통치가 모두 맏형들, 아버지의 집의 수호자들로 자처한 터줏대감들의 콧김 아래에서 일어나고 있다는 것을 보여주는 표징이었다. 계약은 갱신되는 중에 있었고, 예수가 버려진 자들을 환대한 것은 그러한 갱신의 결정적으로 중요한 일부였다.

그리고 그러한 가운데에서 아버지는 무모할 정도로 아낌없이 주시며 결점에 대하여 너그러웠다. 이 이야기를 온전히 의미있게 해주는 소작농이라는 배경에 대한 자세한 연구는 다음과 같은 주목할 만한 것들을 보여준다.[15] 둘째 아들이 유산에 있어서 자신의 몫을 요구한 것은 거의 생각할 수 없는 일이었다: 그것은 그의 아버지에게 "나는 당신이 죽었으면 좋겠어요"라고 말한 것과 같은 것이었다. 당연히 아버지는 그런 아들을 매질하거나 밖으로 내쫓았어야 했다. 그런데 오히려 아버지는 둘째 아들의 말에 동의한다. 결국 이 아들은 유대인들이 보기에는 더 이상 추락할 수 없는 그런 일을 하는 모습으로 비참해지고 만다: 이방인 주인을 위해서 돼지 떼를 키우는 일. 그리고서 이 아들은 또 한 가지 상상할 수 없는 일을 한다: 그는 마을 사람들의 눈에 온 가족이 수모를 당할 위험을 무릅쓰고 집으로 돌아온다. 아버지는 뛰어나가서 그 아들을 맞는다; 원래 가족의 연장자들은 시절이 아무리 좋은 때라도 이토록 위엄을 잃는 일을 결코 하지 않기 때문에, 스스로 수치를 뒤집어 써야 마땅한 자를 영접하기 위하여 뛰어나오는 일은 더더욱 말도 안 되는 것이었다. 아버지가 베푼 연회는 대가족의 결혼식과 마찬가지로 온 마을을 대상으로 한 것이다; 살찐 송아지 한 마리를 잡은 것은 한 가족의 행사를 위해서는 지나친 것이기 때

---

15) 다른 곳에서와 마찬가지로 여기에서도 Bailey 1983 [1976, 1980]의 저작은 눈먼 자들에게 눈이 되어 왔다. 이 비유에 대해서는 1:158-206을 참조하라.

문이다. 한편 맏아들도 공공연하게 아버지에게 대들므로써 아버지에게 수모를 안겨주고, 은연중에 자기는 아버지가 빨리 죽어서 그의 유업의 몫을 차지할 수 있게 되기를 바랐다는 것을 암시한다. 그러나 이번에도 아버지는 놀랍게도 믿을 수 없을 정도로 온유하다. 그 문화적 배경 속에서 보면, 이 이야기는 갑작스럽게 너무도 빨리 끝나버린다: 이 이야기는 화해를 말하는 마지막 장면이 필요하다.

대부분의 주석자들은 아버지가 집에 돌아오는 탕자를 영접한 것은 아버지의 사랑을 보여주는 위대한 징표라는 점에 그 초점을 맞춰 왔다. 잘 알다시피, 헬무트 틸리케(Helmut Thielicke)는 『기다리는 아버지』(*Waiting Father*)라는 제목의 책을 썼다.[16) 그러나 아버지의 아낌없이 주는 사랑에 강조점이 맞춰진 이 이야기의 취지는 훨씬 더 빨리 느껴지고, 훨씬 더 오랫동안 우리의 뇌리에 남는다. 가장 위대한 예언사들 중의 몇몇이 보았듯이, 포로생활은 그 자체가 이스라엘의 아버지-신의 기이한 계약의 목적들의 일부였다. 이스라엘은 범죄하고 이교의 우상들을 섬기도록 허용되었고, 심지어 마침내는 이방인 주인을 위하여 돼지 떼를 키우는 것도 허용되었지만, 이스라엘은 하나님의 계약의 목적들로부터 떨어져 나갈 수는 없었다. 이스라엘은 하나님에게 "나는 당신이 죽기를 바란다"라고 말할 수는 있었지만, 이 신은 똑같은 방식으로 응수하지는 않는다. 그러므로 이스라엘이 제정신으로 돌아와서 진심으로 집으로 돌아왔을 때, 이스라엘을 기다리고 있는 것은 아낌없이 주는 후하고 놀라운 환대이다. 마찬가지로, 이와 같은 너그러운 사랑은 집으로 돌아온 탕자를 환영하는 것이 과연 옳은 일인지를 이해할 수 없어서 마음에 상처를 입고 당혹스러워 하는 자들에게도 똑같이 미친다.

이러한 여러 차원의 의미는 각각 우리가 예수께서 이 이야기를 말하고 있다고 — 그러니까 이 이야기를 누가가 설정해 놓은 것 같은 배경 속에서(눅 15:1-2) 말하고 있다고 — 상정할 때에 적절한 공명(共鳴)을 얻게 된다. 점점 더 많은 수의 학자들이 인정하고 있듯이, 예수는 마치 성전 제도 전체를 무시해 버리는 것처럼 행동하고 있다. 예수는 온갖 부류의 사람들을 이스라엘 신의 새로워진 백성 속으로 받아들여야 한다고 주장하고 있다. 예수는 이 이야기를

---

16) Thielicke 1960.

하면서 자기가 죄인들과 함께 식사를 하는 행위를 해명하고 그 타당성을 설명하고 있다: 예수가 죄인들과 함께 벌이는 연회적 성격의 식사들은 실생활 속에서 이 이야기에 나오는 돌아온 탕자에 대한 환영 파티와 동일한 것이다. 그 식사들은 포로생활에서 돌아온 것을 축하하는 것이다. 게다가 예수는 자신이 이런 모든 일을 행할 때, 즉 이스라엘 신이 이 일을 행하실 때, 죄인들이 하나님의 백성으로서의 자격과 관련된 모든 통상적인 시험들을 통과했든 안했든, 그들이 예수의 환대를 받아들이는 한 환영받을 것이라고 주장하고 있다. 그렇다면 도대체 이스라엘의 거룩한 신은 왜 이런 식으로 행동을 하는 것인가? 그렇다. 이 비유는 예언자들이 예언한 대로 이스라엘 신이 행동하는 것이라고 대답한다: 이 이야기에 나오는 아버지와 마찬가지로 이스라엘의 신이 그런 식으로 행동하는 것은 결코 혁신적인 것이 아니다; 그것은 이스라엘의 기나긴 검증된 역사 속에서 밝혀진 이스라엘 신의 성품과 일치한다. 바로 이것이 이스라엘 신의 모습이고, 앞으로도 그럴 것이다.

맏아들에도 불구하고, 이 비유는 추상적인 또는 무시간적인 진리를 가르친다는 의미에서 우리를 "가르치고" 있는 것이 아니다; 이 비유는 행동한다. 이 비유는 새로운 세계를 창조한다. 예수가 지금 행하고 있는 일에 반대하는 자들은 그들이 실제로 이스라엘 역사의 위대한 절정인 이 새로운 세계 속에서 행하고 있는 역할에 대하여 경고를 받는다. 부활, 포로생활에서의 귀환은 지금 일어나고 있고, 그들은 그것을 보지 못한다. 전선은 형성되어 있다. 그것은 예수가 이것저것 조그만 꼬투리들을 잡는 그런 문제도 아니고(흔히 생각되어 왔지만 지금은 아주 자주 반박되고 있는), 하나의 무시간적인 종교 제도에 대하여 또 다른 제도가 추상적인 도전을 제시하고 있는 그러한 문제도 아니다. 예수는 이스라엘이 오랫동안 기다려 왔던 새로운 세계를 맞아들이라고 주장하고 있다; 그리고 그는 겉보기에는 온갖 잘못된 방식들로 그 일을 행하고 있다. 예수는 이스라엘에 대한 위대한 치유와 위대한 회복을 실행하고 있다. 그리고 그는 자신의 행위들을 개별적인 몇몇 예언서의 증거 본문들이 아니라, 이스라엘이 다양한 형태로 거듭거듭 이야기해 왔던 전체 이야기 줄거리의 성취라는 견지에서 해석한다.[17] 예수의 대적자들은 그들 자신이 새로운 종류의 스포트라이트

---

17) cf. *NTPG* 241-3.

아래에 서 있다는 것을 발견한다. 이것이 새로운 출애굽이라면, 그것에 반대하고 있는 자들은 바로(Pharaoh)의 역할을 하고 있는 셈이 된다. 이것이 포로생활에서의 진정한 귀환이라면, 이것을 반대하고 있는 자들은 사마리아인들이다. 예수가 어떤 의미에서 진정한 성전을 재건하고 있는 것이라면, 이에 반대하는 자들은 — 아이러니컬하게도 그들 자신의 세계관이 예루살렘에 있는 성전을 중심으로 아주 강력하게 구축되어 있음에도 불구하고 — 그 재건에 결사적으로 반대하는 자들이 된다.[18] 사실상 그들은 이스라엘의 계약의 신에게 자기들은 그가 죽었으면 좋겠다고 말하고 있는 것이다. 그러나 이것은 단지 맏아들이 화해를 이룰 수 있기를 바라는 마음을 부각시키는 것이다. 누가복음에서 사마리아인들에게는 새로운 소망, 새로운 가능성이 주어진다. 이 이야기 속에 나오는 맏아들은 암묵적으로 정죄되는데, 이는 새로운 기회를 제공받기 위해서이다. 이 비유는 듣는 자들이 하나의 선택, 경고, 초대에 직면하는 새로운 상황을 만들어낸다.

드라마 상으로도, 역사적으로도, 신학적으로도 이 비유는 본서의 나머지 부분에서 우리가 연구하게 될 예수의 사역과 정확하게 부합한다. 예수는 자신을 중심으로 이스라엘을 재건하고 있다. 이것은 포로생활에서의 귀환이다; 달리 말하면, 이것은 이스라엘 신의 나라이다. 하나님 나라에 관한 여러 가지 다른 비전들과 관련하여 기득권을 지닌 사람들은 당연히 강력하게 반발할 것이다. 이 비유 속에서 두 번이나 나오는(24절, 32절) 부활에 관한 기이한 선포는 이와 같은 맥락 속에서 가장 잘 그 의미가 드러난다. 예수의 행위들, 예수의 말씀들은 그 정당함을 입증받을 필요가 있다. 예수의 제안은 단순히 경솔한 시늉으로 끝나버리고, 역사의 냉혹한 현실은 그것들이 공허한 것이었다는 것을 입증하게 될 것인가? 예수가 죄인들과 함께 한 잔치 성격을 띤 식사들은 단순히 공허한 제스처에 불과한 것인가? 예수는 하나의 주장, 즉 이스라엘 신이 자기 안에서 및 자기를 통해서 그의 백성을 회복하고 계시다는 주장을 하고 있다. 이 주장은 격한 논증을 불러일으킬 만한 것이다. 그것은 예수 자신의 가르침 속에서 당국자들과의 최후의 충돌을 암시하는데, 당국자들은 예수를 죽이고자 하고, 그러한 의도 속에서 행동할 것이다. 예수는 여느 선한 유대인과 마찬가지

---

18) cf. 스 4:1-3.

로 자기가 하나님의 뜻에 따라 이 일에 대처하면 자기는 결국 신원받게 될 것이라는 것을 믿는다. 그리고 바로 그것을 나타내는 단어가 "부활"이다.

2. 비유에서 패러다임으로

(i) 가설을 향하여

제비 한 마리가 돌아왔다고 해서 여름이 되는 것이 아니다; 하나의 비유가 하나의 패러다임, 즉 예수의 목표들 및 이력의 전체적인 모습을 반드시 보여주는 것은 아니다. 그러나 하나의 비유는 내용 및 방법론과 관련된 몇몇 중요한 점들을 분명하게 보여준다. 내용에 대해서는 나는 이미 앞 절에서 설명한 바 있다. 이제 방법론에 대해서 좀 더 설명을 할 필요가 있다.

우리는 하나의 작은 예를 통해서 유대교와 초대 교회라는 이중적인 배경 — 우리가 『신약성서와 하나님의 백성』 제3부와 제4부에서 살펴본 극히 복합적인 실체들 — 은 실제로 협공 작전을 할 수 있는 토대를 제공해 주기 때문에, 우리는 이것을 통해서 확고한 역사적 근거를 발견해낼 수 있다는 고도의 가능성을 지니고 예수 자신에게로 거슬러 올라갈 수 있다는 것을 살펴본 바 있다. 또한 우리는 특정한 자료를 그것과 관련된 세계관의 견지에서 읽고, 특정한 이야기를 어떤 세계관을 표현하거나 유지하거나 전복시키고 있다는 관점에서 읽는 것이 분명한 가치를 지닌다는 것을 살펴보았다. 이 비유는 이스라엘 이야기를 다시 말하고 있다(retelling)고 볼 때에만 의미를 지닌다; 그러나 또한 이 비유는 그 이야기를 근본적으로 전복시키기 위하여 다시 말하고 있다는 관점에서 볼 때에만 의미를 지닌다. 우리가 이 비유 속에 들어 있는 구체적인 전복의 종류를 살펴보면, 그것은 교회의 아주 초기부터 전제된 것이라는 것이 드러난다. 하나의 비유로서, 특히 한 장면을 너무도 빨리 급작스럽게 마무리짓는 방식 속에서, 이 비유는 이런 방식으로 일어나고 있는 이스라엘의 구속의 가능성이 절정에 달해서 공개적으로 축하되는 때가 아니라 격렬하게 논쟁이 되고 있는 역사상의 한 시기에서만 의미를 지닌다. 따라서 이 비유는 유대교와 초기 기독교 간의 간격, 우리가 제1권에서 살펴보았던 세계관들 간의 본문 및 공동체상의 간격과 아주 정확하게 일치한다. 그러므로 이 비유는 유대교적 배경과 초기 기독교의 세계, 이 둘과 결정적으로 비슷하면서도, 이와 동시에 중요한 면에서 상이하다 — 제3의 탐구에 속하는 최근의 몇몇 연구 속에서 강조되고 있는 바로 그러한 의미에서.[19] 이러한 이중적인 움직임을 알아차리는 것은 아주 중요하다. 그렇지 않다면, 우리는 후대의 기독교화된 본문들을 통해서만 연구하거나 유대교에 대한 복잡한 재구성들로부터만 연구하게 되는 어려운 처지에 놓이게 된다. 많이 논란되는 "상이성의 기준"과 아울러, 이중의 유사성의 기준(a criterion of double similarity)이 함께 적용되어야 한다: 어떤 것이 주후 1세기 유대교 내에서 가능성이 있는 것으로 보아질 수 있고(짙은 전복 성향에도 불구하고) 후대의 기독교 속의 어떤 것의 출발점으로 볼 수 있는 가능성이 있을 때(정확한 복사판은 아닐지라도), 우리가 예수의 진정한 역사와 접하고 있을 가능성이 아주 커진다. 이것은 제3의 탐구와 새롭게 등장한 갱신된 새탐구가 채택하고 있는 방법론을 강력하게 강화시킨다.

달리 말하면, 그것은 우리가 앞 장에서 살펴보았던 다섯 가지 주요한 질문들에 답하는 기본적인 가설을 세워준다. (1) 예수는 주후 1세기의 유대교와 부합하고, 그 이야기들을 새롭고 철저하게 포괄적인 방식들로 다시 말한다. 예수는 말하고 행동하며, 예언적으로 말하고 행동하면서 그의 청중들에게 자기 안에서 그들이 오랫동안 기다려 왔던 새로운 일이 역설적인 방식으로 일어나고 있다는 것을 깨닫도록 도전하는 것으로 인식된다. (2) 예수는 세례 요한이 했던 것과 흡사하게 이스라엘을 자신을 중심으로 다시 형성하는 책임을 하나님으로부터 부여받았다고 믿는다. 그러나 이러한 하나님의 백성의 재형성은 이제는 더 이상 포로생활에서의 귀환이나 하나님 나라의 도래를 위한 예비적인 준비작업이 아니다; 그것은 그 자체가 귀환이자 구속이요 죽은 자로부터의 부활이다. 그 결과 그것은 반성전 운동(counter-Temple movement)이기도 하고, 그런 것으로 인식된다. 또한 그것은 예수를 세례 요한과는 다른 지위에 놓는다. (3) 이런 모든 이유들 때문에, 그것은 적대감을 불러일으키게 된다. 예수의 사역이 진행되는 동안에, 이러한 적대감은 바리새인들로부터 왔을 것이다. 예수의 메시지가 예루살렘에서 말해지거나 행해졌다면, 그 적대감은 성전 당국자들로부터 왔을 것이다. 로마인들이 유대인들 가운데서의 갱신 운동에 관한 소문을 들었다면, 그들도 그 운동을 짓밟고자 했을 것이다. (4) 이러한 선포가

---

19) 위의 p. 150f.

단순히 그 선포자의 수치스러운 죽음으로 끝나버린 것이라면, 그것은 한 마리 나비가 짧은 생애 동안에 온갖 매력을 지닌 아름다운 꿈을 꾼 것이 되고 말 것이다. 그러나 그것이 수치스러운 죽음 이후에 그 정당성을 신원받았다면, 그 나라가 아무리 역설적인 방식이긴 해도 실제로 도래하였다고 계속해서 믿을 만한 근거는 충분히 존재하는 셈이 된다. 또한 이방인들에게 새로운 방식으로 극진한 환영의 손길이 뻗치게 된 것도 충분히 이해할 수 있는 근거가 마련된 셈이다; 그리고 (5) 누가 같은 저술가가 이 원래의 이야기를 이 새롭고 신학적으로 일관된 맥락 속에서 다시 말하게 된 이유도 충분히 존재하는 셈이다. 따라서, 요점을 말하자면, 아낌없이 주시는 아버지의 비유는 예언자적인 아들에 관한 가설을 보여준다: 몸소 이스라엘을 짊어진 이 아들은 스스로 먼 나라로 가서 이스라엘의 포로생활이라는 수모를 당하게 되는데, 이것은 하나님 나라를 오게 하고, 계약을 새롭게 하며, 창조주이자 이스라엘의 하나님으로 하여금 아낌없는 환대를 땅끝까지 뻗치게 하기 위한 것이다.

이와 같은 가설은 어떻게 실제로 검증될 수 있는가? 우리가 이미 말했듯이, 이 가설의 본질적으로 단순한 개요가 어떻게 세부적으로 전개되는지를 보여주고, 역으로 다양한 세부적인 내용들이 그 안에서 어떻게 부합하는지를 보여줌으로써, 이 가설은 검증될 수 있다. 또한 우리가 그 밖의 다른 학문적인 가설들의 장점들이 유지되고 약점들이 제거된다는 것을 보여줄 수 있다면, 그것도 이 가설의 검증에 도움이 된다. 각각의 말씀들과 각각의 비유들을 하나하나씩 검토해서 지극히 가설적인 전승사를 구성하여 역사의 양파 껍질을 벗겨 내어 그 핵심에 이르고자 하는 것은 그리 도움이 되지 않는다. 그러한 것은 요리법상으로도 영양학상으로도 만족스럽지 않아서, 그 먹는 자로 하여금 회개에 이르게 하는 탕자가 먹은 쥐엄나무 열매가 보여주듯이, 눈물과 좌절의 길이요 새로운 형태의 학문적 포수(捕囚)이다.[20] 그러한 식사는 단지 진지한 역사라는 것이 존재하고, 그것은 그와 같은 식으로 해서는 이루어지지 않는다는 것만을 상기시켜주는 역할을 할 뿐이다. 이 가설은 하나의 가설로서 천착되어야 한다. 이 가설의 검증은 다른 모든 가설들과 마찬가지로 모든 자료들을 왜곡함이 없이 포괄하는 것, 설명 방식의 본질적인 단순성, 그 밖의 다른 것들을 조명해 줄

---

20) Bailey 1983 [1976, 1980], 1:171-3; Safrai 1994, 141f.

수 있는 능력 등을 통해서 이루어지게 될 것이다.[21] 그러면, 이제 그러한 과제를 향하여 나아가도록 하자.

(ii) 이야기들을 말하는 것에 대하여

이 비유가 소작농 사회라는 배경과 강력하게 부합하고 서로 공명한다는 것은 소작농 사회 속에서의 이야기 하기(story-telling)의 성격과 관련된 또 다른 종류의 가설을 위한 기초를 제공해 준다.[22] 소작농 사회 속에서 이 비유의 취지의 일부는 마을 전체가 둘째 아들이 행한 일을 알고 있고, 그의 행실에 관한 끔찍하고 충격적인 이야기를 거듭거듭 말해왔을 것이라는 사실로부터 온다. 둘째 아들이 집으로 돌아왔을 때, 그 아들은 모든 사람들이 자신의 일에 바쁜(적어도 이론적으로는) 현대적인 중산층이 살아 가는 도시의 교회로 돌아온 것이 아니라, 이야기들이 무성한 소작농 사회로 돌아온 것이다. 또한 그것은 단순한 쑥덕공론에 지나지 않는 것이 아니다: 지역 사회의 삶과 생각은 그들의 현재의 모습을 있게 해준 중요한 사건들을 이야기하고 또 다시 이야기함으로써 형성된다. 이것은 놀랍게도 크로산(Crossan)이 예수와 그의 초기 제자들이 농부 출신이었다는 점을 되풀이해서 강조하고 있음에도 불구하고 전혀 말하고 있지 않은 세상을 바라보는 창문 역할을 한다. 그것은 비공식적이지만 통제된 구전 전승의 세계이다.

베일리(Bailey)는 불트만과 게르하르트손(Gerhardsson)이 제시한 극단적인 두 입장 사이의 중도적인 입장을 효과적으로 대변하였다. 불트만은 예수에 관한 구전 전승들은 비공식적이고 통제되지 않은 것이었다고 주장한다.[23] 지역 사회는 전승을 보존하거나 통제하는 데에 관심이 없었다; 지역 사회는 이런저런 식으로 전승을 바꾸거나 발전시키고 생성하는 데에 자유로웠다. 이와는 대

---

21) cf. *NTPG* 98-109.

22). 또한 나는 Kenneth Bailey의 저작, 이번에는 1991년에 나온 그의 논문에 빚을 지고 있다는 것을 인정한다. 이 논문은 예수와 초대 교회의 문화 속에서의 구전 전승에 관한 미래의 논의들 속에서 Wansbrough 1991와 어깨를 나란히 하는 논문이다. 베일리의 글은 잘 알려져 있지 않고 쉽게 접근할 수 없기 때문에, 나는 그것을 짤막하게 요약할 것이다.

23) Bultmann 1968 [1921], etc.

조적으로 게르하르트손과 리젠펠트(Riesenfeld)는 예수는 제자들에게 공식적이고 통제된 기능을 갖고 있었던 고정된 형태의 가르침들을 베풀었다고 주장한다.[24] 베일리는 중동의 여러 나라에서 신학 교사로 활동하면서, 그곳의 농촌 문화를 광범위하고 오랫동안 직접적으로 연구한 결과를 토대로, 비공식적이고 통제되지 않은 전승들이 존재한다는 것을 인정한다: 그러한 전승들은 예를 들면 잔악한 행위들에 대한 소문들이 들풀처럼 퍼져나가서 심하게 확대되고 그 과정에서 재형성될 때에 일어난다. 또한 회교도들이 코란 전체를 암송하거나 시리아어를 사용하는 수도사들이 에프렘 성인(St. Ephrem)의 모든 찬가들을 암송할 때와 같이, 공식적이고 통제된 전승이 오늘날까지 중동 지역에 존재한다. 그러나 이 둘의 중간에서 베일리는 비공식적이고 통제된 구전 전승들을 확인하였다. 그것들은 특정한 교사와 문도들이 없다는 점에서 비공식적이다. 누구나 거기에 참여할 수 있다 — 그들이 한 지역 사회에 오랫동안 살아서 자격을 갖추고 있는 한. 그것들은 지역 사회 전체가 그 전승들을 아주 잘 알고 있기 때문에 심각한 변질이 은밀하게 진행되고 있는지의 여부를 검토할 수 있고, 그러한 일이 생겨났을 때에 그것을 반대한다는 점에서 통제된 것이다.[25]

베일리는 이런 식으로 비공식적이면서도 통제된 방식으로 보존된 전승들을 다섯 가지 범주로 나눈다. 수많은 속담들(proverbs)이 있다(현대의 평균적인 서구인은 아마도 불과 몇십 개의 속담도 제대로 알고 있지 못할 것이다). 지혜로운 영웅이 문제를 푸는 서사 수수께끼들(narrative riddles)이 있다. 고전적인 및 현대적인 시가들(poetry)이 존재한다. 비유(parable) 또는 이야기(story)가 있다. 마지막으로, 마을이나 지역 사회의 역사 속에서 중요한 인물들에 대한 기사들(accounts)이 있다. 각각의 경우에 통제는 지역 사회에 의해서 행사된다. 또한 베일리는 이것을 서로 다른 패턴들로 범주화하였다. 시가들과 속담들

---

24) Gerhardsson 1961, 1964, 1979, 1986; Riesenfeld 1970. 또한 cf. Riesner 1984 [1981].

25) 현대의 서구인이 문자 이전의 문화에 가장 가깝게 적응할 수 있는 방법은 어린아이의 눈을 통해서 접근하는 것이라고 한다면, 시대착오적인 유비는 허용될 수 있을 것이다. 어떤 부모가 3살짜리 아이에게 베아트릭스 포터(Beatrix Potter)에 관한 이야기를 스무 번 읽어준 다음에 단어 하나, 한 줄 또는 한 쪽을 건너 뛰거나 수정한다면, 그 다음에 무슨 일이 일어나겠는가?

은 융통성이 없다. 비유들과 역사적 인물들에 관한 회상들은 어느 정도의 융통성을 지닌다: "이야기의 중심인 줄거리들은 변할 수 없지만, 세부적인 내용에 있어서는 융통성이 허용된다."[26] "내용이 공동체의 정체성과 상관이 없고, 지혜롭거나 가치있는 것으로 판단되지 않는" 경우에는 좀 더 많은 융통성이 부여된다.[27]

베일리는 공동체가 집단적인 기억 속에 중요한 내용을 확고하게 정착시키는 데 사용하는 방법들을 범주화한다. 새롭고 중요한 이야기들은 그들의 말하기의 기본적인 패턴이 마을 사람들의 뇌리에 지워질 수 없을 정도로 각인될 때까지 거듭거듭 되풀이된다. 바로 이것이 초기 예수 전승들과 관련하여 일어났던 일이라고 그는 주장한다.

> 초기 그리스도인들이 역사에 관심이 없었다는 가정은 유지될 수 없다. 나사렛 예수의 말씀들과 행위들을 기억하는 것은 그들 자신의 독특한 정체성을 확인하는 것이었다. 그 이야기들은 말해지고 통제되어야 했다. 그렇지 않으면, 그들을 현재의 모습이 되게 한 모든 것은 상실되어 버렸을 것이다.[28]

이것이 누가복음 1:2에서 말하고 있는 "말씀의 목격자되고 일꾼된 자들 [hyperetai]"이라는 구절에 의해서 전제된 과정이라고 베일리는 주장한다. "휘페레테스"(hyperetes)는 관리(官吏)를 의미한다: 누가복음 4:20에서, 두루마리를 맡은 회당의 관리, 그러나 초기 기독교 공동체에서는 건물이나 공식적인 기구가 없었기 때문에 아마도 결정적으로 중요한 전승들에 대한 믿을 만한 증인을 의미했을 것이다.[29] 마을에서 몇몇 사람들이 마을의 핵심적인 이야기들을 다시 말할 자격을 갖추고 있었고, 이와 같은 것은 초기 기독교 내에서도 통용되었다. 바울은 이 점을 잘 보여준다: 바울은 자기 자신이 전승을 받아서 그들

---

26) Bailey 1991, 42.

27) Bailey 1991, 45: 강조는 원저자의 것.

28) Bailey 1991, 51: 강조는 원저자의 것.

29) Safrai 1976c, 935를 인용하고 있는 Bailey 1991, 50, 53.

에게 전해 준다(고전 11:2, 23; 15:1-3). 바울은 그 자신이 "휘페레테스 투 로구"(말씀의 일꾼), 즉 진정한 원래의 근원이 될 수 있는 목격자가 아니다. 그러나 바울은 비공식적이지만 매우 명확한 통제의 조건들 아래에서 전승들, 이야기들을 말하고 또 말하는 확장된 네트워크 안에 속해 있다. 팔레스타인의 원시 기독교 공동체들의 통상적인 삶과 이야기 하기가 깨어지게 된 것은 유대-로마 전쟁으로 인한 주요한 사회 체제의 붕괴로 인해서였다. 물론, 이것은 사회학적으로나 역사적으로 전승들이 기록으로 옮겨지게 된 완벽한 이유를 제공해 준다 — 세상이 아직 끝나지 않았다는 통상적인 설명이 아니라.[30]

물론, 구전 전승이라는 주제와 관련하여 아직도 여전히 연구할 것이 많이 남아 있는 것이 사실이다.[31] 앞으로 서로 다른 당시의 문화들과 여러 고대 사회들 및 본문들에 대한 연구가 진행되면, 좀 더 정교한 결과가 나오게 될 것이다. 그러나 내 생각에는, 베일리의 제안은 진지한 사회사(史)라는 인상을 짙게 풍기고 있다. 그것은 하나의 틀 속에서 내용이 서로 다르게 형성되는 것을 인정한다. 그것은 우리로 하여금 공관복음 전승의 관계들 또는 자유롭게 확장된 전승에 관한 복잡한 이론들에 의거하지 않고도 이야기가 조금씩조금씩 달라졌지만 말씀들은 어느 정도 동일하게 보존된 방식을 설명할 수 있게 해 준다.[32] 그것은 이야기 형태가 원래의 경구를 중심으로 이차적으로 첨가된 것일 가능성이 없다는 것을 보여준다: 이야기들은 근본적인 것이다. 이것은 우리로 하여금 특히 두 번의 전쟁이라는 재앙을 겪은 후에 원래의 공동체의 비공식적인 통제로부터 자유롭게 되어서, 어떤 이유에서인지는 몰라도 서로 다른 신학적 또는 실제적인 노선을 취하고자 했던 공동체들 속에서 어떻게 다양한 전승들이 생겨날 수 있었는지를 이해할 수 있게 해 준다.[33] 달리 말하면, 이것은 우리로 하여금 우리 앞에 놓여 있는 자료를 아무런 보증도 없는 무수한 가정들에

---

30) 물론, 또 하나의 이유는 선교적인 상황 속에서 전승들을 원래의 공동체들 이외에서 활용할 필요성이었을 것이다.

31) cf. *NTPG* 422-4; 그리고 예를 들면, Ong 1982; Kelber 1983; 특히, Wansbrough 1991.

32) 또한 순회 사역 속에서 예수는 필연적으로 여러 경우들에서 비슷하지만 약간씩 다른 것들을 말했을 것임에 틀림없다는 사실을 고려하면; 아래의 제5장을 보라.

33) 정경 이외의 복음서들을 이런 식으로 설명한다: Bailey 1991, 50.

의거하지 않고도 이해할 수 있게 해 준다는 말이다. 이러한 것들은 대단한 장점들이다. 베일리가 상정하고 있는 과정이 역사적으로 불가능하다는 것이 입증될 때까지, 나는 그것을 연구를 위한 모형으로 받아들일 것을 권한다.

그러므로 아이러니컬하게도 예수를 지중해의 농촌 문화 속에 위치시키는 것이 대단히 중요하다는 크로산의 주장에 동의함으로써, 우리는 근본적으로 크로산 자신의 역사적 재구성을 훼손시키는 결과에 도달하게 되었다.[34] 아주 오랫동안 일부 비평학파들 속에서 이야기들을 공동체라는 관점으로 환원시키는 좋은 이유로 작용하였던, 예수 이야기들 말하는 것을 통해서 자신의 정체성을 확증하고자 한 공동체의 아주 중요한 관심은 사실 전혀 그런 것이 아니었다. 이러한 환원주의는 결국 잘못된 인식론[35]과 유대적 세계관에 대한 오해[36]에 토대를 두고, 음모(conspiracies)들을 밝혀내고자 하는 지나친 열심을 특징으로 하는 비역사적인 가정임이 드러났다. 우리가 전승의 어떤 부분의 역사성에 반대하고자 한다면, 우리는 상당한 역사적 토대들 위에서, 즉 그 이야기들이 그것들을 말한 공동체 이외의 어떤 것에 대하여 말할 의도를 전혀 지니고 있지 않았다는 전제 위에서가 아니라, 그 제재(테마) 전체에 관한 진지한 가설들을 제시한다는 관점에서 그렇게 하여야 한다. 제1세대에서 유포되었던 예수에 관한 이야기들은 원칙적으로 바로 그러한 것으로 받아들여져야 한다: 예수에 관한 이야기들로 말이다.

그러므로 우리가 지금 말하고 있는 이야기는 그 자체가 브레데로부터 크로산에 이르기까지 신약성서 비평의 흐름에 의해서 말해진 이야기를 전복시키고 있는 것이다. 그 이야기에 의하면, 복음서 기자들은 그들의 이야기들을 심지어 택함받은 자들조차도 속일 수 있는 방식으로 만들어 낸 급진적인 혁신가들이었다. 초기 기독교는 처음에는 마가, 다음에는 마태와 누가가 그들 자신의 이데올로기를 따라서 그것을 재형성하고 다시 쓴 대로 내맡겨져 있었다. 그 이후의 기독교들은 이러한 실수를 정경화해서, 그것 위에 온갖 방식의 심각한 왜곡들을 자행하였다.[37] 그러나 내가 초기 기독교에 관한 나의 논의에 있어서(『신

---

34) van Beeck 1994, 89-93도 이와 비슷한 주장을 한다.

35) cf. *NTPG* chs. 2, 3, 특히 77f.

36) cf. *NTPG* 77-9, 그리고 제3부 *passim*.

를 찾게 되기를 희망한다: 현재로서는 우리에게 아주 적절한 용어가 존재하지 않는 다른 실체를 가리키는 말들. 우리는 그러한 가능성에 대하여 놀라거나 의외라고 생각해서는 안 된다.[52]

둘째, 내가 본서의 내용을 배열한 순서(제2부에서 먼저 "사고방식"을 다룬 다음에, 제3부에서 "목표들과 신념들"을 다룬다)가 예수의 사역의 "공적인" 측면과 "내밀한" 측면, 즉 공개적인 측면과 은밀한 측면을 분명하게 구별하고 있는 벤 마이어(Ben Meyer)의 견해에 대하여 갖는 관계에 관하여 한 마디 해두어야 할 것 같다.[53] 나는 마이어의 도식은 필수적인 분석으로 들어가기 위한 한 가지 방식으로 적절하다는 것을 인정한다. 어떤 의미에서 그것은 마치 본서의 제2부와 제3부가 그의 "공적인" 측면 및 "내밀한" 측면과 직접적으로 상응하는 것처럼 보일 수도 있다. 그러나 제2부에서의 주된 초점은 하나님 나라에 관한 예수의 공적인 선포로부터 예수의 사고방식과 관련된 그 무엇이 알려질 수 있고 추론될 수 있는지에 맞춰져 있긴 하지만, 우리는 반드시 예수 및 그의 제자들에게 다소 여전히 사적으로 남아 있었던 몇몇 측면들을 검토할 필요가 있다. 마찬가지로, 제3부에서는 우리는 예수의 좀 더 사적인 신념들과 목표들을 살펴보겠지만, 우리는 또한 예루살렘 입성, 성전에서의 활동, 그리고 물론 십자가 사건 같은 몇몇 매우 공적인 사건들을 검토하게 될 것이다. 마이어의 구분은 여전히 중요하지만, 나는 그 도식을 본서를 구성하는 원리로 사용하지는 않았다. 내가 『신약성서와 하나님의 백성』에서 만들어 낸 모형은 마이어의 모형과 분명히 상호보완적이긴 하지만 서로 다르고, 바로 그 모형이 내가 본서에서 따른 모형이다.

바로 그러한 수단을 통해서 역사는 씌어질 수 있다고 나는 주장한다: 교만하게 본거지를 접수하고자 하지 않는 회개의 역사, 있는 그대로를 받아들이는 역사. 내가 지금까지 서술해 온 역사적 방법론은 현실, 대결, 화해에 이르는 멀고 흙먼지가 자욱한 길이 될 것이다.

---

52) 언어와 그 지시대상에 대해서는 cf. *NTPG* 63.

53) cf. Meyer 1979, chs. 7과 8; cf. 그의 책 129, 174f., 220-2; 예수에 관한 Meyer의 그 밖의 다른 저서, 예를 들면, 1992a & b에서 자주.

제 2 부
한 예언자의 프로필

제5장

한 예언자의 실천

1. 예수의 개략적인 이력

예수가 갈릴리 마을을 지나갈 때, 평균적인 갈릴리 사람이라면 무엇을 인식했었을까? 무슨 일이 진행되고 있는지를 이해하기 위해서 어떠한 범주들이 이용될 수 있었을까? 예수 자신은 이러한 기본적인 범주들을 어떻게 바라보았을까? 역사적으로 말해서, 우리가 이러한 질문들을 던질 때에만, 우리가 더 나아가 예수의 사고방식의 그 밖의 다른 측면들, 그러니까 예수의 신념들과 목표들에 관하여 묻는 것이 안전해진다.

예수의 삶과 공적인 활동에 관하여 그 누구도 거의 부정하지 않을 것들을 짤막한 목록으로 만들어서 제시하는 것은 아주 쉬운 일이다.[1] 예수는 우리의 연대 계산에 의하면 주전 4년이라고 부를 수 있는 때에 태어났을 가능성이 아주 높다(주전/주후라는 구분은 주후 6세기 때에 제한된 정보를 토대로 생겨난 것이다).[2] 예수는 갈릴리에 있던 나사렛이라는 성읍에서 자랐는데, 나사렛은 대도시인 세포리스(Sepphoris)에서 가까운 곳이었다. 예수는 아람어를 주

---

1) Perrin & Duling 1982 [1974], 411f.; Sanders 1985, 11, 326f.; Crossan 1991a, xi-xiii; Meier 1991, 406f. 같은 여러 저작들 속에 나오는 요약적인 설명들을 비교해 보라. 한 쪽도 채 안 되는 Perrin의 요약은 지금은 악명높은 구절이 되어 버린 다음과 같은 내용으로 끝이 난다: "이것 또는 이것과 매우 유사한 어떤 것이 우리가 알 수 있는 모든 것이다; 그것으로 충분하다." 물론, 예수가 실존하였다는 것을 부정하는 사람들도 여전히 있고, 증거들을 거의 무시하고 사변적인 이론들을 펼치고자 하는 사람들도 있다: 예를 들면, Clayton 1992.

2) cf. Sanders 1993, 11f.; Meier 1991, 375f.

로 사용하였고, 히브리어를 어느 정도 사용하였으며, 아마도 일부 그리스어를 사용하기도 한 것 같다.[3] 예수는 세례 요한이 활동을 하고 있던 주후 28년경에 공생애를 시작하였다.[4] 예수는 사람들에게 회개하라고 촉구하였고(어떤 의미에서 그런 것인지는 나중에 논의될 것이다), 비유들을 사용하여 이스라엘 신의 나라 또는 통치를 선포하였다. 예수는 갈릴리의 여러 마을들을 여행하며, 메시지를 전하고, 축귀들을 포함한 주목할 만한 치유 사역을 통해서 및 사회문화적으로 폭넓은 부류들과의 식탁 교제를 통해서 이 메시지를 실천하였다. 예수는 한 무리의 가까운 제자들을 불렀는데, 그들 가운데서 열두 제자에게는 특별한 지위가 주어졌다.[5] 예수의 활동들, 특히 성전에서의 한 가지 극적인 행위는 유대교 내의 몇몇 구성 분자들, 특히 (적어도 활동의 말기에 이르러서) 대제사장측의 분노를 초래하였다. 이것이 부분적으로 원인이 되어서, 예수는 로마인들에게 넘겨졌고, 통상적으로 혁명가들에게 적용된 방식으로 처형되었다. 그로부터 얼마 후에 예수의 제자들은 예수가 죽은 자로부터 부활하였다고 주장하였다. 그들은 예수의 사역을 새로운 방식으로 계승하여 수행하였고, 그들 중 일부는 그렇게 한다는 이유로 유대인들과 이방인들에 의해서 박해를 받았다.

어떤 사람들은 이러한 목록의 이런저런 항목에 대하여 의문을 제기하겠지만, 우리는 해당되는 곳에서 그러한 문제점들을 다시 논의하게 될 것이다. 어떤 사람들은 이러한 기본적인 차원에 속한 내용 외에 더 많은 것을 포함시키고자 할 것이다. 하지만 우리가 방금 열거한 내용들만으로 이미 충분하다 — 우리가

---

3) 자세한 논의: Meier 1991, 255-68; cf. Porter 1993. mSot. 9:14은 주후 1세기 유대인들은 통상적으로 집에서 적어도 어느 정도의 그리스어를 배웠다고 전제한다.

4) 연대기에 대해서는 특히 Meier 1991, 372-433; 그리고 예를 들면, Robinson 1985, ch. 3을 보라.

5) cf. Meyer 1979, 153f.; Sanders 1985, 95-106; 그리고 아래의 169, 299-301. 증거는 고전 15:5; 마 19:28; 행 1:16-20에서 발견된다; 동일하지는 않지만, 명단들은 마 10:2-4; 막 3:16-19; 눅 6:14-16; 행 1:13에 나온다. 또한 Funk 1985b, 476-81에 나오는 본문들도 참조하라. 예수가 다섯 살 때에 진흙으로 열두 마리의 제비들을 안식일에 만들어서 그것들을 날려 보냈다고 하는 이야기는 예수가 열둘이라는 숫자를 하나의 상징으로 사용했다는 것을 반영하고 있는 것으로 보인다: cf. *In. Thom.* 2:1-5.

예수에 관하여 말할 수 있고 말해야 하는 모든 것을 다 말했다는 의미에서가 아니라, 좀 더 심화된 연구를 위한 꼭 필요한 출발점을 찾아내는 데에 충분하다는 것이다.

우리는 이러한 골격에 몇 가지 좀 더 세부적인 내용들을 채울 수 있는데, 그러한 세부적인 내용들 중 대부분은 비교적 논란이 없는 것들이다.[6] 우리가 복음서들을 통해서 예수가 개인적으로든 집단적으로든 수행하는 것을 볼 수 있는 습관적인 모든 행위들은 예수의 이력에 관한 우리의 전체적인 그림에 상당한 정도로 기여한다. 예수의 역설적인 인격(persona)의 일부는 가르침(물론, 그것들은 흔히 가르침의 기회를 제공해 주었지만) 또는 권능있는 행위들(물론, 그것들은 종종 이런저런 부류의 권능있는 행위들과 결부되거나 밀접하게 병행되었지만)이라는 관점으로 환원될 수 없는 몇몇 활동양식들로 이루어져 있었다. 이러한 활동은 예수의 사역의 기본적인 원재료, 가르침과 권능 있는 행위들이 일어나는 배경을 형성한다.

예수는 순회 사역을 하였다. 그랬기 때문에, 예수는 회당들, 개인의 집들, 비유대인 지역을 포함한 들판으로 다녔다. 예수는 자신의 제자들과 은밀한 모임을 갖기도 했고, 무리들 앞에 모습을 나타내기도 하였다. 적어도 한 번 — 그러나 아마도 아주 자주 — 예수는 예루살렘으로 가서, 거기에서 자신의 활동들을 수행했고, 특히 마지막 예루살렘 여행은 뭔가 특별한 의미를 띠고 있었다. 예수는 흔히 회당에 참석하여 공식적이고 공적인 예배를 드릴 때만이 아니라[7] 비공식적이고 사적인 상황들 속에서도 종종 홀로 기도를 드리는 모습으로 발견되었다.[8] 예수의 기도 생활의 특징 가운데서 우리가 주목해야 하는 것은 예수가 이스라엘의 신을 부를 때에 "아바"라는 호칭을 사용했다는 것이다. 이 부름말은

---

6) 이 명단은 잠정적인 것이긴 하지만, Crossan 1991a, xi-xxvi 등에 나오는 것들보다는 덜 잠정적이다. 물론, 이 명단의 여러 부분들은 아직 제시되지 않은 논거들에 의거한 것이다.

7) 막 1:21, 29/눅 4:33, 38; 마 4:23; 9:35/막 1:39; 마 12:9/막 3:1/눅 6:6; 마 13:54/막 6:2; 눅 4:16("그의 습관대로"); 4:44.

8) 물론, 이것은 공식적인 기도문과 마찬가지로 유대교에서 알려져 있었다. Cf. 막 1:35/눅 4:42; 눅 6:12; 마 11:25-7/눅 10:21-2; 마 14:23/막 6:46; 막 9:29; 눅 9:28. 유대교의 기도 관습들에 대해서는 Safrai 1976b, 800f. 등을 보라.

독특한 것으로서, 어린아이가 "아빠"를 부를 때에 사용하는 말이었다고 생각되어 왔다. 이러한 생각들은 둘 다 잘못된 것임이 밝혀졌다.[9] 그러나 "아바"는 여전히 예수에게서 유일무이하게 발견되는 것은 아니지만 예수의 특징을 보여주는 부름말의 한 형태이다. 예수는 광야에서 초기에 시험을 받던 때를 제외하고는[10] 금식하지 않았다 — 이것은 예수와 그의 제자들을 그 밖의 다른 경건한 유대인들과 구별되게 하였다.[11] 예수는 육신의 가족 관계를 별로 중시하지 않았고, 이것은 가족이나 제3자들에게 당혹스럽고 거슬리는 행동으로 느껴졌고 인식되었을 것임에 틀림없다.[12] 가족에 대한 예수의 이러한 태도는 그가 자기를 따르는 자들에게 요구한 가족과의 관계를 끊으라는 충격적인 요구들 속에 반영되어 있다.[13]

특히, 예수는 온갖 부류의 사람들과 함께 종종 잔치 분위기 속에서 먹고 마셨다.[14] 예수는 "죄인들"과 함께 먹었고, 통상적으로 주류 사회 — 물론 이것은 예수 당시와 그 문화 속에서 사회적으로 존중받을 만하다는 것과 아울러 종교적으로 올바른 것, 계약에 합당한 행실, 전승들 및 이스라엘의 기대들에 대한 충실함을 의미하였다 — 의 주변부에 있는 사람들과 함께 어울렸다.[15] 이것은 경건한 사람들 중의 일부를 화나게 하였는데, 우리는 적절한 때에 이것이 왜 그랬는지를 고찰하게 될 것이다. 여기에서는 우리는 예수의 식탁 교제는 아주 잘 알려진 두드러진 예수의 일상적인 행동 방식의 특징으로서, 이에 대하여 사

---

9) "아바"의 그 밖의 다른 유대적 용법들에 대해서는 mBer. 5:1 and bTaan. 23b를 인용하고 있는 Vermes 1973, 210f.를 참조하라; "아빠"를 의미하지 않는 "아바"에 대해서는 Barr 1988을 참조하라. 아래의 409f., 978f.를 보라.

10) 마 4:1-11/막 1:12-13/눅 4:1-13. 이것에 대해서는 아래의 697-701를 보라.

11) 마 9:14-17/막 2:18-22/눅 5:33-9.

12) 마 12:46-50/막 3:31-5/눅 8:19-21/*Thom.* 99/*GEbi.* 5; 눅 11:27-8/*Thom.* 79.

13) 마 8:21f./눅 9:59-62; 마 10:37/눅 14.26/*Thom.* 55:1f.(cf. *Thom.* 101:1-3); 마 19:29/막 10:29/눅 18:29 등.

14) 마 9:10-13/막 2:15-17/눅 5:29-32; 마 11:16-19/눅 7:31-4; 눅 15:1-2; 19:1-10. 여기에서 "온갖 부류"에는 소외된 자들만이 아니라 바리새인들도 포함된다: 눅 7:36-50; 14:1-6.

15) Horsley 1987, 212-23는 이에 반대. Horsley가 예수를 유대인 농부들의 사회적 과제를 공유한 모습으로 그렸기 때문에, 그는 이 가능성을 받아들일 수 없었다.

람들은 비판을 했고, 예수는 그러한 비판에 대하여 여러 가지 방식으로 응수하였다는 것만을 말해 두고자 한다. 예수의 그 밖의 수많은 행위들과 마찬가지로 이 식탁 교제는 하나님 나라가 실제로 시작된 것을 알리는 한 가지 방식으로 보아지게 되었다.

물론, 이론상으로는 이러한 전체적인 그림이 순수한 창작이라고 말하는 것도 가능하다. 아주 초대 교회에 속했던 어떤 사람이 예수가 이런 식으로 행동했다는 소문을 퍼뜨리기 시작하였지만, 사실 예수의 행동방식과 행동거지는 이런 것과는 판이하게 달랐을 가능성도 있다. 그러나 그러한 추측은 거의 개연성이 없는 것으로 자신 있게 배제될 수 있다. (a) 우리의 모든 자료들은, 우리가 그것들을 어떻게 분석하든지 간에, 그러한 방향을 보여준다. (b) 이러한 예수의 활동은 우리가 앞서 얘기한 적절한 유사성들과 적절한 상이성들의 표지들을 지니고 있다. 예수의 행위들은 유대적 배경 속에서 의미가 있고, 특히 갈릴리의 사회 문화적 세계 속에서 의미가 있다. 또한 예수의 행위들은 교회의 초기 선교의 몇몇 측면들의 선구적인 것들로서도 의미가 있다.[16] 이와 동시에, 이러한 행위들은 유대적 세계관의 몇몇 측면들에 대하여 도전을 제시하였고, 교회는 전체적으로 이러한 행위들을 쉽게 모방하거나 기꺼이 모방하고자 하지 않았을 것이다. (c) 이러한 예수의 행위가 어떤 가치를 지니고 있느냐 하는 것과는 별개로, 오늘날 예수에 관하여 글을 쓴 거의 대부분의 저술가들은 이러한 활동 같은 그 무엇이 실제로 예수의 특징이었다는 데에 동의할 것이다.[17] 그러므로 우리는 예수는 습관적으로 이 마을 저 마을 돌아다니면서 이스라엘의 신의 나라에 관하여 말하였고, 여러 가지 방식으로, 특히 온갖 부류의 사람들과 식사를 함께 하는 것을 통하여 이 나라를 축하하였다고 안전하게 결론을 내릴 수 있다. 따라서 예수의 이러한 행위들과 말씀들은 예수의 세계관 또는 사고방식과는 아무런 상관이 없는 우연한 행동으로 보아져서는 안 되고, 적어도 예수의 세계관을 보여주는 실천의 일부로 보아져야 한다.

그렇다면, 그러한 실천은 어떤 종류의 세계관을 보여주는 것인가? 그리고 그 세계관에 대한 예수 자신의 변이로서 어떤 종류의 사고방식이 드러나기 시작

---

16) cf. Theissen 1978.
17) Boring 1992, 498.

하는가? 나는 이제 이러한 실천을 이해하기 위한 가장 좋은 최초의 모형은 예언자 모형이라고 주장하고자 한다; 좀 더 구체적으로 말한다면, 이스라엘을 향한 절박한 종말론적 및 실제로 묵시론적 메시지를 지닌 예언자의 모형. 물론 이것은 "제3의 탐구"에 속한 수많은 연구들과 일치하고, 이스라엘의 특정한 소망을 배제한 채 예수를 단순히 지혜 교사로서 "지혜론적으로" 묘사하고 있는 새롭게 등장한 갱신된 "새탐구" 내의 몇몇 연구들과는 반대된다. 앞으로 보게 되겠지만, 예언자로서의 예수라는 모형은 이 모형을 적용하지 않는 경우에는 여전히 주변부에 머물러 있게 될 예수의 삶과 사역의 그 밖의 많은 특징들을 끌어 모을 추가적인 연구의 토대로서의 역할을 할 수 있는 자격을 갖추고 있다.

예언자 모형을 가장 강력하게 밑받침해 주는 논거들 중의 하나는 유대교 전체, 특히 대중 운동들, 그 중에서도 세례 요한의 운동이라는 총체적인 맥락 속에서 이 모형이 잘 통한다는 것이다. 우리는 좀 더 앞으로 나아가기 전에 먼저 이 각각에 대하여 짤막하게 살펴보지 않으면 안 된다.

2. 예수의 배경

(i) 주후 1세기 유대교

우리는 이미 예수가 행했던 일들이 의미를 지니고 있었던 좀 더 폭넓은 배경을 살펴본 바 있다(『신약성서와 하나님의 백성』 제3부). 온갖 다양한 형태를 띠고 있었던 주후 1세기 유대교는 그것을 관통하는 모종의 역동성, 특히 잠재적인 또는 실제적인 혁명의 저류를 지니고 있었다. 이것은 사회의 최하위 계층에만 국한되었던 것이 아니라, 적어도 일부 바리새인들, 그리고 나중에는 몇몇 귀족들의 지지까지도 받았다.[18] 타키투스는 디베료의 치세(주후 14-37년) 동안에 모든 것이 팔레스타인에서는 평온하였다고 말한다; 앞에서 보았듯이, 그의 말이 의미하는 것은 시리아에 주둔하고 있던 로마 군단들의 개입을 불러 올 수밖에 없었던 그와 같은 주요한 전쟁은 없었다는 것이다.[19] 그러나 이 시기

---

18) cf. *NTPG* 170-81(혁명의 운동들); 185-95(바리새파 운동); 210(귀족층의 운동).

19) Tac. *Hist.* 5:9; cf. *NTPG* 172와 Crossan 1991a, 100-2. 주후 66년까지는 팔레

동안에 혁명 운동들의 기운이 도처에서 모락모락 피어올랐고, 기회가 오거나 혁명의 압력이 강해졌을 때마다 당국자들과의 명시적인 충돌이 일어났다는 것을 보여주는 수많은 증거들이 존재한다. 이러한 운동들이 어느 정도나 폭력화되었는지는 평가하기가 매우 어렵다. 어떤 때는 폭력의 의도가 처음부터 존재해 있었고, 어떤 때는 새로운 지도자를 따라서 사람들은 여리고의 성벽이 여호수아와 그의 일행 앞에서 무너졌을 때에 일어났던 것과 같은 일을 하나님이 그들을 위하여 하실 것이라고 생각하는 것으로 보이기도 하였다. 그러나 적어도 우리는 다음과 같은 것을 확신할 수 있다: 이스라엘 신의 통치에 관한 말을 들은 사람이라면, 그들은 그 말이 이스라엘이 오랫동안 기다려온 소망의 성취를 가리키는 말이라고 생각했을 것이라는 것이다.[20] 계약의 신은 그의 백성을 재조직하고, 그들의 포로생활을 끝내며, 그들의 죄를 사하기 위하여 행동하실 것이다. 그런 일이 일어났을 때, 이스라엘은 더 이상 이교도들의 지배를 받지 않게 될 것이다. 이스라엘은 해방되어 자유롭게 될 것이다. 해방의 수단이 무엇인지에 대해서는 열려 있었음이 틀림없다. 그러나 목표는 열려있는 것이 아니라 확정되어 있었다.

그러한 상황 속에서 예언자는 어떤 일을 하는 사람이었을까?[21] 주후 1세기에 예언은 이미 사라진 것으로 여겨졌었다고 학자들은 보통 말하고, 실제로 그러한 것을 보여주는 몇몇 증거들이 있다.[22] 주전 2세기의 유대인들은 한 예언자가 나타날 것을 기다리고 있다고 말하고 있는데, 그들은 이런 일이 아주 빨리는 일어나지 않을 것이라고 생각했던 것으로 보인다. 마카베오1서 4:46에서 유다와 그의 무리들은 "한 예언자가 나타나서 그 돌들을 가지고 어떻게 할 것인가를 그들에게 말해줄 때까지" 훼파된 제단의 돌들을 적당한 곳에 보존해

스타인에 있던 로마 군대는 작은 규모였다: Safrai 1992, 104 등을 보라. 정치적인 소요와 그것을 통제함에 있어서의 로마의 문제점들을 강조하고 있는 중동에서의 로마군의 주둔을 자세하게 다루고 있는 글로는 Millar 1993, esp. chs. 2, 10을 보라.

20) 이 시기의 "하나님 나라"의 의미에 대해서는 *NTPG* 302-7과 아래의 202-9를 참조하라. 이 소망은 사 52:7-12 같은 고전적인 구절들로 거슬러 올라간다.

21) 이하의 서술에 대해서는 특히 Hill 1979; Aune 1983; Boring 1992; Gray 1993과 그 밖의 다른 참고문헌들을 보라.

22) cf. Meyer 1992a, 29; Gray 1993, ch. 1; Sommer 1996.

두었다고 한다. 또한 14:41에서는 "믿을 만한 예언자가 일어날 때까지" 시몬
은 지도자와 대제사장으로 임명되었다고 말한다. 이 두 경우에 예언자는 극히
중요한 일들에서 야훼의 뜻을 계시해 줄 인물로 보아지고 있다. 전자의 구절에
서는 예언자는 성전에 대한 권세를 지니고 있는 것으로 생각되고 있고, 후자의
구절에서는 현재의 왕적 및 제사장적 체제를 이끌 권세를 갖고 있는 것으로
여겨진다. 이 두 대목은 모두 예언자 이상의 역할, 즉 장차 와서 성전 및 왕가
에 대하여 권세를 지니게 될 왕의 역할을 보여주는 것으로 생각된다. 이와 동
시에, 신명기 18장에 대한 분명한 언급이 없고, 이 예언자가 장래에 일어날 유
일한 인물이라는 암시도 전혀 없다.[23] 그러므로 이 본문들만을 놓고 볼 때, 예
언은 현재적으로는 존재하지 않고, 그 예언이 다시 되돌아올 때에 이스라엘의
삶의 온갖 종류의 결정적인 요소들이 다른 질서로 재편될 것이다. 또한 몇몇
랍비 본문들도 예언이 이미 멈췄다는 인식을 보여주는 것으로 보인다.[24] "바트
콜"(Bath Qol), 즉 "목소리의 딸"이라는 현상은 참 예언자에 대한 직접적인
계시의 대용(代用)인 좀 더 간접적인 현상이기 때문에 예언이 멈췄다는 것을
부정하는 반대 증거로 여겨져서는 안 된다.

그러나 이 경우들의 각각에 있어서 우리는 그 증거들을 조금 의심해 보는
것이 옳을 것이다.[25] 하스모네 체제의 권위를 옹호하기 위하여 씌어진 마카베
오1서는 갑자기 왕가가 된 이 가문에 도전하는 그 어떤 예언도 진정한 예언
으로 인정하지 않으려고 했을 것이고, 장래에 진정한 예언자가 나타날 것이라
는 방향으로의 손짓이 경건한 것으로 여겨졌을 가능성이 매우 크다. (또한 신
명기 18:18에서 말하고 있는 예언자 같은 어떤 특정한 예언자에 대한 활발한
기대를 보여주는 증거들이라고 보아서도 안 될 것이다.) 특히 주후 2세기(랍
비 전승들이 문서화되기 시작하던 때)의 랍비들은 무엇보다도 토라(그리고 공
인된 해석자들)의 최고성과 토라 경건을 옹호하기 위하여 혁명을 규탄하는 데

---

23) 한 예언자가 나타날 때까지 중요한 결정들을 연기한 것에 대해서는 스 2:63,
느 7:65을 참조하라. 1 Macc. 9:27은 한 예언자에 대한 마카베오 가문의 기대를 예
언의 중단이라는 주제와 결부시킨다.

24) 예를 들면, mAb. 1.1; bYom. 9b.

25) 예를 들면, cf. Aune 1983, 103-52.

에 관심을 가지고 있었다. 따라서 옛 방식의 예언 ― 특히 그것이 혁명적인 어조를 띠고 있다면 ― 은 이미 끝났다고 선언한 것 또는 그런 의미를 은연중에 내비치는 것은 이러한 이중적인 과제와 아주 잘 맞아 떨어지는 것이었다.[26]

예언이 멈췄다는 사상이 일말의 진리를 지니고 있다는 것은 적어도 다니엘서 이래로 글로 씌어진 예언서가 당시에 발전중이던 정경(正經) 속에 포함되지 않았다는 것에서 찾아볼 수 있다.[27] 이것은 분명히 요세푸스가 제2성전 시대에 예언자들의 맥이 끊겼다고 썼을 때에 그가 의도했던 것인 것 같다. 요세푸스는 특히 역사가들로서의 예언자들을 생각하고 있었고, 물론 이스라엘 역사는 요세푸스 당시에 이르기까지 실제로 문서로 씌어졌지만, 좀 더 최근의 글들은 "전기 예언서들," 즉 히브리 성서의 역사서들의 작품과 동등한 비중이 두어지지 않았다고 설명한다.[28] 적어도 이런 의미에서는 "예언"은 끝났었다고 할 수 있다.

그러나 여러 다양한 종류의 예언은 제2성전 시대 동안에도 아무런 견제도 받지 않고 지속되었던 것으로 보인다.[29] 가장 최근에 나온 아주 훌륭한 분석들 가운데는 자료들 및 가능한 여러 범주들을 매우 철저하게 다루는 가운데 자신의 견해를 제시하고 있는 로버트 웹(Robert Webb)의 분석이 있다. 그는 세 가지 기본적인 유형을 구별한다. 첫째, "직업적인 예언자들"이 있었는데, 이들은 제사장(그리고 아마도 왕의 관리) 직분을 지닌 자들로서 그들의 직분으로 인해서 예언자적인 권능을 지니고 있었던 것으로 보인다. 여기에 해당하는 사람들로는 특히 요한 히르카누스와 요세푸스를 들 수 있다.[30] 둘째, "지혜적인 예

---

26) cf. Leivestad 1973.

27) 이것은 구약성서의 정경화 연대 및 과정에 대한 특정한 견해에 의존하지 않는다. 서로 다른 견해들에 대해서는 cf. Beckwith 1985; Barton 1986; J. A. Sanders 1992.

28) cf. *Apion* 1:41.

29) cf. Horsley & Hanson 1985, ch. 4, 그리고 특히 Webb 1991, ch. 9.

30) cf. *War* 1:68f./Ant. 13:282f., 299f., 322(John Hyrcanus); *War* 3:351-4; 3:399-407; 4:622-9; cp. *Life* 208-11(예레미야를 모델로 해서 Josephus가 쓴 자신에 대한 자서전; 예를 들면, cf. Daube 1980; Gray 1993, ch. 2; 그리고 *War* 3:352에 대해서는 cf. Rajak 1983, 18f., 169-72, 185-92; Gray 1993, 52-70). 또한 cf. *Ant.* 11:333(대제사

언자들"이 있었는데, 이들은 에세네파,[31) 바리새파[32) 같은 여러 분파들에 속한 지혜자들이었다. 우리는 이러한 부류 속에 필로(Philo)와 지혜서의 저자를 포함시킬 수 있는데, 이들에게 예언은 여전히 생생한 가능성으로 존재하는 것이었고, "지혜"가 사람들에게 영감을 줄 때에 예언은 발생한다고 생각되었다.[33) 셋째, "민간 예언자들"이 있었는데, 이들은 좀 더 세분화된다: "지도자적 민간 예언자들"과 "독립적 민간 예언자들."

이러한 마지막 두 범주는 공직이나 서기관으로서의 학식에 의거함이 없이 팔레스타인의 보통 사람들로부터 출현해서 보통 사람들에게 호소했던 예언자들을 가리킨다. 요세푸스는 그의 저작들의 여러 대목들에서 이러한 예언자들을 묘사하고 있다.[34) 첫째, 요세푸스는 드다(Theudas), "애굽인," 주후 70년경 예루살렘 함락 직전에 6천명의 유대인들을 설득하여 성전 입구에 머물며 "구원의 표징들"을 헛되게 기다리게 했던 예언자 등과 같은 혁명적인 지도자들을 지칭하는 데에 이 용어를 사용한다.[35) 요세푸스는, 이 당시에 "독재자들"에게

장 Jaddus); 17:345, 352(Archelaus와 그의 아내 Glaphyra).

31) 예를 들면, *War* 1:78-80; 2:159; *Ant.* 13:311; 15:373-9; 17:345-7. 쿰란 두루마리들에 반영되어 있는 공동체에서 의의 교사는 다니엘서에 나오는 예언자와 같이 신비들에 대한 해석자로서의 역할을 했지만 몇몇 점들에서는 예언자로서의 기능을 하였다. "예언자"라는 단어는 이 의의 교사에 대하여 사용되고 있지 않지만, 그는 이것과 아주 흡사한 "하나님의 입으로부터"(lQpHab. 2:2f.) 말씀들을 받았다고 전해진다. 신비들에 대한 그의 해석에 대해서는 lQpHab. 7:4-7를 참조하라.

32) *Ant.* 17:41-5(Webb 1991, 326f.에 나와 있음); *Ant.* 14:172-6(cf. 15:3f.에 나와 있는 비슷한 설명; Webb 327-31).

33) Wis. 7:27; Philo, *Heres* 259(아브라함과 다른 족장들에 관하여 말하고 있는 가운데, 예언의 은사가 계속되고 있다는 의미를 함축하고 있음).

34) cf. Horsley & Hanson 1985, 135f., 160-89; Webb 1991, 333-46; Gray 1993, chs. 4-5.

35) *Ant.* 20:97-8; *War* 2:261-3, *Ant.* 20:169-72; *War* 6:284-5. Webb 1991, 340는 이것들 가운데 마지막 것을 "독립적인 것"으로 조심스럽게 분류한다. 이것은 부분적으로 그가 실제의 "운동"을 시작하지 않았기 때문이다; 그러나 비록 짧은 기간 동안에라도 6000명의 사람들을 이끈 사람을 우리는 독립적인 운동이었다고 하기는 힘들 것이다. 분명히 이 범주들은 융통성이 부여되어야 한다. 또한 *War* 2:258-60; 6:286, 288에 묘사된 집단들을 참조하라; 전자(그들이 바리새인들이었을 가능성을

고용되어, 백성들이 로마군에게 투항하는 것을 멈추게 하기 위하여 구원을 약속하며, 예루살렘 거민들로 하여금 그들의 파국이 가까웠다는 자연적 및 초자연적인 표징들에 눈멀게 하였던 수많은 예언자들이 있었다고 비통해한다.[36] 둘째로는 이와는 다른 부류의 예언자들이 있었는데, 그들은 그 어떤 구원도 약속하지 않았고, 자기 주변에 무리를 모으지도 않았으며, 단지 파국만을 선포하였던 예언자들로서, 아나냐의 아들 예수가 그 대표자인데, 그는 형벌을 받는 중에도 전쟁 기간 내내 다가올 파국을 선포하다가, 마침내 로마군의 공격에 의해서 죽임을 당하였다.[37] 그러므로 이들은 웹이 분류한 두 가지 유형, 즉 "지도자적 민간 예언자들"과 "독립적 민간 예언자들"이다. (웹은 호슬리가 "행위 예언자들"과 "예언 예언자들"로 구분한 것은 "행위 예언자들"도 자기를 따르는 무리들을 모으고 그들에게 지시를 내리기 위하여 예언들을 행하였다는 사실을 무시하고 있다는 점을 지적한다.)

첫 번째 유형의 예언자들은 모세 또는 여호수아를 본받아서 구원의 약속들을 가지고 해방 운동을 시작하고 이끌고자 하였다. 두 번째 유형의 예언자들은 고전적인 히브리 예언자들의 사역 중 적어도 몇몇 부분들을 본받아서 임박한 파국에 대하여 경고하는 신탁들을 선포하였다. 이미 말한 사례들을 보면, 위의 범주들 모두가 서로 중복될 수 있고 실제로 중복되었다는 것을 분명하게 알 수 있다. 20세기의 분명한 구별들(예를 들면, 서기관 활동과 농부로서의 활동의 구별)을 경계가 매우 불분명하였던 사회적 배경 속에 인위적으로 투영하는 것은 대단히 위험스러운 일이다.

그러므로 어느 정도 전문적인 의미에서의 "예언"은 제2성전 시대에는 멈췄다고 주장될 수 있지만, 온갖 종류의 예언은 여전히 매우 활발하고 원활하게 살아 있었다.[38] 그리고 분명히 일반 백성들도 그렇게 생각하였을 것이다. 따라서 이러한 배경 속에 우리가 세례 요한과 나사렛 예수를 위치시키는 것이 신

포함해서)에 대해서는 *NTPG* 170-81을 보라.

36) *War* 6:286-8.

37) *War* 6:300-9.

38) 이러한 결론은 잠정적인 것으로써, Sommer 1996와는 다르다; 그것은 모두 "예언" 자체에 대한 정확한 정의에 달려 있다.

빙성이 있다는 것을 나는 곧 논증하고자 한다. 복음서들은 이 두 사람을 바로 그러한 배경 속에 놓고 있고, 초대 교회가 예수를 그 밖의 몇몇 좀 더 중요한 방식들로 평가하게 되면서 이러한 배경을 만들어 내었을 가능성은 거의 없는 것으로 보인다. 이 두 사람은 바로 여기에 속해 있다 ─ 물론, 두 사람은 서로 다른 방식으로 그들이 나온 바 그 거푸집들을 깨부수었지만. 다가올 재난에 대한 경고들과 다가올 구원에 관한 약속들, 이 두 가지를 포함하는 이스라엘 신으로부터의 메시지를 선포하는 사람은 비록 그들의 메시지의 정확한 윤곽들이 그 밖의 다른 예언자들이 제시하였던 것과 어느 정도 차이가 있을지라도 이미 백성들에게 잘 알려져 있었던 배경에 속하게 된다.

"지도자적 예언자들," 그리고 또한 위에서 말한 그 밖의 예언자들 중 몇몇의 한 가지 특징은 본서의 이후의 논증에서 대단히 중요한 역할을 한다. 우리는 자기 주변에 무리들을 불러 모았던 예언자들은 흔히 가르침과 예언적 선포만이 아니라 상징 행위들도 행하였다는 것을 이미 살펴본 바 있다. 이러한 것들은 통상적으로 사람들을 광야, 흔히 요단강 주변의 광야로 이끌어가는 것을 포함하였다. 이러한 상징 행위들은 종종 이스라엘 신이 출애굽 때에 행하셨던 것과 마찬가지로 극적으로 행하실 것이라는 분명한 기대와 약속을 가지고 약속의 땅으로 들어가는 상징적인 행위에 그 초점이 맞춰져 있었던 것으로 보인다. 이러한 상징 행위들은 임의적이지 않았다. 지도자들 또는 인도함을 받는 자들로서 이런 식으로 행하였던 사람들이 그들의 전체 계획과 과제들의 근저에 있는 지배적인 이야기, 즉 메타 서사(metanarrative)에 따라서 그렇게 하였다는 사실을 무시하는 것은 역사적 연구에 전혀 도움이 되지 않는다. 우리가 여기에 연루된 사람들이 그들의 행위들을 의미있게 해주는 그 근저에 있는 이야기에 따라서 자신의 행위들을 행하였다는 것을 이해할 때에만, 우리는 이 이상한 행동을 유발시킨 기대 의식을 아주 간단하게 설명해 낼 수 있다. 또한 우리는 그 근저에 있는 이야기가 도대체 어떤 종류의 이야기인지를 알아보기 위해서 그리 멀리 바라볼 필요도 없다. 그 이야기는 이스라엘의 고난과 비참의 오랜 밤이 곧 끝나고, 새 날이 동터와서, 이스라엘 신이 마침내 온 세계에 왕으로서 다스릴 것이라는 이야기였다:

   이러한 운동들은 자신의 처지에 대하여 불만족을 느끼고 있었던 농민들을 압제로부터 해방시키는 것을 지향하고 있었다. 이러한 예언자적 인물들은 백성들에게 함께 모여서 그들의 과거의 종교적 유산, 특히 출애굽 및 약속의 땅의 정복과 결부되어 있던 사건들을 회상시키는 상징 행위에 참여하도록 촉구하였다. 이 예언자적 인물들은 백성들에게 하나님의 개입에 의해서 구원이 일어날 것이라고 분명하게 약속하였다. 이러한 예언 운동들은 종말론적 차원을 지니고 있었던 것으로 보인다.[39]

그러므로 출애굽의 이야기를 다시 말하거나 재현하는 것은 이스라엘이 갈망하고 있었던 위대한 해방, 위대한 "포로생활에서의 귀환"을 미리 말하고 미리 보여주는 고전적이고 분명한 방식이었다. 게다가, 특히 "민간" 예언자들은 위대한 고전적인 예언자들, 특히 모세와 여호수아의 예언자적 사역에 대한 회상으로부터 교훈을 받았던 것으로 보인다.[40] 여기서 우리는 나중에 살펴보게 될 예수 전승 속에 있는 밑바탕의 일부를 만나게 된다. 예수는 바로 백성들이 이해할 수 있는 방식으로 이 기본적인 메타 서사를 따라서 상징적으로 행동하는 예언자로서의 기본적인 모습 속에서 그의 동시대인들에게 결정적인 영향력을 미쳤던 것이다.

그러나 이 모든 것은 다음과 같은 질문을 불러일으킨다: 그러한 예언 운동들이 번성할 수 있었던 사회적 배경은 정확히 무엇이었는가? 최근의 몇몇 연구들은 "산적 활동"이라는 개념을 크게 부각시켰는데, 우리는 이제 이것에 대해서 살펴보기로 하자.

(ii) 산적 활동들, 농부들, 폭동

혁명을 향한 추진력이 드러난 한 가지 특정한 형태는 의적 활동이라는 사회학적 사실 속에서 볼 수 있다. "산적 활동"(그리스어로는 '레스테스' [lestes])이라는 단어는 물론 한쪽으로 치우친 편향적인 용어였다: 그것은 현재의 당국자들, 그리고 아마도 저술가가 동의하지 않은 어떤 일을 행한 사람을 의미하였다. 요세푸스와 관련하여 말한다면, 로마의 통상적인 판단이 아주 잘

---

39) Webb 1991, 347.

40) Horsley & Hanson 1985, 136-46. Webb 1991, 348이 이를 따르고 있다.

적용되고 있다: 그 진압을 위해서 주요한 군사적인 작전을 필요로 하지 않았던 반정부 활동은 모두 "산적 활동"이었다.[41] 인정하고 싶지 않은 원수는 모두 "산적"이었다; 그러한 원수를 진압하는 일은 실제적인 "전쟁"이라는 좀 더 심각한 일이라기보다는 영예로운 경찰 활동으로 여겨진다. 따라서, 공식적인 계통은 여기에 관여하지 않았다: 산적들은 단순히 잡범들로 취급되어서, 고상한 적군을 다룰 때에 주어진 존중을 받을 수 없었다.[42]

여기까지는 그런대로 괜찮다. 그러나 리처드 호슬리(Richard Horsley)는 영국의 사회사가인 에릭 홉스봄(Eric Hobsbawm)의 연구를 토대로, 그리고 도미니쿠스 수도회의 수사인 크로산(Crossan)의 견해를 약간 수정하여 주후 1세기의 산적 활동이라는 명백한 사실에 새로운 의미를 부여하였다. 그의 읽기에 따르면, 이 산적 활동은 실제적으로 "사회적 산적 활동"(social banditry)이었다. 이 어구는 특히 세 가지를 의미하게 되었다. (a) 첫째, 그것은 "로빈 후드" 유형의 산적 활동을 가리킨다: 무법자들은 지역의 농촌 사회로부터 지지를 받고 조장되는데, 이는 그들이 그 공동체의 사회적·정치적·경제적 압제자들에 맞서서 공동체를 대신하여 싸우는 것으로 여겨지기 때문이다.[43] (b) 둘째, 호슬리의 읽기에 의하면, 이것은 팔레스타인의 유대인 농민층은 스스로 폭력 행위에 가담하지는 않았지만 은연중에 산적들의 폭력 활동을 지원하고 있었다는 시나리오를 낳는다. 이 폭력 활동은 "폭력의 나선형" 속에서 두 번째 국면에 해당하는 것이었다. 왜냐하면, 로마인들은 그 이전의 여러 제국들과 마찬가지로 그들의 신민(臣民)들을 폭력으로 다스렸기 때문이다. 호슬리는 예수를 이러한 배경 속에 놓음으로써, 예수는 기본적으로 농민들의 태도를 지지하였고, 비록 비폭력적이긴 하지만 새로운 형태의 사회적 항의를 시작하였다. 이러한 주장을 유지하기 위하여, 호슬리는 나아가 (i) 예수의 생전에는 폭력 혁명 같은 심각한 운동이 없었기 때문에, 예수는 그러한 것에 대하여 항의하고

---

41) Crossan 1991a, 452은 요세푸스의 글 속에 나오는 산적(의적) 행위에 관한 유용한 요약을 제공해 준다.

42) Crossan 1991a, 171-4. Shaw 1984가 따르고 있다; 이 개념에 대한 요세푸스의 용법에 대해서는 Crossan 174-206.

43) cf. Hobsbawm 1965, 1972, 1973a & b, 특히 1985 [1969]; Horsley 1979, 1981, 1986, 1987; Horsley & Hanson 1985; Crossan 1991a, ch. 9.

있다고 생각될 수 없었고, (ii) 예수는 농민층의 사회적 항변을 지원하면서도 농민층의 잘 짜여지고 기본적으로 반로마적인 공동체적 입장을 경멸하고 있었던 세리들과 창녀들 같은 자들에게는 지지 또는 환대를 제공하지 않았을 것이라고 주장하여야 했다. (c) 셋째, 크로산은 고상한 산적들이 은혜를 입은 농민층의 지지를 받는 "로빈 후드" 스타일의 삶이 아니라 산적들이 "비권력과 권력, 농민층과 지배층 사이를" 모호하게 왔다갔다하는 사회학적 현상을 가리키기 위하여 "사회적 산적 활동"이라는 개념을 발전시켰다.[44]

우리는 이 모든 것을 어떻게 보아야 하는가?[45] 내가 이미 보여주었듯이, 주후 1세기의 20년대에 심각한 폭력 혁명이 현안이 아니었다고 생각하는 것은 극히 잘못된 것이다. "열심당"은 60년대에 이르러서야 비로소 분명한 모습을 갖춘 집단으로 출현한다; 그러나 이것은 활동 방향의 중요한 변화, 즉 이전에는 오직 "사회적 산적 활동"에만 헌신했던 집단이 준군사적인 폭력 활동으로 변신했다는 것을 보여주는 것이 아니다.[46] 게다가, 예수는 결국 사회적인 국외자들을 하나님 나라로 받아들이기를 환영하지 않았다는 호슬리의 주장은 최근 대부분의 연구만이 아니라 초대 교회가 그러한 주제를 만들어 내어서 예수에 관한 전승들 속에 그토록 철저하게 짜넣었을 가능성이 거의 없다는 강력한 역사적 논거에도 정면으로 배치된다.

홉스봄의 주장은 주후 1세기 팔레스타인의 것과는 판이하게 다른 시기들과 배경들로부터 모은 자료들에 의거해서 논지를 전개시키고 있기 때문에 어쨌든 그 자체로도 심각한 반론에 직면해 왔다. 블록(Blok)은 사회적 산적들에 관한 홉스봄의 이론들은 실생활의 상황들 속에서의 산적들에 관한 실제적인 연구를 기반으로 한 것이라기보다는 시가들과 민요들을 토대로 한 것이기 때문에, 구체적인 몇몇 사례 연구들에 의거한 것보다는 좀 더 폭넓은 토대를 지니고 있는 것은 사실이지만, 실제의 역사를 아주 형편없이 흐트러 놓는 경향을 보여주는 낭만주의적인 냄새가 많이 난다고 지적한다.[47] 그는 실제의 산적들

---

44) Crossan 1991a, 170.

45) 나는 이 분야에 대한 그녀의 미간행 연구물을 내게 빌려준 내 제자였던 Paula Gooder에게 매우 감사한다.

46) cf. *NTPG* 170-81.

47) Blok 1972, 1988 [1974].

은 자신의 출신 성분이기도 한 농부들을 버리고 압제자들의 편을 드는 일이 흔했다고 지적한다.[48] 그 밖의 다른 학자들은 산적 활동은 단순히 농촌 사회에서만 생겨난 것이 아니라, 매우 폭넓고 다양한 배경들 속에 뿌리를 내리고 있었고,[49] 산적 활동이라는 현상을 아프리카와 관련하여 연구해 보면, 홉스봄의 모델은 훨씬 더 복잡한 상황 속에서는 오직 제한적으로만 사용될 수 있다고 주장하였다.[50] 홉스봄은 블록의 주장에 답하여 자기가 말하고자 한 주된 취지는 산적들의 사회적 모호성 — 이것은 쇼(B. D. Shaw)에 의해서 강조된 점이기도 한데, 앞에서 보았듯이 이것을 크로산이 발전시켰다 — 이었다고 말한다.[51] 그러나 이것은 호슬리의 논거에 대한 밑받침으로서의 이 이론의 유용성을 심각하게 감소시킨다; 그리고 갈릴리에서의 산적들에 대한 실제적인 사례 연구들은 이러한 문제점을 아주 분명하게 보여준다.[52] (a) 산적들은 사회적 산적들이었고, (b) 사회적 산적들은 은혜를 입은 농민층의 고상한 영웅들이었으며, (c) 예수는 그러한 산적 활동을 지지했던 농민 사회 혁명가였고, (d) 이러한 산적 활동은 주후 60년대 중반 전쟁이 일어나기 직전까지는 근본적으로 비혁명적인 성격을 지니고 있었다는 호슬리의 깔끔한 주장들은 모든 점들에서 해체되어 버리고 만다.[53] 홉스봄과 쇼의 주장을 좀 더 정교하게 사용하고 있는 크로산의 주장은 호슬리의 여러 깔끔한 주장들을 다시 봉합해내고 있지는 않지만, 조금 다른 요점, 즉 권력과 그 정당화의 수사학은 제국의 잔혹한 세력이 산적들의 산발적인 폭력 활동에 직면했을 때 극히 모호하게 들린다는 점을 역

---

48) 이 점은 Taylor 1987, e.g. 113; Perez 1989의 강력한 지지를 받고 있다.

49) O' Malley 1979.

50) Austen 1986, esp. 101-3. 또한 북부 에디오피아에 대해서는 Fernyhough 1986을 참조하라: "에디오피아에서의 산적(의적) 활동은 Eric Hobsbawm(165)이 묘사했던 것보다 더 원시적이고 더 정교한 반란의 형태로 출현하였다."

51) Shaw 1984; Crossan 1991a, 171-4.

52) 특히, cf. Freyne 1988a.

53) Crossan 1991a, 184가 주장하듯이, "제1차 로마-유대 전쟁은 주후 52년에 시작되었고, 귀족층들과 지주층들이 아니라 농민층과 의적들 사이에서 시작되었다." 그가 제시하는 증거는 Jos. *War* 2:239-46과 *Ant.* 20:125-36에 대한 비판적인 읽기이다.

설하는 데 집중하고 있다:

> 산적은 황제가 되어가기 시작하는 자가 아니고 무엇이며, 황제는 보좌 위에 앉아 있는 산적이 아니고 무엇이겠는가? … 산적 집단의 개인화된 폭력과 국가 군대의 제도화된 폭력을 구분하는 것은 실제적으로 유지하는 것보다 이론상으로 정당화하기가 훨씬 더 어려운 것이었다 … 농촌 지역의 산적들은 농촌 제국에 대하여 자신의 칠하지 않은 얼굴, 자신의 꾸밈없는 영혼을 그대로 유지한다.[54]

비록 크로산은 모든 열정적인 수사학자들과 마찬가지로 사물을 조금 지나치게 단순화하는 감이 없진 않지만, 이 말은 자명한 진리를 보여주고 있다고 나는 생각한다. 그의 요지는 분명히 로마인들이 왜 산적 활동이라는 현상을 그토록 심각하게 받아들였는지를 설명하는 데에 도움을 준다. 그러나 그것은 산적들은 농민층과 암묵적으로 및 지속적으로 연합을 맺고 있었다는 홉스봄-호슬리의 주장을 밑받침해 주지 않는다. 실제로, "사회적 · 경제적 · 정치적 · 사법적 차원에서" 산적들의 "교묘한 모호성"[55]은 산적과 농민층의 명확하고 지속적인 연계 가능성을 부정하고, 그러한 토대 위에서 전개된 예수에 관한 이론을 더 더욱 불가능하게 만든다.

또한, 프레인(Freyne)이 말하고 있듯이, "열심당이라는 하나의 구조물을 해체한 후에, 우리가 다시 그것을 사회적 산적 활동이라는 구조물로 대체하고자 한다면, 그것은 우스운 꼴이 되고 말 것이다."[56] 사실, 요세푸스의 글 속에서 우

---

54). Crossan 1991a, 172, 174. 크로산은 Blok의 견해는 겉보기에는 옳은 것같지만 (사회적인 의적들에 관한 낭만적인 로빈후드적인 묘사를 하고 있는 Hobsbawm의 견해를 부정한 점에 있어서), 깊이 들여다 보면 잘못된 것이라고 주장한다(의적들은 사실 "폭력을 사용하여 부자들로부터 재물을 강탈해서 가난한 자들에게 나누어 주었다" 점에서, 304f.). 나는 그가 지적한 점에 대하여 동의하지만, 우리는 더 이상 홉스봄의 저작의 초점이자 Horsley의 용법인 사회적 의적 활동이라는 말을 사용하지 말고, 일반적인 산적(의적) 활동에 대하여 말하기로 하자. 그런 용어를 사용하게 되면, 우리는 점점 더 예수에 관한 가능성 있는 시나리오로부터 멀어지게 된다.

55) Crossan 1991a, 174.

리가 만나는 모든 "산적들"이 무법자들인 것은 결코 아니었다; 요세푸스는 고대의 방식을 따라서 논쟁적인(polemical) 정의를 내리고 있는 것이다. 특히, 실제로 모든 산적들이 사회적 산적, 로빈후드와 비슷하게 농민들의 지지를 받은 산적(의적), 농민들에 의해서 그들의 이익을 대신하여 활동한 산적으로 인식된 것은 아니었다.[57] 사실, 우리가 고찰하고 있는 시기 동안에는 심각한 산적 활동은 갈릴리보다는 유대에서 더 두드러지게 나타난다. 이것은 갈릴리에서 혁명 운동들이 없었다고 말하는 것이 아니라, 단지 그러한 방향으로의 운동이 남쪽보다는 덜 강했다고 말하는 것이다.[58]

우리는 다음과 같이 결론을 내릴 수 있을 것이다:

(a) 상황은 당시에 충분히 혼란스러웠고, 다른 시기들과 장소들에 토대를 둔 사회 이론들의 부분적인 적용에 의해서 더욱더 그렇다는 것이 확인될 수 있다.[59]

(b) 실제로 예수 당시의 팔레스타인에는 온갖 종류의 산적 활동이 광범위하게 존재하였다.

---

56) Freyne 1988a, 51.

57) Freyne 1988a, 62.

58) Freyne 1988a, 54f. 그는 자신의 이전의 논증을 따르고 있다(1980b). Freyne의 두 권의 중요한 저작들(1980b, 1988b)과 그의 여러 논문들(1980a, 1987, 1988a, 1992)은 갈릴리 사람들의 관심은 오직 주변적으로 또는 최소한으로만 유대적이었다는 Mack(1993, ch. 4)을 비롯한 여러 학자들의 주장에 대한 가장 좋은 대답이다. 예를 들면, "예루살렘과 그 성전에 대한 오래되고 깊이 뿌리박힌 애착"과 "예루살렘 성전을 그 중심 초점으로 하고 있었던 공유된 상징적 세계관"을 갈릴리 유대인들의 특징이라고 말하고 있는 Freyne 1987, 607를 보라. (자세한 것은 Levine(1992a)에 의해서 편집된 논문 모음집을 보라.) 사실 맥의 논거들은 그가 내린 결론들과는 정반대의 방향을 보여준다: 갈릴리는 인종이 심하게 혼합되어 있던 지역이었기 때문에, 거기에 살았던 유대인들은 그들 조상들의 전승들에 더욱 필사적으로 매달렸고, 최선을 다해서 그들의 구별의 상징들을 유지하려고 했을 것이기 때문이다.

59) Crummey 1986은 오늘날 아프리카에서 매우 다양한 형태의 사회적 항의를 보여주고 있고, 그 중의 어느 한 모델을 20세기의 아메리카 대륙에 적용하는 것이 얼마나 어려운지를 보여주고 있다. 우리는 민담들에 토대를 둔 아주 단순한 명제를 도매금으로 주후 1세기의 팔레스타인에 적용하지 않도록 아주 조심해야 한다.

(c) 이러한 산적 활동의 전부는 아니지만 일부는 모든 시기 동안은 아니지
만 일부 시기 동안에 모든 농민들에 의해서는 아니지만 일부 농민들에
의해서 지지를 받았다.

(d) 산적 활동과 심각한 혁명적 폭력 활동의 구분은 인위적인 것으로서, 그
경계가 매우 불분명했고 서로 넘나들기가 쉬웠다.

(e) 심각한 혁명은 유대에서 일어날 가능성이 더 많았지만, 갈릴리에서도 결
코 불가능한 것은 아니었다.

(f) 로마인들과 유대 당국자들은 산적 활동을 우려할 만한 세력으로 보고
심각하게 다루었다.

(g) 산적 활동과 그 밖의 다른 대중 운동들 간의 관계는 극히 유동적이었던
것으로 보인다.

달리 말하면, 호슬리와 크로산이 이 시기의 다양한 운동들의 사회적 배경을
부각시키고 있는 것이 옳긴 하지만, "사회적"이든 그 밖의 다른 것이든 산적
활동이라는 사회적 범주를 예수를 위치시킬 엄격한 범주로 사용하는 것은 불
가능하다는 말이다. 특히, 예수가 메시지를 선포한 세계 속에서 폭력 혁명의 의
도들을 지닌 저류가 존재하지 않았다고 주장하면서, 예수는 그러한 폭력 운동
들에 관하여 말할 수 없었을 것이라고 추론하는 것은 잘못된 것이다. 예수가
하나님 나라를 이야기하면서 자기 자신을 농민층의 열망들과 연대하고 있는
것으로 말하면서, 그 계층의 일부 사람들을 한동안 그러한 실제적인 "산적 활
동"을 지지하도록 이끌었을 것이라고 주장하는 것도 마찬가지로 잘못된 것이
다. 예수는 그와 같이 쉽사리 꼭 짚어서 얘기할 수 있는 그런 인물이 아니다.

마찬가지로, 어느 누가 이스라엘 신이 마침내 왕 노릇을 하기 시작하였다고
선포하는 말을 들었다면, 평균적인 팔레스타인 유대인은 그가 어느 곳에 살든
지 간에 그것이 어떤 방식의 운동일지를 부지런히 살폈을 것이라고 상상하는
것도 전혀 의미가 없다. 하나님 나라가 실제로 오고 있다면, 거기에 합류하는
것으로 충분한 것이었다. 따라서 적어도 우리는 지금부터 살펴보게 될 두 가지
운동으로부터 그러한 판단을 내릴 수 있다: 세례 요한의 운동과 예수의 운동.

(iii) 세례 요한

예수가 세례 요한이 백성들에게 세례를 주고 있는 상황 속에서 자신의 공

생애를 시작하였다는 데에는 모든 학자들이 동의한다. 이것은 최근에 아주 깊이 있게 연구되어 왔고, 우리는 그러한 연구 결과를 여기에서 되풀이할 필요가 없다.[60] 그 주된 특징들은 지금에 와서는 대체로 별 논란이 없다. 세례 요한은 분명히 주후 1세기의 20년대 후반에 어느 정도 중요하고 이름을 얻고 있었던 인물이었고, 하나의 잘 알려진 당혹스러운 현상이었다. 세례 요한은 이스라엘이 회개하지 않는다면 이스라엘에게 화가 있을 것이라는 신탁들을 선포했다는 점에서 "신탁" 예언자였다. 이와 동시에, 그 밖의 다른 신탁 예언자들과는 달리, 세례 요한은 자기 주변에 무리들을 모았고, 그들에게 자신의 사후에도 하나의 집단으로서 지속될 수 있을 정도의 충분한 통일성을 부여하였다. 요세푸스는 세례 요한을 그 밖의 다른 예언자적 인물들과 동일하게 묘사한다.[61] 세례 요한은 이스라엘 민족에 대한 임박한 심판을 선포하였고, 야훼의 계약 백성으로서의 이스라엘의 지위가 그 자체로서 다가올 재앙에서 이스라엘을 구원하여 줄 충분히 토대가 되지 못한다는 것을 경고하면서 회개를 촉구하였다.

이러한 활동은 분명히 헤롯 안디바가 세례 요한의 규탄의 일차적인 표적이었을 가능성이 많았다는 점과 아울러,[62] 요단 광야에서 사람들을 불러 모은 사람은 상징적으로 이것이 새로운 출애굽이라고 말하고 있는 것이었다는 점에서 "종교적"임과 동시에 "정치적"인 것이었다. 죄사함을 위한 물 세례를 주는 사람은 누구든지 이렇게 말하고 있는 셈이었다: 너희는 너희가 성전 제의를 통하여 통상적으로 얻고자 하는 것을 지금 여기에서 얻을 수 있다.[63] 그렇게 하기를 원하는 사람들에게 이런 유의 입교 의식을 거치도록 초청하는 사람은 누구나 상징적으로 이렇게 말하고 있는 것이다: 여기에 야훼에 의해서 신원받게 될 참 이스라엘이 있다. 여기에 참여하지 않은 사람들은 암묵적으로 계약 백성으로 여겨질 권리를 상실한 것이다. 이런 여러 가지 방식으로 주후 1세기

---

60) 무엇보다도 cf. Webb 1991; 그리고 예를 들면, Scobie 1964; Wink 1968; Meyer 1979, ch. 6; Hollenbach 1992와 비교해 보라. Crossan 1991a, 227-38은 결점이 있고 별로 시사해 주는 바도 없다.

61) *Ant.* 18:116-19. Webb 1991, ch. 2에 자세하게 다루어져 있다.

62) cf. Hollenbach 1992, 894f.

63) cf. Webb 1991, 203-5.

유대교의 역사 내에서 요한이 행하고 있었던 일은 유대교 내에서의 예언자적 갱신 운동 — 그러나 기존 질서를 새롭게 하는 것을 목표로 한 것이 아니라 기존 질서를 대체하는 것을 목표로 한 갱신 — 으로 보아졌음에 틀림없고, 또한 오직 그렇게 보아질 수 있었다. 공관복음서들은 헤롯 안디바의 결혼 문제에 대한 세례 요한의 공격을 세례 요한이 체포된 이후라고 말하고 있지만, 사실은 그것보다 좀 더 폭넓은 이유들이 있었을 것이다. "사막과 요단강, 예언자와 무리들은 언제나 즉각적으로 예방적인 조치를 취할 것이 요구되는 불붙기 쉬운 혼합물이었다."[64]

그러므로 엄밀하게 역사적 관점에서 볼 때, 우리는 세례 요한을 단순한 신탁 예언자 이상의 인물로 보지 않으면 안 된다. 웹(Webb)이 말하고 있듯이, 세례 요한은 호슬리를 비롯한 학자들이 구분한 두 유형의 예언("신탁적" 예언자와 "지도자적" 예언자)을 새롭고 폭발적인 방식으로 결합시키기 시작하였던 것이다. 갱신 운동과 결합된 파국의 예언들은 종말론적인 사건들, 마침내 실현되고 있는 하나님의 약속들과 경고들, 위대한 순간이 다가올 때에 야훼의 참 백성의 일부가 되어야 할 필요성에 관하여 말하는 것이었다. 아울러, 세례 요한은 서기관 활동의 어느 분파나 학파와 직접적으로 결부되어 있었던 것으로 보이지는 않지만, 그의 활동 무대와 그의 실천의 몇몇 측면들은 적어도 에세네파와의 병행들을 암시해 준다. 세례 요한은 웹의 분류에 있어서 "지혜적" 예언자는 아니었지만, 몇몇 "지도자적" 예언자들만큼 그 집단과 그리 멀리 떨어져 있었던 것은 아니었다.[65] 게다가, 요한의 가족은 제사장 가문이었고, 세례 요한이 광야에서 죄사함을 위한 세례를 베푼 활동은 성전에 대한 분명한 대안을 제시하는 것이었다. 세례 요한은 요세푸스의 글 속에 나오는 여러 인물들과는 달리 웹이 분류하고 있는 "직업적"(clerical) 예언자는 아니었지만, 이러한 출신 배경과

---

64) Crossan 1991a, 235. 헤롯이 그의 동생의 아내와 혼인한 것을 공격한 것에 대해서는 cf. 막 1:14; 6:17f./마 14:3f.; 눅 3:19-20. 또한 이혼 기사(막 10:2-12/마 19:3-9)를 요한이 설교하던 지역 속에 둠으로써 이 문제가 예수로 하여금 헤롯의 혼인 문제에 관하여 성급하게 논평하게 만들려고 유인하였던 정치적인 함정이었다는 것을 보여주고 있는 막 10:1/마 19:1f.를 참조하라. Colin Brown 교수가 내게 이 점을 지적하여 주었다.

65) cf. Webb 1991, 351.

이러한 목표는 적어도 세례 요한이 "반직업적"(counter-clerical) 예언자라고 부를 수 있는 그런 인물이었다는 것을 보여준다.[66] 그러므로 세례 요한은 적어도 제2성전 시대 예언자의 세 가지 유형(직업적, 지혜적, 민간적) 모두와 결부될 수 있다 — 물론, 세례 요한은 가장 정확하게는 마지막 범주 내의 첫 번째 하위 유형(지도자적 예언자)에 속하지만.[67]

앞으로 보게 되겠지만, 예수가 세례 요한을 자신의 사역의 개시에 있어서 중요한 준거점으로 보았다는 것은 분명하다. 초대 교회가 그때까지 지속적으로 존재했던 세례 요한의 제자들을 만나서 그러한 연관관계를 만들어 내었을 가능성은 거의 없다. 세례 요한이 실제로 자기가 시작한 사역을 완성할 인물이 장차 올 것이라는 예언을 했고, 예수는 그 예언을 자신에게 적용하였다고 생각할 만한 타당한 이유가 있다.[68] 세례 요한은 나중에 감옥 속에서 예수가 당시에 행하고 있던 일(좀 더 구체적으로 말하면, 예수가 행하지 않고 있는 일) 때문에 의구심을 가졌던 것으로 보이긴 하지만, 예수는 계속해서 세례 요한을 자신의 사역의 연대기적 및 신학적 출발점으로서, 그리고 몇몇 의미에서 자신의 활동 양식을 위한 역할 모형, 자기가 시작할 행동 패턴으로서 자신의 사역을 위한 전초로 여겼다.[69] 이것은 우리로 하여금 앞으로 서술될 다른 모든 것들을 위한 배경을 이루는 예수의 공적 인격이라는 주요한 범주를 설정하게 만든다.

---

66) cf. Webb 1991, 350f.; Horsley & Hanson 1985, 178f.

67) 세례 요한을 "신탁적"이라고 분류하고, 따라서 단독적인 운동으로 분류하고 있는 Horsley & Hanson 1985, 175-81과 견해를 달리하고 있는 Webb 1991, 350-5를 참조하라. Horsley와 Hanson은 적어도 내가 판단하기에 세례 요한의 사회정치적 의미를 그들이 하고 있는 방식으로 추적하는 것은 옳다. 물론, Webb은 특히 세례 요한의 제자들의 무리가 지속되었다는 점을 감안하여(행 19:1-7) 세례 요한을 단독적인 운동이 아니라 지도자로 보았다는 점에서는 분명히 옳다.

68) cf. Webb 1991, 196f., 261-306; 좀 더 신중한 입장으로는 Hollenbach 1992, 895f.

69) 세례 요한의 당혹감에 대해서는: 마 11:2-6/눅7:18-23; 자신과 관련된 세례 요한에 대한 예수의 견해: 마 11:7-19/눅 7:24-35, cf. 막 9:11-13; *Thom.* 46, 78; 눅 16:16; 막 11:27-33/마 21:23-7/눅 20:1-8; 예수를 세례 요한이 부활한 것으로 본 것에 대해서는: 막 6:14; 8:27f.; 9:11-13/마 17:9-13. 이 모든 것에 대해서 Meyer 1992a, ch. 2에 나오는 의미심장한 말들을 보라.

예수의 추종자들은 예수를 예언자 이상의 인물로 여겼고, 결코 그 이하로 보지는 않았다.

3. "신탁적" 및 "지도자적" 예언자로서의 예수

초대 교회가 복음서들 도처에 산재해 있는, 예수는 예언자라고 하는 고립적이지만 설득력있는 수많은 말씀들을 만들어내었을 가능성은 거의 없는 것으로 보인다. 이러한 말씀들 중 몇몇은 예수가 직접 한 말씀들이다. 복음서들이 글로 씌어졌을 때 쯤 해서 교회는 예수가 예언자보다 훨씬 더 그 이상의 인물이라고 믿게 되었다. 따라서 예수를 이런 식으로 지칭하는 것은 신학적으로 위험성이 있는 것으로 보였을 것이다: 왜냐하면, 그와 같은 언급은 예수를 단순히 그 밖의 다른 모든 예언자들과 동일한 반열에 두는 것으로 비쳐질 수 있었기 때문이다. 그러므로 이러한 말씀들은 철저하게 진정한 전승을 나타내는 것일 가능성이 극히 높다. 위의 제2장에서 제기한 논거들은 우리로 하여금 주요한 대안적 읽기, 즉 예수는 경구적인 지혜를 전했던 교사에 불과했다는 것, 그리고 복음서의 묘사들 속에 나오는 "예언자적" 특징들은 초대 교회의 발전과정에서 생긴 후대의 것으로 돌려야 한다는 것을 받아들이는 데 대한 충분한 경고가 되었을 것이다.[70]

우리가 관련된 말씀들을 살펴보기 전에, 한 쪽으로 밀쳐놓아야 할 그 밖의 다른 두 가지 사고 노선들이 있다. 첫째, 예수는 어떤 의미에서 "카리스마적인 인물," 또는 "카리스마적 인물들 중의 카리스마적 인물"이었는가?[71] 예수는 무리들을 매료시켰다. 예수는 역동적이고 사람들을 분기(奮起)시켰으며, 그들의 열망들을 위한 새로운 소망과 새로운 초점을 제공해 주었다. 예수는 과거의 예언자들의 경우에서와 마찬가지로 자기 안에서 하나님의 영이 활동하고 있다는 것을 잘 알고 있었다. 이러한 그림은 어느 정도의 근거를 갖고 있고, 상당한 역사적 개연성을 지닌다. 그러나 이러한 그림은 그 자체로 구체적이지가 못하다.[72] 먼저, "카리스마적 인물"이라는 꼬리표보다 당시의 여러 다른 유대인들을

---

70) cf. Boring 1992, 498. Cf. Riesner 1984 [1981], 276-98.

71) Vermes 1973, ch. 3; Dunn 1975, ch. 4; Rivkin 1984.

72) cf. Harvey 1982, 107.

서로 훨씬 더 날카롭게 구분하는 것이 가능하다: 최근의 책 제목에서 볼 수 있는 것과 같이, "산적들, 예언자들, 메시야들"이 존재했고, 이들이 이끈 운동들은 체계적으로 구분되고 범주화될 수 있으며, 이들은 모두 어떤 의미에서 "카리스마적 인물들"이었는데, 이들을 하나의 모호한 일반적인 집단으로 한 묶음으로 묶는 것은 전혀 도움이 되지 않는다.[73] 둘째, 예언자로서의 예수에 관한 논의들은 흔히 너무도 성급하게, 그리고 너무도 배타적으로 예수가 "그 예언자" — 즉, 신명기 18:18-19에 예언된 새로운 구원자가 될 모세 같은 인물 — 로 인식되었는지 또는 스스로 그렇게 인식하였는지에 초점을 맞춰 왔다.[74] 이것은 우리가 이제 메시야 기대의 유형이라고 부를 수 있는 것에 속하는 것으로 보이고, 호슬리와 핸슨, 특히 웹이 제시한, 위에서 논의한 범주들보다 훨씬 더 제한적인 범주이다. 사람들이 예수를 신명기 18장에 나오는 "그 예언자"로 보았다는 가장 좋은 증거는 공관복음서들에 나오는 것이 아니라 요한복음 1:21, 6:14, 7:40, 사도행전 3:22에 나온다.[75] 이것이 역사적이지 않을 특별한 이유는 없고, 실제로 혼란스러운 상황 속에서 서로 다른 관찰자들은 예수가 누구인가 및 그의 운동이 무엇을 의미하는지에 관하여 온갖 종류의 서로 다른 생각들을 하였을 것이고, 위에서 말한 것은 바로 이러한 것들 중의 단지 하나였을 가능성이 높다. 그러나 관련된 증거들 중 상당히 많은 수는 사람들이 예수를 신명기 18장의 관점에서 보았다는 것을 보여주지 않는다.

도리어, 나는 예수가 하나의 예언자로 사람들에 의해서 보아졌고 또한 스스로도 그렇게 보았다고 주장한다; 예수는 마치 자기에게 꼭 맞는 맞춤 구두가 있어서 거기에 의식적으로 스스로를 맞춘 것인 양 반드시 어느 특정한 예언자가 아니라, 예전의 예언자들 같은 한 예언자로서, 계약의 하나님으로부터 말씀

---

73) Horsley & Hanson 1985.

74) 예를 들면, Vermes 1973, 86-99를 보라. Vermes는 예수가 복음서들 속에서 예언자로 여겨지고 있다고 올바르게 지적하면서도, 계속해서 통상적인 예언자의 실제적인 역할과 과제에 대한 좀 더 자세한 탐구 없이 신명기 18장의 문제를 고찰하는 것으로 넘어간다. 엘리야를 유대의 거룩한 사람들의 그 밖의 다른 유형들이 아니라 하시드(Hasid)를 위한 역할 모형으로 간주함으로써(예를 들면, 102), 버미스는 심판을 선포하는 사역을 예언자의 역할로부터 효과적으로 제거시키고 있다.

75) cf. 1QS 9:11; 4Q175 5-8.

을 받아서 이스라엘에게 와서, 이스라엘이 지금 걷고 있는 길을 돌이키지 않으며 두렵고 무서운 결과가 곧 임할 것이라고 경고하면서, 새롭고 다른 길로 이스라엘을 호출하며 강권하였다는 것이다. 이것은 예수가 자신의 예언자적 사역을 어떤 식으로든 유일무이한 것으로 보지 않았고, 다른 역할들과 결합될 수 있는 것으로 보지 않았다는 것을 말하는 것이 아니다. 그것은 분명히 예수와 그의 제자들이 예수의 사역을 어떤 식으로든 이스라엘의 긴 이야기 내의 절정으로 여겼을 가능성을 배제하지 않는다. 앞으로 보게 되겠지만, 사실 이것이 진실일 가능성이 대단히 높다. 우리가 강조하고자 하는 것은 우리의 연구를 신명기 18장의 명시적 또는 암묵적인 사용 및 거기에 언급된 "그 예언자"라는 인물에만 국한시켜서는 안 되고, 예수의 청중들이 받은 최초의 인상은 예수가 그들이 미리 기대하고 있었던 어떤 특정한 인물이라고 주장하고 있다는 것이 아니었다는 것이다. 오히려, 나는 이제 예수가 "신탁적" 예언자들의 방식을 따라서 예언적인 메시지를 선포하였고, "지도자적" 예언자들의 방식을 따라서 갱신 운동을 시작하였다고 주장하고자 한다. 사실 예수는 이 점에서 세례 요한과 매우 흡사하지만, 그 이상의 인물이었다.

또한 예수는 어떤 의미에서 "직업적" 예언자였는가? 예수가 제사장 계층에 속했다는 것을 보여주는 증거는 아무것도 없다. 그러나 웹이 분류한 "직업적" 예언자들에는 왕들과 그 밖의 다른 통치자들이 포함된다. 우리가 나중에 논의하겠지만, 예수를 어떤 종류의 왕이라는 주장 또는 인식과 결부시키는 외관상의 증거들이 존재하기 때문에, 우리는 이 범주를 완전히 배제해서는 안 될 것 같다.[76] 또한 예수는 세례 요한과 마찬가지로 당시의 성전 조직에 대한 모종의 도전을 제시하는 그런 것들을 행하고 말하였다. 관련된 자료를 논의하는 동안에, 우리는 당분간 예수를 반(反)직업적 예언자로 볼 가능성을 열어 두기로 하자.

또한 예수는 어떤 의미에서 "지혜적" 예언자였는가? 예수가 당시의 어느 분파에 속했을 가능성은 거의 없다. 예수를 바리새파 또는 에세네파의 일원으로 보고자 하는 시도들은 설득력이 없다는 것이 입증되었다. 그럼에도 불구하고, 예수의 가르침의 상당 부분은 그 양식과 내용에 있어서 웹이 "지혜적" 예언자들의 특징으로 열거하고 있는 것들을 공유하고 있다. 예수는 성서, 특히 성서의

---

76) 아래의 제11장을 보라.

예언서들에 대한 해석을 자신의 사역의 중요한 일부로 삼았던 것으로 보인다; 이것을 토대로, 예수는 당시의 이스라엘, 특히 이스라엘의 통치자들 위에 위협이 걸려 있다고 경고하였다; 예수가 기도로 보낸 시간과 자신의 환상 체험들에 관한 보도[77]는 예수가 적어도 경건한 에세네파와 마찬가지로 예언의 은사를 지니고 있는 인물로 여겨졌다는 것을 증언해 준다.

예수의 사역의 예언자적 측면은 흔히 놀랍게도 무시되고 있기 때문에, 이를 보여주는 본문들을 아주 짤막한 설명과 함께 하나도 빠짐없이 상세하게 제시하는 것이 좋을 것이다:

예수께서 말씀하시기를, "예언자는 자신의 고향과 집 외에서는 환영을 받지 않음이 없다."[78]

"사람들이 나를 누구라 하더냐?"라는 예수의 질문에 답하여, 제자들은 "어떤 이들은 세례 요한이라 하고, 어떤 이들은 엘리야라 하며, 어떤 이들은 예언자들 중의 하나라 하더이다"라고 대답한다.[79] 예수는 계속해서 추가적인 질문을 던지고 있지만, 현재의 목록으로부터 분명한 것은 그가 이러한 대답을 틀렸다거나 잘못된 것이라고 본 것이 아니라 참된 이해의 첫 단계로 보았다는 것이다.

예수께서 예루살렘에 당도하였을 때, 마태는 자기가 예수는 메시야로서 오시고 있는 것이라고 생각하고 있다는 것을 아주 분명히 하는 가운데, 순례를 온 무리들로 하여금 "이 사람이 누구인가?"라는 예루살렘 거민들의 질문에 대하여 "이 사람은 갈릴리 나사렛에서 온 예언자 예수니라"는 대답을 하게 한다.[80]

예수께서 스스로를 암묵적으로 예언자들의 계보 중의 마지막으로 묘사하였던 악한 농부에 관한 비유 다음에서, 마태는 예수를 체포하고자 했

---

77) 예를 들면, 눅 10:18. Borg(1987a, 1994a & b)가 제시한 분석들을 보라.

78) 마 13:57/막 6:4; cf. 눅 4:24(후자는 문맥상 예수를 엘리야 및 엘리사와 비교하고 있다).

79) 막 8:28/마 16:14(예레미야를 목록에 추가하고 있다)/눅 9:19(마지막 어구 대신에 "옛 예언자들 중 하나가 일어났다"로 되어 있다). 또한 cf. 마 10:40-1.

80) 마 21:11.

던 사람들이 무리들을 두려워하였는데, 이는 "저희가 그를 예언자로 여겼기" 때문이라고 말한다.[81]

헤롯이 예수 및 그가 행하고 있는 일에 관하여 들었을 때, 그의 즉각적인 반응은 세례 요한이 되살아났다는 것이었다; 그의 시종들 중 어떤 사람들은 그가 엘리야거나 옛적의 예언자들 중 하나라고 주장한다.[82]

나인성 과부의 아들을 치유한 사건에 대한 무리들의 반응은 예수가 메시야 또는 하나님의 아들 등등이라는 것(이 이야기가 후대의 기독론의 색깔을 전면적으로 띤 채 "씌워진" 것이라면, 우리가 기대할 수 있었을 반응)이 아니라 "큰 예언자가 우리 가운데 일어났다"는 것이었다.[83]

바리새인이 "죄인인" 한 여자가 예수를 후히 경배하는 모습을 보았을 때, 그는 속으로 이렇게 말한다: '이 사람이 예언자였다면, 그는 … 알았을 텐데'; 달리 말하면, 이 사건은 예수가 스스로 주장하듯이 진정으로 예언자인지에 대한 의문을 던져주는 사건이었다는 말이다. 따라서 그의 주장은 별 볼일이 없다; 그러나 예수의 응답은 그가 여자에 관하여서만이 아니라 바리새인에 대해서도 모든 것을 잘 알고 있음을 보여준다. 따라서 그의 주장은 암묵적으로 옳다는 것이 입증된다.[84]

헤롯의 위협들에 관하여 경고를 받았을 때, 예수는 "그 여우"에게 예언자가 예루살렘 밖에서는 죽는 법이 없다고 대답한다. 여기서 그는 예언자의 역할을 받아들일 뿐만 아니라 예언자의 운명도 받아들인다.[85]

또한 우리는 동일한 설명이 적용되는 요한복음에 나오는 구절들을 추가할 수 있다. 사마리아 여인은 "예수가 예언자라는" 것을 깨닫는다; 관리들은 "갈릴리에서는 예언자가 나올 수 없다"고 말하며 예수를 조롱한다; 맹인이었다가 치유받은 사람은 예수에 대하여 "그는 예언자"라고 말한다.[86]

---

81) 마 21:46.
82) 막 6:14-16/마 14:1-2/눅 9:7-9.
83) 눅 7:16.
84) 눅 7:39-50.
85) 눅 13:33: 아래의 제12장을 보라.
86) 요 4:19; 7:52; 9:17. 그리고 신명기 18장과 관련하여 위에서 언급한 요한복음

로마 군병들의 조롱 속에는 부분적으로는 예수에게 그를 치고 있는 사람이 누구인지를 맞춰보라는 요구가 들어 있다. 이것은 오직 군병들이 예수가 예언자로 여겨졌고 거짓 예언자로 고소를 받았다는 것을 알았다고 할 때에만 의미가 통한다.[87]

엠마오 도상의 제자들이 왜 슬퍼하느냐는 질문을 받았을 때, 그들은 예수에 관하여 "말과 일에 능하신 예언자"라고 말하기 시작한다.[88] 이 이야기의 역사성이 어찌 되었든, 이 세부적인 내용은 분명히 후대의 기독론에 맞춰 만들어진 것은 아니다.

이렇게 축적된 증거들은 이미 상당히 뚜렷한 인상을 우리에게 준다. 자료 비평의 가설에 따라서 본다면, 여기 열거된 자료들은 세 가지 전승, 즉 마태 특수 자료, 누가 특수 자료, 그리고 요한복음에서 가져온 것이다. 사도행전 3:22을 제외하면, 신약성서에서는 복음서들 이외에는 예수를 예언자로 말하는 대목이 하나도 없다.[89] 초대 교회는 예수 및 그의 사역에 대한 그들의 이해 속에서 이 범주를 신속하게 배제시켰던 것으로 보인다. 이것에 대하여 우리가 유일하게 제시할 수 있는 결론은 예수와 그의 아주 초기의 추종자들은 그런 식으로 생각하지 않았고, 예수를 예언자로 보는 광범위한 전승은 아주 빨리 바울 서신을 제외한 이러한 본문들 속에 나타난 몇몇 서로 다른 집단들 속에서 발전하였으며, 그러한 전승은 또한 아주 빠르게 소멸되어 갔다고 주장하는 것이다. 이것은 역사적 신빙성을 극한점을 넘어서서 잡아당기는 것이라는 것을 나는 인정한다. 우리는 여기서 성경 본문들에 작용하였다고 생각될 수 있는 온갖 성향들에도 불구하고 보존된 확고하게 진정한 전승을 접하고 있을 가능성이 지극히 높다. 복음서들은 아주 빈번하게 "모세 모형론"(typology)을 암시하고 있긴 하지만,[90] 앞에서 이미 본 것처럼, "모세 같은 예언자"라는 구체적인 개념에 대한

구절들을 참조하라.

87) 막 14:65/마 26:68/눅 22:64.

88) 눅 24:19.

89) 또한 cf. 행 7:37. 도마복음서나 Q에는 아무것도 나오지 않는다. 바로 이런 이유 때문에, "예수 세미나"에서 이 주제를 주변적인 것으로 다루고 있는 것 같다.

90) 예를 들면, 마 2-4; cf. *NTPG* 388f.

오직 부수적인 암시만이 존재할 따름이다. 예수를 예언자로 묘사하는 이러한 경향은 예수의 공생애, 예수의 특징적인 실천에 관한 우리 연구의 토대로 삼을 수 있는 가장 확실한 지점인 것 같다.

마찬가지로 우리에게 인상적인 것은 복음서 전체를 통하여 예수는 오직 한 인물이 아니라 구약에 나오는 광범위한 예언자들을 자신의 사역의 모형으로 삼고 있었다는 것을 보여주는 강력한 암시들이다. 특히 두드러지는 것은 예수가 위대한 고독한 인물이었던 미가야 벤 이믈라를 상기시키고 있다는 사실이다(왕상 22장). 미가야는 장차 벌어질 전투에 관하여 질문을 받았을 때에 "내가 보니 온 이스라엘이 목자 없는 양 같이 산에 흩어졌는데"라고 말하면서 이스라엘의 왕 아합이 죽을 것임을 예언하였다.[91] 예수는 무리들을 보자 목자 없는 양떼라는 말이 생각이 나서 그들을 불쌍히 여긴다.[92] 에스겔과 마찬가지로, 예수는 성전이 셰키나(Shekinah)로부터 버림을 받고 아무런 보호도 받지 못하게 될 것이라고 예언한다.[93] 예레미야와 마찬가지로, 예수는 끊임없이 이스라엘의 민족적 열망을 배신한 반역자로 불릴 위험성을 무릅쓰고, 내내 자기가 계약의 하나님의 참된 대변인이라고 주장한다. 앞으로 보게 되겠지만, 이것은 성전에서의 예수의 행위에 관한 이야기의 상당 부분과 그 이후에 있는 예수의 "재판" 배후에 깔려 있다: 예수는 성전의 파괴를 예언하였고, 특히 거짓 예언자로 고소되어 재판을 받았다.[94] 예수는 자기를 비판하는 자들과 의문을 제기하는 자들에게 예언자 요나의 표적으로 대답한다. 요나는 물고기 뱃속을 빌어 여행하여서 니느웨에 대한 임박한 심판을 예언하였다; 예수는 이스라엘에 대한 임박한 심판을 예언하고 있고, 요나의 경우와 비슷한 표적이 그의 메시지의

---

91) 왕상 22:17.

92) 마 9:36/막 6:34; cf. 마 10:6; 15:24; 막 14:27; 눅 15:6; 그리고 물론 요 10장. 양떼와 목자라는 이미지는 에스겔 34장을 연상시키기도 한다: 제11장을 보라.

93) 겔 10:1-5, 15-22; 11:22-3; cf. 마 23:38/눅 13:35.

94) 렘 7장, 특히 11절; cf. 마 21:12-13/막 11:15-19/눅 19:45-8, cp. 요 2:13-22. "거짓 예언자"라는 고소에 대해서는 cf. 신 13:1-3; 성전의 파괴에 관한 예언과 관련된 고소를 포함한 "재판"에 대해서는: 마 26:57-68/막 14:53-62/눅 22:54-71; 요 2:19; *Thom.* 71. 아래의 제9, 12장을 보라. 예레미야서에 대한 추가적인 반영들은 전승 속에서 발견된다: cf. 렘 11:16과 눅 23:31 — 렘 11:18-20의 맥락과 관련해서.

옳음을 증명해 줄 것이다.[95] 예수는 다가올 그날이 이스라엘에게 무엇을 의미
할지를 끊임없이 재정의하는 가운데, 이스라엘에게 아모스와 마찬가지로 그
날은 빛이 아니라 어둠의 날이 될 것이라고 경고한다.[96] 또한 예수는 아모스와
마찬가지로 하나님의 백성이 모든 민족에 대한 하나님의 심판의 절정으로서
심판을 받게 될 것이라는 의미를 내포하는 말을 한다. 예수가 이스라엘에게 선
포한 심판은 바빌로니아에 의한 예루살렘의 심판과 관련된 예언서 구절들 및
좀 더 무시무시하게는 바빌로니아 자체에 대한 하나님의 심판에 관하여 말하
고 있는 구절들을 빌어서 묘사된다.[97]

무엇보다도, 예수는 의도적으로 엘리야의 행동양식을 채택하고 본뜨고 있는
것으로 보인다. 여기서 우리는 다시 한 번 각 자료들별로 각각 다른 입장들을
살펴볼 수 있는 흥미로운 위치에 있다. 공관복음서들 모두로부터는, 공관복음
서 기자들과 초대 교회 전체는 세례 요한을 어떤 의미에서 부활한 엘리야로
보았다는 것은 분명하다.[98] 그럼에도 불구하고, 그들은 예수를 엘리야와 같은
방식으로 활동한 것으로 묘사하고, 제자들이 엘리야 모형론이 예수 및 그들 자
신의 활동을 위한 설계도로 주어졌다고 생각했음을 보여준다.[99] 예수 자신은

---

95) 마 12:38-42/눅 11:29-32. 이것은 예수의 선포의 한 특정한 측면, 즉 한 세대
라는 시간 범위를 위한 모형을 시사해 줄 수 있다. 이것과 관련하여 우리가 나중에
보게 될 또 다른 이유들이 존재한다; 그러나 요나가 "40일이 지나면 니느웨가 멸망
할 것"이라고 말했던 것과 마찬가지로, 예수는 암묵적으로 "40년이 지나면 예루살
렘이 멸망할 것"이라고 말했다.

96) 암 5:18-20. 재정의와 그 결과로서의 경고에 대해서는 아래의 제8장을 보라.

97) 예루살렘에 대한 심판: 눅 19:41-4; 바벨론에 대한 심판(cf. 사 13:10): 막
13:24f. 제8장을 참조하라.

98) 마 3:1-12/막 1:2-8/눅 3:1-20(이 구절들 속에 나오는 엘리야 상징에 대한 반
영들은 Webb 1991, 250-4에 나온다)과 아울러 마 17:12f./막 9:13을 참조하라.

99) 눅 7:11-17은 왕상 17:17-24; 왕하 4:32-7과 매우 유사하다. 누가복음 9:51-55
에서 야고보와 요한은 엘리야가 그랬던 것처럼 하늘로부터 불이 떨어지기를 바란
다. 이것은 궁극적으로 그러한 동일시가 인정되지는 않았지만(예수는 그들을 책망
하였다), 예수가 많은 유사성들에 의해서 위험을 감수해야 했던 하나의 사례였다는
것을 보여준다. 또한 마태복음 8:21f.와 열왕기상 19:20 간의 유익한 병행을 보라.
이 주제에 대해서는 Robinson 1962, 28-52를 참조하라.

자신의 사역의 성격을 설명하면서 엘리야와 엘리사 둘 모두를 모형으로 사용하고 있는 것으로 묘사된다.[100] 또한 여기서도 초대 교회가 예수를 메시야로 보고 세례 요한을 엘리야로 본 것을 무(無)로부터 만들어내었을 가능성은 거의 없다. 그러나 이와 동시에 비록 세례 요한은 예수가 새로운 엘리야라고 생각했던 것처럼 보이지만, 예수는 실제로 그러한 찬사를 세례 요한에게 돌렸다.[101] 우리는 여기서 병행과 차이를 보기 시작한다. 예수의 사역은 엘리야의 사역과 아주 흡사했기 때문에, 이 두 사람은 쉽게 혼동될 수 있었다. 예수도 야훼의 신실치 못한 백성에게 그들의 계약의 하나님이 그들에게 진노로 임할 것이라고 선포하였다. 그러나 이와 동시에 예수는 이와는 다른 메시지, 엘리야 모형의 거푸집을 깨뜨리는 축하와 새로운 시작의 메시지를 직접 실천에 옮겼다.

이 모든 것을 보건대, 예수가 자신의 사역을 세례 요한에게서 절정에 달한 구약성서의 위대한 예언자들의 사역과 연속성이 있고 그 절정에 해당하는 것으로 여겼다는 것은 분명해 보이고, 또한 세례 요한이 시작한 일을 자신의 출발선으로 사용하였다는 것도 분명하다. 우리가 곧 보게 되겠지만, 예수는 독립적 예언자는 아니었지만 분명히 신탁 예언자였다. 예수의 동시대인들은 예수를 그렇게 보았을 것임에 틀림없고, 실제로 그렇게 보았다. 엘리야 또는 예레미야와 마찬가지로, 예수는 계약의 하나님으로부터 온 메시지를 선포하였고, 상징 행위들을 통해서 그 메시지를 실천으로 보여주었다. 예수는 백성들에게 그들의 길들이 어리석은 것임을 깨우치고, 그들을 다른 길로 불러내면서, 그렇게 하는 것의 결과들을 소유할 것을 기대하였다. 역사적으로 말해서, 우리는 여기에서 확실한 토대 위에 서 있다. 그리고 그 그림은 참으로 놀라운 것이다. 세례 요한은 육신적으로 아브라함의 자손이라는 것만으로는 충분치 않다고 말했었고, 당시 통치자였던 헤롯을 규탄하였었다. 엘리야는 바알 예언자들 및 사악한 아합 왕과 홀로 맞섰다. 예레미야는 왕가, 제사장들, 공직 예언자들에 맞서서 성

---

100) 눅 4:25-7. 예수는 엘리야인 세례 요한의 뒤를 이은 새로운 엘리사로 자기 자신을 보았다는 Bostock 1980의 주장은 몇 가지 점에서 시사해 주는 것이 있다; 그러나 예수가 자기 자신을 세례 요한의 하위의 동역자로 여겼다는 것은 말이 되지 않는다 ― 적어도 일단 그의 사역이 시작된 이후로는.

101) 마 3:11-12/눅 3:16-17, cf. 요 1:21; 마 11:2f./눅 7:18f.; 마 17:12f./막 9:13.

전과 국가의 파국을 선포하였었다. 이들은 모두 추종자들을 가지고 있었지만, 그들 모두는 정치적으로 고독한 인물들이었다. 그들 모두는 현 체제를 위협한 다는 비난을 받았다. 백성들이 예수를 예언자로 "보았을" 때, 이것은 바로 그들이 염두에 두고 있었던 그런 모형이었다.

4. 말과 행위에서 권세 있는 예언자

(i) "지도자적" 예언자로서의 예수

그러므로 우리는 확고한 토대 위에서 시작할 수 있다: 예수의 공생애는 "신탁" 예언자의 생애였다. 그러나 우리가 이러한 그림을 그리자마자, 우리는 예수가 분명히 "민간" 예언자라는 그 밖의 다른 범주에도 속한다는 것을 본다. 예수는 자기 주변에 한 무리의 추종자들을 모았고, 볼 수 있는 눈을 가진 자들을 위하여 위대한 출애굽, 포로생활로부터의 진정한 귀환이 마침내 개시되고 있다는 것을 보여주는 여러 다양한 상징 행위들을 수행하였다. 이스라엘의 하나님은 역사 안에서 권능 있게 행하실 것이고, 예수는 자기 백성을 구원으로 인도하게 될 것이다. 호슬리(Horsley)의 견지에서 보면, 예수는 "행위" 예언자였고, 웹(Webb)의 관점에서 보면, "지도자적" 예언자였으며, 누가의 표현을 빌면, "말과 일에 능하신 예언자"였다.[102]

예수는 사람들이 많이 모여 사는 곳들인 디베랴 또는 세포리스 같은 도시들을 제외하고 갈릴리의 여러 촌락들을 돌아다니며 사역을 수행하고 거기에서 지지를 얻어냈는데, 이와 같이 한 이유들은 우리가 나중에 살펴보게 될 것이다.[103] 예수는 종종 자신을 따르는 많은 무리들을 광야에 모았는데, 적어도 한번은 그 광야에서 출애굽 사건들을 연상시키는 상징 행위들을 수행하였다.[104] 이런 점에서 예수의 사역은 그 밖의 다른 "지도자적" 예언자들 중 일부, 특히 세례 요한의 사역과 밀접한 유비들을 보여준다. 예수가 자신의 가르침을 따른 자들에게 세례를 베푼 것은 어쨌든 우선적으로 세례 요한을 모방한 것일 가능성이 대단히 크다: 제자들은 무리들에게 사도행전의 첫 부분에서 세례를

---

102) 눅 24:19(cf. 행 7:22, 모세를 묘사하는 이와 비슷한 구절).

103) 아래의 제9장.

104) 마 14:15-21/막 6:35-44/눅 9:12-17/요 6:1-15; cf. 마 15:32-9/막 8:1-10.

받으라고 권하고 있지만, 그들 자신이 세례 요한의 때를 제외하고는 스스로 그
러한 세례를 받았다는 기록은 전혀 없다. 하지만 이 점을 지나치게 강조해서는
안 되는데, 이는 갈릴리에서의 세례는 요단강 근처의 광야에서 베풀어진 세례
와는 지리적으로 동일한 상징적 기능(출애굽을 상기시키는 기능)을 지니고 있
지 못했을 것이기 때문이다. 어쨌든 예수는 자기가 행하고 있는 일이 세례 요
한이 행하였던 일과 연속성이 있는 것으로 보아지기를 의도했던 것으로 보인
다. 여기서 다시 한 번 초대 교회는 세례 요한과 결부된 지속적인 운동을 황당
한 것으로 보고, 세례 요한과 예수의 밀접한 연관성을 계속해서 강조하였다. 누
가는 예수의 추종자들이 요한의 세례를 기점으로 삼았다는 것과 그들이 세례
요한의 제자들의 지속적인 집단들과 분명하게 구별되었다는 것, 이 두 가지를
모두 강조한다.[105]

예수가 추종자들을 가지고 있었고, 그들을 몇 가지 점에서 "지도자적" 예언
자와 같은 방식으로 보았다는 것은 전승 속에서 완벽하게 확고하다. 예수가 제
자들을 불렀고, 그들을 구별된 집단으로 보았다는 것을 의심하는 사람은 아무
도 없다.[106] 이것은 최근의 몇몇 의심들에도 불구하고, 예수가 자신의 추종자들
에게 특별한 기도문을 주었고 그들을 새로운 공동체, "작은 양무리"라고 말했
다는 것을 의미 있게 만들어 주는 배경을 이룬다.[107] 우리가 나중에 좀 더 자세
하게 살펴보겠지만, 예수는 자신이 행하고 있는 일을 이스라엘의 재구성이라
는 관점에서 설명하였다.[108] 이것도 세례 요한의 사역을 반영하고 있는 것으로
서, 세례 요한도 자신의 제자들을 하나님의 갱신된 백성의 핵으로 보았다; 그
리고 이런 유의 전승은 적어도 예루살렘의 이사야까지 거슬러 올라간다.[109] 예
수의 몇몇 행위들의 배경이 되고 있는 광야는 바로 이러한 그림과 아주 잘 부
합한다; 이것은 그러한 활동들이 지니는 정치적 함의들을 잘 알고 있었던 초
대 교회가 예수의 삶 속에서의 확고한 근거 없이 쉽게 만들어 낼 수 있었던

---

105) 행 1:22; 10:37; 13:24f.; 18:25; 19:1-7.

106) Sanders 1985, 326는 이것을 예수에 관한 기본적인 "핵심 사실들" 중의 하나
로 포함시킨다. 또한 cf. Riesner 1984 [1981], ch. 5.

107) 기도문: 마 6:9-13/눅 11:2-4/*Did.* 8:2. 양떼: 눅 12:32.

108) cf. Meyer 1979와 Sanders 1985, *passim.*

109) 예를 들면, cf. 사 8:16-18. Cf. Meyer 1979, 210-19.

그런 유의 이야기가 아니다.

그러므로 이미 우리는 예수가 그의 주변의 사람들의 세계관에 대한 자신의 변형인 그의 사고방식을 발견하고자 하는 우리의 연구에 있어서 길잡이 역할을 할 수 있는 하나의 실천을 의도적으로 채택하고 있다는 것을 발견하게 된다. 예수는 한편으로는 신탁 예언자들의 예언 양식과 다른 한편으로는 갱신 운동의 지도자로서의 예언자 양식을 새로운 방식으로 결합하고 있었다. 세례 요한은 이 둘을 이미 결합했었지만, 이것과 같지는 않았다. 예수는 적어도 세 가지 방향에서 좀 더 나아갔다고 할 수 있다: 예수는 순회 사역을 하였다; 앞으로 보게 되겠지만, 예수는 세례 요한의 메시지보다 한층 더 긴급성을 띤 메시지를 전하는 광범위한 가르침을 베풀었다; 예수는 치유 사역을 통상적으로 수행하였다. 우리는 이 최초의 예언자상을 채우기 위하여 이러한 것들의 각각을 차례로 살펴보지 않으면 안 된다. 각각의 경우에 유사성(類似性)과 상이성(相異性)이라는 이중의 판별 기준이 적용될 수 있다. 예수의 실천에 관한 이러한 개요는 주후 1세기 유대적 배경 속에서 전적으로 신뢰할 만하고, 초대 교회의 전제의 일부로서 의미가 잘 통한다; 이와 동시에 이러한 실천은 유대적 배경의 거푸집들을 깨뜨리고, 세부적인 내용에 있어서 초기 그리스도인들의 대다수 특징적인 활동과 중요한 차이를 보인다. 모차르트의 음악은 그 선구자들인 바흐와 하이든이 없다면 이해할 수 없는 것이지만, 그럼에도 불구하고 모차르트의 음악은 바흐와 하이든의 음악과는 두드러진 차이를 보인다; 모차르트의 음악은 베토벤과 슈베르트의 음악을 위한 필수적인 전제이지만, 여전히 상당한 정도로 구분이 된다. 예수의 예언자적 사역은 역사적 의미를 지니지만, 그럼에도 불구하고 여전히 예언자와 같은 부류의 사역이다.

(ii) 순회 예언자

예수가 순회 예언자였다는 사실은 분명히 예수가 이 마을 저 마을을 돌아다니면서 가는 곳마다 실질적으로 동일한 것들을 말하였다는 것을 의미한다.[110] 물론, 지역마다 어느 정도의 차이는 있었을 것이다. 새로운 상황 또는 날카로운 질문이나 도전에 응답하여 새로운 내용이 튀어 나오기도 했을 것이다.

---

110) 이 점에 대해서는 cf. *NTPG* 422-4.

그러나 역사적으로 볼 때, 예수는 하나의 비유를 약간의 사소한 차이들을 지닌 채 수십 번을 반복해서 얘기했고, "복(福)선언문들"의 목록을 사소한 차이점들을 지닌 채 수십 차례 전하였으며, 회개를 강권하거나 신앙을 권고하거나 절망에 빠진 자들을 격려하거나 완악한 자들을 꾸짖거나 치유의 말씀을 전할 때에 사용했던 통상적인 어구들이 있었을 가능성이 대단히 높다. 예수가 가는 곳마다 전혀 새로운 것들을 얘기했기 때문에 그가 말한 모든 것은 오직 한 번만 얘기된 것이라고 볼 수 있을 가능성은 전무하다고 보아야 한다. 타이센(Theissen)이 예수의 말씀들을 들은 자들이 서로의 기억들을 비교해 보았을 때에 예수의 말씀들이 동일하지는 않았지만 같은 이야기들을 비슷하게 했다는 것을 발견했을 것이라고 설명한 것은 지극히 옳은 말이다.[111] 우리는 이미 이것이 공관복음 비평과 관련하여 지니는 엄청난 함의들을 언급한 바 있다. 당시 농촌 사회의 구전 문화 속에서 예수는 한두 개의 고립적인 전승들이 아니라 실제로 수많은 일화들, 문장들, 경구들, 운율이 있는 격언들, 지역별 차이들을 지닌 기억하기 쉬운 이야기들, 간결하고 정곡을 찌르는 표현과 계속해서 반복하여 들을 수 있었던 것으로 인하여 기억하기 쉬웠던 단어들을 남겼을 것임에 틀림없다. 예수는 여러 번 반복해서 들을 귀 있는 자는 들으라, 첫째가 꼴찌가 되고 꼴찌가 첫째가 되리라, 소금과 빛, 특히 이스라엘의 하나님과 장차 도래할 하나님 나라에 관한 암호 같은 말들을 하였을 것이다. 내 추측으로는, 우리는 큰 잔치 비유에 관한 두 가지 판본, 달란트/므나 비유에 관한 두 가지 판본, 복선언문에 관한 두 가지 판본을 가지고 있다고 보는데, 이것은 어느 하나가 다른 판본을 개작했거나 두 판본 모두가 하나의 공통의 문서 자료를 사용한 것이 아니라, 이 두 판본은 만약 갈릴리에 녹음기가 있었다면 "수집하였을" 수십 차례에 걸친 예수의 설교들에서 나온 사소한 차이를 지닌 이본(異本)들 가운데 두 가지이기 때문이다. 내 생각에는, 이것이 그렇지 않다고 주장하는 사람은 내가 제1권에서 비판했던 초대 교회에 관한 묘사를 끈덕지게 붙잡고 있거나 성서에 관한 지극히 독단적인 견해에 사로잡혀 있거나 농촌 문화 속에서 순회 사역이 무엇과 같은지에 대하여 전혀 역사적인 상상력을 갖고 있지 않은 것임에 틀림없다. 오늘날 순회 강연자 또는 설교자의 모습은 시대를 뛰어넘어 이

---

111) Theissen 1987; 또한 cf. Bailey 1991.

점을 잘 말해준다: 우리가 순회 강연자 또는 설교자의 강연 또는 설교를 두세 차례 듣게 되면, 비록 그것이 지역별로 즉흥적으로 바뀐 부분들이 있다고 할지라도, 우리는 그 강연 내지 설교의 상당 부분을 재현해 낼 수 있다. 우리는 예수를 수일 동안 따라 다닌 자들은 누구나 예수의 이야기들 중 일부를 말할 수 있었을 것이고, 예수가 환영하거나 경고할 때에 특징적으로 사용했던 말들 중 일부를 거의 원본에 가깝게 재현해 낼 수 있었을 것이라고 추측해 볼 수 있다.

예수가 순회 예언자였다는 것을 기억하는 것은 예수의 사역의 서로 다른 여러 측면들을 균형 있게 살펴보는 데에 우리에게 도움을 준다. 말씀들과 행위들은 단일한 전체를 구성하고 있고, 또한 그러한 것으로 연구되어야 한다.[112] 예수의 사역의 인위적으로 나누어진 서로 다른 부분들은 서로를 비춰주는 역할이 부여되어야 한다. "말씀"과 "행위"의 구분은 누가복음 24:19에 그 분명한 보증이 있기 때문에, 우리는 이것을 따라서 이 장의 나머지 부분의 내용을 서술해 나갈 것이다. 그러나 우리는 이것이 두 개의 서로 전혀 연관이 없는 실체들 간의 날카로운 구분을 의미하는 것으로 생각해서는 안 된다. 예수의 동시대인들은 그러한 것을 실제로 매우 이상하게 여겼을 것이다.

(iii) 말씀에 있어서 권세 있는 자

(a) 권세와 하나님 나라

예수는 다른 그 무엇보다도 능력과 권세로써 말씀을 전할 수 있었던 인물로 잘 알려져 있었다. 그러나 특히 그를 두드러지게 만들었던 것은 그가 말했던 것들의 종류였다. 공관복음서 기자들이 "그는 가르치시는 것이 서기관들과 같지 않았고 권세 있는 자와 같았다"라고 말했을 때, 그들은 단지 예수의 목소리의 어조만을 가리킨 것이 아니었다. 또한 그들은 단순히 예수가 의존하였던 학식 있는 권위자들을 인용하거나 몇몇 랍비 학파의 견해들의 잘잘못들을 논하는 대신에 자신만의 새로운 학파, 즉 토라 해석의 새로운 방식을 창시하고 있는 것처럼 보였다고 말하고 있는 것도 아니다. 오히려, 그들은 그들이 기록한 모든 말씀들의 지지를 받는 가운데 예수의 선포의 실제적인 내용에 관한 그 무엇을 말하고 있는 것이다. 예수는 하나의 메시지, 이스라엘의 계약의 신으로

---

112) cf. Downing 1995.

부터의 말씀을 선포하였다. 예수는 단순히 이미 나누어진 카드 패들, 즉 이전에 전해진 야훼의 말씀들을 다시 뒤섞어 놓은 것이 아니었다. 오늘날 서구 문화는 예수가 한 것과 같은 일에 대한 명확한 모형들이 그리 많지 않고, 이것은 어쩌면 당연한 일인지도 모른다; 만약 우리에게 그런 모형들이 있다면, 우리는 시대착오적인 것들을 감수하고서라도 그 모형들에 맞추고자 했을 것이다. 그러나 우리는 예수를 학교 선생이라기보다는 선거 유세 중인 정치가, 바이올린 교사라기보다는 작곡가/지휘자, 배우라기보다는 전복 성향을 지닌 극작가로 볼 때에 예수의 진정한 모습에 좀 더 가까운 면모를 포착해 낼 수 있다. 예수는 보도자(herald), 학문적인 논쟁의 소재가 될 수 없는 긴급한 메시지를 전하는 자였다. 예수는 휴대용 확성기를 들고 시내 전역을 차로 누비며 뭔가를 알리는 사람과 같이 공적인 선포를 수행하고 있었다. 예수는 임박한 철도 사고를 방지하기 위하여 붉은 기를 흔드는 사람과 같이 공적이 경고를 발하고 있었다. 예수는 새로운 정당을 창립해서 온갖 종류의 사람들로 하여금 거기에 가입하여 새로운 세상을 만드는 데에 일조하자고 호소하는 사람과 같이 공적인 초대를 발하고 있었다. 요컨대, 예수는 모든 점에서는 아니지만 몇 가지 점에서 주후 1세기의 그 밖의 다른 "지도자적" 예언자들과 매우 유사한 모습을 보여준다는 것이다. 예수가 신속하게 체포되지 않은 것은 그의 순회적인 활동양식과 중요한 도시들이 아니라 작은 마을들에 활동을 집중했기 때문이지, 자신의 메시지의 내용을 부드럽게 하거나 도발적이지 않게 했기 때문이 아니었다.[113]

그 밖의 다른 무엇보다도 바로 이러한 이유 때문에 무시간적인 진리를 가르치는 선생 또는 본질적으로 무시간적인 결단의 요구를 선포한 자로서의 예수에 관한 과거의 묘사는 이제 그만 우리가 놓아 주는 것이 좋을 것이다. 예수의 하나님 나라 선포는 임박한 재난에 대한 경고이자 즉시 마음을 바꾸고 삶의 방향을 바꾸라는 부르심이며 이스라엘이 되는 새로운 방식에 대한 초대였다. 예수는 이스라엘이 그토록 오랫동안 기다려왔던 이스라엘 하나님의 통치가 지금 시작되고 있다고 선언하였다; 그러나 이러한 선언과 개시 속에서 예수는 하나님의 통치라는 개념 자체를 근본적으로 그리고 일관되게 재정의하였다. 『신약성서와 하나님의 백성』 제3부에 개략적으로 묘사된 유대적 배경에

---

113) 예수를 체포하려는 시도들에 대해서는 예를 들면, 눅 13:31을 참조하라.

비추어 보면, 이것은 이스라엘의 포로생활이 마침내 끝나가고 있고, 이스라엘은 곧 원수들에 맞서서 신원될 것이며, 이스라엘 하나님은 악을 처리하고 잘못된 것들을 바로잡으며 사막에서 죽어가는 사람들과 같이 의에 목마른 사람들에게 의를 가져다주기 위하여 마침내 돌아오고 계시다는 선포로 들릴 수밖에 없었다. 예수는 자기가 이런저런 의미에서 유대인들의 마음속에 깊이 뿌리내리고 있던 그러한 열망들의 성취를 이루거나 적어도 선포하고 있다고 주장하지 않았다면, "하나님의 통치"라는 표현을 사용할 수 없었을 것이라고 우리는 말하지 않을 수 없다. 이 표현은 예수가 직접 만들어 낸 새로운 표현이 아니었다. 이 표현은 야훼가 돌아오심으로써 계약이 갱신되고 피조세계가 회복되며 이스라엘이 해방되는 것을 가리키는 말이었다. 이 표현은 이스라엘의 민족적 소망과 아무런 연관도 없는 일반적인 사물의 실존적 상태 또는 가설적인 "파루시아(재림)" 소망(이것을 초대 교회가 처음에 만들어 낸 후에 소중히 다루었고 예수에게 투사한 다음에 마침내 포기하였다), 또는 새로운 유형의 사적인 영성의 제시로 환원될 수 없다.[114]

물론, 이와 동시에, 적어도 공관복음 전승에 기록된 예수의 설교의 상당 부분은 예수가 인내심을 가지고 흔히 암호 비슷하게 "하나님 나라"라는 용어의 의미를 재정의하고 있는 비유들과 그 밖의 다른 말씀들로 이루어져 있다. 이스라엘의 하나님의 통치가 무엇과 같은지에 대하여 예수는 이렇게 말한다: 그것은 은밀하게 자라나는 씨와 같고, 밭에 감추인 보화와 같으며, 떡 반죽 속의 누룩과 같고, 온갖 종류의 물고기로 가득 찬 그물과 같다. 이것은 우리에게 당혹감을 안겨 준다. 예수는 "이것이 베토벤의 제5교향곡이 실제로 의미하는 것이다"라고 말하면서 우리에게 젖은 물고기 또는 수류탄을 건네주는 사람과 같이 이 용어의 의미를 완전히 바꿔 버리고 있는 것인가?[115] 아니면, 예수는 암호 같은 혁명의 강령을 제시하고 있는 것인가(Buchanan이 주장하듯이)?: 이것이

---

114) "예수 세미나"의 일반적인 기조와는 반대로: 위의 제2장과 Funk 1991, 52를 보라; 또한 Vermes 1993, ch. 5, 특히 130, 137, 146-50 등도 이에 반대한다. 자세한 것은 아래의 제6-9장을 보라.

115) cf. Sanders 1985, 329: "만약 [예수가] [하나님 나라를] 오직 상징적으로 의미했다면(그것은 스스로를 하나님에게 복종시키라는 부르심을 나타낸다는 뜻으로), 우리는 예수가 그의 제자들을 완벽하게 속여서 제자들로 하여금 계속해서 하나님 나

하나님 나라가 오는 방식, 너희가 오랫동안 기다려 왔던 폭력 혁명이다 — 추수 때가 되어서 마침내 우리가 낫을 댈 때까지는 그 시작들이 미미하고 계획들은 여전히 비밀에 부쳐질 것이다.[116]

이 둘 중의 어느 것도 해답이 아니라고 나는 믿는다. 나는 이후의 장들에서 훨씬 더 자세하게 이 점을 설명할 것이다; 그러나 현재로서는 전체적인 그림에 대한 개념을 얻는 것이 중요하다. 예수는 하나님 나라의 기본적인 신념들과 열망들을 확증해 주었다: 이스라엘의 하나님은 세계의 주이시기 때문에, 이스라엘이 여전히 비참함 속에서 신음하고 있다면, 하나님은 이스라엘의 원수들을 물리치고 이스라엘을 신원하기 위하여 행동하실 것임에 틀림없다. 예수는 유대인들의 그러한 기본적인 패러다임을 폐기하지 않았다. 예수는 그것을 아주 강력하게 재확인해 주었다 — 그리고 내가 나중에 논증하겠지만, 예수는 그것을 유일한 길로 보았다. 그러나 예수는 하나님에 의해서 신원받게 될 이스라엘을 재정의 하였고, 따라서 이스라엘의 진짜 원수들에 관한 그림도 다시 그렸다. 하지만 결국 이것도 역사적으로 좋은 병행들을 가지고 있다; 그것은 세례 요한의 추종자들, 에세네파, 주후 66-70년의 전쟁 동안의 여러 다양한 분파들을 비롯한 유대적 모든 분파에 의해서 이런저런 방식으로 행해진 기본적인 조치였다. 그런 다음에, 예수는 이스라엘이 오랫동안 기다려 왔던 갱신과 회복을 제시하였지만, 새로운 조건들과 새로운 목표들을 가지고 그렇게 하였다. 예수는 이스라엘 이야기를 말하면서, 그것을 근본적으로 새롭게 뜯어 고쳤고, 그의 청중들에게 그 이야기를 그들 자신의 것으로 만들고 그의 경고들에 주의하여 그의 초대를 따르라고 권고하였다.

그러나 이것은 무엇을 의미할 수 있는 것인가? 조지 케어드(George Caird)는 1982년에 쓴 사적인 편지에서 이렇게 분명하게 말하였다: "만약 이스라엘이 예수의 경고에 귀를 기울인다면, 이스라엘이 어떤 노선을 따라야 할지를 알 수 있었을 것임에 틀림없다." 이른바 예수의 도덕적 가르침은 무시간적인 윤

라를 기다리게 하였다는 결론을 내리지 않을 수 없게 된다. 예수가 제자들을 완벽하게 속였고 거짓된 소망들을 가지도록 잘못 이끌었고 20세기의 문학 분석에 의해서는 해결될 수 없는 비유들을 만들어 내었다는 견해는 거부되어야 한다."

116) Buchanan 1984, 208-12.

리라는 차원으로 환원될 수 없다. 그러한 차원에서 예수의 가르침은 몇몇 엄격한 요구들을 제시하였지만, 그 가운데 많은 부분은 특별히 새로운 것이 아니었다. 또한 그 가르침은 단순히 예수의 사후에 세워질 새로운 공동체라는 의미에서의 "교회"의 지속적인 삶을 위한 교훈으로 보아서도 안 된다; 당시에 갈릴리의 마을 사람들은 그 누구도 그러한 개념이 도대체 어떤 것인지를 알지 못했을 것이다. 또한 그 가르침은 정반대의 극단으로 중간기 윤리(Inerimsethik, 슈바이처의 용어), 즉 예수의 공생애 시작에서부터 세상의 종말에 이르기까지 오직 한시적으로만 적용되는 일종의 계엄령도 아니었다. 우리가 예언자로서의 예수의 공적인 면모를 진지하게 받아들인다면, 우리가 교회에 의해서 그렇게 범주화되어 예수를 무시간적인 교리와 윤리의 교사로 만들어 버렸던 바로 그 "도덕적 가르침"으로 생각하는 내용들은 이스라엘을 향한 예수의 과제들(agenda)로 생각되어야 한다. 그것은 계약의 백성이 그들의 긴 이야기 속에서 이 중대한 시점에서 무엇과 같아야 하는지에 관한 것이다.

복음서들은 예수를 여러 다양한 방식으로 "가르침을 베푼 것"으로 묘사한다. 어떤 때는 비유들로, 어떤 때는 좀 더 짤막한 경구적인 말씀들, 지혜 격언들, 복잡한 쟁점들에 대한 요약들로, 어떤 때는 좀 더 확장된 강화(講話)들로 예수는 가르쳤다는 것이다. 예수가 확장된 강화들을 통해서 가르칠 수 없었다고 보아야 할 선험적인 이유는 없다; 실제로 예수가 그렇게 하였다는 것을 보여주는 상당한 근거가 존재한다. 이러한 여러 다양한 가르침의 양식들 중의 하나를 기준으로 삼아서 그 이외의 다른 것들의 역사성을 의심하고자 하는 시도는 역사적으로 매우 희박한 근거 위에 서 있는 것이다. 물론, 이것은 우리에게 현재 전해진 예수의 강화들이 이런저런 특정한 기회에 예수가 말하였던 것을 속기로 재현한 것들이라고 말하는 것은 아니다. 예수의 추종자들이 당시 및 부활 사건 이후에 그러한 내용들을 기억해내고 수집하고 편집하고 새로운 초점들을 부여하여 전승했던 이유들은 다른 곳에서 살펴보기로 하자. 그러나 예언자가 되는 새로운 길들을 수행하였던 한 예언자라는 인물 속에서 우리가 복음서들 속에서 발견하는 서로 다른 여러 장르의 말씀들과 가르침들이 원칙적으로 전체적으로 통일적인 모습을 제시하고 있다는 것을 부정할 이유가 없을 뿐더러 긍정할 모든 이유가 존재한다. 세계관적 견지에서 보면, 이러한 총체적인 실천은 "이야기"라는 폭넓은 범주와 직접적으로 결부되어 있다. 예수는 그 밖의 다른 이야기 하기들을 전복시키고 그의 청중들에게 자신의 이야기 하기를 그들 자신의 것으로 삼으라고 권고하는 방식으로 이스라엘 이야기를 다시 말하는 것을 통상적인 일로 삼고 있었다. 이것이 본서의 이후의 세 장의 주제가 될 것이다.

(b) 비유들(parables)

물론, 예수의 선포의 가장 잘 알려진 양식은 명시적인 이야기들, 즉 비유들의 사용이다.[117] 우리는 이후의 네 장에 걸쳐서 비유들에 대하여 좀 더 자세하게 살펴보게 될 것이다; 이 단계에서는 우리는 자신의 동시대인들에 의해서 인식되었던 대로의 예수, 집 문 앞이나 관목 수풀 속에 옹기종기 모여서 그들의 아픈 병자들을 치유받게 하기 위하여 예수께로 데려왔고, 이스라엘의 위로에 관한 말씀을 듣기 위하여 들판으로 떼를 지어 몰려 나왔던 영문을 몰라 했던 촌락민들에 관한 우리의 처음의 묘사를 계속하는 방식으로 비유들의 양식과 문체에 관하여 말하지 않으면 안 된다. 비유들에 대한 학문적인 해석은 언제나 독자적인 영역이라기보다는 예수의 공생애 사역(그리고 복음서들의 성격과 목적)에 관한 특정한 견해의 한 기능인 경향이 있다 — 그리고 이것은 물론 옳다. 그러므로 예수의 특징적인 실천을 다루고 있는 이 단계에서 비유들에 대한 전체적인 고찰을 포함시키는 것은 중요하다.[118]

---

117) 이러한 논의는 *NTPG* 433f.에서의 논증 위에 구축되어 있다. 비유들에 관한 최근의 매우 도발적인 연구는 "예수 세미나"에서 나왔다: Funk, Scott & Butts 1988. 이 저작을 연구하는 사람들은 위의 제2장에서 개략적으로 설명한 접근 방식의 근본적인 차이점들로 인해서 생겨나는 그 저작과 현재의 논의 간의 몇몇 흥미로운 대비점들에 유의해야 할 것이다.

118) 물론, 비유들에 관한 문헌들은 주석서들, 예수 또는 하나님 나라에 관한 대부분의 책들(위의 제1-3장을 참조), 무수한 논문들 속에서 다루어지고 있는 단편적이지만 중요한 논의들을 포함하여 아주 방대하다. 나는 모든 저자들과 몇 가지 점에서 의견을 달리하고 일부 학자들과는 대부분의 점들에서 의견을 달리 하지만, 다음과 같은 저작들이 유익하다고 생각하였다: Dodd 1961 [1935]; Jeremias 1963a [1947]; Wilder 1971 [1964], esp. ch. 5; 1982; Crossan 1973; 1992; Boucher 1977; Bailey 1983 [1976, 1980]; Drury 1985; Wenham 1989. 그 밖에도 최근에 나온 것들 중에서

　제일 먼저 말해둘 것은 비유들은 잘 알려진 유대적 노선들을 따랐다는 것이다. 비유들 중 몇몇은 구약성서의 모형들로부터 가져온 것이다: 포도나무 또는 포도원은 이스라엘을 나타내는 통상적인 상징이고, 양떼와 목자는 이스라엘과 그 왕을 나타낸다. 그리고 비유들 중 몇몇은 당시의 그 밖의 다른 유대 문헌들과의 유비들을 보여준다: 청지기와 주인, 아들과 아버지는 곧 이스라엘과 하나님에 관하여 말하고 있는 것이다.[119] 공관복음 전승 속에 나오는 현재의 형태 속에서 몇몇 비유들은 묵시론적 강화와 매우 유사하다: 이상한 이야기는 그 비밀스러운 상징들이 들을 귀 있는 자들에 의해서 이해될 수 있는 그런 방식으로 해석된다. 우리가 앞 장에서 보았듯이, 이것은 이야기들이 이미 여러 다양한 차원들 속에서 기능하고 있다는 것을 의미한다. 이 이야기들은 전적으로 새로운 것이 아니다; 이 이야기들이 들려주는 메시지는 여러 가지 점에서 친숙하게 들린다; 그렇지만 이 이야기들은 뭔지 거북한 친숙함 속에서 새로운 비틀기들(twists)을 지니고 있는 경향을 보여준다. 이러한 이야기들은 당시의 유대 농민층의 세계관 내에서 주류인 세계관을 깨뜨리고 모든 점에서 주류 세계관과 밀접한 연관을 가지지만 상당한 정도의 변경이 가해진 세계관으로 대체하는 도구들로서의 역할을 했던 것으로 보인다. 예수는 "너희 유대적인 열망들을 내던져 버리고, 너희가 죽을 때에 맞게 될 유토피아 또는 음악 또는 철학에 관하여 생각하라"고 말하지 않았다. 또한 예수는 단순히 오늘날 몇몇 학자들의 글을 읽으면 연상되는 것과는 달리 급진적인 생각을 지닌 농민들을 제외하고는 모든 집들에 재앙을 선포하였던 것도 아니었다. 예수는 이스라엘의 소망의 성취를 이해하는 새로운 방식을 자세하게 설명한 것이었다. 예수는 전승

유익한 저작들로는 Kissinger 1979(자세한 해석사와 참고문헌); Perkins 1981; Stein 1981; Lambrecht 1983 [1976]; Donahue 1988; Young 1989; Blomberg 1990이 있다. 이 거대한 전승의 강에 대한 자세한 지도나 항해는 이것과 같은 한 권의 책으로는 분명히 불가능하다.

　119) 왕자가 미쳐서 어떤 지혜로운 사람에 의해서 구출받게 된 한 왕에 관한 하시드적 비유를 논의하고 있는 Magonet 1988, 143을 참조하라: "그러한 비유들 속에 나오는 왕은 통상적으로 하나님이고, 왕자는 포로생활에 의해서 철저하게 파괴당해서 그들의 왕적인 지위와 하나님의 자녀들로서의 신분을 망각할 정도였던 유대 백성이다. 지혜로운 사람은 아마도 메시야일 것이다."

을 근본적으로 개혁하였던 것이다. 바로 이것이 최근에 자주 논의되는 것과 같이 이야기들이 작용하는 방식이다. 이야기들은 청중들을 새로운 세계로 초대하고, 그들로 하여금 그 세계를 자신의 것으로 삼아서 그들의 통상적인 세계를 이제부터는 이 격자망, 이 렌즈를 통하여 바라보도록 권장한다. 비유를 이해하고자 씨름하는 것은 새로운 세계를 탄생시키고자 씨름하는 것이다.

이야기 하기를 통해서 이스라엘의 하나님에 관하여 말하는 것은 사실 그러한 일을 수행하기에 꽤나 좋은 방식이다. 구약성서의 대부분은 이스라엘과 하나님에 관한 이야기들로 이루어져 있고, 여러 공식들로 환원되거나 이런저런 시험관들 속에 넣어져서 연구될 수 없다. 이것은 우연한 것이 아니다. 주요한 유대 전승들은 창조주와 우주, 계약의 하나님과 그의 백성에 관한 이야기(story)와 연관이 있다. 구약성서의 사상은 여러 고립적인 추상물들 또는 무시간적인 진리들로 쉽게 나누어지지 않는다. 물론 그 풍부한 전승들은 아주 다양한 장르들을 포괄하고 있긴 하지만, 구약성서는 여러 고립적인 경구나 신비적인 통찰의 비이야기적인 세계가 아니라 이 모든 것들을 포괄하고 있는 이야기(narrative)이다.[120]

그러므로 분명히 비유들은 그 양식상 예수를 유대적 배경 속에 확고하게 위치시킨다. 비유라는 장르 자체가 비유들의 통상적인 주제인 환영(welcome)과 경고(warning) 이중의 날을 지닌 메시지를 효력 있게 만든다. 비유들은 단순히 하나님 나라에 관한 정보인 것이 아니라, 하나님 나라를 탄생시키는 수단의 일부이다. 비유들은 이차적인 활동인 것이 아니라, 비유를 말하는 것 자체가 하나의 활동이다. 비유들은 주된 활동 자체의 일부이다. 비유들은 단순히 사람들에게 어떤 생각할 거리를 제공해 주는 것이 아니다. 비유들은 사람들을 지금 만들어지고 있는 새로운 세계 속으로 초대하고, 그 초대를 거부하는 경우에 있게 될 끔찍한 결과들에 대하여 경고하는 것이다. 예수가 이러한 이야기들을 하는 것은 하나님 나라를 새롭게 정의된 이스라엘 속으로 도입시키는 핵심 방식들 중의 하나이다. 또한 동일한 이유로, 비유들은 예수가 행하고 있는 일에 대한 설명이자 변호로서의 기능도 한다. 마이어(Meyer)가 주장하듯이, 비유들은

---

120) cf. Frei 1974; Alter 1981; 그 밖의 다른 많은 최근의 저서들.

단순히 주제(theme)인 것이 아니라, 언어를 통한 행위(performance)이기도 하다. 비유들은 단순히 하나님이 제시한 긍휼에 관하여 말하고 있는 것이 아니라, 그 제안을 제시함과 아울러 그렇게 하고 있는 예수의 행위가 옳다는 것을 변호한다.[121]

이야기들, 특히 비유들이 어떻게 작용하는가에 관한 이러한 이해는, 흔히 주장되듯이, 비유의 목적은 단순히 명확한 그 무엇을 대안으로 제시함이 없이 기존의 세계관들을 깨뜨리는데 있다는 것을 의미하지 않는다.[122] 현대적인 여러 도구들로 분석될 수 있고 또한 분석되어 왔던 비유들이 "작용하는" 수단은 우리에게 비유들이 지향하는 목적을 저절로 말해주지 않는다. 이것은 마치 한 사람을 물리적·화학적·생물학적 요소들로 분석할 수 있지만, 여전히 그 사람이 실제로 누구인지에 대한 개념은 그러한 것을 통해서 밝혀지지 않는 것과 비슷하다. 몇몇 비유들이 지닌 소위 "알레고리" 양식이 반드시 후대의 것이거나 비유대적인 것이 아니라, 실제로 유대교 내에서 가장 친숙한 방식에 속한다는 최근의 올바른 인식에 이 점이 더해진다면,[123] 비유들은 정확히 유대적 예언

---

121) Meyer 1979, 162. 비유들의 기능에 대해서는 Riches 1988도 참조하라.

122) 예를 들면, Perrin 1976, 196을 보라: "예수의 메시지의 도전은 세상에서의 청중의 실존의 역사성 속에서 하나님의 활동의 현실을 인정하라는 것이었다." 이것은 명시적으로 불트만의 읽기와 같은 비역사화되고 비유대화된 실존주의적 읽기이다 (Perrin 1976, 199). Breech 1983; Scott 1983, 이것에 대해서는 cf. Sanders 1985, 7. 이 두 저자들에 의하면, 예수는 "당시에는 신비로운 것이었지만 그로부터 20세기 후에는 결국 특히 내용이 아니라 방식에 있어서 두드러진 것으로 보이는 것들을 제시하고" 있었다. 샌더스는 다음과 같이 결론을 내리고 있는데, 나는 그 말이 옳다고 생각한다: "[Breech와 Scott]의 예수는 … 중요한 역사적 인물이었다고 할 수 없을 것이다." 또한 Sanders 329를 참조하라.

123) Boucher 1977; Caird 1980, 160-7; Drury 1985; 그러나 Jülicher 1910 [1899]; Dodd 1961 [1935]; Jeremias 1963a [1947]는 이에 반대. 마지막 세 사람의 이론들은 모두 (a) 알레고리를 헬레니즘적인 것으로 보고, (b) 묵시 사상을 예수가 부정하였던 유대적인 사상으로 보는, 예전에 거부되었던 견해를 전제하고 있다. 아이러니는 (a) 알레고리와 묵시 사상은 서로 매우 가까운 것이고, (b) 우리가 앞으로 보게 되겠지만, 예수는 알레고리를 유대적 틀 안에서 사용하였고, 묵시론적인 언어와 주제들을 유대적 세계관을 부수어서 여는 방식으로 사용하였다는 것이다.

전승 속에 속하는 것으로 이해될 수 있고 또한 이해되어야 한다. 비유는 이사야, 에스겔, 예레미야가 종종 그들의 메시지, 통상적으로 민족에 대한 경고의 메시지를 전할 때에 사용하였던 양식이었다. 그러니까 결국 그들은 그들의 동시대인들의 세계관에 도전하고자 하였던 것이다: 이야기들은 그런 일을 하기에 가장 좋은 방식들 중의 하나였다. 그리고 종종 오로지는 아니지만 특히 "묵시사상" 내에서 우리는 알레고리라고 부를 수 있는 것을 발견한다. 일반적으로 말해서, 내가 말하는 알레고리는 어떤 좋은 이야기가 지니는 다중적인 공명(共鳴)들 속에서 (a) "실제" 세계 속의 서로 다른 여러 요소들을 나타내면서 (b) 이야기, 신화, 상징의 좀 더 큰 세계를 상기시키는 서로 다른 여러 특징들을 지니는 확대된 은유를 사용하는 이야기들을 의미한다. 바로 이러한 수단을 통해서 유대 전승에 속한 묵시론적 알레고리를 말하는 사람은 다음과 같이 말할 수 있다: 내가 설명하고 있는 것은 새로운 출애굽, 새로운 세계, 새로운 창조이다. 앞 장에서 본 것처럼, 예수의 비유들은 이스라엘에 관한 이야기를 말하는 오랜 유대 전승을 계승하는 가운데, 그것이 어떻게 그 역설적인 결말에 도달하고 있는지를 보여준다.

따라서 비유들과 가장 근접한 병행은 유대적인 묵시론적이고 전복 성향을 지닌 문학의 세계라는 것이 드러난다 — 우리가 올바르게 이것들을 이해한다면. 쿰란 공동체에서는 예언자들의 메시지를 의의 교사가 해석하였고, 그 결과 예전의 말씀들을 오늘날의 상황에 적용시켜서 해석한 "페셰르"(pesher) 읽기가 출현하였다.[124] 묵시론적 이상들 속에서 선견자는 천사에 의해서 이상을 이해하는지를 질문받고는, 통상적으로 자기는 이해하지 못하겠다고 대답하고, 그런 후에 천사는 준(準)알레고리적인 방식으로 여자는 예루살렘을 뜻하고 짐승은 그리스의 왕을 뜻한다는 등등의 설명을 통해서 그에게 "비밀"을 계시해 준다.[125] 예수의 비유들 속에서 제자들은 선견자들의 역할을 하고, 예수 자신은 "비밀"의 계시자이자 해석자 역할을 한다. 두루마리들과 그 밖의 묵시론적 저작들 속에서와 마찬가지로, 이러한 계시는 추상적 진리 자체를 드러내는 것이

---

124) cf. *NTPG* 242.

125) cf. *NTPG* 280-99. 이 문헌 속에 나오는 선견자들은 남성인 경향이 있고, 대명사로 지칭되는 경향이 있다.

아니라 전복 성향을 지닌 위험스러운 메시지를 드러낸다. 이스라엘의 역사는 신속하게 그 절정을 향하여 움직여 가고 있다 — 그러나 그것은 사람들이 기대한 대로가 아닌 그러한 방식으로 일어나고 있다. 그것은 "들을 귀 있는" 자들에게 그들이 진실로 계약의 하나님의 참된 이스라엘이고, 그들은 곧 그러한 자들이라는 자격으로 신원을 받게 될 것이라는 — 한편으로 세계의 나머지 사람들, 특히 지금 배교하거나 회개치 않은 이스라엘을 포함한 나머지 사람들은 심판을 받게 될 것이라는 — 것을 믿도록 촉구하는 의도를 지닌 메시지이다. 이것이 묵시문학이 작용하는 방식이다; 이것이 묵시문학이 전달하는 특유한 메시지이다. 나는 예수의 비유들이 이와 거의 동일한 방식으로 작용하였고, 이와 거의 동일한 메시지를 전달하였다고 주장한다(개략적인 수준에서 말한다면).[126]

이것은 우리가 알레고리와 비유를 구분하는 잘못된 구별과 단일 상징들과 복합 상징들이라는 잘못된 이분법을 포기하여야 한다는 것을 의미한다.[127] 이야기는 작가 또는 화자에 의해서 의도된 특정한 "적용들"에 따라서 "현찰로 바꿀 수" 있기 때문에, 이것은 그 밖의 온갖 종류의 공명들을 배제하지 않는다. 악한 농부의 비유 속에서 이스라엘은 포도원이고, 이스라엘을 다스리는 자들은 포도원을 지키는 자들이다; 예언자들은 사자들이고, 예수는 아들이다; 창조주이신 이스라엘의 하나님은 포도원의 주인이자 아버지이다.[128] 그러나 이러한

---

126) 그 밖의 다른 많은 결론들 중에서 이것은 불트만이 전자는 비유들을 비의적(秘儀的)인 발언으로 취급하고 있고 후자를 "해석"으로 취급하고 있다는 근거 위에서 마가복음 4:10-12과 4:14-20을 구분하고 있는 것(1968 [1921], 199; 이것은 Wilder 1982, 91 등에서 따르고 있다)을 배제한다.

127) Perrin(1976)은 예수의 상징들이 "단일 상징들"(오직 하나의 주된 대상을 지니는)이 아니라 "복합 상징들"(다층적인 의미를 지니고 있는)이었다고 주장한다. 이것은 물론 가능성이 있고, 유대적인 맥락 속에서는 하나의 상징이 하나의 주된 대상을 지니고 있으면서 여러 반영들과 암시들을 불러일으켰을 가능성이 대단히 높다. Perrin의 극히 간결한 도식은 "알레고리"를 궁지에 빠뜨림으로써 당시의 학문적 정통성을 유지하는 가운데 — 물론, 지금은 이후의 연구 결과에 의해서 불필요하게 된 작업 — 비유들이 지닌 상징적 성격을 부각시키고자 하는 의도가 있는 것으로 보인다.

128) 마 21:33-46/막 12:1-12/눅 20.9-19/*Thom.* 65. 아래 제11장을 보라.

"알레고리적" 의미는 훨씬 광범위한 함의들을 허용한다. 예수는 이사야가 이미 사용했던 이야기(5:1-7)를 발전시키고 있다고 주장한다; 현재의 순간은 위기의 순간이자 포로생활이 끝나가는 시점이다; 계약의 배후에는 계약의 조건들로 생각되는 것들에 의해서 공갈을 당할 수 없는 하나님이 서 있다; 이스라엘은 야훼의 뜻을 위하여 만들어진 것이지, 그 반대는 아니다. 왜냐하면, 야훼는 결국 이스라엘을 존재하도록 부르신 창조주이기 때문이다; 야훼는 자신의 포도원으로 돌아와서, 악한 농부들을 심판하실 것이다. 그리고 특히 이 이야기는 이러한 함의들을 "진리들" 또는 "메시지들"로 쌓아 두었다가 필요하면 언제든지 "개념들"이라는 현찰로 바꿔 쓸 수 있도록 남겨 놓는 그러한 방식으로 말해지지 않는다. 비유, 알레고리 등 모든 것은 현재의 농부들의 세계관을 깨뜨리고 그것을 새로운 세계관으로 대체하고자 하는 긴급한 호출로서의 기능을 한다. 구체적으로 말하면, 이 비유는 그들에게 그들의 암묵적인 주류 이야기가 중대한 위기 국면에 도달했다는 것을 말해주면서, 그들이 소중히 여겼던 상징들과 실천 가운데 몇몇을 위협하고, 그 근저에 있는 세계관적 질문들에 대한 새롭고 깜짝 놀랄 만한 대답들을 제시한다. 그러한 비유들(그리고 예수의 비유들 중 대부분은 이런저런 방식으로 이 모형과 부합한다)은 이스라엘 이야기의 축소판이다. 예수가 이스라엘 이야기를 말하는 것은 민족의 정체성을 이해하는 현재의 방식을 타파하기 위한 것이다. 그것은 마치 어떤 사람이 미국인들과 영국인들이 통상적으로 그들에게 말해주는 것과는 달리 자유와 문명화에 관한 이야기들 및 어떻게 그들이 그것들을 얻었는지에 관한 이야기들로서가 아니라 프로메테우스가 마음속 깊은 곳에 야심을 품고 무책임한 독선에 빠져서 결국 재난에 직면한다는 이야기들로서 미국 또는 영국의 발전에 관한 이야기를 들려주는 것과 흡사하다.

이것은 대다수는 아닐지라도 많은 수의 독자들과 학자들을 당혹스럽게 해 왔던 비유들을 어느 정도 설명해 준다. 이상하게 친숙한 이야기들을 말하면서 그 이야기들을 통해서 잘못된 것들을 말하고자 하는 사람은 고민에 빠지게 될 것이다.[129] 더럽게 하는 것, 사람에게서 나오는 것과 사람 속으로 들어가는 것,

---

129) cf. Bailey 1991, 45, 47f. 그 통상적인 이야기들에 대한 어떤 농촌 공동체의 통제라는 차원에서 사실인 것은 그 이야기의 통상적인 의미를 단순히 변경하는 것

전자는 사람을 더럽게 하고 후자는 더럽게 하지 못한다는 것에 관한 비유는 이스라엘이 가장 소중히 여겨왔던 문화적인 경계표지들 중의 하나, 최근의 사람들의 기억 속에 있는 조상들이 그 결과가 고문과 죽음이라고 할지라도 끝까지 고수하였었던 사회적·종교적 상징을 포기하라는 암호 같은 초대장이다.[130] 그것은 마치 어떤 사람이 외세 지배하의 폴란드의 로마 가톨릭을 위한 진정한 소망을 대변한다고 주장하면서 암호를 사용하여 상징적으로 마리아라는 인물을 은연중에 깎아 내리고 무시하는 짤막한 이야기를 들려주는 것과 같다. 사람들이 그 이야기가 무엇을 말하는지를 제대로 이해했다면, 그 말을 한 사람은 언제나 사람들에게 린치를 당했을 것이다. 물론, 이것은 적어도 부분적으로는 전복 성향을 지닌 문학으로 이해될 수 있는(우리는 이제 이것을 알 수 있다) 묵시문학, 지배적이고 강력한 세계관을 암호를 사용하여 훼손하는 것, 혁명적인 세계관을 조장하고 기원하는 것 등과 일맥상통한다.[131] 어느 누가 예수에게 마가복음 7장에 나오는 비유에 대하여 왜 그렇게 암호를 사용하여 말하였는지를 물었다면, 예수는 아마도 마가복음 4:11-12에 나오는 저 유명한 헷갈리는 말을 사용하여 대답하였을 것이다: 그들로 하여금 보고 또 보아도 볼 수 없게 하고, 듣고 또 들어도 결코 이해할 수 없게 하기 위한 것이다.[132] 그들이 제대로 보거나 이해한다면, 폭동이 일어나게 될 것이다. 귀있는 자들은 들을 것이다; 그리고 현재로서는 들을 귀 없는 자들은 듣지 못할 것이다. 누가복음 4:16-30의 "나사렛 선언문"(Nazareth Manifesto)은 이것을 너무도 극명하게 잘 보여준다: 예언자가 예루살렘에서 살아남기 위해서는, 그는 자신이 던진 전복 성향의 메시지를 은폐하여서, 오직 볼 수 있는 눈을 지닌 자들만이 꿰뚫어 보게 하지 않으면 안 된다. 그러므로 예수의 비유들은 이스라엘의 예언 전승과

이 아니라 실제로 전복시키고 있는 이야기에 대한 그 공동체의 반응과 관련해서도 더욱더 사실이다.

130) 마 15:10-20/막 7:14-23; cp. *Thorm.* 14. 상징과 그 중요성에 대해서는 cf. *NTPG* 227-30, 237-41; 그리고 아래의 제9장. 부정한 음식을 먹기를 거부한 자들을 고문한 것에 대해서는 예를 들면, cf. 2 Macc. 6:18-31; 7:1-42.

131) *NTPG* ch. 10을 보라.

132) 막 4:11f./마 13:13/눅 8:10. 아래의 236-8을 참조하라. 또한 막 10:10을 참조하라.

묵시 전승을 다시 쓰고 방향을 다시 설정하여 자기 것으로 만든 것들이다. 그 비유들은 실질적으로 예수의 공생애 및 사역, 심판과 갱신의 예언자로서의 그의 사역이라는 특정한 시기에 속한 것들이다.

그러므로 사실 예수의 비유들은 그 어떤 다른 시기에 귀속시키는 것이 적절치 않다. 일단 초대 교회가 설립된 후에는, 이 비밀은 공개적인 것이 되었다. 묵시론적 알레고리로서의 비유라는 양식 자체는 경고와 부르심이 암호화되고 베일에 가려질 필요가 있었던 때에만 필요한 양식이다: 즉, 예수의 공생애 기간 동안에만. 마가와 마태는 그 밖의 다른 것들을 암호화하는 자신만의 독특한 방식을 갖고 있었다: "읽는 자는 깨달을진저."[133] 복음서 기자들은 각각 자신의 상황 속에서 비유들을 사용함에 있어서 암호화할 필요성을 느끼지 않았다. 따라서 그들은 예수의 사역의 상황에 관하여 말하고 있는 것이다; 당시에는 그러한 유의 비밀을 유지하는 것이 꼭 필요하였지만, 지금은 아니다. 비유들에 대한 양식 비평은 우리로 하여금 비유 + 해석이라는 양식의 유일하게 적합한 삶의 자리(Sitz im Leben)는 예수의 사역 현장이라는 결론을 내리지 않을 수 없게 만든다.

그러므로 비유들은 단순한 "가르침"이 아니고, 각각의 비유는 한 가지, 오직 한 가지의 도덕적 또는 "종교적" 교훈을 제시하는 것(Jülicher)이 아니다. 그러한 이론은 전적으로 시대착오적인 것이다. 또한 비유들은 단순히 실현된 종말론을 선포하고 있는 것도 아니고, 알레고리화는 그 이후에 서로 다른 세대에서 서로 다른 취지를 말하기 위하여 도입된 것으로서 비유의 새롭고 "비진정한" 의미를 낳고 있는 것(Dodd)도 아니다.[134] 또한 비유들은 예수와는 별 상

---

133) 마 24:15/막 13:14. Cf. *NTPG* 390-6; 396-403.

134) cf. *NTPG* 434: 도마복음서에 나오는 비유들은 근본적으로 헬레니즘화된 다른 세계관에 맞추기 위하여 알레고리적이고 특히 이스라엘과 관련된 요소들을 제거하고 있다(Perrin 1976, 189와는 반대로). 이렇게 도마는 주후 20세기에 Jülicher, Dodd, Jeremias가 했던 일을 주후 2세기에 비슷한 이유들 때문에, 즉 비유들이 지닌 역사적이고 매우 유대적 특수성을 제거하기 위한 시도로써 비유들에 대하여 그렇게 했던 것이다. 금세기에 가장 영향력이 있어 왔던 견해들 중 하나인 율리허의 입장의 아이러니는 이것이다: 그는 비유들이 기본적으로 무시간적인 가르침들이었는데, 그 후에 초대 교회가 그 비유들에 여러 가지 것들을 첨가하고 다양하게 그것들을 "해

관없이 복음서 기자들로부터 공동체들로 직접 이어지는 몇 가지 요지들을 지닌 알레고리도 아니다(Drury). 또한 비유들은 명확한 "내용"을 갖고 있지 않은 말씀-사건들로서, 자기가 "의미"를 발견했다고 생각하는 사람은 누구가 그 취지를 놓친 것이 되는 것도 아니다(Perrin).[135] 비유들은 예수가 역설적이고 위험스러운 유세를 다니면서 사용했던 이상적인 도구로서, 내용과 아울러 양식을 통해서, 특정한 표상들, 묵시론적 또는 알레고리적인 의미와 아울러 문체와 언어를 통해서도 예수의 메시지의 핵심을 표현하고 있는 것이다.

우리는 이제까지 비유들에 관한 우리의 논의를 다음과 같이 여덟 가지 항목으로 요약해 볼 수 있을 것이다.

1. 비유들과 관련된 가장 직접적인 문학적 배경은 묵시문학이다. 비유들은 단순히 이스라엘 신이 이스라엘 역사 속으로 다시 돌아와서 이스라엘을 심판하고 구속하고 회복할 것이라는 것에 "관한" 말들인 것만이 아니라, 그러한 극히 중요한 사건의 행위 주체들이기도 하다.[136]

석함으로써" 예수의 배경과는 다른 몇몇 구체적인 문화적 배경 속으로 도입하였다고 전제한다. 그런데 실상은 그 반대일 가능성이 높다. 비유들은 원래 예수의 독특한 사역과 관련하여 고도로 "상황적인" 것이었고 고도로 구체적인 것이었다. 초대 교회는 그 비유들을 다른 상황들에 "바꾸어서" 적용하기 위하여 그것들을 좀 더 "무시간적인" 것들로 만들었을 가능성이 크다. 율리허를 비롯한 여러 학자들은 구체적이고 상황적인 자료들이 보편적으로 적용될 수 없어서 무익하다는 것을 발견하고, 그렇지만 초대 교회보다는 예수를 따르고자 하여, 그 그림을 완전히 거꾸로 뒤집어서, "사용할 수 있고" 일반화된 판본들은 예수에게로 돌리고, "상황적이고" 무익한 자료들은 초대 교회에 돌렸다. 그렇다면, 예수의 고도로 상황적이고 구체적인 사역을 다른 맥락과 문화 속에서 어떻게 "사용할 수" 있는가라는 문제는 각각의 비유별로 단편적으로 취급될 것이 아니라 전체로써 답변되지 않으면 안 된다 (Dodd, 1961 [1935], ch. 7가 보았듯이).

135) 또한 cf. Crossan 1992, 152: "해석되어야 하는 것이 비유의 운명인데, 그러한 해석들은 필연적으로 다양성을 띨 수밖에 없다. 다양성이 그칠 때, 비유는 죽은 것이고, 비유로 말하는 자는 침묵하게 된다."(Cf. Wilder 1982, 99f.) 모든 이야기들의 다의성을 부정하고 싶진 않지만, 우리는 그러한 근본적인 포스트모더니즘적인 다원성은 진지한 역사 편찬 속에서는 도움이 되지 않는다는 점을 역설하지 않으면 안 된다.

136) 묵시론적 알레고리로서의 비유의 가장 좋은 예들은 알곡과 가라지의 비유,

2. 예수는 비유들을 상당히 많이 사용하였다. 우리는 비유들이 지역마다 조금씩 차이를 보였을 것이라고 예상할 수 있고 또한 실제로 그렇다는 것을 발견하게 된다. 예수는 여러 서로 다른 경우들에서 비슷한 이야기들을 말하였고, 이것들은 우리의 자료들 속에 나오는 약간씩 다른 여러 판본들로 나타났다.

3. 비유들은 오직 예수의 공생애라는 전체 맥락 속에서만 의미를 지닌다. 비유들은 예수의 사역의 주된 취지들을 반영하고 해석하고 옹호하였고, 또한 그 밖의 다른 반영들을 설정하기도 하였다.

4. 비유들은 다른 모든 (좋은) 이야기들이 기능하는 방식으로 기능하였기 때문에, 듣는 자들을 이야기의 세계 속으로 초대한다. 비유들은 세계관들을 깨뜨리고 새로운 세계관들을 만들어내려는 의도를 지니고 있고, 청중들에게 그 이야기의 관점에서 스스로의 정체성을 확립하도록 권한다. 비유의 핵심을 파악하는 것은 자기 자신에 대하여 판단을 내리는 것이었다.

5. 그러므로 비유들은 몇 가지 점들에서 그 비유들이 속하고 있다고 볼 수 있는 묵시문학 장르와 마찬가지로 하나님의 백성이 되는 새로운 길을 자세히 설명하고 탄생시키기 위하여 말해진 전복 성향을 지닌 이야기들이었다.

6. 그러므로 비유들은 본질적으로 비밀스러운 것이었다. 예수는 무시간적인 진리들을 가르친 "보편적인 교사"가 아니었고, 그 누구도 깨닫기 전에 아무도 모르게 이미 장성한 식물로 변해버린 씨앗처럼 자라나는 한 운동의 창시자였다.[137] 따라서 비유들에는 반드시 암호적인 성격이 존재하였다. 비유들의 취지는 폭발성이 대단히 강했기 때문에, 비유들은 공개적으로 설명될 수 없는 경우가 많았다. 그 메시지를 듣기 위해서는 들을 귀를 가지고 있어야 했다.

은밀하게 자라나는 씨의 비유, 양과 염소의 비유 등이다; 그리고 그 가장 분명한 배경은 다윗의 사고방식에 대하여 복수를 선언한 나단의 비유(삼하 12:1-15)에서 찾아볼 수 있을 뿐만 아니라, 겔 17:1-24; 단 7:1-27; 슥 14장, 그리고 Drury 1985, ch. 1 등에서 논의된 그 밖의 다른 대목들에서도 찾아볼 수 있다.

137) 이러한 규칙을 깨는 이 비유는 실제로 그 규칙을 입증하는 것이다. 예수가 "악한 농부들"의 비유를 말했을 때, 이전의 은밀함을 포기하고 이제 모든 것을 내보일 때가 이르렀다. 역사적으로 말해서, 이 비유는 예수가 마침내 당국자들이 무시할 수 없는 방식으로 행동하였던 때인 성전에서의 행위와 연관이 있다. 아래의 제11장을 보라.

7. 비유들의 비밀스러운 기능은 그 밖의 다른 유대의 해석학적 모형들, 특히 쿰란 공동체 및 묵시문학의 모형들과 비슷한 방식으로 작용하였다.

8. 비유들에 대한 서사 분석은 아직도 여전히 초보 단계에 머물러 있다. 그러나 원칙적으로 비유들에 대한 자세한 분석은 아주 훌륭한 연구가 될 것이고, 매우 값진 결과들을 낳을 것이다 — 비유들의 총체적인 맥락, 즉 예수의 사역이라는 배경을 충분히 이해하는 경우에만.[138]

그러므로 예수의 이스라엘에 관한 이야기 하기들은 그가 채택한 예언자적 실천의 일부로서 기가 막히게 잘 맞아떨어진다. 예수는 히브리 예언자들로부터 많은 모형들을 끌어 왔고, 그것들을 이스라엘 민족이 지금 처한 특정한 시기에 관한 자신의 인식에 알맞는 새로운 종합으로 탄생시켰다. 이것은 예수가 정경 예언자들 및 그의 직접적인 선구자였던 세례 요한과 또 하나의 특징을 공유하였다는 것을 의미한다: 임박한 심판에 관한 엄숙한 경고들을 선포했다는 특징.

(c) 심판의 신탁들(oracles)

세례 요한의 예언자적 사역은 경고라는 주요한 요소를 포함하고 있었던 것으로 보인다. 구약의 몇몇 히브리 예언자들과 마찬가지로, 세례 요한은 만약 이스라엘 백성이 회개하지 않는다면 이스라엘의 하나님이 곧 자기 백성을 심판하실 것이라고 엄숙하게 선포하였다. 이러한 경고의 전승은 주후 1세기 속에서 그 밖의 다른 반영들을 발견한다.[139] 예수는 이런 식으로 말하는 것을 피하였다고 흔히 생각되어 왔지만, 내 판단에는 이것은 잘못된 것이다.[140] 오히려, 나는 심판 예언들에 관한 전승은 역사적인 것일 가능성이 크다는 보그(Borg)

---

138) 시작에 대해서는 cf. Crossan 1973; *NTPG* ch. 3.

139) 예를 들면, cf. Jos. *War* 6:300-9.

140) Sanders 1985, 특히 115-17. 샌더스는 상이성의 판별 기준의 꽤 무거운 판본을 사용한다: 임박한 심판에 관한 경고들, 민족적 회개로의 부름은 어느 것이나 세례 요한의 메시지에 이 메시지를 맞추는 것이거나 초대 교회의 활동으로 보인다. 내가 보기에는, 이것은 상이성의 판별 기준이 아니라 적절한 유사성의 판별 기준이 적용되어야 하는 대목들 중 하나이다. 이와 동시에, 예수의 경고들은 세례 요한의 경고와 같지 않았고, 또한 초기 기독교의 신학과도 같지 않았다.

의 주장에 동의한다.[141]

그렇다면 이와 같은 경고의 메시지는 실제에 있어서 무엇처럼 들렸을까? 유대 전승 속에서 예언자들은 계약의 하나님이 그의 패역한 백성에게 심판을 내리실 것이라고 선포하였고, 또한 (이따금) 새로운 운동의 개시, 곧 이스라엘의 하나님이 자기 백성에게 은혜를 베푸실 그때를 선포하기도 하였다. 예수의 예언자적인 면모(persona)의 일부는 예수가 이 두 가지를 다 행하였다는 것이다. 이 전승의 무게 전체를 제대로 측정하기 위해서는 공관복음서들에 나오는 이 전승의 두드러진 특징들 중 일부를 열거해 볼 필요가 있다:

죽은 자들로 죽은 자들을 장사하게 내버려두라(마 8:22/눅 9:60);

새 포도주를 낡은 가죽 부대에 넣지 마라(마 9:17/막 2:22/눅 5:37-8);

이스라엘은 목자 없는 잃은 양이다(마 9:36);

회개치 않은 자들에게 심판 날에 소돔과 고모라 땅이 그들보다 더 견디기 쉬운 그런 때가 곧 오리라(마 10:15/눅 10:12, cf. 마 11:20-24/눅 10:13-15);

아브라함, 이삭, 야곱이 이방인들이 천국에 오는 것을 환영하겠지만, 그 나라의 자손들은 쫓겨나리라(마 8:11-12/눅 13:28-9);

이스라엘은 자기를 고발한 자와 속히 화해하라. 그렇지 않으면 그 고발한 자가 이스라엘을 끌어다가 옥에 가두리라(마 5:25-26/눅 12:58-9);

이스라엘은 그 맛을 잃은 소금과 같아서 이제 아무것에도 소용이 없어 밖에 버리워 밟히고 있다(마 5:13/막 9:50/눅 14:34-5);

인자를 부인하거나 부끄러워하는 자는 누구든지 그를 인자가 부끄러워하리라(막 8:38/눅 9:26);

전체로서 게헨나로 들어가기 보다는 몸의 귀한 지체들을 희생시키는 것이 더 낫다(마 5:29-30/막 9:43-8);[142]

---

141) Borg 1984, 201-27, 265-76. 비록 나의 견해는 몇 가지 점에서 Borg를 뛰어넘긴 하지만, 나는 그의 연구가 기본적으로 바른 방향을 향해 나아가고 있다고 본다.

생명으로 인도하는 좁은 문이 있고, 그것을 발견하는 이는 드물지만, 멸망으로 인도하는 문은 넓어서 다니기가 좋으니라(마 7:13-14/눅 13:24);

현재의 이스라엘은 곡식과 가라지가 뒤섞인 밭과 같지만, 이것들을 분리하여 심판할 날이 올 것이다(마 13:24-30, 36-43);[143]

이스라엘은 좋고 나쁜 것들이 뒤섞인 그물 속의 물고기와 같은데, 곧 그물이 해변에 끌어올려지고 나쁜 물고기가 버려지게 될 것이다(마 13:47-50);[144]

집주인이 돌아와서 충성되지 못한 종들을 벌할 것이다(마 24:45-51/눅 12:42-6);[145]

먼저 된 자가 나중되고, 나중 된 자가 먼저되리라(마 19:30/막 10:31/ 눅 13:30);

니느웨 사람들이 이 세대 사람을 정죄하리니 이는 그들이 요나의 전도를 듣고 회개하였음이거니와 요나보다 더 큰 이가 여기 있느니라(마 12:39-41/눅 11:29-32);[146]

이 세대는 귀신이 나갔다가 이전보다 더 악한 귀신들이 다시 들어온 사람과 같다(마 12:43-45/눅 11:24-6);

비극적인 일들을 당한 사람들이 나머지 사람들보다 더 큰 죄를 지은 자들이 아니었다; 이스라엘이 회개치 않는다면, 모두가 마찬가지로 로마 수비대들의 칼에 베임을 당하거나 무너지는 건물들 아래에서 깔려죽고 말 것이다(눅 13:1-5);

나무가 그 해에 열매를 맺지 않는다면, 그 나무는 베어지리라(눅 13:6-9);

메시야의 잔치에서 상좌를 고집하는 자들은 낮아지리라(눅 14:7-

---

142) cf. 마 18:8-9. 게헨나는 예루살렘의 쓰레기 하치장으로서, 항상 쓰레기를 태우는 연기가 모락모락 나는 곳이었기 때문에, 사후의 혹독한 심판을 나타내는 은유가 되었다. Cf. Bailey 1986; Milikowsky 1988; Watson 1992.

143) cf. *Thom.* 57.

144) cf. *Thom.* 8.

145) cf. 막 13:33-7.

146) cf. 마 16:4.

11);[147]

다가올 큰 혼인잔치에서, 초대받은 자들이 합당치 아니하였다(마 22:1-14/눅 14:15-24/도마 64);

예루살렘은 농장에서 불이 났을 때에 어미닭이 없는 병아리들처럼 망하고 말리라(마 23:37/눅 13:34);[148]

성전은 야훼로부터 버림받아서 그 운명을 아무런 보호도 받지 못한 채로 맞게 될 것이다(마 23:38/눅 13:35);[149]

홍수가 노아 시대의 사람들을 휩쓸었듯이, 이 세대도 멸망받으리라(마 24:37-39/눅 17:26-7);

롯의 아내가 돌연한 심판에 의해 붙잡혔듯이, 이 세대도 그러하리라(눅 17:32);

신랑이 올 때에 준비되지 않은 미련한 처녀들이 있을 것이다(마 25:1-13);

자신의 달란트를 땅 속에 감춰두거나 자신의 므나를 헝겊에 싸두는 미련한 종들이 있을 것이다(마 25:14-30/눅 19:11-27);[150]

합법적인 왕이 다스리기 위하여 오실 때에 대가를 치르게 될 말 안 들은 종들이 있을 것이다(눅 19:14, 27);

양들과 마찬가지로 염소들도 있으리라(마 25:31-46);

아벨로부터 스가랴에 이르기까지 땅에 뿌려진 의인들의 피가 이 세대에게 돌아가리라; 그 모든 것이 이 세대에게 돌아가리라(마 23:35/눅 11:51);

성전은 멸망하겠고, (아마도) 재건되리라(막 14:58/마 26:61; cf. 막 13:2/마 24:2/눅 21:6 등; 눅 19:43f.; 막15:29/마 27:40; 도마 71; cp. 행 6:14);

저희가 모세와 예언자들의 말을 듣지 않는다면 죽은 사람이 살아나더

---

147) cf. 긴 이독(異讀)으로 되어 있는 마 20:28(D).

148) cf. 사 31:5.

149) cf. 왕상 9:7f.; 렘 12:7; 22:5; 겔 10:18f.; 11:22f.; Tob. 14:4.

150) cf. *G. Naz.* 18.

라도 믿지 않으리라(눅 16:31).

이것은 어떤 식으로 보아도 위협들과 경고들에 관한 꽤 황량한 목록이다. 물론, 이 구절들 또는 이 구절들 중 대부분은 신약학계의 전통들 속에서 예수의 사역 시기가 아니라 후대의 것에 속하는 것으로 잘 알려져 있다는 반론이 즉시 제기될 것이다. 이 단계에서 우리가 말할 수 있는 것은 그와 같은 주장은 앞으로 살펴보아야 한다는 것이다. 이런저런 부류의 진정성에 대한 논거들이 제시되어 왔다(말씀들이 Q 자료, 마태 특수 자료, 누가 특수 자료라는 삼중의 전승과 도마복음서에 골고루 산재되어 있다는 것을 주목하라); 그리고 일부 학자들이 단정하고 싶어하는 것과는 달리, 이러한 문제들은 아직 결코 확정된 것이 아니다. 아울러, 내가 제시하고 있는 새로운 패러다임은 토대로부터 차근차근 쌓아올려지는 것이기 때문에, 우리는 통상적으로 요구되는 것들을 제외하고는 어떤 것을 이런저런 식으로 전제할 필요가 없다: 자료들 속으로 직접 들어가는 것, 가능한 한 단순하게 그렇게 하는 것, 추가적인 질문들에 빛을 비추는 것. 여기서 내가 말하고 싶은 요지는 간단하다. 예수의 공적인 면모(persona)가 신탁 예언자였다면, 앞에서 열거한 것들과 같은 그러한 경고들은 너무도 자연스러운 일이었을 것이고, 실제로 그렇게 말했을 것이라고 예상될 수 있다. 예언자의 소명과 역할 중의 일부는 이스라엘에게 지금 그들이 파멸을 향한 길을 탐구하고 있다는 것을 알리는 것이었다. 예수가 이런 종류의 것에 대하여 아무런 말도 하지 않았는데도 예수를 예언자로 보았다면, 그것은 참으로 이상한 일이 될 것이다.[151]

게다가 이 경고들은 고전적인 예언자의 유형에 속한다. 예수의 표현을 세상의 종말 자체를 가리키는 것으로 보는 본문들에 대한 잘못된 읽기를 쳐낸다면,[152] 우리는 이러한 경고들을 이스라엘이 회개하지 않으면 현재의 이스라엘 민족은 끝장이 날 것이라는 위협으로 볼 수 있을 것이다. 엘리야, 예레미야, 세례 요한의 슬프고도 고상하며 전적으로 유대적 전승 속에서, 예수는 이스라엘

---

151) cf. Knowles 1993.

152) 묵시문학 일반에 관해서는 Collins 등의 연구를 따르고, 복음서들에 나오는 말씀들에 관해서는 Caird와 Borg를 따르고 있는 *NTPG* ch. 10을 참조하라.

의 계약의 하나님이 그의 백성에게 장차 내릴 심판, 궁극적으로는 오직 신학적인 관점에서만 이해될 수 있는 커다란 민족적·사회적·문화적 재앙으로 이루어질 심판을 선포하였다. 그 재앙의 한복판에는 성전의 파괴가 있을 것이다. (예수가 사마리아인이었다는 고소는 바로 이러한 주제에 속하는 것처럼 보인다.[153] 왜냐하면, 사마리아인들은 예루살렘 성전에 반대한 것으로 악명이 높았기 때문이다; 예수는 사마리아인과 동일시되는 위험을 무릅쓰고 성전을 쳐서 말하였다 — 물론, 에세네파 같은 다른 분파들도 마찬가지로 성전을 규탄하긴 했지만.) 사실, 이스라엘이 로마에 대한 현재의 태도를 견지한다면, 큰 재앙이 있을 것이라는 것을 예견하지 못했다면, 그는 예언자가 아니었을 것이다.[154] 예수는 예레미야의 대적들과 마찬가지로 백성들에게 성전을 신뢰하라고 말하였던 거짓 예언자들,[155] 미가야 벤 이믈라에게 반대하였던 자들과 같이 백성들에게 이길 것이기 때문에 싸우고 저항하라고 말하였던 거짓 예언자들에 대하여 경고하였다. 예수는 미가야와 마찬가지로 온 이스라엘이 목자 없는 양떼와 같이 산들 위에 흩어져 있는 것을 보았고, 이 다가올 심판을 우연히 발생한 불행한 정치적 사건이 아니라 자기 백성에 대한 야훼의 진노의 임함으로 해석하였다. 이것이 바로 예언자와 단순한 정치 분석가가 다른 점이다.[156] "나무가 아직 푸를 때에 이런 짓을 한다면, 나무가 마를 때에는 그들이 무엇을 하겠는가?"[157] 예루살렘은 예언자들을 죽이고 자기에게 보내심을 받은 자들을 돌로 치는 도시이다; 예수는 예언자들의 계보 중에서 마지막으로 왔고,[158] 그의 전임자들보다 더 나은 대우를 기대하기는커녕 실제로 더 나쁜 대우를 받게 되어 있었다.

---

153) 요 8:48.

154) 요세푸스의 예언들과 비교해 보라. 예를 들면, *War* 5:399-419.

155) 렘 7:1-34. 주후 70년에 예루살렘 포위가 막바지에 도달했을 때조차도 성전에 대한 미련을 버리지 못하고 성전에 의지하려던 시도에 대해서는 cf. Jos. *War* 6:285. 일단 성전이 파괴되자, 그토록 용맹스럽게 성전을 방어했던 사람들은 도성을 떠나도록 허용되었는지를 물었다. *War* 6:351.

156) 왕상 22. 이러한 비판은 예를 들면, 마 12:31-50; 마 23장 등과 그 병행문들 속에 자세히 나와 있다. Borg 1984, 특히 ch. 8과 부록(265-76); 그리고 아래의 제8장을 보라.

157) 눅 23:31; cf. 아래의 859-863.

158) cf. 막 12:6 pars.; 마 23:34-9/눅 11:49-52; 13:34-5.

실제로 예수가 자신의 죽음을 예감하고 있었다는 것은 예언자라는 틀 속에 아주 잘 들어맞는데, 일단 우리가 자료들 전체를 살펴보면, 그것은 모두가 동일한 방향을 보여주는 증거들의 한 가지가 된다: 예수의 실천은 그를 이스라엘에게 계약의 하나님으로부터의 긴급한 메시지를 선포하는 자라는 의미에서의 예언자로 부각시켰다는 것.

앞에서 보았듯이, 이 경고들은 예수의 메시지에 주의를 기울인 자들에 대한 환영과 균형을 이루고 있었다. 예수는 자기 주변에 그의 부르심에 응답한 온갖 잡다한 무리들을 불러 모았다. 이것도 전체적으로 볼 때에 예수의 예언자적 사역의 일부였다. 그 전체적인 효과는 분명하다. 예수는 백성들의 대다수에 의해서 옛 예언자들 중의 한 사람 같이 이스라엘에게 임박한 파멸과 신원을 선포하고 자기 주변에 그의 메시지를 적용시킨 위대한 예언자로 보여졌다.

예수가 이스라엘 이야기를 말한 것들과 심판에 대한 예언적 선포를 행한 것은 예수의 예언자적 사역의 그 밖의 다른 측면과 정확하게 부합한다. 예수는 자기가 말한 것을 그대로 실천에 옮겼다. 예수의 특징적인 실천의 한복판에는 크로산이 "마법과 식사"(Magic and Meal)라고 표현한 두 요소가 특히 자리 잡고 있다. 우리는 아래 제9장에서 이스라엘의 삶의 상징들을 예수가 재형성한 것을 고찰할 때에 예수의 식탁 교제에 관하여 좀 더 자세하게 살펴보고자 한다. 여기서는 우리는 크로산이 "마법"이라고 부른 것, 좀 더 전통적인 주석에서는 "이적"이라고 말했고 나는 "권세 있는 행위들"이라고 묘사하고자 하는 것을 살펴보기로 하자.

(iv) 행위에 있어서 권세 있는 자

(a) 서론

현재의 제3의 탐구는 예수가 수행하였다고 전해지는 "권세있는 행위들 또는 능력의 행위들"과 관련하여 조용한 혁명의 분위기를 감지해 왔다.[159] 비평학이 도입되기 이전의 성서에 대한 읽기들은 이것들을 실제적인 사건들로서만이 아니라 예수의 "신성"을 보여주는 주요한 증거들로 여겼다. 적어도 18세

---

159) 이 주제 전체에 대해서는 특히 Aune 1980; Brown 1984; Kee 1983, 1986; Remus 1992(자세한 참고문헌이 나와 있는 869)를 보라.

기, 특히 흄(Hume)에게까지 소급되는 과거의 자유주의는 "이적들"은 결코 일어나지 않았거나 어쨌든 이적들이 일어났다는 것을 믿을 만한 충분한 증거가 결코 없기 때문에, 예수는 아마도 그러한 이적들을 행하지 않았고, 따라서 예수는 결국 "신적"이지도 않았다고 주장하였다. 사실 이 두 가지 노선의 사상은 둘 다 동일한 그릇된 결론을 담고 있다: 신약성서(예를 들면, 바울 서신들)에 가장 강력하게 구현되어 있는 주장들이 예수의 권세있는 행위들과 아무런 관련이 없고, 복음서들에 나오는 권세있는 행위들에 관한 기사들은 통상적으로 예수의 "신성"을 보여주는 "증거"로 제시되지 않는다. 우리가 예수의 행위들을 진지하게 논의하고자 한다면, 우리는 그러한 과거의 질문을 한켠으로 제쳐두어야 한다.

좀 더 철저한 최근의 역사 연구는 우리가 분명한 "자연주의적인" 설명 — 당분간 이 용어를 그대로 사용하기로 하자 — 을 여전히 할 수 없기는 하지만 당시에 예수가 실제로 그러한 이적들을 행하였다고 전제할 때에만 우리는 우리 앞에 놓여 있는 증거들을 설명해 낼 수 있다는 결론에 도달하였다.[160] 물론, 이렇게 말하는 것은 그것이 환원주의가 되었든 그 밖의 것이 되었든 어떤 종류의 실제적인 설명을 제시하고 있는 것은 아니다. 만약 우리가 엄밀하게 말해서 "이적은 일어날 수 없다"라는 세계관을 채택한다면, 우리는 의심할 여지 없이 치유 이야기들 중의 전부는 아니지만 많은 수에 대하여 "심신상관적" 견해를 사용하여, 그리고 "자연 이적들"의 전부는 아니지만 많은 수에 대하여 "신화론적" 견해 또는 이와 비슷한 견해를 사용하여 만족한 만한 설명들을 발견해 낼 수 있을 것이다. 그러나 우리는 예수의 동시대인들, 즉 그의 추종자가 되

---

160) Vermes 1973, ch. 3; Meyer 1979, 153-8(esp. 158); Goppelt 1981 [1975], 138-57; Harvey 1982, ch. 5; Sanders 1985, ch. 5; Borg 1987a, ch. 4; Crossan 1991a, ch. 13, 특히 310f.를 보라. 주후 1세기에 갈릴리에 살았던 촌민들이 자연 법칙들을 이해하지 못하였거나 시공간의 우주가 닫힌 연속체라는 것을 깨닫지 못하였기 때문에 "이적들"을 쉽게 믿었을 것이라고 생각하는 것은 소박한 생각에 지나지 않는다. 특히 Harvey 1982, 101f.와 거기에 나오는 참고문헌들을 보라. 흔히 지적되어 왔듯이, 마태복음 1:18 이하에서 요셉은 그가 아기가 어디로부터 생겨나는지를 알지 못했기 때문이 아니라 그 반대로 그것을 알았기 때문에 마리아의 예상치 않은 임신에 대하여 걱정을 하였다.

었던 자들과 그를 따르지 않기로 결심한 자들, 양자를 모두 포함한 동시대인들이 분명히 예수를 주목할 만한 능력들을 지닌 자로 보았다는 것을 분명히 알아야 한다. 예수가 바알세불과 연합한 자라는 비난을 초대 교회가 만들어 내었을 리 만무하다; 사실, 그와 같은 비난들은 뭔가 정말 주목할 만한 현상들에 대한 설명으로 필요한 것이 아니었다면 제기되지 않았을 것이다.[161]

방법론적으로 말할 때, 시공간으로 이루어진 우주 속에서 어떤 일이 실제로 가능하고 어떤 일이 가능하지 않은지에 대한 판단을 너무 성급하게 내리지 않는 것이 현명하다.[162] 하늘과 땅에는 계몽주의 철학 이후에 사는 사람들이 생각할 수 없는 많은 일들, 흄, 레싱, 트뢸치의 영향을 별로 받지 않은 세상 속에서 살고 일하였던 사람들이 아주 잘 알고 있었던 많은 일들이 존재한다. 이것은 속기 쉽고 잘 믿으며 무지하고 스스로 속아 넘어가는 것 같은 그런 것들이 존재하였다고 말하는 것이 아니다. 또한 이것은 명백하게 참인 것, 즉 복음서 기자들이 예수에 관한 그들의 이야기들, 특히 예수의 기이한 행위들에 관한 그들의 기사들을 구약성서의 반영들을 통해서 특정한 신학적 관점들을 그 밖의 다른 이야기들과 병치시키고 몇몇 요소들을 부각시키기 위하여 썼다는 것을 부정하는 것도 아니다. 또한 이것은 우리가 이적들에 관한 흄의 태도를 거부하는 경우에 우리는 (통상적으로 부재하는?) 신이 겉보기에 자의적이고 불합리한 방식으로 세계에 개입한다는 비흄적인 세계관을 받아들일 수밖에 없다고 말하는 것도 아니다 — 우리는 이 점을 강조해 두지 않으면 안 된다. 그러므로 잠시 판단을 유보해 두자고 한 말을 중립성이라는 가면을 쓴 예전의 "초자연주의적인" 세계관이 슬그머니 끼어들어오는 트로이 목마로 사용해서는 안 될 것이다; 이런 일이 보수적인 변증론자들에 의해서 종종 행해지는데, 그들은 흔히 예수 자체가 아니라 성서가 "참되다"고 믿느냐 그렇지 않느냐를 판단하는 시금석으로서의 이적들에 관심을 갖는다 — 이 입장은 결국 인과응보를 거두게 된다. 기본적인 세계관들에 의문을 제기하는 연구(모든 중요한 연구들이 그러하듯이)의 시작점에서 어느 특정한 오늘날의 세계관이 유일하게 가능한 세계관이라고 고집하는 것은 논점을 회피하는 것이요 우리가 실제로 하고자 하

---

161) 마 12:24-32/막 3:20-30/눅 11:14-23; cp. *Thom.* 35. 아래 제9장을 보라.
162) cf. Meyer 1979, 99-104; Brown 1984.

는 모든 것은 우리 자신의 목소리들의 반영을 듣는 것이라는 것을 나타내는 것일 뿐이다.

"이적"이라는 단어 자체, 그리고 "자연적"이라는 말과 "초자연적"이라는 말은 사실 주후 1세기에 갈릴리의 촌락들에 살았던 사람들에게 열려 있었던 세계관들과는 너무도 판이하게 다른 범위의 세계관들을 보여주는 징후들이다. 복음서 기자들은 사람이 통상적으로 기대할 수 없는 것들이라는 의미의 "파라독사"(paradoxa), 능력 또는 권세의 드러남들을 의미하는 "뒤나메이스"(dunameis), 표적들 또는 징후들을 의미하는 "테라타"(terata) 또는 "세메이아"(semeia) 같은 단어들을 사용하였다. 우리가 말하는 "이적"이라는 단어와 가장 가까운 것은 마태복음 21:15에 단 한 번 나오는 "다우마시아"("기이한 일들")이다. 이러한 단어들은, 영어의 "이적"과는 달리 또 다른 세계 또는 우주로부터 침입해 온 것이라는 뉘앙스를 지니고 있지 않다. 오히려, 이 단어들은 우리가 "자연" 세계라고 부를 수 있는 것 내에서 통상적으로 예상될 수 있는 것은 아니지만, 피조된 질서 속에 이질적인 세력으로서 침입해 온 것이 아니라 피조 세계를 더욱 본연의 모습으로 만들어 주는 권세, 능력이 실질적으로 현존한다는 것을 보여주는 증거가 될 수 있는 어떤 일이 일어났다는 것을 가리킨다. 그리고 그것은 예수의 사역의 그 밖의 다른 측면들이 백성들에게 주었던 인상과 아주 잘 어울린다: 여기 예상치 못한 현상, 민족주의적 소망에 의문을 제기하면서도 이스라엘의 하나님 나라를 선포하고 있는 예언자가 있다. 이것은 사람들이 예상했던 것은 아니었지만, 그럼에도 불구하고 그것은 다름 아닌 성취(fulfilment)의 뉘앙스를 지니고 있었다.

반면에, "이적"이라는 단어는 특히 계몽주의 시대에 발전되었던 두 가지 판이하게 다른 질문들과 결부되어 있다: (a) 세계에 대한 "초자연적인" 차원이 존재하는가? (b) 만약 존재한다면, 어느 종교가 참된 종교인가? 일부 사람들에게 "이적들"은 첫 번째 질문에 대하여 "그렇다"라고 대답하고, 두 번째 질문에 대하여 "기독교"라고 대답하는 방식이 되었다. 이런 도식 속에서는, 예수의 "이적들"은 하나님이 존재하고, 하나님이 세상에 대하여 그런 식으로 "개입하여" 왔다는 것을 보여주는 증거가 된다. 앞에서 보았듯이, 흄과 그의 추종자들은 이것을 다른 방식으로 표현하였다: "이적들"이 일어날 수 없다거나 적어도 일어난다는 것을 입증할 수 없다고 한다면, 이것은 기독교를 포함한 모든 종교들이

거짓된 것이고 성서도 참이 아니라는 것을 의미하는가? 이와 같은 문제 제기
는 뭔가 전통을 보존하고자 했던 사람들로부터 두 가지 가능한 대답들을 촉진
시켰다: 한편으로는 이적을 뺀 "기독교," 다른 한편으로는 다시 등장한 반비평
적인 반동. 오늘날 이러한 질문들은 좀 서투르고 엉성해 보인다. 오늘날 진지한
역사가 치고 예수와 그 밖의 다른 많은 사람들이 치유들을 행하였고, 분명한
자연주의적인 설명이 불가능한 그 밖의 다른 놀랄 만한 일들을 행하였다는 것
을 부정하는 사람은 거의 없다. 그러나 기독교 변증론자들은 계속해서 다음과
같이 주장하여 왔다: "이적들"은 그 밖의 다른 어떤 것에 대한 "증거"로 제시
되어서는 안 된다. 여기에서 가장 중요한 것은 의도와 의미이다. 과연 예수는
자기가 무엇을 행하고 있고, 왜 행하고 있다고 생각하였을까? 예수의 행위들은
관련된 사람들 및 그 전승을 전해 받은 사람들에게 무엇을 의미하였는가?

이 후자의 질문은 또 한 가지 질문을 불러일으킨다: 이 전승은 예수의 권세
있는 행위들에 관한 이야기들에 어떠한 기여를 해왔는가? 여기에서 견해들이
나뉜다. 어떤 사람들은 부활 사건 이후의 공동체가 예수를 헬레니즘적인 이적
을 일으키는 자(wonder-worker)의 모습으로 그린 이야기들을 만들어내었다
고 생각하고, 어떤 사람들은 부활 사건 이후의 공동체가 예수의 활동 중에서
예수를 마치 마법사와 같이 보이게 만들었던 측면들을 약화시켰다고 생각한
다. 물론, 이 두 가지 견해는 어느 정도 서로를 배제한다. 현재 상태에서의 이야
기들, 즉 복음서들 전체 속에서 권세있는 행위들은 복음서 이야기의 나머지로
부터 어떤 식으로든 돌출되지 않는다. 분명한 것은 초대 교회가 예수를 헬레니
즘 스타일의 이적을 일으키는 영웅적인 인물로 그린 이야기들을 말하는 데에
관심을 갖고 이적들을 기존의 전승에 첨가했다고 한다면 반드시 불거졌어야
할 특징이 보이지 않는다는 것이다.[163] 오히려, 예수의 권세있는 행위들은 예수
의 사역의 전체적인 모습과 아주 잘 맞아 떨어진다. 우리로 하여금 서로 다른

---

163) 물론, 복음서들에 현존하는 형태들에 선행하는 이적 이야기들의 모음집들에
관한 많은 이론들이 있어 왔다. 가장 잘 알려진 것은 요한복음의 이적들 배후에 있
는 "표적 자료"에 관한 가설이다: Fortna 1970, 1988, 1992와 요한복음에 관한 주석
서들에 나오는 논의들을 참조하라. 마가 이전의 "이적 모음집"의 가능성에 대해서
는 Achtemeier 1970을 참조하라.

측면들을 묶어내어서 권세있는 행위들을 따로 분류하여 그것들을 후대의 첨가로 분명하게 말할 수 있게 해 주는 어떤 구분선이 존재하지 않는다. 마찬가지로 우리의 자료들 속에서 "마법적인" 요소들이 철저하게 "청소되었다"고 주장하는 것도 가능하다(이 점에 대해서 우리는 곧 살펴보게 될 것이다). 물론 이것이 초대 교회의 의도였다면, 왜 모든 것 중에서 가장 치명적인 것, 즉 진짜 마법을 행하였다고 한 비난을 공관복음서들 모두에 그대로 방치해 두어서 매우 부각되게 하였는지를 알기 어렵긴 하지만.[164] 그러나 역사의 문제로서 "예수의 이적 활동은 기존에 알려진 패턴과 부합하지 않을" 가능성이 대단히 높다.[165] 그러나 우리가 발견하는 이 새로운 패턴은 우리가 지금 만들어 가고 있는 예수의 예언자로서의 면모와 잘 맞아 떨어진다.

역사적으로 좀 더 날카로운 질문은 이런 것이다: 그렇다면, 우리는 예수의 행위들을 어떤 의미에서 "마법"이라고 생각해야 하는가? 이적과 마법은 통상적으로 구분되어 왔고, 일부 경우들에서는 아주 자세하게 논증되어 오기도 했다.[166] 이 질문에 접근하는 두 가지 서로 판이하게 다른 방식이 존재한다. 첫 번째 방식은 어떤 중립적인 것같이 보이는 판별 기준들을 발견해 내는 것이다: 예를 들면, 이적들은 하나님의 은혜로운 행위와 관련이 있는 반면에, 마법은 신적인 또는 유사 신적인 세력들을 인간이 조종하는 것에 관한 것이다. 이를 토대로, 많은 학자들은 예수가 행한 일들은 마법이 아니었거나 마법적인 요소를 보여주는 실제적인 증거들은 교회에 의해서 세심하게 억제되었다는 결론을 내렸다.[167] 맥멀런(MacMullen)이 제시한 또 한 가지 중립적인 판별 기준은 다음과 같은 것이다: 이적은 유익한 결과들을 낳는 데 반해서, 마법은 유해한 결과들을 낳는다.[168] 그러나 이 판별 기준은 크로산이 로버트 그랜트(Robert

---

164) 또한 cf. *Thom.* 35; 44. 이 이론은 Reimarus의 것과 유사하다: 복음서들에서 예수의 혁명적인 가르침들이 제거되었다 ― 눅 22:38에 나오는 두 개의 검과 같은 실수들을 제외하고는.

165) Harvey 1982, 113.

166) MacMullen 1981, 95-7; Sanders 1985, 167f.(MacMullen을 따라서); Kee 1986, 특히 1-8, 126-31; Crossan 1991a, 304-20; Remus 1992, 858f.

167) Smith 1978. 이것에 대해서는 cf. Kee 1986, 115-17; cp. Meyer 1979, 158.

168) Sanders 1985, 168f.에서 논의되고 있는 MacMullen 1981을 보라.

Grant) 등을 따라서 채택하고 있는 두 번째의 매우 다른 접근 방식을 낳게 된다: "마법과 종교의 관계는 산적 행위와 정치의 관계와 같다."[169] 그렇다면, 특정한 행위가 유익한 것인가 그렇지 않은가를 누가 판단한다는 말인가? 특정한 행위가 하나님이 세상 속에서 은혜로서 행하는 일인지, 또는 은밀하고 기만적인 마법의 결과인지를 도대체 누가 판별할 수 있다는 말인가? 크로산은 예수 ─ 유대의 은사주의자들이었던 호니(Honi)와 하니나(Hanina), 엘리야와 엘리사 ─ 가 그러한 의미에서 "마법사"였다는 것을 인정하기를 거부하는 자들에게 경멸을 퍼붓는다. 마법은 "전복 성향을 지니고 있고, 비공식적이며, 공인되지 않은 것이고, 흔히 하층민의 종교"이다: 마법은 "사회종교적인 지배층이 자신의 테두리에서 벗어난 부류를 일컫는 말"이다.[170] 달리 말하면, 크로산은 "마법"에 대한 과거의 의미를 확장해서, 공식적인 맥락 바깥에서 수행된 모든 권능있는 행위를 포함시켰다.

이것은 실제로 크로산이 의도한 모든 결론들을 반드시 받아들이지 않고도 어느 정도 이 문제를 실제적으로 해결해 줄 수 있을 것이다. 내가 보기에는, 증거들은 아주 명백하다: 예수는 권세있는 행위들을 수행하였고, 이것은 실제로 예수가 마귀 세력과 연합한 마법사라는 비난을 초래하였다.[171] 그러나 이러한 비난은 무엇을 의미하는가? 그것은 특히 예수가 당시의 사회적·문화적·종교적 세계에 대한 심각한 위협이 되고 있다고 인식되었다는 것을 의미한다. 예수의 사역 전체는 예수 자신이 세례 요한에 관하여 물었던 질문과 유사한 심각한 문제성이 있는 질문을 불러일으켰다.[172] 이러한 일들은 이스라엘 하나님이 자기 백성의 역사 속에서 새로운 방식으로 일하시는 야훼 자신의 역사인 것인가, 아니면 이러한 일들은 백성들을 어그러진 길로 이끄는 희대의 사기꾼의 장난인가. 의심할 여지 없이, 예수는 세례 요한과 마찬가지로 전복의 의도를 지니고 활동하고 있었다. 우리가 예수의 행위들을 기법(technique)이라는 관점에

---

169) Crossan 1991a, 305; cf. Grant 1966 [1959], 93: "논쟁적 저작 속에서 너의 마법은 나의 기적이고, 또한 그 역도 성립한다"(Remus 1992, 859에 인용됨); Remus 1983, 182f.

170) Crossan 1991a, 305, 309.

171) 마 12:24-32/막 3:20-30/눅 11:14-23; cp. *Thom.* 35.

172) 막 11:27-33/마 21:23-7/눅 20:1-8.

서 범주화하든, 사회적 및 종교적 의미(social and religious significance)라는 관점에서 범주화하든, 이것은 전혀 의문의 여지가 없다. 예수는 체제 바깥에서 활동하고 있었다. 예수는 그 어떤 공식적인 인가 없이 활동하였다. 이것이 우리가 "마법"이라는 말을 사용할 때의 의미의 일부라면, 예수는 분명히 오직 이러한 확대된 의미에서만 마법사였다.

그러므로 권세있는 행위들을 마법에 속하지 않은, "이적적인" 행위들로 정의하고 거기에서 멈추어 버리는 것은 옳지 못할 것이다. 그러나 또한 권세있는 행위들은 어느 특정한 의미에서 "마법적"이었기 때문에 예수는 그 무엇보다도 헬레니즘 스타일의 이적을 일으키는 자로 보아야 한다고 주장하는 것도 잘못된 것이다.[173] 권세있는 행위들은 정확히 예수의 사역 전체의 특징을 이루고 있었던 곤혹스러운 모호성을 그대로 지니고 있는 것으로 생각된다. 예수는 실제로 백성들이 오랫동안 기다려 왔던 해방의 때, 포로생활에서의 귀환, 이스라엘의 하나님 나라를 개시시키고 있었던 것인가, 아니면 예수는 백성들을 어그러진 길로 이끌면서 근본적으로 이스라엘의 참된 정체성을 전복시키는 강령과 과제를 가지고 그들을 속이고 있었던 것인가. 마법이냐 이적이냐를 놓고 벌이는 20세기적인 우리의 질문은 단순히 예수가 청중들에게 제기한 주후 1세기의 질문을 반영하고 있는 것이다. 그리고 그 질문은 종교사 속에서의 병행들에 비추어서 해결될 수 없다. 예수가 일부 마법들과 병행들을 보이는 기법들을 사용했다는 것을 종종 엿볼 수 있음에도 불구하고,[174] 예수의 실제적인 실천은 대체로 유대적이든 이방적이든 그의 동시대인들의 실천과는 구별되었던 것으로 보인다.[175]

따라서 당시에 예수를 따랐던 자들의 관점에서 볼 때, 예수의 권세있는 행위들은 예수의 전반적인 선포의 맥락 속에서 해석되었을 것이다: 예수의 권세있는 행위들은 이스라엘의 하나님 나라가 실제로 시작되고 있다는 것을 보여주는 표적들로 보여졌다. 하나님 나라가 다른 방식들로 오거나 아예 오지 않을 것이라고 생각하였던 사람들의 관점에서 볼 때, 이 동일한 사건들은 위험스럽

---

173) Hull 1974, 그리고 Kee 1986, 117f.에 나와 있는 논의를 참조하라.
174) 예를 들면, 막 8:23.
175) cf. Harvey 1982, ch. 5.

고 전복 성향을 지닌 행위들, 즉 "마법"으로 보여졌을 것이다. 어느 것이 옳은지 우리는 어떻게 결정할 수 있는가? 분명히 예수의 권세있는 행위들에 대한 좀 더 치밀한 검토를 통해서 이것을 결정할 수는 없다. 우리는 단지 이 이상한 예언자가 그 밖의 다른 무엇이 될 수 있는지, 그리고 그가 무엇을 말했는지를 살펴봄으로써만 이것을 결정할 수 있다. 그러한 종류의 조사 속에서 예수의 동시대인들은 오늘날의 역사가와 마찬가지로 예수가 말했던 이야기들과 그가 민족적 상징들을 취급했던 방식에 주목했을 것이다. 앞으로 보게 되겠지만, 바로 그것이 실제로 이 문제를 푸는 방식이다.

(b) "권세 있는 행위들": 해석

일부 학자들이 예수의 권세 있는 행위들을 이해하는 한 가지 방식은 그것들은 이스라엘 백성이 오랫동안 기다려왔던 예언의 성취에 관한 표적들이었다는 것이다.[176] 주후 1세기 유대인들에게는 예수의 권세있는 행위들 중 상당 부분을 차지하는 치유 사역의 전부는 아닐지라도 그 대부분은 질병 또는 기타 원인으로 말미암아 제의적으로 부정한 것으로 취급되어 이스라엘 공동체에서 배제되었던 자들이 다시 그 지체로서의 자격을 회복한 것으로 보아질 수 있었다. 이런 식으로, 치유 사건들은 죄인들을 환영한 것과 동일한 맥락 속에서 기능하였고, 이것이 바로 예수가 의도하였던 것이었다고 우리는 거의 확신할 수 있다. 예수는 단순히 사람들에게 깊은 인상을 남기기 위하여 권세있는 행위들을 행한 것이 아니었다. 예수는 권세있는 행위들을 이스라엘의 계약의 하나님의 주권적이고 치유적인 통치의 개시의 일부로 보았다. 그러므로 우리는 이 장의 나머지 부분과 일치하게 예수의 예언자적 실천이 그의 동시대인들 중 적어도 일부에 의해서 어떤 식으로 인식되었을 것인지를 알아보기 위하여 이 전승의 여러 다양한 요소들을 간단히 살펴보기로 하자.

쿰란 공동체에서 나온 증거들은 적어도 유대의 몇몇 분파들에서는 손발이 불구인 유대인은 이스라엘 공동체의 온전한 지체가 될 수 없었다는 것을 보여준다.[177] 그러한 유대인은 눈이 멀거나 발을 절거나 귀가 먹거나 벙어리인 신

---

176) Meyer 1979, 157f. .

177) lQSa 2:3-11(Vermes 1995 [1962], 121). 이 내용은 신명기 23:1-6의 연장이자

체적인 결함을 지닌 자들과 아울러 흠이 있는 것으로 여겨져서, 온전한 이스라엘 사람이 될 수 없었다.[178] 예수 당시에 유대인 사회가 이것을 어느 정도까지 지켰는지는 평가하기가 어렵다. 그러나 우리는 적어도 쿰란 공동체의 문헌들 속에서 그것이 매우 심각한 문제였다는 것을 알고 있다. 이것은 예수의 치유 이적들이 분명히 결함이 있었던 자들에게 샬롬(shalom), 즉 온전함의 은사를 베풀었고 단순히 육체적 치유만이 아니라 야훼의 백성으로서의 자격을 새롭게 회복하게 해 준 것으로 분명히 보아졌다는 것을 의미한다.

예수가 치유한 사람들 중 다수는 이런 식으로 공동체에서 제외되는 범주들 가운데 하나에 속해 있었다. 눈 먼 사람들이 있었고,[179] 귀 멀고 벙어리인 사람들,[180] 나병환자들(이들은 제의적으로 제외되었을 뿐만 아니라 사회적으로도 추방되었다),[181] 또한 스스로만이 아니라 그 여자가 앉았던 물건 또는 그 여자와 접촉했던 사람이나 물건을 부정하게 만들었던 혈루증을 앓는 여인,[182] "사탄이 18년 동안 묶어 놓았던" 불구의 여자[183]가 있었다. 이와 동일한 연장선상에서 예수가 죽은 자를 손으로 만지고 그들을 부활시킨 것은 분명히 예수를 부정하게 만들었겠지만, 사실 그들을 회복시키는 효과를 지니고 있었다.[184] 또한 예수가 이방인들[185] 및 사마리아인[186]에게 베풀어 준 이적들도 과거에 외부인이었던 자들이 야훼의 백성 안으로 들어올 수 있다는 것을 증언해 준다.

그러므로 이러한 치유 사역들의 효과는 단순히 육체적인 질병을 치유하는

확장인 것으로 보인다.

178) 정결 및 이와 관련된 문제들에 대해서는 G. Wenham 1982에 나와 있는 예리한 논의를 참조하라.

179) 마 9:27-31; 마 12:22; 막 8:22; 마 20:29-34/막 10:46-52/눅 18:35-43; 마 21:14.

180) 마 9:32-3; 마 12:22/눅 11:14; 막 7:32.

181) 마 8:1-4/막 1:40-5/눅 5:12-16/*P.Eger.* 2:1-4; 눅 17:11-14.

182) 마 9:20-2/막 5:24-34/눅 8:42-8.

183) 눅 13:10.

184) 마 9:18-19, 23-6/막 5:21-4, 35-43/눅 8:40-2, 49-56; 눅 7:11-17.

185) 마 8:5-13/눅 7:1-10; 마 15:21-8/막 7:24-30; 그리고 아마도 마 15:32-8/막 8:1-10/눅 9:12-17에 나오는 4,000명을 먹이신 사건.

186) 눅 17:11-19.

것으로 그치지 않았다; 우리의 현대적인 서구 사회보다 훨씬 덜 개인주의적이었던 사회 속에서 사람들에게 공동체의 지체로서의 새로워진 의식을 부여했을 뿐만 아니라,[187] 치유받은 사람들을 이스라엘의 하나님의 백성의 지체들로 다시 회복시켰다. 달리 말하면, 이러한 치유 사역들은 예수와 그의 동시대인들의 이해의 가장 깊은 차원 속에서 예수의 전체적인 사역의 일부, 특히 하나님 나라의 개시와 더불어 시작된 폭넓은 열린 환영의 일부 — 그러니까 예수를 결국 곤경에 처하게 만들었던 전복 성향을 지닌 사역의 일부 — 로 보여졌을 것이라는 말이다. 이스라엘이 하나님에게 바랐던 신원은 이러한 개개인들의 경우를 통해서 아주 세밀하게 현재 속으로 들어오고 있었다. 그들은 비탄으로 시작했다가 감사로 끝을 맺었던 시편 기자들과 마찬가지로 예배 공동체 속으로 다시 통합되고 있었다.[188] 이런 식으로 예수의 권세있는 행위들은 옛 예언을 따라 "온 이스라엘"의 공동체를 모으는 효과를 지니고 있었다.[189] 그것들은 갱신된 계약의 커다란 축복, 즉 죄사함과 매우 밀접하게 연관되어 있었다.[190]

계약 갱신의 그 밖의 다른 표적들은 광야에서 행한 오천 명을 먹이신 이적, 풍랑을 잠잠케 한 사건 등이 있는데, 이 두 이적은 출애굽의 뉘앙스를 띠고 있다.[191] 소극적인 측면에서 볼 때, 이러한 계약 갱신은 민족에 대한 심판을 의미하였다: 누가복음 13:6-9의 비유(결국 열매를 맺지 못한 무화과나무)는 마태복음 21:18-20/마가복음 11:12-25에서 행동을 통한 비유로 되는데, 거기에서 그것은 성전에서의 행위와 동일한 것, 즉 회개치 않은 이스라엘에게 임할 임박한 심판을 상징한다.[192] 복음서 기자들은 그들의 편집주를 통해서 종종 주후 1

---

187) cf. Malina & Neyrey 1988, 145-7.

188) 예를 들면, 시 22.

189) 마 8:17; 마 11:2-6/눅 7:18-23(cp. 사 35:5-6); cf. 마 15:29-31; 막 7:37; 눅 4:18-19(cp. 사 61:1).

190) 마 9:1-8/막 2:1-12/눅 5:17-26(cp. 렘 31:34); 아래 419-429를 보라.

191) 무리를 먹이신 사건: 마 14:15-21/막 6:35-44/눅 9:12-17/요 6:1-15; 마 15:32-9/막 8:1-10(cp. 출 16; 민 11; 왕하 4:42-4); 폭풍을 잔잔케 하신 사건: 마 8:23-7/막 4:35-41/눅 8:22-5(cp. 출 14:21-2; 사 43:16; 51:9-11; 시 65:5-8; 77:16-20; 107:23-32).

192) 또한 물고기와 동전에 관한 이야기도 참조하라(마 17:24). 적어도, 예수는 그가 성전세를 냈는지 안 냈는지에 관하여 질문을 받을 수 있는 그런 인물이었다; 그

세기의 견지에서 권세있는 행위들 속에서 "보아져야" 할 주된 것은 초자연적인 능력의 나타남 자체가 아니라 이스라엘의 하나님이 능력으로 오셔서 이전에 민족 전체에게 약속하셨던 것(그런 것이라고 생각되었던 것)을 개개인들을 위하여 행하신다는 것이었다는 사실을 부각시킨다. 마태의 표현을 빌면, "저희가 이스라엘의 하나님께 영광을 돌렸다."[193] 능력의 역사(役事)들은 하나님 나라의 개시에 있어서 결정적으로 중요한 요소였다.[194]

또한 예수의 권세 있는 행위들은 창조주 하나님에 의해서 계획된 새로운 질서의 돌입으로 보여졌을 것이다. 치유 이적들 전체 속에서, 또한 그 밖의 다른 몇몇 행위들 속에서, 우리는 단순한 이스라엘의 재구성을 넘어서는 그 무엇을 엿볼 수 있다. 우리가 『신약성서와 하나님의 백성』에서 보았듯이, 이스라엘은 자기들이 창조주 하나님이 세계 전체를 위하여 행하고 계시고 또한 앞으로 행하실 일의 중심축이라고 믿었다; 이스라엘이 회복되면, 온 피조 세계가 회복될 것이다.[195] 따라서 우리가 복음서들 속에서 예수가 자연 질서에 대하여 권세를 행사하고, 자연 질서를 과거에는 오직 홍해를 건넌 것과 같은 몇몇 특수한 경우들에만 볼 수 있었던 하나님의 구원 목적과 새롭게 조화시키는 기이한 사건들의 반영들을 발견하는 것은 전혀 놀라운 일이 아니다. 물고기를 기적 같이 엄청나게 많이 잡은 사건,[196] 폭풍을 잠잠케 한 사건, 광야에서 무리들을 먹인 사건, 또한 무화과나무를 저주한 사건은 모두 여기에 포함되어야 한다. 물론, 부활 자체도 이러한 일련의 사건들 속에 속하는 것으로 볼 수 있지만, 그것은 온갖 종류의 다른 쟁점들을 불러일으키기 때문에, 별도로 다루어져야 한

리고 베드로에 대한 그의 암호 같은 대답은 그가 자기 자신과 그의 제자들이 성전세를 내지 않도록 혜택을 받은 자들로 보지 않았다는 것과 한동안은 예수가 그러한 비교적 사소한 문제를 놓고 충돌을 일으키고자 하지 않았다는 것을 보여준다. 예수는 율법상의 의무에 대해서는 느슨한 입장을 취했지만, 현재로서는 사실상의 위법을 행하는 것은 피하였다; 즉, 그는 그의 운동을 갱신된 이스라엘의 시작으로 보았고, 성전 제도를 암묵적으로 불필요한 것으로 보았다. Cf. Horbury 1984b.

193) 마 15:31.

194) 마 12:28/눅 11:20에 대해서는 715f.를 참조하라.

195) *NTPG* 259-68.

196) 눅 5:4-11; cp. 요 21:1-14.

다.[197] 이 모든 것들, "권세있는 행위들" 전체 속에서 주후 1세기의 유대적 세계관이 "볼" 수 있었던 것은 이스라엘의 하나님이 이스라엘의 왕이 되어서 이스라엘이 하나님으로부터 신원받을 때에 일어날 것이라고 이스라엘이 예상하였던 바로 그 피조세계의 회복이었을 것이다.

물론 여기에서 언급하고 있는 사건들이 과연 일어났는지에 대하여 의문을 제기하는 것은 얼마든지 가능하다. 이 사건들이 일어났는지를 놓고 하나하나 검토하고 논증하는 일은 본서의 목적을 벗어나는 일이다.[198] 그러한 일 대신에, 나는 세 가지를 주장한다. (a) 서로 다른 출신 배경을 지닌 폭넓은 많은 수의 학자들은 오늘날 예수가 주목할 만한 "권세있는 행위들"을 행하였다는 것을 받아들이고 있다; 이러한 합의는 적어도 예수의 동시대인들은 친구가 되었든 적이 되었든 예수가 그러한 일들을 행하였다고 믿었고, 이에 대한 가장 간단하면서도 최상의 설명은 그것이 어느 정도 사실이었다는 것을 지탱해 줄 정도로 충분히 강력하다. (b) 내가 제시한 것과 같은 해석들은 부활 사건 이후의 공동체 또는 복음서 기자들의 생각 속에서만이 아니라 원래의 목격자들과 아주 초기의 이야기 화자들의 생각 속에서도 존재하였을 가능성이 대단히 높다. (c) 그러므로 예언의 반영들과 성취라는 주제는 단순히 후대의 신학적 성찰이 아니라, 사람들이 예수의 사역을 보았을 때에 그들이 무엇을 "보았는가"라는 질문에 대한 대답의 일부로 여겨져야 한다. 예언자의 실천은 해석을 유도하였다: 예언자는 위대한 성취, 위대한 갱신, 이스라엘의 하나님이 마침내 왕이 되셨다는 것을 선포하고 있었다.

이후의 장들 속에서 분명하게 되겠지만, 이러한 "권세있는 행위들"은 그 밖의 다른 주제들과도 잘 맞아 떨어진다. 그것들은 예수가 말하고 있는 이야기의 일부이다: 그것들은 "믿음"이라고 불리는 것,[199] 이스라엘의 하나님이 예수 안에서 및 예수를 통하여 활동하고 계시다는 인식 속에서 일어난다; 그것들은

---

197) 아래 제14장을 보라.

198) 최근의 논의로는 예를 들면, Wenham & Blomberg 1986을 참조하라.

199) 아래 제7장을 보라; 그리고 마 8:10/눅 7:9; 마 9:2/막 2:5/눅 5:20; 마 9:22/막 5:34/눅 8:48; 마 9:28; 막 10:52/눅 18:42; 마 13:58/막 6:6, cf. 눅 4:23; 마 17:17, 19-20/막 9:19/눅 9:41; 눅 17:19; 마 21:21-2/막 11:23-4; cf. 눅 17:5-6과 비교해 보라.

예수의 권세와 지위에 관한 문제를 제기한다.[200] 그것들은 예수의 활동으로 말미암아 유대적 세계관의 상징들이 의문시되는 논쟁의 상황을 불러일으킨다.[201] 그것들은 예수가 특히 고소자인 사탄과의 싸움이라는 견지에서 하나님 나라의 돌입으로 묘사하고 있는 것의 결정적으로 중요한 일부인 것처럼 보인다. 이런 식으로, 특히 축귀 사건들[202]은 단순히 몇몇 어리석고 가엾은 영혼들을 이상한 속박으로부터 놓아주는 것에 불과한 사건들이 아니다. (또한 축귀 사건들은 합리주의적 환원주의로 설명해 버릴 그런 성질의 사건들도 아니다.) 예수와 복음서 기자들에게 축귀들은 훨씬 더 깊은 차원에서 진행되고 있는 일, 즉 정통 신앙을 지키려고 하던 자들과의 격렬한 한판 논쟁들이 아니라 사탄과의 전면적인 전쟁이었던 진정한 싸움을 나타내는 것이었다. 이러한 신념은 예수가 공유하였던 주후 1세기 유대적 세계관 내에서 완벽하게 의미를 지니고 있었다. 축귀들은 하나님 나라의 도래와 결부된 치유와 구원에 관한 구약성서의 통상적인 예언들 또는 주후 1세기 유대인들의 기대들의 일부가 아니었다는 점에서 특히 흥미롭다; 또한 축귀들은 초대 교회의 삶과 사역의 주된 초점도 아니었다. 그러므로 축귀들은 상이성의 판별 기준에 의하면 오직 예수만이 홀로 참여하였던 싸움의 일부로서 부각된다. 예수는 자기 자신이 진짜 원수와 싸움을 벌이고 있다고 보았고, 축귀들 — 또는 사탄의 사역으로 돌릴 수 있는 질병들의 치유들 — 을 비록 그 절정에 아직 도달한 것은 아니지만 이 싸움에서 자기가 이기고 있다는 것을 보여주는 징표로 여겼던 것으로 보인다. "내가 만일 하나님의 손을 힘입어 귀신을 쫓아낸다면 하나님의 나라가 이미 너희에게 임하였느니라."[203]

---

200) 권세: 마 13:54/막 1:27/눅 4:36; 마 8:5-13/눅 7:1-10; 예수의 정체성: 마 8:23/막 4:41/눅 8:25; 예언자로서의 예수: 눅 7:16; 마 14:2/막 6:14-16/눅 9:7-9; cp. 요 6:1-15; 메시야로서의 예수: 마 9:27, cf. 마 11:2-6/눅 7:18-23; 마 12:22-3; 마 20:30-1/막 10:47-8/눅 18:38-9.

201) 아래의 제9장과 거기에 나오는 참고문헌들을 보라.

202) 막 1:23-7/눅 4:33-5; 마 4:24/막 1:39; 마 8:28-33/막 5:1-14/눅 8:26-34; 마 9:32-4; 눅 8:1-3; 눅 11:14-15; 마 12:22-32/막 3:20-30/눅 11:14-23, cf. 마 10:25; 마 15:21-8/막 7:24-30; 마 17:14-18/막 9:14-27/눅 9:37-43; 눅 13:10-17(cf. v. 16).

203) 마 12:28/눅 11:20(cf. 아래의 715f.).

복음서의 한 기사는 이 점을 좀 더 자세하게 우리에게 보여준다. 마가복음 5:1-20 및 그 병행 구절들 속에서 복음서 기자들은 예수가 군대 귀신들린 사람을 치유한 사건에 상당한 분량의 지면을 할애하는데, 그 군대 귀신들은 그를 떠나서 돼지 떼에게로 들어가 바다 속으로 내달아서 익사하고 만다.[204] 이 이야기 속의 여러 가지 요소들이 의미심장하다. 이 사건이 일어난 장소는 갈릴리 호수의 맞은편 비유대인 지역이었다: 예수는 이방인들 가운데 있는 것이다. 귀신들린 자(마태복음에는 두 사람이 나오는데, 단수형/복수형 간의 모호성은 이 귀신들린 자의 마음 상태에 국한되어 있었던 것은 아닌 것으로 보인다)는 무덤들 사이에서 산다. 목자들은 그 근처에서 돼지 떼를 키우고 있다. 귀신들은 스스로를 "군대"라고 밝힌다. 이 모든 특징들은 동일한 방향을 보여준다: 여기서의 상황은 유대적 관점에서 볼 때에 부정(不淨)에 관한 것이다. 이 이야기에 나오는 모든 지표들은 예수가 야훼 및 그의 백성의 원수들에게 속한 장소들, 사람들, 영향력들에 의해서 둘러싸여 있다는 것이다. 적어도 마가는 돼지 떼들이 바다에 뛰어들어 몰살한 것을 유대인들이 부정한 로마인들에게 바랐던 것에 대한 상징으로 여겼을 가능성이 크다. 그리고 축귀는 다음과 같은 의미를 지닌다. 예수는 야훼의 백성의 원수들과 맞서 싸움을 벌이고 있다. 그러나 로마는 원수가 아니다; 진정한 원수는 이스라엘을 속여서 로마가 진정한 원수라고 생각하게 만들어서 이스라엘로 하여금 현실을 제대로 인식하지 못하게 만들고 있는 사탄과 그의 졸개들이다. 예수는 적의 영토로 생각된 곳으로 가서, 귀신의 부정함과 이교의 적대감을 무릅쓰고(유대적 관점에서 볼 때), 진정한 원수를 물리쳐서, 돼지 떼의 죽음이라는 행위를 통한 상징 속에서 그러한 승리를 나타내 보인다. 물론, 이 이야기는 이상하지만, 모든 징표들은 바로 그러한 것들이 이 이야기가 당시에 지녔을 함의였다는 것을 보여준다. 이것은 초대 교회만이 아니라 예수 자신의 사고방식의 몇몇 측면들을 보여준다.[205]

---

204) 이전의 저작을 언급하고 있는 Theissen 1991a, 109-11에 나오는 논의를 보라; Wink 1986, 43-50; Myers 1990 [1988], 190-4. 병행문들은 마 8:28-34/눅 8:26-39 이다.

205) 아래 제10장을 보라.

그러므로 예수의 공생애 사역 속에서 권세있는 행위들은 단순히 사람들에게 보이기 위한 마법도 아니었고, 무리들로부터 지지를 얻어내기 위한 시도도 아니었으며, 또한 분명히 그 자체로 예수가 "신"(이것이 무엇을 의미하는 것으로 생각되든지 간에)이었다는 것을 보여주는 지표들 또는 암시들이 아니었다. 그것들은 이스라엘의 하나님 나라의 물리적인 개시, 하나님 나라의 중심 메시지였던 환영과 경고의 실행 및 그 재정의로 의도되었고 또한 그렇게 인식되었을 표적들이었다. 그것들은 예수의 사역 전체의 일부, 비유들과 동일한 아무런 이음솔기 없는 옷의 일부였고, 예수의 그 밖의 다른 특징적인 행위들과 맥을 같이 하는 것이었다. 그것들은 엘리야와 엘리사의 예언자적 사역과 동일한 반열에 있는 예언자적 사역을 보여주는 지표들이었다.

이 모든 것은 이 장이 논증해 왔던 결론을 다시 강화시켜 주고 보완해 준다. 예수는 스스로를 예언자로 일하도록 부르심 받았고, 제멋대로 행하는 방종한 백성들에게 이스라엘의 하나님의 말씀을 선포하면서, 모든 부분적인 선례들과 병행들에 따라서 야훼의 참된 백성으로 여겨진 무리를 자기 주변에 모으고 있다고 믿었다. 그러나 이것은 이야기의 끝이 아니다. 예수는 스스로를 수많은 예언자들 가운데 단지 한 예언자로 보거나, 신명기 18장에서 말하고 있는 예언자로 본 것이 아니라, 이스라엘 역사를 마침내 그 절정의 순간에 도달하게 할 사역을 맡은 예언자로 보았다는 것을 보여주는 많은 지표들이 존재한다.

5. 예언자보다 더한 사람?

그렇다면, 예수는 그의 말을 듣고 그를 보았던 촌락민들에게는 어떤 식으로 인식되었을까? 이제까지 살펴본 모든 증거들은 사람들은 예수를 예언자로 인식하였다는 것을 보여준다. 예수의 말과 행위는 예언자적 활동에 관한 당시의 인식을 불러일으켰다 — 물론 실제로는 그 이상이었지만. 나아가, 우리는 예수가 예언자로서의 소명 의식을 지니고 있었다고 결론을 내려야 한다; 이것은 예수가 스스로 이스라엘의 하나님에 의해서 그렇게 하도록 부르심을 받았다고 믿지 않았다면, 이와 같이 행동하지 않았을 것이라는 것을 지적하기 위하여, 예수를 어떤 식으로든 "현대화하고 있는" 것이 아니다.[206] 특히, 예수는 제2성전 시대 유대교에서 그 밖의 다른 "지도자적" 예언자들의 실천과 적어도 어느 정도 유사한 방식들로 활동하였다. 따라서 이것을 토대로 예수의 이력의 상당 부분, 특히 그 극적인 결론을 설명하는 것이 가능하다. 그 밖의 다른 "지도자적" 예언자들도 이스라엘의 변화무쌍한 역사의 전체적인 줄거리를 연상시키는 방식들로 말하고 행동하였고, 이 이야기가 그들 자신의 사역으로 절정의 순간에 도달하였다는 암시를 풍겼다. 그들은 충분히 이해할 수 있는 선한 이유들로 인해서 당국자들과 첨예하게 갈등하였다.

그러므로 예수는 예언자로서의 공적인 면모를 지니고 있었고, 우리는 이러한 토대 위에서 예수의 사역의 상당 부분을 적어도 예비적인 방식으로는 이해할 수 있다. 그러나 이러한 역사적 분석은 그러한 것을 뛰어넘는 것들을 보여준다. 우리는 초대 교회가 예수가 세례 요한을 두고 "예언자보다 더한 사람"이라고 말한 말씀을 의도적으로 만들어 내지 않았다는 것을 확신할 수 있다.[207] 그러나 그것이 세례 요한에 대하여 말해진 것이라면, 예수 자신에 대해서는 어떤 말이 있었을 것인가? 이 시점에서 어떤 사람들은 더 이상 야단법석을 떨지 않고 곧장 니케아 신조의 기독론으로 건너뛰고 싶은 욕구가 생기겠지만, 어쨌든 끝까지는 아니라 할지라도 지금으로서는 이러한 심정을 상당히 억누를 필요가 있다. 맏아들(정통 신앙)이 작은 아들(역사)이 돌아올 조건들을 설정하는 것은 옳지 않은 일일 것이다. 그러나 "도대체 이 사람은 누구인가?" 또는 적어도 "그는 자기가 누구라고 생각하는가?"라는 질문은 사라지지 않을 것이다. 이것은 제자들이 가이사랴 빌립보에서 물은 질문들 속에서 그 핵심에 도달한다. 여기에서 예언자로서의 공적 면모는 예수에 대한 제자들의 발전하는 인식들을 제대로 수용할 수 없다는 것이 입증되었다. 그러나 이것에 대해서는 우리는 조금 더 기다리기로 하자. 비밀보다 이야기가 먼저이다. 그리고 예수가 들려 준 이야기 또는 이야기들은 그가 스스로를 자신의 세대, 기나긴 연속적인 계보 속에서 오직 한 세대를 위한 임무만을 맡은 예언자라고 보지 않았다는 것을 아주 충분히 보여준다. 요세푸스의 글 속에 그 흔적들을 남긴 "지도자적" 예언자들 중에서 그 어느 누구도 이런 식으로 스스로를 생각하지 않았다. 예수가 말했고 행동으로 보여준 이야기들은 예수가 자신의 사역을 이스라엘 역사를 그

---

206) Cadbury 1962 [1937]는 이에 반대: cf. Sanders의 적절한 비판(1985, 19-22).
207) 마 11:9/눅 7:26.

운명적인 절정으로 이끄는 것이라고 생각했음을 분명하게 보여준다. 예수는 실제로 자기가 하나님 나라를 개시시키고 있다고 믿었다.

제6장

하나님 나라에 관한 이야기들(1): 선포

1. 서론

"비가 올 것 같다." 이것은 꽤 명확한 진술이지만, 그 의미는 맥락에 따라 달라진다.[1] 맥락은 암묵적인 이야기를 제공해주고, 이 진술의 의미는 이 진술이 서로 다른 여러 이야기들 속에서 행하는 역할에 달려 있다. 우리가 소풍을 가려고 하는 것이라면, 이 진술은 (우리가 기대했던 것과는 달리) 작은 희극이 아니라 작은 비극이 될 암묵적인 이야기의 일부를 이루게 된다. 만약 우리가 동아프리카에 있어서 또 다시 가뭄이 들어 흉년이 들 것을 걱정하는 처지에 있는 것이라면, 이 진술은 현재의 비극이 장차 기쁨으로 바뀔 암묵적인 이야기의 일부를 구성한다. 만약 내가 3일 전에 당신에게 오늘 비가 올 것이라고 말했고, 당신이 나의 말을 믿지 않았던 것이라면, 이 진술은 기상학자로서의 나의 능력이 곧 입증되고 당신의 회의적인 태도가 아무 근거가 없었다는 것이 입증될 암묵적인 이야기의 일부를 구성하게 된다. 만약 우리가 갈멜산 위에 있는 엘리야와 그의 종이라면, 이 문장은 다음과 같은 전체적인 신학적 이야기를 연상시킨다: 야훼는 참 하나님이고, 엘리야는 그의 예언자이다.[2] 위에서 말한 각각의 경우에 이 진술은 암묵적인 이야기 전체, 암묵적인 줄거리 전체의 맥락

---

1) 물론, 이것은 "의미"의 의미에 달려 있다. "의미"가 단순히 "외연"을 의미한다면, "비가 올 것이다"라는 말은 "물이 하늘에서 떨어질 것이다"를 의미한다. 그러나 내가 *NTPG* 115-17에서 설명했듯이, 나는(그 밖의 다른 수많은 사람들과 마찬가지로) 통상적으로 적어도 "외연"과 마찬가지로 "내포"도 의도한다.

2) 왕상 18:41-6.

안에서 "들을" 것이 요구된다. 한 단어의 의미는 그것이 한 문장 속에서 행하는 역할이고, 한 문장의 의미는 그것이 한 이야기 속에서 행하는 역할을 뜻한다.[3]

이러한 원칙 자체가 특히 이야기를 하나의 범주로 보는 최근의 경향과 암묵적인 이야기들(또는 "메타 서사들")이 행위들 및 진술들의 의미의 맥락을 제공한다는 전체적인 개념에 관하여 의구심을 품고 있는 자들에 의해서 의심받고 있지 않다면, 우리가 이것을 일일이 여기에서 설명할 필요는 없을 것이다. 나는 이 장과 다음 두 장에 걸쳐서 일반적으로 예수의 "가르침"이라고 불리는 것 중 상당수가 암묵적인 이야기, 그리고 종종 명시적인 이야기의 견지에서 규정되는 것이 가장 좋다는 것을 논증하고자 하기 때문에, 그것과 관련된 전체적인 요지를 미리 파악해 두는 것은 대단히 중요하다. 예수의 명시적인 이야기들(비유들)은 그 자체로는 아주 잘 알려져 있다. 그러나 이러한 비유들이 존재한다는 것 자체가 예수의 말씀들 중에서 비유가 아닌 모든 것들을 명시적이거나 암묵적인 이야기들 이외의 다른 것으로 보는 것에 대한 핑계가 될 수 있다. 바로 이것이 내가 이 장과 이후의 장들 속에서 이론적인 차원에서 도전하고자 하는 것인데, 나는 우선 내용의 차원에서 이스라엘의 하나님이 왕이 되신다고 말했을 때에 예수가 의미했던 것에 대한 새로운 읽기를 제시하고자 한다.

특히, 나는 두 가지 것을 나타내 보이고자 한다: 첫째, 예수가 이스라엘의 하나님의 "통치" 또는 "나라"를 말하였을 때, 예수는 자기와 그의 청중들이 너무도 잘 알고 있었던 이야기 줄거리 전체를 의도적으로 상기시키고 있었다는 것이다; 둘째는 예수는 이 친숙한 이야기를 그 통상적인 줄거리를 전복시키고 방향을 재정립하는 방식으로 다시 말하고 있었다는 것이다. 이것은 사실 이 점을 좀 더 분명하게 보여주는 비유들 자체를 고찰하지 않고도 얼마든지 알 수 있는 것이다. 예수의 기본적인 선포는 암묵적으로 이 이야기 전체를 새로운 형태로 함축하고 있다.

그러한 암묵적인 이야기들은 거의 동일한 시기에 나온 글들 속에서도 잘 알려져 있었다. 요세푸스는 이스라엘의 하나님이 지금 베스파시아누스 황제를

---

3) cf. *NTPG* 115-17. Maitland 1995, 141f.에 이 점에 관한 멋진 진술이 나온다.

세계의 통치자로 세우고 계시다고 주장하였다.[4] 이와는 대조적으로, 하박국 페셰르(pesher)는 "하나님이 자기 백성을 이방 민족들의 손에 의해서 멸망시키지 않으실 것이다; 하나님은 자신의 택한 자들의 손으로 이방 민족들에 대한 심판을 집행하실 것이다"라고 분명하게 선언하였다.[5] 이와 동일한 이야기(이스라엘이 세계 위에 높이 들리우게 된다는 것)는 여기서 두 가지 근본적으로 다른 방식으로 다시 말해진 것이다. 요세푸스에게 있어서 이스라엘의 성서는 이방의 통치자를 통해서 실현된 반면에, 이스라엘은 그 산적 행위로 인하여 징벌을 받고 있다; 하박국 주석서의 저자에게 있어서 하나님이 택하신 소수, 즉 작은 분파 집단이 참 이스라엘이고, 이스라엘 민족의 나머지 사람들은 이교도들과 연합한 저주받은 무리들(massa damnata)이다. 이 두 경우에 다시 말해진 두 이야기들은 오직 공유된 의미의 맥락 속에서만 의미를 지닌다; 독자들 또는 청중들은 통상적인 이야기 줄거리(또는 "메타 서사")를 전제하고, 이에 비추어서 이 변형된 이야기의 의미를 이해할 것이다. 이러한 민족의 이야기에 대한 다시 말하기들은 혁명 운동 또는 갱신 운동에서 핵심 역할을 하였을 것이라고 우리는 확신할 수 있다. 사람들이 새로운 여호수아, 새로운 정복을 열망하며 예언자들을 따랐던 것은 예언자들이 그들의 추종자들에게 요단강이 둘로 갈라지는 것 또는 예루살렘 성벽이 무너지는 것 같은 그런 것들을 약속하였기 때문이었다.[6]

그러므로 예수가 자신의 예언자적 사역의 일부로서 이스라엘 이야기를 명시적 및 암묵적으로 다시 말하였다는 것은 전혀 이상한 일이 아니다. 이것을 보기를 거부하는 것은 궁극적으로 역사적으로 사고하기를 거부하는 것이다.[7] 또한 우리가 그 밖의 다른 "지도자적" 예언자들을 생각해 볼 때, 예수가 스스로를 하나님 나라의 선포자로서 다시 말해진 이야기의 중심에 놓고자 했다는 것도 전혀 놀라운 일이 아니다. 예수는 자기와 거의 동시대에 살았던 다른 몇몇 인물들과 마찬가지로 자기가 이스라엘의 갱신과 구원의 운동에 있어서 선

---

4) *War* 6:312-15.

5) lQpHab 5:3f.(Vermes 1995 [1962], 342).

6) *Ant.* 20:169-71.

7) 올바르게 Meyer 1992a, 예를 들면, 15-17.

봉장으로 부르심을 받았다고 믿었다. 이스라엘의 참 하나님은 이제 왕이 되셔서 다스릴 것이다; 예수는 자기가 그 하나님의 참 예언자라고 주장하였다.[8] 이러한 주장은 분명히 대담한 것이었지만(이런 주장을 한 대부분의 인물들은 그리 오래 살지 못했다), 어쨌든 기괴하거나 도무지 이해할 수 없는 그런 주장은 결코 아니었다. 오히려 그 정반대였다. 왜냐하면, 이 주장의 의미는 너무도 명백했기 때문에, 그러한 예언자들의 예상 수명은 아주 짧았다.

내가 이제 제시하고자 하는 논증은 5단계에 걸쳐서 이루어지는데, 우리는 한 단계를 설명하는 데에 한 장을 할애하게 될 것이다. 첫째(현재의 장), 예수의 하나님 나라 선포는 이스라엘과 이스라엘의 운명에 관한 이야기를 상기시키는 것으로 이해할 때에 가장 잘 이해될 수 있다. 지금 이스라엘의 운명은 신속하게 그 성취를 향하여 다가가고 있다. 둘째(제7장), 그러므로 이 이야기는 이스라엘에게 예수를 좇아서 하나님의 참된 백성이 되는 예수의 새로운 길에 동참하도록 촉구하였다. 셋째(제8장), 이 이야기는 장엄하고 절정에 해당하는 결말을 포함하고 있었다: 회개치 않는 자들에게는 심판이 임할 것이지만, 참된 길을 좇은 사람들은 신원을 받게 될 것이다. 넷째(제9장), 이 이야기는 이스라엘의 전통적인 상징들에 대한 새로운 해석을 낳았다. 세계관적 상징들에 대한 모든 재조정과 마찬가지로, 이것은 반역적인 것으로 보여졌고, 예수를 그와는 다른 견해들을 공식적 또는 비공식적으로 지니고 있었던 자들과 충돌하게 만들었다. 다섯째(제10장), 이런 식으로 이야기에 대한 다시 말하기와 그 상징들에 대한 재조정은 세계관과 관련된 핵심 질문들에 대한 예수의 새로운 대답들을 보여주는 것이었다. 예수는 상충되는 견해들과의 갈등 배후에 존재하는 진정한 원수와 결부된 더 큰 싸움을 분별하였고, 이것에 관하여 말하였다. 이 원수에 대한 승리는 하나님 나라의 도래가 될 것이라고 예수는 주장하였다.

요컨대, 예수의 하나님 나라 선포는 이스라엘의 기본적인 세계관에 대한 새로운 변형을 자세하게 제시한 것이었다. 우리가 본서의 제2부에서 차례차례 살펴보게 될 예수의 선포의 서로 다른 요소들은 예수의 사역 내에서 서로 떨

---

8) Sanders 1993, 239, 248. 예수는 결코 자기 자신에 대한 언급을 그의 선포의 일부로 포함시키지 않았다는 과거의 자유주의적인 사상은 점점 더 "제3의 탐구" 속에서는 포기되고 있다.

어져 있는 별개의 단계들 또는 구분되는 주제들로 인식되어서는 안 된다. 이것들은 여러 겹의 렌즈들과 비슷한데, 이 렌즈들 각각은 물체의 상을 뚜렷하게 하는 데에 자신의 몫을 하면서, 결국 이 렌즈들이 다 결합되어서 물체의 실상을 정확하게 보여준다. 우리가 이런 일을 할 때, 우리의 눈에 점점 더 세부적으로 뚜렷하게 들어오는 것은 예수의 사고방식이다: 이스라엘의 세계관에 대한 예수의 변형, 경쟁적인 해석들에 대한 예수의 전복.

예수가 다시 말한 이야기 및 예수가 개작한 실천, 상징들, 여러 질문들에 대한 대답들은 이스라엘의 주류 이야기에 대한 제2성전 시대의 다시 말하기들이라는 전체적인 네트워크와 정확하게 부합한다는 것을 강조하는 것은 아주 중요하다.[9] 또한 그 밖의 다른 다시 말하기들도 실천, 상징, 질문들과 대답들의 차원에서 실질적인 재조정들(adjustments)을 포함하고 있었다. 몇 가지 예를 들어 보자. 세례 요한은 요단 강가에서 사람들에게 죄사함을 제시하면서, 육신적으로 아브라함의 자손이라는 것이 다가올 심판에서 아무런 역할도 하지 못할 것이라고 경고하였다; 또한 요세푸스도 이스라엘의 메타 서사를 깜짝 놀랄 정도로 다시 서술하면서, 성전은 결국 파괴될 것이고, 베스파시아누스 황제는 로마에서 야훼에 의해서 등극할 것이며, 이 모든 것은 다 예언의 성취라고 말하였다. 최근의 일부 학자들은 당시 유대인들과 아무런 갈등도 없었던 예수상을 탐구하였는데, 유대교와는 거의 별 상관이 없었던 종교를 창시했던 유대인 예수(Neusner), 유대교는 단지 껍데기에 불과했고 그 사고방식은 견유학파와 초기 영지주의의 지혜의 혼합이었던 그러한 예수(Mack), 너무도 유대적이었기 때문에 바리새파와 진정한 또는 실질적인 다툼이 없었던 예수(Maccoby, Rivkin) 등이 바로 그런 것들이다. 역사적 연구는 좀 더 복잡한 결과로 귀결된다고 나는 주장한다: 예수는 유대인들의 기본적인 이야기를 전복시키는 방향으로 다시 말한 유대인 특유의 활동을 행하였고, 그 밖의 다른 세계관적 요소들을 이에 따라서 재조정하였다.

우리는 여기서 본서의 제2부가 어떻게 완결될 것인지를 이미 예상할 수 있고, 그 모든 것들로부터 결과적으로 생겨나는 이야기 전체에 대한 예비적인 묘

---

9) 예를 들면, 마카베오 서신들; Susannah; Tobit; 쿰란 두루마리들의 암묵적인 이야기들(위에서 인용한 1QpHab 같은 명시적인 경우들과 아울러). Cf. *NTPG* ch. 8.

사를 제시할 수 있다. 예수는 이스라엘 백성이 오랫동안 기다려 왔던 이스라엘의 하나님 나라가 지금 실제로 탄생 중에 있다는 것, 그러나 그 모습은 그들이 상상해 왔던 것과는 다른 모습이라는 것을 선포하였다. 포로생활로부터의 귀환, 악의 세력의 패배, 시온으로의 야훼의 귀환은 모두 일어나고 있었지만, 이스라엘이 생각했던 방식과는 다르게 일어나고 있었다. 회복의 때가 이르렀고, 온갖 부류의 사람들은 그때를 공유하고 누리도록 초대를 받았다; 그러나 이스라엘은 현재의 방식대로 하나님 나라를 이루고자 하는 일을 계속 밀어붙이면 아무런 성과도 없이 결국 커다란 민족적 재앙으로 끝나버리게 될 것이라는 경고를 받았다. 그러므로 예수는 청중들에게 새로운 방식으로 이스라엘이 되어서, 지금부터 전개되는 드라마 속에서 그들에게 합당한 역할들을 수행하라고 촉구하였다; 그리고 예수는 그들에게 그들이 이런 식으로 자기를 따른다면 그들은 저 큰 날이 임할 때에 신원을 받게 될 것이라고 확실하게 말하였다. 이 모든 과정 속에서 예수는 진정한 원수인 사탄과의 결정적인 싸움 — 이스라엘이 생각해 왔던 것과는 전혀 다른 싸움이자 전혀 다른 원수 — 을 수행하고 있었다. 예수의 이러한 선포에 의해서 야기된 갈등들은 이 싸움의 필연적인 결과였는데, 이 싸움은 장차 도래할 사건들, 예수 자신과 성전이 연루된 사건들 속에서 그 절정에 달하게 될 것이다. 앞으로 분명히 알게 되겠지만, 지금까지 말한 것들 중 상당 부분은 예수 이외에 그 밖의 다른 유대의 지도자적 예언자들에 대해서도 그대로 적용될 수 있다. 지금까지 말한 것들 중 그 어느 것도 주후 1세기 팔레스타인을 벗어나는 것이 없고, 그 어느 것도 "기독교적" 관점을 허위로 예수의 생애에 투영시켰다는 냄새를 풍기지 않는다.

우리가 『신약성서와 하나님의 백성』 제3부에서 검토하였던 지점에서 시작하여 거기로부터 앞으로 나아가서 예수가 당시의 유대적 이야기들(『신약성서와 하나님의 백성』 제8장에서 논의된)을 가져다가 어떻게 그것들을 전복시켰는지를 알아보는 것이 비교적 간단할 것이다. 이러한 작업을 함에 있어서 세 가지 문제 때문에 복잡해질 수 있는데, 우리는 이것들을 여기서 즉시 살펴볼 필요가 있다. (a) 유대적 하나님 나라 이야기들의 성격과 관련하여 상당한 정도의 혼란이 있어 왔기 때문에, 우리는 이에 대한 역사적 입장을 짤막하게 다시 말해둘 필요가 있다. (b) 초기 그리스도인들은 계속해서 하나님 나라에 관하여 말하였고, 이에 따라 행동하였다; 그러나 그들이 이 어구에 부여한 의미는 우리가 주후 1세기 유대교 내에서 발견하는 결정적으로 중요한 뉘앙스들 중 많은 것들을 잘라내 버린 것으로 보인다. 그들은 단순히 하나의 슬로건을 가져와서 그것을 판이하게 다른 이야기 속에 통합시켰던 것인가? (c) 학문적이든 대중적이든 20세기의 저술가들은 예수가 선포한 하나님 나라에 관하여 아주 많은 말들을 해 왔다. 우리는 이러한 것들과 관련해서도 꼭 필요한 예비적인 정지작업을 해야 할 것이다.

이 세 가지 경우 모두에서 연속성과 비연속성이 존재하는 것으로 보인다. 이 어구에 대한 예수의 용법(이것은 여러 가지 방식으로 설명될 수 있다; 우선 부록을 보라)은 분명히 그의 동시대인들의 용법과 공통적인 의미의 요소를 지니고 있었다. 만약 그렇지 않았다면, 예수가 사용한 이 어구는 아무런 계보도 없는 표현이 되었거나 악의적인 것이 되어서 사람들이 도무지 이해할 수 없었을 것이다. 마찬가지로 선험적으로 생각할 때, 초대 교회가 이 어구를 사용함에 있어서 예수가 뜻하였던 의미를 완전히 오해하였을 가능성은 없어 보인다. 그러므로 우리는 관점의 차이에 의해서 초래된 명백한 불연속성들에도 불구하고 이 점에 있어서 모종의 연속성을 예상할 수 있다. 끝으로, 모든 오늘날의 해석자들이 완전히 틀렸을 가능성도 마찬가지로 없어 보인다; 우리는 마치 지난 백여 년 동안에 논의되었던 수많은 이야기들을 아무런 가치가 없었던 것으로 치부해 버리고 진지한 토론들을 무시한 채 자료들로 곧바로 거슬러 올라갈 수는 없다.

그러므로 우리는 복음서들 자체 속으로 뛰어들기 전에 이러한 세 가지 의미의 배경들을 살펴보지 않으면 안 된다. 이것은 이전의 논의에 비추어서 꽤 신속하게 진행될 수 있다.[10]

2. 배경들(contexts)

(i) 유대적 소망

(a) 종말론

---

10) *NTPG* Parts III와 IV, 특히 280-307; 369f.; 456-64. 예수와 하나님 나라에 관한 최근의 논의들에 대해서는 위의 제1-3장을 보라.

하나님 나라와 관련된 어구의 주후 1세기 유대적 용법과 관련하여 우리가 알아야 할 가장 중요한 것은 그것이 이스라엘의 소망들 및 기대들과 결부되어 있었다는 것이다. "하나님 나라"는 일반적인 종교적 후광을 지닌 모호한 어구이거나 암호가 아니었다. 또한 그것은 적어도 일차적으로는 사후에 인간에게 일어나는 일과 관련이 있는 어떤 내용을 말하고 있는 것도 아니었다. 하나님 나라의 다른 표현인 "천국"은 아주 오랫동안 일부 그리스도인들에 의해서 "구원받은 영혼들이 사후에 가서 살게 되는 하늘에 있는 곳"을 의미한다고 오해되어 왔지만, 예수의 세계 속에서는 그런 유의 의미를 전혀 지니고 있지 않았다: 천국이라는 말은 단순히 이스라엘의 하나님이 왕이 되신다는 것을 유대적으로 말하는 방식이었을 뿐이다.[11] 그리고 이 하나님이 왕이 되셨을 때, 온 세계, 시공간의 세계는 마침내 올바르게 제자리를 잡게 될 것이다. 이것이 내가 다른 곳에서 서술하고자 했던 유대적 종말론이다.[12]

그러므로 이스라엘의 하나님이 왕이라거나 왕이 되신다는 개념은 내가 다른 곳에서 설명한 것을 알지 못하고는 이해될 수 없다: 이스라엘의 계약의 하나님이 능력 중에 임하셔서 그가 항상 의도하셨던 방식대로 세상을 통치하실 것이라는 이스라엘의 오랜 갈망. 예수 당시의 대다수의 유대인들은 적어도 암묵적으로 다음과 같이 진행되는 이야기 아래에서 살고 있었다:[13] 깨뜨려질 수

---

11) 이러한 오해는 신약성서의 제일 처음에 나오는 마태의 입장에 의해서 우연히 조장되어 왔다. 마태가 "천국"이라는 표현을 선호한 것이 복음서들을 그것들의 메시지가 단순히 사후(post mortem)의 지복 상태에의 도달에 관한 것이라는 전제를 가지고 접근한 사람들의 수중에서 놀아나게 된 것이다.

12) *NTPG* ch. 10. 이하의 서술은 이 그림을 어느 정도 자세하게 채워넣게 될 것이다; 아래의 제13장을 참조하라.

13) 몇몇 관련 본문들(예를 들면, 시 145:10-13; 사 33:22; 52:7 등)은 *NTPG* 302-7에서 다루어진다; 또한 cf. *NTPG* 270-2. 그 밖의 다른 중요한 전거들로는 다음과 같은 것들을 추가할 수 있다: 예를 들면, 슥 14:9: "여호와께서 천하의 왕이 되시리니 그 날에는 여호와께서 홀로 한 분이실 것이요 그의 이름이 홀로 하나이실 것이라"; Tob. 13:1, 15: "영원히 사시는 하나님을 찬송할지라 그의 나라가 만세까지 이를 것임이니라 … 내 영혼이 크신 왕 주를 찬양하나이다! 예루살렘이 만세를 위해 그의 집으로 지어질 것임이라"(Tob. 13:1-14:7에 나오는 명시적인 이야기의 맥락 속에서). 또한 cf. 민 23:21; 시 5:2; 22:28; 24:7-10; 47:2, 7; 사 41:21; 43:15; 44:6; 렘 8:19;

없는 계약에 의해서 이스라엘과 관련을 맺고 있는 야훼는 경건한 자들의 끈덕진 간구에도 불구하고 스스로에게 아주 잘 알려져 있었던 이유들로 인해서 자신의 결정적인 행위를 연기하고 있었다. 야훼는 그가 진실로 갖고 있다는 것을 이스라엘이 알고 있었던 계획을 실행해 옮기는 일을 보류하고 있었다. 야훼는 온 땅의 하나님이기 때문에, 마침내 이스라엘의 원수들을 무찌르고 이스라엘을 신원함으로써 온 세계의 질서를 다시 정립함으로써 이스라엘에 대한 자신의 약속들을 지키는 것이 분명한 야훼의 뜻이었다.

그러므로 "하나님 나라"라는 어구는 명확하게 야훼가 이런 식으로 역사 안에서 이스라엘을 신원하기 위하여 행하실 것이라는 소망을 내포하고 있었고, 그렇게 하는 데에 왜 야훼는 그토록 오랜 시간을 끌고 있는 것인가라는 질문을 내포하고 있었으며, 야훼께서 행동하실 때를 기다릴 뿐만 아니라 그날을 향하여 적절하다고 생각되는 방식으로 일하고자 한 깨어있는 심령들을 위한 과제들을 내포하고 있었다. 나아가 야훼가 왕이라는 개념은 그 밖의 다른 몇몇 인물들을 배제시키는 명확하고 특정한 혁명적 의미를 내포하고 있었다. 여기에서 카이사르는 분명하게 배제되었고, 헤롯도 배제되었을 가능성이 아주 높으며, 현재의 대제사장 가문도 아마 배제되었을 것이다. 야훼가 왕이 되었을 때, 이스라엘은 야훼가 인정한 통치자들에 의해서 적정하게 다스려지게 될 것이고, 야훼는 이스라엘에게는 의를, 열방들에게는 심판을 베푸실 것이다.

그러므로 우리는 특히 요세푸스의 글들 속에서 참 하나님이 왕이 되신다는 개념은 거룩한 혁명의 꿈과 결부되어 있었다는 것을 발견하게 된다.[14] "하나님 외에는 그 어떤 왕도 없다!"는 슬로건은 혁명가들에게 불을 지폈던 슬로건이었다. 이 슬로건은 그들에게 상상할 수 없는 일들을 행할 수 있는 용기를 주었다: 성전 외부에 있던 독수리상을 헐어버리고, 무지막지한 총독이나 과대망상증에 걸린 황제에 의해서 위협받거나 가해진 가장 최근의 모독에 대하여 위험을 무릅쓰고 대규모로 모여서 항의한 것. 유대인들의 한 쌍 신념들이었던 유일

10:7; 10:10-16; 46:18; 48:15; 51:57; 단 2:27; 2:44f.; 4:3; 4:32-5; 5:21; 6:26f.; 7:14; 7:18; 7:27f.; 미 2:12f.; 4:6f.; 습 3:15; 슥 14:16f.; 말 1:14. 이와 동일한 전체적인 주제는 *En.* 84:2; 103:1 등에 다시 나온다.

14) 이 대목에 대해서는 cf. *NTPG* Part III, 특히 170-81, 302-7.

신 사상과 선민 사상은 그들을 커다란 소망을 낳은 이야기로 집중시켰다: 한 분 하나님이 계시고, 그분은 이스라엘의 하나님이며, 그 하나님이 곧 스스로를 계시하기 위하여 행하실 것이다. 이스라엘은 마침내 포로생활로부터 귀환하게 되고, 악(좀 더 구체적으로 말하면, 이교 사상, 유대교의 일탈된 형태들)은 마침내 패배를 당하게 될 것이다;[15] 야훼는 마침내 시온으로 돌아오실 것이다. 그러기까지 무거운 세금들을 지불해야 했고, 질식할 것같은 삶을 살아야 했으며, 토라는 지켜져야 했다(시간과 힘이 있는 한).[16] 안식일들은 백성들에게 이스라엘의 이야기의 현재의 "주간"(이레)이 끝나면 휴식의 시간, 평안과 번영을 누리게 될 안식의 그날이 있을 것임을 상기시켜 주는 역할을 하였다. 절기들, 특히 유월절에는 이스라엘은 그들에게 약속의 땅을 영구히 주셨고 이방의 독재자들을 영락없이 패배시키셨던 주권적인 하나님의 자유로운 백성이라는 사실을 송축하였다. 상징 행위들은 이 이야기를 백성들에게 계속해서 새롭게 일깨워 주는 역할을 하였다.[17]

이런 식으로 매 주간마다, 그리고 매 해마다 이스라엘은 야훼가 과거에 그가 이스라엘 및 온 세계의 왕이었다는 것을 보여주기 위하여 행하셨던 일에 대한 기억을 생생하게 보존하였고, 하나님 나라가 곧 도래할 것이고, 하나님의 뜻이 하늘에서와 마찬가지로 땅에서도 이루어질 것이라는 소망을 생생하게 지니고 있었다. 하나님 나라는 주후 1세기의 전반기에 유대 촌락에서 살았던 유대인들에게는 다가올 이스라엘에 대한 신원, 이교도들에 대한 승리, 마침내 주어질 평화와 정의와 번영의 선물을 의미하였다. 한 예언자가 나타나서 그 나라가 동

---

15) 성전에서의 이교 관습들에 대한 Tg. Isa.의 격분(28:1, 10-13)에 대해서는 Chilton 1982, 20을 참조하라.

16) Sanders 1992b, ch. 9는 세금 문제는 종종 생각된 것처럼 그렇게 심각한 것이 아니었다는 것을 보여주고자 했다. 그가 말하고 있듯이(168f.), 유대인들 가운데에서 혁명적인 분위기를 만들어 내었던 것은 세금 문제가 아니라 "신학과 애국심의 유대적 결합"이었다; 그러나 이것은 Tac. *Ann.* 2:42에 함축되어 있는 것처럼 세금 부담이 크지 않았다는 것을 의미하지는 않는다. 예를 들면, Millar 1993, 48; Edwards 1992; Safrai 1992; 1994, 340-52를 보라.

17) 이스라엘의 상징 행위들에 대해서는 cf. *NTPG* 224-41; 예수 시대에 이 이야기를 새롭게 한 것에 대해서는 Farmer 1956 등을 참조하라.

터오고 있고, 이스라엘의 하나님이 마침내 왕이 되셨다고 선포했을 때, 많은 청중들이 그의 말을 열심히 귀기울여 들었다는 것은 별로 놀라운 일이 아니다. 이것은 그들이 듣기를 고대하고 있었던 이야기였다; 아니 더 정확하게 말하면, 이것은 그들이 이미 그 속에서 살고 있었던 바로 그 이야기에 대한 적절하고도 딱 들어맞는 결론이었다. 이 이야기는 그 몇몇 표현들에 있어서는 천차만별이었지만 기본적으로는 다음과 같은 줄거리를 지니고 있었다:[18]

1. 솔로몬이 세운 최초의 성전은 야훼가 거하기로 선택한 곳이었다. 야훼는 이전에 광야에 세워졌던 성막에서 자신의 영광을 나타내셨다; 이제 야훼는 솔로몬의 성전에서 자신의 영광을 나타내었다.[19] 솔로몬 성전 시대 전체에 걸쳐서 유대인들의 예배의 주요 식단(食單)을 이루고 있었던 시편들은 지속적으로 이스라엘의 하나님이 온 땅의 주(主)시라는 것과 그 하나님이 예루살렘 성전에 거하기로 선택하셨기 때문에, 그곳에서 그의 백성의 기도들을 들으시며 그들을 도우러 오실 것이라는 사실을 송축하였다.[20]

2. 성전과 왕권은 서로 밀접하게 결합되어 있었다. 다윗이 자신의 통치를 확립하였을 때, 그가 행한 중요한 조치 중 하나(적어도 회고적으로)는 언약궤를 예루살렘으로 가져온 일과 성전을 세우기로 계획한 일이었다.[21] 솔로몬이 성전을 세웠을 때, 솔로몬은 그 이후의 모든 세대들, 주후 1세기의 세대를 포함한 모든 세대들에게 그대로 적용될 패턴을 확립하였다: 성전의 건축자는 참 왕이고, 그 역도 성립한다.[22]

---

18) 이 주제 전체에 대해서는 *NTPG* 224-6과 거기에 나오는 참고문헌들을 보라.

19) 성막: 출 29:43; 40:34; 레 9:4, 6, 23; 민 14:10; 16:19, 42; 20:6. 성전: 왕상 8:10f.; 대하 5:13f.; 7:1-3. 또한 구름/연기 주제를 출 40:34f. 등에서 가져와서 되풀이하고 있는 사 6:4; 계 15:8을 참조하라. 물론, 광야 성막에 관한 이야기들은 통상적으로 적어도 부분적으로는 후대의 성전 이데올로기의 투사들로 여겨진다.

20) 예를 들면, 시 3:4; 5:7; 9:11; 14:7; 15:1; 20:2; 24:3, 7-10; 26:8; 27:4-6; 42:4; 43:3f.; 46:4-7; 47:8; 48:1-14; 50:1-3; 53:6; 65:1-4; 68:5, 16, 24, 35; 74:2; 76:2; 78:54, 68f.; 84:1-12; 87:2; 93:5; 99:2; 110:2; 118:19-29; 122:1-9; 125:1f.; 128:5; 132:1-18; 134:1-3; 135:21.

21) 삼하 6-7장; 대상 21-2, 28-9; 예를 들면, cf. 시 132.

22) 특히, cf. Meyer 1992a, ch. 11과 거기에 나오는 풍부한 일차 및 이차 자료들; 그리고 아래 제11장을 참조하라.

3. 성전의 상징성은 성전이 물리적 세계만이 아니라 온 우주의 중심을 이룸으로써 야훼의 거하시는 곳인 성전은 하늘과 땅이 만나는 지점이라는 신념을 표현하기 위한 것이었다.[23]

4. 바빌로니아인들에 의한 성전의 파괴는 신학적이든 정치적이든 모든 차원에서 재앙이었다. 그것은 야훼가 성전을 버렸다는 관점에서만 설명될 수 있었다. 하나님의 영광, 셰키나(Shekinah)는 떠나버렸다;[24] 다윗 왕조는 버려졌다;[25] 하늘과 땅은 갈라졌기 때문에, 예배는 더 이상 불가능하게 되었다.[26]

5. 따라서 포로생활에서의 귀환에 대한 열망은 그 주요한 구성 요소로서 악(즉, 바빌로니아에 의해서 대표되는 이교 사상)의 패배, 성전의 재건, 참된 다윗 왕조의 재정립을 포함한 야훼께서 시온으로 돌아오심에 대한 열망을 포함하고 있었다. 장래에 대한 이러한 소망은 과거에 야훼가 행하신 권세있는 행위들, 특히 출애굽에 대한 이야기들을 반복해서 다시 말함으로써 유지되었다. 야훼가 광야에서 자기 백성과 함께 하셨고, 최초의 성전에 거하러 오셨던 것과 마찬가지로, 야훼는 마침내 돌아오셔서 이스라엘 가운데 영원히 거하시게 될 것이다.[27]

그러므로 누군가가 예수의 동시대인들에게 야훼가 왕이 되신다는 이야기를 했다면, 우리는 그들이 이런저런 형태로 포로생활의 이중적인 현실에 관한 이와 같은 양면적인 이야기를 떠올렸을 것이라고 생각할 수 있다. 이스라엘은 "진정으로" 포로생활로부터 돌아오고, 야훼는 마침내 시온으로 다시 돌아오실 것이다. 그러나 이러한 일들이 일어나려면, 세 번째 요소가 있어야 했다: 통상적으로 이스라엘의 원수들이라는 형태를 띤 악이 패배당해야 한다. 이 세 가지 주제들이 모두 합쳐져서 하나님 나라라는 표현 속에 함축되어 있는 메타 서사를 형성한다. 이 주제들은 모두 합쳐져서 다윗 왕가의 재정립과 성전의 재건에 대한 부수적인 소망들을 지탱한다. 제2성전 시대 유대교 내에서의 하나의 주

---

23) cf. Barker 1991, *passim;* Meyers 1992, 359f. 이런 식으로, 예를 들면, 시편 20편에서 야훼의 도움은 시온에서(v. 2)와 하늘에서(v. 6) 온다; cp. 시 93:1-5.

24) 겔 10:1-22; 11:22f.

25) 예를 들면, 시 89:38-51.

26) 예를 들면, 시 137:4-6; cf. 시 80:14-19.

27) 아래의 제13장을 참조하라.

제로서 "하나님 나라"는 그 무엇보다도 먼저 이러한 완벽한 이야기 줄거리를 내포하고 있었다는 것을 아무리 강조해도 지나침이 없다. 다른 시대에 대한 "타당성"이라는 관심에서이건 아니건, 이 이야기를 탈유대화시키려는 그 어떤 시도도 주후 1세기의 유대인들이 복합적이지만 통일적인 전체로서 인식하였던 것을 여러 요소들로 해체하여 각각의 요소들을 고립적으로 검토함으로써 마침내 관련 본문들에 대한 심각한 오해를 초래하게 되는 결과를 가져올 수밖에 없다.

일단 우리가 이 점을 파악한다면, 성전, 토라, 땅, 유대적 정체성과 결부된 상징들 및 실천이 어떤 식으로 소망의 이야기를 유지시키고 강화시켰는지를 아는 것은 그리 어렵지 않다.[28] "하나님 나라"는 어떤 지역적인 장소를 가리킨다기보다는 이스라엘의 하나님이 왕이 되신다는 사실을 가리키기는 하지만, 하나님 나라라는 어구는 거룩한 땅에 대한 인식을 상기시키는 역할도 마찬가지로 하였다. 왜냐하면, 야훼는 자기 백성에게 이 땅을 약속하였었기 때문이다. 그리고 물론 이 땅의 초점은 성전을 중심으로 한 예루살렘이었다. 야훼는 마침내 예루살렘의 운명을 회복하실 것이다; 그때까지 이스라엘은 최선을 다하여 토라를 따름으로써 어느 편에 서 있는지를 보여주어야 했다. 이것이 실제로 무엇을 의미하는지에 대한 서로 다른 견해들은 최근 몇 년 동안 아주 집중적으로 연구되어 왔던 여러 서로 다른 집단들(특히 바리새파와 에세네파)을 생겨나게 한 요소들이다.[29]

이 복합적인 메타 서사는 이것을 전제하지 않고는 우리를 혼란스럽게 할 뿐인 그 밖의 여러 현상들을 잘 설명해 준다. 학자들은 흔히 제2성전 시대 유대교 내에는 분명하게 정의된 단일한 "메시야 기대"가 존재하지 않았다는 점을 지적해 왔다. 이렇게 주장하는 이유는 그러한 소망들은 단순히 좀 더 큰 기대의 한 부분을 형성하고 있었기 때문에, 전체적인 이야기의 서로 다른 방향들에 따라서 이런저런 식으로 해석될 수 있었다는 것이다. 그러나 역으로 우리는

---

28) cf. *NTPG* ch. 8.

29) cf. *NTPG* ch. 7. 물론, 이것은 몇몇 집단들의 율법에 대한 강조 또는 그 밖의 것에 대한 강조가 이러한 묵시론적이고 혁명적인 종말론에 대한 대안이 아니었다는 것이 아니라 그것을 표현한 한 가지 방식이었다는 것을 보여준다.

이 시기에 나온 문헌들 속에 메시야적인 인물들에 대한 언급이 비교적 드물다는 것을 근거로 장차 왕이 오실 것이라는 사상이 대체로 알려져 있지 않았다고 결론을 내려서는 안 된다. 여기서 요점은 그러한 사상들이 훨씬 더 광범위한 서사(narrative) 내에 자리를 잡고 있었다는 것이다. 그런데 이 광범위한 서사는 우리가 그 전반적인 통일성을 파악할 때까지는 서로 상당히 달라보이는 여러 가지 방식들로 얘기될 수 있다.[30] 특히, 우리는 예수와 동시대인들 중에서 가까운 장래에 큰 사건이 일어날 것을 기대하고 있었던 사람들은 시공간으로 이루어진 우주의 종말을 기대하고 있지 않았다는 점을 강조해 두지 않으면 안 된다.[31] 이러한 "우주의 용해(溶解)"(이 표현은 보그가 사용한 표현이다)는 통상적으로 제2성전 시대 유대인들과 예수 자신에 의해서 예언되었거나 예측되었던 사건인 것으로 생각되어 왔다. 이러한 전제는 슈바이처로부터 현재에 이르기까지 온갖 부류의 학자들과 문자주의자들 또는 근본주의자들에 의해서 전제되어 왔다. 나는 이 문제를 다른 곳에서 아주 철저하게 다루었긴 하지만, 이후의 논쟁을 위해서 본격적으로 논의에 들어가기 전에 내가 이전에 취했던 입장을 다시 한 번 분명하게 밝힐 필요가 있는 것 같다.

문제점 중의 일부는 물론 교묘하게 사용되고 있는 단어인 "종말론"이다.[32] 이 단어는 여러 가지 다양한 의미로 사용되지만, 우리는 두 가지 양 극단의 의미를 구분해 낼 수 있다. 어떤 사람들은 여전히 이 단어를 아주 분명하게 "시공간으로 이루어진 우주의 종말"을 의미하는 것으로 사용한다. 내가 제2성전 시대 유대인들(예수를 포함한)이 이런 것을 특징적으로 믿었다는 것을 부정한다고 해서, 나의 동료들 중 한두 분은 나를 "종말론을 포기한 것"으로 생각하여 비난하였다. 그러나 또 다른 사람들은 "종말론"이라는 단어를 "이 세상이 근본적이고 뿌리깊게 부패되었거나 부패되어 가고 있다고 생각하여 비판과 해법을 제시하는 그러한 견해들"을 가리키는 의미로 사용한다.[33] 이런 의미에

---

30) *NTPG* 307-20; cf. 아래의 제11장. *NTPG* 이후에 나온 문헌들 중에서 가장 돋보이는 것은 Charlesworth 1992c이다; 또한 cf. Collins 1995.

31) cf. *NTPG* ch. 10.

32) cf. Caird 1980, ch. 14; Caird & Hurst 1994, 243-67. 우리는 Caird의 분석의 깊이와 정교함을 그의 몇몇 비판자들의 글들로부터 추측해서는 안 될 것이다: 아래를 보라.

서 모든 진지한 사회개혁가들과 혁명가들은 "종말론적"이다; 예를 들면, 불교는 종말론적이다; 그러나 이것은 불교도들이 시공간으로 이루어진 우주가 돌연히 종말에 이르게 되는 것을 기대하고 있다는 것을 의미하지 않는다. 이런 의미에서 크로산의 경우처럼, 예수는 "종말론적"이었다고 주장하면서도, 예수가 "묵시론자"에 속한다는 것을 확고하게 부정하는 것이 가능하다. 크로산은 이러한 폭넓은 의미를 지니는 "종말론적"이라는 단어와 아울러 "세상을 부정하는"이라는 어구를 사용해서, (앞으로 보게 되겠지만) 예수는 엄밀하게 말해서 비묵시론적인 지혜적 "종말론"에 속했다고 주장한다. 우리가 이러한 의미론적 스펙트럼을 잘 알 때에만, 우리는 현재의 논의 속에서 우리의 발판을 확고하게 유지할 수 있다.

가장 결정적으로 중요한 구분은 다음과 같은 것이라고 나는 생각한다. 예수를 포함한 제2성전 시대 유대인들은 한 세대 또는 그 이후에 어떤 큰 사건이 일어나서 그 사건 후에 정말 문자 그대로 세계, 특히 이스라엘의 세계가 근본적으로 다른 장소에 있게 될 것이라고 기대하였던 것인가? 나아가, 그들은 그러한 사건을 이스라엘이 오랫동안 걸어왔던 과정, 이스라엘의 계약 이야기의 절정으로 기대하였던 것인가? 아니면, 그들은 그렇게 기대하지 않았던 것인가? 나는 그들이 그렇게 기대했고, 예수도 그렇게 기대했다고 논증하고자 한다. 내가 잠시 후에 제시하겠지만, 이것으로 인해서 나는 (예를 들면) 크로산의 주장과는 완전히 다른 범주를 사용하고 있다는 것이 분명해진다. 크로산에게 있어서 예수의 "종말론"은 그 모든 사회적 비판의 날카로움과 구체성에도 불구하고 장차 도래할 커다란 사건, 한 이야기의 절정의 순간으로서의 그러한 사건, 이스라엘 이야기의 절정으로서의 그러한 사건에 대한 인식을 전혀 지니고 있지 않았다.

우리는 여러 대안들(이것들이 유일한 것들은 아니지만, 하나의 지도에 모든 것들을 다 포함시킬 수는 없다)을 다음과 같이 도표화해 볼 수 있을 것이다:[34]

---

33) Crossan의 1995년 9월 18일자 개인 서신.

34) 이러한 분석은 많은 점들에서 Caird 1980, ch. 14에 의해서 제시된 분석과 유사하다. 나는 그와 나의 다양한 의미들을 정확하게 맞추고자 시도하지 않았다.

1. 세계의 종말, 즉 시공간으로 이루어진 우주의 종말을 의미하는 종말론;
2. 시공간의 우주의 종말을 포함한 이스라엘의 역사의 절정을 의미하는 종말론;
3. 세상의 종말과 관련된 표현이 앞으로 일어날 일의 의미를 표현하는 데에 유일하게 적절한 일련의 은유들로 사용되지만, 시공간의 역사 안에서의 새롭고 판이하게 다른 국면을 가져올 여러 사건들을 포함한 이스라엘의 역사의 절정을 의미하는 종말론;
4. 세상의 종말에 관한 표현이 은유로서의 기능을 하는 특정한 이야기 내에서의 특별히 절정이라고 할 수는 없지만 주요한 사건들을 의미하는 종말론;
5. 영적으로 새로운 실존의 차원 속으로 "상승해" 움직여 가는 가능성을 실제로 가리키는 "수평적" 언어(즉, 겉보기에는 시간 속에서의 상향 운동을 가리키는)를 의미하는 종말론;
6. 현재의 세상 질서를 비판하고 새로운 질서를 제안하는 것으로서의 종말론;
7. 현재의 사회정치적 현실에 대한 비판이면서 그 개혁안들을 제안하는 것으로서의 종말론.

전통적인 읽기(해석)는 (1)이었고, 슈바이처는 (2)를 주장하였던 것으로 보인다. 불트만은 일종의 영지주의를 다소 유대적인 언어로 표현하는 방식인 (5)의 견해를 주창하였다. 크로산의 견해는 (6)과 (7)의 결합이다(5의 견해도 일부 수용하고 있기 때문에, 그는 도마복음서에 대하여 호의적인 태도를 보인다); 그는 이것을 "묵시 사상"과 아주 날카롭게 구분하면서, "예수 세미나"와 마찬가지로 묵시 사상은 (1)을 의미한다고 본다. 예수가 이스라엘이 그들의 길을 바꾸지 않는 경우에 몇몇 근본적인 정치적 사건들이 일어날 것이라고 예언했다고 생각하는 보그는 (4)에 속한다(크로산과 보그에 대해서는 이 장의 다음 절을 보라). 내가 『신약성서와 하나님의 백성』에서 어느 정도 자세하게 논증한 견해는 (3)인데, 이 견해는 양 진영으로부터 모두 오해를 받아서 항상 비판을 받기 쉬운 견해라고 나는 생각한다.[35]

(3)의 견해의 강점들은 아주 분명하다. 첫째, 이 견해는 예수의 가르침의 아

주 많은 부분에 스며들어 있는 긴급성과 임박성에 대한 인식을 그대로 유지시 킨다.[36] 둘째, 이 견해는 예수가 공유했던 것으로 보이는 유대적 "묵시론적" 언 어의 실제적인 지시 대상을 매우 진지하게 받아들인다. 이 견해는 이사야 13 장 같은 구절들을 비롯하여 해와 달과 별들이 어두워지거나 흔들릴 것이라는 표현이 일차적으로 지시하고 있는 대상은 시공간으로 이루어진 우주를 끝장 낼 어떤 사건이 아니라 시공간의 우주 내에서의 일련의 파국적인 사건들이라 고 주장한다. 심지어 사자와 어린 양이 함께 누울 것에 관한 위대한 환상도 "여전히 정의가 시행될 필요가 있고 가난한 자들의 권리가 보호될 필요가 있 는" 상태로 이어진다.[37] 그러므로 이 견해는 무시간적인 가르침이나 단순한 사 회 비판으로 전락했다는 비난을 받아서는 안 된다. 후자가 아무리 날카롭다고 하더라도, 그것이 진정한 유대적 종말론이 되려면, 신학적 차원을 여전히 필요 로 한다. 또한 이 견해가 마치 슈바이처 류의 세상의 종말 — 이스라엘의 이야 기의 절정으로서의 종말이든 아니든 — 을 재천명하고 있는 것처럼 오해되어 서도 안 된다. 이 견해는 슈바이처의 견해와 "사회 비판적" 견해, 이 둘의 강점 들을 다 갖추고 있고, 그들의 두드러진 약점들을 제거하고 있다.[38]

---

35) C. H. Dodd는 많은 저작들 속에서(3)의 상당히 다른 형태를 주장했는데, 거기 에서 그는 이스라엘이라는 배경을 유지했지만, 미래는 내가 주장하고 있는 것보다 훨씬 더 근본적으로 재정의되어서 현재 속에 완벽하게 도래해 있는 것으로 보았다. Cf. Caird 1980, 252-4.

36) 예를 들면, Meyer 1992, ch. 3; Allison 1994의 강점들을 보존하고 있다.

37) 물론, 사 11:1-9을 언급하고 있는 Caird & Hurst 1994, 249.

38) Allison 1985, 84-90는 Caird에 대한 비판을 시도하지만, 케어드가 무엇을 말 하고 있는지를 이해하지 못하고 있다. 그의 주된 비판들(88f.)은 단순히 그 자신의 입장의 되풀이에 불과하다. 케어드는 어떤 것을 은유적이라고 말하는 것은 그것이 "단순히" 은유적이라고 말하는 것이 아니라는 점을 여러 맥락들 속에서 지적하는 데에 꽤 많은 시간을 들였다. 그에게 있어서(아마도 그의 추종자들 중 일부와는 달 리) "세상의 종말"과 관련된 언어를 은유적으로 읽는 것은 극적으로 절정에 속한 어떤 것이 일어나지 않을 것이라는 것을 의미하지 않았다; 오직 그러한 사건을 가 리키는 언어를 밋밋한 문자 그대로의 의미로 해석해서는 안 된다는 것만을 의미하 였다 — 앨리슨 자신이 위에서 인용한 대목에서와 1994, 651 n.2 등에서 인정하고 있는 점. 나는 예수는 "그의 상상력이 옛 유대적인 묵시록들의 상상의 세계들과 유

그러므로 제2성전 시대 유대인들은 대부분은 아니겠지만 다수는 포로생활로부터의 최종적인 귀환을 의미하는 새로운 출애굽을 소망하였다. 이 이야기는 그 절정에 도달할 것이다; 큰 싸움이 벌어질 것이다; 이스라엘은 진정으로 구원받고 해방되어서 자기 땅으로 "돌아올" 것이다; 야훼는 시온으로 다시 돌아오실 것이다. 이것은 은유적 의미에서 세상의 종말, 마침내 야훼가 약속했던 새로운 시대의 개막이 될 것이다. 계약의 역사라는 관점에서 볼 때, 이 복합적인 사건은 단순히 일반적인 원칙(사회정의의 중요성 같은)의 범례적인 사례가 아니라 그 절정이 될 것이다. 게다가, 이러한 일련의 개념들과 주제들 전체는 추상적 개념들의 집합이 아니라 바로 정확하게 하나의 이야기로서 전체를 이루고 있다.[39] 그리고 이 이야기 전체는 분명히 하나님 나라와 관련이 있는데, 이 표현이나 이것과 비슷한 표현이 나오지 않더라도 그렇다. 이것이 이스라엘의 하나님 나라 또는 왕권에 관한 예수의 말씀들을 이해할 수 있는 역사적으로 적절하고 합당한 배경 또는 맥락이라고 나는 본다.

(b) 비묵시론적인 하나님 나라?

하나님 나라에 관한 표현을 이해하기 위한 적절한 역사적 배경에 대한 매우 다른 견해는 최근에 버튼 맥(Burton Mack)에 의해서 제시되었고, 도미니쿠스 수도회의 크로산(Crossan)과 예수 세미나에 속한 학자들 전체에 의해서 발전되고 밑받침되어 왔다. 이러한 흐름이 몇몇 진영들 속에서 매우 큰 영향력을 발휘하고 있는 것처럼 보이기 때문에, 내가 왜 그러한 견해가 철저하게 잘못된 방향으로 가고 있다고 믿는지를 위의 제2장의 서술에 의거해서 나타내 보이는 것이 중요하다.[40]

사한 세계 속에 있었던 인물이었다"라는 앨리슨(그리고 슈바이처)의 주장에 전적으로 동의한다. 그러나 나는 그가 그 세계가 실제로 무엇과 같았는지, 특히 그 세계의 극히 혁명적인 경향성을 파악하지 못했다고 생각한다.

39) cf. Meyer 1992a, 17.

40) Funk & Hoover 1993, 136f.(이 저작 전체에 대해서는 위의 제2장과 Wright 1995a를 보라)에 실려 있는 "God's Imperial Rule: Present or Future?"에 관한 간결하고 인상적인 논문을 참조하라. 또한 Cf. Funk 1991, 52; Miller 1992, 428f.(Funk & Hoover 1993, 76f.에도 실려 있음); Vaage 1994, ch. 3. Koester 1992, 6는 예수 연구

"묵시론적" 형태 또는 표현으로 된 이스라엘의 종말론적 소망이 예수의 진정한 배경이라는 것을 거부하는 이러한 학자들은 예수의 적절한 배경은 몇몇 헬레니즘적-유대적 자료들과 몇몇 이교도 저술가들 속에서 입증되듯이 당시의 전반적인 헬레니즘 문화에 속한 배경이라고 주장한다. 예수의 사상은 "묵시론적"이라기 보다는 "지혜론적"이었다고 그들은 말한다. 예수의 말씀들은 이스라엘의 특정한 기대들이나 열망들과 아무런 관련성도 보여주지 않는다; 오히려, 예수의 말씀들은 백성들에게 그들의 삶과 사회적 상황들을 새로운 방식으로 바라보도록 끈질기게 권유하였다. 예수의 말씀들은 장래의 꿈이 아니라 현재의 실상을 제대로 보도록 백성들을 권고하였다. 백성들은 다른 세상에 대한 기대가 아니라 예수의 표현을 실제적인 사회적 상황들을 가리키는 것으로 이해하였다. "이 시대가 곧 돌연히 끝나버릴 것이다"라는 견해가 아니라 "치밀하고 덜 과장되며 덜 위협적인" 비전을 예수는 지니고 있었다.[41]

이러한 사고 노선의 가장 명백한 문제점은 내가 이미 역사적으로 받아들여질 수 없다는 것을 논증한 바 있는 "묵시 사상"에 대한 고전적인 그릇된 읽기를 여전히 고수하고 있다는 것이다.[42] 그러나 이와 아울러 부수적인 문제점들도 존재한다. 맨 먼저 농민 출신인 예수가 오직 필로에게서만 볼 수 있는 사고 방식을 유대교 내에서 품고 있었다고 생각하는 것은 결코 쉽지 않다 — 크로산이 암묵적으로 인정하고 있듯이.[43] 또한 "비묵시론적인" 예수가 철저히 "묵

에 있어서의 "새로운 합의"에 관하여 말하고 있는데, 이것에 의하면, "예수의 하나님 나라 설교의 종말론적인 성격"(그는 "종말론적"이라는 용어를 크로산의 의미(5)에서가 아니라 위의 (1) 또는 (2)의 의미로 사용하는 것 같다)은 제외된다. 학계에서의 현재의 동향에 관한 진술로서 이것은 말도 되지 않는다.

41) Funk & Hoover 1993, 137: 암묵적이지만 결코 모호하지 않은 가치 판단은 "예수 세미나가 하나님 나라를 현재적인 것으로 묘사하고 있는 모든 말씀들과 비유들에 분홍색 평점을 매겼고, 하나님의 통치를 미래의 것으로 묘사한 그 밖의 다른 말씀들에 대해서는 검은색 평점을 매겼다는 것을 의미하였다." 또한 cf. Mack 1987; 1988, 69-74; Crossan 1991a, ch. 12. Downing은 나아가 이렇게 말한다(1987a, 113-15): 예수는 단지 가끔씩만 하나님 나라에 관하여 말하였고, 그러한 예수의 말은 Epictetus 3:22:63, 72 등과 같은 곳에서 발견되는 의미를 반영한 것이었다. (Downing 1992에서 "하나님 나라" 주제는 실질적으로 무시된다.)

42) 이 장의 앞 절의 끝부분에 요약되어 있는 *NTPG* ch. 10.

시론적인” 초기 기독교(우리가 증거들을 요리해서 의문을 짜내지 않는 한)를 낳았고, 나중에 초대 교회가 후대의 단계에서 “비묵시론적인” 의미를 예수에게서 재발견하였다고 생각하기가 쉽지 않다.[44] 내 생각에는, “묵시론적” 예수(물론, “묵시론”에 대한 진정한 이해의 의미에서)에서 출발하여, 마찬가지로 고유한 의미에서 “묵시론적”이었던 초대 교회로 넘어가고, 거기에서 기독교가 점점 성장하고 발전하여감에 따라서, 우리가 예를 들면 도마 복음서에서 찾아볼 수 있는 하나님 나라에 대한 비역사적이고 실제로는 종종 영지주의적인 이해 — 물론, 나는 필로가 이 견해를 반박했을 것이라고 생각하지만, 공관복음서 자료들 속에 아주 강력하게 반영되어 있는 다니엘서 같은 주요한 유대 본문들보다 필로와 더 많은 유사성을 지닌 이해 — 로 옮겨 갔다고 보는 편이 훨씬 더 쉬울 것이다.

또 다른 하나의 본문이 맥/크로산의 주장을 밑받침하기 위하여 제시되어 왔지만, 그 증거는 자세히 검토해 보면 힘없이 무너지고 만다. 우리가 다른 맥락 속에서 한 번 말했듯이, 솔로몬의 지혜서는 학자들이 종종 생각해 왔던 것보다 그리 헬레니즘화 되어 있지 않다.[45] 크로산이 주장하는 것과는 달리, 이스라엘의 하나님 나라에 관하여 말하는 대목들은 “그 부르심을 경청하는 모든 자에게 영원히 존재하고 접근 가능한”[46] 나라를 묘사하고 있지 않다. 솔로몬의 지혜서 6:3-4, 즉 크로산이 이와 관련하여 가장 먼저 인용하고 있는 대목은 이 땅의 왕들에게 그들의 주권이 한 분 참 하나님으로부터 그들에게 온 것이라고 경고하고 있다(이러한 사상 자체는 다니엘서의 신학과 그리 멀지 않다). 이 대

---

43) cf. Philo *Spec. Leg.* 1:207; 4:135-6; *Op. Mund..* 148; *Somn.* 2:243-4; *Abr..* 261; *Quod Omn.* 125-6; cf. Crossan 1991a, 287-91; Mack 1988, 72-4, 여기에는 유대교 및 기독교 전승 외부의 문헌들에 나오는 병행들을 제시하고 있다. Wis. 6:3-4, 17-20; 10:10에 대해서는 아래를 보라.

44) 이것은 도마 복음서에 대한 Crossan의 해석이다: 이전의 묵시론적인 것에 대한 반발로서, 예수의 초기 메시지까지 재발견해 내는 결과를 가져왔다. 여기서의 나의 논증은 Downing 1992, 151, 161f.의 논증과 형태상으로는 유사하지만, 내용상으로는 정반대이다.

45) 부활에 대해서는 *NTPG* 329f. Wis. (3:7f.)에 나오는 관련 대목은 매우 유대적이고 매우 “묵시론적인” 4Q246 2:1-8(GM 138)와 밀접한 병행을 보여준다.

46) Crossan 1991a, 290.

목은, 만약 이미 "지혜" 문헌에 속한 것으로 생각된 책 속에 나온 것이 아니었
다면, 주저없이 "묵시론적"이라고 분류되었을 단락들 사이에 끼어 있다.[47]

> 주님은 당신의 열렬한 사랑을 갑옷으로 삼으시고
> 당신의 원수들을 징벌하기 위하여 피조물로 무장시키실 것이다.
> 또 정의를 가슴받이로 삼으시고
> 어김없는 심판을 투구로 쓰실 것이다.
> 주님은 거룩하심을 무적의 방패로 잡으시고
> 준엄한 분노를 날카로운 칼처럼 가실 것이다.
> 그러면 온 세상은 주님과 함께
> 미친 자들과 더불어 싸우러 나갈 것이다.
> 잘 겨냥된 화살이 번개처럼 날아갈 것이며
> 힘껏 당긴 활에서 떠난 화살은
> 구름을 헤치고 표적을 향하여 날아갈 것이다.
> 투석기에서는 분노에 싸인 우박이 날아가겠고
> 바닷물은 광분하여 원수들에게 덮칠 것이며
> 강물은 그들을 가차없이 삼킬 것이다.
> 전능하신 분께서 폭풍으로 그들을 휩쓰시고
> 태풍처럼 그들을 날려 버리실 것이다.
> 이렇게 악으로 인해서 온 땅이 황폐하게 되고
> 악행으로 인해서 권력있는 자들의 자리가 뒤엎어질 것이다
> 그러면 왕들이여, 내가 하는 말을 듣고 깨달아라.
> 땅의 끝에서 끝까지를 다스리는 통치자들아 배워라.
> 수많은 백성을 다스리며 헤아릴 수 없이 많은 신하들을
> 자랑하는 자들은 귀를 기울여라.[48]

---

47) Duling 1992, 55: 지혜서는 이러한 두 종류의 자료를 결합하고 있다. 사실 그
것은 우리가 "묵시 사상"이라고 부르는 것과 우리가 "지혜"라고 부르는 것을 하나
의 포괄적인 세계관 속에 아주 수월하게 포용하고 있는 세계와 역사에 대한 유대인
들의 핵심적인 읽기에 속한다. Cf. Wright 1996a.

그런 다음에 곧 크로산과 맥이 비묵시론적인 "지혜론적" 하나님 나라의 증거로 인용한 대목이 나온다:

> 그대들이 휘두르는 권력은 주님께서 주신 선물이며,
> 그대들의 주권 또한 지극히 높으신 분께서 주신 것이다.
> 따라서 주님께서는 그대들의 업적을 굽어 보시고
> 그대들의 계략을 낱낱이 살피실 것이다.
> 만일 주님의 나라를 맡은 통치자로서
> 그대들이 정의로 다스리지 않았거나
> 율법을 지키지 않았거나
> 하나님의 뜻에 맞게 처신하지 않았으면,[49]

이 대목 다음에는 즉시 묵시론적 심판에 관한 말이 나온다:

> 주님께서 지체없이 무서운 힘으로 그대들을 엄습하실 것이다.
> 권세있는 자들에게는 준엄한 심판이 기다리고 있다.[50]

우리가 이 모든 것과 비교해 볼 수 있는 유대 문헌 중의 어떤 대목들을 찾고자 한다면, 그 분명한 대목들은 시편 2편과 다니엘서 1-6장이 될 것이다. 솔로몬의 지혜서 6장이 비묵시론적인 지혜론적 하나님 나라를 제시하고 있다면, 거기에 나오는 말씀들은 그 의미를 상실해 버린다. 마찬가지 방식으로, 우리는 솔로몬의 지혜서 속에 나오는 하나님 나라에 대한 그 밖의 다른 언급들도[51] 이 작품 전체의 맥락 속에서 바라보아야 한다. 이 작품에서 우리는 처음에 지혜에 대한 찬양과 이 땅의 통치자들에 대한 경고가 나온 후에(1-9장), 세계 및 이스라엘 역사를 지혜의 활동이라는 관점에서 묘사한 긴 역사적 개관을 발견

---

48) Wis. 5:17-6:2. 마지막 몇 행들에 대해서는 cp. 시 2:10-12.
49) Wis. 6:3-4.
50) Wis. 6:5.
51) Wis. 6:17-20; 10:10.

한다. 이 작품의 마지막 장들(15-19장)은 출애굽 때에 이방 애굽에 임했던 역병들과 이스라엘 백성이 광야을 유랑하며 겪었던 고난들과 범죄들을 아주 자세하게 다룬다. 달리 말하면, 이 작품은 종종 (그리고 유대적인) 역사적 각주들이 붙은 헬레니즘적인 "지혜"에 관한 추상적인 문집(文集)이 아니라 "지혜"라는 범주 아래에서 이스라엘 이야기를 다시 말하고 있는 작품이다.

이 작품의 결말 부분은 독자들에게 어느 정도 당혹감을 주는 것처럼 보일 수도 있다. 왜냐하면, 이스라엘의 고난들과 하나님의 심판들에 관한 목록으로 갑자기 이 작품이 끝나기 때문이다. 그러나 이 작품 전체가 역사 속에서, 특히 이스라엘 역사 속에서 수행되는 하나님의 심판에 관하여 강력하게 말하고 있다는 것을 우리가 알게 되면, 이러한 당혹감은 쉽게 풀린다. 애굽에서의 이스라엘에 관한 이야기와 이스라엘의 하나님이 이방 나라들에 대하여 퍼부은 큰 심판들을 말함으로써, 솔로몬의 지혜서의 저자는 당시의 유대인들에게 그리 파악하기 어렵지 않은 메시지를 전하고 있는 것이다: 이교도(아마도 애굽)의 반대에 맞서서 이 하나님을 끝까지 신실하게 섬기라. 그리하면, 너희가 마침내 신원을 받게 되리라. 사실 다니엘서와 마찬가지로 솔로몬의 지혜서도 고난 중에 있는 이스라엘 사람들을 격려하고 힘을 불어넣어 주기 위하여 씌어진 것이다. 이스라엘 사람들은 토라에서 찾아볼 수 있는 지혜를 붙들어야 한다. 그러면, 그들의 하나님이 그들을 구원하시고, 열방들을 심판하며, 이스라엘을 자기 백성으로 높이실 것이다. 이것은 상당수의 묵시론적 저작들 속에서 찾아볼 수 있는 것과 실질적으로 동일한 메시지이다. 어떤 식으로든 솔로몬의 지혜서를 이스라엘, 계약, 장래의 신원에 관한 이야기를 간과해 버린 하나님 나라 신학에 대한 증거로 볼 수 있는 길은 존재하지 않는다.[52] 솔로문의 지혜서는 도마 복음서의 이원론적인 세계가 아니라 고전적인 (그리고 비이원론적인) "묵시론적" 세계에 속한다. 그것은 주후 1세기 유대교의 주류에 속한 하나님 나라 신학의 일부이다.

우리가 솔로몬의 지혜서를 소위 비묵시론적인 하나님 나라 본문들의 목록으로부터 제거한다면, 무슨 일이 벌어지는가? 그렇게 되면, 필로의 글, 섹스투스의 문집(*Sentences of Sextus*), 그리고 지혜자, 현자는 왕과 같다고 말하고 있

---

52) Duling 1992, 55은 이에 반대.

는 여러 통속적인 철학적 본문들이 남는다.[53] 우리는 예수가 위대한 히브리 예언자들의 틀 속에 있었던 예언자가 아니라, 사실 알렉산드리아 출신의 학자로서 알레고리로 유명한 필로를 더 닮았다거나 예수의 특징적인 말씀들이 진정으로 주후 2세기에 활동했던 이교도 도덕주의자였던 "섹스투스"의 일반적인 금욕적 가르침과 닮았다고 생각하도록 진지하게 권고받고 있다.[54] 만약 우리가 먼저 복음서들 속에서 발견하는 모든 하나님 나라에 관한 말씀들을 아주 주의 깊게 제거한다면, 오직 그때에야 그러한 결론에 이를 것이다. 물론 이것은 바로 정확히 맥(Mack)이 하고 있는 방법으로서, 그는 이런 식으로 "예수 세미나"에 속한 대다수의 학자들을 더러운 도랑 속으로 앞장서서 끌고 갔다.[55] 그러나 이러한 주장은 자신의 무게로 인해서 무너지고 만다고 나는 생각한다. 예수를 좀 더 신빙성있게 그의 팔레스타인적 배경과 맞추고 실제적인 증거들을 덜 왜곡하는 그 어떤 가설도 맥이 제시하고 있는 그러한 의심스러운 주장보다 훨씬 더 높은 점수를 받을 것임에 틀림없다. 바울의 매우 유대적인 사상을 헬레니즘을 토대로 설명하고자 한 학자들에 대한 슈바이처의 논평이 생각난다: 그들은 "개울가에 있는 정원에 물을 주기 위하여 물이 새는 물통들을 가지고 멀리서부터 물을 떠오는 사람과 같다."[56]

물론, 아이러니컬하게도 일단 우리가 "묵시론적" 저작들과 말씀들을 그 적절한 역사적 맥락 속에서 이해하면, 우리는 맥, 크로산, 다우닝 등이 모두 끈질기게 보존하고자 한 강조점 — 날카롭고 흔히 짓궂기까지 한 사회 비판이라는 요소 — 이 유지될 뿐만 아니라 오히려 강화된다는 것을 알 수 있다. 그러나 우리가 도마 복음서가 선구적으로 걸어갔던 비역사적인 노선을 취한다면, 우리는 사사로운 이원론적 경건의 세계 속에 남겨지게 된다. "묵시문학"을 비롯한 상당히 폭넓은 양식들을 통해서 표현된 주후 1세기 유대적 기대의 세계는

---

53) 필로에 대해서는 cf. 위의 n.43; *Sextus* 41-4, 307-11(cf. Crossan 1991a, 290f.; Mack 1987).

54) *Sextus*와 그 문제 많은 기원에 대해서는 cf. Chadwick 1959. 이 저작의 일부 콥트어 사본들(Nag Hammadi에서 발견되었음에도 비영지주의적인)에 대해서는 cf. Wisse 1992.

55) Mack 1988, 72; 위의 제2장을 보라.

56) Schweitzer 1968b [1930], 140.

단연코 이스라엘과 그 하나님에 관한 이야기, 특히 어떻게 이 하나님이 왕이 되실 것인지에 관한 이야기에 대한 예수의 다시 말하기를 이해할 수 있는 가장 분명한 맥락 또는 배경을 제시해 준다. 이러한 맥락 속에서 예수가 맥, 크로산, 도마 복음서가 생각한 비역사적이고 비묵시론적인 취지의 말을 하려는 의도 속에서 그의 동시대인들에게 이야기들 또는 경구들을 말하였다고 한다면, 예수의 말은 스스로 모순되는 것으로 들려졌을 것이다. 분명히 예수는 이스라엘의 하나님이 역사 내에서 무슨 일을 앞으로 하실 것인가에 관하여 말하였을 것이다 — 당혹해하는 청중들에게 그들의 마음을 역사 안에서 이 하나님이 행하실 일에 집중하지 않는 것에 대하여 경고하기 위하여.

그러므로 우리는 우리가 하나님 나라에 관하여 말하는 주후 1세기의 한 유대인을 만날 때, 적어도 확고한 반대의 증거가 나올 때까지는 그 표현이 전통적인 유대적 이야기로부터 그 의미를 얻고 있음에 틀림없다고 생각하는 것이 옳다는 결론을 내릴 수 있을 것이다. 그러한 이야기 속에서, 하나님 나라가 지니는 의미는 도피주의적이거나 이원론적인 것이 아니라 혁명적인 것이었다. 그 밖의 다른 대안은 존립할 수 없다.

그러므로 우리는 예수가 그의 선포를 시작하였을 때에 갈릴리 사람들의 분위기를 꽤 잘 이해할 수 있게 되었다. 한 예언자가 마을들을 거닐면서 야훼의 나라가 동터오고 있다고 선포한다는 것이 알려졌을 때, 사람들의 반응은 전적으로 이해할 수 있는 것이었다. 많은 사람들은 뼛속 깊은 곳까지 전율을 느꼈을 것이다. 어떤 사람들은 회의적인 생각을 지녔을 것이다: 이전에도 여러 예언자들이 등장했었으나, 상황은 더 좋아지지 않고 오히려 악화되었었다. 헤롯과 빌라도는 우려를 나타냈을 것이지만, 그 예언자가 시골 마을들을 다니고 있는 동안에는 그리 크게 걱정할 일이 없었을 것이다. 앞으로 보게 되겠지만, 실제적인 또는 자칭 유대의 지도자들은 깜짝 놀랐을 것이다. 지금으로서는 예수가 이스라엘의 하나님 나라에 관하여 말하였을 때, 사람들이 그것을 어떤 식으로 들었을지를 말해두는 것으로 충분하다. 예수가 그들의 기대들을 어느 정도나 재확인하여 주었고, 예수가 그 기대들을 어느 정도나 재정의하고 새로운 제안들로 대체하였는가 하는 것이 본서의 제2부의 주된 주제이다.

(ii) 기독교적 재전유(Reappropriation)

예수의 하나님 나라라는 표현(kingdom-language)을 논의하는 한 출발점이 제2성전 시대 유대교라면, 또 다른 쪽의 출발점은 초기 기독교가 되어야 한다. 사실 이것은 책 한 권 분량을 요구하는 주제이지만, 우리는 그것을 여기서 짤막하게 다룰 수밖에 없다.[57] 하나님 나라라는 표현은 초기 기독교의 저작들 속에 광범위하게 꽤 골고루 퍼져 있고, 관련 구절들에 대한 피상적인 연구만으로도 다음과 같은 매우 흥미로운 결과들을 밝혀낼 수 있다.[58]

첫째, 초기 그리스도인들은 하나님 나라라는 말을 아주 자주 말했고, 분명히 어떤 근거를 가지고 그렇게 말했다. 하나님 나라라는 표현은 교회의 설교와 변증을 위한 메시지 또는 기독교가 무엇인가에 관한 모든 것을 나타내는 일종의 축약된 요약문으로서의 기능을 하였던 것으로 보인다. 이런 점에서 이 표현은 사도행전에 나오는 "도"(the Way)와 거의 같은 기능을 하고 있다: 도는 그리스도인들이 스스로를 규정하고, 그들의 존재 근거(raison d'etre)를 규정할 때에 사용했던 수단이었다.[59]

둘째, 이 표현은 유대교에서 그것이 지니고 있었던 주요한 특징들을 여전히 지니고 있다. "하나님 나라"라는 어구와 그와 비슷한 표현들 속에서 "하나님"은 의심할 여지 없이 아브라함, 이삭, 야곱의 하나님, 우상 숭배와 이방 통치자들의 충성 요구를 배제하는 그러한 충성을 요구하는 유대적인 유일신 사상의 한 분 참 하나님을 가리킨다. 하나님 나라의 백성들은 거룩함으로 부르심을 받는다: 우리가 하나님 나라의 "윤리적" 주장들이라고 부를 수 있는 것이 초기 기독교의 몇몇 관련 대목들 속에 어른거린다.[60] 이렇게 왕이 되신 하나님은 참된 백성을 가지고 있었고, 그들은 그 나라가 최종적으로 나타날 때에 신원을 받게 될 것이다; 그때까지는 이 택함받은 백성은 고난을 당할 것이지만, 그들의 하나님은 결국 큰 승리를 거두고 그들을 신원하게 될 것이다.[61] 그런 후에,

---

57) *NTPG* Part IV, 특히 chs. 12, 15에 나온 서론적인 논의를 따른 것이다.

58) cf. 부록(아래의 1001-1014).

59) 기독교 운동을 가리키는 축약어로서의 "그 도"(The Way)에 대해서는 cf. 행 9:2; 16:17; 19:9, 23; 22:4, 22. 요약적인 의미가 분명하게 전제되는 곳에서 이러한 축약된 의미로서의 "나라"의 예들은 행 28:31과 롬 14:17이다.

60) 예를 들면, 고전 6:9f.; 갈 5:21; 엡 5:5; *2 Clem.* 9:6; Ign. *Philad.* 3:3; Pol. *Phil.* 5:3; *Barn* 4:13; Herrn. *Sim* 9:15:3, 9:29:2.

이스라엘이 바랐던 것처럼, 그들은 창조주 하나님의 대리자들이 되어 하나님이 지으신 세계를 통치하게 될 것이다.[62] 유일신 사상과 선민 사상의 이러한 친숙한 결합은, 동일한 신념들에 대한 유대적인 표현들이 그랬던 것과 마찬가지로, 자연스럽게 종말론을 낳았다: 창조주는 하나님 나라를 온전히 완성하기 위하여 역사 안에서 다시 한 번 행하실 것이다.[63] 이 모든 것은 초기 기독교의 하나님 나라라는 표현을 주후 1세기 유대적 지도 위에 굳건하게 위치시킨다.

그러나 셋째, 하나님 나라의 초기 기독교적 용법은 이러한 기본적인 유대적 틀 내에서 실질적인 재정의가 일어났다는 것을 보여준다. 이와 관련하여 서로 밀접하게 연관된 네 가지 핵심 내용들을 우리는 지적해 볼 수 있다:

1. 종종, 그러나 우리가 예상할 수 있는 그 어떤 설명도 없이, 하나님 나라는 참 하나님만이 아니라 메시야에게도 속하는 것으로 언급되는데, 이 점은 이전에는 존재하지 않았던 것이다. 이것은 에베소서 5:5("메시야와 하나님의 나라")에서처럼 명시적으로 결합되어 나오는 경우도 있고,[64] 사도행전에서 바울이 예수에 관한 가르침과의 밀접한 연관 속에서 하나님 나라에 관하여 가르치는 경우처럼 암묵적인 경우도 있다.[65] 또한 종종 하나님 나라는 단순히 메시야인 예수에게 속한 것으로 말해지기도 한다.[66]

2. 한 핵심적인 대목에서는 이러한 창조주 하나님과 메시야의 공동의 나라를 연대기적으로 자세하게 설명하고 있는데, 이것은 결정적인 새로운 요소가 본질적으로 유대적 틀을 유지하는 가운데 들어왔다는 것을 보여준다:

그러나 이제 그리스도께서 죽은 자 가운데서 다시 살아나사 잠자는 자

---

61) 예를 들면, 행 14:22; 고전 15:23-8; 골 1:13; 살전 2:12; 살후 1:5; 딤후 4:18; 약 2:5; 계 1:6, 9; 12:10; 17:14; *1 Clem.* 50:3.

62) cf. 행 1:6; 롬 5:17, 21; 고전 4:8f.; 히 12:28; 계 5:10; 20:4, 6; 22:5; 그리고 아마도 *Thom.* 2:3f.

63) 많은 전거들 중에서 예를 들면, cf. 고전 15:23-8, 이에 대해서는 아래를 보라; 벧후 1:11; *1 Clem.* 42:3 등. 물론 도마 복음서는 대체로 예외이다: 아래를 보라.

64) 또한 예를 들면, cf. 계 11:15; 12:10; cp. 딤후 4:1.

65) 행 28:23, 31.

66) 예를 들면, 골 1:13; 벧후 1:11; *1 Clem.* 50:3; cf. 요 18:36f.

들의 첫 열매가 되셨도다 사망이 한 사람으로 말미암았으니 죽은 자의
부활도 한 사람으로 말미암는도다 아담 안에서 모든 사람이 죽은 것 같
이 그리스도 안에서 모든 사람이 삶을 얻으리라 그러나 각각 자기 차례
대로 되리니 먼저는 첫 열매인 그리스도요 다음에는 그가 강림하실 때에
그리스도에게 속한 자요 그 후에는 마지막이니 그가 모든 통치와 모든
권세와 능력을 멸하시고 나라를 아버지 하나님께 바칠 때라 그가 모든
원수를 그 발 아래에 둘 때까지 반드시 왕 노릇 하시리니[67] 맨 나중에 멸
망 받을 원수는 사망이니라 만물을 그의 발 아래에 두셨다 하셨으니[68] 만
물을 아래에 둔다 말씀하실 때에 만물을 그의 아래에 두신 이가 그 중에
들지 아니한 것이 분명하도다 만물을 그에게 복종하게 하실 때에는 아들
자신도 그 때에 만물을 자기에게 복종하게 하신 이에게 복종하게 되리니
이는 하나님이 만유의 주로서 만유 안에 계시려 하심이라.[69]

  이 대목, 우리가 지니고 있는 하나님 나라에 관한 가장 초기의 기독교적 글
은 본질적으로 유대적 틀을 유지하고 있다. 명시적으로 성서를 인용하고 있는
대목들에서만이 아니라 전체적인 사고의 흐름 속에서도, 이 대목의 요지는 창
조주 하나님이 메시야를 통하여 이스라엘과 맺은 계약 속에서 밝힌 목적, 즉
죄와 사망을 처리하는 일을 완성해 가고 있고, 이를 통하여 새로워진 인간의
지혜로운 통치 아래에서 피조세계를 회복시켜 가고 있다는 것이다. 이 견해와
우리가 비기독교적인 제2성전 시대 문헌들 속에서 발견하는 견해들과의 결정
적인 차이는 하나님 나라는 어떤 의미에서는 여전히 미래의 일이지만 어떤 의
미에서는 이미 현존한다는 것이다. 이 대목에서는 위에서 인용한 에베소서
5:5의 축약된 내용을 자세히 풀어서 말한다: "메시야의 나라"는 이미 세워져
있고, "하나님 나라"는 좀 더 엄밀한 의미에서 아직 미래의 일이다.[70] 여기서

---

67) 시 110:1(하나님이 주신 왕의 권세에 관한 구절)에 대한 간접 인용.

68) 시 8:7 – 하나님이 인간에게 피조물을 다스리는 권세를 주었다고 말하는 구
절 –에 대한 간접 인용.

69) 고전 15:20-8. 이 장 전체에 대해서는 cf. Wright 1991, ch. 3.

70) 물론, 이러한 용어의 구별은 일률적으로 적용될 수는 없다: 예를 들면, cf. 벧후
1:11(미래적인 "메시야의 나라"; 마찬가지로 *1 Clem.* 50:3(1절이 올바르지 않은 경우

우리는 초기 기독교 전체의 극히 두드러진 특징임과 동시에 오늘날 학자들의 세대들에게는 너무도 당혹스러울 정도로 불투명했던 현재적 실현과 미래적 소망의 바로 그러한 긴장을 본다. 물론 좀 더 넓은 의미에서는 "메시야의 나라"는 그 자체가 창조주 하나님의 주권 및 지혜로운 구원의 통치의 일부이다. 그러나 바울은 여기에서 이러한 구별을 함으로써 자기 자신과 그의 독자들은 창조주 하나님의 계약과 관련된 계획 속에서 미래적 소망이 분명히 여전히 미래적인 지점에 있다는 것을 말함과 동시에(부활이 이미 일어났다는 그 어떤 주장도 배제하는)[71] 이 계획 속에서의 새로운 국면이 예수의 죽음과 부활이라는 메시야적 사건들을 통해서 온전히 계시되었다는 것을 강조할 수 있었다.

3. 그러므로 이 새로운 국면은 현재 속에서 실현된 하나님 나라, 유대교가 그토록 갈망했지만 결코 보지 못했던 바로 그것(우리가 성전에 있는 대제사장에 관한 벤 시락의 대단한 환상을 고려하지 않는다면[72])이라는 관점에서 보아져야 한다. "(하나님의) 사랑하는 아들의 나라"[73]는 이미 메시야의 백성들이 참여하는 현실이다. 그들은 이미 메시야의 사역을 통해서 "나라와 제사장들"[74]로 창조되었다. 그러나 우리는 이제 그 현재적인 나라가 실제로 무엇인지를 알 수 있다. 그것은 단순히 신자들에 의해서 공유된 사적이고 은밀하고 "영적인" 체험이 아니다. 또한 그것은 감춰진 영지(gnosis), 택함 받은 자들에게 계시되는 지식이라는 관점에서 정의되지도 않는다. 또한 이 나라의 현재적 성격이 강조됨으로써 적절하게 인식된 유대적 묵시론의 세계가 포기되었다는 그 어떠한 징표도 존재하지 않는다. 미래적인 하나님 나라와 대비되는 현재적인 하나님 나라를 해석하는 이와 같은 다양한 방식들은 필연적으로 피조질서를 평가 절하하는 이원론으로 흐르는 경향이 있다. 우리가 초기 기독교 속에서 (아이러니컬하게도 현재의 논쟁들에 비추어 볼 때) 전면적으로 발견하는 것은 하나님

에); 마 12:28/눅 11:20(현재적인 "하나님 나라"). 이 모든 것에 대하여 논의하고 있는 Schweitzer 1968b [1930], ch. 5은 여전히 흥미롭다.

71) cf. 딤후 2:17f.와 고전 15:12-19. 물론, 후자는 "부활"를 전면적으로 부인하는 것을 언급하고 있는 것으로 다르게 읽혀질 수 있다.

72) Sir. 50:1-21: cf. *NTPG211*.

73) 골 1:13.

74) 계 1:6; 5:10; cf. 롬 5:17.

나라의 현재성에 대한 확고한 믿음과 그 미래성에 대한 마찬가지로 확고한 믿음이 공존하고 있는 모습, 이 두 가지 입장이 재정의된 묵시론적 도식 안에서 서로 결합되어 있는 모습이다.

그러므로 유대적 묵시론은 초기 기독교 내에서 포기된 것이 아니라 재정의되었다. 그러나 이러한 묵시론에 대한 재정의는 묵시론적 언어가 영지주의적이거나 그와 비슷한 의미를 전달해 준다고 주장하면서 이른바 유대적 사상의 "수평적 종말론"을 이른바 사사로운 경건 또는 계시의 "수직적 종말론"(또는 실제로는 "세상을 부정하는" 사회 비판)으로 대체하는 탈신화화와는 아무런 상관이 없다.[75] 묵시론에 대한 초기 기독교의 재정의는 십자가에 못 박히셨다가 부활하신 예수가 이 묵시론적 드라마 속에서 중심인물이라는 것이 밝혀졌기 때문에 생겨난 것이었다. 현재적 하나님 나라의 요점은 그것이 미래적 하나님 나라의 첫 열매들이라는 것이다; 그리고 미래적 하나님 나라는 공간, 시간, 또는 우주 자체의 폐지가 아니라 공간, 시간, 창조를 위협하는 것, 즉 죄와 사망의 폐지에 관한 것이다. 따라서 고린도전서 15장의 비전은 로마서 8:18-27의 비전, 요한계시록 21장의 비전과 아주 잘 맞아떨어진다. 피조세계 자체가 메시야와 그의 백성의 부활의 결과로서 자신의 출애굽, 자신의 포로생활에서의 귀환을 경험하게 될 것이다.[76]

4. 이러한 재정의된, 그렇지만 여전히 철저하게 유대적이고 유일신론적 하나님 나라에 관한 비전 속에서, 우리는 모든 재정의들 중에서 가장 주목할 만한 재정의를 발견한다. 세계관이라는 차원에서, 통상적으로 유대적 상징들은 완전히 배제되어 있다. 이 새로운 운동에 관한 이야기는 이스라엘의 민족적·인종

---

75) 도마 복음서는 분명히 예외이다; 그러나 위에서(95, 131, 287) 내가 논증했듯이, 도마 복음서는 광범위한 주류 초기 기독교로부터의 심각한 일탈로 보는 것이 좋다. *2 Clem.* 12:1-7은 클레멘트 서신의 여러 곳에서 발견되는 이 말씀에 대한 정통적인 읽기를 제공해주기 위한 시도로 이해되어야 할 것 같다. *Strom.* 3:13(*NTA* 1:168(Crossan 1991a, 295에서처럼 2:168이 아니라)에서 발견될 수 있는 *G. Eg.*에 나오는 구절을 인용한)과 Thom. 22:1-7(또한 cf. *Thom.* 106:1); 또한 Hippol. *Haer.* 5:2f. 도마 복음서에 나오는 "나라"에 대해서는 cf. Davies 1983; King 1987; Duling 1992, 61f.

76) 로마서 8장에서의 이 주제에 대해서는 cf. Keesmaat 1994 chs 2-4.

적 · 지리적 해방을 준거로 하여 말해지지 않는다. 하나님 나라의 실천(거룩함)도 토라를 준거로 삼지 않은 가운데 정의된다. 세계관적 질문들에 대한 대답들도 이스라엘과 그 민족적 소망이라는 견지에서가 아니라 구속받은 인류와 우주라는 견지에서 주어진다. 초기 기독교 전체에 대한 연구라는 관점에서 세부적으로 훨씬 더 풍부해질 수 있는 이러한 그림[77]은 다음과 같은 구체적인 "하나님 나라" 본문들에 의거해서 보아질 수 있다. 요한은 예수의 나라가 "이 세상으로부터 온 것이 아니라는" 점을 강조함으로써, 그 나라를 (문맥상으로) 당시의 유대인 혁명가들이 탐구하였던 나라와 분명하게 구별한다.[78] 바울은 이나라가 음식에 관한 율법들의 견지에서 정의되는 것이 아니라 "성령 안에서의의와 평강과 희락"[79]이라는 견지에서 정의된다는 것을 강조한다. 누가는 새롭게 시작된 이 나라는 한 토막의 영토가 아니라 우주 전체를 자신의 거룩한 영지(領地)로 삼고 있다는 것을 강조한다.[80] 요한계시록의 환상 속에서 중요한 것은 지상의 예루살렘이 아니라 천상의 예루살렘이다; 메시야의 백성이 "영원히 다스리게 될" 그 새로운 도성에는 성전이 존재하지 않을 것이다.[81] 주후 1세기 유대교의 상징 세계는 비록 그 근저에 있는 신학(유일신 사상, 선민 사상, 종말론)이 명시적으로 유지되었다고는 하지만 머리부터 발끝까지 재정의되었다.

이렇게 초기 기독교는 다른 대목에서와 마찬가지로 이 대목에서도 역사가들에게 분명한 질문을 던진다. 우리는 가장 초기의 문헌들 속에서 하나님 나라라는 표현을 이런 식으로 아주 유대적이면서도 민족적이고 인종적인 세계관 표지들을 전혀 갖고 있지 않은 방식으로 사용되고 있는 것을 어떤 식으로 설명해야 하는가? 우리는 초기 기독교의 하나님 나라 표현이 유대적 용법의 신학적 윤곽들을 공유하였다는 것을 이미 말한 바 있다. 그렇지만, 얼핏 표면적으로 읽어만 보아도, 이러한 초기 기독교의 하나님 나라 표현은 인종으로서의 이

---

77) 간략한 개관으로는 cf. *NTPG* ch. 12.

78) 요 18:36f. 이 말씀은 이원론적인 또는 "영지주의적인" 의미로 읽혀져서는 안된다; 예를 들면, cf. Schnackenburg 1990 [1975], 249.

79) 롬 14:17.

80) 행 1:6-8, 이 구절에 대해서는 cf. *NTPG* 374f.

81) 계 22:5; 21:22. Cp. 갈 4:25f.

스라엘의 신원, 팔레스타인에서의 로마의 통치의 전복, 시온산 위에 새로운 성전의 건설, 토라 준수의 정립, 열방들이 야훼를 아는 지식 속에서 심판을 받거나 교육을 받기 위하여 시온산으로 몰려오는 것 등과는 거의 또는 아무런 상관도 없다. 주요한 재정의가 일어난 것이다.

이러한 재정의에 대한 단서는 주류 이야기 자체 속에 있다. 우리는 전혀 새로운 이야기를 접하고 있는 것이 아니라, 동일한 이야기 내의 새로운 계기(moment)를 접하고 있는 것이다. 이야기의 형태는 유대적 이야기들의 형태와 식별할 수 있을 정도로 동일하다: 그것은 창조주 하나님이 이스라엘을 향한 자신의 목적들을 이루시는 것에 관한 이야기이다. 차이점은 이것이다: 이 이야기에 대한 유대인들의 말하기들은 그들 자신을 전체적인 드라마 속에서 제3막에 위치시키는 반면에, 기독교적인 말하기들은 제5막에 그들 자신을 위치시킨다는 것이다.[82] 제3막에서 제기된 문제점들이 극적으로 해소되는 극히 중요한 제4막은 이미 일어났고, 따라서 새로운 막이 시작됨으로써, 제3막에서 적절하였던 상징들은 이제 부적절하게 되어 버렸다. 구체적으로 말하면, 새로운 막(幕)은 온 세계의 구속을 항상 염두에 두셨던 창조주의 계약 목적이 단일한 민족의 협소한 한계(여기에서는 민족적 상징들이 적절하였다)를 뛰어넘어 민족과 문화를 초월한 공동체를 탄생시키고 있는 시기에 해당한다. 나아가, 이 새로운 막은 창조주, 계약의 하나님이 손으로 만든 성전 속에 거하는 것이 아니라 다시 돌아오셔서 자기 백성과 함께 거하는 그런 시대이다. 일단 우리가 전체 이야기가 어떻게 돌아가는지를 이해하게 되면, 우리는 배우들에게 주어진 새로운 대사들, 지금 적절하게 생각되는 새로운 실천, 이전의 막에서 적절했던 이전의 상징들과 마찬가지로 새로운 막에서 그와 동일한 기능을 하게 된 — 적절한 변경을 가하여 — 상징들이 생겨난 것이 도대체 어떻게 된 것인지를 이해할 수 있다. 달리 말하면, 우리는 쉬운 해법을 따라서 초기 그리스도인들이 하나님 나라 표현을 완전히 비유대적인 의미로 사용했다고 주장해서는 안 된다는 말이다. 상징, 실천, 질문들에 대한 대답들과 관련된 그들의 철저한 개작은 고전적인 유대적 이야기의 포기를 통해서가 아니라, 그들이 오랫동안 기다려

---

82) cf. *NTPG* 140-3. "막들"은 창조(creation), 타락(fall), 이스라엘(Israel), 예수(Jesus), 교회(the church)이다.

왔던 새로운 국면 속에서 살고 있다는 신념에 의해서 생겨난 것이었다.[83] 새로운 이야기라고 말하는 것과 동일한 이야기 내의 새로운 막이라고 이야기하는 것은 하늘과 땅만큼의 차이가 있다.

모든 증거들은 하나님 나라 표현에 관한 이러한 주요한 재정의가 주후 70년 이전에 이미 상당 부분 이루어졌다는 것을 보여준다. 그 밖의 다른 정의들은 주후 70년 이후에 생겨났지만, 이러한 주요한 재정의는 아니었다.[84] 온 세계의 왕이신 하나님, 나사렛 예수를 통하여 자신의 나라를 세우신 하나님에 관한 이 재정의된 이야기는 이 운동 전체를 있게 한 이야기의 일부로서 가장 초기의 기독교 전체에 걸쳐서 말해지고 있었다. 그것은 이미 바울보다 훨씬 이전에 잘 정립되어 있었다. 우리가 이것에 대한 설명을 찾고자 하면, 마치 종이 조각 맞추기와 같아 보이기 시작하는 오직 하나의 설명이 존재한다: 예수 자신의, 그리고 예수의 죽음과 부활에 대한 가장 초기의 그리스도인들의 성찰이 이러한 기본적인 재정의에 책임이 있었다는 것이다. 그러므로 "하나님 나라"의 의미에 관한 그 어떤 가설도 적어도 원칙적으로는 예수가 하나님 나라를 어떻게 재인식하고 말하였다는 것과 왜 그의 가장 초기의 제자들이 그의 죽음과 부활이라는 극히 이례적인 사건들을 그들이 했던 방식으로 해석하게 되었는지를 설명해내야 한다. 이 한 쌍의 과제는 본서의 제2부와 그 이후의 서술의 주된 관심사들이다.

(ⅲ) 하나님 나라에 관한 최근의 연구 동향

어떤 예언자가 그들의 지역에 와서 참 하나님이 왕이 되실 것이라고 선포

---

83) 그들은 이 새로운 국면이 이 드라마의 마지막 막이라고 믿었기 때문에 그들은 종종 "마지막 날들" 속에서 살고 있다고 말했다는 것은 사실이다(예를 들면, 행 2:17; 딤전 4:1; 딤후 3:1; 약 5:3; 벧후 3:3; 유 1:18). 그러나 마찬가지로 중요한 것은 그들이 이 새로운 막의 처음 나날들 속에서 살고 있다는 것을 인식하였다는 것이다.

84) 좋은 예로서 도마 복음서 3(cf. *P. Oxy. 654.3*); 22; 113; 114에서 "하나님 나라"라는 표현을 보라. 이러한 대목들은 유대교적 "하나님 나라"가 아니라 기독교적 "하나님 나라" 언어를 개작하려는 후대의 시도들로 보는 것이 가장 좋다; 예를 들면, 도마 복음서 113은 눅 17:20f.에 대한 분명한 개작인 것으로 보인다.

하였다고 한다면, 주후 1세기 갈릴리 사람들은 그 말을 어떤 식으로 들었을 것인가? 최근에 나온 상당수의 글들은 이 질문에 대하여 분명한 대답들을 주기 위하여 여러 가지 시도를 해 왔다. 우리는 이미 제2장과 제3장에서 이 문제에 대하여 이런저런 식으로 대답하고 있는 여러 다양한 "탐구들"의 현재 상황을 살펴본 바 있다. 우리는 이 장에서 그 중에서 특히 한 가지 대안, 즉 맥과 크로산이 제시한 견해를 살펴보았고, 그것이 결함이 있다는 것을 발견하였다. 좀 더 진지한 견해들을 제시한 슈바이처, 불트만, 도드, 예레미아스, 래드(Ladd)를 비롯한 여러 학자들을 살펴보기에는 시간이 없다.[85] 이 이야기는 수없이 많이 반복되어 왔다;[86] 그래서 나는 연구자들이 예수에 관한 이야기 자체보다도 이 이야기를 더 잘 알고 있지 않을까 걱정된다. 우리가 해야 할 일은 지금까지 논의해 온 핵심 질문들에 초점을 맞추는 것이다.

우리는 이미 예수가 선포한 하나님 나라가 어떤 식으로든 "정치적"이었지 않았겠느냐를 놓고 벌인 논쟁들에 대하여 논평한 바 있다.[87] 하나님 나라의 도래 시기라는 또 다른 문제를 놓고 수많은 논쟁들이 벌어져 왔다. 그것은 미래적인가(슈바이처, 바이스), 현재적인가(도드),[88] 또는 어떤 의미에서 둘 다인가(예레미아스, 래드)? 종종 이 문제는 하나님의 멀리 계심 또는 부재(不在)와 대비되는 "하나님의 가까이 계심"이라는 관점에서 표현되기도 하였다.[89] 마찬

---

85) Schweitzer 1925 [1901]; 1954 [1906]; 1968a [1967]; Bultmann 1957; 1958a [1926]; Dodd 1961 [1935]; 1971; Jeremias 1963a [1947]; 1971; Ladd 1966; 1974a; 1974b. 또한 cf. Cranfield 1972 [1959]; Allison 1985; Beasley-Murray 1986; Meyer 1992a. 과거의 저작들 중에서 여전히 상당한 가치가 있는 것으로는 Dalman 1903이 있다.

86) 최근의 것으로 cf. Perrin 1963, 1976; Chilton 1984b, 1-26; Beasley-Murray 1986; Willis 1987; Duling 1992; 위의 제3장에서 다루어진 여러 저술가들. 이러한 저작들은 방대한 이차 문헌들을 자세하게 소개하고 있다.

87) 위의 제3장을 보라.

88) 불트만도 예수가 세상의 종말이라는 언어를 긴급한 실존주의적 결단으로의 부르심을 의미하기 위하여 사용하였다고 주장함으로써 이 점에서의 근접성을 보여준다. 불트만과 도드의 신학적인 내용의 유사성은 형태 및 개별적인 주석적 및 역사적 결정들에 있어서의 분명한 상이성 배후에서 그대로 지나쳐서는 안 된다(cf. Caird 1980, 252-5).

가지로, 예수의 하나님 나라 표현 속에 함축되어 있는 기독론에 초점을 맞춘 상당수의 글들이 나왔다. 하나님 나라의 선포 속에서 메시야라는 인물은 어느 지점에 위치하는가? 또한 마치 "교회"가 하나님 나라의 진정한 의미인 것처럼, 하나님 나라라는 표현을 교회라는 표현과 동일시하고자 하는 시도들이 흔히 있어 왔다. 이렇게 정치, 도래 시기, 하나님의 멀리 계심, 기독론, 교회론 등이 핵심적인 쟁점들이었다.

이러한 질문들 중 그 어느 것도 시시하거나 무익한 것은 없다. 이 모든 질문들은 결국 반드시 다루어져야 할 쟁점들을 잘 조명해 준다. 그러나 이러한 질문들은 문제의 핵심에 자리잡고 있는 것은 아니다. 역사적으로 말해서, 이 질문들은 모두 이런저런 방식으로 매우 시대착오적인 것으로 보인다.[90]

(1) 물론, "정치"라는 단어는 많은 학자들이 연구를 수행하고 있는 오늘날 세계, 즉 오늘날 서구 민주주의 세계 속에서 온갖 종류의 뉘앙스들을 지니고 있다. 현대 서구 세계 속에서 정치는 흔히 "종교"와는 아무런 상관이 없는 것으로 생각된다. 물론, 이것은 계몽주의 유산 중의 일부이다; 역사의 대부분 시기들 속에서 및 오늘날까지 세계 대부분의 나라들 속에서, 이 둘은 서로 풀 수 없을 정도로 얽혀 있다. 대제사장 가문이 통치에 관여하고, 바리새인들이 정치적으로 활동하며, 거룩한 혁명가들이 있었고, 경건하지만 정치적으로 좌절에 빠진 농민층이 있었던 주후 1세기 팔레스타인도 분명히 이러한 구분에 대하여 당혹해했을 것이다. 예수를 "비정치적인" 인물로 바라보려는 시도들은 반드시 실패할 수밖에 없었다. 좀 더 정교한 뉘앙스를 파악하는 것이 반드시 필요하다: 하나님 나라를 선포하고 있었던 사람은 비록 그가 견유학파적 의미에서 그런 말을 했다고 할지라도, 어쩔 수 없이 정치적 활동에 참여하고 있는 것이 되었다. 그러므로 문제는 그들이 어떤 종류의 정치를 수행하고 있었고, 어떤 목적을 염두에 두고 있었느냐 하는 것이다.

(2) 하나님 나라의 도래 시기와 관련해서, 흔히 세상의 종말을 가리키는 것으로 생각되었던 본문들은 사실은 훨씬 더 유대적 의미를 지니고 있다. 이것은 결정적으로 중요한 문제는 하나님 나라의 도래 시기에 관한 문제가 아니라 그

---

89) 최근의 것으로는 독일의 오랜 전통을 따르고 있는 Vermes 1993, 180.
90) Caird 1980, 111을 보라.

내용에 관한 문제라는 것을 보여준다. 우리가 무엇이 말해지고 있는지를 알 때까지는, 어떻게 우리가 그것이 현재적인지 미래적인지를 말할 수 있겠는가?[91] 그러므로 이것은 다시 한 번 예수의 선포의 성격 및 예수가 그러한 선포를 하면서 품었던 목적들이라는 문제로 우리를 되돌아가게 해 준다.

(3) 이스라엘의 하나님이 가까이 계신지 또는 멀리 계신지에 관한 문제도 마찬가지이다. 주후 1세기 유대인들 가운데에는 그러한 것들을 추상적으로 생각했던 사람들이 있을 수 있지만, 우리의 증거들은 좀 더 중요한 문제는 이 하나님이 오랜 기간의 포로생활 후에 심판 또는 긍휼을 가지고 곧 도래하실 것이라는 것에 관한 것이었다는 것을 보여준다. 우리가 제13장에서 좀 더 살펴보게 될 이 기대에 대한 강력한 증거들은, 이스라엘의 하나님이 존재론적으로 또는 형이상학적으로 멀리 계시다고 인식되었다는 것을 주장하기 위하여 사용되는 경우에는 심각하게 왜곡된다. 그러한 사고는 18세기의 이신론 또는 에피쿠로스 학파의 사상 세계에 속하는 것이지 결코 주후 1세기 팔레스타인에 속하는 것이 아니다.[92] 결정적으로 중요한 문제는 이런 것이었다: 야훼는 그가 약속한 대로 언제 시온으로 되돌아와서 자기 백성과 함께 거하며 그들을 용서하고 회복하실 것인가?

(4) 실제로 하나님 나라라는 표현 속에는 상당한 정도의 암묵적인 기독론이 존재하는 것은 사실이지만, 우리는 그것을 피상적으로 읽어내서는 안 될 것이다. 그와 같은 것은 우리가 예수가 하나님 나라라는 표현 자체를 통해서 정확히 무엇을 말하고 있었는지를 충분히 이해하게 되면 저절로 드러나게 될 것이다(우리가 본서의 제3부에서 보게 되겠지만). 이 논의가 도중에서 자꾸 끊어지지 않게 하는 것이 아주 중요하다. 내가 앞서 논증했던 것처럼,[93] 하나님 나라의 선포는, 주후 1세기의 그 밖의 다른 "지도자적" 예언자 또는 자칭 메시야의 경우에서와 마찬가지로, 암묵적이지만 분명한 자신에 대한 언급을 포함하고 있었다. "예수는 하나님을 선포하였고, 교회는 예수를 선포하였다"라는 과거

---

91) 아래의 제10장을 보라.

92) 성전의 파괴 후에 하나님의 부재의 의미에 대해서는 *NTPG* 161과 위의 324f.를 참조하라.

93) 위의 199f.; 또한 아래의 제11장을 보라.

의 도식은 핵심을 놓친 것으로서, 예수는 자기 자신의 독특한 역할에 관한 그 어떤 특정한 신념들을 지니고 있을 수 없었다는 비역사적인 독단을 반영하고 있는 것이다. 자기 자신의 소명에 대한 예수의 이해가 어떤 식으로 자기 자신에 대한 암묵적인 이해와 밀접하게 연관되어 있었느냐 하는 것은 하나님 나라의 선포라는 문제를 넘어서서 앞으로 우리가 제3부에서 살펴보게 될 그 성취에 관한 문제로서 세심하게 고찰할 필요가 있다.

(5) 하나님 나라와 교회를 동일시하는 것은 좋게 말해서 말 앞에 수레를 다는 격이고, 나쁘게 말해서 완벽한 시대착오적인 생각이다. 사실, 어떤 의미에서는 예수를 따르는 무리들의 공동체는 예수의 하나님 나라 선포의 전체적인 의미의 일부였다. 그러나 이러한 의미를 기반으로 해서 우리가 예수께서 갈릴리 여러 마을들을 돌아다니면서 하나님 나라를 선포하였을 때에 예수는 사람들에게 자기가 교회를 세우려고 한다고 말한 것으로 단언할 수 있기 위해서는 너무도 많은 것들을 수정하고 검토하지 않으면 안 된다. 좀 나쁘게 말해서, 그런 것은 바울이 자신의 서신서들을 쓰기 위하여 어떤 종류의 컴퓨터를 사용했는지를 알아내려는 시도와 마찬가지로 터무니없는 일이라고 하지 않을 수 없다. 또한 우리가 제3장에서 보았듯이, 우리는 하나의 허수아비("예수는 건물들과 주교들과 추기경들과 촛대들로 가득 찬 교회를 세우기 위하여 왔다")를 만들어 내어서 이른바 중립적이고 공정한 역사적 연구를 통해서 그 허수아비를 짓밟아버리는 일을 즐겼던 오늘날의 몇몇 저술가들의 반교회적인 정서에 의해서 방해를 받아서는 안 된다.[94] 이런 식의 주장을 하는 사람들이 무시하고 있는 것은 제2성전 시대에는 많은 지도자적 예언자들이 존재하였고(우리는 몇몇 사람에 대하여 알고 있지만, 아마도 그 밖의 다른 사람들도 있었을 것이다), 지도자적 예언자의 핵심은 무리들을 이끌고 지도하는 것이며, 이렇게 지도를 받은 무리들은 모종의 공동체를 형성하여 원칙적으로 그 이후로 오랫동안 지속되었다는 사실이다. 제2성전 시대에 그 가장 대표적인 예가 에세네파이다. 에세네파는 의의 교사가 창시한 후에 두 세기에 걸쳐서 존재하였는데, 만약 주후 70년에 로마인들이 없었다면, 아마도 지금까지 존재하였을 것이다. 사마리

---

94) Wilson 1992은 그러한 저술가들의 긴 계보 중에서 가장 최근의 저술가 중 한 명이다.

아인들은 주후 70년에 살아남아서 지금까지 현존해 있다.[95]

그렇다면 하나님 나라에 대한 이해에 있어서 중심적인 것은 무엇인가? 우리는 이에 대해서 조금 전에 살펴본 바 있다: 이스라엘을 신원하고 이스라엘의 원수들을 패배시키는 계약의 하나님의 구원하시는 주권(sovereignty)에 대한 유대인들의 기대. 주후 1세기 유대인들에 관한 한, 오늘날 학계에서 제시하고 있는 재정의들의 대부분은 사실 별 상관이 없다. 내적인 평안만으로는 사람이 무거운 세금 부담 아래에서 근근이 살아가기가 힘들었을 것이다. 시공간으로 이루어진 우주의 종말은 하늘과 땅의 창조주이신 야훼가 자기 자신 및 그의 백성을 신원하시고, 그들의 땅을 깨끗케 하셨다는 표징이 될 수 없었다. 유대인들의 소망은 민족 전체에 초점이 맞추어진 구체적이고 특정한 것이었다. 빌라도가 여전히 유대 땅을 통치하고 있다면, 하나님 나라는 아직 온 것이 아니었다. 성전이 재건되지 않았다면, 하나님 나라는 아직 온 것이 아니다. 메시야가 임하지 않았다면, 하나님 나라는 아직 온 것이 아니다. 이스라엘이 토라를 합당하게 준수하고 있지 않다면(우리가 그것을 어떤 식으로 정의하든), 하나님 나라는 아직 온 것이 아니다. 이교도들이 패배를 당하고 가르침을 받기 위해 시온으로 떼지어 몰려오지 않는다면, 아직 하나님 나라는 온 것이 아니었다. 이런 식의 유형적(有形的)이고 현세적인 준거점들(예수를 유대적 혁명가로 묘사하는 자들의 강점)은 극히 중요하다. 하나님 나라에 대한 재정의를 시도하여 왔던 오늘날 대부분의 학자들은 그러한 본질적으로 유대적 개념들은 이미 한물갔다고 생각하여, 서둘러 화려한 지성(知性)의 성소에서 예배하기 위하여 몸이 더럽혀지는 것을 피하려고 다른 쪽으로 건너가 버렸다.

이런 일이 왜 벌어졌는가? 결국, (적어도) 슈바이처 이래로 서양의 학계에서는 우리가 예수에 관하여 말하는 것을 실제적인 역사에 비추어서 그 근거를 제시하는 것이 중요하다고 느껴왔다. 그러나 슈바이처에 의해서 제시된 역사는 점점 더 비역사적인 발전들을 만들어 왔다. 우주의 종말을 예언하는 인물로서의 슈바이처의 예수는 현대적 현실 인식과 너무 달랐고 너무도 요원하게 보였기 때문에, 그의 예수상은 실제 역사와 부합해서라기보다는 독특했기 때문

---

95) 오늘날의 사마리아인들에 대해서는 **R. T. Anderson** 1992와 거기에 나오는 참고문헌들을 참조하라.

에 학자들로부터 받아들여졌다. 이와 동시에, 그것은 온갖 종류의 해석 가능성들을 열어 놓았는데, 특히 예수에 대해서 잘못 이해하고 있기 때문에, 슈바이처가 말한 것을 넘어서서 새로운 사고방식들로 옮겨가야 할 타당한 근거가 있다는 말이 나왔다는 점에서 더욱 그러했다. 이렇게 해서 슈바이처의 견해는 불트만의 실존주의와 도드의 도덕주의에 길을 내어주었다. 이 두 사람은 슈바이처의 견해에 전혀 동의하지 않았다. 이 견해도 종말이 한 세대 내에 올 것이라고 말하는 것으로 보이는 본문들이 사실은 문자 그대로 그런 것을 의미하지 않았다는 단서를 달아서 통속적인 밀레니엄 경건에 호소하였다.[96] 그러나 우리가 주후 1세기의 역사에 충실하고자 한다면, 우리는 새로운 노선을 따라서, 당시의 실제적인 신념들과 기대들에 비추어서, 자신의 동시대인들에 대한 예수의 도전을 그들의 생각과는 판이하게 다른 메시지라는 견지에서가 아니라(그들은 해방의 떡을 요구하였다; 예수는 그들에게 실존주의의 도를 주고 있었던 것인가?) 하나님 나라에 대한 재정의라는 관점에서 살펴보아야 한다. 문제는 "하나님 나라"가 예수에게 여전히 "이스라엘의 하나님 창조주가 마침내 그의 세계에 대한 자신의 주권적인 통치를 선언함으로써" 포로생활에서의 귀환, 야훼께서 시온으로 돌아오심, 이 계약의 하나님에 의한 이스라엘의 신원, 이스라엘의 원수들의 패배를 가져온다는 것을 의미하였는가 하는 것이 아니다. 문제는 주후 1세기 팔레스타인 내에서 그것이 지니고 있었던 기본적인 있는 그대로의 의미였다. 문제는 예수는 어떠한 생각에서 이러한 의미를 천명하였고, 어떻게 예수는 그의 가장 초기의 제자들 가운데서 나타났던 의미들을 만들어 내는 방식으로 이 개념을 재정의하였는가 하는 것이다.

이것은 방법론과 관련하여 아주 중요한 것을 말해준다. "하나님 나라"라는 어구가 등장하지 않는 경우일지라도, 이 어구에 의해서 상기될 수 있는 이야기가 존재한다.[97] 분명히, 혁명가들이 "하나님 외에는 왕이 없다"라고 말할 때, 그

---

96) 이것은 마가복음 13:26, 30("인자의 오심")에 나오는 은유적 언어를 문자 그대로 해석하고, 문자 그대로의 언어("한 세대 내에")를 은유적으로 해석하는 근본주의적 해석자들의 흥미로운 광경을 낳았다. 예를 들면, Gundry 1993, 466-70, 783-92에 나오는 입장들을 보라. 도덕주의자로서의 Dodd에 대해서는 Dodd 1961 [1935], 82f. 등을 참조하라.

97) cf. Meyer 1992a, ch. 1.

들은 "하나님 나라가 도래하고 있다"라고 말하는 사람과 동일한 사상 세계 속에서 움직이고 있는 것이다.[98] 그들은 그들이 말하고 있는 것들의 근저에 있는 동일한 서사에 호소하고 있다. 마찬가지로, 어떤 사람이 성전과 그 예배의 갱신, 거룩한 땅의 정화, 원수들에 대한 이스라엘의 신원, 이스라엘의 율법을 범하느니 차라리 죽음을 택하겠다는 것에 관하여 말할 때, 그들은 하나님 나라라는 어구는 사용하고 있지 않지만 장차 도래할 이스라엘의 하나님 나라에 관한 이야기를 말하고 있는 것이다. 만약 그들이 말은 하지 않지만 마치 이러한 목적들을 이루기 위한 것처럼 행동한다면, 또한 그러한 목적들이 어떤 식으로든 실현된다면(역설적인 방식으로라도), 그러한 상징적 실천은 그 근저에 있는 동일한 기본적인 이야기를 상기시킨다. 그러므로 우리는 우리의 연구를 "하나님 나라"라는 단어와 사전들 및 관주 사전들 속에 나오는 그것과 분명한 동의 표현들이 나오는 구절들로 국한하지 않도록 주의하여야 한다. 만약 우리가 그런 식으로 제한을 하게 된다면, 하나님 나라와 관련된 많은 내용들이 생략되고 말 것이다.

물론, 하나님 나라라는 어구가 실제로 등장하는 대목들을 검토하는 것은 아주 중요하다. 그러나 우리는 그러한 수많은 내용을 어떻게 체계화할 수 있는가? 이러한 말씀들을 정리하는 한 가지 방식은 그 말씀들이 등장하는 서로 다른 가설적인 자료들에 따라 배열하는 것이다: 삼중적인 전승, Q 자료, 마가 특수 자료, 마태 특수 자료, 누가 특수 자료, 그리고 물론 도마 복음서. 이와는 달리 우리는 그 말씀들을 내용에 따라 대체적으로 범주화하여 정리할 수도 있다. 이 두 가지 방식으로 정리한 말씀들이 부록에 나와 있다.[99] 종종 채택되는 세 번째 방식은 몇몇 잘 알려져 있지만 논란이 심한 구절들을 취해서 각각의 절을 토대로 한 주석을 시도한 다음에 마지막에 가서 모종의 종합을 이루어 내는 것이다. 얼핏 보면 아주 세련되어 보이는 이 방식은 실제로는 수레를 말 앞에 다는 것과 같다. 질기고 모래 같은 경구(警句)들로 시작하는 것은 별 도

---

98) 그러므로 요세푸스가 "하나님 나라"라는 어구 자체를 사용하지 않고 있고, 그러므로 그는 이 개념의 배경의 일부로써 인용될 수 없다고 반론을 제기하는 것(예를 들면, Duling 1992, 63)은 핵심을 놓치고 있는 것이다.

99) 아래의 663-71.

움이 되지 않는다;[100] 우리는 예수의 사역 전체를 검토하지 않고 이 경구들을 있는 그대로 의미를 파악할 수 없다. 이러한 경구들을 중심으로 삼는 사람들조차도 아주 명시적으로 예수의 공생애 사역 전체가 무엇과 같았는지에 대한 선험적인 개념을 토대로 해서 그런 작업을 진행한다.[101] 그러한 구절들은 종종 생각되는 것과는 달리 "기둥들"이 아니다. 우리가 그러한 경구들로 시작한다면, 그 경구들은 무거운 짐이 될 위험성이 많다.

그러므로 본서의 제2부의 나머지에서는 예수의 사역의 주요한 강조점들을 하나님 나라에 대한 유대적 기대와 관련된 예수의 재천명 및 재정의와 관련하여 개략적으로 분류하는 작업을 하게 될 것이다. 나는 앞에서 논의한 세계관 모형에 따라서 그 내용의 서로 얽힌 복잡성과 별개의 범주들로 나눌 수 없다는 것을 염두에 두고 그 내용을 조직화하였다. 우리는 실천으로 시작해서 이야기로 넘어가서 상징들과 질문들을 살펴볼 것이다. 이러한 과정 전체에 걸쳐서, 우리는 그 근저에 있는 메타 서사 또는 그 일부를 거듭거듭 상기시키고 조명해 주는 소규모의 서사들인 비유들을 활용할 수 있을 것이다. 이것은 우리를 제3부에서 우리가 이 그림 전체를 통합해서 예수의 목적들과 의도들, 예수의 기본적 및 부수적 신념들을 그의 사고방식과의 복합적인 관련 속에서 추적해 낼 수 있는 지점으로 인도해 줄 것이다.

3. 하나님 나라에 대한 재정의: 선포

---

100) 예를 들면, 특히 마 11:12/눅 16:16; 마 16:28/막 9:1/눅 9:27; 마 12:28/눅 11:20; 눅 19:11. 구체적으로 말하면, 막 1:15("하나님 나라가 가까이 왔으니")에서, 우리는 engiken, "가까이 왔다"의 의미를 놓고 끊임없이 고민할 수 있다; 눅 17:21("하나님 나라가 너희 가운데[entos hymon'] 있느니라")에서, 우리는 그 어구를 "너희 안에," "너희 가운데," "너희가 닿는 곳에," "너희의 힘 안에" 중 어느 것으로 번역할지를 놓고 끊임없이 논쟁을 벌일 수 있다. 우리는 좀 더 폭넓은 논의에 비추어 볼 때에만 이와 같은 본문들을 제대로 이해할 수 있게 된다. 아래의 제10장을 보라.

101) Mack 1988, 72: "예수의 말이 경구적인 성격을 지배적으로 지니고 있었다는 점을 고려하면, [예수는] [이 용어를] 그러한 스타일에 맞는 방식으로 사용하였을 것임에 **틀림없다**"(강조는 필자의 첨가); Funk, Scott & Butts 1988, 43: "큰 잔치"에 대한 마태의 수정들은 "예수에게 이질적인" 것이다(Funk & Hoover 1993, 235).

(i) 서론: 요약적인 선포들

우리는 앞 장에서 예수의 사역의 분명한 특징들은 누가 보더라도 그를 예언자로 두드러지게 부각시켜준 행위 및 가르침의 몇몇 양식들이라는 것을 살펴본 바 있다. 이제 우리는 예수의 예언자적 활동에서 결정적인 요소는 그가 말하고 행하였던 암묵적인 또는 명시적인 이야기였다는 것을 볼 차례이다. 그것은 절정에 다다른 이스라엘의 이야기였다: 오랫동안 기다려 왔던 순간이 도래하였다! 하나님 나라가 임하였다! 예수께서 말한 것의 요약문들로 (특히 마태복음에서) 반복해서 나오는 이러한 내용의 진술들은 오직 어떤 배경 속에서 한 말들로 생각할 때에만 제대로 이해될 수 있다. 이것들은 "프로도(Frodo)와 샘(Sam)이 파멸의 섬에 도착하였다" 또는 "그들은 곧장 집으로 갈 것이다" 또는 "제인은 아이를 가졌다"라고 말한 것과 같다: 청중들은 맥락, 즉 이 드라마의 이전의 막들을 알고 있는 것으로 전제된다는 말이다. "하나님 나라가 가까웠다"라고 말하는 것은 청중들이 "지금까지의 이야기"를 알고 있고, 그 다음에 어떻게 그 이야기가 완결될 것인지를 기다리고 있을 때에만 의미를 지니게 된다.

하나님 나라 선포가 더 큰 이야기의 일부로서의 성격을 지니고 있다는 이러한 인식은 우리로 하여금 역사성(historicity)에 대한 예비적인 평가를 가능하게 해 준다. 우리는 하나님 나라에 관한 예수의 선포가 역사적인 의미를 지니려면, 그 선포는 유대적 배경 속에서 분명하게 이해될 수 있는 내용임과 아울러 초대 교회에서 등장했던 "하나님 나라"에 관한 서로 상당히 다른 뉘앙스들에 대한 전제로서의 기능을 해야 한다는 것을 기억하여야 한다. 또한 이와 동시에, 이러한 선포는 당시의 유대적 배경 속에서 통용되었던 몇몇 전제들에 대하여 도전하는 것임과 아울러 예수의 부활 사건 이후 제자들의 사역이 아니라 오직 예수의 공생애의 특징을 이루었던 특별한 초점을 보유하고 있어야 한다. 즉, 예수의 선포는 유대교 내에 위치하고 있어야 하지만, 그것은 하나의 도전이어야 한다; 예수의 선포는 초대 교회에 대한 전제여야 하지만, 그 청사진이 되어서는 안 된다. 우리가 앞에서 논증했듯이, 이중적인 유사성과 이중적인 상이성은 역사성을 주장하는 그 어떤 분석과 관련해서도 하나의 특징을 이루고 있어야 한다.[102]

이것은 마태복음과 마가복음에 보도되고 있는 예수의 공생애와 관련된 서

만들어서 예수와 함께 이스라엘이 되는 그의 새로운 방식에 참여하도록 초청하는 행위를 통해서, 하나님 나라를 개시시킨다. 청중들은 그들 자신의 현재적인 이야기 — 민족 해방에 관한 이스라엘의 꿈에 관한 이야기 — 가 예수께서 지금 말씀하고 있는 위험스럽고 혁명적인 이야기로 전복되고 수정되고 있다는 것을 이해하도록 요구받는다. 비유들은 단지 정보만을 제공해주는 것이 아니라 도전을 준다; 비유들은 새로운 실천을 촉구하고, 상징 세계의 질서를 재편하며, 기존의 이해들을 깨뜨리고, 새로운 이해들을 역설하기 위한 목적을 지닌 이야기들이다.

이스라엘의 이야기를 엄청나게 새로운 뉘앙스를 부여하여 들려주고 있는 이러한 이야기들이 지닌 전복적인 성향은 거듭거듭 다음과 같은 도발적인 도전을 초래한다: "너희에게 귀가 있다면, 들으라!" 이 말을 공적인 이야기에 첨가하고 있다는 것은 지금 말해지고 있는 것이 암호적인 성격을 지니고 있다는 것을 보여주는 것이고, 현재의 상황 속에서 모종의 은밀함이 꼭 필요하다는 것을 보여주는 것이다.[115] 전승 속에서 확고하게 입증되는 이 말씀은 내가 제시하고 있는 비유들에 대한 읽기를 더욱 공고하게 해 준다. 물론, 비유들 속에 자주 등장하는 묵시론적 이미지들은 이스라엘의 소망에 대한 전복적인 새로운 읽기를 전달할 때에 유대인들이 전형적으로 사용하는 방식을 반영하고 있다.[116] 비유들은 유대적인 기대를 확증함과 동시에 그것이 근본적으로 새로운 방식으로 성취되고 있다는 것을 선언하는 이야기들이다.

---

115) 마 11:15(요한이 엘리야라고 선언한 후에); 마 13:9/막 4:9/눅 8:8(씨 뿌리는 자의 비유 다음에); 마 13:43("가라지들"에 관한 설명 다음에); 막 4:23(은밀한 것들이 드러나게 될 것이다); 7:16(마음에서 나오는 것이 사람을 더럽힌다; 이 절은 몇몇 좋은 사본들에서 생략되어 있다); 눅 14:35(쓸모 없는 소금은 밖에 버리워질 것이다). 복음서 기자들의 저작 속에서, 이러한 암호 같은 의사전달에 대한 병행은 마 24:15/막 13:14에 나오는 "읽는 자는 깨달을진저"라는 말이다; 달리 말하면, 이러한 것들은 지금은 공개적으로 말할 수 없다는 것이다. Cf. *NTPG* 390-6. 또한 계 13:9, 18; *Thom.* 8:2(고기 잡는 그물); 21:5(은밀하게 자라는 씨앗); 24:2(빛과 어둠); 63:2(어리석은 부자); 65:2(악한 농부들); 96:2(누룩)을 보라.

116) 특히 마가복음 4장에 나오는 비유들의 묵시론적 배경에 대해서는 cf. 4 Ezra 4:26-32; 8:41-5; 9:26-37. 이러한 것들은 Boucher 1977, 45-53; Drury 1985, 26f., 53에서 다루어지고 있다; cf. *NTPG* 433f.

(b) 씨 뿌리는 자[117]

씨 뿌리는 자의 비유 속에 나오는 온갖 이상한 내용들 중에서 가장 이상한 것은 바로 이것이다: 여전히 이 비유가 원래 어떤 의도로 말해졌는지에 대한 그 어떤 의견의 일치도 존재하지 않는다는 것.[118] 이 비유가 공관복음서들 모두에서 및 예수의 가르침 자체 속에서 차지하는 중요한 위치를 고려할 때, 이것은 역사가들이 아직 예수의 공생애 속에서 꽤 중심적이었던 그 무엇을 포착하지 못했다는 것을 보여주는 것으로 간주되어야 한다. 여기서는 이 비유가 도마복음서 저자 및 각각의 공관복음서 기자들에게 무엇을 의미했는가라는 복잡한 문제는 차치해두고, 나는 우리가 방금 살펴본 하나님 나라 선포라는 배경 또는 맥락이 하나의 돌파구를 열어줄 것이라고 생각한다.

나는 예수가 이 비유를 사용했을 때에 씨 뿌리는 자의 비유(또는 이 비유를 어떤 이름으로 부르든 상관이 없다; 여러 가지 이름들이 시도되어 왔으나, 모두 논란이 되고 있다[119])는 두 가지 밀접하게 연관된 내용을 의미하고 있다고 주장한다. 이 비유는 이스라엘의 이야기에 대한 "묵시론적" 다시 말하기를 연상시키는 이미지들과 구조를 사용하여 이스라엘의 이야기, 특히 포로생활에서의 귀환을 역설적인 결론을 가지고 말하고 있고, 예수의 사역에 관한 이야기를 역설적인 결과를 지닌 그 큰 이야기의 성취로 말하고 있다. 여러 가지 단서들이 이러한 이중적인 방향을 보여준다.

---

117) 마 13:1-23/막 4:1-20/눅 8:4-15/*Thom.* 9; cf. *Ap. Jas* 6:11; 8.1f.; *1 Clem.* 24:5; Justin *Dial.* 125:1-2. *In. Thom.* 12:1-2에서 이 비유는 소년 예수가 행한 이적이 되어 있다. 이 비유에 대해서는 위의 279쪽에 열거된 주석서들 및 저서들 외에도 Garnet 1983; Chilton 1984a, 90-8; Marcus 1986; 그리고 Guelich 1989, 186f., 198f., 215f.에 나오는 그 밖의 여러 참고문헌들; Davies & Allison 1988-91, 2:403-6을 보라.

118) Boucher 1977, 47; Hooker 1991, 124; 그리고 현대적인 전통의 많은 부분의 배후에 있는 Bultmann 1968 [1921], 199f.: "많은 비유들의 원래의 의미는 복원할 수 없게 되어 버렸다" — 이 비유를 예로 들면서.

119) 예를 들면, "밭들," "씨앗들" 등; 적어도 마태복음은 그것을 "씨 뿌리는 자의 비유"로 지칭한다(13:18). Garnet(1983, 41)은 "씨앗의 운명들에 관한 비유"라고 말한다. Aland의 *Synopsis,* 174(para. 122)에서는, 라틴어 및 영어 표제들은 "씨 뿌리는 자"를 언급하고 있고, 독일판본에서는 "밭들"을 언급한다.

첫째, 세 개의 공관복음서 속에 나오는 현존 형태의 이 비유는 양식 및 내용에 있어서 창조주가 세상 및 이스라엘을 다루시는 것에 관한 이야기를 암호같이 말하면서 그러한 이야기가 어떻게 그 극적이고 놀라운 절정에 도달하고 있는지를 보여주기 위하여 사용되는 "묵시문학"이라는 서사 양식을 보여준다.[120] 이러한 묵시문학의 분명한 예는 머리는 금으로 되어 있고 가슴은 은으로 되어 있으며 배는 청동으로 발은 진흙으로 되어 있는 커다란 신상에 관한 이야기를 말하고 있는 다니엘서 2:31-45이다. 묵시문학의 환상들에서 전형적인 알레고리적 양식으로 되어 있는 이것은 당시의 한 나라의 여러 다른 특징들을 가리키는 것이 아니라(학자들이 지금까지 주장해 왔던 것과는 달리) 앞으로 진행될 세계사 속에서의 서로 다른 여러 나라들, 즉 연속적인 단계들을 가리키는 것으로 해석된다. 이러한 일련의 나라들의 끝에는 산에서 뜬 돌이 나타나서 이 신상의 발을 가루로 만들어 파괴하게 될 것이다; 그런 다음에 이 돌은 산이 되어서 온 땅을 채우게 된다. 이것은 창조주 하나님이 그날에 세우실 결코 멸망받지 않을 나라를 나타낸다.

다니엘서 2장과 마가복음 4장의 병행 관계는 여러 가지 것을 시사해 준다. 다니엘서 2장에 나오는 환상은 하나님 나라 및 하나님 나라가 세상의 나라들에 대하여 승리를 거두는 것에 관한 것이다. 이러한 환상의 계시는 그 어떤 다른 방식으로는 알 수 없는 "비밀"의 계시로서 묘사된다.[121] 진흙으로 된 신상의 발을 가루로 만든 다음에 거대한 산이 된 "돌"은 특히 "돌"(히브리어로 "에벤")과 "아들"(히브리어로 "벤")간의 잘 알려진 단어 유희로 인해서 주후 1세기에 몇몇 분파들에 의해서 메시야적으로 읽혀졌음이 분명하다;[122] 그리고 이 구절은 네 왕국과 "인자"에 관하여 말하고 있는 다니엘서 7장과의 자연스러운 연결고리를 제공해 준다.[123] 이 다니엘서 구절의 주제들은 분명히 마가복음,

---

120) *NTPG* 393f., 433; 그리고 위의 362-378을 보라.

121) 단 2:17-23: 그리고 18, 19절에서 핵심 단어는 칠십인역에서 "뮈스테리온"(*mysterion*)으로 번역되고 있는 *raz*이다.

122) cf. Snodgrass 1983, 113-18; 최근의 것으로는 출 28:9f., 사 54:11-13 등과 그 밖의 대목들을 인용하고 있는 Gundry 1993, 689-91. 시 118:22f.에 나오는 버린 돌을 아브라함, 다윗, 메시야로 규정하고 있는 랍비 본문들은 SB 1:875f.에 수집되어 있다. 아래의 763을 참조하라.

특히 4장에 나오는 주제들과 상당한 정도로 공통점을 지닌다. 신상들과 씨앗들(또는 밭들)은 사과와 코끼리만큼이나 다르고, 다니엘서에서는 연대기적인 일련의 사건들을 묘사하고 있는 데 반해서, 이 비유는 동시적으로 일어나는 서로 다른 일들에 관하여 묘사한다는 이유를 들어서 현학적으로 반대하는 것은 옳지 못하다. 여기서 내가 말하고자 하는 요지는 마가복음 4:1-20과 그 병행문들의 양식이 묵시문학의 양식과 닮은 것처럼(그 암호적인 이야기, 비밀들의 계시에 관한 이행문, 조목조목에 대한 해석) 내용도 서로 아주 밀접하기 때문에(실패한 씨 뿌림들, 성공적으로 세워진 창조주 하나님 나라는 비밀스러운 하나님의 계획의 계시, 메시야에 대한 계시로 보아지는 것), 증거를 왜곡하거나 단순한 우연으로 돌리는 것은 잘못이라는 것이다. 우리가 이 비유를 주후 1세기 유대적 배경 속에서 읽는다면, 씨 뿌리는 자의 비유는 신상에 관한 환상과 마찬가지로 세상의 나라들과 하나님의 나라에 관한 이스라엘의 주류 이야기를 다시 말하고 있는 것으로 이해되어야 한다.

씨 뿌리는 자의 비유가 이스라엘 이야기를 다시 말하고 있는 것이라는 두 번째 단서는 악한 농부에 관한 비유(마가복음 12:1-12과 그 병행문들)와의 꽤 밀접한 병행 관계 속에서 찾아볼 수 있다.[124] 이 비유가 이스라엘 역사를 야훼가 예언자들을 보냈고 마지막에는 그의 아들을 보냈다는 관점에서 이야기하고 있다는 것은 전혀 의심의 여지가 없다. 예언자들은 "열매"를 요구하고 있는데, 물론 실패한 씨앗들은 이 열매를 맺지 못하고, 성공적인 씨앗은 풍성하게 맺는다.[125] 예언자들은 계속해서 등장한다: 첫 번째는 매 맞고, 두 번째는 머리에 상처를 입으며, 세 번째는 죽임을 당한다.[126] 마침내 야훼는 그의 "아들"을

---

123) cf. *NTPG* 313-17과 아래의 761f.

124) cf. 아래의 757-763.

125) cf. 막 12:2/마 21:34/눅 20:10; 마 21:41.

126) "그 밖의 다른 많은 사람들"이 이것 이후에 보내심을 받았다는 언급(누가와 도마복음서에는 없는 막 12:5/마 21:36)은 몇몇 학자들에 의해서 후대의 첨가로 여겨지고, 이 이야기의 깔끔한 패턴을 망치고 있다고 말해진다(cf. Gundry 1993, 685f.). 그러나 이 이야기는 이야기 구조의 형식적 법칙들에 의해서가 아니라 많은 예언자들이 보내심을 받았고 거부되었다는(렘 7:25; 25:3과 그 밖의 여러 곳을 비교하라) 이스라엘 역사에 대한 암호 같은 언급에 의해서 지배되고 있다. 따라서 마가

보내고, 이 아들은 비록 거부를 당하지만 시편 118:22에서 말하고 있는 "돌"이 된다. 세 번에 걸친 파송은 아무런 열매도 없이 끝나고 만다; 그런 다음에 마지막 파송은 겉보기에는 실패로 끝나버리는 것 같지만 실제로는 결국 주인이 열매를 얻는다는 것과 "돌"인 아들이 거부를 당하지만 결국 모퉁잇돌이 된다는 점에서 성공을 거둔다. 이것은 예수가 이스라엘 이야기를 전복적으로 다시 말한 것과 같은데, 이것은 정확히 성전에서의 예수의 행위와 일치한다.[127] 이것은 다니엘서 2장을 여러 가지 점에서 상기시킨다; 나는 이것이 씨 뿌리는 자의 비유 속에서 진행되고 있는 일과 아주 비슷한 것을 묘사하고 있다고 생각한다.

이 비유가 이스라엘 이야기를 다시 말하고 있다는 것을 보여주는 세 번째 단서 — 그리고 이것은 또한 이 이야기 내에서 화자와 청중이 어디에 속해 있는가를 보여주고 있는 것이기도 하다 — 는 이 이야기의 핵심, 즉 "씨앗"이라는 개념 자체에 있다. 제2성전 시대 유대교 내에서 "씨앗"이라는 개념은 마침내 포로생활이 끝나고 귀환하게 될 "남은 자"를 나타내는 상징으로서의 역할을 할 수 있었다. "씨앗"은 이스라엘의 하나님이 마침내 행동하실 그때에 신원을 받아서 자기 땅에 다시 "뿌려질" 참 이스라엘을 가리키는 은유이다.[128] 그러므로 그 누가 뿌려진 씨앗에 관한 이야기를 말하면서 하나님 나라를 선포한다

복음과 마태복음에서 이 이야기가 조악하게 "확장된" 것이라기보다는 누가복음과 도마복음서에서 이 이야기를 알맞은 규모로 부드럽게 축소시켰다고 보는 것이 훨씬 더 가능성이 있다.

127) 아래의 757-763.

128) 이러한 용법은 적어도 포로로 끌려가면서 넘어진 이스라엘이라는 나무를 언급하고 있는 사 6:13c("거룩한 씨가 이 땅의 그루터기니라")로 거슬러 올라간다. 물론, 이것의 배후에는 Tob. 4:12 등에 반영되어 있는 아브라함과 그의 "씨"에 대한 약속이 자리잡고 있다(창 12:7; 13:15 등). 포로생활에서의 귀환을 "씨 뿌리는 것"으로, 포로에서 돌아온 자들을 "씨"로 보는 개념에 대해서는 cf. 스 9:2(cp. 1 Esdr. 8:70, 88); 시 126:6; 사 1:9(롬 9:29에서 이런 의미로 인용되고 있는); 31:9 LXX; 37:31f.("유다 족속 중에 피하여 남은 자는 다시 아래로 뿌리를 박고 위로 열매[LXX sperma, "씨"]를 맺으리니 이는 남은 자가 예루살렘에서 나오며 피하는 자가 시온 산에서 나올 것임이라"); 43:5("네 자손을 동방에서부터 오게 하며 서방에서부터 너를 모을 것이며") - 44:3; 45:26; 53:10; 54:3; 60:21; 61:9; 65:23; 66:22; 렘 24:6;

면, 그것은 남은 자가 지금 돌아오고 있다고 말하는 것과 같은 것이었다. 포로 생활은 끝이 났다. 너희의 하나님이 마침내 좋은 씨앗을 뿌려서 그의 참 이스라엘을 만들어 내고 계시다. 이 비유의 해석에서 "씨앗"은 "말씀"이라는 것에 반론을 제기하는 것은 옳지 않다.[129] 그것은 포로생활에서의 귀환에 관한 고전적이고 핵심적인 예언들 중의 하나에서 우리가 예상할 수 있는 바로 그것이다:

> 이는 비와 눈이 하늘로부터 내려서
> 그리로 되돌아가지 아니하고 땅을 적셔서
> 소출이 나게 하며 싹이 나게 하여
> 파종하는 자에게는 종자를 주며 먹는 자에게는 양식을 줌과 같이
> 내 입에서 나가는 말도 이와 같이
> 헛되이 내게로 되돌아오지 아니하고
> 나의 기뻐하는 뜻을 이루며
> 내가 보낸 일에 형통하리라
> 너희는 기쁨으로 나아가며
> 평안히 인도함을 받을 것이요
> 산들과 언덕들이 너희 앞에서 노래를 발하고
> 들의 모든 나무가 손뼉을 칠 것이며
> 잣나무는 가시나무를 대신하여 나며
> 화석류는 찔레를 대신하여 날 것이라

31:27; 32:41; 46:27("내가 너를 먼 곳에서 구원하며 네 자손을 포로된 땅에서 구원하리니 야곱이 돌아와서 평안하며 걱정 없이 살게 될 것이라 그를 두렵게 할 자 없으리라"); 겔 17:22f.; 36:8-12(전체적인 맥락에 주의하라); 호 2:23; 암 9:15; 슥 10:8f.; 말 2:15. 성서 이후 시대의 자료로는 cf. *Jub.* 1:15-18; 21:24; *Ps. Sol.* 14:2f.; *En.* 62:8; 4 Ezra 8:41(현재 논의중인 비유와 매우 비슷한 직유); 1QM 13:7; 1QH 8:4-26; 17:14. 특히, Garnet 1983을 보라. 나는 내가 이미 갖고 있던 생각을 그의 도움을 받아 구체화시켰다 — 물론, 그의 개념들 중 몇몇은 내가 잘라내어서 다른 곳들에 갖다붙였지만.

129) 막 4:14/눅 8:11; 막 4:15/마 13:19/눅 8:12 등.

> 이것이 여호와의 기념이 되며
> 영영한 표징이 되어 끊어지지 아니하리라.[130]

이 비유(그리고 그 해석)의 몇몇 측면들과 이 대목 간의 밀접한 주제상의 연결고리들은 우리가 올바른 길을 가고 있다는 것을 강력하게 시사해준다. 씨앗을 뿌려서 가시와 엉겅퀴의 방해를 받지 않고 열매를 맺는 것은 야훼가 그의 말씀을 뿌리는 것에 관한 묘사로서, 그 결과는 포로생활에서의 귀환, 그리고 그에 따른 온 피조물의 갱신이다. 이 이야기의 핵심에는 예언자들이 예언했던 그때가 마침내 이르렀다는 암호적인 선포가 자리잡고 있다.

그러나 이 비유가 예수의 청중들에게 그들이 귀환의 시기에 살고 있다는 것을 알려주고 있다면, 이 비유는 또한 그들에게 마지막 추수의 때가 그들이 생각했던 방식과는 다른 방식으로 오게 될 것이라는 것을 경고하는 것이기도 하다. 이전의 실패한 "씨 뿌림들" 다음에 이제 완벽하게 성공적인 씨 뿌림이 있게 될 것이라는 것은 사실이 아니다. 이 비유는 연대기적인 순서를 묘사하는 것이 아니라, 동시적인 씨 뿌림들로부터 얻은 서로 다른 결과들을 묘사하고 있다. 이스라엘의 하나님은 활동을 개시하여 자기 백성을 회복시키려는 목적으로 그의 예언적인 말씀을 뿌리고 계시지만, 그 씨앗 중 상당수는 무익하게 될 것이고, 새들(사탄적인 세력들 또는 약탈적인 이방인들)에 의해서 먹혀버리거나 포로생활의 광야 속에 있는 바위들과 가시떨기 가운데서 소모되어 버려서, "포로" 상태에 여전히 머물게 될 것이다.[131] 하지만, 결국 있게 될 추수는 엄청날 것이다. 이것은 큰 잔치에 관한 예수의 이야기와 별반 다르지 않다. 잔치는 계속될 것이고, 집은 꽉 찰 것이지만, 원래의 손님들은 거기에 있지 않을 것이다.[132] 심판과 긍휼은 동시적으로 일어나고 있다.

---

130) 사 55:10-13.

131) 새들 = 이방인들: 겔 17:23; 31:6, 13; 단 4:12; = 사탄적인 원수들, *Jub.* 11:11; *Apoc. Abr..* 13:1-15; Guelich 1989, 202. 가시떨기 = 포로생활이라는 심판: 사 5:5f.; 7:23-5; 32:13; 겔 28:24; 호 9:6; 10:8; 물론, 이러한 것들 배후에는 창 3:18이 있다. 가시떨기 속에 씨를 뿌리는 것은 다가올 심판에 대한 예언적 경고의 일부로서 렘 4:3에서 금지된다; 또한 렘 12:13을 참조하라.

132) 마 22:1-14/눅 14:15-24/*Thom.* 64.

그러므로 이 비유는 단순히 정보만을 제공해 주는 것이 아니라, 흔히 지적되어 왔듯이, 그 자체로서 하나의 행위이다. 이 비유는 들을 귀를 가지고 있다는 것 자체가 진정한 남은 자의 표지들 중의 하나인 그러한 상황을 만들어 낸다. 현재 상태의 이스라엘은 겉보기에 포로생활로부터 돌아온 것처럼 보일 수 있다; 이스라엘은 변함없이 그리고 자동적으로 그들 자신이 야훼의 참된 백성이라고 생각하고 싶어할 수 있다; 그러나 오직 지금 선포되고 있는 말씀을 듣고 그 말씀을 굳건히 붙드는 자들만이 이스라엘의 하나님이 만들어 가고 있는 중인 남은 자를 이루게 될 것이다. 그렇지 않은 자들은 "악한 농부" 비유 속에서 예언자들의 부름에 응답하지 않고 거부한 자들과 같다. 그들은 스스로 심판을 자초하고 있는 것이다.

이러한 고찰들은 "씨 뿌리는 자의 비유"가 예수 자신의 사역 속에서 일어나고 있는 포로생활에서의 귀환에 관한 이야기라는 것을 강력하게 말해준다. 예수께서 이 이야기를 말하고 있는 것은 암호적인 경고와 초대이다. 이스라엘은 예수께서 지금 행하고 있는 것처럼 이스라엘의 하나님이 행하실 때에 지금의 모습으로는 재신임 받을 수 없다. 분명히 이 비유는 자기준거적(self-referential)이다; 이 비유는 그 자신의 효과를 설명하고 있다.

적어도 개략적으로는 이러한 견해와 비슷한 생각을 보여주는 최근의 한 저술가는 로버트 귈리히(Robert Guelich)였다. 씨 뿌리는 자의 비유는 다음과 같은 것에 관한 것이라고 그는 말한다:

> 역사에 있어서 하나님의 종말론적 활동의 결과, 마지막 추수 때에 관한 유대인들의 통상적인 기대보다 더 복잡한 결과 … 하나님의 종말론적 활동은 뿌려진 씨앗과 마찬가지로 반대와 실패를 만나지만, 또한 풍성한 수확도 거둔다.[133]

---

133) Guelich 1989, 197. 또한 cf. Dodd 1961 [1935], 135(은밀한 씨를 해설하고 있는): "이 비유는 사실상 너는 하나님이 그의 백성을 다루신 긴 역사가 그 절정에 도달하였다는 것을 보지 못하느냐라고 묻는다." 역설적 결과들(이스라엘은 씨 뿌리는 때가 아니라 추수 때를 기대했다; 하나님 나라는 숨겨진 것이 아니라 명백하게 드러나야 한다)에 대해서는 Evans 1990, 374를 참조하라.

이것은 올바른 방향에 서 있고, 이제 좀 더 정확하게 설명될 수 있다고 나는 주장한다. 내가 말했듯이, 이 비유는 두 가지 서로 밀접하게 연관된 이야기들 — 좀 더 정확하게 말하면, 두 가지 서로 다른 관점에서 본 동일한 이야기 — 을 말하고 있다.

한편으로, 이 비유는 이스라엘에 관한 당혹스러운 기나긴 이야기를 말하면서, 암호적으로, 그러나 들을 귀 있는 자들에게는 분명하게, 지금 마침내 그 이야기가 목표 지점에 도달하고 있다고 말한다. 이렇게 말하는 것은 그야말로 엄청난 주장을 하는 것이다. 예수는 자신의 공생애 사역과 하나님 나라 선포가 온 이스라엘 역사가 지금까지 탐구해 온 바로 그 지점이라고 말하고 있는 것이다. 우리가 그러한 주장이 얼마나 철저한 전복 성향을 지니고 있고 거의 죽음을 자초할 정도로 위험스러운 것인가를 알지 못한다면, 그것은 우리가 유대인의 왕이라 자처한 또 한 인물인 헤롯 안디바가 예수로부터 그리 멀리 있지 않다는 것을 잊어버린 까닭일 것이다. 헤롯 가문에 반기를 들었던 사람들은 결국 비참한 최후를 맞이하곤 했다.

다른 한편으로, 이 비유는 이스라엘 이야기를 말하고 있는 것이기 때문에, 그 이야기의 단순한 절정이 아니라 그 이야기의 요약으로서의 예수 자신의 사역에 관한 이야기를 말하는 것이기도 하다. 예수는 무엇보다도 먼저 예언자로서 예언자들이 지금까지 겪었던 운명을 동일하게 겪게 될 것이었다. 예수는 야훼의 새로운 창조의 말씀을 뿌리고 있는 예언자적인 인물이었다: 그러나 예수는 이사야와 마찬가지로 그 씨를 길 위에, 돌밭 위에, 가시떨기 사이에 뿌릴 것이다 — 마치 그가 포도원 농부들에게 예언자로 와서 거부당하는 것과 마찬가지로. 그러나(그리고 여기에 비밀이 있는데, 이에 대해서는 본서의 제3부에서 살펴보기로 하자), 바로 이러한 거부당함, 바로 이러한 실패 속에 하나님 나라를 세우시고자 하는 하나님의 계획이 들어 있었다. 버림받은 돌은 모퉁이의 머릿돌이 될 것이다. 포도원은 다른 사람들에게 주어질 것이고, 그들은 주인에게 열매를 바칠 것이다. 몇몇 씨앗들은 좋은 땅에 떨어져서, 풍성한 수확을 거두게 될 것이다.

그런 다음에 일이 어떻게 진행되는지를 잘 살펴보라. 예수는 씨 뿌리는 자가 밭에 씨를 뿌리는 것에 관한 이야기를 들려 준다. 학자들은 그 묘사가 당시의 팔레스타인에서의 농사 기법과 부합하느냐 않느냐를 놓고 논쟁을 벌여왔지만,[134] 그것은 사실 이 비유의 핵심을 벗어난 것이다. 이 비유의 이야기의 흐름 속에서(아마도 이런 일이 일어났을 것이라고 역사화하여 읽는 것과는 반대되는) 씨 뿌리는 자는 세 개의 장소에 씨를 뿌렸으나 열매를 거두지 못하고, 마침내 네 번째 장소에서 성공을 거둔다. 제2성전 시대 유대교의 암호적인 이야기들에 관한 전승 속에서, 우리가 다른 확고한 증거를 얻을 때까지는 우리가 전제해야 할 것은 씨 뿌리는 자는 야훼 자신이고 야훼께서 하고자 하는 것(씨 뿌리는 자가 바라는 것이 성공적인 씨앗을 심는 것이듯이)은 자신의 나라를 세우는 것이라는 것이다. 다른 여러 곳에 뿌려진 씨앗들은 열매를 맺지 못할 것이지만, 만족할 만한 큰 수확을 거두게 될 하나의 씨 뿌림이 있을 것이다.[135]

그러므로 예수는 이 이야기를 들려줌으로써 자신의 사역이 이스라엘의 이야기의 절정(climax)이자 요약(recapitulation)이라는 것을 보여준다. 절정이라는 것은, 마태와 누가가 서로 다른 맥락 속에서 기록하고 있듯이, 율법과 예언자는 요한의 때까지이고 그 이후에는 — 즉, 예수 자신의 사역 속에서 — 하나님 나라의 복음이 선포되어 왔기 때문이다.[136] 이스라엘의 기나긴 기다림은 끝이 났다; 야훼는 마침내 열매를 맺게 될 좋은 씨를 뿌리고 계신다. 악한 농부들의 경우와 마찬가지로, 이전의 씨 뿌림들은 예언자들이 이스라엘을 하나님에게로 돌아오게 하기 위하여 씨를 뿌렸으나 열매를 맺지 못한 것을 나타낸다. 예수도 일부 사람들에 의해서 버림을 받았지만, 궁극적으로 예언자들이 실패했던 바로 그곳에서 성공을 거둔다. 요약이라고 하는 것은 예수가 예전의 예언자들과 같은 예언자라면 예언자들이 초래하였던 — 그리고 받았던 — 반응

---

134) 논의와 참고문헌으로는 cf. Fitzmyer 1981, 703. 주요한 주창자들로는 Jeremias 1963a [1947], 11f.(이 비유는 그 문화에 부합한다)와 Drury 1973; 1985, 55-8(이 비유는 그 문화를 신비롭게 역전시킨다) 등이 있다. Jeremias는 Dalman 1926을 따르고 있다.

135) 또 하나의 논쟁은 종결된 것으로 보아야 한다: 삼십 배, 육십 배, 백 배는 실질적인 수확을 나타낸다; 평균적인 수확보다는 훨씬 많지만, 지나치게 과장되거나 기적적인 것은 아닌 수확량. Cf. Meyer 1979, 41; Guelich 1989, 195; Davies & Allison 1988-91, 2:385.

136) 눅 16:16/마 11:12f., 이 구절에 대해서는 아래의 714f.를 보라; cf. Meyer 1992a, ch. 2.

도 그의 것이 될 것이기 때문이다. 예수의 메시지는 대부분의 사람들에 의해서 거부를 당할 것이고, 그 결과 심판이 임할 것이다; 그러나 야훼의 구원과 관련된 기이한 목적들은 그런 것에 의해서 좌절되지 않고 오히려 성취될 것이다. 그러므로 이 이야기는 예수 자신의 사역에 관한 것이지만, 사람들이 종종 생각해 왔던 방식대로 전개되지는 않는다.[137]

우리는 이제 마가복음 4:12, 마태복음 13:13-15, 누가복음 8:10에 나오는 이사야 6:9-10의 인용문을 이해할 수 있게 되었다. 이 인용문은 오랜 세월 동안 주석자들과 신학자들을 대단히 많이 괴롭혀 왔다.[138] 이사야는 이스라엘을 철저한 심판을 통해서 긍휼로 오게 하는 기이한 사역을 하도록 예언자로 부르심을 받았다. 사람들의 마음을 완악하게 하는 과정("보기는 보아도 보지 못하고 듣기는 들어도 깨닫지 못하는 것")을 통해서 이스라엘 사람들은 심판을 맞게 될 것이다:

성읍들은 황폐하여 주민이 없으며 가옥들에는 사람이 없고 … 그 중에 십분의 일이 아직 남아 있을지라도 이것도 황폐하게 될 것이나 밤나무와 상수리나무가 베임을 당하여도 그 그루터기는 남아 있는 것 같이 … [139]

그러나 심판을 넘어서서 긍휼이 그 너머에 있을 것이다. 그리고 그 긍휼의 표적은 물론 타고 남은 그루터기 안에 숨겨진 "씨앗"이 될 것이다: "거룩한 씨는 그 그루터기니라."[140] 악한 농부의 비유가 이사야 5장을 상기시키듯이, 씨 뿌리는 자의 비유는 이사야 6장을 상기시킨다 ― 우연히 또는 모호하게가 아니라 이스라엘 이야기를 거부당한 예언자들, 그에 따른 심판, 심판의 다른 측면인

---

137) 이 비유는 단지 예수의 사역과 그것이 낳은 다양한 반응들에 관한 것이라는 견해에 대해서는 cf. Guelich 1989, 192; Nolland 1989, 376; Hooker 1991, 122f.

138) 예를 들면, Guelich 1989, 198-215; Hooker 1991, 125-9; Gundry 1993, 195-204에서의 최근의 논의들을 보라. 또한 cf. 요 12:40f.; 행 28:26f.; cp. 롬 11:8.

139) 사 6:11-13.

140) 칠십인역에는 빠져 있는 사 6:13의 이 마지막 어구는 1QIsa.에는 나온다. 이사야 6장과 마가복음 4장의 이러한 연관관계는 Bowker 1974; Evans 1981, 1985에 의해서 유익하게 탐구되었다.

갱신으로 이야기함을 통해서, 그리고 예수 자신의 사역을 그러한 예언자적 유산의 절정, 그러니까 요약 또는 재현으로 묘사함을 통해서. 예수에게 이사야는 이 이야기의 이전의 일부, 긴 줄거리 속에서의 그의 선임자들 중 하나, 자신의 소명 기사 속에 이미 그의 메시지가 필연적으로 거부당할 것이라는 매우 놀라운 진술을 담고 있는 그런 인물임과 동시에 그의 사역과 그 결과들을 자신의 사역 속에서 완성의 형태로 재현하게 될 그런 인물이었다.

이것은 예수가 비유들을 말한 것이 사람들로 하여금 그의 말을 이해하지 못하도록 하기 위한 것이라고 말하는 것처럼 보이는 마가복음 4:10-12에 나오는 분명히 예정론적인 구절로 보이는 대목의 수수께끼를 풀 수 있는 길을 보여준다. 사실 우리가 역사적 배경을 진지하게 고려하지 못할 때, 그렇게 해서 생겨난 공백 속에 예수는 무시간적인 진리들을 가르친 교사였다거나 알 수 없는 수수께끼들을 선포한 자였다는 식으로 일반화된 "신학"으로 채워 넣을 때, 그때에야 문제는 생겨난다. 비유들은 이 둘 중의 어느 것도 아니다. "들을 귀 있는 자는 들으라"; 삼척동자도 너무도 잘 이해한다면, 예언자의 운신의 폭, 그리고 아마도 생명은 단축되고 말 것이다. 예수는 자신의 하나님 나라 선포가 전복 성향을 지니고 있다는 것을 알고 있었다. 그것은 여러 가지 서로 다른 이유로 로마인들, 헤롯, 열심 있는 유대인들과 그들의 지도자들 ― 공직에 있든 없든 ― 에게 전혀 환영받지 못할 말이었다. 그러므로 예수는 "그들이 보고 또 보아도 결코 볼 수 없도록 하기 위하여" 비유로 말하지 않을 수 없었다. 오직 그것만이 안전한 길이었다. 오직 그것을 깨닫는 자들만이 예수가 무슨 일이 진행되고 있는 것으로 생각하고 있는지를 얼핏 엿볼 수 있었다.[141] 이러한 이야기들은 어쨌든 당분간은 검열을 통과할 수 있다. 좀 더 공개적으로 드러내 놓고 말할 때가 장차 올 것이다. 악한 농부 비유는 설명을 필요로 하지 않았다. "그들은 그가 그들을 쳐서 이 비유를 말하였다는 것을 알았고," 적절한 조치

---

141) 흔히 말하듯이, 이 비유는 예수가 그의 "가족"을 냉정하게 재정의하고 있는 마가복음 3장의 마지막 단락(막 3:31-5/마 12:46-50/*Thom.* 99/*G. Ebi.* 5)과 밀접하게 연관되어 있다. "누가 나의 어머니요 형제인가 하나님의 말씀을 듣고 행하는 자들이니라." 외부에 있는 "내부인"이 있고, 그 반대도 성립한다. 무리로부터 떨어져 있을 때에만 설명될 수 있었던 그 밖의 다른 암호 같고 전복적인 말씀들에 대해서는 마가복음 7:17; 10:10 등을 참조하라.

를 취하였다.

그러므로 이 비유의 두 번째 걸림돌이 공공연하게 드러난다. 예수는 이스라엘 이야기가 자신의 사역 속에서 절정에 도달하고 있다는 위험스러운 주장만을 하고 있었던 것이 아니었다. 예수는 이 절정은 이스라엘의 현재적 삶과 야망들을 승인하기는커녕 근본적으로 그러한 것들에 도전하고 있다고 주장하였다 — 따라서, 예수의 선포는 그들을 완악하게 하여 그들의 방식들에 머물게 하는 것이었다. 아들이 포도원에 올 것이고, 농부들은 그 아들을 거부할 것이다. 그들은 보고 또 보아도 결코 보지 못할 것이다.

이러한 통찰은 "비밀"(mystery)이다: 단순히 모호하거나 헷갈리는 것이라는 의미에서 "난제"(puzzle)가 아니라 지금 암호를 통해서 계시되고 있는 야훼의 은밀한 계획이다.[142) 제자들과 예수의 관계는 선견자와 천사의 관계와 같다. 예를 들면, 에스라4서 10:29-58을 보면, 10:38에서 화자는 에스라에게 지극히 높으신 이가 그에게 "많은 비밀들"[143) — 예루살렘에 임한 기이한 심판에 관한 비밀들 — 을 계시하였다는 것을 확증해 준다. "비밀," 이스라엘의 하나님의 은밀한 계획 전체는 이것이 바로 이스라엘을 향한 하나님의 계획이 이루어질 방식이었다는 것이다. 하나님은 번쩍이는 승리의 영광 속에서가 아니라 씨앗, 즉 오래 전에 약속했던 예언의 "말씀"을 뿌리는 것, 이스라엘과 세계를 새롭게 할 하나님의 보내신 대리인을 통해서 그의 백성을 구원하시러 올 것이다. (결국 "말씀"은 제2성전 시대 유대교의 사상이 세상과 이스라엘의 역사에 야훼께서 적극적으로 개입하신다는 것을 유일신 사상의 기본을 침해함이 없

---

142) 마가복음 4:11과 그 병행문들은 이스라엘의 하나님이 제자들에게 비밀을 주셨다고 말한다; 이것은 유대교 문헌 속에서 극히 드문 일로서, 일부 학자들은 예수가 그렇게 말했을 리가 없다고 생각하는데, 이것은 그럴 만하다(Harvey 1980, 335f.). 수동태인 "그것이 주어졌다"라는 표현은 분명히 하나님의 행동임을 보여준다. 그러나 이 말의 형태는 알려져 있지 않은 것이 아니었고, 어쨌든 아람어의 좀 더 자연스러운 관용어구를 그리스어로 표현하고자 하는 시도를 보여주는 것 같다: 1 *En.* 51:3; 68:1을 인용한 Gundry 1993, 197의 설명.

143) 라틴어로는 mysteria multa인데, 이 단어는 틀림없이 그 근저에 있는 그리스어 mysteria polla를 반영한 것이다. 에디오피아 판본에는 "숨겨진 비밀"로 되어 있고, 최초의 아랍어 판본에는 "권능있는 비밀"로 되어 있다. 4 Ezra에서의 "비밀"에 대해서는 특히 Stone 1990, 332-4를 보라.

이 표현할 수 있었던 여러 방식들 중의 하나였다.[144]) 그러므로 야훼의 돌아오심, 이스라엘이 종살이로부터 풀려나는 방법은 감춰짐(hiddenness)과 비밀스런 계시를 포함하게 된다. 계시된 것은 비밀이 무엇인가만이 아니라 그 계획이 실제로 하나의 비밀이라는 것도 포함되었다. 그것은 심판과 긍휼의 계획이었다; 헤롯 왕조를 통해서도 아니고 바리새 운동을 통해서도 아니고 성전에서의 대제사장의 활동을 통해서도 아니고 거룩한 혁명가들의 책략들 속에서도 아니고, 오직 예수 자신의 선포와 활동 속에서 이루어질 계획. 마가가 시사해 주듯이, 따라서 이 비유는 그 자체가 비유들에 관한 것이다.[145]

이렇게 해서 마침내 비유의 "설명"은 제자리를 찾게 된다.[146] "말씀"의 역설적인 예언적 "씨 뿌림들"은 예수 자신의 사역 속에서 재현되고 있었다. 사탄은 그 씨를 빼앗아 가기 위하여 활동 중이다.[147] 많은 사람들이 부르심을 받았지만, 택함받은 자들은 극소수였다; 많은 씨앗들이 뿌려졌지만, 수확으로 거둔 것들은 극소수였다 — 물론, 수확 자체는 풍성할 것이다. 이 설명은 예수의 말씀들에 의해서 사로잡힌 "내부인들"에 대한 도전으로서의 기능을 하였다. 그들은 끝까지 인내하여 열매를 맺는 자들이 되어야 한다. 그들 속에서 이스라엘의 운명이 실현될 것이다.

그러므로 복음서 기자들이 씨 뿌리는 자의 비유를 예수의 하나님 나라 선포에 관한 고전적인 비유로 다룬 것은 옳은 일이었다. 그것은 이스라엘 역사가 예수 자신의 사역을 통해서 그 위대한 절정의 순간에 도달하였다고 주장하였

---

144) cf. *NTPG* 256-9. 그 밖의 길들은 물론 토라(Torah), 셰키나(Shekinah), 지혜(Wisdom), 성령(Spirit)이다.

145) 막 4:13: "너희가 이 비유를 알지 못할진대 어떻게 모든 비유를 알겠느냐."

146) 이 설명이 근본적으로 비유와 함께 결합되어 있다는 문제와 관련하여 조류를 거슬러 왔던 학자들로는 Moule 1969; Bowker 1974; Payne 1980a & b; Gundry 1993, 204-11이 있다. 설명된 비유는 설명된 농담만큼이나 흥미롭다는 Caird의 반론(1980, 165f.)은 핵심을 놓치고 있는 것이다: 설명은 특히 둔감한 자들을 위한 것이 아니라 좀 더 깊은 비밀이 허용된 자들을 위한 것이다. 그러나 케어드는 계속해서 해석의 내용이 예수의 의도를 나타낼 가능성을 인정한다.

147) 위의 n.133을 보라. 나는 이 주제에 관한 미간행 논문을 내게 보여준 Michael Knowles 박사에게 감사한다.

다. 포로생활의 끝이 가까웠다; 잃어버린 씨앗의 때가 지나가고 있고, 결실의 때가 동터왔다; 계약은 갱신되어가고 있었다; 야훼는 그의 백성 가운데에서 그의 말씀을 "뿌리러" 그의 백성에게로 돌아왔고, 약속대로 마침내 그들의 운명을 회복할 것이다. 씨 뿌리는 자의 비유는 하나님 나라에 관한 이야기를 들려준다.

(c) 이스라엘 이야기에 관한 그 밖의 다른 비유들

이러한 범주에 속할 수 있는 모든 비유들을 충분히 다루기에는 지면이 허락하지 않는다. 우리는 그러한 비유들 중 몇몇이 이스라엘 역사가 그 역설적인 절정에 도달하였다는 것을 말하는 동일한 패턴을 보여준다는 것을 간단하게 살펴보고자 한다. 마가복음 4:21-34에 나오는 짧은 비유들로부터 시작해 보자.

이 단락은 씨 뿌리는 자의 비유와 동일한 요지를 강조하는 몇몇 짧은 말씀들로 시작된다. 마가는 분명히 이 말씀들을 여러 다른 곳으로부터 가져와서 여기에 모아 놓았다; 이 말씀들에 대한 병행문들은 여기저기 흩어져 존재한다.[148] 등(燈)을 만드는 것은 말 아래 두고자 하는 것이 아니라 등경 위에 두고자 하는 것이다;[149] 사람은 자기가 헤아리는 그 헤아림으로 다른 사람으로부터 헤아림을 받게 된다;[150] 이미 가진 자는 더 많은 것을 받게 되지만, 가지지 못한 자는 갖고 있는 것조차 잃게 될 것이다.[151] 주석자들은 종종 이러한 암호 같은 짤막한 말씀들의 원래 의미를 복구할 수 없다는 데에 절망한다.[152] 그러나 위에서 제시된 씨 뿌리는 자의 비유에 대한 해설이 몇 가지 단서들을 제공해 준다. 등에 관한 문제는 22절에서 설명된다:[153] "드러내려 하지 않고는 숨긴 것

---

148) Guelich 1989, 227는 이 점에 관한 "광범위한 합의"에 관하여 말하는데, 이런 일은 복음서 해석에 있어서 드문 일이다.

149) 막 4:21-3/마 5:15; 마 10:26/눅 8:16f.; 눅 11:33; 눅 12:2/*Thom.* 33; cf. 5, 6 / *P. Oxy.* 654.5.

150) 막 4:24/마 7:2/눅 6:38.

151) 막 4:25/마 13:12; 마 25:29/눅 19.26/*Thom.* 41.

152) 예를 들면, Hooker 1991, 133: "우리가 현재로서 그것들의 원래적인 적용을 복원하는 것은 불가능하다."

이 없고 나타내려 하지 않고는 감추인 것이 없느니라." 이것은 뭔가가 이미 드러나 있다는 것을 함축하고 있기 때문에, 4:21에 나오는 "등"에 관한 말씀은 역으로 다음과 같은 의미를 지닌다: "그러니까 그 계획이 여전히 감추어져 있다면, 그것을 그렇게 영원토록 감추인 채로 놓아두는 것은 하나님의 목적일 수 없다." 예수는 마침내 하나님의 계획이 계시되고 있다는 것에 놀라지 말라고 말하고 있는 것이다.

이런 일이 일어날 때가 올 수밖에 없었는데, 그렇지 않다면, 이스라엘의 신은 등을 영원히 침상 아래에 둔 자와 같게 될 것이다. 이와 동시에, 그 비밀은 예수의 동시대인들 중 대다수에게 여전히 신비(통속적인 의미에서, 난제)이기 때문에, 이 말씀은 경고로서의 기능을 한다: 완전한 계시가 진행 중에 있고, 그 기간은 오래 걸리지 않을 것이다.[154] 이상하게도, 마가는 예수께서 빛이 "오는" 것으로 말한 것으로 묘사한다.[155] 이것에 대한 가장 좋은 설명은 여러 주제들의 결합이라는 관점에서 설명하는 것이다: 야훼께서 그의 백성에게 오심,[156] 하나님 나라의 도래,[157] 그리고 물론 예수의 공생애의 개시라는 의미에서 예수 자신의 오심.[158] 또한 이 말씀 자체는 9절을 반복하는 있는 23절의 경고에서

---

153) cf. Guelich 1989, 230.

154) 이 말씀은 무리들로부터는 내용들을 숨기고 제자들에게는 밝히는 예수의 관행을 설명해 주는 것이라고 생각하는 Gundry 1993, 212와 비교해 보라. 4:13-20에서의 설명의 직접성은 예수의 사역이 그의 죽음과 부활에 이를 때까지 여전히 수수께끼로 남아 있었을 가능성을 배제한다고 그는 말한다(214f). 그러나 (a) 4:13-20은 여전히 어느 정도 암호적이고(마가가 7:19b에서 보충해야 했던 7:17-23에 나오는 예수의 다른 설명과 마찬가지로), (b) 이 단계에서 비밀은 오직 외부인들에게가 아니라 제자들에게만 계시되었다.

155) 마태복음, 누가복음, 도마복음서는 등불이 "켜 있다"라고 말하고 있지만, 서로 다른 용어들을 사용하고 있다. (도마복음서의 말씀의 이차적인 성격에 대해서는 Fitzmyer 1985, 717을 참조하라.) 그러나 "오다"라는 말의 근저에 있는 아람어는 "가져오다"를 의미하였을 것이라고 주장되어 왔다: cf. Gundry 1993, 212와 거기에 나오는 참고문헌들.

156) "등불"로서의 이스라엘의 신에 대해서는 cf. 삼하 22:29; 욥 29:3; 시 27:1.

157) Guelich 1989, 229, 231f.

158) 왕과 관련된 뉘앙스를 지닌다; cf. 삼하 21:17; 왕상 11:36; 15:4; 왕하 8:19.

아주 잘 보여주듯이 암호적이다: "들을 귀 있는 자들은 들으라!"

제대로 들으라는 이와 비슷한 경고는 헤아림에 관한 말씀(24절)의 서두에도 나온다. 오늘날의 영어는 "헤아리다"를 은유적 의미로(여기에서와 예수 당시의 세계의 다른 곳에서 분명히 이런 의미로 사용되고 있다[159]) 사용하지 않기 때문에, 우리는 "너희가 주의를 기울이는 만큼 너희가 주목을 받으리라" 같은 이미지로 바꿀 필요가 있을 것이다. 여기서 첫 번째 "주의"는 이 절의 처음에 나오는 "너희가 어떻게 듣는지를 주의하라"를 가져온 것이고, 두 번째 "주목"은 이스라엘의 하나님이 하나님 나라의 선포에 대하여 적절하게 경청하는 자들을 권고하시게 될 방식을 암시한다. 그런 다음에 이것은 흔히 인용되는, 가진 자와 가지지 못한 자에 관한 격언의 도입부를 이룬다. 분명히 "가진" 자들은 올바르게 들은 자들, 그러니까 예수의 참된 가족으로 규정되는 자들, 하나님 나라의 비밀이 계시되는 자들과 동일시된다; "가지지 못한" 자들은 "외인들"로 규정된다(4:11; 또한 3:31-5과 비교해 보라).[160] 이제 그 절정에 도달한 이스라엘 이야기는 참 이스라엘과 배교자들로 크게 양분되는 특징을 보이게 될 것이다(그 밖의 몇몇 제2성전 시대 사상에서와 마찬가지로). 마가가 이러한 말씀들을 한데 모아 놓은 것은 예수의 하나님 나라 선포의 의미에 대한 분명한 직감을 반영하는 것이다.

마가복음의 이 단락은 "은밀하게 자라나는 씨"에 관한 짤막한 비유로 이어진다.[161] 씨 뿌리는 자의 비유를 세심하게 읽은 사람이라면, 여기서 우리는 친숙한 영토 위에 있게 된다. 이스라엘의 하나님은 돌연하고 극적인 방식으로 일하시지 않는다. 하나님은 예수의 동시대인들이 바랐던 방식으로 하나님 나라를 가져오지 않으실 것이다. 하나님은 감추어지고 모호하지만 그럼에도 불구하고 이스라엘이 깨달아야만 하는 그러한 방식으로 일하고 계신다. 은밀한 씨

---

159) 특히 Tg. Isa. 27:8을 지적하고 있는 Chilton 1984a, 123-5를 참조하라. 그는 이러한 사상은 예수에 의해서 특정한 방식으로 발전된 흔한 민간 지혜의 일부이기 때문에 복음서들은 예수가 여러 경우들에서 그 말씀을 사용한 것으로 상정한 것은 옳다고 말한다(125). 방법론과 관련된 이 점은 좀 더 넓게 적용될 가치가 있다.

160) Marcus 1986, 156f. Guelich 1989, 234는 여기에서 정확을 기하는 것은 불가능하다고 생각한다.

161) *Thom.* 21:4의 끝부분과 *Ap. Jas.* 8.1f.에 어느 정도 반영되어 있는 막 4:26-9.

와 관련해서는 이상하리 만큼 친숙한 그 무엇이 존재한다. 그 씨는 관찰자와 마찬가지로 잠자고 일어나지만, 그는 알지 못한다. 여기에는 부활에 관한 뉘앙스가 존재하는 것 같다: 이것은 창조주 하나님이 씨앗들을 뿌리고 그 씨앗들이 은밀하게 자라나게 함으로써 오직 볼 수 있는 눈을 가진 사람들만이 무슨 일이 일어나고 있는지를 깨닫도록 하는 것을 통해서 하나님 나라의 도래 속에서 죽은 자들을 일으키시는 방식이다.[162] 또한 장차 일어날 묵시론적 시나리오에 관한 분명한 뉘앙스가 존재한다: 추수 때가 다가오면, 그는 낫을 댄다. 이것은 장차 도래할 큰 심판과 추수에 관하여 말하고 있는 요엘서(3:13)에 나오는 구절을 직접적으로 언급하고 있다. 예수는 이스라엘의 운명이 마침내 실현될 큰 심판이 있을 것이라는 사상을 포기하지 않는다. 그는 예수의 사역 동안에 분명한 신원의 날이 올 것이지만 씨앗은 이스라엘이 알지 못하는 — 분명히 알아야 함에도 — 방식으로 은밀하게 자라나고 있다고 선언함으로써 그것을 재해석한다.

겨자씨 비유[163]는 하나님 나라에 대한 또 하나의 재정의이다. 하나님 나라는 단번에 완전한 영광 속에서 등장하는 것이 아니라, 눈에 보이지 않게 시작될 것이다. 예수께서 사람들을 이끌고 로마 수비대를 향하여 진군해 갈 것을 기대했던 사람들은 실망하게 될 것이다. 그럼에도 불구하고, 예수가 제시하고 있는 것은 그 꿈에 대한 포기가 아니라 여전히 재정의이다. 야훼는 작은 씨앗을 심었고, 그 씨앗은 큰 수풀 속에서 자라나게 될 것이다. 사람들이 기대했던 장차 도래할 하나님 나라 같이 보이지 않는 예수의 사역은 사실 하나님 나라의 기이한 시작이었다. 이번에 묵시론적 표상은 공중의 새들이 나무에 둥지를 트는 것에 관한 것이다:[164] 이것은 나무가 완전한 크기로 다 자랐을 때 — 이스라엘이 하나님께서 원하시는 모습이 되었을 때 — 다른 사람들, 아마도 이방인들은 이스라엘에 주어진 축복에 동참하게 될 것이라는 암시인 것 같다. 물론 이것은 이스라엘 이야기의 몇몇 주류적인 말하기들의 한 부분이었다;[165] 그러나 그것을 민족주의적인 열기가 한창일 때에 선포하는 것은 실제로는 혁명적인 것으

---

162) cf. 위의 213f.
163) 막 4:30-2/마 13:31f./눅 13:18f./*Thom.* 20.
164) cf. 단 4:20-2.

로서, 누가복음 4장에 나오는 "나사렛 선언문"과 동일한 맥락에 있는 것이라고 말할 수 있다.

떡 반죽 속에 있는 누룩[166]도 마찬가지로 하나님 나라가 갑자기 부풀어 오르는 새로운 떡 반죽과 같지 않다는 것을 분명하게 선언한다. 하나님 나라는 떡 반죽 속에서 은밀하게 작용하는 누룩과 더 닮았다. 여기서도 다시 한 번 이 비유는 원래 세계에 대한 기독교의 영향력에 관한 것이 아니라, 이스라엘 내에서의 하나님 나라의 도래의 효과에 관한 것이었다. 이 비유 속에서 핵심적인 단어는 "감추어진"이라는 단어이다. 이것은 여자가 누룩을 가지고 하는 일을 묘사하는 자연스러운 방식이 아니었다; 그러나 이것은 지금까지 말한 모든 비유들의 주제, 즉 이스라엘의 하나님이 예수의 사역 속에서 행하고 계신 일이 베일에 가려져 있으며 암호적이라는 주제와 부합한다. 예수의 메시지라는 누룩은 이스라엘 내에서 감추어져 있기 때문에, 그것은 백성 전체 속에서 작용을 할 수 있다. 이 비유는 돌연한 극적인 사건들을 구하지 말라는 경고이다; 이 비유는 예수의 역설적 활동 속에서 이루어지는 은밀한 일들 속에서 역사하고 계시는 이스라엘의 하나님을 보라는 초대이다.

또한 감추어짐이라는 동일한 주제는 보화와 진주에 관한 비유들의 분명한 특징이기도 하다.[167] 그러나 새로운 뉘앙스가 첨가된다. 감추어짐은 사람들이 보화를 직접 찾아나서야 하고, 찾은 다음에는 그 보화를 얻기 위하여 다른 모든 것을 버려야 한다는 것을 의미한다. 보화를 움켜쥐는 것은 그들의 능력 안에 있다. 그렇다면, 무엇을 포기하여야 하는가? 예수의 동시대인들이 소중하게 간직했던 전제들과 기대들을 포기해야 한다는 것임에 틀림없다. 그들은 그들의 눈 앞에서 벌어지고 있는 일을 깨달음으로써 그들의 다른 열망들을 버리고 이 새로운 가능성을 받아들이도록 도전을 받는다. 그런 사람들은 이스라엘의 민족적 운명을 회복시킬 하나님 나라에 관한 소망을 쌓고 있는 동시대인들의 눈에는 어리석게 보일지도 모른다; 그러나 그들은 그것보다 훨씬 더 좋은 것

---

165) cf. *NTPG* 267f.

166) 마 13:33/눅 13.20f./*Thom.* 96.

167) 마 13:44-6/*Thom.* 109; 76. 도마복음서에서 밭을 산 자는 밭을 사고난 후에야 거기에 보화가 감추어져 있다는 것을 안다.

을 발견했고, 그것에 대하여 기뻐하게 될 것이다. 왜냐하면, 하나님이 역사하실 때에 신원받게 될 자는 바로 그들이기 때문이다. 이러한 주제는 우리를 우리가 다음 두 개의 장에서 살펴보게 될 발전된 이야기를 바라보게 만든다.

마태는 자신의 비유 모음 장(章)을 청지기 비유로 끝맺는데,[168] 이 비유는 분명히 마태 자신의 관심사를 반영하고 있는 것이긴 하지만,[169] 이 비유를 예수에게 돌리지 못할 이유가 전혀 없다. 이 이미지는 이스라엘이 예수를 중심으로 재구성되고 있다는 것을 전제하고, 더 나아가 알고 있는 자들("천국을 위하여 훈련된 서기관들")은 옛 것과 새 것을 만들어 내는 청지기들과 같은 것이라고 말한다. 예수는 이스라엘의 기대 속에 철저하게 새로운 의미를 도입하였다. 이것은 과거와의 철저한 단절이지만, 이스라엘의 소망의 틀에 대한 포기를 의미하지 않는다; 그것은 그 틀 속에 새로운 내용물을 채우는 것을 의미한다. 이 비유의 서두에 나오는 "그러므로"는 그것이 사람들이 그 밖의 다른 비유들에 응답할 때에 무슨 일이 일어나는가에 관한 진술로서의 기능을 한다는 것을 보여준다 — 마태는 이 단어가 그러한 기능을 하도록 분명히 의도적으로 설정해 놓고 있다.

물론, 이스라엘의 역설적인 역사에 관한 이야기로서의 하나님 나라의 선포를 채워 넣어줄 그 밖의 다른 많은 비유들이 있다. 아마도 그러한 것들 중에서 가장 분명한 예는 우리가 이미 사례 연구로 사용한 비유, 즉 탕자 비유일 것이다.[170] 거기에서 예수는 아주 분명하게(내가 보기에는) 이스라엘이 포로생활로부터 귀환한 것에 관한 이야기를 아주 날카롭고 도발적인 방식으로 다시 들려주었다. 또한 우리는 이 주제 전체가 제5장에서 살펴본 예수의 실천의 한 가지 측면과 잘 들어맞는다는 것도 주목할 필요가 있다. 복음서 기자들, 그리고 아마도 예수 자신은 치유 사역들을 예언의 성취로 이해하였다. 치유 사역들은 그 어떤 잡다한 예언의 성취가 아니라 포로생활에서의 귀환에 관한 예언들의 성취였다. 소경이 보고 귀먹은 자가 들으며 다리를 저는 자가 걷고 가난한 자들이 복음을 듣는 때는 이스라엘이 마침내 바빌로니아로부터 돌아올 때였

---

168) 마 13:51-2.

169) cf. *NTPG* 384.

170) 눅 15:11-32: cf. 위의 제4장.

다.[171] 이것은 이러한 이야기들에 대한 우리의 읽기가 올바른 노선을 걷고 있다는 것을 추가적으로 보여준다.

이 단계에서 하나님 나라의 그 밖의 다른 측면들, 특히 악의 패배와 야훼께서 시온으로 돌아오심에 관하여 말하고 있는 비유들을 살펴봄으로써 예수의 하나님 나라 선포에 관한 우리의 최초의 서술을 좀 더 발전시키는 것이 가능하다. 그러나 우리는 이것을 조각그림의 그 밖의 다른 조각들이 제자리에 오게 될 아래의 제8장과 제10장에서 다룰 때까지 미루어 두기로 하자.

4. 결론: 하나님 나라를 선포함

우리는 예수의 하나님 나라 선포를 철저하게 살펴본 것이 아니라 몇 가지 점들만을 살펴보았다. 우리가 살펴본 대로, 예수는 말씀과 행위를 통해서 유대인들의 전통적인 기대가 지금 성취되고 있다고 주장하였다. 새로운 출애굽이 진행 중이다: 이스라엘은 이제 마침내 기나긴 포로생활로부터 돌아오고 있다. 이 모든 일이 예수 자신의 사역 속에서 일어나고 있다.

예수는 이러한 선포를 환영과 경고라는 견지에서 행동으로 보여주었다. 예수는 곤궁에 처한 자들을 환영함으로써, 포로생활에서의 귀환, 회개와 회복에 관한 이야기를 몸으로 보여주었다. 예수는 모든 사람들에게 이 위대한 회복을 송축하라고 촉구하였다. 이와 동시에, 예수는 조상들의 유업에 기대어서 장차 도래할 하나님 나라에서 자신들은 자동적으로 신원받을 것이라고 믿고 있었던 자들에게 경고하였다. 참 이스라엘이 포로생활로부터 돌아온다면, 일부 사람들은 이에 저항할 것이다. 야훼께서 시온으로 돌아온다면, 야훼는 그의 통치를 거부한 자들을 심판하실 것이다. 악의 패배, 이교 사상 및 바빌로니아(바벨론)의 패배라는 하나님 나라의 주된 주제는 전형적인 예언적 수정을 거쳐서 예수의 선포 안에 놓여질 수 있다: 비판은 이교도들이 아니라 이스라엘 자신을 겨냥했을 때 가장 날카롭게 된다.

앞으로 두 장에 걸쳐서 우리는 환영과 경고를 자세하게 살펴보게 될 것이다. 각각의 경우에 예수께서 말한 이스라엘의 하나님이 왕이 되시는 것에 관한

---

171) 사 35:5과 그 장 전체; cf. 사 29:18f.; 32:3; 마 11:2-6/눅 7:18-23.

이야기는 일종의 주사위 놀이로 바뀌었다. 예수의 청중들은 그 놀이를 좋아하든 안 하든 단순한 방관자로 남아 있을 수는 없었다. 그들은 무대 위에 올라서 있는 것이었다. 그들에게 던져진 유일한 질문은 이런 것이었다: 어느 쪽 편에 서서 놀이를 하겠는가?

제7장

하나님 나라에 관한 이야기들(2): 초대, 환영, 도전, 부르심

1. 서론: 끝이 열려 있는 이야기

"하나님 나라가 가까웠으니 회개하고 복음을 믿으라." 우리는 이 말씀의 전반부를 지금까지 살펴보았고, 이 전반부가 이스라엘의 새로운 출애굽, 이스라엘이 최종적으로 포로생활로부터 돌아오는 것에 관한 이야기 전체를 요약하고 있다는 결론을 얻었다. 그렇다면, 이 말씀의 후반부는 무슨 내용을 말하고 있는 것인가?[1]

이 장에서의 논지는 예수의 하나님 나라 선포가 새로운 등장인물들을 찾는 이야기, 배우들(actors)을 찾는 줄거리와 같은 기능을 하고 있었다는 것이다. 그라이마스(Greimas)에 의해서 잘 알려지게 되었고, 본 시리즈의 제1권에서 살펴본 바 있는 관점에서 보면, 예수가 이 드라마 속에서 "행위자"(agent)라고 할 때, 그 행위는 모종의 "수신자들"과 "조력자들"을 필요로 한다:[2]

---

1) 이것은 물론 마가복음 1:15에 나오는 말씀의 형태이다. 마태복음 4:17에 나오는 병행문은 "회개하라 천국이 가까웠느니라"로 되어 있다. 예수 세미나로 하여금 이 말씀 전체의 두 가지 판본들에 대하여 검은 색, 즉 역사적 진정성이 없다고 투표하게 만든 논거들(Funk & Hoover 1993, 40f.)은 제2장과 위의 설명에서 충분히 다루어졌다.

2) 이야기들에 관한 분석에 대해서는 *NTPG* ch. 3, 특히 69-77을 참조하라.

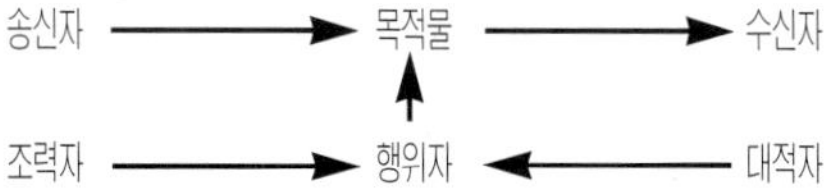

이제까지 살펴본 바에 의하면, 암묵적인 이야기 줄거리는 다음과 같이 진행된다:

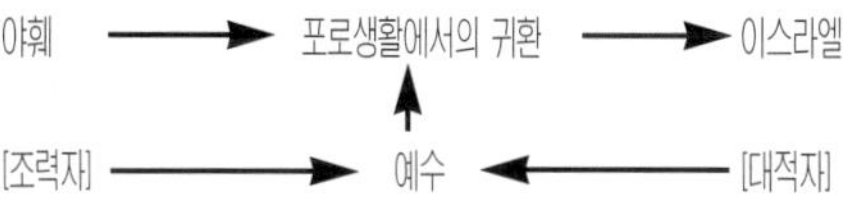

문제는 이러한 "포로생활에서의 귀환"으로부터 유익을 얻게 될 "이스라엘"은 과연 누구인가 하는 것이다. 그리고 예수의 "조력자들"은 과연 존재하는가, 만약 존재한다면 그들은 누구인가? (우리는 제9장에서 "대적자들"을 살펴보게 될 것이다.) 나는 이 장에서 예수의 암묵적인 또는 명시적인 하나님 나라 이야기들이 그 줄거리의 일부로서 그의 청중들이 그의 사역으로부터 유익을 얻게 될 "이스라엘"로 스스로를 보도록 초청받고 있다는 의미를 포함하고 있었다는 것을 논증하고자 한다; 그리고 또한 그들은 적어도 어느 정도는 그 사역에 적극적으로 동참하게 될 "조력자들"로 스스로를 보도록 초대받고 있기도 하다. 그러한 초대는 추가적인 함의를 지니고 있었다: 포로생활로부터 돌아온 이스라엘은 특정한 방식으로 행동하지 않으면 안 된다. 또한 이것은 단순히 일반적인 일련의 규례들, 새로운 추상적인 "윤리"가 아니었다. 예수 자신의 소명에 대한 인식이 지닌 독특하고도 반복될 수 없는 성격은 그를 따르는 자들에게도 그대로 적용되었다. 그들은 예수 자신의 생애 및 계획과 관련이 있었던 특정한 과제들로 부르심을 받았다.

이런 식으로 하나님 나라에 관한 이야기는 그 이야기를 듣고 자신의 것으로 삼았던 자들 가운데에서 적절한 **실천(praxis)**을 만들어 내었다. 세계관 모형 속에서 이야기들은 단지 이야기 화자(話者)의 실천 및 상징을 강화하고 동조할 뿐만 아니라, 그 밖의 다른 세계관들과 사고방식들을 향하여 말을 걸고, 변화된 이야기들, 상징들, 실천이라는 견지에서 반응을 이끌어 내고자 한다. 이러한 것들 중 마지막 요소 — 변화된 실천 — 에 대한 호소는 은연중에 전체의 변화를 유도한다.[3] 여기서 나의 주장은 예수의 호소들, 명령들 등등은 단순히 몇몇 새로운 도덕규범들 또는 신학적 원칙들이라는 의미에서의 "새로운 가르침"으로 보아서는 안 되고, 그의 청중들에게서 그들의 세계관의 그 밖의 다른 요소들의 재정립을 포함한 그들 자신의 실천의 재정립을 유도하기 위한 목적을 지니고 그가 말했던 그 근저에 있는 이야기의 일부로 보아야 한다는 것이다.

지배적인 이야기가 어떻게 이런 식으로 작용하는지를 보기 위해서, 우리는 그것을 4단계에 걸쳐서 살펴보고자 한다. 그것은 초대(invitation)로 시작된다: 하나님 나라 선포는 반드시 "회개하고 복음을 믿으라"는 부르심을 포함하고 있었다. 이 어구는 오랜 세월 동안 일종의 슬로건이 되어 왔고, 따라서 그 결과 시대와는 상관 없는 모종의 함의들을 얻었지만, 그 진정성에 대해서는 몇몇 진영들에서 의문을 제기해 왔다. 이 문제의 배후로 돌아가서 주후 1세기에 이 어구가 실제로 지녔던 함의들을 집요하게 찾아내는 것이 중요할 것이다. 초대 받은 자들은 또한 환영(welcome)을 받았다. 예수의 하나님 나라 이야기들은 온갖 부류의 사람들이 잠재적인 수혜자들이라는 것을 분명히 했는데, 그 가장 두드러진 예들은 가난한 자들과 죄인들이었다. 초대와 환영은 도전(challenge)을 낳았다: 예수의 부르심을 듣고 스스로를 예수의 하나님 나라 이야기 속에 등장하는 인물들로 이해했던 사람들은 개인적으로든 공동체적으로든 갱신된 이스라엘 백성으로 살아가도록 부르심을 받았다. 끝으로. 이 이야기는 부르심들(summons)을 낳았다. 예수의 이야기를 그들 자신의 것으로 삼았던 사람들 중 적어도 일부는 예루살렘을 향한 예수의 여정 속에서 예수와 동행하고 예수의 사명이 그 기이한 절정에 도달할 때까지 그의 동반자가 되도록 부르심을 받았다. 이 4가지 요소들은 한데 합쳐져서 예수의 하나님 나라 이야기들에 의해서 생겨난 실천의 윤곽을 이룬다.

예수가 자신의 선포로부터 이런 유의 결과들을 의도하였다는 것을 발견하는 것은 전혀 놀라운 일이 아니다(물론 여전히 일부 사람들은 그것을 이상하게 생각하겠지만). 학계에서는 예수의 메시지는 고립된 실체로서의 "개인"을 위한 것이었다는 개념으로부터 출발해 왔다. 그러나 보호막이 무너졌을 때, 사람들은 여전히 마치 그것이 사실인 것처럼, 즉 예수가 그의 이야기들을 경청하

---

3) 세계관들에 대해서는 *NTPG* ch. 5, 특히 122-6을 참조하라.

거나 함께 모여서 그의 이야기들을 그들 자신의 것으로 삼을 "공동체"에 관하여 아무런 생각도 하지 않았다는 듯이 말을 하고 글을 쓴다. 우리는 지난 40년 동안에 마태, 마가, 누가, 요한 — 그리고 심지어 일부 학자들에 의하면, Q와 도마 복음서 — 은 "공동체"에 지대한 관심을 가지고 있었다는 것을 "발견해" 왔다. 또한 예수 자신이 자신의 하나님 나라 선포가 지닌 사회적 및 공동체적 효과들에 관하여 깊은 관심을 가지고 있었다는 것도 마찬가지로 분명해졌다. (나의 이 말이 잘못 오해되는 일이 없도록 하기 위하여, 이야기들이 지닌 공동체적인 의미는 예수의 청중들에 속한 각 사람을 위한 개인적인 의미를 손상시키는 것이 아니라 실제로는 고양시킨다는 점을 가급적 분명하게 말해두고자 한다. 개인주의와 집단주의는 서로를 배제하고 무력화시킨다; 하지만, 올바르게 이해되기만 한다면, 공동체적인 것과 개인적인 것은 서로를 강화시킨다.[4])

학계는 그렇게 철저하지는 않았지만 이쨌든 시금까지 예수가 세상의 종말을 예상했었기 때문에, 그의 이야기들이 "공동체에" 적용된다는 생각을 가질 수 없었다는 — 종말을 기다리는 예수의 측근들 가운데서 생겨난 밀접한 교제를 제외하면 — 개념으로부터 멀어져 왔다. 우리는 이 문제를 다음 장에서 좀 더 자세하게 다루고자 한다. 여기서는 상당수의 증거들이 예수가 자신의 이야기들을 통해서 새로운 형태의 공동체를 만들어 내고자 하였고, 이것 자체로 우주의 종말에 대한 임박한 기대와 관련된 이전의 도그마를 아무 생각 없이 수용하는 것은 문제가 있다고 문제를 제기하기에 충분하다는 것을 보여준다고 말해두는 것으로 족할 것이다. 예수가 파국적인 사건들이 곧 일어날 것이라고 기대하였다는 것은 틀림없는 사실이지만, 그러한 사건들이 과연 어떤 성격을 지니고 있는 것인지에 대해서는 우리가 앞으로 고찰해 보아야 할 문제이다.

2. 초대: 회개하고 믿으라는 부르심

(i) 회개

마태와 마가는 둘 다 예수의 선포에 대한 그들의 복음서 서두의 요약으로서 "회개하라"는 명령을 포함하고 있는 문장을 제시한다(막 1:15/마 4:17).

---

4) 내가 이 점을 이런 식으로 서술한 것은 **Michael Marshall** 주교의 덕분이다.

그러나 우리는 예수가 실제로 이러한 요구를 하였다는 것을 확신할 수 있는 가? 이 요구는 정확히 무엇을 의미하였던 것인가? 이 요구는 예수의 메시지의 전체적인 주제를 이루고 있었던 하나님 나라 이야기와 어떤 식으로 부합하는 가?

과거의 주석서들과 성서 사전들은 어느 정도 한결같이 "회개"를 예수의 사역의 주요한 주제로 다루면서, 이 개념에 말하자면 "회심"의 소극적인 측면이라는 의미를 부여한다.[5] 이것은 예수가 "하나님"과 "인간"에 관한 무시간적인 진리를 선포하였고, 인간이 어떻게 회심할 수 있는지에 관하여 말하고 있다는, 어느 정도 비역사적인 도식의 일부를 형성하고 있다. 구체적으로 말한다면, 내가 보기에는, 예수는 "회개"를 포함한 "회심"이 유대인들이 생각했던 것과는 달리 인간의 율법주의의 성취물이 아니라 하나님이 무조건적으로 주시는 은혜의 행위라고 설명하였다.[6] 따라서 "회개"는 개인의 도덕적 행위의 세계에 속한다: 예수의 근본적인 목적들 중의 하나는 사람들로 하여금 그들의 행실을 좀 더 나은 방향으로 바꾸게 하는 것이었던 것으로 보인다(물론 이 과정에서 펠라기우스주의자들이 되어 버려서는 안 되지만).

오늘날 널리 인정되고 있는 것은 이것이 예수는 말할 것도 없고 적어도 유대교의 전체적인 모습이었다는 것이다. 특히, 샌더스(Sanders)가 그러한 주장을 펴면서, 예수는 회개를 강조했던 설교자가 아니었다고 말한다;[7] 비록 예수가 그러한 것을 암시하였다고 할지라도, 예수가 말한 것과 그의 동시대인들이었던 유대인들이 말했던 것 간의 차이는 그리 크지 않았고, 예수를 회개를 촉

---

5) 예를 들면, *TDNT* 4:975-1009(Behm, Würthwein); *NIDNTT* 1:357-9(Goetzmann, "회심"에 관한 항목의 일부로서); *ABD* 5:671-4(Healey, Boyd Luter).

6) *TDNT* 4에 실린 Behm의 글은 이러한 견해의 몇몇 좋은 예들을 제시해 주고 있다: 예를 들면, 997쪽 이하에서는 회개에 관한 랍비들의 견해들에 대하여, 1003쪽에서는 예수와 유대교의 차이점에 대하여, 1008쪽에서는 "사도 이후의 초기 가톨릭 기독교가 유대교의 율법주의로 위험스럽게 회귀한 것"에 대해서.

7) Sanders 1985, 106-13, 203-5; 1993, 230-7. 이 점에 대해서는 1985, 1008, 111, 203: "예수가 이스라엘에게 회개하라고 촉구한 것으로 묘사하고 있는 자료는 드물다"; 1993, 230: "예수는 회개를 전한 설교자가 아니었다: 그는 일차적으로 개혁자가 아니었다." 샌더스는 여러 가지 점에서 Chilton 1988에 의해서 도전을 받고 있다.

구한 인물로 묘사한 대목들은 아마도 진정성이 없는 것 같으며, 만약 예수가 악명 높은 죄인들에게 그들의 행실을 고치라고 말하는 데에 집중했더라면, 예수는 죄인들과의 교제로 말미암아 사람들의 반발을 불러일으킨 것이 아니라 "민족적인 영웅이 되었을 것이다."[8] 샌더스는 예수가 그의 동시대 유대인들이 의도했던 것과 같은 의미에서의 회개를 요구하지 않았고, 그 대신 예수는 사람들에게 자기를 따르라고 요구하였다는 결론을 내린다. 이것이 바로 예수가 범한 진정한 죄였다.[9]

분명히 샌더스는 이전의 견해의 명백한 극단들을 자신의 출발점으로 삼고 있다.[10] 이것은 그러한 변증을 대체로 억누르고 있는 그의 좀 더 최근의 책 속에서조차도 그의 주장을 어느 정도 가리워 버리고 있다. 나는 예수가 통상적인 의미에서의 회개를 요구하지 않았다고 본 것은 샌더스가 옳았고, 예수가 어쨌든 회개를 요구하였다는 것을 부인한 것은 샌더스가 틀렸다고 믿는다. 내 생각에는, 샌더스는 암묵적인 이야기의 요소, 즉 이 장에서 집중적으로 다루어지게 될 이야기가 만들어 내는 실천이라는 요소를 간과해 버렸다.

우리는 다시 한 번 예수 자신이 시작한 지점에서 시작하고자 한다: 세례 요한. 세례 요한은 이스라엘에게 회개하지 않으면 이스라엘의 하나님이 돌들로도 아브라함의 자손들을 만들어 낼 것이라고 말한 바 있었다.[11] 어떤 관점에서, 이것은 이스라엘 전체를 마치 이교도들로 취급하여, 다시 야훼의 백성이 되고자 한다면 이방인 개종자들과 마찬가지로 회개할 필요가 있다고 말하는 것처

---

8) Sanders 1985, 203; cf. 1993, 232, 235. Allison 1987, 69은 이 점에 예리하게 도전하였다.

9) 특히, cf. 1993, 234-7: 예수는 "자기 자신이 하나님 나라에서 어떤 존재인지를 말할 수 있는 권리를 가지고 있다고 보았다"(236). 샌더스는 이와 동일한 문제들을 1983b(이것에 대해서는 Young 1985의 최초의 논평들을 보라), 1987, 1992a 같은 그의 논문들 속에서 다룬 바 있다. 우리가 Meyer 1991 & Sanders 1991에서의 논쟁을 어떤 식으로 생각하든지 간에, 이 문제들은 여전히 중요하다.

10) 특히 Jeremias와 Perrin을 겨냥하여 반론을 펴고 있는 1985, 202, 204, 205, 208. 내가 Behm(위의 n.6)과 관련하여 살펴보았던 것처럼, 그가 대상으로 고를 수 있었던 사람들은 많이 있었다.

11) 마 3:9/눅 3:8.

럼 들린다.[12] 그러나 이 사건 — 이스라엘의 재회심 — 은 이스라엘과 그 하나님에 관한 또 다른 이야기가 아니라, 계속되는 이야기 속의 한 장(章)이었다. 그것은 유대인들의 폭넓은 개념인 "종말론적 회개"에 속하는 것이었다.

이 폭넓은 유대적 개념은 과연 무엇이었는가? 상당히 많은 본문들 속에서 "회개"는 이스라엘이 포로생활을 끝내고자 한다면 반드시 해야 하는 것이었다.[13] 그리스어로 "메타노이아"(metanoia)와 그 동일 어원의 단어들이 복음서들에서는 이런 의미로 사용되고 있고, 칠십인역에서는 드물게 나오긴 하지만 — 그리고 이러한 단어들이 사용될 때, 그것들은 자주 야훼 자신이 "후회한다"는 것을 가리킨다 — 이 단어의 주후 1세기적 의미는 히브리 성서와 그리스어 번역본들 속에서 여러 가지 다른 방식으로 표현된 폭넓은 의미들을 요약하고 있었다. 신명기는 이스라엘이 전심으로 야훼께 "돌아오는 것"에 관하여 말하였다; 이것은 이스라엘이 죄사함 받기 위한 조건이자 포로생활로부터 돌아올 조건으로 나온다.[14] 신명기적 관점에서 볼 때, 이것은 쉐마(Shema), 전심을 다하여 오직 야훼만을 사랑하는 것으로 돌아오는 것을 의미한다. 예언자들은 통상적으로 "회개하다"라는 용어를 회복, 포로생활에서의 귀환을 가져올 야훼께로 돌아오는 것을 지칭하는 의미로 사용하였다.[15] 실제로 "슈브"(shub)와 "에피스트레페인"(epistrephein)이라는 단어들은 "돌아오다"를 의미하는데, 특히 예레

---

12) 개종자들의 회개에 대해서는 *Jos. As.* 9, 10과 Moore 1927-30, 1:323-53에 나오는 구절들 및 논의를 참조하라.

13) Sanders 1985, 106-8에서의 매우 도움이 되는 논의를 참조하라. 그러나 1993, 234에서 그는 민족의 회개라는 사상을 단순히 개인의 회개의 공동체적인 판본으로 취급하고, 그것을 종말론과 결부시키지 않는 것으로 보인다. 종말을 향한 운동의 일부로서의 민족의 회개라는 이러한 개념은 위에서 열거한 논문들 중 일부(예를 들면, *TDNT* 4:992; *ABD* 5:672)에서 주변적으로 다루어지고 있지만, 그것은 결코 이러한 묘사의 비역사적인 기조에 영향을 미치지 못했다. 또한 Moore 1927-30, 1:520-34(포로생활로부터의 귀환의 전제조건으로서의 회개에 대해서는 531)를 보라.

14) 1-10절 전체의 맥락 속에서의 신 30:2, 8: 핵심 단어들은 히브리어 shub, 그리스어 epistrephein이다. 레 26:40-5에 나오는 비슷한 대목을 참조하라.

15) 사 44:22; 45:22; 46:8; 55:7; 렘 3:10, 12, 14, 22; 4:1; 5:3; 15:19; 18:8; 24:7; 31 [LXX 38]:18; 겔 14:6; 18:30, 32; 호 3:5; 6:1; 7:10; 11:5; 12:6; 14:1, 2; 욜 2:12, 13; 학 2:17; 슥 1:3-6; 10:9-10.

미야서에서는 끊임없이 이스라엘이 전심을 다하여 야훼께 "돌아오는" 것이 이스라엘이 자신의 땅으로 "돌아올 수 있는" 결정적인 조건이라는 점을 암시한다. 다니엘서 9장, 에스라 9장, 느헤미아 9장 같은 대목들의 전체적인 요지는 이 회개의 대기도문들 — 그리고 우리는 우리의 생각을 단순히 "슈브"와 "에피스트레페인"이라는 단어들이 나오는 대목들에만 한정시키지 않도록 주의해야 한다 — 이 바로 포로생활에서의 귀환을 위하여 의도된 기도문들이라는 것이다. (우리는 다시 한 번 이 세권의 책 모두는 분명히 통상적인 의미에서 "포로기 이후"의 것이지만 여전히 진정한 "귀환"을 구하고 있다는 점을 눈여겨보아야 한다.)

이와 동일한 주제는 성서 시대 이후의 유대교 문헌들 속에서도 발견된다.[16) 쿰란이 특히 흥미로운 사례인데, 왜냐하면, 쿰란 두루마리들 속에서 우리는 진정한 "포로생활에서의 귀환"의 전위대를 자처했던 공동체에 대한 증거들을 보기 때문이다. 그러므로 공동체의 구성원으로 들어올 수 있는 자격요건으로서의 "회개"는 비역사적인 또는 개인주의적인 경건이 아니라 종말론과 필연적으로 결부된다.[17) 이것은 초기 랍비들의 문헌 속에서도, 즉 바르 코크바의 반란 이전에도 여전히 사실이었다: 엘리에셀 벤 히르카누스(Eliezer ben Hyrcanus)는 이스라엘이 구속받을 조건으로서 이스라엘의 "회개"를 말하였고, 그가 말한 "구속"은 이스라엘이 로마인들로부터 해방되는 것, 주후 70년에도 여전히 계속되고 있었던 새로운 바벨론 포수(捕囚)로부터의 최종적이고 진정한 귀환을 의미했다는 것은 아주 분명하다.[18) 우리는 후기 랍비들의 회개 교리가 지닌 비종말론적이고 도덕적인 강조점은 정치적이고 종말론적인 기대들

---

16) 예를 들면, Bar. 2:32-4; Tob. 13:5f.; *Ps. Sol.* 18:4-7; *Jub.* 1:15-23; 23:26. 이 목록은 Sanders 1985, 106f. 덕분이다. Philo *De Praem.* 162-72는 레 26:40-5과 신 30에 대한 주석으로서 이와 동일한 것을 말한다.

17) 예를 들면, 1QS 10:20; 1QH2:9; 6:6; 14:24; CD 4:2; 6:4f.; 8:16; 19:16; 20:17.

18) Hengel 1981b [1968], 23 n:26은 혁명 지도자들이었던 유다와 므나헴은 어떤 의미에서 "종말론적 회개의 설교자들"이었을 것이라고 주장한다; 그는 유다가 그의 동시대인들이 이미 야훼가 계심에도 불구하고 로마인들을 주군으로 인정한 것(Jos. *War* 2:433, cp. 2:118)에 대하여 책망한 것(oneidisas)을 예수가 그의 동시대인들이 회개하기를 거부하였다고 하여 책망한 것(oneidizein)과 비교한다(마 11:20).

이 확고하게 뒷전으로 밀려나게 되었던 시기를 반영하는 것이라고 생각하는 것이 옳다. 주후 135년 이후의 랍비들은 주후 1세기에 이 개념이 경건한 유대인들에게 무엇을 의미했었는지에 대한 가장 좋은 증거들을 제공해 주지 않는 것으로 보인다.[19] "회개"와 종말론이 강력한 연관성을 지니고 있었다는 것을 보여주는, 좀 모호하긴 하지만 추가적인 증거들은 주후 2세기에 나온 몇몇 기독교 문헌들 속에서 찾아볼 수 있다.[20]

그러므로 예수가 처한 배경 속에서 "회개"는 "야훼께서 마침내 이스라엘의 운명을 회복시키기 위해서 이스라엘이 반드시 해야 하는 것"이라는 함의들을 지녔을 것이다. 예수는 하나님 나라를 선포하는 가운데 이스라엘의 운명이 회복되고 있다는 것을 분명하게 천명하고 있었다. 그러므로 예수가 그의 선포 속에 회개에 대한 요구 — 위에서 말한 의미에서 — 를 포함시켰을 가능성은 대단히 높다. 따라서 우리가 공관복음서 전승 속에서 예수가 회개를 언급하였다는 것을 암시해 주는 대목들을 발견할 때, 우리는 그 대목들을 매우 진지하게 다루지 않으면 안 된다.[21] 또한 그러한 대목들은 홀로 고립되어 있는 것이 아

---

19) Tanch. 5:56a; jTaan. 1:1(63d); cp. bSanh. 97b-98a(로마로부터의 해방이 여전히 매우 절실한 쟁점이었던 제1차 유대 전쟁과 제2차 유대 전쟁 사이에 Eliezer ben Hyrcanus와 Joshua ben Hananiah가 벌인 또 한 번의 논쟁); bYoma 86b: cf. Moore 1927-30, 2:351. 종말론적/정치적 이해에서 대체로 비역사적이고 도덕적인 이해로의 이행에 대해서는 mAb. 3:5(이것에 대해서는 *NTPG* 199)를 참조하라. Eliezer ben Hyrcanus와 그가 내건 구체적인 과제에 대해서는 cf. *NTPG* 197-8. 후대의 랍비들에 있어서의 "회개"에 대해서는 Moore 1:507-34; Sanders 1977, index s.v. 'repentance' 같은 글들을 보라.

20) 예를 들면, 헤르마스(Hermas)는 "메타노이아"(metanoia)를 종말론적인 행위라고 보았다; 이것이 바로 "메타노이아"가 반복된다고 생각하기 어렵게 만든 이유였다. 두 번째 회개는 현재의 상황이 두 번째의 종말론적인 순간이라고 생각될 때에만 허용될 수 있었다: 예를 들면, cf. Herrn. *Vis.* 2:2:1-6; *Mand.* 4:3:2-7.

21) Sanders 1985, 109-13은 동전을 던져서 앞면이면 내가 이기고 뒷면이면 네가 진다는 식의 이상한 논리를 갖고 있다. (a) 우리는 회개에 관한 구절들이 이차적이라는 것을 알고 있다(그것은 누가(109)의 좋아하는 주제이고 불트만이 그렇게 말하고 있기 때문이다(110));(b) 우리는 예수가 회개하라는 요구를 했을 것이라고 예상할 수 있지만, 놀라운 것은 그러한 것이 존재하지 않는다는 것이다(112f.);(c) 복음서 기자들은 이러한 이상한 결함을 알아차리고 그것을 보완하기 위하여 여러 가지 말

니다; 다시 한 번 우리는 그러한 단어가 나오는 대목들과 "회개"라는 주제를 혼동해서는 안 된다.

그러나 우리가 이러한 증거들을 고찰하기 전에, 예수의 배경과 관련하여 지금까지 대체로 간과되어 왔지만 대단히 중요한 또 하나의 내용이 있다. "회개"가 "이스라엘의 운명이 회복되기 위해서 이스라엘이 반드시 해야 하는 것"이라는 의미를 지닌다면, 또한 그것은 훨씬 실질적인 의미를 지니는 것이 된다: 혁명적인 열심을 포기하는 것. 이것은 복음서들의 주요한 서론적인 대목(막 1:15/마 4:17)을 연상시키는 배경 속에서 발견된다. 그 배경은 요세푸스의 자서전 속에 나오는 한 대목이다.

요세푸스는 주후 66년경에 ― 즉, 대략 공관복음 전승들 중 일부가 확정된 형태를 얻었던 때에 ― 갈릴리에서 일어났던 한 사건을 서술한다. 요세푸스는 거기에서 소요를 일으킨 분파를 찾아내기 위하여 갈릴리로 갔었다. 예수라 불린 한 산적 두목(요세푸스의 글들에 대한 색인 목록을 보면 예수라는 이름을 지닌 사람이 21명이 나온다; 아이들의 이름을 지을 때에 독창성은 분명히 주후 1세기 유대인들에게는 별로 중요한 것이 아니었다)은 요세푸스를 죽일 계략을 세운다. 요세푸스는 가까스로 이 계략을 벗어나서 목숨을 건진다. 그런 후에 요세푸스는 우리에게 그가 예수를 자기 옆으로 불러서 이렇게 말했다고 전한다:

나는 그가 나를 죽이려고 세운 계략을 모르지 않았다; 그럼에도 불구하고, 나는 그가 회개를 보이고 나에 대한 그의 신실함을 입증한다면 그의 행위들을 용서할 것이다. 이 모든 것을 그는 약속하였다.[22]

"그가 회개를 보이고 나에 대한 그의 신실함을 입증한다면." 이 번역문은 정확한 것이지만, "그가 회개하고 나를 믿는다면"이라고 번역해도 된다.[23] 요세

씀들을 첨가하였다(113). 나는 샌더스가 Perrin 등 학자들의 견해와 싸우는 데에 지나치게 골몰하지 않았더라면, 이러한 비비꼬인 논리 속으로 빠져들지 않았을 것이라고 생각한다.

22) Jos. *Life* 110(tr. Thackeray in LCL).

23) ei melloi metanoesein kai pistos emoi genesesthai.

푸스는 이 예수에게 산적 행위를 그만두고 더 좋은 길을 제시할 테니 자기(요세푸스)를 믿어달라고 요구한다. 혁명적인 열심을 포기한다는 의미에서의 "회개"는 이 동일한 이야기 속에 나오는 다른 대목에서도 찾아볼 수 있다; 또한 지도자에 대한 신뢰와 신실함이라는 의미에서의 "믿음"도 다른 대목들에서 나온다.[24] 나는 내가 나사렛 예수에 관하여 읽었던 모든 문헌들 중에서 오직 한 사람의 저술가만이 요세푸스와 산적 예수가 연루된 사건을 언급하고 있고, 심지어 그 조차도 "회개"와 "믿음"의 의미를 그 사건에 비추어서 논의하지 않고 아무런 말도 없이 그냥 지나치고 있다는 사실에 다소 놀라움을 금치 못한다.[25] 이것은 상당히 중요한 의미를 지닌다고 나는 생각한다. 이것은 그러한 단어들이 주후 60년대에 갈릴리에서 무엇을 의미했는지를 잘 보여준다; 우리는 주후 20년대와 30년대에 갈릴리에서 이러한 단어들이 앞에서 말한 것과는 다른 의미, 그러니까 "개인적인," "내적인," "종교적인" 그 어떤 다른 의미를 지녔다는 것을 무슨 근거로 주장할 수 있는가? 우리는 그러한 "종교적인" 의미를 나사렛 예수가 그러한 것을 말할 수 있었는지의 여부를 평가하는 판별 기준으로 사용할 수 있다는 어떤 근거를 가지고 있는가? 예수가 사용한 그러한 단어들은 요세푸스가 사용한 것보다 더한 의미를 지녔을 수 있다; 그러한 것은 추가적인 역사적 탐구를 통해서 검토되어야 한다. 예수는 요세푸스가 사용했던 의미 이하를 의도했을 가능성은 거의 없다.

회개하라는 예수의 요구의 가장 유력한 역사적 재구성은 우리가 지금까지 개략적으로 살펴본 두 가지 강조점들(야훼께로 돌아와서 포로생활을 끝내는 것: 민족주의적 폭력의 포기)을 결합한 것이라고 나는 생각한다. 그것은 도덕적 개혁자의 부르심이 아니라 **종말론적** 부르심이었다. 그리고 그것은 민족으로

---

24) "회개"(Repentance): 예를 들면, *Life* 17; 262; 370f., 여기에서 Josephus는 John of Gischala를 따르던 4,000명을 성공적으로 설득하여 "회개케" 하고(즉, 무기를 버리게 하고) "나에게 오게"(즉, 항복하고 요세푸스에게 나아오도록) 하였다. 또한 Reuben(요세푸스는 "Rubel"이라 부른다)이 그의 형제들을 설득하여 요세푸스에 대한 그들의 의도를 "회개케" 하였다고 말하고 있는 *Ant.* 2:23과 비교해 보라. "믿음/충성"에 대해서는 *Life* 167과 아래의 258-64 등을 참조하라. 이 대목은 Lindsay 1993에 언급되지 않았다.

25) Crossan 1991a, 190.

서의 이스라엘에게 일련의 과제들을 포기하고 다른 일련의 과제들을 받아들이라고 촉구한 정치적 부르심이었다. 예수가 활동했던 주후 1세기라는 배경 속에서 "회개"는 단순히 비역사적인 한 종교의 무시간적인 정경(情景) 속에서의 한 특징으로 생각되어서는 안 된다. 이러한 것은 그러한 유의 회개가 유대인들의 일상생활과 가르침 속에서 어떠한 위치를 차지하고 있었는지를 완전히 무시한 채 예수가 그러한 사상을 만들어 내었다가 배척을 받게 되었다고 생각해 왔던 많은 기독교 저술가들의 실수이다. 그러나 예수 — 여전히 무시간적인 진리들의 설교자로 이해된 — 가 "무시간적인 진리들"의 설교자로서 그럴 필요가 전혀 없었기 때문에 회개를 주제로 삼지 않았다고 생각하는 것도 마찬가지로 잘못된 것이다.[26] 오히려, 하나의 예언자로서, 그리고 종말의 예언자로서 예수는 이스라엘에게 마침내 포로생활을 끝내기 위해서 반드시 필요한 거국적인 회개를 촉구하였다. 이것은 어떤 인간, 어떤 유대인이 미안하다고 말하며 행실을 고치기로 결심했을 때에 사용할 수 있는 그런 유의 "회개"가 아니었다. 그것은 이스라엘의 하나님이 이스라엘의 왕이 되셨을 바로 그때에 야훼의 참 백성을 특징지을 단번의 위대한 회개이다. 한 마디 더 말한다면, 이 회개는 유대 체제의 공식적인 구조들과는 거의 상관이 없는 것처럼 보인다. 참된 회개는 예수 자신에 대한 신뢰와 충성에 있었던 것으로 보인다.

그렇다면, 관련된 복음서 본문들은 무엇이라고 말하고 있는가?

우리는 이미 제자들의 위임에 관한 마가의 요약문(6:12)에 반영되어 있는 마태복음과 마가복음에 나오는 서두의 요약문(4:17/1:15)을 살펴본 바 있다: 제자들도 사람들에게 "회개하고 복음을 믿으라"고 선포하도록 부르심을 받았다.[27] 초대 교회는 의심할 여지 없이 이와 비슷한 표현을 사용하였지만 — 그렇게 하지 않았다면, 그것은 참으로 이상한 일이었을 것이다 — 증거 책임은 이러한 요약문들이 실질적으로 비역사적이라고 주장하고자 하는 자들에게 있

---

26) 내 판단에는, 이것은 Sanders가 그의 기본적인 개혁을 일관되게 밀어부치고 있지 못한 대목이다: cf. 1985, 112("소중한 종교적 추상들에 대한 예수의 헌신"); 1993, 232("종교에 있어서 주요하고 근본적인 요소"로서의 회개).

27) 막 6:12의 역사적 개연성에 대해서는 Allison 1987, 72를 참조하라: "세례 요한이 투옥되었거나 죽은 상황에서, 예수가 그의 제자들에게 요한의 갱신운동을 계승하도록 가르친 것은 의미가 잘 통한다."

다. 우리는 마가의 특유한 구절, 누가의 특유한 구절들, Q 자료의 구절들, 앞에서 보았듯이 마태/마가 병행문들 속에서 "회개"를 발견한다. 누가복음에 나오는 두 구절이 그 병행문들이 회개를 언급하고 있지 않는데도 회개를 언급하고 있다는 것에서 볼 수 있듯이(5:32; 15:7: 아래를 보라) 누가가 특히 회개에 관심이 있었다는 사실은 그것이 예수의 설교의 일부를 구성하고 있었다는 것을 부정할 만한 타당한 근거가 되지 못한다; 누가는 회개를 "종말론적인" 색채보다는 좀 더 "도덕적인" 색채를 지니고 생각했던 것으로 보이지만, 이것은 회개를 예수의 선포로부터 배제하는 이유가 될 수 없다.[28] 언뜻 보기에, 다음과 같은 구절들은 예수가 실제로 그의 청중들에게 위대한 돌이킴, 즉 단순히 개인적이고 도덕적인 회개가 아니라 종말론적인 심판을 피할 수 있는 유일한 길인 종말론적 행위로서의 회개를 촉구하였다는 것을 보여주는 것 같다:

예수께서 권능을 가장 많이 행하신 고을들이 회개하지 아니하므로 그 때에 책망하시되 화 있을진저 고라신아 화 있을진저 벳새다야 너희에게 행한 모든 권능을 두로와 시돈에서 행하였더라면 그들이 벌써 베옷을 입고 재에 앉아 회개하였으리라 내가 너희에게 이르노니 심판 날에 두로와 시돈이 너희보다 견디기 쉬우리라 가버나움아 네가 하늘에까지 높아지겠느냐 음부에까지 낮아지리라 네게 행한 모든 권능을 소돔에서 행하였더라면 그 성이 오늘까지 있었으리라 내가 너희에게 이르노니 심판 날에 소돔 땅이 너보다 견디기 쉬우리라 하시니라.[29]

그 때에 서기관과 바리새인 중 몇 사람이 말하되 선생님이여 우리에게 표적 보여주시기를 원하나이다 예수께서 대답하여 이르시되 악하고 음란한 세대가 표적을 구하나 예언자 요나의 표적 밖에는 보일 표적이 없느니라 … 심판 때에 니느웨 사람들이 일어나 이 세대 사람을 정죄하리니

---

28) cf. Sanders 1985, 109f.; 1993, 231f. 진정성을 옹호하는 것으로는 Gundry 1993, 69f., 또한 Allison 1987을 비롯한 그 밖의 다른 참고문헌들.

29) 마 11:20-4. 누가복음(10:13-15)에 나오는 병행문은 더 짧다. 또한 cp. 마 10:15/눅 10:12.

이는 그들이 요나의 전도를 듣고 회개하였음이거니와 요나보다 더 큰 이가 여기 있으며.[30]

그 때 마침 두어 사람이 와서 빌라도가 어떤 갈릴리 사람들의 피를 그들의 제물에 섞은 일로 예수께 아뢰니 대답하여 이르시되 너희는 이 갈릴리 사람들이 이같이 해 받으므로 다른 모든 갈릴리 사람보다 죄가 더 있는 줄 아느냐 너희에게 이르노니 아니라 너희도 만일 회개하지 아니하면 다 이와 같이 망하리라 또 실로암에서 망대가 무너져 치어 죽은 열여덟 사람이 예루살렘에 거한 다른 모든 사람보다 죄가 더 있는 줄 아느냐 너희에게 이르노니 아니라 너희도 만일 회개하지 아니하면 다 이와 같이 망하리라.[31]

바리새인과 그들의 서기관들이 그 제자들을 비방하여 이르되 너희가 어찌하여 세리와 죄인과 함께 먹고 마시느냐 예수께서 대답하여 이르시되 건강한 자에게는 의사가 쓸 데 없고 병든 자에게라야 쓸 데 있나니 내가 의인을 부르러 온 것이 아니요 죄인을 불러 회개시키러 왔노라.[32]

샌더스와 같이, 불트만에 의거해서 이러한 구절들을 배제해 버리는 것은 옳지 않다.[33] 또한 이러한 말씀들이 "반유대적인" 기조를 지니고 있다는 것도 이 말씀들이 후대의 기독교 변증에서 유래한 것이라는 결론을 우리로 하여금 내릴 수밖에 없게 만드는 것도 아니다.[34] 예레미야는 반유대적이 아니었는가? 아

---

30) 마 12:38f., 41/눅 11:29f., 32; cf. 막 8:11-13; 마 16:1-4.

31) 눅 13:1-5; 동일한 주제는, Allison 1987, 70이 지적하듯이 마 3:10/눅 3:9을 병행문으로 가지고 있는 13:6-9에 분명하게 반영되어 있다.

32) 눅 5:29-32. 병행문들(마 9:10-13/막 2:15-17, cf. *P. Oxy.* 1224.1)에는 Justin *1 Apol.* 1:15:8에는 보존되어 있는 "회개를 위한"이라는 어구가 빠져 있다.

33) Sanders 1985, 109f. 그 책의 다른 곳에서 샌더스가 Bultmann과 Perrin의 전제들, 방법론들, 결론들을 거부하고 있는 것은 그들의 회의적 태도가 그러한 말씀들이 "확고한" 것이 아님을 보여준다는 그의 주장을 훼손시키고 있다.

34) Fridrichsen을 따랐던 불트만을 인용하고 있는 Sanders 1985, 110과 n:60.

모스는 어떠했으며, 세례 요한은 어떠했는가? 나는 예수도 그들과 마찬가지로 이스라엘의 하나님을 대신하여 이스라엘 민족에게 임박한 심판을 바라보며 민족주의적 폭력에 대하여 회개하라고 촉구하면서, 그렇게 회개한 모든 자들에게 그들이 이스라엘 하나님의 신원된 백성으로 나타나게 될 것이라고 약속한 유대인 회복의 예언자로서 활동하였다고 주장한다. 반면에, 그렇게 하기를 거부한 자들은 민족적 재앙이라는 형태로 초토화되는 심판을 맞게 될 것이다.

누가복음 13장에 나오는 대목은 이와 관련해서 특히 시사해주는 바가 있다. 회개치 않는 자들은 로마 병사들에 의해서 죽임을 당하거나 떨어지는 벽돌에 깔려서 죽게 될 것이다. 그러므로 이러한 "회개"는 단순히 개인적 죄로부터 도덕적으로 돌아서는 것이 아니다.[35] 그것은 요세푸스가 광분하여 폭력을 휘둘렀던 당시 사람들에게 촉구하였던 그러한 종류의 회개이다. 이러한 의미에서 회개하라는 부르심은 우리가 지금까지 살펴본 예수의 예언자적 면모와 잘 부합한다. 예수가 그의 청중들에게 들려주면서 그들 자신의 것으로 삼으라고 권유하였던 이야기는 이스라엘의 포로생활이 끝나는 것에 관한 이야기였다. 회개는 그러한 일이 최종적으로 일어나는 데에 필수적인 것이었다. 종말론적 회개, 폭력적인 반역적 활동으로부터의 민족적 회개는 예수의 선포와 부르심 속에서 함께 결합되어 있었다. 이러한 결합은 결코 우연한 것이 아니었다. 앞으로 제10장에서 보게 되겠지만, 예수가 이스라엘의 현재적 포로생활의 진정한 깊이를 보았던 것은 이스라엘의 폭력적인 민족주의적 성향 속에서였다.[36]

그러므로 나는 예수가 한 말은 요세푸스가 말했던 것과 거의 동일한 의미로 들려졌을 것이라고 생각한다: 너희가 탐구하고 있는 이스라엘이 되는 길, 너희가 따르고 있는 특정한 민족적 및 정치적 목적들과 목표들을 버리고, 내가 제시하는 길을 믿으라. 그리고 예수의 말은 그러한 회개의 부르심에 요세푸스가 의도했던 것보다 훨씬 더 중요한 의미, 신명기, 예레미야서, 그 밖의 다른 고전적인 본문들이 그 배경에서 공명(共鳴)하는 그러한 의미를 부여하고 있는

---

35) 내가 철저하게 부적절하다고 논증하고 있는 "전통적인" 이해에 관한 설명으로는 Guelich 1989, 45를 참조하라.

36) 원수를 사랑하라는 부르심에 대해서는 아래의 452f.를 보라.

것으로 들려졌다: 이것은 너희를 포로생활로부터 돌아온 백성, 갱신되고 재구성된 이스라엘로 만들 회개이다.

또한 이것은 예수가 이러한 의미에서의 "회개"를 설교했다는 것을 보여주는 증거는 단순히 "메타노이아"라는 어근이 나오는 구절들만이 아니라 그 외에도 훨씬 더 많은 증거들이 있다는 것을 보여준다.[37] 사실 이 장의 나머지 부분의 상당 부분은 이러한 증거들을 검토하게 될 것이다: "죄인들"에 대한 환영; 예수의 동시대인들 사이에서 통용되었던 것들과는 다른 종류의 일련의 목표들과 가치들(단순한 "윤리적 규범들"이 아니라 실제적인 목적들과 의도들)을 따라서 살아가라는 부르심; 마음을 새롭게 하라는 요구와 제안(예레미야서/신명기서의 분명한 주제); 예수의 동시대인들이 취한 폭력의 길을 따라가지 말고 예수가 걷는 십자가의 길을 따르라는 부르심. 이러한 주제들 각각은 사실 회개로의 부르심이었다. 이 각각의 주제는 이스라엘이 포로생활을 끝내기 위해서 반드시 해야 되는 일의 한 측면을 보여주는 것이었다. 우리는 그것을 다음과 같이 표현해 볼 수 있을 것이다: 예수의 선포 속에서 이것이 "회개"의 근본적인 성격이었기 때문에, 복음서들 속에서는 "회개"라는 말이 비교적 드물게 등장한다.

또한 비유들 속에도 풍부한 증거들이 존재한다. 샌더스는 누가의 암시에도 불구하고(15:7) 양들은 "회개하지" 않는다는 사실을 역설한다; 양들을 돌보아야 하는 것은 다름 아닌 목자이다. 또한 샌더스는 동전들은 잃어진 것에 대하여 "회개하지" 않는다는 말을 덧붙일 수 있었을 것이다. 그런데 누가는 다시 한 번 동전들이 회개한다는 뜻을 암묵적으로 말함으로써 큰 실수를 저지르고 있다(15:10).[38] 샌더스가 이것을 구체적으로 말하고 있지 않은 이유는 아마도 그렇게 하면 자신의 잘못이 드러날 것을 우려해서인 것 같다: 그것은 그러한 비유들이 작용하는 방식이 아니다. 예수의 제자들이 어떠한 "회개"를 제시하였든 — 그것이 무엇이었는지에 대해서는 곧 논의해야 할 것이다 — 그것은 이미 "주어진 것"이었다. 각각의 경우에 비유의 요지는 예수가 주도권을 쥐고 잃

---

37) cf. Chilton 1988, 4: 회개는 "효력이 있다고 말할 필요가 없다."

38) Sanders 1993, 233f.; cf. 1985, 109.

어버린 것들을 찾아나서는 행위가 옳고 타당하다는 것을 입증하는 것이었다. 어쨌든 이 두 개의 작은 비유들은 좀 더 큰 비유인 탕자 비유로 귀결된다. 우리가 앞에서 이미 보았듯이, 거기에서 이 이야기의 전환점은 바로 다음과 같은 전환점이다: "그가 제정신이 들자 내가 일어나 내 아버지에게 가서 그에게 말하기를 아버지 내가 범죄하였나이다라고 말해야겠다고 말했다." 우리가 이것을 이 이야기 전체에 걸쳐 있는 아버지 자신의 후한 사랑이라는 맥락 속에 어느 정도나 두는가와는 상관 없이, 이것은 여전히 한 가지 것에 대한 고전적인 서술이다: 회개.[39]

회개를 강조하는 또 다른 비유는 부자와 나사로 비유이다(눅 16:16-31). 이 이야기는 잘 알려진 민담들에 대한 분명한 반영들을 지니고 있는데,[40] 예수는 이 민담들을 새롭고 의외의 방식으로 그 의미를 비틀어 놓는다. 여기서 강조점은 탕자 비유 속에서 두 번 나오는 — 즉, 대단히 강조되고 있는 — 것과 동일한 내용에 있다: "부활," 즉 "포로생활에서의 귀환"은 도처에서 일어나고 있지만, 바리새인들은 그것을 볼 수가 없다.[41]

흔히 생각하듯이, 이 비유는 사람들에게 그들의 궁극적인 운명에 대하여 생각해 보도록 경고하는 내세에 관한 묘사가 아니다.[42] 만약 그것이 이 비유의 핵심이라면, 이 비유는 비유가 되지 못할 것이다: 런던에서 길을 잃어버린 어떤 사람에 관한 이야기는 지도 없이 그 도시 속에서 길을 찾고자 하는 사람들에게 말해지는 경우에는 비유가 될 수 없다. 우리는 엄연한 증거 앞에서도 너

---

39) 눅 15:11-32. Sanders는 그것이 진정성이 있다고 생각한다(1993, 197f.). 위의 제4장을 참조하라.

40) 예를 들면, Jeremias 1963a [1947], 183; Fitzmyer 1985, 1126f.에 나오는 자세한 내용들; 통상적으로 생각하는 것보다 더 폭넓은 배경을 강조하는 Bauckham 1991.

41) 눅 15:24, 32; 16:30f.

42) Cf. Bauckham 1991, 233, 245f.: 이 이야기는 "죽은 자의 운명에 관한 문자적 설명으로서의 목격자적인 권위를 주장할 수 없다. 이 이야기는 단지 비유로서의 지위만을 가지고 있을 뿐이다." 사실 이 이야기는 "내세에 대한 묵시론적인 계시로부터 부자들과 가난한 자들의 공존이라는 변명할 수 없는 불의에로" 사람들의 관심을 돌려 놓는다. 예를 들면, Marshall 1978, 633; Fitzmyer 1985, 1129; Nolland 1993, 827과 비교해 보라.

무도 쉽게 예수가 "진실로 해야 한다"라고 하는 말은 일차적으로 사람들에게 "사후에 어떻게 천국에 가는가"를 가르치는 데에 관심이 있는 것이라고 가정하도록 오도된 경우가 한두 번이 아니었다. 그러나 실상은 이와는 전혀 다르다.

아브라함이 나사로를 환영한 것은 아버지가 탕자를 환영한 것을 상기시키는데, 이 두 가지는 거의 동일한 것을 말해준다. 가난하고 소외된 자가 아브라함의 품으로 환영을 받았다는(민담을 통해서 누구나 알고 있었던 것처럼) 천국의 현실은 예수가 소외된 자들을 환영한 것 속에서 현실적으로 실현되어가고 있었다. 마치 아버지가 집에 돌아온 아들을 환영한 것이 예수가 실제로 당시에 그곳에서 행하고 있었던 일에 관한 이야기였던 것과 마찬가지로 말이다. 최근의 연구들이 올바르게 강조해 왔듯이, 누가복음에서 중요하였던 "부자와 가난한 자"라는 주제가 여기에서 두드러지게 부각되고 있다.[43] 그러나 이 이야기를 새로운 결말부를 지닌 전통적인 민담으로 보는 경우에, 이 비유의 핵심은 두 사람에게 결국 무슨 일이 일어났는가에 대한 것도 아니고, 단순히 부와 가난이라는 추상적인 "윤리적" 문제에 대한 진술도 아니고, 오히려 현재 속에서 가난한 자와 부자에게 무슨 일이 일어나고 있는지에 관한 것이었다.[44] 예수가 가난하고 소외된 자를 환영한 것은 포로생활로부터의 진정한 귀환, 새로운 시대, "부활"이 탄생하고 있다는 것을 보여주는 징표였다; 그리고 새로운 시대가 도래하고 있는 것이라면, 거기에 속하고자 하는 사람들은 (신명기와 예레미야서에서와 마찬가지로) 회개하지 않으면 안 될 것이다. 이 이야기는 예수가 실제로 행하고 있었던 일의 진정한 의미를 보여주고, 이 의미를 파악하기 위하여 현재 속에서 애쓰고 있었던 자들의 절박한 필요를 잘 보여준다. 집에 남아 있는 다섯 형제들은 탕자 비유 속에 나오는 맏아들과 동일한 역할을 한다. "부활"은 일어나고 있지만, 그들은 그것을 볼 수가 없다. 이 이야기는 가난하고 소

---

43) Hock 1987; Bauckham 1991.

44) 이것이 이 비유가 실제로 가리키는 것이 미래의 사후의 상태라고 전제하는 학자들(예를 들면, Nolland 1993, 827)이 이미 알려져 있는 이야기의 중요성을 거부하고 더 이상 살펴보지 않으려고 하는 경향을 보이는 이유이다 — Hock와 Bauckham에 의해서 논의된 풍부한 증거에도 불구하고.

외된 자가 하나님 나라 속으로 환영을 받고 있다는 것을 당연시하고 있고, 따라서 부자들, 바리새인들, 불평하는 자들을 집중적으로 조명한다: 그들도 이제 곧 동터올 새 날을 물려받기 위해서는 회개할 필요가 있었다. 누군가가 죽은 자들로부터 살아나서 그들에게 돌아가 알려주는 추가적인 계시는 허용되지 않았다;[45] 회개의 메시지는 이미 모세와 예언자들 속에서 충분히 전달되었기 때문이다.

그러므로 이 비유는 이미 논의한 의미들로서의 "회개"가 예수의 선포 속에서 중심 요소를 형성하고 있었다는 것을 보여주는 추가적인 강력한 증거이다. 예수가 들려주고 있었던 기본적인 이야기는 그의 청중들에게 그들 자신을 마침내 포로생활로부터 돌아와서 이 과정의 필수적인 일부로서 그들의 하나님에게 다시 돌아온 참 이스라엘로 보도록 권유하였다.

이러한 회개의 좀 더 폭넓은 (종말론적임과 동시에 민족적인) 범주 안에서, 개인적 회개라는 형태도 예수의 부르심들의 일부를 형성하고 있었다고 말하는 것은 물론 아무런 문제도 없을 것이다. 샌더스는 그의 좀 더 최근의 저작 속에서 이 점을 인정하는 것으로 보인다. 그는 예수가 사회 개혁가였다면 예수는 개혁된 죄인들을 통상적인 사회 속으로 통합시키는 문제에 직면하지 않을 수 없었을 것인데, 예수가 그러한 것을 시도하였다는 것을 보여주는 그 어떤 징표도 없다고 지적한다. 그러나 그럼에도 불구하고 샌더스는 "예수는 악한 자들이 중간 시대에 악한 상태 그대로 머물기를 원하지 않았다"는 것을 인정한다 — 즉, 곧 일어나게 될 큰 사건 이전의 중간기.[46] 개인적인 차원을 지닌 "회개"의 개념은 분명히 유대교 내에서 잘 알려져 있었기 때문에, 종말론적이고 민족적 회개로의 부르심이 그 안에 개인적 회개로의 부르심을 포함하는 것으로 인식되지 않았다면, 그것은 이상한 일이 되고 말 것이다. 물론 이것은 예수가 새로운 윤리 체계를 주창하거나 이전의 윤리 체계에 대한 새로운 충성을 촉구하였다는 의미에서의 "개혁자"였다고 말하는 것은 아니다. 그러나 이것은 예수가 개인적으로든 공동체적으로든 모든 차원에서 회개하도록 사람들에게 요구

---

45) Bauckham이 강조하고 있듯이, 이것은 예수의 이야기 속에서의 "의외의 내용"의 일부이다; 전통적인 판본들에서는 이러한 요청이 허용되었을 것이다.

46) Sanders 1993, 234; 또한 cf. 232.

하지 않았다는 것을 의미하지는 않는다.

그러나 회개가 집단 속에서 아무것도 아닌 존재로서의 개인이 아니라 인격들로서의 개인들을 포괄하였다는 사실은 결국 우리가 종말론적이고 역사적인 차원을 무시한 "개인적" 회개라는 개념을 다시 무조건적으로 받아들일 수 있다는 것을 의미하는 것은 아니다. 모집단 내의 그 어떤 하위 집단도 모집단의 연대성을 하위 집단의 연대성과 바꾸기로 결심한 인격들로 구성되지 않으면 안 된다; 여기서도 다시 한 번 쿰란 공동체가 그 좋은 예이다. 입교의 순간에, 이것은 개인주의화된 20세기 사람들의 눈에는 "개인주의"로 보일 것이다. 그러나 당시에 취한 입장의 논리는 개인 구원의 탐구에 편향되어 있는 계몽주의 이후의 고독한 개인의 논리와는 판이하게 다르다. 그것은 아브라함과 그의 가족에 대한 약속의 논리이다; 그리고 핵심 질문은 이것이다: 누가 진정으로 아브라함의 자녀들인가? 이것은 회개하라는 예수의 부르심에 관한 가장 뚜렷한 핵심을 제기한다. 그것은 우리를 다시 한 번 세례 요한에게로 데려다 준다.

물론 여기에서 결정적으로 중요한 것은 예수에게 이 회개는 개인적인 것이든 민족적인 것이든 성전에 가서 제사를 지내는 것을 포함하지 않았다는 것이다.[47] 앞에서 보았듯이, 요한의 세례는 이미 다음과 같은 걸림돌이 될 만한 개념을 지니고 있었다: 사람들은 예루살렘에 올라가서가 아니라 요단강 가로 내려가서 하나님께서 정하신 방식으로 "회개할" 수 있었다![48] 바로 이것과 동일한 방식으로, 예수는 자신의 권세와 자신의 절차에 의거해서 계약 하나님의 갱신된 백성이 되는 길을 제시하였다. 이것은 정말 진정한 걸림돌이었다. 예수는 마치 (a) 포로생활에서의 귀환이 이미 일어나고 있고, (b) 그것은 그 자신과 그의 사명이며, 따라서 (c) 그는 누가 회복된 이스라엘에 속하는지를 선포할 권리를 지니고 있다고 생각하는 듯이 행동하였다. 삭개오 사건 — 한 가지 매우 관련이 있는 대목을 들자면 — 속에서의 결정적인 문제는 삭개오가 자기 돈으로 무엇을 했든 안했든 예수가 자신의 권세에 의거해서 삭개오가 아브라함의 참된 아들이라고 선포했다는 것과 구원이 "오늘" 그의 집에 임했다고 선포한

---

47) Sanders는 이것을 분명하게 본다: 1985, 203, 206; 1993, 235-7.
48) cf. 위의 404f.

것이었다.[49] 달리 말하면, 삭개오가 정상적으로는 예루살렘을 찾아가서 희생 제사 제의에 참여함을 통해서 얻을 수 있었던 것을 예수는 바로 그 자리에서 삭개오에게 주었다는 말이다. 삭개오가 자기 재산을 사람들에게 나누어 준 것은 예수의 평결 자체가 아니라 이웃들에 의해서 그가 이제 받아들여지게 되었다는 것과 관련이 있었던 것으로 보인다 ― 마치 자기 몸을 제사장에게 보이고 규정된 제물을 드리라는 말을 들은 나병환자들이 치유를 얻기 위해서가 아니라 공적인 인증, 깨끗케 되었다는 보건증을 얻기 위해서 그랬던 것과 마찬가지로.[50] 각각의 경우에서 중요했던 것, 각각의 그러한 행위를 그토록 걸림돌이 되게 만들었던 것은 예수 당시의 유대인들이 죄사함, 사랑, 은혜 등등에 반대했다는 것이 아니라 그들이 이러한 은사들을 성전과 그 제의 바깥에서 얻을 수 있는 것으로 기대하지 않았었다는 것이었다. 그것은 다음과 같은 결론으로 귀결되었다: 예수가 그의 말들과 행위들을 통해서 들려주고 있었던 이야기가 참이라면, 유대 역사 속에서의 절정의 순간이 이미 도래한 것이 되고, 만약 참이 아니라면, 예수는 철저히 제멋대로 행동하고 있는 것이 된다.

그러므로 예수가 요구하였던 회개는 결코 개별 죄인들이 그들의 죄를 깨닫고 통상적인 유대적 회개 의식들을 행하는 경우 같은 그때그때의 통상적인 회개가 아니었다. 그러한 회개는 이스라엘 역사 속에서 그 어느 때라도 있을 수 있는 것으로서, 그 자체가 하나님 나라의 도래나 포로생활의 끝을 보여주는 것은 아니었다. 또한 그러한 회개는 민족 전체가 하나의 과제로부터 돌이켜서 다른 과제로 나아가는 것을 포함하는 것도 아니었다. 예수의 부르심은 그러한 것보다 훨씬 더 급진적인 것이었다. 그것은 사람들에게 성전을 좀 더 자주 방문해서 더 많은 희생 제사를 드리고 통상적인 정결 예식들에 좀 더 신경을 쓰라고 촉구하는 것과는 아무런 관계가 없었다. 예수의 부르심은 (우리가 보통 말하는) 도덕적인 회개의 뉘앙스를 포함하고 있긴 했지만, 그것은 주된 강조점 자체라기보다는 주된 강조점의 한 측면에 불과하였다. 예수는 요세푸스와 마찬가지로 그의 동포들에게 기존의 생활방식 전체를 버리고 다른 생활방식을

---

49) 눅 19:1-10. 이런 식으로 읽으면, 나는 이 이야기의 본질적인 역사성을 부정한 그 어떤 이유도 볼 수 없다. Sanders 1993, 235f.는 이에 반대.

50) 레 14:2-20에 대한 마 8:4/막 1:44/눅 5:14/*P. Eger.* 2:2.

위해서 자기를 믿으라고 촉구하고 있었다. 예수는 실제로 사람들에게 하나님 나라를 선포하면서 회개하도록 촉구하였다. 그러나 어느 경우에도 이 이야기는 그의 청중들이 예상했던 줄거리를 따르고 있지 않았다. 예수의 선포 속에 함축되어 있는 이야기는 민족의 회복 자체(사람들이 통상적인 유대인들의 이야기로부터 예상할 수 있었던 것과 같은)와 닿아 있었던 것이 아니라, 그의 청중들에게 이스라엘이 되는 다른 방식을 좇고 다른 종류의 신원을 기다리라는 도전으로 이어졌다. 회개에 대한 시금석은 사람이 이러한 도전에 응답하느냐의 여부에 있었다.

최근에 일어났던 한 논쟁을 예로 들면, 이 점을 좀 더 분명하게 알 수 있을 것이다. 샌더스는 1985년에 예수가 폭력 혁명을 주창하지 않았다는 의미에서 "정치적"이지 않았다고 주장하였다. 예수가 폭력 혁명을 주창하지 않았다는 샌더스의 주장은 분명히 옳지만, 이것이 곧 예수가 "비정치적"이었다는 것으로 결론을 내리는 것은 하나님 나라 선포가 지닌 결정적으로 중요한 정치적 뉘앙스를 놓치고 있는 것이다.[51] 마찬가지로 샌더스는 예수가 일차적으로 "개혁자"가 아니었다고 말하고 있는데, 이것은 옳은 말이지만, 이것을 토대로 예수가 "회개를 설교하였다"는 것을 부정하는 것은 잘못된 것이라고 나는 생각한다. 예수는 지속적이고 꾸준한 도덕적 개혁 사역으로 인해서 반대를 받았던 것이 아니었다; 예수는 훨씬 더 절박한 사역을 담당하고 있었다.

(ii) 믿음

"믿음"은 "회개"와 마찬가지로 종교적인 체험 및 도그마(dogma)와 관련된 아주 많은 뉘앙스들을 지니게 되었다. 신학자들은 "믿음"의 의미를 논의해 왔고, 그것을 영어의 개념들인 "신뢰"(trust)와 "동의"(assent) 중간의 어느 지점에 위치시켰는데, 종종 이 둘을 구분하기 위해서 "피데스 쿠아"(fides qua, 어떤 사람이 지닌 믿음)와 "피데스 쿠아이"(fides quae, 어떤 사람이 믿는 믿음)를 사용하기도 한다.

첫 번째 개념인 "신뢰"는 성서적인 언어들 속에서 "믿음"과 "신실함"으로 세분될 수 있다. 히브리어 "에무나"(emunah)와 그리스어 "피스티스"(pistis)는

---

51) Borg 1984, ch. 1; Caird & Hurst 1994, 356-9 등.

둘 다 이러한 이중적인 의미를 지닐 수 있고, 오직 한 가지 염려되는 일은 "행위에 의한 의"가 슬며시 끼어들어서 신약성서의 많은 구절들 속에서 "신실함" 또는 "충성됨"이라는 의미를 읽을 수 없게 만들 수 있다는 것이다.[52] "믿음"에 관한 과거의 사전 항목들은 역사적 논의와 아울러서 교리적 논의를 반영하고 있는데, 예수로부터 바울에게로 신속하게 옮겨가서 바울 서신들이 불러일으키는 논쟁들을 다룬다; 예수가 믿음을 얘기했을 때에 실제로 그가 의도했던 것이 무엇이었는지를 자세하게 다루는 주석서들은 거의 없다.[53] 교회, 특히 바울의 교회가 예수께서 "믿음"에 관하여 말했던 이야기들을 전했는데, 이렇게 전한 이유가 이 용어에 대한 그들 자신의 의미를 강화시키고 이 용어가 그들의 신학 속에서 지녔던 위치를 강화시키기 위한 것이었다는 것은 틀림없이 사실이다. 그러나 예수 자신이 "믿는다" 또는 "믿음을 가지다"라는 말을 했다는 것은 틀림없는 사실일 것이다.[54] 그렇다면, 예수는 이 말을 통해서 무엇을 의미했던 것일까?

믿음에 관하여 말하고 있는 구약성서의 수많은 구절들 중에서 몇몇 구절들

---

52) cf. Moore 1927-30, 2.238: "하나님에 대한 충실은 유대적 사고 속에서는 하나님에 대한 신뢰로부터 분리될 수 없었다." Bultmann *TDNT* 6:201로부터 유대교에 대한 수많은 혹평들을 불러일으켰고 Lührmann 1973, 26f. 등에서 관련된 증거들의 대부분을 하찮은 것들로 취급해 버리게 된 것은 바로 이러한 불가분리성이었다. Lührmann은 "충실"을 "미덕"으로 보았는데, 이것은 암묵적으로 이신칭의가 아니라 도덕성과 관련이 있는 것으로 본 것이다.

53) 예를 들면, Bultmann, *TDNT* 6:197-228; Michel, *NIDNTT* 1:587-606. Lühnmann 1973은 좀 더 역사적 접근 방법을 택하고 있지만, 예수 자신의 의미라는 문제에 대해서는 그리 자세하게 말하지 않는다. Wallis 1995는 배경에 관하여 다루고 있는 짤막한 절(17-23)을 가지고 있지만, 그의 주된 주제는 예수 자신의 믿음에 관한 신약성서의 보도들이다. 또한 France, *DJG* 223-6도 참조하라. 이것은 용감한 사람이 도전해 볼 만한 유력한 연구주제이다.

54) 이 주제는 공관복음 전승의 모든 층들 속에 나타난다. 세 개의 공관복음서: 막 5:34/마 9:22/눅 8:48; 막 2:5/마 9:2/눅 5:20; 마 21:25/막 11:31/눅 20:5. 마/막: 마 21:21/막 11:22f.; 마 18:6/막 9:42. 막/눅: 막 5:36/눅 8:50; 막 10:52/눅 18:42. Q: 마 8:10/눅 7:9; 마 24:45/눅 12:42. 마가 특수자료: 1:15. 마태 특수자료: 8:13; 9:29. 누가 특수자료: 8:12, 13; 17:5f., 19. 흥미롭게도 "믿음"은 도마복음서, 심지어 눅 17:5f.와 병행이 되는 말씀들(48, 106)에서도 아무런 역할을 하지 못하는 것으로 보인다.

이 환난의 때에 이스라엘이 지녀야 할 믿음(또는 "신뢰")을 두드러지게 강조하는 것으로 부각되고 있다. 이사야서는 다음과 같은 구절들을 제시한다:

> 만일 너희가 굳게 믿지 아니하면 너희는 굳게 서지 못하리라.[55]

> 보라 내가 한 돌을 시온에 두어 기초를 삼았노니 곧 시험한 돌이요 귀하고 견고한 기초돌이라 그것을 믿는 이는 다급하게 되지 아니하리로다.[56]

> 너희가 돌이켜 조용히 있어야 구원을 얻을 것이요 잠잠하고 신뢰하여야 힘을 얻을 것이거늘 너희가 원하지 아니하고 … [57]

하박국서에 나오는 잘 알려진 구절도 이와 동일한 사상을 전해준다. 위대한 심판의 순간에 그 밖의 다른 모든 경계표지들이 사라질 때, 야훼의 백성은 그들의 믿음으로 말미암아 표시가 나게 될 것이다:

> 보라 그의 마음은 교만하며 그 속에서 정직하지 못하나 의인은 그의 믿음으로 말미암아 살리라.[58]

---

55) 사 7:9. 그 어떤 영어 번역도 "믿다"와 "굳게 세워지다" 간의 직접적이고 명쾌한 연관관계를 제대로 표현해내지 못한다: 'im lo tha'minu, ki lo theamenu. 즉, 관용어법인 "의지하지 않으면 파멸한다"를 제외하고는 그 어떤 표현도.

56) 사 28:16. Meyer(1979, 183, with 302 n.26)는 이렇게 말한다: "이스라엘의 최종적인 구속은 믿음의 행위에 달려 있다 … 마무리는 메시야를 의미하였다; 성전, 메시야적 믿음의 남은 자들."

57) 사 30:15. "돌아옴"을 나타내는 히브리어는 통상적으로 "회개"의 어근인 *shubah*이다.

58) 합 2:4. bMakk. 24a에 의하면, 이 절은 하나님의 계시 전체를 요약하고 있다. 이후의 유대교 사상 속에서의 이 절의 사용에 대해서는 Strobel 1961을 참조하라. 신실치 않은 자들에게 임할 심판이라는 사상에 대해서는 시편 78(LXX 77):22과 비교해 보라.

이러한 본문들에 관한 한, "믿음"은 단순히 하나의 부수적인 종교적 특질, "덕목," 속성 등으로 이해되어서는 안 된다. 믿음은 위기의 때에 야훼의 참 백성의 구별된 표지이다. 믿음은 포로생활에서의 귀환을 특징짓게 될 것들 중의 하나이다:

> 보라 내가 이 성읍을 치료하며 고쳐 낫게 하고 내가 저희로 청종케 하며 저희를 고쳐서 평안과 믿음을 저희에게 창조하리라.[59]

성서 시대 이후의 유대교 문헌들 속에서도 우리는 동일한 강조점들을 발견한다. 이스라엘의 지체라는 것이 의심되는 사람들의 특징이 믿음의 결여라고 한다면, 참 이스라엘은 믿음을 지니고 있다:

> 이것[하박국 1:5을 인용한 구절]은 거짓말쟁이와 아울러 신실치 못한 자들에 관한 것인데, 그들은 하나님의 입에서 나온 말씀, 의의 교사로부터 받은 말씀에 귀를 기울이지 않았다. 그리고 이것은 그들이 하나님의 계약을 믿지 않았고 하나님의 거룩한 이름을 더럽혔다는 점에서 새 계약의 신실치 못한 자들에 관한 것이다. 그리고 마찬가지로 이 말씀은 종말에 신실치 못하게 될 자들에 관한 것으로 해석될 수 있다. 폭력의 사람들이자 계약을 깨뜨리는 자들인 그들은 이 모든 일들이 마지막 세대에게 일어날 것이라는 말을 들을 때에 믿지 않을 것이다 … [60]

> "그러나 의인은 믿음으로 말미암아 살리라": 해석하면, 이것은 하나님께서 그들의 고난으로 인해서 및 의의 교사에 대한 그들의 믿음으로 인해서 심판의 집으로부터 구원하실 유다 집에 속한 율법을 지키는 모든 자들에 관한 것이다.[61]

---

59) 렘 40:6(LXX). MT(33:6)에는 "평화와 진리"로 되어 있다.

60) lQpHab. 2:1-7(Vermes 1995 [1962], 341(cf. GM 198); 여기서 쟁점이 되고 있는 것에 영향을 미치지 않기 때문에, 나는 쿰란 두루마리들에서의 공란들을 나타내지 않았다).

61) 1QpHab. 7:17 8:3(Vermes 344). GM 200은 emunah를 "충성"으로 번역하고

하늘과 땅이 메시야의 말에 귀를 기울일 것이고, 천지 속에 있는 모든 것이 거룩한 계명들로부터 떠나지 않게 될 것이다. 여호와를 섬기며 구하는 너희들이여, 힘을 내어라! 너희 마음속에 소망을 지닌 모든 자들은 그 안에서 여호와를 만나게 되지 않느냐? 여호와께서 경건한 자들을 주목하시며 의인들의 이름을 부르시고 가난한 자들에게 그의 영을 두시며 신실한 자들('emunim)을 그의 힘으로 새롭게 하시리라. 여호와는 경건한 자들을 영원한 왕의 보좌위에 앉히고 갇힌 자들을 자유롭게 하며 눈 먼 자들에게 시력을 주며 비틀린 자들을 펴주시리라. 나는 영원히 … 소망하는 자들을 놓지 않으리라.[62]

그를 의지하는 자들은 진리를 알게 되고, 신실한 자들은 사랑 안에서 그와 함께 거하리니, 이는 은혜와 긍휼이 그의 거룩한 자들 위에 있고, 그가 그의 택하신 자들을 지키시겠음이라.[63]

예루살렘은 더 이상 황폐를 겪지 않게 되겠고
또한 이스라엘은 포로로 잡혀가지 않으리라.
이는 여호와께서 그들 가운데 계셔서 …
이스라엘의 거룩한 자는 겸비와 가난 속에서 그들 위에 통치하시겠고
그를 의지하는 자는 하늘에서 진리로 다스리리라.[64]

그러므로 그 원수는 여호와의 이름을 부르는 모든 자들을 걸려 넘어지게 하는 데에 열심을 내는 바, 이는 그가 이스라엘이 믿음을 갖게 되는 그

있는데, 이것도 마찬가지로 올바른 번역이다.

62) 4Q521 II:2:1-9(GM394).

63) Wis. 3:9: "의뢰하는 자들"은 hoipepoithotes이고, "신실한 자들"은 hoipistoi이다. 이것은 현재에 그 영혼들이 그들의 부활의 날까지 창조주 하나님의 손에 있는 의인들에 관한 묘사의 끝부분이다(cf. *NTPG* 329f.). 이 대목과 묵시론적 스타일의 쿰란 두루마리에 나오는 앞에서 본 대목과의 강력한 유사성은 다시 한 번 지혜서가 역사적으로 어디에 속해 있는지를 잘 보여준다(cf. 위의 333-337).

64) *T.Dan* 5:13.

날에 원수의 나라가 종말을 맞게 될 것임을 알기 때문이라.[65]

　이로 인하여 너희는 단과 갓처럼 흩어지리니, 내 형제들아, 너희는 너희 자신의 땅, 지파, 언어를 모르게 되리라. 그러나 그가 그의 연민과 아브라함, 이삭, 야곱으로 인하여 믿음 속에 있는 너희를 모으시리라.[66]

끝으로, 우리는 마카베오4서에서는 "믿음"이야말로 박해의 희생자들을 지탱시켜준 특질이라고 하면서 독자들에게 다음과 같이 권면하는 것을 지적하고자 한다:

　너희도 하나님에 대한 동일한 믿음을 지니고, 슬퍼해서는 안 된다.[67]

이것으로부터 분명한 것은 "믿다" 또는 "믿음을 가지다"라는 주제가 기독교 이전의 유대 세계 속에서는 초기 기독교에서와는 달리 그렇게 커다란 위치를 그 어디에서도 차지하고 있지 않았지만, 다음과 같은 함의들을 지닌 주제로서의 기능을 하고 있었다는 것이다. 첫째, 믿음은 계약 백성이 그들의 정당한 하나님 앞에서 지녀야 할 적절한 자세이다(그들을 지으신 자 앞에서 피조물들이 취할 자세). 둘째, 믿음은 위기와 심판의 때에 이스라엘의 참된 백성들의 표지가 되는 그런 것이다.
　셋째, 믿음은 포로생활에서 돌아와 회복된 백성의 특징을 이루게 될 것이다. 우리는 여기에 이방인 개종자들의 회심에 관한 문헌으로부터 넷째 사항을 덧붙일 수 있다: 한분 참 하나님을 믿고 이방의 우상들을 거부한다는 의미에서의 믿음은 물론 이스라엘 백성에 합류하고자 하는 사람에게 결정적으로 중요한 특징이었다. 따라서 주후 1세기 유대교의 세계 속에서 "믿음"은 단순히 종교적인 내적 성향이라는 관점에서 이해되어서는 안 된다. 또한 이 주제에 관하여 20세기에 나온 수많은 글들이 보여주고 있는 관심, 즉 "믿음"의 형태와 전

---

65) *T.Dan* 6:4.
66) *T.Ash.* 7:6-7.
67) 4 Macc. 16:22; cf. 15:24; 17:2. 또한 cf. Sir. 44:20.

체적인 종교적 체험 속에서의 믿음의 역할이라는 문제가 결정적으로 중요한 문제도 아니다.[68] 진정으로 중요한 것은 믿음은 커다란 위기의 때에 이스라엘의 정의에 있어서 결정적으로 중요한 한 부분이었다는 것이다. 예수가 "믿음"을 요구한 것은 단순히 새로운 종교적인 대안이나 어떤 차원을 제시한 것이 아니었다. 믿음은 이스라엘을 자기 자신의 주변에 종말론적으로 재구성하는 데 있어서 결정적인 요소였다.[69]

"믿음"에 대한 예수의 언급들이 지닌 이러한 차원이 일단 열리게 되면, 우리는 그 특징적인 말씀들이 우리가 이미 살펴본 바 있는 회개로의 부르심과 정확하게 맞아떨어진다는 것을 볼 수 있다.[70] 많은 치유 행위들에 수반된 "믿음"은 단순히 "이스라엘의 하나님이 이것을 하실 수 있다는 것을 믿는 것"이 아니었다.[71] 믿음은 이스라엘의 하나님이 예수 자신의 사역 속에서 절정이라는 관점에서 활동하고 계시다는 것을 믿는 것이다. 이 말의 전반부와 후반부 모두가 동일하게 중요하다: (a) 이 순간은 이스라엘이 기다려왔던 바로 그 순간이다; (b) 이 순간은 예수의 현존과 활동에 의해서 이루어지고, 그것을 특징으로 삼는다. 우리가 제5장에서 살펴본 예언자적 실천의 "치유 사역"이라는 측면은 앞에서 본 것처럼 종말론적 선포의 결정적인 부분이었다.[72] 이제 우리는 그러한 치유 사역에까지 미치고 있는 믿음이 동일하게 종말론적 뉘앙스를 지니고 있었다는 것을 발견한다. 믿음은 의의 교사를 자신의 삶의 중심으로 삼았던 자들의 표지였던 것과 마찬가지로, 예수 주변에 모여 들었던 자들의 특징적인 표지였다.

예수가 사람들에게 권하였던 "믿음"은 두 가지 구체적인 의미를 지니고 있

---

68) 위의 n.52에 인용되어 있는 *TDNT* 6에 나오는 Bultmann의 글을 참조하라; 이 항목 기사 전체는 잘못된 질문들을 제기하는 것과 관련된 실물 교육 자료이다.

69) cf. Hengel 1981a, 22와 거기에 나오는 여러 랍비 본문들.

70) 이것은 어느 특정한 말씀들에 대하여 찬성하거나 반대하는 결정을 내리고 있는 것이 아니다. 단순히 예수가 통상적으로 특히 치유들의 맥락 속에서 "믿음"이라는 말을 했다는 것을 확증해 주는 것일 뿐이다.

71) 권세 있는 행위들에 필수적으로 수반되어야 할 것으로서의 믿음은 mRH. 3:8 등에 부각되어 있다; cf. Moore 1927-30, 2:206.

72) 위의 304-311.

었는데, 하나는 좀 더 "종교적인" 것이었고, 다른 하나는 좀 더 "세속적인" 것이었다(시대착오적으로 우리 시대를 기준으로 구분해 본다면). 복음서들에 나오는 여러 대목들 속에서 강조되고 있는 "종교적인" 의미는 이스라엘의 하나님을 이스라엘 백성의 "아버지"로 보아야 한다고 역설하는 데에 그 초점을 맞추고 있었다. 이것은 새로운 사상이 아니었다는 것이 강조되지 않으면 안 된다; 이러한 사상은 구약성서 및 그 이후에 나온 꽤 많은 유대교 문헌들 속에서 발견된다.[73] 또한 이것은 단순히 "아버지"라는 말이 야훼를 부르는 많은 호칭들 중에서 하나의 부수적인 호칭이었다는 것도 아니다. 그렇지만 또한 이것은 오로지 예수의 "종교적 체험"이라는 관점에서만 설명되어서도 안 된다.[74] 각주에 나오는 구절들이 보여주듯이, 이것은 하나님의 위대한 구원 행위들, 즉 출애굽 및 포로생활에서의 귀환과 결부되어 있다. 이 하나님을 "아버지"라고

---

73) 예를 들면, 출 4:22; 신 32:6; 사 63:16; 64:8; 렘 3:4; 3:19; 31:9; 31:20; 호 11:1; 말 1:6; 2:10; Tob. 13:4; Sir. 23:1, 4; 51:10(히브리어로: 그리스어로는 "내 주의 아버지"); Wis. 14:3(cf. 2:16; 5:5; 11:10); 3 Macc. 5:7; 6:3, 8; *Ps. Sol.* 18:4; *Jub.* 1:24f.; 1:28; 19:29; Philo *Abr.* 12:58(Philo에 대해서는 cf. *TDNT* 5:956f.에 실린 Quell); Jos. *Ant.* 5:93; mYom. 8:9(겔 36:25을 인용하고 있는 Akiba); mSot. 9:15(미 7:6을 인용하고 있는; Eliezer ben Hyrcanus의 것으로 돌려지는 매력적인 구절, 이것에 대해서는 아래 534f.를 보라); mAb. 3:15(신 14:1을 인용하고 있는; Akiba의 것으로 돌려지는); bBab. Bat. 10a(아키바와 한 로마인 간의 논쟁; cf. 렘 2:4에 대한 Pesikta Rab.); bTaan. 23b; 25b; bKidd. 36a; 시 25:14에 대한 Midr. Ps. 25, on 25:14; 레 20:26에 대한 Siphra Lev.; 출 20:25에 대한 Mek. Ex. (Johanan ben Zakkai의 말을 인용한); 그리고 그 밖의 다른 많은 본문들. Cf. Moore 1927-30, 1:396-8; 2:201-11(208-11 제의적 부름말 속에서의 "아버지"에 대한); Quell & Schrenk in *TDNT* 5:945-1022; Jeremias 1967, ch. 1; Byrne 1979, 13-78. *ABD.*에 "아버지"에 관한 항목이 없다는 것이 이상하다.

74) "아버지"를 "아바"로 부른 것과 관련된 이 후자의 주제에 대해서는 Jeremias 1967; Vermes 1973, 210-13; 1983, 39-43; 1993, ch. 6; Bauckham 1978; Barr 1988; Hurtado 1992 등을 참조하라. 우리의 현재의 목적상으로는 우리가 이 저술가들 간의 논쟁을 해결하는 것은 그리 중요하지 않다. Bauckham 246-53, Byrne 1979, 74의 말처럼 Vermes가 사실은 예수의 용법이 특별했다는 Jeremias의 논증을 온전히 반박하지 못했다는 것만을 지적해 두는 것으로 충분할 것이다. 또한 아래의 978f.를 보라.

부르는 것은 장차 도래할 위대한 구원에 관한 연상들을 불러일으키는 것이다. 예수는 그의 청중들에게 그들의 하나님을 이런 식으로 생각하도록 권고하면서 유대 전승 속에서 그의 주장을 암묵적으로 담고 있었던 한 흐름을 강조하였다: "아버지"로서의 야훼에 대한 이러한 "믿음"을 소유한 자들은 그들 자신을 종말론적 이스라엘로 정의하고 있는 것이다.[75] 이러한 주제 전체를 반영하고 있는 비유들은 두 아들 비유,[76] 자녀들에 대한 선물들에 관한 비유,[77] 그리고 물론 다시 한 번 탕자(또는 후한 아버지)의 비유를 포함한다.

또한 "믿음"은 우리가 위에서 인용한 요세푸스의 자서전에 나온 구절에서 보았던 좀 더 "세속적인" 의미를 지닐 수 있다. 요세푸스는 갈릴리 출신의 산적 두목에게 "회개하고 나를 믿으라," 달리 말하면 그의 과제를 포기하고 그 대신에 요세푸스의 과제를 따르도록 요구하였다.[78] 나사렛 예수는 그의 동시대인들에게 어느 정도 이것과 동일한 것을 요구하였다고 나는 생각한다. 사람들은 하나님의 백성이 되는 그들의 방식을 포기하고 예수가 제시하는 방식을 따르기 위하여 예수를 믿어야 한다. 회개의 경우와 마찬가지로 믿음의 경우도 그렇다: 예수의 부르심은 자기를 따르는 자들, 이스라엘이 되는 그의 길을 따르는 자들은 야훼가 진정으로 포로생활로부터 돌아온 자들로 탄생시킬 참 이스라엘이라는 함의를 지니고 있었다. "복음을 믿으라" 또는 "나를 믿으라"는 부르심은 예수가 갈릴리 마을 사람들에게 일련의 교리를 받아들이라고 권유한 것이 아니었다 — "구원"에 관한 기본적인 "이론," 어떻게 그 구원을 얻을 수 있는지, 또한 기독론에 관한 많은 내용들을 포함한(아마도 여기에는 예수를 세례 요한과 같이 하나님으로부터 보내심을 받은 예언자로 인정해야 한다는 것도 포함될 것이다). 또한 그것은 예수가 그들에게 오늘날 우리가 새로운 "종교

---

75) cf. Bauckham 1978, 249, 253.

76) 마 21:28-32.

77) 마 7:7-11/눅 11:5-8; 눅 11:9-13. *P. Oxy.654.2; Thom.* 2; 92; 94에 나오는 눅 11:9f.에 대한 병행문들에는 비유가 없다.

78) *Life* 110; cf. 위의 390f. LCL edn.(1:43)에서 Thackeray는 "그가 하고자 한다면 … 내게 대한 그의 충성심을 입증하라"로 번역한다. 끊임없이 자료들을 "세속적 용법"과 "종교적 용법"으로 나누는 Lindsay 1993는 이 구절을 언급하고 있지 않지만, 이러한 구별이 항상 유지되지는 않는다는 점을 인정한다(136f.).

적 체험"이라고 부를 수 있는 것을 제시하였다는 것을 의미하지도 않는다. 그 것은 예수의 사역 속에서 이스라엘의 하나님이 이스라엘이 오랫동안 기다려 왔던 하나님 나라를 시작하고 계시다는 것을 믿은 자에 관한 역사적 묘사를 상기시킨다.

나사렛 예수는 당시에 그러한 믿음을 가지고 그 믿음 위에서 행동했던 유일한 인물이 아니었다. 자기를 "믿으라"고 요구한 것 자체가 예수를 "독특한" 인물로 만들지는 않는다. 우리는 추종자들에게 그러한 관점에서 자기에게 충성을 바치라고 요구했던 그 밖의 다른 인물들을 아주 쉽게 열거해 볼 수 있다 — 예를 들면, 갈릴리 사람 유다 또는 바르 코크바.[79] 그렇다면, 나사렛 예수는 달랐던 것인가? 물론 그렇다. 그러나 이러한 요구 자체가 달랐던 것은 아니다. 달랐던 점들은 예수가 그의 청중들에게 요구했던 삶의 방식 속에서 볼 수 있다. 이것에 대해서 우리는 잠시 후에 살펴보게 될 것이다. 여기서는 먼저 "초대"에서 "환영"으로 넘어가 살펴볼 차례이다. 여기서의 핵심 질문은 이것이다: 예수가 환영했던 "죄인들"은 정확히 누구였고, 예수는 그들에 관하여 무엇이라고 얘기했는가?

3. 환영: 죄인들과 죄사함

(i) 죄인들은 누구인가?

학자들 사이에서는 예수가 "죄인들"을 환영했고 그들과 함께 식탁 교제를 나누었다는 것에 대하여 어느 정도 보편적인 합의가 존재한다 — 이와 같은 합의는 한여름에 내린 눈처럼 아주 드문 경우이고, 또한 잠정적인 것이기도 하다.[80] 그러나 합의는 거기에서 멈추고, 그 이상으로 들어가면, 우리는 여러 가지 다양한 난제들에 직면하게 된다: "죄인들"은 과연 누구였는가? 예수는 그들에게 정확히 무엇을 제시하였는가? 반대한 사람은 있었는가, 만약 있었다면, 그

---

79) cf. Hengel 1981b [1968], 23: "그러한 묵시론적인 예언자들 또는 열심당 지도자들을 따르는 것은 … 카리스마적 인물의 메시지와 권위에 대한 충성(emunah)에 달려 있었다."

80) cf. Sanders 1985, 5. 이러한 합의는 오직 Horsley 1987, 217-23에 의해서 깨어졌다.

이유는 무엇이었는가? 우리는 이러한 질문들을 여기에서 및 이후의 논의들 속에서 차례차례 살펴보지 않으면 안 된다.

첫째, 우리는 이제 이전 세대들과는 달리 "죄인들"과 "비바리새인들"(non-Pharisees)을 구분할 수 있게 되었다.[81] 몇몇 영향력 있는 이전의 저작들 속에서 "죄인"의 의미는 "암메 하아레츠"(amme-ha'aretz), 즉 "땅의 백성들"에 관하여 말하고 있는 본문들로부터 도출되었다.[82] 그러나 이러한 동일시를 밑받침하기 위하여 근거로 제시된 본문들 — 여러 시기에 나온 몇몇 랍비 문헌들 중의 구절들 — 은 증거로서 요구되는 무게를 지니고 있지 못하다. 그러한 본문들은 틀림없이 우리에게 주후 135년 이후의 시기에 활동했던 많은 랍비들이 토라를 연구하고 실천했던 그들의 방식에 따르지 않았던 모든 사람들을 비록 유대교 전체 속에 포함되기는 하지만 열등한 족속으로 간주하였다는 것을 말해준다. 그러한 본문들은 몇몇 랍비들이 토라의 연구 및 실천을 장려하기 위하여 그렇게 하기를 거부한 자들에 대하여 거친 말들을 퍼부었다는 것을 분명하게 입증해준다. 그러나 그러한 본문들은 우리에게 예수 당시의 팔레스타인에서 "죄인"이라는 단어 — 아람어에서 어떠한 단어들이 이러한 애매모호한 개념을 전달했든지간에 — 의 의미 및 지시대상에 관하여 그리 많은 것을 말해주지 않는다.[83] 분명히 이 단어는 몇몇 초기 기독교 문헌들 속에서와 마찬가지로 종종 "율법 없는 열등한 족속들," 즉 이방인들을 가리키는 데에 사용되었다.[84] 그러므로 어떤 유대인에 대하여 이 단어를 사용하였다면, 이 단어는 그를 "이교도와 다름없는 자"로 규정하여 그 사람을 구별해내는 것이었을 것이다.[85] 그러나 그러한 표현의 논쟁적인 분위기가 보여주듯이, 그러한 범주는 화자의

---

81) cf. *NTPG* 213f.에 나오는 짤막한 논의.

82) 특히, *TDNT* 1:317-35에 나오는 Rengstorf의 글; SB 2:494-519. 구약성서에 나오는 "땅의 백성"에 대해서는 특히 Healey 1992를 보라; 후대의 발전들에 대해서는 cf. Oppenheimer 1977.

83) 전문적인 용어들에 대해서는 Sanders 1977, 1985에 나오는 분명한 지나친 단순화들을 수정한 Chilton 1988, 9f.를 참조하라; cf. Sanders 1993, 227.

84) 예를 들면, 마 26:45/막 14:41; 갈 2:15.

85) 요 9:16, 24f.에서 예수에 대하여 이런 식으로 이것이 사용되고 있는 것으로 보인다.

관점과 관련해서만 그 내용을 얻을 수 있다. 예를 들면, 바리새파에 대한 쿰란 공동체의 변증, 그리고 종종 힐렐 가문과 샴마이 가문 간의 치열한 다툼 속에서와 같이, 극히 꼼꼼하게 율법을 준수했던 여러 다양한 유대 분파들은 서로를 향하여 그러한 욕설을 퍼부었다.[86] 변증에 사용되는 언어는 용어상의 정확성을 기하기에 좋은 토양이 아니다.

그러므로 모든 "죄인들"은 "땅의 백성들"이었을 것이지만, 모든 "땅의 백성들"이 "죄인들"이었던 것은 아닐 가능성이 대단히 크다. "땅의 백성들"이라는 표현은 그 자체로 우여곡절의 역사를 지니고 있다. 포로기 이전의 이스라엘에서 존경받을 만한 부류에 대한 명칭으로 시작되었던 이 용어는 제2성전 시대의 몇몇 저작들 속에서 바빌로니아로부터 귀환했을 당시에 이미 이 땅에 머물고 있었던 자들을 가리키는 데에 사용된다; 그렇게 해서, 이 용어는 경멸의 뉘앙스를 얻게 된 것이다.[87] 포로생활에서 귀환한 자들과 이 땅에 그대로 머물고 있었던 의심스러운 족속들이라는 이러한 구분은 랍비 시대에 랍비들 자신과 그 어떠한 부류이든지 토라에 대한 그들의 특정한 해석을 따르지 않았던 "통상적인 유대인들"이라는 판이하게 다른 구분을 부각시키는 데에 사용되었던 것으로 보인다.

그렇다면, 우리가 살펴보고 있는 시기에는 이 용어가 어떻게 사용되었던 것일까? 이 용어는 주전 63년과 주후 70년에 나온 본문들(기독교적인 저작들을 포함해서) 속에는 등장하지 않기 때문에, 이 용어에 대한 랍비적 용법이 주후 70년 이후 또는 주후 135년 이후의 랍비 사상의 산물이라는 말이 어느 정도나 타당한지를 결정하기가 어렵다. 그렇지만 주후 70년 이전에는 바리새인들은 팔레스타인 유대인의 대부분을 차지하고 있었던 특별히 악하지 않은 유대인들을 "통상적인 유대인들"로 보았던 것 같다.[88] 오직 두 번의 전쟁을 치른 후에 랍비들이 유대인들의 공식적인 지도자들로서의 그들의 완전히 새로운 지위를 공고히 하였을 때, 그들은 종종 냉소적으로 사용했던 평가("토라를 알

---

86) cf. Knibb 1987, 209-19(바리새인들을 "부드러운 것들을 탐구하는 자들"로 묘사하고 있는 4QpNah.에 대하여 해설한); *NTPG* 183f.
87) 배경에 대해서는 cf. 왕하 17:24-41; 스 4:2, 10.
88) cf. Bauckham 1993b.

지 못하는 사람들"[89])를 공식적인 정책으로 승격시킬 수 있는 위치에 있었다. 그러나 누가복음 15:2 같은 구절 속에서 볼 수 있는 "죄인들"이 지닌 경멸적인 뉘앙스의 일부는 "진정한 유대인이 아니다"라는 의미를 지녔을 가능성도 없지 않다 — 이러한 의미는 실제로 "포로된 자들이 바빌로니아에서 돌아왔을 때에 이 땅에 그대로 머물고 있던 자들과 같다"는 것을 의미했을 것이다. 물론 이것은 우리가 제4장에서 살펴본 탕자 비유의 전복적인 의미와 아주 잘 맞아 떨어진다.

그러므로 우리는 좀 더 확고한 증거들이 없는 상황에서 다음과 같은 결론들을 도출해 낼 수 있을 것이다:

(i) "땅의 백성들"이라는 표현은 이미 제2성전 시대의 몇몇 문헌들 속에서 실제적으로 "혈통이 불확실하여 이스라엘 백성에 속하는지가 의심스럽다"라는 비방의 의미를 이미 지니고 있었다.[90]

(ii) "땅의 백성들"은 주후 135년 이후의 랍비들에 의해서 비록 유대인이지만 랍비들의 토라 준수를 따르지 않았던 자들을 지칭하는 데에 사용되었던 범주였다.[91]

(iii) 주전 70년 이전 시기의 바리새인들은 바리새파에 속하지 않은 통상적인 유대인들을 바리새파적인 방식에 동조하지 않았기 때문에 전문적으로 말해서 그들의 눈에는 토라를 범하는 자들이었던 이류의 시민들로 간주하였을 가능성이 대단히 높다.

(iv) 이러한 전문적인 범주는 바리새파에 속하지 않은 평범한 유대인들만이 아니라 분명하고도 의도적으로 토라를 업신여겼던 자들을 포함했을 것이다. 이러한 자들이 "악인들" 또는 "죄인들"이었는데, 예를 들면, 창녀들이 그런 부류에 속했다. 주후 1세기에서는 "땅의 백성들"과 "죄인들"을 날카롭게 구분했을 가능성은 거의 없다; 그러한 구분은 분명하고 명백한 구분이었다기보다는 애매모호한 구분이었을 것이다. 아마도 샴마이 학파에 속한 바리새인이라면

---

89) 요 7:49.

90) 예를 들면, 스 4:4; 9:1, 2; 10:2, 11; 느 10:20-31: cf. Gunneweg 1983.

91) 논의 속에서 통상적으로 인용되는 랍비 본문들은 bSanh. 25b; mKidd. 4:14; bKidd. 82a; mAb. 5:10-19; mSot. 9:15 등이 있다.

이러한 구분을 다음과 같은 색으로 구분하는 데에 만족했을 것이다: 샴마이 학파 — 붉은 색; 힐렐 학파 — 분홍색; "땅의 백성들" — 회색; "죄인들" — 검은 색. 여기서 누가 마지막 두 부류 중 어느 쪽에 속하는지를 투표에 부쳤다면, 어느 정도의 불일치가 있었을 것이다;[92] 일부 골수 샴마이 학파에 속한 사람들은 중간의 두 부류를 아예 생략해 버렸을 수도 있다.

(v) 예수는 마지막 두 부류, 즉 바리새파에 속하지 않았단 통상적인 유대인들 및 "죄인들"과 교제를 나누었다. (또한 예수는 바리새인들이 그와 교제하고자 한 경우에는 기꺼이 그들과 교제했다는 것을 보여주는 증거들이 있다.[93]) 예수 또는 바리새인들이 그들 사이를 아주 날카롭게 구분했을 가능성은 극히 적은 것 같다.

그렇다면, 우리는 "죄인들"에 관하여 좀 더 구체적으로 말할 수 있는 것인가? 복음서들 속에서 자주 등장하는 "죄인"의 한 특정한 부류는 세리(그리스어로 "텔로네스")이다.[94] 흔히 그들은 로마에 부역한 자들로서 백성들의 미움을 샀다고 말해진다; 하지만 예수 당시의 갈릴리에서 세금은 로마를 위해서가 아니라 헤롯을 위해서 거두어졌기 때문에, 이 말은 약간 수정을 필요로 한다. 헤롯은 인기 있는 통치자가 아니었기 때문에, 이러한 구별에 지나친 의미를 두는 것은 옳지 않은 것 같다: 헤롯은 로마에 의해서 분봉왕으로 책봉되었기 때문에 그의 유대적 정통성은 광범위하게 의심을 받았다.[95] 누가복음 19:1-10에 나오는 삭개오의 경우에서와 마찬가지로, 진정한 문제는 세리들이 널리 부정

---

92) cf. Meyer 1979, 296 n:109: "우리는 악명높은 죄인들을 통상적인 사람들과 동일시해서도 안 되고, 종교적인 엘리트 계층들이 그들 사이에 존재한다고 생각하였던 연속성을 무시해서도 안 된다." 그는 세리와 "백성들의 나머지"를 한데 뭉뚱그려서 말하고 있는 누가복음 18:11과 비교한다.

93) 예를 들면, cf. 눅 7:36; 13:31.

94) cf. Horsley 1987, 212-17; Malina and Rohrbaugh 1992, 189f.; Sanders 1993, 228f.

95) 헤롯 안디바에 대해서는 Hoehner 1980 [1972]와 거기에 나오는 그 밖의 다른 참고문헌들, Schürer 1:340-53을 보라; 현재의 논점에 대해서는 cf. Borg 1984, 310 n.46. 세리들은 이방인들과의 접촉으로 인해서 부정하다는 개념이 mHag. 3:6; mToh. 7:6에 전제되어 있다.

직하고 탐욕스러운 사람들로 여겨졌다는 것이었다고 할지라도, 그렇다고 해서, 그들이 "땅의 백성들"로서가 아니라 죄인들로서의 평판을 단순히 바리새인들에서만이 아니라 도덕적으로 거의 나병환자들과 같은 취급을 받았던 부류인 "땅의 백성들"에 속한 다른 부류들에 의해서도 그러한 평판을 받았다는 것이 약화될 수는 없다. 우리는 무엇이 실제적인 사실이었는지와 아울러 거기에 대한 인식들에도 동일한 관심을 갖는다; 그리고 그러한 인식은 예수 자신에게 돌려진 말씀들 속에도 반영되어 있다.[96] 따라서 예수가 "세리들과 죄인들"을 환영하여 친히 그들과 함께 식탁 교제를 나누었다는 사실은 대단히 놀라운 것이고, (우리가 시작한 지점으로 되돌아가서) 확고한 사실로 간주되어야 한다.[97]

공관복음 전승 속에서 이와 관련하여 오직 한 번 언급되고 있는 그 밖의 다른 범주는 창녀라는 부류이다.[98] 마태복음 21:31에서, 예수는 두 아들에 관한 비유에 이어서 다음과 같이 평한다:

내가 진실로 너희에게 이르노니 세리들과 창녀들이 너희보다 먼저 하나님의 나라에 들어가리라 요한이 의의 도로 너희에게 왔거늘 너희는 그를 믿지 아니하였으되 세리와 창녀는 믿었으며 너희는 이것을 보고도 끝내 뉘우쳐 믿지 아니하였도다.

현존 상태의 이 본문은 예수가 창녀들과 지속적으로 어울렸다는 것을 보여주는 증거가 될 수 없다. 이 본문은 분명히 창녀들이 세례 요한을 따랐다는 것에 대하여 언급한다. 그럼에도 불구하고, "죄인"으로 간주되었던 여자, 누가복음 7:36-50에서 공공연히 눈에 거슬리는 행동을 하여 바리새인들을 화나게 하였

---

96) 예를 들면, telones를 이방인들과 병행관계에 놓고 있는 마 5:46; 18:17; 그리고 바리새인과 telones가 스펙트럼의 양쪽 끝에 있다는 것을 이야기의 핵심으로 하고 있는 눅 18:10을 참조하라.

97) 막 2:15/마 9:10/눅 5:29; cf. 마 11:19/눅 7:34; 마 21:31f.; 눅 7:29.

98) 누가복음 15:30에서 맏아들은 둘째 아들이 아버지의 재산을 방탕한 생활 속에서 탕진하였다고 비난한다; 이것은 성적 부도덕이라는 분명한 의미를 담고 있는 "방탕하게 살다"라고 번역될 수 있는 앞서 나온 zon asotos(15:13)에 함축되어 있는 것으로 보인다: cf. LSJ, ad loc.

던 여자에 관한 이야기는 예수가 환영하였던 죄인들 중의 적어도 한 사람은 원래부터 좋지 않은 평판을 지니고 있었고 예수에 대한 그녀의 행위로 말미암아 그 평판을 더욱 악화시켰던 한 여자였다는 것을 아주 극명하게 보여준다.[99] 그리고 이것을 염두에 두게 되면, 우리는 방금 인용한 구절 속에서 창녀들이 세례 요한을 따랐던 것과 마찬가지로 예수를 따랐다는 암시를 엿볼 수 있게 된다.[100] 그러나 그것은 단순한 암시에 지나지 않는다. 막달라 마리아가 후대의 전승 속에서 얻었던 평판은 공관복음서의 본문들이나 요한복음 본문 덕분이 아니었다. 왜냐하면, 그러한 본문들이 막달라 마리아에 관하여 말하였던 유일한 것은 그녀가 일곱 귀신들로부터 놓여남을 얻었다는 것뿐이다 — 이것은 그녀를 성적인 방종에 대한 그 어떤 암시도 없는 복음서들에 나오는 그 밖의 몇몇 인물들과 동일한 반열에 놓고 있다.[101]

그렇다면, 좀 더 정확하게 예수는 "죄인들"에게 무엇을 제시하였는가? "죄사함"을 제공하였다고 말하고는 침묵해 버리는 것은 너무도 쉬운 일일 것이다. 그러나 후대의 기독교 용어들 속에서 표준이 된 많은 용어들과 마찬가지로, 우리가 예수를 그의 역사적 배경 속에 위치시키고자 한다면, 죄사함이라는 용어도 좀 더 자세한 탐구를 필요로 한다.

---

99) Derrett 1970, 267-85는 이 대목은 이 여자가 창녀라는 전제하에서만 의미를 지닐 수 있다는 것을 보여주었다.

100) 누가복음 7장의 여자는 "죄인"이 아니라 "채무자"였다는 Horsley의 주장 (1987, 223)은 내게는 증거들을 훨씬 뛰어넘는 견강부회식의 해석인 것으로 보인다. 어쨌든, 두 채무자의 비유(눅 7:41-42)는 하나의 비유이다. 아이러니컬하게도, 예수를 사회적 혁명가(로마에 대항한)로 만들고자 했던 호슬리의 시도는 결국 예수를 사회적인 타협주의자(이스라엘과의)로 만들어 버리는 결과를 가져왔다. 호슬리의 진정한 의도는 213쪽에서 볼 수 있다: 그는 예수가 부역자들과 함께 어울리는 것에서 암시될 수 있는 것과 같은 "로마의 통치에 대한 비저항적인 자세"를 취했다는 것을 보여주는 그 어떠한 증거도 배제하고자 결심한 것 같다. 부역자들로서의 창녀들에 대해서는 Gibson 1981를 참조하라.

101) 눅 8:2. 신약성서에서의 막달라 마리아에 대해서는 cf. Collins 1992; 후대의 그림 속에서는 cf. Hall 1984 [1974], 202-4. 1785년 이전에는, Lichfield Cathedral의 성가대석에 있던 막달라 마리아상은 "전설적인 방종을 나타내기 위하여 한쪽 다리를 드러낸 모습"을 하고 있었다(Prentis 1996, 25).

(ⅱ) 죄사함

죄사함과 관련된 기독교적 용법이 여러 세기 동안 사용되면서, 신약성서의 독자들은 "죄사함"을 일차적으로 언제라도 주어질 수 있는 개인에 대한 선물로 생각하는 데에 익숙해져 왔다. 죄사함은 특정한 역사적 상황들 속에서 새로운 기쁨으로 어떤 사람의 의식 속에 돌입할 수 있다고 할지라도, 그러한 의미에서 죄사함은 추상적이고 비역사적이다. 이것을 토대로, 예수의 죄사함의 제공에 관한 분석들은 예수의 청중들 또는 초대 교회의 경건(죄사함의 인식) 또는 추상적 신학(죄사함의 사실 또는 죄사함에 대한 믿음)에 초점을 맞추는 경향을 보여 왔다.

이제까지 본서의 논증 전체는 이런 것이 바로 말 앞에 수레를 다는 것임을 보여주고 있다. 죄사함에 관한 분석들에서 통상적으로 빠져 있는 것[102]은 예수와 초대 교회가 아주 자주 인용하였던 성서 시대 및 그 이후의 유대교 문헌들 속에서 매우 두드러지게 나타나는 그런 내용이다. 죄사함은 "포로생활에서의 귀환"을 말하는 또 다른 방식이다.

독자들이 주후 1세기에 유대인들이 포로생활에서의 귀환을 여전히 고대하고 있었다는 나의 주장을 믿지 못하고 한숨을 쉬며 불신 가운데 있지 않도록 하기 위하여, 이 점을 수정처럼 분명하게 보여줄 몇몇 본문들을 지금부터 살펴보고자 한다. 우리는 이러한 본문들을 읽으면서 포로기의 예언자들(특히 예레미야, 에스겔, 이사야 40-55장)은 이스라엘의 포로생활이 정확히 이스라엘의 죄악들의 결과 또는 죄악들에 대한 형벌로 보았다는 사실을 기억해야 한다. 따라서 이 점에 의거하여, 믿지 못할 놀라운 일이 일어나서 이스라엘이 포로생활로부터 돌아온다면, 그것은 이스라엘의 죄악들이 더 이상 벌을 받지 않게 되었다는 것을 의미한다는 것은 너무도 자명하다; 달리 말하면, 죄사함을 받았다는 것이다. 이러한 맥락 속에서 예레미야 애가의 저자는 이 문제에 대하여 우리가 바라던 대로 분명하고도 대담하게 다음과 같이 말한다:

---

102) 예를 들면, Shogren 1992; *ABD*에 실린 그의 글이 구약성서에 대한 Kselman의 글과 초기 유대교에 대한 Charlesworth의 글에서 그대로 인용되고 있기 때문에, 마찬가지로 이 두 사람도 핵심을 놓치고 있다는 것은 별로 이상한 일이 아니다.

> 딸 시온아 네 죄악의 형벌이 다하였으니
> 주께서 다시는 너로 사로잡혀 가지 아니하게 하시리로다.[103]

바로 이것이 계약의 갱신, 포로생활에서의 귀환(진정한 또는 새로운 출애굽으로 보아진), 마음의 갱신, 토라의 내면화, 죄사함에 관한 복합적인 소망을 제시한 예레미야의 유명한 약속의 요지이기도 하다:

> 여호와의 말씀이니라 보라 날이 이르리니 내가 이스라엘 집과 유다 집에 새 언약을 맺으리라 이 언약은 내가 그들의 조상들의 손을 잡고 애굽 땅에서 인도하여 내던 날에 맺은 것과 같지 아니할 것은 … 그러나 그 날 후에 내가 이스라엘 집과 맺을 언약은 이러하니 곧 내가 나의 법을 그들의 속에 두며 그들의 마음에 기록하여 나는 그들의 하나님이 되고 그들은 내 백성이 될 것이라 여호와의 말씀이니라 그들이 다시는 각기 이웃과 형제를 가리켜 이르기를 너는 여호와를 알라 하지 아니하리니 이는 작은 자로부터 큰 자까지 다 나를 알기 때문이라 내가 그들의 악행을 사하고 다시는 그 죄를 기억하지 아니하리라 여호와의 말씀이니라.[104]

예레미야서의 전체적인 맥락 속에서 이 메시지는 너무도 자명하다. 다른 그 무엇보다도 포로생활에서의 귀환은 죄사함을 의미하게 될 것이고, 그 역도 성립한다. 나중에 나오는 두 장도 이 대목보다 더 명시적으로 이 점을 분명하게 밝힌다:

> 이스라엘의 하나님 여호와께서 말씀하시니라 무리가 이 성읍의 가옥과 유다 왕궁을 헐어서 … 이는 그들의 모든 악행으로 말미암아 나의 얼굴을 가리어 이 성을 돌아보지 아니하였음이라 그러나 보라 내가 이 성읍을 치료하며 고쳐 낫게 하고 평안과 진실이 풍성함을 그들에게 나타낼 것이며 내가 유다의 포로와 이스라엘의 포로를 돌아오게 하여 그들을 처음과

---

103) 애 4:22.
104) 렘 31:31-4.

같이 세울 것이며 내가 그들을 내게 범한 그 모든 죄악에서 정하게 하며 그들이 내게 범하며 행한 모든 죄악을 사할 것이라 이 성읍이 세계 열방 앞에서 나의 기쁜 이름이 될 것이며 찬송과 영광이 될 것이요 그들은 내가 이 백성에게 베푼 모든 복을 들을 것이요 내가 이 성읍에 베푼 모든 복과 모든 평안으로 말미암아 두려워하며 떨리라 … 이는 내가 이 땅의 포로를 돌려보내어 지난 날처럼 되게 할 것임이라 여호와의 말씀이니라.[105)]

달리 말하면, 죄사함은 단순히 계약 갱신에 수반될 하나의 부수적인 축복에 불과한 것이 아니다. 계약 갱신은 포로생활의 반대를 의미하고, 포로생활은 죄에 대한 형벌이었기 때문에, 계약 갱신/포로생활에서의 귀환은 이스라엘의 죄들이 사함 받았다는 것을 의미한다 — 그리고 그 역도 성립한다.
에스겔서에서도 마찬가지이다:

내가 너희를 여러 나라 가운데에서 인도하여 내고 여러 민족 가운데에서 모아 데리고 고국 땅에 들어가서 맑은 물을 너희에게 뿌려서 너희로 정결하게 하되 곧 너희 모든 더러운 것에서와 모든 우상 숭배에서 너희를 정결하게 할 것이며 또 새 영을 너희 속에 두고 새 마음을 너희에게 주되 너희 육신에서 굳은 마음을 제거하고 부드러운 마음을 줄 것이며 … 주 여호와께서 이같이 말씀하셨느니라 내가 너희를 모든 죄악에서 정결하게 하는 날에 성읍들에 사람이 거주하게 하며 황폐한 것이 건축되게 할 것인즉.[106)]

이 본문은 그 자체로 너무도 분명하게 말하고 있다. 다른 한 구절을 들어보기로 하자:

내가 이스라엘 자손을 잡혀 간 여러 나라에서 인도하며 그 사방에서

---

105) 렘 33:4-11. 이 장 전체는 동일한 일련의 주제들에 대한 풍부한 확장과 표현을 제공해 준다.
106) 겔 36:24-6, 33.

모아서 그 고국 땅으로 돌아가게 하고 … 내가 그들을 그 범죄한 모든 처소에서 구원하여 정결하게 한즉 그들은 내 백성이 되고 나는 그들의 하나님이 되리라.[107]

그러나 가장 분명한 구절들은 이사야서에 나오는 구절들이다. 이사야서 40-55장 전체가 이스라엘의 포로생활에서의 귀환과 야훼 자신이 시온으로 돌아오는 것에 관한 약속을 다루고 있다는 것은 그 누구도 의심하지 않을 것이다. 그러나 그러한 메시지가 선포되는 방식은 죄사함에 관한 표현, 죄가 이미 해결되었다는 표현을 통해서이다:

위로하라 내 백성을 위로하라 너희는 예루살렘의 마음에 닿도록 말하며 그것에게 외치라 그 노역의 때가 끝났고 그 죄악이 사함을 받았느니라 그의 모든 죄로 말미암아 여호와의 손에서 벌을 배나 받았느니라 할지니라.[108]

달리 말하면, 포로생활은 이스라엘의 죄로 인하여 야기되었다; 따라서 이제 죄가 다 해결되고 사함 받았다면, 포로생활은 마땅히 끝나야 한다. 이 점은 그 뒤에 나오는 몇몇 장들에서도 마찬가지로 분명하게 제시된다:

나 곧 나는 나를 위하여 네 허물을 도말하는 자니 네 죄를 기억하지 아니하리라 … 네 시조가 범죄하였고 너의 교사들이 나를 배반하였나니 그러므로 내가 성소의 어른들에게 욕되게 하며 야곱이 진멸당하도록 내어 주며 이스라엘이 비방거리가 되게 하리라 나의 종 야곱, 내가 택한 이스라엘아 이제 들으라 … 여호와가 이같이 말하노라 나의 종 야곱 … 두려워하지 말라 나는 목마른 자에게 물을 주며 마른 땅에 시내가 흐르게 하며 나의 영을 네 자손에게, 나의 복을 네 후손에게 부어 주리니 … [109]

---

107) 겔 37:21-3.
108) 사 40:1-2.

이사야서 40-55장에 나오는 그 밖의 다른 많은 흐름들과 마찬가지로, 포로 생활에서의 귀환과 죄사함의 결합은 52-55장에서 그 절정에 달한다:

시온이여 깰지어다 깰지어다 네 힘을 낼지어다 … 이제부터 할례 받지 아니한 자와 부정한 자가 다시는 네게로 들어옴이 없을 것임이라 … 여호와께서 이와 같이 말씀하시되 너희가 값 없이 팔렸으니 돈 없이 속량 되리라 … 너 예루살렘의 황폐한 곳들아 기쁜 소리를 내어 함께 노래할지어다 이는 여호와께서 그의 백성을 위로하셨고 예루살렘을 구속하셨음 이라 …

그가 찔림은 우리의 허물 때문이요 그가 상함은 우리의 죄악 때문이라 그가 징계를 받으므로 우리는 평화를 누리고 그가 채찍에 맞으므로 우리는 나음을 받았도다 우리는 다 양 같아서 그릇 행하여 각기 제 길로 갔거늘 여호와께서는 우리 모두의 죄악을 그에게 담당시키셨도다 … 나의 의로운 종이 자기 지식으로 많은 사람을 의롭게 하며 또 그들의 죄악을 친히 담당하리로다 … 그가 많은 사람의 죄를 담당하며 범죄자를 위하여 기도하였느니라 …

잉태하지 못하며 출산하지 못한 너는 노래할지어다 산고를 겪지 못한 너는 외쳐 노래할지어다 이는 홀로 된 여인의 자식이 남편 있는 자의 자식보다 많음이라 여호와께서 말씀하셨느니라 … 이는 네가 좌우로 퍼지며 네 자손은 열방을 얻으며 황폐한 성읍들을 사람 살 곳이 되게 할 것임이라 … 내가 넘치는 진노로 내 얼굴을 네게서 잠시 가렸으나 영원한 자비로 너를 긍휼히 여기리라 네 구속자 여호와께서 말씀하셨느니라 …

악인은 그의 길을, 불의한 자는 그의 생각을 버리고 여호와께로 돌아오라 그리하면 그가 긍휼히 여기시리라 우리 하나님께로 돌아오라 그가 너그럽게 용서하시리라 … 너희는 기쁨으로 나아가며 평안히 인도함을 받을 것이요 … [110]

---

109) 사 43:25 44:3: 여기에서는 분명히 야훼는 더 이상 이스라엘의 죄들을 묻지 않으신다.

110) 사 52:1, 3, 9; 53:5-6, 11-12; 54:1, 3, 8; 55:7, 12. 이 대목 전체는 분명히 전체

마찬가지로, 귀환과 회복을 위한 대기도문들도 포로생활의 원인으로서의 이스라엘의 죄, 그리고 회복(回復)이 현실이 되려면 죄사함을 필요로 한다는 것에 그 초점이 맞춰져 있다. 다니엘서를 예로 들어보자:

> 주여 구하옵나니 주는 주의 공의를 따라 주의 분노를 주의 성 예루살렘, 주의 거룩한 산에서 떠나게 하옵소서 이는 우리의 죄와 우리 조상들의 죄악으로 말미암아 예루살렘과 주의 백성이 사면에 있는 자들에게 수치를 당함이니이다 그러하온즉 우리 하나님이여 지금 주의 종의 기도와 간구를 들으시고 주를 위하여 주의 얼굴 빛을 주의 황폐한 성소에 비추시옵소서 … 우리가 주 앞에 간구하옵는 것은 우리의 공의를 의지하여 하는 것이 아니요 주의 큰 긍휼을 의지하여 함이니이다 주여 들으소서 주여 용서하소서 주여 귀를 기울이시고 행하소서 지체하지 마옵소서 나의 하나님이여 주 자신을 위하여 하시옵소서 이는 주의 성과 주의 백성이 주의 이름으로 일컫는 바 됨이니이다.[111]

이와 동일한 주제는 에스라서에 나오는 대기도문들에도 그대로 반영되어 있는데, "포로기 이후" 시대에서조차도 사람들은 포로생활이 신학적 관점에서 볼 때에 여전히 이스라엘이 노예 상태에 있고 죄악된 상태에 있기 때문에 계속되고 있다고 보았다는 것을 보여준다;[112] 그리고 "바룩"의 기도문도 좀 더 길게 이러한 주제를 다루고 있다.[113]

여기서 결론은 굳이 다시 되풀이할 필요가 없을 것 같다. 주후 1세기 유대인의 관점에서 볼 때, 쿰란 문헌이 풍부하게 증언해 주듯이, "죄사함"은 단순히 개인적인 축복일 수 없었다 — 물론, 개인적인 축복을 포함하는 것이었음은 분명하지만.[114] 개개인의 상황을 포괄적으로 감싸고 있었던 것은 민족 전체의 운

로서 읽혀질 필요가 있다; 나는 현재의 주제를 위하여 두드러진 핵심들을 추출해 내었다. 또한 사 33:24(문맥 속에서); 64:8-12; 좀 더 폭넓은 배경에 대해서는, 레 26:27-45; 신 30:1-10을 참조하라.

111) 4절에서 시작된 기도문의 결론부인 단 9:16-19.

112) 스 9:6-15; 느 9:6-37.

113) Bar. 1:15-3:8.

명이었다; 그리고 이스라엘이 이교도들의 통치하에 남아 있고, 토라가 완전하게 지켜지지 않고, 성전이 적절하게 회복되지 않는 한, 이스라엘은 하나님에 의해서 약속된 위대하고 반복될 수 없으며 종말론적이고 민족적인 축복으로서의 "죄사함"을 갈망할 수밖에 없었다. 이 점에 비추어 볼 때, 마가와 누가가 요한의 세례에 부여하고 있는 의미는 너무도 자명하다. 그것은 "죄사함을 위한," 달리 말하면, 이스라엘이 오랫동안 기다려왔던 구속을 가져올 세례였다.[115]

이러한 결론은 위에서 살펴본 "죄인들"에 관한 분석 및 "회개하고" "믿으라"는 예수의 초대에 관한 분석과 일치한다. 최근의 학문적인 논의들은 죄 또는 죄사함의 가설적인 무시간적인 순간을 중심으로 개인에게 지나치게 초점을 맞춤으로써, 이러한 좀 더 폭넓고 결정적으로 중요한 맥락을 무시해 왔다. 샌더스, 찰스워스(Charlesworth), 그 밖의 다른 많은 학자들이 아주 만족스럽게 수행해 왔던 것처럼, 주후 1세기 유대인들은 실제로 행위로서 하나님의 죄사함을 얻을 수 있다고 생각했던 원시 펠라기우스주의자들이 아니었다는 것을 입증하는 것만으로는 충분하지 않다.[116] 여기서 문제가 되고 있는 핵심은 랍비들이 자력적 도덕주의를 설파하고 있는 바로 그곳에서 예수는 죄사함을 제공하고 있었다는 것이 아니다. 핵심은 예수가 포로생활에서의 귀환, 갱신된 계약, 종말론적 "죄사함" — 달리 말하면, 하나님 나라 — 을 제시하고 있었다는 것이다. 그리고 예수는 공식적인 구조들 바깥에서 모든 어그러진 사람들에게 자기 자신의 권세에 의거해서 이러한 최종적인 종말론적 축복을 제공해주고 있었다. 이것이 예수가 범한 진정한 죄였다.

그러므로 예수가 죄인들을 "환영"한 것과 그것이 불러일으킨 반감은 "종교"와는 거의 상관이 없었고, 종말론(내가 앞 장에서 설명한 그러한 의미에서)과 철저하게 관련되어 있었다. 즉, 예수는 사람들을 자신의 시종들, 암묵적으로 회복된 야훼의 백성의 일부로 환영하였다. 기름부음을 받고 즉위할 때까지의 기간

---

114) 예를 들면, 1QS 11:11-14; 하지만, Garnet 1977이 주장하듯이, 맥락은 여전히 포로생활로부터의 귀환이라는 맥락이다. 또한 여섯 번째와 열여덟 번째 축도문(Scher 2:457); *Pr. Man.* 11-13; 그 밖의 다른 많은 본문들을 참조하라.

115) 막 1:4/눅 3:3; cf. 눅 1:77(문맥 속에서).

116) Sanders 1985, 이것에 대해서는 아래를 보라; Charlesworth 1992a.

동안의 다윗과 마찬가지로, 예수는 온갖 부류의 추종자들을 모아서, 왕의 시종들로 삼았다. 그들은 야훼가 마침내 자기 백성을 회복하고 계시다는 것을 보여주는 징표였다. 그들은 단순히 유대교 내에서 거부당했던 은혜와 긍휼을 예수로부터 받은 자들이 아니었다; 만약 그들이 기존의 체제 속에서 사적인 개인들로서 "죄사함"을 얻고자 했다면, 그 수단은 이미 마련되어 있었다. 희생 제사 제도와 결례라는 수단은 원칙적으로 그들에게 열려져 있었다 — 물론, 세리들이 이스라엘 및 하나님과의 화해를 청하기 위하여 비록 멸시받지만 빵을 얻을 수 있는 직업을 포기한다는 것이 얼마나 현실적인지는 의문시되긴 하지만. 달리 말하면, 예수가 제시하고 있었던 것은 다른 종류의 종교 체제가 아니었다. 그것은 새로운 세상 질서, 이스라엘의 오랜 버림받음의 끝, 참되고 최종적인 "죄사함," 하나님 나라의 개시였다.[117]

이것이 예수가 특정한 사람들에게 "죄사함"을 선언하였을 때에 함축되어 있었던 것이었다. 그 효과는 예수가 "죄인들"과 함께 식사했던 것과 동일한 것이었다: 예수는 하나님 나라의 도래를 송축하였고, 이러한 송축을 예수와 함께 공유하였던 자들은 이 위대한 "죄사함"으로부터 유익을 얻고 있었다. 사실 여기에는 개인과 공동체 간의 그 어떤 긴장이나 갈등도 존재하지 않는다. 관련된 구절들은 비록 통상적으로 이런 식으로 읽혀지고 있진 않지만 아주 잘 알려져 있다. 예수는 한 편 손 마른 사람에게 그의 죄가 사함 받았다고 선언한다: 야훼의 나라가 도래하여 그 사람을 포용한 것이다. 이것을 토대로, 그 사람은 한 편 손 마른 병에서 치유됨으로써 개인적인 "포로생활에서의 귀환"을 체험할 수 있게 되었다.[118] 예수는 자기에게 향유를 부은 여자에게 그녀의 죄가 사함을 받았다고 선언한다: 여기에서도 다시 한 번 예수가 불러일으킨 반감은 예수가 종말론적 하나님 나라를 선포하고 구체적으로 실천하면서 그 속에 온갖 부류의 사람들을 포함시켰다는 데에 있었다.[119] 또한 이것은 바알세블 논쟁을 불러일으킨 죄사함에 관한 암호 같은 말씀도 설명해 준다. 죄사함이 실제로 임하고 있고, 그런 일이 일어났을 때에, 온갖 종류의 죄들이 사함 받을 수 있다고

---

117) 특히, Meyer 1979, 예를 들면, 161, 172, 221을 보라.
118) 마 9:1-8/막 2:1-12/눅 5:17-26.
119) 눅 7:36-50.

예수는 역설하였다; 그러나 어느 누가 야훼의 영의 종말론적 사역을 구체적으로 부인한다면, 그들은 바로 그러한 행위로 말미암아 스스로가 종말론적인 이스라엘의 바깥에 있다는 것을 분명하게 선언하는 것이다.[120] 물론, 예수는 "아페시스"(aphesis)라는 단어와 그 동일 어원의 단어들을 사용함이 없이도 비유와 표상을 통해서 자주 죄사함에 관하여 말하였듯이, 이 단어가 등장하지 않는 많은 사건들 속에서 "죄사함"을 실천으로 직접 보여주었다.[121]

그렇다면, 사람들은 왜 예수의 행위에 반대하였던 것인가?[122] 여기서도 다시 한 번 사람들이 예수의 행위에 반대했던 것은 통상적인 유대교, 특히 바리새파가 그러한 개념들에 적대적이었던 반면에 예수는 사랑과 긍휼에 관하여 설파하였기 때문이 아니었다. 이것은 샌더스가 독일의 여러 학자들에 반대하여 자주 펼친 논쟁의 강점이다.[123] 사람들의 반대가 일어난 것은 예수가 다른 종교

---

120) 막 3:28-30/마 12:31-7/눅 12:10. 후대의 (분명히 삼위일체적인) 판본은 *Thom.* 44에 나온다; 또한 cp. 히 6:4-8; 10:26-9; 1 요 5:16. 이러한 종말론적 읽기는 단연코 이른바 "용서받을 수 없는 죄"라는 해묵은 문제에 대한 가장 좋은 해법이라고 나는 생각한다; 이것과 가장 가까운 병행(Shogren 1992, 838이 지적한)은 *Jub.* 15:33f.에 나오는데, 거기에서는 아이를 할례받지 않게 하는 것은 그가 계약 백성에 속하지 않는다는 것을 선언하는 행위이기 때문에 용서받을 수 없다고 말한다. 최근의 논의로는 Caird & Hurst 1994, 116f.와 거기에 나오는 참고문헌들을 보라. 자세한 것은 위의 390 n.20을 보라.

121) "죄사함"의 이러한 종말론적 의미는 마찬가지로 초기 기독교 내에서도 찾아볼 수 있다. 예를 들면, 눅 24:47; 행 2:38; 5:31; 10:43; 13:38; 26:18; 골 1:14. 물론, 일단 복음서가 이방인들의 세계로 퍼져나가게 되자, 특별히 유대적 배경과 반영들은 점차적으로 희미해져 갔다; 그러나 다른 곳에서와 마찬가지로 여기에서도 우리는 "회복 종말론"이 이 개념의 원래의 모판이었고, 초연하고 비역사화되고 사적인 것으로 변한 적용은 후대의 것으로 받아들여야 한다.

122) 막 2:16/마 9:11/눅 5:30; 마 11:19/눅 7:34; 눅 15:2에서처럼.

123) Sanders 1985, 200-4; 1987; 1992, 43; 하지만 cf. Meyer 1991. 흥미롭게도, 자신의 견해들에 대한 샌더스의 최근의 재진술 속에서(1993), 그는 그가 그토록 강력하게 공격해 왔던 견해를 적어도 부분적으로는 뒷문으로 다시 받아들이고 있는 것으로 보인다: 주후 1세기의 유대인 청중들에게 그토록 새롭고 충격적인 영향을 끼쳤던 예수의 메시지는 "하나님이 너희를 사랑하신다"는 것이었다(233); "하나님이 그들을 사랑한다는 메시지는 어쨌든 그들의 삶을 변화시켰을 것이다 ... 아마도(예수

제도를 가르치거나 선전했기 때문이 아니었고, 또한 예수가 악한 사람들이 그들의 죄를 계속하도록 내버려 둔 채 모든 것이 잘 되어가고 있다는 태도를 취했기 때문도 아니었으며, 하나의 개인으로서 예수가 "울타리 너머에" 있었던 사람들과 어울렸기 때문도 아니었다. 바리새인들 또는 그 밖의 다른 어떤 사람들이 "죄인들"과 "어울린" 통상적인 사람들을 염탐해서 그들이 그렇게 하는 것에 대하여 화를 내며 반대하였다고 생각할 이유가 전혀 없다. 예수에게 비난이 쏟아진 것은 예수가 하나님 나라를 선포하면서 죄인들을 환영했고, 이러한 환영을 하나님 나라의 결정적인 한 부분으로 여겼기 때문이었다. 문제는 죄인들 또는 그들이 과연 회개했는지, 회개했다면 어떤 의미에서 회개한 것인지에 관한 도덕적 또는 신학적 정확성에 대한 것이 아니었다. 문제는 사람들의 반감을 불러일으켰던 하나님 나라에 대한 재정의에 관한 것이었다. 예수는 성전과 토라에 대한 충성을 예수 자신에 대한 충성으로 대체하고 있었다. 회복과 정결은 통상적인 통로들을 통해서가 아니라 예수를 통해서 얻어져야 한다는 것이었다.

그러므로 우리는 예수가 과연 죄인들을 "개혁하려고" 의도하였는지에 관한 논쟁을 종식시킬 수 있다.[124] 샌더스가 했던 것처럼, 만약 예수가 악명 높은 죄인들을 그들의 행실을 고치게끔 만들었다면, 예수는 민족적 영웅이 되었을 것이라고 말하는 것은 잘못된 것이다.[125] 개혁된 죄인들은 사회적으로 영향력 있는 계층이 아니었다; 만약 예수가 폭넓은 도덕적 개혁을 이루어 내었다면 예

의 죽음 이후에) 그들은 그들로 하여금 그토록 특별한 느낌을 갖도록 만든 인물이 다시 돌아올 것이라는 소망 가운데 갈릴리에서 삶을 살아 갔을 것이다"(234). 샌더스 자신의 설명대로, 하나님의 사랑에 관한 이러한 메시지는 과연 유대교 속에는 없었던 것일까? 만약 없었다면, 예레미아스 등을 비롯한 여러 학자들은 이것이 그들이 도달한 것의 실체였다는 반응을 왜 보이지 않았을까? 여기에서 나는 샌더스가 다시 한 번 그의 혁명을 별로 신통치 않게 수행했다고 생각한다: 그는 "죄사함"이 그가 올바르게 주목하고 있는 "유대교의 회복 종말론"의 한 측면이라는 사실을 인정하지 않는다.

124) cf. 위의 386f.

125) Sanders 1985, 203; 그러나 1993, 236에서는 조금 약화되었다; cf. Allison 1987.

수를 영웅으로 만들었을 유일한 계층의 사람들은 다름 아닌 그들 자신의 엄격한 율법 해석들을 나머지 유대인들에게 강요하고자 했던 유대 율법주의자들이었을 것이다 ― 그리고 샌더스 자신이 그들이 허구적이라는 것을 입증한 바 있다. 예수가 "죄인들"을 환영한 것과 관련된 핵심은 예수가 자신의 권세에 의거해서 자기 및 그의 하나님 나라 선포를 믿은 사람들은 누구나 하나님 나라 안에 있는 것이라고 선포했다는 것이었다. 그러나 예수가 "죄인들"에게만이 아니라 그의 부르심에 주의를 기울인 모든 사람 앞에 제시한 과제들(agenda)은 사람들을 긴장시킬 정도로 강도 높은 것들이었다. 예수가 그러한 도전에 준비되어 있지 못했던 도덕적 배경을 지닌 자들을 위하여 이류급의 대안을 제시하였다고 생각할 이유가 전혀 없다. 예수가 사람들을 환영하여 지금 개시되고 있었던 하나님 나라 속으로 영접하였기 때문에, 예수는 그들 앞에 하나님 나라의 도전, 새 계약의 수혜자들로서 살아가라는 부르심을 두었다. 이제부터 우리는 이것에 대하여 살펴보지 않으면 안 된다.

4. 도전: 새로운 계약 백성으로 살아가라는 부르심

(i) 서론: 공동체와 실천

하나님 나라에 관한 이야기는 초대와 환영으로서의 기능을 하였다는 것을 우리는 지금까지 살펴보았다. 하나님 나라에 관한 이야기는 청중들에게 그 이야기를 그들 자신의 것으로 삼으라고 초대하는 그런 종류의 이야기였다: 이스라엘이 궁극적으로 종살이로부터 놓여나고 야훼는 시온으로 돌아오실 것이라는 것에 관한 이야기는 예수에게 와서 충성을 바치는 모든 자들에게 그 문들이 활짝 열려지고 있다는 강조점을 포함하고 있었다. 그러나 이 이야기는 거기에서 멈추지 않았다. 이스라엘의 이야기에 대한 예수의 다시 말하기는 계약의 갱신, 이스라엘의 회복, 약속들의 성취, 소망의 실현에 관한 것이었기 때문에, 그의 청중들에게 갱신된 이스라엘, 새 계약의 백성으로 살아가라는 부르심과 도전을 포함하고 있었다.

이것은 흔히 커다란 문제점들을 불러일으켜 왔던 예수의 "가르침"의 두 측면을 이해하기 위한 올바른 맥락을 형성한다고 나는 믿는다. 두 가지 측면이란 예수에게 충성을 바친 사람들에 대한 예수의 관점과 그들의 행위, 즉 그들의 실천에 대한 예수의 의도들을 말한다. 하나님 나라에 관한 "이야기" 속에 등장하는 "인물들" 중의 하나는 예수에게 충성한 자들의 공동체이다. 이 이야기 전체 속에서 핵심 요소들 중의 하나는 예수가 그들에게 행하라고 촉구한 바로 그 행위이다.

(ii) 새로운 계약, 새로운 공동체

예수는 "교회"를 세우고자 의도하였던 것인가? 이 질문은 해결될 가망이 없다. 물론 예수는 그렇게 의도하지 않았고, 또한 물론 그렇게 의도하였다. 자주 반복되는 이 질문을 표현하는 방식은 철저하게 시대착오적인 것이다: 그것은 예수를 이전의 교파들을 바람에 날려 보내고 자기 자신의 천막을 짓는 19세기의 선구적인 복음 전도자같이 보이게 만든다. 이것보다 더 나쁜 것은 오늘날 우리가 알고 있는 교회 또는 지난 2000년 동안에 존재해 왔던 교회를 전혀 상정하지 않았기 때문에, 교회는 창시자의 의도에 반하여 정죄받은 채로 존립하고 있다는 듯이 냉소적으로 말하는 것이다.[126]

그렇다면, 예수는 과연 무엇을 의도하였던 것인가? 잘못된 실수로 탄생한 것으로서의 교회를 거부하는 많은 학자들이 제시하는 대안은 예수는 개개인들에게 새로운 구원의 길 또는 새로운 형태의 종교를 제시하고자 왔다는 것이다. 물론 이것도 마찬가지로 시대착오적이다; 개인주의는 비교적 근대적인, 그리고 대체로 서구적인 현상이다.[127] 역사의 차원에서 지금까지 좀 더 만족스러운 견해는 예수는 이미 이스라엘 백성이라는 교회가 존재하고 있었기 때문에 교회를 세우고자 하는 의도를 지니지 않았다는 게르하르트 로핑크(Gerhard Lohfink)의 견해이다. 그러므로 예수의 의도는 전혀 새로운 공동체를 세우는 것이 아니라 이스라엘을 개혁하는 것이었다.[128] 예수는 유대교와는 판이하게 다른 공동체를 세우고자 하는 의도를 지니고 있었다는 또 다른 입장을 옹호하는

---

126) 예를 들면, cf. Wilson 1992; 심각한 차원에서는 Vermes 1973, 1983, 1993.

127) 현대의 서구 개인주의(특히 복음 전도에 적용된)가 공동체적인 연대에 의해서 직면했을 때에 무슨 일이 벌어지는가를 보여주는 아주 좋은 예는 알파에서 제공되고 있다. 서구의 근대적인 개인주의가 (특히 복음전도에 적용되어) 공동체적 연대에 직면하였을 때 생긴 놀라운 사례는 Donovan 1982에서 제공되었다.

최근의 시도들이 있어 왔지만, 로핑크의 제안이 훨씬 더 본질에 가깝다는 것이 나의 판단이다.[129]

그러나 예수는 이스라엘 전체 — 그러니까 주후 20년대에 갈릴리와 유대에 살았던 모든 유대인들 — 을 자신을 따르도록 하고자 의도했다는 것인가? 예수는 거국적인 갱신 운동을 펼쳐서 굳건한 민족의 지도자로 부상하고자 했던 것인가? 모든 지표들은 이것과 정반대의 방향을 보여준다. 그것은 씨 뿌리는 자의 비유와 같은 여러 비유들에 의하면 하나님 나라가 도래하는 방식이 아니다.

증거들은 예수가 핵심 추종자들의 집단, 대체로 자신의 마을과 도시에서 계속해서 살아가면서 예수의 실천, 이스라엘이 되는 예수의 길을 채택함으로써 그들이 살아가는 지역 공동체들 속에서 구별되는 무리들을 세우고자 의도하였고, 실제로 세우는 데에 성공하였다는 것을 보여준다. (물론, 이것은 예수의 궁극적인 의도를 이러한 활동에 국한시키고자 하는 것은 아니다.) 옆에서 지켜본 그 밖의 다른 유대인들의 관점에서 보면, 그러한 무리들은 어떤 점에서 세례 요한의 제자들 또는 바리새인들의 집단과 같아 보였을지도 모른다. 사실 바로 이것이 우리가 한 핵심 본문 속에서 발견하는 모습이다:

> 요한의 제자들과 바리새인들이 금식하고 있는지라 사람들이 예수께 와서 말하되 요한의 제자들과 바리새인의 제자들은 금식하는데 어찌하여 당신의 제자들은 금식하지 아니하나이까 예수께서 그들에게 이르시되 혼인 집 손님들이 신랑과 함께 있을 때에 금식할 수 있느냐 신랑과 함께 있을 동안에는 금식할 수 없느니라 그러나 신랑을 빼앗길 날이 이르리니 그 날에는 금식할 것이니라.[130]

---

128) Lohfink 1984; 또한 cf. Borg 1984, 70-2.

129) cf. Neusner 1989; 1991 등. Cf. *NTPG* 472f. 물론, Neusner의 주장은 여전히 예수가 그의 가르침을 따르고 그를 지도자이자 창시자로 여긴 공동체를 세우고자 했다는 것을 포함하고 있다.

130) 막 2:18-20. 병행문들 속에서의 편차들(마 9:14-15/눅 5:33-5)은 현재의 논점에 영향을 미치지 않는다.

요한의 제자들과 바리새파의 가르침에 따랐던 무리들은 지역 공동체들 속에서 작은 집단으로서 식별될 수 있었다. 사실상 "개인적 삶"이 존재하지 않았던 세계 속에서, 한 마을의 모든 사람들은 그들이 어떠한 실천을 따르고 있는지를 알았을 것이다. 이것이 보여주는 분명한 함의는 예수에게 충성을 바쳤던 사람들은 세례 요한에게 충성을 바쳤던 사람들과 마찬가지로 구별되는 실천을 지닌 구별되는 무리를 이루고 있었다는 — 그리고 예수 자신도 그들을 이러한 관점에서 바라보았다는 — 것이다. 이러한 함의가 부활 사건 이후의 시기에 가서야 존재했었다고 생각하는 것은 정말 잘못된 것이다.

그러한 집단들, 종종 느슨하게 "분파들"이라고 불린 집단들에 관하여 우리는 무엇을 알고 있는가? 이러한 논의 속에 에세네파를 포함시킨다면, 그것은 우리에게 도움이 될 것이다.[131] 그들은 그들 자신이 어떤 의미에서 참 이스라엘이라고 믿었다. 그들은 야훼께서 이교도들만이 아니라 현재의 (부패한) 유대교 체제를 물리치고 전복시킴으로써 그들의 주장이 옳다는 것을 입증하고 그들을 신원하기 위하여 행동하실 그날을 기다렸다(분파들은 언제나 기존의 체제가 부패했다고 믿었는데, 이것은 바로 그들의 존재 논리의 일부였다). 그들은 그들 자신을 성전과 모호하게 연관되어 있는 것으로 보았다: 바리새인들은 그들 자신의 결례를 성전 결례의 연장으로, 에세네파는 성전 결례의 잠정적인 대체물로 보았다. 그리고 우리는 세례 요한과 그의 제자들도 이와 동일한 스펙트럼 위에 있었다고 생각할 수 있다. 그들은 창시자(에세네파의 경우에는 의의 교사; 요한의 제자들의 경우에는 물론 세례 요한) 또는 위대한 최근의 교사들(바리새파의 경우에는 샴마이와 힐렐)에게 충성을 바쳤다. 그들은 조상들의 율법전이었던 토라에 대한 재해석과 재적용을 포함한 구별되는 실천을 그 특징으로 하고 있었다.

우리가 예수는 그의 제자들을, 제자들은 그들 스스로를 위에서 말한 모든 것들과 아주 유사한 방식으로 바라보았다고 생각할 만한 충분한 이유가 존재한다. 우리가 다음 장에서 살펴보게 되겠지만, 예수는 그의 제자들에게 야훼가 곧 현재 예루살렘에서 통치하고 있는 악한 체제를 멸하고 그와 그들을 신원하기

---

131) 에세네파에 대해서는 cf. *NTPG* 203-9. 현재 단락의 서술은 *NTPG* Part III를 토대로 한 것이다.

위하여 행동하실 것임을 믿도록 격려하였다. 우리가 제9장에서 보게 되겠지만, 유대교의 상징 세계에 대한 예수의 해석은 에세네파의 경우에서와 마찬가지로 성전에 대한 날카로운 비판과 그의 운동이 어떤 의미에서 성전에 대한 대체물이라는 분명한 이해를 포함하고 있었다. 우리는 이미 예수가 주후 1세기에 출현한 온갖 부류의 유대 지도자들과 마찬가지로 자신의 집단의 주된 특징으로서 예수 자신에 대한 충성을 요구하였다는 것을 살펴본 바 있다; 예수는 단순히 여기저기를 돌아다니면서 경구들을 들려주고 사람들에게 제각기 흩어져서 자신의 일을 보라고 격려했던 것이 아니었다. 그리고 우리는 곧 예수가 그의 제자들에게 독특한 생활양식을 행하라고 도전하였다는 것을 보게 될 것이다: 제자들은 새로운 계약의 백성, 진정으로 포로생활로부터 돌아온 자들, 마침내 그들 속에서 예언들이 성취된 바로 그러한 자들로 살아가도록 요구받았다.

그러므로 하나님 나라 이야기에 수반된 실천은 개인적 "윤리" 또는 은혜에 대한 개인적 응답이라는 관점으로 축소될 수 없다. 이것의 전체적인 취지는 예수의 백성을 하나의 공동체로서 구별하는 것이었다; 에세네파에 속한 일부 사람들이 실제로 그러했던 것처럼, 여러 마을들 속에 흩어져 살면서, 그럼에도 불구하고 하나의 공동체를 이루는 무리들.[132] 예수는 자신의 제자들을 이스라엘을 표현하는 언어로 묘사한다: 작은 양떼, 신랑의 신부;[133] 그리고 예수는 제자들에게 독특한 기도문을 주어서, 세례 요한이 그의 제자들에게 그랬던 것처럼 그들을 하나로 묶는다(아래를 보라).

이것을 보여주는 가장 두드러진 징표들 중의 하나는 여섯 개의 서로 다른 (그렇지만 서로 연관된) 본문들 속에서 이런저런 형태로 등장하는 한 구절 속에서 발견된다. 그 마가 판본은 이렇게 되어 있다:

---

132) Philo(*Quod Omn.* 75-6; *Hypoth.* 11.1)는 에세네파가 촌락들에서 살았다고 말한다; Josephus(*War* 2:124)는 그들이 "(팔레스타인의) 모든 촌락"에서 발견될 수 있었다고 말한다; cf. Schürer 2:562f. 쿰란의 주거지 — 물론, 이것 자체도 논란의 대상이지만 — 는 에세네파의 유일한 주거지는 아니었던 것으로 보인다.

133) 눅 12:32; 막 2:19/마 9:15/눅 5:34/*Thom.* 104.

그 때에 예수의 어머니와 동생들이 와서 밖에 서서 사람을 보내어 예수를 부르니 무리가 예수를 둘러 앉았다가 여짜오되 보소서 당신의 어머니와 동생들과 누이들이 밖에서 찾나이다 대답하시되 누가 내 어머니이며 동생들이냐 하시고 둘러 앉은 자들을 보시며 이르시되 내 어머니와 내 동생들을 보라 누구든지 하나님의 뜻대로 행하는 자가 내 형제요 자매요 어머니이니라.[134]

제9장에서 좀 더 자세하게 살펴보겠지만, 이 구절은 어떤 문화에서이든 충분히 주목할 만한 것이다. 가족 관계가 사람의 기본적 정체성을 제공해 주었던 농촌 사회 속에서 이 구절에 나오는 내용은 극히 충격적인 것이었다. 가족 및 민족에 대한 충성이 주류 세계관의 기본적인 상징이었던 주후 1세기 유대적 문화 속에서, 이 구절은 경악스러울 수밖에 없었을 것이다.[135] 예수는 그의 제자들을 대안 가족으로 여기라고 말하였다. 이것은 실질적으로 긍정적인 결과를 가져왔다: 예수는 그의 제자들이 가족을 토대로 밀접하게 짜여진 사회 속에서 가족의 구성원에게 속한 온갖 친밀함과 상호적인 의무들을 이어받도록 의도하였다. 또한 이 말은 그러한 사회 속에서 분명한 부정적인 결과들을 지니고 있었다: 한 가족의 구성원이 된다는 것은 그 밖의 다른 가족의 구성원이 되는 것을 포기하는 것을 의미하였다. 그런 까닭에, 예수의 제자들에게 아버지, 어머니, 형제들, 배우자, 자녀들 — 그리고 심지어 그들 자신까지 — "미워하라"는 주목할 만한 요구가 나올 수 있었다.[136] 이것은 단순히 개인적 차원에서 엄청난 도전이었던 것만은 아니었다: 그것은 앞으로 해당되는 곳에서 살펴보게 되겠지만, 사회적, 문화적 · 종교적 · 정치적 차원에서 철저히 전복적인 것이었다.

나아가, 예수의 가르침을 따르는 사람들은 "하나님의 뜻을 행하는 자들"이었다: 달리 말하면, 그들은 이스라엘을 향한 참된 길을 따르는 자들이었다는 말이다. 여기에 예수가 실제로 그의 제자들의 집단을 세우고자 했고, 그들을 이스

---

134) 막 3:31-5; pars. 마 12:46-50/눅 8:19-21/*G. Ebi.* 5/*Thom.* 99/2 *Clem.* 9:11.

135) cf. *NTPG* 230-2; Malina & Rohrbaugh 1992, 178f., 201f.

136) 예를 들면, cf. 마 10:37-8/눅 14:26-7/*Thom.* 55; 101.

라엘 내에서의 구별되는 집단으로 여겼으며, 그들을 그의 하나님 나라 이야기가 규정한 새로운 방식으로 살아가도록 실제로 격려하고자 했다는 것을 보여주는 모든 징표들이 있다. 우리는 여기서 다시 한 번 쿰란의 몇몇 두루마리들 속에서 매우 밀접한 병행들을 발견하게 되는데, 예를 들면 거기에서 쿰란 공동체는 그들 스스로를 기존의 "유다의 집"과 맞선 "진정한 유다의 집"으로 여겼다.[137)]

　　그렇다면, 도대체 예수에게 충성했던 사람들의 이 집단을 그토록 구별되게 만들었던 것은 무엇이었는가? 그들은 분명히 하나님 나라를 가져오는 자로서의 예수 자신에게 초점을 맞추고 있었던 이스라엘의 이야기에 대한 다시 말하기에 헌신되어 있었다. 이것은 기본적 충성을 형성하고 있었고, 이것 없이는 그 나머지는 그 어느 것도 아무런 의미를 지닐 수 없었다. 우리가 이후의 여러 장들 속에서 살펴보겠지만, 그들은 일련의 상징들에 의거해서 살고, 핵심 질문들에 대한 일련의 대답들을 제시했는데, 이것이 그들을 당시의 다른 유대인들로부터 구별되게 하였다. 그러나 예수 자신에 대한 그들의 기본적 충성 이외에 그들에게 있어서 가장 분명하게 구별되었던 것은 그들이 채택하였던 실천이었다. 이것이 이른바 예수의 윤리적 가르침과 관련된 복잡한 문제를 푸는 적절한 길이라고 나는 제안한다.

(iii) 새로운 계약, 새로운 실천

(a) 서론

　　예수는 이 공동체가 어떻게 행하도록 기대하였던 것인가? 이것은 종종 "예수의 윤리"로 묘사되는 것을 포함한다.[138)] 이러한 표현 또는 이와 유사한 표현들이 지닌 위험성은 그것이 너무도 쉽게 예수가 단순한 도덕적인 개혁자, 주후 1세기 유대인들에게 적용하고자 했던 무시간적인 체계를 지닌 새롭거나 좀

---

137) CD 4:11; cf. Schwarz 1981; Davies 1982, 103.

138) cf. Chilton and MacDonald 1987; Harvey 1990; 그리고 Jeremias 1971, 203-30; Kümmel 1973, 46-58; Ladd 1974b, ch. 9; Goppelt 1981 [1975], 1:77-119 같은 오래된 글들; 예수에 관한 최근의 연구서들 중에서는 Borg 1984, ch. 5; Crossan 1991a, ch. 12; Sanders 1993, ch. 13.

더 개선된 도덕규범의 설교자였다는 뜻을 함축할 수 있다는 것이다. 예수가 행동의 양식들에 관하여 말하였을 때, 그의 가르침은 그 역사적 배경으로부터 분리되어서 무시간적인 것이 될 수 있는 "가르침"처럼 취급되어 왔다(물론, 손들을 잘라내 버리거나 눈을 뽑아버리라는 명령들은 20세기에 이르기까지 오랜 여정을 거치면서 상당 부분 상실되어 온 것은 사실이지만).[139]

이러한 무시간적인 윤리라는 문제 많은 개념은 역전될 수 있다는 것은 당연하다. 예를 들면, 슈바이처는 예수의 메시지는 철저하게 종말론적이었기(예수가 세상의 종말이 곧 올 것이라고 기대하였다는 의미에서) 때문에, 예수는 어떤 세부적인 "윤리"를 전혀 가르칠 필요가 없었다고 주장한다. 이런 상황에서 존재할 수 있었던 모든 것은 짧은 비상시기 동안의 일종의 계엄법, 엄격한 체제, "중간기 윤리"였다. 이러한 견해는 슈바이처의 경직된 견해 전체가 폐기된 후에도 그대로 유지되어 왔다. 아마도 이것은 20세기 후반에 냉정한 도덕주의에 환멸을 느끼고 복음서들에 나오는 모든 "도덕적 가르침"은 예수로부터 나온 것이 아니라 마태 같은 사람들로부터 나왔다고 말하면서, 그러한 도덕적 가르침을 원래의 순수한 비전에 대한 제2세대적인 율법화된 재해석들로 치부해 버릴 수 있었던 사람들에게 호소력이 있었다. 하나님 나라가 세상의 종말을 의미했다면, 도덕주의라는 것이 무슨 필요가 있었겠는가?

예수의 하나님 나라 이야기에 대한 우리의 분석은 이와는 다른 출발점을 제시한다. 이것은 우리의 사고가 종말론에 대한 좀 더 역사적 읽기(역사에 좀 더 충실한 읽기이면서 종말론에 관한 언어가 역사적으로 어떤 지시대상들을 가리키는지를 고려한 읽기라는 의미에서)를 중심으로 진행된다는 것을 의미한다. 이 일을 해낼 수 있다면, 우리는 "단순한 도덕적 교사인 예수"라는 스킬라(Scylla) 괴물과 "도덕주의와는 상관이 없었던 종말론적 예언자인 예수"라는 카리브디스(Charybdis) 괴물을 피할 수 있다. 여기서 "종말론"은 세상의

---

139) 물론, 이것들은 과장으로 의도된 것이다: cf. Harvey 1990, 82. 비역사화 과정은 Throckmorton의 *Gospel Parallels*에서 찾아볼 수 있는데, 거기에서는 눅 6:43-6의 표제를 "선함의 시금석"으로 달아놓는다 — 마치 예수가 그의 청중들에게 누가 도덕적으로 선한지를 어느 때 어느 곳에서나 판별할 수 있는 기준을 제시하고 있다는 듯이 말이다.

종말이 아니라, 이스라엘 및 세상의 구원과 갱신을 의미한다. 여기서 "윤리"는 이러한 갱신 속에 사로잡힌 자들을 위해 하나님이 주신 삶의 방식을 의미한다. 이 둘 중 어느 하나를 여기에서 말한 것보다 지나치게 높이게 되면, 긴장관계가 발생하게 될 것이다; 이것들을 역사적 테두리 내에 묶어둔다면, 그것들은 서로 통합될 것이다. 실제로, 이 둘은 서로를 요구한다.

자신의 공동체들에 대한 예수의 과제들을 논의함에 있어서 문제를 더욱 복잡하게 만드는 것은 종교개혁 신학을 복음서들에 대한 읽기에 지나치게 열성적으로 적용하는 데서 기인한다. 특히 루터파 전통에 속한 학자들은 복음서들에 나오는 자세한 도덕적 가르침을 바울의 "행위가 아닌 믿음에 의한 칭의"에 관한 교리와 어떻게 조화시킬 것인가를 놓고 고민해 왔다. 우리는 이 가르침을 죄인들에게 그들의 죄악됨을 보여주어서 그들로 하여금 회개와 믿음에 이르게 하기 위한 "율법"으로 읽어야 하는가(이런 식으로 지금까지 물어져 왔다)? 아니면, 우리는 이 가르침을 루터가 말한 "율법의 세 번째 용도"라는 노선을 따라서 이미 믿음으로 의롭다 하심을 받아서 자력 구원의 펠라기우스주의의 가능성으로부터 해방된 자들을 위한 세부적인 교훈으로 읽어야 하는가?[140] 이와 관련해서, 우리가 하지 않아야 할 한 가지 것은 예수의 윤리를 통상적인 사람들이 "아무런 도움도 받지 않고" 그 명령들을 지켜서 그들이 창조주로부터 호의를 얻어낼 수 있다는 의미를 지니고 있는 명령들로 취급하는 것이다.

그것이 그렇지 않다는 것은 너무도 분명하다. 그렇지만 "도덕률 대 종말론" 논쟁 같은 식으로 이 문제를 논의하는 것은 핵심을 비켜가는 것이다. 바울과 칭의는 본 시리즈의 또 다른 책에서 다루어질 것이다;[141] 여기서는 우리는 단지 사람이 무에서 시작하여 스스로를 하나님에게 받아들여질 만할 정도로 선하게 만들거나 하나님의 호의를 얻을 수 있도록 노력한다는 추상적인 도덕주의의 문제는 바울, 예수, 또는 그들의 청중들에게 결코 친숙한 것이 아니었다는

---

140) 예를 들면, cf. Jeremias 1963b [1961]. 신학적으로 덜 교조적이긴 하지만 이와 비슷한 대안은 Lapide 1986의 표제에도 등장한다: is the Sermon on the Mount a Utopia or a 'program for action'? 특히, cf. Harvey 1990, e.g. 10, 19, 22. Luther 등에 대해서는 cf. O'Donovan 1986, 154.

141) 또한 cf. Wright 1980.

말만을 해두기로 하자. 유대인에게 있어서 행동의 배경은 물론 계약이었다.[142] 예수에게 있어서 행동의 배경은 계약의 갱신이었다고 나는 제안한다. 하나님 나라에 관한 이야기는 하나님 나라의 실천을 창출해내기 위한 것이었다.

위에서 지적한 난제들은 특히 산상수훈에 대한 주석을 상당히 까다롭게 만들어 왔다.[143] 조금 전에 제시된 질문들을 좀 더 발전시켜 보자: 산상수훈은 전적인 실패와 죄책에 대한 의식을 그 청중들에게 심어 주어서 그들로 하여금 복음으로 달려가서 긍휼을 구하게 하기 위하여 의도된 높은 도덕규범이었는가? 산상수훈은 예수의 추종자들 내에서 "특수한" 집단을 위한 청사진으로서, 몇몇 소수의 금욕주의자들에 의해서 실천될 것으로 의도된 것이고, 예수를 따르는 나머지 사람들에게는 좀 더 쉬운 규범이 제시되었던 것인가? 산상수훈은 일반화된 윤리로 환원될 수 있는 것이었는가(오늘날에도 우리는 사람들이 자기는 "산상수훈" 그리스도인이라고 말하는 것을 듣는데, 이 말은 그들이 종교가 없는 도덕을 믿는다는 것을 의미한다)? 산상수훈은 마치 예수가 아직 세워지지 않았지만 사람들이 느끼는 필요들과 열망들의 그 어느 것에도 대답을 주지 않는 것처럼 보였던 제도를 위한 삶의 규칙을 갈릴리 언덕 위에 앉아서 당혹스러워하는 마을 사람들에게 가르친 교회를 위한 청사진이었는가? 아니면, 산상수훈은 단순히 좀 더 큰 강령 또는 과제와는 아무 상관도 없이 갈릴리 마을 자체 속에서의 삶을 위한 청사진이었는가? 산상수훈은 오늘날의 몇몇 학파들 속에서 너무도 뚜렷하고 열렬하게 제시되고 있지만 진지한 역사가들이 그들을 찾으려고 가면 기이하게도 잘 모습을 드러내지 않는 "Q공동체의 사람들"의 과제들이었는가? 아니면, 산상수훈은 예수가 그의 공생애 동안에 사람들에게 들려준 말씀이 아니라, 마태가 그의 교회, 즉 이미 십자가와 죄사함에 관하여 모든 것을 알고 있었기 때문에 선한 행위로 말미암아 스스로를 의롭게 할 수 없다는 것을 너무도 잘 알고 있었던 상태에서 도덕적 가르침을 경청할 수 있었던 교회에게 한 말로 받아들여져야 하는가?[144]

이에 대한 대답은 산상수훈은 위에서 말한 여러 가지 것들 중 그 어느 것도

---

142) 이미 고전적인 진술이 되어 버린 Sanders 1977을 참조하라.

143) cf. Harvey 1990, *passim.*

144) 예를 들면, cf. Strecker 1988; Jeremias 1963b [1961].

아니었다는 것이다. 위에서 말한 것들 중 그 어느 것도 하나님 나라에 대한 기대 또는 우리가 이미 살펴본 바 있는 그 기대에 대한 예수의 실천적 재정의와 부합하지 않는다. 우리가 역사적 배경에 충실하고자 한다면, 우리는 이렇게 물어야 한다: 예수의 동시대인들은 야훼의 나라의 개시를 선포하고 있었던 어떤 사람으로부터 어떤 종류의 가르침을 받기를 기대하고 있었던 것인가?

이에 대한 가능한 대답들을 발견하기는 어렵지 않다. 무장하고 예루살렘으로 진격하라; 이 대답을 기대했을 가능성이 매우 높다. 그들이 지금까지 살아왔던 반쯤 헌신된 삶, 즉 발은 민족주의 진영에 담그고 발꿈치는 그리스 문화 속이나 로마에 부역하는 일에 담그는 식의 삶을 버리라; 이러한 대답도 분명히 가능성이 있다. 토라의 준수를 강화하여서, 거룩함을 이루어 야훼에 의한 승리와 신원을 보장받으라; 이 가능성은 아주 분명하다. 분명히 어떤 요구, 어떤 부르심이 있었을 것이다. 그리고 그것은 하나님의 백성에게 적절한 행동과 관련이 있는 것이었을 것이다. 여기서 적절하다는 것은 그들의 하나님이 특정한 행동 양식들을 좋아했기 때문이 아니라, 특정한 행동 양식들이 계약적 충성, 야훼의 은혜에 응답하는 충성의 진정한 표지들이었기 때문이다. 이러한 충성으로 인하여, 야훼는 자신의 계약을 지킬 것이다. 즉, 야훼는 자신의 참된 백성으로서의 이 집단을 신원하기 위하여 행동하실 것이다.

예수가 이러한 배경 속에 속해 있다면 — 그리고 만약 그렇지 않다면, 제3의 탐구 전체와 갱신된 "새탐구"의 상당수가 완전히 잘못된 길로 가고 있는 것이 된다 — 우리는 예수의 이른바 "윤리적 가르침"을 이해할 수 있는 새로운 전기를 맞게 된다. 사실, 하나님 나라는 윤리의 의미를 이해하는 데에 중요한 것과 마찬가지로, 이 가르침도 하나님 나라의 의미를 이해하는 데에 중요하다. 예수가 사람들에게 마치 하나님 나라가 이미 현존해 있는 것처럼 행동하라고 말했다는 사실은 예수가 "내가 하나님의 영/손가락으로 귀신들을 쫓아내는 것이라면, 하나님 나라는 이미 너희에게 임한 것이다"라고 말한 것과 동일한 기능을 갖는다.[145] 이것은 마치 예수가 "내가 너희에게 새로워진 마음을 지닌 자들로서 행동하라고 명령하는 것이라면, 하나님 나라가 이미 너희에게 임한

---

145) 마 12:28/눅 11:20. "… 인 것처럼" 행하는 것에 대해서는 cf. Harvey 1990, ch. 9.

것이다"라고 말한 것과 마찬가지이다. 이것이 왜 그러한가를 이해하기 위하여, 우리는 먼저 마음과 그 갱신을 다루는 예수의 가르침의 한 흐름을 검토하지 않으면 안 된다.

(b) 갱신된 마음

회복, 포로생활에서의 귀환에 관한 성서의 위대한 약속들 중의 하나는 마음의 갱신(새롭게 함)에 관한 것이었다:

네 하나님 여호와께서 네 마음과 네 자손의 마음에 할례를 베푸사 네게 마음을 다하며 뜻을 다하여 네 하나님 여호와를 사랑하게 하사 네게 생명을 얻게 하실 것이며 ⋯ 너는 돌아와 다시 여호와의 말씀을 청종하고 내가 오늘 네게 명령하는 그 모든 명령을 행할 것이라 네가 네 하나님 여호와의 말씀을 청종하여 이 율법책에 기록된 그의 명령과 규례를 지키고 네 마음을 다하며 뜻을 다하여 여호와 네 하나님께 돌아오면 ⋯ 여호와께서 네 조상들을 기뻐하신 것과 같이 너를 다시 기뻐하사 네게 복을 주시리라.[146)]

그러나 그 날 후에 내가 이스라엘 집과 맺을 언약은 이러하니 곧 내가 나의 법을 그들의 속에 두며 그들의 마음에 기록하여 나는 그들의 하나님이 되고 그들은 내 백성이 될 것이라 여호와의 말씀이니라.[147)]

그들은 내 백성이 되겠고 나는 그들의 하나님이 될 것이며 내가 그들에게 한 마음과 한 길을 주어 ⋯ 항상 나를 경외하게 하고 내가 그들에게 복을 주기 위하여 그들을 떠나지 아니하리라 하는 영원한 언약을 그들에게 세우고 나를 경외함을 그들의 마음에 두어 나를 떠나지 않게 하고.[148)]

---

146) 신 30:6-10(cf. 10:16).
147) 렘 31:33; cf. 24:7. 마음에 있는 율법에 대해서는 cf. 시 37:31; 사 51:7.
148) 렘 32:38-40.

새 영을 너희 속에 두고 새 마음을 너희에게 주되 너희 육신에서 굳은 마음을 제거하고 부드러운 마음을 줄 것이며 또 내 신을 너희 속에 두어 너희로 내 율례를 행하게 하리니 너희가 내 규례를 지켜 행할지라.[149]

이와 동일한 주제는 쿰란 문헌 속에서도 볼 수 있다:

오 하나님, 주께서는 나를
사람의 자녀들로부터 보호하셨으며,
주께서 내게 주의 구원을 나타내실 그 때를 위하여
내 안에 주의 율법을 숨겨두셨나이다.[150]

아무도 완악한 마음속에서 행하지 않게 되어서, 마음과 눈과 악한 욕망을 따라 어그러진 길로 가지 않게 될 것이지만, 주께서 공동체 속에서 악한 성향과 곧은 목의 표피에 할례를 행하여, 그들로 하여금 영원한 계약의 공동체, 이스라엘을 위한 진리의 터를 놓게 할 것이다.[151]

달리 말하면, 계약의 갱신과 마음의 갱신은 보조를 같이 한다는 말이다. 이것은 우리로 하여금 지금까지 아주 시대착오적으로 개신교적인 행위/믿음이라는 이분법(마치 어떤 사람이 윤리적으로 행동한 것이 그가 은혜를 받았기 때문인가, 아니면 은혜를 얻기 위한 것인가 하는 것이 결정적으로 중요한 문제인 것처럼), 또는 플라톤적인 "물질/비물질"이라는 이분법(마치 개념이 대상에 앞서는가, 아니면 대상이 개념에 앞서는가 하는 것이 중요한 문제인 것처럼), 또는 낭만주의적인 "외적/내적"이라는 이분법(마치 참된 종교에서 중요한 것은 그 본질적인 내면성이고, 모든 외적 표현은 사소하거나 부수적인 것인 것처럼)의

---

149) 겔 36:26-7; cf. 11:19f.; 18:31; 시 51:10.

150) 1QH 5 [=13],11-12(Vermes 1995 [1962], 204, cf. GM 337). "내 안에"라는 결정적으로 중요한 어구는 원문에서 부분적으로 빠져 있지만, 재구성은 의심스럽지 않다.

151) 1QS 5:4f.(Vermes 1995 [1962], 75). Cp. 1QpHab. 11:13.

방향으로 해석되어 왔던 복음서들에 나오는 여러 구절들을 제대로 이해할 수 있게 해 준다. 사실, 방금 인용한 것들과 같은 구절들이 분명하게 보여주듯이, 극히 중요한 구별은 외적인 것과 내적인 것, 또는 은혜를 얻는 것과 은혜를 표현하는 것 간의 구별이 아니라, 철저하게 악한 외적 및 내적 상태(비록 종종 외적으로 정결하게 보일지라도)와 철저하게 새로워지고 있는 외적 및 내적 상태 간의 구별이다.[152] 히브리 성서에 의하면, 전자의 상태는 현재 시대에 있어서의 이스라엘의 특징을 이룬다; 이러한 상태의 갱신은 계약의 갱신, 즉 포로 생활에서의 귀환의 한 측면이 될 것이다. 그러므로 예수가 귀환과 갱신의 때가 지금 동터오고 있다고 선포하고 있었다면, 우리는 실제로 그가 말한 하나님 나라 이야기가 그러한 갱신에 적절한 내적 상태와 외적 실천 모두를 창출해 내기 위한 것이라는 것을 예상할 수 있다. 올바르게 이해된 종말론은 윤리와 대립되지 않는다. 종말론은 윤리를 낳는다. 하나님 나라가 도래할 때, 야훼의 뜻은 하늘에서와 마찬가지로 땅에서도 이루어지게 될 것이다.

그러므로 예수가 그의 청중들에게 야훼의 회복된 백성으로서의 그들의 특징이 될 마음의 갱신을 요구하였고 또한 제공하였다고 주장하는 것은 우리가 지금까지 살펴본 이야기 줄거리 전체와 완전히 부합한다. 예수는 "너희의 마음의 완악함"(막 10:5과 그 병행문들)을 치유받은 "은혜 속의 제자도"를 탄생시키고자 한 것이다.[153] 실제로, 자신의 청중들의 마음의 상태에 관한 예수의 논평들은 그 자체가 예수께서 이스라엘의 문제를 신명기, 예레미야서, 에스겔서가 지적했던 바로 그 지점, 즉 마음에 있다는 것을 지적했음을 보여주는 증거가 된다.[154] 우리는 이것을 예수 전승을 후대에 도덕화시킨 것이라거나 후대에 기독교가 유대교에 대항하여 행한 논쟁의 반영이라고 보아서는 안 된다. 이것은 하나님 나라를 개시시킬 사명을 확신하고 있었던 종말론적 예언자의 입술 속에 있을 때에 완벽한 의미를 지닌다.

마음과 관련된 주제가 두드러지게 나타나는 구절이 특히 두 개 있다. 이것들

---

152) "이원성"의 여러 유형들에 대해서는 cf. *NTPG* 252-6.

153) Meyer 1979, 173.

154) cp. 렘 17:9. 막 10:5/마 19:8과 아울러 cf. 막 7:6/마 15:8; 막 7:20-3/마 15:18-20; 그리고 cp. 마 13:15.

중 첫 번째 구절은 마가복음 7:14-23/마태복음 15:10-20인데, 여기서 예수는 암호적인 말씀을 통해서 유대교의 음식에 관한 율법들을 전복시키는 가운데 진정으로 중요한 것은 사람의 몸 속으로 들어가는 물질적인 내용물들이 아니라 그 인격으로부터 나오는 생각들과 의도들이라고 설명한다.[155] 외적인 행위와 마음의 태도를 이런 식으로 구별하는 것은 히브리 성서 속에서 아주 자주 나오기 때문에,[156] 예수가 이 개념을 사용하지 않았고 그 개념을 자신의 과제의 이 부분에서 중심적인 것으로 만들지 않았을 이유가 전혀 없다. 그렇다고 해서, 예수는 "물질적" 또는 "외적" 모든 것을 "영적" 삶과는 아무런 상관이 없는 것으로 거부한 진정한 플라톤주의자 또는 진정한 개신교 자유주의자가 되지는 않는다.[157] 이런 식으로 말한 예수는 야훼가 인간을 하나의 전인(全人)으로 재창조하고자 하신다는 것을 알고 있는 지극히 유대인다운 유대인이다. 특히, 이것은 야훼가 이스라엘의 운명을 새롭게 하실 때에 그의 백성과 다시 확인하게 될 새로운 계약에 관한 신명기, 예레미야서, 에스겔서에 나오는 약속들과 직접적으로 연결된다. 우리는 제9장에서 이 구절, 그리고 특히 그 역사적 배경을 논의하게 될 것이다. 여기서는 예수는 자신이 활동하던 시기가 종말론적 예언의 성취의 때라고 믿었다는 것만을 말해두는 것으로 충분할 것이다.

이것은 갱신된 마음에 관하여 암호 같은 말로 얘기하고 있는 두 번째 구절에 의해서 강력하게 밑받침된다: 마가복음 10:2-12/마태복음 19:3-12. 이번에 소재로 사용되고 있는 것은 이혼이다.[158] 여기서 다시 한 번 역사적 사실일 가능성이 대단히 높은 예수의 말씀[159]은 새로운 일들이 일어나게 될 새 날이 밝아오고 있다는 예수의 믿음을 보여준다.

---

155) 주석서들 이외에도 특히 Booth 1986을 참조하라.

156) 예를 들면, 막 7:6f.에 인용된 사 29:13.

157) 이 점에서 예수를 현대화하는 것의 위험성에 대해서는 cf. Borg 1984, 99.

158) 주석서들 이외에도 Dungan 1971, 81-131; Witherington 1985; Sanders 1985, 233f., 256-60; 1993, 198-201 등을 참조하라.

159) Sanders 1985, 257. 예수 세미나는 이 말씀들에 대한 평가에 있어서 거의 양분되어 있기 때문에, 결국 이 말씀들은 간발의 차이로 회색의 평점을 얻었다(Funk & Hoover 1993, 88f., 219f.).

이혼에 관한 문제는 단순히 순수한 율법적 해석에 관한 문제가 아니었다 — 물론, 그러한 차원에서도 이 문제는, 쿰란 문헌에서 분명히 볼 수 있듯이, 유대교 분파들을 갈라지게 만든 문제들 중의 하나였긴 하지만.[160] 헤롯 안디바가 자신의 형수인 헤로디아와의 근친상간적인 결혼 사실에 비추어 볼 때, 이 문제는 정치적으로 아주 민감한 사안이었다: 세례 요한의 투옥과 죽음은 적어도 부분적으로는 요한이 헤롯의 행동에 대하여 단호하게 반대하였기 때문인데, 마가복음과 마태복음에 나오는 지리적 배경(요단강 근처의 유대 땅)은 세례 요한 및 그가 근친상간적인 결혼에 반대한 것으로 말미암아 죽게 된 것의 반영들이 원래의 사건에 채색되었다는 것을 보여준다.[161]

이 구절에 관한 논의는 흔히 두 가지 문제에 초점이 맞춰져 왔다: 마가복음과 마태복음 간의 차이들, 즉 마태복음이 말하고 있듯이 예수가 실제로 간음의 경우에 이혼을 허용하였느냐의 여부, 그리고 만약 허용하였다면, 이 경우에 "간음"은 실제로 무엇을 의미했는가 하는 문제, 이러한 논의가 유대법이 아니라 로마법을 반영하고 있는 것인지의 여부, 만약 로마법을 반영하고 있는 것이라면, 이 기사는 예수의 시대가 아니라 교회의 시대에 속하는가의 문제.[162] 이러한 문제들은 중요하고, 이 논의가 서로 다른 청중들을 위해서 "번안되었을" 가능성은 얼마든지 있다. 그러나 나는 현존 상태의 배경 — 바리새인들이 예수에게 정치적으로 압력을 받거나 위협을 받을 수 있는 토라의 한 부분을 골라서 의심스러운 견해를 지니고 있다고 생각되었던 예수에게 질문했고, 이에 대해

---

160) cf. Sanders 1985, 257-9에서 논의된 CD 4:19-21; 왕의 경우에 이혼을 금하고 있는 11QTemple 57:17-19(cf. Maier 1985, 126f.).

161) Witherington 1985. Gundry 1993, 536은 이 점과 관련하여 모호한 태도를 취하고 있지만, 그의 근거들은 주로 사전적인 것으로써, 내게는 핵심을 놓치고 있는 것으로 보인다. 헤로디아가 빌립과 헤어짐에 있어서 주도권을 행사하였던 것으로 보인다는 사실(cf. Jos. *Ant.* 18:109f., 136)은 여자가 남편으로부터 이혼하는 것을 금하고 있는 마가복음 10:12이 로마의 법과 관련한 후대의 논평이라기보다는 안디바와 헤로디아에 대한 (사적으로 이루어진) 직접적인 비판일 가능성이 크다는 것을 말해준다.

162) 이러한 질문들에 대해서는 cf. Hooker 1991, 234-7; Gundry 1993, 528-43; 그리고 앞의 각주를 참조하라.

예수는 인간에 대한 하나님의 진정한 의도에 관한 대답을 주었다는 것 — 은 역사적인 것일 가능성이 대단히 높다는 샌더스의 견해에 동의한다.

우리의 현재의 논의의 목적에서 중요한 것은 단순히 예수가 새로운 시대, 갱신의 때가 자신의 사역 속에서 일어나고 있는 것으로 생각하고 있었다는 것만이 아니다. 마찬가지로, 이 갱신의 때가 완악한 마음에 대한 치유를 포함하고 있어야 한다는 것이 아주 중요하다. 서기관들은 예수의 반문("모세는 무엇이라 하더냐?")에 대답하면서 신명기(24:1-3)를 인용한다. 물론, 이혼을 허용하면서 이혼을 위한 절차를 가르치고 있는 구절이 존재한다. 그러나 예수는 그가 이스라엘의 이야기 속에서 결정적으로 다른 위치에 서 있다는 것을 계시하는 단언으로 대답한다. 신명기는 야훼의 경륜 속에서 잠정적 단계의 일부일 뿐이라고 예수는 말한다. 신명기는 이스라엘이 하나님의 백성으로 부르심을 받았지만 여전히 완악한 마음을 지닌 백성이었던 모호한 상황으로 인해서 반드시 필요했었다. 이스라엘은 현재의 상태 그대로 긍정될 수는 없다. 이스라엘은 여전히 포로생활 중에 있고, 여전히 완악한 마음 가운데 있다; 그러나 "예수가 더 나은 질서를 가져올 것이기" 때문에 "모세 시대가 적절하지 않을" 새 날이 동터오고 있다.[163]

예수는 신명기 24:1-3을 격하하기 위하여 창세기 1:27과 2:4을 인용함으로써 사실상 그가 순종하고 있는 이야기는 이스라엘이 야훼에 의해서 부르심을 받은 것은 인류와 세계를 야훼의 원래의 의도대로 회복시키기 위한 것이었다는 이야기라는 점을 분명하게 밝힌다. 일부 학자들이 생각하듯이, 이것은 마지막 날들이 맨 처음의 날들과 정확히 일치하여야 한다고 말하는 것과는 같지 않다; 오히려, 마지막 날들은 창조주의 의도를 성취하여야 한다. 그런 일이 일어나기 위해서는 마음의 완악함이 해결되어야 한다. 원래 이혼을 허용한 것이 이스라엘 민족의 완악한 마음 때문이었다고 할 때, 예수가 이혼을 허용하기를 거부한 것은 오직 예수가 그의 청중들의 완악한 마음을 어떤 식으로든 해결하였다고 생각했을 때에만 의미를 지니게 된다. 예수의 하나님 나라 이야기의 나머지 부분과 정확히 들어맞는 식으로 이것을 설명해 주는 유일한 설명은 예수가 자기 자신을 예언자들이 말하였던 위대한 갱신의 때, 즉 율법을 야훼의 백

---

163) Sanders 1985, 260.

성의 마음판에 새기게 될 그 때를 개시시키고 있다고 믿었다는 것이다.

따라서 완악한 마음에 관한 이 말씀은 마가복음 7장과 잘 들어맞는다. 계약의 갱신은 하나님의 계획 속에서 새로운 국면을 가져오게 될 것이다. 마침내 지금 창조주 하나님의 참된 백성이 금기들에 의해서가 아니라 마음의 상태에 의해서 구분되고 있다; 마침내 지금 이스라엘이 부르심 받은 바로 그 목적, 즉 인류를 악으로부터 구원하는 일이 실현되고 있다. 예수는 새로운 국면, 드라마 속에서의 새로운 막에 적합한 실천을 상기시키는 방식으로 하나님 나라 이야기를 들려준다.

새 마음에 대한 요구 및 암묵적인 제시는 "지혜롭게" 대답한 서기관을 향하여 예수가 말한 논평 속에서도 볼 수 있다.[164] 토라의 핵심을 지켰고 거기에 도달하였던 — 하나님을 사랑하고 이웃을 사랑하라는 신명기의 계명 — 서기관은 하나님 나라로부터 멀지 않다. 신명기 자체에 의하면, 바로 이것이 사람들이 갱신된 마음을 필요로 하는 그러한 계명들이다.[165] 야훼는 현재 상태의 이스라엘을 신원하는 것을 통해서가 아니라 토라가 진정으로 의도했던 것에 대한 증거를 보여주는 이스라엘을 신원함으로써 왕이 되실 것이다.

예수의 비전 속에서 새 마음을 위한 필요성은 스스로 받은 "죄사함"을 남들에게 전해줄 필요성을 포함하고 있었다.[166] 겉보기에 이러한 "윤리적인" 도전은 다시 한번 "계약과 관련해서" 및 종말론적으로 이해되어야 한다. 예수를 따름으로써 참 이스라엘 사람이 되는 것은 예수께서 그의 청중들에게 요구하신 것들 중의 일부였다. 우리가 앞에서 보았듯이, 예수 자신이 죄사함을 필요로 하는 자들에게 죄사함을 베푼 것은 암묵적으로 예수가 통상적으로는 공식적인 통로들을 통해서만 얻을 수 있었던 것을 사람들에게 줄 수 있는 권세를 지니고 있다고 주장하는 극히 이례적인 조치였다; 또한 그것은 새 계약, 죄들이 단번에 사함 받게 될(예레미야 31장에 의하면) 새 계약이 제정되고 있는 중이라고 주장하는 것이었다. 그러나 이러한 주장이 제대로 효력을 발휘하려면, 예수

---

164) 막 12:32-4, 이것에 대해서는 아래의 664f., 858f.를 보라.

165) 신 30:6.

166) 위의 419-429를 보라. 예를 들면, 마 6:12/눅 11:4; 마 6:14; 18:21-35; 막 11:25; 눅 6:37b을 참조하라.

를 따르는 사람들이 그들 가운데에서 이러한 죄사함을 직접 실천으로 보여주어야 했다.

우리는 이러한 요구를 단순히 특별히 어려운 윤리적 하나의 행위쯤으로 보아서는 안 된다. 그것은 새 계약의 개시를 보여주는 징표이다.[167] 예레미야서 31장에 대한 언급은 새 마음에 관한 개념이 반물질주의적인 개신교 또는 낭만주의적인 사상의 발명품이 아니라, 구약성서의 중심적인 약속의 핵심 주제였다는 것을 결정적으로 보여준다. 예수가 요구했던 것, 그리고 암묵적으로 제시했던 것(물론, 제자들이 마태복음 19:10에서 깨달았듯이, 그 의미는 한동안 수수께끼로 남아 있었다)은 새 계약의 일부로서 약속된 새 마음이었다. 달리 말하면, 이러한 "윤리적" 가르침 속에서 예수는 "내적인 것들"에 초점을 맞추는 가운데, "외적인 것들"에 관심을 가졌던 유대교를 비판하고 있었던 것이 아니었다. 예수는 우리가 지금까지 살펴본 하나님 나라의 과제들 전체를 수행하고 있었고, 사람들에게 자기를 따라서 참된 이스라엘이 되려면 어떻게 해야 하는지를 발견하여 야훼께서 마침내 행동하실 때에 신원받게 될 백성이 되라고 요구함으로써 하나님 나라를 개시시키고 있었다.[168] 그들은 포로생활로부터 진정으로 놓여난 참 이스라엘이 될 것이었다. 달리 말하면, 그들은 산상수훈에서 묘사된 이스라엘이 될 것이었다.

(c) 산상수훈[169]

---

167) 이것은 느헤미야가 탐구하였던 바로 그것이다(느 5:1-13).

168) 아마도 우리는 거칠은 긴 결말부를 갖고 있는 큰 잔치의 비유, 즉 마태복음 22:11-14을 이러한 범주 속에 두어야 할 것이다. 예복을 입지 않은 사람은 예수의 백성에 속한다고 주장하지만, 예수를 따른다는 것이 메시야 잔치에서 식탁 자리에 앉을 수 있는 자격을 주는 새 마음을 받는다는 것을 의미한다는 것을 깨닫지 못한 사람인 것으로 보인다. Cf. Sanders 1993, 198: 이러한 결말부는 이차적인 것이긴 하지만, "예수가 그의 제자들에게 높은 수준의 도덕적 기준을 요구하였다"는 것은 여전히 사실이다. 그렇다면, 우리는 왜 그러한 결말부가 이차적인 것이라고 확신하는가?

169) 즉, 마태복음 5-7장; 이에 상응하는 "평지 설교"는 눅 6:20-40에 나온다. 지난 십여 년 동안에 나온 풍부한 문헌들 중에서 특히 cf. Guelich 1982; Lambrecht 1985; Strecker 1988; Harvey 1990. 과거의 저작들 중에서는 Davies 1964가 여전히 고전으

산상수훈을 생각하지 않고 예수의 도덕적 가르침을 말하기는 불가능하다. 마찬가지로, 본서와 같은 한 권의 책 속에서 산상수훈을 역사적으로 어떻게 다루어야 할지에 관한 몇 가지 제안들을 제시하는 것 이상의 것을 한다는 것은 불가능하다. 산상수훈(그리고 누가복음에 나오는 평지 설교)을 작은 부분들로 나누어서 예수가 그 부분 부분들을 주후 1세기 전체에 걸쳐서 지중해 세계 전역 여러 장소들에서 말한 것으로 할당하고, 이 자료를 배열하거나 만들어 낸 것은 전적으로 복음서 기자들의 독창성이었다고 주장하는 것이 마치 유행처럼 되어 왔다.[170] 나는 이러한 유행에 의문을 제기하고자 한다.

물론 현존하는 형태의 산상수훈들과 관련해서 복음서 기자들은 이런저런 방식으로 책임이 있다. 그러나 초대 교회가 산상수훈의 내용들을 만들어 내거나 심각하게 훼손하였다는 주장들은 예수의 사역 속에서는 그러한 내용이 유래했을 그 어떤 배경이나 맥락도 존재하지 않는다는 확실한 논거로부터 출발하지 않으면 안 된다; 그러나 그것은 내게 분명히 사실이 아닌 것처럼 보인다.[171] 우리가 지금 분석하고 있는 예수의 재정의된 하나님 나라 이야기는 예수가 산상수훈에 나오는 내용들을 말했을 만한 완벽하게 유력한 역사적 배경을 보여준다. 게다가, 나는 다른 말씀들과 마찬가지로 예수가 산상수훈에 나오는 말씀들을 여러 지역들에서 여러 경우에 말하였을 가능성에 대하여 의심을 갖는다.

산상수훈 — 당분간은 산상수훈을 전체적으로 지칭하기로 하자 — 은 단순히 윤리적 교훈을 잡다하게 모아놓은 것이 아니다. 산상수훈은 어떻게 하는 것이 "선한" 것인지에 관한 일련의 제안들 또는 계명들로 일반화시켜서는 안 된다. 또한 산상수훈을 사람이 죽은 후에 어떻게 하면 "천국"에 갈 수 있는지를 보여주는 지침으로 변질시켜서도 안 된다. 현존하는 상태의 산상수훈은 이스

로 남아 있다.

170) 특히, cf. Betz 1985, 1992. 비유대적 출처를 옹호하는 논증의 분명한 강점의 일부는 그러한 논증이 예수가 단순히 암울한 수수께끼 같은 말씀들과 견유학파적인 지혜를 말하는 자였다는 한창 유행을 탄 이론과 맥을 같이 하고 있다는 것이었다.

171) Kennedy 1984, 68는 수사학적 분석을 토대로 이 설교의 통일성을 보여주는 강력한 논증을 제시한다.

라엘에게 이스라엘이 되라는 도전이다. 우리는 당시 사람들의 이야기에 대한 예수의 재해석으로서의 산상수훈의 주된 흐름들을 검토함으로써 산상수훈을 그런 식으로 읽을 때의 효과를 개략적으로 살펴볼 수 있다. 아래에 사용된 본문들은 마태복음을 따른 것이다.

첫째, 복선언문들(5:3-13). 이스라엘은 야훼의 나라가 도래할 것을 고대한다(5:3); 이스라엘은 그 나라가 오게 하기 위하여 기꺼이 일하고 싸우고 투쟁할 준비가 되어 있다. 그러나 그 나라에 속한 사람들은 심령이 가난한 사람들이다.[172] 이스라엘은 위로, 즉 "파라클레시스"(paraklesis)를 갈망한다(5:4); 그러나 야훼는 다른 나라들에게 상처를 가함으로써 자신의 옛 상처들을 치유받는 식의 민족 부흥의 위로가 아니라, 진정으로 애통하는 자들에게 예비된 위로를 이스라엘에게 주겠다는 마음을 갖고 계신다. 이스라엘은 이 땅을 차지하고자 한다(5:5); 이스라엘은 예수의 방식을 따라, 즉 온유함에 의해서 그 땅을 차지할 수 있다.[173] 이스라엘은 의에 목마르다(5:6); 그러나 이스라엘이 바라는 의는 물리적인 원수들에 대항한 싸움들을 통해서 오지 않는다. 진정한 의는 분노의 길, 실제로는 "복수"를 의미하는 "의"가 아니다. 의는 겸손과 온유의 길이다. 이스라엘은 긍휼, 특히 자신의 원수들로부터 궁극적으로 구원받는 종말론적 긍휼을 갈망한다(5:7); 그러나 긍휼은 복수하고자 하는 자들이 아니라 긍휼히 여기는 자들에게 주어진다. 이스라엘은 하나님을 보게 될 것을 갈망한다(5:8); 그러나 이것은 외적인 정결을 부과하는 자들이 아니라 마음이 청결한 자들의 특권이다. 이스라엘은 민족의 승리라는 극적인 역사적 증거 속에서 하나님에 의해 신원받고 창조주의 아들로 불리게 되기를 소원한다(5:9); 그러나 이스라엘의 하나님이 신원하여서 그의 아들들로 삼을 자들은 그들의 아버지

---

172) 누가복음 6:20이 "심령이"라는 표현을 생략하고 있다는 아주 잘 알려진 점에도 불구하고, 나는 이 점과 관련해서 마태복음과 누가복음 사이에 실제적인 많은 차이가 존재한다고 생각하지 않는다. 우리가 초점을 맞추어야 할 대비점은 물질적 가난과 영적 가난 간의 대비가 아니라 힘있는 자의 길과 힘없는 자 — 주후 1세기의 이스라엘에서 분명히 모든 의미에서 이들은 가난한 자였을 것이다 — 의 길 간의 대비이다. 가난에 대해서는 특히 Hanks 1992와 거기에 나오는 참고문헌들을 보라.

173) cp. 마 11:29.

를 닮은 자들일 것이다; 그리고 그것은 화평을 이루는 자들을 의미한다. 이 길, 예수의 길을 따르는 사람들에게는 핍박이 필연적으로 수반될 것이다(5:10); 그러나 이 길을 따른다는 이유로 핍박을 받는 자들은 실제로는 위대한 신원이 보장된 사람들이다. 달리 말하면, 이전에 토라에 충실했던 자들에게 적용될 것이라고 생각되었던 약속이 이제 예수에게 충성하는 자들에게 적용된다. 복선언문들이 이후 세대의 청중들이나 독자들에게 무엇을 의미했는지와는 상관없이, 나는 복선언문들을 이런 식으로, 즉 예수가 청중들에게 야훼의 종말론적 백성으로서의 그들의 참된 소명을 발견하되, 당시의 다른 지도자들의 길이 아니라 예수가 그들에게 일러준 실천을 따름으로써 그렇게 하라고 호소하는 것으로 읽을 수 있다고 주장한다.

복선언문들을 일반화하는 것은 쉬운 일이고, 시대착오적인 해석으로부터 벗어나는 것은 어려운 일이다. 그러나 내가 지금까지 제시한 구체적인 역사적 배경은 소금과 빛에 관한 말씀(5:13-16)의 경우에는 그렇게 쉽게 피해갈 수가 없다. 이 말씀은 이스라엘에 대한 도전으로 들린다: 이스라엘은 이 땅의 소금, 세상의 빛이 되어야 한다. 이것은 언제나 이스라엘의 소명이었다: 제사장들의 나라가 되는 것, 야훼의 종이 되는 것, 그렇게 함으로써 야훼의 영광이 땅끝까지 이르게 하는 것.[174] 그러나 소금은 지금 그 목적을 잊어버렸다. 빛은 자기 자신 속만을 비출 따름이다. 산 위에 세워진 도시(아마도 예루살렘)는 나방들이 등불을 보고 모여들듯이 열방들이 무리지어 몰려오는 장소가 되도록 의도되었던 것이지만, 이스라엘은 이스라엘 자신과 이스라엘의 존재 자체가 증거하는 하나님을 더할 나위 없이 추한 모습으로 만들어 버리는 데에 자신의 최선을 다하여 왔다. 이러한 도전 속에는 책망이 들어 있다. 세상을 위한 빛의 집이 되도록 부르심 받은 이스라엘은 그 빛을 안쪽으로만 비추어서 자신의 정결과 배타성에 대한 의식을 고양시키고 열방들을 어둠 속에 그대로 머물게 하도록 하기 위하여 스스로를 거울들로 둘러쌌다. 그러나 예수의 사역을 통해서, 원하는 모든 유대인들은 참된 이스라엘이 되는 것이 무엇을 의미하는지를 발견할 수 있는 길이 열려졌다. 예수를 따름으로써, 예수의 과제들을 실천에 옮김으로

---

174) Betz 1992, 1108: 소금과 빛은 각각 "유대인들의 자기 묘사와 관련된 전통적인 은유"이다. Cf. *NTPG* 267f.

써, 그들은 마침내 참된 이스라엘이 될 수 있을 것이었다.

그러므로 우리는 이것은 이스라엘의 소망 전체를 완전히 포기한다는 것인 가라고 물을 수 있을 것이다. 이스라엘이 떡을 요구하고 있는데, 이 기이한 예언자는 이스라엘에게 돌을 주고 있는 것인가? 결코 그렇지 않다(5:17-20). 그런 질문들은 엉뚱한 곳을 짚은 것이다. 예수는 높은 차원을 요구하고 있다: 그것은 궁극적으로 율법 및 예언자들과 연속성을 지니는 이스라엘의 소명과 운명에 대한 예수의 해석인데, 서기관들과 바리새인들은 그것을 잘못 알아들은 것이다. 하나님 나라는 모세와 예언자들을 짓밟지 않을 것이지만 — 계약의 하나님이 스스로 모순 되는 일을 하지 않는다면, 어떻게 그런 일이 가능할 수 있겠는가? — 이스라엘은 성서를 이스라엘 자신의 민족적 안정을 더 공고하게 구축하기 위한 용도로만 사용하는 얄팍한 읽기로 만족해서는 안 된다. 성서 속에는 주후 1세기 이스라엘이 파악했던 것보다 훨씬 더 깊은 의미가 담겨져 있다; 예수가 지금 사람들에게 권하고 있는 것은 바로 그러한 좀 더 깊은 의미이다.

성서의 이러한 좀 더 깊은 의미는 특히 "옛 사람들에게 말해졌던 것"과 "그러나 나는 너희에게 이렇게 말한다"로 이루어진 일련의 다섯 가지 "반제들"(5:21-48)[175]에서 찾아볼 수 있다. 이 다섯 가지 반제(antithesis)는 각각 살인, 간음, 맹세, 사법적 복수, 원수에 대한 증오를 다루고 있다. 이 단락은 대체적으로 복선언문들 자체의 적용과 주석으로서의 기능을 한다: 심령이 가난함, 온유함, 화평을 이룸은 첫 번째, 네 번째, 다섯 번째 반제의 근저에 있고, 심령의 청결함은 두 번째 반제에 있고, 참된 의에 굶주림은 네 번째 반제의 밑바탕에 깔려 있다. 이 단락 전체의 강조점은 바리새파의 경우와는 판이하게 다른 토라의 강화 방식에 놓여져 있다. 예수는 토라의 준수에 필수적인 외적인 행위들을 좀 더 꼼꼼하게 정의하여서 야훼의 계약에 대한 사람들의 충성을 입증하게 하는 방식을 택하는 것이 아니라, 이스라엘에게 마음과 행위가 전체적으로 통합된 충성이라는 관점에서 계명들의 의미를 발견하도록 도전을 준다. 우리가 제9장에서 살펴보게 되겠지만, 예수와 그의 대적자들 간의 진정한 충돌 원인은 사소

---

175) 이혼에 관한 말씀(5:31f.)을 간음에 관한 말씀(5:27-32)의 하위 범주로 여긴다.

한 율법 문제를 놓고 시비를 한 것이 아니라, 그들이 내건 과제들(agenda)과 관련된 것이었다.

그러므로 이 반제들은 율법에 대한 "외적인" 준수와 "내적인" 준수 간의 대비에 그 초점을 맞추고 있지 않다. 반제들은 외적인 것들은 나쁘고 내적인 것들은 선하다는 식의 19세기 낭만주의적 종교적 이상을 주후 1세기에 투영한 것들이 아니다. 오히려, 이 반제들은 예수가 창출해 내고자 했던 갱신이 팔레스타인의 실제 생활이라는 상황들 속에서 이스라엘이 되는 근본적으로 다른 방식을 어떤 식으로 만들어 내는지를 강조한다. 거기에서 토라에 대한 기존의 해석은 이스라엘이 되는 잘못된 방식, 멸망으로 이끌 방식으로 귀결될 것이다: 예수가 제시한 삶의 방식은 그것과는 전적으로 다른 접근 방식과 결과를 시사해 준다. 그것은 이런 식이다: 자기를 고소하는 자를 만나면 화해를 해야 한다 (5:25-26);[176] 갈릴리 마을 사람의 인력을 제멋대로 징발하는 병사들에게 저항하거나 분개하지 말고, 놀라울 정도의 너그러움으로 대해야 한다(5:41);[177] 국가의 원수들은 야훼의 눈에는 결코 원수들이 아니기 때문에, 이스라엘이 진정으로 하늘에 계신 아버지를 닮고자 한다면, 이스라엘은 그들을 사랑하고 그들을 위하여 기도하는 법을 배워야 한다(5:44f.) 실천적인 삶의 규범으로서의 사랑과 긍휼은 창조주 하나님의 참된 백성으로서의 이스라엘의 특징이 되어야 한다. 그와 같은 사람들은 하나님이 그의 나라 속에 임하실 때에 신원받게 될 사람들이다. 용서는 모든 사회적 관계들의 특징이 되어야 한다. (우리가 용서를 전혀 가치 있게 생각하지 않았던 사회 속에서 잠시라도 살아본다면 — 예를 들면, "체면을 잃는 것"을 가장 큰 수치 중의 하나로 여기는 사회 — 이러한 도전이 실제로 얼마나 혁명적인 것인가를 알 수 있다.) 이러한 반제들은 예수의 사역 속에서 이스라엘이 되는 새로운 방식, 민족적 긴장의 현재적 상황에 직면하여 놀랍고도 근본적으로 새로운 방식으로 그것에 대처하는 방식을 위한 도전으로 인식되었을 것이다.

특히, 마지막 두 개의 반제 속에서 드러나듯이, 예수의 제자들은 저항 운동에 동조해서는 안 된다.[178] "악에 대항치 말라"(5:39)라는 명령은 단순히 개인적

---

176) 눅 16:1ff.를 보라. 이것에 대해서는 아래의 781를 보라.

177) cf. Harvey 1990, 72f.; 특히, Wink 1992b [1988], 108-12.

인 증오들이나 마을 수준의 적대감을 가리키는 것으로 해석되어서는 안 된다. "대항하다"라는 단어는 "안티스테나이"(antistenai)로서, 구체적으로 여러 종류의 군사적 행동에 의한 혁명적 저항을 가리키는 전문적인 용어에 가까운 단어였다.[179] 이런 의미로 해석한다면, 이 명령은 이제까지 산상수훈의 상당 부분이 함의하고 있는 의미를 잘 드러내준다. 이스라엘이 가야할 길은 폭력적 저항의 길이 아니고, 샴마이파의 바리새인들이 주장했던 열심(zeal)의 길도 아니며, 오히려 창조적이고 비폭력적 저항이라는 모호하지만 판이하게 다른 길이다. 손등으로 오른쪽 뺨을 맞는다는 것은 상처만이 아니라 모욕도 함축하고 있다; 왼쪽 뺨을 돌려댄다는 것은 단순한 수동적인 태도가 아니라 자기와 공격자가 동등하다는 것에 대한 단언이다.[180] 물론, 이러한 지침들은 다른 곳들에서와 마찬가지로 지역 마을의 분쟁들에도 적용될 수 있었을 것이다. 그러나 본문과 배경, 이 양자의 전체적인 취지는 이보다 훨씬 더 폭넓은 것이었다: 예수를 따르는 사람들은 저항 운동에 참여해서는 안 된다.

마태복음 6장으로 넘어가면, 예수의 도전은 이제 이스라엘이 하나님을 "아버지"로 인식하는 것에 그 초점이 맞춰져 있다. 가식적인 자선 행위, 기도, 금식

---

178) Yoder 1972; Weaver 1992; Wink 1992b [1988]를 보라. Richard Horsley(특히, 1987, 1992a [1986])는 여러 저작들을 통해서 제1세계 신학자들이 억압받는 제3세계의 사람들에게 폭동을 일으켜서는 안 된다고 말하는 위험스러운 결과를 허용하는 이러한 결론에 반대하고자 시도해 왔다. 그는 관련 본문들을 점령군에 대항한 민족적 저항을 가리키는 것이 아니라 순전히 지역 차원의 논쟁들을 가리키는 것이라고 본다. 그러나 호슬리의 역사적 토대는 그가 반복적으로 주장하는 것만큼 그렇게 탄탄하지 않다. 주후 1세기의 전반부에 "열심당"이 존재하지 않았다는 것은 바리새인들을 포함한 그 밖의 다른 저항 운동들이 지속적으로 고조되지 않았다는 것을 의미하지는 않는다(cf. *NTPG* 170-181; 190-5). 그리고 Wink 1992c가 아주 잘 드러내주고 있듯이 호슬리 자신의 설명 속에는 여러 가지 내적인 모순들이 존재한다. 또한 cf. Borg 1984, 130-3. 우리는 역사와 관련하여 호슬리를 반대하는 것은 그의 모든 문제제기들을 무시해 버리는 것과 동일한 것이 아니라는 점을 지적해 두고자 한다.

179) cf. Wink 1992b [1988], 114f.와 거기에 나오는 각주들; 요세푸스는 이 단어를 17번의 용례들 중 15번에서 "폭력투쟁"이라는 의미로 사용한다.

180) Wink 1992b [1988], 104f.

(이 세 가지는 유대인들이 준수해야 할 핵심 항목들로서, 특히 예루살렘으로부터 멀리 떠나있는 경우에는 일부 바리새인들은 이 세 가지를 성전에서 제사를 드리는 것과 동등한 것으로 여겼다[181])에 대한 경고들은 단순히 외적인 준수와 내적인 준수 간의 차이를 겨냥한 것이 아니다. 이 경고들은 이스라엘이 야훼는 그들의 아버지라는 믿음을 제멋대로 자신의 것으로 삼고 있는 것에 대한 경고들이다. 이스라엘은 야훼를 자신의 아버지라고 주장하지만, 야훼를 뇌물을 주거나 아첨하면 이스라엘이 원하는 것을 주는 철면피의 독재자로 취급하고 있다.

그러나 그러한 태도가 들어설 여지는 전혀 없다. 장차 야훼에 의해서 신원받게 될 자들은 야훼를 알고 야훼를 진정으로 아버지로 모시는 자들이다. 결국, 이것은 우상들을 숭배하는 것과 반대되는 참 하나님을 예배하는 것의 문제이다: 이스라엘은 참 하나님과 재물의 신 맘몬을 동시에 섬길 수 없다 (6:24).[182] 장래에 대한 걱정은 이스라엘이 바로 그런 일, 즉 이 둘을 동시에 섬기고자 한다는 것을 보여주는 징표이다(6:25-34). 진정으로 하나님 나라를 구하고 있는 자들은 그러한 것들에 대하여 염려할 필요가 없는 반면에,[183] 하나님 나라를 구한다고 하면서 땅, 재산, 조상의 권리들의 회복과 관련된 민족적 또는 개인적 과제들을 탐구하는 자들은 그들이 그러한 것들을 그들에게 줄 수 없는 하나님을 섬기고 있다는 것을 반증하는 것이다.[184]

그러므로(7:1-6) 이스라엘이 진정으로 나아갈 길은 이방인들에 대해서든 서로에 대해서든 정죄의 길을 피하는 것이다. 정죄는 불필요하다; 필요한 모든 것은 하나님이 그것들을 구하는 자들에게 주실 것이기 때문이다(7:7-11). 율법과 예언서는 야훼의 뜻을 행하고자 하고 하나님 나라 운동의 일부가 되고자 하는 이스라엘 사람들에 의해서 쉽게 배워질 수 있고 실천될 수 있는 하나의 경험 법칙으로 요약된다: 사람들이 너희에게 해주기를 바라는 바로 그것을 너희가 그들에게 행하라(7:12). 그러나 이 길을 따르는 자들이 그리 많지 않을

---

181) cf. Davies 1964, 305-15.

182) cp. 눅 16:13; *Thom.* 47:1-2; *2 Clem.* 6:1.

183) cf. 눅 12:32.

184) 다시 한번, cp. 눅 12:13-15; 16:13-31.

것이다. 거짓 예언자들은 제멋대로 지껄이면서 이스라엘을 어그러진 길로 인도하는데, 그들에게 속지 않는 유일한 길은 그들의 운동들이 어느 지점으로 이끄는지를 분명하게 주목하는 것이다(7:15-20). 훌륭한 혁명가와 마찬가지로, 예수는 다른 대안적인 운동들에 대한 비판과 이스라엘이 되는 자신의 길이 그의 추종자들이 궁극적인 재앙(7:24-27), 즉 단순히 개인적인 것이 아니라 민족적인 재앙을 피할 수 있는 유일한 길이라는 엄중한 경고를 제시하는 것으로 끝을 맺는다. 주후 1세기의 유대인들의 관점에서 보면, 반석 위에 지어진 집은 성전에 대한 분명한 암시이다. 이스라엘이 예수가 인도하는 길을 따르지 않는다면, 이스라엘 속에서 가장 위대한 민족적 기관인 성전이 치명적인 위험에 처하게 될 것이다. 우리는 갈릴리 사람 유다도 이와 흡사한 말을 했을 것이라고 상상해 볼 수 있다.

요컨대, 산상수훈은 주후 1세기 초반의 팔레스타인을 배경으로 가장 잘 의미가 통한다. 산상수훈을 구태여 주후 70년 이후의 상황이나 비유대적인 상황 속에 둘 필요가 전혀 없다. 산상수훈은 백성들이 당시에 묻고 있었던 질문에 직접적으로 대답한다: 심한 압박과 모호성의 시기에, 많은 사람들이 이스라엘 역사의 절정이 그들에게 임했다고 생각했던 바로 그러한 시기에 어떻게 하는 것이 야훼에게 신실한 것이 되는가. 산상수훈은 이러한 질문에 대한 포괄적인 대답으로서 예수의 구체적인 메시지의 나머지 부분과 부합하는 특정한 일련의 하나님 나라의 과제들을 제시한다. 산상수훈은 예수의 가르침의 대부분과 마찬가지로 보편적 윤리로 일반화될 수 있다. 그러나 산상수훈이 지닌 원래의 의미라는 문제는 그런 식으로 해서는 결코 풀릴 수 없다. 나는 산상수훈은 내가 여기에서 제시한 그러한 방식으로만이 궁극적으로 해결될 수 있다고 주장한다. 산상수훈을 여러 다른 시기들과 장소들에 각각 어떻게 적용하느냐 하는 문제는 별개의 문제로서, 역사적 기원의 문제에 영향을 주어서는 안 된다.

(d) 주기도문[185]

---

185) 마 6:9-15; 눅 11:2-4; *Did.* 8:2-3. 수많은 문헌들 중에서 cf. Jeremias 1967; Houlden 1992; 그리고 Hagner 1993, 143에 나오는 자세한 참고문헌. 다른 차원에서의 고찰들에 대해서는 cf. Wright 1996b.

예수가 그의 제자들에게 가르친 기도문이 제자들에게 준 도전(challenge)에 관한 단락 속에 포함되어 있다는 것이 조금은 의외라고 생각될 수도 있다. 그러나 주기도문이 산상수훈 속에 들어 있다는 것이 보여주듯이, 주기도문은 실제로 동일한 사고의 흐름의 일부이다. 이 도전은 이와 같은 극히 이례적이고 혁명적이며 동시에 매우 유대적인 특징을 지닌 기도문을 기도하라는 요구를 포함한다. 마찬가지로, 예수가 그의 추종자들에게 특별한 기도문을 마련해 준 것은 위에서 개략적으로 살펴본 그의 운동에 대한 인식과 아주 잘 부합한다: 예수의 제자들이 예수에게 "세례 요한이 그의 제자들에게 가르쳤던 것과 같이"(눅 11:1) 기도문을 가르쳐 달라고 요구하고 있는 누가복음에서의 이 기도문의 배경은 특히 초대 교회가 예수의 공동체와 세례 요한의 공동체 간의 암묵적인 병행을 만들어 내었을 가능성이 없기 때문에 역사적 진정성을 지니고 있을 가능성이 아주 높다.[186] 우리는 여기서는 당분간 이 기도문의 원래적인 형태 — 실제로 그러한 것이 있었다고 한다면 — 에 관한 문제는 고찰에서 제외하기로 하자. 현존하는 형태의 본문들은 분명히 초대 교회에서 주기도문을 예전(禮典)에 사용함으로써 영향을 받았을 것이다. 그러나 이것은 실제로 예수가 주기도문을 가르쳤다는 것을 보여주는 단서가 될 수 있다. 물론 단어 하나까지 정확한 형태로는 아니겠지만(사람들은 예수의 가르침으로부터 보존해야 할 것들이 무엇인지를 생각했었을 것이다), 형태와 패턴, 기본적인 내용은 예수께서 직접 가르쳤을 것이다.[187]

---

186) Marshall 1978, 456; 그러나 Fitzmyer 1985, 897f.는 확실치 않다. 예수 세미나가 오직 서두의 어구인 "우리 아버지"만을 확실하게 본래부터 예수의 것으로 돌리고, "묵시론적" 개념들이라는 냄새를 풍기는 모든 것들을 한꺼번에 다 배제해 버렸다는 것은 이미 악명높은 사실이다: Funk & Hoover 1993, 148을 보라. Crossan 1991a, 294는 그것이 "묵시론적인" 요소들을 포함하고 있다는 것을 의심하지만, 진정한 문제점이 어디에 놓여 있는지를 충분히 알면서도 선험적인 이유 때문에 이 기도문의 진정성을 거부한다: "그러한 기도문의 확립은 어떤 집단이 스스로를 좀 더 넓은 종교적 공동체로부터 구별하고 분리하기 시작한 시점을 보여주는 것으로 보이고, 나는 그 시점이 예수의 살아있는 동안에 도달되었다고 **믿지 않는다**"(강조는 필자의 첨가).

187) Hagner 1993, 145.

이 기도문은 하나님 나라가 의미하는 것에 대한 예수 자신의 재해석을 통해서 수정된, 하나님 나라에 대한 유대인들의 열망의 핵심으로부터 유래한 것이다. 첫 번째 간구는 야훼께서 그의 이름을 거룩하게 하시라는 것이다; 피츠마이어(Fitzmyer)가 지적하듯이, 이것은 야훼의 백성에게 새 마음과 새 영을 주는 것이 야훼의 이름을 자기 백성 안에서 거룩케 하시는 수단이 될 것이라고 말하고 있는 에스겔서 36장의 예언을 상기시킨다.[188] 야훼께서 원하시는 방식으로(이스라엘이 원하는 방식과 반대되는) 하나님 나라가 임하게 해달라는 기도문은 날마다(누가복음) 또는 오늘(마태복음; 아람어에서는 아주 미미했을 이 차이는 실제로 이 기도문을 매일 드렸을 경우에는 사소한 차이이다) 떡을 공급해 주시라는 순례자의 기도로 이어진다.[189] 용서와 이에 따른 공동체 내에서의 용서에 관한 약속과 관련된 기도문 — 기도문 속에서 독특한 부분으로서, 따라서 매우 의미 있는 것으로 보아져야 한다 — 은 새 계약의 개시에 대한 전적인 강조의 일부이다. 그리고 시험받을 때("페이라스모스")와 악한 자("포네로스")로부터의 구원을 위한 기도문은 이스라엘이 오랫동안 기다려왔던 위대한 순간에 대한 선포로서, 예수의 하나님 나라 선포 전체와 매우 밀접하게 연관되어 있다. 큰 시험의 때가 이스라엘에게 다가오고 있었고, 예수는 그의 백성들이 그 시험의 때로부터 보호받기를 원했다. 진정한 원수는 로마가 아니라, 악한 자인데, 사람들은 이 악한 자를 끊임없이 경계하고 대비하지 않으면 안 된다.[190] 이 기도문 전체는 우리가 지금까지 살펴본 예수의 사역의 맥락과 기가 막히게 잘 부합한다. 물론, 주기도문은 철저히 유대적 요소들을 끌어다 모아 놓은 것이다; 따라서 우리는 다른 그 무엇을 기대할 수 있겠는가? 이 기도문을 기도했던 사람들은 예수의 관점에서 보면 참된 이스라엘 사람들, 계약의 하나님이 장차 신원하실 자들이 되어가고 있는 것이었다.

---

188) Fitzmyer 1985, 898.

189) cf. Fitzmyer 1985, 900f., 904-6; Hagner 1993, 149f. 마태의 판본은 종말론적인 것으로, 즉 다가올 새 시대의 떡(예를 들면, Hagner)으로 해석되기도 하고, 순회 설교자가 그날 필요한 양식을 가리키는 것(the Jesus Seminar: Funk & Hoover 1993, 149, 326)으로 해석되기도 한다.

190) 아래의 제10장을 참조하라.

(e) 희년: 채무의 면제

주후 66년에 유대 전쟁이 발발하자 반도(叛徒)들이 제일 먼저 했던 일은 채무증서들을 보관해 두었던 창고를 불태우는 것이었다.[191] 오늘날로 말하자면, 이것은 은행의 중앙 전산망을 파괴하는 것과 같은 일이었다. 예수의 비유들 중 몇몇이 보여주듯이, 채무는 주후 1세기 팔레스타인에서 대단히 중요한 문제였다.[192] 이 점에 비추어서, 몇몇 학자들은 예수의 가르침 속에 나오는 몇몇 구절들, 특히 이른바 누가복음 4:16-30의 "나사렛 선언문"을 예수가 이스라엘 전체를 향하여 희년, 매 50년마다 채무를 면제해주고 사람들을 그들의 조상의 재산으로 돌려보낸 해를 송축하도록 촉구하기 위한 것이었다는 것을 보여주는 증거로 해석하여 왔다.[193] 분명히 누가복음 4장에 인용된 이사야 61장에 나오는 대목은 이러한 해석을 가능하게 해 준다: "포로된 자를 놓아주고"(누가복음 4:18에 인용된 이사야 61:1)라는 어구 속에서 히브리어 단어 "놓아주다"는 레위기 25:10에서와 마찬가지로 "데로르"(deror)이다. 예수가 그의 추종자들에게 제시한 도전 속에 그러한 주제가 들어설 여지가 과연 존재하는가?

누가복음 4장의 진정성이라는 문제는 제쳐두고라도, 세 가지 요소들은 예수가 민족 전체를 희년을 준수하도록 촉구하고자 하는 의도를 지니고 있었다고 생각하는 것에 결정적으로 불리하게 작용한다. 첫째, 희년이 과연 지켜진 적이 있었는가 하는 것이 우선 불분명하다; 구약성서 속에는 그러한 일에 대한 언급이 전혀 없고, 현존하는 미쉬나 율법에서도 그 밖의 다른 몇몇 문제들에서와 마찬가지로 희년은 현실이 아니라 이상으로서의 의미를 지닌다.[194] 물론, 이것

---

191) Jos. *War* 2:426-7.

192) 눅 7:41-2; 마 18:23-35. 이 문제에 대해서는 cf. Malina and Rohrbaugh 1992, 62f.

193) 기본적인 규정은 레 25장에 나와 있다; 예를 들면, cp. 겔 46:17과 Jos. *Ant.* 3:280-6. 최근의 것으로는 C. J. H. Wright 1992(= C. J. H. Wright 1995, ch. 8)와 거기에 나오는 참고문헌들을 참조하라. 예수의 사역을 "희년"으로 이해해야 한다고 주장하는 대표적인 학자는 Yoder 1972이다; 또한 cf. Sloan 1977.

194) 예를 들면, cf. mRH. 1:1; 3:5; mArak. 7:1-5; 유대인들이 그들 자신의 조건들을 결정할 수 있는 힘이 있을 때에만 적용될 수 있었던 율법들이 포로기 이후에 사용되지 않게 된 것에 대해서는 Moore 1927-30, 1:340와 거기에 나오는 각주를 보

은 예수가 희년 제도를 하나의 혁신으로 제시할 수 없었다는 것을 의미하지는 않지만, 만약 그렇게 주장하는 경우에는 수많은 문제점들이 발생하게 된다는 것을 보여준다. 둘째, 누가가 예수께서 레위기가 아니라 이사야서로부터 인용했다고 말하고 있다는 사실은 예수의 강령은 이사야서의 강령과 마찬가지로 전면적인 실제적인 율법 자체가 아니라 희년이라는 표상을 사용했었다는 것을 암시해 준다. 셋째, 예수의 사역의 나머지 부분 속에서 우리는 그 어디에서도 그러한 과제를 발견하지 못한다. 오히려, 앞으로 보게 되겠지만, 우리는 실제로 가장 급진적인 사회적 또는 문화적 개혁을 뛰어넘는 과제들을 발견한다.

그렇다면, 누가복음 4장에 나오는 희년과 관련된 표현은 단순한 생생한 표상, 뭔가 다른 종류의 현실(말하자면, "영적인" 현실)에 관하여 대단히 은유적 방식으로 말한 것인가? 반드시 그렇지는 않을 것이다. 여기서 우리는 잘못된 양자택일식의 결정이라는 함정 속에 빠질 위험이 있다: 예수는 모든 이스라엘이 희년을 송축하기를 원했든가, 아니면 예수는 희년을 순전히 "영적인" 의미로 사용하였든가. 이것은 앞에서 내가 주장했듯이 예수가 그의 백성, 곧 마을들과 촌락들에서 그에게 충성했던 사람들을 쿰란 공동체에 속하지 않았던 에세네파 또는 세례 요한의 제자들이 했던 것처럼 보이는 것, 그리고 바리새파의 한 그룹인 하베림(Haberim)이 했던 것과 같은 그러한 소모임들, 집단들을 형성할 의도를 지녔을 가능성을 허용하지 않는다.[195] 이러한 주장이 진실에 어느 정도 가깝다면, 그것은 비록 예수는 이스라엘 전체를 설득하여 희년을 지키도록 하고자 한 것은 아니지만, 그의 제자들이 그들 가운데에서 희년 원칙에 따라 살아가기를 기대하였을 가능성을 열어준다. 예수는 자신의 제자들이 서로의 "죄들"만이 아니라 채무들도 탕감하여 줄 것을 기대하였고 또한 그렇게 가르쳤다. 이것은 물건을 서로 공동으로 사용하였던 에세네파 공동체의 방식과 유사한 방식으로 물건들을 서로 통용하였던 초대 교회 내의 주목할 만한 실천을

라. 힐렐의 *prosbul*(mSheb. 10:3-7)의 존재는 안식년(매 7년마다)이 적어도 어느 정도는 지켜졌었다는 것을 충분히 보여준다(cf. Schürer 2:366f.); 그러나 희년에 관한 이와 비슷한 율법 논쟁들이 없다는 것은 이 제도가 지켜지지 않았다는 것을 암시해 준다.

195) cf. *NTPG* 185.

설명하는 데에 도움이 될 수 있다. 사도행전 4:34에서 이것에 대한 누가의 묘사는 신명기 15:4에 나오는 안식년에 대한 묘사를 반영한 것이다.[196]

그러므로 나는 예수가 그의 제자들의 모임들이 "마치" 희년이 실행되고 있는 것처럼 살 것을 의도하였다고 주장한다 — 이것은 단지 주장에 불과하지만, 나는 이 주장이 역사적으로 상당히 유력한 것이라고 생각한다. 결국, 그들은 포로생활로부터 돌아온 백성이 될 수 있었다: 그때부터 수백 년 전에 이루어졌던 지리적인 "귀환"의 강조점들 중의 하나는 느헤미야가 이스라엘 내에서의 채무와 노예 제도의 문제를 포로기 이후의 참된 백성을 창출해 내고자 했던 그의 시도의 일환으로서 철저하게 다루었던 일이었다.[197] 이것은 우리를 위의 (b)의 끝부분으로 데려다 준다. 용서는 예수에게 충성하는 자들의 삶의 중심적인 특성이 되어야 했다. 이런 식으로 해서, 그들은 야훼의 나라가 진정으로 동터오고 있다는 그들의 믿음을 보여주어야 했다. 예수가 죽은 후에 그의 추종자들이 계속해서 이 명령을 매우 진지하게 받아들였다고 생각할 만한 타당한 근거가 있다. 실제로 이것은 예수가 그러한 공동체, 그러한 실천을 상정하였다는 것을 보여주는 회고적인 증거로서의 기능을 한다.

(f) 혁명, 정치, 공동체, 신학

예수가 세우고자 의도했던 공동체들에 관한 이러한 묘사와 예수가 그 공동체들에게 명하였던 삶의 방식은 우리로 하여금 통상적으로는 서로 분리되어 있는 여러 가지 흐름들을 통합할 수 있게 해 준다. 정치와 신학을 구분하는 일은 우리에게는 너무도 친숙한 일이 되었다: 그것은 지난 200년 동안 서구 사회의 많은 사상을 지배하여 왔다; 그러나 예수의 세계는 그런 것을 알지 못했다. 아마도 호슬리(Horsley)가 주장한 사회적 행위와 정치적 행위라는 구분조차도 그들에게는 별로 친숙치 않은 것이었을 것이다: 호슬리는 예수가 민족주의적(또는 반민족주의적) 정치를 수행했다기보다는 지역적인 사회적 혁명을 전파하였다고 주장한다. 이것은 그로 하여금 실제적으로 우리 세대에서 브랜던(Brandon)에 의해서 유명하게 된 가설의 훨씬 부드러운 판본을 제시할 수

---

196) 초대 교회에서 물질의 공유에 대해서는 cf. Capper 1985.
197) 느 5:1-13.

있게 해 주었다: 예수는 암묵적으로 로마인들로부터의 팔레스타인의 해방을 지지하였으나, 그가 실제로 행한 일들은 민족적 또는 정치적 차원이라기보다는 지역적·사회적 차원에서의 혁명을 지향하는 것이었다.[198]

나는 이러한 두 가지 구분은 철저히 잘못된 것이라고 주장한다. 먼저 말해둘 것은, 예수에게 비전과 기본적인 표상을 제공해준 것은 하나님 나라에 관한 이야기와 실천에 대한 예수의 헌신 — 철저히 "신학적" 개념으로서 — 이었고, 이것을 가지고 예수는 그의 청중들에게 그들의 삶의 모든 차원에서의 함의들을 가질 수밖에 없었던 행위를 하도록 도전을 주었다. 아울러, 예수는 분명히 마을 내의 작은 집단들을 상대로 위에서 개략적으로 말한 것처럼 기존의 관행들에 대한 진지한 도전이라고 할 수 있는 정도로 그들의 행실을 고치라고 설득했다는 의미에서 사회적 혁명이라고 부를 수 있는 것을 수행하였다. 실제로 이것이 사실이기 때문에, 한 "형제"가 다른 형제에 의해서 책망을 받는 상황과 관련된 상세한 가르침들을 주고 있는 마태복음 18장에 나오는 대목, 통상적으로 후대의 교회의 창작으로 여겨져 왔던 그 대목은 예수 자신의 사역이라는 맥락을 배경을 하고 있었을 가능성이 대단히 높다.[199] 일단 우리가 예수의 전한 말씀들을 기쁘게 들었지만 그들이 살아온 마을 속에 머무는 것 이외에는 다른 방법이 없었던 사람들이 직면했던 실제적인 상황을 생각한다면, 그러한 가능성들은 활짝 열리게 된다. 예수의 추종자들은 예수가 제시하였던 용서의 길을 어떻게 실천해야 하는지를 알 필요가 있었다.

그러나 이러한 사회적 혁명이 좀 더 폭넓은 정치적 함의들을 지니고 있지 않았다고 생각하는 것은 완전히 잘못된 것이다. 야훼의 나라를 선포하는 자는 그 누구라도 이미 심각한 정치적 행위 속에 연루되어 있는 것이었다. 하나님 나라를 선포하지만 무력에 의한 저항을 명시적으로 반대하는 사람은 그 누구나 이중으로 심각한 정치적 행위에 연루되어 있는 것이다: 기득권 세력들뿐만 아니라, 저항 운동에 헌신한 모든 자들로부터도 비난을 받게 될 것이기 때문이다. 그리고 우리가 제1권에서 보았듯이, 가장 열렬한 혁명가들 중의 일부는 사실 골수 바리새인들이었다.[200] 제9장에서 앞으로 논증하겠지만, 이것은 예수와

---

198) cf. Horsley 1987.

199) 마 18:15-18; cf. Davies & Allison 1988-91, 2:781-7.

그들의 논쟁들이 지닌 진정한 성격을 설명하는 데에 상당한 도움을 준다. 예수가 내건 과제가 그의 삶의 방식에 헌신된 추종자 집단들을 상정하고 창출해 내는 "사회적" 성격을 지니고 있었던 것은 예수의 과제가 처음부터 끝까지 "신학적"이었기 때문이었다. 예수는 에세네파의 창시자(들)와 마찬가지로, 그리고 세례 요한과 마찬가지로 분명히 팔레스타인 전역에 흩어져서 예수 자신에게 충성하는 사람들의 작은 무리들이 존재하게 될 것이고, 그들은 함께 모여서 서로를 격려하며 한 가족의 구성원들로서 모종의 공동생활을 나누며, 특히 상호적인 용서를 수행하게 될 것이라는 것을 분명히 상정하였다. 예수의 운동 전체가 철저하게 그리고 위험스럽게 "정치적"이었던 것은 예수의 그러한 신학을 반영한 이러한 삶의 방식이 존재하였기 때문이었다.

그리고 다시 한 번 반복해서 말하자면, 예수가 세우고자 했던 모임들의 주된 특징은 물론 예수 자신에 대한 충성이었다. 이것이 마태복음 18:19-20에 나오는 말씀의 배후에 있다고 나는 주장한다:

너희 중의 두 사람이 땅에서 합심하여 무엇이든지 구하면 하늘에 계신 내 아버지께서 그들을 위하여 이루게 하시리라 두세 사람이 내 이름으로 모인 곳에는 나도 그들 중에 있느니라.

이 말씀은 피르케 아봇(Pirqe Aboth) 3:2을 반영하고 있다는 주장이 흔히 제기되어 왔다: "두 사람이 함께 앉아서 율법의 말씀들을 나눈다면, 하나님의 임재가 그들 가운데 머물고 있다."[201] 물론, 이 말씀은 통상적으로 부활하셔서 높이 들리우신 예수를 가리키는 것으로서 초대 교회의 창작으로 여겨진다. 이 말씀은 틀림없이 마태복음 28:20과 마찬가지로 부활 사건 이후의 그리스도인들에게 그러한 의미를 지녔을 것이다. 그러나 데이비스(Davies)와 앨리슨

---

200) *NTPG* 189-97; 또한 cf. Klausner 1947 [1925], 205f.: "열심당원들은 사실 적극적이고 극단적인 바리새인들이었다." 그는 그들을 마 11:12의 "침노하는 자들"로 본다.

201) 예를 들면, Davies 1964, 224f.; Davies & Allison 1988-91, 2:788-91에 나오는 논의들을 보라.

(Allison)이 지적하고 있듯이, 바울은 그의 교회들에게 자기가 "영으로 함께 하고" 있다고 강력하게 말할 수 있었다;[202] 그리고 예수 자신을 비롯한 그 밖의 다른 사람들이 이런 식으로 말하지 않았을 이유가 전혀 없다. 내가 주장한 대로, 예수가 그의 운동에 헌신된 사람들의 집단들을 여러 마을들 속에 남겨 두고자 의도했던 것이라면, 이것과 같은 말씀을 예수가 했다는 것은 너무도 잘 이해가 되는 일이다. 일단 우리가 당시의 팔레스타인 유대인 사회의 동력 (dynamics)과 예수의 하나님 나라 이야기의 내적 동력을 이해한다면, 이러한 묘사는 역사적 의미를 띠게 된다. 예수는 그가 야훼의 구원 계획에 있어서 새로운 계기로 보았던 것에 걸맞는 생활양식의 변화를 요구하고 있었던 것이다.

5. 부르심: 예수의 조력자들과 협력자들이 되라는 부르심

(i) 예수를 따르라는 부르심

그러므로 하나님 나라에 관한 이야기는 초대, 환영, 도전을 낳았다. 예수의 청중들은 모두 이 드라마 속의 등장인물들이 되어서 하나님 나라의 백성으로 살아가도록 부르심을 받았다. 그러나 예수가 이 이야기를 들려주면서 그 속에 청중들을 끌어들인 방식에는 또 하나의 차원이 존재한다. 예수는 적어도 그의 청중들 중 일부에게 자기 및 그의 운동에 그들이 있는 곳에서 충성하라고 요구했을 뿐만 아니라, 그들의 가정을 떠나서 정말 문자 그대로 그를 따르라고 요구하였다. 예수는 그가 성취하고자 했던 하나의 과제, 하나의 목적을 지니고 있었다. 이것을 위해서 예수에게는 협력자들, 그리고 조력자들이 필요했다.

우리는 복음서들 속에서 도전과 부르심의 서로 다른 몇몇 차원들을 추적해 낼 수 있다. 이 차원들을 뚜렷하게 구분할 수 있는 경계선들은 존재하지만, 예수가 일부 사람들(마리아와 마르다 같은)이 원거리에서 그에게 충성을 바치는 데에 만족했던 한편으로, 일부 사람들에게는 모든 것을 버리고 그와 합류하여 동행할 것을 요구하였다는 것은 분명하다.[203] 어떤 사람들은 종종 예수와 함께 있었던 것으로 보이고, 또 어떤 사람들은 예수 및 그의 제자들에게 그들의 사

---

202) 고전 5:3-5; 골 2:5; Davies & Allison 2:790.

203) 복음서 내용을 여러 범주들로 나누는 한 가지 방식에 대해서는 cf. Sanders 1993, 123-7. 특히 Hengel 1981b [1968], 59를 참조하라.

적인 재산으로 섬겼던 것으로 보이는데, 이것은 그들이 여전히 수입원인 재산을 지니고 있었다는 것을 암시한다; 또 어떤 사람들은 여기저기 옮겨 다니는 예수 일행을 그들의 집에서 숙박을 제공하며 영접하기도 했는데, 물론 이것은 그들도 여전히 집에 머물러 있으면서 예수와 함께 여정을 같이 하지 않았다는 것을 말해준다. 우리는 예수와 그의 가까운 추종자들이 얼마나 많은 달들을 여행하였는지, 또는 그들이 겨울에 한 장소에서 머물렀다면(이것은 결코 불합리한 생각이 아니다) 그 장소는 적어도 그들 중의 일부가 그 지역 출신이었던 가버나움이었는지에 대해서 알지 못한다.

우리가 알고 있는 것은 예수가 그의 청중들 중 일부에게 모든 것을 버리고 그를 따르라고 매우 구체적으로 명령하였다는 것이다. 우리는 제자들을 부르신 것으로부터 시작하고자 한다.[204] 예수는 엄중하게 그들에게 그들의 현재의 헌신들을 버리고 그를 좇고, 그의 삶의 방식을 따르며, 그의 사업과 사명에 필요한 것들을 지원하도록 명령하였다. 여러 서로 다른 이야기들을 통해서 — 마가의 이야기는 짧고 간단하며, 누가는 그의 이야기를 물고기를 잡는 상황 속에 두고 있고, 요한은 그것을 요한의 세례의 때에 둔다 — 우리는 확실한 역사적 사건, 즉 예수가 베드로, 안드레, 야고보, 요한을 불렀던 사건을 만난다. 일부 사람들에게는 이 부르심이 매우 구체적이었던 것으로 보인다: 마태(또는 레위)는 자기가 가버나움에 있는 세관에서 사람들이 빌립의 영토에서 안디바의 영토로 넘어가면서 내는 관세들을 받고 있을 때에 부르심을 받았다고 회상하는데, 이 회상은 역사적 사실이라는 인상을 강하게 풍기는 선명한 스케치이다.[205] 또한 어떤 사람들에게는 이 부르심은 예수가 그를 따르는 많은 사람들 중에서 특정한 임무들을 위하여 몇 사람을 선택했을 때에 왔던 것으로 보인다.[206]

---

204) 막 1:16-18/마 4:18-20/눅 5:1-11(cf. 요 1:35-51; *G. Ebi.* 1); 막 2:14/마 9:9/눅 5:27-8.

205) 막 2:14/마 9:9/눅 5:27-8/*G. Ebi.* 1. 이 이야기와 첫 제자들의 부르심에 관한 이야기(막 1:16f.) 간의 병행들은 완전하지 않고, 한 쪽 이야기가 다른 쪽 이야기로부터 유래되었다는 것을 함축하는 것으로 해석되어서는 안 된다(cf. Pesch 1968; Guelich 1989, 99f.).

206) 막 3:12-14/눅 6:13. 이 구절들과 몇 가지 점에서 병행되는 마 10:1은 열두

좀 더 폭넓은 차원에서 볼 때, 이 부르심들은 충격적인 것이었다: 예수의 부르심은 통상적으로 극히 신성불가침한 것으로 여겨졌던 종류의 통상적인 가족의 의무들을 유린하는 것이었기 때문이다. "죽은 자는 죽은 자들로 장사하게 하라": 오직 극히 중요한 어떤 임무를 의식하고 있었던 사람만이 이러한 부르심을 말할 수 있었을 것이고, 오직 그를 믿었던 사람만이 그 명령에 순종할 수 있었을 것이다.[207] 이러한 명확한 부르심은 유랑하는 삶 이외에는 그 어떤 것도 제공하지 않았다: 여우도 굴이 있고, 새들도 보금자리가 있는데, 인자는 그 어디에도 머리 둘 곳이 없다.[208] 그러나 예언자보다 더한 사람은 그만두고라도 지도자적 예언자로부터 우리가 예상할 수 있듯이, 장기적으로 약속된 보상은 장차 도래할 위대한 새 시대, 구속의 시대의 축복들에 동참하게 될 것이라는 것이었다.[209]

사람들이 모든 것을 버리고 예수를 따르는 것을 상정하고 있는 찔믹한 비유들은 바로 하나님 나라 이야기 속의 이러한 흐름에 속한다. 매우 값진 진주들은 사람이 다른 모든 것을 팔았을 때에만 살 수가 있다; 밭에 묻힌 보화는 사람이 다른 모든 것을 버릴 만한 가치가 있다.[210] 재물과 관련된 여러 말씀들도 이와 동일한 방식으로 기능한다: 예수를 따르는 것은 그 밖의 다른 전망들과 가능성들을 버리는 것을 의미하였다. 예수는 "재물"이라는 일반적인 범주 속에 조상들이 물려준 땅에 대한 애착도 포함시켰던 것으로 보인다; 우리가 제9장에서 보게 되겠지만, 이것은 예수가 이스라엘의 상징 세계를 다시 그리는 것의 일부였다.[211] 그리고 하나님의 지혜가 사람들에게 자기를 의뢰하고 자기 속에서 진정한 안식을 찾으라고 촉구했다는 것에 관한 전승 전체를 분명히 반영하고 있는 말씀 속에서, 예수는 사람들에게 그의 쉬운 멍에를 메고 다른 모든 것들과 반대되는 그의 길을 따름으로써 참된 "안식"을 찾으라고 권유하였다.[212]

제자가 이미 존재했던 것으로 전제한다.

207) Hengel 1981b [1968], 3-15; Sanders 1985, 252-5를 보라. Cf. 아래의 398-403.
208) cf. 마 8:18-22/눅 9:57-62/*Thom.* 86.
209) cf. 막 10:28-31/마 19:27-30/눅 18:28-30, cf. 눅 22:28-30; *Ap. Jas.* 4:1-5:5.
210) 진주: 마 13:45-6/*Thom.* 76; 보화: 마 13:44/*Thom.* 109.
211) 마 6:24/눅 16:13; cf. 눅 12:13-15; 14:33; 아래의 618-621를 보라.

예수가 모든 것을 버리고 그를 따르라고 요구하였던 많은 사람들 중에는 물론 열두 제자라는 측근 집단이 있었다. 비록 아이러니컬하게도 누구누구가 열두 제자를 구성하고 있었는지에 대해서는 여전히 불확실함에도, 이러한 열두 제자의 집단이 존재했다는 것의 역사성에 대해서는 폭넓은 합의가 존재한다.[213] 우리는 열두 제자에 관한 여러 목록들 간의 차이들을 지나치게 과장해서는 안 된다; 차이점들보다는 유사성들이 훨씬 더 두드러지고, 사실 목격자들의 진술에서와 마찬가지로 그 목록들이 모든 세부적인 점들에까지 일치하지 않는다는 것 자체가 이 목록의 진정성을 말해주는 부차적인 논거일 수 있다.[214] 물론, 열두 제자의 존재 자체가 이스라엘의 재구성을 말해 준다; 이스라

---

212) 마 11:28-30; cf. *Thom.* 90; 그리고 나아가, *2 Clem.* 6:7; *Dial. Sav.* 65-8; *G. Hebr.* 4. 가장 분명한 배경은 Sir. 51:23-7이다; Davies & Allison 1988-91, 2:283-7가 제시한 대안은 출 33:12-14이다. Cf. Hagner 1993, 319-25. Betz 1967, 24는 마 11:28-30을 마태복음 5장의 복선언문들과 신학적으로 동일하다고 본다. Neusner 1993, ch. 4는 흥미롭게도 이 말씀을 마태복음의 그 다음 장에 나오는 안식일 논쟁들과 연결시킨다.

213) 특히, cf. Sanders 1985, 98-106, 115, 118, 156, 229-30, 233; Horsley 1987, 199f.; Meyer 1992b, 781; Caird & Hurst 1994, 382f. 복음서 본문들(그리고 행 1:13)과 아울러 cf. 고전 15:5; 계 21:14; 이것들은 가룟 유다가 있든 없든 이 집단 전체가 여전히 "열두 제자"로 여겨졌다는 것을 보여주는 증거들이다.

214) 막 3:13-19/마 10:2-4/눅 6:12-14/행 1:13: 이것들의 각각에서 처음 네 사람은, 비록 나중의 세 사람의 순서는 차이가 있긴 하지만, 그 내용은 동일하다(베드로, 안드레, 야고보, 요한); 두번째 네 사람은 나중의 세 사람의 순서는 서로 다르긴 하지만 그 내용은 동일하다(빌립, 바돌로매, 도마, 마태); 마지막 네 사람은 언제나 알패오의 아들 야고보로 시작해서, 가룟 유다로 끝난다(물론, 사도행전에서는 예외인데, 이것은 그때에는 그가 이미 죽은 상태였기 때문이다). 오직 열 번째와 열한 번째에 나오는 사람들만이 상당한 차이들이 있다: 마태복음과 마가복음은 둘 다 다대오와 가나안인 시몬으로 되어 있고, 누가복음과 사도행전은 둘 다 열 번째 자리에 "열심당원 시몬"을 두고 있고, 열한 번째 자리는 "야고보의 아들 유다"로 되어 있다. 지금까지 제시된 것들 중에서 가장 손쉬운 해법은 "열심당원"을 "가나안인"에 대한 누가의 주석으로 보고 "야고보의 아들 유다"를 "다대오"의 두 번째 이름으로 보는 것이다; 아마도 후자의 이름이 몇몇 집단들 속에서는 가룟 유다와의 혼동을 피하기 위하여 선호되었을 것이다(cf. 요 14:22). 그 밖의 다른 주된 문제점은 요한복음 1:45-49에서 갑자기 두드러지게 등장하고 요한복음 21:2에서 다시 등장한 후에 그

엘은 주전 734년에 앗시리아의 침공 이래로 가시적인 열두 지파를 가지지 못해왔으나, 예수가 열두 제자들에게 가장 탁월한 지위를 부여한 것은 장차 그들이 보좌에 앉아서 이스라엘의 열두 지파를 심판할 것이라는 말을 했다는 것은 그만두고라도 예수가 종말론적 이스라엘의 회복을 염두에 두고 생각하고 있었다는 것을 꽤 분명하게 보여준다.[215]

열두 제자 내에 세 명으로 이루어진 무리 — 베드로, 야고보, 요한 — 가 있어서, 이들이 예수의 최측근 인사들로서의 기능을 하였다는 것은 그리 자주 언급되지 않는다. 이것이 다윗의 최측근에서 다윗을 경호하였던 세 사람을 반영한 다윗적인 상징이라는 것은 결코 우연이 아닐 것이다.[216] 이러한 상징체계는 우리가 본서의 제3부에서 살펴보게 될, 기름부음을 받았지만 아직 보좌에 오르지 못한 유랑하는 이스라엘의 왕으로서의 예수의 지위와 아주 잘 맞아떨어진다.[217]

자기 자신의 자리에서 예수의 운동에 충성하라는 도전을 뛰어넘어 예수를 따르라는 부르심은 이런 식으로 그 초점을 점점 더 좁혀 갔다. 어떤 사람들은 모든 것을 버리고 예수를 따르도록 부르심 받았다; 그러한 사람들 가운데서 일부는 특별하고 상징적인 측근 집단을 형성하였다; 그러한 사람들 중에서 또다시 일부는 좀 더 상징적이고 인간적으로 지원하는 기능을 지녔다. 이 모든 것은 다음과 같은 추가적인 질문을 불러일으킨다: 그러한 추종자들은 자기들이 무엇을 위하여 선택되었다고 생각했던 것일까? 그리고 평균적인 갈릴리 사람들로서 이것을 지켜보고 있던 사람들은 이 유랑하는 예언자가 통상적으로

밖의 다른 곳에서는 전혀 등장하지 않는 나다나엘에 관한 것이다. 요한은 그가 열두 제자 중 한 사람이었다고 말하지 않는다; 만약 그가 열두 제자에 속해 있었다면, 그는 요한복음에는 언급되지 않는 바돌로매와 동일 인물이었을 것이다. Cp. Fitzmyer 1970, 613-21; Guelich 1989, 153-64; Davies & Allison 1988-91, 2:150-9; Hagner 1993, 263-7; Sanders 1993, 120f., all with bibliog.

215) 마 19:28/눅 22:30. 누가는 유다와 관련된 당혹감 때문에 "보좌들" 앞에 "열두"라는 단어를 생략한다(Sanders 1985, 100). Cp. 약 1:1. 배경에 대해서는 cf. 왕상 11:29-37; 왕하 17:5-23; 겔 37:15-23 등.

216) 삼하 23:8-23; 대상 11:10-25.

217) cp. 막 2:25-6/마 12:3-4/눅 6:3-4; cf. 아래의 제11장.

강력한 가족적 의무들을 뛰어넘을 정도로 깊은 충성을 바쳤던 추종자들을 모으는 것을 보고 어떤 인상을 받았을까?

이에 대한 분명한 대답은 옆에서 지켜보고 있던 자들, 그리고 아마도 부르심을 받았던 자들은 적어도 갈릴리 사람 유다, 드다(Theudas) 등에 의해서 일으켜졌던 운동들과 어느 정도 유사성을 지닌 운동의 시작을 보았을 것이다. 누가는 기독교는 정치적으로 위험스럽지 않다는 것을 보여주고자 한 그 자신의 명백한 과제에도 불구하고, 가말리엘로 하여금 예수를 앞에서 말한 두 인물과 동등한 반열에 놓는 말을 하도록 허용하고 있다는 것은 주목할 만하다.[218] 예수의 부르심들은 그 밖의 다른 지도자들이나 혁명가들이 제시하였던 부르심들과 비슷하게 들렸을 것이다. 무장하라는 말은 전혀 없었다; 그러나 베드로는 겟세마네에서 칼을 품고 있었고, 베드로가 오직 그때를 위하여 칼을 구입했을 가능성은 거의 없어 보인다. 야훼가 지금 왕이 되셨다는 선포, 따라서 깃발 아래 모이라는 부르심은 우리가 생각하는 "복음 전도" 또는 "윤리적 가르침"보다는 혁명적인 분파의 창설과 훨씬 더 많은 공통점을 지니고 있었다. "적어도 부분적으로는 제자들은 예수의 행동과 사명을 오해했고, 그러한 것들을 갈릴리의 수많은 청중들과 마찬가지로 전통적인 유대인들의 민족적이고 메시야적인 소망들이라는 관점에서 해석했을 가능성이 대단히 높다."[219]

그러므로 예수는 그의 청중들 중 일부를 구체적으로 자기를 "따르도록" 불렀고, 여기에는 그의 청중들 중 다수에게는 요구하지 않았던 많은 것들을 포기하는 것이 포함되어 있었다. 이러한 경우를 특별히 부각시키고 있는 기사가 세 개의 공관복음서들 모두에 나오는데, 이제 우리는 그것을 좀 더 자세하게 살펴보기로 하자.

(ii) "부자 청년"[220]

---

218) 행 5:36f.; cf. 행 21:38. Hengel 1981b [1968], 40, nn:9, 10; and *NTPG* 170-7 을 보라.

219) Hengel 1981b [1968], 79.

220) 막 10:17-22/마 19:16-22/눅 18:18-25/*G. Naz.* 16. 마태는 그가 청년이었다고 말하고, 누가는 그가 관원이었다고 말하는데, 그가 부자였다는 데에는 모두가 일치한다.

공관복음서들에 관한 한, 이스라엘이 되는 새로운 길을 따르라는 예수의 부르심은 부자 청년에 관한 이야기에서 절정에 달한다.

부자 청년은 다음과 같은 질문을 가지고 예수에게 나아왔다: "영생을 얻으려면 무엇을 해야 합니까?" 물론, 이것은 하나님 나라에 관한 질문이었다: 내가 장차 도래할 새 시대에 참여하고, 야훼께서 결정적으로 역사하셔서 왕이 되실 그 때에 신원 받게 될 자들 가운데 속하려면 무엇을 해야 하는가?(그러니까, 이것은 중세적이거나 근대적인 질문이 아니었다: 내가 죽어서 하늘나라에 가려면 무엇을 해야 하는가?) 예수의 대답은 유대인들이 통상적으로 취하는 입장에서 시작된다. 토라는 계약 백성의 경계표지였다: 토라를 지킨 사람들은 장차 도래할 새 시대의 삶에 참여하게 될 것이다. 그러나 이 청년은 그러한 대답에 만족하지 못했는데, 이것은 단지 예수가 십계명의 후반부만을 인용하였기 때문만은 아니었을 것이다. 예수가 청년에게 던진 두 번째 도전은 과격한 것이었다: 모든 것을 팔아서 가난한 자들에게 주고 나를 따르라. 이것은 원래의 제자들에게 주신 부르심과 비슷하지만, 오직 이번에는 그 강조점이 값비싼 대가에 훨씬 더 확고하게 두어져 있다.

예수는 과연 무엇을 하고 있었던 것인가? 예수는 토라를 폐기하고 사람이 행하여야 할 무시간적인 길, "삶의 길"로서의 새로운 "윤리"를 개략적으로 보여주고 있었던 것인가? 아니면, 이것은 단지 세상의 종말이 오기 직전의 짧은 기간 동안에 시행될 과도기 윤리, 또는 계엄법에 불과한 것이었는가? 아니면, 무엇이었는가?

이 대목은 이러한 범주들 중 그 어느 것도 옳지 않다는 것을 보여준다. 부를 버리고 예수를 따르라는 명령은 이 청년에게 매우 구체적으로 적용된 것이었던 것으로 보인다. 우리는 예수가 이런 식의 말을 주기적으로 또는 자주 했다는 말을 듣지 못한다(물론, 재물 및 부에 대한 의뢰를 경고하는 말들은 자주 나오지만).[221] 특히, 예수는 십계명 가운데에 일곱 개의 계명을 인용하였기 때

---

221) 아리마대 요셉은 여전히 재산을 소유한 자로 남아 있었다(막 15:43-6/마 27:57-60/눅 23:50-3/요 19:38-42); 모든 것을 나눠주라는 명령에 적합했던 인물인 삭개오는 오직 절반만을 사람들에게 나눠주었다(눅 19:8). 하지만 그는 자기가 착취했던 것을 네 배로 돌려주었다. 그 밖의 다른 경고들에 대해서는 눅 6:24; 12:13-21;

문에, 예수가 이 청년에게 한 도전들은 그가 인용하지 않았던 두 계명의 자리를 대신하는 것이었다고 생각하는 것은 옳다(그렇지만, 여전히 안식일에 관한 계명은 빠져있는데, 그 이유에 대해서는 나중에 분명하게 살펴볼 것이다). 청년은 그의 모든 소유들을 팔아야 한다: 즉, 그를 야훼가 아니라 제물에게 묶어두고 있었던 우상들을 제거하여야 한다. 그런 다음에 그는 예수를 따라야 한다: 즉, 제1계명과 마찬가지로 이스라엘에 대한 야훼의 직접적이고 절실한 요구들이었던 삶의 방식에 전적으로 충성하여야 한다.[222] 여기서 다시 한 번, 토라는 그 진정한 의도가 성취되는 것을 통해서 상대화된다. 토라 아래 있으라는 부르심이 아니라, 이제는 예수 아래 있어야 한다는 부르심이 된 것이다.[223] 청년은 더 이상 토라에 의거해서 정의되지 않고(또한 토라에 대한 충성에 의거해서 신원 받게 되지도 않을 것이다), 예수에 대한 충성 — 모든 우상들을 포기하는 것을 포함하는 충성 — 에 의거해서 정의된 이스라엘에 합류하도록 부르심을 받는다.

예수의 사역 전체를 관통하는 하나의 중요한 주제가 이 기사의 밑바탕에 놓여져 있다. 일부 유대인들은 신명기 및 몇몇 시편들에 대한 손쉬운 해석을 토대로 부(富)는 야훼로부터 은혜를 입었음을 보여주는 징표라고 생각하였다. 그것은 어떤 사람이 이미 계약의 축복들을 받고 있다는 것을 말해주는 신호라는 것이다. 이것은 제자들이 부자는 하나님 나라를 물려받기가 어렵다는 예수의 말을 듣고 크게 놀란 이유를 설명해 준다("저희가 심히 놀라": 막 10:25). 그들은 부자들은 당연히 하나님 나라의 구성원이 될 것이라고 생각하였다; 부자들이 하나님 나라에 들어가지 못한다면, 과연 누가 들어갈 수 있겠는가? 그러나 예수는 부자들은 자동적으로 계약 안에 있는 것이 아닐 뿐더러, 그 바깥

14:33; 16:1-15, 19-31 등을 보라.

222) 메시야적 사자를 따르는 것은 곧 이스라엘의 하나님 자신을 따르는 것과 마찬가지였다는 주장을 밑받침하기 위하여 여러 가지 자료들을 인용하고 있는 Hengel 1981b [1968], 22를 참조하라.

223) 마 11:29에서 "내 멍에"가 암묵적으로 "토라(율법)의 멍에"와 대비되고 있듯이; mAb. 3:5에 나오는 R. Nehunya ben Ha-Kanah(c. AD 70-130)의 말 속에서 "율법의 멍에"와 "하나님 나라의 멍에"가 대비되고 있는 것을 참조하라. Cf. *NTPG* 199.

에 있을 가능성이 대단히 높다고 말하였다. 이것은 제자들의 세계관을 철저하게 뒤집어 엎는 것이었다; 그러나 그것은 예수의 설교 속에서 결코 새로운 것이 아니었다. 우리가 보았듯이, 예수의 가르침 속에는 부자들에 대한 그 밖의 다른 경고들이 있었다. "장차 도래할 새 시대"가 마침내 임하였을 때, 소유들과 재산은 그 시대에 참여하는 것과는 아무런 상관이 없을 것이다.

이렇게 해서, 이 청년과 예수가 나눈 대화는 예수의 하나님 나라 이야기의 몇몇 핵심적인 측면들을 담게 되었는데, 이것이 바로 공관복음서 기자들이 모두 이 사건을 크게 부각시킨 이유였을 것이다. 이 기사는 한 특정한 인물 및 사건과 관련된 세 가지 특징에 초점을 맞추고 있다: 함축된 종말론(장차 도래할 새 시대/"영생"), 토라의 위치(예수를 따름으로써 기이하게 성취되는), 당시의 우상 숭배들에 관한 경고. 이것은 예수의 부르심을 청년이 도저히 감당할 수 없는 지점까지 끌어올린 것이지만, 복음서 기자들의 관점에서 보면, 그것은 예수가 제시하였던 전복적인 지혜를 농축하고 있는 것이었다. 이것에 대해서는 우리는 이 장의 마지막 주된 절에서 좀 더 자세하게 살펴 볼 것이다.

(iii) 하나님 나라의 선포를 도우라는 부르심

그렇지만, 먼저 우리는 예수의 부르심들의 한 가지 좀 더 구체적인 측면을 살펴볼 필요가 있다. 예수를 따르라는 부르심에 순종한 사람들 중 일부(모두는 아니지만)는 그런 다음에 조별로 조직되어서 밖으로 나가 예수의 선포 사역을 확대하도록 명령을 받았다.[224] 그들은 이 일을 위하여 좀 더 많은 사람들을 움직여야 했다: 추수할 것은 많으나, 일꾼들이 적었다. 그들은 예수와 마찬가지로 하나님 나라의 주체들이 되어서 그 이야기를 들려주고 그 이야기를 몸소 실천으로 보여주어야 했다. 그리고 이 과정에서 그들은 문자 그대로 및 은유적으로 가벼운 차림으로 여행해야 했다. 모든 일은 서둘러서 행해져야 했다. 그들이 이스라엘의 온 동네를 다 돌아다니기 전에 "인자"가 신원받게 될 것이다.[225]

---

224) 마 10:1-42; 눅 9:1-6; 막 6:7-13; 눅 10:1-16(cf. 눅 22:35-6). 공관복음서 대조표가 보여주듯이, 마태복음 10장에 대한 그 밖의 다른 병행문들은 누가복음, 마가복음, 도마복음서의 여러 곳들에서 발견된다.

225) 슈바이처의 도식의 모퉁잇돌이 된 이 행(마 10:23)은 실제로, 그가 올바르게

물론, 그러한 "선교 명령들"은 제1세대 그리스도인들에게 중요했었을 것임에 틀림없고, 분명히 여러 가지 방식으로 그들에 의해서 그 형태가 만들어졌을 것이라는 것은 사실이다.[226] 그러나 이것은 예수가 실제로 그의 제자들 중 일부 — 적어도 열두 제자, 그리고 누가에 의하면 좀 더 많은 수의 제자들 — 에게 하나님 나라에 관한 소식을 전파하는 자신의 사역에 동참하도록 위임하였다는 것을 부인하는 근거가 될 수는 없다. 여기서 다시 한 번 우리는 예수의 제자들의 순회전도 사역은 그들의 동시대인들에게 오늘날 서구에서 생각하는 "종교적" 운동으로 보이지 않았을 것이라는 점을 강조해 두지 않으면 안 된다. 이러한 위임을 받고 파송된 자들은 새로운 혁명운동을 위한 열성 당원들처럼 보였을 것이다. 이것이 그들이 반대를 예상해야 했던 이유였다(마 10:16-22).

(iv) 십자가를 지고 예수를 따르라는 부르심

공관복음 전승 속에서, 예수를 따르라는 부르심은 흔히 정치적인 위험과 그에 수반된 죽음에 이르기까지 예수를 따르라는 부르심으로 한층 강화된다. 이 것은 마태복음 10장에 나오는 "선교 강화"(講話) 및 누가복음에 나오는 그 부분적인 병행문들 속에서 주요한 요소를 이룬다.[227] 그리고 이것은 마태와 누가에 의해서 사용된 마가복음에서 절정의 과도기적 순간에 자리 잡고 있다.[228] 여기서 다시 한 번 이 부르심("우리는 예루살렘으로 올라갈 것이다; 인자는 고난을 받겠지만, 신원될 것이다; 따라서 너희는 십자가를 지고 나를 따르라!")은 혁명으로의 부르심과 비슷하게 들렸을 것이다. 이러한 부르심에 응답

보았듯이, 이 선교 활동을 역사적으로 제한된 구체적인 목적을 지닌 단 한 번의 시도로 제한하기 때문에, 이 대목은 그 다음에 나오는 일반화된 윤리와 관련하여 문자 그대로 적용하기가 사실상 힘들게 된다. 그러나 내가 제8장과 제11장에서 앞으로 논증하겠지만, "인자"에 관한 이 말씀을 읽는 슈바이처의 방식은 완전히 잘못된 것이었다.

226) 특히, cf. Theissen 1978.

227) 마 10:17-39; 눅 6:40; 12:2-9, 11-12, 51-3; 14:25-7(cf. 28-33); 21:12-19; 17:33.

228) 막 8:34-9:1/마 16:24-8/눅 9:23-7; cf. 요 12:25.

했던 사람들은 그들이 붙잡히는 경우에는 그 대가로 목숨을 바칠 생각을 하고 행동할 각오가 되어 있어야 했을 것이다. 우리는 갈릴리 사람 유다 또는 바르 코크바가 그들의 제자들에게 이와 비슷한 말을 했을 것이라고 생각할 수 있다. 젊은 열성당원들을 시켜서 헤롯 성전으로부터 독수리 상을 끌어 내렸던 바리새인들도 이와 비슷한 요구를 했다.[229] 유대의 순교자 이야기들이라는 맥락 속에서 보면, 이러한 부르심은 그러한 명분을 위하여 죽은 사람은 나중에 야훼에 의해서 신원받게 될 것이라는 함의를 지니게 된다.[230] 그러나 예수가 제자들이 죽는 것을 의도했다는 생각은, 십자가에 관한 예수의 말이 예수 자신이 그렇게 할 의도를 지니고 있다는 것을 의미했다는 생각과 마찬가지로, 제자들의 머릿속에 들어 있었을 것이다. 여기서 우리가 분명하게 말할 수 있는 것은 예수를 따름에 있어서 모든 위험을 감수해야 한다는 부르심은 예수 및 그의 제자들을 주후 1세기의 사회적 및 정치적 전복 운동들의 지도상에 확고하게 위치시킨다는 것이다. 그것이 "신학적" 의미를 보여준다는 점에서(이것에 대해서는 우리가 나중에 논의하게 될 것이다), 이것은 역사 속에서 발견되는 것이지, 외부로부터 강제로 덧씌워진 것이 아니다.

(v) 큰 계명[231]과 선한 사마리아인[232]

긍정적이든 부정적이든 예수의 도전과 부르심의 상당수는 어느 계명이 가장 큰 계명이냐(예수 당시 및 그 이후 세대들의 랍비들에게 아주 친숙했던 질문[233])에 관한 짤막한 논의에 집중되어 있다. 예수의 답변은 유대인들의 기도문들 중에서 가장 유명한 것을 인용한 것이어서 논쟁의 여지가 없었다("이스라엘아 들으라. 우리 하나님 야훼, 야훼는 한 분이시니"). 이렇게 시작되는 기도문인 쉐마(Shema)는 그때나 지금이나 유대교의 중심이었고, 이것과 이웃을

---

229) 일단 우리가 요세푸스가 그들의 말들을 그의 청중을 위하여 철학적 언어로 바꾸어 놓았다는 점을 인정하면: Jos. *Ant.* 17:149-66; *War* 1:648-55; cf. *NTPG* 172, 327.

230) cf. *NTPG* 320-34.

231) 막 12:28-34/마 22:34-40/*Did.* 1:2; cf. 눅 10:25-8.

232) 눅 10:25-37.

233) 예를 들면, cf. bShab. 31a; bBer. 63a.

자기 몸과 같이 사랑하라는 계명의 결합은 당시에도 잘 알려져 있었다.[234] 그런데 여기서 새로운 어떤 것은 예수가 그것으로부터 도출해 낸 결론이었다: 첫째, "이웃"의 범주가 대부분의 유대인들이 생각했던 것보다 더 넓었고, 둘째, 마음을 다하여 하나님을 사랑한다는 것은 제의와 희생 제사를 확고하게 상대화시킨 것을 의미하였다. 후자의 고도로 전복 성향을 지닌 결론을 그대로 인용하여 말하였던 서기관은 예수로부터 드문 칭찬을 받았다: 그것은 "하나님 나라로부터 멀지 않다"는 찬사였다.[235]

무제한적인 이웃 사랑과 이에 따른 제의 및 희생 제사의 상대화라는 주제는 선한 사마리아인의 비유 속에서도 부각되어 있다.[236] 이것과 같은 이야기는 예수의 사역의 의미, 하나님 나라에 대한 재정의, 그리고 어떤 특정한 주제나 전형적인 문학적 범주와 결부시키기 힘든 여러 방향으로 공명(共鳴)하는 수많은 뉘앙스들을 듬뿍 담고 있다. 아래에 서술하는 내용은 내가 제시하는 역사적 재구성 속에서 이 이야기가 어떤 식으로 다루어질 수 있는지를 보여주는 단초에 불과하다.

누가복음에서 이 비유가 나오는 맥락이 적절치 않다는 일부 학자들의 회의

---

234) 쉐마(Shema)는 신 6:4-9; 11:13-21; 민 15:37-41로 이루어져 있다. 쉐마에 관한 랍비들의 논의로는 mBer. 1:1-3:5; mShab. 8:3 등이 있다; cf. SB 4:189-207. 이웃을 사랑하라는 계명(레 19:18)은 mNed. 9:4에서 잘 알려져 있던 말씀으로 인용된다. 이와 같은 결합은 *T. Issach.* 5:2; 7:6; *T. Dan* 5:3 등에서 발견되는데, 이러한 저작들은 기원에 있어서 기독교적이다. 또한 Philo *Spec. Leg.* 2:63. Cf. Fitzmyer 1985, 879; Gundry 1993, 713f.; Nolland 1993, 581; 그 밖의 다른 참고문헌들을 참조하라.

235) 막 12:34. 마가복음과 마태복음에서의 대화는 성전에서의 예수의 행위를 추가적으로 설명해 주는 수수께끼 같은 말씀으로서의 기능을 한다: 아래의 664f., 857f.를 보라.

236) 눅 10:30-5. 우리가 사용할 수 있는 방대한 참고문헌들에 대해서는 Nolland 1993, 586-8 등을 참조하라. 누가복음에만 나오는 이 기본적인 비유의 역사적 진정성은 거의 모든 학자들에 의해서 인정된다(예외: Sellin 1974/75; Goulder 1989, 487-92, 이것에 대해서는 cf. Nolland 1993, 588-90). 결론부의 행들 ─ 율법사를 향한 질문, 이어지는 짧은 대화 ─ 을 누가의 첨가로 보는 학자들이 일부 있다(예를 들면, the Jesus Seminar: Funk & Hoover 1993, 324). 이것이 진정으로 "비유"인지, 만약 그렇다면 어떤 종류의 비유인지에 관한 문제는 Fitzmyer 1985, 883 등을 참조하라.

적인 태도(내가 보기에는, 이러한 회의적인 태도는 다른 그 무엇보다도 예수의 공생애가 지니는 실제적인 역사적 배경 및 역사성에 관한 가능성들을 정면으로 다루고자 하지 않으려는 것과 관련이 있다)에도 불구하고, 이 이야기의 현재적 맥락은 실제로 매우 설득력이 있다. 율법사는 예수에게 "영생"을 얻으려면 자기가 무엇을 해야 하는지를 물었다 — 장차 도래할 새 시대, 곧 "하 올람 하바"(ha 'olam haba')에 참여하기 위한 조건들에 관한 유대인들의 전형적인 질문. 율법사는 이미 쉐마에 관한 예수의 견해를 알고 있었기 때문에, 예수가 반문으로 응수하자 예수가 긍정할 만한 다음 조치를 행할 준비가 되어 있었던 것으로 보인다. 그런 후에 진짜 질문이 나온다. "나의 이웃을 사랑하는 것"이 선한 유대인으로서의 의무의 일부 — 즉, 장차 도래할 새 시대를 물려받을 자를 의미했던 경계표지의 일부, 이스라엘의 하나님이 하나님 나라를 세우실 때에 계약 백성을 위하여 마련된 축복의 일부 — 라면, "이웃"은 어떻게 규정되어야 하는가? 만약 누가 이스라엘의 경계를 정의하기 위하여 토라의 분명한 목적으로부터 출발했다면, "이웃"에 대한 자연스럽고 아주 제한적인 정의가 나올 것이다. 그러나 계약 바깥에 있는 자들을 포함시키기 위하여 "이웃"을 좀 더 포괄적으로 정의하고자 했다면, 그는 토라, 즉 계약 백성 둘레에 쳐진 울타리라는 개념을 완전히 포기해야 하지 않았을까? 바로 이러한 맥락 속에서 누가의 도입부는 대단히 의미심장한 뜻을 지니게 된다: 스스로를 의롭게 보이고자 했던 그 사람. 이것은 개혁 전통에 속한 몇몇 학자들에 의해서 생각된 펠라기우스적인 "자기의"(自己義)가 아니다. 또한 이 문제는 일부 해석들에서처럼 "그러한 쉬운 질문을 받을 정도로 바보스럽게 보이지 않게 하고자 했던 그 사람"으로 이해되어서도 안 된다. 계약의 경계들을 적절한 지점에서 그어서 자기 자신은 (물론) 그 내부에 속하고 그 밖의 다른 부류들은 외부에 귀속시키고자 하는 것은 유대인으로서 너무도 당연한 일이었다.[237]

지금까지 씌어진 가장 탁월한 축소판 이야기들 중의 하나인 예수의 대답은 흔히 도덕적 해석, 실존주의적 해석, 성급한 주석으로 말미암아 자주 오해되어 왔다. 예수의 대답의 요지는 사마리아인이 곤경에 빠져 있던 유대인을 자신의

---

237) Bailey 1983, 2:43f.는 죄인들과 불경건한 자들을 돕는 것을 구체적으로 금하고 있는 Sir. 12:1-7을 인용한다.

이웃으로 여겼다는 것이 아니다(물론, 사마리아인은 그렇게 했지만, 그것은 이 이야기의 취지가 아니었다). 또한 이 이야기는 청중들에게 사람이 곤경에 처해 있을 때에 도와줄 줄 알아야 한다거나 습관적으로 경멸하는 자들 속에 있는 인간으로서의 가치를 인정해야 한다고 말하는 단순한 도덕적 권면도 아니었다.[238] 그 요지는 좀 더 미묘한 것으로서, 율법사의 질문 배후에 있는 실제적 과제와 좀 더 직접적으로 결부되어 있었다. 율법사가 진정으로 관심을 갖고 있었던 것은 계약의 경계선을 어느 지점에서 그어야 하는가 하는 것이었다. 이 이야기의 끝에 나오는 예수의 질문은 단순히 "그런데 너는 네가 통상적으로 멸시하는 자들에 대하여 어떻게 행동하느냐" 하는 것이 아니었다. 그것은 좀 더 날카로운 질문이었다: 세 사람 중 누가 곤경에 빠진 유대인에게 이웃이 되었느냐? 달리 말하면, 이 이야기 속에 나오는 어떤 사람이 토라의 강령이 내 몸처럼 사랑하라고 명한 바로 그 "이웃"이냐 하는 말이다.

이에 대한 대답은 비록 혁명적인 것이긴 했지만 분명한 것이었다: 곤경에 빠진 유대인은 사마리아인이 그의 이웃이었다는 것을 발견하였다. 그리고 함축적으로 그 유대인은 그 길을 지나갔던 다른 두 사람은 희생 제사의 복잡한 과정들 중의 일부로서 의식적 정결의 상태를 지키는 데에 관심을 두었기 때문에 그의 이웃들이 되지 못했다는 것을 아울러 발견하였다. 그러므로 우리가 이 이야기 속에서 발견하는 것은 오랫동안 문화적인 원수로 지낸 좋은 사례였던 유대인과 사마리아인 사이에서 일어날 법한 사건을 통해서 일반화된 도덕적 교훈담 자체를 말하고 있는 이야기가 아니다. 또한 그것은 전통적 범주들의 폐기 또는 "의미의 세계들"의 파기와 관련된 일반화되고 추상적인 사례도 아니다. 의미 및 기능과 관련된 이러한 분명하고도 중요한 차원들은 좀 더 전체적인 관점에

---

238) 예를 들면, Funk & Hoover 1993, 324는 누가 본문의 배경이 이것을 의미한다고 잘못 오해하여, 누가가 이 비유를 "손을 보았다"고 비난한다. 사실, 누가 본문의 배경은 실제로, 동일한 저술가들에 의하면, 원래의 비유가 의도했던 것을 강조한다: "사회적 및 거룩한 세계의 지도"(loc. cit.)를 다시 그리는 것. Cf. Bailey 1983, 2:33: 이 비유가 단순한 도덕주의적인 이야기가 되는 것은 그 주변을 둘러싸고 있는 대화를 우리가 무시할 때이다. 예를 들면, 먼저 이 비유는 이웃에 대한 무한한 사랑에 관한 도덕적인 이야기라고 전제한 후에 이 비유를 그러한 맥락 속에 정확하게 맞추기는 어렵다고 고백하고 있는 Evans 1990, 467을 참조하라.

서 해석되어야 하는데, 이 이야기는 이스라엘, 토라 자체, 그리고 암묵적으로는 성전 제의의 계약적 경계를 극적으로 재정의하고 있다. 이 이야기 전체에 걸쳐서 문제가 되고 있는 것은 다음과 같은 질문이었다: 누가 과연 장차 도래할 새 시대를 물려받게 될 것인가? 달리 말하면, 야훼께서 하나님 나라를 임하게 하실 때, 누가 그것으로부터 유익을 얻게 될 것인가? 이 비유는 이러한 질문에 대하여 아주 극명하게 대답해 준다. 외부인들이 하나님 나라 속으로 들어오게 되고, 내부인들은 밖으로 배제되게 될 것이다 — 적어도 함축적으로는.

좀 더 구체적으로 말하면, 쉐마 속에 요약되어 있는 토라의 핵심에 진정으로 및 근본적으로 충실한 이스라엘이 되는 한 가지 길이 존재한다는 것이다. 그러나 이 길은 극단까지 탐구하면 통상적으로 경계 너머에 있는 것으로 여겨졌던 사람들까지도 포함하는 방향으로 이스라엘의 경계에 대한 재정의를 포함하게 될 것이다. 그러한 과정 속에서 성전 및 희생 제사의 제도 자체는 문제시될 것이다.

물론, 그 결과는 부자 청년에 대한 예수의 도전과 마찬가지로 율법사에 대한 도전이었다. "장차 도래할 새 시대, '하 올람 하바'를 물려받기 위해서는 내가 무엇을 해야 하는가?" 이에 대한 대답은 이것이다: 예수를 따라서 토라 준수에 대한 새롭고 근본적 길을 구하는 것. 이스라엘의 계약 하나님을 사랑하는 것은 만물의 창조주로서의 하나님을 사랑하고 택함받은 백성의 경계 너머에 있던 자들을 이웃으로 다시 발견하는 것을 의미하였다. 이런 식으로 예수를 따르는 사람들은 "의롭다함을 받게" 될 것이다; 즉, 그들은 계약의 하나님이 역사 속에서 최종적으로 행하실 때에 신원을 받게 될 것이다. "가서 이같이 하라."

율법사가 사마리아인이 그의 이웃이라는 것을 알게 되었다면, 우리는 예수가 궁극적으로 그의 재정의를 그 지점에서 멈추지 않았을 것이라고 생각할 수 있다. 따라서 이 비유는 선포이자 부르심으로서의 하나님 나라 이야기 속에서 또 하나의 중요한 주제를 보여준다. 예수가 다시 들려주고 있었던 이 이야기는 단순히 이스라엘에서 멈추지 않았다. 예수가 하나님 나라의 도래를 선포하고 있었다면, 유대인들의 기대의 전체적인 배경은 그것이 전 세계적인 함의들을 지닐 것을 요구하였다. 예수는 과연 유대인들이 아닌 민족들에 관하여 무엇이라고 말하였는가?

6. 많은 이들이 동서로부터 오게 될 것이다

나는 앞서 이렇게 주장하였다:

> 열방들의 운명은 이스라엘의 운명과 풀 수 없고 되돌이킬 수 없을 정
> 도로 결합되어 있었다 … 이 점은 주후 1세기 유대교와 새롭게 등장하고
> 있었던 기독교를 이해하는 데 극히 중요하다. 이방인들에게 일어날 일은
> 이스라엘에게 일어나는 일에 달려 있었다 … 이스라엘의 부르심은 피조
> 물 전체의 구원과 회복을 그 근본적인 목적으로 삼고 있었다. 이러한 연
> 관성을 보지 못하는 것은 유일신 사상과 선민사상에 관한 이스라엘의 근
> 본적인 교리들의 의미를 제대로 이해하지 못하는 것이다.[239]

우리는 이 점을 다음과 같이 좀 더 세밀하게 가다듬어 볼 수 있다.

1. 주후 1세기에 통용되었던 유대인들의 기대의 많은 흐름들 속에서, 이방
민족들의 운명은 이스라엘의 운명에 달려 있는 것으로 생각되었다. 즉, 야훼는
이방인들에게 행하고자 의도했던 일을 이런저런 의미에서 이스라엘을 통하여
하실 것이라는 것이었다.

2. 그러므로 야훼께서 이스라엘을 위하여 행하기로 하신 것을 하셨을 때(이
러한 종말론적 기대의 내용에 대해서는 당분간 모호한 채로 내버려 두기로 하
자), 이방인들은 그 결과물들에 동참하게 될 것이다.

3. 몇몇 사상 흐름들 속에서 이것은 이방인들(그리고 배교한 유대인들)에
대한 심판을 의미했고, 어떤 흐름들 속에서는 그것은 열방들이 이스라엘의 축
복에 참여하게 될 것임을 의미하였다. 스가랴서 같은 몇몇 본문들 속에서는 이
두 가지 흐름이 한데 결합되어 나오기도 한다.[240]

---

239) 풍부한 본문들을 들어서 262-8의 논의를 요약하고 있는 *NTPG* 268. 핵심은
사 2:2-5(= 미 4:1-5); 49:1-6; 슥 8:20-3; 14:12-19 같은 대목들 속에서 가장 분명하
게 볼 수 있다.

240) 이 책의 매우 다른 여러 부분들에서(슥 8장과 14장); 그러나 주후 1세기 유
대인들이 역사 비평에 의해서 만들어진 구분들을 생각했을 것이라고 보는 것은 하
등의 근거가 없다.

4. 이스라엘의 하나님이 지금 마침내 왕으로 통치하고 계시다고 선포하는
자는 적어도 지금 마침내 하나님 나라가 좋든 싫든 땅끝까지 이르렀다는 것을
함축적으로 말하고 있는 것으로 생각될 수밖에 없었을 것이다. 스가랴는 장차
도래할 하나님 나라와 이방인들의 복속에 관한 가장 명시적인 진술들 중의 하
나에서 "야훼가 온 땅 위에 왕이 되실 것이다"라고 썼다.[241] 실제로, 하나님 나
라에 관한 표현이 혁명과 관련된 표현이었다고 할 때, 이 말은 야훼의 통치(그
리고 암묵적으로 이스라엘의 통치)가 땅의 모든 족속들 위에 임하였다는 것을
의미하였을 것이다; 바로 이것이 이 말의 전체적인 요지였다. 이스라엘에게 단
순히 새로운 차원의 종교적 체험 또는 새로운 의미의 종교 공동체를 가져다
줄 뿐이고, 세계의 나머지 부분에 대해서는 전혀 영향을 미치지 못한다는 의미
로서 하나님 나라를 선포하는 것은 근본적으로 핵심을 놓치고 있는 것이다.

5. 특히, 우리는 예수가 이스라엘을 향하여 참 이스라엘이 되라는 노선을 하
였다는 것을 살펴본 바 있다; 즉, 세상의 빛이 되고 이 땅의 소금이 되라는 도
전. 즉, 예수는 그의 동시대인들이 이방 세계에 대한 승리에만 관심이 있고 이
방 세계에 야훼의 치유와 구원을 가져다주는 데에는 별관심이 없는 것에 대하
여 비판하고 있었던 것이다.

이 모든 것은 다음과 같은 잠정적인 결론을 보여준다: 역사가의 관점에서
볼 때, 우리는 하나님 나라를 선포하면서 그의 동시대인들에 대한 이러한 비판
을 행한 사람이라면 자신의 사역의 결과 중 일부는 예언자들이 말했던 열방들
의 몰려오는 것이 될 것임을 상정했을 것이라고 예상할 수 있다. 야훼가 마침
내 이스라엘을 위하여 행동하실 때, 이방인들도 축복을 받게 될 것이다.

그렇다면, 우리는 무엇을 발견하는가? 그 증거들은 얼핏 보기에는 수수께끼
같아 보인다. 우리가 잘 알고 있는 복음서의 한 전승 속에서 예수는 이방인들
이 하나님 나라의 축복들에 참여하게 될 것이라고 선언한다.[242] 그 밖의 여러
구절들 속에서, 예수는 그의 동시대인들을 성서의 이야기들 속에 나오는 여러
잘 알려진 이교도들과 비교하면서, 항상 후자를 추켜 세운다.[243] 그러나, 예수는
또한 자기 자신의 사명, 그리고 그의 생전에 제자들의 사명은 이스라엘 민족에

---

241) 슥 14:9.
242) 마 8:11-12/눅 13:28-9.

게로 국한되어 있다고 분명하게 말하였다.[244] 교회 내의 일부 사람들은 이교도들을 개종자들로 만들어야 한다고 역설하였지만 ― 우리가 바울 서신들로부터 잘 알고 있는 문제[245] ― 초대 교회에서는 이방 선교에 대하여 호의적인 태도를 지니고 있었음이 분명한 누가조차도 처음에 교회는 이방인들을 경계하였다는 점을 강조한다.

이 문제에 대한 최선의 해법은 원칙적으로 예레미아스(Jeremias)가 주창했고 최근에는 마이어(Meyer), 케어드(Caird)와 허스트(Hurst) 등에 의해서 지지를 받은 견해이다.[246] 이 시점까지의 나의 논증은 우리에게 예수가 그의 전

---

243) 마 10:15; 11:21-4/눅 10:12-14; 눅 4:25-7; 11:29-32. 마태복음 10:15에 대한 병행문인 마가복음 6:11은 지금은 일반적으로 거부되고 있는 이독(異讀)에 근거한 것이다.

244) 마 10:5-6; cf. 마 15:21-8/막 7:24-30. 후자의 이야기(수로보니게 여인에 관한)는 지금은 통상적으로 예수의 선천적 편견들과 예수가 이방 여인으로부터 책망과 교훈을 기꺼이 받고자 했다는 것에 관한 유행하는 이론의 토대가 되고 있다(예를 들면, cf. Theissen 1991b, 40-6). 이것이 이 이야기를 읽는 유일한 방식이 아니라는 것은 Caird & Hurst 1994, 395로부터 분명하다.

245) cf. 행 10-11; 15; 갈라디아서, *passim*.

246) Jeremias 1958; Meyer 1987; Caird & Hurst 1994, 393-8. Jeremias에 대한 Sanders의 끈질긴 공격은 다음과 같은 문제에 강조점을 두고 있다: 예수는 "이스라엘 민족을 선호하였는가," 아니면 그렇지 않았는가?(Sanders 1987, 236f.). 이것은 예레미아스의 묘사에 의해서 암시되고 있는 문제일 수도 있다; 그러나 일단 그 증거를 내가 제시한 방식대로(샌더스의 견해를 따라서) "회복 종말론" 내에서 읽는다면, 나는 우리가 거기에 대하여 대답할 수 있다고 믿는다: 그렇다. 예수는 이스라엘의 택함받음과 우선권을 믿었지만, 이것은 그가 이방인들이 이스라엘의 축복을 공유할 것이라고 생각하지 않았다는 것을 의미하지는 않는다. "이스라엘의 멸망"과 "이스라엘에 대한 긍정"을 서로 대립관계에 놓는 것은 너무나 단순한 도식이다(cf. Sanders 238). 앞으로 분명해지겠지만, 나는 예수가 "이스라엘의 온전한 구속을 그가 지향했던 모든 노력들의 목표로 보았다"라는 샌더스(239)의 견해에 동의한다. 결국, 1993, 192에 나와 있는 샌더스의 입장은 나의 입장과 그리 많이 다르지 않다: 수많은 제2성전 시대의 유대인들과 마찬가지로, 예수는 "적어도 몇몇 이방인들이 이스라엘의 하나님에게로 돌아와서 장차 도래할 하나님 나라에 참여할 것이라고 기대하였." 나는 예레미아스가 이러한 결론에 대하여 그리 우려하지 않을 것이라고 생각한다.

체적인 하나님 나라 이야기의 일부로서 이스라엘의 소명이 마침내 실현될 것임을 암시하였다고 생각할 만한 충분한 근거를 제시해 준다: 이스라엘은 세상의 빛이 되어서, 열방들은 그것을 보고 이스라엘의 하나님께로 와서 그 하나님께 영광을 돌리게 될 것이다.[247] 다시 한 번 이 선포 속에 내재해 있는 걸림돌은 그 종교적 의미에 있었던 것이 아니라 그 종말론적, 그러니까 정치적 의미에 있었다. 문제는 예수가 그의 동시대인들을 이방인들에 대한 악한 태도로 인하여 단죄하였다는 데에(20세기 후반의 서구의 올바른 정치적 태도를 미리 예상해서) 있었던 것이 아니라, 예수가 자신의 사역을 통해서 하나님 나라가 도래하였고, 이방 세계에 대해서는 소망을, 세상의 빛이 되어야 할 소명을 저버린 자들에 대해서는 준엄한 경고를 시사했다는 데에 있었다.

이런 식으로 예수에 의해서 말해진 하나님 나라 이야기는 유대적 뿌리들을 그대로 간직한 채 세계를 끌어안을 수 있는 길을 열어 놓았다. 예수의 관점에서 볼 때, 야훼가 이스라엘을 다루신 것에 관한 이야기는 더 큰 이야기, 창조주께서 우주를 다루시는 것에 관한 이야기에 기여하고자 하는 의도가 있었다. 서사 분석의 관점에서 보면, 야훼와 이스라엘에 관한 이야기에 대한 예수의 다시 말하기는 다음과 같이 표현해 볼 수 있다:[248]

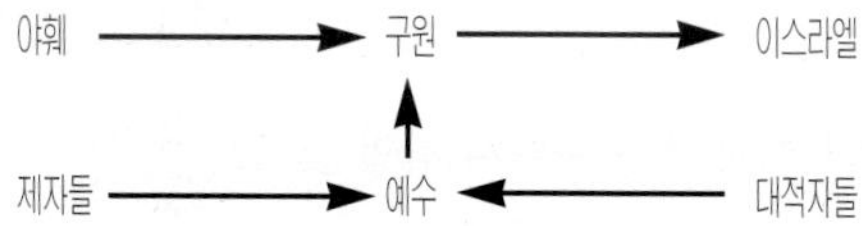

이 이야기를 포함한 더 큰 이야기는 다음과 같이 표시된다:

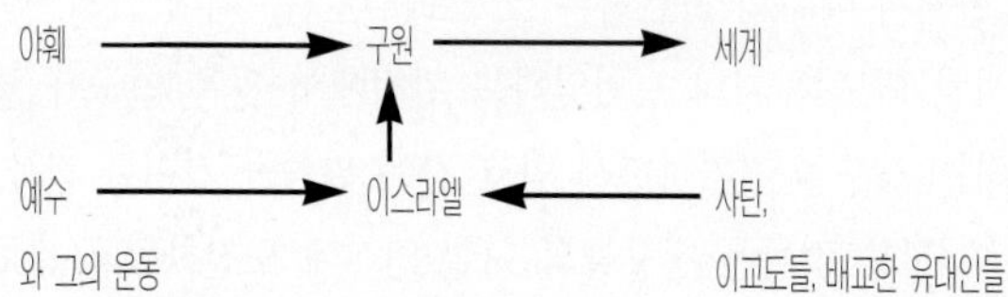

이것은 이스라엘의 경계 너머에 있는 열방들에 대한 예수의 암묵적 및 명시적 약속은 야훼의 경륜 속에서 이스라엘의 독특한 선민적 역할에 대한 부정

---

247) 마 5:14-16; cf. 막 4:21; 눅 8:16; 11:33; *Thom.* 33:2-3.
248) cf. *NTPG* 389f.; 그리고 위의 586.

이 아니라 긍정의 일부로서 나왔다는 것을 아주 극명하게 보여준다. 이와 동시에, 그의 동시대인들에 대한 예수의 도전도 매우 실제적이고 날카로웠다. 예수가 이스라엘이 창조주의 경륜 속에서 차지하는 선민으로서의 지위와 역할을 긍정하였다고 해서, 이것이 곧 예수가 당시의 유대인들에 대한 비판을 하지 않았었다는 것을 의미하지는 않는다. 예수는 관습적 지혜를 여기저기 조금씩 새롭게 의미를 부여해서 제시한 것이 아니었다. 예수는 철저하게 전복적 성향을 지닌 지혜를 제시하면서, 그를 따르는 자들에게 그것을 그들 자신의 것으로 삼으라고 권고하였다.

7. 참된 지혜

예수를 바라볼 수 있는 유익한 서로 다른 시각들은 얼마든지 있을 수 있고, 잊혀져 버린 시각들을 다시 한번 회상해 보는 것은 언제나 좋은 일이다. 그러므로 나는 "현자," 지혜 교사로서의 예수를 강조하고 있는 최근의 경향을 기꺼이 환영한다.[249] 사실 어떤 관점에서 보면, 이 장에서는 지금까지 그것 말고 다른 것에 대해서는 거의 말한 것이 없는 것 같다. 예수는 그의 동시대인들에게 기존의 지혜의 길을 버리고 예수 자신이 제시할 뿐만 아니라 몸소 실천으로 보여주고 있었던 다른 길을 따르도록 도전하고 촉구하였다. 그런 점에서 예수는 유대 전승과 이교 전승 속에서 잠언 및 그 이상으로 거슬러 올라가는 위대한 지혜 교사들의 반열에 서 있었다.

여기까지는 사실 아무런 문제가 없고 별 논란거리도 없다. 이러한 일반적인 진술 안에서, 예수의 가르침은 그 스타일로 볼 때에 그의 청중들의 세계관들을 전복시킬 의도를 지니고 있었다는 관점에서 많은 연구가 행해져 왔다. 짓궂게 괴롭히는 경구들, 간결하면서 암호 같은 말씀들, 기이한 전복 성향을 지닌 이야기들, 이 모든 것들은 청중들의 현실 인식에 도전하였고, 새로운 가능성들을 솜씨 좋게 열어 놓았다.[250] 다시 한 번 여기까지는 아무런 문제가 없다.

이러한 아주 최근의 연구 동향 속에서 생겨나는 문제점은 현자, 전복 성향을

---

249) 예를 들면, Borg 1994a, 9f.에 의해서 연대설정이 되고 있고, Borg 1987a, ch. 6; 1994b, ch. 4; Scott 1990; Witherington 1994, ch. 4에 의해서 해설되고 있다.

250) 예를 들면, Crossan 1973, 1983; Scott 1983, 1989를 보라.

지닌 지혜 교사로서의 예수상이 그 밖의 여러 다른 강조점들에 비하여 지나치게 과장되어 왔다는 것이다. 특히, 우리가 제2장에서 보았듯이, 예수 세미나 및 거기에 속한 아주 유력한 구성원들 중 일부(모두는 아니라 할지라도)는 "현자로서의 예수"에 관한 그들의 묘사를 몇몇 부정적인 논거들을 위한 토대로 통상적으로 사용하여 왔다: 예수는 "지혜론적" 교사였기 때문에, 그는 예언자가 아니었다; 예수는 현재에 있어서의 새로운 삶의 방식을 가르쳤기 때문에, 그는 미래에 관하여서는 그 어떤 말도 하지 않았다; 예수의 본바탕은 "지혜"였기 때문에, 그는 "묵시 사상"과는 아무런 상관이 없었다.[251] 일부 학자들은 여기서 한층 더 나아가서 예수의 가르침은 오직 주변적으로만 유대적이었고, 성서는 물론이고 이스라엘의 특정한 열망들과도 거의 아무런 상관도 없었으며, 초창기 갈릴리에서 접했던 견유학파 스타일의 지혜를 자신의 배경으로 하고 있었다고 주장하기까지 한다.[252] 또 몇몇 학자들은 여전히 "현자"라는 범주를 부각시키는 가운데서도 잘못된 대립들을 피하기 위하여 예수는 여전히 "현자"이지만 좀 더 유대적 배경 속에 있었다고 주장한다.[253]

좀 더 극단적으로 "현자 예수"를 주장하는 쪽에서 제시하고 있는 탈유대화된 예수에 있어서의 이러한 문제점은 10여 년 전에 에드 샌더스(Ed Sanders)에 의해서 아주 잘 표현되었다: 예수는 "당시에는 비밀스러워 보였지만 20세기가 지난 후에는 마침내 그 실마리들이 풀려서 내용이 아니라 방식에 있어서 두드러진다는 것이 드러난 그런 것들을 제시하고" 있는 것으로 보인다.[254] 예수의 가르침은 어느 때나 어느 장소에서나 사용할 수 있는 암호 같은 조언과 권면으로 요약된다.[255] 샌더스가 이런 종류의 것에 관하여 논평하고 있듯이, "오직 교사에 불과했지만 교사로서 그의 청중들에게 눈에 띄는 두드러진 사상들을 전하지 않았던 예수라는 인물은 분명히 별 중요성이 없는 인물이었다."

---

251) 이 모든 것에 대해서는 Funk & Hoover 1993, 30-4, *passim.*을 참조하라.

252) 예를 들면, Mack 1988, 1993; Downing 1988, 1992. Crossan 1991a은 동일한 폭넓은 강조점들을 지니고 있으면서도 좀 더 세밀한 읽기를 제시한다.

253) 예를 들면, Borg 1984, 1987a, 1994b.

254) Sanders 1985, 7.

255) 예를 들면, cf. Mack 1988, 73(위의 78에서 인용된).

[256] 이러한 문제점을 다른 식으로 표현해 본다면, 만약 예수가 단순히 이스라엘 내에서의 절박한 문제들에 대하여 말하지 않았던 수수께끼 같은 현자였다면, 사실상 우리가 이 장과 앞의 두 장에서 살펴보았던 모든 내용들은 가짜가 되고 말 것이고, 우리가 각각의 모든 점에서 역사적 논증을 거쳐서 지금까지 쌓아왔던 모든 결과물들은 폐기되어야 할 것이다.

그러나 사실 예수가 이스라엘(그리고 그 이웃 나라들)의 "지혜" 전승들 내에 서 있었다는 것을 인정한다는 것은 결코 예수가 이스라엘 역사 속에서 결정적으로 중요한 시기에 이스라엘에 대한 야훼의 부르심에 관한 예수의 메시지를 역설하기 위하여 이러한 광범위한 사상 및 양식의 흐름을 사용하였다는 견해를 포기해야 한다는 것을 의미하지 않는다. 지혜와 예언, 지혜와 묵시 사상은 서로를 배제하는 것이 아니라 서로 통합되어 있다. 예언자와 묵시론자는 유대의 지혜 전승의 과제들을 공유한다: 독자들과 청중들의 세속적 관점들을 타파함으로써 야훼의 진리를 보고 그의 부르심을 들을 수 있게 하는 것.[257]

이 점은 유대의 여러 배경들 속에서 쉽사리 그 실례를 들 수 있다. 성서 안과 밖에서 묵시 문학의 가장 전형적인 사례들 중의 하나인 다니엘서는 다니엘과 그의 친구들이 이교의 지혜를 부끄럽게 했던 진정한 지혜자들이었다는 것을 끊임없이 강조한다(1:4, 19-20; 5:10-17 등). 학자들은 여러 갈래로 나누고 구분하는 것을 좋아하지만, 그들은 학자들이 나누어 놓은 그 모든 분야에 있어서 전체적으로 탁월한 능력을 보여준다:

> 하나님이 이 네 소년에게 학문을 주시고 모든 서적을 깨닫게 하시고 지혜를 주셨으니 다니엘은 또 모든 환상과 꿈을 깨달아 알더라.[258]

그러므로 우리는 다니엘서의 끝부분에서 부활에 관한 놀라운 묵시론적 예언이 다시 한 번 지혜와 결부되어 있는 것을 볼 때에 의외로 생각해서는 안 된다:

---

256) Sanders, *loc. cit.*
257) 여기서 나는 Wright 1996a에서 제시하였던 일부 논거들을 인용하였다.
258) 단 1:17.

> 땅의 티끌 가운데에서 자는 자 중에서 많은 사람이 깨어나 영생을 받
> 는 자도 있겠고 수치를 당하여서 영원히 부끄러움을 당할 자도 있을 것
> 이며 지혜 있는 자는 궁창의 빛과 같이 빛날 것이요 많은 사람을 옳은 데
> 로 돌아오게 한 자는 별과 같이 영원토록 빛나리라.[259]

우리가 이러한 범주들 중 어느 것이 일차적인 것이고, 어느 것이 그 안에 포섭되는지를 묻는다면, 다니엘서 전체는 이에 대하여 분명한 대답을 제공해 준다. 다니엘의 묵시론적인 환상들은 지혜의 한 사례가 아니고, 다니엘서는 단순히 지혜를 권장하며, 꿈을 해석하는 다니엘의 능력을 이러한 위대한 지혜의 자질을 보여주는 주목할 만한 예로 사용하고 있는 것도 아니었다. 오히려, 그 정반대였다. 다니엘의 지혜는 그로 하여금 이스라엘의 하나님이 이스라엘과 세계를 어떻게 하실 것인지에 관한 비밀들을 파악할 수 있게 한 바로 그런 것이었다.

먼저, 『솔로문의 지혜서』는 마치 그것이 앞에서 말한 것과 정반대 방향으로 작용하고 있는 것처럼 보인다. 『솔로문의 지혜서』는 세상의 군왕들에게 참된 지혜를 얻어서 그들의 백성들을 어떻게 통치할지를 알라고 권면한다(1:1-5; 6:21-5). 그러나 중요한 것은 가상의 인물인 "솔로몬"의 입을 통해 말하고 있는 증언과 기도(7-9장)가 보여주듯이, 참된 지혜는 이스라엘 이야기 및 이스라엘에 대한 참 하나님의 부르심 속에서 효력을 발휘한다는 것이다. 이것은 이 책의 후반부에서 밝혀진다. 10장에서 지혜를 몸소 보여준 (성서의) 영웅들의 목록으로 시작되는 내용은 점차 이교의 우상 숭배에 대한 변증이자 그것이 불러일으킬 하나님의 심판에 대한 경고라는 것이 드러난다. 이러한 것에 대한 본보기로서 출애굽이 언급된다(17-19장): 애굽인들에 대한 역병과 이스라엘의 구원은 장차 도래할 위대한 구원 행위 속에서도 그대로 반복될 것이다. 따라서 여기서도 다시 한번 "지혜"는 이스라엘의 하나님이 역사 내에서 악을 무찌르고 그의 백성을 신원하며 해방시키실 것이라는 신학과 철저히 양립함은 물론이고 그 신학을 실제로 밑받침하고 지탱해 준다.

또한 『벤 시락서』에 분명하게 나타나 있는 광범위한 사상도 지혜에 관한 다

---

259) 단 12:2.

양하고 다면적인 가르침들을 매우 특유한 유대적 배경 속에 위치시킨다. 이 책의 처음 몇 장들에서 "지혜"가 아무리 광범위하게 등장하고, 매우 일반화된 가르침이 인류 전체에 아주 쉽게 적용될 수 있다고 할지라도, 이 책이 권장하는 삶의 방식을 구현하고 몸소 보여주는 것은 위대한 지도자들과 영웅들 속에서 부각된 이스라엘 이야기이다; 그리고 이 책의 저자 당시의 대제사장이었던 오니아(Onias)의 아들 시몬은 성전에서 백성들을 축복함을 통해서 이 모든 영웅들 중에서 가장 큰 영광을 차지한다.[260] 그러므로 이 책의 한복판에 나오는 지혜를 찬양하는 장엄한 시가 창조주의 시녀인 지혜가 성전에 살며 이스라엘 민족의 헌장인 토라 속에 구현되어 있고 이스라엘을 또 다른 에덴으로 만들어 가고 있는 것으로 그리고 있다는 것은 전혀 놀라운 일이 아니다.[261]

이번에는 마지막으로 쿰란 두루마리를 살펴보자. 쿰란에서 발견된 가장 중요한 문헌들 중의 하나인 『공동체 규칙』(Community Rule)의 전체적 배경을 이루고 있는 것은 계약과 묵시 사상이다. 이 두루마리의 처음 두 난(欄)은 계약, 즉 여전히 제 갈 길을 가고 있는 "사탄의 통치"와 병행으로 존재하고 있는 은밀하게 갱신된 계약 속에 구성원으로 들어오는 것을 다루고 있다(2:19). 그러나 그런 다음에 세 번째 난에서 우리는 수많은 "지혜" 모티프(motif)들 중에서 가장 친숙한 것들 중의 하나, 잠언의 처음 몇 장으로 소급될 수 있는 모티프를 발견한다: 인간들 앞에 열려져 있는 "두 가지 길"과 그 길들을 따라가는 자들의 특성들. 이것이 의미하는 바는 아주 분명하다. 갱신된 계약의 작은 공동체에 속한 사람들은 진리의 길을 따라가는 사람들인 반면에, 그 외부에 있는 자들은 거짓의 길을 따라가고 있다는 것이다. 그러나 그런 후에 "지혜"와 "묵시 사상"을 아주 분명하게 결합해서 다음과 같이 이 두루마리는 말한다:

그의 명철의 신비들 속에서 및 그의 영광스러운 지혜 속에서, 하나님은 거짓에 대해 종말을 예정하셨고, 그가 내림하실 때에 거짓을 영원히 멸하시리라. 그런 후에 거짓이 지배하는 동안에 정해진 심판의 때까지 악의 길들 속에서 몸부림쳐왔던 진리는 세상에서 영원히 일어나리라. …그리

---

260) Sir. 50:1-21.
261) Sir. 24:8-29: cf. *NTPG* 217 등.

고 하나님은 정결의 영을 부어주셔서 정직한 자들을 지극히 높으신 이의 지식으로 가르치시겠고 하늘의 아들들의 지혜를 완전한 자들에게 가르치시리라. 이는 하나님이 그들을 영원한 계약을 위하여 택하셨고 아담의 모든 영광이 그들의 것이 될 것임이라. … [262]

여기서 다시 한 번 "지혜"는 이스라엘 이야기와 그 전통적인 모티프들이라는 좀 더 폭넓은 배경 속에 굳건히 자리잡고 있다: 참 하나님의 백성과 세상 속에 여전히 거하고 있는 악과의 싸움, 그리고 창조주이신 이 하나님이 언젠가는 악을 무찌르고 그의 참된 백성을 신원하기 위하여 행동하실 것이라는 약속.

이 모든 예들 속에서, "지혜"를 소유하는 것은 잠재적으로 또는 실제적으로 매우 전복적 성향을 지닌다. 벤 시락서는 기존의 체제를 지지하고 있지만, 암묵적으로 이교 사상에 도전하고 있다; 그 밖의 다른 예들은 좀 더 명시적이다. 이 예들 중 그 어디에서도 "지혜"는 개인적이고 비의적(秘儀的)이며 비역사적인 지식을 의미하지 않는다. 오히려, 지혜는 이스라엘의 율법에 대한 참된 해석을 따라 살아감으로써 하나님께서 행동하실 때에 그 참 하나님에 의해서 신원받는 것을 의미한다. "지혜"는 "묵시 사상"과 보조를 같이한다; 그 어느 쪽 범주도 다른 쪽 범주를 배제하지 않는다. 둘 모두 이스라엘의 기이하고 전복적 성향을 지닌 소망과 관련된 문제, 역사의 결정적인 시기에 야훼의 백성이 되도록 이스라엘이 부르심을 받았다는 것에 관한 문제를 말하고 있는 방식들이다.

그렇다면, 다음 중에서 어느 쪽이 더 유력한 것인가? 예수는 "현자"로서 가르쳤을 것이지만, 그의 지혜로운 가르침은 어쨌든 그의 동시대인들의 계약적이고 "묵시론적인" 소망들과 뒤섞이지 않았다는 말이 옳은 것인가? 아니면, 예수는 우리가 알고 있는 당시의 모든 유대의 현자들과 마찬가지로 당시의 뜨거운 쟁점들에 대하여 말하면서 그의 동시대인들에게 계약의 갱신으로의 예언자적 부르심을 따르든가, 단순히 인간적인 길, 파멸에 이르게 될 세상의 길을 따르든가 이 둘 중의 선택이라는 관점에서 지혜와 어리석음 간에 하나를 선택하도록 도전하였다는 것이 옳은 것인가? 모든 증거들에 비추어 볼 때, 압도적

---

262) 1QS 4:18-23(Vermes 1995 [1962], 74f; cf. GM 7).

으로 가능성이 높은 것은 이 두 가지 대안 중 두 번째이다. "현자 예수"는 궁극적으로 "예언자 예수"의 하위 범주에 속한다; "지혜 교사로서의 예수"는 우리가 이 장에서 지금까지 살펴본 예수, 그의 동시대인들에게 이스라엘이 되는 새로운 길로써 도전하고 그들에게 그런 식으로 그를 따르라고 불렀던 예수의 한 측면이다.

이러한 일련의 사상 전체를 보여주는 꽤 분명한 예 중 하나 — 많은 것들 중에서 거의 무작위적으로 뽑은 — 는 지혜로운 처녀와 어리석은 처녀에 관한 비유(마 25:1-13)이다. 여기서 우리는 잠언서 같은 초기의 지혜 전승의 형태들로 거슬러 올라감과 동시에 1QS와 그 밖의 다른 문헌들 속에서 다시 등장하는 의인화된 지혜와 어리석음의 대비를 발견한다. 그러나 이 대목 전체의 배경은 물론 장차 도래할 하나님 나라에 대한 예수의 선포, 달리 말하면, 예수의 묵시론적 종말론이다. 여기서 중요한 것은 이것이다. 예수는 그를 따르는 자들에게 참된 지혜를 잡으라고, 아니 참된 지혜에 의해서 붙잡히라고 강권하고 있다는 것이다. 왜냐하면, 오직 그렇게 한 자들만이 장차 도래할 큰 날, 심판과 신원의 날에 대비할 수 있기 때문이다. 반석 위에 지은 집과 모래 위에 지은 집 같은 그 밖의 다른 반제들도 이와 동일한 취지를 얘기하고 있다. 두 가지 길이 존재한다(전통적인 지혜 가르침의 경우와 마찬가지로): 그러나 이 두 가지 길은 이스라엘에게 근본적으로 다른 두 가지 결과를 가져오게 된다(통상적인 묵시론적 종말론의 경우에서와 마찬가지로)

모든 점에서 기존의 관습적 지혜와 단절하고 있는 예수의 전복적 지혜의 최고봉은 아마도 흔히 그렇듯이 자기 자신과 자기를 따른 자들에 관한 이야기라는 형태로 제시된 도전일 것이다:

> 누구든지 나를 따라오려거든 자기를 부인하고 자기 십자가를 지고 나를 따를 것이니라 누구든지 자기 목숨을 구원하고자 하면 잃을 것이요 누구든지 나와 복음을 위하여 자기 목숨을 잃으면 구원하리라 사람이 만일 온 천하를 얻고도 자기 목숨을 잃으면 무엇이 유익하리요 사람이 무엇을 주고 자기 목숨과 바꾸겠느냐.[263]

이 구절은 예수의 입에서 나온 그 어떤 말보다도 수수께끼처럼 암호 같고 경구처럼 난해하다. 그렇지만 문맥상으로 보면, 이 대목은 어떤 이야기의 한 부분으로 이해되기를 요구한다. 이 대목은 주된 이야기의 한 부분을 매우 날카롭게 설명해주고 있다. 이것은 이스라엘의 하나님의 기이한 목적들이 마침내 어떤 식으로 성취될 것인지, 사탄의 통치가 계속되는 상황 속에서 새 계약의 공동체에 속하고자 하는 사람이라면 어떻게 해야 그런 식으로 행하게 될 수 있는지(1QS의 경우에서와 마찬가지로!)에 관한 이야기이다. 그리고 그 안에서 이 대목은 예수의 청중들이 직면한 선택을 아주 분명하게 말한다. 지혜의 길이 있고, 어리석음의 길이 있다. 물론, 관습적인 지혜는 메시야의 길은 성취(fulfilment)와 자기를 높이는 길(self-aggrandizement)이라고 말하였다: 자신의 생명을 얻고자 하는 자들은 그것을 위해서 싸워야 하고, 마귀가 그 최종적인 적이다. 양식 및 내용상으로 예수의 가장 관습적 가르침은 바로 다음과 같은 것에 있었다: 지혜의 길은 십자가를 지는 것, 살기 위하여 죽는 것을 의미한다는 것.

따라서 벤 위더링턴(Ben Witherington)이 올바르게 주장했듯이, 지혜 말씀들은 "하나님의 종말론적 통치가 예수의 사역을 통해서 이스라엘의 한가운데로 돌입하고 있다는 예수의 확신 속에 그 근거를 두고 있었을 가능성이 대단히 높다." 예수의 메시지는 "다양한 형태의 지혜 말씀들, 특히 경구들 및 이야기로 된 잠언들(meshalim)을 사용하여 하나님의 통치가 도래하고 있다는 복음을 말한 것을 포함하고 있었다."[264] 요컨대, 예수는 "그의 종말론적 확신들을 지혜 양식들을 통해서 표현했던 현자"였다; 예수의 말씀들은 "그의 종말론적 확신들에 의해서 다듬어진 지혜, 아니 사실은 그 확신들에 의해서 만들어진 지혜"였다.[265] 예수가 물려받았던 유대 전승들의 관점에서 보면, 예수를 하나의 현자로 만들어 버림으로써 하나님 나라의 도래에 관심이 없었던 인물로 바라보려고 하는 시도는 마음에 들지 않는 신학, 그리고 마음에 들지 않는 실천이라는 거추장스럽게 튀어나온 고리를 없애버리고자 하는 또 하나의 잘못된 시도임이 드러난다.

---

263) 막 8:34-7/마 16:24-6/눅 9:23-5; cp. *Thom.* 55:2.
264) Witherington 1994, 172, 180f.
265) Witherington 183, 200f.

오늘날 "현자 예수"를 주장하는 학자들의 시도가 예수의 메시지가 얼마나 전복적이었는지를 보여주기 위한 것이라면, 우리는 예수가 제시한 하나님 나라에 관한 묵시론적 메시지와 그것에 수반된 초대, 환영, 도전, 부르심보다 더 전복적인 것은 아무것도 없었을 것이라는 대답을 하지 않을 수 없다. 물론, 이러한 예수의 메시지는 세상의 통상적인 권력 구조들, 당시의 헤롯당과 빌라도파와 가야바파들, 그리고 그들 배후에 있었던 카이사르파들을 전복시켰다. 바로 이것이 모든 하나님 나라 선포들이 하고 또 했던 일이었다. 또한 그것은 예언자와 메시야를 자처했던 다른 인물들이 내놓은 대안적인 하나님 나라 선포들을 전복시켰다. 예수의 혁명 방식은 다른 인물들의 방식과 근본적으로 달랐다. 나아가, 의구심을 없애기 위하여 말해둔다면, 예수의 메시지는 당시의 갈릴리에서 존재했을지도 모르는 그 어떤 비역사적이고 단순히 경구적인 지혜 가르침도 전복시켰을 것이다. 예수에게 있어서 진정으로 중요했던 것은 이야기였다: 이스라엘의 하나님과 그 하나님이 이스라엘 및 세계를 다루셨던 일들에 관한 이야기, 그 큰 이야기가 어떤 식으로 예수의 사역 속에서 절정에 도달하고 있는지에 관한 이야기. 우리가 상상할 수 있는 가장 철저한 방식으로, 예수는 자기 자신 및 자신의 메시지를 자신의 사역을 통하여 성취되고 있다고 그가 믿었던 대안적인 현실 질서에 관한 이야기로 제시하였다. 그리고 예수가 그러한 이야기를 한 목적은 그의 청중들에게 그들의 기존의 메타 서사들을 버리고 그를 믿고 그의 이야기를 따르도록 초대하는 것이었다. 이 장의 첫 부분에서 사용하였던 좀 더 통상적인 표현을 빌자면, 예수는 그의 청중들에게 회개하고 그를 믿으라고 말하였다.

8. 결론: 하나님의 갱신된 백성

예수가 들려준 이야기, 하나님 나라에 관한 이야기는 이스라엘의 이야기였다. 예수는 그의 말에 응답한 자들이 스스로를 참되고 회복된 이스라엘로 보도록 의도하였다. 앞에서 본 것처럼, 이러한 것은 예수를 그와 대략적으로 동시대에 살았던 그 밖의 다른 수많은 사람들과 동일한 지도 위에 올려놓는 것으로서, 우리는 예수에 관한 이 모든 것을 말함에 있어서 역사적으로 확고한 토대 위에 있게 된다. 그러나 우리는 예수가 그의 추종자들에게 그의 추종자들로서의 특징을 지니게 되는 삶의 방식을 제시하였다는 점을 인정하지 않으면 안 된다. 만약 우리가 예수의 가르침의 이 부분 전체를 "예수는 교회를 세우고자 하는 의도를 지니고 있지 않았다"라는 것을 근거로 비역사적인 것으로 매도하고 배제해 버린다면, 우리는 역사적으로 사고하는 데에 철저히 실패하고 말 것이다. 역으로, 우리가 하나님 나라 이야기의 이 측면을 단순히 무시간적인 윤리로 취급한다면, 우리는 그 이야기가 지닌 종말론적 차원을 무시함으로써 그 이야기를 오해하게 된다. 또한 우리가 예수는 그의 "종말론적인" 가르침을 통해서 시공간으로 이루어진 종말을 기대하였다고 생각한다면, 예수가 가르친 세부적인 가르침들의 취지 전체를 우리는 놓치게 되고 만다. 예수의 하나님 나라 이야기는 매우 다른 종류의 종말론적 성취, 사실 주후 1세기의 그 밖의 다른 유대인들의 기대들과 훨씬 더 일치했던 그러한 성취, 아주 자연스럽고 적절한 것이지만 그 이야기를 그들 자신의 것으로 기꺼이 삼았던 자들을 위한 일련의 공동체 규칙들을 낳았던 그러한 성취에 관한 것이었다.

물론, 그러한 이야기를 말하는 것은 이스라엘 내의 상당수의 사람들에게 위협으로 다가왔다. 현실적으로 모든 이스라엘 사람들이 예수의 근본적인 도전에 응답할 기회를 가지지 못했을 것이기 때문에, 두 가지 결과 중 하나가 나올 수밖에 없었다: 예수의 운동이 젖은 폭죽처럼 피식하고 꺼져버리든지, 아니면 대결 상태가 발생하든지. 예수는 전자를 전혀 생각하지 않았던 것으로 보이고, 언제나 후자를 예상했던 것 같다. 이것으로부터 세 가지 것들이 추론될 수 있는데, 이것들에 대해서 우리는 이후의 장들에서 살펴보게 될 것이다.

첫째, 예수는 그의 동시대인들에게 이스라엘이 회개치 않는다면 — 우리가 위에서 살펴본 의미에서, 즉 이스라엘이 로마에 맞서 군사적으로 싸우려고 하는 것을 포기하고 하나님 나라에 관한 예수의 근본적인 대안적 비전을 따르지 않는다면 — 이스라엘의 시대는 끝장날 것이라고 일관되게 그리고 지속적으로 경고하였다. 하늘로부터 내려오는 불과 유황으로가 아니라 로마의 칼과 떨어지는 돌들이라는 형태로 이스라엘에게 진노가 임할 것이다. 특히, 예루살렘 자체, 성전과 그 성직자들은 절망적으로 부패해 있었고, 예레미야의 시대에서와 마찬가지로 심판의 때가 무르익었다. 이 장차 도래할 심판에서 야훼의 참된 백성 — 즉, 예수를 따르는 자들 — 은 신원받게 될 것이다. 이것이 제8장의 주제이다.

둘째, 무엇보다도 그와 그의 하나님 나라 비전에 충성하는 소모임들의 네트워크로서의 대안적인 이스라엘에 관한 예수의 비전은 하나님 나라에 관한 주후 1세기의 그 밖의 다른 비전들과 충돌할 수밖에 없었다. 예수의 공동체들은 에세네파와는 달리 비교적 은밀하게 은둔 생활을 하는 것으로 만족할 수 없었고, 또한 바리새파와는 달리 제도권 내에서 활동하지도 않았다. 만약 그들이 에세네파에 속한 사람들과 만났다면, 그들은 분명히 에세네파 사람들과 충돌했을 것이지만, 그러한 만남이 있었다는 것을 보여주는 증거는 전혀 없다. 하지만, 예수의 공생애 동안에 및 그 이후에도 그들이 바리새인들을 만나게 된 것은 어쩔 수 없는 일이었다; 그리고 마찬가지로 그들이 서로 만났을 때에 충돌은 불가피했는데, 그러한 충돌은 종교, 제의, 도덕률의 세부적인 내용들에 관한 것이 아니라 하나님 나라 자체에 관한 것이었다. 그리고 예수와 그의 제자들이 마침내 성전 체제 자체에 도전했을 때, 싸움은 본격화될 수밖에 없었다. 우리는 제9장에서 예수와 그의 경쟁자들 간의 충돌을 다루게 될 것이다.

셋째, 예수는 사람들에게 그들이 사는 마을들과 촌락들 속에서 그에게 충성하라고 부르셨을 뿐만 아니라, 그들 중 일부에게는 모든 것을 버리고 자기를 따르라고 요구했다는 점에서 우리가 사회적 혁명이라고 불러왔던 것을 의도했지만, 이러한 도전과 부르심이 예수의 과제와 사업의 모든 것이자 최종적인 것을 구성한 것은 결코 아니었다. 이 운동은 물리적으로든 신학적으로든 어딘가를 향해서 가고 있었다: 물리적으로는 예루살렘을 향하여; 신학적으로는 하나님 나라를 세우는 것을 향하여. 이것은 다음과 같은 질문을 불러일으킨다: 세계관과 관련된 세 번째 및 네 번째 질문들에 대한 예수의 대답은 정확히 무엇이었는가? 그러니까, 예수는 이스라엘 및 세계에 있어서 무엇이 잘못되었고, 그 해법은 무엇이라고 생각했던 것인가? 이것이 제10장의 주제가 될 것이고, 본서의 제3부로 이어지게 될 것이다.

그렇다면, 예수의 하나님 나라 이야기 — 그의 초대, 환영, 도전, 부르심 — 의 직접적인 결과는 무엇이었는가? 앞으로 전개될 논의들을 미리 여기에서 말해 둔다면, 우리는 다음과 같이 대답할 수 있을 것이다. 예수는 그의 공생애 동안에 추종자들의 무리를 가지고 있었지만, 그 무리의 성격은 대단히 모호한 것이었다. "열두 제자"와 그 밖의 다른 상당수의 제자들은 계속해서 예수를 따르면서, 다소간 뒤죽박죽이고 불확실하고 실패를 겪으면서도 예수가 말한 것을 실천에 옮기고자 노력하였다. 그들 중 적어도 일부는 모든 것을 버리고 예수를 좇았으나, 나중에 밝혀진 대로, 그들의 동기는 예수가 염두에 둔 것과는 상당한 차이가 있었다. 예수가 이스라엘이라는 명칭으로 불렀던 모든 사람들은 새 이스라엘의 열심과 아울러 옛 이스라엘의 모호성을 그대로 드러내었다. 마지막에 예수를 따랐던 사람들조차도 예수가 홀로 이스라엘의 소명을 짊어졌을 때에 그 옆에서 그를 돕지 않았다.

그러나 역설적인 말이지만, 이스라엘이 되는 예수의 새로운 길은 그런 식으로 무효화된 것이 아니라 오히려 신원되었다. 예수의 목표는 언제나 이스라엘 내에서의 단순한 사회 개혁보다 더 큰 것이었기 때문에 — 예수가 염두에 두었던 것은 이스라엘만이 아니라 이스라엘을 통하여 세계와 관련되기도 한 야훼의 목적의 성취였기 때문에 — 그의 제자들이 그의 공생애 동안에는 그의 부르심에 귀 기울이는 데에 실패했다고 할지라도 나중에 다시 그 부르심을 회복하여 그의 가르침과 이스라엘에 대한 그의 도전을 야훼의 백성의 갱신된 공동체로서의 그들의 자기이해를 위한 토대로 다시 사용하게 될 것이라는 것이 실제로 예수의 의도 속에 존재하였다. 현재로서는 우리는 이스라엘 민족 전체가 회개치 않을 것이라는 것을 예수가 알고 있었던 것과 마찬가지로 예수는 그의 제자들이 어리둥절해하며 어쩔 줄 몰라 할 것이라는 것도 알고 있었다고 결론을 내리지 않을 수 없다. 이러한 두 가지 신념은 자기가 이스라엘을 위하여 해야만 하는 일은 궁극적으로 자기 홀로 행할 수밖에 없다는 것을 예수가 잘 알고 있었기 때문이었다.

그러나 이러한 내용은 앞으로 여러 장에 걸쳐서 다루어질 내용을 미리 살펴본 것이다. 우리는 이 장에서 제기된 그 밖의 다른 문제들, 특히 기독론에 관한 문제들에 대한 고찰은 뒤로 미루지 않을 수 없다(예수는 토라를 폐기하는 것처럼 보임에도 불구하고, 그를 따르는 것이 이스라엘의 하나님께 순종하는 것이 된다고 말하는 바로 이 사람은 과연 누구인가? 그에게 속하는 것이 참 이스라엘에 속하는 것이라고 말하는 이 사람은 과연 누구인가? 주권적으로 죄 사함을 베풀며, 그의 메시지가 요구하는 새 마음들을 제공하고, 결국 그가 다른 사람들에게 주었던 부르심들을 비록 그 사람들이 그것을 따를 수 없다고 할지라도 스스로는 완전하게 그것을 따랐던 이 사람은 과연 누구인가?) 이 모든 문제들을 살펴보기 전에, 우리는 먼저 예수의 하나님 나라 이야기의 세 번째 주된 특징을 좀 더 자세하게 살펴보아야 한다. 하나님 나라가 가까웠다면, 그것을 거부하는 자들은 심판을 초래하게 될 것이다. 이러한 심판 속에서 및 이 심판을 통해서, 하나님 나라를 받아들였던 사람들은 그들의 신원을 발견하게 될 것이다.

제8장

하나님 나라에 관한 이야기들(3): 심판과 신원

1. 서론

예수는 이스라엘이 하나님에 의해서 그의 목적을 이룰 대리인으로 부르심을 받았고, 예수 자신도 그러한 개혁을 이루기 위하여 보내심을 받았으며, 이러한 자신의 사역 없이는 이스라엘이 그 민족적 운명을 성취할 수 없다는 것을 믿었다. 이스라엘 민족이 그러한 소명을 받아들이기는커녕 하나님의 사자를 거부하고 그 사자의 전하는 말에 응답한 자들을 핍박한다면, 하나님의 주권에 대한 단언이 예수는 옳았고 이스라엘 민족은 틀렸다는 공공연한 입증을 어떻게 포함하지 않을 수 있었겠는가? 또한 그것은 핍박받은 자들 및 그들이 목숨을 바쳤던 운동에 대한 신원을 어찌 포함하지 않을 수 있었겠는가?[1]

예수가 지금까지 우리가 개략적으로 살펴본 것과 같은 이야기를 들려주었다면, 예수는 분명히 그 이야기가 결국 어떻게 끝날 것인지에 대해서도 어느 정도 알고 있었을 것임에 틀림없다. 새로운 결말이 어떻게 될지를 알지 못하면서 어떤 이야기를 새롭게 다른 판본으로 말하는 사람은 아무도 없다. 예를 들면, 우리가 시편들, 쿰란 문헌들, 마카베오 서신들, 요세푸스의 글들 속에서 발견하는 유대적인 이야기들에 대한 새로운 판본들은 모두 그 이야기가 어느 곳으로 향하여 흘러가고 있는지를 알고 있다 즉, 그 결말을 염두에 두고 있다는 말

---

1) Caird 1965, 20f.(= Caird & Hurst 1994, 365f.).

이다.

우리가 이 점을 염두에 두고 예수의 선포를 검토하면, 두 가지 분명한 노선이 드러난다. 첫째, 임박한 민족적 재난에 대한 경고들이 있다: 장차 도래할 정치적·군사적·사회적 재앙, 그리고 그 결과로서 예루살렘의 파괴. 둘째, 예수를 따르는 자들은 이러한 것들을 모면하게 될 것이라는 확언들이 있다: 그들은 적절한 시기에 그렇게 할 준비를 갖추도록 권유받는다. 이 두 가지 — 우리가 조금 후에는 각각 따로따로 살펴보게 될 것이다 — 는 마가복음 13장과 그 병행문들 속에 나오는 장엄한 대목 속에서는 갑자기 하나로 통합되어 나온다 — 마가복음 13장은 전체로서 고찰되어야 한다. 이것으로써 "이야기"라는 시각에서 예수의 사고방식에 대한 우리의 검토는 끝나게 되고, 우리는 하나님 나라에 관한 상징들이라는 추가적인 문제로 넘어가게 될 것이다.

물론, 내가 복음서 전승 속의 이 흐름과 관련하여 제시하고 있는 읽기는 논란을 불러일으킬 것이다. (a) 임박한 심판에 관한 구절들은 통상적으로 시공간으로 이루어진 우주의 종말에 관한 예언들로 취급되어 왔다. 예수 시대의 유대인들은 피조 세계가 곧 종말을 맞게 될 것이라고 믿었던 것으로 전제된다; 예수는 이러한 신앙을 공유하였던 것으로 전제된다. 나는 여기서 이러한 읽기에 반대하는 나의 논거를 다시 제시하고 발전시킬 것이다. (b) 또는, 이와 반대로, 그러한 구절들은 종종 예수는 결코 그런 유의 "묵시론적" 사상가가 아니었다는 이유를 들어서 예수의 것임이 부정되어 오기도 했다 그런 다음에, 그러한 구절들은 초대 교회의 것으로 돌려진다. 나는 이미 제2장에서 이 문제를 꽤 철저하게 다룬 바 있다. (c) 또한, 예수와 그의 백성의 신원에 관한 구절들도 통상적으로 예수는 자기 자신의 부활이나 자기에게 충성하는 사람들의 공동체를 상정하지 않았다는 것을 근거로 들면서 후대 교회의 창작물들로 취급되어 오곤 했다. 이것도 잘못되었다는 것을 나는 제7장에서 살펴본 바 있다: 우리는 예수가 주후 1세기의 그 밖의 다른 지도자적 예언자들과 마찬가지로 그의 추종자들을 이스라엘의 참된 백성으로 생각하였고, 이들이 장차 다가올 위기의 때를 잘 극복하고 계약 하나님의 갱신된 백성을 이룰 것이라고 생각했다는 것을 사실상 확신할 수 있다. (d) 예수가 그의 동시대인들 및 예루살렘 도성을 향하여 임박한 심판을 경고하였다는 견해는 종종 예수를 반유대적으로 만든다고 하여 거부되어 왔다. 우리는 곧 이것에 대해서 논의하게 될 것이다.

지금에 와서는 임박한 심판에 관한 표준적인 견해들을 역사적으로 신빙성 있는 방식으로 말할 수 있다고 나는 생각한다.『신약성서와 하나님의 백성』에 서 나는 다음과 같이 이것에 대해서 다음과 같이 자세하게 논증하였다:

> 상당히 다양한 범위의 문체들, 장르들, 정치적 소신들, 신학적 관점들을 포괄하고 있는 이 시기의 주류 유대인들의 저작들 속에는 유대인들이 시 간과 공간으로 이루어진 우주의 종말을 기대하고 있었다는 것을 보여주는 증 거는 거의 전무하다. 하지만 그들이 … 그러한 것을 보았을 때에 은유라는 것을 알아볼 수 있었고, 사회정치적으로 대단히 커다란 사건들의 신학적 의미를 온전히 드러내기 위하여 그러한 우주적 이미지들을 사용했다는 것을 보여주는 증거는 아주 많이 있다. 그들이 스토아학파의 사상을 따라 서 세상 자체가 종말을 맞을 것이라는 신앙을 가졌다는 것을 암시해 주 는 것은 거의 아무것도 없고, 거의 모든 것들은 … 그들이 그렇지 않았다 는 것을 강력하게 보여준다.[2]

이것이 사실이라면, 이제 정말 예수 또는 초대 교회가 세상의 종말을 기대하 였다는 증거들로서 읽혀져 왔던 복음서들 속의 많은 구절들에 대한 철저한 재 평가의 때가 무르익었다고 할 수 있다. 예수와 초대 교회가 이와 관련된 언어 를 그들의 동시대인들과 동일한 방식으로 사용하였다면, 그들이 세상의 실제 적 종말을 의도하였을 가능성은 거의 없고, 그들이 하나님 나라의 도래로 해석 한 시공간의 역사 속에서의 사건들을 의도하였을 가능성이 대단히 높다.

"묵시론적" 언어에 대한 이러한 읽기를 "단순히 은유적인" 것으로 치부하여 버리는 것은 잘못된 것이다. 은유들은 이빨들을 가지고 있다 특히, 주후 1세기 유대인들이 사용하였던 복합적인 은유들은 날카로운 이빨들을 가지고 있었고,

---

2) *NTPG* 333을 331-4의 직접적인 맥락과 제10장 전체의 큰 맥락 속에서 보라. 거기 에 제시된 입장을 밑받침해 주는 자료들의 목록에 Horsley 1987, 138f., 337;(Horsley 에 의해서 인용된) Wilder 1959가 추가되어야 한다. 인용될 수 있는 많은 구절들 가운 데서 Allison 1985, 89이 인용하고 있는 세 구절이 그의 논증의 흐름과는 반대로(이것에 대해서는 위의 330 n. 38과 아래의 다음 각주를 보라) 출발점으로 좋을 것이다: *Ps.- Philo* 11:3-5; 4 Ezra 3:18-19; bZeb. 116a.

이다. 우리는 세례 요한이 그의 동시대인들에게 다가올 진노에 관하여 경고했다는 것을 발견한다:

> 요한이 많은 바리새인들과 사두개인들이 세례 베푸는 데로 오는 것을 보고 이르되 독사의 자식들아 누가 너희를 가르쳐 임박한 진노를 피하라 하더냐 그러므로 회개에 합당한 열매를 맺고 속으로 아브라함이 우리 조상이라고 생각하지 말라 내가 너희에게 이르노니 하나님이 능히 이 돌들로도 아브라함의 자손이 되게 하시리라 이미 도끼가 나무뿌리에 놓였으니 좋은 열매를 맺지 아니하는 나무마다 찍혀 불에 던져지리라.[20]

세례 요한은 장차 오실 이를 가리키면서 자기를 심판을 행하는 자로 지칭하였다:

> 손에 키를 들고 자기의 타작마당을 정하게 하사 알곡은 모아 곳간에 들이고 쭉정이는 꺼지지 않는 불에 태우시리라.[21]

이러한 경고들은 철저하게 역사적인 의미로 받아들여져야 한다. 히브리 성서 속에서 야훼의 진노가 흔히 군사적인 정복과 이에 수반된 사회적 재난으로 이루어졌던 것과 마찬가지로,[22] 우리는 세례 요한의 청중들과 세례 요한 자신이 민족의 대재난에 대한 언급을 계약의 하나님의 심판으로 해석하였을 것이라고 생각할 수 있다.

(iii) 이스라엘에 대한 심판을 말한 일반적인 경고들

예수의 메시지는 심판의 경고들을 생략하거나 약화시키기는커녕, 그것을 지

---

20) 마 3:7-10/눅 3:7-9. 예수의 가르침 속에서의 병행들에 대해서는 특히 눅 13:6-9, 그리고 21:18-22과 그 병행문들에 나오는 무화과나무 이야기에 관한 이야기를 참조하라.

21) 3:12/눅 3:17. 예수의 경고들이 나오는 불이라는 개념에 대해서는 cf. 마 5:22; 7:19; 13:40, 42, 50; 18:8f.(막 9:43); 25:41; 9:48f.; 눅 12:49; cf. 요 15:6.

22) 예를 들면, 대하 36:16f.

속적으로 강조하였다는 것을 우리는 여러 다양한 본문들 속에서 볼 수 있다. 또한 우리는 백성들이 예수를 어떤 식으로 보았는지에 관하여 보도하고 있는 전승들로부터도 이것을 추정해 볼 수 있다: 예수는 세례 요한만이 아니라 엘리야와 예레미야와도 닮았다는 것이다. 초대 교회는 예수를 여러 가지 다른 방식으로 규정하긴 했지만, 이러한 결론을 만들어 내었을 가능성은 거의 없다.[23) 일단 우리가 예수를 이러한 빛 하에서 본다면, 상당히 많은 수의 말씀들이 서로 통합되고 의미를 지니게 된다:

> 너희 의가 서기관과 바리새인보다 더 낫지 못하면 결코 천국에 들어가
> 지 못하리라.[24)

달리 말하면, 예수는 이스라엘의 하나님이 그의 나라를 이스라엘의 전통의 수호자들로 자처하는 자들을 배제하는 방식으로 세우고 계신다고 선포하였다는 말이다. 이스라엘은 재정의되고 있었다; 참 하나님이 행동하실 때에 그러한 무리 바깥에 있다는 것은 완전한 파멸을 의미하는 것이었다. 그러한 상황에서 이스라엘은 심판에 넘겨지기 전에 재빨리 화해를 청하는 편이 나았다:

> 너를 고발하는 자와 함께 길에 있을 때에 급히 사화하라 그 고발하는
> 자가 너를 재판관에게 내어 주고 재판관이 옥리에게 내어 주어 옥에 가
> 둘까 염려하라 진실로 네게 이르노니 네가 한 푼이라도 남김이 없이 다
> 갚기 전에는 결코 거기서 나오지 못하리라.[25)

이것은 개개인들에게 어떻게 하면 채무와 감옥살이를 피할 수 있는지를 조언해 주는 단순한 현명한 처세술이 아니었다. 이 구절은 민족 전체를 향하여 말하고 있는 것이었다. 그들이 하나님의 백성이 되는 새로운 길을 배우지 않는다면, 곧 때가 늦게 될 것이다:

---

23) 마 16:14/막 8:28/눅 9:19.
24) 마 5:20.
25) 마 5:25-6/눅 12:58-9.

너희가 사람의 잘못을 용서하지 아니하면 너희 아버지께서도 너희 잘못을 용서하지 아니하시리라.[26]

예수는 사람들이 생각했던 것과는 다른 길, 평화의 길을 이스라엘에게 제시하고 있었고, 이 길을 거부한 자들은 결국 승리가 아니라 파멸을 발견하게 될 것이다:

칼을 가지는 자는 다 칼로 망하느니라.[27]

예수가 손짓하고 있었던 길은 좁은 문을 통과하는 길이었고, 그들이 확고하게 하나님의 백성 안에 있다고 생각했던 많은 사람들은 잘못되었다는 것이 입증될 것이었다:

좁은 문으로 들어가라 멸망으로 인도하는 문은 크고 그 길이 넓어 그리로 들어가는 자가 많고 생명으로 인도하는 문은 좁고 길이 협착하여 찾는 자가 적음이라.[28]

또는, 은유를 바꾸어서 말해 보자면, 선한 열매를 맺는 나무들만이 파멸을 모면하게 될 것이다:

아름다운 열매를 맺지 아니하는 나무마다 찍혀 불에 던져지느니라.[29]

그러한 상황 속에서, 자기들이 아브라함의 자손들이라고 생각했던 사람들은 그 생각이 틀렸다는 것을 발견하게 될 것이다:

---

26) 마 6:15; cf. 마 18:35; 막 11:25. Cp. 마 22:11-14과 위의 268-74에 나오는 좀 더 자세한 논의.

27) 마 26:52.

28) 마 7:13-14; cf. 눅 13:24.

29) 마 7:19. "좋은 나무와 나쁜 나무"라는 표상 전반에 대해서는 cp. 마 12:33-7/눅 6:43-5; 눅 13:6-9.

또 너희에게 이르노니 동서로부터 많은 사람이 이르러 아브라함과 이삭과 야곱과 함께 천국에 앉으려니와 그 나라의 본 자손들은 바깥 어두운 데 쫓겨나 거기서 울며 이를 갈게 되리라.[30]

이와 동일한 주제는 비유들에도 강력하게 나타나 있다.[31] 씨앗은 은밀하게 자라나서, 다 자라게 되면, 추수 때가 도래하였기 때문에 낫이 대어질 것이다.[32] 현세의 마지막에 천사들은 잡초들을 모아다가 묶어서 불에 태울 것이다.[33] 온갖 종류의 물고기들은 그물로 낚아 올려져서, 그런 후에 그 물고기들은 분류될 것이다.[34] 초대를 거부한 사람들은 혼인 잔치의 초대장을 전하러 그들에게 보내심을 받은 사자들을 죽인 살인자들과 같다. 왕은 그의 군대를 보내어 그들을 가혹하게 처리할 것이다.[35] 잔치에서 상석을 고집하였던 자들은 수치를 당하게 되고, 초대를 거부한 자들은 다른 사람들로 교체될 것이며, 준비가 되어 있지 않았던 자들이나 무가치한 자들은 배제될 것이다.[36] 왕이 그의 백성들에게 왔을 때, 그의 지시를 이행하는 데에 실패했던 자들은 심판을 받게 될 것이다.[37] 악한 농부 비유는 다른 많은 비유들과 마찬가지로 이것을 다음과 같이 요약한다: 현재의 기득권층들은 포도원을 자기 소유로 계속해서 지키고자 애써왔지만, 결국 그 포도원은 남들에게 주어지게 될 것이다. 그들이 예수를 거부한 것은 지금 그들이 유업을 이을 자들이 아닐 뿐만 아니라 포도원에서 농사를 지을 소작농들도 아니라는 것을 의미하였다. 하늘로부터 보내심을 받은 사자들을 거부한 자들은 하나님 나라를 빼앗기게 되고, 다른 곳에 배치될 것이다: 사람들에게 버린 바 된 돌이 모퉁잇돌이 될 것이다.[38] 이스라엘의 하나님이 행동

---

30) 마 8:11-12/눅 13:28-9(다른 맥락 속에서).

31) cf. 위의 361-380.

32) 막 4:26-9, cf. *Thom.* 21:4f.

33) 마 13:24-30, 36-43.

34) 마 13:47-50; *Thom.* 8에서 개작되어 있다.

35) 마 22:7; 누가복음과 도마복음서에 나오는 병행문들 속에는 빠져 있다.

36) 마 22:1-14; 25:1-13, cf. 막 13:35-7; 눅 12:35-6; 13:24-30; 14:7-11; 14:15-24; *Did.* 16:1; *Thom.* 64.

37) 마 25:14-30/눅 19:11-27; cf. 아래의955-965.

하실 때에 이스라엘은 신원을 받고 이방 나라들은 의로운 심판을 받아 버려지게 될 것이라는 것을 단언하기 위하여 전통적으로 사용되었던 이스라엘의 전래적인 일련의 표상들은 여기서 나사렛 출신의 예언자에 의해서 다음과 같은 것을 말하는 데에 다시 사용되고 있다: 이스라엘의 하나님이 행동하실 때에 심판은 바로 이스라엘 자신에게 임하게 될 것이다. 왜 이스라엘은 자기 눈에 들보가 있는데도 자기 이웃의 눈에 있는 티를 보는 것인가?[39] 이스라엘이 스스로 눈이 멀어 있는데, 어떻게 이스라엘이 세상의 빛이 될 수 있겠는가?[40] 이스라엘 속의 빛이 어둠이라면, 그 어둠이 얼마나 클 것인가?[41]

이런 식으로 이스라엘의 경계는 예수에 의해서 다시 그려졌는데, 예수 자신의 재정의에 따라 "회개한" 자들을 포함시키고, 그렇지 않은 자들을 배제시키는 방식으로 다시 그려졌다:

> 요한이 의의 도로 너희에게 왔거늘 너희는 그를 믿지 아니하였으되 세리와 창녀는 믿었으며 너희는 이것을 보고도 끝내 뉘우쳐 믿지 아니하였도다.[42]

예수의 가르침, 이야기들, 그리고 행보들 전체에 걸쳐서, 이 메시지는 말씀과 행위 속에서 거듭거듭 울려 퍼졌다. 이스라엘은 재정의되고 있었다; 그리고 예수의 경고들에 귀를 기울이지 않은 자들은 그들이 이교도들에게나 합당하다고 생각해 왔던 바로 그 자리에 스스로 있다는 것을 발견하게 될 것이다.

(iv) "이 세대"에 대한 임박한 심판과 관련된 경고들

---

38) 마 21:41-3/막 12:9-11/눅 20:16-18. 다가올 심판에 관한 말씀은 *Thom.* 65에 나오는 병행문 속에는 빠져 있다; 그러나 *Thom.* 66은 버린 바 된 모퉁잇돌에 관한 말씀을 포함하고 있다.

39) 마 7:1-5/눅 6:39-42/*Thom.* 26/*P. Oxy.* 1.1.

40) 마 15:14/눅 6:39/*Thom.* 34.

41) 눅 11:33-6, cf. 마 5:14-16/막 4:21-3/눅 8:16f./*Thom.* 24; 33/*Dial.Sav.* 8/*P. Oxy.* 655. 24.

42) 마 21:32.

일반적 경고는 흔히 좀 더 구체적이 된다: 심판의 때가 다음 세대 내에 도래할 것이다. 예수가 제자들에게 하나님 나라를 선포하도록 위임한 말 속에도 제자들의 메시지를 거부하는 자들에 대한 엄중한 경고들이 들어 있었다:

> 누구든지 너희를 영접하지도 아니하고 너희 말을 듣지도 아니하거든 그 집이나 성에서 나가 너희 발의 먼지를 떨어 버리라 내가 진실로 너희에게 이르노니 심판 날에 소돔과 고모라 땅이 그 성보다 견디기 쉬우리라.[43]

여기서 다시 한 번 말해두지만, 이것은 결코 시공간적인 "마지막 심판"에 관한 예언이 아니었다. 그것은 갈릴리의 이런저런 마을들이 예수가 가져왔던 평화의 길을 거부한다면 어떤 일이 벌어질 것인지에 대한 직설적인 경고였다. 이것은 고라신, 벳새다, 그리고 심지어 예수 자신이 본거지로 삼았던 가버나움을 향한 재앙의 말들 속에 풍부하게 나온다. 그들 위에는 두로, 시돈, 소돔에 대한 심판이 오히려 가볍다고 여겨질 정도의 심판이 임할 것이다.[44] 여기서 무시무시한 것은 예수가 구약성서에서 그대로 가져온 심판의 이미지들, 즉 이방 나라들에 대한 하나님의 심판과 관련이 있었던 이미지들(두로, 시돈, 소돔 ─ 그리고 니느웨; 물론, 니느웨는 회개를 해서 심판을 피하긴 했지만)을 이스라엘 내의 여러 마을들에 대한 다가올 심판을 위한 모형들로 사용하고 있었다는 것이다.[45] 예수는 이러한 갈릴리 마을들에게 평화의 길을 제시하였었다. 만약 그들이 예수의 말을 따른다면, 그 마을들은 현재의 정치적 열망들과 기대들로 이루어진 어두운 미로를 통과하여 창조주이자 계약의 하나님의 참된 백성으로서 신원받도록 그들을 인도해줄 하나님이 주신 황금으로 된 실을 발견하게 될 것이다. 만약 그들이 거절한다면, 그들은 결국 로마와의 대결, 그리고 피할 수 없는 파멸을 가져올 길을 선택하는 것이 된다.

마태와 누가에 공통적인 자료 속에 나오는 서기관들과 바리새인들에 대한

---

43) 마 10:14-15/눅 10:11-12, cf. 막 6:11.

44) 마 11:20-4/눅 10:13-15.

45) 마 12:38-9, 41과 그 병행문들; cf. Caird & Hurst 1994, 363f.

심판의 목록은 "이 세대"를 향한 구체적인 경고로 끝을 맺는다:

> 너희가 너희 조상의 분량을 채우라 뱀들아 독사의 새끼들아 너희가 어떻게 지옥의 판결을 피하겠느냐 그러므로 내가 너희에게 예언자들과 지혜 있는 자들과 서기관들을 보내매 너희가 그 중에서 더러는 죽이거나 십자가에 못 박고 그 중에서 더러는 너희 회당에서 채찍질하고 이 동네에서 저 동네로 따라다니며 박해하리라 그러므로 의인 아벨의 피로부터 성전과 제단 사이에서 너희가 죽인 바라갸의 아들 사가랴의 피까지 땅 위에서 흘린 의로운 피가 다 너희에게 돌아가리라 내가 진실로 너희에게 이르노니 이것이 다 이 세대에 돌아가리라.[46]

이러한 전망에 직면하여, 화염 속으로 곧장 뛰어드는 것보다 가장 소중하게 여겼던 것을 포기하는 편이 더 나을 것이다:

> 만일 네 손이 너를 범죄하게 하거든 찍어버리라 장애인으로 영생에 들어가는 것이 두 손을 가지고 지옥 곧 꺼지지 않는 불에 들어가는 것보다 나으니라 만일 네 발이 너를 범죄하게 하거든 찍어버리라 다리 저는 자로 영생에 들어가는 것이 두 발을 가지고 지옥에 던져지는 것보다 나으니라 만일 네 눈이 너를 범죄하게 하거든 빼버리라 한 눈으로 하나님의 나라에 들어가는 것이 두 눈을 가지고 지옥에 던져지는 것보다 나으니라 거기에서는 구더기도 죽지 않고 불도 꺼지지 아니하느니라 사람마다 불로써 소금 치듯 함을 받으리라.[47]

심판은 이제 그들로 하여금 돌이켜서 순종하게 하기 위하여 보내심을 받은 마지막 사자를 거부하고 있었던 "이 세대" 위에 임할 것이다.[48]

이 세대에 대한 심판이라는 이러한 주제는 누가복음 11장에서 19장까지 이

---

46) 마 23:32-6/눅 11:45-52.
47) 마 9:43-9, cf. 마 5:29-30; 18:8-9.
48) 마 21:33-46/막 12:1-12/눅 20:9-19.

어지는 연속적인 이야기 속에서 특히 두드러지는데, 물론 여기에 나오는 내용들의 상당수는 다른 공관복음서들의 하나 또는 둘 모두에 병행을 갖고 있다. 이러한 연속된 이야기 중에서 상당 부분은 우리가 이미 자세하게 살펴본 내용들이기 때문에, 우리는 그 두드러진 효과를 포착하기 위하여 오직 개략적으로만 훑어보기만 하면 된다. 일련의 내용과 순서는 물론 누가의 것이지만, 밝혀진 역사적 가설은 이것이 실제로 예수가 통상적으로 말했던 그런 것들, 예수가 습관적으로 말했던 무시무시한 이야기였다는 것을 강력하게 시사해 준다.

귀신들이 되돌아와서, 그 집의 나중 상태가 처음 상태보다 더 악화될 것이다 (11:24-26). 표적을 구하는 세대는 오직 요나의 표적만을 받게 될 것인데, 이것만으로 그들을 정죄하는데 충분할 것이다(11:29-32). 너희 속에 있는 빛이 어둠이라면, 그 어둠이 정말 큰 것이다(11:33-36). 바리새인들의 머리 위에 화가 선포되는데, 이는 그들이 오로지 제의적 정결에만 관심이 있고, 이스라엘 내부에서 자라고 있는 거대한 질병을 보지 못하기 때문이다(11:37-54).[49] 모든 의인들과 예언자들의 피를 이 세대에게 요구할 것이다(11:51). 이스라엘은 생명을 죽일 수 있을 뿐만 아니라 게헨나(Gehenna)에 던질 수 있는 분을 두려워해야 한다(12:4-5). 예수를 인정하는 자들은 신원받겠지만, 거부하는 자들은 내쫓김을 당하게 될 것이다(12:8-9). 이스라엘은 자신의 세계가 주변에서 무너져가고 있는데도 땅과 재물에 투자하고 축적하는 일을 계속하는 바보스러운 부자와 같다(12:13-21). 집주인이 돌아왔을 때, 그를 맞을 준비가 되어 있지 않은 종들은 "신실치 못한 자들로 벌을 받게" 될 것이다(12:35-46); 적극적으로 불순종하는 자들은 그들의 범죄의 중함에 따라 벌을 받게 될 것이다 (12:47-48). 이제부터 이스라엘 내에서 구분이 일어날 것인데도(12:49-53),

---

49) 이것이 Q 자료의 구절이라는 사실은 그 자체로 이런 유의 자료가 주후 70년 이후의 시기에 속한다고 주장하는 사람들에게 뭔가 주저함을 주고 있음에 틀림없다. 그러한 자료를 후대의 가설적인 자료인 Q라는 자료에 할당하는 것은 완전히 자의적이다(예를 들면, 11:29-32에 대한 Funk & Hoover 1993, 332를 참조). 아울러, 누가가 그것을 예수에 의한 지속적인 심판-경고들의 맥락 속에 두고 있는 것은 그것이 결코 예수의 다른 가르침의 일반적인 기조로부터 분리되어 있지 않다는 것을 의미한다. 우리는 여기에 작은 것들을 위반하는 자들에 대한 화 선포도 포함시킬 수 있을 것이다: 마 8:6-7/막 9:42/눅 17:1-2.

이스라엘 백성들은 시대의 징조를 읽지 못해서 자신의 때가 끝났다는 것을 알지 못한다(12:54-56). 만약 그들이 그것을 안다면, 그들은 총체적인 파멸을 무릅쓰기보다는 지금이라도 그들의 원수들과 화해할 것이다(12:57-59).

누가복음 13장은 이중의 엄숙한 경고로 시작된다. 이스라엘이 파멸을 향하여 곧장 치닫고 있는 것을 회개치 않는다면, 빌라도가 죽였던 자들 또는 실로암 망대가 무너져서 깔려 죽었던 자들과 동일한 운명을 겪게 될 것이다: 달리 말하면, 그들이 계속해서 우상숭배적 민족주의의 길을 걷는다면, 로마의 칼들과 떨어지는 돌덩이들이 그들의 운명이 될 것이다(13:1-5). 이러한 경고들은 즉시 하나의 비유를 통해서 다시 강화된다: 무화과나무는 빨리 열매를 맺는 것이 좋은데, 이는 그렇지 않으면 그 나무가 베임을 당할 것이기 때문이다(13:6-9). 좁은 문이 있다; 그 문이 일단 닫히면, 아무도 그 속으로 들어갈 기회를 얻지 못하게 될 것이고, 먼저 된 자들이 나중 될 것이고, 나중 된 자들이 먼저가 될 것이다(13:22-30). 가축의 관점에서 볼 때, 예루살렘은 곧 농장에 난 커다란 화재와 동일한 것을 맞게 될 것이다; 예수는 어미 닭들이 그러한 상황 속에서 행하는 것을 하고자 해왔으나, 병아리들은 어미 닭의 날개 아래 들어오기를 거부하고 있다. 그 결과, 에스겔의 예언에서와 마찬가지로, 성전은 그 정당한 거민에 의해서 버림을 받고, 다가올 운명에 내맡겨진다(13:34-35).[50]

이 모든 것에 비추어 볼 때, 스스로를 높이는 자들은 수치 속에서 말석에 앉게 될 것이다(14:7-11). 초대받은 자들 중 그 누구도 메시야 연회를 맛보지 못할 것이다(14:24). 이스라엘은 가족의 정체성과 조상의 소유들에 더 이상 집착해서는 안 된다. 만약 계속해서 집착한다면, 이스라엘은 완성할 수 없는 망대를 짓는 사람과 같게 될 것이다 — 또는, 다소 위안이 될 수 있는 은유를 사용한 경고에 의하면, 이스라엘은 작은 군대를 이끌고 큰 군대와 싸우러 가는 왕과 같게 될 것이다(14:25-33). 바로 지금 땅의 소금이 그 맛을 잃어가고 있고, 그런 일이 일어날 때, 소금은 오직 밖에 버려질 수밖에 없다(14:34-35). "들을 귀 있는 자들은 들으라"(14:35b)는 특징적인 어구는 적어도 누가가 이 말씀을 이스라엘의 머리 위에 걸려 있는 끔찍한 심판에 대한 암호적인 경고로

---

50) 겔 10; Borg 1984, 181ff.를 보라.

이해하였다는 것을 보여주는 또 하나의 표지이다.

누가복음 15장과 16장의 비유들도 이와 동일한 방향을 보여준다. 맏아들은 연회장 밖에 있는 반면에, 탕자는 연회의 주인공으로서 연회에 참여한다(15:11-32). 청지기는 곧 자신의 청지기직으로부터 쫓겨나게 될 것인데, 만약 그가 자신의 임무를 잘 알고 있었다면, 그는 시간이 있는 동안에 자기가 돌볼 수 있는 모든 친구들을 돌보았을 것이다(16:1-9).[51] 부자의 다섯 형제들은 곧 그들도 맏형과 합류하여 고통을 당하게 될 것을 알지 못하고(16:19-31) 열심히 재물을 섬기고 있다(16:10-15). 이스라엘은 노아의 날 또는 소돔의 날과 같은 그러한 때를 경험하게 될 것이다(17:22-37). 택함받은 자들은 신원받게 되겠지만, 인자의 날에 신실한 자들은 극소수일 것이다(18:1-8). 부를 의뢰하는 자들은 결코 하나님 나라에 들어가지 못할 것이다(18:18-30). 왕이 통치하기를 원치 않았던 자들은 멸망받게 될 것이다; 자신의 소임을 다하지 못한 종은 결국 망하게 될 것이다(19:11-27).

예수가 십자가를 향하여 갈 때, 이와 동일한 주제는 더욱 강화된다. 예수의 죽음을 애도하고 있는 여자들은 그들 자신 및 그들의 자녀들을 위하여 애곡하여야 한다. 그들이 끔찍한 "복선언문"을 입 속에서 터트릴 그런 때가 올 것이다: "결코 아이를 낳지 않은 모태들과 결코 젖을 빨린 적이 없는 가슴들이 복되도다!" 자녀들을 가졌다는 큰 축복은 수치로 변하게 될 것이다; 숲이 푸를 때, 즉 정죄 받은 자, 곧 예수가 폭력적인 혁명에 대하여 무죄한 데도 로마인들이 이럴 진데, 숲이 메마를 때, 즉 지금 길거리에서 놀고 있는 아이들이 자라서 로마에 직접적으로 대항할 혁명 세력이 될 때에는 어떤 일이 벌어지겠는가?[52] 예수는 이스라엘이 지금 최종적으로 평화의 길을 거부하였다는 것을 알고 있음과 아울러 다음 세대 내에 이스라엘이 결코 이길 수 없는 전쟁, 무참하게 질 수밖에 없는 전쟁 속에 휘말려 들게 될 것을 알고 있었다. 예수와 함께 십자가에 못 박힌 두 명의 의적("레스타이")은 단순히 다음 세대에서 동일한 운명을 맞게 될 수많은 "레스타이" ― 의적들, 혁명가들 ― 에 대한 맛보기일 뿐이다. 이스라엘의 고상하지만 비극적인 이야기는 신속하게 악몽이 되어가고 있었다.

---

51) 그 밖의 다른 해석들에 대해서는 cf. e.g. Fitzmyer 1985, 1094-1111.

52) 눅 23:29-31: 아래의 859-863.

이러한 경고들은 상당한 분량과 힘을 지닌 목록을 이루고 있다. 물론, 어떤 사람들은 우리는 단지 여기서 예수의 신학이 아니라 누가의 신학을 다루고 있을 뿐이라고 말할 것이다. 우리는 이러한 반론을 판이하게 서로 다른 두 가지 차원에서 다루어야 한다. 첫째, 복음서 기자였던 누가가 지금까지 존재했던 모든 저술가들과 마찬가지로 자기가 쓴 글을 선별하고 배열하는 데에 책임이 있기 때문에 그가 쓴 내용은 비역사적이라고 생각하는 것은 방법론상으로 기본적인 오류에 속한다. 사실, 바로 이러한 문제 때문에 나는 『신약성서와 하나님의 백성』 제2부의 상당 부분을 본서에 대한 예비적인 고찰로 할애한 바 있다.[53] 둘째, 우리는 이러한 누가복음의 자료가 예수와 관련이 없다고 말하는 것이 뜻하는 의미를 아주 조심스럽게 주목해야 한다. 우리는 아주 솔직하게 누가가 예수의 가르침의 강조점들, 예수의 이야기의 줄거리에 관하여 전혀 아무것도 알지 못했다거나 예수의 사역은 실제로 그 통상적인 주제들의 목록 속에서 볼 수 있는 임박한 민족적 재난에 대한 경고를 포함하고 있었다고 말하지 않으면 안 된다. 이 둘을 배제하고 어중간한 태도를 취하는 것은 불가능하다. 그런데 특히 두 가지 것이 후자를 밑받침해주고 있다: 방금 열거한 말씀들 중 상당수는 어떤 형태로든 그 밖의 다른 전승의 흐름들 속에도 등장한다; 그리고 우리가 지금 우리 앞에 가지고 있는 그림은 역사적으로 의미가 통하는 전체적인 가설의 일부를 형성하고 있다. 이러한 것들은 우리에게 이런 류의 내용들은 예수 자신에게로 소급될 가능성이 대단히 높다는 강력한 확신 속에서 일반적인 범주가 초점을 맞추고 있는 좀 더 구체적인 경고들로 나아갈 수 있는 좋은 토대들을 제공해준다.[54]

---

53) *NTPG* Part II, e.g. 51f.

54) 예를 들면, cf. Meyer 1992a, 88: 모든 이스라엘이 선택받았다는 것을 당연시하기를 거부한 것은 "예수의 말씀들 가운데에서 단지 산발적인 것이었다 … 그는 하나님 보시기에 선택받은 것을 유지하는 것은 하나님의 최종적인 부르심에 대한 응답에 달려 있다고 일관되게 천명하였다. 이러한 그의 주장을 재가하는 것은 장차 도래할 심판이 될 것이라는 것은 공관복음서 전승에 의해서 풍부하게 입증되는 주제이다." Cp. Meyer 1992b, 784: 다가올 심판은 "복음서 문헌의 모든 전승층에 의해서 풍부하게 입증되는 반복적인 주제이다. 우리는 이 모든 본문들에 대하여 주의깊은 역사적 비판을 적용하지 않으면 안 된다; 그렇지만, 그러한 본문들이 일괄적으로 비역사적이라고 보는 견해는

(v) 예루살렘과 성전에 대한 심판과 관련된 경고들

이러한 경고들은 예수가 감람산 위에 걸터앉아서 그의 시야에 들어온 아름다운 도성을 보고 울음을 터뜨린 누가복음 19:39-44에서 절정에 달한다 — 아마도 티투스가 그로부터 40년 후에 예루살렘을 최종적으로 포위 공격하기 위하여 로마 군단들을 이끌고 왔을 때에 보았던 바로 그 정경:

> 너도 오늘 평화에 관한 일을 알았더라면 좋을 뻔하였거니와 지금 네 눈에 숨겨졌도다 날이 이를지라 네 원수들이 토둔을 쌓고 너를 둘러 사면으로 가두고 또 너와 및 그 가운데 있는 네 자식들을 땅에 메어치며 돌 하나도 돌 위에 남기지 아니하리니 이는 네가 보살핌 받는 날을 알지 못함으로 인함이라.[55]

그러나 이것은 결코 예루살렘과 성전이 예수가 자주 얘기했던 심판의 이야기 속에서 두드러지게 등장하는 첫 번째 경우가 아니었다.[56] 예를 들면, 예수 당시의 문화 속에서 "집"이라는 단어가 쉽게 "성전"이라는 생각을 연상시킬 수 있었고, "반석" 또는 "돌"이 쉽게 그 성전의 기초석으로 규정될 수 있었다는 것을 기억하고 다음과 같은 구절을 생각해 보라:[57]

> 누구든지 나의 이 말을 듣고 행하는 자는 그 집을 반석 위에 지은 지혜로운 사람 같으리니 비가 내리고 창수가 나고 바람이 불어 그 집에 부딪치되 무너지지 아니하나니 이는 주추를 반석 위에 놓은 까닭이요 나의

전혀 개연성이 없다."

55) 여기에 나오는 구약성서의 그물같이 얽힌 간접 인용들, 그것들은 주후 70년의 예루살렘의 실제적인 포위가 이 대목의 배경일 가능성을 더욱 높여주고 있다는 것에 대해서는 특히 Dodd 1968, 74-7를 보라. 티투스(Titus)가 스코푸스(Scopus) 산에 자리잡고, 제10군단이 감람산 위에 자리 잡고 있었다는 것에 대해서는 Jos. *War* 5:67-70을 참조하라.

56) 이 절 전체는 제9장과 제3부에서의 이 내용에 관한 좀 더 온전한 서술들에 의존하고 있고, 그 내용을 미리 제시한 것이다.

57) cp. Michel 1967, 120, etc.; Meyer 1979, 185f. Cf. *NTPG* 387 n.59.

이 말을 듣고 행하지 아니하는 자는 그 집을 모래 위에 지은 어리석은 사람 같으리니 비가 내리고 창수가 나고 바람이 불어 그 집에 부딪치매 무너져 그 무너짐이 심하니라.[58]

예수는 그 밖의 다른 몇몇 유대교의 분파 지도자들과 마찬가지로 그의 청중들에게 참된 성전을 세우는 데에 동참하라고 초대하고 있었던 것이다. 예루살렘 성전은 심판, 즉 머지않아 임할 심판 아래 놓여 있었다. 우리가 보았듯이, 귀신들은 되돌아올 것이고, "집"의 나중 상태는 처음 상태보다 더 나빠질 것이다.[59] 실로암의 망대가 무너졌을 때와 마찬가지로, 떨어지는 돌들이 회개치 않는 자들의 운명이 될 것이다.[60] "집"은 적의 공격에 무방비 상태로 버려지고 황폐화된다.[61] 바로 이러한 맥락 속에서 보아야만 성전 안에서의 예수의 극적인 행위는 완벽한 의미를 지니게 된다: 예수의 행위는 심판과 파멸에 관한 것을 내용으로 한 행위에 의한 비유였다. "집"은 강도("레스타이")들의 소굴이 되어 있었고, 예수는 그가 인용한 예레미야서와 마찬가지로 그 위에 하나님의 심판을 선포하였다.[62] 무화과나무는 예수가 실제로 의도했던 것의 시각적 보조자료의 기능을 한다: 마가는 무화과나무 이야기를 둘로 나누어서 그 중간에 성전에서의 예수의 행위를 배치함으로써 이 점을 두드러지게 부각시켰지만, 이것이 전승 속에 잠복되어 있었고 예수의 행위 자체 속에 함축되어 있었던 것을 명시적으로 드러낸 것이라고 생각하지 못할 이유가 없다.[63] 이러한 연관성은 "이 산"을 바다 속에 던진다는 말씀에 의해서 더욱 강화된다.[64] 이 말씀이 지닌 명백한 격언적 성격[65]은 "이 산"을 들어 바다 속으로 던진다는 말을

---

58) 마 7:24-7/눅 6:46-9.

59) 마 12:43-5/눅 11:24-6.

60) 눅 13:1-5.

61) 마 23:38/눅 13:35.

62) 마 21:13/막 11:17/눅 19:46, cf. 렘 7:11 그리고 실제로는, 렘 7장 전체. 특히, Borg 1984, ch. 7, e.g. 174를 보라; cf. 아래의 642-645.

63) 막 11:12-14, 20-5; cf. 마 21:18-22.

64) 마 21:21/막 11:23 cf. 마 17:20; *Thom.* 48, 106.

65) cf. 고전 13:2.

성전에서의 극적인 심판 행위라는 배경 속에서 했다면, 그것은 시온산을 가리키는 것으로 들려질 수밖에 없었다는 사실을 은폐해서는 안 된다.

이와 동일한 결론은 또 다른 길을 통해서도 도달되는데, 우리는 성전이 더이상 필요 없다고 암묵적으로 선언하고 있는 여러 다양한 말씀들을 생각해 볼수 있다. 예수는 호세아서를 인용해서 이스라엘의 하나님이 원하시는 것은 "제사가 아니라 긍휼"이라고 선언한다.[66] 이와 동일한 취지는 마가복음 12:28-34에서 예수가 서기관과 나누는 대화 속에도 함축되어 있다: 예수는 더 이상 성전을 필요로 하지 않는 삶의 방식을 시작하고 있다. 요하난 벤 자카이(Johanan ben Zakkai)가 주후 70년 이후에 이와 비슷한 말들을 했다고 전해진다는 사실은 거의 놀랄 만한 일이 아니고, 예수가 호세아 6:6을 이런 식으로 사용했을 리가 없다는 결론으로 귀결되어서는 안 된다.[67] 그리고 특히 예수가 실제로 어떤 때는 하나님의 행위로써, 그리고 어떤 때는 놀랍게도 자기 자신의 행위로써 성전의 파괴를 아주 명시적으로 예언한 여러 갈래의 전승들이 존재한다:

> 우리가 그의 말을 들으니 손으로 지은 이 성전을 내가 헐고 손으로 짓지 아니한 다른 성전을 사흘 동안에 지으리라 하더라 하되.[68]

> 지나가는 자들은 자기 머리를 흔들며 예수를 모욕하여 이르되 아하 성전을 헐고 사흘에 짓는다는 자여 네가 너를 구원하여 십자가에서 내려오라 하고.[69]

> 예수께서 대답하여 이르시되 너희가 이 성전을 헐라 내가 사흘 동안에 일으키리라.[70]

---

66) 마 9:13; 12:7; cf. 호 6:6.

67) cf. *NTPG* 162f.; 아래의 653.

68) 막 14:58; 마 26:61은 동일한 말씀의 축약 판본이다.

69) 막 15:29-30/마 27:39-40.

70) 요 2:19.

그[스데반]의 말에 이 나사렛 예수가 이 곳을 헐고 또 모세가 우리에게 전하여 준 규례를 고치겠다 함을 우리가 들었노라 하거늘.[71]

예수께서 말씀하시되 내가 이 집을 멸하리니 아무도 다시 세우지 못하리라.[72]

앞으로 보게 되겠지만, 이 주목할 만한 단어는 예수의 이야기 중심으로 서서히 떠오르는 주제와 완벽하게 부합한다. 예수는 성전에 대한 심판을 선포할 수 있는 예언자적이고 메시야적인 권세를 스스로 갖고 있다고 주장했다. 그리고 바로 이것 때문에 예수는 결국 당국자들 앞에서 고소당하고 심문을 받게 되었다. 아이러니컬하게도 이러한 말씀들은 역사의 반석 위에 굳건하게 서 있다.[73]

그런 다음에 예수는 민족에 대한 경고들을 선포하였다; 특히 자기 자신의 세대에 대한 경고들; 예루살렘과 성전에 임하게 될 재난에 초점을 맞춘 경고들. 마가복음 13장과 그 병행문들을 다루기 전에라도, 나는 이 모든 것들이 이미 확실한 것으로 생각된다. 예수는 자신의 공생애 사역 전체에 걸쳐서 하나의 이야기, 쿰란 두루마리들에 함축되어 있는 이야기와 매우 흡사한 이야기, 즉 이방 나라들에 대한 야훼의 행위와 통상적으로 결부된 심판이 그가 그들에게 제시하고 있는 길을 따르기를 거부하는 유대인들에게 임할 것이라는 이야기를 일관되게 말하였다. 내가 이 짤막한 개관 속에서 열거한 말씀들 중 그 어느 것도 그 핵심에 있어서 예수 이외의 다른 것에 그 기원을 돌릴 필요가 없다. 그

---

71) 행 6:14: topos("장소")는 성전을 가리키는 통상적인 방식이었다. 또한 cf. 요 11:48.

72) *Thom.* 71. 도마복음서는, 별로 놀라운 것은 아니지만, 재건된 성전이라는 문자 그대로의 의미에서나 진정으로 회복된 성전으로서의 교회라는 바울적인 의미에서나 재건을 전혀 상정하지 않고 있다. 이러한 개작은 예수가 성전을 쳐서 말했다는 전승이 매우 강력했다는 것을 보여주는 좋은 표지이다; 우리는 통상적으로 도마복음서가 유대인들의 제도에 대하여 이런 식으로 관심을 보이기를 기대하지 말아야 한다.

73) 이 목록들 속에서의 주된 말씀들이 "거짓 증인들" 또는 대적자들의 입 속에 넣어져 있기 때문에 특히 아이러니컬하다. 특히, Sanders 1985, *passim*, esp. 71-6을 참조하라.

말씀들은 전형적으로 이스라엘의 하나님의 이름을 빌려서 그의 패역한 백성들에게 경고하는 예언적 신탁들이다. 그리고 이스라엘에게 임할 심판은 고전적인 성서적 관점에서 인식되고 있다: 야훼께서 더 이상 참지 못하고 더 이상 소망이 없어서 그의 백성에게 경고한 후에 의도적으로 그들을 그들의 운명에 넘겨버리셨기 때문에 이방 군대들이 야훼의 용인 하에 쳐들어와서 그들을 멸망시키는 것. 앗시리아와 바빌로니아는 과거에 야훼의 진노의 도구들이었다; 이제는 로마의 차례가 될 것이다.

3. 신원에 관한 확신

그렇다면, 이것이 이 이야기의 끝인가? 이스라엘의 꿈과 열망들 중에서 남겨진 것이라고는 파편 조각더미가 전부이고, 예루살렘 전체는 연기만 모락모락 나는 거대한 "게헨나," 곧 쓰레기 하치장으로 변하고 마는 것인가? 어떤 의미에서는 그렇다. 이스라엘이 민족주의적 야망을 품고 있었다는 점에서, 그 야망은 결국 화염 속에서 잿더미로 끝나버리고 말 것이다. 칼을 든 자들은 칼로 망하게 될 것이다. 그러나 또 다른 아주 중요한 의미에서는 그렇지 않다. 예수의 하나님 나라 선포의 강조점 전체는 이스라엘의 하나님이 분명히 그의 백성, 밤낮으로 자기에게 부르짖었던 그의 택하신 자들을 신원하실 것이라는 것이었다.

만약 그렇지 않다면, 예수의 선포(우리가 지금까지 살펴본)는 모든 것들의 토대들을 전복시키는 것이었다는 비난은 어쨌든 어느 정도의 무게를 지니게 될 것이다. 그러니까, 이스라엘의 기본적인 소망은 바로 이것이었다: 택함받은 백성들의 원수들이 멸망받고, 택함받은 자들이 신원받는 것. 예수는 이러한 기대를 비록 근본적으로 다시 그리긴 했지만 어쨌든 재천명하고 있었던 것으로 보인다. 이런 일이 어떻게 일어날 것인가? 그것이 어떠한 형태를 취하게 될 것인가? 그 이야기는 어떤 식으로 그 결말에 도달하게 될 것인가?

우리가 여기에서 발견하는 변함없는 강조점은 예수를 따랐던 자들(그리고 함축적으로는 장래에 그의 길을 따를 자들)은 장차 다가올 큰 재난을 모면하게 되고, 그들 자신이 이스라엘에게 약속되었던 신원을 받게 되리라는 것이다. 그들은 그러한 약속을 물려받을 자들, 포로생활로부터의 진정한 해방을 경험

할 자들이 될 것이다. 이 점과 관련해서도 우리가 그 소망의 형태와 내용을 인식하기 위하여 훑어볼 수 있는 아주 많은 일련의 구절들이 존재한다.

그 주된 요지는 고전적인 묵시론적 언어를 통해서 예수를 따른 자들은 결국 그의 참된 백성으로 인정을 받을 것이라는 점을 강조하는 전승들 속에 표현되어 있다:

누구든지 사람 앞에서 나를 시인하면 나도 하늘에 계신 내 아버지 앞에서 그를 시인할 것이요 누구든지 사람 앞에서 나를 부인하면 나도 하늘에 계신 내 아버지 앞에서 그를 부인하리라.[74]

이에 예수께서 제자들에게 이르시되 누구든지 나를 따라오려거든 자기를 부인하고 자기 십자가를 지고 나를 따를 것이니라 누구든지 제 목숨을 구원하고자 하면 잃을 것이요 누구든지 나를 위하여 제 목숨을 잃으면 찾으리라 사람이 만일 온 천하를 얻고도 제 목숨을 잃으면 무엇이 유익하리요 사람이 무엇을 주고 제 목숨과 바꾸겠느냐 인자가 아버지의 영광으로 그 천사들과 함께 오리니 그 때에 각 사람이 행한 대로 갚으리라 진실로 너희에게 이르노니 여기 서 있는 사람 중에 죽기 전에 인자가 그 왕권을 가지고 오는 것을 볼 자들도 있느니라.[75]

진리는 결국 드러날 것이다: 그러나 현재에 있어서는 예수를 따르는 자들을 바라보는 그 누구도 그들이 계약의 하나님의 백성으로서 신원을 받게 될 것이라는 것을 깨닫지 못할 것이지만, 언젠가는 그것이 명백하게 드러나게 될 것이다:

그런즉 그들을 두려워하지 말라 감추인 것이 드러나지 않을 것이 없고 숨은 것이 알려지지 않을 것이 없느니라 내가 너희에게 어두운 데서 이

---

74) 마 10:32f./눅 12:8f.(최초의 "나" 대신에 "인자," "하늘에 계신 내 아버지" 대신에 "하나님의 사자들"). 또한 cf. *2 Clem.* 3:2.

75) 마 16:24-8/막 8:34-8/눅 9:23-6.

르는 것을 광명한 데서 말하며 너희가 귓속말로 듣는 것을 집 위에서 전
파하라.[76]

드러내려 하지 않고는 숨긴 것이 없고 나타내려 하지 않고는 감추인
것이 없느니라 들을 귀 있는 자는 들으라.[77]

이러한 신원은 확고한 것이다: 예수의 제자들이 모든 점에서 아무런 보호도
받지 못하고 위험 속에 있는 것처럼 보였을 때에도, 그들은 그들의 안전과 신
원을 참된 하나님에게 의뢰하여야 한다:

참새 두 마리가 한 앗사리온에 팔리지 않느냐 그러나 너희 아버지께서
허락하지 아니하시면 그 하나도 땅에 떨어지지 아니하리라 너희에게는
머리털까지 다 세신 바 되었나니 두려워하지 말라 너희는 많은 참새보다
귀하니라.[78]

그러므로 그들은 그들이 시험("페이라스모스"), 즉 위대한 구원에 앞서 올
커다란 시험과 환난의 때에 빠지지 않도록 해달라고, 그리고 악한 자("포네로
스")로부터 구원받게 해달라고 기도해야 했다.[79] 만약 그들이 재판을 받게 되
면, 예수께서 사역을 위하여 성령으로 기름부음을 받았듯이, 바로 그 성령이 그
들과 함께 하여, 그들로 하여금 무엇을 말해야 할지를 알게 할 것이다.[80] 그들
은 환난과 핍박 속에서 보호받고 보존될 뿐만 아니라, 장차 책임 있는 자리들
을 수여받아서, 위대한 갱신의 때("팔린게네시아")에 열두 보좌에 앉아서 열두
지파를 심판하게 될 것이다.[81] 예수를 따르기 위하여 모든 것을 버렸던 사람들
은 그들이 잃었던 것보다 훨씬 더 많은 것을 돌려받게 될 것이다.[82] 이스라엘

---

76) 마 10:26f./눅 12:2f./*P. Oxy. 1.8/Thom.* 33.

77) 막 4:22f./눅 8:17/*P. Oxy. 645.5/Thom.* 5; 6.

78) 마 10:29-31/눅 12:6-7; cf. 마 6:26/눅 12:24; 눅 21:18.

79) 마 6:13/눅 11:4/*Did.* 8:2; cf. 마 26:41/막 14:38/눅 22:40.

80) 마 10:19-20/눅 12:11-12; cf. 막 13:11/눅 21:14-15.

81) 마 19:28/눅 22:30.

의 하나님은 그의 택하신 자들을 신속하게 신원하실 것이다; 예수를 인정했던 사람들은 저 크고 두려운 날에 스스로 인정받게 될 것이다.[83] 끝으로, 예수는 성전에 대한 심판을 선포했는데, 이것은 그것과 균형을 이루는 단언으로 보완되었다: 예수는 새로운 성전을 지을 것이고, 그의 백성은 진정한 새 예루살렘이 될 것이다.[84] 이 이야기 전체, 예수를 따르지 않은 자들에 대한 심판과 예수를 따른 자들에 대한 신원은 암호적이지만 자주 거론되는 말씀 속에 요약되어 있다: 먼저 된 자가 나중 되고, 나중 된 자가 먼저 되리라.[85] 달리 말하면, 큰 환난이 이스라엘에 임했을 때, 예수를 따른 자들은 구원받게 될 것이다; 그리고 그것은 예수가 옳았다는 것, 그리고 그 결과로서 그들이 예수를 따른 것이 옳았다는 것을 보여주는 징표가 될 것이다. 한편으로는 예루살렘의 멸망, 다른 한편으로는 제자들의 구원은 예수가 그의 사역 전체에 걸쳐서 말했던 것이 옳다는 것을 입증해 주는 것이 될 것이다.

역사가로서의 우리는 이러한 일련의 구절들에 관하여 무엇이라고 말할 수 있는가? 나는 이 장을 시작할 때에 인용했던 케어드(Caird)의 말에 동의한다: 방금 개략적으로 설명한 일련의 사고는 다음과 같은 가설 속에서 가장 잘 의미가 통한다.[86] 샌더스는 우리가 지금까지 살펴본 말씀들을 "유대적 회복 종말론"과 같지 않기 때문에, 예수가 그러한 생각을 했을 리가 없다고 보고 그 진정성을 거부한다.[87] 그러나 내 생각에는, 이러한 말씀들은 예수식의 유대적 회복 종말론, 즉 예수가 이스라엘의 소망들을 재정의하고 그와 하나님 나라에 대한 그 자신의 과제들을 중심으로 재형성했던 사고도식 같아 보인다고 말하는

---

82) 마 19:29/막 10:29-30/눅 18:29-30; cf. *Apoc. Jas.* 4:1.

83) 눅 17.1ff.; 마 10:32/눅 12:8-9; 특히, 마 16:24-8/막 8:34 9:1/눅 9:23-7, 여기서 누가는 이것이 하나님 나라와 관련된 말씀임을 역설한다.

84) 마 16:17-19; 마 18:15-20. Cf. esp. Meyer 1979, 185-97, with 302f.; Meyer 1992a, 258-62.

85) 마 19:30/막 10:31/눅 13:30, cf. 마 20:16; *P. Oxy.* 654.4; *Thom.* 4.

86) Caird는, 내가 아는 한, 누가복음에 관한 그의 주석서(1963)에서 그 기본적인 취지를 요약하고 있기는 하지만 이러한 관점을 자세하게 진술한 적은 없었다. 이것은 왜 그의 주석서가 일부 진영들 속에서 현재 환영을 받지 못하고 있는지를 잘 설명해 준다.

87) Sanders 1985, 222ff.

것이 더 나을 것이다. 유사성과 상이성이라는 이중적인 판별 기준은 여기서 다시 한 번 작용한다. 샌더스는 유사성을 부정함으로써, 그 진정성도 아울러 부정하였다. 나는 지금까지의 나의 가설 전체가 옳다면, 우리가 유사성이 존재하지 않을 것이라고 예상한 바로 그 지점에서 실제로 유사성이 결여되어 있는 것을 본다. 예수는 당시의 주류를 이루고 있던 회복 종말론 안에서 생각할 수 있는 그러한 장차 도래할 심판과 신원을 포함한 이스라엘의 이야기를 말하고 있다; 우리가 쿰란 두루마리들의 일부에서 찾아볼 수 있듯이, 이스라엘의 공식적인 지도자들(그리고 그들이 소중히 여겼던 상징인 성전)이 "원수들"의 역할을 맡고, "핍박받고 신원받을 이스라엘"의 역할을 예수와 그의 제자들이 맡게 되었다는 사실만을 제외한다면, 이야기 자체는 변하지 않았다. 예수는 그 앞의 무수한 예언자들이 했던 것과 마찬가지로 심판과 신원에 관하여 말하고 있는 것이다. 줄거리도 동일하다. 다만, 등장인물들의 배역(dramatis personae)만이 바뀌었을 뿐이다.

물론, 적어도 불트만 이래로 주류 학계에서는 위에서 거론한 거의 모든 말씀들을 초대 교회의 것으로 돌리고 있다고 응수하는 것은 자유이다. 그렇다, 현상주의 또는 경험주의적인 인식론을 기반으로 한 학계에서 초대 교회가 그들에게 유익하다고 생각했을 말씀들을 그들이 만들어 내었을 것임에 틀림없다고 생각하는 것은 너무도 자연스러운 일일 것이다.[88] 우리는 이 시점에서 세계관들의 정면충돌에 꽤 근접해 있고, 단언은 단언으로 맞받아쳐질 것이다. 나는 내가 제시하고 있는 가설이 자료들의 의미를 더욱 잘 밝혀주고, 훨씬 더 간명하며, 불트만 및 그 이후의 여러 대안들보다 더 폭넓은 분야에 빛을 비춰준다고 생각한다. 아울러, 나의 가설은 유대교 및 초대 교회와의 유사성 및 상이성을 소유하고 있고, 이것은 역사적 개연성을 보여주는 기본적인 징표이다.

이러한 주장은 이제 또 하나의 핵심 구절에 대한 고찰을 통해서 더욱 강화될 것이다. 이 구절도 보통 초대 교회의 것으로 돌려진다. 그러나 이 구절은 온갖 종류의 초기 전승들 속에 스며들어 있고, 내가 발전시키고 있는 가설에 아

---

88) cf. *NTPG* 34f., 51-4, 59, 88-96. 마찬가지로 우리는 마틴 루터가 갈라디아서 주석을 썼다는 것도 말해 볼 수 있을 것이다 — 몇몇 주석서들을 통해서 판단해 보기 위하여.

주 잘 부합한다. 이 구절은 어떤 형태로든 예수 자신에게로 거슬러 올라간다고 보아져야 한다. 내가 말하고 있는 것은 마가복음 13장의 이른바 "소묵시록"과 그 병행문들이다.

4. 마가복음 13장과 그 병행문들: 장차 도래할 멸망과 신원

(i) 서론

마가복음 13장과 그 병행문들은 하나님 나라, 그러니까 예수의 목표들에 관한 논의들 속에서 치열한 학문적 논쟁의 초점이 되어 왔다. 내가 이제 주장하고자 하는 것은 우리가 마가복음 13장(그리고 마태와 누가에 나오는 그 병행문들)을 지금까지의 논증 및 『신약성서와 하나님의 백성』에서의 관련된 논의들에 비추어서 읽는다면, 우리는 그것이 내적인 통일성을 갖추고 있고, 예수의 사역 전체의 특징을 이루고 있었던 것으로 주장된 경고들과 약속들의 결합을 통합시키고 있다는 것을 발견하게 될 것이다. 그 무대 — 예수는 감람산 위에 앉아서 겟세마네와 기드론 골짜기의 맞은편인 성전산을 마주하고 있다 — 는 철저하게 신빙성이 있다. 그 시기 — 예수가 성전의 파괴에 관한 비유를 행동으로 보여주었던 바로 그 마지막 주간 동안에 — 도 마찬가지로 완벽하다. 그 내용 — 임박한 멸망에 관한 경고들과 신원에 관한 약속들을 명시적으로 표현하는 것 — 도 기가 막히게 의미가 잘 통한다. 그 언어 — 구약의 예언의 온갖 뉘앙스들을 연상시키고 다가올 사건들에 그 온전한 신학적 의미를 부여하는 묵시론적 은유와 상징 — 는 예수에게 특징적인 것임과 동시에 이 상황에 아주 잘 들어맞는다. 이 구절을 예수가 말했을 리 없는 초기 그리스도인들의 묵시록으로 취급할 필요가 전혀 없다(묵시 사상을 예수의 무시간적인 순수한 메시지 속에 불청객으로 끼어든 유대적 요소로 보고 예수를 묵시 사상에서 "구출하고자" 했던 시대에 생각했던 것과는 달리[89]). 또한 이 구절이 주후 70년의 사건들에 비추어서 실질적으로 "창작되었다"고 생각할 필요도 전혀 없다. 흔히

---

89) Koch 1972, esp. ch. 6. 예수 세미나는 여전히 예수를 묵시 사상으로부터 구출하고자 하는 노선을 따르고 있는 듯이 보인다; cf. 위의 제2장과 Funk 1991, 192f. Funk & Hoover 1993, 107-14에서 마가복음 13장은 일관되게 검은 색 또는 (종종) 회색으로 되어 있다.

입증되어 왔듯이, 여기에서 사용된 언어는 들판에서의 전쟁과 포위 공격들에 관한 묘사들로부터가 아니라, 성읍들에 대한 파국적인 심판에 관한 성서의 예언들로부터 온 것이다. 사실 여기에 이 구절이 주는 진정한 충격이 있다. 이전에 예수가 두로, 시돈, 소돔 등과 같은 이방 성읍들을 그를 거부했던 이런저런 마을과 성읍에 임하게 될 심판의 유형들로 사용했던 것과 마찬가지로, 이제 그의 메시지를 거부한 예루살렘을 마주 대한 예수는 구약성서 시대의 가장 큰 이방 성읍을 묘사하는 데에 사용되었던 표상들을 선택한다. 야훼의 택하신 성읍에 임할 멸망은 바벨론에 임했던 것과 같을 것이다.[91] 포로생활은 마침내 끝날 것이다. 이스라엘을 종으로 삼았던 원수는 곧 멸망받을 것이다. 이 이야기는 적절하지만 충격적인 결론을 향하여 나아가고 있었다.

　마가복음 13:5-37과 그 병행문들은 오랫동안 "소묵시록"으로 설명되어 왔고 취급되어 왔는데, 여기서 소묵시록이라는 말은 여기에 나오는 내용이 문체상으로나 내용상으로 복음서의 나머지 부분 및 예수의 가르침 전체와 상당히 다르다는 의미를 내포하고 있었다. 특히, 이 장에서 1-4절은 성전의 파괴에 관하여 말하고 있고, 5절부터는 인자가 구름을 타고 오실 때까지 오랫동안 끊임없이 이어질 소요들에 관하여 말하고 있기 때문에, 5절 이후는 1-4절과는 별개의 것으로 보아야 한다는 주장이 거듭거듭 제기되어 왔다.[92] 그러나 이것은 주후 1세기 유대인들의 기대 속에서 "인자"의 의미를 근본적으로 오해한 것이다. 따라서 우리는 진지한 역사적 읽기를 여기에서도 고수하여야 한다:

　　다니엘서에서와 마찬가지로 여기에서도 … 인자가 하늘 구름을 타고 오신다는 것은 결코 원시적인 공간이동의 한 형태로 인식되지 않았고, 역사 안에서 및 민족적 차원에서 운명의 엄청난 역전에 대한 상징으로 인식되었다 …

---

90) 예를 들면, cf. Funk & Hoover 1993, 107.

91) cf. Dodd 1968, 69-83; 자세한 것은 아래를 보라.

92) Funk 1991, 192f.는 이 진부한 입장에 대한 뛰어난 짧막한 요약이다. 좀 더 자세한 설명으로는 cf. Beasley-Murray 1954, 1957, 1983, 1986; Moore 1966; Gaston 1970; Hooker 1982; 주석서들; 예수에 관한 수많은 책들 속에서 이 구절을 다룬 단원들.

비평학자들은 마가복음과 관련하여 역사적 위기에 관한 질문에 대하여 종말론적 위기에 관한 질문에 대한 대답인 강화를 덧붙이는 것이 얼마나 이상한가라고 말한다! … 그러나 마가가 옳았다고 가정해 보라! … 인자가 하늘 구름을 타고 오실 것에 관한 예언이 실제로 예루살렘의 멸망의 시기에 관한 제자들의 질문에 대한 대답이었다고 가정해 보라! 사실 예언자들의 언어적이고 신학적인 풍부한 유산들의 상속자이자 그 모든 예언자들보다 더 위대한 신학자이자 표상들의 장인(匠人)이었던 예수가 예언자들의 상징들을 밋밋하고 문자 그대로의 산문으로 변질시켜 버렸다는 것이 과연 신빙성이 있는 말인가?[93]

이 견해에 의하면, 마가복음 13장은 예수의 "재림"에 관한 사상들이 이 본문 속으로 수입되면서 크게 오해되어 왔다는 것이다. 주류 기독교에서는 이 본문을 이런 식으로 읽는 것이 오랜 전통이 되어 왔고, 이런 식의 읽기는 설교들, 책들, 심지어 수많은 성서들의 표제들, 경건한 부류의 여러 세대들의 혈관 속으로 스며들어 왔다. 주류 신약학계 내에서는 이러한 읽기를 한 가지 중요한 차이를 제외하고는 대체로 인정하는, 요한네스 바이스(Johannes Weiss)와 알버트 슈바이처(Albert Schweitzer)에게로 거슬러 올라가는 비교적 짧은 역사를 지닌 전통이 있어 왔다. 경건주의는 마가복음 13장에서 예수는 종말에 자기가 올 것에 관하여 예언하고 있었다고 생각하는데, 이 예언은 아직도 여전히 이루어지지 않고 있다; 바이스, 슈바이처, 그리고 그들의 후계자들은 예수가 여기서 세상의 임박한 종말을 예언하였고, 예수의 예언은 틀렸다는 것이 입증되었다고 생각하여 왔다. 나는 오래된 경건주의적 전통과 좀 더 최근의 학문적 전통, 이 두 가지 전통은 단연코 잘못되었다고 주장한다.

그러나 이 대목은 "파루시아," 즉 "재림"에 관하여 말하고 있지 않은가? 그렇다. 그리스어인 "파루시아"가 마태복음의 판본 속에는 실제로 등장한다(24:3, 27, 37, 39; 학자들 사이에서 이 단어가 인기를 끌고 있다는 점에 비추어 볼 때 상당히 의외인 것은 이 구절들은 복음서들 속에서 파루시아에 대한 전체 용례들이라는 것이다). 그러나 우리는 왜 파루시아가 "재림" 또는 예수

---

93) Caird 1965, 20-2; 이것은 Caird & Hurst 1994, 365f.에 개작되어 있다.

또는 "인자"가 구름을 타고 내려오는 것을 의미한다고 생각해야 하는가 — 교회 및 학문 전통과 관련된 이유들을 제외한다면?[94] 파루시아는 "아푸시아"(apousia), 즉 "부재"(absence)와 반대되는 "현존"(임재, presence)을 의미한다: 그러므로 파루시아는 현재 여기에 없던 사람이 이 곳에 "도래"한 것을 의미한다: 그리고 이 단어는 특히 "왕이나 관리"가 행차하는 것과 관련하여 사용된다.[95] 이와는 다른 의미를 보여주는 증거가 나타날 때까지는, 우리는 이것을 우리의 출발점으로 삼아야 한다.

그렇다면, 결국 제자들은 무엇을 기다리고 있었던 것일까? 그들은 예수가 합법적인 왕으로 등극할 것으로 기대하고 예루살렘으로 왔었다. 이것은 예수가 성전이 상징하였던 권세를 넘겨받는 것을 필연적으로 포함하고 있었을 것이다. 이제 그들은 이렇게 권세를 넘겨받는 것이 예수가 끊임없이 그 파괴를 예언해 왔고 이미 성전 안에서의 그의 극적인(그러나 겉보기에는 시시했던) 행위를 통해서 상징적으로 전복시켰던 성전의 문자 그대로 및 은유적 붕괴를 의미한다는 깜짝 놀랄 만한 소식에 직면하였다. 지금 제자들은 성전의 파괴에 관한 예수의 예언적 선포가 예수 자신의 신원에 관한 선포이기도 하다는 말을 "들었다"; 달리 말하면, 예수 자신의 "오심"에 관한 선포이기도 하다는 것을 들었다 — 물론, 구름을 타고 내려오는 것이 아니라 예수가 신원받고 합법적인 왕으로서 예루살렘에 "오는 것." 제자들이 당연히 알고자 했던 것은 예수가 실제로 언제 왕으로 등위하게 될 것인가 하는 것이었다. 예수는 큰 성읍들이 파괴되고 이스라엘의 하나님의 참 백성이 신원되는 것에 관한 성서의 구절들을 나름대로 손질한 내용으로 이러한 물음에 대답하였다. 모든 것은 성전의 파괴가 예수 자신의 신원이 될 것이라는 핵심 사항에 그 초점이 맞춰져 있었다. 일단 이러한 전제가 인정되면, 당혹스러웠던 본문의 재구성이라는 악몽은 원칙적으로 지나간 것이다.

---

94) cf. *NTPG* 284f., 342f., 459-64.

95) LSJ 1343, s.v.와 거기에 나오는 참고문헌들. "도래"의 통상적인 의미에 대해서는 고전 16:17; 고후 7:6, 7; 10:10; 1:26; 2:12을 참조하라. 이것으로부터 판단하면, 예수에게 적용되었을 때의 이 단어의 가장 자연스러운 의미는 "즉위"라는 의미에서 "무대에 등장하는 것"이 될 것이다.

이와 같은 입장을 주장하고자 하는 주석자는 어떤 의미에서 가파른 절벽 위에 있는 것이다. 앞에서 보았듯이, 교회의 경건한 전통들이나 학계의 (종종) 덜 경건한 전통들은 이 대목을 그런 식으로 읽어오지 않았기 때문이다. 경건한 사람들은 나를 그들에게는 주님이 장차 재림하실 것에 대하여 너무도 분명하게 말하고 있는 대목을 전복시키려고 작정한 학문적 협잡꾼으로 비난할지도 모른다. 학자들은 나를 예수가 분명히 잘못 인식했던 것으로 보이는 문제점을 전복시키려고 하는 경건한 협잡꾼이라고 비난할지도 모른다. 나는 이러한 두 진영으로부터의 그 어떤 비난에 대해서도 유죄가 아니라고 변명한다. 나는 이 대목을 내가 주장한 대로 읽는 것은 세 가지 것에 굳건하게 서 있게 되는 것이라고 생각한다: 첫째, 『신약성서와 하나님의 백성』 제10장에 제시된 "묵시사상"에 대한 재구성; 둘째, 『신약성서와 하나님의 백성』 제4부에 제시된 초대교회의 세계관에 대한 재구성; 셋째, 우리가 지금까지 본서에서 살펴보았던 예수의 하나님 나라 선포와 그 이야기에 대한 예수의 다시 말하기에 대한 재구성. 우리가 이것들을 우리의 출발점들로 삼는다면, 이 대목 전체는 내게 (a) 명확하게 장차 있을 예루살렘의 멸망을 가리키고, (b) 그 사건에 신학적 의미를 부여하는 것으로 보인다. 이것은 결코 관련된 묵시론적 언어를 "탈신화화하는" 것이 아니다. 또한 이것은 묵시론적 언어를 "단순한 은유"로 축소시키는 것도 아니다. 이것은 이 대목을 주후 1세기의 사람들의 귀에 들려졌을 그대로 읽어야 한다고 역설하는 것인데, 즉 이 대목이 현세적이고 혁명적이며 사회정치적 준거를 지니고 있다는 것과 이 대목이 철저하게 상징적이고 신학적이며 "신화론적인" 뉘앙스들을 지니고 있다는 것을 염두에 두고 있는 것이다. 신속하게 예루살렘에 임하게 될 사건은 반란을 일으킨 신민에 대한 로마의 심판이라는 형태를 띤, 야훼의 패역한 백성에 대한 하나님의 심판이 될 것이다. 또한 그것은 예수의 제자들의 최종적인 포로생활로부터의 피신을 극적으로 상징한 사건 속에서 예수의 제자들이 심판으로부터 구원받는 것이기도 하였다. 이 모든 것은 예언자이자 성전에 대하여 심판을 선포할 권리를 가지고 있는 자로서 및 (앞으로 자세히 설명하게 되겠지만) 성전을 실제로 대체할 자로서의 예수의 신원에 관하여 강력하게 말하는 것이었다. 이것은 내게 위에서 언급한 경쟁적인 가설들 중 그 어느 것보다도 훨씬 더 나은 — 그리고 슈바이처 이래로 이러한 이상한 장이 어떻게 존재하게 되었는지를 설명하기 위한 시도로서 성장해 온 허구적이고 한층 더 복잡한 전승사적 이론들보다 단연코 — 성공의 가능성이 높은 역사적 가설로 보인다.[96] 일단 우리가 슈바이처의 입장이 불필요하고 유지될 수 없다는 것을 인정한다면, 대부분의 그러한 이론들은 그 범주 안에 들게 될 것이다.[97]

(ii) 예루살렘의 멸망

예수께서 성전에서 나가실 때에 제자 중 하나가 이르되 선생님이여 보소서 이 돌들이 어떠하며 이 건물들이 어떠하니이까 예수께서 이르시되 네가 이 큰 건물들을 보느냐 돌 하나도 돌 위에 남지 않고 다 무너뜨려지리라 하시니라 예수께서 감람산에서 성전을 마주 대하여 앉으셨을 때에 베드로와 야고보와 요한과 안드레가 조용히 묻되 우리에게 이르소서 어느 때에 이런 일이 있겠사오며 이 모든 일이 이루어지려 할 때에 무슨 징조가 있사오리이까.[98]

이 장을 읽는 분명한 길이 있는데도, 그 길을 아주 오랫동안 무시해 왔던 주

---

96) 내가 보기에는, 가장 좋은 시도들은 Wenham 1984; Theissen 1991a, ch. 3이다.

97) 이러한 사고 노선을 통하여 관철되어 왔던 극히 이례적인 것들 가운데는 표준적인 공관복음 대조표들 중 적어도 두 개, 즉 Huck-Lietzmann(1936 [1892])과 Throckmorton(1979 [1949])에 나오는 이 장의 표제 자체이다. 이 둘은 모두 마가복음 13:1-4을 "성전의 멸망에 관한 예언"이라는 표제를 붙이고, 이것을 예루살렘에서의 예수의 사역과 관련된 그 밖의 다른 모든 짧은 대목들과 결합시킨 후에, 5절 이하를 화려한 취주 나팔과 함께 "파루시아의 표적들"로 시작되는 "공관복음 묵시록"이라는 표제를 지닌 새로운 주요한 단락으로 소개한다. (적어도 Aland는 마가복음 13장 전체를 "공관복음 묵시록" 이라는 표제를 붙이고 있다.) Funk 1985b, 249f.는 이와 비슷한 배열을 취해서, 마가복음 13:1-2과 그 병행문들을 "예수가 성전의 멸망을 예언하다"라는 표제를 붙이고, 13:3-13과 그 병행문들에는 "종말의 표지들"이라는 표제를 붙이고 있다. 이 장을 이런 식으로 읽는 것이 올바르다는 신념은 아주 오랫동안 신약학자들 가운데에서 굳건한 토대를 구축하고 있었기 때문에, 나는 종종 그러한 신념이 과연 뿌리뽑힐 수 있을지 의아해 하곤 한다; 그러나 시도는 반드시 되어야 한다.

98) 막 13:1-4/마 24:1-3/눅 21:5-6. 끝부분에서 마태는 "주의 오심[파루시아]과 이 시대의 마감에 관한 표적…"으로 되어 있다. 후자의 어구의 의미에 대해서는 아래를 보라.

된 이유들 중의 하나는 기독교 신학의 상당수에 있어서 예루살렘의 멸망이 신학적 의미를 전혀 지니지 않았다는 사실에 있다고 나는 생각한다.[99] 이런 이유 때문에, 마가복음 13장이 이해하기 어려운 것으로 보였을 뿐만 아니라, 복음서들의 다른 곳에 나오는 이 동일한 사건에 대한 모든 언급들 — 심지어 그러한 언급이 누가복음 13:1-5에서처럼 너무도 명백한 경우에도 — 은 우리가 지금까지 예수의 이야기의 특징을 이루고 있는 것으로 보았던 문자 그대로 및 물리적인 로마의 심판을 통한 하나님의 심판이 아니라 내세에 있을 지옥 불에 관한 일반적인 경고들로 읽혀져 왔다. 마가복음 13:2에 나오는 예언("돌 하나도 돌 위에 남지 않고 다 무너뜨려지리라")은 결코 새로운 것도 아니고 예기치 못한 것도 아니다. 그것은 당시의 많은 분파주의적 유대인들이 생각했거나 말했을 법한 그런 유의 것이다. 그것은 예수의 예언자적 사역 전체의 필수적이고 예측 가능한 초점이다. 예수는 예레미야와 마찬가지로 예루살렘 도성을 바라보고 깊이 슬퍼했지만, 예루살렘이 장차 멸망하게 될 것을 말하지 않을 수 없었다. 예수는 요세푸스와 마찬가지로 그러한 예루살렘의 멸망은 피할 수 없는 것으로서 이스라엘의 현재적 악함에 대한 하나님의 심판으로 해석하였다. 예수는 그가 그의 다가올 죽음과 관련하여 했던 경고들과의 기이한 병행 관계 속에서(우리는 나중에 이것에 대하여 살펴보게 될 것이다), 계속해서 예루살렘에 임할 재앙을 선포하였고, 제자들이 그들 앞에 있는 환상적인 건물들을 보고 감탄을 금치 못하는 모습을 대하게 되자, 예수가 그들의 감탄을 엄중한 심판의 말씀들로 꺾어버림으로써 자신의 사역의 이 흐름을 절정에 이르게 한 것은 너무도 적절한 것이었다.

마태복음과 마가복음에서 예수의 강화의 배경은 감람산이다. 이것은 거의 우연일 수 없다. 이 이야기는 단순히 추상화되어서 얘기될 수 없다: 예수의 다른 실천과 마찬가지로, 이 이야기는 상징적으로 연출되고 있다. 예수는 스가랴

---

99) 이것에 대한 고전적인 진술은 Manson 1931, 281(막 9:1과 그 병행문들을 다루고 있는)에 나와 있다: "그 영토의 외곽 지역에서의 광기어린 반란에 대한 군사적 대제국의 무자비한 진압은 인디언들의 폭동에 대한 진압만큼이나 하나님의 나라가 권능으로 임하는 것과는 상관이 없다." 이것은 Caird & Hurst 1994, 365f.에 의해서 반박되고 있다. 또한 cf. Lampe 1984: 초기에는 오직 바나바서만이 이 사건을 비중있게 다룬다.

14:4-5을 암시하고자 의도했던 것으로 보인다. 그 맥락은 하나님 나라의 도래(슥 14:9)와 열방들이 예루살렘을 공격하는 다가올 큰 전투이다(14:1-3). 스가랴 14:4-5은 이스라엘의 하나님이 감람산 위에 서고, 큰 지진이 있은 후에, "여호와 너희 하나님이 모든 거룩한 자들과 함께 오시리라"고 말한다. 공관복음 속에는 지진이 나오지 않고(하지만 마태복음 27:51-52과 비교해 보라), 예수는 서 있지 않고 앉아 있다; 이것은 복음서 기자들이 의도적으로 스가랴서의 예언을 "성취하도록" 하기 위한 목적으로 이 장면을 만들어 내지 않았다는 것을 보여준다. 또한 마태는 여느 때와는 달리 "이 일은 예언을 이루기 위함이었다"라는 말을 덧붙이지 않는다. 그러므로 이것은 예수가 감람산을 예루살렘에 대한 그의 최후의 엄숙한 심판 예언들과 자기 자신 및 그의 제자들의 신원에 관한 그의 최후의 엄숙한 예언들을 말할 적절한 장소로 선택하였을 가능성이 있다는 것을 말해준다. 예수는 위대한 히브리 예언자들이 그랬던 것처럼 상징적으로 공명(共鳴)하는 방식으로 충분히 행동했을 것이고, 한 세대 또는 그 이후의 기독교 저술가들이 그랬던 것처럼 특히 장소의 상징성 같은 상징적 공명들에 신경을 썼을 것이다.[100] 감람산은 예루살렘 도성과 예수 및 그의 제자들이 묵고 있었던 베다니 중간에 있었기 때문에 예수에게는 자연스러운 장소였다. 그러므로 이러한 배경의 의미는 이것이 스가랴 14장에 나오는 위대한 이야기에 대한 예수의 역설적인 다시 말하기였다는 것인 것 같다: 예수는 예루살렘의 마지막 대전투, 야훼의 "오심," 하나님 나라의 최종적인 도래를 예언하면서, 스가랴의 예언을 나름대로 재해석한 방식으로 성취하기 위하여 행동하고 있었다.

제자들이 예수에게 물은 질문들은 명시적으로 이러한 예언과 연관되어 있다. 마가복음(13:4)에는 이 점과 관련하여 불명료한 점이 전혀 없다: "어느 때에 이런 일이 있겠사오며 이 모든 일이 이루어지려 할 때에 무슨 징조가 있사

---

100) 백성들을 "광야로" 이끌었던 여러 예언자들이 그들의 행동들이 지니는 지리적 상징성을 분명히 알고 있었다면, 세례 요한이 요단강의 상징성을 알고 있었다면, 또한 편집 비평이 오랫동안 역설해 왔듯이(예를 들면, Conzelmann 1960 [1953]), 공관복음서 기자들이 그러한 상징성을 알고 있었다면, 예수가 감람산의 상징성을 알거나 활용할 수 없었다고 주장하는 것은 이상한 일이 아닌가?

오리이까." 누가복음(21:7)에서는 한층 더 분명하다: "어느 때에 이런 일이 있겠사오며 이런 일이 일어나려 할 때에 무슨 징조가 있사오리이까." 우리는 이미 마태가 "파루시아"라는 단어를 사용한 것은 그가 이러한 의미를 수정하였다는 것을 보여주는 징표가 아니라는 점을 살펴본 바 있다(하지만, 부분적으로 마태의 판본은 역사적 재구성이라는 관점에서 볼 때에 세 개의 기사 중에서 가장 역사적 개연성이 없기 때문에, 학자들과 일반 독자들 및 설교자들은 이 강화가 실제로 시공간상의 우주의 종말 및 예수가 구름을 타고 이 땅에 오게 될 "재림"에 관한 것이라고 생각하게 만든 것이긴 하지만).[101]

그러나 우리는 여기에서 다시 한 번 다음과 같은 것을 강조해 두어야 한다: 주후 1세기의 전형적인 유대인들이었던 제자들에 관한 한, 그들이 시공간상의 우주의 종말을 생각하였을 가능성은 전혀 없었다. 그들 자신의 출신 배경으로 보나, 예수가 이 시점까지 그들에게 말해 왔던 한 가지 것, 즉 그런 일이 그들에게 일어날 것이라는 것을 보더라도, 세계 또는 이스라엘 또는 예수 자신에 관한 참된 이야기는 시공간의 우주의 종말이나 예수 또는 그 누가 구름을 타고 이 땅에 내려오는 것과 같은 사건을 포함하고 있었을 가능성은 전혀 없다. 예수의 제자들은 예수가 다시 돌아올 것이라는 것은 그만두고라도 예수가 그들로부터 떠나갈 것이라는 것에 대해서도 아직까지는 생각조차 할 수 없었다; 또한 그들은 또 다른 인물, 지상이든 하늘이든 아니면 그 중간에 있든 어떤 인물이 언젠가 문자 그대로 구름을 타고 이 땅으로 내려올 것이라는 생각을 꿈에도 할 수 없었다.[102] 만약 예수가 제자들에게 너무도 이상하고 비유대적인 그러한 사상을 도입하고자 했다면, 예수는 매우 어려운 과제를 가지고 있었던 것이 될 것이다; 우리가 흔히 복음서들 속에서 발견하듯이, 제자들의 사고는 그들이 이미 어느 정도 친숙해 있던 사상들에 대한 재정의들을 파악하는 데에도 그다지 민감하지 못했다.

---

101) *New Jerusalem Bible*은 마가복음 13장이 오직 "하나님이 그의 백성을 구원하는 행위로서의" 예루살렘의 멸망에만 관심이 있었다고 주장하지만, 마태복음 24-25장은 이러한 사상과 "그리스도의 최종적인 오심" 간의 중복을 유지하고 있다고 주장한다.

102) 이것은 "묵시론적인 인자"는 비교적 최근에 등장한 비유대적인 창작물이라는 Vermes가 자주 되풀이하는 주장의 강점이다: 예를 들면, cf. Vermes 1983, ch. 7.

그러나 제자들은 예수가 예루살렘으로 가서 왕으로서 통치하는 것으로 끝나는 이야기에 지대한 관심을 갖고 있었다. 그들은 이스라엘의 소망들의 성취, 이스라엘의 성서 속에서 아주 자주 들려준 이야기가 그 정해진 절정에 도달할 것을 기다리고 있었다. 그리고 그들이 기다렸던 "이 시대의 끝"은 결코 시공간상의 질서의 종말이 아니라, 현재의 악한 세대("하올람 하제"[ha ʻolam hazeh])의 종말이자 (마찬가지로 현세적인) 다가올 새 시대("하 올람 하바"[ha ʻolam habaʼ])의 개시 — 달리 말하면, 이스라엘의 애곡과 포로생활 기간의 종언과 이스라엘의 자유와 신원의 개시 — 였다.[103] 그러므로 마태복음 24:3은 너무도 자연스럽게 주후 1세기 유대적인 배경 속에서는 "파루시아"(학자들이 전문적인 용어로서 이렇게 부르게 되었던 것)에 관한 문제가 아니라 예수가 거룩한 도성을 차지하고 있었던 현재의 세력들을 몰아내고 실제로 왕으로 즉위한다는 의미에서의 예수의 "오심" 또는 "도래"에 관한 문제로 읽혀졌다.[104] 제자들은 예수에게 현재 여전히 예수를 거부하고 있었던 도성에서 다윗이 왕이 되었던 것처럼 왕이 될 복안에 관한 자세한 내용들을 그들에게 알려달라고 졸랐다. 그들은 온 이스라엘의 운명이 달려 있었던 위대한 사건에 관한 그들 나름대로의 판본을 기대하고 있었다. 달리 말하면, 마태는 이 점에서 마가 및 누가와 그리 다르지 않았다는 말이다.[105] 제자들이 그 마음속에 지니고 있던 이야기라는 관점에서 볼 때, 이 세 가지 판본들의 처음에 나오는 질문은 다음과 같은 것을 의미하는 것으로 읽혀져야 한다: 당신의 나라는 언제 오는가?[106] 현재의 예루살렘 체제에 의해서 상징되고 있는 악한 시대는 언제 끝이 나는가?

(iii) "화들"의 시작과 제자들의 시련들

제자들의 질문에 대한 예수의 대답의 시작 부분은 전형적인 개작된 묵시

---

103) cf. *NTPG* ch. 10, 특히 299-301.

104) cf. 눅 24:21: "우리는 이 사람이 이스라엘을 속량할 자라고 바랐노라."

105) 또한 그는 이러한 이중적 질문을 토대로 그의 장을 두 개로 나누어서(4-35절, 36-51절) 전반부에서는 예루살렘을 다루고, 후반부에서는 "재림"을 다루지 않는다 (France 1985, 335와는 반대로).

106) cf. 눅 23:42. 이것을 *AcPil.* 10:2이 따르고 있다.

사상의 단편이다.[107] 예수는 장차 일어나게 될 사건들에 대한 그의 전체적인 접근방법과 완전히 일치하게, "메시야적 화들," 다가올 새 시대의 산고들이 곧 전면적으로 일어나게 될 것이라고 예언하고 있다.[108] 이것은 이스라엘이 어떻게 재탄생될 것인가 하는 것에 관하여 말하고 있다. 이 이야기는 다음과 같은 형태를 띠게 될 것이다: 온갖 종류의 괴상하고 혹독한 사건들이 일어나게 될 것이고, 제자들은 야훼로부터 기름부음을 받고 이스라엘을 그 영광된 미래로 인도하도록 위임받은 자로 자처하게 될 여러 거짓 예언자들의 유혹에 노출될 것이다. 이것은 이미 세 공관복음서들 모두에서 이 장의 주요한 주제들 중 하나를 소개하고 있는 것이다(아래에 인용된 성구 표시들은 특별한 표시가 없는 한 마가복음의 것이다). 예수의 제자들은 속지 말아야 하지만, 장차 임하게 될 모든 재앙들에도 불구하고 구원을 받게 될 것이다. 그들은 유대인들과 이교도들의 당국자들 앞에 끌려가게 될 것이고, 사회 전체가 공포와 상호 고소가 지배하는 가운데 분열될 때(13:12), 예수의 제자들은 모든 사람들이 그들을 공격하는 것을 발견하게 될 것이다. 그들은 통상적인 파당들 중 그 어디에도 끼지 못할 것이다. 그들은 굳건하게 견디어야 하는데, 그러면 신원이 임할 것이다(13:13).[109] 가족끼리 서로 고소할 것에 관한 예언의 성서적 배경은 적어도 부분적으로는 이스라엘에 임할 심판과 야훼의 구원을 인내로써 기다려야 할 필요성에 관하여 말하고 있는 미가서 7:6이다. 이러한 과정을 통해서 이스라엘은 최종적으로 구원받고 죄사함을 얻게 될 것이다:

---

107) 막 13:5-13/마 24:4-14/눅 21:8-19.

108) cf. *NTPG* 211f.

109) 마가복음 13장의 이 부분에 대한 마태의 병행문이 마태복음 10장(16-23절)에 나온다는 사실은 우리로 하여금 그것이 예수의 사역의 전반적인 맥락과 얼마나 잘 부합하는지를 깨닫게 해 준다. 물론, 다른 식으로 추론하는 것은 그렇게 하기를 원하는 사람들에게 얼마든지 열려 있고, 마태복음 10:16-23을 부활 사건 이후의 묵시록으로서 예수의 생애 속에 거꾸로 넣어서 읽은 것이라고 보는 것도 각자의 자유이다. 그러나 여기에서도 최종적인 논증은 억압된 전제들의 배경에 맞서서 개별적으로 작은 단편들에 대하여 내려진 판결을 통해서가 아니라 서로 경쟁하는 가설들의 전체적인 정합성이 기준으로 제시되어야 한다.

경건한 자가 세상에서 끊어졌고
정직한 자가 사람들 가운데 없도다
무리가 다 피를 흘리려고 매복하며
각기 그물로 형제를 잡으려 하고
두 손으로 악을 부지런히 행하는도다
그 지도자와 재판관은 뇌물을 구하며
권세자는 자기 마음의 욕심을 말하며
그들이 서로 결합하니 …
너희는 이웃을 믿지 말며
친구를 의지하지 말며
네 품에 누운 여인에게라도
네 입의 문을 지킬지어다
아들이 아버지를 멸시하며
딸이 어머니를 대적하며
며느리가 시어머니를 대적하리니
사람의 원수가 곧 자기의 집안 사람이리로다
오직 나는 여호와를 우러러보며
나를 구원하시는 하나님을 바라보나니
나의 하나님이 나에게 귀를 기울이시리로다
나의 대적이여 나로 말미암아 기뻐하지 말지어다
나는 엎드러질지라도 일어날 것이요
어두운 데에 앉을지라도
여호와께서 나의 빛이 되실 것임이로다
내가 여호와께 범죄하였으니
그의 진노를 당하려니와
마침내 주께서 나를 위하여
논쟁하시고 심판하시며
주께서 나를 인도하사 광명에 이르게 하시리니
내가 그의 공의를 보리로다
나의 대적이 이것을 보고

> 부끄러워하리니 그는 전에 내게 말하기를
> 네 하나님 여호와가 어디 있느냐 하던 자라
> 그가 거리의 진흙 같이 밟히리니
> 그것을 내가 보리로다.[110]

마가복음 13:12에서의 이 대목의 반영은 한 대목 전체가 단 한 번의 언급에 의해서 연상되고 있는 고전적인 예이다.[111] 미가서의 이 대목은 야훼의 참된 백성이 그들과 가까운 사람들에 의해서 배신을 당할지라도 끝까지 견디어서 그들의 원수들에게 임하는 심판을 통해서 결국 그들이 신원받게 될 것이라는 것을 묘사하고 있다. 이것은 예수가 예언 전승으로부터 이야기 줄거리를 가져와서 자기 자신의 사역에 초점을 맞추어 다시 말하고 있다는 것을 말해주는 아주 좋은 예이다.

이제까지 이 대목은 주석서들, 개요들, 연구서들, 논문들 속에서 온갖 형태로 등장해 온 "파루시아의 징조들"(통상적인 학문적 의미에서)과 관련이 있는 것을 하나도 지니고 있지 않다. 이 대목은 분명한 성서의 구절들을 토대로 해서 이스라엘에게 임할 커다란 환난의 시작으로서의 다가올 민족의 수난의 때에 대하여 경고하는 주후 1세기 유대적 예언이라고 믿을 만한 충분한 근거가 있다. 예수는 이 이야기 속에 끝까지 굳건하게 견딤으로써 이스라엘이 멸망으로부터 구원받을 것이라는 추가적인 흐름을 짜넣었던 것으로 보인다; 그러나 지금 굳건하게 끝까지 견디어서 구원받는 이스라엘은 바로 예수 자신의 제자들로 이루어진다. 그리고 임박한 심판으로부터 피하고자 하는 예수의 제자들을 억압하는 큰 성읍은 바벨론이 아니라 바로 예루살렘이다.

(iv) 비상사태의 구체적인 징조들

---

110) 미 7:2-10. mSot. 9:15에서 이 대목은, 주후 1세기 후반의 엘리에셀 벤 히르카누스를 포함한 여러 랍비들에 의하면, 이스라엘이 "하늘에 계신 우리 아버지"에게 신뢰를 두어야 하는 "메시야의 발자취들"의 때에(Danby 306 n.9는 이것을 "포로의 때의 종언"이라고 묘사한다) 이스라 엘의 상태의 일부로 인용된다.

111) 이 현상에 대해서는 cf. Hays 1989.

그러나 서로 싸우는 분파들이 내건 성난 과제들에 의해서 둘러싸인 채 이스라엘이 되는 예수의 길을 증언하면서 고문과 배신을 당하는 일이 더 이상 없게 될 때가 올 것이다.[112] 도망이 그 적절한 반응이 될 그런 때가 올 것이다. 예루살렘의 파국은 이미 선포된 상태였고, 예수의 제자들은 그 도성이 무너질 때에 그 속에서 사로잡혀서는 안 된다. 예수를 반대하였던 도성이 멸망받을 때, 그들의 신원이 도래할 것이다.

이 대목(누가복음 19:42-44과 아울러)은 주후 70년에 있은 실제적인 예루살렘의 멸망에 대한 요세푸스의 서술을 반영한 것이기 때문에, 그 시기 이후에 씌어졌음에 틀림없다고 흔히 말해진다.[113] 사실, 흔히 지적되어 왔듯이, 그렇게 의심할 만한 상당한 이유가 존재한다.[114] 공관복음 전승 속에 전혀 반영되어 있지 않은 예루살렘 포위 공격에 관한 요세푸스 기사의 여러 두드러진 특징들이 여기에 나온다(역병, 사람 고기를 먹은 것, 화재); 반대로, 공관복음서에 나오는 예언들의 몇몇 특징들, 특히 도성의 거민들의 운명과 관련된 특징들은 요세푸스의 글 속에는 전혀 나오지 않는다.[115] 따라서 도성과 성전의 돌들이 사실 모두 허물어진 것은 아니었다고 요세푸스나 고고학자들이 우리에게 알려 줄 필요는 없다; 우리 자신의 눈으로 본 증거들로써 이미 충분할 것이다. 이 대목의 세부적인 내용들을 사건이 일어난 후에 역사를 사이비 예언으로 전환시키기 위한 어설프고 부정확한 시도들로 읽는 것보다는 성서에 나오는 고대

---

112) 막 13:14-23/마 24:15-28/눅 21:20-24.

113) 최근의 것으로는 Funk 1991, 195; Dodd의 논증의 강점을 보지 못한(아래를 보라) Fitzmyer 1985, 1254f.를 참조하라. 피츠마이어는 이 대목이 주후 70년 이후의 것이라고 주장할 때에 학자들이 직면하는 고전적인 문제점을 잘 예시해 준다: (a) 이 대목은 주후 70년의 사건들을 회고적으로 언급하고 있음에 틀림없다; (b) 그 세부 내용들은 사건과 잘 맞지 않는다; 그러므로 (c) 누가는 그것에 관하여 많은 것을 알고 있었을 리가 없다! 이런 유의 이론은 모든 증거들을 다 삼켜버리고서도 여전히 웃으면서 나타날 수 있다; 그러나 체셔(Cheshire)의 고양이의 경우에서와 마찬가지로, 웃음은 결국 거기에 남아 있는 모든 것이 되고 말 것이다.

114) 이하의 서술에 대해서는 cf. Dodd 1968, 74f.

115) 눅 19:44은 어린이들을 땅에 내동댕이치는 것에 관하여 말한다; 요세푸스는 17세 이하의 거민들은 노예로 팔려갔다고 보도하지만(*War* 6:418), 성서의 예언들은 도륙된 자녀들이라는 주제를 말한다(예를 들면, 호 10:14; 13:16; 3:10; cf. 시 137:9).

예언으로부터 가져온 내용들로 보는 것이 훨씬 더 좋을 것이다.

성서적 배경은 이스라엘의 예언자적 유산을 다시 사용하여 예수의 일련의 전체적인 목표들과 부합하게 그 이야기를 다시 말하고 있기 때문에 예수의 사고방식으로서 우리가 가설로 전제해야 하는 것과 관련하여 시사해 주는 바가 매우 많다. 가장 먼저 말해둘 것은 야훼의 백성의 이전의 멸망들, 특히 주전 6세기에 바빌로니아인들에 의해서 예루살렘이 초토화된 것에 의한 많은 간접 인용들이 나온다. 이 주제는 이미 마가복음 13장에 반영된 바 있고,[116] 이제 여기서 한층 더 분명해진다. 어린 아이들을 데리고 도망갈 자들에 대한 화선언문들은 호세아서로 거슬러 올라간다;[117] 택하신 자들을 위하여 날수를 감하는 것과 관련된 내용은 이사야서로 소급된다.[118] 거짓 예언자들의 등장은 성서에 통상적으로 나오는 주제이다.[119] 특히, 모든 사람들이 침공해 오는 군대 앞에서 산으로 도망간다는 이미지는 바빌로니아인들이 예루살렘을 초토화시켜 심판한 것에 관한 에스겔의 묘사를 연상시킨다.[120] 여기까지 예수는 통상적인 예언 전승 속에 서 있고, 자신의 경고들을 심화시키고 강화하기 위하여 그 전승의 여러 부분들을 활용하고 있다.

둘째, 다가올 예루살렘의 황폐화를 마카베오 시대의 위기와 결부시키고 있는 구절들이 아주 많다. 먼저 다음 구절로부터 시작해보자:

> 육십이 이레 후에 기름 부음을 받은 자가 끊어져 없어질 것이며 장차 한 왕의 백성이 와서 그 성읍과 성소를 무너뜨리려니와 그의 마지막은 홍수에 휩쓸림 같을 것이며 또 끝까지 전쟁이 있으리니 황폐할 것이 작정되었느니라 그가 장차 많은 사람들과 더불어 한 이레 동안의 언약을 굳게 맺고 그가 그 이레의 절반에 제사와 예물을 금지할 것이며 또 포악하여 가증한 것이 날개를 의지하여 설 것이며 또 이미 정한 종말까지 진

---

116) 13:5에 대해서는 cf. 미 3:12; 렘 7:14; 46:8; 겔 24:21.

117) 막 13:17 pars.; 호 13:16 [MT 14:1].

118) 막 13:20 par.; 사 65:8. 이사야서의 맥락 속에서, 심판은 이방의 길들로 행한 이스라엘 사람들에게 임하고, 참된 계약 백성은 구원받는다.

119) 막 13:22; 신 13; 렘 6:13f., etc.

120) 막 13:14; 겔 7:12-16.

노가 황폐하게 하는 자에게 쏟아지리라 하였느니라.[121]

우리가 주후 1세기 분파주의적 유대인이 이 대목을 읽었을 방식을 재구성할 수 있는 한에서, 이 대목은 성전을 파괴한 후에 이교의 상징물들과 이교 예배를 성전이 있던 장소에 세우는 것에 관한 예언으로 해석될 수 있을 것이다.[122] 우리는 잠시 후에 이 대목으로 다시 돌아와서 살펴보고자 한다.

다니엘서에 나오는 두 번째 대목은 첫 번째 대목의 반영들이다:

> 군대는 그[이방 통치자]의 편에 서서 성소 곧 견고한 곳을 더럽히며 매일 드리는 제사를 폐하며 멸망하게 하는 가증한 것을 세울 것이며 그가 또 언약을 배반하고 악행하는 자를 속임수로 타락시킬 것이나 오직 자기의 하나님을 아는 백성은 강하여 용맹을 떨치리라 백성 중에 지혜로운 자들이 많은 사람을 가르칠 것이나 그들이 칼날과 불꽃과 사로잡힘과 약탈을 당하여 여러 날 동안 몰락하리라 그들이 몰락할 때에 도움을 조금 얻을 것이나 많은 사람들이 속임수로 그들과 결합할 것이며 또 그들 중 지혜로운 자 몇 사람이 몰락하여 무리 중에서 연단을 받아 정결하게 되며 희게 되어 마지막 때까지 이르게 하리니 이는 아직 정한 기한이 남았음이라.[123]

여기서도 다시 한 번 이 대목에 대한 주후 1세기의 읽기는 이 대목을 이교도들이 성전을 더럽힌 후에 야훼의 참된 백성들이 환난을 당하는 것을 가리키는 것으로 해석했을 것이다. 이 주제는 세 번째 대목에서 다시 등장한다:

> 많은 사람이 연단을 받아 스스로 정결하게 하며 희게 할 것이나 악한 사람은 악을 행하리니 악한 자는 아무것도 깨닫지 못하되 오직 지혜 있는 자는 깨달으리라 매일 드리는 제사를 폐하며 멸망하게 할 가증한 것

---

121) 단 9:26-7.
122) 다니엘서에 대한 주후 1세기의 읽기들에 대해서는 cf. *NTPG* 289-95, 312-17.
123) 단 11:31-5.

을 세울 때부터 천이백구십 일을 지낼 것이요.[124]

"멸망하게 할 가증한 것"이라는 반복해서 등장하는 주제는 마카베오1서의 저자가 안티오쿠스 에피파네스(Antiochus Apiphanes)의 행동을 묘사할 때에 사용한 말이었다:

백 사십 오년 기슬레우월 십 오일에 안티오쿠스 왕은 번제 제단 위에 가증스러운 파멸의 우상을 세웠다. 그러자 사람들은 유다의 근방 여러 도시에 이교 제단을 세우고 집 대문 앞에나 거리에서 향을 피웠다. 율법서는 발견되는 대로 찢어 불살라 버렸다 …
그러나 이에 꺾이지 않고 부정한 것을 먹지 않기로 굳게 결심한 이스라엘 사람들도 많았다. 그들은 부정한 음식을 먹어서 몸을 더럽히거나 거룩한 계약을 모독하느니 차라리 죽음을 달게 받기로 결심하였고, 사실 그들은 그렇게 죽어 갔다. 크고 무서운 하나님의 진노가 이스라엘 위에 내린 것이다.[125]

이교도에 의한 성전의 더럽힘과 이스라엘 내에서의 의인들의 고난을 결합시키고 있는 이 대목은 계속해서 마카베오 가문이 (저자의 관점에서) 이 참혹한 상황에 대한 야훼의 응답으로 일어난 것이라고 묘사한다. 주전 167년의 사건들을 예언의 성취로 보아야 한다는 것을 분명히 하기 위하여, 다니엘서의 이야기가 다시 말해진다: 달리 말하면, 그 난국에서 활동했던 영웅들과 순교자들이 참 이스라엘로 보아질 수 있다는 말이다. 결국, 마카베오 혁명에 관하여 글을 쓴 것은 안티오쿠스만이 아니라 그에게 부역했던 자들의 사악함을 보임으로써 새 체제를 공고하게 떠받치기 위한 논쟁적 행위였다. 그러한 목적은 흔히

---

124) 단 12:10-11.

125) 1 Macc. 1:54-6, 62-4; cf. 2 Macc. 8:17, Jos. *Ant.* 18:257-309. 요세푸스는 Gaius가 성전에 자기 자신의 동상을 성전에 세우고자 했던 시도와 그러한 주장에 대한 유대인들의 반발에 관하여 말하면서 의도적으로 마카베오 형제에 관한 이야기를 반영하고 있는 것으로 보인다. 달리 말하면, 이것은 주후 1세기에 여러 뉘앙스들을 지닌 이야기들을 말하는 알기 쉬운 방식이었다는 것이다.

전통적인 이야기를 새롭게 비틀어서 다시 말함을 통해서 가장 잘 촉진될 수 있었다.

이러한 대목들 속에 결합되어 있는 여러 주제들은 서로서로 아주 밀접하게 통합되어 있었고, 당연히 주후 1세기에는 시리아의 침공이 아니라 로마의 침공이라는 관점에서 읽혀졌을 것이다. 그러므로 두드러진 질문은 다음과 같이 된다: 이러한 새로운 상황 속에서, 핍박을 개의치 않고 굳건하게 서 있는 야훼의 참된 백성은 과연 누구인가? 그리고 야훼의 싸움을 싸워서 결국에는 신원받은 모습으로 등장하게 될 참된 구원자는 누구인가? 그것은 한 이야기 속에서의 역할들에 관한 문제였다: 그 줄거리의 형태가 확정되었다고 할 때, 이제 행위자(agent)는 누구이고, 조력자는 누구이며, 대적자는 누구인가? 이것은 마가복음 13장과 그 병행문들이 말하고 있는 질문들과 똑같은 질문들이다. 예수 자신이 이러한 질문들에 대하여 이런 식으로 말할 수 있었고 또한 실제로 말했다는 것을 부정할 타당한 근거는 존재하지 않는다.

다니엘서 9장은 가장 결정적인 전거이고, 그 나머지 것들은 다니엘서 9장에 종속된다. 나머지 전거들이 다니엘서 9장의 중심 취지를 반복하고 있다는 것은 다니엘서 9장이 얼마나 중요했었는지를 잘 보여준다. 그러므로 우리는 다니엘서 9장을 좀 더 자세하게 고찰하지 않으면 안 된다. 이 장에서 다니엘은 현재 바빌로니아에 의해서 멸망받고 압제 상태에 있는 예루살렘의 회복과 신원을 위해서 기도한다(9:4-19); 그는 야훼께서 신실하셔서서 그의 약속을 따라 그의 신실한 백성들을 구원하시도록 기도한다.

다니엘에 대한 천사의 대답(9:22-27)은 여러 가지 다양한 주제들을 펼쳐 놓는다. 첫째, 갱신된 계약과 도성의 재건을 가져올 최종적인 속죄, 즉 범죄에 대한 최종적인 해결이 있을 것이다(9:24-25). 둘째, 기름 부음받은 자가 "끊어져서 아무것도 가지지 못하게 될 것이다."(9:26a).[126] 셋째, "장차 도래할 왕의 군대가 도성과 성소를 파괴하여," 제사 제도를 폐지하고 "멸망하게 할 가증한 것"을 세우게 될 것이다. 앞에서 보았듯이, 이 대목은 주전 2세기에 안티오쿠스가 성전을 더럽힌 사건을 가리키는 것으로 해석되었다(물론, 그 당시의 유대인

---

126) 이 번역은 분명히 칠십인역의 경우처럼 초기부터 문제점이 있었고, 지금도 여전히 그렇다: cf. Montgomery 1927, 381-3, 401-4; Goldingay 1989, 262.

들이 기름 부음받은 자가 끊어진다는 말을 제대로 추측해 내기는 어려웠을 것으로 보이긴 하지만). 마찬가지로 분명히 주후 1세기에 이 대목이 지닌 자연스러운 함의는 현재의 점령군인 로마인들이 도성과 성전을 파괴하고, 제사 제도 대신에 그들 자신의 가증스러운 것을 세우게 되리라는 것이었을 것이다.[127]

이런 식으로 다니엘서 9장의 맥락과 내용은 마가복음 13장과 그 병행문들을 위한 복잡한 의미망(意味網)을 보여준다: 계약에 대한 야훼의 궁극적 신실성과 그의 신실한 자들에 대한 구원은 역설적으로 재건된 도성의 파괴와 버린 바 된 "기름 부음받은 자"가 끊어지는 것을 통해서 일어나게 될 것이다. 이러한 것들은 정확히 예수가 예루살렘의 멸망에 관한 그의 기이한 예언 속에 짜 넣고자 했던 바로 그러한 주제들이었다고 나는 생각한다.

마지막으로 하나의 대목이 마가복음 13장의 예언들을 마카베오 가문의 이야기와 아주 견고하게 연결시켜준다. 안티오쿠스가 성소를 더럽힌 후에, 유다 마카베오의 아버지인 맛다디아는 위대한 성소의 멸망을 한탄한다:

> 아! 슬프다. 나는 왜 태어나서
> 내 민족과 이 거룩한 도성이 망하는 것을 보아야 하는가!
> 나는 왜 여기 살다가 이 도성이 적의 손에 넘어가고,
> 성소가 이국인의 손아귀에 넘어가는 것을 보아야 하는가!
> 예루살렘의 영광이던 기물들이 약탈당하고 …
> 아름답고 찬란하던 우리의 성소는
> 이제 폐허가 되었고
> 이방인의 손에 더럽혀졌다.[128]

이 시점에 왕의 관리들이 맛다디아와 그의 아들들에게 희생 제사를 드리라고 설득하지만, 그들은 거부한다. 그러나 왕의 명령에 따라, 어떤 유대인이 희생

---

127) Theissen 1991a, ch. 3이 보여주듯이, 서로 다른 여러 세대들이 이 대목을 듣거나 읽으면서 그것을 그들 자신의 상황에 틀림없이 적용했지만, 어쨌든 이 대목을 사후 예언(vaticinium ex eventu)이었다고 볼 필요가 없다는 것은 말할 필요조차 없다.

128) 1 Macc. 2:7-12, cf. 3:45, 50-3.

제사를 드리기 위하여 앞으로 나아온다. 열심으로 가득 찬 맛다디아는 제단 위에서 그 사람을 죽이고, 관리도 죽인 후에, 제단을 부순다:

> 맛다디아는 거리에 나서서, "율법에 대한 열성이 있고 우리 조상들이 맺은 계약을 지키려고 하는 사람은 나를 따라 나서시오" 하고 큰 소리로 외쳤다. 그리고 나서 그는 모든 재산을 그 도시에 버려 둔 채 자기 아들들을 데리고 산으로 피해 갔다.[129]

물론, 이 이야기는 맛다디아의 아들들이 맛다디아가 죽은 후에 그의 사역을 이어 받아서 성전을 깨끗케 하고 결국 새로운 반열의 제사장-왕들로 세움을 받는다는 내용으로 이어진다.

이 이야기 전체, 특히 그 핵심 대목과 마가복음 13:14-16 간의 공명들은 아주 분명하다:

> 멸망의 가증한 것이 서지 못할 곳에 선 것을 보거든 (읽는 자는 깨달을진저) 그 때에 유대에 있는 자들은 산으로 도망할지어다 지붕 위에 있는 자는 내려가지도 말고 집에 있는 무엇을 가지러 들어가지도 말며 밭에 있는 자는 겉옷을 가지러 뒤로 돌이키지 말지어다.

마가의 권면의 첨가는 가이우스(Gaius)의 조상(彫像)과 관련된 위기의 때에 이 전승 속으로 끼어들었을 가능성이 높지만, 이 대목 전체는 주전 167년과 주후 135년 (또는 적어도 주후 70년) 사이의 어느 시기에 말해진 것으로 이해된다. 이 대목의 취지는 예루살렘에 위기, 즉 공식적인 성전 제의가 더럽혀져서 무너뜨려질 위기가 올 것이라는 것을 경고하는 것이다. 그때가 되면, 계약에 충실한 이스라엘의 참된 지체들은 그들의 소유들을 도성에 버려둔 채 산으로 도망가지 않으면 안 된다.

이 대목은 주후 66-70년의 실제 사건들을 그 사건이 일어난 후에 언급한

것으로 볼 수는 없을 것이다. 우선, 티투스(Titus)와 그가 이끈 로마 군단들은 감람산과 스코프스(Scopus) 산, 즉 예루살렘을 굽어볼 수 있는 두 개의 가장 높은 산들을 점령하였다; 따라서 산들로 도망하는 것은 항복 아니면 죽음을 의미했을 것이다. 또 한 가지 말한다면, 로마인들이 성소를 점령했을 당시, 도망을 생각하는 것은 시기적으로 이미 너무 늦은 것이었다. 셋째, 그리스도인들이 예루살렘을 빠져 나와서 펠라(Pella)로 갔다는 전승은 "산으로" 도망간 것으로 볼 수 없다; 그들은 펠라로 가기 위해서 3000피트나 아래로 요단 계곡으로 내려간 후에 다시 30마일 가량을 북쪽으로 가야 했을 것이다(펠라는 요단에서 동쪽으로 3마일 가량, 갈릴리 호수에서 남쪽으로 20마일 가량 떨어진 곳에 있다). 올바른 정신을 가진 사람이라면, 펠라로 도망간 것을 "산으로" 도망갔다고 말하지는 않을 것이다.[130]

이와 동시에, 예수의 말씀이 지닌 뉘앙스도 아주 분명하다. 공식적인 성전 제의가 (에세네파의 견해와 마찬가지로 예수의 견해에서도) 끔찍할 정도로 더럽혀졌기 때문에, 이에 대한 유일한 해법은 그것을 멸하는 것이었다. 예수는 참된 계약에의 충성이라는 높은 차원을 요구하고 있었다; 아주 부패한 성소와 제의를 옹호하는 것은 야훼에 대한 불충성이 될 것이다. 충성의 길은 도망의 길이었다. 그러한 도망은 결코 비겁함을 보여주는 것이 아니었을 것이다. 이렇게 도망을 하는 의도는 나중에 참된 백성, 실제로는 참된 지도자들로서 신원받기 위하여 하나의 무리로 남기 위한 것이었다. 맛다디아는 산으로 도망가서, 결국 그의 가족이 새로운 왕가가 되었다.

그러므로 이 장 전체는 성전의 멸망에 관한 예언으로만 읽혀져서는 안 되고, 그 멸망이 이스라엘의 배교와 성전의 타락으로 인하여 일어난 것이라는 암묵적인 주장으로도 읽혀져야 한다. 그러므로 예수의 태도는 예루살렘의 현재 모습을 두려움 속에서 바라보는 경건한 예언자의 태도 또는 자기를 따르는 자들에게 부패한 성소를 떠나서 재야 운동을 조직하라고 격려하는 경건한 열심 있는 자, 현재의 위기 이후에 자기 자신이 참된 왕으로 세움을 입는 것을 바라

---

130) Euseb. *HE* 3:5:3; cf. *NTPG* 352. Pella에 대해서는 cf. R. H. Smith 1992(막 13:14과의 가능한 연결관계를 좀 더 느슨한 형태로 반복하고 있는); 그리고 특히 Lüdemann 1980.

보라는 메시야를 자처하는 자의 태도였다.

이 대목에 의해서 연상되는 세 번째 일련의 구약성서의 간접 인용문들은 이 복잡한 주제를 또 하나의 방향으로 전개한다. 이 대목들을 현재의 맥락 속에서 결합시켜 보면, 그것들은 예루살렘을 이교도들의 침공이나 더럽힘의 희생물로 보는 것이 아니라 예루살렘 자체를 계약 하나님의 참된 백성의 원수인 바벨론으로 지칭한다. 바벨론의 멸망, 그 와중에서의 이스라엘의 도피에 관한 이사야와 예레미야의 예언들, 하나님의 백성의 신원과 악한 제국의 멸망에 관한 다니엘의 예언은 여기에서 서로 아주 꼭 들어맞는다. 이번에는 예언의 줄거리가 잘 알려져 있다: 그것은 악한 나라의 멸망을 포함한 하나님 나라의 도래에 관한 이야기이다. 그러나 다시 한 번 (탕자의 비유에서와 마찬가지로) 다음과 같은 질문이 생겨난다: 이 이야기 속에서 누가 누구인가? 어느 성읍이 이제 어떤 역할을 맡는가? 이에 대한 대답은 아주 깜짝 놀랄 만한 것이어서, 그 간접 인용들이 얼마나 자세하고 분명한지를 자세하게 살펴볼 필요가 있다.[131] 핵심 대목들은 다음과 같이 되어 있다:

> 너희는 애곡할지어다 여호와의 날이 가까웠으니
> 전능자에게서 멸망이 임할 것임이로다 …
> 그들이 놀라며 괴로움과 슬픔에 사로잡혀
> 해산이 임박한 여자 같이 고통하며 …
> 보라 여호와의 날
> 곧 잔혹히 분냄과 맹렬히 노하는 날이 이르러
> 땅을 황폐하게 하며
> 그 중에서 죄인들을 멸하리니
> 하늘의 별들과 별 무리가
> 그 빛을 내지 아니하며
> 해가 돋아도 어두우며
> 달이 그 빛을 비추지 아니할 것이로다

131) 또한 호 13:16(사마리아에 대한 심판); 나 3:10(테베와 니느웨); 시 137:9(바벨론)을 반영하고 있는 눅 19:42-4에 대한 위의 서술을 참조하라.

> 내가 세상의 악과
> 악인의 죄를 벌하며
> 교만한 자의 오만을 끊으며
> 강포한 자의 거만을 낮출 것이며 …
> 열국의 영광이요
> 갈대아 사람의 자랑하는 노리개가 된 바벨론이
> 하나님께 멸망당한
> 소돔과 고모라 같이 되리니.[132]

그러므로 이것은 "해와 달이 어두워지겠고 별들이 빛을 잃으리라"(막 13:24)고 말하는 것이 의미하는 바로 그것이다. 즉, 그것은 다음과 같은 것을 의미한다: "바벨론은 망할 것이다 — 경천동지할 사건!" 또한 하늘에게 떨어지는 별과 관련시키고 있는 구절도 있다:

> 너는 바벨론 왕에 대하여 이 노래를 지어 이르기를 …
> 너 아침의 아들 계명성이여
> 어찌 그리 하늘에서 떨어졌으며
> 너 열국을 엎은 자여
> 어찌 그리 땅에 찍혔는고
> 네가 네 마음에 이르기를
> 내가 하늘에 올라
> 하나님의 뭇 별 위에
> 내 자리를 높이리라
> 내가 북극 집회의 산 위에 앉으리라
> 가장 높은 구름에 올라가
> 지극히 높은 이와 같아지리라 하는도다
> 그러나 이제 네가 스올
> 곧 구덩이 맨 밑에 떨어짐을 당하리로다.[133]

---

132) 사 13:6, 9-11, 19. Cf. *T. Mos.* 10:1-10, 이것에 대해서는 cf. *NTPG* 304f.

또한 단순한 바벨론이 아니라 그보다 더 넓은 것을 가리키면서 동일한 맥락 속에서 말하고 있는 대목도 있다:

그 살륙 당한 자는 내던진 바 되며
그 사체의 악취가 솟아오르고
그 피에 산들이 녹을 것이며
하늘의 만상이 사라지고
하늘들이 두루마리 같이 말리되
그 만상의 쇠잔함이
포도나무 잎이 마름 같고
무화과나무 잎이 마름 같으리라.[134]

이와 동일한 주제는 에스겔이 애굽 왕을 규탄한 말 속에서도 발견된다:

내가 네 살점을 여러 산에 두며
네 시체를 여러 골짜기에 채울 것임이여
네 피로 네 헤엄치는 땅에 물 대듯 하여 산에 미치게 하며
그 모든 개천을 채우리로다
내가 너를 불 끄듯 할 때에 하늘을 가리어
별을 어둡게 하며
해를 구름으로 가리며
달이 빛을 내지 못하게 할 것임이여
하늘의 모든 밝은 빛을 내가 네 위에서 어둡게 하여
어둠을 네 땅에 베풀리로다 주 여호와의 말씀이니라.[135]

요엘은 다가올 대파국을 경고하기 위하여 이와 동일한 언어를 사용한다:

---

133) 사 14:4, 12-15.
134) 사 34:3-4.
135) 겔 32:5-8.

그 앞에서 땅이 진동하며
하늘이 떨며
해와 달이 캄캄하며
별들이 빛을 거두도다
여호와께서 그의 군대 앞에서 소리를 지르시고
그의 진영은 심히 크고
그의 명령을 행하는 자는 강하니
여호와의 날이 크고
심히 두렵도다 당할 자가 누구이랴?

내가 이적을 하늘과 땅에 베풀리니 곧 피와 불과 연기 기둥이라 여호와의 크고 두려운 날이 이르기 전에 해가 어두워지고 달이 핏빛 같이 변하려니와 누구든지 여호와의 이름을 부르는 자는 구원을 얻으리니 이는 나 여호와의 말대로 시온 산과 예루살렘에서 피할 자가 있을 것임이요 남은 자 중에 나 여호와의 부름을 받을 자가 있을 것임이니라.

사람이 많음이여,
심판의 골짜기에 사람이 많음이여,
심판의 골짜기에
여호와의 날이 가까움이로다
해와 달이 캄캄하며
별들이 그 빛을 거두도다.[136]

어둠, 우주적 어둠: 이것이 야훼께서 현세의 바빌로니아인들을 심판하시러 행하실 때의 지배적인 이미지이다. 이러한 다채로운 색깔의 예언적 이야기들은 그런 후에 여전히 바벨론에 대한 야훼의 심판이라는 맥락 속에서 이스라엘에게 장차 다가올 큰 원수의 멸망으로부터 멀리 도망하라고 명하는 명령과 경

---

136) 욜 2:10-11, 30-2; 3:14-15. 우리는 여기에 암 8:9; 습 1:15을 추가할 수 있다.

고로 이어진다:

너희는 바벨론에서 나와서 갈대아인을 피하고
즐거운 소리로 이를 알게 하여 들려주며
땅끝까지 반포하여 이르기를
여호와께서 그의 종 야곱을 구속하셨다 하라.

너희는 떠날지어다 떠날지어다 거기서 나오고
부정한 것을 만지지 말지어다
그 가운데에서 나올지어다
여호와의 기구를 메는 자들이여 스스로 정결하게 할지어다
여호와께서 너희 앞에서 행하시며
이스라엘의 하나님이 너희 뒤에서 호위하시리니
너희가 황급히 나오지 아니하며
도망하듯 다니지 아니하리라.[137]

이러한 대목들은 모두 동일한 일련의 모티프들을 지닌 하나의 이야기를 말한다: 거대한 이방 성읍에 대한 야훼의 승리; 그 아래에서 고통을 겪었던 그의 참된 백성의 구원과 신원; 그리고 야훼께서 환호를 받으며 왕으로 등극하는 것. 어느 정도 이것과 동일한 결합이 예레미야서에도 등장한다:

내 백성은 잃어버린 양떼로다 그 목자들이 그들을 곁길로 가게 하여 산으로 돌이키게 하였으므로 그들이 … 쉴 곳을 잊었도다 …

---

137) 사 48:20; 52:11-12. 후자의 대목의 맥락, 특히 야훼가 마침내 왕이 되신다는 선포의 맥락(사 52:7-10)은 예수의 선포, 사역, 자기 이해와 밀접하게 서로 공명한다 — 물론, 이 대목을 마가복음 13장과 그 병행문들 속에서 다시 사용하고 있는 것은 무척 아이러니컬하지만: 그 원래의 형태 속에서 이 대목은 예루살렘의 구원을 선포하고 있다. 여기에서도 다시 한 번 극히 중요한 역할들의 변화가 드러난다. 이제 예루살렘은 바벨론이 되었고, 예수와 그의 제자들은 예루살렘이 되었다.

너희는 바벨론 가운데에서 도망하라 갈대아 사람의 땅에서 나오라
양떼에 앞서가는 숫염소 같이 하라 …
　바벨론 땅에서 도피한 자의 소리여 시온에서 우리 하나님 여호와의
보복하시는 것, 그의 성전의 보복하시는 것을 선포하는 소리로다.

바벨론 가운데서 도망하여 나와서
　각기 생명을 구원하고
그의 죄악으로 말미암아 끊어짐을 보지 말지어다
　이는 여호와의 보복의 때니
　그에게 보복하시리라
바벨론은 여호와의 손에 잡혀 있어
　온 세계가 취하게 하는 금잔이라
뭇 민족이 그 포도주를 마심으로 미쳤도다
바벨론이 갑자기 넘어져 파멸되니
　이로 말미암아 울라
그 상처를 위하여 유향을 구하라
　혹 나으리로다
우리가 바벨론을 치료하려 하여도
　낫지 아니한즉
버리고 각기 고향으로 돌아가자
　그 화가 하늘에 미쳤고
　궁창에 달하였음이로다
여호와께서 우리 공의를 드러내셨으니
　오라 시온에서
　우리 하나님 여호와의 일을 선포하자.

나의 백성아 너희는 그 중에서 나와
　각기 여호와의 진노를 피하라
너희 마음을 나약하게 말며
　이 땅에서 들리는 소문으로 말미암아 두려워하지 말라

소문은 이 해에도 있겠고
 저 해에도 있으리라
그 땅에는 강포함이 있어
 다스리는 자가 다스리는 자를 서로 치리라 …

칼을 피한 자들이여
 멈추지 말고 걸어가라
먼 곳에서 여호와를 생각하며
 예루살렘을 너희 마음에 두라
외국인이 여호와의 거룩한 성전에 들어가므로
 우리가 책망을 들으며 수치를 당하여
 모욕이 우리 얼굴을 덮었느니라 …

만군의 여호와라 일컫는 왕이 이와 같이 말씀하시되
내가 그 고관들과 지혜 있는 자들과
 도백들과 태수들과 용사들을 취하게 하리니
그들이 영원히 잠들어 깨어나지 못하리라.[138]

바벨론이 멸망할 때, 야웨의 백성들이 취할 유일하게 적절한 반응이 오직 하나 존재한다: 빠져 나와서 도망치는 것. 우리는 끝으로 스가랴서에 나오는 두 개의 대목들 속에서도 이와 동일한 일련의 주제들을 발견한다:

오호라 너희는 북방 땅에서 도피할지어다 여호와의 말씀이니라 이는 내가 너희를 하늘 사방에 바람 같이 흩어지게 하였음이니라 여호와의 말씀이니라 바벨론 성에 거주하는 시온아 이제 너는 피할지니라 만군의 여호와께서 이같이 말씀하시되 영광을 위하여 나를 너희를 노략한 여러 나라로 보내셨나니 너희를 범하는 자는 그의 눈동자를 범하는 것이라.[139]

---

138) 렘 50:6, 8, 28; 51:6-10, 45-6, 50-1, 57.
139) 슥 2:6-8.

> 내가 이방 나라들을 모아 예루살렘과 싸우게 하리니 … 그 때에 여호
> 와께서 나가사 그 이방 나라들을 치시되 이왕의 전쟁 날에 싸운 것 같이
> 하시리라 그 날에 그의 발이 예루살렘 앞 곧 동쪽 감람산에 서실 것이요
> 감람산은 그 한 가운데가 동서로 갈라져 매우 큰 골짜기가 되어서 산 절
> 반은 북으로, 절반은 남으로 옮기고 그 산 골짜기는 아셀까지 이를지라
> 너희가 그 산 골짜기로 도망하되 유다 왕 웃시야 때에 지진을 피하여 도
> 망하던 것 같이 하리라 나의 하나님 여호와께서 임하실 것이요 모든 거
> 룩한 자들이 주와 함께 하리라 … 여호와께서 천하의 왕이 되시리니 그
> 날에는 여호와께서 홀로 한 분이실 것이요 그의 이름이 홀로 하나이실
> 것이라.[140]

이러한 대목들은 한데 어우러져서 여러 가지 자기 몫을 하는 가운데, 우리가 굳이 다니엘서에 대한 간접 인용들을 들먹일 필요도 없이 마가복음 13장과 그 병행문들 속에 나오는 강화의 여러 부분들의 배경을 이루고 있다. 이러한 대목들은 이스라엘, 이스라엘의 하나님, 열방들에 관한 이야기를 말하면서, 예수가 자기 자신을 중심으로 이스라엘을 재정의하고, 이스라엘이 오랫동안 기다려 왔던 포로생활로부터의 해방("하나님 나라")이 가까웠다는 선포를 할 때, 이 하나님의 참된 백성을 반대하는 세력은 로마가 아니라 현재의 예루살렘과 그 지배층이라고 규정할 때에 완벽하게 사용되고 있다. 수산나가 다니엘서에 첨가된 것과 마찬가지로, 예수가 예언적 이야기들을 다시 말한 것은 이방 나라들에 대한 비판을 현재의 유대 지도자들을 향하여 돌리고자 하는 취지를 지닌다.

예루살렘의 멸망, 제자들의 도망과 피신은 바벨론이 무너지고 이스라엘이 피할 것이라는 예언들에 대한 최종적인 실행이 될 것이다. 이것은 이스라엘의 신원, 이스라엘의 하나님이 진정으로 왕이 되셨다는 표징이 될 것이다.[141]

이러한 맥락과 배경은 마가복음 13:14-23의 이미지들이 움직여가고 있는

---

140) 슥 14:2a, 3-5, 9.

141) 일부 학자들은 이러한 결론이 최근의 몇몇 주석자들(예를 들면, Massyngberde Ford 1975)이 크고 악한 도성은 로마가 아니라 예루살렘이라고(cf. 계 11:8) 주장한 바

방향을 잘 보여준다.[142) 그것은 "마지막 나팔에 의해서 부지불식간에 공중으로 끌어올려지는 사람에게가 아니라 군사적 침공으로부터 피신하는 자에게 훨씬 더 유익한" 조언이다.[143) 제자들은 예루살렘의 물리적 생존을 위하여 도성에 머물러서 싸워서는 안 된다. 그들은 장차 있을 전쟁에 연루되어서는 안 된다. 예수는 유대인 반도(叛徒)라는 죄목으로 로마인들의 손에 죽을 것이지만, 제자들은 그렇게 해서는 안 된다. 잘못된 충성심을 발휘해서 그들이 무력이라는 수단을 통해서 하나님 나라를 오게 하려고 해서는 안 된다. 오히려, 그들은 낭비할 시간이 없다: 그들은 도망쳐야 한다. 누가(21:20)는 마태(24:15)와 마가(13:14)에 나오는 묵시론적 이미지들을 예루살렘이 군대에 의해서 포위되었다는 관점에서 활용하였다. 이것은 그의 이방인 독자들에게 훨씬 더 의미가 잘 통했을 것이다: 다니엘서에 대한 암호적인 간접 인용에 직면해서, 그들은 마가복음 13:14b에 나오는 "읽는 자는 깨달을진저"라는 명령을 순종할 입장에 있지 않았을 것이기 때문이다.[144) 마가복음에 대한 누가의 읽기는 아주 분명하다:
    이 모든 언어는 바벨론의 멸망을 예언하고 있는 성서를 배경으로 이해되어야 할 예루살렘의 멸망을 가리킨다.[145) 우리는 예수의 언어, 가르침, 사역의 전 범위 속에서 누가가 마가를 잘못 읽었다거나 마태와는 다르게 마가를 읽었다거나 그들 중의 어느 한 사람 또는 이 전승 속에서의 그들의 선임자들이 예수의 생각과 입 속에 불가능하거나 시대착오적이거나 전혀 가능성이 없었을 그러한 사상들과 말들을 집어넣었을 것이라는 것을 암시해 주는 그 어떤 것도 발견할 수 없다.
    오히려 그 정반대이다. 우리가 마가복음 13장과 그 병행문들 속에서 발견하

있는 요한 계시록 17-19장에 대한 읽기와 관련하여 어떤 함의들을 지니고 있다고 생각할지도 모른다. 나는 이러한 주장이 주석상의 특이점(이러한 특이점들은 모든 학술지들 속에서 찾아볼 수 있지만, 그것들은 단지 호기심만을 불러일으킬 뿐이다)에 대한 성가심으로는 설명될 수 없는 분노를 몇몇 진영들 속에서 불러일으키고 있다는 것을 발견하였다. 여기에서 문제가 되고 있는 것은 무엇이고, 누구에게 문제가 되고 있는가?

142) 또한 cf. 눅 17:22-37, 이것에 대해서는 아래를 보라.
143) Caird 1965, 21.
144) cf. *NTPG* 390-6.
145) cf. Dodd 1968, 69-83.

는 것은 본질적으로 다시 말해진 잘 알려진 유대적 이야기이다. 그것은 유대교 내부에서 통상적으로 말해졌던 이야기들과 아주 흡사하다. 그것은 참 하나님이 그의 백성을 신원하시고 그들의 원수들을 심판하실 것에 관하여 말한다. 그것은 포로생활로부터의 진정한 귀환에 관한 이야기, 야훼께서 심판을 행하시고 구원하기 위하여 돌아오실 것에 관한 이야기이다. 하지만 다른 한편으로 이 이야기는 근본적으로 기존의 이야기와 상이하다: 그것은 오직 몇몇 극단적인 분파주의자들만이 이야기하는 것과 마찬가지로 진정한 원수는 예루살렘과 성전이라고 말하고, 이스라엘의 참된 백성은 한 예언자적 인물을 중심으로 한 작은 무리라고 말한다. 그것은 우리가 초대 교회에서 발견하는 전망과 매우 흡사하다: 이와 비슷한 묵시론적 시나리오들은 바울의 회중들을 구성하고 있었던 대체로 이방인들로 구성된 무리들과 그 밖의 다른 무리들 속에서 잘 알려져 있었다.[146] 그렇지만 그것은 또한 아주 상이한 점도 지니고 있다: 현재의 맥락 속에서 이것은 청중들에게 그들이 기다리고 예상하고 있었던 소식으로서가 아니라 의외의 말과 경고로서 다가온다.

그러니까, 로마인들은 성소를 더럽힘으로써 다니엘서의 경고를 성취할 것이다. 그들은 그들의 군기(軍旗)들을 거룩한 땅에 꽂을 것이고, 사방에서 괴롭힘을 당하는 예수의 제자들의 작은 공동체는 그것을 보고, 지금이 서두를 때라는 것을 알게 될 것이다. 성서에 나오는 패러다임과는 달리, 도망하는 일은 그 자체가 끔찍한 일이 될 것이지만(막 13:17-20), 도성에 머물러서 도성과 함께 우상 숭배로 인한 파국 속에 사로잡혀서 망하는 것보다는 더 나을 것이다. 새로운 바벨론은 순식간에 멸망당할 것이고, 도망은 예수의 갱신된 이스라엘을 위한 유일하게 적절한 행동, 유일한 구원의 길이다. 지금까지 이 충격적인 이야기는 우리가 앞의 두 장에서 재구성해 왔던 이야기 전체의 흐름을 따르고 있다.

그때에(13:21-23) 거짓 메시야들이 출현할 것이다. 이 일을 짐작하는 데는

---

146) cf. 살전 2:13-16; 살후 1:5-2:12; 계 *passim; Did.* 16:1-8. 이렇게 초기의 자료들 속에서 널리 확인되고 있다는 것은 다시 한 번 Crossan의 공식적인 범주들이 그 자신의 결정들과 관련해서 결정적이지 못하다는 것을 보여준다. 왜냐하면, 그는 예수가 그러한 일련의 사상들에 대하여 책임이 있다는 것을 부정하기 때문이다(1991a, 434).

많은 시간이 걸리지 않는다. 이미 주전 4년과 주후 6년에 겪었던 것과 같이 민족적 큰 위기의 때에는 언제나 스스로를 야훼의 기름 부음받은 자로 자처하는 자들이 출현하는 법이고, 언제나 그들 자신을 저항할 수 없을 정도로 매력적으로 보이게 만드는 자들이 있는 법이다.[147] 그러나 교회는 속아서는 안 된다.

로마 군대 속에서 유포되었던 "부활한 네로"에 관한 신화와 마찬가지로 해방군을 이끌기 위하여 예수의 "재림"을 말하는 사람이 있다면, 그리스도인들은 그러한 사상을 확고하게 진압하여야 한다.[148] "인자"가 신원받았을 때, 그것은 어떠한 의심도, 한 점의 의심의 여지도 없이 분명히 모든 사람들이 알게 될 것이다. 그것은 사람들이 볼 눈을 가지고 있든 아니든 누구에게나 분명할 것이다. 예루살렘의 멸망은 사람들이 설왕설래할 그런 종류의 것이 되지 않을 것이다. 그것은 마치 번개가 동쪽에서 서쪽까지 번쩍이는 것과 같을 것이다. 독수리들 — 로마의 독수리들 — 은 시체 주변에 모여들어서 깨끗하게 먹어치울 것이다.[149] 예수의 메시지, 그의 평화의 길을 거부했던 이 위대한 도성은 멸망받을 것이다. 그럼으로써 예수는 예언자로서 옳았다는 것이 입증되고 신원받게 될 것이다; 그렇다, 예언자보다 나은 이로서 신원받게 될 것이다.

(v) 인자의 신원

그 때에 그 환난 후 해가 어두워지며 달이 빛을 내지 아니하며 별들이 하늘에서 떨어지며[150] 하늘에 있는 권능들이 흔들리리라 그 때에[151] 인자가 구름을 타고 큰 권능과 영광으로 오는 것을 사람들이 보리라 또 그 때

---

147) cf. Horsley & Hanson 1985; *NTPG* 170-81.

148) 소문에 대해서는 cf. Tac. *Hist.* 2:8. 요한계시록의 연대 설정과 관련된 최근의 논의에 대해서는 cf. Smalley 1994, 40-50.

149) 마 24:27-8/눅 17:24, 37.

150) 누가복음에는 다음과 같은 내용이 추가되어 있다: "땅에서는 민족들이 바다와 파도의 성난 소리로 인하여 혼란한 중에 곤고하리라 사람들이 세상에 임할 일을 생각하고 무서워하므로 기절하리니"(21:25b). 여기에는 시 65:7(65:8 MT); Wis. 5:22이 반영되어 있다.

151) 마태복음에는 다음과 같은 내용이 추가되어 있다: "그 때에 인자의 징조가 하늘

에 그가 천사들을 보내어[152] 자기가 택하신 자들을 땅끝으로부터 하늘 끝까지 사방에서 모으리라[153] 무화과나무의 비유를 배우라 그 가지가 연하여지고 잎사귀를 내면 여름이 가까운 줄 아나니 이와 같이 너희가 이런 일이 일어나는 것을 보거든 인자가 가까이 곧 문 앞에 이른 줄 알라 내가 진실로 너희에게 말하노니 이 세대가 지나가기 전에 이 일이 다 일어나리라 천지는 없어지겠으나 내 말은 없어지지 아니하리라.[154]

이 대목에 관한 우리의 해석은 전적으로 『신약성서와 하나님의 백성』 제10장에 제시된 논거들에 의거한 것이다.[155] 거기에서 도달한 결론들을 요약하자면, 우리는 다음과 같이 말할 수 있다: "인자의 오심"은 어떤 인간적인 존재가 실제로 구름을 타고 땅을 향하여 내려온다는 오늘날의 학문적이고 통속적인 의미에서의 "파루시아"를 가리키지 않는다. 또한 "인자"라는 어구 자체도 "초인간적인" 존재를 가리키지 않는다. 주후 1세기에 다니엘서에 대한 다시 읽기들이나 우리가 지금까지 살펴보았던 예수의 가르침 속에 나오는 다니엘서의 내용 중에는 마가복음 13:26의 읽기를 그런 방향으로 몰아가는 것은 하나도 없다. 우리는 이미 해와 달과 별들이 어두워진다는 것의 의미에 대하여 살펴본 바 있다. 이러한 언어가 사회정치적이고 군사적인 재난을 가리키는 많은 예언적 구절들에 비추어 볼 때, 이번에도 이러한 단어들이 시공간의 세계의 물리적 붕괴를 가리킨다고 주장하는 것은 조악한 문자주의에 불과하다. 이러한 언어

에서 보이겠고 그 때에 땅의 모든 족속들이 통곡하며"(24:30). 이번에 여기에 반영되어 있는 것들은 예루살렘의 커다란 애곡 후에 참된 하나님의 백성, 특히 다윗 가문의 승리라는 맥락 속에서의 슥 12:10이다.

152) 마태복음에는 "나팔소리와 함께"(24:31)가 첨가되어 있는데, 이것은 사 27:13에 대한 반영이다. "사자들"을 뜻하는 단어는 angeloi인데, 이 단어는 "천사들"을 의미할 수 있지만, 마찬가지로 인간 사자들을 가리킬 수도 있다.

153) 누가복음이 마지막 문장을 생략하고 다음과 같은 내용을 첨가한다: "이런 일이 되기를 시작하거든 일어나 머리를 들라 너희 속량이 가까웠느니라"(21:28).

154) 막 13:24-31. 병행문들 속에서의 중요한 변형들(마 24:29-35/눅 21:25-33)은 위에서 살펴보았다.

155) *NTPG* 280-99.

들은 단순히 주요한 사회정치적 사건들을 가리키고 그 사건들의 온전한 의미를 드러내기 위하여 사용된 전형적인 유대적 이미지들이다.

특히 마가복음 13:26과 관련해서, 우리는 "인자"의 "오심"과 관련된 다음과 같은 몇 가지 점들을 짧막하게 지적하고자 한다. 영어에서 잘못 오해하기가 아주 쉬운 "오심"이라는 단어는 그리스어로는 "에르코메논"(erchomenon)인데, "오는 것" 또는 "가는 것" 둘 중 어느 것이나 의미할 수 있었다.[156] 그리고 이 단어가 "오는 것"을 가리키는 경우일지라도, 그것은 이 절을 "인자"가 구름을 타고 이 땅으로 오는 것을 예언하는 것으로 읽는 것을 밑받침해 주지 않는다. 왜냐하면, 다니엘서 7장은 이 장면을 땅의 관점에서가 아니라 하늘의 관점에서 바라보고 있기 때문이다. "인자"라는 존재는 옛적부터 계신 이에게 "나아간다." 그는 고난 후에 신원을 받고 땅으로부터 하늘로 간다.[157] 다니엘서의 이야기는 언제나 신원과 승귀에 관한 이야기였고, 주후 1세기에도 그런 것으로 다시 말해졌다.[158]

이렇게 "인자의 오심"은 두 가지에 대한 주후 1세기의 훌륭한 은유적인 표현이었다: 하나님의 참된 백성의 원수들의 패배와 참된 백성 자신의 신원. 그래서 마가복음 13장과 그 병행문들 속에서 드러나듯이, 이러한 신원이 일어나게 될 형태는 바로 예루살렘과 그 성전의 멸망이 될 것이다. 이것이 바로 마가복음 13장 전체가 처음부터 말하고 있는 내용이다. 성전에서의 예수의 행위는 이미 산을 바다 속에 집어 던진다는 것에 관한 그의 암호적인 말과 마찬가지로 이러한 방향을 보여주고 있었다. 예언자로서 예수는 한 세대 이내에 성전이 파괴될 것이라는 예언에 자신의 명성을 걸었다; 성전이 파괴된다면, 그것을 통해서 예수는 그의 말이 옳다는 것이 입증될 것이다. 나중에 우리가 보게 되겠지만, 하나님 나라를 짊어진 자로서 예수는 끊임없이 성전이 해야 할 일을 자기가 할 권리를 가지고 있고, 따라서 성전을 암묵적으로 불필요하다고 생각했다는 결론을 도출할 수밖에 없는 방식으로 행동해 왔었다. 예수가 말해 왔던

---

156) 나는 1988년 밴쿠버에서 혼란스러워 하던 한 학생의 말을 인용하지 않을 수 없는데, 그는 이 점에 대하여 지금 그가 오고 있는지 가고 있는지를 모르겠다고 말하였다.

157) 마 25:31과 슥 14:5에 대해서는 아래의 서술을 참조하라.

158) *NTPG* 289-5, 304, 312-17.

이야기, 자신의 삶을 통해서 보여주었던 그 이야기는 특별한 결말을 요구하였다. 그러므로 만약 성전이 영원토록 건재했고, 예수의 운동은 "피식" 소리를 내며 금방 꺼져버렸다면(가말리엘이 그럴 것이라고 생각했던 것처럼[159]), 예수는 허풍쟁이이거나 거짓 예언자, 심지어 신성모독을 행한 자였다는 것이 드러나게 될 것이었다. 그러나 성전이 파괴되고 희생 제사가 멈춘다면, 이교도들의 군대가 성전을 돌 하나 남김이 없이 무너뜨린다면, 그리고 예수의 제자들이 파국을 당한 바벨론에서 포로생활을 하던 이스라엘이 무사히 도피한 것을 재현이라도 하는 듯이 그 참화 속에서 아무런 해도 입지 않고 도피하였다면, 예수는 단순히 예언자로서가 아니라 이스라엘의 대표자, (어떤 의미에서는) "인자"로서 신원을 받게 될 것이다.

이러한 맥락 속에서 마가복음 13:24-25, 27에 나오는 이미지들은 쉽게 이해될 수 있다. 케어드(Caird)가 주장했듯이, 이 절들은 "밋밋하고 문자적인 산문"이 아니다.[160] 이 절들은 시공간상으로 이루어진 우주의 붕괴 또는 종말을 말하고 있지 않다. 우리가 위에서 인용한 이사야서 및 예레미야서에 나오는 구절들로부터 보았듯이, 이 절들은 사람들이 "우주적인" 또는 "경천동지할" 것으로 느꼈고 인식했던 현세에서의 사건들을 표현하기 위한 전형적인 유대적 이미지들이다. 좀 더 구체적으로 말하면, 이 절들은 이스라엘의 이야기를 그 정해진 절정으로 이끌기 위한 사건들을 나타내는 유대인들의 전형적인 이미지들이다. 예루살렘의 멸망의 날들은 우주적 재난의 날들로 보아진다.[161] 사람들이 잘 알고 있던 세계가 격변 속으로 휘말리게 될 것이다: 권력 투쟁과 쿠데타가 그날의 질서가 될 것이다; 당시 지중해 세계 전역에 걸친 "개화된" 삶의 전제였던 "팍스 로마나"(pax Romana)는 붕괴되어 혼돈으로 변할 것이다.[162] 그러한 혼돈의 와중에서 예루살렘은 멸망할 것이다. 그렇게 함으로써 "인자"는 신원받게 될 것이다. 그것은 이 "인자"의 제자들이 이제 세계 전역으로 퍼져 나가

---

159) 행 5:33-9.

160) Caird 1965, 22.

161) 요세푸스는 성전의 대문이 저절로 활짝 열리고 천사들이 떠났다는 이야기들을 기록함으로써 이것을 다른 식으로 증언해 준다: *War* 6:293-300.

162) "팍스 로마나"(pax Romana)와 그 모든 모호성들에 대해서는 Wengst 1987, Part I를 보라.

게 될 것을 보여주는 징조가 될 것이다: 그의 "천사들," 즉 사자들은 동서남북으로부터 사람들에게 야훼의 나라에 아브라함, 이삭, 야곱과 함께 와서 앉으라고 부르게 될 것이다.

여기에 나오는 이미지들은 다시 한번 우리가 이미 아주 잘 알고 있는 이야기, 포로생활로부터의 귀환에 관한 이야기를 상기시킨다:

> 너와 네 자손이 네 하나님 여호와께로 돌아와 내가 오늘 네게 명령한 것을 온전히 따라 마음을 다하고 뜻을 다하여 여호와의 말씀을 청종하면 네 하나님 여호와께서 마음을 돌이키시고 너를 긍휼히 여기사 포로에서 돌아오게 하시되 네 하나님 여호와께서 흩으신 그 모든 백성 중에서 너를 모으시리니 네 쫓겨간 자들이 하늘가에 있을지라도 네 하나님 여호와께서 거기서 너를 모으실 것이며 거기서부터 너를 이끄실 것이라 네 하나님 여호와께서 너를 네 조상들이 차지한 땅으로 돌아오게 하사 네게 다시 그것을 차지하게 하실 것이며.[163]

"인자의 신원" — 정확히 지배적인 이야기 내에 있는 — 의 결과는 포로생활이 마침내 끝날 것이라는 것이다.[164] 이러한 유대인들의 중심 소망을 예수 및 그의 백성에 다시 초점을 맞추고 있는 것은 우리가 이미 다른 것과 관련해서 인용한 바 있는 한 구절에 대한 분명한 반영을 통해서 더욱 명시적이 되고 있다:

> 오호라 너희는 북방 땅에서 도피할지어다 여호와의 말씀이니라 이는

---

163) 신 30:2-5. 칠십인역에서는 4절의 히브리어 biqtse hashamayim(문자적으로, "하늘들의 끝들 가운데서")을 ap' akrou tou ouranou heos akrou tou ouranou("하늘 끝에서 하늘 끝까지")로 번역하고 있는데, 이 번역은 마 24:31b, ap' akron ouranon heos ton akron auton에 정확하게 반영되어 있고, 막 13:27b, ap' akrou ges heos akrou ouranou("땅끝에서 하늘 끝까지")에서는 약간 수정되어 반영되어 있다. 달리 말하면, 이것은 마가복음의 대목이 "초자연적이거나 천상의" 사건이 아니라 현세적인 활동을 가리키고 있다는 것을 암시해 준다는 말이다.

164) 또한 cf. 시 106:47; 사 27:13; 2 Macc. 2:7.

내가 너희를 하늘 사방에 바람 같이 흩어지게 하였음이니라 여호와의 말씀이니라 바벨론 성에 거주하는 시온아 이제 너는 피할지니라 만군의 여호와께서 이같이 말씀하시되 영광을 위하여 나를 너희를 노략한 여러 나라로 보내셨나니 너희를 범하는 자는 그의 눈동자를 범하는 것이라 내가 손을 그들 위에 움직인즉 그들이 자기를 섬기던 자들에게 노략거리가 되리라 하셨나니 너희가 만군의 여호와께서 나를 보내신 줄 알리라 여호와의 말씀에 시온의 딸아 노래하고 기뻐하라 이는 내가 와서 네 가운데에 머물 것임이라 그 날에 많은 나라가 여호와께 속하여 내 백성이 될 것이요 나는 네 가운데에 머물리라 네가 만군의 여호와께서 나를 네게 보내신 줄 알리라 여호와께서 장차 유다를 거룩한 땅에서 자기 소유를 삼으시고 다시 예루살렘을 택하시리니.[165]

이 주목할 만한 대목은 우리의 현재의 논의의 맥락 속에서 아이러니(irony)로 가득 차 있다. 예루살렘, 시온에 대한 약속들은 이제 예수 및 그의 백성에게로 이전된다. 한편 예루살렘 자신은 큰 원수가 되어 있고, 그 도성의 멸망은 하나님의 참된 백성의 해방에 대한 신호탄이 된다. 그리고 한 걸음 더 나아가 이러한 사건들이 일어날 때, 그 사건들을 예언했던 예언자는 진정으로 신원받게 될 것이다.

또한 이러한 맥락 속에서 무화과나무에 관한 작은 비유(막 13:28-29)는 완벽하게 의미를 지닌다. 무화과나무들은 이미 이 이야기 속에서 종말론적 징조들로서 중요하였다.[166] 이제 무화과나무들은 여기에서는 열매는 없고 잎사귀만 무성한 모습이 아니라 여름이 가까웠다는 것을 보여주는 징표로 잎이 나 있는 모습으로 나온다. 따라서 예수가 말해 왔던 이야기 — 멸망의 가증한 것, 커다란 환난, 재앙에 가까운 세계적 사건들의 혼돈 — 가 일어날 때, 이것은 제자들에게 그들이 이 장의 처음에 물었던 징조들이 될 것이다.

여기서 가장 주의 깊게 살펴보아야 할 것은 마가복음 13:29과 그 병행문들에 대한 대부분의 영어 번역들이 보여주듯이, 이 징조들은 "그가 가까웠다"는

---

165) 슥 2:6-12. "하늘의 네 바람들"은 단 7:2; *Did.* 10:5에도 등장한다.
166) 슥 13:6-9; 막 11:12-14, 20-4.

것을 의미하지 않는다는 것이다. 그리스어 "엥귀스 에스틴"(*engus estin*)은 "그가 가까웠다" 또는 "그녀가 가까웠다" 또는 "그것이 가까웠다," 이 세 가지 모두를 의미할 수 있다. 현재의 문맥 속에서 이것들 중 마지막 것이 가장 자연스럽고 분명하다.[167] 누가는 사람들이 마가 본문을 제대로 이해하지 못할 것을 우려해서 그 본문을 의역하였다: 너희가 이런 것들을 볼 때, 너희는 하나님 나라가 가까웠다는 것을 알아야 한다. 여기서 우리는 하나님 나라 이야기에 대한 예수의 다시 말하기 속에서 최종적인 국면들에 접하고 있다고 나는 생각한다. 누가는 이 예언 전체의 의미를 올바르게 드러내었다. 예루살렘이 멸망하고, 예수의 백성이 제때에 파국으로부터 피신한다면, 그것은 야훼가 왕이 되시고, 그의 참된 계약 백성의 해방, 포로생활로부터의 참된 귀환, 새로운 세계 질서의 시작을 가져오는 것이 될 것이다.

그 다음에 나오는 이 세대가 종말을 보게 될 것이라는 예언(막 13:30-32)은 예수의 사고방식 전체의 관점에서 아주 잘 이해될 수 있고, 이 강화 전체의 강조점과 아주 잘 부합한다. 이것이 이 이야기가 끝나야 하는 방식이다. 예수가 마지막 예언자가 아니라면, 그는 거짓 예언자이다. 물론, 하늘과 땅이 사라져서 없어져 버린다는 언급은 이 강화가 결국 시공간으로 이루어진 우주의 종말에 관한 것이었다는 것으로 해석되어서는 안 되고, 이사야서 또는 예레미야서에 나오는 것들과 같은 또 하나의 전형적인 유대인들의 은유로 취급되어야 한다: 야훼께서 태초에 창조하셨던 것들인 하늘과 땅이 사라져 없어져서 주권자이신 하나님의 창조의 말씀 자체를 실효시키려고 할지라도, 이 말씀들은 여전히 참된 것으로 남게 될 것이다.[168] 이것은 "진실로 진실로 내가 너희에게 이르노

---

167) "그가 가까이 있다"라는 표현을 "인자가 구름을 타고 오는 것"에 대한 문자적인 이해와 마찬가지로 "재림"이라는 의미로 읽는 것은 추가적인 문제점들을 발생시킨다: 왜 그는 "바로 문 앞에" 있는 것인가? 그 대답이 후자의 어구는 은유적으로 해석되어야 한다는 것이라면, 나는 물론 동의한다; 그러나 우리는 이 대목 전체가 상징적 은유로 얽혀진 그물망같다는 것을 인정해야 한다. 우리 자신의 세계 속에서 여전히 은유로서의 기능을 하는 언어를 은유로 인정하는 것이 아주 어리석은 시대착오적인 태도가 되어 버리는 것이 현실이다.

168) cf. 사 51:6; 이 장 전체는 포로생활로부터의 귀환에 관한 것이고, 하늘과 땅이 소멸될 것이라는 것은 막 13:31/마 24:36/눅 21:33에서처럼 예언의 말씀은 요동치 않을

공개적인 비유들 중 제일 마지막으로 한 비유(악한 농부에 관한 비유)를 말할 때까지, 우리는 사람들을 끊임없이 괴롭혔던 예수의 이야기들 중의 하나에 대하여 사람들이 반대 또는 분노로써 응답하였다는 말을 듣지 못한다는 것은 아주 중요할 수 있다. 적대감을 생성시키는 것은 상징들의 충돌이다. 나는 이 장에서 예수가 암묵적으로든 명시적으로든 제2성전 시대 유대교의 세계관의 표준적인 상징들이 되어 있었던 것을 공격하였고, 예수 자신의 사역의 상징들은 대단히 도발적인 것이었으며, 예수의 하나님 나라 선포의 일부로서 이렇게 상징 세계를 다시 그린 것이 예수에 대한 실제적 적대감의 원인이었다는 것을 논증하고자 한다.

상징 세계들의 충돌은 예수가 처형된 이유에 관한 문제와 결부되어 있다. 개략적으로 말하면, 예수의 죽음을 설명하는 두 가지 표준 방식들이 존재한다. 극단적인 형태들로 설명해 보면, 그 설명들은 다음과 같이 된다. 첫째, 예수는 유대인 혁명가였다. 그는 민족주의를 표방하며 꽤 전통적인 "열심 있는 자"라는 의미에서 "하나님 나라"를 탐구하였다. 로마인들은 몇몇 유대 지도자들의 협력을 받아서 예수의 이 운동을 대단히 위협적인 것이라고 보았고, 예수를 정치적인 소요를 일으킨 자이자 봉기를 주도한 자로 처형하였다. 우리가 제3장에서 보았듯이, 이러한 해법은 수많은 형태들로 시도되어 왔고, 그러한 설명이 사실이기를 원하는 오늘날의 정치적인 몇몇 이유들에도 불구하고, 지금은 대체로 포기된 상태이다.

둘째, 예수는 새로운 종류의 종교를 설파한 교사였다. 그는 이스라엘의 하나님의 사랑, 은혜, 긍휼을 믿었고, 그러한 사상들을 유대인들이 대단히 싫어하였던 바로 그런 시기에 설파하였다. 특히 바리새인들은 예수가 그들의 율법 체계 전체의 토대인 토라에 반대한다는 이유로 예수의 가르침들에 반대하였다. 그들은 이러한 엄격하게 종교적 근거들 위에서 예수에게 반대하였고, 고위 제사장들이 날조된 정치적 죄목을 씌워서 예수를 로마인들에게 넘겨줌으로써 그들의 의도는 이루어졌다. 이런저런 형태로 통속적인 차원에서 널리 받아들여진 이러한 해법은 유대교에 대한 조악한 오해와 이러한 종교적 차이들이 어떤 이유로 예수의 처형에까지 이르게 되었는지를 설명해주지 못한다는 점 때문에 최근에 와서 심각한 반론에 봉착해 있다.[2]

첫째 해법은 로마인들의 비위를 거슬렸던 정치적인 예수라는 인물을 상정한다; 둘째 해법은 유대인들의 비위를 거슬렸던 종교적 예수라는 인물을 상정한다. 첫째 해법은 예수의 사역에 관한 대부분의 증거들을 희생시키고 십자가 사건만을 설명하고 그 이전의 논쟁들은 설명하지 않는다. 둘째 해법은 주후 1세기 유대인들에 관한 대부분의 증거들을 희생시키고 논쟁들을 설명하지만 십자가 사건을 설명하지는 않는다. 역사적 차원에서 예수가 십자가에 못 박혔다는 사실은 그 누구도 의심하지는 않지만, 상당수의 사람들은 예수가 특히 바리새인들과 논쟁하였다는 것을 의심한다. 이것에 대하여 우리는 어떻게 하여야 하는가?

학자들 사이에서는 성전에서의 예수의 행위를 그의 죽음의 직접적인 원인으로 보는 경향이 점차 늘어가고 있다. 이러한 견해는 특히 샌더스에 의해서 강력하게 주장되어 왔다; 그러한 역사적 연관 관계에 관하여 꽤 극단적인 회의적 태도를 보이는 크로산조차도 그럴 가능성이 대단히 큰 것으로 생각한다.[3] 이것은 종교와 정치라는 해묵은 대립 구조의 토대를 효과적으로 제거하고 있고, 게다가 좀 더 역사적으로 개연성 있는 방향으로 그것을 바꾸어 놓고 있다는 점을 우리는 주목해야 한다. 이제 우리는 유대인들, 특히 한 종류의 정치적 죄목(성전에 대한 위협)을 또 다른 종류의 정치적 죄목(로마에 대한 위협)으로 바꿀 수 있었던 고위 제사장들의 비위를 거슬렸던 정치적 예수(물론, 반로마적인 혁명가는 아니지만)에 관한 견해를 가지게 되었다. 그러나 이러한 초점은 공관복음서들이 예수의 공생애 초반에 일어났다고 기록하고 있는 분명히 "종교적" 논쟁들을 설명에서 배제하고 있는 것으로 보인다. 이것은 특히 샌더스로 하여금 예수는 안식일과 음식 같은 "종교적" 문제들을 놓고 바리새인들과 예수가 논쟁을 벌이지 않았다고 강력하게 주장할 수 있게 해 주었다. 다시 한 번, 우리는 여기서 이것을 어떻게 보아야 하는가?

이제까지 우리는 실천과 이야기를 통해서 이루어진 예수의 하나님 나라 선포가 이중의 적극적인 주장과 하나의 소극적인 주장을 말하였다는 것을 살펴

---

2) 특히 예레미아스 같은 저술가들에 반대한 Sanders 1985, 1993의 논증을 보라. 샌더스가 예레미아스를 공정하게 다루고 있는지(Meyer 1991; Sanders 1991을 보라)는 학자들의 논증을 주의 깊게 보도하는 것이 아니라 극단적인 견해들을 소개하고 있는 나의 현재의 논점과는 관계가 없다.

3) Crossan 1991a, 354-60.

보았다. 적극적인 측면에서, 예수는 이스라엘이 지금 마침내 포로생활로부터의 진정한 귀환을 체험하고 있고, (우리가 앞으로 보게 되겠지만) 야훼께서 지금 마침내 시온으로 돌아오고 계시다고 주장하였다. 소극적인 측면에서, 예수는 야훼의 심판이 곧 이방인들에게만이 아니라 이스라엘 내에서 진정으로 충성 스럽지 못해 왔던 자들에게도 임하게 될 것이라고 주장하였다(우리가 여기서 다시 한 번 강조해 두지만, 마카베오 사람들, 바리새파, 에세네파도 이와 동일한 주장을 하였다). 물론, 앞에서 언급한 집단들이 서로 견해가 달랐던 것과 마찬 가지로, 진정한 충성이 무엇이냐에 대한 예수의 정의는 다른 집단들이 내린 정 의들과 달랐다. 예수의 주장의 형태는 제2성전 시대 갱신 운동들의 특징을 철 저하게 지니고 있었다; 물론, 세부 내용은 당시의 갱신 운동들이 서로 달랐던 것과 마찬가지로 두드러지게 다른 면모를 지니고 있었다. 왜냐하면, 앞으로 점 차 밝혀지겠지만, 예수는 이러한 일들 — 성취, 다가올 재난 — 이 자신의 사역 을 통해서 이루어지고 있다고 주장했을 뿐만 아니라, 그의 운동이 여러 갱신 운동들 가운데에서 표준적이라고 주장했기 때문이다. 예수는 성취와 재난, 이 두 가지가 자신의 사역을 통해서 근본적으로 재정의 되고 있다고 주장하였다.

이러한 재정의가 순전히 사상 또는 개인적인 행동의 문제였다면, 예수는 잘 못된 생각을 지니고 있었던 것이 될 수도 있다. 그것이 상징들의 충돌을 빚었 을 때, 예수는 위험하게 되었다. 모든 징표들은 정확히 이런 일이 그의 공생애 기간 동안 여러 시기들에 일어났었다는 것을 보여준다.

(ii) 논쟁에 관한 논쟁

우리는 이제 예수와 대적자들, 특히 바리새인들과의 논쟁들에 관한 공관복 음서의 이야기들이라는 주제를 놓고 격돌해 왔던 논쟁의 밑바닥으로 가보지 않으면 안 된다. 이 시점에서 이 논쟁을 미리 요약해 보는 것이 도움이 될 것 이다.

(i) 복음서들에 대한 전통적 읽기들은 예수를 사랑과 은혜의 종교를 설파 한 교사, 율법 규범들에 대한 외적인 준수가 아니라 마음에 의한 내적인 준 수를 강조한 교사로 만들어 왔다.

(ii) 이와 동일한 전통적인 읽기들은 바리새인들은 외적인 율법 준수의 종교를 주장하였고 예수를 반율법적인 위협적인 존재로 인식하였기 때문에

바리새인들은 예수를 반대하였고 예수도 바리새인들을 반대하였다고 상정하여 왔다.

(iii) 이러한 이중적 읽기는 최근에 특히 샌더스에 의해서 역사적 개연성이 없다는 것을 근거로 반대를 받아왔다: 예수는 "율법을 반대하는 발언을 하지" 않았고, 예수가 말했던 내용들은 특히 바리새인들을 화나게 하지 않았을 것이라는 주장이다.

(iv) 나는 내가 현재로서는 동의하지 않는 과거의 희화화된 입장의 비판을 피할 수 있는 논쟁 이야기들에 대한 아주 판이하게 다른 읽기를 제안하고자 한다. 예수는 말을 통해서 뿐만 아니라 상징을 통해서도 이스라엘의 하나님 나라를 선포하였다; 예수는 하나님 나라에 관한 비전에 저항하는 이스라엘에 관하여 말하는 상징들을 공격하였다. (여기서 다시 한 번 말해두지만, 이 점에 있어서도 예수는 에세네파와 바리새파가 서로에게 했던 것과 비슷한 것을 하고 있다.) 그 결과 그의 동시대인들 중 일부는 예수가 신명기 13장에 나와 있는 범죄, 즉 "이스라엘을 어그러진 길로 이끄는" 죄를 범했다고 믿었다.

(v) 논쟁 이야기들은 그 핵심에 있어서 역사적인 것일 가능성이 대단히 높다; 그러나 그 이야기들이 지닌 의미는 전통적으로 그 이야기들에 돌려진 그러한 의미가 아니다. 그 이야기들은 종교나 도덕에 관한 것이 아니라, 종말론과 정치에 관한 것이었다. 종말론: 이스라엘의 소망은 지금 실현되어 가고 있지만, 그것은 예수의 길 속에서 및 예수의 주도권 아래에서 일어나고 있다. 정치: 예수가 선포하고 있던 하나님 나라는 예수의 많은 공격의 대상이었던 반이방적인 혁명적 열심, (예수에 의하면) 이스라엘의 임박한 파멸을 가져올 원인, (샴마이 학파에 속한) 바리새인들의 가르침과 열망의 초점을 긍정한 것이 아니라 오히려 훼손하고 있었다.

여기까지가 이 주제에 관한 개략적인 요약이다. 여기에 서론적으로 한 마디를 덧붙이는 것이 또한 도움이 될 수 있을 것이다. 나는 제1권에서 공관복음서들에 나오는 논쟁 이야기들의 기원에 관한 통상적인 양식비평적 전제들은 역전되어야 한다고 주장하였다.[4] 이러한 나의 주장을 여기에서 짤막하게 다시 한 번 말해두기로 하자.

지금까지 우리가 전해 받은 지혜는 논쟁 이야기들은 고립적이고 분리된 여러 가지 말씀들로부터 발전되어 왔고, 거의 틀림없이 초대 교회의 특정한 필요들에 따라서 만들어진 것임을 보여준다고 주장하여 왔다. 이러한 이론에 따르면, 논쟁 이야기들은 성서 및 그 밖의 다른 배경들로부터 새롭게 채색되어서 좀 더 긴 이야기들로 성장하였다는 것이 된다. 나는 진실은 그 정반대일 가능성이 더 높다고 주장한 바 있다. 우리가 이미 예수가 어떤 인물인가를 나타내 보였듯이, 한 인물의 삶 속에서 일어난 어떤 두드러진 사건을 따라서, 최초의 청중들은 그들에게 친숙했던 유대적 논쟁 이야기들을 반영하는 방식으로 그 이야기를 말했을 것이다. 따로 분리된 말씀들은 그 이야기가 전해지는 과정에서 그러한 반영들을 인식하지 못하거나 깨닫지 못했던 상황들 속에서 나온 결과일 것이다. 물론, 우리가 가지고 있는 공관복음서의 논쟁 이야기들이 주목할 정도로 비슷한 형태를 공유하고 있다는 것은 명백하다. 마가복음 2:1-3:6의 이야기들이 얼마나 세련된 형태를 지니고 있는지를 알기 위해서는, 요한복음 6장에 나오는 매우 산만하고 복잡한 이야기와 비교해 보기만 하면 된다. 이러한 잘 짜여진 형태는 분명히 매우 초기의 공동체들 — 나는 여기에 예수의 생전에 존재했던 공동체들도 포함시키고자 한다 — 이 신학적 및 정치적 동기에서 그 이야기들을 다시 말했다는 것을 반영하고 있다. 그러나 이 이야기들의 서사 문법이나 가설적인 전승사 속에는 양식이라는 면에서 논쟁 이야기들이 기본적으로 후대의 창작물이라고 주장할 만한 근거가 전혀 존재하지 않는다.

특히, 우리는 초대 교회에서는 상당히 많은 문제들이 격렬하게 논쟁되었지만, 그것들은 복음서들에 전혀 기록으로 남아 있지 않다는 사실에 주목해야 한다.[5] 복음서들 속에는 할례에 관한 내용이 전혀 없고, 우상들에게 바쳐진 음식, 방언을 말하는 것, 수간(獸姦), 그리고 고린도전서에서 논의되고 있는 수많은 문제들(이것은 초기 그리스도인들의 절박한 문제들의 보고[寶庫]이기 때문에 좋은 예라 할 수 있다)에 관한 내용들이 복음서들 속에는 전혀 나오지 않는다. 유일한 예외, 고린도전서에서 논의된 것들 중에서 복음서의 이야기들 속에 나오는 유일한 것은 이혼에 관한 문제이다: 그리고 바로 그 지점에서 바울은

---

4) *NTPG* 431f.
5) Sanders 1985, 264의 함의들에도 불구하고.

예수의 말씀을 명시적으로 지적한다.[6]

논쟁들의 역사성에 반대하는 최근의 많은 논거들은 흔히 아주 노골적으로 20세기의 동기들로 인해서 예수가 그의 동시대인들이었던 유대인들과 충돌이 있었다는 것을 부정하려는 시도를 해왔던 진영으로부터 퍼져 나온 것들이다. 우리가 앞에서 보았듯이, 유대인 대학살 이후의 신학 안에서, 이것은 예수가 주후 1세기의 선량한 한 유대인이었고, "기독교"가 예수를 자신의 기반으로 삼고자 하는 시도에 대하여 예수 자신이 분명히 경악할 것이라고 주장하고자 한 그런 시도의 일부였다.[7] 이것은 분명히 예수에 관해서만이 아니라 초대 교회에 관해서도 논증할 필요성을 안고 있었다: 예수는 그의 동시대인들인 유대인들을 반대하지 않았지만, 초대 교회는 그들의 동시대인들을 반대하였다. 이러한 주장 속에는 네 가지 변형된 주장들이 존재하는데, 그 가운데에서 네 번째 이자 가장 중요한 주장은 그 자체 속에 여러 가지 다른 흐름들을 통합시키고 있다. 우리는 그것들을 차례로 살펴보지 않으면 안 된다.

1. 아마도 예수가 바리새인들과 충돌하거나 바리새인들을 비판하고 있는 이 야기들에 관한 지배적인 견해는 데이비스(Davies)에 의해서 주장된 견해일 것이다. 그는 이러한 논쟁 이야기들은 예수 당시의 상황을 반영하지도 않고 주후 70년까지의 교회의 상황을 반영하는 것도 아니라고 주장한다. 이 이야기들 은 랍비들이 얌니아(Jamnia) 회의를 통해서 재조직되자 그리스도인들이 스스 로가 고립된 것을 발견했고(아마도 "비르카트 하미님"[Birkat ha-Minim]에 의해서) 이에 대하여 분노로 응답하여 예수의 말씀들을 바리새인들(그러므로 그들의 후계자들인 랍비들)을 규탄하는 것으로 구성하고 그들 자신의 논쟁들 을 예수 시대로 거꾸로 투영했던 주후 70년 이후의 시기를 반영하고 있다고 그들은 주장한다.[8] 이러한 기본 개요는 신약학 속에서 엄청난 인기를 얻어왔

---

6) 고전 7:10f. 이 논의 전체에 대해서는 cp. *NTPG* 421f. 동일한 논증의 소극적인 판 본들 — 확장 중인 교회에서는 급속하게 별 관계가 없는 것으로 되어 갔지만 복음서들 속에서는 계속해서 중요했던 쟁점들 — 은 Caird 1965, Moule 1967 등에서 부각되고 있다.

7) 특히 제3장. 이 장의 초고는 내가 예루살렘 히브리 대학에 손님으로 있었을 때에 씌어졌다. 나는 과거 또는 현재의 위험스러운 모호성들을 잊어버리지 않고 있다(이것 에 대해서는 cf. Ateek 1989; Howard 1993; Ellis 1994).

기 때문에, 우리는 "주후 85년의 얌니아 회의"가 "주후 70년의 예루살렘 멸망"만큼이나 확증된 시점이고, 유대교와 기독교 간의 논쟁 또는 갈등은 이 시점 이후의 어느 시기에 돌릴 수 있다고 자신있게 말할 수 있다고 생각하는 순진한 학도들을 쉽게 만날 수 있다.

온건하게 표현하자면, 사정은 결코 그렇게 간단치 않다는 것이다. 나는 제1권에서 오늘날 선호되고 있는 얌니아 회의에 관한 묘사는 거의 전적으로 신화적인 것이고, 얌니아 회의에서 "축도문"을 공포하여 그리스도인들을 회당에서 배제하였다는 것을 보여주는 증거도 극히 희박하다는 것을 논증하였다.[9] 또한 그 밖의 최근의 연구들도 우리가 "결별"이라고 불러왔던 것이 1960년과 1990년 사이의 학계에서 전제하거나 용인했던 것보다 훨씬 더 복잡한 과정이었다는 것을 확증해 왔다.[10] 사실, 유대인들 — 특히 바리새인들 — 과 초창기의 기독교 운동(물론 이것은 유대 그리스도인들의 운동이었다는 점을 우리는 항상 기억해야 한다)간의 심각하고 공개적인 적대감과 관련하여 우리가 소유하고 있는 가장 좋은 증거는 우리가 그 증거를 갖고 있는 가장 이른 시기에 나온 것, 즉 바울 서신들 속에서 발견된다. 바울은 스스로 인정하고 있듯이, 매우 초기의 교회를 폭력과 열심으로 핍박하였던 인물이었다.[11] 우리가 그리스도인들과 바리새인들 간의 날카로운 논쟁에 관한 확고한 증거들을 원한다면, 우리는 주후 85년이 아니라 주후 35년(또는 45년, 55년)에서 훨씬 더 확고한 토대 위에 서 있는 것이다.

---

8) 예를 들면, cf. Davies 1964, 1974; Davies & Allison 1988-91. Martyn 1979 [1968]이 보여주듯이, 이러한 개념은 요한 연구의 한 흐름을 주도해 왔다: cf. Smith 1990.

9) *NTPG* 161-6, 451-2. Lieu 1994, 115 n.22는 "축도문[즉, Birkat ha-Minim]을 직접적으로 또는 배타적으로 유대인들과 그리스도인들의 균열과 결부시킬 수 없다는 것에 대한 일반적인 합의"를 기록한다.

10) 예를 들면, Aune 1991; Dunn 1991; 1992a; Bauckham 1993b; Lieu 1994. Collins 1995, 20은 "얌니아 가설의 붕괴"에 관하여 말한다. 심지어 이러한 저작들 간의 다양성은 이미 이 문제 전체를 둘러싼 상당한 불확실성들을 잘 보여준다.

11) 예를 들면, 갈 1:13f., 23(이것에 대해서는 Wright 1996c를 보라); 고전 15:9; 빌 3:6; cf. 행 8:3; 9:1, 21; 22:4, 19; 26:10f.; cf. 살전 2:14f.; 갈 4:29; 6:12.

사실, 그리스도인들에 대한 핍박은 처음에 이교도들로부터 온 것이 아니었다. 사도행전에 언급된 산발적이고 지역적인 분쟁들, 네로 치하에서의 격렬하지만 짧았던 박해, 도미티아누스 황제 치하에서의 박해의 가능성(이것은 학자들의 빈번한 단정들에도 불구하고 오직 가능성에 불과하다)을 제외한다면, 우리는 주후 2세기까지는 이방인들에 의한 심각한 또는 조직화된 박해에 관한 말을 듣지 못한다.[12] 그리스도인들에 대한 핍박은 모두 유대교 진영으로부터 왔다. 그리고 유대인들에 의한 교회의 핍박을 보여주는 가장 좋은 증거들이 나온 시기는 주후 70년 이후가 아니라, 기독교의 제1세대가 활동하고 있던 시기였다. 실제로 나는 만약 유대교 전반, 특히 바리새주의를 예수가 가르쳤다고 생각되는 종교와 날카롭게 대조되는 초라하고 보잘것없는 이류의 종교로 바라보는 피상적이고 비역사적 묘사를 차단하고자 하는 당연하고 옳은 욕구가 없었다면, 그 누가 "얌니아에 관한 신화"를 지지했을지 의심스럽다. 유대교에 관한 그러한 묘사는 이미 충분히 손상을 입었고, 우리는 그것과 대등한 정반대의 역사적 왜곡들을 "교정책"으로 제시함으로써 더 이상 이런 식의 시도가 행해지지 않도록 해야 한다.

2. 논쟁 이야기들의 폭넓은 역사성을 반대하는 논거들의 두 번째 변형은 게자 버미스(Geza Vermes)에 의해서 주장된 것들이다.[13] 예수를 갈릴리 출신의 하시드(Hasid)로 묘사하고 있는 버미스의 견해에 의하면, 예수는 매우 개성 있는 인물 또는 기인(奇人)은 될 수 있지만, 그의 동시대인들과 철저하게 충돌한 인물은 되지 않는다.[14] 그러나 버미스는 이와 아울러 예수의 종말론적 주장과 행위들도 주변적인 것으로 만들어 버린다; 그리고 예수에 관한 최근의 모

---

12) cf. *NTPG* 351-6.

13) Vermes 1973, 1983, 1993: 자세한 내용과 좀 더 자세한 논의에 대해서는 제3장을 보라. 예수가 바리새인들과 충돌했다는 것을 반대하는 과거의 논증은 Winter 1974 [1961], 174-6, 186에서 찾아볼 수 있다. Winter는 후자의 대목에서 심지어 예수는 바리새인이었다고까지 주장한다 — 지금은 Maccoby 1980에 의해서 반영된 견해; 이것은 Sanders 1985, 400 n:71에 의해서 주목받지 못했다.

14). Vermes 1993, 26: "토라에 대한 그의 접근 방법과 토라의 주된 메시지에 대한 그의 인식은 개인주의적 특징을 지니고 있었을 것이지만, 전체적으로나 어떤 특정한 내용과 관련해서 반율법적인 교사로 규정될 수는 없다."

든 진지한 저술가들에 반대하여, 그는 예수가 성전에 관하여 아주 많은 것을 행했고 말했으며 생각하였다는 것을 인정하지 않는다. 특히, 그는 예수의 죽음의 원인들에 대한 일관된 또는 통일적인 설명을 제시하지 않는다. 버미스가 제시하는 예수상은 우리의 일련의 질문들 중에서 첫 번째 질문에 답해준다("예수는 어떤 유의 유대인이었는가?"). 그러나 그 밖의 다른 질문들, 특히 세 번째 질문("예수는 왜 처형당했는가?")에 대한 답변이 없기 때문에, 그의 이론은 여전히 취약하고 입증되지 않은 채로 남게 된다.[15]

3. 예수와 바리새인들이 실제로 서로에 대하여 반대하지 않았다고 주장하는 세 번째 방식은 유명한 유대인 학자인 제이콥 뉴스너(Jacob Neusner)의 견해이다. 그의 견해에 의하면, 예수는 다름 아닌 완전히 다른 종교 제도를 세우고자 했다는 것이다. "기독교와 유대교의 첫 번째 성명서들" — 그리고 뉴스너에 의하면, 기독교의 첫 번째 성명서는 예수 자신에 의해서 만들어졌다고 한다 — 은 "실제로 서로 다른 사람들이 서로 다른 사람들에게 서로 다른 것들에 관하여 말하고 있었다는 것을 보여준다."[16] 뉴스너가 이러한 조치를 통해서 예수에게, 버미스를 비롯한 여러 학자들이 바울에게 돌렸던 것, 즉 우리가 "유대교"라고 부를 수 있는 것과 대립되는 우리가 "기독교"라고 부를 수 있는 어떤 것을 세우고자 했던 첫 번째 시도를 돌리고 있다는 것은 참으로 흥미로운 일이다. 이 주제에 관하여 글을 썼던 그 밖의 다른 대부분의 20세기의 유대교 학자들과는 달리, 그는 예수는 스스로를 그의 동시대인들인 유대인들과 직접적인 논쟁을 벌이지는 않았지만 상당한 거리를 두었다고 말한다. 그러나 이러한 예수상은 유대교와 기독교의 대화를 아무런 감정도 없이 초연한 방식으로 진행시킬 수 있게 해주는 명백한 장점을 지니고 있긴 하지만 역사적 진실과는 거의 상관이 없다.[17] 앞으로 보게 되겠지만, 예수는 혁명가로 인식되는 것이 옳았던 그러한 것들을 행하고 말하였다. 그러나 예수는 단순히 종류에 있어서 유대교에 대한 하나의 대안, 내용 및 형식에 있어서 완전히 다른 "종교"를 제시하였

---

15) Vermes 1983, 13에 실려 있는 H. Chadwick의 비평과 비교해 보라.

16) Neusner 1989, 290; cf. Neusner 1991, 1993, 그리고 다른 저작들 속에 나오는 이와 비슷한 진술들.

17) cf. *NTPG* 471-6.

던 것은 아니었다. 우리가 지금까지 계속해서 살펴보아 왔듯이, 예수는 유대 민족의 핵심 열망들이 비록 그들이 기대했던 방식으로는 아니지만 이루어지고 있다고 자신이 선포하는 중이라고 주장하였다. 예수는 단순한 새로운 것이 아니라 성취를 선포하고 있었다. 그리고 유대교 내에서의(우리는 "내에서"라는 말을 강조하지 않으면 안 된다) 그 밖의 다른 모든 주장들과 마찬가지로, 그것은 성취에 관한 주장이었기 때문에, 필연적으로 논쟁으로 귀결될 수밖에 없었던 그러한 성격을 지니고 있었다.

4. 예수의 동시대인들, 특히 바리새인들과 예수의 충돌들에 관한 공관복음서의 묘사에 대한 네 번째이자 가장 중요한 반론은 샌더스에 의해서 제시된 것이다.[18] 그는 두 권으로 된 그의 주저를 통해서 다음과 같은 예수상을 제시한 바 있다:

(i) 바리새인들은 예루살렘을 중심으로 한 작은 집단이었다.[19]

(ii) 바리새인들은 서로 흔히 격렬하게 논쟁을 벌였지만, 폭력의 사용은 없었다. 그들의 논의들은 토라를 지켜야 한다는 것을 당연시하였고, 그 토라를 지키는 적절한 방식에 관심을 갖고 있었다. 예수는 그들에게 율법과 관련된 논쟁을 벌이기에 마땅치 않은 상대로 보였을 것이지만, 그들은 예수에게 폭력적인 방식으로 응수하지는 않았을 것이다.[20]

(iii) 바리새인들은 다른 사람들의 정결을 살피는 것이 아니라 그들 자신의 정결에 관하여 관심을 갖고 있었다 — 바리새인들은 엄밀한 의미에서 당시의

---

18) Sanders 1985, chs. 9, 10; 1993, ch. 14. Fredriksen 1988, 102-10; 1995a & b. 등의 학자들은 몇 가지 점에서 Sanders를 따르고 있다.

19) 예를 들면, Sanders 1985, 53, 198, 292, cf. 273: "바리새인들은 … 예루살렘을 떠나지 않았다." 이 견해는 Dunn 1988, 266-74(cf. *NTPG* 181-203) 같은 저작들에 의해 훼손되어 왔기 때문에 1993년의 저작 속에서는 되풀이되지 않았다. 샌더스는 그의 1985년의 글 속에서는 방금 언급한 *NTPG*의 단원에서 비판된 Smith 1977 [1956], 1978의 빈약하고 의심스러운 토대에 주로 의존하였다. 예루살렘 밖의 바리새인들과 관련된 한 예: 요세푸스는 "매우 엄격한" 엘르아살이 갈릴리에서 활동한 것을 기록하고 있다(*Ant.* 20:43-5).

20) Sanders 1993, 215f., 222f.

유대교 속에서 "일들을 집행할" 권한을 가지고 있지 않았다. 바리새인들의 엄격한 기준에 의하면, 대다수의 유대인들은 씻지 않은 손들을 가지고 있었을 것이다; 그러나 바리새인들은 그들을 염탐하러 가거나 그들을 죽이기 위하여 음모를 꾸미지 않았다.[21]

(iv) 토라와 관련된 분야 속에서 예수의 핵심 가르침들 중 다수는 토라의 폐기가 아니라 강화와 관련된 것들이었다. 미움을 예방함으로써 살인을 방지하고, 정욕을 억누름으로써 간음을 방지하며, 세리들을 개혁함으로써 탐욕을 방지하고자 했던 예수를 그 어느 누구도 반대하지 않았을 것이다.[22]

(v) 예수가 "율법을 비난하는" 말을 하였다면, 초대 교회는 이 문제에 관해서 그렇게 어정쩡한 태도를 취하지 않았을 것이다; 바울은 갈라디아서를 전혀 쓸 필요가 없었을 것이다.[23]

(vi) 그러므로 예수는 "율법을 비난하는 말을 하지" 않았지만, 그는 여러 가지 점들에서 "모세의 체제의 적합성에 도전하였다."[24] 이것은 이스라엘의 하나님의 대변자로 자처했던 예수의 주장 및 하나님 나라에 대한 선포와 아울러 진정한 반대를 불러일으켰고, 그의 강령이 마침내 성전과의 갈등 속으로 그를 몰아넣었을 때, 이것은 그의 죽음을 초래하였다.[25]

---

21) Sanders 1985, 265, 291("예수가 바리새인들에게 특유하였던 결례에 관한 율법을 놓고 그들과 불화했다면, 그는 단지 수많은 땅의 백성들['am ha-arets] 중의 한 사람에 불과했을 뿐이다"); cf. 1993, 214, 219. 그러나 1993, 44에서 Sanders는 바리새인들이 헤롯 시대 및 헤롯 이후 시대(예수의 공생애 기간의 시기를 포함한)에는 그렇지 않았지만 하스모네 시대에는 그들의 견해들을 강제로 시행하고자 했던 것 같다고 인정한다. 나는 *NTPG* 185-203에서의 견해처럼 샌더스의 이러한 전제에 의문을 제기하고자 한다.

22) Sanders 1985, 260-4; 1993, 210-12, 230.

23) Sanders 1985, 246(Bultmann도 동일한 점을 말하였다는 것을 지적하고 있는), 249f.; 1993, 220-2. 또한 Vermes 1973, 29; Fredriksen 1995a & b. Räisänen 1982에 나오는 비슷한 논증을 참조하라.

24) Sanders 1985, 255, 263, 267-9, 293; 1993, 225f. Sanders는 Hengel 1981b [1968]을 따라서 "죽은 자는 죽은 자에게 맡기라"(마 8:21-2/눅 9:59-60)는 명령을 가장 좋은 예로서 부각시킨다.

25) Sanders 1985, 293, 294-318.

이러한 점들에 있어서 샌더스와 나의 견해의 차이는 전면적인 차이라기보다는 여기저기서 조금씩 다른 그런 차이이다. 나는 그의 마지막 주장은 기본적으로 옳다고 확신한다: 충돌이 일어난 것은 추상적인 종교적 또는 도덕적인 가치들 또는 가르침들의 충돌 때문이라기보다는 예수의 종말론적인 신념들과 과제들 때문이었다. 그러나 나는 샌더스가 그의 분석의 나머지 부분에서 이러한 통찰을 일관되게 따랐다고 생각하지 않는다.[26] 그러면, 마지막 주장을 제외한 처음 다섯 가지의 주장들을 차례차례 살펴보기로 하자.

(i) 우리는 예수 시대에 바리새인들이 얼마나 많이 존재했었는지를 확실하게 알 수 없다. 이러한 상황 속에서 요세푸스의 『유대 고대사』 17:42에 나오는 수치를 인용해서 6천명이라고 흔히 말하는 것은 구체적으로 헤롯 대왕의 치세 중 어느 시기에 카이사르에게 충성 맹세를 하기를 거부했던 바리새인들의 숫자를 가리킨다.[27] 그 사건과 예수의 시대 사이의 40여 년 동안에 정치적으로 중요한 몇몇 사건들이 일어났었고, 이것으로 말미암아 상당히 많은 수의 사람들이 이 운동에 참여했을 것이다. 우리는 어쨌든 앞에서 말한 특정한 사건에 연루되지 않았고, 일반적으로 바리새파 운동에 공감했던 많은 바리새인들이 존재했었다고 생각할 수 있다.[28] 한번 오늘날의 유사한 예를 들어 보기로 하자: 1956년에 어느 특정한 반핵시위에 참여한 환경 운동가들의 수는 체르노빌에서 이와 유사한 사건들이 있은 1996년의 그러한 시위들에 참여했거나 동조했던 환경 운동가들의 수를 제대로 보여줄 수 있는 지표가 될 수 없다. 또한 우리는 이 시기에 바리새주의가 지리적으로 어느 정도나 퍼져 있었는지도 알지 못한다. 예루살렘이 거의 틀림없이 그들의 본거지였다면, 그들이 다른 지역으로 결코 가지 않았다는 생각은 아예 포기되어야 한다.[29]

(ii) 바리새파에 속한 여러 분파들이 종종 치열하게 서로에 대하여 논쟁을

---

26) 종말론적 갈등: Sanders 1985, 263, 267, 269. 하지만, 그는 "종말론적 열쇠로는 모든 문을 열 수 없다"고 주장한다(1985, 259). 나는 그의 견해에 동의하지 않는다 — 일단 우리가 종말론적 열쇠를 Sanders가 했던 것보다 더 정확하게 깎는다면.

27) 이 점에 대해서는 *NTPG* 190f., 196f.를 보라.

28) Philo *Spec. Leg.* 2:253은 "수 천"이라고 말한다(아래를 보라).

29) cf. *NTPG* 195f.

벌였지만 서로를 암살할 생각은 품지 않았다는 것은 사실이다. (물론, 우리가 가진 증거들은 대부분이 200년 이상 이후의 것들이기 때문에, 완전히 확신할 수는 없다; 그러나 힐렐 학파와 샴마이 학파가 서로에 대하여 실제적인 폭력을 사용하였다는 것을 보여주는 암시는 전혀 없다.) 그러나 이것은 우리가 예수는 토라에 충성하고 토라를 철저하게 지키는 것이 무엇을 의미하느냐 하는 질문에 대하여 단순히 일련의 또 하나의 변형들을 보여주는 가르침들을 베풀었다고 전제할 때에만 타당한 말이다. 힐렐 학파와 샴마이 학파의 논쟁은 주후 1세기 팔레스타인에서 유일한 압점(pressure point)이 아니었다; 바리새인들과 사두개인들, 그들 양자와 에세네파, 그리고 물론 유대인들과 사마리아인들 사이에서는 훨씬 더 격렬한 구분들이 존재하였다. (우리는 어느 한 전승에 의하면 예수 자신이 사마리아인으로 비난을 받았다는 것을 잊지 말아야 한다.[30]) 그리고 정상적인 윤리 논쟁이 아니라, 예수는 이스라엘 역사의 절정이 빠르게 다가오고 있으며, 그것은 유대인들의 민족적인 삶의 모든 차원에 대규모 결과들을 가져올 것이라고 선포하고 있었다고 한다면, — 샌더스 자신이 인정하고 있고, 나의 논증 전체가 이제까지 주장해 왔듯이 — 우리는 정상적인 시기에는 생각할 수 없었던 것이 갑자기 생각할 수 있게 될 수도 있다는 것을 생각해 볼 수 있다. 그것은 토머스 쿤(Thomas Kuhn)의 용어를 빌자면 "정상 과학"의 문제가 아니라 주된 패러다임 변이의 문제였다.[31] 공관복음서들에 나오는 시나리오들이 완전히 허구적인 것이 아니라면, 예수는 바리새인들과 그들의 관점에 대해서 또는 그들 자신의 과제들의 세부적인 내용들에 대해서 논쟁을 벌인 것이 아니었다. 2명의 음악가가 슈베르트의 어느 특정한 노래에 어떤 조(調)가 가장 좋을 것인지에 대하여 서로 논의할 수 있다. 하지만 그 시를 헤비메탈 밴드를 위해 편곡하자고 제안하는 사람은 그러한 논의에 참여하는 것이 아니라 그 전제들 자체에 도전하고 있는 것이다.

---

30) 요 8:48; cf. Bauckham 1993b, 특히 139-41.

31) Kuhn 1970 [1962]. 한 비극적인 오늘날의 유비: 1995년 10월에 이스라엘의 수상인 Yitzhak Rabin이 암살된 것은 그가 유대인들의 정체성의 주된 상징이었던 땅을 위태롭게 하고 있는 것으로 보여진 결과였다. 율법 논쟁과 상징들의 충돌은 전혀 다른 세계이다.

(iii) 나는 이미 이 시기에 있어서 바리새인들의 과제는 단순히 (우리가 생각하는) "정결"에 관한 것이 아니었다는 것을 어느 정도 자세하게 논증한 바 있다.[32] 모든 증거들은 하스모네 시대와 헤롯 시대로부터 주후 66-70년의 전쟁에 이르기까지 바리새인들 중 적어도 대다수는 정결이 상징하고 있었던 것을 그들의 주된 목표로 삼고 있었다는 것을 보여준다: 유대인의 정체성을 유지하고 민족 해방의 꿈을 실현하기 위한 정치적인 투쟁.

적어도 주후 70년까지 바리새파의 주류를 이루고 있었던 샴마이 학파는 혁명적인 성향을 강하게 지니고 있었다. "너도 살고 나도 살자"식의 분파는 "관대했던" 힐렐 학파로서, 사도행전 5:33-40에 나오는 가말리엘의 태도가 이 학파의 전형적인 모습을 보여준다; 그러나 그들은 적어도 70년 이전까지는 소수파였다(그리고 우리는 주후 70-135년과 관련된 우리의 증거들은 대부분 후대의 칠저하게 힐렐 학파적인 자료들이라는 것을 염두에 두어야 한다). 우리가 다소의 사울에게서 보는 "열심"은 예수 시대에 바리새인들의 과제를 주도하였던 "과격한" 샴마이 학파의 노선을 대변하는 것이다. 이 시기에 정결(음식법들, 손을 씻는 행위 등등과 같이 매우 다양한 형태로 나타난)은 그 자체가 목적이 아니었다 — 실제로 그런 일이 행해졌다고 한다면. 그것은 스스로를 위협 아래 놓여 있다고 인식했던 백성들에게 훨씬 더 중요했던 민족적 정체성과 민족 해방의 상징이었다.[33]

그렇다면, 바리새인들은 그들 자신의 분파 외부의 사람들의 행위들에 과연 관심을 가지고 있었던 것인가? 물론 그렇다.[34] 그들은 왕들과 제사장들 같은 권세 있는 자들을 비판한 것으로 알려져 왔다. 바리새인들이 세례 요한과 그 이후에는 예수에 대하여 조사를 하기 위해 예루살렘으로부터 왔다는 제4복음서의 묘사[35]는 다소 출신의 사울의 증거에 의해서 밑받침되고 있다. 그는 자기 자신의 일에만 신경을 쓰고 자신의 정결을 유지할 뿐 남들은 그들이 원하는 대로 부정한 상태로 내버려 두는 데에 만족하지 않았다. 그는 과거를 회상하면

---

32) 이하의 서술에 대해서는 cf. *NTPG* 186-99와 거기에 나오는 상세한 증거들.

33) 아래의 2절을 보라. 이것은 Fredriksen 1995b에 대한 실제적인 대답이다.

34) 특히 cf. *NTPG* 187-97과 거기에 나오는 일차 및 이차 자료들 및 논의들.

35) 요 1:24; 4:1.

서 심한 후회를 하고 있지만 스스로에 대하여 증언을 하고 있다: 그는 이 땅의 경계 외부에 있던 초대 교회조차도 핍박하였다.[36] 또한 그는 이것을 자신의 권세에 의거해서 할 수 있었던 것도 아니었다. 그는 공식적인 "공안 경찰"의 한 사람이 아니었다. 오히려, 그는 그러한 권한을 갖고 있었던 자들, 즉 고위 제사장들로부터 권한을 허락받았다. 우리가 이미 논의할 기회를 가졌었던 한 여행을 통해서, 그는 요세푸스와 마찬가지로 골치 아프고 위험스러운 것으로 판명될 수 있었던 활동들을 조사하고 처리하기 위하여 예루살렘으로부터 북쪽으로 보냄을 받았다.[37] 이것은 바리새인들이 스스로 경찰을 자처하며 수행하였던 활동들을 다음과 같이 설명하고 있는 필로에 나오는 구절에 의해서 한층 더 밑받침된다. 하나님은 결코 위증자들을 그들의 범죄로부터 놓아주지 않을 것이라고 그는 말한다. 왜냐하면, 그러한 범주들에 속하는 자에게는,

> 율법에 대한 열심으로 가득 차서 그러한 자들을 살펴보고 있던 자들, 조상의 제조들에 대한 엄격한 수호자들, 그것들을 전복시키고자 어떤 일을 하는 자들에게는 가차 없이 행동하였던 자들이 많이 존재하였기 때문이다.[38]

우리는 바리새인들, 특히 우리가 살펴보고 있는 시대에서 지도적인 집단이었던 "열심 있는" 자들이 그들의 분파 외부에 있던 사람들의 행동에도 매우 적극적인 관심을 가지고 있었다는 결론을 내릴 수 있다. 그들의 활동이 비공식적이었다는 사실은 그것이 덜 열심이 있었다거나 덜 효율적이었다는 것을 의미하지 않는다.

(iv) 물론, 만약 예수가 토라의 가르침들을 강화하였다면, 그를 따른 자들은 토라를 범하지 않았을 것이고, 따라서 반율법주의자들이 되어서 말썽을 일으

---

36) 고전 15:9; 갈 1:13f.(그러한 행동을 바리새인들에 관한 요세푸스의 통상적인 표현을 반영하는 단어들을 사용하여 "내 조상의 전통에 대하여 더욱 열심히 있었던" 것으로 묘사하고 있는); 빌 3:6. 또한 Wright 1996c를 보라.

37) Jos. *Life* 110: cf. 위의 250f.

38) Philo *Spec. Leg.* 2:253, Sanders 1992b 등에 의해서 논의되지 않은 구절. 물론, "수천"은 위에서 논의한 바리새인들의 숫자와 관련하여 흥미롭다.

키는 일은 없었을 것이라는 것은 사실이다. 그러나 이 점에서, 샌더스 자신이 인정하듯이, 이 질문은 단순히 예수가 율법을 지지했느냐, 아니면 훼손했느냐 하는 문제가 될 수 없다. 여기서 문제가 되었던 것은 예수의 암묵적이고, 때로는 명시적이었던 다음과 같은 주장이었다: 예수 자신의 사역을 통해서 이스라엘의 하나님이 새 일 또는 이스라엘이 그토록 기다려 왔던 바로 그 새 일을 행하고 계신다는 것, 그리고 그런 일이 일어났을 때, 모든 것이 달라질 것이라는 것. 토라는 인간의 행위의 몇몇 측면들을 규율할 수 있지만, 마음을 건드릴 수는 없었다. 이것은 토라에 대한 비판이 아니었다; 토라는 나름대로의 고유한 영역 속에서 작용한다. 그러나 성서의 약속들이 성취되었을 때, 그 때에는 마음 자체가 변하게 될 것이고, 이에 따라 토라가 지닌 최고의 지위는 상대화될 것이다. 따라서 여기서 문제되고 있었던 것은 두 가지 유형의 종교 간의 대비가 아니라 이미 설명했던 의미에서의 **종말론**이었다.[39]

(v) 예수가 "율법을 비난하였고" 그의 사명 전체를 위한 강령으로서 그렇게 말했었다면, 초대 교회의 그토록 수많은 그리스도인들이 그 핵심을 파악하는 데에 실패했다는 것은 참으로 이상한 일일 것이다. 그러나 여기서도 사정은 그렇게 간단치가 않다.[40] 예수나 바울, 또는 이 문제와 관련해서 초기 기독교에 속한 그 어느 누구도 추상적 의미에서의 "토라"에 관한 문제들에 대하여 단도직입적인 가부간의 대답, 또는 양자택일식의 대답을 하지는 못할 것이다. 그들로 하여금 그렇게 하게 만들려는 모든 시도들은 반드시 실패할 수밖에 없다. 다시 문제가 되고 있는 이러한 질문은 종교와 윤리의 통상적인 도식이고, "유대교"라고 불리는 어떤 것은 하나의 모형을 제시하고, 예수, 바울 또는 다른 사람은 그 대안을 제시하고 있다는 것을 전제하는 것이다. 그러나 상황은 이것과 정반대이다. 문제가 되고 있는 것은 바로 이스라엘의 소망이다: 그 소망이 실현되고 있다는 예수의 선포, 예수의 십자가와 부활 속에서 그 소망이 실제로 실현되었다고 믿고 있는 바울의 믿음, 한 분 참 하나님의 새롭게 구성된 백성으로서 살아간다는 것이 의미했던 것을 실천에 옮기기 위하여 애썼던 초대 교회의 분투. 문제는 너희가 추상적 토라에 관하여 어떻게 생각하는가라는 것이 아

---

39) cf. Sanders 1985, 267-9 등.

40) 예를 들면, cf. Gundry 1993, 370f.

니라, 이스라엘의 하나님이 이스라엘 및 세상에 대하여 무엇을 행하고 계시며, 그 속에서 토라는 어떤 역할을 하는가라는 것이다. 이 점과 관련해서 아이러니컬하게도 이 논의는 샌더스가 다른 곳에서 거부한 개신교의 도그마적 도식에 의해서 강요되어 왔다: 저 유명한 "율법 문제"(토라는 선한 것인가, 아니며 나쁜 것인가?)는 신약성서에 나오는 그러한 형태로가 아니라 루터와 칼빈의 추종자들 사이의 좀 더 최근의 논쟁들이라는 형태로 제기된다.

바울에게 있어서 이 문제는 매우 구체적이고 실제적인 형태를 띠고 있었다: 이방인들은 한 분 참 하나님의 백성의 온전한 지체가 되기 위해서 할례를 받아야 하는가? 샌더스가 자신의 유명한 저서인 『바울과 팔레스타인 유대교』(*Paul and Palestine Judaism*)라는 책에서 (적어도 부분적으로는) 보았듯이, 바울이 실제로 고수하고 있었던 것은 하나의 가족, 하나의 민족, 하나의 "암"('am), 하나의 "에트노스"(ethnos)로서의 이스라엘의 양도할 수 없는 선민성에 대한 기본적인 유대인들의 믿음이었다.[41] 바울의 이른바 "율법 비판"은 실제로 한 분 참 하나님의 백성은 원칙적으로 하나의 민족에 국한될 수 있다는 사상에 대한 비판이었다. 토라가 이스라엘이 자신의 우월성을 유지하기 위한 체제의 일부인 한에 있어서, 바울은 거룩하고 의롭고 선한 토라가 마귀적이 되어 버렸다고 선언하였다. 참 하나님은 지금 온갖 인종과 족속에 속한 남녀 모든 사람들을 대등한 조건에서 그의 하나의 가족에 속하도록 부르시고 계시고, 이러한 과정 속에서 토라는 그 어떠한 것도 기여할 것이 없었다.[42]

바울의 사역에서 그토록 중요하였던 이러한 쟁점들 중 그 어느 것도 예수의 사역에서는 당면문제가 되지 않았다. 복음서 기자들은 예수로 하여금 이방인들을 만나게 해서 그들이 계약 백성의 구성원 자격을 취득하기 위해서 어떤 조건들을 지녀야 하는지에 대한 질문을 논의하게 할 수 있었던 많은 기회들을 갖고 있었으나, 우리는 그러한 만남들을 거의 발견하지 못하고, 그러한 논의들은 아예 찾아볼 수 없다.[43] 우리가 복음서들 속에서 발견하는 예수의 여러 다

---

41) Sanders 1977, 예를 들면, 551f.에 대한 요약.

42) 나는 이러한 개념들 중 몇몇을 Wright 1991에서 좀 더 자세하게 다룬 바 있다. Boyarin 1994는 바울 서신 속에 나오는 단일한 가족이라는 개념을 탁월하게 다루고 있는데, 그의 중심 주장은 나를 확신시키지 못했다: Wright 1995b를 보라.

양한 말씀들을 보면 — 예를 들면, 마가복음 7장에서 논쟁 이야기 직후에 나오는 수로보니게 여인에 대한 말씀 — 우리가 발견하는 것은 좋게 말해서 후대의 바울의 논쟁이라는 관점에서 볼 때에 용납할 수 없는 내용이다. "상 아래의 개들"이라는 표현은, 결국 이 이야기가 개들도 어쨌든 먹인다는 것으로 끝나긴 하지만, 바울이 이방인들에 관하여 말할 때에 입에 담을 수 없었던 그런 표현이다. 우리가 발견하는 것은 이것과는 완전히 다른 문제이다: 오랫동안 기다려 왔던 하나님 나라가 이제 마침내 도래하고 있다는 선포에 직면한 팔레스타인 유대인에게 이스라엘의 하나님에 대한 충성은 과연 무엇을 의미하는가? 예수 당시의 열심 있는 사람들은 이렇게 말했을 것이다: 토라는 이스라엘의 하나님 및 그의 계약에 대한 충성도를 실험해 볼 수 있는 시금석을 제공해 준다. 이에 대해 예수는 이렇게 말했다: 여기서 중요한 것은 나를 따르는 것이다.

물론, 어떤 관점에서는, 바울 같은 그런 사람이 이 핵심을 일단 파악했다면, 그것은 매우 다른 상황 속에서도 예수를 따른 이방인들은 토라에 대한 충성과는 상관 없이 계약 백성의 지체로 간주된다는 급진적 결론에 곧장 도달할 수 있었을 것이다. 그러나 바울의 교회들 속에서 토라와 관련된 핵심 쟁점은 이방인들을 받아들이고 이방인들의 할례를 시행해야 하는냐에 관한 문제였다; 그리고 이것에 관하여 예수는 단 한 마디도 하지 않았다. 음식에 관한 문제가 갈라디아서 2장에서 등장할 때, 거기서의 쟁점은 "어떤 음식을 먹을 수 있는가"(바울은 로마서 14장에서 이 문제에 대한 공개적인 평결을 내린다)가 아니라 "누구와 함께 식사해도 되는가"라는 문제였다. 안식일 준수가 갈라디아서 4:10에서 제기되었을 때, 이 문제는 안식일이 선한 것인가 아니면 나쁜 것인가에 관한 것이 아니라(또한, 이 문제에 대한 공개적인 평결도 로마서 14장에 나온다), 이방 그리스도인들이 신분의 정의(status-definition)라는 문제와 결부하여 안식일들을 지켜야 하는가라는 문제였다. 바울의 반문은 이것이었다: 지금 이방인들이 하나님의 갱신된 종말론적 백성 안으로 들어오고 있는데, 그들이 개종자들이 되어서 스스로 토라의 멍에 전체를 짊어질 필요가 과연 있는 것인가? 그러므로 "예수가 토라를 비난하였다면, 바울은 갈라디아서를 쓸 필요가 없었을

---

43) cf. *NTPG* 421.

것이다"라고 말하는 것은 옳지 않다. 바울은 토라가 "나쁜 것"이라는 것을 주장하고 있었던 것이 아니었다; 예수는 토라가 "선한 것"이라고 가르치지 않았다. 바울 신학의 뉘앙스와 예수의 선포의 뉘앙스는 이런 유의 시대착오적인 지나친 단순화에 의해서 파악되기 힘들다. 바울은 예수 자신이 결코 직면하지 않았고 결코 논의하지 않았던 상황과 관련하여 예수의 하나님 나라 개시(開始), 예수의 죽음과 부활의 효과 전체를 철저하게 생각하였던 것이라고 우리는 말할 수 있을 것이다. 틀림없이, 바울은 자신의 입장과 예수의 입장 간의 신학적인 연속성을 주장하였을 것이다.[44] 그러나 상황이 근본적으로 달랐기 때문에, 바울은 예수의 말씀들을 단순히 인용하는 것으로는 그의 대적자들을 제압할 수 없었을 것이다. 예수의 말씀을 직접적으로 인용하는 것은 그의 통상적인 스타일이 아니었다; 그러나 어쨌든 예수의 말씀에 대한 그러한 인용문은 찾아볼 수 없다.

그러므로 여기에 샌더스(그리고 그의 견해를 따랐던 프레드릭센 같은 학자들)가 제시한 설명의 아이러니가 있다. 그는 예수가 유대교보다 "우월했던" 종교 또는 신학을 가르쳤다는 시대착오적인 개념을 철저하게 거부하고자 하였다. 그는 예수가 바리새파의 가르침 속에서 잘못되었다고 생각한 것은 "엉터리 율법주의"였다는 그 어떠한 견해도 거부하였다. 그 대신에 그는 나도 폭넓은 관점에서 대체로 시인하는 하나의 범주를 제시한다: 예수는 "회복 종말론"을 선포하였다. 그러나 그런 다음에 샌더스는 "종교의 패턴들"이라는 비종말론적 범주 속에서 예수와 율법에 관한 문제를 다룬다. 그러한 관점 속에서는 이 문제가 풀리지 않는다는 것은 별로 이상한 일이 아니다.

예수와 바리새인들과의 충돌에 관한 복음서 기사들의 대체적인 역사성을 옹호하면서, 내가 제시하고 있는 예수상은 위에서 개략적으로 서술하였고 또한 거부한 것들보다 결코 한 치라도 덜 "유대적"이지 않다. 데이비스, 버미스, 뉴스너, 샌더스 등은 "유대적 예수"를 제시하고 있고, 나는 그것과는 다른 어떤 것을 제시하고 있다는 말은 사실이 아니다. 내가 말하고 있는 예수는 모든 점에서 적어도 마태복음에서 예수와 비교하고 있는 인물들인 엘리야, 예레미야,

---

44) 이 오랫동안 논란되어 온 문제에 대해서 가장 최근의 것으로 Wenham 1995를 보라.

세례 요한만큼이나 유대적이다. 예수는 유대적 예언자였고, 예언자들은 항상 불충성이라는 비난을 감수해 왔다. 우리가 나중에 이 장에서 보게 되겠지만, 그러한 비난은 매우 구체적이고 위협적인 형태를 띨 수 있다.

(vi) 나는 예수가 새로운 경륜의 날이 지금 동터오고 있다는 것을 근거로 여러 가지 점에서 "모세 시대의 적절성에 도전하였다"는 샌더스의 견해에 전적으로 동의한다. 사실 이것은 예수에 관한 전체적인 그림에 대한 단서를 제공해준다. 예수를 그의 동시대인들 중 상당수의 사람들과 충돌하게 만들었고, 결국에는 그의 죽음을 불러왔던 행위들을 하도록 만들었던 것은 바로 예수의 종말론적 강령이었다. 나는 이러한 통찰을 여러 세부적인 쟁점들을 해결할 수 있는 출발점으로 삼아야 한다고 주장한다. 이 과제에 대하여 우리는 지금부터 살펴보기로 하자.

2. 이스라엘의 정체성의 상징들: 안식일, 음식, 민족, 땅

(i) 서론: 배경과 과제들

우리는 오늘날 신약학계에서 그토록 논쟁이 되어 왔던 논쟁들을 어떻게 설명할 수 있을까?

우리는 샌더스가 끝맺고 있는 바로 그 지점, 곧 종말론에서 시작해야 한다. 예수와 그의 동시대인들이었던 유대인 간의 주된 쟁점은, 때가 왔고, 그들의 하나님이 지금 하나님 나라를 개시하고 계시며, 이것 — 이 실천, 이러한 이야기들, 이 인물 — 이 하나님 나라의 개시의 방식이자 수단이라는 예수의 주장이었다. 여기까지 샌더스의 주장은 내가 보기에는 옳다.

그러나 우리가 본서 전체에 걸쳐서 지금까지 추적해 왔던 예수의 하나님 나라 선포는 단순히 사람들에게 지금이 어떤 때인지를 말해주는 그런 문제가 아니었다. 하나님 나라 선포는 하나의 과제(agenda)를 제시하였다. 또한 이 과제는 단순히 대안적 할라카(halakah), 즉 샴마이 학파와 힐렐 학파의 할라카를 대신할 일련의 실천 윤리가 아니었다. 그것은 예수의 동시대인들에 대한 도전으로 이루어져 있었다: 너희를 그토록 단단하게 움켜쥐고 있고, 너희를 파멸의 구렁텅이로 몰아넣고 있는 너희의 전승에 대한 해석을 포기하라. 그리고 너희의 전승에 대한 다른 해석, 즉 겉보기에는 지는 길 같아 보이지만 실제로는 참된 승리의 길인 그러한 해석을 받아들이라. 그리고 이러한 선포 및 과제와 아울러 하나의 경고가 수반되었다: 이 길로 오지 않는 자들은 그들에게 다가온 회개할 마지막 기회를 잃는 것이 된다. 지금부터 이스라엘의 전승들에 대한 그들의 파괴적인 해석을 계속해서 지키는 자들은 뿌린 그대로 거두게 될 것이다. 우리가 공관복음서들 속에서 발견하는 예수와 바리새인들 간의 열띤 논쟁들을 촉발시켰던 것은 바로 이러한 복합적인 하나님 나라 선포였다고 나는 주장한다. 그것은 심지어 예수의 생명을 빼앗으려는 음모들을 낳았다. 그것은 이와 동일한 선포, 과제, 경고가 바리새인들과는 달리 잘못된 시대에 잘못된 것을 말하고 행하는 예언자들에 대하여 모종의 조치를 취할 실제적인 권력을 쥐고 있었던 자들에 의해서 보호되고 있던 가장 큰 상징과 정면충돌할 때에 무슨 일이 벌어질지를 미리 보여주는 것이었다.

이 모든 것의 내적 논리를 이해하기 위해서, 우리는 내가 『신약성서와 하나님의 백성』에서 논증했고, 또한 이미 앞 절에서 어느 정도 다시 말했던 두 가지 사항을 상기할 필요가 있다. 첫 번째는 그리 잘 알려져 있지는 않지만 매우 중요한 것이다. 두 번째는 마찬가지로 매우 중요한 것인데, 좀 더 널리 알려져 있긴 하지만, 종종 도전을 받고 있기 때문에, 내가 제1권을 쓰면서 생각했던 것보다 조금 더 여기서 상세하게 서술할 필요가 있다.

첫째, 예수 시대에 바리새파의 주도적인 집단의 지배적인 과제는 단순히 (우리의 관점에서 볼 때) "종교적인" 것이 아니었다. 그것은 (우리의 관점에서 볼 때) "정치적인" 것이기도 했다.[45] 주후 70년 이전까지 가장 강력한 유대인 압력 집단을 형성하고 있었던 샴마이 학파의 강경파 바리새인들의 제일 중요한 특징이었던 야훼를 향한 열심은 곧 토라를 향한 열심을 의미하였다. 이것이 무엇을 의미하였는지를 알려면, 우리는 단지 마카베오 서신들을 읽으면 된다. 하늘에서 내려준 율법에 순종하여야 한다; 열방들의 우상숭배적인 길들과는 그 어떠한 타협도 있을 수 없다. 더욱이 이 율법은 옹호되어야 한다; 율법을 보호하고, 그렇게 함으로써 참 이스라엘의 삶을 보존하기 위해서는 필요하다면 무력도 사용되어야 한다. 초기 시절의 열심의 위대한 사례들인 비느하스와 엘리

---

45) 이 모든 것에 대해서는 cf. *NTPG* 186-99; Borg 1984, 4-17.

야는 폭력적이라고 말하지는 않더라도 실천적 면모를 지니고 있었던 경건을 가진 인물들이었다. 첫 번째 인물은 이교도 여인과 함께 있었던 이스라엘 사람을 현장에서 살해하였다. 두 번째 인물은 바알 예언자들을 칼로 도륙하였다.[46]

우리는 샴마이 학파에 속한 바리새인들이 이러한 전통을 생생하게 유지하고 있었다고 생각할 만한 충분한 근거를 갖고 있다. 토라와 관련된 그들의 유명한 엄격성은 단순히 종교적인 준수에 관한 문제가 아니었다. 그것은 이스라엘을 이교화되는 것으로부터 수호하는 것, 좀 더 적극적으로 말하자면, 이방의 멍에를 송두리째 벗어버리고자 하는 시도(기회가 허락한다면)였다. 바로 이러한 과제 때문에 예수는 당시의 주도적인 바리새파 운동과 정면충돌을 일으킬 수밖에 없었다고 나는 생각한다. 샴마이 학파 바리새인들에게 장차 도래할 야훼의 나라는 민족 해방과 이교도들의 패배와 관련된 것이었다. 예수에게 있어서 하나님 나라는 바로 그러한 열망에 대하여 회개하는 자들에게 주어지는 것이었다. 이 둘이 충돌할 것은 불을 보듯 뻔한 일이었다. 이런 일이 발생했을 때, 거기에서 당면 문제로 떠올랐던 것은 토라를 어떻게 준수해야 하는가에 관한 세부적인 내용들, 무엇이 정결이고 무엇이 부정이냐에 관한 시시콜콜한 문제들에 관한 논쟁 훨씬 이상의 것이었다.

그러나 "정결"은 도대체 무엇인가? 이것은 쟁점이 된 두 번째 문제였다: 정결 규범들(궁극적으로는 모두 성전 자체에 그 초점이 맞춰져 있는)과 정치적 행동과 열망들 간에는 극히 중요한 연관 관계가 존재한다. 이것을 간단하게 말하자면, 성전 제의, 안식일의 준수, 음식과 관련된 금기들 및 할례의 준수는 유대인을 이방인으로부터 구별시켰던 핵심적인 것들로서, 이것들은 (달리 말하면) 강경파 바리새인들의 정치적 및 종교적 과제를 유지시키고 강화시키는 것들이었다.[47] 이러한 핵심적인 "율법(토라)의 행위들"은 유대인들(적어도 율법을 지킨다고 자처하는 유대인들)의 실존의 변함없는 중심 테마(leitmotiv)였다.

---

46) 민 25:6-13; 왕상 18:40. 이 전승에 대해서는 특히 cf. Hengel 1989c [1961], ch. 4.

47) cf. *NTPG* 237-41; 아래의 595.

여기서 다음과 같은 점을 분명히 해두는 것이 중요하다. 나는 정결 규범들이 괴상하고 율법주의적이며 진정한 경건과는 상관없고 개신교 사상, 관념주의, 낭만주의 운동의 암묵적인 규례들과 일치하지 않는다고 말하고 있는 것이 아니다. 그런 것과는 전혀 상관이 없다. 모든 사회들은 이런저런 종류의 정결 규범들을 지니고 있다; 어떤 것들은 종교적인 체계와 좀 더 잘 통합되어 있기도 하고, 어떤 것들은 덜 통합되어 있기도 하지만, 모든 사회들은 어쨌든 정결 규범들을 갖는다. 또한 나는 좀 더 구체적으로 말해서 예수 당시의 유대인들의 정결 규범들이 괴상하고 율법주의적이라고 말하고 있는 것이 아니다. 파울라 프레드릭센(Paula Fredriksen)은 예수에 관하여 글을 쓴 몇몇 최근의 저술가들이 오늘날의 몇몇 감수성들에 거슬린다는 이유로 예수로 하여금 편의적으로 고대 유대교의 여러 특징들을 반대하게 만들었다고 비판한 바 있다(경제적인 불평등, 인종차별, 성차별과 관련하여).[48] 이러한 비판은 타당할 수도 있고 타당하지 않을 수도 있다; 그것은 내가 제시하고 있는 주장에는 적용되지 않는다. 나는 예수가 그 자신의 종교적 문화를 거부하였다고 말하고 있는 것이 아니다(물론, 우리가 제2장에서 지적했듯이, 오늘날의 일부 저술가들은 위험스럽게도 거의 그렇게 말하고 있다).[49] 나는 예수가 그의 동시대인들인 유대인들과 공유하고 있었던 성서의 전승에 대한 새로운 해석을 제시하였다고 말하고 있는 것이다. 예수의 해석은 내부로부터의 비판이었다. 그리고 그의 비판의 대상은 이스라엘을 파멸로 이끌고 있던 — 그리고 이스라엘을 이방의 이웃 나라들로부터 구별하였던 토라의 바로 그러한 측면들에 의해서 유지되고 강화되었던 — "열심"이었다고 나는 생각한다.

이 문제에 대하여 어떤 의심이 있을 것을 대비하여, 나는 토라, 특히 정결 규범들이 이스라엘 민족의 독특한 표징으로 여겨졌다는 것을 보여주는 오늘날 및 고대의 몇몇 증거들을 인용하고자 한다. 먼저 샌더스(E. P. Sanders)의 말을 들어보자:

그러나 할례, 안식일, 음식법들에는 그 밖의 다른 율법들로부터 그것들

---

48) Fredriksen 1995a & b.
49) Fredriksen 1995a, 45 등.

을 구별하는 공통적인 그 무엇이 존재한다: 그것들은 그리스-로마 세계 속에서 유대인과 그 밖의 다른 민족들 간의 사회적 구분을 만들어 내었다. 게다가, 그것들은 이교의 저술가들로부터 비판과 조소를 자아냈던 유대교의 측면들이었다. 또한 유대교의 유일신 사상도 유대인들을 이방인들로부터 구별하였다. 그러나 유일신 사상은 안식일, 음식법들, 할례와는 달리 이교도들의 비웃음거리가 되었던 것으로 보이지는 않는다.[50]

또한 유대인들의 독특성에 대한 요세푸스의 과장된 주장들을 들어 보자:

이러한 주장은 유대인들이 율법에 대한 그들의 충성심과 율법을 지킴에 있어서 보여주었던 끈질김으로 유명하였다는 사실에 의존한다. 이와 같은 이상화된 묘사는 일반적인 율법 준수의 현실에 그 기반을 두고 있다.[51]

독특하고 구별되는 규범들을 지킨다는 것은 이스라엘을 이교의 이웃 나라들과 구별시키는 수단이었다. 이것은 마카베오1서의 처음 여러 장들의 주제이다. 안티오쿠스 에피파네스는 그들에게 그들의 조상의 규범들을 포기하도록 강요함으로써 유대인들을 정치적으로나 종교적으로 복속시키고자 하였다:

그 후 안티오쿠스 왕은 온 왕국에 영을 내려 모든 사람은 자기 관습을 버리고 한 국민이 되어야 한다고 했다. 이방인들은 모두 왕의 명령에 순종했고 많은 이스라엘 사람들도 왕의 종교를 받아들여 안식일을 더럽히고 우상에게 제물을 바쳤다. 왕은 또 사신들을 예루살렘과 유다의 여러 도시에 보내어 다음과 같은 칙령을 내렸다: 유대인들은 이교도들의 관습

---

50) Sanders 1983a, 102, 117 n.27; 마찬가지로 cf. 1993, 222. Cp. Klausner 1947 [1925], 376: "당시의 유대교는 … 위대한 이상(理想)들의 수호자인 작은 민족을 이교의 문화라는 넓은 바다 속으로 가라앉는 것으로부터 구원하는 것 이외의 다른 목표를 가지고 있지 않았다."

51) Sanders 1985, 396 n.4. 요세푸스 자료에 대해서는 아래를 보라.

을 따를 것. 성소 안에서 번제를 드리거나 희생제물을 드리거나, 술을 봉헌하는 따위의 예식을 하지 말 것. 안식일과 기타 축제일을 지키지 말 것. 성소와 성직자들을 모독할 것. 이교의 제단과 성전과 신당을 세울 것. 돼지와 부정한 동물들을 희생제물로 잡아 바칠 것. 사내아이들에게 할례를 주지 말 것. 온갖 종류의 음란과 모독의 행위로 스스로를 더럽힐 것. 이렇게 하여 율법을 저버리고 모든 규칙을 바꿀 것.[52]

이것의 내용은 더 이상 분명하게 설명할 수 없을 정도로 아주 명백하다. 유대인들을 동화시키려면 네 가지 큰 특징들을 제거하지 않으면 안 된다: 성전, 안식일, 정결, 할례. 이러한 것들이 없어진다면, 이스라엘은 그 독특성을 잃고 말 것이다. 맛다디아가 일으킨 최초의 반란은 바로 이러한 것들을 회복하고자 하는 것을 목표로 하였다; 그 기조는 "열심," 특히 토라에 대한 열심이었다:

맛다디아의 말이 끝났을 때 어떤 유대인 한 사람이 나와서 모든 사람이 보는 앞에서 왕명대로 모데인 제단에다 희생제물을 드리려 했다. 이것을 본 맛다디아는 화가 치밀어 올라 치를 떨고, 의분을 참지 못하여 앞으로 뛰어 올라가 제단 위에서 그 자를 죽여 버렸다. 그리고 사람들에게 이교제사를 강요하기 위하여 온 왕의 사신까지 죽이고 제단을 헐어 버렸다. 이렇게 해서 맛다디아는 전에 비느하스가 살루의 아들 지므리를 찔러 죽였을 때처럼 율법에 대한 열심을 과시하였다.[53]

맛다디아는 임종할 날이 왔을 때 아들들을 모아 놓고 이렇게 말했다. "… 그러므로 너희는 열심히 율법을 지키고 우리 조상들이 맺은 계약을 위하여 헌신하여라 … 아들들아, 용기를 내어 굳세어져라. 그리고 율법을 굳게 지켜라. 이것이 너희들이 차지할 영광이다 … 너희는 율법을 지키는

---

52) 1 Macc. 1:41-9.

53) 1 Macc. 2:23-6. 이 이야기는 그 자체로 비느하스에 관한 대목에 대한 회상에 의해서 영향을 받아 왔다: 민수기 25:6과 "모두가 보기에"를 비교해 보라; "맛다디아가 그것을 보았을 때"를 민수기 25:7과 비교해 보라.

사람을 모두 규합해서 네 동포들의 원수를 철저히 갚아야 한다. 너희를 학대한 이방인들에게 복수하고 율법이 명하는 것을 잘 지켜라."[54]

이와 동일한 묘사는 마카베오2서에 나오는 기사 속에서도 찾아볼 수 있다:

안티오쿠스 왕은 아테네의 원로 한 사람을 유대인에게 보내어 그들에게 조상 때부터 내려 오는 율법을 버리고 하나님의 율법을 따르는 생활 규범을 버리라고 강요하였다. 그리고 예루살렘의 성전을 더럽히고 그 성전을 올림피아의 제우스신에게 봉헌하게 하고 … 이와 같이 유대인들이 차마 견딜 수 없을 만큼 악은 날로 더해만 갔다 … 제단에는 율법에 금지된 부정한 고기를 쌓아 놓았다. 안식일은 물론 조상 전래의 축제도 지킬 수 없었으며 심지어는 자기가 유대인이라고 말할 수조차 없었다 … 과연 어떤 여자 둘이 자기 아들들에게 할례를 베풀었다고 해서 사람들 앞에 끌려 나왔다. 사람들은 그 여자들의 어린애를 젖가슴에 매달게 하고 거리로 끌고 다니며 사람들에게 보인 다음 높은 성벽에서 떨어뜨려 죽였다 … 그때에 뛰어난 율법학자들 중에 엘르아살이라는 사람이 있었는데 그는 이미 나이도 많았고 풍채도 당당한 사람이었다. 박해자들은 강제로 그의 입을 열고 돼지고기를 먹이려 했다. 그러나 그는 자기 생활을 더럽히고 살아가는 것보다 명예롭게 죽는 것이 낫다고 하여 자진하여 태형대로 가면서 그 돼지고기를 뱉아 버렸다.[55]

이런 식으로 성전, 안식일, 할례, 음식의 정결은 유대인들의 정체성의 결정적인 표지들이었다. 유대인들의 그러한 정체성을 위협하고자 했던 자들은 그러한 것들을 폐하고자 시도하였다; 그 정체성을 옹호했던 자들은 끈질기게 그러

---

54) 1 Macc. 2:49-50, 64, 67-8(가운데 구절에 대해서는 아래의 764-773을 보라). 이 동일한 장(2:29-41)은 반도들이 처했던 딜레마를 잘 보여준다: 안식일에 공격을 받은 경우에 저항해야 하는가? 저항해야 한다는 견해가 우세하였다: cf. Jos. *Ant.* 12:274-7, 그리고 *War* 2:517f.에 나오는 비슷한 결정; cf. Safrai 1976b, 805f.

55) 2 Macc. 6:1-2, 5-6, 10-11, 18-19.

한 것들에 매달렸다.

또한 필로도 조상의 율법들에 대한 이러한 충성을 유대 민족을 그 밖의 다른 모든 민족들로부터 구별짓는 것으로 보았다. 칼리굴라의 자만에 반대하여 글을 쓴 필로는 이렇게 말하고 있다:

> 칼리굴라는 오직 유대인들만을 좋지 않게 보았는데, 이는 오직 유대인들만이 요람으로부터 부모들과 가정교사들과 선생들로부터 및 거룩한 율법과 구전 전승의 지극히 높은 권위 아래에서 세상의 아버지요 창조자이신 한 분 하나님을 인정하도록 훈련을 받아서 원칙적으로 그를 반대하였기 때문이었다. 오직 홀로 서 있는 한 민족, 유대인들의 민족만이 반대의 의도가 있는 것으로 의심을 샀는데, 이는 그들은 조상들의 전승들, 심지어 아주 작은 것이라도 파괴하지 않기 위하여 마치 불멸의 목숨이라도 되는 듯이 기꺼이 죽음을 감수하는 데에 익숙했기 때문이었다.[56]

이와 동일한 취지의 말들은 유대인들의 율법에 관한 요세푸스의 유명한 서술에도 거듭거듭 등장하고, 이런 식으로 율법은 이스라엘을 모든 점에서 그들 주변의 이방 나라들과 다른 백성으로 지탱시켜 주었다:

> 나의 목적은 우리 민족에 대한 찬양의 글을 쓰는 것이 아니다; 그러나 나는 우리를 향하여 던져지는 온갖 거짓된 고소들에 답하여 우리가 제시할 수 있는 가장 공정한 변명은 우리의 일상생활을 지배하는 율법들 속에서 발견될 수 있다고 생각한다 …
>
> 우리 민족에 속한 그 누구에게 율법에 관한 것을 묻는다면, 그는 율법 전체를 자신의 이름보다 더 쉽게 되뇌일 것이다. 그러므로 우리의 지성이 처음 열린 때부터 율법에 철저하게 토대를 두고 있는 것의 결과는 우리가 율법들을 우리의 영혼들 속에 새겨서 가지고 있다는 것이다 … 우리가 놀랄 만한 화목을 이루고 있는 것은 특히 바로 이것 때문이다 … 오직 우리들 가운데서만 그 밖의 다른 민족들에게도 있는 하나님에 관한 모순

---

56) Philo *Leg.* 115-17.

된 진술들이 전혀 들리지 않을 것이다 …

신비 의식들과 입교 의식이라는 이름 하에서 다른 민족들이 불과 수일을 지킬 수 없는 관습들을 우리는 기쁨과 단호한 결단 속에서 일생토록 지켜나가고 있다 … 그리고 우리의 주인들에 대한 두려움, 다른 민족들에 의해서 존중되는 제도들에 대한 시기 등 그 어떤 것도 우리를 이러한 율법으로부터 변절하게 할 힘을 갖고 있는 것은 아무것도 없었다. 우리는 우리 자신의 힘을 키우기 위한 전쟁을 수행하려는 목표가 아니라 우리의 율법을 보존하려는 목적으로 우리의 용기를 훈련시켜 왔다 …

그리스 세계이든 야만 세계이든 제7일에 일하기를 금하는 우리의 관습이 퍼지지 않은 곳이 없고, 금식과 등불을 켜는 것과 음식 문제에 있어서 우리의 금기들 중 많은 부분이 지켜지지 않는 성읍이나 나라는 단 한 곳도 없다.[57]

그리고 이 모든 것은 어떤 추상적 체제에 관한 변명이 아니라 그러한 것들을 율법으로 가지고 있는 유대 민족의 변명이라는 것을 우리는 주목하여야 한다.[58] 이러한 규범들 — 안식일과 그 밖의 절기들, 음식법들 및 그 중에서 특히 금기들 — 은 유대인들을 이방의 이웃 나라들로부터 구별시킨 것들이었다. 유대인들은 그것을 알고 있었다; 또한 그들의 이웃 나라들도 그것을 알고 있었다.[59]

이 모든 증거들은 우리를 어디로 데려다 주는가? 우리는 율법 준수는 펠라기우스주의의 초기 형태로서, 이로써 바리새인들과 그 밖의 사람들은 도덕적 노력을 통해서 칭의 또는 구원을 얻고자 했다는 이전의 개념을 이미 극복하였

---

57) *Apion* 2:147, 178f., 189, 271f., 282; cf. 228(유대인들은 스파르타 사람들에게 그들의 법률들을 포기하도록 만들었던 것보다 더 큰 압박 아래에서 그들의 율법들을 고수하였다). 요세푸스는 통상적으로 이러한 대목들 속에서 "에트노스"(민족)라는 단어를 사용하지 않고, 단순히 "우리"와 "다른 사람들"이라는 말을 사용한다.

58) *Apion* 2:287-90.

59) 유대 관습들에 대한 이교도들의 태도에 대해서는 Stern 1974-84; 1976; Feldman 1993, chs. 3-5에 나오는 방대한 서술을 보라. 이스라엘 땅 내에서 이교의 우상숭배와의 타협을 얼마나 주의 깊게 피하고자 했는가에 대해서는 cf. Safrai 1994, 243-54.

다. 샌더스는 그러한 묘사는 주후 1세기의 자료들에 비추어 볼 때에 철저하게 거짓된 것으로서, 이러한 개념이 종종 다시 등장하긴 하지만, 그것은 반드시 거부되어야 한다는 것을 보여주는 데에 상당한 노력을 기울여 왔다. 우리는 고대에서와 마찬가지로 오늘날에도 비유대인들에 의해서 유대인들이 그들의 괴상하고 우스꽝스러우며 기괴한 관습들로 인하여 조롱받는다는 내용의 그 밖의 다른 희화화들에 대해서도 경계하여야 한다. 그 대신에, 우리는 유대적 자료들이 스스로 말하고 있는 것을 액면 그대로 받아들여야 한다: 이러한 율법들은 그 세부적이고 구체적인 모든 내용들과 함께 이스라엘 민족, 유대인들의 민족 둘레를 감싸고 있던 경계 울타리를 형성하고 있었다.

이것은 정결과 관련된 금기들이 여러 다양한 문화들의 자기 인식 속에서 했던 역할에 대한 고찰을 통해서 사회인류학적인 관점으로부터 더욱 강화될 수 있다.[60] 레위기와 민수기에 나오는 원래의 정결 규범들은 음식과 관련된 금기들과 이스라엘과 이방인의 구별을 서로 연관시키고 있지 않았지만, 이러한 연관성은 일부 학문적인 연구 대상의 차원에서가 아니라 위에서 인용한 것들과 같은 문헌들에 의해서 대변되고 있는 길거리 수준의 현실 속에서 제2성전 시대 유대교의 고유한 특징이었다. 회색 지대와 흐릿한 가장자리를 충분히 고려한다고 할지라도, 음식과 관련된 금기들과 안식일을 지켰던 사람들은 그들이 유대 민족의 구성원이라는 것 또는 유대 민족과의 연대성을 강조하는 것이었다. 그러한 것들을 지키지 않은 사람들은 유대인들에 의해서 배교자(유대인인 경우에는) 또는 경계 너머에 있는 자(이방인인 경우)로 여겨졌다.

우리가 이 시기의 유대인들을 하나의 가족, 하나의 민족, 하나의 인종, 또는 하나의 나라, 이런 것들 중 어느 것으로 지칭하느냐 하는 것은 현재로서는 그다지 중요한 문제가 아니다.[61] 물론, 예외들이 존재했는데, 요세푸스가 강조하고 있듯이, 라합 사람들과 룻 가문의 사람들은 외부로부터 영입된 사람들이었다.[62] 물론, 경계가 흐릿한 많은 경우들이 있었다. 그러나 주후 1세기에 특히 유대와

---

60) cf. Douglas 1966, 1968, 1993. 이 점에 대해서는 cp. Goodman 1987, 99f.; Saldarini 1988, 286.

61) 아래의 610-618을 보라.

62) *Apion* 2:209f.

갈릴리에 어느 정도 공통의 조상을 기반으로 스스로를 유대인으로 생각하였고, 하나님이 주신 율법, 특히 안식일, 음식, 할례, 성전의 거룩성과 관련된 독특한 율법들을 세심하게 지킴으로써 그러한 정체성을 보호할 의무를 하나님이 주셨다고 생각했던 상당수의 사람들이 있었다는 것은 의문의 여지가 없다. 이러한 것들은 이스라엘의 상징 세계의 가장 분명한 표지들을 형성하고 있었다. 그리고 공관복음서들에 의하면, 이 네 가지 가운데 세 가지는 예수와 그의 동시대인들, 특히 바리새인들 간의 논쟁의 대상이 되었다.

이것은 무엇을 의미하는가? 예수 자신이 이러한 율법들을 기괴하고 묘하며 우스꽝스러운 것으로 여겼다는 것을 의미하는 것인가? 분명히 그렇지 않다. 그렇다면 예수는 그러한 율법들이 비인간적이고 악하며 근본적으로 뜯어 고칠 필요가 있다고 생각했던 것인가? 전혀 그렇지 않다. 예수는 이 둘 중의 어느 의미로든 "율법을 비방하는" 말을 하지 않았다. 실상을 그런 식으로 요약하는 것은, 솔직히 말해서, 지나치게 일반화한 것이고, 어쨌든 시대착오적인 것이다. 오히려 예수가 보기에는, 우리가 살펴본 대로, 이방인들에 대한 방어 수단으로서, 민족의 경계와 열망들의 강화 수단으로서 율법의 엄격한 적용을 준수하는 것은 해결책이 아니라 문제를 키우는 징후로 여겨졌었다. 한 분 참 하나님의 나라가 마침내 도래하고 있었고, 그것은 방어적인 태도가 아니라 이스라엘이 세상의 빛이 되는 것을 그 특징으로 하고 있었다; 그리고 그 하나님 나라의 특징은 이방인들에게 그대로 고스란히 되갚아주는 성난 열심(맛다디아가 그의 아들들에게 조언한 것과 같이[63])이 아니라 다른 쪽 뺨을 돌려대고 다시 십 리를 동행하는 것이었다. 원수를 사랑하라는 명령, 폭력적 혁명에 대한 금령은 토라 자체에 대한 공격이 아니라, 현재 제시되고 있는 것들에 비추어서 이스라엘의 조상들의 전승을 근본적으로 다르게 해석한 것이었다. 예수는 세상의 빛에 되어야 한다는 이스라엘의 독특한 소명을 확인하는 가운데 그 성취의 때가 도래한 지금이 하나님이 주신 이스라엘의 독특성의 표지들을 상대화시킬 때라고 역설하였다.[64]

이러한 강조점을 희화화하고, 역사의 우물의 밑바닥에서 자신의 얼굴을 보

---

63) 1 Macc. 2:68; 아래의 764-773을 보라.

64) 이 점은 이미 Dodd(1968, 94-7)가 아주 명확하게 지적한 바 있다.

고자 하는 오늘날의 평등주의에 의해서 그것이 예수에게 투영된 것이라고 말하는 것은 틀림없이 쉽다.[65] 그러나 그러한 것은 본문들 속에서 우리 앞에 나와 있는 그림을 제대로 다루는 것이 아니다. 예수가 그의 제자들을 이교도들인 이방인들과는 물론이고 이스라엘의 나머지 사람들로부터도 구분한 것은 그가 때를 잘못 타고난 현대적인 평등주의자였다는 것을 의미하지 않는다. 한편으로 예수는 온갖 부류의 사람들을 환영했지만, 다른 한편으로는 그의 주도적인 범주들은 매우 첨예한 배타주의를 함축하고 있다: "그의 말씀들을 듣고" 그를 따른 사람들은 참된 백성의 일부였지만, 그렇지 않은 사람들은 참된 백성이 아니었다.[66] 참된 가족에 관한 예수의 재정의는 그 자체가 가족, 인종, 민족에 대한 강조가 상징이 되어 있었던 그러한 사회에 대한 강력한 상징적 도전이었다. 어쨌든 그러한 모든 논거들은 다시 한 번 우리가 도처에서 만나게 되는 강력한 증거에 주목하지 않고 있는 것이다. 예수가 유대인들의 정체성의 상징들과 관련하여 행하고 말하였던 것들은 어떤 종교나 윤리 체계를 전파하기 위한 의도에서 나온 것도 아니었고, 분명히 "종교 체제"로 인식된 "유대교"에 대한 "반대"로부터 나온 것도 아니었으며, 이스라엘 역사의 절정이 큰 기회와 큰 위험을 수반하고 다가오고 있다는 확신으로부터 나온 것이었다. 그러한 기회는 그의 하나님 나라 선포에 있다고 그는 믿었다. 그 위험은 이스라엘이 자신의 민족적 실존에 골몰하고 있는 것과 그것을 규정하고 강화하고 있었던 상징들에 있었다.

그러므로 나는 예수와 그의 동시대인들인 유대인들, 특히 바리새인들 간의 충돌은 대안적인 종말론적 신념들과 기대들에 의해서 생성된 대안적인 정치적 과제들이라는 견지에서 보아져야 한다고 주장한다. 예수는 바리새파 내에서 주도적인 집단의 지평을 지배하고 있었던 혁명적인 열심의 과제를 강화한 것이 아니라 오히려 문제를 제기했던 방식으로 하나님 나라를 선포하였다. 그러

---

65) Fredriksen 1995 a & b. 이것은 그러한 투영이 오늘날의 학계에 존재하지 않는다고 말하는 것이 아니다.

66) cf. Sanders 1993, 235: "[예수는] 그를 따르는 자들이 하나님의 택하신 자들에 속한다고 생각했던 것으로 보인다." 이것은 20세기의 평등 사상을 거꾸로 투영한 것이 아니다.

므로 예수가 그러한 열심의 초점들을 이루고 있었던 상징들에 대한 지대한 강조점들에 대하여 의문을 제기했던 것은 전혀 놀라운 일이 아니었다: 안식일, 음식과 관련된 금기들, 민족적 정체성, 조상들의 땅, 그리고 궁극적으로는 성전 자체. 상징들은 예수의 동시대인들의 열망들을 구현하고 있는 규범들이 되어 있었다. 예수는 그러한 상징들에 도전했지만, "토라 자체를 비난하지는" 않았다. 예수는 분명히 한 분 참 하나님의 택하신 백성으로서의 이스라엘이라는 사상을 "반대하지" 않았다. 오히려, 예수는 이스라엘의 운명과 하나님이 이스라엘에게 주신 소명에 관한 대안적인 해석, 이스라엘의 참된 이야기를 말하는 대안적 방식, 민족주의적 상징들 속에 표현되어 있던 경건에 대한 대안을 제시하였다. 다른 유대교 분파들과 집단들이 그랬던 것처럼, 이스라엘을 재정의 할 때조차도 이스라엘이 택함받았다는 것을 긍정하였다. 물론, 이것은 혁명적인 것이었다: 그리고 이것이 성전 사건이 일어난 시점까지의 모든 이야기들 속에서 예수의 메시지가 베일에 가려지고 암호화되어 있었던 이유였다.

우리가 논쟁이 벌어졌던 두 가지 상징적 쟁점들을 생각하면, 이런 일은 전혀 놀랄 일이 아니다: 안식일과 음식.

(ii) 안식일

안식일을 주요한 주제로 삼고 있는 이야기들은 공관복음서들에는 네 개, 요한복음에는 두 개가 나온다.[67] 여기서 다시 한 번 나는 특히 샌더스에 의해서 제시된 분석을 문제 삼고자 한다.[68] 그의 입장은 다음과 같이 쉽게 요약된다:

(i) 이 이야기들은 역사적 사실일 가능성이 거의 없다. 첫 번째 이야기에서, 바리새인들은 들판에 나가 있는 사람들을 염탐하지 않았다; 그리고 나머지 세 개의 이야기들에서, 예수가 했던 일은 불법적이거나 사람들로부터 반대를 받지 않을 그런 것들을 이야기한 것이 전부였다.

(ii) 어쨌든, 안식일에 사람을 고친 것은 사람의 생명을 구하는 행위들을 허용했던 랍비들의 가르침의 연장선상에서 용납될 수 있었다. 예수는 정확하게

---

67) (i) 막 2:23-8/마 12:1-8/눅 6:1-5; (ii) 막 3:1-6/마 12:9-14/눅 6:6-11; (iii) 눅 13:10-17; (iv) 눅 14:1-6. 요한복음에서는: 5:2-18; 9:1-41. 또한 Cf. *In. Thom.* 2:1-5.
68) 1985, 264f.; 1993, 212-18.

무엇이 허용될 수 있는지에 대하여 다른 견해를 가지고 있었던 것으로 볼 수도 있지만, 그것은 당시의 논쟁들 범위 안에 있었던 것으로서, 아무도 그가 극악무도한 범죄를 저질렀다고 생각하지는 않았을 것이다.

(iii) 그러므로 이 이야기들은 교회 안에서의 내부적인 논쟁들 또는 교회와 회당 간의 외부적인 논쟁들의 투영으로 보아야 한다.

(iv) 안식일 준수와 관련해서, 예수는 "율법을 비난하지" 않았다.

이 문제를 다룸에 있어서, 우리는 다시 한 번 바리새파, 그들의 과제들, 그들의 활동에 관하여 설명하지 않으면 안 된다. 여기서 샌더스는 특히 그의 초기의 글에서 다음과 같이 바리새파에 대하여 희화화하고 있다:

바리새파는 율법을 범한 사람을 잡아내기 위하여 갈릴리 들판에서 안식일들을 보낼 목적으로 무리들을 파송하지 않았다. 또한 서기관들과 바리새인들이 예수의 제자들의 손들을 검열하기 위하여 예루살렘에서 갈릴리로 특명을 띠고 여행했다는 것도 믿을 수 없다.[69]

예수의 제자들이 곡식의 이삭을 손으로 자르고 있을 때에 돌연히 바리새인들이 나타난다. 그러나 과연 바리새인들은 안식일에 곡식밭에서 무엇을 하고 있었던 것일까? 누군가가 안식일에 곡식 이삭을 자를 아주 희박한 가능성을 엿보고 있었던 것인가?[70]

여기에서 샌더스가 실제로 하고 있는 모든 것은 과거의 정반대의 희화화에 비추어 보아서는 꼭 필요했을지도 모르지만, 어쨌든 지금으로서는 너무도 당연한 것으로 여겨지는 한 내용을 부각시키고 있는 것이다: 바리새인들은 종교적인 "공안경찰"도 아니었고, 헤롯 아래에서, 고위 제사장들 아래에서 또는 로마 당국 아래에서 공식적인 사법권을 갖고 있지도 않았다. 그러나 우리는 바리새인들을 조상의 전통들을 수호하는 데에 아주 열심이었던 매우 효과적인 자경단(自警團)이라고 설명하고 있는 위에서 인용한 필로의 글에 충분한 비중을

---

69) Sanders 1985, 265.
70) Sanders 1993, 214.

두어야 한다.[71] 그러나 이것이 아니더라도 — 심지어 우리가 바리새인들은 평범한 유대인들이 그들의 정결에 관한 엄격한 기준들을 지키리라고 기대하지 않았고, 율법의 세부적인 조항들을 범한 평범한 유대인들을 잡으려고 하지도 않았으며, 그러한 목적을 위하여 예루살렘에서 갈릴리로 내려가지도 않았다는 샌더스의 주장을 용인한다고 할지라도 — 우리는 반론을 제기하지 않을 수 없다. 샌더스는 여기서 다시 한 번 예수는 회복 종말론의 예언자였다는 그의 기본적인 명제로부터 비종말론적 종교와 윤리를 다루는 판이하게 다른 논거로 후퇴하고 있다. 우리가 종말론, 하나님 나라의 선포, 정치로 되돌아가게 되면, 즉시 상황은 판이하게 달라진다.

오늘날의 유사한 예들을 드는 것은 상당한 위험이 따르는 일이다. 그러나 오늘날의 서구 사회에는 공직에 선출되지도 않았고 정부에서 직책을 지니고 있지도 않고 경찰이나 사법 당국으로부터 권한을 위임받지도 않았으면서도 스스로 공공의 도덕성을 수호하는 자들로 자처하는 사람들이 존재한다. 이러한 비공식적인 위치에서, 그들은 왕실과 종교 당국과 정치적으로 활동하는 사람들의 일거수일투족을 낱낱이 조사하고 비판하는 권리를 갖고 있다 — 이런 사람들은 모두 날카로운 이빨을 가지고 있긴 하지만 여전히 권력은 없는 상태이다. 물론, 내가 말하는 것은 신문 기자들이다. 나는 결코 그러한 고상한 직업에 종사하는 모든 구성원들을 오직 일부에게만 적절한 비판들로 공격하고자 하는 것은 결코 아니다; 그렇지만, 일부 신문 기자들은 사람이 지기 힘든 무거운 도덕적인 짐들을 스스로는 손가락 하나 까딱하지 않으면서 그들이 보도하는 사람들의 등 위에는 그 무거운 짐들을 올려놓는 일이 드물지 않다는 말을 여기서 하지 않을 수 없다. 이것은 결코 단순한 여담이 아니다. 그것은 우리에게 두 가지 중요한 것들을 상기시켜 준다. (a) 한 문화 속에서 상당한 영향력을 지니기 위해서 공식적인 공안경찰의 일원이 될 필요는 없다는 것이다.[72] (b) 공적인 행동을 감시한다고 자처하는 수호자들은 알지 못하는 개인의 사적인 행동을 감찰하기 위하여 길거리를 이리저리 다닐 필요가 없다. 그러나 그들은 왕녀가 카메라 앞에 섰을 때에 통상적으로 입는 옷보다 다소 덜 우아하게 옷을

---

71) Philo *Spec. Leg.* 2:253(위의 581).

72) cf. *NTPG* 195.

입고 있는 모습을 몰래 사진으로 찍기 위해서는 갈릴리의 들판보다 훨씬 더 열악한 장소들 속에 매복해 있기도 하고 세계의 다른 편으로 기꺼이 가기도 한다.

이것을 주후 1세기에 적용시켜 보자. 필로의 말은 그만두고라도 우리가 평균적인 바리새인들이 평범한 유대인들의 손을 검사하거나 곡식의 이삭을 자르는 습관을 가지고 있을까봐 염려하지 않았다는 것을 인정한다고 하더라도, 우리는 그 누가 보아도 예수는 평범한 유대인이 아니었다는 것을 강조하지 않을 수 없다. 예수는 이스라엘의 하나님이 왕이 되고 계시다는 것을 선포하는 예언자였다. 어떤 비천한 수도사가 갑자기 대주교가 되었다거나 한 시골 소년이 대통령에 출마하기로 결심했다면, 사람들의 모든 눈들은 그에게 집중될 것이다. 예수가 이미 시대에 뒤떨어진 또는 인기 없는 정책들을 채택하고 있다는 폭넓은 암시들을 준 상태라면, 일부 사람들의 눈들은 그를 모함할 방법을 찾기 위해 혈안이 되어 있었을 것이다.

이러한 맥락들 속에서 — 이 병행은 시대착오적인 특징들을 지니고 있기는 커녕 너무도 잘 들어맞는 것으로 보인다 — (a) 예수가 직접 곡식 이삭을 자르지 않았고, (b) 예수의 안식일 치유 사건들은 단순한 말을 통해서 수행되었다는 사실은 모두 핵심을 벗어나 있는 것처럼 보인다. 그런 것들이 말해주는 것이 있다면, 그러한 세부적인 내용들은 이 이야기들이 결국 후대 교회의 관습을 정당화하기 위한 목적으로 만들어지지 않았다는 우리의 생각을 강화시켜 준다는 것이다. (a)와 관련해서는, 제자와 스승의 밀접한 동일시는 잘 알려져 있는 것이었고,[73] 바리새인들이 그 안식일에 밖으로 나왔던 것은 다름 아닌 예수가 새로운 운동의 지도자이자 구심점이었기 때문이었다. (b)와 관련해서는, 치유 사건들에 있어서 중요했던 것은 안식일에 무슨 일을 할 수 있고 무슨 일을 해서는 안 되느냐에 관하여 200년 이후에 (주로 힐렐 학파의) 미쉬나 (Mishna)에서 규정한 세부적인 규례들이 아니었다. 여기서 진정으로 중요했던 것은 하나님 나라 운동을 이끌고 있던 어떤 인물이 보여주는 안식일에 대한 태도였다.

우리는 예수 당시의 갈릴리에서 강경파 샴마이 학파에 속한 바리새인들이

---

73) 예를 들면, cf. 마 10:24f.

나 그들의 동조자들이 취했던 안식일 준수에 관한 입장을 정확하게 복원할 수 있는 위치에 있지 않다. 우리는 안식일 준수가 민족적 정체성과 열망의 주된 상징이었다는 것을 잘 알고 있다. 또한 우리는 수많은 자료들로부터 예수가 당시에 유행하고 있었던 혁명적 열망에 반대하였고, 그렇게 함에 있어서 이스라엘의 하나님과 이스라엘의 성서의 권세에 의거하고 있다고 주장하였다는 것을 잘 알고 있다. 강경파에 속한 바리새인들은 당연히 정통적 신앙, 아니 정통적인 실천을 위해서 예수를 조사하고자 했을 것이다: 이 새로운 하나님 나라를 선포하는 예언자는 과연 그들이 요구한 기준에 부합하는가? 그는 과연 이스라엘의 조상들의 전통들을 고수하는 자인가? 그와 그의 운동은 혁명, 그리고 올바른 종류의 혁명에 무게를 실어주고 있는 것인가?[74] 징조들은 좋지 않았다. 예수는 한 주간 동안 치유 사역을 한 대신에, 안식일에는 치유 사역을 중단해야 했다. 그러나 예수는 실제로 그렇게 하지 않았다. 예수가 그의 도전자들에게 율법적 논거로서 대답할 수 있었다는 사실[75]은 그러한 논쟁이 어느 때라도 있을 수 있는 토라에 대한 좀 더 정확한 해석에 관한 것이었다는 것을 의미하는 것이 아니라, 단지 그 밖의 다른 몇몇 경우들에서와 마찬가지로 예수는 그의 (종말론적 동기에 의한) 하나님 나라 실천이 비록 그 상징적 함의들이 아무리 못마땅한 것이 될지라도 율법적으로 전혀 하자가 있을 수 없다고 주장하였다는 것을 의미한다.

그렇다면, 안식일에 곡식 이삭을 잘랐다는 죄목에 대한 예수의 반응은 어떻게 보아야 하는가? 다윗과 그의 부하들이 거룩한 떡을 먹었다는 것에 관한 작은 일화[76]는 단순히 (샌더스가 생각하듯이) 기본적으로 율법적 문제에 있어서 과거의 율법적인 유사한 사례를 제시할 목적으로 제시된 것이 아니었다. 이 이야기가 그런 식으로 읽혀졌을 때에 그리 잘 작동하지 않는다는 것은 별로 놀라운 일이 아니다. 이 이야기는 기본적으로 하나님 나라의 사례 속에서 하나님 나라의 유례를 제시하고자 하는 목적에서 제시된 것이기 때문이다. 다윗은 당

---

74) 쿰란 문헌 중의 전쟁 두루마리(1QM)는 다가올 이교도들에 대항한 거룩한 전쟁에 관한 묘사가 얼마나 신학적으로 전형화될 수 있는지를 잘 보여준다.

75) 막 3:4; 눅 13:15f.; 14:5.

76) 막 2:25-6/마 12:3-4/눅 6:2-4; cf. 삼상 21:1-6.

시에 사울로부터 도망 중에 있었다. 그러나 다윗은 진정한 왕이었고, 적절한 때에 그는 야훼로부터 신원을 받았다. 이 이야기에 대한 예수의 다시 말하기는 예수가 그의 청중들에게 그들이 어떤 역할을 하고 있는지를 발견하도록 초대하면서 들려준 탕자의 비유와 같은 기능을 한다. 예수와 그의 추종자들은 다윗과 그의 잡다한 부하들과 같다. 바리새인들은 다윗 일행을 염탐한 후에 관가로 달려가서 고해 바친 사울의 종 에돔 사람 도엑과 같다.[77]

또한 이것은 이삭을 자른 이야기 속에 나오는 마지막 말에 대한 배경을 설정한다. 나는 학자들의 삶에서 치명적인 독으로 작용하는 "인자"를 다음 장에서 나의 이전의 서술을 인용하여 그것이 예수의 자기 이해와 관련이 있다는 것을 보이는 방향으로 논의하고자 한다.[78]

그러나 우선 말해둔다면, 주후 1세기의 일부 유대인들은 이미 이 구절을 다니엘서의 맥락 속에서 일반적으로 야훼가 이스라엘을 그 이방의 원수들에 대하여 신원할 때를 가리킨다는 것과 특히 그 신원에 있어서 중심 인물, 즉 다가올 위대한 승리의 선봉장이 될 다윗 가문의 왕을 암시하고 있는 것으로 읽었다는 것을 보여주는 기가 막힌 증거들이 존재한다. 물론, 이 구절 자체는 극히 모호하고 심지어 암호 같기도 하다. "인자는 안식일의 주인이니라"; 의심할 여지 없이, 보기는 보아도 결코 보지 못하고 듣기는 들어도 결코 이해하지 못하는 많은 사람들이 있었다. 그들은 단지 예수가 "나" 또는 "일반적인 사람들" 또는 "내 입장에 있는 사람"이라고 말하는 것만을 들었을 것이다. 이것은 우리가 이미 살펴본 암호적인 어법과 아주 잘 맞아떨어진다. 그러나 우리의 이제까지의 논의 전체에 비추어 볼 때, 그것은 예수가 들을 귀 있는 자들을 위하여 자기 자신을 모호하게 기름부음을 받았으나 아직 등극하지 않은 자로, 즉 야훼께서 마침내 이스라엘에 대하여 자신이 의도했던 것을 행하실 때에 신원받게 될 자로 소개한 예수의 사고방식과 부합한다.

---

77) 이 이야기의 마태 판본에는 성전에서 제사장들이 안식일을 범하고도 아무런 흠이 없다는 것에 대한 추가적인 말이 나온다(12:5). 그러나 다음 절이 보여주듯이, 이것도 단순한 율법 논쟁이 아니다. 여기서 중요한 것은 다음과 같은 엄청난 주장이다: "성전보다 더 큰 이가 여기에 있느니라."

78) cf. *NTPG* 291-7; 특히 아래의 779-790.

누가복음에 나오는 두 개의 안식일 이야기들(13:10-17; 14:1-6)은 기본적으로 동일한 패턴을 지니고 있다. 전자에서 강조점은 (누가복음에서 흔히 그렇듯이) 이스라엘을 회복하기 위한 예수의 사명에 두어진다: 사탄이 18년 동안이나 묶어 두었던 이 아브라함의 딸은 안식일에 그 묶임으로부터 놓임을 받게 된다. 여기에서 예수는 일로부터의 놓여남이라는 안식일의 위대한 주제를 취해서 변형시키고, 수고 이후의 안식, 노예 생활 이후의 구속이라는 안식일의 주제를 직접적으로 부각시키며 날카롭게 초점을 맞추는 것으로 묘사된다. 예수는 이스라엘이 오랫동안 기다렸던 열망 — 그의 모든 원수들이 수치를 당하게 되고, 이스라엘 자신은 하나님이 주신 해방을 기뻐하게 될 위대한 안식의 날에 대한 — 이 자기 안에서 성취되고 있다고 주장하였다. 이것이 이 여자가 치유된 것이 단지 일반적으로 적절할 뿐만 아니라 그런 일이 안식일에 일어났기 때문에 더욱 좋고 선한 이유였다. 안식일은 일에서만 놓여나는 것이 아니라 포로된 것으로부터도 놓여나고 묶인 것으로부터도 놓여난 것을 송축하는 날이었기 때문에, 안식일은 가장 적절한 날이라는 것이 예수의 주장이었다.[79] 예수는 여자의 곤경 — 이스라엘 전체의 곤경에 관한 예수의 묘사의 일부이기도 했던 사탄에 묶여 있는 것 — 을 이 점을 분명히 하는 방식으로 정의하였다. 그리고 예수는 이스라엘의 장차 도래할 위대한 안식일이 자신의 사역 속에서 이미 시작되고 있다고 주장하였다. 이러한 주장은 마가복음에 나오는 안식일 이야기들 속에서 제시된 주장과 그 다음에 나오는 누가의 두 가지 비유들 속에서 부활과 관련된 표현의 함의와 맥을 같이 한다.[80] 그것은 예수가 이스라엘의 소망을 행동으로써 자기를 중심으로 재정의 한 것과 부합하고, 또한 그러한 주장이 사소한 율법주의에 대한 위협이 아니라 장차 도래할 하나님 나라에 관한 통상적인 인식 전체에 대한 위협으로 느껴졌던 이유를 설명하는 데에 도움을 준다.[81]

그러므로 안식일 계명을 유린한 사례들에 관한 반복된 예수의 말들[82]은 단

---

79) 신 5:15과 출 20:11을 보라.

80) 막 2:23-3:6; 눅 15:24, 32(위의 제4장을 보라); 16:31(위의 398f.).

81) 이번에는 회당장이 반대한다. 이것은 전승사적 관점에서 보면 흥미롭다: 여기에는 명색뿐인 바리새인들이란 존재하지 않는다.

순히 선례들을 들어서 자신의 행위를 정당화하고자 하는 변호사의 전술이 아니었다. 그것은 실제로 이스라엘이 계속해서 너무도 잘 알고 있었지만 오늘날에 와서 눈이 멀어서 보지 못하게 된 것이라는 맥락 속에서 자신의 사역을 통하여 하나님 나라를 오게 하려는 예수의 변함없는 결단을 보여주는 것이었다. 이스라엘은 자신의 열망들에 둘러싸여서 살과 피를 가진 실물로 하나님 나라가 그들 앞에서 존재하고 있는데도 그 하나님 나라의 도래를 인식할 수 없었다.

물론, 이 이야기들은 다시 말하기를 통해서 축소되어 왔다. 내 짐작으로는, 이 이야기들은 초대 교회에서 새로운 상황에 대처하기 위하여 만들어 낸 것이기는커녕, 이 이야기들을 탄생시켰던 첨예한 정치적 상황이 뒷전으로 물러나고 다른 문제들이 대신 들어서면서 초대 교회에서 오히려 약화되었다.[83] 예수의 사역 당시에 안식일 논쟁들을 불 붙였던 과제들(agendas)의 충돌은 동일한 형태로 반복될 가능성은 없었다.[84] 우리는 여기에서 다시 한 번 이중적 유사성과 이중적 상이성을 본다. 이러한 안식일 논쟁은 주후 1세기 유대인들을 배경으로 할 때에 아주 잘 부합하지만, 예수는 유대인들의 준거틀 속에서 당시에 통용되었던 견해에 도전하였다; 이 이야기들은 초대 교회를 향하여 말하고 있지만, 이 이야기들이 초대 교회에 대하여 지녔던 의미와 최초에 지녔던 의미 간의 미묘한 차이점에 대한 기억을 간직하고 있다. 샌더스는 안식일 사건들을 마치 그것들이 율법적 논쟁들인 것처럼 계속해서 다루어 왔고, 진정한 문제는 다음과 같은 것이라고 고집해 왔다: 예수는 "율법을 반대하여" 말하거나 행동했는가? 나는 안식일 논쟁들은 예수의 종말론적 과제들에 관한 것이기 때문에, 진정한 문제는 다음과 같은 것이라고 주장한다: 이스라엘이 기다리던 하나님 나라를 가져오는 자로서의 예수는 열심 있는 이스라엘의 핵심 상징들을 긍정

---

82) 예를 들면, 눅 14:5; cf. CD 11:13-14, 이것에 대해서는 cp. Meier 1994, 756.

83) 이러한 조치에 대한 랍비적 병행에 대해서는 cf. mYad. 3:5, *NTPG* 183에서 다루고 있음.

84) 여기에 가장 가까운 것은 롬 14:5-6; 갈 4:10; 골 2:16이다. 이러한 대목들 중 그 어디에서도 안식일이라는 주제는 네 개의 정경 복음서들에서 만큼 중요하지 않다; 그리고 초대 교회에서의 논쟁에 관한 그 밖의 다른 몇몇 주요한 본문들 속에서는 — 예를 들면, 고린도전서 — 안식일이라는 주제가 완전히 빠져 있다.

하였는가? 이 질문에 대한 대답은 그렇지 않았다는 것이다. 예수는 이스라엘이 택함받았다는 것, 하나님에 대한 이스라엘의 신앙, 이스라엘의 종말론적 소망을 긍정하였다. 그러나 이러한 지위, 이러한 신학, 이러한 열망은 새로운 일련의 상징들을 중심으로 재정의되어야 했다.

이 모든 것은 음식을 둘러싼 금기들에 관한 예수의 암호 같은 말들에 의해서 한층 더 강화된다.

(iii) 음식

우리가 마가복음 7장과 마태복음 15장에서 만나는 복잡한 이야기도 위에서 말한 것과 기본적으로 동일한 요지를 보여주는 또 하나의 예를 제공해 준다. 여기에서 예수는 당시의 이스라엘이 스스로를 정의할 때에 사용하였던 중심 상징들, 이번에는 음식법들이라는 문제를 놓고 그의 동시대인들 중 몇몇 사람들과 충돌한다.[85] 현재의 논의는 여기에서도 다시 한 번 이 경우에 예수가 "율법을 반대하였을" 가능성이 있느냐 하는 것에 집중되어 왔다. 이 점에 대해서 말해둘 필요가 있는 전체적인 요지들은 이미 위에서 제시한 바 있기 때문에, 우리는 이것과 진정으로 관련된 세부적인 내용에 집중할 수 있을 것이다.

마가복음과 마태복음에 나오는 이 대목의 복잡성은 이 대목이 세 가지 서로 구별되는 쟁점들 사이를 신속하게 왔다 갔다 한다는 사실로부터 기인한다. 이 이야기는 손을 씻는 관습에 관한 논쟁으로 시작된다. 그리고 이 이야기는 예수가 바리새인들의 전승들은 성서를 무효화시키고 있다고 비난하는 것으로 이어진다. 그런 후에 이 이야기는 진정한 정결의 성격에 관한 암호 같은 말씀과 그에 뒤이은 좀 더 긴 강화로 끝이 난다: 진정으로 중요한 것은 음식이 아니라 마음의 상태이다.

이 대목 속에는 각각 따로 일어났던 세 가지 사건들이 결합되어 있을 가능성이 대단히 높다. 예수의 말씀들에 관한 우리의 해석은 그러한 문제와는 전혀 상관이 없다. 그러나 알곡 속에 섞인 본문상의 잡초들은 "편집자의 것"이라는 것을 보여주는 증거라고 우리가 너무도 쉽게 결론을 내리기 전에, 우리는 두

---

85) 막 7:1-23/마 15:1-20. 이 이야기의 여러 부분들은 정경 이외의 자료들 속에 그 병행이 있다: cf. *P. Oxy. 840.* 2:1-9; *Eger.* 3:1-6; *Thom.* 14:1-5.

개의 주된 논의들(손을 씻는 관습과 음식)을 묶고 있는 쟁점은 물론 정결에 관한 것이라는 점을 주목해야 한다. 그리고 이것 배후에는 또 다시 다음과 같은 문제가 있다: 예수는 이스라엘의 정체성의 상징들에 충실한가, 그렇지 않은가? 이 질문은 추가적인 질문으로 향한다: 무엇이 그러한 충성인지를 누가 결정하는가? 예수의 사역 속에서 아주 밀접하게 결합되어 있었던 이와 같은 서로 연결된 질문들의 관점에서 볼 때, 이 대목은 이것에 대하여 분명한 대답을 제시해 준다. 예수는 토라에 대한 바리새파의 해석을 그러한 충성의 시금석으로 삼을 권한이 바리새인들에게 있다는 것에 대하여 의문을 제기한다. 그 대신에, 예수는 자신의 해석이 참된 것이고 바리새파의 해석은 왜곡된 것이라고 주장한다. 게다가, 예수는 진정한 정결은 마음의 문제일 뿐이고, 통상적 정결 예식들 — 그러니까 유대인됨과 유대인의 충성에 대한 주된 정의들 중의 하나 — 은 정결의 문제와는 아무런 상관이 없다고 주장한다.[86]

이러한 통합적 읽기는 여기서도 다시 한 번 초대 교회의 삶이 아니라 예수의 사역이라는 배경과 아주 잘 맞아떨어진다. 마가는 그의 독자들에게 손을 씻는 것과 관련된 유대인들의 관습들을 설명해야 했다; 그들이 그러한 설명을 필요로 했다면, 그들이 유대교의 정결 예식들을 지켜야 하느냐에 관하여 심각하게 고민했을 가능성은 거의 없다고 보아야 한다.[87]

이러한 결론은 공적이고 암호 같은 말씀에서 사적인 설명으로 넘어가는 것에 의해서 더욱 강화된다. 일단 우리가 정결에 관한 예수의 말씀이 고도로 정치적이고 논쟁적 의미를 지니고 있다는 것을 파악하게 되면, 이러한 일련의 순서는 의미를 지니게 된다. "사람을 더럽히는 것은 안으로 들어가는 것이 아니라 밖으로 나오는 것이니라."[88] 그 자체로 사람을 괴롭히는 수수께끼 같아 보였을 이 이상한 말씀은 "무리들과 떨어져서 집 안에서" 예수의 가까운 제자들에게 좀 더 자세하게 설명되었다(마가는 그렇게 말한다).[89] 물론, 이것은 마가

---

86) 마음의 갱신에 대해서는 위의 440-447을 보라.

87) 막 7:3f. Gundry 1993, 348을 보라.

88) 막 7:15/마 15.11/*Thom.* 14:5. Gundry 1993, 364는 도마복음서 판본이 원본이라는 Crossan의 논거들을 설득력 있게 반박하고 있다.

89) 막 7:17. 이 구절과 마 15:15은 둘 다 이 말씀을 "비유"라고 지칭한다; "숨겨진 의미를 지닌 이야기"라기보다는 "암호 같은 말씀"을 의미하는, 이와 비슷한 또 하나의 용

가 잘 사용하는 장치이긴 하지만, 마가 자신의 상황을 투영한 것이라고 쉽게 설명되지 않는다.[90] 마가에게 있어서 유대교의 음식에 관한 금기들을 폐지하거나 무시하는 문제는 문을 걸어 잠근 채 방에서 귓속말로 속삭일 필요가 있었던 그런 문제가 아니었다. 마가 당시에는 이 문제는 이미 공개적으로 해결되어 있었고, 실제로는 초대 교회의 아주 초기에 해결되어 있었다. 여기서 우리는 예수 당시의 배경을 보여주는 또 하나의 두드러진 특징을 접하고 있는 것으로 보인다. 이중의 상이성(이러한 주장은 유대인들에게는 걸림돌이 되는 것이었고, 초대 교회에서는 그 비밀을 유지하는 것이 불필요했다)은 이중의 유사성(이 논쟁은 유대적 배경을 전제한다; 새로운 전망은 점차로 초대 교회에 정착되었고, 마가복음 7:19b는 그러한 과정에서 하나의 중요한 단계였다)과 균형을 이룬다. 우리는 예수가 이와 비슷한 내용의 말을 암호적으로 했을 가능성이 대단히 높은 것으로 보지 않을 수 없다.

마가복음 10:10과의 병행은 여러 가지 것들을 시사해 준다. 마가 당시의 그리스도인, 그리고 마가의 교회는 이혼이 금지되었다고 말하면서 그러한 가르침을 비밀에 부칠 필요가 전혀 없었을 것이다. 이 문제는 많은 논란이 되었을 것이지만, 초대 교회의 상황 중에서 그 어떤 것도 이 문제가 문을 걸어 잠그고 방 안에서 논의되어야 할 쟁점이었다는 것을 시사해 주지는 않는다. 그러나 헤롯 안디바의 치세 동안에 어떤 사람이 이혼했다가 재혼한 사람들은 간음한 자들이라고 공공연히 선포했다면, 그는 화를 자초하는 것이 되었을 것이다. 결국, 이와 같은 말을 했던 마지막 예언자는 오래 살지 못했다.[91] 따라서 무리들에게는 암호 같은 말씀("하나님이 짝 지어주신 것을 사람이 나눌 수 없느니라")을 스스로 고민하게 내버려두고 제자들에게 사적으로 그 의미를 설명해 주는 편이 훨씬 더 나은 일이었을 것이다.

음식과 관련된 금기들의 경우에도 마찬가지였다. 예수가 길거리에 나가서

레로는 막 3:23을 참조하라.

90) 예를 들면, Guelich 1989, 374, 377가 함축하고 있듯이. Cp. 4:10; 4:34; 9:28; 9:33; 10:10; 13:3; 위의 369-374에서의 논의.

91) 물론, cf. 막 6:18, 21-9. 내가 이 점을 처음으로 파악한 것은 Colin Brown 교수와의 사적인 대화 덕분이다. 위의 443-446을 보라.

유대인들을 이방의 이웃 나라들로부터 구별시켰던 하나님이 주신 금기들은 이제 하나님 나라가 동터왔기 때문에 필요 없게 되었다고 말했다면, 사람들은 금방 폭동을 일으켰을 것이다.[92] 사람들은 자기 선조들이 돼지고기 먹기를 거부하다가 죽어갔던 사실을 생생하게 기억하고 있었다. 우리가 앞에서 본 것처럼, 마카베오 가문의 과제들 전체, 그리고 예수 당시에 그들의 "열심"을 따랐던 자들의 과제들 전체는 한 분 하나님이 계시고 이스라엘은 그의 백성이라는 것을 뚜렷하게 말해주는 문화적, 실제적으로는 제의적 경계표지들을 유지할 필요성에 그 초점이 맞춰져 있었다. 예수는 이 한 분 하나님이 이스라엘을 자기 자신 및 그의 하나님 나라 선포를 중심으로 재정의하고 계시며, 그 사역의 일부로서 토라가 지향하는 정결은 정화된 마음과 관련된 예언자들의 꿈에 의해서 성취될 것이고, 그 결과 이스라엘의 민족적 정체성을 굳건하게 유지하기 위한 전통들은 시대에 뒤떨어진 것으로서 맞지 않는 것이라고 주장하였다.

실제적 논쟁은 안식일과 음식을 둘러싸고 일어났다. 그러나 예수는 그 밖의 다른 두 분야에서도 이스라엘이 오랫동안 기다려 왔던 하나님 나라를 선포하면서 이스라엘의 참된 전통들과 이스라엘의 하나님을 대변한다고 주장하며 이스라엘의 세계관의 상징들에 도전하였다.

(iv) 민족과 가족

이것들 중 첫 번째는 틀림없이 예수의 동시대인들에게 당혹스러운 것이었다; 그리고 그것은 오늘날에도 논란이 되고 있다.『신약성서와 하나님의 백성』에서 나는 이 시기에 있어서 이스라엘의 정체성(나는 "인종적" 정체성이라는 단어를 사용하였다)이 세계관의 상징으로서의 기능을 하였다는 명제를 밑받침해주는 제2성전 시대의 광범위한 자료들을 제시하였다. 이러한 용어 사용은

---

92) cf. Sanders 1993, 220: "만약 [예수가] 갈릴리를 돌아 다니면서 백성들에게 돼지고기를 먹는 것이 옳다고 가르쳤다면, 큰 소동이 일어났을 것이다." 당연한 말이다. 샌더스는 그러한 큰 소동이 없었다는 것으로부터 예수가 그런 것을 말하지 않았다고 추론해 낸다. 그러나 나는 좀 더 미묘한 가능성이 정확한 실상이라고 생각한다: 예수는 그런 내용을 암호 같이 가르쳤기 때문에, 큰 소동을 피할 수는 있었지만, 예수의 말의 이면에 뭔가 불충한 것이 있을 것이라고 의심하였던 사람들 가운데서는 경각심을 야기시켰다(마 15:12-14).

반론을 받아 왔지만, 나는 그 내용 자체가 도전을 받을 것이라고 생각하지는 않았다.[93] 이 시기의 이스라엘은 "인종" 이상이기도 했고 이하이기도 했다: 달리 말하면, 외부인들이 들어올 수도 있었고, 내부인들이 나갈 수도 있었다. 그러나 이스라엘은 결코 단순히 영토, 관습, 열망들을 공유하게 되었던 사람들의 자발적인 결사가 아니었다. 이스라엘은 자신의 정체성의 결정적이고 중심적인 부분을 아브라함, 이삭, 야곱이라는 공통의 조상을 모시고 있다는 것으로부터 얻었다. 우리가 이것을 "인종," "가족" 또는 "민족" 중 어느 것으로 설명하든지 간에, 그리고 그 경계들이 이런저런 식으로 모호해질 수 있었던 여러 가지 방식들을 어느 정도나 허용하는지와는 상관 없이, 그 중심 실체는 여전히 남는다.[94]

이 점은 논란이 되어서는 안 된다고 나는 생각한다. 우리는 20세기에 유대교에 관한 가장 널리 존경받는 저술가들 중의 한 사람인 조지 푸트 무어(George Foot Moore)의 견해를 인용할 수 있는데, 그는 페르시아 시대 및 그 이후에 유대인들이 이스라엘 백성의 분명한 경계를 유지할 필요성이 있었다는 것을 강조하였다. 그는 이렇게 썼다:

> 회복과 그 이후의 시대에서 유대 땅에 존재하였던 조건들 속에서, 종교 지도자들의 과제 중에서 절박했던 한 가지는 유대인들과 그 주변의 민족들 간의 친밀한 관계, 특히 통혼을 통해서 이교 사상이 유입됨으로써 유대교가 쇠퇴하는 것을 막는 것이었다.[95]

---

93) 내가 *NTPG*에서 (특히) "인종적 순수성"이라는 표현을 사용했다고 해서 비판하고 있는 Fredriksen 1995a & b를 보라. 물론, 이러한 표현은, 근본적으로 오해한다면, 극히 부정적 의미들을 지닐 수 있다. 나는 그러한 표현을 모든 출신 배경을 지닌 저술가들과 마찬가지로 내가 모든 시기의 유대교 자료들 속에서 어디에서나 볼 수 있는(그 하나의 근거를 들자면, 로마서 9:1-5에서의 바울의 말과 같이) 민족성, 동족, 가족의 정체성, 민족의 계약의 구성원이라는 지위에 대한 강조를 나타내는 축약된 표현으로 사용하고자 한 것이었다.

94) 몇몇 핵심 본문들(그 밖에도 많이 존재한다)에 대해서는 *NTPG* 230-2를 보라.

95) Moore 1927-30, 1:19.

그런 다음에, 그는 신속하게 이것은 오경 자체로 거슬러 올라가는 것이었기 때문에 사실 새삼스러운 것은 아니었다는 점을 지적한다.[96] 그리고 아울러 이런 일은 고대 세계에서 이례적인 일이 아니었다: 로마인들, 아테네인들 등과 같은 민족들은 통혼에 관한 엄격한 법률들을 가지고 있었고, 이러한 것들 중 몇몇은 에스라 10장에 나오는 것과 같은 금령들이 "비교적 온건해 보이게" 만들 정도였다.[97] 그러나 유대인들은 다른 민족들이 그랬던 것보다 더 절실한 이유를 가지고 있었다고 무어는 강조한다. 페르시아 통치 아래에서 이스라엘은 독립 국가로 존재하지 못했다. "그들은 오직 민족 종교만을 가지고 있었기 때문에, 그 종교를 보존하는 것이 바로 그들 자신을 보존하는 것이었다."[98]

또한 이것은 어떤 식으로든 남부끄러운 일이 아니었다(사람들은 흔히 그렇게 생각해 왔지만):

> 유대인들이 다른 민족들과 구별되어 있었던 것(amixia), 그들이 동화되지 않았던 것이 바로 헬레니즘 나라들과 로마 세계 속에서 사람들이 잡다하게 뒤섞이고 종교들이 서로 혼합되는 상황 속에서 그들을 향한 적대감의 주된 이유들 중 하나였다; 그러나 그것은 유대교가 살아남음으로써 그 목적을 달성하였고, 그 점에서 역사는 그것이 옳았다는 것을 보여주었다.[99]

제1권에서 보았듯이, 이런 식으로 이 민족적 연대(solidarity)는 주요한 상징이자 경계 표지로서의 기능을 하였다. "민족성과 보편성" 또는 유대교의 "특수주의와 보편주의"에 관한 논란들이 오간다. 물론, 유대 성서 및 그 이후의 문헌들 속에서, 한 분 참 하나님이 이스라엘을 그의 특별한 백성으로 부르셨다는 것은 분명하지만, 이 한 분 하나님의 관심사는 온 세계를 대상으로 하고 있다. 이 두 가지 신념들(간단히 말해서, 창조적 유일신론과 계약적 선택) 간의 명백

---

96) 출 34:16; 신 7:3-4; cf. 스 9:11-12.
97) Moore 1:20.
98) Moore 1:21.
99) Ibid. *amixia*("비혼합")에 대해서는 *NTPG* 230-2, 특히 n.63을 보라.

한 긴장관계들은 여러 다른 단계들에서 여러 다른 방식들로 설명되어 왔고, 그러한 것들을 서술하는 것이 우리의 현재의 목적은 아니다.[100] 여기서 중요한 것은 이스라엘의 선민 사상이 유대인들의 세계관 전체를 그 다양한 면모들 속에서 유지시켜 주는 민족 또는 가족이라는 상징을 그 밖의 다른 상징들과 아울러 생성시켰다는 것이다.[101]

온건하게 말해서, 예수가 이 상징 옆에 시한폭탄을 설치한 방식을 제시하기 전에, 프레드릭센(Fredriksen)이 1995년에 발표한 두 편의 논문들 속에서 제시하였던 주장, 즉 이렇게 함으로써 예수는 가족과 공통의 조상에 대한 이스라엘의 강조는 악하고 보잘것없으며 이류에 속한 것이라고 반대하고, 종교적 준수 및 충성에 있어서 참신한 새로운 종류의 다원주의를 제시하였다는 주장을 먼저 진압하는 것이 아주 중요하다. 그러한 이론들은 존재하지만, 그것은 내가 말하고 있는 것이 결코 아니다. 나는 예수를 종교개혁가라고 특징짓지 않았고, 때를 잘못 타고난 포스트모던 서구 사상가라고 말하지는 더더욱 않았다. 오히

---

100) Moore 1:219-34; 용어에 대해서는 219 n:1을 보라. 자세한 것은 Urbach 1981을 보라. 유일신 사상과 선민 사상에 대해서는 cf. *NTPG* ch. 9.

101) 히브리 성서 전체에 걸쳐서 이스라엘은 "고이"(goy, 민족) 또는 "암"('am, 백성)으로 지칭된다; 이 둘 중 하나는 칠십인역에서 "에트노스"(ethnos, 백성 또는 민족)가 나오는 무수한 예들의 배후에 있다. "고이"와 "암"은 서로 바꿔 쓸 수 있지만, 전자는 영토 및 정치적 정체성을 강조하고(예를 들면, 시 83:4), 후자는 "하나의 백성으로 통일된 것의 토대로서의 혈연적 요소"를 강조한다; "암"과 "미쉬파하"(mishpachah, 가족)는 "혈연 관계를 토대로 한 공통의 인종적 기원"이라는 개념을 강조하지만, 이것은 "고이"의 한 요소일 수도 있었다(Clements in *TDOT* 2:427-8). 제2성전 시대 유대교가 지속적인 정치적 독립성을 유지하지 못했다는 사실은 "고이"가 점점 이방 민족들을 가리키는 데에 사용되게 되었다는 것을 의미한다. "이스라엘은 자신이 선택받았다는 것을 '고이'로서의 자신의 지위를 유지하고 있는 것과 동일시하지 않았다. '암'(백성)과 '미쉬파하'(가족)으로서 이스라엘은 야훼의 백성으로서의 지위를 유지될 수 있었고, 오직 이것의 결과로서 이스라엘은 다시 한 번 '고이'의 지위를 회복하기를 소망하였다"(Clements 433). 달리 말하면, 이교 통치 하에 살았던 팔레스타인의 유대인들이나 디아스포라 공동체들은 정치적 및 영토적 다양성에도 불구하고 공통의 조상에 대한 그들의 믿음으로 인해서 여전히 "백성"으로 남아 있을 수 있었다. 아무리 많은 개종자들이 있어 왔을지라도, 그리고 아무리 많은 인종적 유대인들이 이교 사상에 동화되었다고 할지라도, 가족의 정체성이라는 개념은 여전히 중심적이었다.

려, 나는 (프레드릭센이 한 것처럼) 예수는 하나님 나라를 선포한 종말론적 예언자였다고 주장하고 있다. 예수가 그렇게 행했고 그렇게 말했던 이유는 때의 징조들을 읽었고, 하나님 나라가 지금 자신의 사역을 통해서 동터오고 있다고 믿었으며, 이스라엘의 세계관의 상징들 중 일부는 지금 (악하거나 보잘것없는 것이 아니라) 불필요하게 되었다는 것을 깨달았기 때문이었다.

우리는 다음과 같은 대목으로부터 그 밖의 다른 무엇을 결론으로 제시할 수 있겠는가?

> 예수의 친족들이 듣고 그를 붙들러 나오니 이는 그가 미쳤다 함일러라 … 그 때에 예수의 어머니와 동생들이 와서 밖에 서서 사람을 보내어 예수를 부르니 무리가 예수를 둘러 앉았다가 여짜오되 보소서 당신의 어머니와 동생들과 누이들이 밖에서 찾나이다 대답하시되 누가 내 어머니이며 동생들이냐 하시고 둘러 앉은 자들을 보시며 이르시되 내 어머니와 내 동생들을 보라 누구든지 하나님의 뜻대로 행하는 자가 내 형제요 자매요 어머니이니라.[102]

독자들이 이 대목을 너무 잘 알고 있어서 그 의미에 대하여 무뎌져 있을 경우를 대비하여, 우리는 이 구절이 최근의 유대인 저술가가 요약한 견해를 얼마나 날카롭게 반대하고 있는지를 지적해 두고자 한다:

> 탄나임(Tannaitic) 시대의 문헌들은 가족생활의 가치에 관한 논평들과 진술들로 가득 차 있다. 지혜자들은 가족생활에 거룩성의 후광을 부여하고자 했다. 가족생활은 제2성전 시대의 대부분의 문헌 속에서 아주 소중히 여겨졌다.[103]

또한 다음과 같은 구절은 무엇을 말하고 있는가?

---

102) 막 3:21, 31-5/마 12:46-50/눅 8:19-21 /*Thom.* 99; cp. 막 4:11 & pars.
103) Safrai 1976a, 748.

이 말씀을 하실 때에 무리 중에서 한 여자가 음성을 높여 이르되 당신을 밴 태와 당신을 먹인 젖이 복이 있나이다 하니 예수께서 이르시되 오히려 하나님의 말씀을 듣고 지키는 자가 복이 있느니라 하시니라.[104]

이 구절도 앞에서 말한 것과 동일한 취지를 좀 더 날카롭게 말하고 있다. 가족의 정체성과 자부심은 하나님 나라의 메시지에 비하면 아무것도 아니다. 이것은 다음과 같은 구절 속에서 아주 두드러지게 단언된다:

제자 중에 또 한 사람이 이르되 주여 내가 먼저 가서 내 아버지를 장사하게 허락하옵소서 예수께서 이르시되 죽은 자들이 그들의 죽은 자들을 장사하게 하고 너는 나를 따르라 하시니라.[105]

아주 솔직히 말한다면, 이 구절은 제정신으로 할 수 있는 말이 아니다. 많은 학자들은 예수가 여기서 유대인이든 비유대인이든 그의 동시대인들이 문제가 있는 것으로 여겼을 그러한 행동을 주장하고 있다는 점을 지적하여 왔다: 자신의 직계 가족을 적절하게 장사지낼 의무는 거의 모든 다른 고려들을 다 배제할 만큼 그토록 중대한 의무였다.[106] 예수의 이러한 깜짝 놀랄 만한 명령을 설명할 수 있는 유일한 방법은 예수가 자기 자신 및 그의 하나님 나라 운동에 대한 충성을 대안적인 가족을 창설하는 것으로 보았다는 것이다. 이와 동일한

---

104) 눅 11:27f./*Thom.* 79. 도마복음서의 구절은 눅 23:29("잉태하지 못하는 이와 해산하지 못한 배와 먹이지 못한 젖이 복이 있다")을 첨가함으로써 이 말씀을 설명한다.

105) 마 8:21-2/눅 9:59-60; cp. 눅 11:27-8/*Thom.* 79.

106) Hengel 1981b [1968], ch. 1; Sanders 1985, 252-5. Cf. mBer. 3:1: "죽은 자를 매장하지 않은 채로 자기 앞에 두는 사람은 쉐마를 암송하거나 테필라를 말하거나 성구를 적은 부적을 두르는 것으로부터 면제되었다." (미쉬나의 몇몇 본문들은 "그리고 율법에서 명하고 있는 모든 의무들로부터"라는 표현을 덧붙인다.) Hengel이 분명하게 말하고 있듯이(1981b [1968], 9f.), "매장을 거부하는 것은 언제나 그리스인들이나 유대인들 가운데에서 전대미문의 불경건한 행위로 여겨져 왔었다"; cp. Sanders 1985, 253: "죽은 친척들, 특히 부모들을 돌보아야 할 의무는 예수 당시의 유대인들 가운데에서 매우 엄격하게 지켜졌다." 또한 위의 553-536을 참조하라.

인상은 미가서 7:5-6에 대한 예수의 인용문 및 그 다음에 나오는 논평에 의
해서 한층 더 강화된다:

> 내가 세상에 화평을 주러 온 줄로 생각하지 말라 화평이 아니요 검을
> 주러 왔노라 내가 온 것은 사람이 그 아버지와, 딸이 어머니와, 며느리가
> 시어머니와 불화하게 하려 함이니 사람의 원수가 자기 집안 식구리라 아
> 버지나 어머니를 나보다 더 사랑하는 자는 내게 합당하지 아니하고 아들
> 이나 딸을 나보다 더 사랑하는 자도 내게 합당하지 아니하며 또 자기 십
> 자가를 지고 나를 따르지 않는 자도 내게 합당하지 아니하니라 자기 목
> 숨을 얻는 자는 잃을 것이요 나를 위하여 자기 목숨을 잃는 자는 얻으리
> 라.[107]

이와 동일한 주제는 세 개의 공관복음서 모두에서 부자 청년에 관한 이야
기 다음에 나오는 논의 속에서 다시 한 번 표면에 떠오른다:

> 나와 복음을 위하여 집이나 형제나 자매나 어머니나 아버지나 자식이
> 나 전토를 버린 자는 현세에 있어 집과 형제와 자매와 어머니와 자식과
> 전토를 백 배나 받되 박해를 겸하여 받고 내세에 영생을 받지 못할 자가
> 없느니라.[108]

이 주제는 예수의 말씀들에 관한 전승 속에 매우 깊게 스며들어 있다(또한,
부활이라는 주제를 놓고 사두개인들에게 예수가 한 대답의 의미의 적어도 일
부는 바로 이 주제와 관련이 있는 것으로 볼 수 있다).[109] 이것은 이중적 상이

---

107) 마 10:34-9; 누가복음에서 나오는 병행문들은 12:51-3; 14:25-7이다(아내, 형제,
자매, 자기 자신을 포함하고 있는 긴 판본). 또한 *Thom.* 55에도 나온다; 그리고 *Thom.*
101에는 수정된 내용이 나온다. 미가서 인용문(미 6-7장)의 맥락 전체는 예언자적 경
고와 약속과 관련된 예수의 사역에 대한 많은 본문 상호간의 반영들을 연구하는 데에
가치가 있다.
108) 막 10:29-30/마 19:29/눅 18:29.

성과 이중적 유사성이라는 판별 기준을 만족시킨다. 이 주제는 이전에 알려져 있던 것과 충격적일 정도로 다르고, 어느 정도 가족의 연대를 유지했던 것으로 보이는 초대 교회의 관행을 반영하고 있는 것이 아니다. 이와 동시에, 이것은 예수 당시의 유대적 세계에 대한 충격적 도전이자 아주 신속하게 바울 등에 의해서 주창되게 된 다민족주의의 뿌리로서 그 의미가 잘 통한다. 우리는 예수가 한 번 이상 이와 같은 두드러진 말을 했다고 볼 수 있다; 그러니까, 달리 말하면, 예수는 자기 자신에 대한 충성을 고대 세계에서 보편적으로 인정되었던 의무이자 유대인들의 주요한 문화적 및 종교적 정체성 상징이었던 가족에 대한 충성과 가족의 정체성보다 우선하는 것으로 여겼다는 말이다.

여기서 다시 한 번 우리는 이것은 예수가 그러한 상징이 내재적으로 악하다거나 이류에 속하는 것으로 생각했다는 것을 의미하지 않는다는 것을 강조해두지 않으면 안 된다 — 이것은 마치 죽은 자를 장사지내는 일이 쉐마를 암송하는 것보다 우선한다고 말한 랍비가 쉐마를 암송하는 것이 나쁘다거나 이류에 속한 활동이라고 생각하지 않았던 것과 마찬가지다! 여기서 당면문제가 되고 있었던 것은 종말론적 긴급성이었다. 통상적으로는 죽은 자를 장사지내는 일이 매일 드리는 기도 같은 칭찬할 만하고 가치 있는 활동보다 우선하는 것과 마찬가지로, 예수를 따르는 것은 가족에 대한 충성이라는 칭찬할 만하고 가치 있는 문화적 상징보다 우선하는 것이었다. 가족의 정체성을 오늘날의 개인주의화된 서구 문화 속에서보다 훨씬 더 소중히 여겼던 세계 속에서, 예수가 강력히 권면하고 있었던 이러한 태도는 제자들이 자신의 기본적인 실존을 효과적으로 부정하는 결과를 가져왔을 것이다.[110] 바로 그 결과는 필연적으로 다음과 같은 도전 속에 구체적으로 보여지고 있는 "가정을 떠난, 사회적으로 정

---

109) 마 22:23-33/막 12:18-27/눅 20:27-38: 여기서 핵심은 사두개인들의 귀류법의 근거가 되고 있는 형사취수법(수혼법)은 야훼의 백성이 결혼과 출산에 의해서 구성되는 경우에만 적용된다는 것이다. 예수는 그러한 것이 적용되지 않을 새 시대, 부활의 때가 동터왔다고 선포하고 있었다.

110) 마 10:39/눅 17:33/Jn. 12:25; 마 16:25-6/막 8:35-7/눅 9:24-5; 눅 14:26; cp. *Thom.* 55; 67. 예수 당시의 세계에는 현대적 의미에서의 "개인주의"가 없었고, 그 대신에 전반적인 친족 체계가 지배하고 있었다는 것에 대해서는 cf. Malina & Rohrbaugh 1992, 100f.

상이 아닌 생활양식"[111]이었다:

> 한 서기관이 나아와 예수께 말씀하되 선생님이여 어디로 가시든지 저
> 는 따르리이다 예수께서 이르시되 여우도 굴이 있고 공중의 새도 거처가
> 있으되 인자는 머리 둘 곳이 없다 하시더라.[112]

그러므로 예수는 그의 추종자들에게 유대인들의 세계관의 주요한 상징들
중 하나(물론, 이것은 많은 비유대적인 세계관들 속에서의 이와 비슷한 주된
상징과 대응하는 것이었다)에 구애받지 말라고 도전하였다. 오늘날의 서구의
개인주의는 가족에 관한 예수의 말씀들을 그 당시보다는 훨씬 덜 충격적인 것
으로 받아들였다. 그러한 결과로, 예수와 그의 동시대인들 간의 충돌들에 관한
논의는 도처에 나오는 이러한 결정적인 주제는 다루지 않은 채 오직 공관복음
서의 한 구절 속에만 등장하는 음식과 관련된 금기들 같은 문제들에 집중해
왔다. 하나님 나라에 관한 예수의 종말론적 선포는 유대인들의 상징들, 이 경우
에는 민족적 정체성과 가족의 정체성을 하나님이 주셨다는 것을 부정하는 것
이 아니었다. 그러나 그것은 그러한 것들을 훨씬 뛰어넘었다. 앞으로 보게 되겠
지만, 예수는 자기 자신의 주변에 가공적인 혈육 집단 — 조금 덜 전문적인 용
어를 사용한다면, 새로운 가족 — 을 만들어 가고 있었다.

(v) 소유물들

가족적인 유대에 의해서 구속을 받지 말라는 종말론적 부르심과 밀접하게
연관되어 있었던 것은 소유물에 구애받지 말라는 비슷한 부르심이었다. 고대
세계에서 대부분의 사람들에게 가장 기본적인 소유물은 땅이었다; 물론, 유대
인들에게는 땅은 야훼께서 그의 백성에게 약속하셨던 거룩한 땅이었다.[113] 갈
릴리 사람 유다가 주후 6년에 폭동을 일으켰던 것도 로마가 이 거룩한 땅을

---

111) Malina & Rohrbaugh 1992, 78.

112) 마 8:19-20/눅 9.51-8/*Thom.* 86.

113) Cf. *NTPG* 226f.와 거기에 나오는 참고문헌들. 재물에 대해서는 cf. Hengel
1974.

등기(謄記)하였기 때문이었다.[114] 이스라엘이 최우선적으로 땅을 "물려 받았듯이," 땅은 아버지가 그의 자녀들에게 물려줄 수 있었던 가장 기본적인 유업이었다; 그런데 실제로 후자는 전자에 의해서 종교적 깊이와 의미를 부여받았다.[115] 그러므로 예수가 사람들에게 그들의 소유물들을 포기하라고 요구했을 때에 가장 깊이 연루되어 있었던 것은 주후 1세기에서 행한, 20세기의 물질주의에 해당하는 바로 그것에 대한 공격이라기보다는 다음과 같은 것이었다:[116]

너희를 위하여 보물을 땅에 쌓아 두지 말라 거기는 좀과 동록이 해하며 도둑이 구멍을 뚫고 도둑질하느니라 오직 너희를 위하여 보물을 하늘에 쌓아 두라 거기는 좀이나 동록이 해하지 못하며 도둑이 구멍을 뚫지도 못하고 도둑질도 못하느니라 네 보물 있는 그 곳에는 네 마음도 있느니라.[117]

무리 중에 한 사람이 이르되 선생님 내 형을 명하여 유산을 나와 나누게 하소서 하니 이르시되 이 사람아 누가 나를 너희의 재판장이나 물건 나누는 자로 세웠느냐 하시고 그들에게 이르시되 삼가 모든 탐심을 물리치라 사람의 생명이 그 소유의 넉넉한 데 있지 아니하니라 하시고.[118]

너희 소유를 팔아 구제하여 낡아지지 아니하는 배낭을 만들라 곧 하늘에 둔 바 다함이 없는 보물이니 거기는 도둑도 가까이 하는 일이 없고 좀

---

114) 특히, cf. Hengel 1989c [1961], 127-44(그리고 *NTPG* 173).

115) "유업," "소유," "안식"을 가리키는 히브리어 단어들은 땅에 관하여 말할 때에 밀접하게 연관되어 나온다: cf. Janzen 1992, 144f. 조상들의 땅에서 떠나고자 하지 않은 뿌리 깊은 성향에 대해서는 cf. Alon 1989 [1980], 154f.; Safrai 1994, 308.

116) 그 밖의 다른 부분에서는 예리한 논의를 보여주는 Harvey 1990, ch. 6에 빠져 있는 내용.

117) 마 6:19-21; cf. 눅 12:33f.

118) 눅 12:13-15; 그런 후 *Thom.* 72에서는 이 대화의 첫 번째 부분이 반복되고, 그런 후 변경된다. 눅 12:16-21(*Thom.* 63과 병행되는)에는 어리석은 부자에 관한 비유가 뒤따라 나온다. 또한 "하나님과 맘몬"에 관한 말씀(마 6:24; 눅 16:13)을 참조하라.

도 먹는 일이 없느니라 너희 보물 있는 곳에는 너희 마음도 있으리라.[119]

이와 같이 너희 중의 누구든지 자기의 모든 소유를 버리지 아니하면 능히 내 제자가 되지 못하리라.[120]

네게 아직도 한 가지 부족한 것이 있으니 가서 네게 있는 것을 다 팔아 가난한 자들에게 주라 그리하면 하늘에서 보화가 네게 있으리라 그리고 와서 나를 따르라 하시니 그 사람은 재물이 많은 고로 이 말씀으로 인하여 슬픈 기색을 띠고 근심하며 가니라.[121]

이것은 가족적 충성을 버리라는 명령만큼 그렇게 문제를 일으킬 것 같지 않아 보일 수 있지만, 사실은 거의 동일한 무게를 지니고 있었다. 이스라엘은 땅을 수여받았었다; 각 지파들과 지파 내의 여러 가문들은 그들 자신의 몫, 그들 자신의 "유업"을 할당받았었다; 특히, 포로기 이후에 유대인들이 지리적으로 그들의 땅에 다시 돌아 왔을 때, 이 유업을 지키는 것은 예수가 살던 세계의 문화적 및 종교적 상징체계의 일부였다. 이스라엘/팔레스타인에서 20세기 후반의 유사한 예들을 적용하는 것은 그리 잘못된 것이 아닐 수 있다; 그것들은 이 상징에 대한 도전이 초래할 수 있는 깊은 감정과 잠재적인 폭력을 보여 준다. 위에서 인용한 두 번째 말씀 — 예수에게 가족의 재산 분쟁에서 중재인이 되어 달라고 요구한 것 — 의 배경은 가공의 것이 아니다: 초대 교회의 그리스도인들은 그 누구도 예수를 한 지방의 수령으로 여기지 않았고, 초대 교회는 그들로 하여금 그런 식으로 행하라고 요구하는 것들을 수용할 필요도 없었다. 물론, 자기는 "재판관이나 분배자"가 아니라고 하는 예수의 빈정대는 말은 그 점과 관련하여 모세가 도전을 받았던 출애굽기 2:14을 반영한 것이다: 그러한 의미에서, 예수는 새로운 모세, 약속의 땅을 분배해 줄 사람이 되기를 거부한 것이다. 예수는 이스라엘에게 진정한 "포로생활로부터의 귀환"을 선사하

---

119) 눅 12:33-4; cf. 마 6:19-21.
120) 눅 14:33.
121) 막 10:21-2/마 19:21-2/눅 18:22-3.

기 위하여 왔다; 그러나 이것은 이스라엘의 인종적 열망들을 재확인해 주려는 것이 아니었고, 이스라엘이 열심을 가지고 보호하고자 했던 자신의 상징적인 땅의 유업과 소유를 재확인해 주고자 한 것도 아니었다. 오히려 그 정반대였다: 신실치 못한 농부들은 그들의 포도원을 빼앗기게 될 것이다.

그러므로 고대 유대인들에게 가족과 재산은 오늘날의 서구 세계에서 사는 사람들의 경우에 그것들이 의미했던 그런 것이 아니었다. 둘 다 "개인적인" 것은 그만두고라도 인격적 정체성과 안정을 훨씬 뛰어넘는 종교적이고 문화적 의미를 지니고 있었다. 이 둘은 모두 유대인들의 전체 세계관 속에서 상징적 기능을 하였다. 이 둘을 향하여 예수는 직접적 도전을 제시하였다: 그를 따르는 자들, 그의 하나님 나라 과제에 충성하는 자들은 비록 그것들을 하나님께서 주신 것이라 할지라도 그것들을 기꺼이 버릴 준비가 되어 있어야 한다. 그 이유는 앞의 여러 장들에서 이미 말했기 때문에 찾아내기가 그리 어렵지 않다. 가족과 재산은 예수의 동시대인들의 우상숭배적 추구, 그들이 도저히 얻을 수 없었던 그러한 추구를 지탱해 주고 있었다. 그것들은 이스라엘로 하여금 완성될 수 없는 망대를 짓고, 자기 땅을 방어하기 위하여 이길 수 없는 전쟁에 참여하도록 힘을 실어주고 있었다.[122] 사실, 이 두 가지 표상들은 거의 골수에 사무쳐 있었다. 민족과 땅에 대한 이스라엘의 집착은 당시에 가장 큰 건축 계획에 그 초점이 맞춰져 있었고, 그들이 언제라도 싸우고자 했던 가장 큰 전쟁을 지향하고 있었다. 앞에서 본 것처럼, 예수는 거룩한 전쟁을 지향한 움직임에 단호하게 반대하였다. 우리는 이제 예수가 이 장엄한 건축물의 우상화에도 반대하였다는 것을 살펴보고자 한다.

3. 이스라엘의 정체성의 상징들: 성전

(i) 서론

지난 20년간의 예수 연구에서 주요한 성과들 중의 하나는 예수와 성전에

---

122) 눅 14:27-32(망대, 전쟁); 이 대목의 앞뒤로 가족과의 관계를 너무 중시해서는 안 된다는 경고(14:25-6)와 소유를 포기하라는 경고(14:33)가 나온다는 것을 주목하라. Derrett 1977은 이러한 간접인용들을 보지만, 그런 다음에 그것들을 더 다면적인 읽기를 통해서 모호하게 만들어 버린다.

관한 문제가 원래 그것이 속해 있던 지점, 즉 논의 과제들의 중심에 다시 복귀하였다는 것이다. 하나 또는 둘의 다른 목소리들을 제외한다면,[123] 지금 이 분야에서 글을 쓰고 있는 거의 모든 학자들은 다음의 두 가지 기본적 사항에 대하여 동의한다: 예수는 성전에서 극적인 행위를 하였고, 이 행위는 그가 처형당하게 된 주된 이유들 중의 하나였다. 그러나 이 시점에서 합의는 멈추고, 질문들이 시작된다. 그렇다면, 예수는 성전에서 정확하게 무엇을 행하였는가? 예수는 왜 그런 행위를 하였는가? 좀 더 정확하게 말하자면, 예수는 그 행위를 통해서 무엇을 상징하고 무엇을 이루고자 했던 것인가? 이러한 행위는 어떤 식으로 그의 죽음의 원인이 되었는가? 예수는 이러한 결과를 내다보았던 것인가? 그리고 만약 내다본 것이라면, 예수는 그러한 결과를 무릅쓰고, 또는 그러한 결과를 예상하고 그 행위를 감행했던 것인가?

이러한 질문들은 본서의 나머지의 상당 부분의 서술의 근저에 깔려 있다. 이 절에서 우리는 처음 한 쌍의 질문에 답하는 것으로 논의를 시작하고 한다: 예수는 무엇을 행하였고, 왜 행하였는가? 이러한 질문에 답하기 위해서는 예수 당시의 유대교 내에서 성전의 의미를 다시 한 번 상기하고 되짚어볼 필요가 있다.[124]

(ii) 성전과 그 의미

예루살렘에 있는 성전산을 놓고, 지금도 여전히 양 당사자가 자신의 것이라고 주장한다. 성전산은 지금 이슬람의 소유에 속하지만, 한 유대인 집단은 틈만 생기면 거의 2000년이 지난 지금에도 성전산에 대한 소유권을 주장하고 성전을 재건하려는 명백한 의도를 가지고 적어도 상징적으로 그곳을 포위하고자 한다.[125] 한편 덜 야심적인 유대인들은 이스라엘의 하나님이 그의 백성과 함께

---

123) 예를 들면, Vermes 1973, 1993.

124) 이하의 내용에 대해서는 *NTPG* 224-6과 거기에 인용된 일차 및 이차 자료들, Meyers 1992와 거기에 나오는 참고문헌들, Meyer 1992a, ch. 11의 풍부하고 도전적이고 다차원적인 논문을 참조하라. 여기에서의 서술의 몇몇 내용들은 *NTPG*에 대한 문제 제기들과 비판들에 대하여 암묵적으로 답변하고 있다.

125) "우리의 때는 유대 백성이 살아 있는 한 씌어지고 노래하며 말해지는 때가 될 것

거하시기로 약속했던 바로 그곳과 가장 가까운 서쪽 벽에서 주기적으로 예배를 드리려고 모인다. 장소가 지닌 상징성은 여전히 엄청난 힘을 지니고 있는 것이다.

오늘날의 몇몇 장면들은 시대착오적 역사서술을 장려한다. 이것은 우리가 특히 한 가지 시대착오적 생각, 즉 예수는 오늘날 웨스트민스터 대성당에서 종교 용품들을 파는 것에 대하여 한 여행객이 항의한 것과 비슷한 행위를 했다는 생각을 피하는 데에 도움을 준다. 예수 당시에 성전은 유대교의 중심 상징, 이스라엘의 가장 특징적인 실천의 장소, 이스라엘의 가장 중요한 이야기들 중 일부의 주제, 이스라엘의 가장 깊은 질문들에 대한 대답, 이스라엘의 가장 아름다운 노래들 중 일부의 주제였다. 그리고 그곳은 예수가 그의 가장 극적인 공적 행위를 하기로 선택했던 장소였다. 복음서 기자들이 예루살렘, 시온산, 성전 자체의 상징적 가치를 생생하게 알고 있었다는 것은 이미 오래 전에 인정되어 왔다 ― 사실, 복음서 기자들은 그것을 그들의 글들 속에 꽤 복잡한 방식으로 이것을 하나의 주제로 엮어낼 수 있었다.[126] 시편 기자가 "온 땅의 기쁨"라고 묘사했던 바로 그 장소의 의미를 예수 자신이 알지 못했다고 한다면, 그것은 매우 이상한 일이 될 것이다.[127]

성전 및 그 의미와 관련해서 우리가 특히 주목할 필요가 있는 세 가지 측면이 있다: 야훼의 임재, 제사 제도, 성전의 정치적 의미. 첫째, 성전은 이스라엘의 계약 하나님의 거소로 여겨졌다:

> 하나님의 지상적 거소는 먼저는 성막이었고, 그 이후에는 성전이었다. 이스라엘에 대한 하나님의 크신 사랑은 하나님이 칠층천 위의 자신의 보좌로부터 아주 멀리 떠나와서 … 그들에게 세우도록 지시하였던 염소 가

이다. 우리의 때는 제3의 성전의 시대가 될 것이다 … 시온으로 가서 재건하자." 시온주의 집단인 **Haboni**의 민족 평의회가 1947년 10월에 채택한 결의안; **Richler** 1995, 154에서 재인용. **Mairson** 1996, 30f.에서 서술하고 있듯이, 이러한 야망은 계속해서 소중히 간직되고 있다.

126) 예를 들면, 마태복음에 대해서는 cf. **Donaldson** 1985.

127) 시 48:2. Cf. **Sanders** 1993, 262: "나는 주후 1세기 유대 팔레스타인에서 성전을 아무리 중요시해도 지나침이 없다고 생각한다."

죽으로 만든 성막 속에서 그의 백성 가까이에 거하셨다는 점에서 분명하게 드러난다 … 하나님이 이 땅에 성막 또는 성전을 가지고 있었던 것은 거할 장소가 필요했기 때문이 아니었다. 왜냐하면, 저 높은 곳에 있는 하나님의 거룩한 집은 세상이 창조되기 이전부터 거기에 있었기 때문이다. 우리가 굳이 그 이유를 찾자면, 그것은 사람들이 하나님의 사랑의 임재를 깨달을 수 있는 가시적인 어떤 것을 필요로 했기 때문이었다.[128]

이 점은 캐롤 마이어스(Carol Meyers)의 최근의 논문 속에서 한층 풍부하게 제시된다:

> 구상 중이었던 성전은 이 땅에서 고대 이스라엘의 신을 위한 거소였다 … 예루살렘 성전의 상징적 성격은 … 하늘과 땅이 만나고, 그래서 거기로부터 하나님이 만유를 효과적으로 다스릴 수 있는 그런 곳에 만유의 우주적 중심에 위치하는 곳으로서의 거룩한 구역을 만들었던 일련의 특징들에 의거하였다.[129]

물론, 이것은 사람이 성전에 더 가까이 가면 갈수록, 그리고 지성소에 더 가까이 가면 갈수록, 그 사람은 세심하게 등급이 매겨진 정결 및 그 요구 조건들을 그 만큼 더 충족시킬 수 있었다는 것을 의미하지 않았다.[130] 이것은 첫 번째 사항을 부각시켜 준다: 성전은 하나님의 거소, 살아계신 하나님이 황공하옵게도 거하시기로 한 이 땅의 장소였다.

둘째, 성전은 당연히 희생 제사의 장소였다. 성전은 한편으로는 죄사함, 다른 한편으로는 부정(不淨)으로부터의 정결이 이루어진다고 믿어졌던 장소였다.[131] 이 점은 주후 70년에 희생제사 제도가 끝장이 나게 되었을 때에 일어났던 일

---

128) Moore 1927-30, 1:369f. 및 거기에 나오는 랍비 문헌들.

129) Meyers 1992, 351, 539. 또한 특히 Barker 1991; Meyer 1992a, 231f., 240-51과 비교해 보라.

130) 이것은 이 주제에 대하여 글을 쓴 학자들에 의해서 자주 언급된다: 예를 들면, Meyers 1992, 360; D. P. Wright 1992b, 241-3; Sanders 1992b, 70f.

131) 이 둘 간의 구별과 밀접한 유사성들에 대해서는 아래를 보라.

에 대한 묘사들 속에서 잘 볼 수 있다:

> 주후 70년의 성전의 파괴는 공적 및 사적인 속죄 제사와 보편적인 속
> 죄 수단, 대속죄일의 도피 염소 같은 제사 제도 전체를 종식시켰다. 그 상
> 실감은 뼈져리게 느껴졌다 … (요하난 벤 자카이와 요슈아 벤 하나냐가
> 성전의 파괴를 놓고 논의했던 것에 관한) 이 이야기는 희생 제사의 중단
> 으로 인하여 많은 사람들의 마음속을 가득 채웠음에 틀림없는 절망감을
> 잘 보여준다.[132]

또한 좀 더 최근의 저술가의 말을 들어 보자:

> 이 상번제(tamid)는 하나님의 식사에 대한 상징이었을 뿐만 아니라 하
> 나님이 백성 가운데 임재해 계시다는 것에 대한 상징이기도 했다. 상번제
> 의 상실은 하나님과 인간의 관계 단절을 상징했기 때문에(단 8:11), 제의
> 와 관련된 재앙 중에서 이 상번제의 상실만큼 더 큰 재앙은 상상할 수 없
> 는 것이었다.[133]

고대의 희생 제사의 근본적인 의미와 그 이해에 도달하는 일은 지극히 어
렵다. 이것은 희생 제사와 관련하여 내재적으로 못마땅하거나 이질적인 그 무
엇이 있기 때문이 아니라는 점을 우리는 강조해 둘 필요가 있다. 짐승을 이용
한 희생 제사는 고대 세계 전체에 걸쳐서 당연한 것으로 받아들여졌다; 오늘
날의 사람들이 그러한 사상이 어렵다고 생각한다면, 그것은 우리의 문제이기
때문에, 고대 사람들에게 그 책임을 전가해서는 안 된다. 오히려, 고대의 희생
제사의 의미를 파악하기 어려운 이유는 우리에게 희생 제사들에 관하여 말해
주는 자료들이 통상적으로 그러한 행위들의 의미를 해석해 주기보다는 사람
들이 행해야 할 것을 서술하는 데에 더 관심을 갖고 있기 때문이다.[134] 따라서

---

132) Moore 1927-30, 1:502f.

133) G. A. Anderson 1992, 878.

134) cf. G. A. Anderson 1992, 871f., 877-81; Sanders 1992b, ch. 7. 나는 이하의 서

우리는 아주 조심스럽게 레위기 1-7장에 언급된 여러 가지 서로 다른 유형의 제사들을 기반으로 해서 다음과 같은 모형을 제시할 수 있을 것이다.

번제는 신에 대한 주기적 선물로서, 제의의 역사 전체에 걸쳐서 신이 냄새를 맡고 먹는 음식이라고 말해져 왔다 — 이것이 신인동형론적 표현이라는 것이 널리 인정되고 있긴 하지만(시편 50:7-15을 참조하라).[135] "화목제"는 번제에 수반된 희생 제사로서, 그 제물들은 신이 아니라 사람들이 먹었다: 따라서 화목제는 축제적 성격을 지니고 있었다. 이 두 가지 희생 제사는 하나님이 그의 백성과 함께 하신다는 것을 확인하고 송축하기 위하여 매일매일 주기적으로 드려졌다. 그 밖의 다른 제사들은 좀 더 구체적으로 (일반적으로) "속죄"를 목적으로 했긴 하지만, 이러한 주기적인 매일의 제사들도 그런 의미가 있었다. 이러한 주기적 제사들에 소요되는 것들을 마련하기 위하여 성전세가 징수되었는데, 이것은 온 이스라엘이 매일의 제사에 책임이 있었다는 것을 보여주는 것이었다.[136]

처음 두 가지 유형의 제사들이 하나님의 임재를 구현하고 송축하는 것이었다면, 다음 두 가지 제사들은 하나님과의 관계가 죄나 부정에 의해서 균열되었을 경우에 예배자들을 하나님과의 교제로 회복시키는 효과를 가지고 있었다. 물론, 이 두 가지 것(죄와 부정)을 동일시하지 말아야 한다는 것은 대단히 중요하다. 한 여자가 출산을 통해서 부정을 초래하지만, 그렇다고 해서 범죄한 것은 아니다: 도둑은 죄인이지만, 부정해진 것은 아니었다.[137] 또한 레위기에 언급된 세 번째 제사로서 통상적으로 "속죄제"로 번역되는 "하타트"(hahha't)는 "정결 제사"로 번역될 수 있다는 것을 지적해 두는 것도 마찬가지로 중요하다. 이 제사는 특정한 범죄들(레위기 4:1-5:13; 민수기 15:22-29 등)[138]과 출

술에서 이러한 설명들을 거의 그대로 따랐다.

135) cf. Sanders 1992b, 106.

136) 출 30:16, mShek. 1:3, tShek. 1:6을 인용하고 있는 Neusner 1989를 보라.

137) cf. Sanders 1992b, 71. 이와 동시에, 도덕적 및 제의적 영역들은 바울의 율법관에 대한 후대의 시대착오적인 읽기들에서 흔히 행해져 왔듯이 정연하게 구분될 수 없다. 예를 들면, Philo *Spec. Leg.* 3:63, 208f.를 참조하라.

138) 문제가 되고 있는 죄들은 "알지 못했거나" "원하지 않았던" 죄들이다. 즉, 어떤 행위가 금지되어 있다는 것을 몰랐거나, 알았지만 그것을 범할 의도가 없었던 경우. Cf.

산 후라든지(레위기 12장) 유출병을 겪은 후라든지(레위기 15장) 몇몇 부정 (不淨)의 경우들에 요구되었다. 죄와 부정, 죄를 제거하는 것과 부정을 제거하는 것과의 관계는 상당한 논란을 불러일으켜 왔던 주제로서, 희생 제사들이 정확히 어떤 식으로 효력을 발휘하는지에 관한 논의 속에서 다루어져 왔다. 제사 의식은 속죄의 기능과 정화의 기능, 양자를 모두 지니고 있었던 것으로 보인다; 따라서, 요지는 죄인을 죄로부터 깨끗케 하는 것이냐, 또는 부정한 사람 또는 죄인의 존재로 말미암아 생겨난 제의적 부정을 거룩한 경내로부터 제거하는 것이냐 하는 것이었다.[139]

지혜의 길은 이 두 가지 강조점을 모두 그대로 유지시키는 것일 것이다. 서로 다른 이유에서이긴 하지만, 이 두 경우에서 관련된 사람은 성소에 거하는 하나님은 그만두고라도 성소에 접근하는 것 자체가 합당하지 않았다: 그러므로 하나님이 그의 백성과 함께 거하시는 것을 송축하는 의미를 지니고 있었던 번제와 화목제를 드리기 전에, 먼저 속죄제/정결 제사가 드려졌다.[140] 규정된 한계들 내에서 범죄한 사람(즉, 부지불식간에 또는 의도치 않게)은 속죄제/정결 제사를 드림으로 죄사함을 받을 수 있었다; 부정에 접촉한 사람은 동일한 수단을 통해서 정결을 얻을 수 있었다. 죄를 위한 회개와 보상, 해질 무렵의 목욕 재계는 전자의 경우에는 죄사함, 후자의 경우에는 정화의 첫 번째 부분을 이루고 있었다. 물론, 이러한 것들은 어디에서나 행해질 수 있었다. 그러나 샌더스가 올바르게 말하고 있듯이, "희생 제사 행위는 언제나 부정이나 범죄의 교정에 있어서 최후의 기회였다."[141]

Wright 1991, 221-3.

139) 첫 번째 견해의 대표자로 Gese와 Janowski를, 두 번째 견해의 대표자로 Milgrom을 들고 있는 G. A. Anderson 1992, 879f.를 참조하라.

140) cf. D. P. Wright 1992a, 73: "[속죄제/정결 제사]가 사람들이 아니라 성소를 정화하고자 한 것이라는 사실은 희생 제사의 역동성 속에서의 인간이라는 요소를 드러내 준다: 즉, 사람들이 죄를 짓거나 심각한 부정을 행하였을 때, 성소도 더럽혀진다 … 죄들과 부정은 밀접한 연관 관계를 지닌다: 전자는 성소에 대하여 후자를 초래한다."

141) Sanders 1992b, 116는 성전으로 가는 한 가족의 예를 들면서 그의 글을 마친다 (113-16). 그 해에 아이를 낳았거나(따라서 아내는 산후의 정결 예식을 성전에서 마무리할 필요가 있었다) 이미 보상을 한 사소한 죄를 범한(따라서 남편은 죄사함의 과정을 성전에서 마무리할 필요가 있었다) 가족은 성전으로 가야 했다. 이것은 삭개오의 죄사

네 번째 희생 제사는 "속건제"였는데, 이것은 사실 "속죄제의 특별한 범주"였다.[142] 그리고 그 의미에 대해서도 논란이 많다; 그러나 그 중심 특징은 이 희생 제사는 성물들이 더럽혀진 경우들을 다루었다는 것인 것 같다. 이 제사는 범해진 특정한 잘못에 대하여 하나님에게 보상하고 배상하는 것이었다.

이러한 중심적이고 주기적 제사들은 민족의 큰 절기들과 성일들, 그리고 그러한 때에 드려진 희생 제사들을 지향하고 있다.[143] 속죄제/정결 제사와 속건제는 개인으로서의 유대인과 관련이 있었던 반면에, 이러한 큰 절기들은 이스라엘 전체와 관련되어 있었다. 물론, 가장 잘 알려진 절기는 유월절이었는데, 유월절에 행해진 의식 전체 — 순례, 출애굽 이야기의 낭송, 특별한 식사 — 는 유월절 양의 희생 제사를 중심으로 이스라엘이 하나님에 의해서 이방 원수들로부터 해방된 전형적 사건인 출애굽을 회상하고 송축하였다. 땅과 하늘이 성전 속에서 서로 만났듯이, 과거와 현재는 민족적 경축과 소망의 한 위대한 행위 속에서 서로 융합되었다.[144] 마찬가지로, 대속죄일은 개인과 관련된 주기적 제사들에 대응하는 민족 공동체적 사건으로서 행해졌다:

일 년 내내 개인 또는 공동체의 죄들의 부정은 그것들이 생겨날 때마다 그때그때 정화될 수 있었지만, 일 년에 한번은 고의적인 죄들과 아직 밝혀지지는 않았지만 그 밖의 다른 있을 수 있는 부정으로부터 성소를 깨끗케 하기 위한 특별한 의식이 시행되어야 했다.[145]

이러한 과정 전체의 일부로서, 백성들의 죄는 도피 염소의 머리 위에서 고백

함을 선포했던 예수의 행위를 날카롭게 부각시켜 준다(눅 19:1-10): 사람들은 그가 배상을 한 것과 아울러 성전에서 희생 제사를 드림으로써 죄사함의 과정을 마무리할 것이라고 예상하였을 것이다(Sanders 1993, 235).

142) Sanders 1992b, 107.

143) cf. Sanders 1992b, 125-43; *NTPG* 233-5.

144) 최근 문헌들 중에서는 특히 Bokser 1992와 거기에 나오는 참고문헌들을 보라.

145) D. P. Wright 1992a, 73. 대속죄일은 레위기 16장에 자세히 나와 있고, mYom. 에서 광범위하게 논의되고 있다.

되었고, 그런 다음에 도피 염소는 광야로 내쫓겼다. 이 염소는 죄들, 그러니까 부정을 성전으로부터 가져와서 멀리 옮기는 역할을 했기 때문에, 일 년 내내 성전에서 행해진 모든 의식들 속에서 희생되지 않은 유일한 짐승이었다.

우리는 성전에 관한 이러한 두 번째 주요한 내용을 요약할 수 있다. 성전은 이스라엘의 하나님이 사셨던(언제나 중심 본문들이 말하고 있듯이, "하늘과 가장 높은 하늘이라도 하나님을 담을 수 없다"라는 것을 인식하는 가운데[146]) 장소임과 동시에 죄와 부정들을 처리해서 개인적으로든 하나의 민족으로든 사람들을 그들의 하나님의 변함없는 임재를 누릴 수 있게 해준 희생 제사의 장소였다.[147]

이러한 주기적 희생 제사들과 관련된 하나님이 주신 도식(scheme)은 날마다, 달마다, 해마다 통상적으로 이루어지도록 되어 있었다. 그러나 동일한 본문들, 특히 레위기 26장과 열왕기상 9:1-9은 역사적 전개에 관해서도 말하고 있다. 의도적으로(부지불식간에 저지른 것과 반대되는) 죄를 범한 개인이 백성들로부터 끊어져야 하는 것과 마찬가지로,[148] 만약 민족이 고의적이고 지속적으로 범죄한다면, 그 결과는 포로생활 및 성전의 파괴가 될 것이었다. 그렇다면, 이스라엘 민족과 야훼의 교제는 어떻게 회복될 수 있는 것인가? 우리가 제7장에서 보았듯이, 어느 한 차원에서 이에 대한 대답은 이스라엘이 마음을 다하여 회개하고 야훼를 구하여야 한다는 것이다.[149] 이것은 어느 정도 개인의 회개와 보속에 대응하는 것이다. 그러나 우리는 개인의 희생 제사와 대응하는 것으로 두 가지 것을 발견한다. 이사야서의 중심 부분에서, 야훼의 "종"은 포로생활을 초래하였던 범죄를 다루기 위한 참된 희생 제물이 될 것이다.[150] 에스겔서의

---

146) 왕상 8:27.

147) 이 두 기본적인 사항에 관한 자세한 설명으로는 Grabbe 1992, 538-40에서의 최근의 논의를 참조하라.

148) 예를 들면, 민 15:30f.; cp. mKer. 1:2; 2:6; 3:2.

149) 위의 385-403을 보라.

150) 사 53:10: "그 영혼을 속건제물[레 5:15 등에서처럼 '*asham*]로 드리기에 이르면"(cf. 아래의 605 n:227). 이사야서의 좀 더 폭넓은 배경은 하나님 나라의 도래, 포로생활로부터의 귀환, 시온으로의 야훼의 돌아옴, 계약의 갱신을 묘사하고 있다 — 즉, 레

마지막 장들과 그 밖의 다른 문헌들(예를 들면, 성전 두루마리)에서는, 참된 제의의 회복을 보여주는 새로운 성전이 있게 될 것이라고 말한다. 성전은 여전히 민족의 삶과 정체성의 구심점이자 민족적 소망과 지배적인 종말론의 구심점이다; 그리고 성전의 존재와 의미의 핵심에는 희생 제사 제도가 있었다.

세 번째로, 성전은 정치적으로 엄청난 의미를 지니고 있었다. 이것에 대해서는 아주 간략하게 말할 수 있지만, 그것은 엄청난 파장을 미친다. 황송하게도 한 분 살아계신 참 하나님이 이 특정한 건물 속에 거하신다면, 그 건물에 책임이 있는 백성은 큰 특권을 얻게 된다. 최초의 성전은 단순히 솔로몬의 왕권에 대한 장식물이었던 것이 아니라, 그 왕권의 핵심적인 특징이었다; 회복된 두 번째 성전은 "결정적으로 중요한 요소," 즉 왕정의 부재에도 불구하고 자율성의 정도(程度)를 상징하였다.[151] 마카베오 가문이 주전 164년에 성전을 정화시킨 것은 하스모네 왕조의 창건을 위한 길을 열어 놓았다. 헤롯이 성전을 웅장하게 재건한 것은 그가 유대인의 왕이라고 주장한 것과 관련하여 아주 중요한 요소였다.[152] 우리가 살펴보고 있는 시기에서 메시야를 참칭한 최후의 인물이었던 바르 코크바는 성전의 외관을 그려 넣은 주화들을 주조했다; 하드리아누스는 예루살렘 성전 부지에 이교 신전을 세울 계획을 세웠었고, 유대의 혁명가들은 당연히 참된 성전을 재건하기를 열망하였다.[153]

이런 식으로 성전은 유대교의 중심적인 정치적이고 종교적인 상징으로서의 기능을 하였다. 성전은 그의 백성과 함께 거하시겠다는 야훼의 약속, 야훼께서 백성들의 죄악들, 부정들, 궁극적으로는 그들의 포로생활을 해결하실 것이라는 약속을 보여주는 것이었을 뿐만 아니라, 성전을 짓거나 재건하거나 운영하였던 통치자들을 야훼께서 정통성을 부여한다는 것을 보여주는 것이기도 했다. 성전은 왕가 및 왕과 관련된 열망들과 뗄래야 뗄 수 없을 정도로 결부되어 있었다. 이런 이유로, 성전과 관련된 예수의 행위들은 가장 심각하게 다루어지지

위기 26장; 열왕기상 9장 등에서 묘사된 조건에 대하여 답하는 요소들.

151) Meyers 1992, 364. Cp. (많은 전거들 중에서 특히) 슥 6:9-14; *Ps. Sol.* 17:21-34, 특히 22, 30.

152) Meyers 1992, 364f.; cf. *NTPG* 160, 225-6, 308-9.

153) Meyers 1992, 367.

않을 수 없었다. 관련된 상징체계를 조금이라도 알고 있는 자들에게는, 예수의 그러한 행위들은 단순히 종교에 관하여 말하는 것이 아니라 왕권에 관하여 말하는 것으로 들을 수밖에 없었을 것이다.

물론, 예수 당시의 모든 유대인들이 당시의 성전을 동일한 열정으로 바라보았던 것은 결코 아니었다. 하스모네 대제사장 왕조를 찬탈자들로 여겼던 에세네파는 그들 자신의 공동체가 하나님이 정하신 성전의 대체물이고, 때가 되면 야훼께서 최종적으로 행동하실 때에 새로운 성전이 지어지게 될 것이라고 믿고서 성전 제의에 참여하기를 거부하였다. 지금은 에녹1서의 일부가 된 이른바 "동물 묵시록"은 제2성전에서 드리는 제사들을 부정한 것으로 여겼는데, 이것은 아마도 부패한 제사장들에 대한 깊은 불신을 반영한 것으로 보인다.[155] 바리새인들, 또는 적어도 그들의 후계자로 자처했던 랍비들은 그들의 교제와 토라 연구가 성전과 거의 대등한 기능을 한다는 신학을 발전시켰다: 토라를 연구하는 것은 이스라엘의 하나님의 임재 속에 있는 것이었고,[156] 후대의 이야기 속에 나오는 요하난 벤 자카이에 의하면, 토라의 준수는 희생 제사 제도를 대신하는 기능을 할 수 있었다.[157] 물론, 성전이 엄연히 존재하고 있는 동안에, 이러한 성전을 대신하는 신학이 어느 정도나 실제로 구체적으로 발전되었을지는 사실 알기 어렵다. 디아스포라 내의 일부 교사들도 그러한 견해를 가르쳤던 것 같아 보이긴 하지만, 성전 제의를 실제로 대신하는 것으로서의 토라 연구 및 실천에 대한 주된 강조는 성전의 파괴 이후의 시기에 발전되었을 가능성이 높다. 분명히, 요하난의 것으로 돌려진 신념은, 비록 그가 그러한 신념을 주후 70년에 실제로 지니고 있었다고 할지라도, 적어도 주후 135년 이후가 될 때까지는 결코 널리 받아들여지지 않았을 것이라고 생각할 만한 충분한 근거

---

154) cf. *NTPG* 205f.; Evans 1992; 에세네파와 예루살렘의 제의에서 공식적으로 사용하였던 역법은 서로 달랐다는 것에 관하여 말하고 있는 Collins 1995, 84와 비교해 보라. 헤롯 대왕은 분명히 에세네파에 대하여 우호적이었을 것이지만(Jos. *Ant.* 15:371-9; cf. *NTPG* 206), 에세네파는 헤롯의 성전에 관한 한 경의를 표시하지는 않았던 것으로 보인다.

155) Collins 1995, 84.

156) mAb. 3:2. Cf. Meyers 1992, 367.

157) Aboth de R. Nathan 4; cf. *NTPG* 228f.

가 있다. 그리고 물론, 주후 135년 이후에도, (당시에는 존재하지 않았던) 성전 예식의 세부적인 사항들에 관한 미쉬나에 의한 아주 세심한 배려가 입증해 주듯이, 커다란 슬픔과 애곡의 감정을 가지고 그렇게 했다.[158] 그러나 성전 자체를 적극적으로 비판하지는 않았지만 적어도 상대화시켰던 철저하게 유대적 신학들이 존재했을 가능성은 분명히 있었다.

에세네파가 잘못된 사람들이 성전을 운영하고 있다는 것을 근거로 들어서 이데올로기적으로 현재의 성전에 반대했고, 바리새파는 통상적으로는 성전을 통해서 얻을 수 있었던 축복들을 토라를 통해서 얻을 수 있는 신학을 발전시켰다면, 또한 좀 더 대중적인 비판도 존재하였다. 가난한 계층의 사람들은 분명히 성전이 그들이 부자 엘리트 계층의 손에 의해서 겪고 있던 압제를 상징하는 것으로 여겼을 것이다. 우리가 앞서의 논의에서 보았듯이, 혁명가들이 전쟁 초기에 성전을 접수했을 때, 그들이 가장 먼저 한 행위들 중의 하나는 채무증서를 불태우는 일이었다.[159] 이 시기에 지배 계층이 백성들에게 인기가 없었다는 것은 잘 입증이 되는데, 이와 같이 지배 계층이 광범위하게 배척받고 있었다는 것은 주후 1세기의 성전, 특히 그 성전이 운영된 방식이 통상적으로 비판을 받았었다는 것을 의미한다.[160] 성전에서의 예수의 행위는 바로 이러한 사회적 동요라는 좀 더 큰 지도 위에 속해 있다.

(iii) 성전에서의 예수의 행위

그렇다면, 예수는 성전에서 무슨 일을 했고, 왜 그런 일을 했던 것인가? 이러한 질문은 최근에 학자들의 관심을 끈 지속적인 논의의 주제가 되어 왔다.[161] 이 논쟁의 모든 세부적인 내용들을 다루는 것은 분명히 불가능하다. 하지만 다

---

158) 미쉬나의 제5부(Kodashim)에서.

159) Jos. *War* 2:427. 당시에 통용되던 성전에 대한 비판들에 대해서는 아래를 보라.

160) Goodman 1987; 아래를 보라.

161) 모든 주석서들과 예수에 관한 거의 모든 최근의 책들은 이 본문들에 지면을 할애한다: 특히 주목할 만한 서술들로는 Sanders 1985, ch. 1(Fredriksen 1988, 111-14 등이 거의 그대로 따르고 있는); Gundry 1993, 639-47이 있다. 그 밖의 다른 최근의 연구서들로는 특히 Catchpole 1984; Bauckham 1988; Chilton 1992b, 1994 ch. 2; Matson 1992; Richardson 1992; Meyer 1992a, ch. 11, esp. 261-6 등을 들 수 있다. 이

행히도 이러한 논의 속에서 등장한 주장들은 좀 더 일반적인 차원에서 꽤 분명하게 서술될 수 있는 하나의 스펙트럼을 따라 분류될 수 있다.

기본적으로 그 스펙트럼은 "정화"로부터 "성전 파괴를 행동으로 보여준 비유"에까지 걸쳐 있다. 한 쪽 끝에서는 많은 학자들은 여전히 예수가 성전 제의 또는 그 제의의 몇몇 특징들을 좋지 않게 보았고, 그것을 개혁하고자(폐지하려는 것이 아니라) 했다고 믿는다.[162] 우리가 방금 살펴보았듯이, 많은 유대인들은 당시의 제의의 운용에 대하여 심한 불만을 품고 있었고, 제의 운용을 담당하고 있었던 고위 제사장들은 백성들로부터 폭넓게 미움과 불신을 받고 있었다.[163] 이러한 상황 속에서 예수는 정결에 관한 새로운 이론을 가지고 있었고, 그것이 성전에서 실천되도록 노력했으나 성공하지 못했다(이렇게 주장되어 왔다).[164]

이 스펙트럼의 다른 쪽 끝에서는 몇몇 저술가들이 최근에 예수는 성전의 파괴 자체를 상징적으로 실현하였다고 주장한다.[165] 어떤 학자들은 이러한 성전의 파괴는 단순히 성전 재건을 위한 필수적인 전주곡일 뿐이고, 심판의 의미는 지니고 있지 않았다고 본다(샌더스); 또 어떤 학자들은 성전의 파괴는 하나님의 진노의 결과였다고 본다(보그: 아래를 보라); 또 어떤 학자들은 성전 파괴가 성전의 내재적인 불평등과 압제 체제의 결과였다고 설명한다(크로산);[166] 또 어떤 학자들은 성전 파괴는 최후의 만찬으로부터 시작된 대안적 종교 체제의 수립을 위한 전주곡이었다고 본다(뉴스너).[167] 몇몇 학자들은 중도

러한 책들은 대부분 많은 과거의 문헌들을 인용하고 있다.

162) 예를 들면, Richardson 1992; Chilton 1992b, 1994 ch. 2; Evans(1989a & b, 1992, 1993)의 몇몇 논문들.

163) 당시에 통용되었던 성전에 대한 비판들에 대해서는 여러 일차 자료들 중에서 특히 대제사장 가문들의 악행을 한탄하는 bPes. 57a; Jos. *Ant.* 20:179-81; 204-7; (불행히 단편으로 남아 있지만) *T. Mos*의 7장(이것에 대해서는 Bauckham 1988, 79f.를 보라)을 참조하라. 그 밖의 이차 자료들로는 Goodman 1987; Evans 1989a & b, 1992, 1993 등이 있다.

164) Chilton 1992b(cf. 1992a). 그의 견해는 1992b, 155에 요약되어 있고, Lang 1992, 470은 그의 견해를 약간 수정하여 따르고 있다.

165) 특히, Sanders 1985, 1993. Barrett 1975은 이미 이러한 주장을 한 바 있다.

166) cf. Crossan 1994, 127-33.

167) cf. Neusner 1989. Neusner의 이론은 Sanders와 Chilton의 견해를 이어주는 홍

적 입장을 제시한다: 예수는 성전의 몇몇 측면들을 개혁하고자 했으나, 하나님 나라가 예루살렘에 임하고 있다고 말하고 있었던 그의 행위는, 만약에 그런 개혁에 일어나지 않는 경우에는 그 결과는 파멸이 될 것이라고 경고하는 것이기도 했다;[168] 예수는 다가올 성전의 파괴를 보여주는 징조를 제시하고 있었고, 성전의 현재의 부패는 이러한 파괴를 위한 보증서 역할을 하였다.[169] 또한 좀 더 온건한 견해들도 찾아볼 수 있다. 캐치폴(Catchpole)은 "정화"의 요소를 후대의 해석적 첨가로 본다; 예수의 행위는 단순히 장차 도래할 하나님 나라를 보여주는 표적이었을 뿐이었다.[170] 보그(Borg)는 그의 초기 저서 속에서 성전 행위는 심판을 행동으로 보여준 비유로 보아야 하며, 공관복음 전승 속에 나오는 상당수의 "묵시론적" 내용들은 이와 동일한 주제와 관련되어 있다는 점을 강조하였다; 그는 좀 더 최근에는 사회경제적인 비판이라는 요소를 강조하여 왔다.[171]

고대 역사 속에서의 많은 사건들과 마찬가지로, 성전 행위는 분명히 명확하게 그 성격을 결정지을 수 없는 사건이었다. 즉, 예수가 무엇을 행하였고, 그리고 왜 행하였는지에 관한 질문들은 그 자체로서는 명확한 결정을 내릴 수 없는 모호성을 지니고 있다는 말이다; 가설들을 위한 통상적인 판별 기준을 완전하게 적용하기에는 자료들이 불충분하다.[172] 그럼에도 불구하고, 최근의 이론들의 홍수(이러한 수많은 이론들 중에서 앞에 제시된 것들은 단지 견본에 불과하다)는 어쨌든 결국 재구성되어야 할 몇몇 주제들이 존재한다는 것을 보여

미로운 교량 역할을 하는데, Bauckham의 요소들도 포함하고 있다.

168) Meyer 1979, 170; 1992a, 262-4.

169) Trumbower 1993, esp. 514. 특정한 부패 유형에 강조점을 두고 있긴 하지만, Bauckham 1988(특히 86, 175 n.82)도 비슷하다.

170) Catchpole 1984, 334에 요약되어 있음.

171) Borg 1984, 1987a, 1994a, 1994b. 그리고 Borg 1994a, 125 n.72를 보라: "그때나 지금이나 나는 성전을 정결의 정치의 중심으로 보았고, 성전 행위를 정결의 정치에 대한 항의로 보았다. 하지만 그런 후에 나는 정결의 정치(그리고 성전)를 민족 해방 운동의 이데올로기적 근거로 보았다; 이제 나는 정결의 정치(그리고 성전)를 토착민의 통치 집단의 이데올로기로 본다."

172) 가설들과 그 검증에 대해서는 특히 cf. *NTPG* 31-46, 98-109

주는 것이다: 정결, 돈, 희생 제물들, 상징적 파괴, 도래할 하나님 나라. "개혁"과 "파괴" 간의 커다란 간격은 샌더스의 이론 속에서 완화되어졌다. 왜냐하면, 샌더스는 예수가 새롭게 지어질 성전을 상정하였다고 보기 때문이다; 꽤 극단적인 개혁의 방법론이긴 하지만, 여전히 "체제" 자체를 비판하는 것은 아니다. 이 점에 있어서 샌더스와 의견을 달리하는 학자들은 여전히 종종 예수가 자기 자신 및 그의 공동체라는 견지에서 은유적 성전의 재건을 내다보고 있었다는 점을 강조한다.[173] 그러므로 성전 사건은 그 자체로 역사적 재구성을 위한 여러 요소들을 제시해준다(이러한 재구성은 다른 모든 역사적 재구성들과 마찬가지로 관련된 사람들의 세계관 속으로 감정이입을 통하여 들어가는 것을 포함한다).

그러나 그 누구도 이러한 질문들을 그 자체로 다룰 수 있다고 생각하지는 않는다. 우리가 예수의 행위는 순전히 아무 생각 없이 임의적으로 행해진 것이었다고 생각하지 않는다면 — 우리가 예수에 관하여 알고 있는 그 밖의 모든 것들을 감안할 때, 그럴 가능성은 거의 전무하다 — 우리는 예수가 성전에서 행하였던 것은 그의 사역의 나머지와 밀접하게 통합되어 있었고, 심지어 그 정점을 이루고 있었다고 생각하지 않을 수 없다. 그러므로 샌더스가 과감하고 혁신적인 방식으로 행하고 있는 것과 마찬가지로,[174] 우리가 성전 사건을 시작점으로 삼아서 그것을 중심으로 하나의 주장을 형성하느냐, 또는 내가 여기서 하려고 하는 것처럼, 우리가 그 밖의 다른 증거들을 토대로 하나의 가설을 세우고 그 가설과 관련하여 성전 사건이 어떤 식으로 작용하는지를 살펴보느냐, 이 두 가지 중 어느 쪽을 택하든, 결국 그 목적은 동일하다: 이 엉성하게 생겨먹은 돌덩이를 지금 건설 중인 건물 내의 어디에 놓아야 잘 들어맞을지를 알아보는 것. 이 돌이 머릿돌로 판명될 것이라고 생각하는 것은 상당한 근거가 있다.[175]

---

173) 예를 들면, Meyer 1979, 1992a & b.

174) Sanders 1985, ch. 1.

175) 그것은 여전히, 예상할 수 있는 일이지만, 한두 사람의 건축자들, 예를 들면 Mack 1988, 292; Miller 1991에 의해서 거부되거나 적어도 의문시되고 있다. 대다수의 해석자들과 마찬가지로, 나는 이 사건의 기본적인 역사성을 전제한다; 이것은 이 그림의 나머지와 여러 가지 면에서 부합하고 있다는 것(예를 들면, Meyer 1992a, ch. 11에

우리는 다시 한 번 앞서 얘기했던 것들을 상기해 보자. 나는 제5장에서 예수가 이스라엘의 오랜 예언자 전통 속에 서 있었던 하나의 예언자로 행동하였고, 스스로를 그렇게 보았다는 것을 논증하였다. 이사야, 예레미야, 에스겔 같은 예언자들이 행하였던 것들 중의 하나는 흔히 예루살렘 및 성전과 관련하여 종종 그 멸망을 예언하는 상징 행위를 했다는 것이었다. 이사야가 벌거벗고 돌아다닌 것, 예레미야가 단지를 깨뜨린 것, 에스겔의 벽돌 등은 바로 그 분명한 예들이다.[176] 우리는 예수가 다른 상황들 속에서도 의도적으로 성서적인 뉘앙스를 띠고 상징 행위들을 할 수 있었다는 것을 살펴본 바 있다; 우리는 이스라엘의 중심 상징과 관련해서 예수가 여기에서도 그렇게 했다는 것에 대하여 전혀 의외라고 생각해서는 안 된다. 우리는 제8장에서 예수의 경고들은 예레미야의 경고들과 마찬가지로 이교도들에 의한 성전의 파괴를 그 중심으로 하고 있었다는 것을 보았었다. 이러한 예언을 극화(劇化)한 행위는 예수의 예언자적 활동의 절정을 이루는 데에 적합했을 것이다.

나아가, 나는 제6장에서 예수가 자신의 소명을 이스라엘의 하나님이 지금 마침내 왕이 되시려고 한다고 선포하는 예언자의 소명으로 이해하였다는 것을 논증하였다. 이것은 두 가지 구체적인 초점을 지니고 있었다: 포로생활로부터의 이스라엘의 귀환(위의 제6장), 시온으로의 야훼의 돌아오심(위의 제14장). 이 두 주제는 분명히 성전과 밀접하게 연관되어 있다. 그러한 귀환이 일어날 때, 성전은 적절하게 재건될 것이다. 야훼가 시온으로 돌아오실 때, 그는 당연히 성전으로 돌아오실 것이다; "그러나 주께서 오실 그 날에 누가 있겠느냐?" 이렇게 야훼의 나라에 관한 선포는 그 주된 두 가지 주제들을 통해서 성전에 그 관심을 집중시키고 있었다. 어떤 의미에서 성전이 재건된다면, 야훼께서 긍휼과 심판 가운데 돌아오신다면, 현재의 성전, 예수 당시의 헤롯 성전은 심판 아래 있었던 것이 된다.[177] 헤롯 성전이 웅장한 아름다움을 지니고 있다

제시된 성전 이데올로기를 포함한)은 이 사건의 역사성을 강력하게 지지해 준다. 그러나 Miller가 제시한 의문들 중 몇몇은 아주 중요하고, 내친 김에 이하의 서술 속에서 대답될 것이다.

176) 사 20:1-6; 렘 19:1-15; 겔 4:1-17. 또한 cf. 사 8:1-4; 렘 13:1-11; 27:1-15; 32:6-15; 겔 12:1-25.

177) Bauckham 1988, 87은 성전의 파괴에 관한 예언들은 통상적으로 단순히 건물

고 할지라도, 그것이 성전을 구해주지는 못할 것이다. 에세네파가 단언했겠지만, 헤롯 성전은 가짜이기 때문에, 야훼께서 진정으로 그의 백성과 함께 거하시고, 진정한 포로생활로부터의 귀환이 이루어지기 위해서는, 그 성전은 파괴되어야 했다.

또한 나는 제7장에서 예수가 모든 사람들에 대한 환영, "열심"의 길을 버리고 그의 길을 따르라는 도전, 이것을 거부하는 자들에게 임할 결과들에 대한 경고를 특징으로 한 순회 사역을 수행하였다는 점을 논증하였다. 참된(그렇지만 전복적) 지혜에 대한 이러한 제시와 진정한(그렇지만 인습적) 어리석음의 위험들에 관한 이러한 경고는 둘 다 모두 성전을 그 초점으로 하였다. 나아가, 나는 제8장에서 마가복음 13장과 그 병행문들이 앞서의 성전 경고들의 흐름들을 통합하면서, 특히 예레미야서와 다니엘서에서 가져온 표현들을 통해서 성전이 이방 군대에 의해서 파괴될 것이고, 이 사건은 그의 완악한 백성에 대한 야훼의 진노의 퍼부음으로 보아져야 한다고 엄숙하게 선언하였다는 것을 논증하였다. 이 집의 마지막 상태는 처음 상태보다 더 나빠질 것이다. 성전이 이스라엘의 민족적 삶 및 자기 이해와 관련된 주제들을 상징하고 통합시키고 있었던 것과 마찬가지로, 예수는 이스라엘이 되는 새롭고 전복적인 길을 제시하면서 (당시의 그 밖의 몇몇 운동들과 마찬가지로) 당연히 이것을 성전이라는 견지에서 인식하였다. 모래 위에 지은 집은 크게 부서져서 무너지고 말 것이다. 오직 예수의 하나님 나라 선포라는 반석 위에 지은 집만이 무너지지 않고 서 있게 될 것이다.

끝으로, 이 장에서 우리는 이미 갈릴리 사역 동안의 예수의 행위들은 그의 동시대인들 중 상당수, 특히 토라에 대한 열심을 통해서 예수가 반대하고 있었던 그런 민족주의를 지탱했던 바리새인들의 생각과 열망과 행위들의 구심점들이었던 상징들에 도전하였다는 것을 살펴본 바 있다. 이것은 단순히 정결 제도의 문제가 아니었다 — 물론 그러한 측면이 없지는 않지만; 또한 그것은 주후 1세기의 이데올로기들에 반대하여 20세기의 몇몇 이데올로기들을 예수가

의 파괴만이 아니라 (하나님의) 심판을 가리키는 것이었다고 올바르게 지적한다(미 3:12; 렘 7:26; *Sib. Or.* 3:265-81; 4:115-18; *Apoc. Abr.* 27; *2 Bar.* 1-8; *4 Bar.* 1-4을 인용해서).

긍정하였다는 그런 문제도 아니었다. 그것은 제2성전 시대 유대교의 자료들이 우리에게 유대인들의 자기 이해의 중심에 있었다고 말해주고 있는 그러한 상징들과 관련이 있었다.

따라서 이제까지 본서의 논증은 성전 사건에 대한 자연스러운 읽기는 그 사건을 심판을 행위로써 보여준 비유로 보아야 한다는 것이다. 또 한 가지 중요한 사실이 있다: 예수와 성전에 관하여 말하고 있는 정경 복음서들 내부 및 외부의 사실상 거의 모든 전승들은 성전의 파괴에 관하여 말하고 있다. 마가의 무화과나무 사건; 예수가 예루살렘을 보고 울었다는 누가의 묘사; 성전의 파괴와 재건에 관한 요한의 말; 거짓 증인들과 그들의 고소, 십자가 아래에서의 조롱에 관한 공관복음서의 전승들; 도마 복음서의 암호 같은 말씀("내가 이 집을 멸하리니 아무도 다시 세우지 못하리라"); 예수가 성전을 파괴하고자 했다는 사도행전에 나오는 고소: 이 모든 것들은 정화나 개혁이 아니라 성전의 파괴를 예수가 말했다는 것을 너무도 분명하게 보여준다.[178] 나는 이러한 모든 것들이 과거로부터의 투영들, 사후의 "예언들"일 수 없다고 생각한다. 게다가, 성전 파괴라는 주제는 성전에서 계속해서 예배를 드렸던 초기 그리스도인들의 관행과 아주 달랐기 때문에, 이 모티프는 초기 기독교 신학의 한 특징으로 여겨질 수도 없다.[179]

이 모든 것을 감안할 때, 우리는 다음과 같은 결론을 피할 수 없다: 예수는 예루살렘에 왔을 때에 예루살렘에 대한 심판을 예언적 상징 행위를 통하여 몸으로 보여주었다 — 예수가 이 사건 이전과 이후에 행위 및 말로써 알려왔던 바로 그 심판. 이스라엘 민족 전체의 삶의 중심 상징이었던 성전은 하나님의 위협 아래에 있었고, 만약 이스라엘이 회개치 않는다면, 성전은 이교도들에게 멸망당하고 말 것이었다. 게다가, 예수는 이러한 주장을 이런 식으로 행함으로써 스스로를 단순히 성전의 파국을 선포한 예레미야 같은 예언자가 아니라, 하스모네 왕가나 헤롯 왕가가 지니고 있다고 생각하였던 바로 그러한 권세를 지닌 진정한 왕으로 인식하였다.[180] 예수는 이런 식으로 행동함으로써 "수신감

---

178) 막 11:12-14/마 21:18-19, cf. 눅 13:6-9; 눅 19:41-4; 요 2:19; 막 14:58 마 26:61; 막 15:29/마 27:40; *Thom.* 71; 행 6:14.

179) 이 문제에 대해서는 특히 cf. Bauckham 1993b, 143f.; 1995a, 441-50; 1995b.

도(受信感度)가 그 절정에 달해 있던 바로 그 순간에 민족의 가장 중요한 전승들을 사람들의 뇌리 속에 불러내었다."[181] 즉, 구경꾼들, 야훼의 나라에 대한 생각으로 꽉 차 있었던 유월절 순례자들이 예수의 행위의 다중적인 상징적 의미들을 가장 잘 이해할 수 있었던 바로 그 순간에 말이다.

그러므로 예수가 성전에서 무슨 일을 행하였고, 무슨 의도로 행하였느냐 하는 것에 관한 당혹스러운 문제와 관련하여, 나는 주요한 대안들의 여러 강점들을 통합하는 입장을 취한다:

(i) 예수는 성전의 임박한 파괴를 상징하고자 하였다.

(ii) 예수는 이스라엘의 하나님이 그의 백성을 심판하시고 구속하시는 과정 중에 있다고 믿었는데, 이 사건은 단지 수많은 사건들 중의 하나의 사건이 아니라, 이스라엘의 전체 역사의 절정을 이루는 사건이었다.

(iii) 성전에 대한 심판은 로마에 의한 파괴라는 형태를 띠게 될 것인데, 로마는 (예레미야서의 바빌로니아와 같이) 야훼의 진노의 대리자가 될 것이었다.

(iv) 폭넓게 보아서, 이러한 심판의 구체적인 이유들은 이스라엘이 그의 백성이 되라는 야훼의 부르심에 순종하지 못했다는 것이었고(위의 제7장과 제8장), 좀 더 좁게 보자면, 이스라엘이 그들의 사회 속에서, 특히 성전 제도 속에서 정의를 이루어내지 못했다는 것과 민족적 반역에 대규모로 개입했다는 것이었다.

(v) 따라서 나는 예수가 성전의 파괴를 상징하였다는 샌더스의 견해에 동의한다; 그러나 나는 이것은 현재의 성전을 새로운 성전으로 단순히 대체하고자 했던 것 이상의 것이었다는 샌더스의 비판자들(예를 들면, Bauckham, Evans)의 견해에도 동의한다. 성전 사건은 현재의 성전에 대한 비판을 포함하고 있었다. 물론, 이러한 비판은 그 자체가 예수의

---

180) 아래의 제11장을 참조하라.

181) Meyer 1992a, 263; 이것은 백성들이 이러한 상징체계를 이해했는지의 여부에 관하여 Harvey 1982, 133f.; Sanders 1985, 76가 제기한 의문에 대하여 긍정의 대답을 제시한다.

종말론적 사업의 일부였다. 결국, 이러한 행위는 우리가 예언자로부터 예상할 수 있는 그런 것이었다.

우리는 이제 많은 논란이 되고 있는 마가복음 11:1-25과 그 병행문들인 마태복음 21:1-22, 누가복음 19:28-48, 요한복음 12:12-19; 2:13-17을 이해할 수 있는 위치에 있게 되었다. 우리의 논증의 출발점이 예언자로서의 예수의 자기 인식을 입증해 보이는 것이었기 때문에, 우리는 공관복음서의 이 세 개의 기사들이 보여주는 예언적 맥락으로부터 시작할 수 있을 것이다. 이러한 맥락은 첫째, 마가복음 11:17과 그 병행문들 속에서 나오는 이사야 56:7과 예레미야 7:11에서 가져온 복합적인 인용문들,[182] 둘째, 이 사건 전체 속에 나타나는 스가랴서에 대한 좀 더 폭넓은 반영들로 이루어져 있다. 많은 학자들과 마찬가지로, 나는 예수가 이러한 성서 구절들을 알고 있었고, 그것들을 사람들에게 상기시키거나 직접 행위로써 보여주고자 했다는 것을 기꺼이 받아들인다.[183]

이 이사야서의 구절의 배경은 포로생활로부터의 완전한 귀환에 관한 예언인데, 이것이 의미하는 모든 것은 이런 것이었다:

> 또 여호와와 연합하여
> 그를 섬기며 여호와의 이름을 사랑하며
> 그의 종이 되며 … 이방인마다
> 내가 곧 그들을 나의 성산으로 인도하여
> 기도하는 내 집에서 그들을 기쁘게 할 것이며
> 그들의 번제와 희생을
> 나의 제단에서 기꺼이 받게 되리니

---

182) 이것에 대해서는 Chilton & Evans 1994a, 288f.; 319f.를 보라. 그들은 이 인용문들이 여기에 인용되지 않은 렘 7:11("내 이름으로 일컬음을 받는 이 집이 너희 눈에는 강도의 굴혈로 보이느냐")의 일부에 나오는 "집"이라는 공통어에 의해 전형적인 유대적인 패턴으로 연결되어 있다는 점을 지적한다.

183) 스가랴서에 대한 간접 인용에 대해서는 Sanders 1993, 254 등을 참조하라.

이는 내 집은 만민이 기도하는 집이라 일컬음이 될 것임이라
이스라엘의 쫓겨난 자를 모으시는 주 여호와가 말하노니
내가 이미 모은 백성 외에 또 모아
그에게 속하게 하리라 하셨느니라.[184]

이 대목은 분명히 이스라엘의 최종적인 축복의 한 측면으로서 이방인들이
야훼의 한 백성 속으로 모여들 것을 예언하고 있는 대목의 일부이다.[185] 그러
나 이 대목 다음에는 곧 이스라엘의 현재의 상태를 강하게 비판하는 구절들
(56:9-12; 57:1-21)이 나온다. 이방인들은 환영을 받을 것이지만, 현재의 이
스라엘 백성, 특히 그 지도자들과 수호자들(56:10f.)은 심판 아래 놓여 있다.
이것은 성전을 비난하고 아무 생각 없이 성전에 의지하는 것에 대하여 경고하
고 있는 대설교의 일부를 이루고 있는 예레미야서의 구절과의 자연스러운 연
결고리를 제공해 준다:

만군의 여호와 이스라엘의 하나님께서 이와 같이 말씀하시되 너희 길
과 행위를 바르게 하라 그리하면 내가 너희로 이 곳에 살게 하리라 너희
는 이것이 여호와의 성전이라, 여호와의 성전이라, 여호와의 성전이라 하
는 거짓말을 믿지 말라.

너희가 만일 길과 행위를 참으로 바르게 하여 이웃들 사이에 정의를
행하며 이방인과 고아와 과부를 압제하지 아니하며 무죄한 자의 피를 이
곳에서 흘리지 아니하며 다른 신들 뒤를 따라 화를 자초하지 아니하면
내가 너희를 이 곳에 살게 하리니 곧 너희 조상에게 영원무궁토록 준 땅
에니라.

---

184) 사 56:6-8.

185) cf. *NTPG* 267f. 마태복음(21:13)과 누가복음(19:46)은 왜 "모든 민족들을 위하
여"라는 표현을 생략하고 있는가? 주후 70년 이후에 글을 쓰면서 이것에 대한 전망이
전혀 없었기 때문인 것인가(Borg 1984, 349 n.67와 거기에 나오는 참고문헌들을 보라)?
그러나 그때에는 성전이 기도의 집일 기회도 전혀 없었다. 따라서 아마도 그것은 마태
와 누가가 이미 이 사건을 행위로써 보여준 심판에 관한 비유에서 순전히 경제적인 항변
으로 변화시키는 과정을 시작했었기 때문일 것이다.

보라 너희가 무익한 거짓말을 의존하는도다 너희가 도둑질하며 살인하며 간음하며 거짓 맹세하며 바알에게 분향하며 너희가 알지 못하는 다른 신들을 따르면서 내 이름으로 일컬음을 받는 이 집에 들어와서 내 앞에 서서 말하기를 우리가 구원을 얻었나이다 하느냐 이는 이 모든 가증한 일을 행하려 함이로다 내 이름으로 일컬음을 받는 이 집이 너희 눈에는 도둑의 소굴로 보이느냐 보라 나 곧 내가 그것을 보았노라 여호와의 말씀이니라 너희는 내가 처음으로 내 이름을 둔 처소 실로에 가서 내 백성 이스라엘의 악에 대하여 내가 어떻게 행하였는지를 보라

여호와의 말씀이니라 이제 너희가 그 모든 일을 행하였으며 내가 너희에게 말하되 새벽부터 부지런히 말하여도 듣지 아니하였고 너희를 불러도 대답하지 아니하였느니라 그러므로 내가 실로에 행함 같이 너희가 신뢰하는 바 내 이름으로 일컬음을 받는 이 집 곧 너희와 너희 조상들에게 준 이 곳에 행하겠고 내가 너희 모든 형제 곧 에브라임 온 자손을 쫓아낸 것 같이 내 앞에서 너희를 쫓아내리라 하셨다 할지니라.[186]

이 대목의 취지에 관해서는 그 어떤 의문도 있을 수 없다. 한편으로, 이 대목은 유대 사회 전체 속에 만연해 있는 부패에 대한 신랄한 비판이다. 다른 한편으로, 이 대목은 그러한 결과로서 성전이 장차 파괴될 것이라는 명확한 경고이다.

학자들은 지금까지 "강도들의 굴혈"이라는 어구 속에 나오는 "강도들"이라는 말에 그 초점을 맞춰왔는데, 이것은 옳은 일이었다. 이 사건을 경제적인 착취에 대한 극적인 항의로 해석한 과거의 읽기들은 여기서 겉보기에는 아무런 난점도 없어 보인다: 환전, 짐승들을 사고파는 제도는 (말 그대로) 백주대낮의 강도 행위였다. 지금도 여전히 상당수의 해석자들은 "강도들의 굴혈"이라는 말이 적어도 공관복음서 기자들, 그리고 그들의 자료들이 이 사건을 성전의 파괴를 행위로서 보여준 비유가 아니라 "정화"로 보았다는 것을 의미한다고 생각한다.[187] 그러나 예레미야서의 맥락은 이와 다른 것을 시사해 준다. 정

---

186) 렘 7:3-15. 이 대목에서는 계속해서 힌놈의 골짜기(= "게헨나")가 공동묘지가 될 것이라는 경고가 나온다(7:31f.).

화만으로는 충분치 않다; 여기서 요구되는 것은 파괴이다 — 단순히 새로운 성전이 지어져야 하기 때문이 아니라, 현재의 성전이 철저히 타락해 있기 때문에.

사실, "강도들" 또는 "도둑들"이라고 통상적으로 번역되어 왔던 이 단어는 굳이 이러한 맥락이 없더라도 반드시 또는 일차적으로 경제적 부패를 가리키는 것이 아니다. 해당되는 그리스어 단어("레스테스")와 그 배후에 있는 히브리어 단어("파리심")는 예레미야서에서 "사기꾼"이 아니라 "폭력으로 빼앗는 자"를 의미한다;[188] 이것은 경제적 착취와는 잘 들어맞지 않고, 다소 다른 방향을 보여준다. 그리스어 "레스테스"는 실제로 "폭력으로 빼앗는 자"를 의미한다; 그러나 요세푸스에 나오는 여러 용례들이 잘 보여주듯이, 이 단어가 주후 1세기 팔레스타인에서 사용된 통상적인 용법은 산적들 또는 강도들이라는 의미이다. 요세푸스는 "'레스타이'의 굴혈들"이라는 말을 두 번 사용한다; 이 두 경우에서 "레스타이"는 헤롯 대왕이 소탕했던 산에서 사는 산적들이다.[189] 이러한 "산적들" 또는 "강도들"은 단순히 자기들이 필요한 것을 얻기 위해서 사람들로부터 무엇을 빼앗는 노상강도들이 아니었다(물론, 그러한 사람들도 있었을 것이지만). 그들은 혁명가들이었다. 예루살렘에서 시민봉기를 일으켜서 사람들을 죽였던 폭동의 주모자였던 바라바는 "레스테스"였다. 예수와 함께 십자가에 못 박혔던 두 사람도 바로 그런 인물들이었다.[190] 십자가형은 도적들이나 사기꾼들이 아니라 혁명가들을 처형하기 위한 형벌 수단이었다.

이런 식으로 바라보게 되면, 그 결과는 성전에 대한 예수의 비판은 경제적 협잡에 관한 것과는 상당히 다른 모습으로 드러난다 — 사실, 이 시기에는 경제적 착취에 관한 증거들은 비교적 드물다.[191] 오히려, 1984년에 보그가 논증

---

187) 예를 들면, Sanders 1985, 66f.; 1993, 255f., 260(복음서 기자들은 이 사건이 정치적으로 아무런 해가 되지 않는다는 것을 보이기 위하여 예레미야서의 구절을 거론하였을 것이라고 주장하는).

188) Harvey 1982, 132f. Chilton & Evans 1994a, 288 n:22는 이것은 단순히 과장법이라고 주장한다; 그러나 아래의 서술을 보라.

189) *Ant.* 14:415f.; 15:345-8; cf. *War* 1:304-11.

190) 눅 23:19과 요 18:40; 막 15:27 and pars.

191) Borg 1984, 348 n.62와 거기에 나오는 참고문헌들(cf. 위의 634 n.171).

했듯이, 증거들은 "성전이 로마에 대한 저항 운동 속에서 어떤 역할을 했다는 것을 결정적으로 보여준다."[192] 예레미야의 시대에서와 마찬가지로, 성전은 민족 해방의 소망의 구심점이 되어 있었고, 그랬기 때문에, 이교도들에 맞서서 안전을 보장해 주는 곳으로 여겨졌다. 그렇다면, 이사야가 분명히 보여주었듯이, 성전은 어떻게 하나님 나라가 도래하고, 포로생활로부터의 진정한 귀환이 이루어지며, 야훼 자신이 시온으로 돌아오실 때에 이스라엘에게 주어질 축복들에 모든 민족들이 참여할 것에 관한 야훼의 소망을 상징할 수 있었던 것일까?[193] 이것은 예수 당시에 이미 폭력 혁명가들이 성전 속에 은신했었다는 것을 말하는 것이 아니다.[194] 그 핵심은 이데올로기와 관련되어 있다: 성전은 예레미야 당시와 마찬가지로 예수 당시에도 민족주의적 폭력의 부적, 야훼께서 이스라엘을 위하여 행하시고 그 원수들로부터 이스라엘을 보호하실 것이라는 보장이 되어 있었다. 바로 이러한 이데올로기는 나중에 다른 식으로는 설명될 수 없는 그러한 행위들을 낳았다: 성전이 멸망한 후에, 저항 운동의 지도자들은 티투스에게 예루살렘 도성을 평온하게 놓아둘 것을 요청하였다.[195]

예수의 하나님 나라 선포 전체와 이러한 선포에 수반되었던 경고들은 이런 식으로 날카롭고도 구체적으로 다가올 성전 파괴에 관한 예레미야의 경고를

Bauckham 1988, 84f.는 "레스타이"(lestai)에 대한 다른 해석을 제시한다: 제사장들로 이루어진 귀족층은 성전을 안전한 거점으로 사용해서, 은유법으로 말해서, 약탈과 강도짓, 즉 부정하게 부를 축적하는 일을 탐구하였다.

192) Borg 1984, 174. 이것을 "강도들의 굴혈"로 본 학자들로는 Buchanan 1959; Roth 1960; Gaston 1970, 85, 474; Barrett 1975, 15f. 등이 있다 — 이를 토대로 한 재구성에 있어서는 서로 차이가 있지만. Meyer 1992a, 277 n.71은 "혁명가들"과의 연관성을 부정한다; 그러나 그가 대신 제시하는 "폭력적인 자들"이라는 의미는 사실 이것과 거의 동일한 의미이다.

193) 그러므로 이러한 읽기는 예수가 이방인들로 하여금 성전 예배에 좀 더 온전하게 공유할 수 있도록 하고자 시도하였다고 보고 있는 학자들과는 다르다; Sanders 1985, 68f.에 나오는 여러 견해들에 관한 논의를 보라.

194) 예를 들면, Barrett 1975, 16에 의해서 주장된 것; 이것에 대해 Gundry 1993, 645는 반론을 펴지만, 그의 반론은 내가 지적하고 있는 점을 놓치고 있다.

195) Jos. *War* 6:323-7, 351-3. (Titus는 "포로의 입장에 있는 사람들이 승리자인 그에게 제안을 한다는 것에 대하여 격노하여" 거부하였다(352).)

반영하는 것에 그 초점을 맞추고 있었다. 이 말씀은 방금 일어났던 예언적 상징 행위에 대한 가장 직접적인 설명을 제공해준다 — 다른 방식으로는 이 상징 행위는 모호하게 남겨질 수밖에 없다. 이스라엘의 민족적 소명의 현재적인 심각한 왜곡(예수의 관점에서 볼 때)은 오직 한 가지로 귀결될 수밖에 없었다: 예레미야가 예언했던 바빌로니아의 침공을 그 가장 자연스러운 역사적 배경으로 삼을 수 있는 성전의 파괴.

예레미야서의 맥락은 무화과나무를 포함한 사건에 대해서도 설명을 제공해준다.[196] 우리가 잘 알고 있듯이, 마가는 성전 사건을 무화과나무에 대한 저주와 무화과나무가 말라 있는 것을 발견한 것 사이에 "샌드위치처럼 끼워 넣었다." 이렇게 해서, 마가는 그의 독자들로 하여금 그 취지를 제대로 파악할 수 있게 해 주었다(물론, 무수한 독자들이 이 점을 놓쳐버린 채, 그 중의 일부는 마가를 "파괴"가 아니라 "정화"를 주장한 자로 열거하고 있긴 하지만): 예수가 성전에서 행한 일은 그가 무화과나무에 행한 일과 유사하다. 예수는 무화과나무에서 열매를 찾고자 다가갔으나 아무런 열매도 찾지 못했고, 성전의 파국을 선포하였다. 그러므로 무화과나무 사건은 행위를 통한 비유와 관련된 또 하나의 행위와 관련된 비유이다. 학자들은 지금은 이 점을 통상적으로 지적한다.[197] 그러나 예레미야서와의 연관성은 그리 자주 지적되지 않는다. 위에 인용된 대목 직후에, 다음과 같은 대목이 나온다:

> 그들이 딸 내 백성의 상처를 가볍게 여기면서
> 말하기를 평강하다, 평강하다 하나 평강이 없도다
> 그들이 가증한 일을 행할 때에 부끄러워하였느냐
> 아니라 조금도 부끄러워 하지 않을 뿐 아니라
> 얼굴도 붉어지지 아니하였느니라

---

196) 막 11:12-14, 20-5/마 21:18-22; 예를 들면, cf. Barrett 1975, 13f. 이 이야기를 생략한 누가의 동기들에 대해서는 cf. Kinman 1994. 물론, 누가는 악한 농부의 비유와 동일한 방향을 보여주는 비유를 갖고 있는데(13:6-9), 세 개의 공관복음서 기자들은 모두 악한 농부 비유를 성전 사건 직후에 둔다(이것에 대해서는 아래의 757-763을 참조).

197) 이 주제 전체에 대해서는 cf. Telford 1980.

> 그러므로 그들이 엎드러질 자와 함께 엎드러질 것이라
> 내가 그들을 벌할 때에 그들이 거꾸러지리라
> 여호와의 말씀이니라
> 여호와의 말씀이니라 내가 그들을 진멸하리니
> 포도나무에 포도가 없을 것이며 무화과나무에 무화과가 없을 것이며
> 그 잎사귀가 마를 것이라
> 내가 그들에게 준 것이 없어지리라 하셨나니.[198]

달리 말하면, 예수는 예레미야서의 맥락 전체를 의도적으로 상기시키고 있는 것으로 보인다. 무화과나무에 대한 저주는 이스라엘과 성전이 심판 아래 있다는 자신의 서글픈 심정을 예레미야와 마찬가지로 나타내 보인 것의 일부이다.

산이 바다에 던져질 것이라는 것에 관한 말씀도 바로 이것과 맥을 같이 한다.[199] 이런 유의 말씀이 하나 이상 존재한다는 것은 예수가 이런 유의 말씀을 꽤 자주 하였다는 것을 시사해 주는 것이긴 하지만, 이와 같은 말을 예루살렘에서 했을 경우에, "이 산"은 당연히 성전산을 가리키는 것으로 해석되었을 것이다. 이 말씀은 단순히 기도와 믿음을 통해서 무화과나무들을 저주한 것과 같은 그런 일들을 어떻게 할 수 있는지에 대한 부수적인 말이 아니다. 그것은 매우 구체적인 심판의 말씀이다: 비유적으로 말해서, 성전산은 들려서 바다에 던져질 것이다.[200]

이사야서와 예레미야서에 더하여, 성전 사건 전체는 스가랴서의 의도적인 재적용이라는 맥락 속에서 보아질 것을 요구한다고 최근에 여러 저술가들이

---

198) 렘 8:11-13; cf. 미 7:1과 그 맥락.

199) 막 11:22-4/마 21.21f.; cf. 마 17.19f.; 눅 17:5f.; *Thom.* 48; 고전 13:2. 예수 세미나조차도 다면적으로 확인이 되는 말씀은 역사적 진정성이 있을 가능성이 많다는 데에 동의하였다 — 물론, 이렇게 정치적으로 부정확한 말씀이 예수로부터 나왔을 것이라고 설득하는 데에는 그것이 충분하지 않았지만(Funk & Hoover 1993, 99).

200) 마찬가지로 예언적 이미지들에 대한 만화경적인 비틀기 속에서, "산"은 스가랴 4:7의 배경 속에서 메시야가 참된 성전을 건축하는 것을 방해하는 것으로 읽혀질 수 있을 것이다. 아래의 제11장을 보라.

주장하였다.[201] 왕과 유사한 형태로 예루살렘 도성에 입성한 것, 성전에 대한 예수의 메시야적 권세(이것에 대해서는 곧 자세하게 살펴볼 것이다)는 스가랴서 9:9과 6:12을 상기시킨다; 대격변에 관한 경고는 14:1-5을 반영한 것이다. 나아가, 이 맥락 전체는 야훼께서 그의 나라를 단번에 세우실 것이고 (14:9), 거기에 이방인들이 경배하러 오게 될 것(14:16-19)을 가져올 권세 있는 행위들에 관하여 말한다. 이러한 맥락 속에서, 마가복음 11:16에 의해서 보도된 행위, 즉 예수가 그 누구도 성전을 기명들을 가지고 다니지 못하게 한 것(랍비 문헌들 속에서도 금지되고 있는 것[202])은 이 이야기가 지닌 "정화" 측면의 일부임과 동시에 좀 더 중요하게는 스가랴 14:20 이하에 대한 암묵적인 간접 인용을 통해서 "그 날"이 마침내 도래하였다는 것을 보여주는 또 하나의 상징이었다고 할 수 있다.[203]

예수가 무엇을 행하였고, 왜 행하였는가를 이해하기 위해 꼭 필요한 배경으로서의 이러한 복잡하지만 통일적인 예언서의 자료들을 통해서, 우리는 이 문제의 핵심에 접근할 수 있다. 예수는 왜 매매하는 자들을 성전에서 내쫓았던 것일까? 그들이 사람들을 경제적으로 착취하지도 않았고, 경제적 착취가 예수의 행위의 주된 이유도 아니었다면, 예수가 매매하는 자들을 내쫓은 목적은 과연 무엇이었을까? 보그는 세속의 주화를 거룩한 통화로 바꾸어주고, 흠 없고 깨끗한 짐승들을 공급해 주었던 "그들의 활동은 분리로서 이해된 거룩에 대한 탐구, 로마에 대한 저항 운동의 뿌리가 되었던 탐구를 상징하였고 거기

---

201) Meyer 1992a, 262f.; Sanders 1993, 254; 그 밖의 다른 주후 1세기의 인물들도 의도적으로 성서의 예언들을 실행에 옮겼다는 점을 강조하는 Trumbower 1993, 514: 예를 들면, Theudas(*Ant.* 20:97-8), 애굽 사람(*War* 2:261-3; *Ant.* 20:168-72), 사마리아 인(*Ant.* 18:85-7) — 그리고 심지어 Jesus ben Ananias조차도 렘 7:34; 16:9을 인용하면서(*War* 6:300-9).

202) mBer. 9:5; bBer 54a; 62b.

203) 막 11:16을 슥 14:20f.에 나오는 다른 요소들과 결부시키기는 어렵지만; cf. Bauckham 1988, 77f.; Gundry 1993, 642f. 여기에서 관련된 "그릇들"은 밀가루, 기름, 포도주 같은 제물들을 담아서 나르기 위하여 사용되었고, 예수는 그렇게 해서 만들어진 이익들에 대한 독점권에 대하여 반대하였다는 Bauckham의 주장(78)은 독창적이고 mShek. 4:9; 5:4에 의해 일부 지지를 받고 있음에도 불구하고 여전히 추정에 불과하다.

에 기여하였다"[204]라는 점을 지적한다. 리처드슨(Richardson)은 스스로 보그의 견해와 "거의 정반대되는 것"이라고 말하는 주장을 제기하였다: 문제는 성전의 주화가 유대인들을 거스르는 독수리상을 지닌 두로의 세겔로 이루어져 있었다는 것이었다; 그래서 예수는 성전에 대한 암묵적인 부정(不淨)에 반대하고 정결 제도를 옹호하는 방식으로 반응을 보였다.[205] 또한 보컴(Bauckham)도 재정과 관련된 해법을 제시한다: 예수는 원칙적으로 성전세에 반대하였고(유대인들은 그들의 "아버지," 즉 야훼에게 세금을 내지 않아도 되었기 때문에), 비둘기의 값을 지나치게 높게 받는 것에 반대하였다(비둘기는 가난한 사람들이 제물로 사용했기 때문에 값이 싸야 한다고 생각되었다).[206] 칠턴(Chilton)은 리처드슨과 마찬가지로 예수가 희생 제사들이 운영되는 방식에 있어서의 수정을 포함한 정결 제도의 연장선상에서 행동한 것이라고 생각한다.[207]

나는 이것에 대한 대답은 실제로 성전에서 일어났던 일의 기제(機制)에 좀 더 가깝게 있다고 생각한다. 성전세가 없었다면, 매일 드리는 주기적 희생 제사들은 이루어질 수 없었을 것이다.[208] 합당한 돈이 없었다면, 개인 예배자들은 그들의 희생 제물로 사용할 짐승들을 살 수 없었을 것이다. 짐승들이 없었다면, 희생 제사는 드려질 수 없었을 것이다. 희생 제사가 없었다면, 성전은 자신의 존재 이유 전체를 상실했을 것이다. 예수가 희생 제사를 오직 잠깐 동안만 중단시켰다는 사실은 그것이 상징 행위였다는 것과 완벽하게 맞아 떨어진다. 예수는 개혁을 시도하고 있었던 것이 아니었다: 그는 심판을 상징하는 행위를 보여주고 있었다. 우리는 주기적 희생 제사들이 더 이상 드려질 수 없게 되었을 때에 유대인들이 그러한 상황을 얼마나 끔찍하게 바라보았는지를 상기해

---

204) Borg 1984, 176.

205) Richardson 1992: 508 n:5에서 인용. 이러한 주장은 Chilton 1994, 172-6에서 다루어지고 있다.

206) Bauckham 1988; 세금에 대해서는 Horbury 1984b; Bauckham 1986을 보라.

207) Chilton 1992a, 1992b; 1994, 172-6.

208) 이것은 Neusner(1989)가 분명하게 보고 있는 점이다. 이것 때문에 나는 Bauckham의 주장의 강점 및 Chilton의 주장의 일부(1994, 174)를 심판이라는 주제와 결합시킬 수 있었다.

야 한다.[209] 예수의 행위는 야훼는 시온으로 돌아와서 성전에 좌정하지 않을 것이고, 주후 1세기 유대인들의 상징 세계 속에서 성전이 차지하고 있던 위치와 기능, 그리고 그 성전의 현재적인 운용을 정당화하지 않을 것이라는 자신의 믿음을 상징하는 것이었다. 오히려, 요세푸스가 실현되었다고 주장하듯이, 희생 제사의 중단은 이스라엘의 하나님이 성전의 부정(不淨), 특히 성전이 민족적 저항 이데올로기를 받아들임으로써 자초하였던 파국의 운명을 성전 위에 수행하기 위하여 로마 군대를 사용할 것이라는 것을 의미하였다.[210] 예수가 성전의 통상적인 기능을 잠시 멈춰 세운 것은 한 세대 내에 성전이라는 이 기관 전체에 임하게 될 파괴를 상징하였다.[211]

나는 성전에서의 예수의 행위는 성전의 임박한 파괴에 관한 극적인 상징으로 의도된 것이었고, 이것은 스가랴서의 예언의 암묵적인 맥락과 이사야서 및 예레미야서로부터의 인용문들에 의해서 밑받침되며, 탁자를 뒤엎고, 성전을 지름길로 사용하는 것을 금하고, 무화과나무를 저주한 예수의 구체적인 행위들

---

209) 단 8:11f.; 11:31; 12:11; 1 Macc. 1:45f.; Jos. *War* 6.94f.; mTaan. 4:6.

210) cf. Jos. *War* 6:96-110. 희생 제사가 중단된 직후에 요세푸스가 (도성 밖에서) (도성 안에 있던) 기샬라의 요한에게 말했다고 전해지는 이 말은 아주 많은 것을 시사해 준다. 의적 두목이었던 요한은 도성은 이스라엘의 하나님의 소유이기 때문에 결코 함락될 수 없다고 분명하게 말한다(98). 요세푸스는 탄식과 눈물로써(111) 자기가 조상들의 전승들을 대신하여 말하고(107) 예언자들과 맥을 같이 하여(109) 요한에게 회개하라고 촉구하는 것이라고(103) 응수한다 — 물론, 그는 "로마인들과 함께 그의 성전에 불을 내서 정결케 하고 더러움들로 가득 차 있는 도성을 멸절시키는 분이 바로 하나님 자신"이기 때문에 그것이 소용없다는 것을 알고 있지만. 분명히 이 말이 사건 후에 만들어졌다는 사실은 중요치 않다; 이러한 사고의 흐름은 우리가 지금까지 탐구해 왔던 논증의 흐름의 정합성을 보여준다.

211) Sanders 1993, 259는 "선량한 유대인 예언자로서 [예수는] 하나님의 이러한 멸망을 위하여 이방 군대를 사용하실 수 있다고 생각했을 것"이라고 본다; 그러나 그런 다음에, "급진적인 주후 1세기의 종말론자로서 예수는 아마도 하나님이 그러한 일을 직접 행하실 것이라고 생각했을 가능성이 많다"라고 주장한다. *NTPG* ch. 10에 비추어 볼 때, 나는 이것은 잘못된 이분법이라고 생각한다. Mairson 1996, 30f.는 성전의 재건에 관한 20세기적인 견해들과 관련해서 이와 비슷한 비이분법적 견해를 보도한다: 메시야는 성전을 지을 것이고, 그 성전은 하늘로부터 내려 올 것이다.

도 마찬가지로 모두 하나님 나라의 도래와 하나님 나라를 거부한 예루살렘 도성 및 성전의 파국을 보여주는 예언적 및 종말론적 상징으로 의도된 것이라는 결론을 내린다. 이러한 모든 행위의 이유들은 우리가 이전의 장들 속에서 살펴보았던 예수의 과제(agenda) 및 그의 동시대인들에 대한 그의 비판 속에서 찾아질 수 있다. 예수가 예루살렘에서 행했던 것은 그가 그의 공생애 사역을 통하여 행하고 말하였던 것과 완전히 일치한다.

이제는 성전 사건에 대한 결론적인 말들을 네 가지로 나누어서 해보고자 한다. 첫째, 학자들은 흔히 예수가 그러한 전복적이고 충격적인 행위를 했으면서도 현장에서 체포되지 않았다는 사실에 대하여 혼란스러워 해 왔다. 로마와 유대의 군대들이 다른 경우들에는 개입을 했었다; 그런데 왜 이번에는 개입하지 않았던 것인가?[212] 내가 제시하고 있는 가설은 이러한 문제점을 상당 부분 완화시켜 준다. 예수의 행위는 체제 전체를 통제하거나 개혁시키고자 했던 군사적 쿠데타나 그 어떤 시도가 아니라 전광석화와 같은 상징 행위로 보아져야 한다. 샌더스가 주장하듯이(틀림없이 경멸적인 의미에서), 이것은 "오직 소수의 제자들만이 순진하게도 그들의 옷을 나귀 앞에 깔았고 … 오직 소수의 사람들만이 나지막한 목소리로 호산나라고 중얼거렸다"는 것을 의미하지 않는다.[213] 그것은 이 행위가 돌발적이고 극적이며 강력했다는 것을 의미한다 — 그러나 그러한 순간은 금방 끝났다. 군대가 눈치를 챘을 때에는 이미 예수는 자기가 하고자 했던 것을 다 마치고 흥분한 청중을 향하여 장황한 말을 늘어놓고 있었고, 한편 환전상들은 그들의 동전들을 주워 모으고, 매매하는 자들은 푸드덕거리거나 놀라서 도망가는 짐승들을 정신 없이 잡고 있던 중이었을 것이다. 쿠마누스(Cumanus)가 그로부터 20년 후에 했던 것처럼, 지휘관이 증원

---

212) 예를 들면, 눅 13:1-3; 행 4:1-4; 21:30-6; Jos. *War 2.223-7*(= *Ant.* 20:105-12). 이러한 대목들 중 마지막 대목은 특히 시사해 주는 것이 있다. 네 번째 총독이자 빌라도의 후임이었던 Cumanus(주후 48-52년)는 유월절 동안에 일어날지도 모르는 소요를 진압하기 위하여 성전을 굽어 보는 곳에 군대를 주둔시켰다(한 중대, 즉 128명의 군사들). 군사들 중 한 명의 망동으로 인해서 폭동이 일어났고, 쿠마누스는 그의 모든 군대를 요새로 불러들였다. 무리는 두려워 도망했고, 많은 사람들이 살해되었다.

213) Sanders 1985, 306. 엄밀하게 말해서, 그는 성전 행위가 아니라 예루살렘 입성을 말하고 있다; 그러나 요지는 기본적으로 동일하다.

군을 보냈다고 하더라도, 그들이 도착할 무렵에는 상황은 다시 완전히 평온한 상태로 되돌아가 있었을 것이다.[214] 당국자들이 말썽을 피하고자 했다는 점을 감안하면(마가복음 11:18과 14:2은 아주 올바르게도 예수와 같은 인물에게 공적으로 손을 대면 소동이 일어날 것을 알고 있었고, 그래서 그들은 그러한 소동을 피하고자 했다고 강조하고 있다), 예수는 극적이고 고도로 가시적인 상징 행위를 수행하고도 현장에서 즉시 체포되지 않을 수 있었다는 것은 얼마든지 신뢰할 만한 것이다. 그러나 그때로부터 예수는 물론 요주의 인물이 되었을 것이다:

> 비록 잠정적이라고 하더라도 "이 성전"의 파괴를 들먹였다는 것은 단순히 돌이나 금, 일반적인 복리를 건드린 것이 아니라 역사와 소망, 민족적 정체성, 자기이해, 자부심을 건드린 것이었다.[215]

둘째, 예수가 성전의 멸망을 예언했다면, 또한 예수는 그 이후에 야훼께서 성전을 재건하실 것도 예언하였던 것인가? 이것은 샌더스의 주장의 핵심이다:

> 예수는 과연 어떠한 근거들 위에서 하나님께서 정하신 것을 공격하려고 ― 그 파괴를 상징하려고 ― 시도하였던 것인가? 이것에 대한 분명한 대답은 파괴는 회복을 지향하고 있었다는 것이다.[216]

이러한 대답이 "분명하다"는 것에 대해서 아무도 동의하지 않을 것이다. 성전 재건에 관하여 말하고 있는 공관복음서들의 본문들은 산헤드린 앞에서의

---

214) Cumanus에 대해서는 앞의 각주 212를 보라.

215) Meyer 1979, 183(이 대목 전체는 통찰로 가득차 있다). 이와 비슷한 설명으로는 cf. Gundry 1993, 646. 이러한 가설은 "중대 사건이었기 때문에, 예수는 체포되었을 것이다" 또는 "체포되지 않았기 때문에 실제 사건은 일어나지 않았다" 중에서 어느 하나를 선택하는 것으로 환원될 수 없다: cf. Miller 1991, 248.

216) Sanders 1985, 71. 그는 자기와 비슷한 해석을 취해 온 학자들을 인용한다; 1993, 261f. 뒤의 책에서 "재건"이라는 주제는 "파괴"에 대한 강조에 밀려서 앞의 책에서보다 상당히 약화되어 있다.

심문 장면에서 거짓 증인들의 입에서 나온 말들이다: "내가 손으로 지은 이 성전을 멸하고 사흘만에 손으로 짓지 않은 성전을 세우리라."[217] 물론, 이 사건에 대한 요한복음의 판본 속에도 이와 비슷한 말씀이 나온다.[218] 샌더스가 어렵사리 보여주고 있듯이, 성전의 종말론적 파괴와 재건에 관하여 말하는 유대교 문헌들이 적지 않다는 것은 사실이다.[219] 그러나 샌더스는 내가 이미 논증했던 것, 즉 예수의 성전 사건의 배후에 있었던 진정한 동기와 예수의 말씀들을 거부한다: 폭력적 저항을 받아들임으로써 이스라엘이 현재 곤경에 처해 있다는 예수의 분석과 그러한 결과로서 로마의 침략에 의한 멸망이라는 형태로 야훼의 진노를 자초하고 있다는 분석.[220] 오히려, 샌더스는 내가 보기에는 매우 빈약한 토대 위에서 성전의 "파괴"를 상징적으로 보여주었던 예수의 행위의 유일하게 진정한 동기는 성전이 어느 정도 문자적인 의미로 재건될 것이라는 전망에 의거한 것이라고 끈질기게 주장한다.[221]

나는 예수의 행위는 개혁이 아니라 종말론적 기대와 관련된 계획과 부합한다는 샌더스의 견해에 전적으로 동의한다. 또한 나는 예수는 예레미야와 마찬가지로 성전을 하나님이 주신 것으로 보았다는 그의 견해에도 물론 동의한다; 샌더스가 성전은 원래의 자리에 지어지지 않았기 때문에 거기에서 예배를 드리는 것은 근본적으로 잘못되었다고 주장하는 것도 문제가 되지 않는다.[222] 그

---

217) 막 14:57f./마 26:60f.

218) 요 2:19.

219) Sanders 1985, ch. 2(77-90).

220) Sanders 1985, 74는 이것 중 한 부분만을 인정하고(분별력 있는 사람이라면 소요를 일으키는 것이 곧 재앙을 불러 올 것이라는 것을 알 수 있었을 것이라는 것), 이방 군대에 의한 멸망과 이스라엘의 하나님에 의한 멸망을 구분한다 — 이것은 성서적인 증거(예를 들면, 사 10:5f.) 및 이 재앙을 이스라엘의 하나님에 의해서 초래되었고 로마에 의해서 수행되었다고 본 요세푸스의 인식(*War* 6:110)과 모두 맞지 않는다. 위의 각주 211을 보라.

221) Sanders 1985, 73, 75, 87, 88. 88쪽에서 샌더스는 "재앙, 하나님의 징계, 이후의 남은자의 구속 간의 연관 관계"는 "유대교 내에서 너무도 확고하게 확립되어 있었기 때문에 우리는 단순히 멸망에 관한 말만 나온다고 할지라도 오해하는 일은 없을 것이라고 전제하여야 한다"라고 말한다. 물론 그렇다. 그러나 "남은 자의 구속"은 결코 아주 명백하고 직설적이며 문자적인 의미로서 "성전의 재건"을 보여주는 것은 아니다.

는 단순히 성전이 필요 없게 되어가고 있었다고 명확하게 말하고 있는 것이다. 이러한 점들에서 샌더스와 나는 한편으로는 19세기의 학자들 및 다른 한편으로는 예수 세미나(그리고 그 밖의 다른 많은 사람들, 특히 근본주의 계열의 학자들)와 다르고, 슈바이처 및 그의 후계자들과 같다. 그러나 나는 예수의 행위가 야훼께서 곧 벽돌과 역청으로 된 새로운 성전을 지을 것이라는 기대 때문이었다고 생각하지 않는다. 나는 예수는 자기 자신 및 그를 따르는 자들을 새로운 성전으로 보았다고 생각한다(아래 제13장을 보라).

셋째, 이것과 호세아 6:6, "나는 제사를 원치 않고 긍휼을 원한다"라는 예수의 인용문과는 하나의 연결고리가 존재한다. 이스라엘의 하나님은 제사가 아니라 긍휼을 원하였다: 이 본문은 예수의 재정의에 있어서 핵심 요소를 보여준다.[223] 이 구절에 대하여 짤막하게 설명을 해둘 필요가 있다. 이 인용문은 마태복음에만 나오는 것으로서, 주후 3세기의 한 작품은 이것을 요하난 벤 자카이가 성전의 파괴에 대하여 논평할 때에 한 말이라고 기록하고 있다.[224] 일부 학자들은 이것을 이 인용문이 예수에게 돌려진 것이 요하난에 의한 이 개념의 사용에 반응하여 주후 70년 이후에 초대 교회가 만들어 낸 것이라는 것을 보여주는 증거로 제시하여 왔다.[225] 나는 이번에는 뉴스너(Neusner)의 견해에 좀 더 마음이 끌린다는 것을 고백한다:[226] 요하난에 관한 이 이야기는 그 밖의 다른 많은 이야기들과 마찬가지로 이후 시대의 논쟁, 아마도 바르 코크바 또

---

222) 그러므로 초기 그리스도인들은 계속해서 성전에서 예배를 드렸다(예를 들면, 눅 24:45); 이것에 대해서는 위의 n.179에서와 마찬가지로 Bauckham을 참조하라. 바울에게 있어서 이스라엘의 "예배"는 하나님이 주신 특권들 중의 하나였다(롬 9:4) — 바울은 로마서 전체에 걸쳐서 논증하고 있듯이 예배를 메시야 및 유대인과 이방인으로 이루어진 그의 백성에게 속한 그 밖의 다른 특권들과 같은 반열에 놓는다. Fredriksen 1995b, 90f.는 그녀가 반대하고 있는 논증을 희화화한다: 나는 예수가 성전과 그 예배를 "도덕적으로, 사회적으로, 종교적으로 잘못되었다"고 "정죄하였다"라고 주장하고 있는 것이 아니다.

223) 마 9:13; 12:7; cf. 막 12:33.

224) *Aboth de R. Nathan*(A) 4.

225) Davies & Allison 1988-91, 1:135. 그들은 Davies 1964, 306f.와 Hill 1977을 따르고 있다.

226) Neusner 1970, 114, 130.

는 그 이후의 시대에 벌어졌던 논쟁을 앞선 시대에 투영한 것일 가능성이 크다. 그 시대에 논의는 성전의 파괴가 비극적 사건이었는가 아닌가에 관한 것이 아니었을 것이다. 그런 문제는 주후 70년 직후의 시기에는 쟁점이 아니었다: 성전의 파괴가 지금까지 이스라엘 민족에게 임하였던 재앙들 중에서 가장 큰 것들 중의 하나라는 데에 그 누구도 의심하지 않았을 것이기 때문이다. 오히려, 문제는 지금 성전을 재건하는 것이 과연 지혜로운 일인가 아닌가에 관한 것이었다. 나는 성전의 다 타버린 잔해를 묵묵히 바라보면서 황당하다는 듯이 어깨를 으쓱하며 호세아 6장을 인용하는 요하난의 모습이 "하나님 나라의 멍에"는 더 많은 고통을 의미할 것이라고 두려워하여 호세아 6장을 로마인들에게 저자세를 유지하고 토라에 전념하며 성전의 재건을 무기한 연기해야 할 이유로 제시한 주후 130년의 한 랍비의 모습보다 역사적으로 신빙성이 떨어진다고 생각한다. 그리고 나는 당시의 모호한 태도들이 이미 과거지사가 되어버려서 요하난 벤 자카이가 랍비(대체로 힐렐 학파적이고 분명히 비혁명적이었던) 유대교의 창시자로 안전하게 여겨질 수 있게 되자, 그때에 가서야 비로소 이 견해를 자카이에게 돌렸을 가능성이 대단히 높다고 본다. 이것은 이 이야기를 위한 훨씬 더 나은 배경을 제공해 준다고 나는 생각한다.

(여기서 방법론과 관련해서 한 가지 짚고 넘어가지 않을 수 없는 점이 있다. 성전의 멸망이라는 사건이 있은 지 분명히 150년 이상이 지난 후에 랍비 사상이 요하난과 그가 장악한 얌니아 학파를 그 이전에는 거의 생각할 수 없었던 지위로 끌어 올려놓았던 때에, 큰 위기들은 중요한 경구들을 낳는다는 말이 나오는 한 저작 속의 요하난에 관한 전승을 믿으라고 권유하면서, 이스라엘의 민족적 삶 속에서의 한 위기에 대하여 훨씬 더 많이 알고 있었던, 성서의 이야기와 경구의 주인인 예수가 자기 나름의 방식대로 다양한 목적을 위하여 — 마태가 보여주듯이 — 그 본문을 사용할 수 없었다고 말하는 것은 참으로 이상한 일이다.[227] 비평적 암거위를 위한 소스는 비평적 숫거위를 위한 소스 — 아마도 근원 — 가 된다.)

넷째이자 마지막 내용은 이후의 논의들과 관련이 있다. 우리는 이미 성전이

---

227) Davies 1964, 307.

이스라엘의 제왕 이데올로기와 철저하게 결부되어 있었다는 것을 살펴본 바 있다.[228] 스가랴 6장과 솔로몬의 시편 17편 같은 구절들이 보여주듯이, 다윗과 솔로몬을 시작으로 여호아스, 요시야, 히스기야를 거쳐서 스룹바벨, 유다 마카베오, 헤롯 대왕, 끝으로 바르 코크바에 이르기까지의 다소 불안정한 계보는 이러한 연관성을 증언해 준다. 예수는 이러한 계보에 자기도 속한다고 생각했던 것인가? 예수의 성전 행위는 예언적일 뿐만 아니라, 의도적으로(물론, 역설적으로) 메시야적이었는가? 이것을 본 사람들은 이 점을 간파했는가? 나는 이 세 가지 질문 모두에 대한 대답은 "그렇다"라고 생각한다. 그러나 이것은 이후의 논의(제3부에서)의 주제가 될 것이다. 현재에 있어서 우리의 과제는 성전 사건 자체로부터 한 발자국 물러나서 거기에까지 도달하게 된 경과들을 검토하는 것이다. 달리 말하면, 우리는 다음과 같은 질문을 가지고 예수의 운동을 살펴보아야 한다는 말이다: 예수의 사역의 적극적 상징들은 무엇이었는가?

4. 예수의 하나님 나라의 상징들

(i) 서론: "귀환"의 상징들

우리는 방금 예수가 진정한 예언자적인 방식으로 이스라엘의 중심 제도들과 상징들을 정면으로 공격하였다는 것을 살펴본 바 있다. 예수가 그렇게 한 것은 그것들이 그 자체로 악하다고 생각했기 때문이 아니라, 그것들이 그의 동시대인들에 의해서 진정한 유대적 세계관의 거짓된 읽기와 실천의 버팀목을 해주도록 잘못 사용되고 있다고 믿었기 때문이었다. 쿰란 두루마리들의 저자들과 마찬가지로, 예수는 급진적인 행동을 보여주었다. 그렇게 함을 통해서, 예수는 "유대교" 및 이스라엘의 전통들로부터 떠나고자 했던 것이 아니었다; 예수의 목표는 그러한 전통들의 참된 의미라고 그가 보았던 것으로 이스라엘로 하여금 돌아오게 하려는 것이었다. 나는 이제 예수의 사역의 적극적인 상징들은 — 일부 학자들이 최근에 주장했던 것과는 달리 — "유대교" 자체와는

---

228) *NTPG* 224-6, 307-20; cf. 아래의 제11장; cf. Runnalls 1983; Gundry 1993, 642 와 거기에 나오는 참고문헌들. Catchpole 1984 등이 성전 사건을 비메시야적이라고 여길 수 있다는 것이 내게는 신기해 보인다.

다른 비유대적인 삶의 방식을 세우고자 한 시도로 보아져서는 안 된다는 것을 논증하고자 한다. 예수의 사역의 상징들은 그 근저에 있는 유대적 세계관의 포기가 아니라 그것에 대한 특정한 변형을 보여준다. 그것들은 참된 유대적 상징들, 이스라엘이 오랫동안 기다려 왔던 위대한 갱신의 표적들로서 의도된 것들이었다.

나는 이미 예수가 이스라엘의 이야기를 다시 하고 있다는 것을 알려 주는 주요한 하나님 나라 주제들 중 하나는 포로생활로부터의 진정한 귀환과 시온으로의 야훼의 진정한 돌아오심이 자신의 사역을 통해서 일어나고 있다는 그의 믿음이었다는 것을 논증한 바 있다. 예수의 사역의 주요한 상징들은 이 점을 강력하게 강화시켜주고 조명해 준다. 세계관의 상징들의 경우에 흔히 그러하듯이, 이 상징들은 실천 및 이야기와 밀접하게 통합되어 있고, 그러므로 위의 제5-8장의 빛 하에서 짤막하게 다루어질 수 있다.[229] 그것들은 누적적인 연쇄를 형성하고 있다. 이스라엘의 소망은 땅, 가족, 토라, 성전과 관련하여 인식되었다; 예수는 이러한 것들에 대한 통상적인 해석을 전복시키고, 자기 나름대로의 새롭고 적극적인 대안들을 제시하였다.

(ii) 회복된 땅, 회복된 백성

포로생활로부터의 귀환과 시온으로의 야훼의 돌아오심에 관한 예언들은 이러한 사건들을 병든 자들의 치유에 그 초점이 맞춰진 피조 세계의 극적인 회복이라는 특징을 지니는 것으로 보았다:

> 광야와 메마른 땅이 기뻐하며
> 사막이 백합화 같이 피어 즐거워하며
> 무성하게 피어 기쁜 노래로 즐거워하며 …
> 그것들이 여호와의 영광
> 곧 우리 하나님의 아름다움을 보리로다 …
>
> 그 때에 맹인의 눈이 밝을 것이며

---

229) 상징들과 그 밖의 다른 세계관 요소들의 관계에 대해서는 cf. *NTPG* 123-6.

못 듣는 사람의 귀가 열릴 것이며
그 때에 저는 자는 사슴 같이 뛸 것이며
말 못하는 자의 혀는 노래하리니 …

여호와의 속량함을 받은 자들이 돌아오되
노래하며 시온에 이르러
그들의 머리 위에 영영한 희락을 띠고
기쁨과 즐거움을 얻으리니
슬픔과 탄식이 사라지리로다.[230]

우리의 앞서의 논증들에 비추어 볼 때, 우리는 예수는 그의 치유의 "권세 있는 행위들"이 상징적으로 이러한 기대의 성취로 이해되기를 의도하였다고 자신 있게 말할 수 있다. 그러한 사역들은 단순히 사회적으로 또는 종교적으로 전복적인 것이 아니었다 — 물론, 분명히 그러한 측면을 지니고 있긴 하지만. 그것들은 상징들이 할 수 있는 방식으로 야훼께서 그의 백성을 구원하고 치유하기 위하여 오실 것에 관하여, 즉 귀환(돌아오심)과 회복에 관하여 말하였다.[231] 이런 이유 때문에 종말의 예언자였던 세례 요한이 예수가 행하고 있던 것과 행하지 않고 있던 것에 의해서 당혹스러워 했을 때, 예수는 요한의 사자들에게 자신의 특징적인 실천의 상징적 가치를 환기시키는 것으로 대답하였다:

너희가 가서 듣고 보는 것을 요한에게 알리되 맹인이 보며 못 걷는 사람이 걸으며 나병환자가 깨끗함을 받으며 못 듣는 자가 들으며 죽은 자가 살아나며 가난한 자에게 복음이 전파된다 하라 누구든지 나로 말미암아 실족하지 아니하는 자는 복이 있도다 하시니라.[232]

---

230) 사 35:1-2, 5-6, 10.

231) "권세 있는 행위들" 및 그것들에 관한 최근의 논의들에 대해서는 위의 제5장을 보라.

232) 마 11:4-6/눅 7:22-3. 아래의 753-757을 보라.

회복된 땅에 대한 기대는 회복된 인간에 그 초점이 맞춰지게 되었다. 예수는 사람들에게 "유업," 즉 그들이 포기해야 했던 소유물보다 더 큰 것을 제공하였다: 그러나 예수는 통상적으로 이것을 하나님 나라의 도래를 통해서 갱신되고 회복되고 있었던 인간의 삶과 인간 공동체들이라는 견지에서 해석하였다.[233] 값진 진주는 다른 모든 것을 판 자들만이 얻을 수 있다:[234] 그렇게 팔아야 했던 것들 중에는 거룩한 땅이라는 전통적 상징도 포함되어 있었다. 거룩한 땅은 종말론적 약속에 의해서 삼키워졌다. 야훼는 이제 온 땅의 왕이 되실 것이었다.

이와 동시에, 예수는 장소의 상징성에 대해서도 아주 민감하게 잘 알고 있었던 것으로 보인다. 예수의 운동은 그 기원을 어쨌든 세례 요한의 운동으로부터 가져 왔는데, 세례 요한은 당시의 몇몇 다른 유대 예언자들과 마찬가지로 사람들을 요단 골짜기에 모아 놓고, 이스라엘이 이 땅을 소유하기 위하여 맨 처음에 행하였던 출애굽을 재현하였다. 예루살렘으로의 예수의 의도적인 여행, 성전산 위에서의 예수의 행위, 감람산 위에서의 예수의 강화는 모두 그가 성취하고 있다고 주장한 하나님 나라의 기대에 관한 그러한 성서의 흐름들을 상징적으로 연상시키기 위한 의도를 지닌 것들이었다. 그러한 의미에서 땅의 상징도 긍정됨과 동시에 재정의되고 있었다: 돌들은 일반 사람들의 생각과는 근본적으로 달랐던 과제를 지녔던 자에게 소리쳐서 인사할 것이다. 여기서 다시 한 번 우리는 학자들이 마태 또는 누가가 이스라엘의 전통들의 지리적 상징성이 어떻게 작용하는지를 이해할 능력을 갖고 있었다는 것을 기꺼이 믿어준다면 — 그리고 마찬가지로 세례 요한과 그 밖의 다른 많은 사람들이 이러한 상징들을 이해하고 그것들을 재현할 수 있었다는 것을 믿어준다면 — 예수가 그와 동일한 능력을 지니고 있었다는 것을 부정할 이유가 전혀 없다는 것을 강조해 두지 않으면 안 된다. 진정한 문제는 의도적으로 상징적 방식으로 행동하기로 선택한 것보다 여러 개념들을 인위적으로 짜맞추는 것이 덜 위협적이라는 것인가? 예수는 바로 그렇게 행하였다고 나는 주장한다.

---

233) cf. 마 5:5; 마 19:29/막 10:30/눅 18:29-30.

234) 마 13:45/*Thom.* 76.

(iii) 재정의된 가족

우리는 앞 절에서 예수가 기존의 가족 및 민족의 상징체계에 대하여 철저하게 도전하였다는 것을 살펴보았다. 그 대신에, 예수는 의도적으로 그를 중심으로 한 가공의 혈연관계, 대체 가족을 만들고자 했던 것으로 보인다. "여기내 모친과 내 형제들이 있느니라": 이스라엘의 하나님의 말씀을 듣고 순종하는 모든 사람 — 이것을 통해서 예수는 분명히 그의 하나님 나라 선포에 호의적으로 응답한 모든 사람들을 의미했을 것이다 — 은 새로운 가족을 형성하였고, 서로에 대하여 그렇게 대해야 했다.[235] 예수는 그의 청중들이 알고 있던 민족을 이루는 인간적인 가족에 대한 근본적이고 충격적인 단절을 요구하였다; 그러한 가족은 예수 자신 및 그를 따르는 다른 사람들에 대한 전적인 헌신과 충성으로 대체되어야 했다. 이것은 우리에게 쿰란 공동체를 연상시킨다.

실제로 이러한 병행은 그 상징적 핵심을 아주 분명하게 해준다: 그것은 남은 자 신학, 포로생활로부터의 귀환의 신학이었다. 포로에서 돌아온 자들을 구별했던 족보들 대신에,[236] 새로운 백성을 위한 정체성의 상징은 예수 자신과 그의 하나님 나라 선포였다. 예수가 한 제자에게 "죽은 자로 하여금 죽은 자를 장사하게 내버려두라"고 말하였을 때, 그가 명하였던 대안은 "가서 하나님 나라를 전하라"는 것이었다.[237] 예수와 그의 하나님 나라 선포는 통상적인 상징적 의무들 중에서 가장 엄격한 것들도 짓밟을 수 있었다. 특히, 열두 제자의 부르심은, 그리스어 또는 아람어보다 훨씬 더 읽기 쉬운 언어로서, 이것이 야훼가 마침내 그의 백성 이스라엘을 회복하고 있는 지점이라는 것을 말해준다.[238] 이것은 회복되고 재정의된 가족이었다.

그리고 이 가족은 이스라엘의 경계를 넘어서서 모든 사람들에게 원칙적으로 열려 있었다. 땅과 가족은 종말론적 축복이 전통적 범위 너머에까지 미칠 것이라는 약속에 비추어서 동시적으로 다시 고찰되었다. 예언자들이 예언했듯

---

235) 막 3:31-5 등; 위의 613-618을 보라; cp. *G. Ebi.* 5; *2 Clem.* 9:11. 예수 당시의 세계에서 혈연관계의 중요성에 대해서는 **Malina 1993 part IV**를 참조하라.

236) 대상 1-9장; 스 2:1-67; 8:1-20; 느 7:6-69; 11:3-12:26.

237) 눅 9:60; 마태 판본(8:22)에는 단순히 "나를 좇으라"로 되어 있다.

238) 열두 제자에 대해서는 위의 465f.를 보라. **Sanders 1985, 101**: "우리는 여기서 흥미로운 종류의 역사성을 만난다: 상징의 역사성"

이, 수많은 사람들이 동서로부터 와서, 하나님 나라에서 아브라함, 이삭, 야곱과 함께 앉게 될 것이다. 예수가 회복된 이스라엘을 자기 자신에 대한 충성이라는 관점에서 상징적으로 재정의한 이상, 그것은 원칙적으로 모두에게 열려 있었다. 그러나 이방 민족들에 대한 선교를 분명하게 긍정하였던 복음서 기자들이 모두 예수가 실제로 이러한 좀 더 폭넓은 함의를 행위를 통해서 구체적으로 보여주는 상징적 사건들을 만들어 내기를 거부하였다는 것은 흥미로운 일이다. 예수가 이방인들을 만난 경우들은 극히 적었고 암호같이 되어 있기 때문에, 더욱더 사실일 가능성이 높다.[239]

물론, 이 새로운 가족은 예수의 사역 중에서 가장 잘 알려진 특징들 중의 하나에 의해서 특징지어졌고 구별되었다: 예수의 하나님 나라 운동에 뜻을 같이 하고자 하여 그의 과제를 공유한 그 어떤 사람과도 예수가 식탁 교제를 나누었다는 것.[240] 최근에 예수가 실제로 세리들과 그 밖의 불량한 사람들을 그의 무리 속에 포함시켰느냐에 대해서 논란이 있어 왔지만, 이러한 견해는 소수의 견해이기 때문에 배제해도 좋을 것 같다.[241] 지금은 대부분의 저술가들이 예수가 "죄인들"과 식사를 같이 한 것은 예수의 통상적인 활동의 가장 특징적이고 두드러진 표지들 중의 하나였다는 데에 동의한다.[242] 물론, 만약 예수가 단순히 개인의 자격으로 행동한 것이라면, 이것은 사실 별의미를 지니지 못했을 것이다. 그러나 그것이 예수가 실천과 이야기를 통해서 행했던 주장, 즉 그가 이스라엘이 오랫동안 기다려 왔던 하나님 나라를 개시하고 있다는 주장과 맞물리면서, 그것은 엄청난 상징성을 지니게 된다. 앞에서 보았듯이, 그것이 바로 논쟁을 불러일으켰던 이유였다. 예수는 메시야적 연회를 송축하고 있었고,

---

239) 마 8:5-13/눅 7:1-10에 대해서는 cf. *NTPG* 421f.; 종말론적 기대에 대해서는 *NTPG* 267f.를 참조하라.

240) 막 2:13-17/마 9:9-13/눅 5:27-32; 마 11:19/눅 7:34; 눅 15:1-2; 19:1-10.

241) 예수를 로마의 "부역자들"로부터 거리를 둠으로써 예수를 사회적 항의의 운동들과 결부시키고자 하는 Horsley의 시도(1987)에 대해서는 위의 418 n.100을 참조하라.

242) 마 11:19/눅 7:34에서 버려진 행은 초대 교회의 창작물이 아니다; 그것은 예수 세미나로 하여금 이 말씀에 대하여 분홍색 또는 붉은 색이 아니라 회색의 투표를 하게 만들었던 "인자"라는 어구와 유사한 것이었다(Funk & Hoover 1993, 180).

그것도 온갖 불량한 사람들과 그렇게 하고 있었다.

이런 식으로 예수는 주류 이스라엘을 특징짓고 있었던 가족과 민족의 상징 체계를 자체 속으로 끌어들인 새로운 상징을 만들어 내었다. 예수에 대한 충성은 그 밖의 다른 모든 것들을 뛰어넘는 새로운 가족적 유대를 형성하였다. 이러한 빛 하에서 보면, 다음의 두 상징들은 좀 더 쉽게 이해될 수 있다.

(iv) 재정의된 토라

민족과 가족에 대한 예수의 재정의와 나란히, 그리고 그것과 아주 일맥상통하게, 토라에 대한 예수의 재정의가 있었다. 이것은 아주 큰 주제이지만, 여기서 주된 요점은 아주 간단하게 요약될 수 있다. 토라는 이스라엘을 정의하였다: 구체적으로 말하면, 토라의 행위들은 상징적 실천으로서의 기능, 즉 율법을 지키는 유대인들과 그들의 이웃들에게 그들이 진정으로 계약의 백성이라는 것을 나타내 보이는 일련의 표지로서의 기능을 하였다. 예수에게 있어서 그의 제자들을 구별짓고, 따라서 그러한 의미에서 재정의된 토라로 분류될 수 있는 상징적 실천은 우리가 이미 다른 곳에서 살펴보았던 산상수훈 같은 대목들에 자세하게 나와 있다.[243] 특히, 예수의 백성이 됨으로써 "긍휼"과 "죄사함"을 받았던 포로생활로부터 돌아온 예수의 백성은 이제 그들의 새로운 가족관계들 속에서 "긍휼"과 "용서(죄사함)"를 나타내 보일 의무 아래 있었다. 예수의 식탁 교제는 사실상 음식법들을 대체하는 것이었다. 용서(죄사함)는 예수의 재정의된 이스라엘을 특징짓는 상징적 실천의 핵심에 놓여 있었다.[244]

(v) 재건된 성전

별로 놀랄 일도 아니지만, 이 모든 재정의된 상징들은 예수의 대안적인 성전 상징체계 속에 통합되어 있었다. 우리는 이것을 전승의 여러 다양한 대목들 속에서 발견하는데, 이것들을 우리는 나중에 좀 더 자세하게 살펴보지 않으면 안 된다.

성전과 유대의 관계는 토라와 갈릴리의 관계와 마찬가지였다. 이 말은 지나

---

243) 위의 제7장.

244) 예를 들면, 마 18:21-35 등에 고전적으로 표현되어 있다.

치게 단순화된 표현이지만, 그래도 유익한 지적이다. 물론, 주후 70년까지 토라는 성전에 의존하는 두 번째 위치에 굳건하게 남아 있었다. 그럼에도 불구하고, 이 두 지역에서 유대인들의 삶의 질서를 잡아 주었던 상징들이라는 관점에서 보면, 이 경구는 진실을 말하고 있다. 유대에서 성전에 대한 충성은 갈릴리에서 토라에 대한 충성과 병행되는 기능을 하였다.

따라서 성전에서의 예수의 행위들과 말씀들은 토라에 관한 그의 행위들과 말씀들과 거의 동일한 방식으로 상징적 기능을 하였다. 그 어느 쪽의 경우에서도 그 제도 자체가 선하고 하나님이 주셨으며 존중되어야 할 것이라는 것을 부정하는 것은 없었다. 이 두 경우에서 그 제도를 초월할 때가 왔다는 단언이 있을 뿐이었다; 이 두 경우에서 그 제도는 현재 관련된 사람들과 그의 백성 이스라엘을 향한 야훼의 뜻에 파괴적으로 작용하는 방식으로 운영되고 있다는 고소가 있었다. 두 경우에서 이것은 전형적으로 유대적인(그리고 전형적으로 주후 1세기에 있었던) 내부로부터의 비판이었다. 달리 말하면, 샌더스가 이 두 경우에서 문제가 되었던 것은 종말이 동터오고 있다는 예수의 인식이었다는 점을 강조하는 것은 옳았다는 말이다. 그러나 예수가 그의 동시대인들을 반대하여, 그리고 유대인들의 세계관에 대한 그들의 해석을 표현하고 강화하였던 상징들에 반대하여 행하였던 비판을 최소화하고 주변화시킨 것은 샌더스가 잘못한 것이었다. 예수의 초기 사역에 있어서 상징 행위들의 의미는 성전 행위를 배경으로 볼 때에 아주 극명해진다.

이러한 핵심 상징 행위들 중 하나는 세 개의 공관복음서들 모두에 공통적으로 나오는, 금식에 관한 예수의 태도를 말해주는 작은 이야기 속에 등장한다.[245] 세례 요한의 제자들과 바리새파의 제자들은 금식하였으나, 예수와 그의 제자들은 금식하지 않았다. 이러한 차이는 종교의 패턴과는 전혀 상관이 없는 것이었다. 금식을 했던 두 집단은 외적인 준수에 관심이 있었던 반면에, 예수는 오직 마음의 내적인 태도에만 관심이 있었다는 것도 아니었다. 또한 금식을 했던 집단들은 자유롭고 편안한 반율법주의자로 보였던 예수와는 대조적으로 율법주의적 금욕주의자들로 치부해 버려서도 안 된다. 그러한 분석은 제

---

245) 막 2:18-22/마 9:14-17/눅 *5.33-9/Thom.* 47:1-5; 104:1.

2성전 시대 유대교의 모습을 도덕주의라는 밋밋하고 시대착오적인 모습으로 만들어 버리는 것이 될 것이다. 뭔가 판이하게 다른 것이 문제가 되고 있었다.

이 시기에 금식은 유대인들에게 있어서 단순히 금욕적 훈련, 일반적인 경건의 훈련의 일부가 아니었다. 금식은 이스라엘의 현재적 상태와 관련이 있었다: 이스라엘은 여전히 포로생활 중에 있다. 좀 더 구체적으로 말하면, 금식은 성전의 파괴를 기념하는 것과 관련이 있었다.[246] 금식이 잔치로 바뀌게 될 것이라는 스가랴의 약속은 오직 야훼께서 그의 백성의 운명을 회복하실 때에만 실현될 수 있었다.[247] 물론 이것은 바로 예수의 암호 같은 말씀들이 함축하고 있었던 바로 그것이었다:

> 혼인 집 손님들이 신랑과 함께 있을 때에 금식할 수 있느냐 신랑과 함께 있을 동안에는 금식할 수 없느니라 …
>
> 생베 조각을 낡은 옷에 붙이는 자가 없나니 만일 그렇게 하면 기운 새 것이 낡은 그것을 당기어 해어짐이 더하게 되느니라 새 포도주를 낡은 가죽 부대에 넣는 자가 없나니 만일 그렇게 하면 새 포도주가 부대를 터뜨려 포도주와 부대를 버리게 되리라 오직 새 포도주는 새 부대에 넣느니라 하시니라.[248]

달리 말하면, 잔치는 한창 진행 중이고 아무도 혼인 잔치에서 시무룩한 얼굴을 하지 않는다는 것이다. 이것은 "종교" 또는 "도덕"에 관한 "가르침"의 한 단편이 아니다; 또한 그것은 무시간적인 진리를 설파한 것도 아니다. 그것은 종말론에 관한 주장이다. 때가 찼고, 포로생활은 끝났으며, 신랑이 곧 오신다. 금식이 아니라 잔치를 통해서 예수가 보여준 상징은 그의 논란된 주장, 즉 그의 사역을 통하여 이스라엘의 소망이 실현되고 있고, 좀 더 구체적으로 말해

---

246) cf. *NTPG* 234f.와 거기에 나오는 일차 및 이차 자료들에 대한 참고문헌들; 그 문헌들을 우리는 Safrai 1976b, 814-16를 추가할 수 있다.

247) 슥 8:19.

248) 막 2:19, 21f./마 9:15, 16/눅 5:34, 36f. 누가는 후자의 이중적 말씀을 "비유"로 설명한다; 그 말씀은 *Thom.* 47:4f.(또한 cf. *Thom.* 104:1-3)에서 독립적인 경구가 되었다.

서, 그의 사역을 통해서 성전이 재건되고 있다는 주장을 공공연하게 나타내 보이고 있다. 포로생활 속에 사는 데에 아주 익숙해졌기 때문에 해방의 메시지를 들을 수 없었던 사람들은 실제로 귀머거리였다.[249]

이것은 죄사함을 줄 수 있다는 예수의 주장에 대해서도 그대로 적용되었다.[250] 이러한 "죄사함"은 어느 때나 누구라도 줄 수 있는 것과 같은 비역사적인 초연한 축복으로 생각되어서는 안 된다. 흔히 그래 왔듯이, 예수의 제안은 "하나님 노릇을 하려는" 시도로 해석되어서는 안 된다; 또한 그러한 시도는 상상할 수 없는 것이라는 근거를 들어서 이것을 비역사적인 것으로 거부해 버려서도 안 된다. 죄사함은 종말론적 축복이었다; 이스라엘이 죄로 인하여 포로로 끌려간 것이라면, 죄사함은 곧 이스라엘이 돌아온다는 것을 의미한다: 야훼에게로 돌아오고, 포로생활로부터 돌아오는 것.[251] 예수의 행위와 주장은 이러한 귀환(돌아옴)의 상징이 지금 현실이 되어가고 있다는 것을 보여주는 것이었다. 쿰란 두루마리들의 저자들은 그들의 집단이 포로생활로부터 진정으로 귀환한 백성으로서 죄사함을 받았다고 믿었다고 한다면,[252] 세례 요한이나 예수 같은 종말론적 예언자가 그의 제자들에게 동일한 것을 제공해 주었다고 생각하는 것은 별문제가 없다. 이것은 우리를 예수의 반-성전(counter-Temple) 운동의 핵심으로 데려다 준다:

> 이런 유의 터무니없는 독립은 그 체제, 그리고 그 중심인 제사장과 성전의 독점을 깨뜨려 주었을 것이다.[253]

그 결과,

우리는 지금 서기관들이 갈릴리에서 활동 중인 예수를 조사하기 위하

---

249) 이것은 5:39에서의 누가의 첨가의 의미인 것으로 보인다.

250) 막 2:1-13/마 9:1-8/눅 5:17-26; 눅 7:36-50; 또한 cf. 눅 19:1-10.

251) 특히, cf. 사 40:1-2; 애 4:22; 단 9:1-19; etc.

252) 예를 들면,. 1QH 4:11-12; 5:4; 15:30f.(GM 317, 319, 344).

253) Meyer 1992a, 257.

여 예루살렘으로부터 내려온 이유를 이해할 수 있는 훨씬 더 나은 위치에 있게 되었다. 갈릴리에서의 예수의 사역 전체는 이미 그들의 도성 및 그 통제를 위한 근거지였던 성전의 절대성을 훼손하고 있었다.[254]

또한 이것은 오직 마가복음에만 기록된 서기관과의 짧은 대화의 취지이기도 하다:

서기관이 이르되 선생님이여 옳소이다 하나님은 한 분이시요 그 외에 다른 이가 없다 하신 말씀이 참이니이다 또 마음을 다하고 지혜를 다하고 힘을 다하여 하나님을 사랑하는 것과 또 이웃을 자기 자신과 같이 사랑하는 것이 전체로 드리는 모든 번제물과 기타 제물보다 나으니이다 예수께서 그가 지혜 있게 대답함을 보시고 이르시되 네가 하나님의 나라에서 멀지 않도다 하시니.[255]

문맥상으로 이것은 오직 한 가지 것만을 의미할 수 있다: 이스라엘의 기본적인 신앙 고백을 진정으로 성취하는 하나님 나라 행위는 성전과 그 희생 제사 제도보다 더 가치가 있다. 그리고 예수는 갱신된 새로운 마음, 사람들이 마침내 하나님과 이웃을 사랑함으로써 쉐마를 지킬 수 있게 해줄 새 계약의 축복을 제공하고 있다고 주장하고 있기 때문에, 이 대화는 나머지 증거들과 상징적으로 잘 공명한다. 그것은 예수에게 있어서 그가 개시시키고 있다고 주장한 하나님 나라의 핵심 중의 일부가 성전이 제공해 주었던 모든 것을 줄 수 있고, 그렇기 때문에 이스라엘의 가장 큰 상징을 대체하고 그것을 불필요하게 만들어 버릴 것이라는 것을 보여준다.

이러한 관점에서 보게 되면, 예수의 실천은 갑자기 깜짝 놀랄 만한 상징적 초점으로 건너뛴다. "작은 자야 네 죄사함을 받았느니라":[256] 이 문장은 어떤 사람이 길거리에서 당신에게 다가와서 여권 또는 운전면허증을 발급해 주겠

---

254) Freyne 1988b, 47.
255) 막 12:32-4. Cf. 호 6:6을 인용하고 있는 마 9:13; 12:7(위의 652f.에서 논의된).
256) 막 2:5/마 9:2/눅 5:20.

다고 제안하는 것과 마찬가지의 것이다 — 이 경우에 좀 더 적절한 비유는 어떤 개인이 감옥이 갇혀 있는 한 죄수에게 다가와서 그에게 사면장을 주는 것과 같다. 20세기에 사는 이신론자인 서구의 한 개인의 인식으로 보면, 이것은 마치 예수가 "신"으로서 행동하며 거대한 형이상학적인 높은 곳으로부터 죄사함을 하사해 주는 것처럼 보일 것이다. 이것은 그러한 상징적 행위가 왜 충격적이었느냐 하는 것에 대한 허구적 인식을 심어 준다. 주후 1세기 유대인들의 현실 속에서, 야훼께서 죄를 사해주는 방식은 궁극적으로 성전과 제사장이라는 공식적으로 설정되고 공인된 통로들을 통해서였다.[257] 샌더스가 주장한 대로, 예수는 자기가 통상적으로 성전에 부여되어 있는 권세를 지니고 있다는 강력한 함의를 띤 주장을 함으로써 "하나님을 대변하고" 있다고 주장한 것이었다.[258]

이것은 이스라엘의 조상들의 전통들을 대변한다고 주장하였던 자들과의 예수의 상징적인 충돌이 지닌 진정한 성격을 분명하게 해 준다. 금식은 이스라엘이 여전히 포로생활 중에 있다는 것을 말해 주는 것이었다. 안식일은 위대한 안식의 날이 여전히 미래에 있다는 것을 말해 주었다; 또한 안식일은 이스라엘과 이방인들 모두에게 이스라엘이 여전히 구별되어 있기로 결단하고 있다는 것을 알려 주는 것이었다. 또한 음식법들은 이스라엘이 열방들로부터 구별되어 다른 음식을 먹고 그들의 인종적이고, 궁극적으로는 민족적인 경계들을 강화하고자 한다는 것을 말해 주었다. 예수의 사역 전체는 애곡의 날, 포로생활의 기간, 반드시 필요했고 하나님이 정하신 민족적 구별의 시대가 끝나가고 있다는 것을 선포하는 것이 그 목적이었다. 그러므로 이스라엘의 하나님이 예수의 사역을 통해서 옛적의 약속들을 성취하기 위하여 행동하고 계시다는 예수의 주장은 이스라엘의 유업의 수호자들로 자처하던 자들에게는 심각한 위협으로 받아들여졌다. 그들이 보기에는, 이스라엘의 운명의 성취는 그런 것

---

257). Fredriksen 1995b는 죄사함은 유대교 내에서 어떤 사람이 회개할 때마다 언제든지 어느 곳에서나 활용될 수 있었다고 주장한다. 이 말은 어떤 차원에서는 옳지만, 샌더스가 분명하게 해 주고 있듯이(1992b, 103-18), 죄사함의 행위는 희생 제사 없이는 완전하지 못한 것이었다. Fredriksen은 이 문제를 본질적으로 주후 70년 이후의 관점에서 바라보고 있는 것으로 보인다.

258) 예를 들면, Sanders 1985, 240, 273; 1993, 239.

이 될 수 없었다.

앞서 얘기했듯이, 바리새인들은 예수가 삭개오나 막달라 마리아 같은 죄인들을 설득해서 그 행실을 고치도록 한 것에 대해서 만족해했을 것이다. 그러나 그런 것은 전혀 문제가 아니었다. 이미 살펴본 과제들의 충돌과 유사한 이 점에 있어서의 바리새인들의 반론은, 예수가 그가 줄 수 있는 권한이 전혀 없는 것을, 그것을 받을 권리가 없는 사람들에게, 그가 설정할 권리가 전혀 없는 조건들 아래에서 주겠다고 주장하고 있었다는 것이었다. 회개는 (어떤 이유로든) 공동체로부터 배제되었던 자를 공동체가 그 공식적 구조를 통해서 공동체로 다시 통합시키는 문제였다. 이것은 공식적 통로들을 거쳐야 한다는 것을 의미하였다. 그것은 야훼의 일이었고, 오직 그의 공식적 대리자들, 즉 제사장들을 통해서, 그리고 궁극적으로는 성전 자체를 통해서만 행해질 수 있었다. 우리가 제7장에서 보았듯이, 예수는 회개의 개념 자체를 재정의하였다. 그는 그를 따르는 자들을 "보속을 끝내고" 포로생활에서 돌아온 참된 이스라엘로 여길 권리가 자기에게 있다고 주장하였다.

(그렇다면, 우리는 이렇게 물을 수 있을 것이다: 왜 제사장들, 특히 지방 제사장들은 예수에게 반대하지 않았던 것인가? 아마도 그들은 예수에게 반대했을 것이다. 바리새인들과의 논쟁만큼이나 제사장들과의 논쟁도 많았을 것이지만, 우리가 복음서들 속에서 가지고 있는 것은 초대 교회의 필요들에 부합하는 내용들을 창작해 낸 것이 아니라 제사장들이 존재하지 않았던 디아스포라 선교에서 필요했던 것들 또는 제사장들이 남아 있지 않았던 주후 70년 이후의 공동체 속에서 필요했던 것들에 부합하지 않았던 내용들을 억제한 것이다. 아마도 바리새인들과 예수의 논쟁들은 초대 교회가 새로운 상황들 속에서 직면했던 논쟁들과 동일하지는 않았지만 좀 더 유사한 것으로 보아졌던 반면에, 제사장들에 의해서 제기되었던 문제들은 초대 교회와는 별상관이 없었을 것이다. 사도행전이 보여주듯이(6:7), 많은 제사장들이 개종하였다. 물론, 예수 전승들의 역사에 관한 이러한 주장은 사변적인 것이긴 하지만, 다른 가설들을 밑받침하기 위하여 통상적으로 제시된 것들보다는 덜 사변적이다. 이것은 사실 아무런 근거가 없음에도 불구하고 "학계에서 받아들여진 결과들"이 되어 있는 몇몇 견해들과 비교해서는 온건하다고 할 수 있다.)

치유, 죄사함, 갱신, 열두 제자, 새로운 가족과 새롭게 정의된 특징들, 유무상통, 이방인들을 위한 축복의 약속, 금식을 대신한 잔치, 성전의 파괴와 재건: 이 모든 것들은 이스라엘의 포로생활이 끝났고, 예수가 이러한 새로운 상황에 대하여 책임이 있으며, 성전이 상징했던 모든 것은 이제 예수와 그의 운동을 통하여 얻을 수 있다는 것을 강력한 상징의 언어로써 선포하는 것이었다. 그러므로 예수가 예루살렘에 왔을 때에 그곳은 예수와 성전을 둘 다 포용할 정도로 크지 않았다는 것은 놀라운 일이 아니다. 갈릴리에서의 예수의 사역에서 중심 주장은 이스라엘의 하나님이 지금 예수를 통하여 악과 대결하고 이스라엘이 그토록 갈망하였던 포로생활로부터의 진정한 귀환, 즉 회복을 가져오기 위하여 활동하고 계시다는 것과 이스라엘의 하나님이 지금 심판과 긍휼을 가지고 시온으로 돌아오고 계시다는 것이었다. 그러나 모래 위에 지은 집 — 현재의 성전과 그것에 수반된 모든 것들, 그리고 예레미야의 시대에서와 마찬가지로 성전을 중심으로 집약되어 있었던 민족적 안전에 관한 모든 소망들 — 은 큰 소리를 내며 무너질 것이었다. 우리가 성전에서의 예수의 행위를 내가 제시한 방식으로 이해한다면, 우리는 예수의 순회 사역 동안의 가장 큰 특징이었던 상당히 많은 말씀들과 행위들, 예루살렘에서 그러한 예언자적 사역 전체를 그 절정에 이르게 했던 행위들과 말씀들 간의 통일성이라는 매우 큰 역사적인 이익을 얻게 된다.

그러므로 우리가 이 장 전체에 걸쳐서 해 왔듯이 당시 유대교의 지배적인 상징들에 대한 예수의 태도 및 그 자신이 선택한 상징들에 대하여 묻는다면, 우리는 아주 자연스럽게 성전과 토라가 그 전체적인 모습을 지배하고 있다는 것을 발견한다. 예수는 이러한 제도들이 하나님이 주신 것이라는 것을 전제하였다. 그는 유대교의 아주 오래된 전통들 중의 하나, 즉 내부로부터의 예언자적 비판을 수행하는 전통 속에 굳건히 서 있었다. 그러나 예수의 상징적 비판은 날카로웠다. 이스라엘이 옛적의 상징들을 현재에 있어서 나름대로 실천하고 있는 방식은 이스라엘을 파멸을 향하여 돌진하도록 이끌고 있었다. 예수는 가능한 한 가장 분명한 방식으로 이 점을 경고하였고, 이와 동시에 회개하여 그와 함께 이스라엘이 되는 새로운 길, 야훼에 대한 충성의 새로운 길을 가고자 하는 모든 사람들을 초대하였다. 이것은 주후 1세기 유대인들에게 전혀 이상한 일이 아니었다는 것을 우리는 다시 한 번 강조해 두지 않으면 안 된다. 또한 예수가 이 모든 것들을 압축해 놓은 마지막 장면에서 그의 상징 행위들을 통합하고 있다는 것도 전혀 이상한 일이 아니다.

(vi) 상징적 초점

우리가 이제까지 살펴본 모든 상징들을 종합하면, 우리는 무엇을 얻게 되는 가? 우리는 예수가 그를 따르는 잡다한 무리들과 어울려 잔치를 벌임으로써 그들이 치유 받고 죄사함 받았다는 것을 보여주었다는 것을 알게 된다; 예수 는 그와 함께 있는 자들이 참 이스라엘이라는 의미를 함축하고 있었다; 예수 는 포로생활로부터의 진정한 귀환, 새로운 출애굽을 행위로써 보여주었다; 예 수는 토라가 종말 이전의 이스라엘을 위해서 했던 것을 그의 백성을 위해서 행한 새로운 실천을 통해서 그의 백성을 구별하였다; 예수는 자기 주변에 반-성전 운동을 형성하였다. 만약 우리가 이러한 그림들을 하나로 그리고자 한다 면, 그 장면은 갑자기 친숙한 모습으로 보여지게 될 것이다. 그 장면은 한 젊 은 유대인 예언자가 자기를 따르는 열두 제자들과 함께 식탁에 기대어서 유월 절 식사를 거행하면서 자기 자신 및 그의 제자들을 참 이스라엘, 새로운 갱신 된 계약의 백성으로 여겼는데, 성전에 대한 기이하지만 의도적인 대안을 이루 는 배경과 맥락 속에서 그렇게 하였다는 것이다. 달리 말하면, 예수의 하나님 나라 선포의 상징들은 다락방에서 통합된다는 말이다.

우리는 제12장에서 이 장면을 좀 더 자세하게 살펴볼 것이다. 여기에서는 우리는 단지 세 가지 점만을 지적하고자 한다.

첫째, 예수가 하나님 나라를 가져오고자 한 그의 의도의 일환으로써 그의 제자들과 함께 이런 유의 유사 유월절 예식을 거행하였다는 것은 우리가 본서 의 제2부 전체에 걸쳐서 살펴보았던 실천, 이야기, 상징들과 완전히 부합한 다[259] 우리가 지금까지 엮어서 짜온 역사적 재구성이 역사적 토대를 지니고 있다면, 우리는 이것과 같은 최종적인 예언적 행위를 예측할 수 있을 것이다.

둘째, 최근의 몇몇 저술가들이 보여주었듯이, 성전에서의 행위와 이러한 식 사의 거행은 서로를 해석해 주는 역할을 한다.[260] 우리가 성전과 최후의 만찬 의 복합체 전체를 어떻게 "읽든지" 간에 — 이것에 대해서는 우리는 나중에

---

259) 특히, cf. 막 14:25/마 26:29/눅 22:18.

260) 예를 들면, cf. Neusner 1989, 1993; Chilton 1992b.

다시 살펴볼 것이다 — 그것은 하나의 복합체, 예수가 다가올 하나님 나라를 행위로써 보여준 의도적인 사건들의 상호 연관된 그물망으로서 결합되어 있다.

셋째, 예수가 새롭게 만들어 낸 상징적 우주의 핵심에는 예수 자신이 있다. 예수의 사역, 예수의 현존, 예수의 가르침, 심지어 예수의 임박한 운명; 이 모든 것들은 한데 결합되어서, 우리가 찾고 있는 상징들 중에서 예수 자신이야말로 예수의 사역의 가장 큰 상징이라는 것을 보여준다. 우리가 지금도 여전히 종종 듣고 있는 과거의 묘사에서처럼 예수는 하나님에 관하여 말하였고 초대 교회는 예수에 관하여 말하였다는 주장은 전혀 사실이 아니다. "누구든지 내 말을 듣고 행하면 … "; "내가 하나님의 손가락을 빌어 귀신들을 쫓아내는 것이라면 … "; "그러나 나는 너희에게 이르노니 … " 시대착오적인 서구인들의 감수성으로는 이것이 상당히 질긴 고기같이 느껴질 것이다. 일부 사람들은 여전히 예수를 이렇게 자신을 준거점으로 삼고 있는 것으로부터 구해내서 자기 자신을 명확한 초점으로 삼는 것에서 벗어나 그의 겸손을 보존하고자 애쓴다.[261] 그러나 나사렛 출신의 예언자의 프로필(profile)이 좀 더 뚜렷하게 부각되면, 우리는 그를 우리 자신이 생각한 대로 그런 식으로 만들 수 없게 된다. 예수는 우리가 주후 1세기 유대교에 속한 다른 몇몇 사람들의 면모라고 생각하는 것과 너무도 흡사한 모습을 지니고 있다: 운동을 시작해서, 사람들에게 자기를 따르라고 초대하고, 자신의 사역을 통해서 이스라엘의 하나님이 그의 나라를 가져오실 것이라고 믿었고 또한 다른 사람들에게 믿도록 설득하였던 그런 인물들. 우리가 이미 보았듯이, 그러한 몇몇 인물들은 "지도자적" 예언자들이었다; 그리고 그중 일부는 메시야를 자처하는 인물들이었다.

사람들이 그러한 주장을 하는 것을 보고 그 주장에 동의하지 않은 사람들은 물론 무슨 일이 벌어지고 있는지에 관한 대안적 분석을 제시할 것이다. 여기서 다시 한 번 카리스마적 젊은 유대인이 예수가 말하고 행했던 식으로 말

---

261) cf. Funk & Hoover 1993, 32f.: 예수는 제자들에게 겸손을 역설했기 때문에 스스로에 대하여 특별한 주장을 할 수 없었을 것이다. 오히려, 그는 "게리 쿠퍼가 전형적으로 보여주고 있는 미국 서부의 카우보이 영웅처럼 … 자기를 앞세우지 않고 겸손하며 거만하지 않고 수수하였다." 그러한 인물이 과연 역사적으로 중요한 인물이 되었을까?

하고 행하는 것이 전혀 이상한 것이 없었듯이, 또한 사람들이 그들이 했던 식으로 반응하는 것도 전혀 이상할 것이 없었다. 예언자들은 예루살렘 바깥에서 죽을 수 없었지만, 만약 예루살렘 바깥에서 죽는다면, 그것은 하나님의 섭리에 의한 것이어야 했다. 예수처럼 행하고 말한 사람은 누구든지 곧장 문제를 일으킬 수밖에 없었다. 사람들은 그가 이스라엘을 어그러진 길로 인도하고 있다고 말하기 십상이었고, 그것은 전통적으로 사형에 해당하는 죄였다.

5. 예수는 "백성을 어그러진 길로 인도하였던 것인가"?

예수가 "이스라엘을 어그러진 길로 인도하고" 있다는 고소는 주후 2세기와 그 이후에 나온 문헌들 속에서 아주 분명하게 등장한다. 순교자 유스티누스(Justin)도 그러한 고소를 알고 있었다;[262] 그것은 두 개의 잘 알려진 탈무드 구절들 속에 분명하게 반영되어 있다.[263] 이것도 잘 알려져 있다. 그러나 "백성을 속이는 자"라는 예수에 대한 생각이 적어도 함축적으로 요세푸스의 『유대 고대사』 18:63 이하에 나오는 예수에 관한 유명한 대목 속에서 논의되고 있다는 것은 그리 자주 언급되지 않는다. 통상적으로 기독교적 개작들로 보아지고 있는 것을 제거한다면, 그 나머지 본문은 다음과 같이 긍정적인 시각에서 읽혀질 수 있다:

> [예수는] 놀라운 묘기들을 발휘하였고 진리를 기쁘게 받아들이는 그러한 사람들의 교사였다. 그는 많은 유대인들과 많은 그리스인들을 자기편으로 끌어들였다.[264]

그러나 여기 나오는 결정적으로 중요한 단어들을 훨씬 더 부정적인 의미로 해석할 수 있는 타당한 근거가 있다:

---

262) *Dial.* 69:7; cf. Stanton 1994, 166f.

263) bSanh. 43a; 107b. Cf. Klausner 1947 [1925], 27f.; Horbury 1982a, 57; Stanton 1994, 167. 이러한 고소는 *Ac. Thom.* 48, 96, 102, 106f.에도 적어도 함축적으로는 존재하고 있는 것 같다: Stanton, 169.

264) Loeb 판본에 나오는 Feldman의 번역.

[예수는] 기이한 행위들을 행한 자였고, 순진한 마음을 가진 자들을 속이고 유혹하는 자였다. 그는 많은 유대인들과 그리스인들을 어그러진 길로 인도하였다.[265]

이와 동일한 고소는 요한복음, 누가복음, 마태복음 속에 분명하게 존재한다.[266]

유대인들의 율법 체계라는 관점에서 보면, 이러한 고소는 신명기 13장으로 거슬러 올라간다. 거기에는 세 가지 부류의 사람들이 열거되어 있다: 백성들에게 다른 신들을 좇아가라고 설득하는 예언자; 이와 동일한 범죄를 범하는 친구 또는 가족의 구성원; 그리고 마을 전체를 어그러진 길로 인도하는 건달. 각각의 경우에 죄를 범한 사람은 사형에 처해져야 한다. 이 규례에 관한 이후의 논의들은 사람들이 이 규례를 극히 진지하게 받아들여서, 함부로 사형을 집행하지 못하게 만들어 놓았던 여러 통상적인 장치들을 이 경우에는 적용하지 않았다는 것을 보여준다.[267] "속이는 자"는 전문적으로 말하자면 신명기 18장의 "거짓 예언자"와 구별되지만(거짓 예언자는 그의 예언들이 실현되지 않음으로써 알려지게 되는 반면에, "속이는 자"는 성공적인 표적들을 행함으로써, 그것들을 사람들이 거짓 신들을 좇아가도록 유혹하는 미끼로 활용한다), 주후 2세기의 증거들과 복음서들에 나오는 관련 대목들을 함께 고려하면, "속이는 자," "사기꾼," "마술사," "거짓 예언자"는 특히 예수의 경우에 있어서는 밀접하게 연관되어 있었을 가능성이 대단히 높다.[268]

이 주제에 관한 최근의 연구는 다음과 같이 요약될 수 있고, 우리의 현재의 논의에 적용될 수 있다.[269]

---

265) cf. Bammel 1974; Stanton 1994, 169-71.

266) 7:12, 25-7, 40의 맥락 속에서의 요 7:47; 10:19-21; 눅 23:2, 5, 14; 마 9:34; 10:25; 12:24-7; 27:63f.; cf. Stanton 1994, 175f.

267) cf. Neale 1993, 90-4. 그는 bSanh. 29a; 33b 등과 이차적인 논의들을 인용하고 있다. "거짓 예언자"라는 주제는, 별로 놀랄 일은 아니지만, 쿰란 문헌 속에도 등장한다: cf. 4Q375 1:4-9(GM 278).

268) Stanton 1994, 171 -5.

269) Stauffer 1960, 74; Jeremias 1971, 78; Bowker 1973, 38-52; Strobel 1980, 80-

첫째, 예수는 그의 동시대인들인 유대인들 중에서 적어도 일부 사람들에 의해서 신명기 13장에 나오는 범주들 속에서 보아졌을 가능성이 있다. 증거들의 상당수는 훨씬 후대의 것이긴 하지만, 몇몇 독립적인 자료들이 서로 일치하는 점이 있고, 이것은 마가복음 3:22 같은 구절들과 마태복음 12:24과 누가복음 11:15에 나오는 그 병행문들(많은 학자들은 이것들이 마가와는 독립적이라고 생각한다)에 의해서 강화된다.[270] 예수는 치유들을 행하면서 그의 동시대인들이 마술적이라고 여겼을 법한 그러한 기법들을 사용했던 것으로 보인다;[271] 그리고 축귀를 행하는 자는 마법사로 여겨졌을 가능성이 있다. 왜냐하면, 축귀는 이 시기에 있어서 유대적 마법의 가장 공통된 형태였기 때문이다.[272] 또한 신명기 13장만이 유력한 배경이 되고 있는 것은 아니다: 또한 예수는 신명기 21:18-21의 범주에 따라 "패역한 아들"로 여겨졌을 가능성도 상당히 높다. 패역한 아들은 "대식가와 술주정뱅이"로 묘사된다: 이 대목에 있어서 칠십인역의 단어들은 예수를 "대식가와 술주정뱅이, 세리와 죄인들의 친구"로 묘사하고 있는 마태복음 11:19과 누가복음 7:34에 나오는 단어들과 동일하지는 않지만, 그 일치점이 두드러지고, 예수의 가족이 그를 데려가기 위하여 와서는 "그가 미쳤다"고 말한 것으로 전하고 있는 마가복음 3:21 같은 구절들에도 무게를 실어주고 있다.[273]

92; Hengel 1981b [1968], 38-42; Harvey 1982, 59; Sanders 1985, 300f.; Neale 1993 and Stanton 1994의 최근의 논문들과 맥을 같이 한다; 1993년 5월에 옥스퍼드에서 행한 Colin Brown 교수의 미간행 강연들로부터 나온 내용들을 사용한 것이다.

270) Q의 존재를 믿는 학자들은 보통 이것이 마가/Q의 중복된 자료로서, 두 가지 독립적인 자료가 존재했다고 주장한다: cf. Stanton 1994, 178f.

271) Aune 1980, 1523-9; Smith 1978, 94-139.

272) Schürer 3:342f.(Alexander).

273) 이것은 둘째 아들이 "패역한 아들"로 나오는 누가복음 15:11-32의 또 하나의 차원을 드러내 준다 — 그리고 이 비유는 "죄인들을 받아들이고 그들과 함께 식사한다는"(15:2) 비난에 대하여 예수를 옹호하고자 말해진 것이다. 이 점은 Collin Brown 교수의 지적에 의한 것인데(또한 cf. Brown 1984, 288), 그는 내게 이 점과 관련하여 Derrett 1970, 100-25를 보도록 경각심을 일깨워 주었다. 신명기 이외에도 "패역한 아들"이라는 주제는 잠 23:19-21; 28:7에 반영되어 있고, Philo *Ebr.* 13-98; *Mut. Norm.* 206; *Spec. Leg.* 2:232; Jos. *Ant.* 4:264; *Apion* 2:206; 11QT 64; mSanh. 10:4-6; mShab. 9:6(신

둘째, 예수가 실제로 신명기에 나오는 이러한 대목들에서 가져온 범주들 속에서 보아졌다면, 그것은 예수가 실제로 다른 식으로는 설명이 불가능해 보였던 것들을 행하였기 때문일 것이다. 예수의 "권세 있는 행위들," 예수의 "역설들"[274]은 부정될 수 없었다; 그러나 그러한 것들의 동기와 기원은 심각하게 문제가 될 수 있었다. 물론, 그러한 문제 제기의 이유는 예수가 그런 것들과 아울러 야훼에 대한 불충성으로 비칠 수 있었던 내용들을 가르쳤다는 것이었을 것이다. 고대의 다른 유대인 치유자들과 축귀사들의 존재가 보여주듯이, 이스라엘의 전통들에 충실한 가운데에 권세 있는 행위들을 행하였다면, 아무런 문제도 되지 않았을 것이다. 권세 있는 행위들을 행하지 않는 가운데 야훼에 대한 불충성을 가르쳤다면, 그것은 위협적인 것은 될 수 있었겠지만, 심각한 조치를 유발하지는 않았을 것이다; 결국, 예수 이전의 200여년에 걸쳐서 수많은 유대인들이 좀 더 엄격한 해석자들이 타협적이고 불충한 가르침이라고 여겼던 것들을 제시하였지만, 열심 있는 자들은 이만 갈 뿐, 실제적 조치는 취하지 않은 경우가 허다했다. 그러나 그들은 권세 있는 행위들을 통해서 수많은 무리들의 관심을 끌고 제자들을 끌어 모으면서 근본적으로 야훼께 불충성하는 것처럼 들렸던 가르침을 자기를 따르는 자들에게 베풀었던 인물을 용납할 수 없었을 것이다.

셋째, 이것은 다른 방법으로는 여전히 문제가 있는 것으로 남아 있던 것, 즉 예수를 죽이고자 했던 모의들에 관한 언급을 일거에 설명해 준다. 결국, 예수가 마을 전체를 어그러진 길로 인도하는 것으로 보였다면, 신명기 13:12-18이 적용될 것이었다; 바로 이것이 일부 마을들이 그의 가르침을 허용하지 않았던 이유였다는 주장도 제기되어 왔다. 왜냐하면, 예수의 가르침을 받아들인다면, 예수는 물론이고 마을 전체에 재난이 초래될 것이었기 때문이었다.[275] 미쉬나에 의하면, 어떤 사람이 "속이는 자"로 활동하고 있다는 의심이 드는 경우에는 그것을 고소하려고 하는 자들에게 은밀하게 증거들을 수집할 권한이

13:17을 인용해서); mAb.Zar. *passim*, esp. 3:3f.(신 13:17을 인용한)에 언급되어 있다.

274) 위의 298f을 보라. 이것은 예수의 "이적들"을 서술하기 위하여 Josephus (*Ant.* 18:63)가 사용한 단어이다.

275) Stauffer 1960, 74; Neale 1993, 96-100.

주어졌다.[276] 우리가 이 요소를 위에서 제시한 논거에 첨가한다면, 바리새인들을 비롯한 그 밖의 사람들이 예수와 그의 제자들에게 이례적으로 세심한 관심을 가지고 그들의 심증을 뒷받침해 줄 야훼에 대한 불충성의 가시적인 단서들을 찾아내려고 했던 매우 충분한 이유들이 있었다는 것을 우리는 알게 된다. 내가 나중에 논증하겠지만, 이 주제가 예수의 죽음을 몰고 온 과정 전체를 설명해 주는 것 같지는 않다.[277] 그럼에도 불구하고, 예수에 대한 전체적인 고소 내에서의 한 중요한 요소는 그가 신명기 13장에 서술된 범죄를 범했다는 혐의였을 가능성이 대단히 커 보인다. 예수는 백성을 어그러진 길로 이끄는 속이는 자였다.

넷째, 이 주제는 이제까지 우리가 진행해 온 역사적 재구성 전체 속에서의 몇몇 요소들을 통합시켜 준다. 우리는 제5장에서 예수의 공적인 면모는 특히 그가 예언적 행위들을 수행했다는 점에서 예언자의 면모라는 것을 살펴보았다. 우리는 제6장에서 예수가 철저하게 전복적 방식으로 인식되었음에 틀림없는 것을 통해서 야훼의 나라를 선포하였다는 것을 살펴보았다; 우리는 제7장과 제8장에서 예수가 그의 추종자들 앞에 제시한 과제와 이스라엘이 그의 길을 따르지 않는 경우에 무슨 일이 일어날 것인지에 대한 경고를 살펴보았다. 이 모든 것이 차곡차곡 쌓여져서 이 장까지 이르렀는데, 이 장에서 우리는 예수가 이스라엘의 상징들과 관련하여 전복적 방식으로 말하고 행하였으며, 이러한 활동은 바리새파의 서로 다른 분파들 사이에서의 논쟁들과는 판이하게 다른 논쟁을 불러일으켰다. 예수는 이스라엘의 민족성과 민족적 열망들의 양도할 수 없는 상징들로 간주되었던 것들을 굳건하게 붙들고 있지 않았다. 오히려, 예수는 행위와 말씀을 통해서 이스라엘의 하나님이 그의 백성을 재구성하고 있다고 주장하면서, 그의 사역의 상징들을 전면에 내세웠다. 예수가 마법과 거짓 예언을 통해서 백성을 어그러진 길로 이끄는 속이는 자라는 고소는 이러한 예수의 선포와 아주 잘 부합한다. 그의 말을 듣고 본 사람들은 이와 같이 결론을 내렸거나, 또는 그의 추종자가 되어야 했을 것이다.[278] 우리는 초

---

276) mSan. 7:10; cf. 막 3:6; 12:13; 눅 11:54과의 연관성을 주장하고 그 밖의 다른 논의들을 인용하고 있는 Neale 1993, 92f.

277) Strobel 1980 등에 의해서 종종 주장되고 있듯이. 아래의 제11-13장을 보라.

대 교회에 속한 그 누구도 예수의 가족이 예수가 미쳤다고 말했다는 내용을 창작해 내지 않았을 것이라고 확신할 수 있다.[279] 초대 교회에 속한 어느 누가 예수가 귀신들의 왕과 손을 잡고 그런 일을 행하였다는 고소를 만들어 내었을 가능성은 거의 전무하다.[280] 우리는 여기서 확고한 역사적 토대 위에 서 있는 것이다.

이러한 관점은 시사해 주는 것이 있다. 이제까지 우리가 검토한 것으로부터 드러나는 예수상은 철저히 주후 1세기 유대교 속에 뿌리를 내리고 있다. 실제로, 전체적 핵심은 예수가 이스라엘의 하나님, 이스라엘의 성서, 이스라엘의 참된 소명을 대변하고 있다고 주장하였다는 것이다. 이스라엘은 자신의 조상들의 종교적 상징들을 의지하고 있었다: 예수는 그러한 상징들이 가리키고 있는 실체를 대변하여, 이스라엘이 그러한 상징들에 몰두하여 그들 자신에게만 집착함으로써, 그들을 향한 하나님의 비전, 이스라엘이 세상의 빛이 되어야 한다는 소명에 불순종하고 있을 뿐만 아니라 위험스럽게 불순종하고 있다고 주장하였다. 그러나 예수의 동시대인들은 이런 식으로 행하고 말하는 사람을 속이는 자로 간주할 수밖에 없었다. 예수의 과제(agenda)는 모든 점에서 그들의 과제와 충돌하였다. 실천 및 이야기에서와 마찬가지로 상징에서도 이스라엘이 되는 예수의 방식, 이스라엘의 하나님에 대한 충성과 관련된 예수의 방식은 그들의 방식과 근본적으로 달랐다. 토라와 관련된 갈릴리에서의 예수의 행위들은 그가 성전과 관련하여 예루살렘에서 취하게 될 행위를 예상케 해주는 것이었다: 예수가 갈릴리에서 불러일으켰던 반응은 그가 예루살렘에서 불러일으키게 될 반응을 보여주는 것이었다. 상징들의 충돌이라는 형태로 구체화된 비전들의 충돌은 대결로 이어졌다. 그렇다면, 예수를 죽음으로 이끌었던 것은 과연 무엇이었는가?

우리는 선행적인 문제를 다룬 후에 그 문제와 씨름하고자 한다: 예수는 자기 자신을 메시야로 보았는가? 그러나 우리는 이 두 가지 문제를 살펴보기 전에, 마지막 한 장을 할애해서 예언자로서의 예수의 프로필을 서술하는 일을

---

278) 정확히 이러한 선택이 제시되고 있즌 요 7:45-52과 비교해 보라.

279) 막 3:21.

280) 막 3:22/마 12:24/눅 11:15; cf. 요 7:20.

마무리할 필요가 있다. 우리는 예수의 실천, 이야기들, 상징들을 살펴보아 왔다. 예수는 세계관과 관련된 네 번째 사분면에 해당하는 핵심 질문들에 암묵적으로든 명시적으로든 어떠한 대답들을 주었는가?

제10장

하나님 나라에 관한 질문들

1. 서론

이 예언자의 프로필을 완성하는 데에는 한 번의 붓놀림이 더 필요하다. 우리는 예수의 특징적 행위들, 그가 말했던 이야기들, 그의 상징 세계를 재구성하였던 방식들을 살펴보았다. 이제 세계관을 특징짓는 핵심 질문들이 남아 있다: 우리는 누구인가, 우리는 어디에 있는가, 무엇이 잘못되었는가, 해법은 무엇인가 — 그리고 지금은 어느 때인가?[1] 예수는 이러한 질문들에 대하여 어떠한 대답들을 주었다고 할 수 있는가? 처음 두 개의 질문에 대해서는 이미 우리가 논의해 온 주제들을 통합하여 간략하게 답변하는 것이 가능하다.

이러한 세계관과 관련된 질문들에 대한 예수의 대답들을 검토하는 것은 본서가 시작점으로 삼았던 처음 두 가지 질문에 대한 우리 자신의 대답을 분명히 해 줄 것이다: 유대교에 대한 예수의 관계는 무엇이었는가, 그리고 예수의 목표들은 무엇이었는가? 이러한 질문들에 대한 대답들은 우리를 본서의 제3부로 나아가지 않을 수 없게 만들 것이다.

2. 우리는 누구인가?

---

1) *NTPG* 122-6, 특히 123; 위의 227-235을 보라. 『신약성서와 하나님의 백성』을 쓴 이후에, 나는 "지금은 어느 때인가?"라는 질문을 내가 처음부터 시작했던 네 가지 질문들에 첨가할 필요성을 깨닫게 되었다(물론 이러한 네 질문의 어느 대목에서 추가적으로 논의될 수도 있지만). 이 질문이 없다면, 그 구조는 모종의 비유대적이고 비기독교적인 세계관들의 특징을 이루는 무시간성으로 떨어지고 만다.

예수가 정체성의 문제에 대하여 주었을 짤막한 대답은 이런 것이다: 우리는 이스라엘, 창조주 하나님의 택함받은 백성이다. 좀 더 구체적으로 말하면, 우리는 현재 권력을 장악하고 있거나 대안적 계획들을 갖고 있다고 주장하는 거짓된 자들과 대비되는, 이 하나님에 의해서 마침내 구속되는 과정 중에 있는 진정하고 참된 이스라엘이다.

이것은 모든 이야기의 자락에서, 상징적 갱신(renewal)의 핵심에 자리잡고 있는 메시지이다. " … 자들은 복이 있나니 하나님 나라가 저희 것임이요; 저희가 땅을 유업으로 받을 것임이니라; 저희가 하나님을 볼 것임이니라; 저희가 하나님의 아들이라 칭함을 받을 것임이라." "너희에게는 하나님 나라의 비밀들이 주어졌느니라." "이것을 어린아이들에게는 드러내시는 것을 아버지께 감사하나이다." "내가 너희에게 하나님 나라를 허락하노니 너희는 내 나라에서 나의 식탁에서 먹고 마시며 보좌에 앉아서 이스라엘의 열두 지파를 다스리라."[2] 열두 제자의 부르심은 이 점을 아주 분명하게 해 준다; 탕자의 비유 같은 주요한 이야기들의 요지는 또 다른 시각에서 이 점을 강조한다. 예수와 그의 주변 사람들, 그를 따르는 잡다한 무리들은 진정한 이스라엘을 구성하거나, 아니면 그들은 아무것도 아니다. 그들은 포로생활로부터 귀환한 백성, 마침내 야훼를 알고 야훼에 의해서 아신 바 된 백성, 자신의 죄들을 사함받은 새 계약의 백성, 그 탄생을 천사들도 기뻐 노래하는 그러한 백성이다.[3] 이것이 그들의 존재 이유 전체이다.

물론, 올바른 정신을 가진 주후 1세기의 유대인들 중에서 이것을 이렇게 장황한 말로 말할 준비가 되어 있었던 사람은 극소수였다. 이것을 믿었던 사람들은 그것이 목숨을 건 도박이라는 것을 알고 있었다. 이것을 믿지 않았던 사람들은 틀림없이 나사렛 출신 예언자와 그의 추종자들을 위험스럽고 말도 안 되는 것을 전파하는 자들로 여겼을 것이다. 우리가 앞으로 살펴보게 되겠지만, 많은 사람들이 하나님 나라의 도래 시기(timing)에 관하여 보았던 모호성(그것은 예수의 사역 속에 현존하는가, 아니면 미래적인 것인가?)은 이미 이렇게

---

2) 마 5:3-10/눅 6:20-3; 마 13:11/막 4:11/눅 8:10; 마 11:25/눅 10:21; 마 19:28/눅 22:29-30.

3) 눅 15:7, 10.

정체성(identity)의 문제 속에서 드러난다. 예수와 그의 제자들이 행하였던 모든 것은 오직 그들이 계약 하나님의 참된 백성이라고 생각했을 때에만 의미를 지니게 된다; 그러나 그들은 당시의 대부분의 다른 유대인들이 하나님의 백성의 모습에 관하여 생각했던 것과는 판이하게 달랐다. 예수 및 그의 제자들의 정체성에 관한 예수 자신의 이해는 잡다한 진리들 또는 금언들을 가르치던 교사상(像) 이상의 것이었다. 새로운 운동의 공동체적 정체성은 유대적인 종말론적 기대들의 세계 속에 굳건하게 자리잡고 있었다.

또한 그 세계 속에는 그 밖의 다른 몇몇 운동들 속에서는 잠복되어 있었긴 하지만 예수가 자신의 사역과 관련하여 드러내었고 주제로 삼았던 한 흐름이 존재하였다. 이스라엘은 자기 자신을 위한 것이 아니라 세상을 위하여 택함 받은 백성이었다. 예수와 그의 제자들의 정체성의 일부는 그들이 이러한 성서적인 소명을 물려받았다는 것이었다: "너희는 이 땅의 소금이고 세상의 빛이니라."[4] 산상수훈은 이 주제를 발전시킨다: 예수의 제자들은 이스라엘과 이방인들 모두에게 햇빛과 비를 내려주시는 창조주 하나님의 사랑을 세상 속에 반사시켜야 한다.[5] 예수는 그의 제자들을 어떤 의미에서, 앞으로 설명되는 방식으로 야훼의 영광을 세상에 드러낼 종말론적 백성으로 보았다.[6] 제자들은 그런 일이 어떻게 일어날 것인지에 대해서는 매우 흐릿한 생각만을 지니고 있었을 것이다; 그들은 하나님 나라의 수립은 꽤 직설적으로 정치적 의미에서 야훼가 진실로 온 땅의 왕이라는 것을 열방들에게 드러내줄 것이라고 생각하였을 가능성이 대단히 크다 — 그들이 하나님 나라에 대하여 곰곰이 생각해 보았다면. 복음서들은 이미 잘 정립되어 있었던 이방 선교라는 관점에서 씌어졌음에도 불구하고, 복음서 기자들은 예수의 가르침을 예수의 백성들이 실제로 어떻게 해야 세상의 빛이 될 수 있는가에 관한 잘 발달된 신학으로 가득 채우는 일이 결코 없었다는 것은 주목할 만한 일이다.[7] 이것은 첫 번째 세계관의

---

4) 마 5:13/막 9:49-50/눅 14:34f.; 마 5:14-16/막 4:21/눅 8:16; 11:33/*Thom.* 33. 제2성전 시대 유대 사상에 있어서의 이 주제에 대해서는 cf. *NTPG* 261f.

5) 마 5:43-8/눅 6:27-36.

6) 이 주제에 대한 가장 훌륭한 연구서들 중 하나는 여전히 Jeremias 1958이다.

7) 이런 식으로 다시 한번 복음서들은 무엇보다도 초대 교회의 삶을 반영한 것이라는 양식비평의 통상적인 전제에 의문을 제기한다: cf. *NTPG* 421f.

질문에 대한 예수의 대답이 분명했음과 동시에 미묘하였다는 것을 부각시켜 준다. 예수와 그의 제자들은 한 분 참 하나님의 종말론적 백성이었고, 그 하나님이 그의 길들을 이 땅의 나머지 사람들에게 알리기 위해 앞으로 설명될 방식으로 사용할 백성이었다.

3. 우리는 어디에 있는가?

내가 『신약성서와 하나님의 백성』에서 논증하였고, 본서에서 다시 보완했던 것처럼, 예수의 동시대인들 중 거의 대다수는 그들이 모든 중요한 점들에서 여전히 포로생활 중에 있다고 믿었다. 그들은 에스라와 느헤미야에 의해서 피력된 견해를 공유하고 있었을 것이다: 우리는 우리의 본향 땅으로 돌아왔지만, 우리는 여전히 종들이다.[8] 예수의 사역이 장소(location)와 상태(condition)의 의미를 제시하고 있다는 점에서, 예수의 사역은 종들이 마침내 해방을 맞았다는 그토록 오랫동안 기다려 왔던 소식을 나타낸다. 온유한 자는 땅을 유업으로 물려받게 될 것이다; 주리고 목마른 자들은 배부르게 될 것이다.[9]

예수는 땅이라는 주제에 관하여서는 주목할 만한 정도로 거의 말하지 않았던 것으로 보인다. 우리가 앞 장에서 살펴본 것처럼, 예수가 말했던 것은 유대인들의 세계관 속에서 주요한 상징이었던 땅에 대한 충성을 훼손하는 역할을 하였다.[10] 예수는 갈릴리 내에서만이 아니라 주로 이방의 데가볼리 지역 내에서 자유롭게 움직였다 — 그리고 하나님 나라를 선포하였다.[11] 예수는 안디바의 영토와 빌립의 영토를 왔다 갔다 하면서 넘나들었다(가버나움과 고라신은 안디바의 영토였고, 벳새다는 빌립의 영토였다).[12] 예수는 북쪽으로 유대인들의 영토를 벗어나서 두로와 시돈 지방까지 갔다.[13] 예수는 특히 갈릴리와의 관

---

8) 스 9:8f; 느 9:36. Cf. *NTPG* 268-72.

9) 마 5:5f./눅 6:21.

10) 위의 403-5.

11) 막 5, 7장. 데가볼리의 성격에 대해서는 cf. Rey-Coquais 1992.

12) 예를 들면, cf. 마 11:21/눅 10:13.

13) 마 15:21/막 7:24(cf. 7:31).

계 속에서 예루살렘의 지리적 상징성을 잘 알고 있었던 것으로 보인다; 그러나 예수에게 있어서 예루살렘의 주된 의미들 중의 하나는 그것이 예언자들이 죽음을 당하였던 도성이었다는 것이었다.[14] 장소에 관한 예수의 인식은 정체성에 관한 그의 인식, 그리고 앞으로 살펴보게 되겠지만, 시기와 목적에 관한 그의 인식과 일치하였다. 예수는 거룩한 땅이라는 상징을 되살리기 위하여 온 것이 아니었으나, 피조 세계 전체를 포괄하는 하나님 나라의 성취 속에 그 상징을 포섭하기 위하여 왔다 ― 물론, 그는 그의 가르침과 선포 속에 나오는 이야기들과 표상들 속에서 끊임없이 이 상징을 활용하였다.

이 사고방식 속에서 이것보다 훨씬 더 중요했던 것은 이스라엘의 곤경에 관한 그의 분석, 그의 해법 제시, 때의 징조들에 대한 그의 읽기였다.

4. 무엇이 잘못되었는가?

(i) 서론

"침노하는 자는 빼앗느니라." "원수가 이렇게 하였느니라." "이 악하고 음란한 세대." "네가 보살핌 받는 날을 알지 못함으로 인함이라." "예수께서 저희 마음의 완악함을 근심하사 노하여 둘러보시고."[15] 분명히 예수는 무언가가 크게 어긋나 있다고 생각하였다. 자신의 하나님 나라 메시지를 그 해법으로 제시하였던 이스라엘의 곤경에 대한 예수의 분석은 무엇이었는가?

예수는 히브리 예언자들의 유구한 전통 속에 서 있었고, 그런 전통 속에 자기가 서 있다는 것을 알고 있었다.[16] 예언자들은 거듭거듭 이스라엘이 야훼의 백성으로서의 자신의 소명에 따라 살지 못하고 있다고 크게 질책하였다. 이러한 비난은 이중적인 것이었다. 첫째, 이스라엘은 야훼 자신에게 신실치 못했다. 둘째, 이스라엘은 야훼를 배반하고 우상 숭배 또는 이교 사상에 자신을 내맡겼다. 엘리야는 바알 숭배에 빠진 이스라엘 백성과 맞섰다; 예레미야는 성전을 그들 자신의 이교적인 행실의 결과들로부터 그들을 보호하기 위한 부적으로 사용하였던 백성과 맞섰다. 우리가 이미 살펴보았듯이, 자신의 동시대인들

---

14) 마 23:37/13:34.

15) 마 11:12; 13:28; 16:4(etc.); 눅 19:44.

16) 위의 제5장을 참조하라.

에 대한 예수의 고소는 결코 이러한 것들과 다르지 않았다. 예수의 동시대인들은 그들 자신의 소명의 표지들을 잘못 해석하였고, 하나님이 그들을 보존하기 위하여 후원하신다고 주장하였다. 세상의 빛이 되라는 부르심은 그들에게 빛의 자녀라는 인식을 심어주고 어둠의 자녀들을 두려움과 증오로써 바라보도록 만들어 버렸다.[17]

이스라엘의 곤경에 대한 예수의 분석은 구체적 행위와 믿음을 넘어서서 그가 이 문제의 뿌리라고 보았던 것을 향해 있었다: 예수 당시의 이스라엘은 고소하는 자, 즉 "사탄"의 봉이 되어 있었다.[18] 세상의 나머지 부분과 관련하여 잘못되어 있었던 바로 그것이 이스라엘과 관련해서도 잘못되어 있었다. "악"은 이스라엘의 경계를 넘어선 이교도들의 무리들 속에만 있었던 것이 아니었다. 악은 택함받은 백성 안에서도 이미 거처를 정해놓고 있었다. 악에 대항한 싸움 — 문제점에 대한 올바른 분석과 그것에 대한 대답 — 은 그의 동시대인들이 생각했던 것과는 다른 차원에 속해 있었다.

우리가 이것이 무엇을 의미하는지를 살펴볼 때에 특별히 두 가지 것을 주의할 필요가 있다. 첫째, 예수가 당시의 이스라엘이 사탄의 손아귀에 잡혀 있다고 여겼다고 말하는 것은 어떤 차원에서는 단순히 예수를 주후 1세기의 유대교의 분파들의 지도 위에 위치시키는 것이다. 그것은 예수를 어떤 식으로든 반유대적으로 만들지 않는다; 그러한 생각 자체가 어처구니없는 생각이다. 오늘날에조차 특히 예루살렘에서 우리는 한 집단이 또 다른 (흔히 주목할 만한 정도로 유사한) 집단을 마귀의 영을 받은 집단으로 매도하는 포스터들과 현수막들을 볼 수 있다. 참 하나님을 대변하고 있다는 주장은 결국 그들의 견해에 동조하지 않는 자들은 어둠의 권세들과 연합해 있다는 주장으로 귀결된다. 우리는 여기서 다시 한 번 예수는 19세기 또는 20세기의 서구 자유주의자가 아니라 주후 1세기 유대인이었다는 점을 상기해야 한다.

둘째, 열심에 의거하고 있던 성전에 관한 전통 전체에 대한 예수의 철두철미한 반대는 열렬한 민족주의에 대한 20세기 자유주의자의 반감을 주후 1세기에 투사한 것이 결코 아니었다. 예수는 당시의 유대 문화 내부로부터의 비

---

17) 이러한 "이원론"에 대해서는 cf. *NTPG* 252-6, 297f.

18) 이러한 용법에 대해서는 아래 n.33을 보라.

판에 의거해서 그렇게 행동하였다. 폭력적 민족주의에 대한 예수의 반대와 유사한 예들이 주후 1세기 유대교 속에 여럿 존재한다. 로마에 맞서서 전쟁을 해서는 안 된다고 그의 동시대인들에게 경고했던 사람은 요세푸스만이 아니었다. 이스라엘이 저항 운동을 향하여 돌진할 경우의 결과에 대한 예수의 경고들은 전쟁 동안에 예루살렘 성벽을 돌아다니면서 로마의 투석기에서 날아온 돌에 의해서 잠잠해질 때까지 "화 있으라"는 신탁들을 선포하였던 예수라 불린 기이한 예언자와도 어느 정도 유사하다.[19] 물론, 이 두 사례가 정확하게 병행을 이루는 것은 아니다. 요세푸스의 자기 식의 해석과 회고적인 기사가 지닌 모호성들은 실제의 모습을 뿌옇게 가리고 있다; 그러나 이 기사 자체는 유대인들의 소망을 해석한 한 가지 방식으로서 주목할 가치가 있다. 화를 선포했던 예수는 오직 부분적으로만 유비를 보여줄 뿐이다: 그는 제자들을 불러 모으지도 않았고, 특정한 행동 강령을 수행하지도 않았으며, 그의 예언의 결과로서가 아니라 예루살렘의 포위 공격에 의한 사상자들 중의 한 명으로 죽음을 맞이하였다. 그럼에도 불구하고, 이들은 우리에게 주후 1세기에 평화를 요구하는 목소리들이 있었다는 것을 상기시켜 주는 데에 도움을 준다. 나사렛 예수도 바로 그러한 인물이었다. 내가 나중에 논증하겠지만, 예수는 도처에서 일어나는 열심 운동에 의해서 봉쇄되어 있던 평화의 길은 오직 진정한 원수에 대항한 진정한 싸움을 자신이 벌임으로써만 올 수 있다고 믿었다.

예수에 관한 한, 당시에 이스라엘은 커다란 전투에 직면해 있었다. 이것도 예수를 주후 1세기 유대교의 지도의 한복판에 위치시킨다(그리고 실제로 우리가 곧 보겠지만, 메시야 사상의 지도 위에 굳건하게 위치시킨다); 그러나 우리가 앞 장에서 살펴보았던 유대교의 상징들의 경우에서처럼, 예수는 자기가 싸워야 할 전투를 근본적으로 재정의하였다. 예수가 다양한 종류의 논쟁들 속에 휘말릴 수밖에 없었던 것은 그의 근본적인 과제들이 그의 동시대인들 중 수많은 사람들, 특히 합법적인 또는 스스로 자처하는 이스라엘의 지도자들의 과제들과 충돌하였기 때문이었다. 나는 예수가 그러한 논쟁들을 하나님 나라를 위한 재정의 된 전투의 일부로 이해하였다고 주장한다. 이 표현 주변의 구름들 속에서는 극심한 아이러니가 소용돌이친다: 예수는 그의 동시대인들이

---

19) Jos. *War* 6:300-9.

그에게 싸우기를 원했던 그러한 싸움을 싸우기를 거부하고, 진정한 싸움 — 즉, 그의 동시대인들을 대항한 싸움, 아니 오히려 그들 가운데 역사하고 있다고 여겨졌던 진정한 원수에 대항한 싸움 — 을 싸웠다.

예수가 이와 관련해서 재정의하고 있었던 전통과 상징은 바로 "열심에 의한" 거룩한 전쟁이었다.[20] 우리가 이미 살펴본 것처럼, 이 전통은 아주 초기부터 이스라엘의 이야기 속에 속해 있었다. 우리는 단지 야훼 및 그의 율법을 향한 열심으로 불타올라서 이스라엘 외부의 이교도들과 그들 내부의 배교자들에 대하여 결정적이고 폭력적 행위를 취하였던 영웅들인 비느하스와 엘리야, 출애굽과 정복, 사사들, 다윗을 생각해 보면 된다. 물론, 좀 더 최근의 사례들로는 마카베오 가문의 영웅들(그들에 대한 기억은 하누카 절기의 정기적인 기념을 통해서 계속해서 보존되었다)과 유딧(Judith) 같은 전설적인 인물들, 쿰란 문헌에 속한 전쟁 두루마리가 증언해 주고 있듯이, 하스모네 왕조를 부정했던 사람들도 거룩한 전쟁에 관한 그들 자신의 잘 발달된 신학을 지니고 있었다. 주후 66-70년에 여기저기서 터져 나왔던 여러 폭력적 저항 운동들과 주후 132-5년에 민족에게 최후의 재앙을 안겨다 주었던 또 하나의 강력한 폭동은 역사의 어느 시기에나 어느 민족에게서나 혁명 운동을 수반할 수 있는 민족주의적 열망을 보여주는 증거가 아니라, 최후의 대전투를 통해서 야훼의 나라가 하늘에서와 마찬가지로 땅에서도 이루어질 것이라는 아주 구체적인 유대인들의 소망을 보여주는 강력한 증거이다. 이 전통은 주후 1세기 유대인들의 주된 현실 인식의 일부로 확고하게 자리 잡고 있었다.[21]

이렇게 야훼의 나라에 관한 이야기들은 본질적으로 갈등의 이야기들이었고, 이러한 갈등은 세계관 전체 속에서 상징적 역할을 하게 되었다. 참 하나님은 현재에 있어서 그가 의도했던 방식대로 세상을 통치하고 있지 않았다. 악한 세력들이 하나님의 권세를 찬탈하였고, 하나님이 자신에게 합당한 보좌를 다시 찾을 때, 그들은 멸망받게 되어 있었다. 주후 1세기 유대교의 몇몇 흐름들 속에서 우리는 이스라엘이 아주 중요한 전쟁 또는 싸움을 싸우게 될 것으로,

---

20) 이 단락은 *NTPG* 170-81에 의거한 것이다.

21) 이 모든 것에 대해서는 cf. Otto 1984 [1938]; Horsley 1987, esp. 156-60; Hengel 1989c [1961].

아니 그들의 하나님이 그들을 대신하여 그 싸움을 싸우실 것으로 기대하고 있었다는 것을 발견한다 — 또는, (일부 전통들 속에서는) 메시야가 그들을 위하여 이 싸움을 싸울 것이라고 기대하였다. 하나님 나라에 관하여 새로운 이야기를 말하는 사람이라면, 누구나 이것을 하나의 요소로 포함하여야 했다 — "사람"이 "짐승들"의 독재 아래에서 살아남기 위하여 벌이는 싸움(이 이야기는 사자가 독수리와 싸우는 것과 같은 다른 이미지들로 바뀔 수도 있었다[22])이라는 형태이든, 야훼와 그의 백성을 무리 지어 공격한 악한 무리들에 대한 하나님의 의로운 승리라는 형태이든, 빛의 아들들이 어둠의 아들들에 대항하여 벌이는 전쟁이라는 형태이든. 적어도 이런 점에서 나는 호슬리(Horsley)의 말이 정곡을 찌르고 있다고 생각한다:

> 예수의 전체적인 관점은 하나님이 그의 사회를 지배하고 있는 마귀적이고 정치적인 권력들을 끝장내고 있기 때문에, 개인 및 사회 생활의 갱신이 가능할 수 있다는 것이었다 … 종말과 관련된 언어는 역사 또는 피조 세계의 종말이 아니라 역사적 위기의 해소를 가리키는 것으로서, [다니엘서에 있어서] 주된 소망은 (하나님에 의한) 셀레우코스 왕조 세력의 패배를 통해서 백성이 구원을 받는 것이었다 … 과거에 성서학계가 유대의 묵시 사상에 전형적인 "우주적 대격변"에 관한 기대들이라고 명명하였던 것은 오늘날의 통상적인 언어 속에서는 하나님에 의해서 이루어질 반제국주의적 혁명에 대한 열렬한 소망들이라고 부를 수 있을 것이다 … 실제로 하나님 나라에 관한 예수의 선포와 실천은 유대적인 묵시 사상의 세계 속에 속해 있었다. 그러나 그것은 임박한 우주적 대격변에 관한 기대가 전혀 아니었고, 하나님이 지금 사탄을 개인 및 역사적 삶에 대한 통제로부터 몰아내고 계시기 때문에, 이스라엘 백성의 갱신이 가능하게 되었다는 확신이었다. 하나님 나라의 현존은 옛 질서의 종결을 의미하였다.[23]

---

22) 4 Ezra 11-12; cf. *NTPG* 314-6과 아래의 512-9.
23) Horsley 1987, 157, 159f.

이렇게 호슬리는 내가 『신약성서와 하나님의 백성』에서 제시한 묵시론적 언어에 대한 분석에 원칙적으로 동의하고,[24] 본서의 제8장에서 다룬 다가올 심판에 관한 예수의 경고들에 적용하였다. 내가 지금 주장하는 것은 그러한 논증의 연장이다: 예수는 그 자신이 연루되어 있는 구체적인 싸움들을 보여주고 있고, 이러한 싸움들의 내적인 차원은 어둠의 세력들에 대한, 실제로는 궁극적으로 유일한 싸움이라는 그의 믿음을 나타내기 위하여 우주적 전쟁에 관한 언어를 사용하였다는 것이다. 달리 말하면, 예수는 그가 단지 이교도들(물론, 그는 주후 1세기의 대부분의 유대인들과 마찬가지로 이교도들의 신앙과 행위를 인정하지 않았다)과 일부 배교한 유대인들만이 아니라 유대인들의 삶 속에서 거룩한 전쟁에 관한 전통을 옹호하면서 그것을 열렬하게 촉진시키고자 했던 — 그리고 아마도 이러한 운동으로 예수를 끌어들이고자 했던 — 바로 그 운동 전체에 반대함으로써 야훼의 백성의 참된 전투를 싸워야 한다고 믿었다고 나는 주장한다.[25] 예수는 그러한 싸움을 싸우고자 했던 자들에 맞서서 싸움을 벌여야 했다. "너도 오늘 평화에 관한 일을 알았더라면 좋을 뻔하였거니와 지금 네 눈에 숨겨졌도다."[26]

"이러한 유대적 배경을 생각하면, 예수는 하나님 나라를 선포했기 때문에, 많은 학자들은 예수가 진정으로 유대적 자유의 투사였다고 주장한 것은 별로 놀랄 일이 아니다 — 그리고 복음서들은 이러한 전통을 묵살해 버림으로써 기독교를 원래의 모습과는 다소 다른 것으로 바꾸어 놓았다고 그들은 주장한다.[27] 실제로 호슬리는 어떤 의미에서 크로산과 마찬가지로 이러한 주장에 대한 꽤 온건한 입장을 논증하고 있다.[28] 그러나 이러한 주장이 지닌 문제점은

---

24) *NTPG* ch. 10, 특히 280-99.

25) 이것은 마 11:12/눅 16:16의 의미일 가능성이 크다; 아래의 714f.를 보라.

26) 눅 19:42, 이것에 대해서는 위의 536f.를 참조하라.

27) 제1장과 제3장을 보라. 이러한 노선에 속한 가장 최근의 논증은 Eisenman & Wise 1992의 논증이다: 예수와 가장 초기의 그리스도인들은 호전적인 혁명가들이었고, 바울은 어린 신앙을 평화주의로 이끈 혁신가였다. 이러한 저자들은 바울을 예수의 종교를 변질시킨 자로 만들 수 있는 또 하나의 새로운 길을 발견한 것에 대하여 축하를 받아야 할 것이다.

28) 1996년 초에 있었던 텔레비전을 통한 공개토론에서, 예수의 하나님 나라 설교에

너무도 명백하다. 흔히 그렇듯이, 그러한 주장은 증거와 내적인 논리의 결여로 인해서 실패할 뿐만 아니라,[29] 우리가 이제까지 추적해 왔던 예수의 사역의 노선 전체와 정반대의 방향으로 가고 있다. 예수의 과제는 "정치"에 관한 것이 아니었다는 말은 타당치 않다. 그런 말은 반은 맞고 반은 틀린 말이다. 예수는 그의 가르침과 이스라엘에 대한 도전을 통해서 이스라엘에게 군국주의적 민족주의에 대하여 회개할 것을 말하고자 의도하였다. 실제적인 큰 전투를 통해서 로마로부터 민족의 해방을 얻어내고자 했던 이스라엘의 열망은 그 자체가 이스라엘이 근본적으로 병들어 있다는 것을 보여주는 명백한 징후였고, 반드시 뿌리뽑혀야 할 것이었다. 예수는 그것과는 다른 방식의 해방, 이스라엘의 운명과 마찬가지로 민족의 원수의 인간성을 긍정하는, 그러니까 세상을 군사적 열심으로 분쇄하고자 하는 존재가 아니라 세상에 빛을 가져오는 존재로서의 이스라엘의 운명을 긍정하는 방식을 제시하고 있었다.[30]

그래서 예수는 그 싸움을 포기하고, 싸움과 투쟁의 모든 요소들을 제거한 채 모든 사람들에게 자비로우라는 복음을 전파했던 것인가? 그것은 결코 아니었다. 다시 한 번 우리는 시대착오적인 생각을 주의하여야 한다. 주후 1세기 유대인들의 세계관 속에는, 그리고 예수의 사고방식 속에는 아주 분명하게 싸워야 할 또 다른 원수, 야훼의 백성에 대한 공격들을 계획하고 지휘했던 주모자인 어둠의 세력에 관한 분명한 인식이 존재하였다. 그러므로 자신의 과제에 대한 예수의 인식 속에서 핵심 요소들 중의 하나는 진정한 원수가 누구인가에 대한 그의 재정의였다: 이 원수는 실제로 어디에 있는가?: 이 원수의 전략은 무엇이고, 어떻게 해야 그를 쳐부술 수 있는가? 우리가 예수의 사고가 어떤 식으로 작동했는지를 진지하게 이해하고자 한다면, 우리는 이러한 주제 전체를 무시해서는 안 된다. 이 주제는 복음서들 속에 거대한 모습으로 어른거리고 있다. 이 주제는 그 밖의 다른 초기 기독교 문헌들 속에는 비교적 드물게

대한 Crossan의 분석은 예수가 안디바의 정치적, 사회적, 경제적 체제를 전복시키는 것이었다는 점을 강조하였다.

29) Yoder 1972; Hengel 1971; Bammel & Moule 1984를 보라; cf. 위의 150, 167f.

30) 특히, cf. Borg 1984; 위의 제7장.

나오고, 당시의 비기독교적 유대교 문헌들 속에서는 매우 다르게 취급되어 있다. 이와 동시에, 그것은 철저하게 유대적인 현실인식이고, 우리가 초기 기독교에서 발견하는 것들의 전제로서 아주 훌륭하게 작용한다. 따라서 그것은 언제나 오직 대략적인 방식으로만 적용될 수 있는, 이중적 상이성과 이중적 유사성이라는 시금석을 만족시킨다.[31] 우리는 여기서 우리가 예수의 사고방식 자체와 접하고 있다고 확신해도 좋을 것이다. 이 가설의 주된 강점은 그것이 증거들을 전체로써 의미가 통하게 해 준다는 것이다.

(ⅱ) 진정한 원수의 정체: 로마가 아니라 사탄

이스라엘의 이야기는 종종 그들을 억압하였던 네 개의 대제국이라는 견지에서 말해져 왔었다. 이스라엘의 하나님이 최종적으로 그의 나라를 가져오기 위하여 행동하실 때, 마지막 제국은 결국 멸망 받게 될 것이었다.[32] 주후 1세기 유대인들이 이 이야기를 다시 말할 때에 네 번째 나라는 당연히 로마가 될 수밖에 없었다. 그러나 예수의 관점에서 볼 때, 로마는 기껏해야 부차적인 원수에 불과했다. 이스라엘을 둘러싸고 있던 이교 세력들은 야훼의 백성의 진정한 대적이 아니었다. 이스라엘의 포로생활이라는 문제 전체의 배후에 있었던 것은 구약의 몇몇 전통들 속에서 사탄, 즉 고소하는 자로 알려져 있었던 어둠의 세력이었다.[33] 그러므로 앞으로 다가올 싸움은 단순히 군사적인 것이 아니라

---

31) cf. 위의 218-21.

32) 단 2, 7; 4 Ezra 11-12; cf. *NTPG* 312-17. Collins(1995, 35)는 다섯 번째의 결정적인 세계제국을 준비하는 네 개의 세계제국이라는 도식은 페르시아, 헬레니즘, 로마의 저술가들에게 잘 알려져 있었다고 지적한다. 그는 특히 *Bahman Yasht; Sib. Or.* 4; Dionysius of Halicarnassus 1:2:2-4; Polybius 38:22; Tac. *Hist.* 5:8-9; 그리고 이차 문헌 중에서는 Mendels 1981을 인용한다. 금, 은, 동, 철이라는 세계사의 연속적인 여러 시대들에 대해서는 Hesiod *Works and Days* 109-201; Ovid *Metamorphoses* 1:89-150도 참조하라. Juv. *Sat.* 13:28-30은 자신의 시대를 철보다 더 악한 아홉번째 "시대"로 여긴다; 이것에 대해서는 Green 1974 [1967], 259와 거기에 나오는 참고문헌들을 보라. 또한 4Q552, 553(GM 138f.; Eisenman & Wise 1992, 71-4에 4Q547로서 열거된)에 나오는 일련의 나라들과도 비교해 보라.

33) cf. Wink 1984; 1986 ch. 1; Hamilton 1992와 거기에 나오는 최근의 참고문헌(989); Myers 1990; Pagels 1991, 1994. 히브리어인 satan은 "고소하는 자"를 의미한다.

우주적인 것이었다(성전은 단순히 이스라엘만이 아니라 우주의 중심이었던 것과 마찬가지로; 우리는 주후 1세기 유대인들이 그들의 세계를 이해했던 다차원적인 방식을 항상 염두에 두지 않으면 안 된다). 이 싸움에서 짐을 나르는 "자원병들"을 지휘하는 군사들을 포함한 이방인들은 궁극적으로 똑같이 고통을 당하는 자들이었다. 예수의 관점에서 볼 때, 이스라엘은 로마를 사탄으로 규정해서도 안 되고, 그러한 규정을 그대로 놓아두어서도 안 되었다.

이 주제는 복음서들 속에 나오는 세 개의 대목들 속에서 등장하는데, 이 대목들은 여러 다양한 노선들을 통합하고자 하는 대목들을 앞뒤로 지니고 있다. 우리는 이것들을 차례로 살펴보아야 한다. 각각의 경우에서 우리는 예수가 말하고 있는 갱신된 하나님 나라 이야기에 몇몇 세부적인 내용들을 첨가하면서 거룩한 전쟁의 상징을 체계적으로 전복시키는 암묵적인 이야기를 발견한다.

(a) 바울세불 논쟁

이스라엘의 싸움과 그 재정의에 관한 아주 잘 알려진 이야기는 세 개의 공관복음서 모두에 이런저런 형태로 등장하고, 그 밖의 다른 전승 흐름들 속에도 반영되어 있다. 이러한 논의는 축귀 사건으로부터 생겨났다. 우리가 앞에서 주장했듯이, 예수의 사역의 중심 부분을 이루고 있었던 축귀들은 단순히 몇몇 고통받는 영혼들을 귀신의 속박으로부터 놓아 주는 것이 아니라, 예수의 사명의 내용의 일부였다. 이 이야기에서 예수는 눈 멀고 귀 먼 귀신들린 자에게서 귀신을 쫓아낸다; 이때 옆에서 지켜보던 사람들은 "이 사람이 다윗의 아들이 아니냐?"라고 말한다. 그러나 바리새인들은 예수가 "귀신들의 왕인 바알세불"에 의지해서 귀신들을 쫓아낸 것이라고 고소한다. 예수는 이에 대하여 논리로써("만일 사탄이 사탄을 쫓아내면 스스로 분쟁하는 것이니 그리하고야 어떻게 그의 나라가 서겠느냐"), 역공으로써("내가 바알세불을 힘입어 귀신을 쫓아내면 너희의 아들들은 누구를 힘입어 쫓아내느냐"), 주장으로써("내가 하나님의 성령을 힘입어 귀신을 쫓아내는 것이면 하나님의 나라가 이미 너희에게 임하였느니라"), 다시 논리로써("사람이 먼저 강한 자를 결박하지 않고서야 어떻

나는 이 존재의 "인격성"에 대한 성서적 모호성을 유지하고 있는 "사탄"이라는 형태를 선호한다.

게 그 강한 자의 집에 들어가 그 세간을 강탈하겠느냐 결박한 후에야 그 집을 강탈하리라"), 그리고 경고로써("사람에 대한 모든 죄와 모독은 사하심을 얻되 성령을 모독하는 것은 사하심을 얻지 못하겠고") 응수한다.[34]

이 이야기는 세 가지 중요한 점들을 부각시키고 있다. 첫째, 백성들의 반응이 그들이 어떠한 이야기 속에서 살고 있는지를 어떤 식으로 나타내 보여주고 있는지에 주목하라. 여기에 우리를 대신하여 진정한 원수와 싸움을 벌이고 있는 사람이 있다고 그들은 생각한다: 아마도 그는 다윗의 아들, 그들을 위하여 이스라엘의 싸움들을 싸웠던 인물, 특히 골리앗에 대항했던 위대한 인물인 다윗의 아들일지 모른다.[35] 둘째, 초대 교회가 예수는 귀신들의 왕에 사로잡혔다는 비난을 만들어 내었을 리가 없다는 절대적으로 확실한 사실을 고려하라(또한 이 문제와 관련해서 예수의 메시야적 정체성에 관한 귀신들의 빈번한 증언[36]). 이것은 그 자체가 예수는 실제로 그의 사역의 통상적이고 논란이 되는 부분으로서 축귀를 행하였고, 이것은 현재의 논쟁과 같은 그러한 논쟁들을 불러일으켰다는 것을 보여주는 중요한 소극적인 증거이다. 셋째, 예수에 대한 이러한 비난은 단순히 조금 언짢은 종교적 흑색선전이 아니라는 점을 생각하라. 예수의 대적자들은 오직 이러한 방법을 통해서만 그들이 목격하고 있었던 사역이 지닌 분명한 함의를 피해갈 수 있었을 것이다. 예수가 그를 통하여 시작되고 있다고 주장하였던 하나님 나라에 대한 재정의가 하늘로부터 온 진정한 것이거나, 예수 안에서 어둠의 세력, 귀신 들렸던 사람들을 붙잡고 있었던 어둠의 세력들보다 더 강한 세력이 활동하고 있는 것이었다. 제3의 가능성은 존재하지 않았다. 주후 1세기 유대교의 세계 속에서 그러한 일들을 한 사람은 참 하나님으로부터 보내심을 받은 자이거나 원수로부터 온 자임에 틀림없다.

사실 (우리가 이미 보았듯이) 예수의 대적자들은 예수를 야훼와의 계약, 토라, 성전에 대하여 불충실하다고 의심하고 있었기 때문에, 그들이 이러한 분석

---

34) 마 12 22-32/막 3:20-30/눅 11:14-23; cf. 마 9:32-4; 10:25; 눅 12:10; 요 8:48, 52; 10:20; *Thom.* 35, cf. 21; 44. 여기서 우리가 관심을 갖는 것은 정확한 원래의 단어들이 아니라 그 주제이다. 축귀와 관련하여 바알세불이라는 이름이 나오는 경우에 대해서는 4Q560(Garcia Martinez 378)과 Penney & Wise 1994를 참조하라.

35) 삼상 17장. 메시야적 싸움에 대해서는 제11장을 참조하라.

36) 예를 들면, 막 1:24/눅 4:34; 막 3:11/눅 4:41, cf. 마 12:16; 마 8:29/막 5:7/눅

에 도달하게 된 것은 전혀 이상한 일이 아니었다. 토라 자체 속에서 이스라엘을 어그러진 길로 인도하는 사람들은 흔히 다른 신들과 연합되어 있는 것으로 생각되었다.[37) 그러므로 그들의 관점에서 볼 때, 이것은 단순히 무차별적인 종교적 논쟁에 전형적인 일종의 비방이 아니었다. 그것은 주후 1세기 유대적인 한 세계관을 반영해서, 그들 앞에 놓인 현상을 진지하게 신학적으로 분석한 것이었다. 이 이야기와 대항 이야기에 의해서 제시된 사고방식들의 충돌은 우리가 이 절에서 살펴보고 있는 이스라엘의 세계관을 위한 싸움에 전형적인 것이다.

예수가 이것에 응수하여 할 수 있었던 유일한 방법은 자신의 사역을 참된 하나님 나라 이야기의 일부라고 설명하는 것이었다.[38) 그들의 비난의 비논리성을 드러내고 역으로 그들을 비난하는 것과 아울러, 예수는 자신이 행한 축귀들이 지닌 독특한 성격을 보여주었다.[39) 예수는 자신의 권세에 의거해서 귀신들에게 명함으로써 직접적으로 행동으로 보여준 것이었다.[40) 예수는 이러한 권세를 계약의 하나님으로부터 수여받았다고 주장한다: 구체적으로 말해서, 예수는 새로운 방식으로 하나님의 영으로 무장되어 있었다는 것이다.[41) 예수가 명했을 때에 귀신들이 이에 순종하자, 곁에서 보고 있던 사람들이 내릴 수 있는 결론은 오직 한 가지였다: 이스라엘의 하나님이 마침내 왕이 되셨다. "하나님 나라가 너희에게 임하였느니라." 싸움은 이미 시작되었는데, 그것은 로마가 아니라 진정한 고소자, 즉 사탄과의 싸움이었다.

게다가 이 싸움은 성공적으로 수행되고 있었다. 그러나 이 싸움이 성공적일 수 있었던 것 — 즉, 축귀들이 행해질 수 있었던 것 — 은 오직, 넷째로, 선행적(先行的)인 싸움에서 이미 예수가 이겼기 때문이었다. 예수는 자기가 이미 귀신들의 왕과 맞붙어서 패배시켰다고 주장하였다. 이러한 극히 이례적이고

8:28.

37) 위의 pp. 671-677와 거기에 나오는 참고문헌들을 보라.

38) 그의 대답 속에서 그는 "바알세불" 대신에 "사탄"이라는 말을 쓴다는 것에 유의하라: Lane 1974, 141ff.; Brown 1975-78, 3:472f.를 보라.

39) 또한 cf. 마 9:33: "이스라엘 가운데서 이런 일을 본 적이 없다."

40) 막 1:27/눅 4:36.

41) 마 12:28의 "영" 대신에, 눅 11:20은 "손가락"으로 되어 있는데, 이것은 아마도

암호 같은 말은 오직 시험 기사(아래를 보라) 및 누가복음 10:18 같은 구절들에 비추어 볼 때에만 이해될 수 있다: "나는 사탄이 하늘로부터 번개처럼 떨어지는 것을 보았느니라."[42] 예수는 자기가 진정한 싸움을 싸움에 있어서 성공하고 있다고 주장하였고, 또한 그것을 보여주고 있다고 주장하였다.

논쟁은 경고로 이어진다(누가복음에서는 이 논쟁이 경고로 끝이 난다): 이 싸움에 참여하지 않는 자들은 원수 편에 서서 싸우는 것이다.[43] 마태복음에는 대적자들이 가지고 있는 것을 말하면서 대적자들이 그들 자신을 매우 위태로운 토대 위에 두었다는 추가적인 경고로 이어진다. 예수를 보고, "그가 미쳤다"라고 말하는 것은 용서될 수 있다. 결국, 옆에 서서 보았던 구경꾼들은 이와 같은 행위를 지금까지 보지도 못했고 보리라고 예상도 못했다. 그리고 그것은 하나님 나라의 도래에 관한 그들의 기대들과 너무도 달랐다. 그러나 야훼의 영의 역사를 보고(이것이 누가복음이 "손가락"이라고 말하는 대목에서 마태가 "영"이라고 표현한 이유일 것이다) "이것은 마귀의 역사다"라고 말하는 것은 별개의 문제이다. 그렇게 말하는 것은 스스로를 빠져나올 수 없는 외통수로 몰아넣는 것이다. 당신의 해방을 위한 싸움을 원수의 역사로 정의한다면, 당신은 결코 자유롭게 되지 못할 것이다.[44]

적어도 개략적으로는 그 역사성을 의심할 수 없는 이 논쟁의 결과는 상징적 행위와 말에 의한 설명을 통해서 하나님 나라를 위한 싸움이 예수의 관점에서 고전적으로 재정의 되었다는 것이다. 이 이야기는 근본적으로 다시 말해지고 있었고, 그 초점은 로마가 아니라 사탄과의 최후의 싸움에 맞춰져 있었다. 예수는 이 싸움에서 이미 결정적인 승리를 거둔 상태였다; 예수의 축귀 사건들은 그러한 승리의 결과물일 뿐이었다. 예수는 자신의 권세에 의거해서 행함으로써, 하나님 나라가 이미 어떤 의미에서는 현존하고 있다는 사실을 보여주었고, 암묵적으로 그 자신이 성령을 덧입어서 그 하나님 나라를 오게 하

출 8:19을 반영한 것인 듯하다.

42) Cp. 사 14:12-21; 겔 28:1-19. 이 두 경우에서 악한 제국의 멸망(바벨론, 두로)은 사탄과 그의 패배에 관한 신화의 견지에서 말해진다.

43) 마 12:30/눅 11:23; cf. *P. Oxy.* 1224:2.

44) cf. 위의 691; cp. Guelich 1989, 180. 마태복음은 계속해서 현재의 세대와 그 악함에 관한 경고들을 말한다(12:33-36). 이러한 경고들은 다음 절이 잘 보여주듯이 현재

는 주체라는 것을 보여주었다. 이스라엘의 하나님은 이미 예수의 사역의 사건들 속에서 왕이 되어가고 있었다.[45]

(b) 누구를 두려워해야 하는가?

위에서와 아주 흡사한 방식으로 재정의된 싸움과 원수에 관한 똑같은 이야기는 다른 대목에도 등장한다:

> 내가 내 친구 너희에게 말하노니 몸을 죽이고 그 후에는 능히 더 못하는 자들을 두려워하지 말라 마땅히 두려워할 자를 내가 너희에게 보이리니 곧 죽인 후에 또한 지옥에 던져 넣는 권세 있는 그를 두려워하라 내가 참으로 너희에게 이르노니 그를 두려워하라 참새 다섯 마리가 두 앗사리온에 팔리는 것이 아니냐 그러나 하나님 앞에는 그 하나도 잊어버리시는 바 되지 아니하는도다 너희에게는 심지어 머리털까지도 다 세신 바 되었나니 두려워하지 말라 너희는 많은 참새보다 더 귀하니라.[46]

우리는 이 대목 속에서 어떠한 암묵적인 이야기를 듣고 있는가? 누가복음과 마태복음에 나오는 이 본문은 예수가 제자들에게 직접 하나님 나라를 알리고 경고하고 선포하라는 위임을 하는 장면 중의 일부이다. 제자들의 선교 활동은 그것이 예수 자신의 사역의 연장이라는 사실 때문에 의미를 지닌다는 점에서, 이 경고는 예수 자신의 과업, 예수가 직면하고 있었던 싸움에 관한 예수 자신의 인식을 잘 반영하고 있고, 잘 나타내 준다고 할 수 있다. 일부 학자들은 "지옥(게헨나)에 던져 넣는 이"를 야훼라고 보았다; 그러나 이것은 비현실적이다. 물론, 예수는 이스라엘의 하나님을 한 사람도 게헨나로 보내지 않는 것은 물론이고 파리 한 마리 죽이지 못하는 너그러운 할아버지로 생각하지 않았다.[47] 그러나 거듭거듭 — 특히, 이 단락의 바로 다음 절에서 — 이스라엘의

의 주제와 잘 부합한다.

45) 이와 동일한 주제는 이른바 "자연 이적들"의 근저에 있는 것으로 보인다. 그것들은 세계와 관련이 없는 권능에 의한 침입이 아니다: 그것들은 자연 질서를 다시 주장하고 혼돈의 세력을 물리치는 창조주 하나님을 상징한다.

하나님은 몽둥이를 들고 금을 벗어나는 사람을 두들겨 팰 준비를 하고 기다리고 있는 자가 아니라, 창조주와 만물을 지탱하는 자, 모든 상황 속에서 마음 놓고 의지할 수 있는 자로 묘사된다.[48] 오히려, 여기에서 우리는 진정한 원수의 규정이라는 관점에서 이 싸움에 대한 재정의를 본다. 몸을 죽일 수 있는 자는 사람들이 생각하고 있던 원수, 즉 로마이다.[49] 그렇다면, 진정한 원수는 누구인가? 분명히 이스라엘의 하나님은 아니다. 진정한 원수는 고소하는 자, 즉 사탄이다.[50]

(c) 더 악한 귀신 일곱

누가복음에서 바알세불 논쟁은 추가적인 말씀으로 곧장 이어지는데, 이 말씀을 마태복음에서는 몇 단락 뒤에 놓는다:

더러운 귀신이 사람에게서 나갔을 때에 물 없는 곳으로 다니며 쉬기를 구하되 쉴 곳을 얻지 못하고 이에 이르되 내가 나온 내 집으로 돌아가리라 하고 와 보니 그 집이 비고 청소되고 수리되었거늘 이에 가서 저보다 더 악한 귀신 일곱을 데리고 들어가서 거하니 그 사람의 나중 형편이 전

---

46) 눅 12:4-7(par. 마 10:28-31).

47) 물론, "게헨나"는 예루살렘의 남서쪽 후미진 곳에 있었던 쓰레기를 모아서 태우는 곳의 이름이었다는 점을 다시 한 번 유의하여야 한다(cf. 위의 292). 게헨나가 복음서들 속에서 은유적으로 고통을 받는, 전적으로 비가시적인 장소를 가리키는 데에 어느 정도나 사용되었고, 은유적 의미에서 원수들의 군대 위에서 예루살렘이 멸망할 때 있게 될 유형적 화염이라는 의미를 어느 정도나 담고 있는지는 예수의 말의 의도에 관한 좀 더 온전한 연구에 앞서서 결정되어서는 안 된다.

48) 예를 들면, Caird 1963, 160; Marshall 1969; 1978, 513; Fitzmyer 1985, 959; Evans 1990, 515; Davies & Allison 1988-91, 2:206f.과는 반대로. Evans는 창조주와 율법 수여자를 단순히 백성들을 게헨나로 던질 수 있다는 부정적 견지에서 묘사하는 것이 특이해 보인다는 점에서 통상적인 견해가 지닌 추가적 난점을 지적한다.

49) 가다라 지방의 돼지 떼에 관한 이야기 속에는 로마와 사탄과의 연관성에 관한 암시가 여전히 있을 수 있다: Theissen 1983과 Myers 1990, 190-4를 보라.

50) 아마도 이것은 주기도문의 마지막 구절의 의미에 대한 단서일 것이다: "우리를 poneros, 즉 악한 자에게서 구하옵시고"(마 6:13/*Did.* 8:2, cf. *Ap. Jas.* 4:1; 눅 11:4의 끝

보다 더욱 심하게 되느니라 이 악한 세대가 또한 이렇게 되리라.[51]

이전에 쫓겨 나갔던 더러운 귀신이 이리저리 헤매다가 다시 돌아온 것에 관한 예수의 작은 이야기는 그의 사역 전체의 일부로서의 축귀와 사탄과의 중심적인 싸움을 그가 어떤 식으로 보았는지를 알 수 있는 중요한 단서가 된다. 이전의 구절들에 비추어 볼 때, 나는 이 절들이 축귀가 지닌 잠정적인 성격에 관한 서글픈 주석일 가능성이 대단히 높다고 생각한다: 너희가 귀신을 쫓아내면, 그 귀신은 몇몇 친구들을 불러 모아서 다시 되돌아올 것이다. 만약 예수가 이것이 그가 행하고 있던 축귀들의 장기적인 결과라고 생각했다면, 자기가 결정적인 싸움을 이겼고, 자기가 그러한 토대 위에서 축귀를 행하고 있다는 예수의 주장은 심각하게 의문시될 것이다. 사실, 그것이 사실이라면, 차라리 축귀를 아예 행하지 않는 편이 더 나을 것이다. 오히려, 마태의 마지막 문장과 누가의 맥락이 보여주듯이, 이것은 이스라엘에 관한 일종의 비유이다.[52] 여기에 축귀와 예수의 전체적인 사명 간의 연결고리가 있다. 수많은 치유들이 이스라엘의 하나님이 이스라엘에게 해주고 싶어하는 것을 보여주는 표징들인 것과 마찬가지로(위의 제5장을 보라), 축귀들은 그 자체가 이스라엘의 하나님이 이스라엘을 곤경에 빠뜨리고 있는 진정한 원수, 곧 사탄으로부터 구원하고자 하신다는 것을 보여주는 징표들이었다.

그러나 — 이것이 이 이상한 말씀의 취지이다 — 문제점은 이스라엘이 이전에 귀신을 제거하고자 시도했으나 성공하지 못했다는 것이다. 여기서 그것이 구체적으로 무엇을 가리키는지는 확실하게 말하기 어렵지만, 이 말씀의 취지는 모호하지 않고 분명하다. "집"에 관한 언급은 예수가 여기서도 다시 한 번 이스라엘의 중심 제도이자 상징이었던 성전을 염두에 두고 있었다는 것을 보여주는 단서가 될 수 있을 것이다. 그러므로 또 다른 암호 같은 말씀과의 연결고리가 존재하게 된다: "너희 집이 황폐하여 버려진 바 되리라."[53] 이스라

에서 일부 사본들에 의해서 첨가되어 있지만, P75 등에 의해서는 생략되어 있는).

51) 마 12:43-5/눅 11:24-6. 이 두 기사 간의 유일한 실질적인 차이는 누가가 마지막 문장을 생략했다는 것이다.

52) 눅 11:29-32은 "이 세대"의 악함에 관한 것이다.

엘의 이전의 "축귀"는 아마도 이런저런 개혁 운동이나 혁명 운동, 또는 성전의 재건을 가리키는 것 같다. 이러한 것들은 문제를 제대로 해결해 주었던 것이 아니라 이스라엘이 내부적으로 더 악화되고 곪게 만드는 결과를 가져왔다고 예수는 말하고 있다. 예수가 구체적인 운동들을 염두에 두고 있었던 것이라면, 우리는 "집"을 "소제하고 정돈했던" 마카베오 혁명[54] 또는 여러 가지 점에서 성전의 정결을 반영하고 있었던 정결에 대한 그 열심을 통해서 유대교의 몸과 영혼을 깨끗케 하고자 했던 바리새파 운동, 또는 웅장했지만 야훼가 그 속에 거하고자 하지 않았던(예수, 그리고 아마도 많은 그의 동시대인들에 의하면) "집"을 만들어 내었던 헤롯의 거대한 성전 재건 사업을 생각해 볼 수 있을 것이다. 나는 이러한 것들 중 첫 번째가 가장 가능성이 있다고 생각하지만, 그것은 중요한 문제가 아니다. 실제로, 예수는 당시의 세대들 속에서 일어났던 유대교 내의 전반적인 개혁 운동들을 지칭하였을 가능성이 크다. 어쨌든, 예수가 그러한 운동들 또는 몇몇 구체적인 사례들에 관하여 말했던 것은 잠깐 동안은 깨끗하게 할 수 있지만 귀신들이 힘을 써서 되돌아오는 것을 막을 수는 없다는 것이었다. 새로운 거주처로서의 "집"의 기준에 미달한 그 어떤 것도 유효하지 못할 것이다. 이 말씀에 대한 이러한 이해는 예수 자신의 적극적인 과제는 물론이고 우리가 제8장과 제9장에서 개략적으로 살펴보았던 성전에 대한 비판과도 잘 부합한다.

(d) 최초의 승리

그러나 악의 세력들에 대한 예수의 승리는 어디에서 시작되었던 것인가? 세 개의 공관복음서는 모두 이에 대한 대답을 제공해준다: 예수의 공생애의 시작 때에 있었던 극적인 싸움 속에서.[55] 마태복음과 누가복음에 나오는 이 기사가 잘 다듬어지고 정형화된 문학적 단편들이라고 할지라도, 그 기사들은 두 가지 점을 잘 보여준다. 첫째, 시험 기사는 마가복음과 이른바 Q 자료 두 가지 모두에 등장한다. 둘째, 우리가 바알세불 논쟁 속에서 예수가 말했던 것을

---

53) 마 23:38/눅 13:35.
54) 1 Macc. 4:36-51.
55) 마 4:1-11/막 1:12-13/눅 4:1-13. 마가의 기사는 훨씬 더 짧다; 누가 기사에서는

설명하고자 한다면, 예수가 그의 사역의 초기에 "진정한 원수"에 대한 최초의 결정적인 승리를 얻었다고 믿었던 어떤 유의 체험이 전제되지 않으면 안 된다. 예수가 그의 축귀들은 마귀와의 이전의 결정적인 싸움의 결과물이라고 주장하였다면, 그 싸움이 어떠한 형태를 띠었었고, 언제 그런 싸움이 일어났는지를 묻는 것은 의미가 있다. 하나의 가능성은 예수가 이러한 표현을 사용해서 그가 수세(受洗) 직후에 겪었던 싸움을 언급하고 있었다는 것이다.

물론, 그러한 기사를 역사적으로 연구하는 데에는 커다란 문제점들이 있다. 그 언어가 대단히 자극적이고, 그 이야기가 대단히 교묘하다. 이후 시대에서 화가들이 예수와 매우 기괴한 모습을 한 이상한 작은 괴물 간의 논쟁으로 시험 기사를 묘사한 것들은 20세기의 독자들이 이 이야기를 역사적 묘사의 진지한 일부로 받아들이는 데에 별 도움을 주지 못해 왔다.[56] 그러나 여러 다양한 종교 전통들 속에서 및 기독교 전통의 매우 다른 분파들 속에서 그들의 신을 위하여 싸움을 싸울 소명을 받았다고 믿었던 사람들은 항상 그들 자신이 보이지 않는 세력과의 전쟁 속에 연루되어 있는 것으로 묘사하였다는 점을 우리는 강조해서 말해두지 않으면 안 된다. 20세기의 독자들이 그러한 기사들을 어떻게 분석하고 심리학적 근거를 대며 설명하고 축소시키고 다른 식으로 번역하는가 하는 것은 큰 문제가 아니다. 계몽주의 이후의 주류 세계관이 옳다면, 그러한 모든 언어들은 종교적 망상의 증거들로 볼 수 있을 것임에 틀림없다. 그러나 어떤 사람들은 마찬가지로 그들 자신이 소명을 받았다고 생각하는 사람들 — 너무도 공통적인 인간의 체험 — 은 많은 문화들 속에서 적대적인 세력과의 싸움이라는 견지에서 묘사되기 쉬운 내면의 싸움을 겪게 된다고 주장하고 싶어할 수도 있다. 20세기이든, 아니면 다른 어떤 세기에서든 우리가 할 수 없는 것이 하나 있는데, 그것은 그러한 자기 인식들이 폭넓게 말해서 우리가 발견하고자 하는 예수의 모습을 특징짓고 있다는 것을 부정하는 것이

마태의 기사에서의 두 번째와 세 번째 시험이 뒤바뀌어 있다.

56) cf. Hall 1984 [1974], 298: "로마네스크와 고딕 양식에서 [사탄은] 뿔들과 비늘이 있는 몸, 날개들, 날카로운 발톱과 손톱을 지닌, 이 시기의 전형적인 마귀이다. 이탈리아의 르네상스 시대에는 사탄을 '타락한 천사'로 묘사하거나, 그의 교활함을 나타내기 위하여 수도사 옷을 입은 노인으로 묘사하였다. 후자는 일반적으로 갈라진 발이나 그의

다.[57] 아무리 정형화되어 있고 도식화되어 있다고 할지라도 그러한 싸움에 관한 묘사를 발견하는 것은 전혀 놀라운 일이 아니다. 만약 우리가 그러한 글을 발견하지 못한다면, 그것이 오히려 더 놀라운 일이 될 것이다.

그러니까 그러한 싸움이 일어났다면, 그것은 분명히 근본적으로 예수만이 알고 있는, 예수에게만 일어났던 그런 사건이었을 것이다. 다른 어떤 사람이 그 사건을 알고 있다면, 그것은 예수가 그 사건을 다른 사람에게 말했기 때문일 것이다. 이러한 가능성은 다양하게 논쟁이 될 수 있다. 복음서 기자들 또는 그들의 선임자들(이 기사가 마가복음과 Q 둘 다에 있기 때문에)이 그들 앞에 있는 본질적으로 역사적 현상들을 설명하기 위한 가설로서 이 이야기를 만들어 낸 것이라고 결론을 내린다면, 우리는 우리가 앞 절에서 말했던 것을 감안하여 그러한 싸움과 관련된 가설이 가능성이 있는 가설이라는 데에 동의해야 하는지, 안 해야 하는지를 물어야 할 것이다. 앞에서 지적했듯이, 내 자신의 판단은 가능성이 있는 가설이라는 것이다.

이 싸움은 예수의 소명과 사역의 성격에 관한 것이다. 굶주림이라는 압박감, 값싸고 신속한 "성공"의 유혹, 세상의 빛이 되어야 한다는 소명을 만국을 다른 수단을 통해서 자신의 강력한 통치 아래에 두라는 소명으로 바꾸고자 하는 욕구 ― 이 모든 것들은 쉽게 하나로 결합되어서 예수가 세례 요한으로부터 세례를 받았을 당시에 확신하고 있었던 소명의 성격을 의심하게 만드는 시험이 되었을 것이다. 네가 하나님의 아들이라면 … 예수가 선택할 수 있었던 많은 다른 이력, 사역, 과제의 형태들이 존재하였다. 메시야들은 여러 가지 형태와 여러 가지 규모로 왔다. 당시의 문화 속에서 스스로를 야훼의 기름 부음받은 자는 차치하고라도 종말론적 예언자라고 믿었던 어떤 사람이 정확히 어떤 식으로 처신해야 하는지, 그의 사업은 무엇이 되어야 하는지, 어떻게 그 사업을 수행해야 하는지를 명확하게 제시해 주고 있었던 것은 하나도 없었다.[58] 앞으로 전진해 나가는 길을 발견하는 것은 적군의 점령 하에 있는 미지의 영토 속으로 들어가는 것에 내재된 온갖 불확실성과 의심을 내포하고 있는 싸움일

옷 속에 숨겨진 발톱을 드러냄으로써 자기 신분을 노출시킨다."

57) 예수를 "영의 사람"과 "종교적 탈혼가"로 묘사하고 있는 **Borg**의 설명(1994a & b)을 참조하라.

수밖에 없었다.

그러므로 우리가 예수는 그가 최초로 결정적인 싸움으로써 싸웠다고 주장한 그 싸움을 어떻게 인식하였느냐를 물을 때, 복음서 기자들은 우리에게 우리가 쉽게 기각해 버릴 수 없는 주장을 제시한다. 그 싸움이 예수의 관점에서 볼 때에 성공적이었다는 것은 예수가 그의 문화에 의해서 그에게 제시된 "메시야" 스타일을 채택하지 않았다는 사실에 의해서 입증된다. 우리는 예수가 당시의 대부분의 유대인들의 사고방식을 공유하고, 거기에 맞추어 행동하고자 하는 유혹을 끊임없이 받았을 것이라는 것을 의심할 수 없다. 예수는 유대인들이 로마에 의해서 조직적으로 경제, 정치, 군사적으로 짓밟히고 있을 때에 그들의 곤경에 무관심할 수 없었을 것이다. 많은 사람들이 원했던 그런 유의 메시야가 되고자 하는 유혹은 실제적인 것이었고 매우 강력했을 것임에 틀림없다. 그러나 예수의 사고방식의 관점에서 볼 때, 그것은 정확히 시험이었다. 예수는 그 시험에 정면으로 맞서서, 원칙적으로 그 시험을 물리쳤고, 그렇게 함으로써 그가 취해야 할 사명의 방향을 확인하였다.

이렇게 우리가 지금까지 살펴본 대로, 예수는 자신의 공생애 기간 동안에 스스로를 높이는 일을 하지 않았다. 예수는 백성들에게 깊은 인상을 심어주기 위하여 주목할 만한 표적들을 행하지 않았다; 사람들이 그에게 그렇게 하도록 요구했을 때, 예수는 그것을 덫과 속임수, 그들의 완악한 마음을 보여주는 증거라고 생각하였다.[59] 예수는 세계의 지배를 꿈꿔왔던 로마를 전복시키는 일에 개입하지 않았다.[60] 예수는 앞에서 말한 이러한 것들 중 그 어느 것의 관점으로도 축소될 수 없는 새로운 방식으로 이스라엘의 하나님의 통치를 알렸고 개시시켰으며, 실제로 앞에서 말한 그러한 것들을 모두 명시적으로 반대하였다. 마태복음 4:1-11에 묘사된 승리는 우리가 본서의 제2부 전체에 걸쳐서 살펴보았던 예수의 사역 속에서 실제로 나타난 바로 그 승리였다. 엄격하게 역

---

58) 아래의 제11장을 참조하라.

59) 마 12:38-42/눅 11:29-32; 마 16:1-4/막 8:11-13; cf. 눅 11:16; 12:54-6(cp. *Thom.* 91); 17:20.

60) 우리는 세상의 통치자가 이스라엘로부터 출현할 것이라고 말하고 있는 다니엘서의 본문에 관한 요세푸스의 글(*War* 6:312-15)를 떠올려 볼 수 있다. *NTPG* 312-14를 보라.

사적 가설의 일부로서, 우리는 이것과 같은 어떤 것 또는 적어도 이것과 같은 이야기를 낳았던 어떤 것이 예수의 정신적, 감정적, 영적 역사의 일부로서 거의 분명히 일어났을 것이라고 말하는 것은 옳다. 예수가 그 다음에 고소하는 자의 패배에 관하여 말하는 이야기는 그런 것을 요구한다. 진정한 원수와의 상징적 싸움은 예수의 공생애가 시작되었던 바로 그때에 사적이고 은밀한 싸움으로서 시작되었었다. 그것은 예수와 그의 동시대인들 간의 논쟁들로 이어졌는데, 그 논쟁의 소재는, 우리가 앞 장에서 본 것처럼, 이스라엘의 상징 세계와 그것에 대한 예수의 전복이었다. 그것이 어디에서 끝나는지에 대해서는 우리는 적당한 때에 다시 살펴보고자 한다.

진정한 원수가 로마가 아니라 사탄으로 규정되었다면, 다음과 같은 또 다른 문제가 제기된다: 이 진정한 원수는 어디에 위치해 있었는가?

(iii) 재배치된 원수: 이스라엘과 사탄

예수는 사탄이 어디에서 활동하고 있다고 믿었는가? 우리가 예수의 사역, 선포, 자기 이해와 관련된 수많은 자세한 내용들을 적절한 빛 하에서 보고자 한다면, 우리는 이 질문을 무시해서는 안 될 뿐만 아니라, 사실 분명하게 파악하지 않으면 안 된다.

우리는 이 질문을 이스라엘의 이야기에 대한 예수의 다시 말하기의 근저에 있는 서사 논리라는 관점에서 표현해 볼 수 있다. 앞에서 보았듯이, 이야기들은 세 명의 핵심 등장인물들을 가지고 있는 것이 특징이다: 행위자, 조력자 또는 조력자들, 대적자 또는 대적자들.[61] 그렇다면, 이 이야기에 대한 예수의 다시 말하기 속에서 "대적자"는 누구인가?

이에 대한 대답은 아주 분명하다. 이에 대한 낌새를 알아차리기 위해서는, 우리는 단지 동일한 방향을 보여주는 몇몇 구절들을 한번 훑어보기만 하면 된다:

이스라엘은 스스로를 대풍 때에 잘 무르익은 알곡이라고 생각했다: 그러나 묵시론적인 드라마가 드러났을 때, 알곡 가운데에서 "원수"가 뿌려

---

61) cf. *NTPG* ch. 3 등; 본서에서는 위의 382f.

놓은 잡초들이 드러나게 될 것이다. 이 비유의 해석에서 원수는 마귀로 규정된다.

또한 사탄은 그물을 끌어 올렸을 때에 좋은 물고기들과 함께 딸려 올라온 나쁜 물고기들에도 책임이 있었다.

이스라엘은 "집"을 깨끗이 소제하고 정돈했지만, 귀신들은 돌아와서 다시 이스라엘을 사로잡을 것이다.

현재의 세대는 악하고 음란해서(옛적의 예언자들이 말했듯이, 이스라엘은 그의 참된 신랑인 야훼를 버리고 다른 신들을 좇아갔다), 오직 잘못된 종류의 하나님 나라를 보여주는 표지들일 수밖에 없는 그런 징표들을 찾기에 열심이었다.

예수를 자신의 문제들에 대한 하늘이 보내준 대답으로 보기를 거부하였던 이스라엘은 현재의 상황을 마귀가 불어넣어준 관점으로 봄으로써 그 마음이 완악해졌고 그들의 열망들이 결국 어디로 그들을 인도할지에 대하여 눈이 멀어 있던 이스라엘이었다.

좀 더 구체적으로 말해서, 바리새인들은 재물의 신에 결박되어 있었다. 사탄은 "이스라엘의 이 딸"을 결박하였었다; 안식일에 그 여자가 놓여난 것은 예수가 이스라엘을 실제적인 결박으로부터 구원하러 왔다는 것만이 아니라 그 진정한 결박이 무엇이었는지를 보여주는 징표였다.

예수가 가야바 앞에 섰을 때, 그는 스스로를 이스라엘의 하나님의 참된 백성의 대표자로, 가야바를 현재 그 참된 백성에 대적하고 있는 짐승의 대표자로 규정하였다.[62]

여기서 무엇이 말해지고 있고 여기서 무엇이 말해지고 있지 않은지를 보는 것이 중요하다. 우리는 이 작은 목록을 마치 그것이 예수가 이스라엘 및 이스라엘이 상징하는 모든 것에 반대하고 있다는 것을 말해 주는 것으로 해석할

---

62) 알곡과 가라지 마 13:34-30, 36-43; 그물: 마 13:47-50; 소제된 집: 눅 11:24-6; 표적들: 마 12:38-42; 마 16:1-4/막 8:11-13/눅 11:29-32; cf. 요 6:30; 재물의 신: 눅 16:14f.; 사탄에게 결박당함: 눅 13:16; 가야바를 향한 예수의 대답: 마 26:64/막 14:62/눅 22:69(아래의 796-803, 832-837, 970-973를 보라).

수도 있을 것이다. (아마도 어떤 사람들은 이 목록을 그런 식으로 읽음으로써, 복음서 기사들이 말했던 것을 기독교가 지닌 반유대교적 성격을 보여주는 또 하나의 사례라고 말하고는 이 목록에서 드러나는 좀 더 큰 그림을 파악하지 않으려고 애쓸 것이다.) 만약 그렇게 한다면, 그것은 진리의 정반대가 될 것이다. 우리가 이 역사적 재구성 전체에 걸쳐서 계속해서 보아왔듯이, 예수의 의도는 이스라엘이 구원을 필요로 하고 있고, 그가 그것을 행하러 왔다는 것이다. 그러나 이스라엘을 사로잡고 있었던 원수는 이스라엘이 자신의 모든 불안정들과 모호한 것들을 투영하였던 외부의 원수가 아니었다. 이런 점에서 예수의 사역은 실제로 혁명적이었지만, 로마가 아니라 실제적인 또는 스스로 자처한 이스라엘의 현재의 지도자들에 대항한 혁명이었다.

쿰란 공동체와의 유비는 이스라엘의 기본적인 소명에 충실하고자 결단한 사람이 어떻게 이런 식으로 생각할 수 있었는지를 보여주는 데 도움이 된다. 쿰란 공동체 자체는 단순히 매우 이른 시기의 예언자들로 거슬러 올라가는 유대적 운동들의 유구한 계보 속에서 하나의 운동에 불과한 것이었다. 예를 들면, 우리는 이스라엘의 이야기를 현재의 체제가 부패하였다는 관점에서 다시 말하였던 아모스, 이스라엘의 원수들의 승리와 성전의 파괴를 이스라엘의 하나님 자신의 역사로 보았던 예레미야를 생각할 수 있다. 우리가 보았듯이, 이러한 계보는 이스라엘의 신이 로마에 의한 예루살렘의 멸망 속에서 활동하고 있다고 주장한 요세푸스로 이어진다.[63] 예수는 현재의 유대의 통치자들과 선생들을 고소하는 자, 곧 사탄의 봉들로 보았고, 자기 자신과 그의 추종자들을 참된 이스라엘로 보았다. 엘리야와 미가야 벤 이믈라 같은 예언자들이 수 세기 전에 말했던 것처럼, 예수는 이스라엘의 이야기를 말하면서, 현재의 통치자들과 그들에게 길들여진 예언자들을 계약의 하나님의 참된 백성의 대적자들이라고 규정하고, 자기 자신을 행위자로, 하나님의 영을 그의 조력자로 규정하였다.

그라이마스(Greimas)의 도식에 비추어서, 우리는 이것을 다음과 같이 나타내 볼 수 있다. 주후 1세기의 유대인들은 이스라엘의 이야기를 다음과 같은 형태로 말하였다:[64]

---

63) 위의 118f., 315, 319.

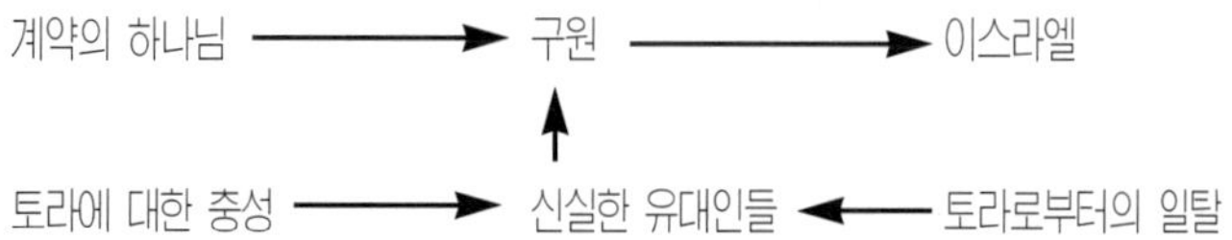

그러나 예수는 이스라엘의 이야기를 다음과 같이 말했던 것으로 보인다:

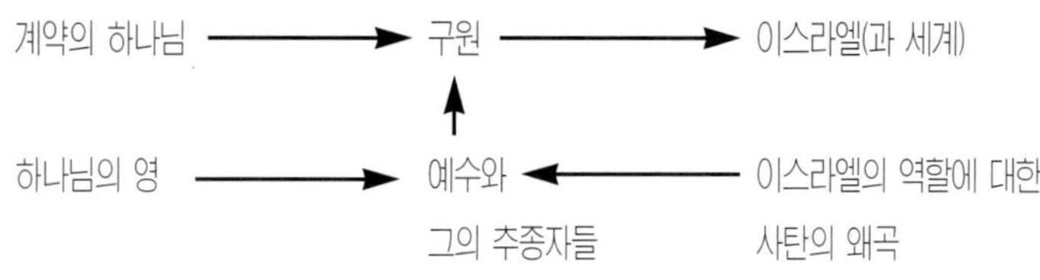

(iv) 결론: 문제점에 대한 예수의 분석

그렇다면, 예수는 무슨 일이 진행되고 있다고 생각했던 것인가? 그 이야기는 결국 어떻게 되었는가? 예수가 싸워야 했던 싸움은 사탄과의 싸움이었다; 사탄은 이스라엘 및 이스라엘이 소중히 여겼던 민족적인 제도들과 열망들을 자신의 본거지로 삼고 있었다. 집은 일곱 마리 귀신이 더 들어와서 차지했기 때문에, 처음보다 상황이 더 나빠져 있었다; 이 세대의 사정도 마찬가지였다. 그러나 이세벨이 예후를 유혹하고자 했던 것과 마찬가지로, 사탄은 지금 예수를 유혹하여 이스라엘이 범했던 것과 동일한 실수를 하게 만들려고 시도하고 있었다.[65] 만약 이것이 불가능하다는 것이 밝혀진다면, 사탄은 예수를 겁을 주어서 못하게 하든가, 또는 때가 이르기 전에 그를 죽이고자 할 것이다.[66] 우리가 예수의 사고방식을 이러한 관점에서 검토해 보면, 복음서 이야기들의 많은 특징들이 제자리를 찾게 된다.

예를 들면, 이러한 분석은 앞 장에서 살펴본 논쟁들의 감춰진 차원들을 드러내 준다. 그러한 상징적 충돌들은 예수에게 전체적인 이야기의 일부로 보아졌을 것임에 틀림없다. 예수의 관점에서 볼 때, 그는 야훼의 통치에 대한 참된

---

64) 서사 분석의 방식에 대해서는 *NTPG* ch. 3을 보라.

65) 마 16:23/막 8:33; cf. 왕하 9:30-7.

66) cf. 눅 13:31-5.

충성으로 가장한 사탄의 유혹에 의한 세계관인 이스라엘의 우상숭배적인 민족주의에 도전함으로써 이스라엘의 진정한 싸움을 싸우고 있었다. 한편 예수의 대적자들, 특히 바리새인들(갈릴리 사역 기간 동안의)과 고위 제사장들(예루살렘에서)은 예수의 시도에 저항하고, 그의 사명, 그의 소명, 이스라엘을 위한 그의 청사진의 타당성에 도전하였다. 그들은 예수의 메시지, 평화의 길을 향한 예수의 절박한 요구들을 거부하였는데, 이는 그들이 예수의 메시지를 받아들이는 것은 몇몇 소중한, 하나님이 주신 민족적 및 문화적 상징들에 대한 그들의 장악력을 약화시키는 것을 의미한다는 것을 잘 알고 있었기 때문이었다. 이것과 관련하여 우리는 갈릴리의 의적이었던 예수와 대면해서 이와 비슷한 상황 분석을 제시하였던 요세푸스를 떠올려 볼 수 있을 것이다. 이와 동일한 현상을 보여주는 추가적 사례들은 그 밖의 다른 시기들 속에서도 쉽게 발견될 수 있다.

물론, 모든 종교적 논쟁은 자신의 대적자들을 사탄의 앞잡이라고 말하는 경향이 있다. 자료들에 의하면, 바리새인들도 예수에 대하여 그런 식으로 말하고자 하였고, 따라서 예수가 (적어도 암묵적으로) 바리새인들이야말로 사탄의 앞잡이라고 되받아쳤다고 해서, 전혀 이상한 일은 아니다.[67] 결국, 우리가 여기에서 살펴보고 있는 것은 오늘날의 서구 사상이 예수를 어떻게 보기를 "좋아하느냐" 하는 것이 아니라, 역사적으로 예수의 사고방식과 관련하여 무엇이 진실이었느냐 하는 것이다. 그리고 이것과 같은 역사적 재구성은 이스라엘로 하여금 하나님의 소명에 대하여 잘못 인식하도록 유혹하였던 사탄이 온갖 수단을 동원하여 예수도 동일한 길을 걷도록 시도하고 있다는 예수의 의구심을 포함하지 않으면 안 된다고 나는 생각한다.

이 이야기 속에서의 추가적인 비틀기는 제자들에 관한 묘사 속에서 드러난다. 복음서 기자들의 신학과 목적에 관한 오늘날의 문헌들 속에서 아주 많이 논의되고 있는 제자들의 모호한 역할은 예수 자신에 관한 우리의 연구에서도 관심을 가져야 할 부분이다. 제자들의 부르심, 특히 열두 제자의 선택을 통해서 이 제자들은 예수의 혁명 운동의 선봉대로 등장한다. 그들은 하나님 나라, 이스라엘이 되는 새로운 길의 선포와 개시에 있어서 예수의 조력자들이 되어

---

67) cf. Johnson 1989; Stanton 1994, 177.

야 했다. 그러나 예수가 자신이 처한 역사의 중요한 시기를 인식했을 때(주후 1세기의 유대인, 특히 스스로를 예언자로 믿었던 자에게 이스라엘의 하나님이 역사 속에서 무엇을 행하고 계시는가에 대한 해석이 중심적인 중요성을 지니고 있었다는 것을 생각할 때), 예수는 당연히 그러한 제자들, 특히 열두 제자, 그 중에서도 베드로가 모호하다고 보게 되었고, 또한 그렇게 체험했다: 그럭저럭 동맹자들이긴 하지만, 또한 잠재적인 위협이기도 한 자들.

우리가 상상할 수 있듯이, 제자들은 그들이 실제적인 보좌들에 앉으려고 예루살렘에 가고 있다고 생각했고, 누가 가장 높은 자리에 앉게 될 것인지를 놓고 논쟁을 벌였다.[68] 베드로는 예수에게 십자가로 가려는 계획을 포기하도록 설득하고자 하였다; 사탄이 예수를 곡식 까불듯이 까불려고 했었다(예수가 이렇게 말했다).[69] 유다는 "고발자"가 되었고, 그는 예수의 재판과 죽음의 가장 직접적인 원인이 되었다.[70] 그러므로 예수는 자신의 가장 가까운 동료들조차 신뢰할 수 없었다. 그들은 양 다리를 걸치고 있었다. 제자들은 원칙적으로는 예수에게 충성하면서도(여기서 유다는 제외될 수 있지만, 거의 마지막까지 유다의 열망들과 소망들이 나머지 제자들과 상당히 달랐다고 생각할 근거가 전혀 없다), 여전히 이스라엘 민족, 그리고 이스라엘 내에 있는 그들 자신을 위한 야망들을 소중히 여겼는데, 이것은 그들이 예수의 과제가 지닌 급진적인 성격을 파악하지 못하고 있었다는 것을 보여주는 것이다.[71] 이렇게 제자들은 결정적인 순간에 예수를 버릴 수 있는 소지를 항상 안고 있었다. 이 주제는 전체적으로, 특정한 말씀에 대해서는 어떤 판단이 이루어지든지 간에, 역사적인 것일 가능성이 극히 높다. 왜냐하면, 이 주제는 전승의 많은 흐름들 속에 등장할 뿐만 아니라, 후대에 초기 지도자들을 좋게 말하는 경향과도 반대되기 때문이다.[72] — 이러한 두 가지 이유보다 훨씬 더 중요한 것은 이 주제가 전체

---

68) 마 20:20-8/막 10:35-45, cf. 눅 22:24-7; cp. 마 18.1-4; 막 9:33-7; 눅 9:46-50.

69) 마 16:22f./막 8:33, cf. *Ap. Jas.* 5:1-5; 눅 22:31.

70) 눅 22:3, cf. 요 6:70; 13:2, 27. 유다의 배신과 베드로의 부인이 역사적 사건이라는 것은 매우 회의적인 학자들이나 Maccoby 1992와 같은 특별한 도끼를 갈고 있는 학자들 외에는 부정할 수 없을 것이다.

71) cf. 행 1:6, 이 본문은 겉보기에는 역사적인 것으로 볼 수 있는 강력한 사례이다; 눅 24:21.

적인 가설 속에서 그 의미가 아주 잘 통한다는 것이다.

이 모든 것은 최종적인 싸움의 성격을 잘 보여준다. 예수는 어느 시점에서 자기가 결국에는 이 싸움을 홀로 싸워야 한다는 것을 깨달았음에 틀림없다 — 자신의 과업을 올바르게 인식했다고 할 때. 이스라엘의 상징적 싸움에 대한 예수의 재해석은 궁극적으로 지금까지 생각했던 것보다 더 강력한 새로운 상징을 만들어 내었을 것이다. 그러나 이 주제로 넘어가기 전에, 우리는 먼저 세계관과 관련된 네 번째 질문을 살펴보지 않으면 안 된다.

5. 해법은 무엇인가?

이스라엘의 곤경에 대한 예수의 분석이 내가 지금까지 개략적으로 설명해 온 것과 같았다면, 우리는 그 해법도 마찬가지로 급진적이었을 것이라고 예상할 수 있다. 물론, 어떤 차원에서는 야훼의 나라 자체가 포로생활로부터의 이스라엘의 진정한 귀환, 악의 패배, 시온으로의 야훼의 돌아오심 등과 같은 그 구성요소들과 함께 예수가 제시한 해법이었다고 할 수 있다. 예수의 전체 과제와 선포는 이 곤경 자체에 대한 그의 재정의에 상응하는 대답을 새롭게 제시한 것으로서, 곤경에 대한 이러한 대답을 확증해 준다. 그러나 이것이 하나의 분명한 대답이라면, 또 하나의 분명한 대답은 "예수 자신"이다. 예수는 자기가 있는 곳에, 그리고 그의 활동이 있는 곳에 하나님 나라가 도래하였다고 주장하였다. 예수는 마치 자기가 벽에 붙어 있는 파리 한 마리인 것처럼 하나님 나라를 선포한 것이 아니었다. 예수 자신의 사역 — 그의 하나님 나라 선포, 그의 예언자적 실천, 그의 축복들, 그의 경고들, 그의 상징적 활동, 이 모든 것들은 이스라엘을 갱신시키고 악을 패배시키며 야훼를 마침내 시온으로 돌아오게 할 운동의 일부였다.

우리는 이제 이러한 관점에서 20세기 동안에 학계를 지배해 왔던 주요한 하나님 나라 이론들에 대하여 평가를 할 수 있게 되었다.[73] 슈바이처는 예수를

---

72) 편집비평가들은 이러한 사실에 지금은 아주 익숙해져 있어서, 통상적으로 초대교회는 최초의 제자들에 관하여 깊은 의구심을 품고 있었다고 전제한다; 이러한 구절들은 흔히 초기 기독교 내에서의 분열에 관한 증거로 인용된다. 예를 들면, cf. Weeden 1985 [1968], 1971; Tannehill 1985 [1977]; Best 1986.

주후 1세기의 배경 속에 두었던 것은 옳았으나, 이것이 시공간으로 이루어진 우주가 종말에 이르게 된다는 그러한 종말론을 의미한다고 생각했다는 점에서는 재앙스러울 정도로 잘못되었다. 불트만은 종말론이 예수의 메시지의 중심을 차지하고 있다고 본 것은 옳았으나, 이것을 어떠한 실제적인 손상도 없이 탈신화화하여 개인의 실존주의적 결단을 향한 부르심으로 바꿀 수 있다고 생각하고, 주후 1세기의 상황을 배제한 채 영원한 "현재"를 선호한 것은 극히 잘못된 것이었다. 도드는 예수에 관한 한 하나님 나라는 이미 현존해 있다고 주장한 것은 옳았지만, 이 하나님 나라를 (불트만과 같은 정도는 아니지만) 개인의 종교적 또는 도덕적 체험이라는 차원으로 축소시킨 것은 잘못이었다; 또한 도드가 하나님 나라가 장래에 세계에 대하여 새로운 방식으로 나타날 것이라는 것을 차단해 버린 것도 잘못된 것이었다. 브랜던이 라이마루스를 따라서 예수를 주후 1세기 유대적인 민족주의적 기대들이라는 배경 속에 놓은 것은 잘한 일이지만, 이러한 기대들에 대한 비판이 아니라 그 기대들을 예수 자신의 사역의 중심에 놓은 것은 잘못이었다. 브랜던의 견해에 대한 통상적인 반발은 올바른 것이었다: 예수는 민족주의적 정치에 개입되기를 거부하였다; 그러나 이것은 흔히 예수를 어느 정도 "비정치적인"인물로 만들어 버리는 희생을 치르고서 단언되어 왔다. 기존의 이스라엘에 대한 심판 및 민족으로서의 이스라엘 민족을 이 그림의 긍정적인 측면으로부터 배제해 버린 하나님 나라의 성취에 관한 예수의 메시지는 철저하게 정치적인 것이었다. 예수는 이것을 알고 있었고, 이에 따라서 행동하였다.

그러나 그 이야기는 어떻게 끝나기로 되어 있었던 것인가? 예수의 사역에 대한 최근의 몇몇 분석들은 마치 예수가 단순히 자신의 사역을 통해서 압박을 하면 이스라엘이 정신을 차려서 그의 관점으로 넘어오게 될 것이라고 소망하는 것으로 만족했었다는 듯이 이 시점에서 이 문제를 중단해 버린다. 이것은 복음서 전승들 속에 나오는 예수에 관한 복합적이고 통합된 면모 속의 몇몇 요소들에 대하여 폭력을 행사하는 것일 뿐만 아니라, 역사적으로도 가능성이 매우 희박한 것이다. 지난 200년 동안에 하나님 나라에 관한 사고의 두 가지 주된 흐름은 예수가 그의 운동에 대한 성공적인 결론으로 여겼을 것에 관한

---

73) 자세한 것은 위의 제1-3장을 보라.

매우 구체적인 제안들을 해 왔다. 라이마루스와 그의 추종자들은 성공적인 군사적 혁명이라는 관점에서 생각하였다. 슈바이처와 그의 추종자들은 세상의 종말이라는 관점에서 생각하였고, 예수를 그러한 사건을 예언한 참 예언자로, 또는 장차 "구름을 타고 오실" "인자"로 묘사하였다. 우리가 예수의 과제가 지닌 종말론적 틀을 그대로 유지한다면(물론, 우리는 그것을 재정의하였지만) — 달리 말하면, 우리가 예수는 단순히 무시간적인 진리들을 가르친 교사였다는 견해를 거부한다면 — 우리는 이 문제를 훨씬 더 정교하게 제기하지 않으면 안 된다: 예수는 그 다음에 무슨 일이 일어날 것을 의도하였는가?

우리는 다음과 같이 이 질문을 좀 더 정교하게 제기할 수 있다. 예수의 상징적 행위들과 이스라엘 민족의 곤경에 대한 그의 분석이 진정한 원수인 사탄에 맞서서 싸워야 했던 큰 싸움에 그 초점이 맞춰져 있었다면, 예수는 이 싸움이 어떤 식으로 일어날 것이라고 생각했던 것인가? 산상수훈과 우리가 제7장에서 살펴본 관련된 과제들은 이에 대한 대답을 향한 길을 보여준다. 악은 군사적 승리에 의해서가 아니라 이중적으로 혁명적 방법에 의해서 패배당할 것이다: 다른 쪽 뺨을 돌려대는 것, 다시 십리를 가는 것, 십자가를 지는 극히 전복적 지혜. 예수가 그의 제자들을 위하여 제시했던 과제들은 자기 자신이 순종했던 과제들이었다. 이것은 하나님 나라가 어떻게 오고, 어떻게 그 싸움에서 이길 수 있느냐에 관한 것이었다.

우리는 이것을 제12장에서 좀 더 자세하게 살펴보게 될 것이다. 여기서는 당분간 우리는 이제까지의 논증의 논리가 어디로 귀결되는지를 살펴보고자 한다. 이스라엘의 이야기에 대한 몇몇 유대인들의 다시 말하기들 속에서, 포로 생활과 회복, 하나님 나라들과 세상의 나라들이라는 큰 주제들은 고난과 신원의 위대한 순간에 그 절정에 도달하게 될 것이었다. 밤은 점점 더 어두워져서, 그 다음에 동이 터올 것이다. 이스라엘의 환난들은 그 절정에 달한 후에, 구속이 도래할 것이다.[74] 다니엘은 사자들과 맞선 다음에, 높임을 받게 될 것이다. 유딧은 적군 사령관의 장막 속으로 들어간 후에, 승리의 모습으로 나타날 것이다. 마카베오 가문의 순교자들은 끔찍하게 죽을 것이고, 새로운 왕조는 독립 국가인 이스라엘 속에 세워지게 될 것이다. 인자는 짐승들의 손에 의해서 고

---

74) cf. *NTPG* 277-9.

다. 예수는 야훼가 단순히 하나의 신이 아니라 유일한 하나님이라는 것을 입증하는 방식은 궁극적인 싸움에서 최종적인 승리를 거두는 것을 통해서라고 믿었다.

우리가 지금까지 세계관과 관련된 처음 네 개의 질문들에 대하여 제시한 대답은 다섯 번째이자 마지막 질문에 대한 구체적인 대답의 방향을 분명하게 보여준다.

6. 지금은 어느 때인가?

곤경과 해법이 야훼의 나라의 종말론적 도래를 보여주는 것이었다면, 예수는 이 과정에서 어느 단계에 자기가 살고 있다고 믿었던 것인가? 아마도 예수의 사역 속에서 하나님 나라와 관련된 그 밖의 다른 것들보다도 이 문제에 관하여 더 많은 글들이 씌어져 왔다. 우리가 지금까지 해 왔던 대로 이 문제에 접근함으로써 — 예수의 하나님 나라 선포의 다양한 면모들에 대한 자세한 해설을 해 왔던 다섯 개의 장들에 의해서 — 우리는 이 문제를 해명할 수 있다는 상당한 정도의 소망을 가질 수 있다. 결국, 예수는 그가 "때의 징조들"을 읽을 수 있다고 믿었고, 그의 청중들도 그렇게 하기를 예수는 기대했던 것으로 보인다.[78]

이 점에 대한 우리의 논증 전체는 이 문제에 대한 뒤집을 수 없는 두 가지 대답을 보여준다. 한편으로, 예수는 분명히 자신의 사역을 통해서 뭔가 극적으로 새로운 일이 이미 일어나고 있다는 것을 믿었다. 준비 기간은 끝났다; 이스라엘의 하나님은 지금 그가 옛적에 약속하셨던 방식으로 행동하고 계신다. 다른 한편으로 예수의 사역은 장차 일어날 어떤 일, 너무도 빨리 닥칠 것이기 때문에 그의 청중들이 깨어있지 않는다면 밤중의 도적처럼 그들에게 임할 어떤 일 때문에 팽팽하게 긴장되어 있었다. 이 두 요소는 복음서 전승의 여러 다양한 흐름들 속에 강력하게 현존해 있고, 우리가 그 요소들이 서로 양립할 수 없다고 생각해서 그것들 중 어느 하나를 잘라내 버린다면, 그것은 최악의 시대착오적인 비평이 되고 말 것이다. 그렇게 하기보다는 이 두 요소를 통합

---

78) 마 16:3(이 구절은 몇몇 좋은 사본들에 나오지 않는다); cf. 눅 12:56.

해서 이 두 가지 모두를 의미 있게 해 주는 신념과 의도들의 틀을 발견해 내는 일이 훨씬 더 나을 것이다.[79]

그 밖의 다른 하나님 나라 운동들과의 유비들은 이 점을 아주 잘 드러내 줄 것이다. 우리가 "순전히 신학적" 문제들로부터 주후 1세기 유대교에 좀 더 적절한 질문들 — 즉, "신학"이 백성들의 사회적 및 정치적 소망들과 긴밀하게 결합되어 있는 그러한 질문들 — 로 초점을 옮긴다면, 우리는 어떻게 그런 일이 있을 수 있는지를 꽤 쉽게 이해할 수 있게 될 것이다. 다윗은 왕으로 즉위하기 훨씬 전에 기름 부음을 받았다. 그 시기 동안에 다윗은 왕이었는가, 아니면 왕이 아니었는가? 예수가 살던 그 세기에도 갈릴리 사람 유다는 그의 추종자들에게 그의 운동에 참여하면 물론 아직 로마의 멍에를 벗어버려야 하는 작은 문제가 여전히 해결 과제로 남아있긴 하지만 그들은 이스라엘의 새롭고 최종적인 재구성의 일부가 된다고 말하였을 것이다. 바르 코크바는 한술 더 떠서 그가 독립을 선포한 때를 "원년"으로 삼아서 통치년도를 더해가면서 주화들을 주조하기까지 하였다. 그는 그의 추종자들에게 마치 그가 왕인 것처럼 행동하였다. 그러나 이러한 "개시된 종말론"은 최종적인 승리를 아직 남겨두고 있었고, 그것은 결코 오지 못했다. 우리가 바르 코크바 또는 그의 추종자들에게 그들이 하나님 나라의 때에 살고 있느냐고 물었다면, 그들이 만든 주화들 — 고대 세계에서 유일하게 실제적인 "대중 매체" — 은 이에 대하여 긍정으로 대답했을 것이다. 여기서의 부정은 불충성을 의미하였다. 그러나 우리가 이것을 근거로 그들이 장래의 소망을 가지고 있지 않았고, 그들에게 남겨진 열망이 없었으며, 그들의 하나님이 단번에 그 나라를 세우신 것이라고 결론을 내린다면, 우리는 어처구니없는 잘못을 저지르는 것이 되고 말 것이다. 일단 우리가 역사적으로 생각한다면, 현재적이면서도 미래적인, 즉 이미 세워졌으면서도 여전히 그 결정적인 승리를 미래에 두고 있는 하나님 나라라는 표현은 완벽하게 의미를 지니게 된다.

---

79) 이 논쟁 전체에 대해서는 위의 제6장 2 iii에 나오는 짧막한 논의와 참고문헌들을 보라. Evans 1990, 492의 말과 비교해 보라: 이중설(그는 이것을 "모순설"이라 부른다)은 "복음서 전승들에 깊이 뿌리박고 있기 때문에 제거될 수 없고 그 타당성이 인정되어야 한다."

예수의 하나님 나라 선포도 이와 마찬가지였다. "세례 요한의 날로부터 하나님 나라가 돌입해오고 있다"(개역에서는, "세례 요한의 때부터 지금까지 천국은 침노를 당하나니"); 이것은 전적으로 미래적인 하나님 나라에 대한 선포가 아니다.[80] 실제로 세례 요한을 "엘리야"로 규정하고, 자신의 운동을 세례 요한의 운동의 직접적인 연속이라고 말하는 것을 통해서 이와 결부시킴으로써, 예수는 그의 청중들에게 그 어떠한 다른 선택 여지도 남겨두지 않는다. 예수는 협잡꾼이거나, 실제로 하나님 나라를 개시시키고 있는 자이다. 하나님 나라가 "돌입하고" 있다는 것의 의미는 "침노를 당해 왔다"(문맥을 고려하지 않을 때에 그리스어 본문상에서 가능한 해석)를 의미하는 것일 수 없다; 이것은 이스라엘의 기나긴 비극적인 역사 전체에 걸쳐서 이미 되어 왔던 일이다.[81] 누가는 이 동일한 어구를 "하나님 나라가 전파되고 있다"("비아제타이"가 아니라 "유앙겔리제타이"를 사용해서)로 바꿈으로써 이 구절을 적어도 누가는 그렇게 이해했다는 것을 보여준다: 하나님 나라는 예수의 오심과 더불어 무대에 등장하였다. 마태복음(11:13b)과 누가복음(16:16b)에서 그 다음에 나오는 구절은 암호 같긴 하지만, 하나님 나라가 돌입해서 현존하고 있다는 것에 관한 냉소적이면서도 간결한 주석으로 읽을 수 있다: 그렇다. 폭력의 사람들은 그들 자신의 목적들을 위하여 이 운동을 해치거나 이 운동에 대하여 폭력을 사용하려고 하고 있다. 마태의 본문은 전자의 방향을 보여주는 것 같고, 누가의 본문의 후자의 방향으로 기울고 있는 것 같다.[82] "들을 귀 있는 자는 들으라"(11:15)

---

80) 마 11:11-15; cp. 눅 7:28; 16:16. 마태복음에 나오는 말씀에 대해서는 cf. Cameron 1984; 최근의 것으로는 Davies & Allison 1988-91, 2:253-6; Hagner 1993, 306f.와 그 밖의 다른 문헌들에 대한 논의들.

81) 즉, biazetai는 수동태가 아니라 중간태로 읽혀져야 한다 — Davies & Allison 1988-91, 2:255f.에도 불구하고. 두 개의 관련 절들을 반드시 "대략적으로 비슷한" 것으로 읽어야 하는 것은 아니다(대부분의 주석서들에도 불구하고: Hagner 1993, 307을 보라). 마찬가지로, 종말론적 환난이라는 주제가 이 절의 주제에서 멀지 않다는 것은 인정하지만, 내 생각에 그것은 이 절의 가장 분명하게 보여주는 주제는 아니다.

82) 마태 본문에 대한 자세한 논의로는 cf. Davies & Allison 1988-91, 2:254-6; 나의 주장은 그들이 일곱 번째 견해라고 설명하고 있는 것과 그리 다르지 않고, Pamment 1981, 227f.에 의해서 제시된 것과 아주 비슷하다. 눅 16:16과 관련해서는 Johnson 1991, 251은 그것을 긍정적인 의미로 해석한다("모든 사람이 거기에 들어가도록 강권

는 말을 마태가 첨가한 것은 그가 이 말씀이 암호적임과 동시에 정치적으로 부담이 되는 내용을 담고 있다는 것을 알았다는 것을 보여준다. 이 두 경우에 하나님 나라는 분명히 이미 현존하고 있지만, 여전히 장차 그 최종적인 승리를 얻을 필요가 있었기 때문에 현재로서는 위험에 처해 있다.

이것은 누가복음 17:20-21에 나오는 이해하기 어렵고 많이 논란이 되고 있는 말씀에 의해서 추가적으로 밑받침된다.[83] 이 말씀의 누가 본문은 고전적인 "크레이아"(chreia)이다:[84]

> 바리새인들이 하나님의 나라가 어느 때에 임하나이까 묻거늘 예수께서 대답하여 이르시되 하나님의 나라는 볼 수 있게 임하는 것이 아니요 또 여기 있다 저기 있다고도 못하리니 하나님의 나라는 너희 안에(within your grasp) 있느니라.

여기서 굵은 글씨체로 된 어구는 많은 논란을 불러일으켜 왔던 표현인 "엔토스 휘몬"(entos hymon)을 번역한 것이다. 이 어구는 "너희의 정치적 또는 물질적 상황 속에와 반대되는 너희의 마음속에"라는 의미에서 "너희 안에"를 의미하는 것으로 해석되어 왔다: 즉, 하나님 나라는 외적인 현실이 아니라 내적인 현실이라는 말이다. 또한 이 어구는 "너희 가운데"를 의미하는 것으로 해석되어 오기도 했다: 즉, 하나님 나라는 이미 여기 너희 가운데에 현존해 있다. 이 두 해석 가운데 후자는 우리가 예수의 사역의 나머지 부분으로부터 추측할 수 있는 의미와 더 가깝다. 그러나 어원학적으로 이 어구의 의미는 세 번째 해석이 될 가능성이 가장 크다: "너희가 잡을 수 있는 것 안에."[85] 예수는 "너희에게 볼 눈이 있다면, 너희는 손을 뻗쳐서 이미 활동하고 있는 새로

되고 있다"; Fitzmyer 1985, 117f.에서도 이와 비슷하다); Nolland 1993, 821는 그것을 "들어가기 위하여 안간힘을 쓴다"로 해석한다.

83) 이 논란되는 본문에 대해서는 Fitzmyer 1985, 1157-63; Nolland 1993, 849-54, 그리고 이 두 저서에 나오는 참고문헌을 참조하라. 이 말씀과의 부분적인 병행들은 *Thom.* 113 & 3에 나온다.

84) cf. *NTPG* 428-35.

85) Roberts 1948; Cadbury 1950; Rüstow 1960; Fitzmyer ad loc.도 따르고 있다.

운 현실을 붙잡을 수 있다"라고 말하고 있는 것으로 보인다. 이러한 읽기는 그 다음에 나오는 절들(17:22-37)에 의해서도 밑받침되고 있다. 장차 심판이 올 것인데, 하나님 나라의 현존은 당연히 그들의 것이라고 생각하고 있는 자들에게 자동적으로 유익들을 의미하지 않는다. 오히려, 그것은 아직 시간이 있을 때에 붙잡아야 할 기회를 의미한다. 우리는 이 말씀이 하나님 나라가 이미 현존해 있다는 것을 강조적으로 의미하고 있지만, 그러한 현존이 적어도 암호같고 숨겨져 있다고 할 때에만, 그 말씀은 의미를 지니게 된다는 점을 주목하여야 한다. 바리새인들은 하나님 나라가 현존해 있다고 생각하지 않는다; 예수의 사역 속에서의 그 어떤 것도 그들이 당연히 그래야 할 것이라고 생각하고 있는 것들에 관한 그들의 비전과 상응하는 것이 없다. 그러므로 누가복음 17:21은 단순한 "현재적 하나님 나라"라는 관점을 밑받침하고 있는 것이 아니라, 우리가 예수의 선포 전체의 특징을 이루고 있는 것으로 이미 살펴본 바 있는 현재와 미래의 미묘한 배합을 밑받침해 주고 있다.

사람들이 참여할 수 있지만 여전히 어떤 종류의 최종적인 확정을 기다리고 있는 현재적 실체로서의 하나님 나라라는 의미를 강화시켜주는 세 번째 말씀은 축귀들에 관한 말씀이다. "내가 하나님의 손가락을 힘입어 귀신들을 쫓아내는 것이라면 하나님 나라가 이미 너희에게 임하였느니라."[86] 이 주장은 하나님 나라가 예수의 사역 속에 현존해 있다는 것을 단언하고 있을 뿐만 아니라, 하나님 나라의 성격도 재정의하고 있다. 분명히 헤롯, 빌라도, 가야바는 여전히 권좌에 앉아 있다; 그러나 이미 결정적인 타격을 입었고 곧 완전히 정복될 또다른 원수가 존재한다. 예수는 이미 주권자로서 행동하고 있고, 야훼는 그를 통해서 지금 그의 백성의 원수들을 무찌르고 계신다. 여기서 다시 한 번, 비록

---

86) 눅 11:20/마 12:28; 마태복음에는 "손가락" 대신에 "영"으로 되어 있고, 흥미롭게도 그가 통상적으로 사용하던 "천국"이 아니라 "하나님 나라"를 보존하고 있다(마태복음에서의 이러한 차이에 대해서는 cf. Pamment 1981). 마지막 구절의 그리스어는 ephthasen eph' hymas(문자적으로, "너희에게 임하였다")이다. 오늘날의 주석자들은 이것이 하나님 나라의 임박한 미래성이 아니라 강조적 현존(임재)을 가리킨다는 데 의견을 같이 한다. 최근의 논의로는 cf. Davies & Allison 1988-91, 2:339-41; Hagner 1993, 343(마); Fitzmyer 1985, 922; Evans 1990, 492; Nolland 1993, 639-41(눅). 자세한 것은 이 장의 앞 절을 보라.

하나님 나라는 분명히 현재적 실체이지만, 이 말씀은 문맥상으로 예수가 귀신들의 왕과 연합해 있었던 것이 아니라 오히려 귀신들의 왕을 패배시키고 그의 나라를 노략하고 있었다는 것이 분명해질 미래의 때를 보여준다.[87]

우리가 지금까지 살펴본 세 가지 말씀들은, 바르 코크바와의 유비가 분명히 보여주듯이, 미래의 최종적인 승리를 남겨두고 있다는 것을 인정하는 가운데 하나님 나라의 현재적 현존을 강조하고 있다. 그러나 "하나님 나라" 말씀들 중에서 가장 유명한 것들 중 하나는 이러한 균형을 정반대의 방향으로 돌려놓고 있다. "여기 서 있는 사람 중에 죽기 전에 하나님 나라를 볼 자들도 있느니라."[88] 이것은 미래의 승리와 신원에 관한 또 하나의 분명한 약속이다. 주후 1세기 유대인들의 역사의 여러 쪽(페이지)들을 장식했던 그 밖의 다른 많은 예언자들과 메시야적인 인물들의 열렬한 추종자들과 마찬가지로, 예수의 청중들은 그들의 지도자가 그들에게 민족 전체가 열망하고 있던 그 최종적인 승리를 약속하고 있는 것으로 이해했을 것이다. 위대한 새로운 출애굽이 일어날 것이다: "포로생활로부터의 진정한 귀환," 시온으로의 야훼의 귀환, 성전의 재건, 악의 세력들의 패배 — 이 모든 것들이 그 약속 안에 포함되어 있다. 그리고 그런 일은 그들이 살아 있는 동안에 일어날 것이다. 역사 속에서 일어났던 정치 및 혁명 지도자들은 비록 주후 1세기 유대인들의 특정한 신학적 의미를 지니고 있진 않았을지라도 예수와 거의 동일한 것들을 말하여 왔다. 이 말씀을 마치 그것이 예수의 "돌아옴" 또는 슈바이처류의 세상의 종말이라는 의미

---

87) Cf. Caird 1980, 12: "예수가 의와 평화의 통치 속에서의 하나님의 목적들의 최종적인 신원을 언급하였다면 … 가야바가 대제사장이고, 빌라도가 유대의 총독인 상황 속에서 그것이 현존한다고 말하는 것은 말도 되지 않는 소리였다. 다른 한편, 예수가 사탄의 멸망과 그의 모든 일들을 이루지 못하도록 하기 위하여 하나님의 구속적인 주권이 세상 속으로 흘러 들어가고 있다고 언급한 것이라면, 그에게 이것은 여전히 미래에 있었다고 주장하는 그의 사역에 관한 기록 전체를 무의미하게 만들어 버리는 것이다."

88) 눅 9:27; 막 9:1("권능으로 임하는"이 첨가됨); 마 16:28(이 말씀과 앞 절을 밀접하게 연결시키고 있는 "인자가 그 왕권을 가지고 오는 것을 볼 자들도 있느니라"). Cp. 마 10:23("이스라엘의 모든 동네를 다 다니지 못하여서 인자가 오리라"); 막 13:30/마 24:34/눅 21:32("이 세대가 지나가기 전에 모든 일이 다 이루어지리라"). 후자의 구절들에 대해서는 위의 560f.를 보라.

에서 "파루시아"에 대한 예언인 것처럼 해석하는 것은 역사적으로 사고하는 것을 포기하는 것이다.

이와 동시에 이 세 가지 기사들 모두에는 장차 도래할 하나님 나라에 관한 예언 다음에 즉시 예수 자신을 왕, 메시야로 거의 공식적으로 인정하는 말이 뒤따라 나온다.[89] 그리고 그 사이에 나오는 내용은 새롭게 환호를 받으며 등장한 "왕적인" 인물이 그의 추종자들에게 하나님 나라가 세워져야 할 도성을 향하여 그와 함께 갈 것이며 그렇게 함에 있어서 그들이 폭력적 죽음을 맞을 각오도 하라는 촉구와 함께 충성으로 부르는 내용이 나온다.[90] 다시 한 번, 이러한 일련의 내용은 주후 1세기의 유대인들의 세계라는 배경 속에서 철저하게 신뢰할 만하다. 우리는 갈릴리 사람 유다, 시몬 또는 아트롱게스(Athronges), 시몬 바르 기오라, 므나헴 또는 엘르아살, 바르 코크바가 바로 이러한 식으로 말을 했다는 것을 생각해 볼 수 있고, 또한 우리는 그들의 추종자들이 예수의 추종자들의 마음속에 있었던 것들과 매우 유사한 생각들을 했을 것이라고 생각해 볼 수 있다.[91] 그러므로 여기서도 다시 한 번 하나님 나라의 온전한 계시 또는 드러남은 여전히 미래에 있다는 사실은 이미 현존하는 것으로 인정되는 그 무엇, 이 경우에는 예수의 메시야됨을 부정하는 것이 아니라 오히려 요구한다. 오직 "하나님 나라"를 비역사적 견지에서, 아마도 어떤 신학적 도식을 따라서 인식할 때에만, 이것은 철저하게 자연스러운 것이 아닌 다른 것으로 보여지게 된다.

따라서 우리는 예수의 공생애에 관한 마가복음과 마태복음의 기사의 처음 부분에 나오는 요약적인 진술을 어느 정도 자신 있게 접근할 수 있다. 그들은 세례 요한이 체포된 후에 예수가 갈릴리로 와서 "복음"을 선포하고 "때가 찼고 하나님 나라가 가까웠으니 회개하고 복음을 믿으라"고 말했다고 기록하고 있다.[92]

---

89) 막 8:29/마 16:16/눅 9:20. 아래의 제11장을 참조하라.

90) 막 8:31-8/마 16:21-7/눅 9:22-6.

91) 이러한 인물들과 운동들에 대해서는 cf. *NTPG* ch. 7.

92) 막 1:14f.; 마 4:17은 거의 병행을 이룬다. 이와 동일한 선포는 마 10:7/눅 10:9에 나오는 제자들에 대한 예수의 명령 속에서도 발견된다. "회개하고 믿으라"는 부르심에 대해서는 위의 제7장을 보라.

여기서 결정적으로 중요한 어구는 "가까웠으니," 즉 그리스어로 "엥기켄" (engiken)이다. 학자들은 이 어구를 하나님 나라의 현존("그것이 이미 여기에 있다")를 가리키는 것으로 해석해야 할지, 아니면 하나님 나라의 임박성("그 것은 곧 동터올 것이다")을 가리키는 것으로 해석해야 할지를 놓고 결정을 잘 하지를 못해 왔다. 물론, 이러한 논쟁은 학자들이 하나님 나라가 무엇으로 구 성된다고 생각하느냐에 의해서 직접적인 영향을 받는다. 하나님 나라가 시공 간으로 이루어진 우주 또는 문자 그대로 어떤 인간 같은 인물이 구름을 타고 땅으로 내려오는 것을 의미했다면, 이것은 분명히 일어나지 않았다. 그러나 그 런 것은 주후 1세기 유대인들이 지니고 있었던 생각일 가능성이 전무하거나 극히 희박하다. 하나님 나라가 헤롯과 빌라도가 더 이상 유대 땅을 통치하지 않게 되고, 그 대신에 유대인들의 나라가 이스라엘의 하나님의 직접적인 통치 아래에서 세워진다는 것을 의미했다면, 이것도 ― 이것은 예수의 동시대인들 에게 아주 잘 의미가 통했던 생각일 것이지만 ― 분명히 아직 일어나지 않았 다. 그렇지만 문제는 예수가 그의 사역 전체를 이 하나님 나라가 무엇을 의미 하는지를 재정의하는 데에 바쳤다는 것이다. 그는 하나님 나라에 관한 상징적 언어를 버리기를 거부하였지만, 그것을 우리가 앞서 살펴본 대로 유대인들의 기대들을 강력하게 전복시키는 새로운 내용으로 채워 넣었다.

이러한 원래의 배경 속에서의 의미의 변화 및 오늘날의 배경 속에서 묵시 사상을 학자들이 잘못 오해한 것은 그리스어 단어인 "엥기켄"에 대한 사전적 인 연구들을 통해서는 실제로 풀 수 없는 진정한 문제점을 낳아 왔다. 사전은 궁극적으로 역사의 한 가지이기 때문에, 그 모체로부터 분리되는 경우에는 거 의 열매를 맺지 못한다. 우리가 지금까지 살펴보았던 대로, 야훼의 나라에 대 한 예수의 재정의는 그가 보기에 하나님 나라는 실제로 현존하고 있지만, 그 것은 이스라엘이 그럴 것이라고 생각해 왔었던 것과 같지 않았다는 것을 보여 준다. 이스라엘의 하나님은 예수의 사역을 통하여 왕이 되고 계신다; 이 하나 님 나라는 예수가 장차 예루살렘으로 가서 싸울 그 싸움 속에서 절정에 달하 게 될 것이다; 한 세대 내에 예수가 한 이 모든 주장이 옳다는 것을 보여주는 하나의 사건이 일어나게 될 것이다. 야훼는 왕이 될 것이고, 참 이스라엘은 마 침내 포로생활로부터 구속받게 될 것이다. 하나님 나라를 세계 역사 속에서 공공연하게 개시시킬 커다란 사건들이 일어나기 전이라도, 그런 하나님 나라는 이미 예수가 있는 바로 그곳에 현존하고 있었다. 하나님 나라의 현존을 부정하는 것은 실제로 백성들이 소망하는 미래를 훼손시키는 일이 될 것이다: 이러한 의미에서 하나님 나라가 이미 현존해 있지 않은 것이라면, 예수의 추종자들은 그 최종적인 승리가 임박했다는 것을 무엇으로 보장받았겠는가?[93] 그러므로 때의 징조들에 대한 예수의 읽기는 우리가 예수를 역사적으로 이해하기만 한다면 완벽하게 의미가 통하는 세계관과 관련된 다섯 번째 질문에 대한 대답을 낳는다. 예수의 공생애는 그 자체가 곧 세워질 하나님 나라의 참된 시작이었다.

7. 예언자와 하나님 나라

우리가 이제까지 도달한 지점을 요약하고 본서의 제3부에서 앞으로 다루게 될 것을 요약하는 방식으로, 우리는 우리가 제3장에서 살펴보았던 대로 현재의 예수에 대한 학문적인 연구의 초점을 이루고 있는 처음 두 개의 질문들에 대하여 답하고자 한다. 예수는 당시의 유대교와 어떠한 관계에 있었고, 그의 목적들은 무엇이었는가?

예수는 당시의 복잡하고 다면적인 유대교 내에 철저하게 속해 있었다.[94] 예수의 항의들은 유대인들의 고전적인 내부로부터의 항의들이었다. 예수의 주장들(우리가 지금까지 살펴본 것과 같은)은 당시의 그 밖의 다른 많은 유대 지도자들의 주장들과 내용에 있어서는 달랐지만 형식에 있어서는 비슷하였다. 예수의 활동들은 유대적 세계관 내에서 의미를 지녔고, 또한 그 속에서 의미를 지니도록 의도되었다. 예수의 이야기들은 몇몇 표준적인 유대인들의 이야기 줄거리들을 상기시켰고 확대하였으며 부분적으로 다시 그렸다. 예수 자신

---

93) 그러므로 engiken의 의미가 "가까이 왔다, 근접했다"(예를 들면, Fitzmyer 1985, 848(눅 10:9에 대하여))라고 억지로 주장한다면, 이것은 하나님 나라가 예수의 선포와 행위들 속에 현존하지 않는다는 것이 아니라 이러한 현존이 지금 복음이 선포되는 사람들에게 가까이 왔다는 것을 의미할 것이다.

94) cf. Wright 1996a. 오늘날 유행처럼 사용되고 있는 "유대교들"이라는 말이 어떤 의미를 지니기 위해서는, 아무리 다원적인 형태라 할지라도 "유대교"라 불리는 어떤 실체가 존재하여야 한다.

의 사역의 상징들은 특히 성취의 때가 이르면 이스라엘의 상징 세계에 대한 필연적인 재정립이 그 특징들 중의 하나가 될 것이라고 주장함을 통해서 그의 동시대인들이었던 유대인들의 표준적 상징들의 영속성에 도전하였다. 이렇게 예수의 실천, 그의 이야기들, 그의 상징들은 모두 이스라엘의 하나님이 자기가 행하고 있는 것을 통해서 그의 목적들과 약속들을 성취하고 계시다는 그의 믿음과 주장을 보여주는 것이었다.

예수는 물론 그러한 주장을 선포하고 구체화하는 방식에 있어서 유례가 없었긴 하지만 그러한 주장을 한 최초의 인물도 최후의 인물도 아니었다.[95] 정치와 종교와 사회가 뒤범벅이 되어서 유대인이라는 것 또는 충성스러운 유대인이라는 것 또는 언젠가는 신원받게 될 참 이스라엘의 일부가 된다는 것이 무엇을 의미하는지에 대한 수많은 정의들을 제시하였던 세계 속에서, 예수가 그 격동의 시대에 명멸하였던 수많은 다른 운동들 및 집단들과 아울러 주후 1세기 유대인들의 지도 위에 위치해 있다는 것은 의심의 여지가 없다.

예수가 실제로 언젠가는 신원받게 될 참 이스라엘의 초점이었느냐는 그만두고라도, 예수는 과연 진정으로 신실한 유대인이었고 또 그렇다고 주장하였는지는 물론 예수 당시에도 논란되는 문제였고, 오늘날까지 계속해서 논란이 되어 왔다. 그러나 예수는 역사적으로 주후 1세기 유대교 내에서 이러한 질문들을 아주 날카로운 형태로 제기했던 인물이라고밖에는 생각될 수 없다. 예수는 "유대인 예수"였고 또한 현재에도 여전히 그렇다.[96]

그렇다면, 예수는 무엇을 하고자 하였던 것인가? 예수의 "목적들"은 무엇이었는가?[97] 물론, 이것은 본서의 제3부의 주제이다; 그러나 현재로서는 지금까지의 논증을 토대로 우리는 다음과 같이 추정해 볼 수 있을 것이다.

나는 예수가 이스라엘의 이야기를 자신의 사역을 통해서 하나님이 정하신

---

95) 의의 교사를 직접적인 병행으로 설정하려고 하는 엉뚱한 시도들이 종종 있음에도 불구하고: 예를 들면, Clayton 1992.

96) 이 어구 ― 그의 1973년의 저작의 표제로 사용된 ― 가 그 책이 처음 출간되었을 때와는 달리 이제 더 이상 충격적으로 들리지 않게 된 것은 Vermes(1973, 1983, 1993)의 저작의 영향력의 정도를 잘 말해준다.

97) "목적들"과 "의도들," 그리고 그러한 것들과 관련된 "신념들"에 대해서는 cf. *NTPG* 109-12, 125f.

절정으로 인도하고자 의도했다고 논증하여 왔다. 예수의 예언자적 실천은 그의 동시대인들에게 토라와 예언서들에 의해서 재가받고 심지어 요구되기까지 했던 것으로 보이는 그러한 과제들을 포함한 그들 자신의 과제들을 포기하도록 도전하고자 하는 의도를 지니고 있었다. 예수는 그들에게 자기를 따라서 이러한 성서의 이야기의 참된, 그러나 의외의 성취가 될 야훼의 백성이 되는 하나의 길을 따르도록 촉구하였다. 예수는 그의 청중들의 세계관의 포기가 아니라 그 세계관 내에서의 근본적인 변화를 불러일으키고자 하는 목적을 지니고 있었다. 그들은 스스로를 위대한 구속, 회복, 포로생활로부터의 귀환, "죄사함"에 관한 야훼의 약속들의 성취를 기다리고 있는 이스라엘로 생각하였다. 예수는 정확하게 바로 그런 것들을 제시하였다: 그러나 예수 자신의 이야기들이 분명하게 보여주듯이, 그가 제시했던 것은 그들이 기대하고 있었던 것들과 같지 않아 보였다. 예수의 상징적 행위들은 이스라엘의 소망을 인식하는 당시의 방식들에 대한 거부와 예수 자신의 대안, 이 두 가지를 실천적으로 보여주었다. 그러므로 예수는 자기 자신을 중심으로 포로생활로부터 진정으로 돌아온 백성으로서의 이스라엘을 재구성하고, 그의 백성을 노예로 삼고 있었던 악에 대한 이스라엘의 하나님의 승리를 얻으며, 모든 소망들 중에서 가장 큰 소망, 즉 시온으로의 야훼의 승리의 개선을 가져오는 것을 목적으로 삼고 있었다.

이러한 것들이 예수의 목적들이었다면(우리가 논증의 이 단계에서 말할 수 있는 한), 예수의 좀 더 세부적인 의도들은 무엇이었는가? 그것은 분명히 우리가 예수의 예언자로서의 면모(프로필) 속에서 살펴보아 왔던 예언자적인 순회 사역에 종사하는 것이었다. 예수는 제자들, 특히 열두 제자를 부르시고자 하는 의도를 지니고 있었다. 그는 실천, 이야기, 상징을 통해서 하나님 나라를 선포하고자 하는 의도를 가지고 있었다. 그리고 우리가 볼 수 있는 한에서, 예수는 이러한 의도들을 성취하였다.

그러나 우리가 지금까지는 얼핏 보기만 했던 또 한 가지의 의도가 있었는데, 본서의 제3부에서는 바로 이 점을 살펴볼 것이다. 예수는 모든 일들을 예루살렘에 대한 한 번의 특정한 방문에 집중시키고자 하는 의도를 지니고 있었던 것으로 보인다. 결국, 하나님이 보낸 사자들의 입으로부터 나오는 "복음"을 들을 자는 바로 시온이었다. 야훼가 바벨론에 대하여 승리를 거두었다는 것,

그의 백성이 마침내 자유롭게 되었다는 것을 듣고 기뻐해야 할 곳은 바로 예루살렘이었다. 그러나 왜 예수가 그의 사역을 예루살렘에 초점을 맞추었는지 그 이유들을 발견해 내기 위해서는 우리는 새로운 화판(canvas)을 펼치지 않으면 안 된다. 우리는 예언자로서의 예수의 면모에 관하여 아주 많은 것들을 말할 수 있는 것처럼 보인다. 역사가로서의 우리는 이 예언자가 순종했던 그 특정한 소명에 관하여 무엇을 말할 수 있을 것인가?

제 3 부

예수의 목적들과 신념들

제11장

예수와 이스라엘: 메시야직의 의미

1. 서론

예수의 예언자적 행위들, 이야기들, 상징들, 세계관적 질문들은 이제 우리 앞에 놓여 있다. 이 모든 것들은 함께 결합하여 주후 1세기 유대교의 세계관 내에서의 한 변형인 예수의 사고방식에 관한 전체적인 윤곽을 우리에게 제시해 준다. 세계관들 또는 사고방식들에 관한 그러한 모든 소묘들과 마찬가지로, 이것은 그 자체를 넘어서 그 주체의 목적들과 신념들에 관한 문제를 보여준다. 물론 이것과 관련해서 우리는 한층 더 많은 논쟁을 겪게 될 것이다.

그러나 이 주제는 어렵기는 하지만, 나는 어떻든 길은 있다는 것을 논증하고자 한다. 좀 더 구체적으로 말하면, 본서의 제3부에서 나는 예수가 그의 예언자적 하나님 나라 선포의 세 가지 중심적인 측면들을 자기 자신에게 적용하였다는 것을 논증할 것이다: 포로생활로부터의 귀환, 악의 패배, 시온으로의 야훼의 돌아오심. 이 세 가지는 여러 가지 점들에서 서로 중복되고 서로 아귀가 맞는다. 실제로, 그것들을 연구하면서, 우리는 반복해서 동일한 본문들과 구절들로 되돌아가게 될 것이다. 그러나 명료성을 우선시하여, 우리는 어느 정도 그러한 것들을 분리하고자 시도할 것이다. 그리고 한 가지 더 말해둘 것은 본서의 제3부는 앞서의 제2부와 연속선상의 관계 속에 있지 않다는 것이다: 나는 예수의 가르침은 나의 논의가 그런 것과 동일한 방식으로 한 주제에서 다른 주제로 옮겨 갔다고, 또는 예수는 오직 그의 하나님 나라 가르침이 온전히 분명해 졌을 때에 그의 목적들과 신념들을 드러내기 시작하였다고 주장하는 것은 아니다. 예수의 목적들과 신념들은 내가 이제까지 그의 사고방식과 그의 하나님 나라 선포에 관하여 말하여 왔던 모든 것과 연관되어 있었다; 우리는 이 문제에 관한 논쟁이 지난 200년 동안 진행되어 왔던 방식 때문에 이러한 우회적인 길을 통해서 그것들을 재구성하지 않을 수 없다.

우리는 예수의 하나님 나라 선포의 첫 번째 측면으로부터 시작할 것이다. 나는 이 장에서 예수는 자기 자신을 포로생활로부터 돌아온 참된 이스라엘의 지도자이자 초점으로 보았다는 것을 논증하고자 한다. 예수는 야훼께서 마침내 그의 백성을 회복하시는 데에 사용하였던 왕이었다. 예수는 메시야였다.

이러한 주장과 관련하여 즉시 세 가지 것들을 우리는 말해둘 필요가 있다. 첫째, 이 점을 확실하게 파악하지 못한 사람이 있을 것을 대비해서, 예수의 세계 속에서 "메시야"라는 말은 그 자체로 신적인 또는 신과 거의 유사한 존재를 가리키는 말이 아니었다.[1] 히브리 성서 속에는 이스라엘의 하나님을 말하면서 왕에 관하여 말하고 있는 영문모를 모호한 본문들이 존재한다.[2] 야훼의 역할과 왕의 역할이 서로 뒤섞여 있는 듯이 보이는 구절들이 있다.[3] 그러나 주후 1세기의 역사의 면면들 속에서 명멸했던 여러 다양한 메시야적 및 준메시야적인 인물들은 스스로를 이런 식으로 바라보았거나 다른 사람들에 의해서 이런 식으로 생각되었다는 것을 보여주는 그 어떠한 증거도 없다. 따라서 베드로가 예수에게 "당신은 메시야입니다"라고 말했을 때나 가야바가 이와 동일한 말들을 냉소적인 반문으로 말했을 때나, 그 어느 경우도 예수가 자기 자신을 삼위일체의 성육신한 두 번째 위격이라고 말했다거나 또 그런 것이라고 물었다는 것으로 이해되어서는 안 된다. 후대에 그리스도인들이 "그리스도"("메시야"에 대한 그리스어 번역)와 "하나님의 아들"이라는 어구를 마치 그것들이 "신적인" 호칭들인 것처럼 사용한 것은 적어도 사람들이 이 점을 파악하는 데에 도움을 주지 못해 왔다; 그러나 우리가 예수를 그의 역사적 맥락 속에서 이해하고자 한다면, 우리는 이 점을 파악하지 않으면 안 된다.[4]

---

1) 이 문장을 쓴 이후에 나는 O'Neill 1995를 읽었다; 대단한 천재성에도 불구하고, 그의 주장은 적어도 필자를 설득하는 데에는 실패했다.

2) 예를 들면, 동일한 보좌가 왕과 야훼에게 동시에 속한 것으로 말하고 있는 듯이 보이는 시 45:7(45:6 in EVV). 아래의 943-951를 보라.

3) 예를 들면, 겔 34; 아래의 제13장을 보라.

4) 책의 제목들 속에서의 "예수"와 "그리스도"의 분열은 이러한 오도된 견해를 지속

이 점을 직시하는 것은 역사가를 지난 100여 년 동안에 선전되어 왔던 상당수의 말도 안 되는 주장들로부터 자유롭게 해 준다. 브레데(Wrede)가 마가복음에 나오는 "메시야 비밀"에 관한 책을 썼을 때, 그는 단순히 "메시야," "인자", "하나님의 아들"은 모두 대동소이한 것을 의미하고, 특히 그것들은 초대교회가 예수를 신적인 존재로 믿게 된 것과 상응한다고 전제하였다. 브레데(물론, 예수는 결코 스스로를 이런 유의 인물로 보지 않았다고 믿었던)의 견해는 불트만, 그리고 그 이후에는 20세기의 아주 영향력 있는 신약학자들 중 다수가 추종하였다. 물론, 이와 동시에 슈바이처는 예수에게 있어서 메시야직은 무엇을 의미했는가에 관한 훨씬 더 섬세한 견해를 제시하였다. 그러나 브레데의 견해는 상당수의 통속적인 용법과 일치하였기 때문에 계속해서 오랫동안 학계를 장악하면서 일련의 잘못된 양자택일식의 구별을 낳았다: 우리는 여전히 사람들이 예수가 "신적인 메시야"였고 또한 스스로를 그렇게 보았던 것인가, 아니면 "예수는 결국 실제로 주후 1세기의 팔레스타인의 한 유대인이었는가"를 진지하게 묻는 것을 들을 수 있다. 다른 몇몇 논쟁들에서와 마찬가지로 이 논쟁 속에서도 한 세기 전에 제시된 입장에 서서 이러한 논의를 제기하는 것은 오직 최근에야 시작되었다.[5]

둘째, 우리는 그토록 많은 학자들로 하여금 신학적 사고를 예수 자신에게 돌리는 것을 꺼려하게 만들어 왔던 잘못된 역사적 겸손을 과감하게 포기할 준비가 되어 있어야 한다. 지난 50년 동안에 학계의 가장 큰 소득 중의 하나는 마태, 마가, 누가 — 요한, 바울 등과 마찬가지로 — 가 신학자들이었다는 깨달음이었다. 그들은 소박한 연대기 기술자들이거나 필사자들이 아니었다. 그들은 유대 성서, 이스라엘의 하나님, 이 성서의 이야기를 완성시키기 위하여 이 하나님이 예수 속에서 행하셨던 일, 이 예수에 대한 충성의 삶으로 부르심받은 이 하나님의 백성으로서 그들 자신의 공동체들의 과제들과 문제점들에 관하여 깊이 있고 창조적으로 사고하였다.[6] 그러나 이와 동시에 학자들은 예수 자

시켜 왔다: 예를 들면, De Rosa 1974; Schillebeeckx 1979 [1974], 1980 [1977]; Fredriksen 1988.

  5) Wrede와 Schweitzer에 대해서는 위의 제1-3장을 참조하라.

  6) cf. *NTPG* chs. 13, 14.

신과 관련하여 이와 비슷한 어떤 것을 말하는 데에는 두려움과 수줍음을 갖고 있었다. 예수가 가졌던 것으로 보이는 어떤 깊은 또는 창조적인 사상들 또는 개념들은 즉시 털어내 버리고자 했다: 그것은 마태(또는 마가, 누가, 요한)의 신학의 또 다른 측면에 불과하다는 말을 우리는 듣는다. 예수는 그의 동시대 인들과 그 이후 시대의 사람들 중 여럿이 했던 것과 같은 방식으로 자기가 하고 있었던 일을 결코 철저하게 숙고하지 못했던 비성찰적이고 본능적이며 단순한 사람으로 남아 있어야 했다. 나는 역사적으로 볼 때, 이러한 예수상은 완전히 뒤집어져야 한다고 주장한다.[7] 마태, 마가, 누가, 요한이 창조적이고 지적인 저술가들이자 신학자들이었던 것으로 보인다는 바로 그 이유 때문에, 우리는 이 넷(그들이 사용했거나 사용하지 않았을 자료들은 그만두더라도) 배후에 있는 공통적인 요소로서 뭔가 좀 더 크고 독창적이며 포착하기 어려운 정신의 존재를 가설로 세우지 않으면 안 된다. 바흐(Johann Christian Bach)에게 돌려진 온갖 장엄하고 고상한 음악이 사실은 작곡을 담당했던 그의 네 아들, 빌헬름 프리데만, 칼 필립 엠마누엘, 요한 크리스토프 프리드리히, 요한 크리스챤의 작품이었다고 주장하는 책에 서가를 내줄 사람이 과연 누구일 것인가? 우리는 예수 자신이 독자적으로 사고하고 성찰한 창조적이며 독창적인 신학자로 인정받을 새 날을 기다려 볼 수는 있을 것이다.[8]

셋째, 이것으로부터 도출되는 것은 예수가 개시하고 있었던 역사적 사건들 내에서의 자신의 역할을 어떤 식으로 이해하였는가에 관하여 묻는 것은 그의 심리를 연구하려는 불가능한 시도가 아니라는 것이다. 그러한 시도들은 종종

---

7) cf. Schweitzer 1954 [1906], 348: "어쨌든, 한 보잘것없는 복음서 기자가 원시 공동체의 신학적 관심들의 압력하에서 종이 위에 그것을 할 수 있었던 것과 마찬가지로, 예수는 왜 교리라는 견지에서 생각해서는 안 되고, 역사에 남을 만한 일을 해서는 안 되는 것인가."

8) 물론, 이것은 거의 반세기 전에 C. H. Dodd 에 의해서 제기된 유명한 논거를 좀 더 확장시킨 판본이다(1965 [1952], 110); 흔히 무시되고 있기는 하지만, 그것은 반박되지 않았다. 원칙적으로는 동의하지만 그러나 우리가 복음서 기자들의 신학이 아니라 예수를 다룰 때에는 확실하게 결코 알 수 없을 것이라는 염려를 하는 고뇌어린 현상주의자에게, 나는 훌륭한 활발한 행진곡, 일종의 브란덴부르크 협주곡을 권하고 싶은데, 그것은 바로 『신약성서와 하나님의 백성』 제2부이다.

있어 왔지만,[9] 많은 확신을 가져다주지 못해 왔다. 결국, 목회자들, 심리 분석가들, 심리 치료사들이 알고 있듯이, 어떤 사람이 자신의 문화와 언어를 공유하고 있고 그 과정에 동화되어 있는 가운데 다른 사람들의 질문에 대답하는 경우에는 그 사람의 심리 상태의 내적 작용들(우리가 그러한 것을 정확하게 정의할 수 있다고 할지라도)을 알아내는 것은 매우 어렵다. 하물며, 이러한 것들 중 그 어느 것 하나도 제대로 된 것이 없는 경우에 어떤 사람의 심리 상태를 알아내는 일이 지극히 어려울 것이라는 것은 너무도 분명한 일이다. 그렇지만 우리는 사람들의 목적들, 목표들, 동기들, 신념들에 관하여 물을 수 있고, 역사가들은 흔히 그렇게 묻는다. 실제로 이러한 것들은 전체적으로 보아서 "역사"가 하는 일이다.[10] 그리고 우리가 목적들, 목표들, 동기들, 신념들을 한데 통합할 때, 우리는 자주 그러한 것들을 통합하고 있는 그 무엇, "소명" 또는 "야망"이라고 부를 수 있는 것을 발견하게 된다. 과거의 한 인물이 지닌 소명 의식 또는 야망을 연구하는 것은 심리학에 관하여 탐구하는 것이 아니라 역사를 탐구하는 것이다. 우리는 그 질문에 대답할 수도 있고 대답하지 못할 수도 있다. 그것은 우리가 활용할 수 있는 자료들에 달려 있다. 그러나 그러한 질문은 다른 여느 역사적 문제와 동일한 방식으로 제기되고 연구될 수 있다.

두 가지 예가 이 점을 잘 말해줄 것이다. 우리는 역사의 문제로서 다소의 사울이 다메섹 도상에서 자신의 인생을 송두리째 뒤바꿔놓은 기이한 체험을 겪은 후에 자기가 이스라엘의 하나님으로부터 예수를 이방 세계에 알리라는 소명을 받았다는 것을 알고 있다. 우리는 그것을 어떻게 알았는가? 물론, 바울의 심리를 분석해서 안 것이 아니다; 그렇게 하려는 시도들은 보통 실패하기 십상이다. 오히려, 역사를 연구함을 통해서 우리는 그것을 알게 된다. 바울은 그가 그러한 소명을 받았다고 믿지 않았다면 (그가 살던 세계 속에서) 괴이하다고 느껴질 것이지만 그러한 소명을 전제하면 완벽하게 이해될 수 있는 그런 방식으로 행동하였다. 바울은 흔히 자기 자신을 이방인들에 대한 사도라고 지칭한다. 바울은 이런 식으로 말하고 행동했기 때문에 곤란을 많이 겪었던 것

---

9) 예를 들면, Miller 1985. 초대 교회 전체를 심리적으로 분석하려는 시도들은 여전히 별로 설득력이 없다: 예를 들면, Lüdemann 1994, ch, 5.

10) cf. *NTPG* ch. 4.

으로 보이지만, 그럼에도 불구하고 그렇게 하기를 계속하였다. 우리는 짐작이나 심리학에 의거해서가 아니라 바로 역사에 의거해서 바울이 실제로 스스로를 이러한 소명을 받은 것으로 믿었다고 말할 수 있다.

또한 우리는 역사의 문제로서 세례 요한이 자기가 이스라엘의 하나님으로부터 종말론적인 예언자, 야훼와 이스라엘의 기나긴 격변의 드라마 속에서 최후의 위대한 막을 준비할 갱신의 예언자로서 말하고 행하도록 소명을 받았다고 믿었다는 것을 알고 있다. 여기서도 이것은 심리학이나 짐작의 문제가 아니다. 우리는 세례 요한이 살던 시대와 장소라는 배경 속에서 그가 말하고 행했던 것을 우리가 알고 있는 것들로부터 역사적으로 이러한 결론을 추론해 낼 수 있다. 우리는 아주 자신 있게 세례 요한이 어느 날 아침에 갑자기 일어나서 한번 재미삼아서 사람들에게 물을 뿌려보고 과연 어떤 일이 일어나는지를 살펴보기로 결심한 것이 아니라는 것을 말할 수 있다. 세례 요한은 당국으로부터의 비난과 투옥과 죽음을 무릅쓰고 두려움 없이 자신의 사역을 수행하였다. 역사가로서 우리는 세례 요한이 자기가 하나님이 주신 과제와 역할에 순종하였다고 믿었다고 말할 수 있고 또한 말하지 않을 수 없다. 역사는 이와 관련하여 우리로 하여금 소명의식에 관하여 말하지 않을 수 없게 만든다.

우리가 예수의 활동 직전과 직후의 시기에 활약하였던 두 인물에 관하여 이것을 말할 수 있다면, 예수 자신에 대해서 이와 동일한 것을 말하지 않는다는 것은 잘못된 것으로 보인다. 예수가 순종했던 소명 또는 예수를 이끌었던 야망은 과연 무엇이었는가? 어떠한 목적들, 목표들, 동기들, 신념들이 예수로 하여금 그가 걸었던 길을 걷도록 만들었던 것인가?[11] 이러한 질문에 답하는 가운데, 본서의 제3부는 다음과 같은 가설을 제시한다: 예수는 하나님 나라와 관련된 세 가지 주된 주제들, 즉 포로생활로부터의 귀환, 악의 패배, 시온으로의 야훼의 돌아오심을 선포할 뿐만 아니라 자신의 행위로써 직접 보여주고 구현하는 것이 자신의 과제라고 믿었다. 이것은 예수에게 몇몇 확인될 수 있는

---

11) 공적인 프로필에서 사적인 신념으로의 이러한 이동은 Ben Meyer가 여러 곳에서, 특히 *The Aims of Jesus*와 *Anchor Bible Dictionary*에 실린 예수에 관한 그의 글 (Meyer 1979, 1992b), 그리고 그 밖의 여러 논문들(예를 들면, 1989, ch. 8)에서 주장한 것과 여러 모로 비슷하다.

목적들과 목표들을 탐구하려는 동기를 부여해 주었다. 달리 말하면, 예수는 이러한 가설들이 없이는 영문을 모르게 되지만 이러한 가설들을 토대로 해서는 분명하게 설명이 될 수 있는 방식들로 행동하였다. 우리는 개념사에 대한 연구를 탐구하는 것도 아니고 오직 예수의 말씀들에 대한 연구를 통해서 논의를 진행해 나가는 것도 아니다. 우리는 예수가 실제로 행하였던 것, 그리고 예수는 그것이 왜 의미가 있다고 생각했는가에 관한 전면적인 역사를 탐구하고 있는 것이다.

그러므로 이 장에서는 이 가설의 첫 번째 부분을 다룬다. 예수는 그가 포로 생활로부터의 이스라엘의 귀환을 구현하고 있고 상징하고 있다고 믿었다. 이러한 자격으로서 예수는 이스라엘 백성의 운명이 자기 자신 및 자신의 사역에 달려 있다고 믿었다. 요컨대, 예수는 자기가 메시야라고 믿었다 — 물론, 상황 전체에 대한 그의 시각, 그 속에서의 그의 소명은 그가 그러한 개념을 재정의했다는 것을 의미하지만.

그 밖의 다른 역사적 가설들의 경우와 마찬가지로, 이 가설을 검토하고 실험하는 가장 좋은 길은 이 그림의 외적인 틀에서 시작해서 안쪽으로 움직여 가는 것이다. 우리는 특히 『신약성서와 하나님의 백성』이 씌어진 이래로 출간된 저작들을 중심으로 그 책의 제3부와 제4부의 해당 단원들에서 서술했던 내용을 간략하게 요약하고자 한다.

2. 유대교와 초기 기독교에서의 메시야직

(i) 예수 당시의 유대교 세계 속에서의 메시야직

예수 당시의 유대 세계 속에서의 메시야직의 의미에 관한 주제만을 한 권으로 다룬 책들이 여럿 나와 있다. 따라서 이 주제에 관하여 아주 자세하게 다루는 것은 불필요하고 또한 불가능한 일이다.[12] 그러나 우리가 탐구해야 할

---

12) 예를 들면, cf. Neusner, Green & Frerichs 1987; Charlesworth 1992c(이 책의 서두의 논문은 현재의 나의 논증에 대하여 아주 비슷하게 답변하고 있는 질문을 제시한다); Gruenwald, Shaked & Stroumsa 1992; Collins 1995. 이 모든 저작들은 아주 많은 참고문헌들을 인용하고 있다. 또한 de Jonge 1992; Horsley 1992b & c; Hengel 1995a & b를 보라. Karrer 1990은 기름 부음의 행위는 단순히 하나님에게 가까운 사람임을 나

올바른 길을 제시해 주는 몇몇 확고한 내용들과 점차 의견의 일치를 이루어 가고 있는 내용이 있다.

내가 앞서 논증했듯이, 먼저 말해둘 것은 예수 당시의 유대교 내에는 "메시야"에 관한 어떤 특정한 그림이 존재하지 않았다는 것이다.[13] 당시의 왕적 또는 메시야적 운동들은 개략적인 개념 안에서 상당한 정도의 자유와 융통성을 보여준다: 이스라엘의 장차 오실 왕이라는 개념은 여러 서로 다른 운동들과 서로 다른 인물들이 아주 쉽게 그들 자신을 중심으로 재형성할 수 있었고, 그것들이 일반적으로 인식된 이상(理想) 또는 모습과 합치하지 않는다고 비난할 사람이 아무도 없었다는 것이다. 한편으로 쿰란 두루마리들의 저술가들의 다양한 사변들, 다른 한편으로 헤롯 왕조에 관한 냉랭한 이야기는 장차 오실 유대인의 왕이 무엇과 같을지에 대한 가능한 대안들이 얼마나 폭넓었는지를 잘 보여준다. 이 그림은 유대 전쟁 동안에 출현했던 여러 인물들에게서 최초로 절정에 달하고 결국 실패로 끝난 바르 코크바 반란에서 두 번째이자 마지막 절정에 달했던 여러 대중적인 메시야 운동들에 의해서 채워진다. 메시야직은 사람들이 만들기 나름이었던 것으로 보인다.

그러나 우리는 하나의 특정한 상당 수의 증거가 타당하다는 것을 고수하여야 한다. 우리가 유대인들이 마카베오 시대로부터 가지고 있었던 왕정 또는 준왕정에 대한 실생활의 체험으로부터 "순수한" 메시야적 사상 흐름(몇몇 두드러진 본문들이 증언하고 있는)을 서로 구분해 낼 수 있다고 생각하는 것은 관념주의적 형이상학이라는 관점에서는 이해할 수 있는 일이긴 하지만 역사적으로는 허구이다.[14] 하스모네 왕조와 헤롯 왕조는 대부분의 사람들이 알고

타내는 것이기 때문에 기름 부음이라는 개념은 왕 및 제사장이라는 개념과 분리되어야 한다고 주장한다; 그러나 이미 우리가 언급한 저작들에 나오는 내용에 비추어 볼 때, 이 것은 예수와 관련하여 "메시야"라는 호칭의 적절한 배경이 될 수 있는 가능성이 거의 없다고 판단된다.

13) *NTPG* 307-20(319f.의 요약)과 그 밖의 다른 이차 문헌들.

14) Collins 1995, 41의 지혜로운 말과 비교해 보라: "메시야가 자처한 인물들은 오직 또는 일차적으로 어떤 본문의 전형을 실천해 내고자 하는 욕구에 의해서 동기를 부여받지 않았다. 정치적 요인, 특히 사회적 요인이 로마 시대의 메시야 운동들의 대부분을 분명히 규정하고 있었다." 그리고 또한 그는 이렇게 말한다(199): "예언과 성취라는

있던 왕권에 관한 실제적인 모델들을 제공해 주었다; 장차 도래할 왕에 관한 사변들은 이러한 미심쩍은 왕조들을 하나님이 주신 참된 왕조로 대체할 그런 인물에 관한 사변들이었다. 우리는 "메시야"가 특히 "유대인의 왕"을 의미하였다는 것만을 생각해 보면 되고, 또한 예수 당시에 이러한 호칭을 주장하였던 적어도 한 인물, 그리고 그러한 자신의 주장을 밑받침할 만한 권력을 쥐고 있었던 한 인물이 있었다는 것만을 생각해 보면 된다. 앞으로 보게 되겠지만, 이것은 예수의 대부분의 암호 같은 말씀들 중 일부를 설명해 준다. 사람들은 암묵적이라고 해도 헤롯 대왕의 아들에게 직접적으로 도전하는 말을 가볍게 입 밖에 내지 못하였다.[15]

이러한 여러 독립적인 운동들이 어떤 공통점을 지니고 있었다면, 그것은 이스라엘의 오랜 역사가 마침내 하나님이 정하신 목표에 도달할 것이라는 기대, 메시야적인 인물의 출현을 위한 배경을 이루고 있던 기대였다. 오랫동안의 포로생활의 밤, "현재의 악한 시대"는 갱신과 회복의 동터옴, 새로운 출애굽, 포로생활로부터의 귀환, "다가올 새 시대"에 길을 내주게 될 것이다. 왕에 대한 소망들이 소중히 간직되고 있었던 것은 바로 이러한 배경 속에서였다: 장차 오실 왕은 야훼께서 이 위대한 갱신을 이루기 위하여 사용할 대리인일 것이다. 또한 우리는 스가랴 1-8장과 같은 성서의 대목을 그 예로 들 수 있다. 여기에서 메시야적인 인물들에 대한 빈번한 (종종 알쏭달쏭한) 언급들은 민족 및 제의의 회복에 관한 예언들이라는 맥락 속에 확고하게 자리 잡고 있다. 이것은 요한복음 6:15에 보도된 예수에 대한 무리들의 반응을 이해할 수 있게 해 주는 그러한 배경이다: 무리들은 예수를 억지로 잡아가서 그를 왕으로 삼고자 했다. 메시야적 기대들이 있었던 곳에서, 그 기대들은 예수 당시의 유대인들에 의해서 말해졌고 또한 살아졌던 좀 더 큰 암묵적인 이야기의 일부를 구성하고 있었다. 왕은 민족 해방의 꿈의 구심점이었다.

패턴은 단순히 문자를 아는 소수의 장난이 아니었다. 그것은 로마 시대에 유대인들의 역사에 직접적인 영향을 주었다."

15) Mendels 1992는 "통상적인" 왕적 야심들을 "메시야적" 야심들로부터 구별한다. 나는 이것이 가능하다고 생각하지 않는다. "메시야"라는 개념은 이 시기에 제대로 정의되어 있지 않았기 때문에, 그것에 관한 논의는 원칙적으로 모든 왕적인 야심들과 계획들을 포함시켜야 한다. Cf. 마 2:1-22.

그러므로 우리는 "유대인들의 메시야 기대"에 관한 완벽하게 묘사된 그림 — 여기에 예수가 부합하든지 그렇지 않든지 — 을 필요로 하지도 않고, 또한 어쨌든 발견할 희망도 없다는 것을 강조해 두는 것이 중요하다. 예수 당시의 유대 세계는 여러 요소들이 함께 뒤섞인 혼란한 모습을 보여주는데, 이 요소들 중 일부는 몇몇 메시야 운동들 속에 나타나 있다. 종종 솔로문의 시편과 쿰란 문헌에서와 같이, 성서의 본문들에 대한 상당한 정도의 집착이 존재한다; 또 어떤 때에는 성서에 대한 근거를 필요로 함이 없이 왕적인 운동들(헤롯의 운동과 같이)이 진행되었다.[16] 성서의 증거 본문들을 중심으로 하든, 상징들, 실천, 이야기들을 중심으로 하든, 그 한복판에는 민족의 소망이 자리잡고 있었다.

"왕"과 관련된 의미들을 지니고 있던 이러한 상징들 중에서 성전이 그 중심이었다.[17] 최초의 위대한 왕이었던 다윗은 성전에 대한 원래의 생각을 지니고 있었다; 다윗의 아들이자 후계자였던 솔로문은 그 성전을 지었다. 포로기 이전 시대의 왕들 중에서 가장 위대한 두 왕이었던 히스기야와 요시야는 성전을 깨끗케 하고 회복시켰다. 성전 재건은 스룹바벨과 여호사닥의 아들 여호수아 같은 흐릿한 인물들을 위한 포로기 이후의 왕의 소임의 일부로 생각되었다.[18] 유다 마카베오는 성전을 정결케 함으로써 100년에 걸친 제사장적 왕조를 창건하였다. 성전 재건은 헤롯이 자신의 왕조를 창건하였다고 주장한 것의 핵심적인 부분이었다. 유대 전쟁 기간 동안에 메시야를 자처했던 사람들 중의 하나였던 므나헴은 마치 오랫동안 기다려 왔던 하나님의 구원의 도래를 신호로써 보여주고자 하는 듯이 왕의 옷을 입고 성전에 나타났다; 시몬 바르 기오라는 왕의 옷을 입고 성전이 있던 자리에 나타났다.[19] 우리가 보았듯이, 바르 코크바는 성전 재건을 최우선 순위로 삼았기 때문에, 자신이 만든 동전들 위에 성전을 새겨 넣었다. 성전과 왕권은 이런 식으로 보조를 함께 했던 것이

---

16) 마 2:4-6에 의하면, 연로한 헤롯은 고위 제사장들과 서기관들에게 "메시야가 어디에서 가겠느냐?"라고 물어야 했다.

17) 위의 제9장, 특히 622f.를 참조하라.

18) cf. 학 2:20-3; 슥 4:1-10(서로 다르지만 연관이 있는 예언들을 결합시키고 있는); 6:9-15.

19) Jos. *War* 2:444; 7:29.

다.[20]

마찬가지로, 왕은 이스라엘의 싸움을 싸워야 할 자였다. 다윗은 골리앗과 블레셋 사람들을 물리쳤었다; 다윗이 왕이 될 것이라는 징후는 여자들이 "사울이 벤 사람은 천천이요 다윗은 만만이라"[21]이라고 노래하였을 때에 이미 분명해졌다. 성서의 시편에 의하면, 다윗의 진정한 후계자는 이스라엘의 원수들을 물리침으로써 다윗의 주권을 얻게 될 것이었다.[22] 후대에 나온 솔로몬의 시편에 의하면, 그는 죄인들을 철장으로 부수고 토기장이의 토기처럼 산산조각 냄으로써 시편 2편에 나오는 다윗의 약속을 성취할 것이다.[23] 히스기야는 앗시리아 군대를 물리쳤다(물론, 이 경우에 야훼께서 스스로 그 모든 일을 하셨지만); 요시야는 민족의 원수와 맞서 벌인 싸움 속에서 전사하였었다. 스룹바벨이 제2성전 시대의 그림 속에서 사라져버린 이유들 중의 하나는 그가 이스라

---

20) 메시야와 성전의 연결 관계를 끊고자 하는 Gundry 1993, 899f.의 시도는 실패로 규정되어야 한다. 이스라엘은 하나님이 진정한 성전의 건축자라고 말하는 것은 메시야가 또한 성전의 건축자라는 것을 부정하는 것이 아니다(우리 시대에 성전이 재건되기를 기대하는 사람들은 아무런 모순에 대한 인식 없이 이 두 개념을 결합시킬 수 있다). 4QFlor. 1-12는 사무엘하 7:10-14에 대한 주석을 제공하고 있는데, 여기에서 출애굽기 15:17-18에 대한 언급이 삽입되어 있다("너희는 주의 성전을 너희의 손으로 견고케 할 것이고, 야훼는 영원히 다스리리라"[GM 136]); 이것은 이 본문이 다윗 가문의 메시야를 종말론적 성전의 건축자로 상정하고 있다는 사실을 훼손시키는 것이 아니라 오히려 확증해 주는 것이다. 왕과 성전에 관한 스가랴서의 여러 본문들(3:6-10; 4:5-14; 6:9-13)과 비교해 보라. 이것에 대해서는 Kim 1987a, 138f.를 보라; 또한 이사야서 53:5에 대한 탈굼에서는 이렇게 말하고 있다: "그(메시야)는 우리의 범죄들로 인하여 더럽혀졌고 우리의 악행으로 인하여 버려졌던 성소를 건축할 것이다." 물론, 이것은 성전의 파괴 또는 재건에 대한 모든 언급들이 메시야와 관련이 있다고 말하는 것은 아니다: 예를 들면, cf. Tob. 14:4; *1 En.* 90:29; 91:13; *Jub.* 1:27-9. 다른 곳에서와 마찬가지로 여기에서도 논증은 단순한 본문들이 아니라 역사적 운동들과 상징들에 관한 것이어야 한다.

21) 삼상 18:7-9; 21:11.

22) 시 110편.

23) *Ps. Sol.* 17:23f.; cf. 시 2:9. 나는 이 구절이 "비군사적인" 승리를 가리킨다고 생각하는 것은 이례적이라고 본다(Charlesworth 1992b, 20). 이와 관련하여 인용된 17:33은 메시야가 군사적인 수단에 의존하지 않을 것이라고 말한다. Cp. *2 Bar.* 72:2, 6. 이 점에 대해서는 cf. *NTPG* 311, n.92; Collins 1995, 54, 203.

엘의 해방을 위하여 싸우려고 시도조차 하지 않았기 때문일 것이다. 유다 마카베오가 성전을 깨끗케 하기 이전에, 그는 시리아인들에 맞서서 큰 승리를 거두었었다. 헤롯은 성전을 재건하기 시작하기 전에, 바대인과 나바테아인들에 맞선 싸움에서 군사적인 주목할 만한 승리들을 거두었었다. (물론, 헤롯이 많은 유대인들에게 받아들여질 수 없었던 이유들 중의 일부는 그가 마카베오 가문과 마찬가지로 일관되게 로마에 협력했기 때문이었다.[24]) 시몬 바르 기오라[25]와 바르 코크바 같은 유대 전쟁 시기의 메시야 참칭자들도 이와 비슷한 과업들을 수행하거나 시도하였는데, 바르 코크바라는 이름("별의 아들")은 민수기 24:17-19의 호전적인 예언으로부터 가져온 것이었다:

> 내가 그를 보아도 이 때의 일이 아니며
> 내가 그를 바라보아도 가까운 일이 아니로다
> 한 별이 야곱에게서 나오며
> 한 규가 이스라엘에게서 일어나서
> 모압을 이쪽에서 저쪽까지 쳐서 무찌르고
> 또 셋의 자식들을 다 멸하리로다
> 그의 원수 에돔은 그들의 유산이 되며
> 그의 원수 세일도 그들의 유산이 되고
> 그와 동시에 이스라엘은 용감히 행동하리로다
> 주권자가 야곱에게서 나서
> 남은 자들을 그 성읍에서 멸절하리로다.[26]

---

24) cf. 1 Macc. 8. 로마인들과의 관계에서 헤롯의 위치에 대해서는 Jos. *Ant.* 17:246을 참조하라. 거기에서 그는 카이사르의 "벗이자 동맹자"로 묘사된다; 그리고 Levine 1992b, 163 등과 같은 다른 증거들도 보라.

25) cf. Jos. *War* 2:521.

26) 아키바가 Bar-Kochba의 이름을 지어 주었다는 전승은 jTaan. 68d에 보존되어 있다. 민수기의 예언은 이 시대에 1QSb 5:27; CD 7:19; 4Q 175:9-13; 1QM 11:6-7; *TJud.* 24:1-6; Philo *Praem.* 95(94-7 전체는 이스라엘의 원수들이 군사적으로 패배할 것을 예언하고 있는 두드러지게 호전적인 대목이다)에 직간접적으로 인용되어 있다. 이 모든 것에 대해서는 cf. Collins 1995, 60-4.

이렇게 메시야라는 것을 보여주는 실천 중에는 이스라엘의 원수들에 맞선 싸움에서 승리를 거두는 것도 들어 있었다. 이 모든 것은 합쳐져서 예수와 메시야직이라는 문제와 관련된 중요한 결론으로 귀결된다: 결국, 점령군에 의해서 처형된 메시야는 참된 메시야가 아니다. 이것은 거대한 신학적 함의들을 지니고 있긴 하였지만, 결코 교묘한 신학적인 주장이 아니라 단순히 주후 1세기 정치의 공리(公理)였다.

이런 식으로 성전과 싸움은 왕적 소명의 중심 상징들이었다. 아주 폭넓게 다양한 양상들을 지닌 실천을 유지해 줄 수 있었던 이러한 어느 정도 확고한 내용들을 중심으로 여러 서로 다른 운동들이 명멸하였다. 그러한 운동들 중 몇몇 속에서 그 기저에 있는 이야기, 중심 상징들, 왕적 실천은 성서의 예언이라는 관점에서 표현되었다. 특히 쿰란 문헌들은 종종 "증언" 모음집들에 집중되어 나오고 종종 좀 더 확대된 저술들 속에 끼어 있었던 "메시야적" 본문들을 수집하였다.[27] 거기에서조차도 우리는 그러한 본문들이 하나의 이야기 속에 속한 것으로 보아졌고 상징과 실천을 뚜렷하게 보여주는 것으로 여겨졌다는 것을 분명하게 말할 수 있지만, 또한 우리는 그러한 본문들은 예수 당시의 유대교 내에서 말하자면 어떤 사람이 특정한 방식으로 말하거나 행동했을 때에 비로소 일깨워질 수 있었던 성서의 반영(反映)들이 얼마든지 존재할 가능성을 보여준다는 점을 유의하여야 한다.[28]

특히 한 가지 반영이 강조되어야 하고 적절하게 이해되지 않으면 안 된다. 이 시기에 나온 몇몇 본문들은 "하나님의 아들"로서의 왕에 관하여 말하고 있다. 시편 2편과 사무엘하 7장에서 이 단어의 용법은 쿰란 문헌의 메시야적 맥락 속에서 확인되고 있고, 메시야의 호칭으로서의 "하나님의 아들"이 이 시기의 여러 분파들 속에서 알려져 있었다는 것을 보여주는 그 밖의 다른 전거들이 존재한다.[29] 그러나 우리는 주후 1세기에 유대인들이 통상적으로 이 호칭

---

27) 쿰란 공동체의 메시야 사상에 관한 가장 최근의 연구서들로는 Collins 1995; Schiffman 1994, Part V가 있다. 특히 왕과 성전이 밀접하게 연관되어 있고, 아울러 시편 2편을 짜넣고 있는 4Q174; 예언자적, 왕적, 제사장적 메시야에 관한 본문들이 나란히 등장하는 4Q175를 보라.

28) cf. Collins 1995, 41: "행위들은 이데올로기들에 의해서 형성되는데, 이 시기에 유대교 내에서의 이데올로기들은 주로 성서의 전승들에 의해서 형성되었다."

을 사용하였을 때의 의미는 초보적인 삼위일체 사상과는 아무런 관련도 없었다는 점을 강조해 두지 않으면 안 된다; 이 호칭은 이스라엘의 대표자로서의 왕을 지칭하는 것이었다. 이스라엘은 야훼의 아들이었다: 이스라엘의 운명을 제 모습으로 돌려놓기 위하여 오실 왕은 이 호칭을 공유하게 될 것이다.

증거들에 대한 이러한 짤막한 요약으로부터도, 역사가는 한 가지 질문에 직면하게 된다. 나사렛 예수는 성전을 재건하지도 화려하게 장식하지도 않았다. 예수는 로마인들에 대항하여 성공적인 혁명을 이끌지도 않았다. 즉, 예수는 상징적 실천이라는 차원에서(성서 본문상의 패러다임이라는 차원은 그만두고라도) 우리가 개략적으로 살펴보았던 백성들의 두루뭉술한 기대에조차도 미치지 못하였다. 그런데도 예수의 추종자들은 왜 예수가 메시야, 살아계신 하나님의 아들이라고 주장하였던 것인가?

(ii) 초기 기독교 속에서의 메시야직

예수의 추종자들의 공동체는 아주 이른 시기부터 예수를 메시야로 여겼다.[30]

그들이 이 호칭을 통해서 정확히 무엇을 의미했느냐 하는 것은 좀 더 집요하게 살펴볼 필요가 있다. 많은 학자들은 바울이 예수가 십자가에 죽은 지 20여년 이내에 글을 쓰면서 이미 "크리스토스"(Christos)라는 단어를 하나의 고유 명사로 사용하고 있는 것으로 보아, 호칭으로서의 의미("메시야")는 그 밖

---

29) 하나님의 아들로서의 이스라엘: 출 4:22f.; 렘 3:19; Wis. 9:7, 18:13; *Sib. Or.* 3:702; 4 Ezra 5:28; *Jub.* 1:25-8; 4QDibHam(=4Q504) 3:4-7(GM 414); 4Q246 2:1(GM 138)(cf. Collins 1993b; Hengel 1995b, 39).

30) 예를 들면, Juel 1988; Hengel 1995b, ch. 1(Hengel 1995a의 긴 판본). Charlesworth 1992b, 3f.는 유대인들의 기대들을 "메시야론"이라고 명명하고, 기독교의 신념들을 "기독론"이라고 명명함으로써, 이 둘 사이의 엄격한 구별을 주장한다. 나는 이러한 주장은 전혀 근거가 없다고 생각한다. 유대교의 신념과 기독교의 신념의 관계는 직접적인 것이 아니라고 할 때에(ibid., 6), 이것은 우리가 그것들을 미리 두 개의 자동적으로 구분되는 대상으로 범주화하는 것이 옳지 않다는 것을 말해 준다 — Charlesworth가 스스로 알고 있듯이(11). 분명히 가장 초기의 그리스도인들은 예수에 관한 그들의 신념들이 유대교의 지도 위에 속해 있다고 생각하였다.

의 다른 신학적 의미들에 의해서 삼켜져 버렸다고 논증하고자 해 왔다. 나는 이것이 잘못된 것이라고 생각한다.[31] 그러나 그러한 주장이 옳다고 하더라도, 그것을 설명해 줄 수 있는 유일한 것은 초기 기독교 운동은 이 호칭을 예수에게 적용함에 있어서 아주 단호했기 때문에 — 이것은 참으로 놀라운 일이었을 것임에 틀림없다 — 예수에게 그러한 호칭을 붙이는 것에 대하여 동의하지 않았던 사람들조차도 비록 그러한 호칭을 사용하는 것이 그들에게는 당혹스러운 일이었을 것임에 틀림없지만 — 앞서의 가설에 의하면 — 그러한 단어를 계속해서 사용할 수밖에 없었다는 것이다. 나는 사실이라는 관점에서 이러한 일련의 사고를 지탱해 주는 데에 필요한 정신적 작용은 진리가 아주 단순하다는 것, 바울은 우리에게 실제로 알려져 있는 그 밖의 모든 매우 초기의 그리스도인들(독창적인 학자들에 의해서 만들어진 그리스도인들과 반대되는)과 함께 예수가 진실로 찬된 메시야라고 믿었고 그러한 믿음을 그리스도인임을 나타내 주는 중심 표지로 여겼다는 것을 보여주는 지표라고 생각한다. 그러나 여기서의 나의 요지는 비록 바울이 그렇지 않았다고 하더라도 바울이 "크리스토스"를 계속해서 사용한 것은 초대 교회 내에서 예수가 메시야라는 확신이 얼마나 강했는지를 보여준다는 것이다.

사실, "크리스토스"라는 말은 초기 기독교 문헌들 전체에 걸쳐서 널리 퍼져 있고, 예수는 수에토니우스(Suetonius)와 요세푸스 같은 외부인들에게 그러한 호칭으로 알려져 있었다.[32] 비록 우리가 이 단어가 지닌 유대적이고 민족적이며 왕적인 의미가 아주 초기부터 잊혀져 있었다고 논증할 수 있다고 하더라도, 우리는 그것을 통해서 단지 다음과 같은 의문만을 부채질할 뿐이다: 처음에 누가 무슨 이유로 이 단어를 예수에게 붙였던 것인가? 달리 말하면, 매우 초기의 기독교 공동체가 그 핵심에 있어서 유대적이었다고 할 때, 무엇이 그 공동체로 하여금 메시야라는 호칭을 예수에게 그토록 확고하게 돌리게 함으로써, 이 단어가 원래의 의미를 상실해 버렸던 그런 때조차도 이 호칭이 확고하게 굳어지게 했던 것인가?

이 질문은 다른 두 가지 고려들에 의해서 좀 더 날카롭게 다듬어질 필요가

---

31) Wright 1991, chs. 2, 3에 나오는 논의와 대안적인 주장들을 보라.
32) Suet. *Claud. ISA*(cf. *NTPG* 355); Jos. *Ant.* 20:200(cf. *NTPG* 353f.).

있다. 첫째, 어떤 운동을 메시야적이라고 선포하는 것은 로마 당국(그들에게는 카이사르가 유일하게 참된 왕이었다)과 우리가 앞서 보았듯이 "유대인의 왕"이라는 호칭을 자처한 다른 사람들, 즉 헤롯 왕조로부터의 고초를 자초하는 일이었다. 이 두 가지 문제는 사도행전에 분명하게 나타난다: 그럼에도 불구하고, 예수의 초기 제자들은 이 단어와 이 주제를 고수하였다. 그러나 당국자들과의 충돌은 우리가 유대 역사에 관한 우리의 지식으로부터 생각할 수 있는 그런 방식으로, 즉 새롭게 시작된 왕조와 카이사르 또는 헤롯 왕조 간의 폭력적인 대결이라는 형태로 일어나지 않았다. (우리는 주전 4년과 주후 6년의 메시야 운동들, 그리고 물론 바르 코크바의 반란과 이것을 대비해 볼 수 있을 것이다.) 그러한 결과에 가장 가까운 것은 헤게시푸스(Hegesippus)가 보도한 이상한 사건인데, 거기에서 예수의 몇몇 친척들은 도미티아누스 황제에 의해서 마치 그들이 왕가의 일부라도 되는 것처럼 재판을 받았다.[33] 그렇다면, 왜 초기 그리스도인들은 고초를 겪을 수 있다는 것을 뻔히 알면서도 예수를 그런 식으로 불렀던 것인가? 그들이 메시야직과 그 함의들에 대한 상당한 정도로 재정의된 개념을 지니고 그런 호칭을 사용했다고 보인다고 하더라도, 왜 그들은 계속해서 그러한 단어와 그러한 모형을 사용했던 것인가? 다시 한 번 말하지만, 백성들이 메시야에게 기대했던 그런 일들을 예수가 하지 않았다는 것을 알면서도, 그들은 왜 처음에 그 단어를 사용하기 시작했던 것인가?

둘째, 실질적으로 메시야가 없는 메시야 운동은 극히 이례적인 것이었는데, 메시야라고 했던 인물이 실패한 혁명 지도자로서 죽음을 맞았기 때문에, 그것은 한층 더 그러했다. 초기 그리스도인들이 메시야 운동을 하기 위해 그토록 집착했던 것이라면, 왜 그들은 예수의 가족 — 결국 나중에 다음 세대를 위한 예루살렘 교회의 인정받은 지도자였던 예수의 동생 야고보 — 중에서 또 다른 메시야를 선택하지 않았던 것인가? 그들이 그렇게 하지 않았다는 것을 인정할 때, 그들로 하여금 유대인들에게는 걸림돌이 되는 것이고 이방인들에게는 이해할 수 없는 것이었던, 예수가 진정으로 메시야라는 주장을 하게 만든 것은 과연 무엇이었는가?

이와 관련하여 통상적으로 제시되는 하나의 견해는 이런 것이다: 예수가

---

33) Euseb. *HE* 3:19-20; *NTPG* 351f., 356에 나오는 논의를 보라.

메시야라는 주장이 나오게 된 계기는 부활, 오로지 부활이었다.[34] 그 시점에 이르기까지, 예수의 운동은 메시야적이지 않았다; 부활 사건이 그 운동을 메시야적인 것으로 만들었다.

일단 이 주장이 분명히 일리가 있다는 것을 인정하기로 하자. 사실 부활이 없었다면 — 여기서는 잠시 최초의 제자들이 이 단어를 통해서 그들이 의미하고자 했던 것이 무엇이었는지에 대해서는 묻지 않기로 하자. 그리고 특히 사람들이 그를 이전에 메시야로 여기지 않았다면, 그 누가 예수를 메시야로 여긴다는 일은 생각할 수 없는 일이었다. 그러나 조금만 생각해 보아도, 이것은 이 문제에 대한 완벽한 설명이 될 수 없다는 것이 드러난다. 이 단계에서 — 특히, 이 가설을 제기한 학자들의 글들 속에서 — 부활 사건에서 정확하게 어떤 일이 일어났는지가 불분명할 뿐만 아니라, 당시에 그 누가 메시야가 역사 속에서 죽은 자로부터 부활할 것이라는 것은 그만두고라도 메시야가 이교도들의 손에 죽임을 당할 것이라고 예상했는지도 마찬가지로 불분명하다. 따라서 우리가 부활 자체를 어떻게 생각하든지 간에, 최초의 제자들이 스스로에게 다음과 같이 말했을 것이라고 생각할 만한 그러한 배경이 존재하지 않는다: "우리는 그가 메시야라고 생각하지 않았다 — 우리는 단지 그가 하나의 예언자라고 생각하였다. 그러나 그가 죽은 자로부터 부활을 했다면, 우리는 그가 비록 메시야가 할 것이라고 예상했던 일들을 하지 않았을지라도, 그는 메시야였고 지금도 메시야라는 결론을 내리지 않을 수 없다." 우리는 종종 그러한 모순이 그들에게 너무도 분명한데도 몇몇 학자들이 귀류법을 인정하지 않으려 하는 것이 아닌가 하고 의심이 들 때가 있다. 은유를 바꿔본다면, 어떤 논거가 이런 식으로 완충장치들을 건드린다면, 우리는 솔직하게 그것이 잘못된 궤도로 가고 있다는 것을 인정하여야 한다.

우리는 사실 금세기 동안에 "부활, 그러므로 메시야직"이라는 논증이 너무도 쉽게 받아들여져 왔던 것은 적지 않게 이 등식의 양변에 관한 혼란에 기인한 것은 아니었는지 의심해 보아야 한다. 예수의 부활이 그의 제자들로 하여금 예수의 십자가 처형의 의미를 재평가하지 않을 수 없게 만들었다는 점을

---

34) 이 이론은 Wrede로부터 Bultmann을 거쳐서 현재의 몇몇 학자들에게로 이어졌다.

감안하더라도, 그러한 메시야적 의미가 어떤 식으로든 이미 존재해 있지 않았다면, 그것은 예수, 그의 삶 또는 그의 죽음에 "메시야적" 의미를 가져다주지 못했을 것이다. 이러한 논거 때문에 학자들은 다시 점점 예수의 죽음, 그리고 아마도 그의 삶과 관련하여 아무리 의외의 것이라 할지라도 메시야적으로 여겨질 수밖에 없었던 그 무엇이 존재하였다는 결론으로 되돌아가지 않을 수 없게 되었다.[35] 또한 이러한 논거는 복음서들에 나오는 모든 "메시야적" 내용들은 전제상으로(ex hypothesi) 초대 교회의 창작일 수밖에 없다고 단정하기로 결심한 학자들에 의한 그 어떤 손쉬운 선제공격도 쓸모없게 만들어 버린다. 예수가 그토록 백성들이 기대했던 메시야와 달랐다면, 그리고 그들 자신의 운동이 메시야 운동과 그토록 달랐다면, 왜 그들은 수고스럽게 좋게 말해서 핵심을 빗나가 있고, 나쁘게 말해서 위험스러울 정도로 오도할 수 있는 그러한 구절들과 말씀들, 특히 호칭을 만들어 내었단 말인가?

이중적 유사성과 이중적 상이성이라는 판별 기준은 여기에서도 이 문제를 해결하는 데에 도움이 된다.[36] 우리는 자세한 논증을 제시하기에 앞서 공관복음서들에 나오는 메시야로서의 예수상은 유대교적 배경이 우리로 하여금 예상하게 만드는 그러한 모습과 상당한 정도로 다를 뿐만 아니라(물론, 그러한 예수상은 오직 그러한 유대적 배경 속에서만 의미가 있고 그것에 대한 중요한 변형으로서 의미가 있지만), 내용 및 묘사의 기조에 있어서 우리가 초대 교회에서 발견하는 것과도 상당히 다르다(물론, 메시야로서의 예수에 대한 교회의 선포는 오직 우리가 복음서들의 묘사와 같은 그런 것을 전제할 때에만 의미를 지니게 되지만). 초기 기독교에서 "메시야직"은 신속하게 어떤 주저함이나 은

---

35) 이 점과 관련해서 제정신으로 되돌아오는 최초의 발걸음들은 Dahl 1974(그의 핵심 논문인 "The Crucified Messiah," pp. 10-36는 1960년에 간행되었다)에 의해서 내딛어졌다. 좀 더 최근에는 Ben Meyer의 몇몇 저작들이 여러 풍부한 가능성들을 탐구하였다; 그리고 Sanders(1985, 1993), Harvey(1982), Witherington(1990), Hengel(1995b) 같은 저술가들은 예수는 어떤 의미에서 자기가 메시야라고 믿었다는 것을 단언하는 것으로 만족하였다. 예를 들면, cf. Hengel 1995b, 41-58, 63-72, 217: "기독론의 기원은 예수의 메시야적 주장이라는 전제 없이는 생각할 수 없는 것으로 보인다. 기독론은 단지 부활 현현들만을 토대로 해서는 이루어질 수 없다"(강조는 원저자의 것).

36) cf. 위의 218-221.

밀성이 없이 선포된 좀 더 큰 그림의 일부가 되었던 반면에, 복음서들 속에서 그것은 신비의 후광에 의해서 둘러싸여 있다. 다른 경우들에서와 마찬가지로, 복음서들이 그리고 있는 그림은 역사가로 하여금 우리가 여기서 예수 자신과 접하고 있다고 전제하지 않을 수 없게 만드는 방식으로 한편으로는 비기독교적인 유대교, 다른 한편으로는 초대 교회의 삶과 연속적이기도 하고 불연속적이기도 하다.

그러므로 유대교 및 초대 교회 속에서의 메시야상을 잠깐만 훑어보아도, 우리는 다음과 같은 질문으로 되돌아가지 않을 수 없게 된다: 메시야라는 개념은 어떻게 해서 전자에서 후자로 넘어가게 되었던 것인가? 궁극적으로 가장 단순한 가설은 그 교량 역할을 했던 것이 바로 예수 자신이었다는 것이다. 그렇다면, 예수가 아무리 역설적인 의미로서라도 스스로를 민족 해방의 위대한 운동의 선봉장이 되도록 야훼에 의해서 보내심을 받은 메시야, 이스라엘의 대표자로 여겼다는 그 어떤 징후들이 존재하는가?

3. 예수와 왕권: 예루살렘에서의 사건들

(i) 서론

우리가 이미 지적한 대로, 이 문제는 예수를 "예수가 메시야에 관하여 믿었던 것"이라는 주의 깊게 설계되고 미리 짜맞춰진 틀 속에 깔끔하게 끼워 넣는 그런 문제여서는 안 된다. 그러한 것은 전혀 존재하지 않는다. 또한 우리는 단순히 히브리 성서에 나오는 메시야에 관한 증거 본문들을 수집해서, 그것들 중 얼마나 많은 본문들이 자신의 소명과 과제에 관한 예수의 인식 속에 존재하였는지를 물어서도 안 된다. 본문들은 중요하지만, 한층 더 중요한 것은 맥락들이다. 본서 전체에 걸쳐서 행해 왔듯이, 우리의 탐구는 한편으로는 예수의 사역, 다른 한편으로는 유대인들의 메시야적 신앙의 다양한 흐름들을 특징짓는 실천, 이야기들, 상징들 — 흔히 함께 작용하는 — 에 그 초점을 맞춰야 한다.

지난 한 세대 동안 학계에서 진행되었던 이러한 점들에 관한 어느 정도 산만한 논의는 이제 두 가지 주된 초점으로 압축되었다: 명패와 성전. 예수의 처형의 이유를 보여주는 십자가상의 "명패"는 진정으로 역사적인 것이라는 데에 폭넓은 의견일치가 존재한다. 예수는 그의 머리 위에 씌어진 대로 "유대인의 왕"으로 죽었다.[37] 이것은 그렇게 놀라운 일이 아니다; 십자가형은 메시야를 자처하는 사람들을 다루는 통상적인 방식이었다. 여기서 쟁점이 되는 것은 어느 누가 왜 그러한 죄목을 예수에게 붙이기로 생각하였는지, 그리고 그 정반대에 대한 너무도 명백한 증거들에도 불구하고 왜 그것이 고수되었는가 하는 것이다. 그리고 그러한 질문에 대한 주된 대답은 오늘날에 와서는 대부분의 학자들이 예수의 죽음의 직접적인 원인이었다는 것을 인정하고 있는 성전에서의 예수의 행위와 관련이 있다. 따라서 이 두 가지 초점은 우리의 논의를 위한 뼈대로서의 역할을 할 것이다. 성전에서의 예수의 행위는 어떤 식으로 메시야적이라고 인식되었고 또 그렇게 의도되었던 것인가? 그리고 결국 예수가 죽을 때의 죄목이 되었던 것은 어떤 식으로 그 자신의 과제를 반영하고 있었던 것인가?

(ii) 성전 행위

성전에서의 예수의 행위는 복음서 이야기들 속에서 가장 분명한 메시야적 실천의 행위이다. 우리는 이미 위의 제9장에서 이 사건을 자세하게 살펴보았고, 거기에서 우리는 그것이 단순히 종교가 아니라 왕권에 대해서, 그리고 정결에 대해서만이 아니라 심판에 대해서도 말하는 것이었다는 결론을 얻었다. 예수는 성전과 그 삶에 대한 모종의 권세를 주장하고 있었다. 이 시기에 고위 제사장들이 성전을 사실상 통치하고 있었지만, 이 시기에 본문들뿐만 아니라 역사적 운동들로부터도 알 수 있듯이 생생하게 살아 있었던 성서의 모범은 진정한 다윗 가문의 왕을 성전의 통치자라고 말하고 있었다.

이것은 가르침의 문제가 아니라 상징 행위의 문제였다. 우리가 지금까지 충분히 보았듯이, 예수는 그의 동시대인들 중 어느 사람과 마찬가지로 풍부한 상징적 가치를 지니고 있는 행위들을 의도적으로 행하였다. 예수 당시의 시대와 문화 속에서, 그가 나귀를 타고 감람산을 내려와서 기드론 골짜기를 지나 성전산에 이른 것은 그 어떤 말보다도 자기가 왕이라는 주장을 강력하게 말해

---

37) 예를 들면, 최근의 것으로는 Hengel 1995b, 45-50; 그리고 Bammel 1984; Riesner 1984 [1981], 302f.; Horsley 1994, 413f.

주는 것이었다.[38] 스가랴서(그리고 이것과 함께 몇몇 다른 구절들)에 대한 간접 인용이 이 점을 분명하게 보여준다:

> 시온의 딸아 크게 기뻐할지어다
> 예루살렘의 딸아 즐거이 부를지어다
> 보라 네 왕이 네게 임하시나니
> 그는 공의로우시며 구원을 베푸시며
> 겸손하여서 나귀를 타시나니
> 나귀의 작은 것 곧 나귀 새끼니라
> 내가 에브라임의 병거와
> 예루살렘의 말을 끊겠고
> 전쟁하는 활도 끊으리니
> 그가 이방 사람에게 화평을 전할 것이요
> 그의 통치는 바다에서 바다까지 이르고
> 유브라데 강에서 땅끝까지 이르리라.[39]

이렇게 이른바 "승리의 입성"은 분명히 메시야적인 것이었다. 복음서 기자들, 특히 마태는 이러한 의미를 드러내고자 애쓰고 있지만, 이런 이유 때문에, 원래의 사건이 이런 의미를 지니고 있었다는 것이 부정되어서는 안 된다. 이 시기에 유월절에 모여든 유대인 무리들에 관하여 우리가 알고 있는 모든 것은 복음서 기사들 모두에 나오는 그들의 반응을 완벽하게 이해할 수 있게 해 준다: 그들은 마침내 참된 왕이 오신 것에 대하여 그들의 하나님을 찬양하고 있는 것이다.[40] 그들이 이것을 통해서 무엇을 의도하였는가 하는 것은 평가하기

---

38) 마 21:1-9/막 11:1-10/눅 19:28-40/요 12:12-19. Cp. 삼하 15:23-32.

39) 슥 9:9f.; 이 구절 배후에는 창 49:8-12의 반영들이 있을 수 있고, 이 창세기 구절들은 사 63:2f.에도 반영되어 있다. 슥 9:10의 마지막 이행구는 한 "메시야적" — 나는 이 말을 통해서 "이상적인 왕에 관한"을 의미한다 — 시편(72:8)으로부터의 인용문이다. 감람산이라는 장소는 슥 14:4을 연상시키는데, 그것에 대해서는 아래를 보라.

40) 마 21:9/막 11:10/눅 19:38/요 12:13. 예루살렘 입성에는 "마카베오"에 대한 의도적인 반영들이 존재하고 있음이 거의 확실하다: cf. Farmer 1956, ch. 8; Boers 1989, 89-

어렵다; 그러나 그들이 그것을 생각하였고 그것을 말하였다는 것을 의심할 만한 충분한 근거는 없다.

그러나 성전에서의 예수의 행위는 마찬가지로 "왕적"인 것이기도 했다.[41] 여기에도 우리가 이 시기에 명시적으로 메시야적인 것으로 여겨졌던 일부 구절들로부터의 분명한 성서의 반영들이 나온다:

[여호와께서 나단을 통하여 다윗에게 말씀하시기를] 네 수한이 차서 네 조상들과 함께 누울 때에 내가 … 네 씨를 … 네 뒤에 세워 그의 나라를 견고하게 하리라 그는 내 이름을 위하여 집을 건축할 것이요 나는 그의 나라 왕위를 영원히 견고하게 하리라 나는 그에게 아버지가 되고 그는 내게 아들이 되리니.[42]

보라 싹이라 이름하는 사람이 자기 곳에서 돋아나서 여호와의 전을 건축하리라 그가 여호와의 전을 건축하고 영광도 얻고 그 자리에 앉아서 다스릴 것이요.[43]

그 날에는 만군의 여호와의 전에 가나안 사람이 다시 있지 아니하리라.[44]

---

91. 이것은 Witherington 1990, 269 n.18이 주장하는 것과는 달리 정확한 병행이 성립되지 않는다는 주장에 의해서 그 타당성을 잃는 것이 아니다.

41) 이 점을 반복해서 주장했던 학자들 가운데에서 우리는 특히 Betz 1968 [1965], 87-93; Meyer의 몇몇 저작들(예를 들면, 1979, 197-202)를 들 수 있을 것이다(nb.199: 예루살렘에서의 입성, 성전의 정화는 메시야의 시위, 메시야적 비판, 메시야적 성취 사건, 메시야적 이스라엘의 회복의 표지를 이루었다"); Hengel 1995b, 55-7. Sanders 1985, 306f.; 1993, 254는 예루살렘 입성과 성전 행위를 분리시킨다.

42) 삼하 7:12-14; 그리고 Collins가 "서로 얽혀 있는 전거들의 네크워크"라고 부르는 것(64) 속에서 및 4Q174 등에서 이 구절의 사용을 다루고 있는 Collins 1995, 22f., 61-7, 106f.를 참조하라.

43) 슥 6:12f.; cf. Collins 1995, 30f.와 그 밖의 다른 "가지" 본문들(60-4절)에 관한 그의 논의.

44) 슥 14:21. Meyer가 보여주듯이(예를 들면, 1979, 198), 예수의 행위는 이 본문과

성전에 대하여 궁극적인 권세를 지니고 있었던 것은 왕이었다. 왕은 성전의 개혁자, 성전을 재건하는 자가 될 것이다. 예수의 행위는 이 가장 중심적인 상징에 대한 심판과 재구성을 목적으로 하고 있었기 때문에, 이 사건 전체는 명시적인 메시야적 주장으로 가득 차 있다고 보아야 한다. 이것은 이 사건 자체의 상징적 실천, 그리고 그것이 상기시키고자 한 서사 세계에 속한다는 것을 우리는 강조해 두어야 한다. 그것은 단지 어떤 추상적인 의미에서의 "가르침"의 문제가 아니었다. 예수가 행하였던 것을 행하는 사람은 이스라엘 역사가 결정적인 파괴와 재건의 시점에 도달하였고, 그의 행위들은 그러한 순간을 구체화하고 있는 것임을 보여주는 것이었다.

우리는 마카베오1서의 처음 몇 장의 빛 하에서 이 사건을 고찰함으로써 이 점을 좀 더 자세하게 볼 수 있다.[45] 하누카 절기는 예수 당시에 열심으로 지켜졌기 때문에, 단순히 문자를 아는 소수가 아니라 훨씬 더 폭넓은 사람들이 이 이야기를 알고 있었을 것이다; 이교도들에 대항한 혁명, 성전에서의 행위, 왕가의 수립의 상호연관성은 백성들의 사고 속에 굳건하게 새겨져 있었다. 간단히 말해서, 이 이야기는 다음과 같은 식으로 작용한다. 과대망상증 환자였던 시리아의 왕 안티오쿠스 에피파네스는 예루살렘을 정복하고, 공식적으로 토라의 준수를 폐지하고, 성전에 신성모독적인 희생 제사 제의를 세운다. 제사장이었던 맛다디아는 왕의 칙령에 순종하기를 거부하고, 이교 제사를 드리고 있던 한 유대인을 죽인다: 그는 "비느하스가 했던 것처럼 율법을 향한 열심으로 불타고 있었다"(2:26).

그런 후에 그와 그의 아들들은 산으로 도망가서, 거기서 율법에 대하여 열심인 무리들을 모아서, 이교도들과 배교자들에 대한 산발적인 공격을 감행한다. 맛다디아는 임종 직전에 그의 아들들에게 굳게 서서 이방인들을 물리치고 율법을 굳게 붙들라고 강권하는 말을 한다. 유다 마카베오는 왕적 표상들과 예언을 성취하기 위하여[46] 이스라엘을 재편하려는 행동을 보인다; 그는 처음

아울러 결정적인 시기, 결정적인 인물이 도래하였다는 인식을 불러일으켰을 것이다.

45) 특히, cf. Farmer 1956 *passim*. 왜 이 책은 그토록 오랫동안 무시되어 온 것인가?

46) 1 Macc. 3:4: "활동하는 사자 같이, 먹이를 찾아 포효하는 사자 새끼 같이"; cf. 창 49:9f. 또한 4 Ezra 11:37; 12:31-4; 계 5:5과 비교해 보라.

에 몇몇 전투에서 승리를 거둔다. 그런 후에 유다와 그의 군대는 시리아인들을 물리치고, 예루살렘에 입성해서, 성전을 깨끗케 하고, 참된 예배를 회복시킨다. 이것이 지닌 왕적 함의들은 무시되지 않는다: 유다는 전투 전의 기도를 다음과 같이 시작한다:

이스라엘을 구원하시는 주님, 찬미 받으소서. 당신은 종 다윗의 손을 빌어 거인의 공격을 물리치셨으며, 사울의 아들 요나단과 그의 시종의 손에 불레셋 군대를 넘겨 주셨습니다 … [47]

그런 후에 이 이야기는 안티오쿠스 에피파네스의 죽음, 역공에 맞서서 성전을 성공적으로 방어한 것,[48] 유다와 로마 간의 조약, 유다의 죽음과 그의 동생인 요나단의 예루살렘 재건, 그의 이후의 활동들과 죽음, 다음 동생인 시몬의 계승, 시몬이 종말론적 평화와 맞먹는 것을 수립한 것,[49] 시몬이 대제사장과 지도자로 임직되는 것, 그가 그의 아들들에게 그의 역할을 물려주는 것으로 끝난다. 달리 말하면, 일련의 사건들은 다음과 같이 진행된다: 이교도들에 대한 승리, 성전의 정화, 약속들의 성취, 새 왕조의 수립.

예수의 상징적 행위들은 필연적으로 이러한 좀 더 넓은 맥락 전체를 상기시켰다. 예수는 몇 가지 근본적인 차이점들이 있긴 해도 마카베오 가문의 행위들을 수행하고 있었다. 이것은 특히 스스로를 여러 가지 점에서 하스모네 제사장 가문의 후계자들로 여겼던 대제사장 가문이 예수의 행위를 그토록 위협적으로 생각했던 이유를 설명해 준다. 또한 그것은 그 행위가 필연적으로 "왕적" 의미들로 가득 차 있었던 이유를 설명해 준다. 또한 이것은 다음과 같은 것을 설명해 준다: 성전 행위와 예수의 암묵적인 메시야적 주장을 보여주

---

47) 1 Macc. 4:30.

48) 제사장의 기도문을 포함하여: "이 집은 당신께서 세워 주신 집입니다. 이 집은 당신 백성이 당신의 이름을 부르는 곳이며 당신께 기도드리고 간구하는 곳입니다. 저 자와 저 자의 군대에게 원수를 갚아 주시고 한칼로 저들을 죽여 주십시오. 저들이 범한 여러 모독을 잊지 마시고 절대로 살려 두지 마십시오"(1 Macc. 7:37f.).

49) 구약성서의 여러 예언들을 반영하고 있는 1 Macc. 14:4-15을 참조하라.; cf. NTPG 429.

고 있는 일련의 화려한 수수께끼 같은 말씀들.

(ⅲ) 왕과 관련된 수수께끼 같은 말씀들

(a) 멸망과 재건

이러한 수수께끼 같은 말씀들 중에서 가장 잘 확인되는 것들 중의 하나 — 실제로 이것을 한 학자는 예수의 목적들에 관한 그의 해석 전체의 핵심으로 삼았다 — 는 성전의 파괴와 재건에 관한 암울한 말씀이다.[50] 이것이 원래 어떠한 형태를 지니고 있었든지 간에, 예수는 이런 유의 말씀을 한 번 이상 했던 것으로 보인다.[51] 마가는 재판 때의 증인들이 "거짓" 증인들이었다고 주장하지만,[52] 요한복음에 나오는 병행 전승, 예수가 감람산 위에서 제자들에게 한 예언, 십자가에 못 박혀 있을 때의 조롱[53] 등은 모두 이와 같은 말씀이 실제로 예수가 성전 뜰에서 행하였던 일에 대한 그의 설명의 일부였을 가능성을 강력하게 보여준다. 여기에서 우리에게 문제가 되는 것은 이 수수께끼 같은 설명이 왕적 주장이었다는 것이다.[54] 예수는 이런저런 의미에서 다윗의 아들 솔로몬이 했던 일을 할 것이었다 — 또는, 여러 가지 차이점들이 있긴 하지만, 유다 마카베오와 그의 형제들이 했던 일. 예수의 성전에서의 행위는 그가 왕적 지위를 갖고 있다는 주장이었다.

---

50) 막 14:58/마 26:61/요 2:19/*Thom.* 71. Cf. Sanders 1985, 61-76. 도마복음서의 말씀은 공관복음서의 말씀에 대한 영지주의적 개작이라고 할 때에 가장 잘 설명된다: Gundry 1993, 907 등. Crossan 1983, 307f.; Funk & Hoover 1993, 122 등은 이에 반대.

51) 단순히 요한복음에서 이 사건이 다른 위치에 놓여져 있기 때문만이 아니라 — 물론, 이것은 다양하게 해석될 수 있다 — 마 24:1f./막 13:1f./눅 21:5f.(이것에 대해서는 위에 제8장을 참조하라) 때문이기도 하다. 마가복음 13장과 그 병행문들은 실제로 특히 한편으로는 성전의 파괴, 다른 한편으로는 예수의 신원에 관한 예언으로 해석될 수 있다.

52) 막 14:57. 마 26:60은 그 밖의 다른 거짓 증인들이 앞으로 나왔다고 말하지만, 이 특별한 고소가 거짓된 것이라고 설명함에 있어서 마가복음을 따르지 않는다.

53) 마 27:40/막 15:29; 또한 cf. 행 6:14.

54) Meyer 1979, 200-2; 1989, 165(Jeremias의 이전의 저작을 다루고 있는); 1992a, 72; 그러나 Gundry 1993, 899f.는 이에 반대, 이것에 대해서는 위의 n.20을 보라.

(b) 이 산에게 … 말하라

마가복음과 마태복음에서는 예수의 성전 행위가 무화과나무를 저주한 사건과 밀접하게 연결되어 있다.[55] 흔히 말해져 왔듯이, 이것은 하나의 행위에 의한 상징을 사용하여 또 다른 행위에 의한 상징을 해석하라는 취지를 갖는다. 물론, 이 경우에 그 상징은 수수께끼 같은 말씀에 의해서 추가적으로 해석되어 있다:

누구든지 이 산더러 들리어 바다에 던져지라 하며 그 말하는 것이 이루어질 줄 믿고 마음에 의심하지 아니하면 그대로 되리라.[56]

우리는 이미 "이 산"이라는 표현을 예루살렘 성전 근처에서 말하게 되면, 그것은 당연히 성전산을 가리키게 된다는 것을 지적한 바 있다. 그러나 이 말씀이 암호 같은 메시야적 수수께끼였다는 것을 보여주는 성서적인 암시가 존재한다. 스가랴 1-8장은 포로생활로부터의 귀환, 예루살렘의 회복, 시온으로의 야훼의 돌아오심, 성전의 재건에 관하여 말하고 있다; 그리고 별로 놀라운 일은 아니지만, 장차 도래할 기름부음 받은 자들, 제사장, 왕에 관해서도 말하고 있다.[57] 스룹바벨은 이 예언자가 사람들의 모든 반대에도 불구하고 성전 재건에 대한 그의 소망을 걸고 있었던 다윗 가문의 인물이었다; 그리고 그러한 반대를 상징하기 위하여, 그는 야훼께서 오실 때에 낮아지게 될 큰 산들과 작은 산들에 관하여 말하고 있는 이사야 40장을 반영하고 있는(스가랴 1-8장의 다른 구절들에서와 마찬가지로) 큰 산이라는 이미지를 사용한다:

그가 내게 대답하여 이르되 여호와께서 스룹바벨에게 하신 말씀이 이러하니라 만군의 여호와께서 말씀하시되 이는 힘으로 되지 아니하며 능력으로 되지 아니하고 오직 나의 영으로 되느니라 큰 산아 네가 무엇이냐 네가 스룹바벨 앞에서 평지가 되리라 그가 머릿돌을 내놓을 때에 무

---

55) 마 21:18-22/막 11:12-14, 20-6. Cf. 위의 644f.

56) 막 11:23; 마 21:21에 축약되어 나옴.

57) 최근의 것으로 Collins 1995, 30과 거기에 나오는 참고문헌을 보라.

리가 외치기를 은총, 은총이 그에게 있을지어다 하리라 하셨고.[58]

그러므로 나는 산에 관한 말씀은 두 가지 취지를 지니고 있다고 생각한다. 첫째, 그것은 예수의 행위가 성전의 전복을 의미했다는 것을 강조하고 있다; 둘째, 그것은 예수가 스룹바벨이 하리라고 생각되었던 것, 즉 참된 성전을 세울 참된 기름부음 받은 자라는 것을 보여주는 것이었다. 스가랴의 예언 속에서 "산"이 무엇을 의미하였든지 간에, 그것은 분명히 성전의 재건을 방해하고 있던 그 어떤 것이었다.[59] 따라서 예수의 수수께끼 같은 말씀 속에서 (a) 현재의 성전은 참된 성전과 반대되는 것으로 보아지고 있고, (b) 현재의 성전은 참된 성전에게 길을 내어주기 위하여 파괴될 것이며, (c) 예수는 재건될 성전의 모퉁잇돌이 되어서 그 성전을 완성시킬 참된 기름 부음받은 자이다. 여기서 다시 한 번 성전 행위는 왕권에 대한 주장을 보여준다.

(c) 세례 요한

이와 같은 것은 세 개의 공관복음서 모두에서 성전 사건 직후에 나오는 또 다른 수수께끼 같은 말씀에도 해당된다. 예수는 두 가지 질문을 받는다: 무슨 권세로 이러한 일들을 행하고 있고, 그러한 권세를 누가 그에게 주었는가? 이것은 분명히 메시야직에 관한 질문이다. 예수가 행하였던 것을 행하는 사람은 반드시 그가 메시야인 것처럼 행하고 있다는 생각을 사람들로부터 불러일으킬 수밖에 없다; 그렇다면, 예수는 야훼가 자기에게 이러한 권세를 주었다고 주장하고 있다고 볼 수 있다.

예수는 세례 요한에 관한 수수께끼 같은 말로써 이에 대답한다.[60] 세례 요한은 하늘로부터 보내심을 받았던 것인가? — 달리 말하면, 그는 참 예언자였는가, 아니면 세례 요한은 단순히 하나님의 인정을 받지 않은 한 사람에 불과했던 것인가?[61] 복음서 기자들이 지적하고 있듯이, 이러한 대답은 함정을 파는

---

58) 슥 4:6-7; cf. 사 40:4; 42:16.

59) 여러 다양한 주장들에 대해서는 cf. e.g. Ackroyd 1968, 173 n.8; Smith 1984, 206.

60) 마 21:23-7/막 11:27-33/눅 20:1-8.

역질문으로서의 기능을 하였다: 예수에게 질문했던 사람들이 이에 대하여 어떤 대답을 하든지 간에 그들은 곤경에 빠질 수밖에 없게 되어 있었다. 그러나 예수의 수수께끼 같은 말씀은 단순한 말씨름보다 더 깊은 의미를 지니고 있다.[62] 그 온전한 취지를 이해하기 위해서는, 우리는 세례 요한이 예수의 말씀 속에서 두드러지게 등장하는 또 다른 대목을 이 논의 속에 끌어 들일 필요가 있다.

요한이 여전히 감옥에 갇혀 있던 때에, 그리고 예수가 이미 자신의 공생애 사역을 시작했던 때에, 세례 요한은 예수가 과연 자기가 기다려 왔던 바로 그 인물인지를 묻기 위하여 사자들을 보냈다.[63] 분명히 예수는 "그렇다, 내가 진실로 메시야다"라고 말하는 것으로써 이 질문에 대답할 수 없는 그런 처지에 있었다. 그러한 대답은 세례 요한을 만족시켰을 수도 있고 그렇지 않았을 수도 있다: 그것은 예수의 추종자들과 청중들로부터 훨씬 더 많은 흥분을 불러 일으켰을 것임에 틀림없고, 헤롯으로부터의 모종의 조치를 촉진시켰을 것임에 틀림없다. 따라서 예수는 이사야서를 인용하여 간접적으로 대답하였다. 눈먼 자가 보고, 저는 자가 걸으며, 나병환자들이 깨끗케 되고, 귀먹은 자들이 들으며, 죽은 자들이 일어나고, 가난한 자들이 복음을 듣는다. 따라서 예수의 이러한 사역에 의해서 걸려 넘어지지 않는 자는 복되다. 이러한 대답이 지닌 함의들은 분명하다: 오직 너희가 볼 눈만 가지고 있다면, 지금이 바로 메시야 시대라는 것을 알 것이다. 예수는 더 많은 것을 공개적으로 말할 수 없었다. 어떤 의미로든 유대인의 왕이라고 주장하는 것은, 다음에 나오는 논의가 분명하게 보여주듯이, 헤롯에게 직접적인 위협이 되었을 것이기 때문이다.[64]

---

61) "하늘/하나님으로부터"와 반대되는 "사람들로부터"라는 어구에 대해서는 갈 1:11f.와 비교해 보라.

62) Fitzmyer 1985, 1273; Kim 1987b; 그러나 Gundry 1993, 667 등은 이에 반대: "이 대화 전체는 체면을 세우거나 잃는 것 이외의 좀 더 깊은 것과는 아무런 상관이 없다." 그러나 Gundry는 성전을 깨끗케 할 수 있는 예수의 권세가 예수를 "더 강한 이"라고 말했던 세례 요한의 증언에 의해서 밑받침되고 있다고 말한다(669).

63) 마 11:2-19/눅 7:18-35; cf. *Thom.* 46, 78. 이것에 대해서는 주석서들 이외에도 Riesner 1984 [1981], 299-301을 보라. 4Q521(GM 394)은 분명한 병행을 제공해 준다: 아래의 805-810을 보라.

그런 후에, 예수는 한층 더 암호 같은 말을 무리들에게 던진다. 그들은 왜 세례 요한을 따라서 광야로 나왔었는가? 바람에 흔들리는 갈대를 보기 위한 것인가? 이것은 갈릴리에서 사람들이 기대할 수 있었던 그러한 종류의 왕적 운동이었는가? 이것이 예수의 질문의 조심스러운 암호화 저변에서 이 문제의 온전한 차원들이 명백해지는 바로 그 지점이다.

세례 요한이 요한에 관하여 말하였든 또는 예수가 자기 자신에 관하여 말하였든 유대인의 왕이라는 그 어떤 주장도, 실제적인 힘이라는 관점에서 볼 때는 아무리 불합리한 말이라고 해도 헤롯 안디바에게는 직접적인 도전이 되었을 것이다. 헤롯은 전형적인 갈릴리의 갈대를 자신의 상징으로 삼아서 그가 만든 주화들에 새겨 넣었다(유대인들이 꺼리는 초상화를 피해서).[65] (글로 씌어진 문서들과는 달리, 주화들은 대중 전달의 매체, 실제로는 주된 매체였고, 주화들 위에 새겨진 상징들은 우리 시대에 잘 알려진 정치적인 풍자만화들이 할 수 있는 것과 같은 역할을 할 수 있었다.)

예수의 질문을 풀어보면, 그것은 어느 정도 다음과 같은 것을 의미한다: 너희가 헤롯과 같은 스타일의 또 다른 왕을 구하고 있었느냐? 분명히 그렇지 않다; 너희는 그보다 훨씬 더 큰 무엇, 단순히 또 한 명의 독재자가 나타나서 이방의 폭군처럼 너희를 주관할 그런 자보다 더 큰 무엇을 원하였다. 그리고 너희는 그것을 얻었다. 세례 요한은 예언자였다; 실제로는 지금까지 등장했던 예언자들 중에서 가장 위대한 예언자, 말라기가 얘기했던 바로 그 예언자, 최후의 큰 날이 동터오기 전에 등장한 최후의 예언자. 좋다. 그렇다면, 세례 요한이 길을 예비하는 예언자들 중에서 마지막 예언자였다면, 우리는 지금 어디에 있는 것인가? 그 대답은 비록 암호적으로 언급될 수밖에 없긴 하지만 매우 분명하다. 하나님 나라에서 가장 작은 자라도 그는 세례 요한보다 더 크다. 달리 말하면, 하나님 나라를 가져오는 자인 예수 자신은 단순한 예언자가 아니다. 예수는 세례 요한과 이스라엘의 진정한 소망들이 기다려 왔었던 바로 그런 인

---

64) 내가 생각하기에는, 메시야가 자기 자신을 선포해서는 안 된다고 금지하고 있는 가설적인 규칙이라기보다는 바로 이것이 예수의 진술들이 모호하고 암호적인 성격을 지닌 분명한 이유였다(O'Neill 1995, ch. 3; cf. Flusser 1959, 107-9).

65) cf. Theissen 1991a [1989], 25-59.

물이다. 세례 요한이 엘리야라면, 이것은 명확히 예수가 메시야라는 것을 의미한다.[66] 세례 요한에 관한 이러한 논의 전체는 결국 예수 자신에 관한 베일에 감춰진 논의라는 것이 드러난다. 세례 요한에 관하여 예수가 무리들에게 한 말들은 요한이 예수에게 던졌던 질문에 대한 추가적인 — 물론, 암시적이긴 하지만 — 대답으로서의 기능을 한다: 그렇다, 예수는 세례 요한이 기다렸던 바로 그 오실 자이기 때문에, 다른 사람을 기다릴 필요가 없다.

이 대목을 염두에 둔 채, 우리는 예루살렘에서의 예수의 수수께끼 같은 말씀으로 되돌아갈 수 있다. 그것은 예수가 무슨 권세로 성전에서 그렇게 행하였고, 그 권세를 어디에서 얻었느냐라는 질문에 대한 이중적 대답을 보여준다.

첫째, 예수는 마태복음 11장에서와 마찬가지로 마지막 위대한 예언자의 진정한 계승자라고 암묵적으로 주장하고 있었다. 예수는 요한에 의해서 세례를 받았었다; 예수는 자신의 사역을 세례 요한의 사역의 연속이자 성취로 보았다; 제3자들은 예수의 사역을 어떤 의미에서 세례 요한의 사역의 연속으로 생각했을 것이다. 세례 요한은 자기 자신의 방식으로 공식적인 기관이었던 헤롯과 성전으로부터 독립된 하나님 나라 운동을 시작하였다. 헤롯은 요한이 그에게 위협이라고 보았다; 하물며 예수는 말할 것도 없었다. 수수께끼가 그렇듯이, 예수의 수수께끼 같은 말씀은 세례 요한의 경우에서와 마찬가지로, 예수가 성전에서 그렇게 할 수 있는 권세를 지닌 이유는 실제로 자기가 메시야이기 때문이라고 말하고 있다. 세례 요한이 하늘에서 보내심을 받은 예언자였다면, 그는 그 계보에 있어서 마지막 예언자였다: 세례 요한 다음에는 왕이 온다.[67] 세례 요한의 운동 속에 잠재해 있던 반성전 운동은 예수 속에서 분명하게 드러나게 된다. 달리 말하면, 그 운동은 메시야적이 된다.

둘째, 예수는 요한으로부터 세례를 받았을 때에 성령에 의해서 기름 부음을

---

66) 마 11:14(눅 par.에서는 아니다)과 11:15("들을 귀 있는 자는 들으라")의 전형적인 결론. 달리 말하면, 이것은 암호 같지만 결정적으로 중요하다. Cf. 막 9:11-13/마 17:10-13.

67) 말라기 3:1이 배경이라면(cf. 막 1:2; 마 11:10/눅 7:27), 이것은 이러한 사고의 흐름을 강화시켜 준다.

받았다.[68] 이렇게 해서, 예수는 사무엘에 의해서 기름 부음을 받고 나중에 최종적으로 왕으로 즉위할 때까지의 다윗과 동일한 위치에 있게 되었다. 예수는 요한의 세례를 통해서 야훼께서 자기에게 권세를 주셨기 때문에 성전에서 그가 했던 그러한 행위를 할 수 있는 권세를 지니고 있었다.

세례 요한에 관한 수수께끼 같은 말씀에 대한 이러한 해석과 관련해서 제기될 수 있는 모든 의구심들은 그 다음에 나오는 추가적인 수수께끼 같은 말씀들에 의해서 제거된다.

(d) 농부들, 종들, 아들, 돌

예수가 자신의 행위와 그것으로부터 올 수 있는 결과를 어떻게 해석하였는지에 관한 추가적인 암호 같은 설명으로 보아져야 하는 그 다음 번의 수수께끼 같은 말씀은 이른바 악한 농부들에 관한 비유이다.[69] 이 비유가 불러일으킬 수 있는 많은 연관된 연상들 중에서 우리의 현재의 논의의 목적상 특히 중요한 것은 세 가지가 있다.

첫째, 이 비유는 세례 요한에 관한 수수께끼 같은 말씀과 정확하게 부합한다. 어떤 의미에서, 예수는 예언자들의 계보 속에서 이스라엘에게 포도원에서 난 열매를 요구하기 위하여 온 마지막 예언자이다. 또 다른 의미에서 세례 요한은 예언자 계보 속에서 마지막 예언자였다; 마지막 사자(使者) 다음에는 아들이 온다. 우리가 이미 살펴보았듯이, 주후 1세기에 성전을 재건하는 것과 관련하여 메시야와 그의 역할에 대한 전거로 알려져 있었고 사용되었던 사무엘하 7장에 비추어 볼 때, 이 비유에 대한 자연스러운 읽기는 예언자들의 경고들의 마지막 경고를 가져온 이 최후의 사자는 질적으로도 다르다는 것이다. 그는 메시야이다.

둘째, 이 비유는 심판에서 절정에 달하는 이스라엘에 관한 이야기를 말한다.

---

68) 이것은 예수에 관한 초기 기독교 전승 속에서 확고한 발판이다: cf. 행 10:38과 4:27.

69) 마 21:33-46/막 12:1-12/눅 20:9-19/*Thom.* 65-6. 이 비유에 대한 좀 더 광범위한 고찰로는 cf. *NTPG* 6-11; 상당한 분량의 이차 문헌들에 대해서는 주석서들을 보라(특히, Snodgrass 1983).

그 밖의 다른 몇몇 비유들 속에서와 마찬가지로, 예수는 이 경우에도 이사야 5:1-7과 시편 80편에 나오는 잘 알려진 성서의 주제를 가져와서 그것을 좀 더 발전시킨다.[70] 이렇게 다시 말해진 이야기는 예수가 성전에서 행하였던 일에 대한 추가적인 설명으로서의 기능을 하고, 이사야서의 반영들을 통해서 이사야 시대에서나 예수 시대에서 성전은 예언자들의 규탄의 대상이 되었고 궁극적으로는 하나님에 의해 파괴될 것이라는 것을 주장하면서 성전에서의 자신의 행위를 정당화하는 근거를 제시한다. 종들과 아들을 보냈으나 결국 그들 모두가 거부당한 것을 본 주인은 결국 와서 농부들을 멸하고 포도원을 다른 사람들에게 줄 것이다.[71] 이것은 아주 자연스럽게 장차 있을 예루살렘의 멸망을 가리킨다; 예수의 성전 행위는 다가올 심판의 상징이었다. 이렇게 말해진 비유는 이스라엘의 예언자 전통을 활용했고, 그 전통을 절정에 이르게 하는 것이라고 주장한 좀 더 큰 서사적 틀을 제공하였고, 이러한 틀 속에서 행위에 의한 이 비유는 의미를 지니게 된다. 이런 식으로 이 비유는 예수의 행위를 설명하였다(그리고 그 연장선상에서 이스라엘의 하나님의 미래적인 행위 — 비록 이 점은 종종 생각되는 것처럼 그리 많이 전면에 부각되지 않고 있지만). 예수의 성전 행위는 메시야적 심판 행위였다.

셋째, 이 비유는 아들과 돌에 관한 작은 수수께끼 같은 말씀으로 끝이 난다. 현존하는 형태의 이 수수께끼는 시편 118:22-23에서 가져온 단순한 인용문이다:

건축자들이 버린 돌이
 모퉁이의 머릿돌이 되었나니
이것은 주로 말미암아 된 것이요
 우리 눈에 기이하도다.[72]

---

70) Black이 지적하고 있듯이(1971, 13f.), 시편 80편은 포도원이라는 이미지에 의해서만이 아니라 이 비유의 "아들" 주제와도 연결되어 있는 17절의 왕이라는 이미지에 대한 암시(탈굼에서도 그런 식으로 해석되고 있다)에 의해서도 모종의 역할을 하고 있다.

71) 마 21:41/막 12:9/눅 20:16(*Thom. par.*에서는 아니다).

72) 마 21:42/막 12:10f./눅 20:17; cf. *Thom.* 66.

그러나 이 시편 인용문이 농부들에 관한 비유 직후에 나온다는 그 맥락 때문에(이러한 맥락은 도마복음서조차도 그대로 보존하였다), 이 인용문은 수수께끼 속의 수수께끼, 좀 더 큰 비유에 관한 골치 아픈 문제 속의 골치 아픈 문제로 기능한다. 성전 사건 전체 및 그 속에서의 그의 역할에 관한 예수의 이해의 몇 가지 흐름들은 이 지점에서 서로 만난다.

1. 여기에 인용된 시편은 분명히 순례자들이 성전으로 올라가면서 부르도록 계획된 것이다; 적어도 이 점에서(19-27절) 이 시편은 성전의 재건, 성전에서의 송축, 궁극적으로는 성전에서의 희생 제사에 관한 것이다. 이 시편의 원래의 배경(그리고 우리는 특히 순례자들이 그러한 시편들을 주기적으로 노래하였기 때문에 그러한 배경들은 성서의 어느 것보다도 잘 알려져 있었을 것이라는 점을 기억해야 한다)은 이렇게 해서 순례자들의 송축이 절정에 달해 있을 때에 예수의 성전에서의 행위가 일어난 것과 극히 잘 부합한다. 우리는 찬송을 부르면서 예루살렘으로 순례를 행하는 일은 "종교적" 행위임과 동시에 "정치적" 행위였다는 것을 잊어서는 안 된다. 그것은 바로 마카베오 형제들이 그들의 승리들 후에 행하였던 바로 그것이었고, 그들의 모범은 주후 66년에 로마인들에 대항하여 초기에 주목할 만한 승리를 거두었던 사람들에 의해서 따라졌다.[73]

2. 좀 더 구체적으로 말하면, "돌"이라는 개념은 새로운 종말론적 성전이라는 개념과 밀접하게 연결되어 있다. 나는 시편 118:22-23이 예수 당시의 유대교의 여러 다양한 분파들에 의해서 이런 식으로 해석되었다는 것을 알지 못하지만,[74] 명백하게 야훼의 백성의 새로운 공동체로 해석된 새 성전의 건설과 관련하여 예수가 성서의 반석/돌 이미지들을 다양하게 사용하고 있다는 것은 이 구절과 이러한 (널리 확인되는) 주제와의 연결 관계가 그에게 독창적인 것이었다고 할지라도 이것이 여기에서의 그의 의도였을 가능성을 대단히 높여

---

73) 1 Macc. 4:24(특히 시 118:1과 시 136편에 나오는 후렴구를 구체적으로 사용하고 있는); 2 Macc. 15:29; Jos. *War* 2:554. 행 19:28, 34에 나오는 "에베소인들의 Diana는 위대하다"라는 찬가와 비교해 보라.

74) 시 118편에 대한 메시야적 읽기들에 대해서는 cf. Jeremias 1966a [1949], 255-61; 그러나 여기서 "돌"에 관한 최초의 메시야적 사용은 미가서 5:1에 대한 Rashi(CTO)이다(*TDNT* 4:273).

준다[75] 그 밖의 다른 분명한 구절들은 이사야서와 스가랴서에서 온 것이다. 이사야 28:16은 야훼께서 시온에 다음과 같은 것을 놓으실 것이라고 말한다:

주춧돌, 검증된 돌,
귀한 모퉁이 돌, 확실한 터;[76]

이사야 8:14은 야훼 자신이 다음과 같은 것이 될 것이라고 말한다:

그가 성소가 되시리라 그러나 이스라엘의 두 집에는 걸림돌과 걸려 넘어지는 반석이 되실 것이며 예루살렘 주민에게는 함정과 올무가 되시리니 많은 사람들이 그로 말미암아 걸려 넘어질 것이며 부러질 것이며 덫에 걸려 잡힐 것이니라.[77]

우리가 잠시 전에 살펴보았던 스가랴 4:7-10은 스룹바벨의 성전 재건 프로그램을 방해하는 그 어떤 반대나 장애들에 대하여서도 도전을 한다:

큰 산아 네가 무엇이냐 네가 스룹바벨 앞에서 평지가 되리라 그가 머릿돌을 내놓을 때에 무리가 외치기를 은총, 은총이 그에게 있을지어다 하리라 하셨고 여호와의 말씀이 또 내게 임하여 이르시되 스룹바벨의 손이

---

75) cf. Meyer 1979, 183-202. Kim 1987a, 136-40은 스가랴서에 나오는 여러 메시야적 구절들이 예수의 사고 속에서 사무엘하 7장과 시편 118편의 연결관계를 형성하였다는 흥미로운 주장을 한다.

76) 종말론적 공동체와 관련하여 1QS 8:7f.에 인용되어 있다; 또한 cf. 1QH 6:25f. Cp. Gärtner 1965, 133-7: "그것은 후대의 몇몇 유대 전승들 속에서 집단적인 통일체, 공동체에 적용되었던 메시야적 성격을 지닌 개념의 일종이다"(134); 이 본문들은 "이사야 28:16의 '돌' 모티프에 관한 특별한 주석 전통, 즉 공동체가 성서가 말하고 있는 귀한 돌이자 검증받은 성벽이라는 전승의 존재를 드러내 준다. 우리가 살펴보고 있는 본문들 속에서, 이러한 해석은 성전의 상징성과 결부되어 있다"(136). 시편 탈굼은 시편 118:22의 "돌"을 왕 또는 통치자라고 설명한다; 자세한 것은 cf. SB 1:875f. 이러한 "돌" 본문들은 베드로전서 2:4-8에서 한데 결합되어 있다.

77) 이 대목은 bSanh. 38a에서 메시야적으로 읽힌다.

이 성전의 기초를 놓았은즉 그의 손이 또한 그 일을 마치리라 하셨나니 만군의 여호와께서 나를 너희에게 보내신 줄을 네가 알리라 하셨느니라 작은 일의 날이라고 멸시하는 자가 누구냐 사람들이 스룹바벨의 손에 다림줄이 있음을 보고 기뻐하리라.[78]

이러한 개념들, 아마도 이러한 구절들의 결합이 돌과 관련된 수수께끼 같은 말씀의 의미와 그리 멀지 않을 가능성은 누가와 마태가 그 직후에 이사야 8장을 간접적으로 인용하고 있는 것에 의해서 강화된다.[79] 버려진 돌이 모퉁잇돌이 된다는 것은 문맥상으로 예수의 메시야직에 관한 암호 같은 단언과 성전에서의 그의 행위에 관한 추가적인 설명으로서 의도된 또 하나의 수수께끼 같은 말씀일 가능성이 커 보인다. 예수는 스룹바벨이라는 인물이 보여주고 있었던 바로 그 실체였던 것이다. 심판 다음에는 기이하게도 새로운 성전의 재건이 이어질 것이다.

3. 대적자들을 부수는 돌은 성서에 나오는 또 하나의 돌인데, 이번에는 다니엘서의 중요한 대목에서 가져온 것이다.[80] 다니엘이 처음에는 설명하고 그 다음에는 해석한 느브갓네살이 본 환상은 머리가 금으로 되어 있고 발이 진흙과 철이 혼합된 것으로 되어 있는 신상이었다. 하나의 돌이 산에서 떠져서, 그 신상의 발을 부수어서, 신상 전체가 산산조각이 나고 만다; 그러나 돌 자체는 산이 되어서 온 땅을 채운다.[81] 이 대목 자체에서 주어진 돌에 대한 해석은 다음과 같은 것이다:

이 여러 왕들의 시대에 하늘의 하나님이 한 나라를 세우시리니 이것은

---

78) 마지막 어구에 나오는 "택한 돌"의 본문상의 문제점들에 대해서는 Ackroyd 1968, 172 n.5 등을 참조하라.

79) 눅 20:18; 다음 각주를 보라.

80) 단 2:34-5, 44-5: 그리고 마 21:44/눅 20:18에 명시적으로 간접 인용되어 있다. 마 21:44은 일부 사본들에 의해서 생략되어 있지만, Metzger가 지적하듯이(1971, 58), 그것은 누가 본문의 단순한 복사본이 아니고, 필사자가 그것을 삽입하기에 아주 자연스러운 위치에 있지도 않다.

81) 단 2:31-5. 위의 362f.를 참조하라.

> 영원히 망하지도 아니할 것이요 … 이 모든 나라를 쳐서 멸망시키고 영
> 원히 설 것이라.[82]

이 대목은, 적어도 주후 1세기에는, 통상적으로 메시야 및 그를 통해서 세워지게 될 하나님 나라를 가리키는 것으로 해석되었다.[83] 제1권에서 우리는 적어도 요세푸스는 다니엘서 2, 7, 9장을 이스라엘로 하여금 마침내 세상을 다스리게 할 메시야 왕국의 저 위대한 도래의 날을 가리키는 것으로 보았다는 강력한 증거들을 살펴본 바 있다. 이러한 생각들이 예수 당시에 실제로 통용되고 있었다면 — 그럴 가능성이 대단히 높아 보인다 — "돌"에 관한 수수께끼 같은 말씀은 추가적인 차원을 얻게 된다. "돌"은 메시야와 종말론적 성전에 관하여 말할 뿐만 아니라, 야훼의 백성을 억압하였던 나라들에 대한 메시야의 승리를 가리키기도 한다. 이 대목에서 가장 충격적인 것 — 그리고 예수를 체포하려고 한 직후의 시도들을 완벽하게 정당화해 주는 것[84] — 은 예언에 대한 이러한 다시 읽기를 통해서 현재의 성전과 현재의 체제는 악한 왕국들의 집단의 일부로 간주되었다는 인식이다. 틀림없이 에세네파는 이러한 것에 동의하였을 것이다. 혁명가들이 이 다니엘서 본문을 세상의 통치자가 유대인들 가운데에서 일어날 것이라고 의미하는 것으로 읽었다면, 그리고 요세푸스가 이 본문을 베스파시아누스가 유대 땅에서 황제로 옹위될 것이라는 것을 의미하는 것으로 재해석할 수 있었다면(아무리 조롱을 당한다고 할지라도),

---

82) 단 2:44. 테오도션(Theo.) 역본에서 44절의 "분쇄하다"의 그리스어는 likmesei 인데, 마 21:44/눅 20:18에 나오는 것과 동일한 단어이다.

83) cf. *NTPG* 304; 312-14; 예를 들면, 시편 2편의 메시야 본문과 밀접하게 연결되어 있는 구절인 4 Ezra 13:25-38을 참조하라(cp. Collins 1995, 183-5). 요세푸스가 그의 로마인 청중들을 위하여 이 본문을 다루는 데 있어서 느꼈던 당혹감(*Ant.* 10:210)을 주목하라. 랍비 문헌들 속에서 다니엘서 2장에 대한 메시야적 읽기들에 대해서는 cf. Jeremias, *TDNT* 4.272f.; cf. SB 1:877. 스가랴서에 나오는 메시야적 "돌" 본문들, 이 주제가 예루살렘에서의 예수의 행위들과 말씀들의 그 밖의 다른 특징들과 밀접하게 통합되어 있다는 것에 대해서는 cf. Kim 1987a, 138-40; 다니엘서 2장의 자료에 대해서는 *idem* 142-4.

84) 마 21:45f./막 12:12/눅 20:19.

예수가 이 본문을 그가 참된 메시야이고, 그의 나라가 세워질 것이며, 현재의 성전 통치자들은 진흙과 철이 혼합된 발에 속한 자들로서 그 과정에서 분쇄될 것이라는 것을 의미하는 것으로 재해석하지 않았을 이유가 전혀 없다.

4. 해석의 실마리가 지금 한계점을 넘어서서 설명되어 왔다고 생각할지도 모르는 사람들을 위해서, 우리는 마지막으로 "돌"은 사실 이 비유의 "아들"과 밀접하게 연결되어 있다는 것을 지적하고자 한다. 다니엘서 2장에서 "돌"을 나타내는 아람어는 "에벤"(eben, 이 단어는 히브리어로도 동일하다)이다; 사무엘하 7장에서 나오는 것처럼, "아들"을 가리키는 통상적인 히브리어는 "벤"(ben)이다. 여기에서 성서의 해석을 위한 많은 기법들을 익히지 않았다고 할지라도, 단어 유희를 발견해 내는 일은 그리 어렵지 않다.[85]

이 복잡한 수수께끼 같은 말씀은 한 바퀴 빙 돌아서 제자리로 돌아온다. 거부된 종들에 관한 예언적 이야기는 거부된 아들에서 그 절정에 달한다; 그러나 아들은 건축자들에 의해서 버려졌지만 그 건물에서 최고의 자리를 차지하는 메시야적 돌이다. 그를 반대하는 자들은 그들의 체제(그리고 그들의 성전)가 멸망받는 것을 보게 될 것이고, 그의 나라는 굳게 세워질 것이다. 시편의 본문은 나중에 분명해질 것을 암호적으로 보여준다: 포도원 주인이 악한 농부들을 응징할 때, 아들은 신원을 받게 될 것이다. 이러한 그림 전체는 예수가 성전에서 무엇을 행하였고, 왜 행하였는지에 대한 추가적이고 좀 더 풍부한 해설로서의 기능을 한다. 나는 그러한 본질적으로 우아하고 풍부한 질감을 가진 해설은 후대의 사상가 또는 저술가가 아니라 예수 — 절정을 이루는 그의 상징 행위를 오랫동안 계획했고 숙고하여 왔던 — 에게 소급될 가능성이 지극히 높다고 생각한다.[86]

---

85) Lightfoot와 Carrington을 언급하고 있는 Black 1971, 12f.; Snodgrass 1983, 113-18; Kim 1987a, 135. Cf. 4 Ezra 13:36f., 52: "손으로 뜨지 않은 산"은 분명히 다니엘서 2:34에 대한 언급이고, "내 아들"로 묘사되고 시편 2편의 견지에서 묘사되고 있는 메시야와 직접적으로 연결된다. 아들/돌이라는 단어 유희는 랍비 문헌들 속에 나오는 다니엘서의 "돌"에 대한 다양한 메시야적 해석들을 어느 정도 설명해 준다(위의 n.83). 마가복음 13:26과 그 병행문들, 14:62과 그 병행문들에 나오는 그 다음의 다니엘서에 대한 언급들에 비추어 볼 때, 다니엘서 2장에 대한 이러한 모호한 언급은 우리가 아래에서 보게 될 다니엘서 7장의 "인자"에 대한 메시야적 읽기와 관련이 있는 것으로 보인다.

(e) 카이사르에 대한 공물[87]

자신의 사역을 통해서 야훼께서 마침내 왕이 되고 계신다는 예수의 암묵적 주장은 다음과 같은 질문을 불러일으켰다: 그러한 왕권은 카이사르의 통치와 어떠한 관계에 있는 것인가?[88] 자기 자신이 참된 왕이라는 예수의 추가적 주장(성전 행위 속에서 분명하게 드러난)은 이러한 질문을 더욱 첨예하게 부각시켰다. 이제 예수는 은밀하게 연막 뒤로 몸을 숨겼다가 마침내 진정한 혁명가로서 스스로를 드러낼 때가 되었다는 것인가? 아니면, 예수는 마침내 로마와의 견고한 협력 관계를 유지하고 있던 지배 계층과 한 패가 되었단 말인가?[89]

예수의 성전 행위는 이러한 것들과 같은 질문들을 불러일으킬 수밖에 없었다. 예수를 지켜보던 제3자들의 마음은 빈 칠판(tabulae rasae)이 아니었다. 또한 그들은 오늘날의 서구적인 민주주의자들도 아니었다. 그들의 생각은 하

---

86) 실제로, 만약 이후의 저자가 이 비유를 "손질하고자" 했다면, 우리는 특히 무엇보다도 "아들"이 좀 더 명시적으로 신원받게 될 것이라는 내용이 그 대상이 되었을 것이라고 예상할 수 있다.

87) 마 22:15-22/막 12:13-17/눅 20:20-6/*Thom.* 100; cf. *P. Eger.* 3. 마태복음에서 이 대목은 큰 잔치 비유의 마태복음의 판본에 의해서 농부들에 관한 비유로부터 분리되어 있다(마 22:1-14/눅 14:16-24). 이것도 문맥상으로 볼 때에 예수의 성전 행위를 추가적으로 설명하는 왕적이고 종말론적인 수수께끼 같은 말씀이다: 왕은 그의 아들을 위한 혼인 잔치를 준비했지만, 그 잔치에의 초대를 거부하는 자들은 그들의 성읍이 멸망을 당하게 될 것이다.

88) cf. *NTPG* 302-7. Malina & Rohrbaugh 1992, 137f.는 이 질문 또는 대답이 한편으로는 "정치/경제," 다른 한편으로는 "종교"라는 시대착오적인 구별에 의거해서 분석될 수 있다고 생각하는 것에 대하여 중요한 경고를 하고 있다.

89) 마가복음 3:6에서와 마찬가지로 여기에서도 바리새인들은 당시의 유대 민족의 "왕가"를 자처했던 헤롯 가문의 대표자들과 힘을 합친다(또한 cf. 막 8:15). (누가복음은 모든 경우들에서 헤롯당을 생략한다; 마태복음은 여기에서는(즉, 22:16) 헤롯당을 그대로 두지만, 다른 병행문들에서는 생략한다.) Wengst 1987, 195f.는 헤롯당이 로마의 후원에 의지하고 있었기 때문에 세금을 내는 것에 강력하게 찬성하였을 것이라는 점을 강조하고 있는데, 이것은 옳은 견해이다; 그러나 그가 이 시기에 대부분의 바리새인들이 동일한 노선을 따랐을 것이라고 생각한 것은 잘못된 것이다(*NTPG* 185-95). 독립의 상징으로서 자기 자신의 주화를 주조할 수 있는 권리에 대해서는 1 Macc. 15:6을 참조하라.

나님 나라, 종살이, 싸움, 자유에 관한 이야기들과 상징들로 꽉 차 있었고, 말하자면 그러한 것들로 채워진 주머니었다. 물론, 좀 더 오래된 이야기들 중에는 출애굽에 관한 이야기가 있었다: 파라오의 불의한 통치는 위대한 해방의 순간으로 이어졌다. 그리 오래되지 않은 이야기들 가운데에는 마카베오 혁명에 관한 이야기가 있었다: 이교도들이 승리한 것처럼 보였을 때, 이스라엘의 하나님이 행동하셨다. 아주 최근의 이야기들 가운데에는 갈릴리 사람 유다의 혁명에 관한 이야기가 있었다: 충성스러운 유대인들은 카이사르에게 세금을 바쳐서는 안 된다. 왜냐하면, 그들에게는 야훼 외에는 그 어떠한 주인도, 폭군들도 없기 때문이다.[90] 마카베오 가문의 유다와 갈릴리 사람 유다는 이러한 간단한 대화 같은 하나님 나라와 자유라는 질문들을 들을 수밖에 없었던 잔향실(echo-chamber)를 제공해 준다. 성전, 세금들, 혁명, 메시야적 지위는 모두 한데 결합되어 있었다. 여기에 또 다른 성전 정화자, 또 다른 갈릴리 사람이 있었다(제3자들은 그렇게 생각했을 것이다).

그러므로 세금이라는 문제는 단순히 예수의 성전 행위와는 무관하게 예수를 고소할 빌미를 찾기 위한 하나의 속임수가 아니었다. 마찬가지로, 예수의 대답도 단순히 그러한 질문을 교묘하게 피해 나간 것으로 읽혀져서는 안 되고, 더더구나 논의의 주제를 "정치"에서 "경건"으로 바꾸고자 한 것으로 읽혀져서도 안 된다. 세금과 성전, 카이사르와 하나님이 바로 주제였다.

"우리는 당신이 사람의 외모를 취하지 않는 것을 아나이다."[91] 이러한 서론은 예수가 카이사르를 두려워하지 않기 때문에, 자신이 믿는 대로 기탄없이 혁명적인 대답을 해 줄 것이라는 것을 전제하고 있다. 적어도 이것은 질문자들이 옆에 있던 구경꾼들은 그렇게 생각할 것이라고 말하고 있는 것이 아니다.[92]

예수의 간결한 대답은 그의 이중적으로 혁명적인 하나님 나라 과제라는 좀 더 큰 문제들을 요약하고 있다. 예수는 관련된 동전들 중 하나를 내놓으라는 요구로 답변을 시작하였다. 이것은 그의 질문자들로부터 주도권을 빼앗아 와서, 그들로 하여금 그들 자신의 패를 먼저 내보이지 않을 수 없게 만드는 것

---

90) Jos. *War* 2:118; cf. 2:433; *Ant.* 18:23. Cf. *NTPG* 160, 172-3, 179-80.

91) 마 22:16/막 12:14.

92) Chrysostom을 따르고 있는 Derrett 1970, 321.

이었다. 동전에는, 엄격한 유대적 관점에서 볼 때, 신성모독적인 형상과 글씨가 씌어져 있었다.[93] 형상은 금지되어 있었고(우리가 앞서 본 것처럼, 냉소적인 안디바조차도 그가 만든 주화들에 자신의 형상을 새겨 넣는 것을 피하였었다), 그리고 거기에 씌어진 글귀는 카이사르를 신이라는 견지에서, 구체적으로 말하면, 신의 아들로 선포하고 있었다.[94] 따라서 예수에게 질문했던 자들은 이미 그들 자신이 그러한 물건의 소지를 통해서 철저하게 로마에 부역하고 있다는 것을 보여주었다.[95]

그런 후에, 예수는 유명한 두 행으로 된 경구로써 대답한다: 카이사르에게 속한 것을 카이사르에게 주고, 하나님께 속한 것을 하나님께 바치라.[96] 이것은 흔히 충성들을 깔끔하게 구분하는 것을 의미하는 것으로 해석되어 왔다: 국가와 교회, 카이사르와 하나님은 미묘한 긴장 관계에 있다.[97] 마찬가지로, 이 말씀은 열심 사상에 대한 삐딱하고 빈정대는 평가 또는 직접적인 도전으로 읽혀져 오기도 했다.[98] 그러나 이 경구의 두 부분은 위에서 말한 견해들이 생각하

---

93) Hart 1984, 242는 예수가 이와 같은 것을 말하였는지에 대하여 의심하지만, 말에 선행한 행위의 수사학적 의미는 그러한 의심과는 다른 무엇을 암시해 준다.

94) Tiberius를 "신 아우구스투스"의 양자로 묘사한다: cf. Hart 1984, 246f.

95) cf. Malina & Rohrbaugh 1992, 256.

96) 마 22:21/막 12:17/눅 20:25/*Thom.* 100:2-3. 도마복음서는 "나의 것은 나에게"라는 어구를 첨가한다; Bruce(1984, 250 n.6)가 지적하듯이, 도마복음서에서 이 대목에만 유일하게 나오는 "하나님"이라는 말은 다음과 같은 순차적인 질서 속에서의 조물주를 가리킬 것이다(카이사르-하나님-예수). 또한 cf. Gundry 1993, 696f. 예수 세미나조차도 이 기본적인 말씀의 진정성을 인정한다(Funk & Hoover 1993, 102, 526 — 예수는 "그가 그들에게 말한 것을 놓고 그들이 따지고 있는 동안에 그 동전을 자신의 지갑에 슬며시 넣었을 것이다"라는 별 근거도 없고 터무니 없는 주장을 덧붙인다). 이 말씀에 대해서는 주석서들과 아울러 특히 Derrett 1970, 313-38(이전의 해석들에 관한 개관과 함께, 318f.); Hart 1984; Bruce 1984; Horsley 1987, 306-17를 참조하라. 이 경우는 전도서 8:2에 대한 대안적인 해석들이라는 Derrett의 주장은 독창적이긴 하지만, 나는 그러한 주장은 궁극적으로 설득력이 없다고 생각한다(Klemm 1982; Bruce 1984, 260f.).

97) 무작위적으로 한 가지 예를 들어 보자: 영국의 보수당의 유력한 후보자가 런던 타임스의 1996년 4월 9일자에 기고한 글에서 이 말씀을 이런 의미로 인용하면서, 예수가 그 어떤 정치적 집단에게 말했던 것은 바로 이러한 것일 수밖에 없다고 주장한다.

98) 마지막 것에 관한 한 판본을 주장하는 Fitzmyer 1985, 1292-4: 예수는 이 논의를

는 것보다 더 미묘하고, 성전, 메시야, 예수의 하나님 나라 선포 전체의 문제들과 밀접하게 연결되어 있다고 볼 만한 근거가 있다.

예수의 청중들은 예수가 진정으로 혁명을 지지하고 있다는 모종의 표시를 기대하고 있었을 것이다. 그것은 암호적일 수 있지만, 많은 정치적 상황들 속에서 암호화된 진술들을 사용하는 것은 어쩔 수 없는 일이다. 나는 예수가 의도적으로 그러한 암호화된 진술로 들릴 수 있는 대답을 통해서 그에게 제시되었던 양자택일식의 선택을 깨끗하게 거부하고 그 근본적인 대안으로서의 자신의 하나님 나라 과제를 보여주었다고 생각한다.

최초의 단서는 연례 절기였던 하누카 때에 마카베오 가문의 영웅들을 주기적으로 기념하는 예식들을 통해서 예수 및 그의 청중들에게 친숙했을 한 구절 속에서 발견된다. 예전의 혁명가였던 맛다디아가 임종을 맞이했을 때, 그는 그의 아들들에게 과거의 열심 있는 영웅들을 상기시키면서 율법에 대한 열심을 권면하는 말을 하였다. 그 말은 다음과 같이 끝난다:

> 젊었을 때부터 장사인 유다 마카베오는 너희 군대의 지휘관이 되어 여러 이교도들과의 싸움을 지휘할 것이다. 너희는 율법을 지키는 사람을 모두 규합해서 네 동포들의 원수를 철저히 갚아야 한다. 너희를 학대한 이방인들에게 복수하고 율법이 명하는 것을 잘 지켜라.[99]

이 말을 하고 나서 맛다디아는 죽었다. 우리가 이미 살펴본 것처럼, 그 결과는 유다가 그 명령을 받들어서, 혁명을 이끌고, 싸움에서 이방 군대를 무찌른 후에, 성전을 깨끗케 하고 회복시켰고, 예루살렘의 성벽을 재건하였다는 것이다 — 그리고 100년 동안 지속되었던 왕조를 창건하였다. 헤롯이 마리암네와 결혼함으로써, 그 왕조는 예수 당시에도 여전히 존재하고 있었다.

맛다디아는 그의 아들들에게 이교도들에게 받은 그대로 되갚아 주라고 가

단순히 한층 더 높은 차원으로 승화시킨다. 또한 cf. Giblin 1971.

99) 1 Macc. 2:66-8. 마지막 문장(v. 68)의 칠십인역 본문은 이렇게 시작된다: antapodote antapodoma tois ethnesin ... 마 22:21에 나오는 말씀과 그 병행문들의 어순은 여러 가지로 되어 있다: apodote ta Kaisaros Kaisari.

르쳤다: 그들이 우리에게 했던 대로 그들에게 행하라. 이 말은 명확히 혁명적이다. 후반절은 이 말을 좀 더 폭넓은 맥락 속에 위치시킨다: 율법의 명령들에 순종하라. 혁명적 열기는 토라의 경계를 뛰어넘는 열심 있는 자들을 만들어 낼 위험성이 항상 있었다. 실제로 이 대목 직전에 혁명가들은 자기들이 안식일에 스스로를 방어하게 위하여 싸워야 하는지 어떤지를 놓고 논란을 벌였었다.[100] 그러므로 마카베오1서에 나오는 이 말은 두 가지 취지를 지니고 있었다: 이교도들에 대한 너희의 의무는 그들과 싸우는 것이고, 우리 하나님에 대한 너희의 의무는 하나님의 계명들을 지키는 것이다. 궁극적으로, 전자는 후자 안에 포섭되었다. 야훼와 토라를 향한 열심은 곧 혁명을 의미하였다.

나는 예수의 암호 같은 말씀은 맛다디아의 마지막 유언에 대한 암호적이고 전복적인 반영으로 이해되어야 한다고 주장한다. 예수의 성전 행위는 하나님 나라 운동의 선두에서 들을 귀 있는 자들에게 분명한 메시야적 의미들을 지니는 가운데, 성전의 파괴와 재건, 세례 요한, "아들"과 "돌"에 관한 수수께끼 같은 말씀들에 의해서 강화되어서, 예수의 말씀을 의미 있게 해 주는 맥락을 만들어 내었다: 카이사르에게 빚진 것을 카이사르에게 되갚아주라! 카이사르가 마땅히 받아야 할 것을 카이사르에게 주라![101] 예수가 말했던 말씀들은 얼핏 보기에는 혁명적인 것으로 들려졌을 것이다.

그러나 그 말씀이 어떤 배경 속에 놓여질 때, 그 말씀은 두 번째 의미층을 획득하게 된다. 예수는 강의를 하는 강의실에 있었던 것도 아니고, 군대에게 훈시하는 전장에 있었던 것도 아니었다. 예수는 로마의 동전을 손에 든 질문자와 대면해 있었다. 암호화된 혁명적 의미 아래에서 그와 반대되는 의미가 갑자기 출현한다; 동전을 눈앞에 두고, 그리고 혁명과 관련된 암묵적 질문을 받은 가운데, 예수는 사실상 "좋다, 그렇다면, 너희는 카이사르가 마땅히 받을 것을 카이사르에게 되돌려 주는 것이 좋겠다!"라고 말하고 있는 것이다.[102] 예

---

100) 1 Macc. 2:29-41. 그들은 그들이 그렇게 하기로 결심하였다; cf. Farmer 1956, 72-81.

101) cf. 각주 2 끝에 나오는 Derrett 1970, 319.

102) Cf. 1 Macc. 2:68에 대한 NEB의 의역: "이방인들에게 그들 자신의 동전을 돌려 주라."

수는 그들에게 혁명을 하라고 말했던 것인가? 예수는 그들에게 세금을 바치라고 말했던 것인가? 예수는 이 둘 중 아무것도 하지 않았다. 그리고 예수는 이 둘 모두를 행하였다. 그 누구도 이 말씀이 혁명적이라는 것을 부정할 수 없지만, 또한 그 누구도 예수가 세금을 바치는 것을 금지하였다고 말할 수도 없다.[103) 갈릴리 사람 예수는 갈릴리 사람 유다와는 다른 종류의 혁명을 마음에 두고 있었다. 예수는 로마와의 협력을 주장하고 있었던 것이 아니었다; 그러나 오늘은 세금을 바치기를 거부하고 내일은 전쟁을 위한 칼을 가는 그런 유의 직접적인 저항을 주창한 것도 아니었다.[104)

예수의 말씀의 후반절은 추가적인 양날을 가진 메시지를 제공해 준다. "하나님의 것은 하나님께 바치라"는 말씀은 이스라엘의 전승 전체에 걸쳐서 있는 시편과 예언에 반영되어 있는 한 분 참 하나님을 예배하라는 부르심을 상기시켜 준다:

> 만국의 족속들아 영광과 권능을 여호와께 돌릴지어다
> 여호와께 돌릴지어다
> 여호와의 이름에 합당한 영광을 그에게 돌릴지어다
> 예물을 들고 그의 궁정에 들어갈지어다
> 아름답고 거룩한 것으로 여호와께 예배할지어다
> 온 땅이여 그 앞에서 떨지어다
> 모든 나라 가운데서 이르기를 여호와께서 다스리시니.[105)

---

103) 물론, 이것은 이 말씀에 대한 "마카베오적인" 이해를 생각해서 고위 제사장들이 말했던 바로 그것이었다: cf. 눅 23:2. Wengst 1987, 58-61은 예수가 돈을 사용하는 것 자체를 반대하였고, 그가 그의 제자들은 돈을 버는 일을 포기하였으며, 세금 제도를 포함한 그러한 체제 밖에서 전적으로 살았다고 주장한다. 나는 예수가 카이사르의 제국의 정당성을 인정하지 않았다는 데에 그의 견해에 동의한다; 그러나 그의 해법은 내게는 누가복음 8:3 같은 구절에 비추어 볼 때 문제가 있는 것으로 보인다.

104) 경구의 메시지는 Horsley 1987, 316가 생각하는 것보다 훨씬 더 미묘하고, 예수의 다른 과제들과 더 부합하며(특히 위의 제7장을 보라.), 실제로는 나름대로의 방식으로 더 혁명적이다.

105) 시 96:7-10; 또한 cf. 시 29:1-2.

성전에서 예배하는 것은 이교도들에 대한 야훼의 왕권을 송축하는 것이기도 했다. 이 인용문이 놓여 있는 맥락이 여러 가지 것들을 시사해 준다. 이 대목은 이방의 우상숭배에 대한 표준적인 규탄의 말 직후에 나온다:

> 여호와는 위대하시니 지극히 찬양할 것이요
> 모든 신들보다 경외할 것임이여
> 만국의 모든 신들은 우상들이지만
> 여호와께서는 하늘을 지으셨음이로다
> 존귀와 위엄이 그의 앞에 있으며
> 능력과 아름다움이 그의 성소에 있도다.[106]

여기서도 예수의 말씀은 적어도 두 가지 차원에서 들어야 한다. 예수의 말씀은 단순히 "하나님이 받으시기에 합당한 대로 참된 하나님을 예배하라"는 것을 의미할 수 있다. 그러나 예수가 신성모독적인 형상이 새겨진 동전을 눈 앞에 두고 있다는 맥락을 고려하면, 시편 96편에 의해서 요약되어 있는 친숙한 일련의 사상은 우리가 이 말씀을 좀 더 깊은 도전으로 들어야 한다는 것을 보여준다. "하나님의 것은 하나님께 바치라"; 달리 말하면, 카이사르가 신성모독적으로 스스로에게 돌렸던 신적인 영광을 야훼에게, 그리고 오직 야훼에게 바쳐야 한다는 말이다. 이것은 초연한 경건으로의 부르심이 아니다. 그것은 이교 사상을 배척하고 다른 그 누가 아니라 참된 하나님을 예배하며 섬기라는 부르심이다.

이 말씀의 두 부분은 형상이 새겨진 동전들에 대한 정통적인 신앙이 느끼는 거리낌이라는 견지에서 들려졌을 가능성이 대단히 높은 것 같다. 예수의 동시대인들인 유대인들 중 다수는 그러한 동전을 신성모독적이라고 여겼기 때문에, 그러한 동전을 소유하는 것은 물론이고 쳐다보아서도 안 되었다.[107] 그

---

106) 시 96:4-6.

107 cf. bAb. Zar. 3:1(주후 3세기의 랍비인 Nahum ben Simai에 관한); Hippolytus, *Refutatio* 9:21(몇몇 에세네파에 관한). 이것은 Safrai 1994, ch. 3 등에서 논의된 좀 더 폭넓은 문제점의 한 측면이다.

러므로 이 말씀은 배척의 의미를 지니고 있을 수 있다: "이런 것과 같은 물건에 대해선 우리가 할 수 있는 유일한 것은 그것을 곧장 그 주인인 이교도들에게 돌려주는 것이다!"[108] 또한 이것은 그와 동시에 세금 바치는 것을 마지못해 수긍하고 이교 사상에 대하여 직접적으로 단죄하는 것으로 보아질 수도 있다. 역설적이긴 하지만, 세금을 바치는 것은 유대인들의 엄격한 준수의 필연적인 일부로 보아질 수 있었다: 그렇게 해서, 이러한 신성모독적인 동전들을 제거해버리는 것. 바리새인들이나 혁명가들은 그 누구도 적어도 공개적으로는 이러한 말에 이의를 제기할 수 없었을 것이다.

따라서 이 말씀은 단순히 이교사상에 대한 암호화된 항의(달리 말하면, 혁명을 위한 암호화된 부름)가 아니다. 그것은 유대인들이 이교 사상과 야합하고 있는 것에 대한 항의였다. 예수는 혁명을 향한 탐구를 그러한 야합으로 보았기 때문에, 이 말씀은 그의 진정한 혁명의 길, 진정한 하나님 나라 운동, 카이사르에 대한 신성모독적인 예배를 통해서만이 아니라 성전을 민족주의적 야망의 부적으로 오용하는 것을 통해서 희화화되고 있는 참된 하나님에 대한 예배를 따르도록 권면하는 추가적인 암호화되고 수수께끼 같은 도전으로서의 기능을 한다. 동전에 의하면, 디베료 카이사르는 신적인 아우구스투스의 아들인 반면에, 성서에 의하면, 이스라엘은 창조주 하나님 야훼의 아들이다.[109] 그리고 "아들과 돌" 비유의 맥락 속에서 땅주인의 아들은, 좀 더 구체적으로 말해서, 메시야 자신이다. 그렇다. 여기서 예수는 너희의 하나님 나라에 관한 꿈들의 진정한 성취가 될 어떤 혁명이 곧 일어나게 될 것이지만, 그것은 너희가 생각하는 것과는 판이하게 다른 방식으로 참 이스라엘이 야훼에게 진정한 자기 제사를 드리는 것을 통해서 일어나게 될 것이라고 말하고 있는 것이다. 예수는 자기 자신을 참된 하나님 나라 운동을 이끄는 참된 메시야라고 보았다; 야훼에

---

108) cf. Bruce 1984, 259.

109) 출 4:22 등. "하나님의 것은 하나님에게"라는 말은 부분적으로는 인간은 창조주의 형상을 따라 지음받았기 때문에, 그들의 존재 전체가 하나님의 것이라는 사실을 암시하고 있는 것일 수 있다(Giblin 1971); 그러나 Gundry 1993, 700에 의해서 논의된 문제점들을 참조하라. Gundry의 대안("하나님의 것 = 예수를 따라 십자가의 길을 가야 할 신적인 의무(194))은, Giblin의 주장처럼, 내게는 이러한 매우 초점이 뚜렷한 말씀을 지나치게 일반화하고 있는 것으로 보인다.

대한 이스라엘의 참된 반응은 예수를 인정하고 그의 하나님 나라 과제를 따르는 것이 될 것이다.

따라서 이 말씀은 단순히 율법의 계명들을 지켜야 한다고 말했던 맛다디아의 두 번째 교훈보다 한 걸음 더 나아간다. 그것은 산상수훈의 "반제들"이 하고 있는 것과 동일한 방식으로 맛다디아의 교훈을 뛰어넘는다.[110] 진정한 혁명은 세금을 바치지 않고 그로 인해서 야기되는 폭력적 대결을 벌이는 것을 통해서 이루어지는 것이 아니라, 이스라엘의 하나님에 대한 전적인 순종과 그 하나님을 닮는 것의 문제이다; 이것은 마태복음 5장이 분명하게 보여주듯이 폭력 혁명을 배제한다.[111] 예수는 그의 청중들을 야훼의 너그러운 사랑을 온 세상에 비추는 이스라엘을 통해서 일어나게 될 진정한 혁명으로 부르고 있었다. 달리 말하면, 예수는 그들을 두 세기 이전의 유다 마카베오의 운동이나 이십 년 전의 갈릴리 사람 유다의 운동과는 판이하게 다른 방식으로 하나님 나라를 임하게 할 예수 자신의 왕적인 운동을 따르라고 권면하고 있었다. 예수의 경구는 그의 하나님 나라 가르침 전체와 마찬가지로 하나님 나라에 관한 통속적인 견해를 초월하는 것이었고, 카이사르의 신성모독적인 주장들과 현재의 성전의 성직자들의 타협적인 태도들과 혁명가들의 꿈들을 전복시키는 것이었다.

그러므로 이 수수께끼 같은 말씀은 그 배경과 매우 밀접하게 결부되어 있고, 그러한 맥락 속에서 예수의 성전 행위는 암묵적인 왕적 주장으로서 의도되었고 또한 인식되었다.[112] 그러나 그것은 표준적인 관점으로 축소되어서는 안 된다. 야훼와 그의 토라의 이름으로 카이사르를 뒤집어 엎으려고 생각했던 혁명가들은, 예수가 보기에는, 카이사르와 동일한 무기들을 사용하고 있는 것이었다. 그들은 진정한 타협주의자들이었다. 예수는 높은 차원을 주장하고 있

---

110) 마 5:21-48: cf. 위의 450-454.

111) 마 5:38-48; cf. 위의 452f.

112) 따라서 여기에서 다시 한 번 누가복음 23:22이 타당하다: 예수가 세금을 내는 것을 금하였고, 스스로를 메시야로 부각시키고 있었다. 누가의 독자들은 이것이 엄밀하게 말해서 사실이 아니라는 것을 알고 있었고, 예수의 고소자들이 빌라도에게 말하고자 했던 의미로써 그런 것이 아니었다는 것을 알고 있었다; 그러나 또한 그들은 이 사상이 어디에서 왔는지를 알고 있었다.

었다: 하나님의 것을 하나님께 드려라.

(f) 다윗의 주와 다윗의 아들

마가복음 12장과 그 병행문들에 나오는 마지막으로 명시적인 왕과 관련된 수수께끼 같은 말씀은 이례적으로 예수에게 질문을 던진 자들이 대답할 수 없었던 예수 자신이 던진 반문 속에서 발견된다. 흔히 그러하듯이, 앞서의 여러 대목들이 마치 그것들이나 성전 사건이 그 어떠한 왕적 함의도 지니고 있지 않는 것처럼 읽혀진다면, 이 반문은 독자에게 그릇된 결론으로 다가오게 된다. 그러나 이 반문으로 끝나는 일련의 수수께끼 같은 말씀들이 진정으로, 내가 지금까지 주장했듯이, 어느 정도 일관되게 메시야와 성전이라는 주제를 지니고 있다면,[113] 이 반문은 여기에 아주 잘 들어맞는다:

어찌하여 서기관들이 그리스도를 다윗의 자손이라 하느냐 다윗이 성령에 감동되어 친히 말하되 주께서 내 주께 이르시되 내가 네 원수를 네 발 아래에 둘 때까지 내 우편에 앉았으라 하셨도다 하였느니라 다윗이 그리스도를 주라 하였은즉 어찌 그의 자손이 되겠느냐.[114]

예수가 인용한 이 시편(110편)은 메시야의 즉위, 땅의 왕들에 대한 그의 성공적인 싸움, 메시야가 "멜기세덱의 반차를 좇은 영원한 제사장"이 된다는 것을 말하고 있다.[115] 메시야의 즉위라는 사상은 어떤 인물, 메시야적인 인물이

---

113) 마 22:23-33/막 12:18-27/눅 20:27-40에 대해서는 위의 616를 참조하라. 부활에 관한 논의는 좀 더 일반적으로 "다가올 새 시대," 즉 사두개인들이 하나님 나라에 대한 백성들의 열망에 직면하여 불안감을 느끼고 조소하고자 했던 혁명적 개념과 관련이 있다. 그들에 대해 예수의 대답은 그의 재확인을 보여준다: 그렇다. 혁명이 진행중이다 — 물론, 그것이 현재의 기대들이 생각하는 것과는 그 모습이 같지 않더라도. 마 22:34-40/막 12:28-34에 대해서는 위의 446, 664f.와 아래의 857f.를 참조하라: 이 큰 계명이 새로운 계약 속에서 성취될 때에 성전은 불필요하게 될 것이다.

114) 막 12:35-7/마 22:41-5/눅 20:41-4.

115) 히 5-7장에서 아주 중요한 "영원한 제사장"이라는 어구는 1 Macc. 14:41에서 Simon Maccabaeus에게 적용된다.

즉위 장면을 포함하고 있다. 그러한 장면이 지닌 아주 명백한 내용들 중의 하나는 그렇게 해서 즉위한 인물은 야훼의 원수들의 파국을 선언하게 될 심판자라는 것이다: 여기서 예수는 다시 한 번 그의 권세의 원천, 그의 주권적인 예언적 심판행위에 대한 근거를 설명하고 있다. 우리는 여기서 다시 한 번 메시야와 성전의 견고한 연관관계를 보게 된다. 이러한 반문을 제기함으로써, 예수는 그가 다윗의 아들로서만이 아니라 좀 더 구체적으로는 다윗의 주로서 성전에 대한 권세를 갖고 있다는 의미를 내비치고 있는 것이다.

그러나 예수의 반문 자체는 여전히 난해하고 암호적이다. 그것은 세 개의 공관복음서들 모두에서 추가적인 구체화를 필요로 했고, 또한 그렇게 되고 있는데, 우리는 다음 절과 제14장에서 그것에 대하여 살펴보고자 한다.

(g) 왕과 관련된 수수께끼 같은 말씀들: 예수와 복음서 기자들

여섯 개의 왕과 관련된 수수께끼 같은 말씀들: 이것들은 세례 요한으로부터 주후 100년의 교회에 이르기까지의 시기 중에서 어떠한 역사적 시기에 어울리는 것들인가? 나는 오직 예수의 사역 속에서만 이 수수께끼 같은 말씀들이 어울리는 것들이라고 생각한다. 마가는 예수가 메시야라는 진술들을 약화시킬 필요도 없었고 그럴 마음도 없었다. 마가복음이 원래 우리가 지금 마가복음 1:1이라고 부르는 것에서 시작되었다고 사람들이 생각하든지 안 하든지,[120] 마가의 저작의 최초의 절정은 베드로가 예수를 메시야라고 고백하는 장면이고, 두 번째 절정은 가야바의 입에서 그와 동일한 말이 나오는 장면이며, 예수의 십자가 처형 장면은 예수가 메시야라는 주제에 의해서 지배되고 있다.[121] 마가는 명시적으로 말하기보다는 함축적인 것으로 남겨두고자 했던 몇 가지 것들이 있었는데, 이 주제는 그러한 것들 중의 하나가 아니었다.[122] 마태와 누가에게 있어서 예수가 메시야라는 것은 비밀에 부쳐야 할 문제가 아니라 송축해야 할 문제였다. 우리가 이미 살펴보았듯이, 초대 교회의 나머지 부분들은 예수의 메시야적 지위를 다양한 방식으로 송축하고 선포하였다. 따라서 이

---

120) cf. *NTPG* 390 n:67.

121) 막 8:29; 14:61; 15:1-39.

122) 예를 들면, cf. 막 13:14.

러한 모든 논의들이 지닌 수수께끼 같고 암호 같은 성격이 실제로 역사적 의미를 지니게 되는 유일한 시기는 예수의 십자가 처형과 부활 이전의 시기이다.[123] 여기서도 우리는 이중적 유사성과 상이성을 본다: 이러한 수수께끼 같은 말씀들은 주후 1세기 유대교 내에서 의미를 지니지만, 예수 이외의 그 누구도 이것과 같은 것을 말한 적이 없었다; 이 수수께끼 같은 말씀들은 초기 기독교를 위한 배경의 일부로 이해될 수 있지만, 부활 사건 이후에는 의미가 없어진다(즉, 이것들이 지닌 수수께끼적 형태는 불필요하게 된다는 말이다). 달리 말하면, 역사적으로 볼 때, 이 수수께끼 같은 말씀들은 공관복음서 기자들이 그것들을 배치하고 있는 바로 그 시점에 속한다는 말이다: 예수의 성전 행위에 관한 그 자신의 암호적이지만 설득력 있는 해설들.

(iv) 성전, 메시야, 인자

(a) 멸망 받을 성전, 신원 받을 예수

이 장에서 이제까지 우리는 성전에서 상징적으로 행하여졌고 일련의 수수께끼 같은 말씀들을 통해서 암호적으로 행하여졌던 예수의 메시야적 주장에 관한 면모를 개략적으로 살펴보았다. 우리가 이러한 개략적인 서술을 예루살렘 및 성전에 대한 예수의 예언자적 경고들(위의 제8장), 성전에 대한 그의 예언자적 행위(제9장)와 통합시킬 때에 무슨 일이 일어나는가? 그 대답은 바로 마가복음 13장과 그 병행문들이다.[124] 이제 우리는 다시 한 번 이 대목으로 되돌아가서, 여기에서 예수의 성전 행위가 그의 메시야직이라는 관점에서 설명되고 있는 방식을 살펴보아야 한다. 그것들은 아주 밀접하게 결합되어 있기 때문에, 성전의 파괴 — 이미 상징적 행위를 통해서 예언되고, 여기에서 예언

---

123) 이 점은 위의 608f.에서 지적한, 마가복음 7장에 나오는 정결 논쟁과 마가복음 10장에 나오는 이혼 논쟁에 관한 설명들과 밀접하게 연관되어 있다. 이 둘 중 어느 경우에서도 복음서 기자 또는 그의 자료는 암호적으로 말할 필요가 없었다; 두 경우 모두에서 예수의 말씀들의 베일에 가려진 성격과 길거리에서 말할 수 있는 것과 "집안에서"만 말해질 수 있었던 것의 구별은 오직 예수의 사역을 배경으로 해서만 의미를 지니게 된다. 따라서 이러한 논증은 Hengel 1995b, 41-58에서처럼 개연성있는 주장이 결코 아니다.

124) 이하의 서술에서 나는 오직 마가복음만을 언급할 것이다. 이 구절에 대한 좀 더 폭넓은 논의로는 위의 제8장을 보라.

적 심판을 통해서 예견되고 있는 — 는 예언자 및 메시야로서의 예수 자신의 신원과 결부되어 있다. 종말론적 법정 장면에서 예수는 성전과 정면으로 대결하였다. 성전의 파괴에 관한 예수의 예언이 실현될 때, 그 사건은 예수가 진정으로 성전에 대한 권세를 지니고 있었던 메시야였다는 것을 보여주게 될 것이다. 따라서 마가복음 13:2과 그 병행문들은 마가복음 11:15-17의 의미를 아주 분명하게 드러내 준다, "돌 하나도 돌 위에 남지 않고 다 무너뜨려지리라."

제자들로부터 설명을 요구받고, 예수는 거짓 메시야들에 관하여 경고한다 (13:3-6). 또한 예수는 그의 제자들이, "내 이름으로 인하여"(13:13) 핍박을 받게 될 것이라고 주의를 준다. 예수는 여기서 다시 한 번 명시적으로 마카베오 형제들의 말을 도입한다: "멸망의 가증한 것이 서지 못할 곳에 선 것을 보거든 그 때에 유대에 있는 자들은 산으로 도망할지어다"(13:14). 위에서 설명한 마카베오1서의 배경은 이 구절을 분명하게 드러내준다: 시리아인들의 "가증한 것"이 맛다디아와 그의 아들들의 곤경을 촉발시켜서 "산으로" 도망하게 만들었고, 온갖 종말론적 의미들을 지니고 있었던 그들의 궁극적인 승리와 그들의 왕조의 수립을 위한 필연적인 전주곡이 되었던 마카베오 위기의 재현으로 이해될 수밖에 없는 그런 일이 일어나게 될 것이다.[125]

물론, 이 구절의 배후에는 다니엘서에 나오는 세 개의 구절들이 있다. 그 구절들을 역순으로 열거해보면 다음과 같이 된다:

매일 드리는 제사를 폐하며 멸망하게 할 가증한 것을 세울 때부터 천 이백구십 일을 지낼 것이요.[126]

이는 깃딤의 배들이 이르러 그를 칠 것임이라 그가 낙심하고 돌아가면

---

125) 1 Macc. 1-3. 13:14에서의 마가의 짤막한 말("읽는 자는 깨달을진저")은 (a) 그가 "가증한 것"을 로마의 침공을 가리키는 것으로 해석하였다는 것과 (b) 그가 그것을 명시적으로 말하는 것이 위험한 일이라고 생각했다는 것을 보여준다. 요세푸스가 반로마적이라고 보여질 수 있는 명시적으로 묵시론적인 예언들을 해석하기를 꺼려한 것과 비교해 보라(*NTPG* 304).

126) 단 12:11.

서 맺은 언약에 분노하였고 자기 땅에 돌아가서는 맺은 언약을 배반하는 자들을 살필 것이며 군대는 그의 편에 서서 성소 곧 견고한 곳을 더럽히며 매일 드리는 제사를 폐하며 멸망하게 하는 가증한 것을 세울 것이며 그가 또 언약을 배반하고 악행하는 자를 속임수로 타락시킬 것이나 오직 자기의 하나님을 아는 백성은 강하여 용맹을 떨치리라.[127]

예순두 이레 후에 기름 부음을 받은 자가 끊어져 없어질 것이며 장차 한 왕의 백성이 와서 그 성읍과 성소를 무너뜨리려니와 그의 마지막은 홍수에 휩쓸림 같을 것이며 또 끝까지 전쟁이 있으리니 황폐할 것이 작정되었느니라 그가 장차 많은 사람들과 더불어 한 이레 동안의 언약을 굳게 맺고 그가 그 이레의 절반에 제사와 예물을 금지할 것이며 또 포악하여 가증한 것이 날개를 의지하여 설 것이며 또 이미 정한 종말까지 진노가 황폐하게 하는 자에게 쏟아지리라 하였느니라 하니라.[128]

이 구절들은 모두 한데 합쳐져서 마가복음 13장의 경고들 배후에 분명히 자리잡고 있다. 이제까지의 우리의 논증 전체를 감안하면, 이 구절들이 예수 자신에 의해서 이런 식으로 사용되었다는 것을 의심할 만한 근거가 없다. 이 구절들은 이교도들의 손에 의한 성전의 파괴와 버려짐을 다루고 있고, 각각의 경우에 이 구절들은 주기적인 희생 제사들의 종언을 강조하고 있다.[129] 예수는 희생제사 제도를 일시적으로 중단시킴으로써(위의 제9장) 성전의 파괴를 상징적 행위를 통해서 보여주었다. 예수가 공적으로는 암호 같은 방식으로 말하거나 행하였던 것을 제자들에게는 사적으로 설명해주는 통상적인 패턴은 여기에서도 좀 더 큰 규모로 행해진다. 그리고 다니엘서의 본문들은 분명한 메시야적 의미를 지니고 있다: "가증한 것"이 세워지는 것은 "기름 부음받은 자"의 활동과 연계되어 있다.[130] 그것을 감싸고 있는 고난과 핍박에 대한 경고

---

127) 단 11:30-2.

128) 단 9:26f.

129) Jos. *War* 6:93-5는 주후 70년 8월에 실제적으로 중단되었다고 기록한다.

130) 우리가 살펴보고 있는 대목인 다니엘서 9장이 이 시기에 메시야적으로 읽혔고,

들은 예수가 거짓 메시야들에 관한 엄중한 경고를 하고 있는 마가 본문의 맥락과 정확히 부합한다(마가 13:18-20, 21-23).

이것은 우리가 저 유명한 많이 논란되는 "인자"에 관한 구절을 발견하는 바로 그 맥락이다:

> 그 때에 그 환난 후
> 해가 어두워지며
> 달이 빛을 내지 아니하며
> 별들이 하늘에서 떨어지며
> 하늘에 있는 권능들이 흔들리리라
> 그 때에 인자가 구름을 타고 큰 권능과 영광으로 오는 것을
> 사람들이 보리라.[131]

우리는 이 구절을 둘러싼 해석의 미로를 우리로 하여금 통과하도록 인도해 줄 어떤 아리아드네(Ariadne)의 실을 사용할 수 있을 것인가? 우리는 적어도 하나의 그러한 실을 필요로 한다. "인자" 문제에 관한 문헌들은 무수히 많은데, 샌더스를 비롯한 학자들은 이 문제에 대한 해법을 제시할 수 없다고 말하고 있고, 보그와 크로산 같은 학자들은 이 문제를 예수에 관한 연구로부터 완전히 배제해 버리고 있으며, 이름을 밝히지 않는 것이 더 나을 옥스퍼드 대학의 한 동료 학자는 한 세미나에서 "인자? 인자? 그 길에는 광기가 있다"라고 중얼거렸다.[132] 나는 우리로 하여금 미노타우로스(Minotaur)라는 괴물로부터

다니엘서 2장 및 다니엘서 7장과 연결되어 있었다는 것은 *NTPG* 312-19에서 자세하게 논증된 바 있다.

131) 막 13:24-6. 인용문들은 사 13:10; 34:4; 단 7:13f.에서 온 것이다.

132) Cf. Sanders 1985, 324, 411 n:8(그러나 Sanders 1993, 246-8도 보라); Borg 1984, 221-7; Crossan 1991a, 238-59. "인자"라는 어구에 관한 문헌은 엄청나게 방대하고 복잡하다. 매우 다른 입장들을 취하면서, 광범위한 참고문헌들을 포함하고 있는 최근의 중요한 연구서들로는 다음과 같은 것들이 있다: Moule 1977, 11-22; Casey 1979; Hooker 1979(cf., earlier, Hooker 1967); Lindars 1983; Kim 1983; Vermes 1983, ch. 7; Horbury 1985; Caragounis 1986; Hampel 1990; Hare 1990; Borsch 1992;

벗어나서 광명으로 나가게 인도해 줄 세 가지 원칙을 제시하고자 한다.

먼저, 우리는 일반적인 묵시론적 언어, 특히 다니엘서에 나오는 묵시론적인 언어의 성격을 파악하지 않으면 안 된다. 나는 이것을 『신약성서와 하나님의 백성』 제10장에 자세하게 설명한 바 있고, 본서의 제8장에서도 그것을 다시 서술하였다. "묵시 사상"은 (우리가) "현세적" 실체들(이라고 생각하는 것)을 묘사하고 그것들에 (우리가) "신학적인" 또는 "영적인" 의미(라고 생각하는 것)를 부여하기 위하여 "우주론적" 또는 "내세적" 언어를 사용하고 있는 것이라고 나는 주장하였다. (앞의 진술에서 ( )안에 있는 말들을 거부하는 자들은 주후 1세기의 유대인들의 신학이라는 허리케인을 오늘날의 서구적인 범주들과 그 잘못된 대조법들이라는 병 속에 집어넣고자 하는 잘못을 범하고 있다는 것을 보여주는 것이다.) 마가복음 13:24 이하에 인용된 이사야 13:10과 34:4은 해가 어두워지고 별들이 하늘에서 떨어진다는 등등의 말을 한다. 이러한 구절들은 그것들의 맥락 속에서 시공간으로 이루어진 세계의 붕괴를 말하는 것이 아니라, 대제국들의 멸망 같은, 시공간의 세계 내에서의 깜짝 놀랄 만하고, "우주적으로" 중요한 사건들을 말하는 것이다.[133] "묵시론적인" 성격이 농후한 저작의 극적이고 괴이한(우리에게 그렇게 보이는) 언어는, 종종 시대착오적으로 주장되고 있듯이, 망상적이거나 이원론적 세계관을 보여주는 증거가 아니라, 이스라엘의 성서적, 특히 예언적 유산을 창조적으로 재사용하고 있다는 것을 보여주는 증거이다. 우리는 주후 1세기의 유대인들이 다니엘서 7장과 같은 구절을 읽으면서 신화적 괴물들에 의해서가 아니라 실제의 로마인들에 의해서 억압을 당하고 있다고 생각했을 것이라는 것을 결코 잊어서는 안 된다. 그러한 "묵시 사상"의 내용은 예수의 예언자적 맥락과 아주 잘 부합한다. 그러한 언어는 예수가 선포해야 했던 끔찍한 메시지를 위한 적절한 도구로서의 역할을 하였다.

우리는 자신의 것과 다른 은유체계들의 생생함 때문에 스스로 속아서, 그들

Nickelsburg 1992; Collins 1995, ch. 8. 이러한 일련의 논의와의 논쟁은 지면이 허락하지 않는다.

133) Collins 1995, 105는 쿰란 본문들에 나오는 "날들의 끝"이라는 어구는 실제적인 세상의 종말을 가리키는 것이 아니라는 것을 강력하게 논증한다.

의 실제적인 글들과, 또한 마찬가지로 중요한 그들의 사회적·정치적,·문화적·종교적 행위들이 모두 부정하고 있는 그러한 신념을 주후 1세기 유대인들에게 돌리는 우(愚)를 범해 왔다. 그들의 기대들은 민족적이고 영토적이고 성전 중심적이었다. 물론, 현재의 성전을 보존하고 깨끗케 하기를 원했던 자들과 현재의 성전을 허물고 에스겔서 또는 성전 두루마리의 패턴을 따라서 그것을 재건해야 한다고 생각했던 자들 간에 치열한 논쟁이 벌어졌다는 것은 사실이다: 그러나 우리가 알고 있는 그 어떠한 유대인들도 그들의 하나님이 곧 땅과 성전을 포함한 시공간의 세계를 돌연하게 종말에 이르게 할 것이라고 생각했던 사람은 하나도 없었다. 그러므로 묵시문학에 대한 역사적 이해는 인도할 첫 번째 실이다.

둘째, 우리는 다니엘서 7장에 나오는 "인자"라는 인물이 주후 1세기의 다양한 유대인 집단들에 의해서 어떻게 인식되었는지를 이해하는 데에 우리의 최선을 다해야 하고, 또한 우리는 예수의 이른바 "묵시론적" 강화를 후대의 그리스도인 및 그 밖의 다른 독자들의 사변들 속에 위치시키지 말고, 앞에서 말한 것의 빛 하에서 읽어야 한다. 이것은 세 가지 단계로 시도될 수 있다.

1. 다니엘서에 나오는 "인자 같은 이"라는 인물은 원래의 배경 속에서는 반드시 "메시야적" 인물은 아니었지만, 대략 예수 시대에 적어도 일부 유대인들에 의해서 그런 식으로 읽혀졌다는 것을 보여주는 상당한 정도의 증거들이 존재한다.[134] 여기서 중요한 것은 이 구절이 원래 지니고 있던 주전 2세기 또는 주후 1세기에서의 이 아람어 어구의 단독적인 정확한 용례가 아니라, 다니엘서(특히 7장)의 전체적인 이야기의 흐름, 그리고 예수와 거의 동시대에 살았던 사람들이 이 이야기를 어떤 식으로 인용하고 반영하며 자기 식으로 해석하였는지를 보는 것이다.[135] 이렇게 다니엘서 2장, 7장, 9장은 모두 한데 합쳐져

---

134) Collins(1993a, 304-10; 1995, ch. 8)는 다니엘서 자체에서는 이 인물은 "어떤 집단의 상징이라기보다는 천상의 한 존재, 아마도 천사장 미가엘을 가리키는 것으로 이해되어야 한다"고 주장한다. 다니엘서 6장과 7장의 병행 관계(cf. *NTPG* 294f.)는 이 것과 관련된 문제가 그리 단순하지 않다는 것을 보여주긴 하지만, 나는 여기서 이러한 주장을 반박하는데 관심이 없다.

135) 이하의 서술은 *NTPG* 291-7, 312-20을 토대로 한 것이다.

서, "그 어떤 다른 것들보다도 유대인들에게 혁명을 부추겼던" 메시야적 예언을 제공해 주었다.[136] 에스라4서 11-12장도 다니엘서 7장의 이야기 전체를 가져다가, 그것을 유다의 사자가 로마의 독수리를 이긴다는 내용의 명확히 메시야적 예언 속에서 사용하였다. 바룩2서 35-40장도 마찬가지로 포도나무가 로마의 백향목에 맞선다는 내용을 서술하고 있다. 보통 기독교 이후의 것이기 때문에 별 상관이 없다고 생각되어 왔던 이른바 "에녹의 비유서"(에녹1서 37-71장)는 점점 더 비기독교적인 것으로 여겨지고 있다; 그것들은 다니엘서 7장의 이야기와 묘사를 서로 다르지만 연관되게 메시야적으로 발전시킨 것들이다.[137] 『비극적인 인물 에스겔』(*Ezkiel the Tragedian*)에 나오는 극적인 시의 68-89행은 이와 동일한 현상의 추가적인 예를 보여준다. 이러한 본문들은 서로서로 의존해 있는 것으로 보이지 않는다; 그것들은 당시 폭넓게 퍼져 있던 소망이 무엇이었는지를 보여주는 다양하고 훌륭한 증거들을 제공해 준다. 그 배경은 여전히 이스라엘의 민족적 소망이다; 야훼는 이교도들과 싸워서 물리치고, 괴물들 가운데 있는 사람인 이스라엘을 구출해내어 신원하실 것이다 — 마치 사자 굴에서 홀로 있던 충성스러운 유대인을 구원하신 것과 같이. 그러나 이러한 묘사의 중심에서 우리는 기름 부음 받은 왕을 발견한다.[138]

2. 우리가 이러한 그림을 전제한다면(여러 표준적인 문자주의적 해석들과 반대되는), 마가복음 13장의 사고의 흐름은 의미를 지니게 될 뿐만 아니라, 우리가 지금까지 이 장에서 살펴보아 왔던 메시야와 관련된 증거들과 밀접하게 부합하게 된다. 마가복음 13장에서 예수는 이미 다니엘서 9장을 간접 인용하였다; 우리는 그 직후에 다니엘서 7장으로부터의 인용문을 발견하게 될 때, 이러한 메시야에 관한 합성된 묘사가 염두에 두어지고 있다고 전제하는 것은 온전히 정당하다. 또한 그것은 모호한 "메시야적" 개념들을 일반적으로 상기

---

136) Jos. *War* 6:312-15; *NTPG* 312-14를 보라.

137) *1 En.* 48에 나오는 "인자"와 "메시야"에 대해서는 Charlesworth 1992b, 31과 거기에 나오는 이차 문헌들을 참조하라.

138) 이와 비슷한 견해로는 cf. Nickelsburg 1992, 141. 그러나 Nickelsburg는 높이 들림받은 분의 사법적인 기능은 다니엘서 7장에는 낯선 개념이라고 주장하고 있는데, 이것은 분명히 잘못된 견해이다. 왜냐하면, 다니엘서 7장에 나오는 장면 전체는 법정적인 것이고, 거기에서 "인자같은 이"는 말하자면 재판장이라는 집행관으로 임명된다.

시키는 것이 아니다. 그 묘사는 매우 날카롭다: 이 메시야적 인물은 이방인들의 분노의 예봉을 그대로 짊어질 것이고, 그런 후에 신원을 받게 될 것이다. 우리가 이것을 다니엘서 9:24-27과 함께 놓는다면, 그렇게 해서 완성되는 그림은 포로생활의 진정한 종언, 죄에 대한 최종적인 속죄, 지성소의 기름 부음,[139] 기름 부음 받은 왕의 도래, 기름 부음 받은 자의 "끊어짐," "희생제사의 중단," "멸망의 가증한 것"의 세워짐을 포함하게 된다. 그것은 마치 다니엘서 7장과 9장의 결합이 예수의 성전 강화의 주된 주제의 일부를 제공해 주는 것 같다. 그런데 예수의 성전 강화가 지닌 분명한 함의는 성전 파괴와 메시야로서의 예수 자신의 신원이 어떤 식으로든 결합되어 있다는 것이다.

그러므로 이 강화 전체는 다음과 같이 작용한다. 예수는 성전 파괴와 관련된 질문을 받았다. 그의 대답은 장래의 시나리오를 전체적으로 보여주었다: 큰 환난, 거짓 메시야들의 등장, 관원들 앞에 끌려감. 그들은 예루살렘이 멸망당할 것이라는 것과 그들은 거기에 맞서 대항하여 싸우지 말고 할 수 있는 한 도망하여야 한다는 것, 이 두 가지를 알 필요가 있었다. 그런 후에, (a) 너무도 역설적으로 야훼에 대한 반역을 상징하게 되었던 예루살렘 도성에 대한 최후의 심판, (b) 예언서들 속에서 약속된 큰 구원, (c) 예루살렘의 멸망을 예언하였고, 동시에 예루살렘과 성전이 이전에 대표하였던 모든 것을 자기 자신 안에 구현하고 있다고 주장하였던 바로 그 예언자의 신원이 동시에 이루어지게 될 대격변의 사건이 일어나게 될 것이다.

그러한 사건을 표현할 수 있는 유일하게 적절한 언어 — 이와 관련하여 생겨나는 온갖 주제들을 하나로 묶을 수 있는 유일한 언어 — 는 묵시 사상이 지닌 고도의 은유와 신화였다.[140] 짐승들은 인자, 야훼의 참된 이스라엘과 전쟁을 벌이게 될 것이다; 거대한 바벨론은 발악을 할 것이다; 그런 후에, 독재자가 전복되고 참된 이스라엘이 구속되어서 공개적으로 신원받고 참된 백성으로 나타나게 될 순간이 오게 될 것이다. 달리 말하면, 예수와 그의 백성은 옳았다는 것이 입증될 것이다. 그들의 주장은 참되다는 것이 증명될 것이다. 그

---

139) 단 9:24: 일부 번역본들은 이것을 거룩한 자, 즉 메시야로 해석해 왔지만, 근거는 없다(Goldingay 1989, 260).

140) cf. Caird 1980, 271(이 책의 마지막 문장).

리고 그와 그들에게 반대했던 도성은 예수가 그토록 엄중하게 경고했던 길, 로마에게 대항하는 길, 긍휼과 은혜의 하나님에게 반역하는 길을 선택한 필연적인 열매를 거두게 될 것이다. 이렇게 해서 인자의 신원을 통해서 예수의 백성도 신원을 받게 될 것이다: 예수의 천사들, 그의 사자들은, 한 분 창조주 하나님의 백성에게 걸맞도록, 온 세상으로부터 "그의 택함받은 자들"을 모을 것이다. 이것은 다니엘서 7장의 예언의 틀에 완전하게 속한다: "인자"가 신원받을 때, 모든 민족들, 모든 언어들은 그를 섬기게 될 것이다.

3. 그러므로 우리가 제8장에서 보았듯이, 예수나 마가에게서는, 시공간으로 이루어진 우주가 곧 종말을 맞게 될 것이라거나 초월적인 존재가 곧 구름을 타고 땅으로 내려올 것이라는 암시를 전혀 발견할 수 없다. 예수는 자기 자신을 이스라엘의 참된 백성과 동일시하였고, 성전을 자기에게 대항하였고 예레미야와 마찬가지로 예수도 그 멸망을 반복해서 예언하였던 이스라엘의 주류와 동일시하였다. 마가복음 13:24-27은 그 장의 첫머리에서 예언된 것(2, 4절)과 다른 사건을 가리키는 것이 아니다. "해가 어두워지고 달이 그 빛을 잃으리라": 그 어떤 유대인 예언자도 "경천동지할" 의미를 지닌 일련의 사건들을 이런 식으로 말할 수밖에 없었을 것이다. "인자가 큰 권능과 영광으로 구름을 타고 오시는 것을 저희가 보리라 그 때에 그는 천사들을 보내어 그의 택하신 자들을 사방에서 모으리라": 다니엘 이후의 그 어떤 유대인 예언자도 야훼의 참된 백성에 대한 신원, 특히 참된 메시야의 신원, 그와 그들에게 대항하였던 세력의 멸망을 지칭하기 위하여 이런 식으로 말하였을 것이다. 따라서 나는 예수가 바로 이러한 의도를 가지고 말할 수 있었고 또한 실제로 말하였다고 생각한다.

이 모든 것은 다니엘서 7장에 대한 언급을 그러한 간접인용은 예수를 단지 "초월적" 인물로 지칭할 뿐이라는 근거 위에서 예수의 말씀들 속에서 배제하는 것은 얼마나 현명치 못한 것인지를 보여준다. 아이러니는 (a) 다니엘서 7장이 마치 주후 1세기 독자들이 그것을 이런 식으로 이해했다는 듯이 해석하면서도, (b) 이러한 의미가 성육신한 하나님의 아들을 위한 초월적 영광의 후광을 발견하고자 애쓴 경건한 학자들에 의해서 예수에게 돌려져 왔는데도, 예수는 자신에 대하여 그런 식으로 말했을 리 없다는 확신 속에서 덜 경건한 학자들은 예수로부터 그러한 의미를 빼앗아가 버린다는 것이다. 이와 관련된 논

이 될 수 있다. 마가는 이것을 아이러니(irony)로 의도하였고, 예수도 그렇게 이해했을 가능성이 대단히 높다: 대제사장은 자기도 모르는 사이에 예수가 메시야라고 선포하였던 것이다.[159] 예수의 수수께끼 같은 말씀들은 마침내 야훼의 공식적인 대표자에 의해서 대답되었다. 셋째, 메시야와 대제사장과의 암묵적 관계는 불분명하지만, 예수의 주장은 위협적이었던 것으로 보인다. 대제사장도 "기름 부음을 받았다"; 대제사장도 성전에 대한 권세를 지니고 있었다; 하스모네 가문의 대제사장들 중 몇몇은 또한 왕이기도 했다. 그러므로 가야바의 질문은 예수로부터 직접적인 대결을 이끌어 내고자 하는 것으로 들려졌음에 틀림없다.

이 장면에서 세 번째 요소는 예수의 대답이다. 지금까지의 논증을 감안하면, 우리는 이것도 완벽하게 이해할 수 있다. 세 개의 공관복음서 배후에는 공통의 패턴이 자리 잡고 있다. 예수는 가야바의 말이 모든 것을 말해주는 것으로 사용함으로써 긍정의 대답을 한다.[160] 예수의 행위들 및 수수께끼 같은 말씀들 이후에는, 공관복음서의 기사들 중 그 어느 것을 예수의 메시야직을 드러내기를 꺼려했다거나 부정했다는 것을 함축하는 의미로 해석하는 것은 말이 되지 않는다. 마침내, 예수는 지금까지 행위 및 말에 의한 수수께끼들을 통해서 말해왔던 것을 공개적으로 인정하지 않으면 안 된다. 그러나 예수는 자기가 신원을 받게 될 것이라는 것도 예언한다. 어떤 차원에서는 이것은 다음과 같은 긍정을 밑받침해 준다: "그렇다, 너희는 내가 옳다는 것을 보게 될 것이다." 또 어느 차원에서는 이것은 예수가 자신을 성전 행위와 메시야적 주장을 해석하면서 사용하였던 두 개의 중요한 메시야와 관련된 대목들을 상기시킨다: 다니엘서 7장과 시편 110편.

우리가 몇 쪽 전에서 이미 살펴보았듯이, 다니엘서 본문은 하늘에서 땅으로 "임하는" 존재와는 아무런 상관이 없다. 복음서들에서 그것이 의미하고 있는

---

159) cf. 동일한 어순으로 되어 있는 막 8:29.

160) 마 26:64: "네가 말하였느니라"; 눅 22:70: "너희들이 내가 그라고 말하고 있느니라." 이것들은 마가복음의 "내가 그니라"보다 더 역사적일 가능성이 크다는 생각이 든다; 또한 cf. Dunn 1992b, 375f.(나는 이것에 대한 Dunn의 해석에 동의하지 않지만).

161) 예를 들면, cf. Moule 1977, 18. 그는 "위로의 오심"과 "아래로의 오심"을 결합

것이 바로 그것이라는 폭넓은 견해에도 불구하고,[161] 예수의 입에서나 가장 초기의 전승들의 이해 속에서, 그것이 신원 이외의 다른 것을 의미했다고 생각할 근거가 전혀 없다. 그것은 고양에 관해서 말한다: "지극히 높으신 이의 성도"를 대표하는 자가 짐승들의 손에 의한 고난으로부터 높임을 받아서 보좌에 앉아 왕의 권세를 행사하는 것에 관하여 말하고 있다.[162] 사람들이 종종 생각하듯이, 예수가 이 대목을 언급한 것은 그가 메시야적 지위를 지니고 있다는 것을 인정한 것과는 아무런 상관이 없고, 그가 좀 더 겸손한 고난받는 "인자"의 역할을 선호하였다는 것과 관련이 있다.[163] 다니엘서 7:14, 18, 27에는 "인자"의 신원에 관하여 특히 비하하거나 과소평가하는 내용이 전혀 없다. 이 본문은 다니엘서 2장 및 9장과 결합하여 그의 사역, 성전의 운명, 하나님 나라의 도래에 관한 예수의 전체적인 이해 속에 아주 확고하게 자리잡고 있다. 예수는 야훼의 백성의 참된 대표자이고, 그런 지위로서 신원을 받게 될 것이다. 마찬가지로, 이 시편도 악에 대항한 성공적인 전쟁의 일부로서 메시야가 야훼의 우편의 보좌에 앉게 될 것이라고 말한다. 앞에서 살펴보았듯이, 이 두 본문은 이미 예수에 의해서 그의 암호 같은 메시야적인 면모의 일부, 유대인의 왕이 된다는 것이 실제로 무엇을 의미하는가에 관한 그 자신의 재정의로 사용된 바 있었다. 이 두 본문은 이 본문들에 대한 이전의 공명들과 아울러서, 메시야직에 관한 질문만이 아니라 성전에 관한 질문에 대해서도 대답을 준다: 예수의 신원의 한 측면은 성전 파괴, 그리고 암묵적으로 성전을 장악하고 있는 현재의 지배 체제의 멸망이 될 것이다. 그리고 이 두 본문은 한데 합쳐져서 이 모든 일이 일어날 때에 그 전체적인 사건은 이스라엘에 대한 하나님 나라의 회복, 짐승의 권세로부터 야훼의 백성의 해방, 포로생활로부터의 진정한 귀환이 될 것이라는 의미를 함축하고 있다.

그러므로 예수의 반응은 반어법적 권세로 가득 차 있다. 이제 마침내, 그것

시켜야 한다고 주장한다. 이러한 주장은 독창적이지만, 내 판단이 옳다면, 불필요한 것이다. 또한 Witherington 1995, 230f.를 참조하라.

162) 단 7:14, 18, 27(왕적 능력으로 높아짐); 7:9(보좌들, 이 중 하나는 옛적부터 계신 이가 차지한다).

163) 예를 들면, Caird 1963, 94f.; Catchpole 1971, 226; Bowker 1977, e.g. 44; 1978, 139-69.

이 더 이상 오해될 수 없는 때에, 예수는 다니엘서 7장의 이야기를 그 자신이 개정한 판본으로 다시 말할 수 있었다. 예수는 자기가 하나님의 참된 백성의 대표자라고 주장하고 있는 것이다. 이방의 독재자들 앞에서 재판을 받은 순교자들과 마찬가지로, 예수는 비록 생명을 그 대가로 바친다고 할지라도 조상의 신앙과 소망을 버리기를 거부하고 있다. 이교도들과 다름 없었던 유대인 재판관들 앞에서 재판을 받았던 수산나와 마찬가지로, 예수는 그가 보기에 야훼에 대한 충성이 아니라 냉소적인 야합을 대표하는 법정 앞에 서 있다.[164] 그러므로 예수는 이스라엘의 하나님이 그가 옳다는 것을 신원하실 것이라고 선언한다; 그리고 그 신원은 하나님에 대한 이스라엘의 반역, 자신의 소명을 희생해서 배타적 민족주의를 주장하기로 결심한 이스라엘을 상징하고 구현하게 되어 버렸던 성전의 멸망을 포함하게 될 것이라고 분명하게 선언한다.

그러므로 예수는 가야바가 시공간으로 이루어진 질서의 종말을 목격하게 될 것이라고 주장하고 있는 것이 아니다. 또한 예수는 어느 날 가야바가 창문 밖으로 내다보았을 때에 어떤 사람이 구름을 타고 이 땅으로 내려오는 것을 목도하게 될 것이라고 말하고 있는 것도 아니다. 예수나 마가, 또는 그 사이에 살았던 그 누구도 이 말이 그런 것을 의미한다고 생각했을 것이라고 상상하는 것은 어처구니 없는 일이다. 가야바는 예수의 십자가 처형 이후에 일어나게 될 괴이한 사건들을 목격하게 될 것이다: 예수가 죽은 자로부터 부활하였다고 주장하는 한 무리의 제자들의 출현, 예로부터 유서 깊은 시금석에 따라 판단하게 될 때에 예수가 참 예언자로서 신원받게 될, 로마와의 최종적인 충돌을 향하여 급속히 전개될 사건들.[165] 이 모든 것들을 통해서, 가야바는 예수가 이제까지 암묵적으로, 그리고 마침내 지금은 명시적으로 제시한 자신의 주장에 있어서 결코 틀리지 않았다는 것을 보여줄 사건들을 목격하게 될 것이다: 예

---

164) Sus. 56; cf. *NTPG* 220f. 다시 한 번 이것은 예수의 태도는 "반유대적인" 것이 아니라, 아무리 논란이 심하다고 할지라도 진정한 유대적 정통성이라는 높은 근거를 주장하고 있었다는 것을 보여준다.

165) 여기에서 다시 한 번, 마가복음은 예수를 지키던 자들이 예수를 조롱하며 예언해 보라고 요구했던 것과 아이러니컬하게 상반되는 장면으로(65절) 베드로가 그를 부인하게 될 것이라고 했던 예수의 예언이 14:54, 66-72에서 성취되었다고 말함으로써 이 점을 제시하고 있다.

수는 메시야, 기름 부음받은 자, 이스라엘의 백성의 참된 대표자, 계약의 하나
님이 그의 나라를 세우시기 위하여 활동하실 때에 사용할 인물이다.

이러한 폭발력을 지닌 진술로부터 울려 나오는 그 밖의 다른 함의들 중에
는 가야바가 분명히 놓치지 않았던 한 가지 함의가 존재한다. 예수가 야훼의
백성의 참된 대표자로 신원받게 되고, 가야바가 현재 그를 심판하는 자리에
앉아 있는 것이라면, 가야바와 그가 대표하는 체제는 그 진상이 백일하에 드
러나게 될 것이다. 가야바의 뜰은 참된 이스라엘을 압제하는 악의 세력의 일
부가 되어 있었고, 이제 야훼가 그의 백성을 신원하실 때에 그곳은 전복되고
말 것이다. 대제사장 가야바는 새로운 안티오쿠스 에피파네스, 야훼의 백성을
압제하는 대폭군이 되어 있었다. 산헤드린은 예수라는 인자에 대하여 네 번째
짐승의 역할을 하고 있었다. 이렇게 이미 신학적이고 정치적 관점에서 강력한
의미를 지니고 있는 이 장면은 추가적인 수사적 차원을 지닌다. 재판정은 역
전될 것이다: 죄수가 재판장이 되고, 재판장은 정죄받은 죄인이 될 것이다.

이 장면에서 네 번째이자 마지막 요소 — 신성모독이라는 고소 — 는 역사
적으로 이해하기가 가장 어렵다. 실제로 누가는 이 기사를 다듬으면서 이것을
빼버렸다: 누가의 재판 장면은 예수가 메시야적 주장을 시인하는 것으로 끝이
난다 — 이것은 바로 법정이 예수를 빌라도에게로 끌고 가서 궁극적으로 예수
의 처형을 가져올 죄목을 제시하는 데에 꼭 필요한 것이었다. 그러나 마태와
마가는 예수가 장차 자기가 신원될 것이라는 것에 관하여 말하자 가야바가
"신성모독!"이라고 소리쳤다고 분명하게 말한다. 왜 그랬을까?[166]

이에 대하여 가능한 세 가지 대답들은 즉시 배제될 수 있다. 여기서 다시
한 번 "메시야"와 "하나님의 아들"은 이 시기의 유대인들의 언어 속에서 "삼
위일체의 제2위"를 의미하지 않았다. 따라서 이러한 죄목에 대한 비평학 이전
의 대부분의 읽기들은 배제된다 — 스스로 메시야를 칭하는 것은 율법에 의해
서 금지되어 있었고, 따라서 예수가 그렇게 했기 때문에, 그는 마침내 이 계명
을 어기는 함정에 걸려들게 되었다는 견해 같은(공관복음 전승 속에서 예수는
결코 공개적으로 이 시점까지는 자기가 메시야라고 선언하지 않고 있다는 것
은 분명하지만).[167] 또한 예수가 "내가 그니라"(예수의 반응에 관한 마가의 판

---

166) cf. Brown 1994, 520-47; 자세한 것은 아래의 제13장을 보라.

본)고 말했을 때에 이것은 야훼의 이름을 발음한 것으로 간주되었다는 견해도 배제된다.

그 대신에, 우리는 신성모독이라는 죄목을 대제사장이 거론하게 된 이유를 네 가지로 생각해 볼 수 있다. 물론, 첫째는 예수가 성전 및 기름 부음받은 대제사장에게 대항하였다는 것이다. 예수는 성전과 그 기름 부음받은 수호자를 심판하는 자리에 앉아 있었다. 예수는 그들의 파국을 선포하였다. 예수는 신원을 받게 될 것이고, 이스라엘의 하나님의 거소는 황폐케 될 것이다. 결과적으로, 예수는 사실상 성전을 자기 자신으로 대체하고 있었다. 이것이 신성모독이 아니고 무엇이란 말인가?[168]

둘째, 예수는 높이 들림을 받아서 야훼의 우편에 앉게 될 것이다. 다시 한 번, 우리는 이것이 예수를 "초월적" 존재(그것이 무엇을 의미하든지 간에)로 만든다고 생각하지 말아야 한다. 또 다른 시편에서 왕에 관하여 이런 식으로 말하고 있는데, 거기에서의 의미는 단순히 왕이 야훼의 "오른팔," 즉 이스라엘과 세상의 일들을 돌보는 야훼의 최고의 청지기가 될 것이라는 의미인 것으로 보인다.[169] 다니엘서 7:9의 "보좌들"은 "하나는 하나님을 위한 것이고, 하나는 메시야를 위한 것이다"라고 아키바가 말했다 — 그리고 우리는 아키바가 바르 코크바를 메시야, 즉 로마인들을 무찌를 전사로서의 왕이라고 생각하였다는 것을 상기하여야 한다.[170] 따라서 야훼 옆에 있는 보좌에 앉는다는 것은 그 자체가 무엇보다도 왕적인 지위를 말해 주는 것이다: 야훼가 다윗을 통하여 이스

---

167) cf. O'Neill 1995.

168) Brown 1994, 538-41은 성전에 대한 반대가 사형 선고를 받게 된 원인이 되었을 수 있다고 말하면서도 그것이 신성모독으로 간주될 수 있는지에 대해서는 이의를 제기한다. 그러나 그는 예수가 그 및 그의 운동이 어느 정도나 성전의 대안이라는 의미를 내비쳤는지에 대해서는 고려하지 않는다.

169) 시편 80:17-19은 그 자체가 포로생활과 성전 파괴 이후의 회복을 위한 기도문이다: "주의 오른쪽에 있는 자 곧 주를 위하여 힘있게 하신 인자에게 주의 손을 얹으소서 그리하시면 우리가 주에게서 물러가지 아니하오리니 우리를 소생하게 하소서 우리가 주의 이름을 부르리이다 만군의 하나님 여호와여 우리를 돌이켜 주시고 주의 얼굴의 광채를 우리에게 비추소서 우리가 구원을 얻으리이다."

170) 야훼와 메시야를 위한 보좌들: bHag. 14a; bSanh. 38b. Akiba가 Bar-Kochba를 인정한 것: jTaan. 68d; bSanh. 93b; *Midrash Rabba* 4 on Lam. 2:2. Cf. Schürer 1:543f.

라엘과 그 주변의 민족들을 다스렸듯이, 이제 야훼는 메시야를 통해서 세상을 다스리실 것이다. 달리 말하면, 메시야와 창조주 하나님의 관계는 요셉과 파라오, 또는 다니엘과 느브갓네살, 그리고 그 이후에는 다니엘과 다리우스의 관계와 같을 것이라는 말이다.[171] 또한 다른 식으로 말한다면, 메시야는 "땅의 왕들 중에서 최고"가 될 것이다;[172] 그러나 반드시 "초월적" 존재는 아니다.[173] 그러나 이와 동시에 다니엘서 7장에 대한 아키바의 읽기는 어쨌든 예수가 죽은 다음 세기에 심각한 논쟁을 불러일으켰던 쟁점인 "하늘에 있는 두 권세"라는 개념에 대한 하나의 진술이다.[174] 이것은 야훼의 오른팔이 될 장차 오실 위대한 왕에 대한 언급 속에서 이 시기의 일부 유대인들이 그러한 인물은 어떤 의미에서 하나님의 영광을 공유하게 될 것이라고 생각할 수 있었다는 것을 보여준다 — 그리고 물론 다른 일부 유대인들은 그러한 개념에 반대하였을 것이다. 그러므로 예수가 이러한 개념에 대한 언급을 의도하였고, 가야바가 예수의 말을 그러한 관점에서 이해하고는 그것을 신성모독으로 규정하였을 가능성이 없지 않다.[175]

세 번째 사항도 이 점을 강화시켜 주는 데에 기여한다. 예수의 높이 들림은 다니엘서 7:13에서처럼 "구름 위에서" 이루어지게 될 것이다. 물론, 구름은 하나님의 현현을 의미한다. 다니엘서에서 구름은 옛적부터 계신 이의 임재를 보여주는 표지로서의 역할을 한다. 이와 동시에, 구름은 "인자"가 옛적부터 계신 이의 옆에 있는 보좌로 높임을 받을 때, 그것도 하나님의 현현이라는 성격을 지니게 될 것이라는 것을 보여준다.

네 번째이자 마지막으로, 우리는 앞서 예수가 "이스라엘을 어그러진 길로 인도하는" "거짓 예언자"로 간주되었고, 오래 전부터 그의 대적자들의 일부에 의해서 주장되었던 이러한 고소는 가야바 앞에서의 심문 배후에 놓여 있었다

---

171) 창 41:39-43; 단 2:48; 6:3.

172) 시 89:27.

173) 우리는 이 시기에서 "정치적" 메시야직과 "묵시론적" 메시야직을 너무 쉽게 구별해서는 안 된다 — 물론, 그러한 구별을 놓고 논란이 있었다는 전승에도 불구하고; cf. Reinhartz 1989.

174) cf. Segal 1977.

175) cf. Brown 1994, 536-8.

는 것을 논증한 바 있다.[176] 이러한 고소 자체가 "신성모독"이라는 이름으로 표현될 수 있는지는 분명치 않다; 그러나 이미 이스라엘을 다른 신들을 섬기도록 잘못 이끈 위험스러운 이단자로 지목된 어떤 사람이 예언을 통해서 성전이 장차 파괴될 것이고, 자기는 시편 110편과 다니엘 7장을 성취하는 광휘 속에서 신원을 받게 될 것이라고 선포하였다면, 이 모든 요소들의 결합을 "신성모독" 이외의 죄목으로 포괄하기는 어려웠을 것이다.

이 사중적인 결합은 역사적 배경과 꼭 들어맞는 방식으로 "신성모독"이라는 죄목을 설명해 준다고 나는 생각한다.[177] 우리는 제13장에서 이것이 지닌 좀 더 폭넓은 함의들을 살펴볼 것이다. 현재로서 우리의 주된 목적은 현재의 논증을 전개할 목적으로 가야바 앞에서의 예수의 심문의 두 가지 특징을 강조하는 것이다. 첫째, 재판 장면 전체는 너무도 뚜렷하게 메시야적이다. 예수는 스스로 궁극적으로 유죄를 청원한 왕적 주장을 함축하고 있는 행위들 및 말씀들로 인해서 재판을 받고 있다. 둘째, 장차 신원을 받게 될 것이라는 예수의 주장은 그 자체가 메시야적이다. 예수의 진술 속에 그 밖의 다른 의미들이 있는 것과는 상관 없이, 왕적 주장은 여기서 다시 한 번 그가 신원받고 왕의 보좌로 높이 들릴 때에 이것이 악의 전복, 진정한 포로생활로부터의 귀환이 될 것이라는 추가적인 함의를 지니고 있다는 견지에서 행해지고 있다. 이런 식으로 재판 장면은 예수의 예언자적인 하나님 나라 선포의 핵심 요소들을 결합하고 있고, 이 모든 것들의 초점을 예수에게 두고 있다. 예수는 야훼의 참된 백성의 대표자이다.

그러므로 가야바 앞에서의 심문 장면 전체는 예수의 성전 행위와 그에 뒤따른 수수께끼 같은 말씀들 및 강화를 검토해서 이미 얻은 메시야적 그림을 확증해주고 절정에 올려놓는다. 이제 예수가 메시야를 참칭한 자라는 죄목으로 로마인들에 의해서 처형당했을 뿐만 아니라, 이러한 고소는 예수로부터 그들이 이미 그의 행위들로부터 추론해 내었던 것에 대한 고백을 이끌어낸 유대

---

176) cf. 위의 671-677; Brown 1994, 541-4.

177) Brown 1994, 544-7은 "신성모독"이라고 생각될 수도 있는 예수의 공생애 사역의 여러 측면들을 열거한다; 물론, 그것들에 관하여 흥미로운 것은 그것들이 재판 과정에서는 언급되지 않는다는 것이다.

지도자들에 의해서 로마 당국자들에게 건네졌다는 것도 분명해졌다: 예수는 실제로 스스로를 메시야라고 생각하였다. 가야바에 대한 예수의 대답으로부터 로마인들의 손에 의한 예수의 죽음에 이르기까지는 "메시야"라는 단어를 표제로 한 분명하고도 자연스러운 하나의 선이 존재한다. 여기에서 우리는 확고한 역사적 토대 위에 있다.

이 모든 것은 다음과 같은 질문을 불러일으킨다: 예수가 메시야적으로 행동하고 말했던 것은 오직 그가 마지막으로 예루살렘에 왔던 때뿐이었는가? 이것은 마지막 주간에서의 새로운 사상과 신념이었는가, 아니면 그의 삶 전체가 그러했던 것인가?

4. 예수의 예언자적 사역의 비밀로서의 메시야직

(i) 가이사랴 빌립보

세 개의 공관복음서는 모두 아직 갈릴리에서 활동 중일 때에 예수의 최측근 제자들은 예수를 메시야로 여기게 되었다는 것을 보도한다. 이것은 특히 예루살렘으로의 여행을 의미 있게 해 준다: 일단 예수가 즉위를 기다리는 왕으로 여겨졌었다면, 그 자연스러운 결론은 다윗 시대 이래로 이스라엘의 왕들과 뗄래야 뗄 수 없을 정도로 결부되어 있었던 도성으로 가는 것이었다.[178] 그러나 몇 가지 문제들이 여전히 남아 있다. 예수의 제자들은 그 단계에서 예수에 관하여 정확히 무엇이라고 말하였고, 그들은 그 말을 통해서 무엇을 의미하였는가? 무엇이 그들로 하여금 예수를 그런 식으로 보게 만들었는가? 그리고 가장 중요한 것으로, 예수는 이 문제에 대하여 이 단계에서 어떻게 생각하였는가?

중심이 되고 있는 장면은 짧고 간단하다.[179] 예수는 제자들에게 그와 그의 사역에 관한 일반 백성들의 견해를 묻는다; 제자들은 예수에게 사람들이 그를 예언자로 생각한다고 말한다. 그러나 제자들은 예수가 누구라고 생각하는가?

---

178) 예루살렘에서의 행진을 목표로 했던 그 밖의 다른 운동들에 대해서는 *NTPG* 171-7과 거기에 나오는 참고문헌들을 보라.

179) 마 16:13-20/막 8:27-30/눅 9:18-21.

메시야.[180] 예수는 제자들에게 그런 말을 다른 사람들에게는 절대 말하지 말라고 명령한다.

분명히, 제자들은 메시야직에 관한 모종의 생각을 지니고 있었고, 예수가 거기에 부합한다는 것을 예민하게 느끼고 있었다. 비밀에 부치라는 명령은 마가의 교묘한 기교, 즉 예수가 살아 있는 동안에는 아무도 그를 메시야로 생각하지 않았음에도 불구하고 왜 초대 교회가 그를 메시야로 보게 되었는지에 대한 교묘한 설명으로 해석해서는 안 된다.[181] 또한 그것은 예수가 메시야라는 지위를 스스로에 대하여 부정한 것으로 보아서도 안 된다.[182] 또한, 다시 한 번 말해두지만, 이 이야기 다음에 나오는 "인자"의 고난에 관한 말은 좀 더 겸손한 칭호이자 역할을 선호하여 "메시야"를 거부한 것으로 받아들여져서도 안 된다. 오히려, 비밀 유지 명령은 우리가 이미 살펴본 것에 대한 하나의 지표이다: 예수가 잠재적인 메시야로 생각된 이상, 이 운동은 신속하게 잘못된 부류의 사람들의 주목을 끌게 될 것이다. 헤롯은 이미 예수에 관하여 듣고서, 그가 예언자라고 생각하고 있었다. 헤롯이 그보다 더 많은 것을 알고 있었다면, 그는 단순히 "그를 보고자 하는" 것으로 만족하지 않았을 것이다.[183] 우리는 이

---

180) 이 점에서의 공관복음서들의 편차들(마: "메시야, 살아 계신 하나님의 아들"; 눅: "하나님의 메시야")은 마가복음이 가장 짧은 형태로 보도한 기본적인 요지를 수정하지 않고 있다.

181) Wrede에 의해서 한 세기 전에 시작된 이러한 사상 노선은 그 유효기간이 오래 전에 지났다: cf. *NTPG* 391과 거기에 나오는 참고문헌들.

182) 예를 들면, Meyer 1992b, 787. 그러나 Charlesworth 1992b, 12는 이에 반대하여 "사탄아 내 뒤로 물러나라"는 말은 "주는 그리스도(메시야)시요"라는 베드로의 말에 대한 예수의 응답이었다고 주장한다(cf. Fuller 1965, 109). 야훼 이외에는 그 누구도 어떤 사람을 메시야라고 선언할 수 없다는, O'Neill 1995, ch. 3에 의해서 제시된 이론은 이미 "입증된" 것이라는 전제를 토대로 한, 순전히 사변적인 것이다. 또한 *Ps. Sol.* 17과 4 Ezra 13:52이 사람들이 어떤 사람이 메시야라고 선포할 권리가 있다는 것을 부정하고 있다는 것은 사실이 아니다; 오직 야훼만이 그것을 계시할 수 있다는 것은 분명하지만(마 11:27/눅 10:22; 마 16:17이 인정하듯이), 계시를 받은 사람들은 자동적으로 그 받은 계시를 말하는 것이 금지되는 것은 아니다. 마태복음 16:17-19에 나오는 베드로에 대한 예수의 대답은 통상적으로 이차적인 것으로 여겨진다; 그러나 이것을 분명히 메시야적인 것으로 읽고 있는 Meyer 1979, 185-97을 참조하라.

미 예수가 헤롯이 위협적이라고 생각할 그런 주장을 하고 있다는 인식을 함축하고 있는 방식으로 헤롯에 관하여, 그리고 헤롯과 관련하여 세례 요한 및 자기 자신에 관하여 말하였다는 것을 살펴본 바 있다.[184] 앞에서 본 것처럼, 예수는 "메시야직"에 대한 몇몇 재정의들을 염두에 두고 있었다; 그러나 예수는 그 호칭 자체를 그대로 받아들였다. 만약 예수가 그 호칭을 받아들이지 않은 것이라면, 성전에서의 예수의 행위 및 그것을 둘러싼 수수께기 같은 말씀들은 여전히 설명할 수 없게 되어 버리고 만다.

그렇다면, 예루살렘으로의 최후의 여행 이전의 예수의 사역에 관한 공관복음서의 기사들 속에는 예수가 성전에서 행하였던 것과 마찬가지로 중요한 메시야적 실천을 수행했다는 것을 보여주는 징표들이 존재하는가? 예수의 성전 행위에 이은 암호 같은 말씀들과 동일한 방향을 보여주는 그 어떤 수수께끼 같은 말씀들이 존재하는가?[185] 우리는 이미 위의 제2부에서 서술한 예수의 하나님 나라 선포의 개요를 파악하고 있기 때문에, 이 두 질문에 대한 대답은 "그렇다"라는 것이다.

(ii) 초기 사역에 있어서의 메시야적 실천

하나님 나라를 선포하는 것과 관련된 예수의 행위 자체는 메시야적인 것으로 의도되었고 또한 그런 것으로 인식되었을 가능성이 대단히 높다. 위의 제6장에서 논증되었던 것, 즉 예수의 하나님 나라 선포는 명시적으로 이사야서적이고 포로생활로부터의 귀환과 관련된 의미를 지니고 있었다는 것을 전제하면, 우리는 이사야서에 나오는 하나님 나라 선포자를 다니엘서에서 말하고 있는 메시야와 동일시하고 있는 쿰란 문헌 중의 한 본문을 떠올릴 수 있다:

사자[이사야 52:7의]는 다니엘이 말한 바 성령으로 기름 부음을 받은

---

183) 눅 23:8; cf. 마 14:1f./막 6:14-16/눅 9:7-9; 눅 13:31f.

184) 위의 753-757을 보라.

185) 이 질문에 대해 Collins 1995, 206은 부정적으로 대답하였다: 그가 왕적 메시야직을 나타내는 것으로 본 유일한 사건은 예루살렘으로의 승리의 입성이다. 또한 Dunn 1992b를 보라.

자이다. 그리고 구원을 알리는 선의 사자는 야훼께서 "환난당한 자들을 위로하고 시온의 환난당한 자들을 돌보기 위하여"(이사야 61:2-3) 그를 보내실 것이라고 말씀한 바로 그 인물이다.[186]

우리는 이러한 견해가 당시에 얼마나 널리 퍼져 있었는지, 또는 예수가 스스로도 이러한 견해를 명시적으로 공유하였었는지에 대해서는 확실히 알 수가 없다; 그러나 이 본문은, 우리가 앞서 살펴본 대로, 지금은 공개되어야 할 예수의 선포에 관한 그 무엇을 보여주고 있다. 예수의 하나님 나라 선포 전체는 그가 그 나라는 그가 있는 곳에 현존하고, 그를 통해서 활동한다고 믿었다는 것을 보여준다. 예수는 이스라엘의 운명이 그의 삶 속에서 성취에 도달하고 있다는 것, 그가 이스라엘이 싸워야 할 싸움을 싸워야 한다는 것, 그가 이스라엘을 자기를 중심으로 재편하고 새로운 정체성을 찾게 해야 한다는 것을 믿었다. 한 분 하나님 외에는 그 어떤 왕도 없다는 이스라엘의 열망들은 성취되어 가고 있었고, 이스라엘 사람들이 그러한 성취를 발견할 수 있는 길은 예수를 따르라는 부르심에 있었다. 역사적으로 이해될 때, 이러한 선포는 그 선포자가 이스라엘의 대표자인 왕이라고 스스로 주장하고 있다는 분명한 가능성을 열어 준다. 그러므로 많은 저술가들이 그랬듯이, 예수가 하나님 나라를 선포했고 교회는 예수를 선포했다거나 "선포자가 선포의 대상이 되었다" ─ 마치 이 말은 원래의 메시지에 대한 위조를 함축하고 있다는 듯이 ─ 라고 말하는 것은 시대착오적이고 오도하는 것이다. 예수의 하나님 나라 선포의 양식

───────────────

186) 11Q13 2:18f.(GM 140). Vermes 1995 [1962], 361은 다니엘서 9:25이 누락된 부분 속에서 인용되어 있었다고 주장한다. 인용된 본문의 그 밖의 다른 부분들은 없어져 버렸지만, 그 다음에 나오는 페셰르(pesher) 해석은 우리로 하여금 그 본문을 정확하게 복원해 낼 수 있게 해 준다. 그 앞 행, 즉 11Q13 2:17에서 이사야서 52:7에 나오는 "산들"은 "예언자들"로 해석된다는 것에 우리는 주목하여야 한다; 그러므로 사자는 그 자신이 기름 부음받은 예언자일 수 없고, Collins 1995, 119(cf. Hengel 1995b, 40)의 반대에도 불구하고, 메시야임에 틀림없다. Collins 205는 복음서 본문들이 예수와 관련하여 이러한 해석을 지지하고 있는지에 대하여 의문을 제기한다(de Jonge 1986을 따르고 있는 de Jonge 1991b); 내가 개략적으로 서술하고 있는 좀 더 폭넓은 맥락은 복음서 본문들이 그러한 해석을 지지하고 있다는 것을 강력하게 시사해 준다.

과 방식은 선포와 초대, 환영과 경고 속에 기독론, 즉 자신이 메시야라는 암묵적 주장이 언제나 있었다는 것을 의미한다.

백성들이 이러한 함의들을 알아채기 시작했다는 것을 보여주는 몇 가지 징후들이 있다. "이 사람이 다윗의 아들이 아니냐?"[187] 예언자적 언어와 이미지들의 미묘한 뉘앙스들과 간접 인용에 대하여 민감하였던 예수가 자기 자신에 대하여 그러한 질문을 던지지 않았으리라고 생각하기는 어렵다: 예수가 하나님 나라를 가져오는 자라는 소명을 받았다면, 그 소명은 예수 자신의 역할 및 정체성에 관하여는 무엇이라고 말하였는가? 예수가 이 문제를 숙고한 후에 "메시야직"은 그가 품었던 생각이 아니었다는 결론을 내렸다면, 예수는 그의 가르침 및 행위의 양식들이 메시야직과 일치하지 않는다는 것을 분명히 해 두는 조치들을 취했을 것이다. 사실, 군사적 대안을 거절했다는 것 등과 같이 자기가 메시야가 아니라는 것을 분명히 해 두는 조치들이 있었다고 말할 수도 있다. 그러나 우리가 이 질문을 바라볼 때, 이 질문에 대한 대답은 예수가 계속해서 메시야적 행위들을 행하였고, 그러한 행위들을 아무리 암호 같은 말이라고 해도 그러한 암호 같은 말들을 통해서 밑받침하였다는 것이다. 여기서 다시 한 번 우리는 역설적 성취를 보게 된다. 하나님 나라는 현존하고, 메시야도 현존하지만, 그 어느 것도 백성들이 예상했던 것과는 달랐다. 하나님 나라 선포는 그 선포자 자신이 하나님 나라를 가져오는 자였을 가능성을 열어 놓았다.

우리가 이것을 쿰란 문헌의 또 다른 본문과 결부시킬 때, 그 그림은 훨씬 더 뚜렷한 초점을 얻게 된다.

> ··· 하늘들과 땅은 그의 메시야의 말에 귀를 기울이게 될 것이다. 그는 경건한 자들을 높여 영원한 보좌에 앉히고, 갇힌 자들을 풀어주며, 눈 먼 자들을 보게 하며, 뒤틀린 자들을 바르게 할 것이다 ··· 그리고 여호와는 기이한 행위들을 행하실 것이다 ··· 그는 크게 다친 자들을 치유하고, 죽은 자들을 살려 내며, 온유한 자들에게 복음을 전하고, 곤궁한 자들에게 후하게 주실 것이며, 포로된 자들을 이끌어내며, 주린 자들을 부하게 하시

---

187) 마 12:23; cf. 9:27; 15:22; 20:31/막 10:48/눅 18:39.

리라.[188]

이 대목은 예수의 치유 사역에 관한 기사들, 특히 분명한 메시야적 뉘앙스를 지니고 있는 한 대목 속에 뚜렷하게 반영되어 있다.[189] 함축적으로, 예수가 하나님 나라를 개시시키고 있었던 바로 그러한 행위들은 그 자체가 메시야직에 대한 표지들이었다. 특히, 최근에 논증되어 왔듯이, 축귀 사역들이 메시야적인 것으로 보아진다면, 이것은 더욱 그러하다.[190] 분명히 축귀 사역들은, 우리가 앞에서 본 것처럼, 자신의 사역에 대한 예수의 이해의 일부이자 왕의 과업에 관한 유대인들의 이해의 일부였던 악의 세력과의 싸움의 일부를 이룬다.

그러므로 예수가 그의 사역을 처음부터 어떤 의미에서 메시야적인 것으로 보았다는 것을 보여주는 암시들이 존재한다. 우리가 그의 제자들과 관련된 예수의 실천을 살펴보게 되면, 이러한 암시들은 더욱 강화된다. 열두 제자의 선택(예수는 이들 가운데 제1인자인 것이 아니라, 실제로 그들을 부른 자이고, 어떤 의미에서 그들과 대척적인 관계에 있는 자였다)은 예수가 스스로를 참 이스라엘을 재구성하고 있는 자로 믿었다는 것을 보여준다.[191] 열두 제자 중에서 특히 가까운 세 명의 최측근 ― 베드로, 야고보, 요한 ― 의 선택은 다윗이 세 명을 선택하여서 그의 특별한 측근이자 경호원으로 삼았던 것을 분명히 반영하고 있다.[192]

끝으로, 우리는 제자들과 함께 잔치를 열고 이 잔치를 중심으로 이야기들을 엮어 나간 예수의 상징적 실천으로 다시 돌아가 볼 수 있다.[193] 이것은 이미 최종적인 완성을 기다리는 공동체에 의해서 기대되고 있었던 다가올 메시야

---

188) 4Q521(Frag. 2) 2:1, 7f., 11-13(GM 394). 나는 이 본문이 왕적 메시야를 말하고 있다는 Puech 1992, 497(Collins 1995, 120-2, 205f.는 이에 반대)의 견해에 동의한다.

189) 마 11:2-6/눅 7:18-23, 이것에 대해서는 위의 753-7을 참조하라.

190) 삼상 16:1-13; 16:14-23; Jos. *Ant.* 6:166-8; *Ps.-Philo* 59 60; 11Q11을 언급하고 있는 cf. de Jonge 1991a, 71을 참조하라.

191) Witherington 1995, 230이 행하고 있듯이, 이것을 예수 자신이 어느 정도 이스라엘을 대표한다는 개념과 싸움을 붙여서는 안 된다.

192) 삼하 23:8-17. 1QS 8:1-4에 나오는 병행문은 중요한 것 같다.

193) cf. 위의 659 등.

적 연회를 상징적으로 상기시키는 것이었다고 볼 수 있다.[194] 이사야 25장, 에녹1서 62장, 바룩2서 29장 같은 대목들은 흔히 이 주제에 대한 증거로서 인용된다; 또한 좀 더 논란이 되기는 하지만, 쿰란 문헌의 "메시야 규칙"도 증거로 제시된다.[195] 피르케 아봇(Pirke Aboth)에 나오는 몇몇 언급들이 이러한 주제가 보편적으로 알고 있는 지식이었다는 것을 전제하고 있는 것으로 보이기는 하지만, 이러한 사상이 랍비 문헌들 속에 등장하는지의 여부는 종종 의심을 받아왔다.[196] 복음서들을 제외하면, 이 주제에 대한 초기 기독교의 언급들은 바울 서신, 요한계시록 등에서 발견된다.[197]

예수의 잔치들, 그리고 잔치라는 주제를 사용하여 예수가 말하였던 이야기들은 수많은 무리들을 배불리 먹인 사건들에 관한 기사들과 마찬가지로 이러한 맥락 속에서 읽혀져야 한다.[198] 그러한 활동은 일반적인 사회적 평등주의를 보여주는 표지가 아니라, 그의 암묵적인 메시야적 주장을 보여주는 표지로서 그의 상징적 실천의 아주 중요한 일부를 형성하고 있었다. 여기에서 언급한

---

194) 이 주제 전체에 대해서는 Priest 1992와 여기에 나오는 참고문헌을 참조하라. Chilton 1992b, 140은 이 주제과 종종 생각되듯이 그렇게 폭넓게 퍼져 있었는지에 대하여 의문을 제기한다.

195) 즉, lQSa(잔치는 2:11-22에 묘사되어 있다); cf. Priest 1992, 228f. 추가적인 성서적인 전거는 슥 9:15-17에서 찾아볼 수 있는데, 이 대목은 9:9-14의 "메시야적" 맥락 속에 자리하고 있다.

196) mAb. 3:17(Akiba); 4:16(주후 2세기 후반의 Jacob)을 인용하고 있는 Priest 1992, 232. (나는 Danby 1933의 번호 표기를 따른다). 물론, 주후 135년 이후의 랍비들이 그러한 메시야적 송축과 관련된 개념들을 걸러내었다면, 그것은 전혀 이상한 일이 아니다.

197) cf. 고전 11:23-6; 계 19:9, 17-21(이것에 대한 배경으로는 cf. 렘 12:9; 겔 39:17-22); cp. 4 Ezra 2:38(기독교적 단원의 일부).

198) 식사들: 예를 들면, 마 9:10-13/막 2:15-17/눅 5:29-32; 마 11:19/눅 7:34; 눅 15:2; 그리고 물론 마 26:26-9/막 14:22-5/눅 22:15-20. 이야기들: 특히, cf. 마 22:1-10/눅 14:15-24/*Thom.* 64; 그리고 마 8:11-12/눅 13:28-9; 마 9:14-17/막 2:18-22/눅 5:33-9(cf. *Thom.* 104); 눅 22:28-30의 암묵적인 이야기들. 눅 15:23-32에 나오는 연회적 식사(15:13의 "떠들썩한 삶" 및 15:16의 돼지들의 음식과 대비되는)는 15:2의 질문에 대한 대답으로 중요하다: cf. 위의 제4장. 무리들: 마 14:13-21/막 6:32-44/눅 9:10-17/요 6:1-15; 마 15:32-9/막 8:1-10.

그 밖의 다른 증거들과 함께 종합적으로 고찰해 보면, 그것은 예수가 예루살렘에서의 그의 행위들에서만이 아니고 그의 사역 전체에 걸쳐서 "메시야적" 사업을 의식적으로 수행하고 있었다는 것을 보여준다. 한 가지 더 말해둘 것은 이러한 논증은 개별적인 말씀들이라는 탄탄한 밧줄만이 아니라 실천, 이야기들, 말씀들 전체가 어우러져서 만들어 놓은 넓고 잘 닦여진 길을 통해서도 역사적 회의주의라는 늪지를 문제 없이 건널 수 있다는 것이다. 이제 우리는 이 요소들 중 세 번째 요소 — 말씀들 — 를 살펴보기로 하자.

(iii) 초기 사역에 있어서의 메시야적 말씀들

메시야적 말씀들의 첫 번째 범주는 특히 두드러진다. 예수는 자주 그의 사역을 목자의 사역, 특히 잃어버린 양을 찾으러 나선 목자에 비유하였다. 예수는 제자들에게 이스라엘 집의 잃어버린 양들에게로 가라고 명하고,[199] 그 자신의 사역을 동일한 과제라는 견지에서 설명한다.[200] 제자들 자신도 양떼 또는 어린양들과 같은 것으로 비유된다;[201] 그들은 아버지로부터 나라를 물려받게 될 "작은 양떼"이다.[202] 예수는 소외된 자들을 환영하는 자신의 사역을 설명하기 위하여 목자와 잃어버린 양에 관한 비유를, 다가올 위기와 심판을 보여주기 위하여 양떼와 염소떼를 거느린 목자에 관한 비유를 말한다.[203] 마가와 마태는 예수가 스가랴 13:7("목자를 치면 양이 흩어지려니와")을 인용하여 자기가 밤중에 배신을 당할 것이라고 말하였다고 기록한다.[204] 이러한 구절들 중 한두 개가 그 역사성이 의심을 받을 수 있다고 할지라도, 이 주제가 예수에 관하여 아주 다르게 말하였던 초기 기독교와 거의 전적으로 다르다는 것은 이 주제가 예수 자신에게로 거슬러 올라간다는 것을 보여주는 뚜렷한 증거이다.[205]

---

199) 마 10:6.

200) 마 12:11f.; 15:24.

201) 마 10:16; 눅 10:3.

202) 눅 12:32. Cf. 마 9:36/막 6:34, 여기서 복음서 기자들은 예수가 무리들이 목자 없는 양 같다고 말함으로써 무리들을 불쌍히 여겼다고 설명한다.

203) 마 18:12-14; 눅 15:3-7; *Thom.* 107; 마 25:31-46. 물론 요 10장도 참조하라.

204) 마 26:30/막 14:27.

이 모든 것은 좀 더 멀리 떨어져 있는 구약성서에 나오는 중요한 왕적 주제를 연상시킨다.[206] 우리는 어리석게도 인구 조사를 실시했던 것은 다윗에게 책임이 있기 때문에, 그의 백성인 "양떼"는 그 어리석은 행위에 대하여 처벌을 받아서는 안 된다고 말하고 있는 사무엘하 24:17, 왕이 죽음으로써 이스라엘이 목자 없는 양떼와 같이 되었다고 말하고 있는 열왕기상 22:17,[207] 이방의 왕 고레스를 야훼의 목자라고 묘사하고 있는 이사야서 44:28, 거짓 목자들이 "내 종 다윗"으로 대체될 것이라고 말하는 에스겔서 34:23-24, 이미 언급했듯이, 그 밖의 다른 "다윗 가문과 관련된" 신탁들 중에서 목자인 왕이 얻어맞고 그의 양떼가 흩어질 것이라고 말하고 있는 스가랴서 13:7[208]과 비교해 볼 수 있다. 예레미야서에서 이러한 표상은 지배층 전체를 나타내는 의미로 사용될 수 있었다.[209] 이 이미지는 성서 이후 시대에서 다음과 같은 구절들 속에서 계속 이어졌다:

주여, 보소서, 그들을 위하여 왕, 다윗의 아들을 일으키셔서
오 하나님, 당신께서 알고 있는 때에
당신의 종 이스라엘을 다스리게 하옵소서 …

그의 소망은 주께 있나이다.
그의 행위들이 힘 있고
하나님을 경외함에 있어서 강력한데
누가 그를 대적하여 이기겠나이까?
주의 양떼를 신실과 의로써 돌보리니,

---

205) 예외들: 히 13:20; 벧전 2:25; 5:4.

206) cf. Collins 1995, 25: "고대 근동 전역에 걸쳐서, 이상적인 왕은 지혜와 의로써 다스리는 목자로 생각되었다." 또한 Vancil 1992를 참조하라.

207) cf. 고후 18:16; Jud. 11:19; 4 Ezra 5:17f. 또한 이것은 민 27:16f.에 나오는 모세에 관한 묘사를 상기시킨다. 야훼 아래에서 목자들로서의 모세와 아론에 대해서는 cf. 시 77:20; 사 63:11.

208) 또한 cp. 슥 11:4f., 7-17.

209) 예를 들면, 렘 2:8; 3:15; 10:21; 25:34-8.

> 그는 양떼 중 어느 하나도 초장에서 넘어지지 않게 하리이다.
> 그는 그들 모두를 거룩함 속에서 인도할 것이고
> 그들 중에서 교만함이 없을 것이기 때문에
> 그 누구도 압제를 받지 아니하리이다.
> 이것이 하나님께서 그를 이스라엘 집 위에 세우시고
> 그 집을 다스리게 할
> 이스라엘의 왕의 아름다운 모습이니이다.[210]

그러므로 "목자" 이미지에 대한 예수의 사용은 메시야적 역할들과 기대들을 연상시키는 이러한 유대적 배경 속에서 이해될 수 있다 — 물론, 예수가 채택하였던 양식은 그를 당시의 메시야를 참칭하던 인물들과 구별시키고 있지만. 또한 이 이미지는 초대 교회가 예수에 관하여 기억하였던 그런 것으로 이해될 수 있다 — 물론, 초대 교회가 이 이미지를 자신의 선포 속에서 주된 주제로 다루지는 않았지만. 우리는 이러한 용법은 예수 자신에게로 소급될 뿐만 아니라, 그의 암묵적인 메시야적 실천에 수반되었던 암호 같은 말씀들 속에서 그가 스스로를 메시야라고 주장했다는 것을 보여준다고, 탄탄한 역사적 토대 위에서 말할 수 있다. 요컨대, 예수는 이스라엘의 참된 왕이 와서 말을 잘 안 듣는 그의 양떼를 찾을 것이라는 구체적인 이야기를 끊임없이 하고 있었다는 것이다. 이것은 이스라엘이 이교도들의 손에 의한 포로생활과 그들 자신의 지도자들의 실정(失政)에 의해서 고통을 받은 후에 마침내 회복될 것이라는 하나님 나라 메시지의 뚜렷한 하나의 초점이었다.

이와 동일한 결론은 예수가 자신의 논란이 된 행위들을 설명하기 위하여 왕과 관련된 전승들을 상기시키고 있는 두 개의 암호 같은 말씀들로부터도 도출될 수 있다. 첫 번째 말씀은 예수의 제자들이 안식일에 이삭을 자른 일에 관한 논쟁과 결부되어 있다.[211] 자신의 행위에 관하여 도전을 받은 예수는 다음과 같은 유사한 예를 가지고 대답한다: 다윗이 자기를 따르는 무리들과 함께 여기저기를 떠돌고 있었을 때, 그는 (아직 즉위하지는 않았지만) 기름 부

---

210) *Ps. Sol.* 17:21, 39-42(Charlesworth 1985, 667f.에 인용된).
211) 막 2:25f./마 12:3f./눅 6:3f. See above, 390-6.

음받은 왕으로서 통상적인 규범을 뛰어넘어 행할 권리를 가지고 있었다. 이러한 유사한 예는 오직 예수가 자기도 이와 비슷한 상황 속에 있다고 믿었을 때에만 의미를 지니게 된다.[212] 예수는 요한의 세례를 통해서 야훼로부터 기름부음을 받았었다; 예수를 사냥하려는 자들은 사울과 그의 부하들의 역할을 맡고 있는 것이다. 복음서 기자들이 이 말씀이 지닌 메시야적 함의를 좀 더 명시적으로 이끌어 내지 않고 있다는 사실(그들에게는 메시아에 관하여 공개적으로 말을 해도 아무런 상관이 없었다)은 이 말씀이 메시야적 함의를 지니고 있다는 것을 강력하게 말해준다 — 또한, "인자는 안식일의 주인이니라"는 마지막 구절도 암호적인 메시야적 의미를 지니고 있는 것으로 의도되었을 가능성이 높다.[213]

두 번째 말씀은 예수와 솔로몬을 비교한다. 이 말씀의 배경은 예수가 동시대인들을 성서의 역사 속에 나오는 인물들과 부정적인 방향으로 비교하면서 심판을 선포하는 장면이다. 니느웨 사람들은 이 세대를 정죄하게 될 것이다. 왜냐하면, 그들은 요나의 선포에 회개하였기 때문이다. 그런데 요나보다 더 큰 이가 바로 여기에 있다; 남방의 여왕은 이 세대를 정죄할 것이다. 왜냐하면, 그녀는 솔로몬의 지혜를 듣기 위하여 머나먼 곳에서 왔기 때문이다. 그런데 솔로몬보다 더 큰 이가 여기에 있다.[214] 성전을 지은 자였던 솔로몬은 분명한 메시야적 모형이다. 예수가 솔로몬보다 크다고 주장한 것은 그가 참된 메시야이고, 그가 종말론적 성전을 지을 것이며, 그를 통해서 다윗의 나라가 회복될 것이라고 주장한 것이다. 또한 이 말씀의 맥락은 열방들이 이 메시야에게 와서 순종의 표시로 무릎을 꿇고 절을 하게 될 것이라는 것을 암시해 준다: 그의 나라를 통해서 전세계적인 메시야적 회복에 관한 예언들이 성취될 것이다.[215] 당시에 나온 여러 저작들(찬송집, 시편, 지혜서, 유언서)의 가공의 저자

---

212) 유대 전쟁 동안에 Simon bar Giora의 명시적인 "다윗적" 행보 속에는 이것과 흥미로운 병행이 존재한다: cf. Jos. *War* 4:503-44; 그리고 Horsley & Hanson 1985, 119-27의 논의, Michel 1968을 따르고 있는 Horsley 1992b, 288.

213) 막 2:28/마 12:8/눅 6:5.

214) 마 12:41f./눅 11:31f.

215) 예를 들면, cf. 시 72:8-17; 89:20-7; cp. 마 8:11/눅 7:29.

로서 솔로몬이 인기가 있었다는 것은 제2성전 시대에 있어서의 그의 명성을 웅변적으로 보여주는 증거들이다; 그런데 예수가 자기 자신을 솔로몬을 격하시키는 방향으로 솔로몬과 비교했다는 것은 메시야적 주장을 극명하게 드러내주는 행위였다. 여기서 다시 한 번 우리는 복음서들에 나오는 이러한 구절들 외에 초대 교회가 솔로몬을 선포 속에서 사용하였다는 증거를 발견하지 못한다.

이러한 구절들에 비추어 볼 때, 우리는 누가가 좀 더 명시적인 메시야적 진술을 예수의 사역의 개시 시점에 배치시키고 있다는 것은 학자들이 종종 생각하는 것과는 달리 그렇게 상상할 수 없는 그런 것이 아니었다는 것을 주장할 수 있다.[216] 예수가 나사렛 회당에서 인용한 이사야 61장에서 가져온 대목은 명확하게 다윗 가문에 관한 것이고, 명시적으로 메시야적인 것이다: 야훼의 영이 사자에게 기름을 부어서 가난한 자들에게 좋은 소식을 전하게 하였다.[217] 실제로 이 선포는 성전 사건 때까지 선포된 그 어떤 것들보다도 훨씬 더 명시적이고 공개적인데, 바로 이것 때문에 이 선포는 역사적 진정성의 면에서 불리한 평가를 받게 된다: 예수의 공생애 사역의 이 단계에서 나온 그 밖의 다른 모든 것들은 이 주제를 훨씬 더 암호적으로 다룬다. 그러나 우리는 이것이 최종적인 판단이라고 받아들여서는 안 될 것이다. 우리는 이 선포를 통상적인 규칙을 말해주는 예외적인 사례로 볼 수 있다: 누가가 시사해 주듯이, 예수의 선포에 대한 반발이 격렬했다면, 그것은 예수가 그때 이후로 암호적이고 심지어 비밀스러운 방식을 채택했다는 것을 설명하는 데에 실제로 도움이 될 수 있다. 이 대목이 누가의 편집을 보여주는 분명한 흔적들을 아무리 많이 가지고 있다고 할지라도, 이사야서를 인용하여 논란이 된 하나님 나라 과제를 제시한 이 최초의 메시야적인 선포는 우리가 본서 전체에 걸쳐서 살펴본 예수의 사역에 관한 전체적인 그림과 완벽하게 일치한다.[218]

이것으로부터 분명히 알 수 있는 것은 예수가 그의 사역을 (다른 무엇보다

---

216) 눅 4:16-30.

217) 이 대목은 사 11:1-10 등의 반영으로 읽혀져야 한다.

218) 최근의 논의로는 cf. e.g. Fitzmyer 1970, 525-40; Nolland 1989, 188-203, 그리고 이 두 저작에 나오는 참고문헌들.

도 특히) 메시야적인 것으로 인식한 것은 그가 예루살렘에 당도해서 갑작스럽게 시작된 것이 아니었다는 것이다. 예수의 공생애 전체에 걸친 실천과 이야기들은 그가 자기 자신이 메시야적 소명을 지니고 있다고 믿었음을 보여준다. 우리는 여기서 한 걸음 더 나아가 이것의 뿌리를 살펴볼 수 있을 것인가?

(iv) 처음부터 메시야적 사역이었는가?

모든 복음서들은 우리가 짐작할 수 있는 것을 시사해 준다. 어떤 사람의 소명에 대한 인식을 설명하는 일은 극히 어렵다는 것은 분명하다; 그럼에도 불구하고, 히브리 성서 속에는 소명을 받은 개인들에 관한 여러 이야기들이 존재한다. 사무엘, 이사야, 예레미야 같은 예언자들은 야훼에 의해서 부르심을 받았다. 이스라엘의 처음 두 왕인 사울과 다윗, 북왕국의 패역한 왕인 느밧의 아들 여로보암은 모두 하나님의 부르심을 받았다.[219]

정경에 속한 네 복음서들은 우리에게 예수의 공생애 사역의 실천, 상징들, 이야기들, 가르침들 배후에 있는 "소명" 기사를 제공해 준다.[220] 물론, 이 소명 기사를 역사적 재구성에 사용하려고 하는 시도는 수많은 난관에 부딪칠 것이 뻔하다. 그러나 우리가 이 장에서 지금까지 모아온 가설들이 역사적 개연성을 지니고 있다면, 예수가 아주 철저하게 인식하고 있었던 것으로 보이는 그 소명의 뿌리를 추적하는 일은 의미가 있을 것이다. 예수가 요한으로부터 세례를 받았다는 것은 역사적으로 의심을 받지 않고 있고, 예수가 메시야적인 권세를 행사하는 것과 관련하여 도전을 받았을 때에 요한의 세례를 다시 언급하였으며,[221] 적어도 두 가지 흐름의 전승이 우리에게 그 사건을 예수의 메시야적 소명이라는 관점에서 읽고 있다는 것을 보여주기 때문에,[222] 우리는 자세한 논의로 들어갈 필요도 없이 예수가 이스라엘의 메시야로서 활동하도록 부르심을

---

219) 삼상 3:2-21; 사 6:1-13; 렘 1:4-12; 삼상 10:1-24(이것은 왕적 및 예언자적 부르심이었다: cf. 10:10-13); 16:1-13; 왕상 11:26-40.

220) 마 3:13-17/막 1:9-11/눅 3:21-2/요 1:29-34.

221) 막 11:27-33 & par. (위의 753-757).

222) 즉, 적어도 마가복음과 요한복음; 마 3:13-17/눅 3:21-2은 마가복음과 부분적으로 병행을 이루는 Q 전승을 나타낼 가능성이 있다 — 물론, 이것은 고도로 복잡한 문제이긴 하지만.

받은 것, 또는 예수가 이미 그런 소명을 알고 있었다고 한다면 그러한 소명을 확증받았던 것은 바로 수세의 순간이었다고 말할 수 있을 것이다. 예수가 세례를 받을 때에 들었던 목소리의 배후에 있는 것으로 통상적으로 여겨져 온 시편 2:7과 이사야서 42:1은 적어도 첫 번째 경우에는 이 사건 전체의 의미로서의 메시야직을 보여주고 있다. 예수가 하나님의 영으로 기름 부음받은 것은 이사야서 11:2(메시야가 야훼의 영으로 기름 부음받는다는 것), 사무엘상 16:13(사무엘이 다윗에게 기름을 부은 후에, 야훼의 영이 다윗에게 강력하게 임한다) 같은 구절들에 대한 의도적인 간접 인용으로 읽혀질 수 있다. 이 본문이 부활 사건 이후의 성찰에 의해서 아무리 많은 영향을 받았다고 할지라도, 역사적으로 요한으로부터 세례를 받을 때에 예수가 메시야적 소명의 새로운 길을 인식하게 되었다는 것을 부정할 근거는 전혀 없다.[223] 이 장의 전체적인 논증에서는 그 어느 것도 이러한 주장에 의거하고 있지는 않지만, 이 장에서의 논증의 나머지 부분을 인정한다면, 예수가 수세 때에 소명을 인식했을 가능성이 전혀 없다고 볼 하등의 근거가 없다.

(v) 예언자적/메시야적 사역

따라서 예수의 선포의 모든 흐름들은 외적인 지향성과 내적인 지향성을 모두 갖고 있다. 예수의 예언자적 메시지는 추상적인 정보나 일반적인 개념들을 전해주는 것이 아니었다; 또한 예수는 단순히 육체가 없는 영혼만의 음성도 아니었다; 그의 메시지는 이스라엘의 계약의 하나님이 예수 자신의 사역 속에서 행하고 계시는 것에 관한 것이었다. "내가 하나님의 손가락을 빌어서 귀신들을 내쫓는 것이라면 하나님 나라는 이미 너희에게 임하였느니라." 예수가 있는 곳에, 하나님 나라는 이미 현존(임재)하고 있었고, 하나님 나라의 현존은 바로 예수가 거기에 있었기 때문이었다. 예수와의 교제 속으로 환영받는 것은 곧 이 하나님 나라 속으로 환영받는 것이었다: 이스라엘은 예수를 중심으로 재구성되고 있었고, 예수의 말씀 속에서 이스라엘은 죄사함과 치유를 발견할 수 있었다. 예수가 제공하는 환영, 그리고 그 환영이 불러일으켰던 분노는 오

---

223) 몇몇 최근의 논의들로는 cf. e.g. Witherington 1990, 148-55; Gundry 1993, 46-53(거기에 나오는 참고문헌들).

직 예수가 어떤 의미에서 스스로가 이스라엘을 대표하고 있다고 주장하였다고 할 때에만 의미를 지니게 된다. 예언자로서 예수는 제자들을 모았고, 적어도 그의 생각 속에서는 그들은 갱신된 이스라엘, 포로생활로부터 돌아온 야훼의 백성이었다. 본서의 제2부에서 논의된 내용을 여기에 요약해 놓은 이 장면 전체는 우리에게 예수는 자기가 누구라고 생각하였는가라는 질문을 묻지 않을 수 없게 만든다. 이에 대한 첫 번째 대답은 다음과 같은 것이어야 한다: 이스라엘 자체, 이스라엘의 대표자, 자기 자신 속에 이스라엘의 운명을 절정에 도달하게 한 자. 예수는 자기가 메시야라고 생각하였다.

예수의 행위들, 그의 메시지, 그의 경고, 그의 환영은 오직 이러한 틀 내에서만 의미를 지닌다. 예수가 이러한 소명을 알고 있지 않았다면, 우리는 그의 명철하고 재빠르고 철저하게 성경적으로 형성된 사고방식에도 불구하고 예수는 너무도 분명한 것에 대하여 완전히 눈을 감고 있었다고 말하지 않을 수 없을 것이다. 그러나 우리는 그것과는 다른 결론을 내릴 만한 타당한 근거를 가지고 있다. 샌더스는 이렇게 말한다:

> 그가 자기 자신에 대하여 주장했던 것은 왕권을 주장한 것과 대등한 것이었다. 확고한 증거는 이것이다: 그는 하나님 나라에 관하여 말하였다; 그의 제자들은 그 나라 안에서 어떤 역할을 갖기를 기대하였다; 그들은 그를 그들의 지도자로 생각하였다; 그는 자기가 왕이라고 주장했기 때문에 십자가에 못 박혔다.[224]

나는 앞 절을 근거로 이 절에서 우리가 이것보다 한 걸음 더 나아갈 수 있다는 것을 논증하였다. 메시야직, 그것이 함축하였던 야훼의 목적들 안에서의 이스라엘과의 동일시는 예수의 자기 이해의 중심이었다.

5. 결론: 예수와 포로생활로부터의 귀환

그러므로 예수는 자기 자신이 야훼의 백성, 포로생활로부터 돌아온 백성, 갱

---

224) Sanders 1985, 322(강조는 원저자의 것). 그러나 Sanders 1993, 240-3을 참조하라.

신된 계약의 백성, 이제 그 죄들을 사함 받을 백성의 초점이라고 믿었다. 그는 그가 선포했던 것을 직접 구현하였다. 예수는 토라의 참된 해석자, 성전의 참된 건축자, 지혜의 참된 대변자였다.

이 모든 것은 놀라운 주장을 이루고 있었다. 그것은 하스모네 왕가나 헤롯 왕가의 왕권과 같은 그런 왕권에 대한 주장이 아니었고 — 물론, 헤롯은 그것을 그러한 것으로 보았겠지만, 갈릴리 사람 유다, 시몬 바르 기오라, 시몬 벤 코시바가 열망했던 그런 유의 왕권과도 같지 않은 왕권에 대한 주장이었다 — 물론, 예수의 추종자들 중 일부는 틀림없이 그것을 그러한 견지에서 보았고, 예수도 마치 그것이 그의 의도였다는 듯이 처형되었지만. 그것은 대중적인 메시야적 기대 속에서 활용할 수 있었던 여러 흐름들을 가져다가 당시의 다른 인물들이 그려낸 여러 대안들 중 그 어느 것과도 같지 않은 놀라울 정도로 새로운 패턴으로 엮어 짠 예수 자신의 하나님 나라 과제를 중심으로 재정의된 메시야직에 대한 주장이었다.

예수의 메시야직은 당국자들로 하여금 그를 처형하게 만든 것들, 그리고 그의 최초의 제자들이 그의 부활을 판이하게 다른 그 무엇으로서가 아니라 메시야로서의 예수를 재확인해 준 것이라고 보았던 바로 그것과 충분히 유사한 것이었다. 그러나 그것은 예수의 가장 가까운 제자들로부터 고위 제사장들에 이르기까지 적어도 어느 정도는 누구나 예수가 실제로 생각하고 있었던 것을 잘못 해석했고, 예수의 부활 후에 탄생하게 된 운동이 물론 그 자체를 메시야적이라고 불렀지만[225] 동일한 차원을 지닌 다른 운동들과 판이하게 다른 과제들을 품고 있었고 판이하게 다른 생활양식들을 채택하였을 정도로 충분히 상이한 것이었다. 예수가 메시야였다면, 그는 사람들의 생각과는 상당히 다른 메시야였다. 그러나 메시야는 예수가 주장했던 바로 그것이었다.

이렇게 메시야직에 대한 예수의 재정의된 개념은 그의 하나님 나라 실천 전체(위의 제5장), 그의 하나님 나라 이야기들(제6, 7, 8장), 그의 하나님 나라 상징들(제9장)과 일치하였다. 그것은 하나님 나라와 관련된 핵심 질문들에 대한 중심적 대답이었다(제10장) 그리고 그것은 아무도 생각하지 못했던 이스

---

225) cf. 행 11:26. 이러한 명칭이 채택된 이유에 대해서는 Cummins 1994, 210-12 및 Taylor 1994와의 논의를 보라.

라엘의 운명의 성취를 보여주는 것이었다. 예수는 포로생활의 종결, 계약의 갱신, 죄사함을 가져오기 위하여 야훼의 백성의 대표자로서 왔다. 이것을 이루기 위하여, 메시야로 자처하는 자들이 주후 1세기에서 취했던 대안은 이런 것이었을 것이다: 예루살렘으로 가서, 악의 세력들에 대항한 싸움을 싸우고, 적법한 왕으로 즉위하는 것. 사실 예수는 정확히 이러한 전략을 채택하였다. 그러나 예수가 야고보와 요한에게 암시했듯이, 예수는 이와는 다른 싸움, 다른 보좌를 염두에 두고 있었다. 이제부터 우리가 살펴보고자 하는 것은 바로 이러한 어두운 주제이다.

제12장

예수의 십자가 처형의 이유들

1. 서론

예수와 관련하여 통상적으로 제기되는 모든 질문들 가운데에서 "왜 예수는 죽었는가?"라는 질문은 가장 빈번하게 제기되는 질문들 중의 하나임에 틀림없다. 이 질문은 분명히 가장 관심을 끄는 질문이다 — 그리고 연구자들이 이내 발견하듯이, 가장 연구자들을 좌절시키는 질문들 가운데 하나다. 이 질문은 난해한 문제에 전형적인 모든 요소들을 갖고 있다: 난해하고 복잡한 자료들; 하나의 소용돌이치는 드라마 속에 두 개의 대문명(유대와 로마)의 합류; 2000년의 시간 간격에도 불구하고 한 쪽(페이지)을 훌쩍 넘기는 등장인물들; 크고 작은 비극들과 비극적인 아이러니들; 철학과 신학의 폭풍들의 결집; 그리고 자료들이 믿을 만하다면, 그 중심에 있는 거대한 분노와 경탄을 자아낼 만한 능력을 갖고 있었던 우뚝 솟은 수수께끼 같은 인물. 역사가들과 신학자들만이 아니라 화가들과 음악가들도 이 주제를 수도 없이 다루었다는 것은 조금도 이상한 일이 아니다.

그러므로 "예수는 왜 죽었는가?" — 우리가 본서의 첫머리에서 설정하였던 핵심 질문들 중의 세 번째 질문 — 는 우리의 다룰 주제의 핵심에 속한다.[1] 이러한 경우에 "왜"라는 질문은 우리로 하여금 필연적으로 인간의 의도에 관한 연구를 수행하지 않을 수 없게 만든다. 로마 당국자들은 왜 예수를 처형하는 것이 적절하거나 바람직하다고 생각하였던 것인가? 유대 당국자들은 왜 예수

---

1) 예비적인 논의와 배경 설정에 대해서는 위의 3.2.iii(181-186)을 보라.

야적" 뉘앙스들이 존재한다. 우리는 이제 단순히 고립적이거나 개별적인 말씀들을 연구하는 것이 아니라 — 이것은 언제나 의심스러운 재구성으로 흐르는 경향을 보여주었다[14] — 이야기들과 말씀들을 제자리에 갖다 놓을 수 있는 맥락을 만들어 내는 상징적 의미로 가득 차 있는 행위들과 사건들을 연구할 수 있게 되었다. 이 모든 것들을 행하면서, 우리는 비록 실제적인 논의에 앞서서 이러한 경우에 있어서 그것이 무엇을 의미하는지를 정의한다는 것이 아무리 좋게 말해도 현명치 못한 일이기는 하지만, 주후 1세기 유대교와 갓 출현한 기독교와의 적절한 연속성과 불연속성을 찾아보게 될 것이다.

우리는 이미 앞 장에서 재판 기사들을 어느 정도 살펴보았기 때문에, 그 동일한 자료를 약간 다른 시각에서 짤막하게 살펴봄으로써 예수에 관한 우리의 논의를 위한 토대를 마련할 수 있을 것이다.

2. 로마인들에 의한 죄목

십자가형은 로마 세계 전역에 걸쳐서 강력한 하나의 상징이었다. 그것은 단순히 바람직하지 못한 것들을 깨끗하게 해치우는 수단이 아니었다; 그것은 최대의 모욕과 수치를 안겨다 주는 그러한 형벌이었다. 십자가형은 이렇게 크고 명료한 소리로 말하는 것이었다: 우리는 이곳을 담당하고 있다; 너희는 우리의 소유이다; 우리는 너에게 우리가 하고 싶은 것을 할 수 있다. 십자가형은 로마와 카이사르의 절대 주권을 냉혹하고 잔혹하게 역설하는 것이었다. 그것은 반란과 반항이 아무 소용없고 제국의 힘이 무자비하다는 암묵적인 이야기를 말해주는 것이었다. 특히, 십자가형은 이렇게 말하였다: 이것은 반란 주모자들에게 행해지는 것이다. 십자가형은 명료하고도 공포스러운 의미를 지니는 상징적 행위였다.[15]

이 모든 것은 비록 불유쾌한 것이지만 논란이 되지는 않는다. 그러나 이제부터 말하는 것은 결정적으로 논란이 된다: 예수는 로마에 대항한 반역자로서 처형되었다. 적어도, 이러한 결론은 대다수의 정통 신앙의 분파들 속에서 논란이 된다. 어느 누가 예수는 일종의 정치적인 반란자였다고 주장할 때마다, 항

---

14) Meyer 1979, 84f. 등이 올바르게 지적하고 있듯이.

15) 십자가 형벌에 대해서는 무엇보다도 특히 Hengel 1977을 보라.

의들은 격렬했고 오래 갔다.[16] 정치, 적어도 잘못된 종류의 정치로부터 예수를 구출하고자 하는 충동은 예수를 메시야 사상으로부터 구출하고자 하는 헛된 시도들의 배후에도 깔려 있다고 할 수 있다. 그러나 앞 장에서 살펴본 증거들은 이 마지막으로 말한 내용 및 그것의 필연적인 결과에 대하여 우리에게 거의 선택권을 주지 않는다: 예수가 십자가에 처형되었을 때, 당시 예루살렘에서의 일반적인 인상은 예수가 메시야를 자처하다가 실패한 사람들의 긴 계보 속의 한 사람이었다는 것이었을 것임에 틀림없다.

그러나 문제는 통상적인 혁명가 이론들이 주장하는 것같이 그리 단순하지가 않다. 예수를 고소한 자들이 그를 이러한 죄목으로 빌라도에게 넘겼고, 또한 빌라도는 이러한 죄목으로 예수를 처형했지만, 이 두 당사자는 예수가 그러한 죄를 범하지 않았다는 것 또는 직접적인 의미에서 그런 죄를 범하지 않았다는 것을 알고 있었다고 생각할 만한 타당한 근거가 있다.[17] 예수의 하나님 나라 선포가 그의 모든 청중들에게 모종의 혁명적인 의미를 지니고 있었을 것임에 틀림없다는 것은 사실이다: 야훼가 마침내 왕이 되고 계신다면, 카이사르를 비롯해서 그 밑의 수많은 다른 통치자들은 그들의 권력이 적어도 상대화되고 있다는 것을 발견하게 될 것이다. 그러나 말씀들과 실천을 통한 하나님 나라에 대한 예수의 끊임없는 재정의는 그를 가까이에서 지켜보았던 사람이라면 누구나 그가 그의 직전에 등장했던 갈릴리 사람 유다나 한 세대 후에 등장하게 될 시몬 바르 기오라와 동일한 범주에 속하지 않았다는 것을 알았을 것임을 보여준다. 그리고 비록 고위 제사장들과 빌라도가 예수에 관한 심문을 아주 철저하게 수행하지는 않았었다고 할지라도, 나는 그들이 몇몇 심각한 차이들을 알고 있었을 것이라고 생각한다.

어떤 식으로 생각해 보아도, 빌라도는 특별히 유능하거나 저명한 관리가 아니었다.[18] 유대 땅에서의 그의 통치는 흔히 도발적이고 난폭하였다. 빌라도에

---

16) 예를 들면, cf. Hengel 1971; Bammel & Moule 1984, 특히 Brandon 1967은 이에 반대. Horsley 1987, 1994는 Brandon의 주장에 대한 온건하고 비폭력적 판본을 되살리려고 시도한다. 어떤 점에서 Crossan 1991a도 마찬가지이다. 반도로서의 예수에 대한 십자가 처형이라는 의미에 대해서는 cf. e.g. Cullmann 1956, 6, 11f., 22; Farmer 1956, 197.

17) cf. Sanders 1985, 294f.

대한 필로의 묘사는, 비록 틀림없이 수사적인 효과를 위하여 과장되어 있기는 하지만, 인용해 볼 가치가 있다. 필로는 빌라도가 헤롯 궁전에 황금 방패들을 세움으로써 유대인들의 반발을 불러일으켰던 사건을 묘사하고 있는데, 필로가 보기에는, 이 사건은 자신의 동상을 세우려는 가이우스(Gaius)의 계획이 실행되는 경우에 어떤 일이 벌어질지를 미리 알아보려고 한 소행이었다.[19] 필로는 방백들의 대표단이 빌라도와 대면하여 무슨 일이 진행되고 있는지를 디베료(티베리우스)에게 말하겠다고 위협한 것으로 묘사한다.[20] 이때에 빌라도의 반응은 시사해 주는 것이 있다:

> 그는 그들이 실제로 사절단을 보내서 총독으로서의 그의 여러 가지 처신들, 즉 뇌물을 받은 것들, 사람들을 모욕한 일들, 강탈 행위들, 무례하고 제멋대로 불의를 행한 것들, 끊임없이 반복된 재판 없는 처형들, 무수한 잔악무도한 행위들을 폭로할 것을 두려워하였다. 따라서 그의 온갖 보복적인 행위들과 난폭한 성격으로 인해서 그는 곤경에 처해 있었다. 그는 이미 헌정된 것들을 철거할 용기도 없었고, 그의 신민들을 기쁘게 할 일을 하고 싶어하지도 않았다. 이와 동시에 그는 이러한 문제들과 관련된 티베리우스의 일관된 정책을 아주 잘 알고 있었다 … [21]

필로가 반죽에 너무 많은 양념을 쳤다는 것이 옳다고 하더라도, 그가 그리고 있는 그림은 요세푸스가 그린 그림과 별로 다르지 않다. 빌라도에 관한 학자들의 견해의 스펙트럼도 그리 넓지 않아서, 빌라도는 진정한 재앙이었다고 생각하는 견해로부터 브라운(Brown)과 같이 단순히 빌라도는 "매우 심각한 결점들이 없지 않았던" 인물이었다고 말하는 학자들까지 분포되어 있는 정도이다.[22]

---

18) 빌라도의 통치에 대해서는 특히 요세푸스의 글을 중심으로 한 *NTPG* 174를 참조하라; Schürer 1:383-7; Brown 1994, 693-705와 거기에 나오는 풍부한 참고문헌들.

19) 이러한 묘사는 표면상으로는 아그립바 1세가 칼리굴라 황제에 보낸 한 서신에 대한 Philo의 인용문(*Leg.* 276-329)에 나온다.

20) Philo *Leg.* 299-305; 그리고 Brown 1994, 701f.에 나오는 논의를 보라.

21) Philo *Leg.* 302f.(Loeb edn., tr. Colson에서 재인용).

우리의 현재의 논의와 관련하여 주목할 만한 흥미로운 것은, 수사학적 표현 배후에서 엿볼 수 있는 "방패" 사건에 관한 필로의 기사가 빌라도 앞에서의 예수의 재판에 관한 요한의 기사와 아주 유사하다는 것이다. 이 두 사건에서 빌라도는 그의 유대인 신민들이 원하는 것을 하지 않고자 하는 마음 — 그는 가능한 한 그들의 기를 꺾어 놓고자 했다 — 과 자신에 관한 소식이 새어나갈 경우에 티베리우스가 어떻게 생각할 것인가에 대한 두려움 사이에서 갈등하였다. "당신이 이 사람을 놓아 준다면 당신은 카이사르의 벗이 아니다."[23]

이것은 우리의 현재의 논의 속에서 쟁점이 되는 문제를 제기한다. 복음서 기자들은 예수의 죽음에 대한 책임을 당시의 유대인들에게 돌리기 위하여 빌라도의 인품을 미화하였다고 말하는 주장이 한동안 유행한 적이 있었다.[24] 그러나 그러한 견해를 주장하는 학자들은, 요한과 나머지 사람들이 빌라도를 연약하고 우유부단하며 포악하고 진리나 정의와는 아무런 상관도 없는 두 가지 절박한 사정 사이에서 이러지도 저러지도 못했던 것이 아닌 다른 모습으로 만들고자 했다면, 그들이 한 작업은 꽤 형편없는 것이었다는 사실에 대해서는 침묵을 해 버린다.[25] 후대의 기독교에서 빌라도를 영웅 또는 성자로 묘사한 것은 복음서에서 빌라도를 묘사한 것과는 천지 차이이다: 빌라도가 손을 씻는 저 유명한 장면은 분명히 역사와 마태의 편집 속에서 단순히 그의 냉소주의적

---

22) Brown 1994, 704.

23) 요 19:12; cf. Robinson 1985, 265f.; Brown 1994, 843f., 그리고 이 두 저서에 나오는 참고문헌들.

24) 예를 들면, cf. Winter 1974 [1961], ch. 6. 그러나 Horbury 1972, 64f.는 이에 반대. Robinson 1985, 274 n:204는 책임을 로마인들에게서 유대인들에게로 옮기려는 점점 증대하는 경향성을 반박하면서 Dodd의 출판되지 않은 매혹적인 발언을 인용한다: "유일한 점진적인 성장은 마가복음과 마태복음 사이에서 일어났다. 누가복음과 요한복음은 마가복음에서 더 이상 앞으로 나가지 못했고, 이것들 중 그 어느 것도 케리그마의 가장 원시적인 형태 — 또는 바울 — 보다 앞으로 나아가지 못했다. 그리고 요한복음에서도 그렇게 멀리 나아가지 못했다."

25) Lightfoot 1893, 187f.는 빌라도의 "냉소주의, 빈둥거림, 불신앙"과 "사람을 위축시키는 경멸적인 태도"는 공관복음서 기자들에 의해서보다도 요한에 의해서 "좀 더 짙은 색채로 그려져" 있다는 것을 잘 보여주었다.

태도를 보여주는 절정으로 읽혀져야 한다. 빌라도는 총독이었다; 그는 예수의 죽음에 대하여 책임이 있었다; 손을 씻는 것은 완전히 자신의 권한 안에 놓여 있었던 일에 대하여 아무런 책임도 없다는 듯이 책임을 회피하려는 공허하고 경멸스러운 상징이었다.[26] 기록들로부터 드러나는 것은 빌라도는 예수가 선하고 고상하며 거룩하고 의롭다고 생각했기 때문에 예수를 구하고자 했던 것이 아니라, 빌라도는 언제나 고위 제사장들이 원하는 것과 반대되는 것을 행하고자 했기 때문에, 이때에도 고위 제사장들이 원하는 것과 정반대의 것을 행하고자 하였다는 것이다.[27] 이것이 빌라도의 통상적이고 확고한 행동양식이었다.

그러나 이 경우에서는 빌라도는 방해를 받았다. 공관복음 전승에 나오는 비교적 짧막한 기사들은 요한복음에 나오는 좀 더 긴 기사에 비추어 보면 더 많은 의미를 지니게 된다; 이것들을 종합해서 살펴보면, 다음과 같은 네 가지 내용이 드러난다.[28] 첫째, 빌라도는 예수가 통상적인 혁명 지도자, "레스테스"(lestes) 또는 의적이 아니라는 것을 알아차렸다. 예수가 메시야를 자처하는 자였다면, 그는 매우 이례적인 경우가 된다. 이러한 인식의 일부는, 우리가 짐작할 수 있듯이, 죄수 자신의 애매모호한 언급을 통해서 드러난다: 네 개의 기사 모두에 나와 있는 대로, "너희가 그렇게 말하고 있다."[29] 둘째, 그러므로

---

26) 마 27:24f. 후대의 빌라도 전승들에 대해서는 cf. Brown 1994, 695f. 후대에 마태복음 27:25("그 피를 우리와 우리 자손에게 돌릴지어다")을 이른바 "기독교적" 반셈족주의에 대한 변명의 근거로 사용했던 비극적이고 끔찍한 일은 예루살렘의 몰락을 언급하고 있었던 이 구절의 원래의 의미를 심하게 왜곡시킨 것이었다(눅 23:28-31과 비교해 보라). 이와 관련된 법적 상황은 mSanh. 4:5에 잘 나타나 있다: "사형 사건의 경우에 증인은 그 [잘못 정죄된] 사람의 피와 그의 후손[그 사람으로부터 태어났을]의 피에 대하여 책임이 있다"(Danby 1933, 388).

27) 칭호(*titulus*)의 문제에서처럼: 요 19:21f.

28) 마 27:1-26/막 15:1-15/눅 23:1-25/요 18:28 19:16. Cf. Robinson 1985, 254-75; Sherwin-White 1969 [1963], ch. 2. Brown 1994, 721f.에는 여기에서 채택한 것과 비슷한 노선을 따른 사법절차에 대한 요약 — 비록 빌라도를 좀 더 좋게 다루긴 하지만 — 이 나온다.

29) 마 27:11/막 15:2/눅 23:3/요 18:37. 물론, 이 어구의 정확한 의미는 논란이 심하다. Dodd의 견해가 적절한 것으로 보인다(1968, 89f.): "이 말은 '그 말은 너의 것이다, 네 맘대로 해라' 등과 같은 것을 의미하는 의도적인 전가의 말인 것처럼 보인다." 그는,

빌라도는 유대 지도자들이 예수를 처형하고자 하는 나름대로의 이유들을 갖고 있고, 반란죄를 그 편리한 핑계로 사용하고 있다는 것을 알았다. 셋째, 이것은 빌라도에게 그가 통상적으로 할 것으로 예상되었던 것, 즉 그들의 요청을 거부할 여지를 마련해 주었다: 빌라도는 실제로 그렇게 하고자 했으나, 실패하고 말았다.[30] 넷째, 빌라도가 실패하게 된 것은 유대 지도자들이 그가 이 반란자 왕을 처형하지 않는다면 카이사르에 대한 불충성의 죄를 지게 될 것이라고 단호한 어조로 지적했기 때문이었다.[31] 역사적으로, 감정적으로, 정치적으로, 이러한 일련의 과정은 완벽하게 의미가 통한다. 로마 당국자들의 견지에서 볼 때, "예수는 왜 죽었는가?"라는 질문에 대한 대답은 빌라도가 정의 앞에서 냉소적인 파워 게임을 했을 뿐만 아니라(이것이 통상적인 것이었다), 또한 이 경우에는 두 당사자 앞에서 자신만의 이익을 노골적으로 취했다는 것이다.

그러나 이것은 단지 우리의 질문의 두 번째 및 세 번째 측면을 부각시켜 줄 뿐이다. 고위 제사장들은 왜 예수를 정죄받은 범죄자로서 빌라도에게 데려 갔던 것인가? 그리고 예수는 왜 선동죄라는 죄목에 대하여 스스로를 변호하지 않았던 것인가?

마 26:25을 설명하면서 su eipas("네가 [그렇게] 말했다")와 nai("그렇다")를 명시적으로 구별하고 있는 주후 4세기 (그리스어로 된) *Apostolic Constitutions* 5:14:4를 인용한다.

30) 마 27:15-23/막 15:6-14/눅 23:17-23/요 18:39-40에 의하면, 그는 무리들이 유월절 관습의 일부로써 예수를 놓아달라고 요청하기를 바랐던 것으로 보이지만, 무리들이 예수 대신에 바라바를 놓아달라고 요구함으로써 그 의도가 무산되었다. 이러한 기사는 흔히 복음서 기자들이 그 책임을 빌라도에게서 유대인에게로 옮기고자 시도한 것이라는 의심을 받아왔지만, 이것이 역사적인 것일 가능성이 대단히 높다: 이것에 대하여 자세하게 논의하고 있는 Brown 1994, 787-820을 보라. 누가복음 23:6-12에 의하면, 빌라도는 예수를 헤롯에게로 보냈기 때문에, 그는 고위 제사장들이 아니라 헤롯의 말을 듣고 행동했다고 말할 수 있었다. (Parker 1987은 이 전 과정을 실제로 움직이고 있었던 인물은 헤롯이었다고 주장한다; 사실, 헤롯은 흔히 생각하는 것보다 더 복음서의 이야기들 속에서 중요한 인물이지만, 이 정도까지는 아닐 것이다.) 바라바 또는 헤롯과 관련된 사건은 그 어느 것도 우리의 현재의 논의에 실질적인 영향을 미치지 않는다.

31) 빌라도의 과민한 반응을 이해하기 위해서는 우리는 단지 Tac. *Ann.* 5-6에 나오는 티베리우스(디베료)의 "공포 정치"에 관한 기사를 읽어보기만 하면 된다.

3. 유대인들이 제시한 죄목

유대인들의 심문 과정을 살펴봄에 있어서 역사가의 과제는 로마 당국의 재판에서와 마찬가지로 끝부분에서 시작한다면 훨씬 수월해질 것이다. 로마인들의 재판에서 우리가 십자가 위의 명패를 안전한 토대로 삼아서 거기로부터 거꾸로 추적해 들어갔던 것과 마찬가지로, 유대인들의 심문 과정과 관련해서도 그 심문의 끝부분에서 시작하여 그 법정의 평결이 나게 된 과정을 재구성하는 것이 편리할 것이다. 그런데 애석하게도, 그와 같은 것을 우리는 할 수가 없다. 왜냐하면, 우리가 앞 장에서 보았듯이, 공관복음서들, 특히 마태와 마가가 시사해 주고 있는 평결은 통상적으로 역사적으로 뭔지 모를 것으로 여겨지고 있기 때문이다. 따라서 우리는 그 대신에 외적인 두 개의 준거점들로부터 재판 기사를 향하여 나아가는 방향으로 추적해 들어가지 않을 수 없다: 한편으로는 예수의 성전 행위, 다른 한편으로는 빌라도 앞에서의 재판(이것은 역사적 사실이라고 여길 만한 근거가 충분하다).[32]

표면적 차원에서는 어느 쪽의 움직임도 특히 어려운 것은 아니다. 예수의 성전 행위는 곧바로 메시야직에 관한 질문으로 이어졌다; 메시야직에 대한 예수의 명확한 주장은 어려움 없이 빌라도가 예수에게 반문한 죄목으로 전환될 수 있다: "네가 유대인의 왕이냐?"[33] 그러나 빌라도의 경우에서와 마찬가지로, 우리는 흥미로운 현상에 직면한다. 물론, 유대 법정은 그들이 빌라도에게 예수를 끌고 갈 수 있는 죄목을 찾기 원했고, 그들의 단죄와 선고가 빌라도로부터 재가를 받고 집행될 것을 바랐다. 그러나 그들은 빌라도와 마찬가지로 예수가 갈릴리 사람 유다와 동일한 종류의 메시야를 참칭한 자가 아니라는 것을 아주 잘 알고 있었다. 만약 그들이 예수가 메시야를 참칭하는 자라고 생각하였다면,

---

32) cf. Harvey 1982, ch. 2.

33) 마 27:11/막 15:2/눅 23:3/요 18:33. 이러한 표제는 "하스모네 왕가와 헤롯 대왕에 의해서 행사되었던 유대와 예루살렘에 대한 왕권을 재확립하고자 하는 시도"라는 견지에서 "한 로마인이 예수를 어떻게 이해하고 있는지"를 반영한 것이다(Brown 1994, 731). 우리는 여기에 "또는 요세푸스(예를 들면, *Ant.* 17:285)에 의해서 언급된 민중혁명 운동이라는 견지에서"라는 말을 덧붙일 수 있을 것이다(cf. Sherwin-White 1969 [1963], 24f.). 그러나 Brown은 "메시야"에서 "유대인의 왕"로의 전환을 부당하게 너무 심각하게 만들고 있다.

그들은 그의 추종자들도 함께 체포하였을 것이다. 그러나 사실 "그 누구도 (예수가) 유대 당국이나 로마 제국에 대하여 실제적인 위협을 주었다고 생각할 수는 없었다."[34) 예수의 운동은 그런 유의 운동이 아니었고, 아무도 그것이 그런 운동이었다고 심각하게 생각하지 않았다. 메시야 사상에 초점이 맞춰진 일련의 역사적 진실이 아주 명백하게 해명될수록, 단지 다음과 같은 진정한 문제점만이 부각된다: 그렇다면, 왜 유대 당국자들은 예수를 제거하기로 결심한 것인가?

후대의 유대교 전승은, 우리가 제9장에서 살펴본 것과 같이, 예수의 공생애 사역 동안에 저류하였던 동기를 부각시켜 준다. 바빌로니아 탈무드는 그것을 다음과 같이 표현한다:

> 예수는 유월절 전날에 십자가에 달렸다. 전령관은 40일에 걸쳐서 그 앞에 와서 이렇게 말했다. "그는 마술을 행하여 이스라엘을 어그러진 길로 유혹하고 인도하였기 때문에 돌에 맞아 죽게 될 것이다. 그를 변호할 내용을 알고 있는 자는 누구든지 와서 그를 위하여 청원하라." 그러나 그를 변호할 것이 아무것도 발견되지 않았기 때문에, 그는 유월절 전날에 십자가에 매달려졌다.[35)

달리 말하면, 예수의 죽음에 대한 기독교적 해석들에 전혀 의거하지 않았음이 분명한 이 유대교 전승은 예수는 유대교 율법에서 사형으로 처벌할 수 있는 범죄를 범하였기 때문에 죽임을 당하였다는 것을 분명히 하고 있다 ─ 구체적으로 말하면, 신명기 13장 및 그와 유사한 구절들, 그리고 그것들에 대한

---

34) Sanders 1985, 329(강조는 원저자의 것); cf. 231, 295, 317f. 샌더스는 이것이 예수를 당국자들이 유사하다고 여겼을 그 밖의 다른 몇몇 운동들과 대비하고 있다는 점을 강조한다.

35) bSanh. 43a(또한 cf. 107b). 이 문제 전체에 대해서는 위의 671-677를 참조하라. 예수가 돌에 맞아서 죽은 후에 나무에 내걸린다는 것이 얼마나 이상한 것인지는 mSanh. 6:4에 의해서 설명되고 있다: 돌로 쳐 죽인 후에, 시체는 효수대에 내걸려야 했지만, 신명기 21:23의 규정에 따라 해가 지기 전에 그 시체를 내려야 했다. 변호를 위한 40일 간의 청원이라는 개념은 Klausner 1947 [1925], 28에 의해서 제대로 반박되었다.

후대의 랍비들의 해석들.[36] 아마도 이것이 유대인들의 심문 장면에서 역사적으로 확고한 준거점에 가장 가까운 것으로서, 우리는 이것을 토대로 내부로 천착해 들어갈 수 있을 것이다.

그러나 그들은 어떤 점들에서 예수가 "백성들을 어그러진 길로 인도하고" 있다고 생각했던 것일까? 물론, 요세푸스는 그가 "강도들"이라고 지칭한 그러한 "예언자적" 지도자들의 인품들과 동기들을 혹평하는 데에 최선을 다하지만, 반란 운동을 이끄는 것이 이러한 범주에 속하는지는 불분명하다. 어쨌든, 우리가 지금까지 살펴본 대로, 고위 제사장들이나 빌라도는 예수를 혁명과 관련된 심각한 위협으로 여기지 않았던 것으로 보인다. 사실 그랬다; 우리가 앞에서 논증한 대로, 그들은 예수가 당시 유대교의 가장 중심적이고 소중했던 상징들의 몇몇을 배제하고 그것들을 예수 자신에 대한 충성으로 대체한 과제(agenda)를 주창했고 또한 따르고 있었기 때문에 신명기 13장 및 그와 유사한 구절들을 거론하였다. 좀 더 구체적으로 말하면, 토라에 대한 예수의 태도(갈릴리 사역 동안의)는 성전에서의 그의 행위를 이미 예시해주는 것이었다: 갈릴리에서 예수가 무엇을 행하고 말하였던가를 알고 있었던 제3자들은 아마도 "봐라! 내 그럴 줄 알았어!"라고 말했을 것이다. 다른 사람들이 판단하기에는, 예수는 토라와 성전에 반대하여 말하고 행동하였고, 말과 모범과 "권능의 행위들"을 통해서 다른 사람들도 그와 같이 하라고 이끌고 있는 것으로 보였다. 그들의 눈에는, 예수가 이스라엘을 어그러진 길로 이끌기 위하여 기사와 이적들을 행하는 거짓 예언자가 아니라면 어떤 것으로 비칠 수 있었겠는가?

이렇게 해서 가야바 앞에서의 심문의 배후가 분명해졌다. 우리가 앞 장에서 보았듯이, 표면적인 본문은 (요한의 기사가 분명히 보여주듯이) "이스라엘을 어그러진 길로 인도하는" 자에 관해서는 조금도 흥미가 없었지만 로마에 대항하여 반란 운동을 이끄는 자에 대해서는 관심이 있었고 또한 관심을 가져야 했던 빌라도 앞에서 먹혀 들어갈 죄목이 뼈대를 이루고 있다. 그러나 그 배후에 있는 동기는 유대인의 법정이 예수가 유대 율법에 규정된 범죄를 저질렀다는 것을 발견하였다는 결정이었다. 일반 백성들은 예수가 빌라도가 체포해서 사형을 집행하게 될 그런 유의 메시야 — 바나바와 같이 도성에서 폭력적 혁

---

36) 위의 671-677를 보라.

명을 이끌었던 것과 같은 — 이기를 원했을 것이다.[37] 유대 지도자들이 예수가 혁명적 메시야라는 죄를 범하였다는 것을 알았고, 그래서 그를 그러한 죄목으로 빌라도에게 넘겨주었다면, 그들은 그들이 그토록 피하고 싶어 했던 폭동을 촉진시키는 것이 되었을 것이다.[38] 그러나 그들이 예수가 유대 율법에서 잘 알려져 있던 사형에 해당하는 범죄를 저질렀다고 주장할 수 있다면, 그들은 백성들을 설득할 수 있을 것이었다. 이것이 그들의 목적이었다는 것을 보여주는 또 하나의 단서는 유대 법정에 의한 조롱 속에서 찾아볼 수 있다. 헤롯과 로마인들은 예수를 메시야를 참칭한 자로 조롱하였던 반면에, 유대 지도자들은 그를 예언자 노릇하는 자라고 조롱하였다.[39]

그러나 우리는 유대 법정의 동기를 단순히 냉소적이고 정치적인 것으로 축소시켜서는 안 된다. 유대 율법을 진지하게 지켰던 사람들은 당시에 통용되던 과제들과 토라 해석들이라는 견지에서 볼 때에 예수가 "이스라엘을 어그러진 길로 인도하고" 있었다는 결론을 내리지 않을 수 없었다.[40] 예수가 민족의 저항운동을 찬성하지 않고 오히려 반대했기 때문에, (샴마이 학파가 주류를 이루고 있었던) 대부분의 바리새인들은 예수를 몹시 못마땅하게 생각했을 것이다.[41] 예수가 "백성들을 부추겨서" 매우 민감한 사회적·정치적 상황 속에서 가는 곳마다 사람들의 뜨거운 반응을 불러일으키고 있었기 때문에, 고위 제사장들과 사두개인들은 그를 심각한 골칫덩이어리 바라보지 않을 수 없었을 것이다. 이러한 그들의 염려에 관한 요한의 기사는 이러한 것들이 모두 역사성을 지니고 있다는 것을 잘 보여준다:

---

37) 요세푸스의 글과 같이 되어 있는 누가복음 23:19을 참조하라: 바라바는 "폴리스" (polis, 도성)에서 "스타시스"(stasis, 소요)가 있는 동안에 "포노스"(phonos, 살인)를 저질렀다.

38) 마 26:5/막 14:2에서처럼; cf. 눅 22:2; 요 11:47-53. 절기의 때에 폭동들과 로마군의 진압은 새로운 것이 아니었다: cf. *NTPG* 172-7과 거기에 나오는 참고문헌들.

39) 마 26:67f./막 14:65/눅 22:63-5. 마태복음에는 그들이 예수를 "메시야"라고 불렀다고 되어 있지만, 마태복음에 있어서도 이 장면의 초점은 예수가 거짓 예언자로 조롱을 당했다는 것이다.

40) cf. Klausner 1947 [1925], bk. 8, ch. 3.

41) 바리새인들, 그들의 분파들, 과제들에 대해서는 cf. *NTPG* 181-203과 위의 제9장.

대제사장들과 바리새인들이 공회를 모으고 이르되 이 사람이 많은 표
적을 행하니 우리가 어떻게 하겠느냐 만일 그를 이대로 두면 모든 사람
이 그를 믿을 것이요 그리고 로마인들이 와서 우리 땅과 민족을 빼앗아
가리라 하니.[42]

예수는 표적들을 행하고 있다; 백성들은 그를 좇아 어그러진 길로 가게 될
것이다; 성전, 그리고 민족의 삶 자체가 위기에 처해 있다. 이러한 것들이 그
날 밤 고위 제사장의 집에서 있었던 심문 배후에 자리잡고 있던 진정한 쟁점
들이었다고 나는 생각한다. 또한 이러한 쟁점들과 예수가 메시야를 참칭하는
자라는 좀 더 분명한 고소는, 누가의 기사 속에서, 공회가 빌라도 앞에 제시한
죄목을 낳게 되었다:

우리가 이 사람을 보매 우리 백성을 미혹하고 카이사르에게 세금 바치
는 것을 금하며 자칭 왕 그리스도라 하더이다.[43]

그러므로 우리가 극단적으로 회의적 태도를 취하거나, 예수가 어떻게 그리
고 왜 처형되었는지에 대하여 알 수 있다는 것을 부정하지만 않는다면, 우리
는 지금 우리 앞에 놓여 있는 고소들의 결합이 고위 제사장들 앞에서의 심문
의 핵심을 이루고 있었다고 말하지 않을 수 없다.

그렇다면, 그들은 밤중에 서둘러서 공식적인 재판을 열었던 것인가? 셔윈-
화이트(Sherwin-White)는 특히 정황 증거들로 볼 때에 그들이 그렇게 했을
확률이 대단히 높다고 주장하였다.[44] 그들은 날이 밝는 대로 빌라도를 끌어들
여서 유월절 절기가 본격적으로 시작되기 전에 이 문제를 매듭짓고 싶어했
다.[45] 이 점에 대해서 확실하게 말하기는 불가능하지만 — 또한, 이 장의 논증

---

42) 요 11:47f.

43) 눅 23:2. 마 27:11/막 15:2은 좀 더 자세한 설명을 필요로 하는데, 이는 그 본문들
이 빌라도가 느닷없이 예수에게 "네가 유대인의 왕이냐?"라고 물었다고 하고 있기 때문
이다.

44) Sherwin-White 1969 [1963], 44-7.

45) 이것은 예수가 유월절 전 날에 처형되었다는 것을 전제한다: 아래를 보라.

을 위해서 그럴 필요도 없다. ― 나는 요한복음 11장에 나오는, 예수가 참석하지 않았던 상태에서 열렸던 회의가 실제적인 "재판"이었고, 거기에서 (a) 예수가 이스라엘을 어그러진 길로 인도하는 거짓 예언자라는 것, (b) 그는 정치적으로 대단히 위험한 인물이라는 것, (c) 그를 죽이든가 성전과 민족이 위태롭게 되든가, 이 둘 증의 하나를 선택해야 하는 것처럼 보이기 때문에, 그는 죽임을 당해야 한다는 것, 이렇게 세 가지가 합의되었다는 견해에 동조하고자 한다.[46] 이제 남은 것은 성전 및 거짓 예언이라는 고소, 이 두 가지와 관련된 모종의 자백을 받아내는 것이었다. 그리고 실제로 바로 그것이 그날 밤 대제사장의 집에서 열린 심문 과정에서 얻어낸 것이었다.[47]

실제로는 그들이 생각했던 것보다 그 이상의 것을 그들이 얻어 냈다. 죄수는 메시야를 참칭했다는 죄목을 인정했을 뿐만 아니라 자기가 장차 신원될 것이라고 "예언함으로써" "신성모독"이라는 죄목까지 추가될 수 있었기 때문이다. 예수는 이제 성전을 쳐서 거짓 예언을 함으로써 신명기 13장에 의해서 정죄된 범주, 고위 제사장들의 평결이 옳았다는 것을 무리들로 하여금 확신할 수 있게 해 줄 수 있는 범주 속에 스스로를 분명하게 두었고, 메시야적 열망들을 자백함으로써, 스스로를 빌라도로 하여금 고위 제사장들을 무시하는 그의 태도에도 불구하고 그들이 내렸던 판결을 집행할 수밖에 없게 만들었던 범주 속에 두었다. 예수는 그가 메시야로서 이스라엘의 하나님 우편 보좌 위에 앉게 될 것이라고 예언하는 방식으로 이 두 가지 것을 행하였다. "너희는 인자가 권세의 우편에 앉아 있는 것과 하늘 구름을 타고 오는 것을 보리라."[48]

우리는 예수 이전과 이후에 그 누구도 자기 자신에 대하여 이런 식으로 말했던 적이 있었다는 증거를 전혀 갖고 있지 않기 때문에, 그들이 그렇게 하는 것을 막기 위하여 신성모독에 관한 율법을 적용하였다는 증거가 남아 있지 않다는 것은 전혀 이상한 일이 아니다. 그러나 이미 예수 위에 걸려 있었던 거

---

46) Cp. Sanders 1985, 317f.

47) Harvey(1982, 30-2)는 유대인들의 심문은 법적인 것이 아니라 정치적인 것이었다고 주장한다: 거기서 중요했던 것은 예수가 공식적으로 범죄자로 선고되었다는 것이 아니라, 그 심문에 참여했던 유대인들이 예수를 메시야를 참칭하는 자로 로마인들에게 넘기는 데에 필요한 충분한 근거를 확보하는 것이었다.

48) 마 26:64/막 14:62; cf. 눅 22:69; 위의 555-63, 796-803을 보라.

짓 예언이라는 죄목과 다니엘서 7장에 대한 언급이 시사해 주는 "두 권세"라는 함의를 감안하면, 마태복음 26:65과 마가복음 14:63-64에서와 같은 가야바의 반응은 실질적으로 역사적인 것일 가능성이 크다고 나는 생각한다. 특히 무엇보다도 그것은 고위 제사장들이 빌라도에게 "우리에게는 율법이 있으니 그 율법에 의하면 그는 하나님의 아들이라고 주장했기 때문에 죽어야 한다"라고 말했다고 전하는 요한복음 17:7을 설명해 준다.[49] 만약 다니엘서 7장에 대한 언급이 없었다면, 마가복음 14:61에 나오는 "그리스도 찬송 받으실 이의 아들"이라는 어구는, 내가 앞 장에서 역설했듯이, 단순히 "진정한 다윗 가문의 왕"을 의미할 수도 있다. 따라서 이 어구에 새로운 의미를 부여하고 있을 가능성이 적어도 열려 있다: "이스라엘의 하나님의 우편에 앉게 될 자." 이 장면의 역사성에 대한 유일하게 남은 반론은 물론 예수가 그러한 것을 결코 말하거나 의미하지 않았을 것이라는 것이다. 이 점에 관한 논의는 다음 장으로 미루어 두기로 하자.

그러므로 유대 당국자들의 관점에서 보면, "예수는 왜 죽었는가?"라는 질문은 오중적인 대답을 불러일으킨다. 예수가 사형죄에 해당하는 죄목으로 로마 총독에게 넘겨진 이유는 이런 것들이었다:

(i) 많은 사람들(특히 많은 바리새인들, 또한 고위 제사장들)은 예수를 "이스라엘을 어그러진 길로 인도하는 거짓 예언자"로 보았다;

(ii) 이것의 한 측면으로서, 그들은 예수의 성전 행위를 민족의 삶뿐만이 아니라 그의 백성 가운데 야훼의 임재와 관련된 중심 상징에 대한 일격으로 보았다;

(iii) 예수는 분명히 실제적이거나 조직화된 군사적 혁명을 이끌지는 않았지만, 자기 자신을 어떤 의미에서 메시야로 보았기 때문에, 중대한 혁명 활동의 구심점이 될 수 있었다;

(iv) 이러한 세 가지 점의 실용적인 초점으로서, 그들은 예수를 성전과 민족에 대한 로마의 진노를 불러일으킬 행동을 할 수 있는 위험스러운 정치적인 골칫거리로 보았다;

(v) 심문 과정의 중요한 순간에, 예수는 (그들이 보기에는) 위의 죄목들에

---

49) 또한 cf. 눅 22:70.

대하여 유죄를 인정했을 뿐만 아니라, 스스로를 이스라엘의 하나님과 동등하게 놓는 신성모독을 범하기도 하였다.

이렇게 해서 유대 백성의 지도자들은 예수를 빌라도에게는 골치 아픈 선동자로, 그들의 동시대인들인 유대인들에게는(또한 마찬가지로 랍비 유대교의 이후 세대들에게도) 이스라엘을 어그러진 길로 인도하는 거짓 예언자이자 신성모독을 행한 자로, 그리고 그들 자신에게는 위험스러운 정치적인 골칫거리로 제시할 수 있었다. 이 모든 이유 때문에 예수는 죽어야 했다.

물론, 그들의 평결은 예수의 죽음을 위한 충분조건이 되지 못했다. 그들은 빌라도가 그 선고를 재가하고 집행하는 것을 필요로 했다. 빌라도의 재가는 예수의 십자가형의 필수조건이었다: 빌라도 자신은 예수에 대하여 그 어떠한 죄목도 제시하지 않았고, 만약 그가 어떤 죄목을 제시했다면, 그들은 예수를 채찍질하는 데에 그쳤을 가능성이 대단히 높다.[50] 빌라도의 결정은 예수의 십자가 처형의 필수조건이자 충분조건이었다. 만약 빌라도가 이에 동의하기를 거부하였다면, 예수는 채찍질을 당한 후에 방면되었을 것이다; 하지만 빌라도가 이에 동의하였기 때문에, 이 문제는 일단락되었다. 이러한 복합적인 원인들은 이 사건들을 잘 설명해 준다; 이러한 설명은 일차 자료들을 제대로 다룬 것이다; 그것은 유대 당국자들과 로마 당국자들 중 그 어느 한편에 대한 편향을 반영하고 있는 것이 아니다. 왜냐하면, 빌라도는 적어도 가야바만큼이나 악한 인물로 등장하기 때문이다; 그리고 이러한 설명은 그 복합성으로 인해서 이교 문헌과 유대 문헌, 그리고 초기 기독교 문헌 속에서 발견되는 다양한 강조점들을 설명해 준다.[51]

그러나 두 번의 재판 과정 속에서 죄수는 해야 할 역할이 있었다. 그는 애초에 체포당하는 것을 피할 수 있었을 것이다.[52] 그는 산헤드린을 달래는 쪽을

---

50) Jesus ben Ananias와의 유비에 대해서(Jos. *War* 6:302-4); 그리고 cf. 눅 23:16, 22.

51) 이교 문헌: 예를 들면, Tac. *Ann.* 15:44; 유대 문헌: bSanh. 43a 등. (위를 보라.) (로마 본문은 오직 로마가 개입된 부분만을 언급하고, 유대 본문은 오직 유대인들이 관여한 부분만 언급한다. 이 둘 중 어느 "쪽"도 예수의 죽음에 대한 책임을 수치스러운 것으로 여기지 않았다.) 초기 기독교 문헌: 예를 들면, 행 2:23; 3:14; 4:10, 27f.; 5:30; 7:52; 10:39; 13:28; 딤전 2:14f.

선택할 수도 있었을 것이다. 그는 나중에 그의 증조카들이 도미티아누스 황제 앞에서 그랬던 것처럼, 빌라도에게 자기는 공공의 질서에 대한 위협을 제기하지 않았다는 점을 조목조목 설명할 수도 있었을 것이다.[53] 달리 말하면, 예수는 자기가 쥔 모든 카드들을 다른 식으로 사용해서, 무죄 방면되거나 가벼운 처벌만을 받고 풀려날 수도 있었을 것이라는 말이다. 또 다른 식으로 얘기하면, 예수 자신의 결정들은 그 자체가 그의 죽음의 필수 조건들이었을 것이라는 말이다 ― 물론, 충분조건은 아니었겠지만. 빌라도와 고위 제사장들을 다 살펴보았기 때문에, 이제 우리는 예수 자신에게로 눈을 돌려서, 다시 한 번, 그러나 이제는 그의 사고방식과 관련하여 다음과 같은 질문을 던져야 한다: 예수는 왜 죽었는가?

4. 예수의 의도(1): 핵심 상징

(i) 서론

예수는 그가 죽었던 방식과 같은 그런 식으로 죽고자 의도하였던 것인가? 그리고 만약 그랬다면, 왜 그러했는가? 나는 앞에서 예수와 거의 동시대에 살았던, 서로 매우 달랐던 세 인물들을 예로 들어서 이러한 질문을 제기하는 것이 역사적으로 의미가 있다는 것을 논증하였다: 세네카, 엘르아살, 안디옥의 이그나티우스.[54] 각각의 경우에, 그 인물이 무엇을 의도하였는지를 묻는 것은 의미가 있을 뿐만 아니라, 그러한 의도를 지탱해 주고 있는 사고방식과, 그러한 사고방식이 유래하였을 세계관을 탐구하는 것도 마찬가지로 의미가 있다. 우리가 지금 자기 자신의 죽음에 대한 예수의 이해와 관련하여 행하고자 하는 것도 바로 그와 같은 과제이다.

알버트 슈바이처는 지금부터 거의 한 세기 전에 "예수의 전기들"을 크게 두 가지 부류로 나누어 볼 수 있다고 생각하였다: 예수가 "사역하기" 위하여 예루살렘에 갔다고 본 전기들과 예수가 죽기 위하여 예루살렘에 갔다고 본 전기

---

52) 유다의 배신을 감안하더라도 ― 상당히 관심있는 것이긴 하지만 현재의 논의와는 상관이 없는 주제.

53) Eus. *HE* 3:19f.: cf. *NTPG* 351f.; Bauckham 1990, 94-106.

54) 위의 181.

들.[55] 슈바이처 자신은 후자의 길을 강력하게 옹호하였다.[56] 그 이후의 대부분의 학자들은 그것으로부터 한 발자국 물러나서, 예루살렘에 간 것을 예수가 "괴상하였다"는 것을 보여주는 것으로 받아들였다(다른 점에서는 슈바이처와 매우 유사한 견해를 보이고 있는 최근의 한 저술가의 말에 의하면).[57] 나는 세부적인 내용에서는 그렇지 않지만 개략적으로는 슈바이처와 동일한 의견을 지니고 있기 때문에, 처음부터 이러한 반론은 결함이 있다고 말하는 것이 당연할지도 모른다. 물론, 오늘날의 안락한 서구의 학자가 보기에는, 사형에 해당하는 죄를 일부러 조성한 후에 자기를 범죄자로 만드는 방식으로 의도적으로 행한 것 ― 부분적으로는 침묵에 의해서, 부분적으로는 암호 같지만 자기를 파멸시킬 자기 노출들을 통해서 ― 이 "괴상하게" 여겨졌을 것이다. 그러나 예수는 오늘날의 안락한 서구의 학자가 아니었다.[58] 또 다른 세계관이 그의 지평을 지배하고 있었고, 그의 목적들과 신념들을 설정하였으며, 그의 의도들을 만들어 내었다. 예수보다 400년 전에, 소크라테스는 아테네 체제에 비위를 맞추기보다는 차라리 죽음을 택하여 형장으로 갔었다: 그의 추종자들은 그를 위하여 심히 애곡하였으나, 아무도 그가 괴상하다거나 변덕스럽다고 생각하지는 않았다. 사실 소크라테스가 사형을 순순히 받아들인 것이 보여주는 요지는 그 밖의 다른 행동은 그의 삶 및 가르침 전체와 근본적으로 불일치하게 된다는 것이었다.[59] 예수가 필연적으로 죽을 수밖에 없었고, 다른 어떤 행동보다도 그

---

55) Schweitzer 1954 [1906], 389 n.l.

56) 이 점에 있어서 최근에 Schweitzer를 따르고 있는 학자들로는 O'Neill 1980, ch. 4; Bockmuehl 1994, 90; Hengel 1995b, 72 등이 있다.

57) Sanders 1985, 333(그가 비판하고 있는 것은 엄밀하게 말해서 Schweitzer의 견해가 아니라 그 견해의 "논리적 함의"이지만).

58) Sanders(ibid.)는 예수가 "주후 1세기에 있을 법한 환상가(visionary)"(강조는 원저자의 것)였다고 주장한다. 물론, 이 모든 것은 "있을 법한"이라는 말이 무엇을 의미하는지에 달려있다. 분명히 후대의 몇몇 전제들이 신약성서에 거꾸로 투사되어 있는 것을 밝히는 데에 총력을 기울여 왔던 샌더스는 자기 스스로도 동일한 덫에 빠지기를 원치 않을 것이다.

59) Plato, *Apology, Crito, Phaedo.* 특히, cf. *Apol.* 40-41: "나[소크라테스]는 내게 일어난 이 일이 축복이 아닌가 하고 생각하는데, 우리가 죽음을 나쁜 것이라고 여긴다면, 그것은 대단한 착각이다 … 나는 내가 죽어서 나를 혼란스럽게 하는 것들로부터 놓여

러한 죽음을 택할 수밖에 없었던 세계관(물론, 소크라테스의 세계관과 동일한 것은 아니지만)을 지니고 있었는지는 아직은 적어도 열려있는 질문이다.[60]

앞서의 연구들에서와 마찬가지로, 우리는 "개념들"과 그것들을 드러내 줄 수도 있고 그렇지 않을 수도 있는 고립적인 말씀들을 연구하기 전에 실천, 이야기, 상징으로 시작하지 않으면 안 된다. 관념론적 전통은 말씀들로부터 시작함으로써 가설적인 전승사의 안개에 묻혀서 사건들과 행위들을 보지 못하는 경향이 있다. 그러나 상징들의 가치를 알고 있는 세계 속에서 중요한 것은 사건들과 행위들, 그리고 그러한 것들이 드러내 주는 암묵적인 이야기들이다. 고대의 상징들 중 다수를 스스로 제거해 버리고 남아 있는 것들까지도 조롱하거나 주변적인 것으로 치부해 버리고 있는 세계 속에 살고 있는 오늘날의 서구인들은 단 하나의 행위로써 실제로 어떤 것을 말할 수 있는 세계 속으로 들어가기 위해서는 엄청난 역사적 상상력을 발휘하지 않으면 안 된다. 우리의 말과 개념 문화 속에서 사는 철학자들이 이제 와서 "발화 행위들" 같은 개념들을 통해서 이런 식의 사고를 다시 주장하고자 애쓰지 않을 수 없었다는 것은 아이러니컬하다.[61] 그러나 우리가 그러한 노력을 하지 않는다면, 우리는 우리 자신의 문화의 포로들이 되어서, 역사가가 되려고 하는 것조차도 포기하지 않으면 안 될 것이다. 말들은 상징 행위들의 초점을 맞춰주고, 제안하며, 날카롭게 하지만, 그 행위들을 대체하지는 못한다. 그리고 물론 그의 죽음에 관한 예수의 암묵적인 이야기에 대하여 열쇠를 제공해 주는 중심 상징 행위는 최후의 만찬이다.

(ii) 최후의 만찬: 상징과 의미

(a) 서론

제자들과 함께 한 예수의 마지막 식사는 의도적인 이중적 드라마였다.[62] 유

날 아주 좋은 때가 왔다고 분명히 확신한다."

60) Schweitzer에 대한 Sanders의 반론과 관련된 자세한 논의와 그가 대신 제시한 견해들에 대해서는 아래의 서술을 보라.

61) Thiselton 1980, ch. 5에 나오는 논의를 보라.

62) 학자들의 견해에 대한 최근의 개관과 참고문헌들에 대해서는 O'Toole 1992를 참조하라.

월절 식사로서의 그것은 뒤로는 애굽으로부터의 구원인 출애굽을 돌아다보고, 앞으로는 여전히 미래에 있을 위대한 출애굽, 포로생활로부터의 귀환을 내다보면서 압제로부터의 하나님의 구원이라는 견지에서 유대인들의 역사에 관한 이야기를 말하였다. 그러나 예수의 식사는 이 위대한 이야기를 또 다른 이야기와 융합하였다: 예수 자신의 삶과 그의 다가올 죽음에 관한 이야기. 그것은 그를 구경꾼으로서가 아니라 많은 참여자들 중 하나, 그러나 중심 인물로서 하나님이 주신 이 드라마에 연루시켰다.

(b) 최후의 만찬과 유월절

물론, 이것은 최후의 만찬이 이런저런 의미에서 유월절 식사였다는 것을 전제한다.[63] 공관복음서 기자들도 그렇게 말하고 있다: 그들은 이 식사를 시기상으로 유월절과 연관짓는다: 그들은 예수와 제자들이 "유월절 식사를 했다"라고 말한다; 그들은 제자들이 "유월절 식사를 준비했다"라고 기록하고 있다.[64] 그러나 요한은 이 식사가 유월절 전날에 있었다는 것을 보여준다; 그러나 그는 이 식사 또는 떡이나 포도주와 관련된 그 어떤 상징 행위들도 서술하지 않고, 오직 발을 씻겨 주었다는 것만을 말하고 있다.[65] 이것은, 우리가 앞서 보았듯이, 예수가 "유월절 전날에" 처형되었다는 탈무드의 증거와 일치한다.[66] 이러한 문제점을 해결하기 위하여 여러 가지 시도들이 있어 왔다. 예수는 다른 역법(아마도 에세네파가 사용하였던?)을 따랐을 것이라는 주장이 있다; 요한은 저녁 식사 준비를 위하여 성전에서 어린 양들을 도살하였던 것과 동일한 시간에 예수가 참된 유월절 어린 양으로 죽임을 당했다는 신학적 요지를 말하기 위하여 연대기를 수정하였다; 공관복음서 기자들은 이 식사를 그들의 신학 또는 전승에 따라서 유월절 식사로 바꾸어 놓았다.[67] 우리가 이 식사의 상징적

---

63) 이 주제 전체와 관련해서는 **Jeremias 1966a [1949]**가 여전히 기본서이다. 여기에서 그의 저작이 제기한 많은 복잡한 쟁점들을 논의하는 것은 불가능하다.

64) 시기: 마 26:17/막 14:12/눅 22:7. 예수의 말씀들: 마 26:18/막 14 14f/눅 22:11, 15. 제자들: 마 26:17/막 14:12. 준비: 마 26:19/막 14:16/눅 22:13.

65) 요 13:1; 18:28; 19:14, 31.

66) bSanh. 43a: 위의 671. 물론, 이 증거는 훨씬 후대의 것으로서, 우리가 이미 보았듯이, 이차적인 여러 요소들을 포함하고 있다.

의미와 암묵적 이야기를 우리의 연구의 이 부분에 있어서의 출발점으로 사용하고자 한다면, 이 문제는 꽤 중요하다.

문제가 되고 있는 식사가 일종의 유월절 식사였다는 것은 내게는 상당히 확실해 보인다. 이 식사와 관련된 몇몇 거의 부수적이라 할 수 있는 내용들이 이것을 보여준다. 이 식사는 밤중에 예루살렘에서 이루어졌다; 예수와 그의 제자들은 통상적으로 밤에 베다니로 되돌아 왔으나, 유월절 식사는 어두워진 후에(물론, 유대인들의 역법에 의하면, 한 날은 해가 지면서부터 시작되었다) 도성 안에서 이루어져야 했다.[68] 이 식사는 찬송, 그러니까 유월절 식사의 마지막에 불렀던 할렐 시편들로 된 찬송으로 끝이 났다.[69] 예수가 했던 중요한 말씀들에 대한 가장 좋은 설명은 유월절 식사를 하면서 가장(家長)은 통상적으로 출애굽 이야기 속에서 유월절 식사와 관련된 부분들을 설명했다는 것이다. 마찬가지로, 공관복음서의 시기 설정에 대한 반론들은 그리 강력하지 못하다. 예를 들면, 유월절은 통상적으로 가족들끼리 축하했다는 것이다; 그러나 요세푸스는 유월절이 그가 "작은 친목회"라고 부른 무리들에 의해서 축하되었다고 말하고 있는데, 어쨌든, 우리가 이미 살펴본 대로, 예수는 그의 제자들을 가공의 혈연 집단으로 여겼다.[70] 이러한 결론에 대한 유일한 대안은 이 사건 전체에 관하여 아주 근본적으로 회의적인 태도를 취함으로써 매우 초기의 기독교의 주요한 한 특징을 완전히 설명 불능으로 만들어 버리는 것이다. 바울은 그리스도인으로서의 그의 초창기 때에, 즉 30년대 초에 회심한 후 다메섹에서 성만찬에 관한 자세한 전승들을 "전해 받았다."[71]

이와 동시에, 우리가 예수의 과제 및 통상적인 활동 방식에 관하여 지금까

---

67) 다른 역법: Jaubert 1957. 요한의 어린양 기독론: 요 1:29, 36; 19:36(cf 출 12:46; 민 9:12; 고전 5:7).

68) 밤: 고전 11:23; 마 26:20/막 14:17; cf. 눅 22:14. 베다니: 마 21:17/막 11:11; 마 26:6/막 14:3.

69) 즉, 시 115-118편; 마 26:30/막 14:26.

70) cf. Jos. *War* 6:423f.; cf. 위의 610-618, 659-661. 그 밖의 다른 문제점들에 관한 논의로는 cf. e.g. O'Toole 1992, 236f.

71) 고전 11:23. 최후의 만찬에 관한 초기 전승들과 관련된 최근의 논의로는 cf. Caird & Hurst 1994, 225-32.

지 살펴본 것을 인정한다면, 우리는 예수가 유월절 절기를 공식적으로 정해진 날에 기념해야 한다고 느꼈을 것이라고 상정할 이유가 전혀 없다. 성서의 규례들은 어쩔 수 없는 경우에는 유월절을 규정된 것과는 다른 때에 지키는 것도 허락하였고, 예수가 자기 앞에 닥친 문제를 생각하였다면(누가 본문에서 함축하고 있듯이), 예수는 그것이 충분한 이유가 된다고 생각했을 것이다.[72] 예수가 공식적인 역법(음력)과 반대되는 에세네파의 역법(양력)을 따랐다고 하는 조베르(Jaubert)의 주장은 많은 지지를 얻지는 못했지만, 예수가 실제보다 앞선 날을 잡아서 유월절 식사와 유사한 것을 행하여 기념하지 않았다고 생각할 근거도 전혀 없다. 물론, 이것은 어린 양 없이 유월절 식사를 거행하는 것을 의미했을 것이다(제사장들은 그 이튿날이 되기까지는 유월절을 위한 어린 양들을 도살하지 않았을 것이기 때문에); 우리는 이것을 적법한 유월절 식사로 취급하지 못할 이유가 없는데, 이는 그런 식사가 어쨌든 디아스포라 속에서 행해졌기 때문이다(그리고 물론, 주후 70년 이후에는 유대인들의 세계 전체에 걸쳐서 그러한 식사가 이루어졌다).[73] 예수가 그의 사역 전체에 걸쳐서 그의 동시대인들의 상징 세계를 그의 삶과 사명을 중심으로 재조직했었다는 점을 감안하면(위의 제9장), 분명히 예수가 하루 일찍 유사 유월절 식사를 특별하게 준비했다고 생각하는 것도 전혀 이상한 일은 아닐 것이다. 이제까지 우리의 탐구의 모든 흐름들은 이러한 길을 보여주고 있고, 예수가 이 식사를 유월절의 상징체계 및 그것이 역사와 소망이라는 관점에서 의미했던 모든 것을 자기 자신과 그의 다가올 운명과 결부시키는 적절한 방식으로 보았다는 것을 암시해 준다.[74]

어떤 말들이 있기 전에, 이 깊은 상징을 지닌 식사는 무슨 이야기를 말해주었는가?[75] 유월절과 비슷한 배경을 인정한다면, 이 식사 자체는 두 가지 매우

---

72) 니산월 14일에 부정하거나 출타중인 사람들은 이 절기를 한 달 후에 지켜야 한다고 규정하고 있는 민수기 9:10f.를 참조하라; 역대기하 30:2-4, 13-15에 의하면, 이것은 히스기야에 의해서 실행되었다. 예수의 열심에 대해서는 누가복음 22:15을 참조하라.

73) 주후 70년 이전과 이후의 유월절의 변화에 대한 인식을 반영하고 있는 mPes. 10:3을 참조하라. Cf. Jaubert 1957.

74) 이와 비슷한 주장으로는 cf. Bockmuehl 1994, 92-4.

75) Sanders 1985, 264는 이 문제를 동일한 방식으로 효과적으로 묻고 있다 — 물론,

구체적인 것들을 말해 주고 있었다.

첫째, 유대인들의 모든 유월절 식사들과 마찬가지로, 이 사건은 애굽을 떠나는 것에 관하여 말하는 것이었다. 주후 1세기 유대인들에게, 그것은 예언자들이 말했던 포로생활로부터의 귀환, 새로운 출애굽, 위대한 계약의 갱신을 보여주는 것이었다. 유월절 식사는 "죄사함," 그의 백성을 구속하기 위하여 야훼께서 돌아오심, 문자 그대로 및 은유적 의미에서 파라오들에 대한 야훼의 승리를 상징하였다; 그것은 절정에 도달해 있던 이스라엘을 위한 야훼의 기이한 구원 목적들에 관한 지속적인 이야기 속에 자리잡고 있으면서 "성서에 따라" 행해졌다. 달리 말하면, 이것은 이스라엘의 하나님이 곧 왕이 되실 것이라는 것을 말하는 식사였다. 실제로, 이것은 그리 논란이 되지 않는다.

둘째, 그러나 이 식사는 예수 자신의 하나님 나라 운동을 그 절정으로 가져다주는 것이었다. 그것은 새로운 출애굽, 그리고 그것이 의미했던 모든 것이 예수 자신 안에서 및 그를 통해서 일어나고 있다는 것을 보여주었다. 이것은 아주 논란이 심한 문제이기 때문에, 좀 더 자세하게 설명할 필요가 있다.

예수가 이 전통적인 식사에 부여하였던 새로운 의미는 우리가 그것을 그의 성전 행위와 연결시킬 때에 드러나게 된다. 이 둘은 모두 예수를 중심으로 기이하게 새롭게 그려진 이스라엘의 운명에 대한 예기치 않은 성취를 보여주는 예언자적 상징들로서의 기능을 하였다. 사실, 이러한 관점에서 우리는 예수가 정해진 날 밤에 유월절을 기념하지 않는 것이 어쩌면 필수적이었다고까지 말할 수 있다; 예수는 유월절을 희생 제물인 어린 양을 꼭 필요로 했던 성전에 의거한 통상적인 유대의 연례적인 절기의 일부로서 그 동안 계속 행해져 왔던 것 중의 하나로 지키고 있었던 것이 아니었다.[76] 예수가 하나님 나라가 곧 동터올 것을 믿었다면, 달리 말하면 야훼께서 곧 새 계약, 포로생활의 종언, 죄사함을 개시시킬 것이라고 믿었다면, 예수는 이 식사를 그 상징성을 효과적으로 드러내기 위해서 형식은 그대로 유지했겠지만 통상적인 유월절 식사와는 구별했을 가능성이 대단히 높다. 예수가 하나님 나라가 단지 아직도 한참을 기다려야 하는 먼 장래의 사건이 아니라 실제로 현재의 순간에 돌입하고 있다고

그의 대답은 약간 다르지만.

76) 하지만, 정반대의 견해를 제시하는 Sanders 1993, 250f.를 참조하라.

믿었다면, 현재적 의미에서의 하나님 나라를 내포하고 있는 새로운 기이한 유월절을 그 유월절 밤에 기념하겠다고 생각한 것은 의미가 있다. 그리고 예수가 실제로 성전이 멸망받아 마땅하다고 믿었고, 성전이 야훼에 의해서 부족하다는 것이 발견되어 엄중하게 심판받았다고 믿었다면, 그는 마치 이미 디아스포라 가운데에서 성전이 없는 상황에서 그가 탄핵하였고 그 임박한 몰락을 예언한 바 있었던 체제에 의거함이 없이 자신의 유월절 식사를 기념하는 것이 적절하다고 여겼을 것이다.

그러므로 다락방에서의 예수의 행위의 상징적 및 서사적 의미를 알아내기 위해서는, 우리는 그것을 성전 행위와 나란히 두지 않으면 안 된다. 이 둘은 서로를 해석해 준다.[77] 그래서 예를 들면, 제이콥 뉴스너(Jacob Neusner) 같은 학자는 성전 행위와 최후의 만찬은 둘이 합쳐져서 예수가 실제로 유대교의 상징적 초점인 성전을 그가 새롭게 제정한 유사 제의적인 식사로 대체하고자 했다고 주장하였다.[78] 이와 비슷한 사고 노선을 따라서, 브루스 칠턴(Bruce Chilton)은 한 걸음 더 나아가서 가룟 유다가 고위 제사장들에게 고해바쳤던 것은 예수가 새롭고 근본적인 대안으로서 자신의 최후의 만찬을 기념함으로써 문제 많은 반-성전(counter-Temple) 행위를 수행하였었다고 주장하였다.[79] 내가 보기에는, 뉴스너와 칠턴은 결정적인 점을 건드렸지만, 나는 그들이 그것으로부터 꼭 필요한 결론을 이끌어 내었다고 생각하지는 않는다. 예수가 의도한 대비는 성전 체제와 예수에 의해서 제정된 식사의 주기적인 기념 간의 대비가 아니라, 성전 체제와 예수 자신, 구체적으로 말해서, 예수 자신의 다가올 죽음 간의 대비였다. 이것은 외부로부터 이 그림 속으로 집어넣어진 특이한

---

77) 우리는 요한복음 13:1-20에 나오는 세족식 장면을 이러한 의미로 이해할 수 있을 것이다. mBer. 9:5에 의하면, 거룩한 경내에 접근하기 전에 발을 씻어서 길거리에서 묻은 먼지를 씻어내야 했다. 달리 말하면, 예수의 행위는 그의 제자들을 실제로 성전을 대신하는 그 무엇을 위하여 준비시킨 행위로 보아질 수도 있다(주석자들이 통상적으로 이것과 관련하여 말하는 그 밖의 모든 것들에 더하여). 우리가 이러한 행위 또는 이것에 대한 해석을 예수 자신에게로 돌리든 돌리지 않든, 이 주제는 우리에게 성전 장면과 다락방을 병행으로 놓았던 최근의 여러 역사적 연구들과 동일한 방향을 보여준다.

78) Neusner 1989, 특히 290.

79) Chilton 1992b, 153f.; 또한 cf. 1992a.

개념이 아니라, 본서 전체에 걸쳐서 축적된 누적적인 증거들, 특히 앞 장에서의 증거들, 즉 예수가 유대인들의 기대와 소망에 관한 전승 전체를 의도적으로 자기 자신에게로 통합시켰다는 증거로부터 분명하게 드러나는 것이다. 예수는 자기 자신을 메시야, 위대한 하나님의 해방 행위의 초점으로 보았다. 이제 이스라엘의 삶과 소망의 중심을 이루고 있던 상징들은 예수 자신을 초점으로 하여 다시 그려졌다. 예수가 제자들과 함께 기념하였던 최후의 식사는 그런 의미에서 따로 고립된 독립적인 사건이 아니었다. 그것은 예수의 전체적인 삶과 과제, 곧 일어나게 될 사건들로부터 그 의미를 획득한다. 그것은 그러한 임박한 사건들에 그것들이 지니고 있다고 믿었던 의미를 부여하기 위하여 예수가 선택한 방식이었다.[80]

이러한 좀 더 넓은 맥락 속에서, 떡과 포도주와 관련된 예수의 행위들 — 이것이 역사적 사건이었다는 증거는 상당히 확고하다[81] — 은 히브리 성서에 나오는 몇몇 예언자들의 상징 행위들과 동일한 방식으로 보아져야 한다. 예레미야는 단지를 깨뜨렸고, 에스겔은 포위된 예루살렘의 모형을 만든다.[82] 그러한 행위들은 앞으로 일어나게 될 사건들(대체로 심판 행위들)을 불러오는 예언적 능력을 지니고 있다. 그것들은 곧 그러한 사건들의 견지에서, 또는 그 사건들을 통한 야훼의 활동이라는 견지에서 설명된다. 이와 동일한 방식으로, 식사를 하는 동안에 이루어졌던 예수의 중심 행위들은 이 식사 전체의 취지를 강화시키려는 의도를 지니고 있었던 것으로 보인다: 예수가 그의 사역 전체에 걸쳐서 순종해 왔던 하나님 나라 과제는 이제 마침내 그 궁극적인 목적지에 거의 도달하고 있었다. 유월절은 출애굽을 되돌아보고, 하나님 나라의 도래를 보여주는 것이었다. 예수는 이 식사가 자신의 죽음을 통하여 도래할 새로운 출애굽, 하나님 나라를 상징하도록 하고자 하는 의도를 지니고 있었다. 떡 및 잔과 관련된 예수의 행위들에 초점이 맞춰져 있는 이 식사는 유월절 이야기와

---

80) Cf. Jeremias 1966a [1949], 260f.

81) 나는 바울이 고린도전서 11:23-26에서 자세하게 설명하고 있는 이와 같은 초기의 중심 전승이 전체적으로 예수 자신의 행위들에 대한 확고한 토대 없이 초대 교회에 의해서 만들어졌을 것이라는 말을 믿을 수 없다고 생각한다.

82) 렘 19:1-13(또한 cf. 13:1-11; 27:1-28:17; 32:6-15; 35:1-19; etc.); 겔 4:1-17(또한 cf. 5:1-12; 12:1-25; etc.). 예를 들면, cf. Beck 1970.

예수 자신의 이야기를 말하는 것이었고, 이 둘을 하나로 엮어 짜는 것이었다.

(c) 상징에서 말씀으로

행위 속에 내재해 있는 상징성과 암묵적 이야기가 이 식사의 일차적인 의미를 만들어 내고 지탱시켰다면, 거기에서 말해진 말씀들은 이것을 뚜렷한 초점과 세부적인 내용으로 드러내는 역할을 하였다. 이 시기에 이루어진 유월절 식사들에서 정확히 무엇이 말해졌고, 예수가 자신의 새로운 의미를 드러내기 위하여 그 말씀들을 어느 정도나 수정했는지 또는 수정하지 않았는지는 확인하기가 불가능하다. 그러나 지금이나 그때나 유월절 식사에서 주인은 출애굽에 관한 이야기를 다시 들려주면서 식사의 행위들과 요소들을 그 이야기에 비추어서 해석함으로써 현재의 무리와 당시 애굽을 떠났던 이스라엘 자손을 결부시켰을 것이라고 생각할 만한 충분한 근거가 있다.[83] 그러므로 만찬에서의 예수의 말씀들은 후대의 추측이 아니라 바로 그 당시에 이와 비슷한 기능을 한 것으로 보아졌을 것이다. 예수의 말씀들은 유월절 식사를 자기 자신과 관련시켜 재해석하면서, 곧 있을 하나님 나라 사건들이 그 형성적인 계기인 출애굽을 회고한 이스라엘의 긴 역사의 절정이라고 주장한 것으로 이해되었을 것이다.

틀림없이, 유월절 식사 때에 예수가 정확히 무엇을 말했고, 어떤 순서로 말했는지에 대해서는 논쟁은 계속될 것이지만, 어쨌든 우리는 (a) 난해한 아람어 본문의 그리스어 번역문을 다루고 있고[84] (b) 초대 교회의 삶 속에서 거듭거듭 다시 사용되었던(그리고 아마도 다시 번역되었던) 말씀들을 다루고 있는 것이기 때문에, 우리는 완벽한 정확성을 얻을 수 있다고 생각해서는 안 된다. 중요한 것은 사중의 전승, 적어도 세 가지 독립적인 형태로 나온다는 점에서 한층 더 인상적인 전승들(마가와 마태는 흔히 다른 것들보다 더 밀접한 관계를 갖고 있는 것으로 보인다)에서 예수는 예언자적인 스타일로 떡을 자신의 몸과, 포도주를 자신의 피와 동일시하였고, 이러한 것들을 어쨌든 유월절 식사

---

83) 예를 들면, cf. mPes., esp. 10:1-7.

84) 예수가 이때에 히브리어로 말하였다는 주장은 Fitzmyer 1985, 1394 등에 의해서 올바르게 기각되었다.

가 이미 지니고 있었을 것임에 틀림없는 유월절, 희생 제사, 계약이라는 맥락을 반영하는 언어로 말하였다는 것이 드러난다는 것이다.[85) 또한 공관복음 전승은 예수가 절정에 속하는 사건들이 아주 가까이 다가왔기 때문에 하나님 나라가 도래하기 전에 그가 제자들과 함께 하게 되는 마지막 식사가 될 것이라고 말했다는 것을 보여준다; 이러한 종말론적 강조점은 바울의 새로운 상황 속에서 적절하게 다시 수정된다.[86)

이 모든 것들은 다음과 같이 자세하게 설명될 수 있을 것이다.

1. 에스겔이 그의 벽돌을 예루살렘과 동일시했던 것과 마찬가지로, 떡에 관한 예수의 말씀은 떡을 자신의 몸과 동일시하였다. 이런 식으로 예수의 행위는 자기가 죽을 것이라는 것, 그의 죽음은 그의 제자들을 위한 생명의 근원이 될 것이라는 것을 예언적으로 보여주는 것이었다. 미쉬나에 의하면, 유월절의 무교병은 애굽으로부터의 구속을 의미한다고 가말리엘(예수와 동시대인)이 설명하였다고 전한다.[87) 원래의 이야기 속에서 무교병이 꼭 필요했던 것은 출애굽이 너무도 급박했기 때문이었다. 스스로를 이스라엘의 구속의 수단으로 규정함과 아울러, 예수는 자신의 사명이 이제 마침내 성취될 것이라는 급박성을 암시하고 있었을 것이다.

2. 잔(누가복음에서는 두 번째 잔)에 관한 예수의 말씀은 잔을 위에서와 비슷한 예언자적 방식으로 그의 피와 동일시한다. 네 개의 판본 배후에는 공통의 의미가 존재하는데, 어쨌든 기사들 중의 몇몇은 유월절이라는 배경이 함축하고 있는 것을 좀 더 명시적으로 드러내고 있다. 그 공통의 의미라는 것은 예수의 다가올 죽음이 계약의 갱신, 즉 이스라엘이 그토록 열망하여 왔던 포로생활로부터의 위대한 귀환을 가져올 것이라는 것이다.[88) 모든 기사들 속에서 어떤 형태로든 나타나는 "계약의 피"라는 어구는 모세가 시내산에서 이스

---

85) 마 26:26-8/막 14:22-4/눅 22:19-20/고전 11:23-6. Cp. 요 6:51-9. 누가복음 (D에는 생략되어 있는 22:19b-20을 포함한)의 긴 읽기가 지금은 통상적으로 원래적인 것으로 여겨진다: cf. Metzger 1971, 173-7과 주석서들(예를 들면, Fitzmyer 1985, 1387f.; 그러나 Evans 1990, 787f. 등은 여전히 의문을 제기한다).

86) 마 26:29/막 14:25/눅 22:15-18; cf. 고전 11:26b.

87) mPes. 10:5.

88) "누구의 피를 마시다"의 의미에 대해서는 삼하 23:13-17을 참조하라.

라엘 백성과 첫 번째 계약을 맺은 장면을 보도하고 있는 출애굽기 24:8을 반영하고 있는 것이다.[89] 또한 그것은 마찬가지로 의미심장하게 우리가 이미 이장과 앞 장에서 살펴보았던 주제들로 가득 차 있는 스가랴 9:9-11을 상기시킨다:

> 시온의 딸아 크게 기뻐할지어다
> 예루살렘의 딸아 즐거이 부를지어다
> 보라 네 왕이 네게 임하시나니
> 그는 공의로우시며 구원을 베푸시며
> 겸손하여서 나귀를 타시나니
> 나귀의 작은 것 곧 나귀 새끼니라
> 내가 에브라임의 병거와
> 예루살렘의 말을 끊겠고
> 전쟁하는 활도 끊으리니
> 그가 이방 사람에게 화평을 전할 것이요
> 그의 통치는 바다에서 바다까지 이르고
> 유브라데 강에서 땅끝까지 이르리라
> 또 너로 말할진대 네 언약의 피로 말미암아
> 내가 네 갇힌 자들을 물 없는 구덩이에서 놓았나니
> 갇혀 있으나 소망을 품은 자들아 너희는 요새로 돌아올지니라
> 내가 오늘도 이르노라 내가 네게 갑절이나 갚을 것이라[또는: 내가 네게 돌아올 것이라고 두 번째로 이르노라].

계약은 메시야의 승리라는 배경 속에서 갱신되는데, 이것은 이스라엘을 오랜 포로생활로부터 단번에 해방시킬 것이다.[90] 우리가 이미 강조했듯이, 최후의 만찬에서의 예수의 행위들은 왕과 유사한 예루살렘 입성을 포함한 성전에

---

89) 출 24:6-8.
90) 끝에서 두 번째 행은 분명히 여전히 끝나지 않은 포로생활을 가리킨다(Smith 1984, 259).

서의 그의 이전의 행위들과 밀접한 연관 하에서 보아져야 한다. 예수가 유월절 식사의 마지막 잔을 그의 죽음이라는 관점에서 말하면서 계약 갱신이라는 이러한 주제를 암시하고자 했다는 것을 의심할 만한 그 어떤 근거도 없다.[91] 그것은 우리가 이제까지 그의 과제와 관련하여 살펴본 모든 것과 아주 잘 맞아떨어진다.

세 개의 공관복음 기사들은 모두 추가적인 최초의 설명을 담고 있다: 예수의 피는 "많은 사람을 위하여"(누가 판본에는 "너희를 위하여"로 되어 있다) 흘려지는 것이다. 마태복음과 마가복음을 이사야 53장과 연결시키는 것이 상식처럼 되어 왔다; 그러므로 이 말씀의 의미는 아래에서 우리가 보게 될 예수의 해설이라는 좀 더 큰 그림에 비추어서 온전하게 결정되어야 한다.

여기에 마태는 "죄사함을 위한"이라는 어구를 첨가하였다.[92] 여기서 다시 한 번 우리는 다음과 같은 것을 강조해 두지 않으면 안 된다: 주후 1세기 유대인들의 맥락 속에서, 이것은 인간과 하나님 간의 추상적인 계약이 아니라 이스라엘의 매우 구체적인 기대, 즉 민족이 마침내 그들의 죄로 인하여 초래되었던 "포로생활"로부터 구원을 받게 될 것이라는 것을 가리킨다.[93] 마태는 예수의 죽음이 추상적인 속죄를 가져올 것이라고 말하는 것이 아니라, 예수의 죽음은 야훼의 백성을 그들의 포로생활이라는 곤경으로부터 구원해내는 수단이 될 것이라고 말하고 있는 것이다. 이러한 말씀들은 다시 한 번 이 식사의 상징적 의미를 명시적으로 보여준다.[94]

3. 세 개의 공관복음서 기자들은 모두 이 식사가 하나님 나라가 도래하기 전에 제자들과 함께 하는 마지막 식사가 될 것이라고 예수가 말했다는 바로 그러한 말씀의 판본을 가지고 있다. 마태와 마가는 그 이후에 하나님 나라에서 이루어질 식사들에 대하여 언급한다; 누가는 단순히 이것이 하나님 나라

---

91) cf. Moule 1987, 194.

92) 마 26:28c; cf. 마 1:21.

93) "죄사함"과 "포로생활로부터의 귀환"에 대해서는 위의 419-429를 보라; cp. 렘 31:31-4, etc.

94) cf. Meyer 1979, 218f.와 거기에 나오는 참고문헌들.

95) 마 26:29/막 14:25/눅 22:16(유월절을 먹는 것); 22:18(포도주를 마심). Cf. Hengel 1981a, 72f. 하나님 나라의 도래를 위하여 기도하려고 식사 때에 예수가 금식하였

이전의 마지막 식사가 될 것이라고만 말한다.[95] 물론, 이러한 말씀들은 오직 우리가 이제까지 계속해서 논증하여 왔던 예수의 사역이 지닌 종말론적이고 묵시론적인 배경을 전제할 때에만 의미를 지닌다. 그러나 그러한 전제 안에서 이 말씀들은 너무도 잘 부합한다. 예수의 유월절은 원래의 유월절과 마찬가지로 긴박성의 강력한 분위기를 지니고 있었다.

4. 누가와 바울은 둘 다 이 식사를 앞으로도 계속 반복해서 지키고, 예수 자신을 기념하는 방식으로 이 식사를 계속해서 지키라는 명령을 포함하고 있다.[96] 예레미아스(Jeremias)가 지적했듯이, 이것은 그날부터 지금까지 이루어진 유월절 식사에서 사용하였던 말들과 매우 밀접한 관계가 있는데, 거기에서는 하나님이 메시야를 기억하시고 보내실 것이라는 기도가 들어 있었다.[97] 물론, 이러한 명령은 우리가 지금까지 서술해 온 배경 속에서 충분히 이해할 수 있는 것이지만, 다시 한 번 이 식사 자체의 상징적 행위 속에 함축되어 있는 것을 명시적으로 드러내 준다. 예수가 곧 위대한 메시야적 행위를 수행할 것이었다면, 그리고 예수와 그의 제자들과의 마지막 식사가 그 행위와 관련하여, 유월절이 출애굽과의 관련 속에서 가졌던 기능과 마찬가지의 기능을 하였다면, 분명히 그 식사는 이러한 메시야적 행위가 성공적으로 성취되게 해 달라는 기도를 포함하고 있었을 것이다; 그리고 물론, 이 식사가 예수의 제자들에 의해서 되풀이되었을 때, 그 식사는 야훼께서 마침내 메시야를 보내실 것을 바라보는 기대 속에서가 아니라 — 메시야는 이미 그 일을 행하였기 때문에 — 예수가 이미 성취한 메시야적 행위를 기념하는 마음으로 행해졌을 것이다. 다시 한 번, 이 모든 것은 우리가 예수가 실제로 그가 곧 죽을 것이고, 그것이 야훼의 하나님 나라 목적들의 성취를 위한 종말론적 계획의 일부라고 생각했다는 것을 인정할 때에만 의미를 지니게 된다. 그러나 우리가 이것을 인정하기만 하면 — 그리고 이 장에서는 타당한 역사적 근거들 위에서 그렇다는 것을 논증하고 있다 — 그것은 매우 잘 부합한다. 예수의 상징적 행위는 출애굽 전승 전체를 의도적으로 상기시켰고, 그것에 새로운 방향을 부여하였다.

다는 Jeremias의 주장(1966a [1949], 207-18)은 후대의 학자들에게 별 설득력이 없었다.
  96) 눅 22:19b("긴" 본문의 일부; 위를 보라); 고전 11:24(떡), 25(잔).
  97) Jeremias 1966a [1949], 237-55, 특히 252와 거기에 나오는 참고문헌들.

(d) 결론

거의 대부분의 학자들은 예수가 죽기 전날 밤에 최후의 식사를 하였고, 이 것은 적어도 유월절 주간이라는 맥락 속에서 일어났다는 것에 동의한다. 이러 한 강력한 합의에 근거해서, 나는 하나의 행위로서의 이 식사는 이미 매우 강 력한 상징성을 내포하고 있었고, 이스라엘의 가장 영향력 있는 이야기들 중의 하나를 강력하게 다시 말한 것을 포함하고 있었으며, 예수가 그때에 사용했거 나 또는 사용하지 않았을 말씀들에 관한 끝없는 논쟁은 그가 이 식사를 통해 서 전하고자 했던 의미를 결정하는 데에 중심적 요소가 되지 않는다는 것을 논증하였다. 우리가 이 행위에 비록 개략적이지만 말씀들을 첨가할 때, 예수가 상징적 드라마와 이야기의 힘을 모두 빌려서 그가 곧 죽을 것이며, 그의 죽음 은 이스라엘에 대한 야훼의 구속이라는 좀 더 큰 이야기 속에서 보아져야 한 다는 것을 말하고자 의도했다는 것은 의심의 여지가 없다. 좀 더 구체적으로 말하면, 예수는 그의 죽음이 이스라엘에 관한 이야기가 지금까지 움직여 왔던 바로 그 중심적이고 절정인 순간, 출애굽 사건들을 결정적이고 중요한 배경으 로 삼고 있는 그러한 이야기의 절정으로 보아져야 한다는 것, 당시만이 아니 라 그 이후에도 이 식사를 함께 하는 자들은 갱신된 계약의 백성, "죄사함"을 받은 백성, 즉 포로생활의 종언을 경험한 백성이라는 것을 말하고자 하였다. 예수를 중심으로 모인 그들은 참된 종말론적 이스라엘을 구성하였다.[98]

5. 예수의 의도(2): 말씀들과 상징

(i) 서론

다락방에서의 예수의 상징적 행위는 성전에서의 그의 행위와 마찬가지로 두 가지 맥락 속에 놓여져야 한다: 우리가 제2부에서 구축해 왔던 예수의 사 역에 대한 좀 더 큰 그림과 그 사역을 의미 있게 해 주는 유대 세계에 대한 좀 더 큰 그림. 그리고 성전과 관련해서 우리가 성전 사건을 중심으로 모여 있는 예수의 말씀들 중 상당수가 그 상징을 설명하는 수수께끼 같은 말씀으로

---

98) 따라서 Neusner 1989, 290(그리고 몇몇 다른 대목들에서)처럼, 최후의 만찬을 성 전 사건과 결부시켜 바라보면, 기독교는 유대교와는 전적으로 다른 종교적 전통으로 세 워졌다는 것을 알 수 있다고 주장하는 것은 잘못된 것이다. Cf. *NTPG* ch. 16.

서의 기능을 하였던 것과 마찬가지로, 우리는 이 경우에도 비록 그 자체로는 암호 같긴 하지만 종합적으로는 하나의 특정한 방향을 보여주고 있는 몇몇 말씀들을 발견한다. 끝으로, 앞에서처럼, 상징적 행위와 그것을 설명해 주는 수수께끼 같은 말씀들은 그 밖의 다른 내용들이 자리를 잡고, 좀 더 큰 그림과의 통일성 속에서 제자리를 찾을 수 있는 역사적 맥락을 만들어낸다.

그렇게 했을 때의 결과는 어떤 모습인가?

본서의 제2부에서 나는 예수가 현재 진행 중인 사건으로서 야훼의 왕권을 선포하였다는 것을 길게 논증하였다. 그것은 선포 당시의 시기 및 장소와는 부수적으로만 연결되어 있는 어떤 개념, 어떤 새로운 신념, 자신의 개인적 또는 사회적 실존을 바라보는 어떤 다른 방식이 아니었다. 그것은 실제 역사 내에서 탄생하게 될 그 무엇이었다. 예수의 예언자적 및 상징적 실천(제5장과 제9장)은 끊임없이 이러한 방향을 보여주었다; 그는 이스라엘 역사를 오랫동안 기다려 왔던 목표 지점으로 도달하게 해 줄 운동으로서의 하나님 나라에 관한 이야기를 말하였다(제6-8장). 이 모든 것은 다음과 같은 질문을 낳는다: 예수는 그 다음에 무슨 일이 일어날 것이라고 생각했던 것인가?

사실 이러한 질문은 예수와 그의 사역에 대한 분석에서 빠져서는 안 되는 질문이다. 예수는 본질적으로 무시간적인 진리들(그것이 정치적이든, 종교적이든, 실존적이든)을 가르친 교사였다고 생각하는 사람들은 예수가 그의 메시지가 널리 받아들여지고 있다고 생각했는지, 그리고 만약 그렇지 않다면(이것이 사실이었던 것처럼 보이지만), 다음으로 예수는 무엇을 했는지를 곧 묻지 않을 수 없게 된다.[99] 하물며, 우리는 이러한 모형을 거부하고, 예수가 위대한 순간이 도래하였다고 선포했다는 종말론적 모형을 받아들였기 때문에, 더더욱 그러한 질문을 던지지 않을 수 없다. 그 결정적인 순간은 도대체 어떤 것인가? 하나님 나라는 어떻게 오는 것인가?

두 가지 강력한 단서는 예수가 세계관의 질문들과 관련하여 암묵적으로 제시하였던 대답들(제10장), 그가 그의 제자들에게 들려주었던 이야기(제7장)에 관한 우리의 고찰로부터 드러난다. 전자로부터는 예수가 모종의 싸움을 내다보고 있었다는 것이 드러난다; 이것은 메시야적 과제의 일부, 하나님 나라가

---

99) cf. Barrett 1967, 38.

도래하기 위해서 꼭 이루어져야 했던 것의 일부였다. 그러나 그러한 싸움을 싸울 대상인 원수는 이방의 점령군이 아니었다. 진정한 원수는 그들 배후에 있었다; 그 진정한 원수는 야훼의 백성을 봉으로 삼아서 이교도의 길을 가게 하고, 야훼의 나라를 무력과 군사적 혁명을 통해서 이룩하게 하려 했던 고소하는 자 사탄이었다. 예수는 이스라엘의 전통의 실제적인 또는 스스로 자처한 통치자들 및 수호자들과의 충돌을 그러한 싸움의 일부로 이해하였던 것으로 보인다(제9장). 예수가 이러한 통치자들과 정면충돌한 것이라면, 예수는 그러한 충돌을 그의 과제와 그들의 과제, 하나님 나라를 가져와야 할 그의 소명과 이스라엘을 예수가 규탄하였던 길로 계속해서 가게 하려는 그들의 결심 간의 절정에 달한 대결로 보았을 것임에 틀림없다. 예수가 말하였던 이야기들, 그가 행동으로 보여준 상징들은 종교적·정치적 체제의 정적인 또는 무시간적인 지표들이 아니었다; 그것들은 진정한 원수와의 진정한 싸움, 그 위대한 사건을 지향하는 사건들이었다.

그러나 그러한 싸움은 어떤 식으로 싸워져야 했던 것일까? 여기에서 제7장에서 다룬 하나님 나라 이야기가 놀라울 정도로 많은 것을 보여준다. 예수는 제자들에게 기이한 종류의 혁명을 촉구하였다 — 유다 마카베오 같이 군사적이고 무력적인 싸움을 싸우는 것을 통해서가 아니라 다른 쪽 뺨을 돌려대고, 십리를 더 가며, 원수를 사랑하고, 핍박하는 자들을 위하여 기도하는 것을 통해서 이스라엘을 세상의 빛, 이교 사상에 대한 하늘이 보내준 대답이 되게 해줄 이중적 혁명. 이러한 과제는 혁명가가 되는 혁명적 길이었다.

그것은 현상을 유지하려 한다는 의미에서 반혁명적인 것이 아니었다; 그것은 그것이 토대로 하고 있었던 이사야서의 하나님 나라 신학 전체, 야훼께서 이교의 신들과 그 신들이 지탱해 주는 체제들에 반대하여 스스로를 참된 왕, 참된 하나님으로 계시하게 될 것이라고 말하고 있는 이사야서의 하나님 나라 신학을 완전히 포기함이 없이는 결코 그런 모습이 될 수 없었다. 예수는 당시의 인습적 가짜 지혜와 반대되는 참되고 전복적 지혜를 제시하였다. 그러한 전복적 지혜의 중심에는 제자들에게 십자가를 지고 그를 따라서 그가 행동으로 보여주고 있는 하나님 나라 이야기 속에서 그의 동반자가 되라는 부르심이 있었다.

나의 주장은 예수는 그 자신의 이야기를 진지하게 받아들였다는 것이다 —

너무도 진지했기 때문에, 예수는 제자들에게 온 세계를 위한 이스라엘이 되는 구체적인 길을 권장하면서 그 길을 자신의 소명 의식, 하나님 나라가 자신의 사역을 통해서 어떻게 올 것인지에 관한 자신의 신념을 위한 주제로 삼았다.[100] 예수는 다른 쪽 뺨을 돌려대고자 하였다; 예수는 십리를 더 가주고자 하였다; 예수는 십자가를 지고자 하였다. 예수는 세상의 빛, 이 땅의 소금이 되고자 하였다. 예수는 세계를 위한 이스라엘이 되고자 하였다. 예수는 자기 자신 속에 갱신된 이스라엘을 구현하고 있다는 점에서 및 악을 단번에 패배시킬 것이라는 점에서 하나님 나라의 도래의 수단이 될 것이다. 그러나 예수가 악을 패배시킬 방식은 그의 하나님 나라 선포의 철저한 전복적 성격과 부합하는 방식이 될 것이다. 예수는 악이 그에게 최악의 것을 행하도록 내버려 둠으로써 악을 패배시킬 것이다. 예수가 처한 유대적 배경은, 앞으로 곧 보게 되겠지만, 그에게 그러한 일련의 사고와 행위가 비록 의외이고 깜짝 놀랄 만한 방식이기는 하지만 의미를 지니게 될 몇몇 범주들을 제공해 주었다.

그것이 지니는 특정한 의미는 예수의 하나님 나라 선포의 모든 측면으로부터 나온다. 우리는 제9장의 끝부분에서 다락방에서의 예수의 행위가 이스라엘의 상징 세계에 대한 그의 재구성의 절정으로서의 기능을 하였다는 것을 살펴본 바 있다. 우리는 이제 이러한 상징적 행위가 그의 사역, 하나님 나라 이야기에 대한 그의 다시 말하기, 그의 예언자적 실천의 취지 전체로부터 그 의미를 획득하게 된다는 것을 알 수 있다. 물론, 우리가 예수를 이러한 맥락으로부터 제거한다면, 예수가 자기 자신이 그의 고난과 죽음을 통해서 악을 패배시키도록 부르심을 받았다고 믿었다는 주장을 비웃기는 쉽다. 그러나 슈바이처가 보았듯이, 일단 우리가 예수를 그 자신의 세계, 즉 유대의 묵시론적 종말론의 세계 속으로 되돌려 보낸다면, 그러한 주장은 그 자체로 너무도 의미가 잘 통하게 되고, 예수의 사역의 서로 다른 여러 측면들을 하나로 통합하여서 탄탄한 통일적인 주제로 만든다는 상당한 정도의 역사적 가치를 지니게 된다. 이러한 읽기는 적절한 경제성과 우아함을 가지고 자료들을 모두 소화할 수 있

---

100) 이것을 쓴 후에 나는 Manson 1953, 74-7; Farmer 1956, 201f.에 나온 이와 비슷한 주장들에 접하였다.

다는 매우 큰 장점들을 소유하고 있다고 나는 주장한다.

일단 우리가 이것을 파악한다면, 그의 사역이 그를 어디로 이끌고 있는지에 관한 예수의 인식을 중심으로 모여 있는 여러 수수께끼 같은 말씀들도 마찬가지로 의미를 지니기 시작한다. 이제 우리는 이러한 것들에 대하여 살펴보지 않으면 안 된다.

(ii) 십자가에 관한 수수께끼 같은 말씀들
(a) 거부당한 아들

우리는 다시 한 번 예수의 성전 행위에 신학적 깊이를 부여해 준 핵심 비유로 되돌아가 보자.[101] 우리는 이미 예수가 자기 자신을 하나님을 대신하여 이스라엘에게 온 예언자들의 계보 속에서 마지막으로 온 (메시야적인) 아들로 보았다는 것을 이미 논증한 바 있다. 그러나 이 이야기와 관련해서 진정으로 당혹스러운 것은 아들, 그러니까 그의 아버지로부터의 메시지를 거부한 농부들이 그 아들을 죽이고 그를 포도원 밖으로 내던졌다는 것이다.[102] 악한 농부들에 대한 포도원 주인의 심판을 촉발시킨 것은 바로 이것이었다.

이러한 자료들에 대하여 흔히 그러하듯이, 이 비유가 사후에(ex post facto) 씌어졌고, 예수는 비록 암호 같을지라도 이런 식으로 끝나는 자기 자신에 관한 이야기를 말했을 리가 없다고 반론을 펴는 것은 자유이다. 이에 대하여 나는 다음과 같이 대답하고자 한다: (1) 그와 같은 반론은 문제를 회피하는 것이다; (2) 이 이야기는 예수의 사역과 예언자적 자기 이해에 관한 수많은 흐름들과 아주 잘 부합하기 때문에, 이 이야기를 예수에게 돌리는 것은 결코 역사적 신빙성을 강요하는 것이 아니다; (3) 아들의 죽음은 외부로부터 이 이야기에 끼워 넣어진 첨가가 아니라 이 이야기의 절정 바로 그것에 속한다; (4) 가장 초기의 판본이라고 할 수 있는 마가 판본은 아들이 먼저 포도원 밖으로 내던져진 후에 죽임을 당했다고 말하지 않는다(마태 판본은 예수가 도성으로부터 끌려 나간 후에 십자가에 못 박혔다는 후대의 기독교적 인식을 반영

---

101) 마 21:33-46/막 12:1-12/눅 20:9-19; cf. 위의 757-63.

102) 마 21:39/막 12:8/눅 20:15.

103) cf. 히 13:12f.; 계 14:20; cp. 행 7:58.

하여 그렇게 말하고 있다[103]). 오히려, 마가 판본은 그 정반대로 말하고 있는데, 이것은 후대의 기독교의 투영으로 볼 수 없다; (5) 이 비유는 후대의 기독교적 속죄 신학으로부터 상당한 정도로 자유롭고, 아들의 죽음과 포도원의 멸망의 밀접한 상관관계에 그 초점을 맞추고 있다. 나는 이 비유가 지닌 예언적·서사적 상징성은 성전에 대한 예수의 도전이, 결국 이스라엘의 전통의 수호자들이 야훼로부터 온 그의 메시지에 응답하기를 거부했기 때문에, 그의 죽음을 가져올 것이라는 예수의 인식의 일부라고 결론을 내린다.

(b) 가장 큰 계명

이와 동일한 상징들에 대한 다른 관점은 어느 계명이 가장 큰가에 관한 작은 논의에 의해서 제공된다.[104] 마가복음의 맥락 속에서, 이 이야기는 서로 다른 할라카(halajha)적인 규범들의 상대적 가치에 관한 것이 아니다 — 물론, 마태 판본은 그러한 관점을 취하고 있다고 볼 수도 있지만.[105] 마가는 야훼 사랑과 이웃 사랑에 대한 예수의 강조와 관련된 서기관의 반응을 묘사하는 것으로 이 이야기를 계속해 나간다: 서기관은 이러한 계명들이 모든 번제들과 희생 제사보다도 더 중요하다는 것에 수긍한다. 예수는 그가 지혜롭게 대답하는 것을 보고 다음과 같이 대답한다: "네가 하나님 나라에서 멀지 않다."[106] 질문자인 서기관에 대한 이와 같이 이례적으로 따뜻한 칭찬은 결코 우리가 초대교회가 만들었다고 생각할 수 없는 것으로서 우리가 이미 살펴본 그 밖의 다른 증거들과 동일한 방향을 보여준다. 야훼에 대한 사랑과 이웃에 대한 사랑을 핵심으로 한 예수의 하나님 나라 과제는 희생 제사 제도가 더 이상 불필요하게 될 것이라는 것을 보여주는 것이었다. 이 둘은 성전 행위의 의미를 확인해 주고, 만찬 행위의 의미를 암시해 준다. 전자는 심판의 행위였고, 후자는 성전의 대체를 보여주는 것이었다.

(c) 매장을 위하여 기름을 부음

---

104) 마 22:34-40/막 12:28-34. Cf. 눅 10:25-8에 나오는 이와 비슷한 질문과 대답.
105) 마 22:40(마태복음에서 이 이야기의 끝부분)을 마 5:17f.; 7:12과 비교해 보라.
106) 막 12:32-4.

네 개의 정경 복음서들은 모두 한 여자가 예수에게 기름을 부은 사건을 기록하고 있다.[107] 마태, 마가, 요한은 이 사건을 예수의 삶의 마지막 수 일 속에 위치시키고, 누가는 그보다 훨씬 전에 위치시킨다; 마태와 마가는 여자가 예수의 머리에 기름을 부었다고 말하고 있고, 누가와 요한은 예수의 발에 기름을 부었다고 말한다. 이러한 행위는 제자들(마태), 옆에서 보고 있던 자들(마가), 예수를 손님으로 초대하였던 바리새인(누가), 가룟 유다(요한)로부터의 불평을 야기시킨다. 마태, 마가, 요한의 판본 속에서, 이러한 비난에 대한 예수의 반응(우리는 그의 말씀들 중 상당수가 자기 자신 또는 그의 제자들에 대한 비난에 대한 응답이었다는 것을 기억해야 한다; 달리 말하면, 말씀들은 상징 행위들과 관련이 있다는 것이다)은 그 여자가 행한 일은 자신의 매장을 위한 준비라는 성격을 지니고 있다는 암시를 포함하고 있다.[108] 또한 그 밖의 다른 의미들도 거기에 존재했을 것이다: 메시야의 기름부음과 관련된 암시, 또는 예수가 범죄인으로 죽을 것이기 때문에 나중에 적절한 기름 부음을 받지 못할 것을 예상해서, 이 단계에서 기름 부음이 꼭 필요했다는 암시.[110]

이러한 말씀은 그 배경이 의외이긴 하지만 그 자체로 이 이야기의 주된 취지를 제시해 주지는 않는다(이것 자체가 이 말씀의 역사성을 보여주는 것일 수도 있다); 그러나 이 말씀은 그 여자의 행위에 아주 중대한 상징적 가치를 부여해 주는 방식이었기 때문에, 예수는 (마태와 마가 판본 속에서) 온 세상에서 복음이 전해지는 곳마다 이 여자가 행한 일이 그 여자를 기념하여 말해질 것이라는 확신을 덧붙인다. 이 사건과 그 속에 들어 있는 예수의 말씀은 그 자체가 이상한 암시 이상의 것이 되지는 못한다. 그러나 성전과 다락방에서의 상징 행위들이라는 맥락 속에서, 그것은 장차 있을 일에 대한 예수의 인

---

107) 마 26:6-13/막 14:3-9/눅 7:36-50/요 12:1-8.

108) 마 26:12/막 14:8/요 12:7. 요한복음의 해당 대목의 본문은 좀 어색하다: 문자 그대로 번역해 보면, "그녀가 그것을 나의 매장의 날을 위하여 할 수 있도록 그녀를 내버려 두라"; 그 밖의 다른 주장들 가운데에서 NRSV는 "그래서" 앞에 "그녀가 그것을 샀다"라는 말을 보충해 넣고 있다. 예를 들면, Barrett 1978 [1955], 413f.에 나오는 논의를 보라.

109) 예를 들면, Manson 1953, 84f.

110) Jeremias 1971, 284(cf. 그의 1966b [1936], 107-15).

식을 보여주는 추가적인 수수께끼 같은 말씀으로서의 기능을 한다. 예수의 죽음은 "복음"이 전 세계에 전파되는 계기가 될 것이다.

(d) 푸른 나무와 마른 나무

이러한 수수께끼 같은 말씀들 중에서 가장 기이하고 궁극적으로는 많은 것들을 밝혀주는 것은 누가복음에만 나오는 독특한 대목이다:

> 또 백성과 및 그를 위하여 가슴을 치며 슬피 우는 여자의 큰 무리가 따라오는지라 예수께서 돌이켜 그들을 향하여 이르시되 예루살렘의 딸들아 나를 위하여 울지 말고 너희와 너희 자녀를 위하여 울라 보라 날이 이르면 사람이 말하기를 잉태하지 못하는 이와 해산하지 못한 배와 먹이지 못한 젖이 복이 있다 하리라 그 때에 사람이 산들을 대하여 우리 위에 무너지라 하며 작은 산들을 대하여 우리를 덮으라 하리라 푸른 나무에도 이같이 하거든 마른 나무에는 어떻게 되리요 하시니라.[111]

수태하지 못하는 것이 여자의 가장 큰 저주였던 주후 1세기의 통상적인 문화적 전제를 뒤집어엎는 이와 같은 경악할 만한 복선언문을 생겨나게 한 것은 과연 무엇이었는가? 위의 제8장에 비추어 볼 때, 이에 대한 대답은 예수는 마지막으로 "평화를 가져올 것들"을 예루살렘이 거부한 결과로써 일어날 일에 관하여 경고하고 있었다는 것이다.[112] 이스라엘은 혁명의 길, 로마와의 대결의 길을 선택하였다; 예수의 시대에 길거리에서 노는 어린이들은 다음 세대에 혁명의 횃불들이 될 것이고, 끔찍한 결과들을 겪게 될 것이다. 따라서 어머니들은 진정으로 울어야 할 때를 대비해서 눈물을 아껴야 한다.

호세아 10:8("저희가 산들에게 우리에게 무너지라고 말하리니" 등등)로부

---

111) 눅 23:27-31. 도마복음서 79에 나오는 판본은 강조점을 교묘하게, 그렇지만 결정적으로 변경하였기 때문에, 그것은 잉태를 자발적으로 거부했다는 것을 보여준다 (예를 들면, Fitzmyer 1985, 1494; 그러나 cf. Soards 1987; Brown 1994, 924). 이 대목에 관한 자세한 최근의 논의로는 특히 Brown 1994, 920-7을 참조하라.

112) cf. 눅 19:42.

터 가져온 인용문은 어떻게 여기에 부합하는 것인가?[113] 통상적으로 무시되어 왔지만, 이 원래의 구절의 맥락 전체는 아주 많은 것을 시사해 준다:

> 이스라엘은 열매 맺는 무성한 포도나무라
> 그 열매가 많을수록 제단을 많게 하며
> 그 땅이 번영할수록 주상을 아름답게 하도다
> 그들이 두 마음을 품었으니 이제 벌을 받을 것이라
> 하나님이 그 제단을 쳐서 깨뜨리시며 그 주상을 허시리라
> 그들이 이제 이르기를 우리가 여호와를 두려워하지 아니하므로
> 우리에게 왕이 없거니와 왕이 우리를 위하여 무엇을 하리요 하리로다
> … 이스라엘의 죄 곧 아웬의 산당은 파괴되어
> 가시와 찔레가 그 제단 위에 날 것이니
> 그 때에 그들이 산더러 우리를 가리라 할 것이요
> 작은 산더러 우리 위에 무너지라 하리라
> … 내가 원하는 때에 그들을 징계하리니
> 그들이 두 가지 죄에 걸릴 때에
> 만민이 모여서 그들을 치리라
> … 너희는 악을 밭 갈아 죄를 거두고 거짓 열매를 먹었나니
> 이는 네가 네 길과 네 용사의 많음을 의뢰하였음이라
> 그러므로 너희 백성 중에 요란함이 일어나며 네 산성들이 다 무너지되
> 살만이 전쟁의 날에 벧아벨을 무너뜨린 것 같이 될 것이라
> 그 때에 어머니와 자식이 함께 부서졌도다
> 너희의 큰 악으로 말미암아 벧엘이 이같이 너희에게 행하리니
> 이스라엘 왕이 새벽에 정녕 망하리로다.[114]

여기에 모든 것이 나온다: 교만해져서 파멸에 이르게 된 포도나무, 성소에

---

113) 이 인용문은 두 동사의 위치를 뒤바꾸어 놓았다. 이 절은 계 6:16에도 인용되어 있다. 이 개념에 대해서는 사 2:19을 참조하라.

114) 호 10:1-3,8, 10, 13-15.

대한 심판, 야훼와 그 왕에 대한 거부, 군사력을 의지하게 된 결과로 일어나게 될 끔찍한 심판, 어머니들과 자녀들에 대한 무시무시한 경고 — 그리고 마지막으로, 왕의 죽음. 예수의 동시대인들에 대한 이 대목의 적용은 모든 점에서 우리가 지금까지 전체적으로 그려왔던 그림과 잘 들어맞는다. 예수가 예루살렘의 여자들에게 경고하였던 심판은 예루살렘 도성이 참된 왕인 예수와 참된 평화의 길인 그의 메시지를 거부한 결과로써 임하게 될 황폐화였다. 로마인들의 손에 의한 예수의 죽음은 그를 거부하였던 이스라엘 민족에게 닥칠 운명을 보여주는 가장 분명한 표지였다.

이것을 통해서, 우리는 예수의 마지막 암호 같은 말씀을 이해할 수 있다. 예수는 이스라엘이 회개하지 않고 지속적으로 군사적 민족주의를 추구하였기 때문에 예루살렘에 대한 하나님의 심판을 선포하였었다. 이것은 단순히 유대 지도자들이 예수를 심판하였기 때문에 그들의 머리 위에 더욱 심한 심판을 자초하였다는 그런 문제가 아니었다.[115] 그것은 로마인들이 예수는 무죄였고 그의 동포들은 유죄였던 바로 그러한 죄목으로 예수를 단죄했다는 그런 문제였다. 예수는 푸른 나무였고, 그들은 마른 나무였다.[116]

이 말씀은 아주 초기부터 예수의 죽음에 대한 교회의 이해를 특징지었던 것과 같은 그런 유의 속죄 신학을 지니고 있지 않다. 실제로, 이 말씀은 구원에 관한 소망은 전혀 제시하지 않고, 단지 예수에게 일어나고 있는 일이 머지

---

115) Brown 1994, 926f.(또한 cf. Fitzmyer 1985, 1498); 이것은 좀 이상해 보인다. 왜냐하면 , 그것은 유대인들의 지도자들을 처음에는 폭력의 주체로 삼고 있고, 그 다음에는 객체로 삼음으로써, 이 말씀의 병행 구조를 파괴하고 있기 때문이다. Johnson 1991, 373f.는 유대 지도자들은 이 문장의 전반절과 하반절 모두에서 폭력을 행사하는 자들이라고 주장한다; 그러나 예수는 로마 법정의 선고를 받고 로마의 십자가에서 죽어갔다.

116) 젖은 것과 마른 것이 모두 파괴될 것이라는 개념에 대해서는 신 29:19; 겔 20:47 [MT 21:3]을 참조하라. 이와 동일한 이미지를 랍비들이 다양하게 사용하고 있는 것은 SB 2:263f.에 수집되어 있다. Leaney 1966 [1958], 283f.는 "이방인들의 때"가 현재에는 어리고 "푸르지만" 미래에는 다 자라서 "마르게" 될 나무에 비유되고 있다고 주장한다; Evans 1990, 863f.는 탐무즈 제의에 대한 암시라고 말한다. 내가 옳다고 보는 견해를 가장 분명하게 진술하고 있는 것은 Caird 1963, 249f.이다; 이것은 눅 11:49f.; 13:34f.(아래를 보라); 19:41-4; 21:20-4에 의해서 강력하게 밑받침되고 있는데, 각각의 경우에 예루살렘의 초토화는 로마인들의 손에 의해서 실행될 것으로 보아지고 있다.

않은 장래에 많은 유대인들에게 일어날 일의 맛보기라는 경고만을 제시하고 있다. 이 말씀은 부활 사건 이후에 예수의 처형에 관한 아주 초기의 성찰과는 상관이 없고, 누가가 이 말씀을 위치시키고 있는 바로 그 지점에 속해 있다. 그러므로 우리의 현재의 논의에 있어서 이 말씀이 지닌 가치는 명백하고 강력하다. 이 말씀은 어둡고 수수께끼 같은 방식으로 예수가 그의 죽음을 민족의 운명과 유기적으로 연결되어 있다고 이해했음을 보여준다. 예수는 평화의 길을 제시했으나 도성이 이를 거부한 그러한 거부당한 왕으로서 죽는 것이었다; 또한 예수는 이스라엘의 고난을 스스로 짊어진 대표자로서의 왕으로 죽는 것인데, 그렇지만 그의 죽음에 의해서 이스라엘이 심판을 면할 것이라는 암시는 전혀 나오지 않는다. 이 수수께끼 같은 말씀은 우리가 앞 장에서 살펴보았던 메시야와 관련된 수수께끼 같은 말씀들과 관련이 있지만, 그것들을 뛰어넘어서 참된 메시야가 겪게 될 운명을 보여준다. 성전과 민족 위에 임할 하나님의 심판, 이교 세력들의 손에 의한 끔찍한 초토화라는 형태를 띠게 될 심판을 선포한 후에, 예수는 지금 이스라엘 민족에 앞서서 반역한 신민들에 대한 로마의 심판을 상징했던 그러한 형벌을 받으러 가고 있었다. 그들이 로마에 대항하여 반역을 선동하지 않았던 한 혁명가에게 이런 식으로 대하였다면, 진정으로 로마에 대하여 반기를 들었던 혁명가들과 그들을 따랐던 백성들에게는 어떠했을 것인가?

(e) 암탉과 병아리들

예수의 중심 상징 행위들과 관련하여 들었을 때에만 온전히 이해될 수 있는 또 하나의 비슷한 수수께끼 같은 말씀은 마태와 누가의 두 가지 서로 다른 맥락 속에서 발견된다:

> 예루살렘아 예루살렘아 예언자들을 죽이고 네게 파송된 자들을 돌로 치는 자여 암탉이 그 새끼를 날개 아래에 모음 같이 내가 네 자녀를 모으려 한 일이 몇 번이더냐 그러나 너희가 원하지 아니하였도다 보라 너희 집이 황폐하여 버려진 바 되리라 내가 너희에게 이르노니 이제부터 너희는 찬송하리로다 주의 이름으로 오시는 이여 할 때까지 나를 보지 못하리라 하시니라.[117]

이 말씀 속에는 세 가지 요소가 존재한다. 첫 번째 요소는 앞서의 수수께끼 같은 말씀과 밀접하게 연관되어 있다; 두 번째와 세 번째 요소는 이 말씀을 우리가 계속해서 살펴보아 왔던 좀 더 넓은 그림, 특히 우리가 위의 제11장에서 살펴보았던 메시야적 수수께끼 같은 말씀들의 몇몇 측면들과 통합시키고 있다.

첫째, 암탉과 병아리들에 관한 이미지는 농장에서의 화재를 상정하고 있는데, 이러한 상황 속에서 암탉은 병아리들을 자신의 날개 아래 안전하게 모아들인다. 화재가 진압되었을 때, 암탉은 불에 거슬러서 죽어 있을 수도 있겠지만, 병아리들은 어미의 날개 아래에서 보호를 받고 살아 있게 될 것이다. 이러한 그림은 히브리 성서에서 친숙하게 볼 수 있는 것으로서, 성서에서 이러한 그림은 통상적으로 이스라엘 자손이 야훼의 날개 아래 피난처를 삼는 것을 암시한다.[118] 이러한 이미지는 예수가 예루살렘 위에 걸려 있는 운명을 자기가 겪게 될 것이라고 믿었다는 것을 다시 한 번 보여준다; 실제로, 예수는 그러한 운명을 스스로 짊어짐으로써 이스라엘이 그러한 운명을 모면할 수 있기를 원했다는 것도 이 이미지는 잘 보여준다. 그러한 점에서, 이것은 푸른 나무와 마른 나무에 관한 그림을 뛰어넘어서, 적어도 예수가 벤 시락서에 나오는 엘리야와 마찬가지로 하나님의 진노를 이스라엘에게서 거둘 수 있는 기회가 있었다는 것을 시사해 준다.[119] 이 수수께끼 같은 말씀은 그 기회가 왔으나 무산되고 말았다는 것을 아주 분명하게 보여준다; 예수의 운명과 예루살렘의 운명은 풀 수 없을 정도로 서로 얽혀져 있었다.

두 번째 요소는 이스라엘이 그가 제시한 피난처를 구하고 발견하는 데에 실패했다는 것에 대한 예수의 절망과 특히 성전에 대한 심판이라는 주제를 결합시킨다. 집은 버려진 바 되었다. 야훼는 성전을 무방비 상태로 내버려 두었고, 원수에 의한 황폐화를 방치하였다. 다시 한 번 이 이미지는 친숙하고 성서

---

117) 마 23:37-9/눅 13:34-5, 이 두 본문은 단지 사소한 차이들만이 있다. "찬송하리로다 … 오시는 이여"(히브리어로 baruch ha-bd)는 "환영"을 말하는 통상적인 방식이었기 때문에, 이 마지막 구절은 "주의 이름으로 환영한다"는 의미하는 것에 유의하라; cf. Jeremias 1966a [1949], 260 n:62. Cp. LXX 시 128 [129]:8; Sir. 45:15; 창 27:7.

118) 신 32:11; 룻 2:12; 시 17:8; 36:7; 57:1; 63:7; 91:4; 사 31:5.

119) Sir. 48:10.

적이다.[120]

시편 118:26에서 인용해 온 세 번째 요소는 예루살렘으로 길을 떠난 순례자들에게 제공된 환영을 언급하고 있다. 물론, 이 시편의 9절은 건축자들의 버린 돌이 모퉁잇돌이 되었다는 내용을 말하고 있는 구절 직후에 나온다[121] — 그리고 이것 자체도 악한 농부에 관한 비유 속에서 거부당한 예언자들의 계보 속에서 마지막에 속한 예수의 행위에 대한 설명의 일부로 사용되었다. 이 구절들은 서로 긴밀하게 관련되어 있기 때문에, 서로를 해석해 주는 것으로 보아져야 한다.

이러한 다양한 요소들을 종합해 보면, 우리는 다음과 같은 의미를 추론해 낼 수 있다. (1) 예수는 자기 자신이 평범한 순례자로서 예루살렘에 온 것이 아니라, 스스로를 참된 성전 건축자라고 보았다. (2) 야훼께서 버린 현재의 성전은 예수의 평화의 메시지, 예수가 제시한 살 길을 거부하고 멸망의 위협 아래 놓여 있었다. (3) 유일한 소망은 예수를 참된 순례자로 인정하고 그를 영접함으로써, 건축자들에 의해서 버려진 돌이 실제로 모퉁잇돌이 되게 하는 것이다.[122] 이런 식으로 이 수수께끼 같은 말씀은 우리가 앞 장에서 살펴본 메시

---

120) 예를 들면, cf. 렘 12:7; 22:5; 사 64:10f.; 시 69:25; 왕상 9:7-8; Tob. 14:4; 그리고 물론, 겔 8:6; 9:3; 10:1-22; 11:22-3. Fitzmyer 1985, 1037; Johnson 1991, 219는 "집"을 이스라엘 백성을 가리키는 것으로 이해할 수도 있다고 주장한다; Nolland 1993, 742는 그것은 도성 전체를 포함하고 있음에 틀림없다고 주장한다. 이러한 것들이 함축되어 있을 수도 있지만, 자신의 메시야적 소명에 관한 예수의 수수께끼 같은 말씀들 속에 나오는 성전 주제("집"이 통상적으로 지니고 있는 함의와 더불어)는 아주 강력해서, 성전 자체를 가리키고 있다고 보는 것이 훨씬 더 자연스럽다. Sanders(1993, 259)는 마태복음 23:21에서 예수는 야훼가 성전에 계신다고 언급하고 있다는 점을 지적한다(샌더스는 마태복음 23장의 많은 부분이 원래 예수의 것이었다고 생각하지 않는다); 이것이 원래의 것이라면, 그것은 유대의 기본적인 전승에 대한 예수의 긍정을 보여주는 것일 수 있다. 이 구절 다음에는 그 전승을 예언적으로 전복시키고 있는 38절이 나온다.

121) 즉, 시 118:22f.

122) Allison 1983에 의하면, 이 말씀은 실제로 소망의 예언이다: 이것은 이스라엘이 구원받기 위해서 반드시 해야 하는 것이다. 그러한 요소는 현존하는 것일 수 있지만, 그것은 그 앞에 나오는 "그러나 너희는 하려 하지 않았다"라는 말에 의해서 크게 수정된다.

야적인 수수께끼 같은 말씀들과 긴밀하게 연관되어 있고, 그것들에 이 메시야가 그의 소명은 스스로 이스라엘의 운명을 짊어짐으로써 예루살렘을 다가올 초토화로부터 구하는 것을 포함하고 있는 것으로 이해했다는 강력한 뉘앙스를 추가하고 있다. 예루살렘은 예수의 제안을 거부하는 쪽으로 기울어져 있었으나, 그 제안은 여전히 열려 있었다. 물론, 아이러니컬하게도 예루살렘의 무리들은 시편 118:26로 예수를 환영하였다(우리가 충분히 예상할 수 있듯이); 그러나 그때에는 이미 시간이 너무 늦었다.[123)

(f) 세례와 잔

우리는 예수의 상징 행위들을 설명해 주는 수수께끼 같은 말씀들에 관한 공관복음 전승을 거쳐서 거꾸로 추적해 나감으로써, 예수 자신이 소명의 문제로 보았던 그를 기다리고 있는 운명에 관한 기이한 말씀에 도달한다:

> 내가 불을 땅에 던지러 왔노니 이 불이 이미 붙었으면 내가 무엇을 원하리요 나는 받을 세례가 있으니 그것이 이루어지기까지 나의 답답함이 어떠하겠느냐.[124)

> 너희는 너희가 구하는 것을 알지 못하는도다 내가 마시는 잔을 너희가 마실 수 있으며 내가 받는 세례를 너희가 받을 수 있느냐 … 너희는 내가 마시는 잔을 마시며 내가 받는 세례를 받으려니와 내 좌우편에 앉는 것은 내가 줄 것이 아니라 누구를 위하여 준비되었든지 그들이 얻을 것이니라.[125)

이 말씀들은 그 자체로는 암호 같은 말씀들이다. 그렇지만 우리가 지금까지

---

123) 마 21:9/막 11:10/눅 19:38/요 12:13. 예수에 대한 무리들의 반응들에 대해서는 cf. Farmer 1956, 198-201.

124) 눅 12:49-50. Cf. Hengel 1981a, 71: "후대의 어떤 공동체가 [이것과] 같은 모호하고 의심스러운 말씀을 만들어 내는 데에 관심을 가질 수 있었을까?"

125) 막 10:38-40; 마태복음에 나오는 병행문(20:22-3)에는 세례에 대한 언급이 없다.

밝혀낸 맥락 속에서 보면, 이 말씀들은 명확하게 한 가지 방향을 보여준다. 예수는 그의 메시야적 사역의 일부로서 오직 은유로만 온전하게 묘사될 수 있었던 사건을 통해서 하나님 나라를 위한 싸움을 종결지을 소명을 알고 있었다. 여기에 나오는 첫 번째 은유인 세례와 관련된 은유는 예수의 공생애 사역이 그것이 시작되었던 방식으로 끝날 것이라는 것을 내다보고 있는 것 같다: 물론, 지금은 이스라엘의 갱신된 백성 속으로 들어가는 것으로써가 아니라 세례라는 것으로 적절하게 나타내고 상징할 수 있는 그 어떤 무엇으로써. 요한의 세례가 출애굽을 상기시켰고, 자신의 운명을 지시하는 예수의 중심적이고 최종적인 상징 행위가 출애굽을 다시 한 번 상기시켰다고 한다면, 앞으로 예수가 겪게 될 "세례"에 대한 암호 같은 언급을 그가 앞으로 겪게 될 운명에 대한 암시로써, 그리고 그 운명에 출애굽과 같은 의미를 부여하는 것으로써 바라보는 것은 불합리하지 않다.[126) "세례"와 동일한 어원에서 나온 단어들을 고난을 겪는다는 은유적 의미로 사용하고 있는 그 밖의 다른 용법들은 이러한 암시가 정확하다는 것을 시사해 준다.[127)

상황은 조금 다르지만, 겟세마네 이야기 속에서 다시 등장하는 "잔"에 대해서도 이와 동일한 말이 적용된다.[128) 이 이미지는 좀 더 자주 나온다; 그리고 "같은 잔을 마신다는 것"은 분명히 "같은 운명을 공유한다는 것"을 의미한다.[129) 잔은 고난, 심지어 순교를 의미하기도 한다[130) — 물론, 문맥에 따라서는 축복의 잔을 의미할 수도 있지만.[131) 여기에서의 문맥은 예수의 제자들에 대한

---

126) cf. Dunn 1970, 42; cf. Zahl 1983, 328: "자신의 사명을 심판, 재앙의 세례라는 견지에서 설명함으로써, 예수는 심판이 자기에게 떨어질 것이라고 주장하였다."

127) 성서에서 혼돈이나 재앙을 나타내기 위하여 홍수 표상을 사용한 것은 잘 알려져 있다: 예를 들면, 창 6-9장; 삼하 22:5; 시 69:1-2; 93:3; 124:4-5. 고난과 관련한 세례 표상에 대해서는 cf. e.g. Jos. *War* 4:137; 또한 cf. 시 68:3; 욥 9:31(Aquila 역본). 자세한 전거들은 cf. e.g. Delling 1957. 야고보와 요한에 대한 대답에 대해서는 cf. Muddiman 1987.

128) 마 26:39/막 14:36/눅 22:42. Cf. Barrett 1967, 46-9.

129) SB 1:836-8에 인용된 구절들을 보라.

130) *Mt. Isa.* 5:13에서처럼: "오직 나를 위해서 주는 잔을 섞으셨다." 야훼의 진노의 잔의 성서적 배경으로는 사 51:17, 22, 23(cf. 욥 21:20; 시 60:3; 욥 16); 렘 25:15-17, 28; 49:12; 51:7; 애 4:21; 슥 12:2 등이 있다.

경고, 스스로 이스라엘 백성에게 예언된 고난을 짊어져야 할 예수의 기이한 소명을 보여준다.

우리가 수수께끼 같은 말씀들이 서로를 해석한다는 원칙을 조심스럽게 여기에 적용하게 되면, 다락방에서의 중심 행위를 주축으로 해서 하나의 그림이 점점 선명하게 그려진다. 예수는 자기가 고난을 받고 죽을 것이라는 것을 알고 있었다. 그는 그가 말했던 일련의 이미지들을 통해서 그 사건을 하나님이 그에게 주신 운명일 뿐만 아니라 그것은 그의 사역과 이스라엘의 운명을 한데 묶은 소명의 일부라는 것을 알고 있었고 그렇게 해석하였다. 우리는 조금 후에 이것을 살펴볼 것이다.

(g) 수수께끼 같은 말씀들과 진정성

우리가 예수가 그의 성전 행위 이후에 말했던 메시야적인 수수께끼 같은 말씀들을 살펴보았을 때, 나는 그것들의 형태 자체가 그것들이 원래 예수에게서 나왔다는 것을 보여주는 강력한 지표라고 주장하였다. 초대 교회는 예수의 메시야직에 관하여 말하기를 꺼려하지도 않았고 수수께끼 같은 말씀들을 통해서 말하고자 하지도 않았다; 그러한 수수께끼 같은 말씀들이 속할 수 있는 유일한 지점은 바로 예수의 사역 자체이다. 이와 매우 비슷한 것을 우리는 예수의 죽음의 의미를 지시해 주는 수수께끼 같은 말씀들에 관해서도 말할 수 있다.

초대 교회는 예수의 죽음에 관하여 말하거나 그 죽음에 관한 풍부하고 다양한 해석을 발전시키기를 꺼려하지 않았다. 최초의 그리스도인들은 예수의 죽음을 수수께끼 같은 말들을 통해서 말할 필요가 없었다. 십자가 사건은 누구나 알고 있는 것이었기 때문에, 그 사건은 수치스러운 사건은 되었을지 모르지만, 결코 암호 같은 말씀들을 통해서 알려야 했던 괴상한 사건은 아니었다. 이번에는 거꾸로, 이 수수께끼 같은 말씀들은 바울 서신 속에서 아주 분명하게 보여지는 그러한 초기 속죄 신학의 단초들로부터도 주목할 만할 정도로 자유롭다. 실제로, 이 수수께끼 같은 말씀들 중 일부는 단순히 다가올 비극적인 죽음에 관해서만 말할 뿐, 그것에 의해서 얻어질 구속에 관해서는 전혀 인

---

131) 예를 들면, 시 23:5; 116:13.

식이 없다. 이 수수께끼 같은 말씀들은 후대에 역사를 예언으로 둔갑시킨 것으로 보이지 않는다: 야고보와 요한이 예수와 동일한 운명을 겪게 될 것이라는 예언은, 우리가 알고 있는 한, 오직 부분적으로만 정확한 것이었다.[132] 두 형제에 관한 이 이야기가 그들이 초대 교회에서 차지했던 상당한 직위를 반영하여 만들어진 것이라고 한다면, 베드로를 언급하지 않고 있는 것은 참으로 이상한 일이다.[133] 그럼에도 불구하고, 이 말씀들은 우리가 초기 기독교의 속죄 신학에 관하여 알고 있는 그 어떤 것도 반영하고 있지 않지만, 우리는 이러한 것들과 같은, 예수의 중심 상징 행위들을 둘러싼 말씀들이 그러한 신학을 발전시킬 수 있는 모판(matrix)의 일부였을 가능성이 대단히 높았다는 것을 볼 수 있다. 이런 식으로, 이 수수께끼 같은 말씀들은 초대 교회의 삶과 적절할 정도로 유사하고 적절할 정도로 상이하다.

이러한 말은 예수의 사역의 유대적 맥락과 관련해서도 적용된다(우리는 이것을 잠시 후에 살펴보게 될 것이다). 우리가 지금까지 연구해 온 수수께끼 같은 말씀들은 특히 고전적 예언의 세계로 거슬러 올라가는 수많은 연결 고리들을 담고 있다. 그러나 이 수수께끼 같은 말씀들이 지닌 특정한 형태와 방향은 아주 독특하다; 우리는 이러한 모티프들의 결합과 같은 것을 스스로에게 적용한 예언자들의 예를 전혀 찾아볼 수 없다. 여기서 다시 한 번 이러한 수수께끼 같은 말씀들은 우리가 그것들을 발견하는 그 자리, 즉 예수의 입에 속해 있다는 것이 확인된다. 이 수수께끼 같은 말씀들은 최후의 만찬을 주요한 표지판으로 삼고 있었던 바로 그 사건을 암호적이지만 설득력 있게 지시해 주는 역할을 하였다. 예수 자신의 죽음 — 메시야적이지 않았던 기이한 메시야의 죽음 — 은 민족 전체의 운명과 야훼께서 마침내 그의 나라를 세우시게 될 새로운 출애굽의 도래와 결부되어 있었다.

(iii) 수난에 관한 예고들

---

132) 야고보는 Herod Agrippa I에게 죽임을 당했다(행 12:2). 요한의 운명은 알려져 있지 않다(관련된 Papias 전승들에 대해서는 cf. Taylor 1952, 442) — Gundry 1993, 584에서 논증 없이 전제하듯이, 그는 계 1:9에서 가리키는 인물이긴 하지만.

133) Sanders 1985, 147.

최후의 만찬이라는 상징적 행위와 그 때에 예수가 왜 그렇게 하였는지에 대한 해석적 통찰의 작은 섬광들을 제시해 주는 짧은 수수께끼 같은 말씀들로부터 시작해서 거꾸로 추적해 온 우리는 마침내 공관복음 전승이 제시하는 주제에 관한 좀 더 실질적인 말씀들을 다룰 수 있는 그러한 맥락을 발견하게 되었다. 물론, 이러한 "수난 예고들"은 그 자체만으로 볼 때에는 예수의 사고의 특징적인 그 무엇을 반영한 것이 아니라, 초기 기독교의 변증학과 속죄 신학을 반영하고 있는 사후 예언들(vaticinia ex eventu)로서 통상적으로 치부되어 버린다. 그러나 우리가 지금까지 해 왔던 방식대로 이것들에 접근한다면, 우리는 예수의 사고방식에 접근할 수 있는 새로운 길을 발견해 낼 수 있고, 예수의 관점에서 볼 때에 그의 죽음이 어떻게 실제로 하나님 나라를 가져오는 수단의 일부로서 기능하였는지를 이해할 수 있게 된다.

이 본문들은 잘 알려져 있는 것들이다:

이 때로부터 예수 그리스도께서 자기가 예루살렘에 올라가 장로들과 대제사장들과 서기관들에게 많은 고난을 받고 죽임을 당하고 제삼일에 살아나야 할 것을 제자들에게 비로소 나타내시니.[134]

엘리야가 과연 먼저 와서 모든 것을 회복하거니와 어찌 인자에 대하여 기록하기를 많은 고난을 받고 멸시를 당하리라 하였느냐.[135]

예수께서 제자들에게 이르시되 인자가 장차 사람들의 손에 넘겨져 죽임을 당하고 제삼일에 살아나리라 하시니 제자들이 매우 근심하더라.[136]

예수께서 예루살렘으로 올라가려 하실 때에 열두 제자를 따로 데리시고 길에서 이르시되 보라 우리가 예루살렘으로 올라가노니 인자가 대제

---

134) 마 16:21/막 8:31/눅 9:22. 마태복음에서는 "예루살렘으로 가야 하리니"를 첨가한다.

135) 막 9:12.

136) 마 17:22f./막 9:31/눅 9:44(여러 편차들이 있다).

사장들과 서기관들에게 넘겨지매 그들이 죽이기로 결의하고 이방인들에게 넘겨주어 그를 조롱하며 채찍질하며 십자가에 못 박게 할 것이나 제 삼일에 살아나리라.[137]

인자가 온 것은 섬김을 받으려 함이 아니라 도리어 섬기려 하고 자기 목숨을 많은 사람의 대속물로 주려 함이니라.[138]

오늘 밤에 너희가 다 나를 버리리라 기록된 바 내가 목자를 치리니 양의 떼가 흩어지리라 하였느니라.[139]

내가 너희에게 말하노니 기록된 바 그는 불법자의 동류로 여김을 받았다 한 말이 내게 이루어져야 하리니 내게 관한 일이 이루어져 감이니라.[140]

때가 가까이 왔으니 인자가 죄인의 손에 팔리느니라.[141]

이에[예수의 체포 후에] 제자들이 다 예수를 버리고 도망하니라.[142]

이러한 것들 이외에도 다른 암시들이 있다: 예언자는 예루살렘 밖에서는 죽을 수 없다(그러나 예언자가 예루살렘에 도착했을 때에는 죽을 수 있을 것이다); 신랑은 빼앗겨질 것이다; 제자들이 예수가 없는 가운데에 스스로를 보호하기 위하여 고군분투할 때가 올 것이다.[143] 이러한 모든 것들을 합치면, 그

---

137) 마 20:17-19/막 10:32-4/눅 18:31-3.

138) 마 20:28/막 10:45.

139) 슥 13:7을 인용하고 있는 마 26:31/막 14:27.

140) 눅 22:37.

141) 마 26:45/막 14:41; cf. 눅 22:22.

142) 마 26:56(cf. 54)/막 14:49. Goppelt 1981 [1975], 189는 Conzelmann 1969, 133이 어떻게 이러한 말씀들을 즉석에서 비역사적인 것으로 치부해 버릴 수 있는지 당혹감을 감추지 못하겠다고 고백한다.

것은 꽤 인상적인 목록이 된다.

물론, 많은 것이 우리가 예수 자신에 대하여 가능하거나 생각할 수 있다고 보는 것에 달려 있다. 여기에서 사용된 언어가 예수가 사용할 수 있었던 그런 언어였다는 것에 대해서는 아무런 문제점이 없다; 이 말씀들이 당시의 유대교 속에서 우리가 발견하는 것과 초대 교회의 속죄 신학에서 우리가 발견하는 것, 이 두 가지 모두와 매우 다르다는 것을 입증하는 것도 아무런 문제점이 없다. 진정한 문제점은 우리가 과연 예수가 자신의 머리속에 그러한 개념들을 지니고 있었을 수 있거나 지니고 있었을 것인지를 평가하려고 할 때, 즉 예수의 사고방식의 형태를 결정하고자 할 때에 생겨나게 된다.

나는 이미 예수가 자기 자신을 이스라엘의 기나긴 고통스러운 이야기의 초점으로 보았다는 것을 논증한 바 있다(그리고 이것은 그 당시의 사람들이 그러한 상황 속에서 특히 이례적인 것이라고 생각한 그런 것도 아니었다는 것을 논증하였다). 또한 나는 예수가 이 이야기는 악이 패배하고 야훼의 백성이 단번에 구원받을 큰 싸움을 통해서 절정에 달할 것이라고 믿었다는 것을 강력하게 시사해 주는 방식으로 이스라엘의 이야기를 다시 말하였고 상징적으로 행동하였다는 것도 논증하였었다. 이러한 것에 비추어서 우리가 지금까지 살펴본 수수께끼 같은 말씀들은 이러한 수난 예고들이 아주 잘 부합하는 구체적인 형태의 소명을 보여준다. "인자" — 지극히 높으신 이의 성도들의 대표자 — 는 짐승들과의 싸움을 싸우게 될 것이다; 그러나 그는 결국 신원받게 될 것이다.

이것을 좀 더 자세하게 연구해서 이 말씀들의 내부 속으로 들어가기 위해서는, 우리는 좀 더 먼 우회로를 통과하지 않으면 안 된다. 우리는 우리가 물어야 하는 지점에 도달해 있다. 예수는 이스라엘의 대표자로서의 고난과 죽음을 통해서 하나님 나라가 오게 될 것이라는 것을 성찰하는 데에 어떠한 자료들을 사용할 수 있었는가?

6. 예수의 의도(3): 유대교에서의 종말론적 구속

---

143) 예언자: 눅 13:33; 신랑: 마 9:15/막 2:20/눅 5:35; cf. *Thom.* 104; 제 힘으로 해나가는 것: 눅 17:22; 마 24:9-14/막 13:9-13/눅 21:12-19.

(i) 서론

이 질문에 대답하기 위해서는, 우리는 다시 제2성전 시대 유대교의 복잡다단한 배경으로 되돌아가야 한다. 우리는 이야기와 상징에 의해서 생성되고 지탱되는 실천, 그리고 세계관과 관련된 핵심 질문들, 특히 이 경우에는 "해법은 무엇인가?"라는 질문에 대한 결과로서 제시된 암묵적인 대답들을 인식하는 가운데 두 가지 노선, 즉 이야기와 상징을 따라서 진행해 나가야 한다.

(ii) 지배적인 이야기: 포로생활과 회복

우리는 이미 잘 닦여진 토대 위에서 시작할 수 있게 되었다. 주후 1세기 유대인들이 그들의 성찰 속에서 현재의 고난과 미래의 신원, 현재의 재앙과 미래의 구속, 야훼께서 그의 백성을 재앙에서 구속으로 옮겨 놓으실 수단들과 관련된 문제 전체를 다룰 수 있었던 통합적인 범주는 포로생활("현재의 악한 시대")과 회복("다가올 새 시대")이라는 범주였다. 물론, 나는 이러한 용어들을 축약(a shorthand)의 수단으로 사용하고 있다; 동일한 것을 나는 여러 가지 다른 방식으로 말할 수 있다; 그러나 여기서 다시 한 번 내가 강조해 두고자 하는 것은 주후 1세기 유대교에서 대체로 포로생활은 아직 끝나지 않은 것이었다는 것이다. 이사야를 비롯한 여러 예언자들이 약속했던 것들은 아직 성취되지 않았다. 빌라도와 헤롯 ― 그리고 가야바 ― 이 통치하고 있는 한, 하나님 나라는 아직 온 것이 아니었다. 이교도들의 압제는 현재의 악한 시대의 표징이었다; 다가올 새 시대는 야훼께서 그의 백성을 오랜 고난의 기간 후에 신원하셨을 때에 자유와 평화를 가져오게 될 것이다.

또한 여기서 다시 한 번 우리가 강조해 두어야 할 것은 이 시기에 있어서 포로생활로부터의 귀환은 "죄사함"을 의미했고, 그 역도 성립하였다는 것이다. "딸 시온아 네 죄악의 형벌이 다하였으니 주께서 다시는 너로 사로잡혀 가지 아니하게 하시리로다."[144] 이스라엘이 여전히 이방의 통치 아래에서 고통을 겪고 있는 한, 포로생활을 불러 왔었던 "죄들"은 "사함받은" 것이 아니었다. 죄사함은 감옥에 갇혀 있는 사람의 경우에서처럼 구체적인 것이었다: 실제적인

---

144) 예언자: 사 40-55장의 전체 사고의 흐름을 요약하고 있는 애 4:22(cf. 위의 419-29).

석방을 가져오지 않은 "사함"은 결코 사함이 아니다. 시편들과 예언자들은 이러한 약속들이 이루어지고, 죄들이 사함받으며, 야훼께서 그의 백성을 압제하였던 악을 단번에 해결하실 그날을 바라보았다.

특히, 포로생활로부터의 진정한 귀환을 향한 이러한 열망의 지평을 지배하였던 역사적이고 신학적인 주제는 물론 출애굽이었다. 매년 유월절마다 기념되었던 출애굽은 유대인들의 고전적 메타 서사(metanarrative)를 만들어 내었고, 포로생활로부터의 귀환에 대한 소망은 바로 그 안에서 의미를 지니고 있었고, 또한 그 귀환은 그러한 메타 서사의 견지에서 고전적 예언 본문들의 일부에서 묘사되었다.[145] 제2성전 시대 유대교의 역사적·정치적·신학적 세계관 내에서 출애굽 이야기가 차지하고 있던 중요성은 아무리 강조하여도 부족함이 없다; 그리고 그 이야기는 거듭거듭 대부분의 유대인들이 그것이 이번에는 좋은 쪽으로 다시 한 번 실현될 것을 소망하고 기도하는 세계 속에서 울려 퍼졌다. 우리가 앞에서 본 것처럼, 이것은 예수가 그의 최후의 위대한 예언적·상징적 행위에서 상기시키고자 의도적으로 설정하였던 세계였다. 우리가 여기에서 시작한다면, 우리는 예수의 사고방식을 추적해서 그 궤도를 알아낼 수 있을 것이다.

(iii) 첫 번째 부차적인 줄거리: 메시아적 화(禍)들

우리가 『신약성서와 하나님의 백성』에서 보았듯이, 제2성전 시대의 일부 유대인들은 위대한 구원이 강렬한 고난의 시기를 통과해서 오게 될 것이라고 믿었다.[146] 이것은 좀 더 큰 이야기 내에서의 한 이야기로서의 기능을 한다: 고난의 때는 묵시론적인 드라마가 그 목표에 도달하는 수단이 될 것이다. 이 주제는 제2성전 시대 유대교 속에서 어디에나 나오는 것은 아니었지만, 우리가 그것을 어느 정도 확신을 가지고 전제할 수 있을 정도로 자주 나온다(특히, 예수와 그의 운동에 대한 광범위한 유비들을 제공해 주고 있는 쿰란 문헌 속에서).

---

145) 예를 들면, 사 51:9-11.

146) 일차 및 이차 자료들을 인용하고 있는 *NTPG* 211f.; 아울러 cf. *Ass. Mos.* 9:1-10:10; 1 *En.* 47:1-4. 또한(후대의) Sifre Dt. 333 on Dt. 32:43을 참조하라.

새로운 출애굽, 포로생활과 회복에 관한 좀 더 큰 이야기 내에서의 이러한 부차적인 이야기의 줄거리를 파악하기 위해서 우리는 잠시 알버트 슈바이처에게로 돌아가 보자. 슈바이처는 "메시야적 화들"에 관한 제2성전 시대의 기대를 예수가 살고 있던 역사 속의 그 시기 및 그 시기와 관련된 자신의 소명에 대한 예수의 이해에 대한 결정적인 단서라고 보았다. 그에게 있어서 중심 개념은 "페이라스모스"(peirasmos), 즉 시험이라는 개념이었다:

> 고난받고자 한 예수의 결단을 이해하기 위해서, 우리는 먼저 이 고난의 신비가 하나님 나라의 신비 속에 포함되어 있다는 것을 깨닫지 않으면 안 된다. 왜냐하면, 하나님 나라는 "페이라스모스"가 일어날 때까지는 결코 임할 수 없기 때문이다 … 새로운 점은 이 고난들이 인식되고 있는 형태에 있다. 예수에 관한 한, 이 환난은 지금 역사상의 한 사건과 결부되어 있다: 그는 당국자들의 손에 의해서 죽임을 당하기 위하여 예루살렘으로 올라갈 것이다 … 예수가 가이사랴 빌립보에서 제자들에게 밝힌 그의 수난의 비밀 속에서, 다른 사람들을 위한 메시야 이전의 환난은 배제되고 폐지되며, 예수 자신의 수난만이 초점으로 등장하는데, 그러한 것들은 예루살렘에서의 예수의 수난과 죽음에서 성취된다. 이것은 예수에게 동터왔던 새로운 확신이었다. 그는 하나님 나라를 오게 하기 위하여 다른 사람들을 대신하여 고난받아야 한다.[147]

이러한 생각은 슈바이처가 제안한 다른 많은 것들과 마찬가지로 20세기 초의 신학적 감수성들에 정면으로 도전하는 것이었고, 바로 그러한 이유 때문에 이후의 연구 속에서 많이 사용되거나 논의되지 않아 왔다. 그렇지만, 나는 슈바이처의 견해는 몇몇 중요한 수정들이 가해질 필요는 있지만(특히, 유대의 묵시문학에 관한 우리의 개선된 지식 때문에 이러한 수정들은 필수적이다), 거기에는 우리가 놓치지 말아야 할 역사적 통찰의 핵심이 자리잡고 있다고 생각한다.

---

147) Schweitzer 1954 [1906], 385-7(384-90쪽 전체가 다 중요하다). 또한 Schweitzer 1925 [1901], ch. 9, esp. 226-36을 보라.

이러한 주장에 대한 있을 수 있는 반발에 대비하여 한 마디 해둘 필요가 있을 것 같다. 물론, 연기해야 할 대본을 탄생시킨 사고 도식에 따라서 의도적으로 행동하는 주의 깊은 서구의 학자를 생각하는 것은 지나친 일일지도 모른다. (하지만, 사실 일부 학자들이 그들의 경력을 계획하는 방식을 생각해 보면, 이것은 그리 지나치다고만은 할 수 없을 것 같다.) 어쨌든, 서구의 학자들은 그들의 연구를 나름대로의 방식으로 탐구할 수 있는 자유가 그들에게 있다고 믿을 뿐만 아니라, 스스로가 아무것에도 얽매이지 않는 상태에 있다는 것을 자랑으로 여긴다: 참여자가 아니라 관찰자. 여기서 다시 한 번 우리는 예수를 실생활과 분리된 진리들을 가르친 위대한 교사라고 생각하는 시대착오적 사고방식에 빠질 위험에 직면한다. 우리가 당시의 역사 속에 흠뻑 빠져 있을 때에만, 우리는 우리 자신의 문화 속에 갇혀 있는 상태에서 벗어날 수 있다. 슈바이처는 그 감옥의 문을 깨부순 공로가 있다고 나는 생각한다. 나는 우리가 이제 그 깨어진 감옥의 문을 활짝 열어서, 역사와 신학을 (아주 복잡한) 회의주의의 가면을 쓴 시대착오적 생각에 의해서 지배되어 왔던 자들의 마수로부터 구출해 내어야 한다고 생각한다. 오직 우리가 주후 1세기의 증거들이 우리를 이끄는 대로 따라갈 때에만, 우리는 역사 속에서든 신학 속에서든 "예수"를 올바르게 언급할 수 있게 된다.

이 시점에서 나의 요지는 자기 자신이 이스라엘이 오랫동안 기다려 왔던 야훼의 나라에 관한 드라마 속에 참여하고 있다고 믿었던 주후 1세기의 한 사려 깊은 유대인이 활용할 수 있었던 여러 대안들 중에서 그가 하나님 나라는 강렬한 고난의 시기를 통과하여 마침내 오게 될 것이라고 생각했다는 것은 아주 적절하였다는 것이다. 우리는 이것을 곧 예수에게 적용할 것이다; 그러나 여기서 먼저 우리는 이 그림을 마찬가지로 새로운 출애굽, 위대한 포로생활로부터의 귀환에 관한 전체적인 메타 서사 내에서 기능하고 메시야적 화들이라는 개념을 뚜렷하게 부각시켜줄 두 번째 부차적인 줄거리로 채우지 않으면 안 된다.

(iv) 두 번째 부차적인 줄거리: 특별한 또는 개인적 고난

고난의 필요성이 야훼의 계획을 완성시킬 방법의 일부라는 믿음은 이 시기의 문헌 속에서 일반적인 수준에 머물러 있지 않았다. 우리는 악인들 또는 이교도들의 손에 의해서 특별한 고난을 받을 것으로 예상할 수 있는 몇몇 범주의 사람들을 찾아낼 수 있다. 그러한 고난은 우리가 지금까지 살펴본 종말론적 틀 안에서 해석될 수 있었다. 그것은 자의적이거나 임의적인 것이 아니었고, 이스라엘의 일반적인 고난들의 한 날카로운 단면을 이루고 있었다. 이것 속에는 그러한 고난이 어떤 경우들에서는 어떤 의미에서 다가올 해방을 이루게 될 수단의 일부로 보아질 수 있다는 암시들이 존재한다.

이스라엘 내에서 고난받는 개인들의 가장 명백한 범주들 중의 하나는 예언자들이라는 범주이다. 이것을 보여주는 가장 분명한 증거는 이러한 사고를 담은 격언이 나오는 신약성서 속에 있지만,[148] 그 뿌리는 성서적인 전승 속에 있고,[149] 이사야의 순교(*Martyrdom of Isaiah*) 같은 책들에 반영되어 있다. 물론, 예수의 시대와 경험 속에서, 최근의 예언자들 중 가장 위대한 예언자는 세례 요한이었고, 그의 운명은 그를 자신의 선구자로 보았던 인물의 마음속에 깊이 새겨졌을 것임에 틀림없다.[150] 유대 당국자들을 반대하여 그들에게 야훼의 말씀을 전하다가 죽은 이 겁 없는 예언자는 나사렛 출신의 예언자의 자기이해와 결코 많이 다르지 않았을 하나의 모형이었다.

이것과 아주 유사한 것은 솔로몬의 지혜서의 초반에 나오는 중요한 대목이다. 여기에서 악인들은 그들의 인생이 덧없다는 것을 알고 악을 행하기로 모의한다. 구체적으로 말하면, 그들은 그들의 악한 길들을 드러내온 의인을 죽이기로 계획을 세운다:

의인이 오는가 매복해서 기다리자.

---

148) 예를 들면, cf. 마 5:11-12/눅 6:22-3; 마 23:29-36/눅 11:47-51; 마 23:37/눅 13:34(cf. 13:33); 행 7:52; 그리고 물론 악한 농부 비유 속에서의 예언자들. Cf. Jeremias 1971, 281; de Jonge 1991 a, 34-7.

149) 예를 들면, 대하 36:15f.; 느 9:26; 렘 2:30; 그리고 예언자들(특히 참 예언자들)은 언제나 거부당했다는 사상에 대해서는 cf. 왕상 19:10; 22:8; 스 9:10f.; 렘 26:1-24; 슥 1:4-6; 7:7-14. 또한 겔 4:4-6을 참조하라(이것에 대해서는 아래를 보라).

150) cf. Schillebeeckx 1979 [1974], 299f. 눅 13:33("예언자가 예루살렘 밖에서는 죽는 법이 없느니라")은 이상하다; 예수는 요한을 예언자로 여겼으나, 그는 예루살렘에서 죽지 않았다.

이는 그가 우리에게 불편하고 우리의 행위들을 반대하기 때문이다;
그는 우리를 율법을 범하는 죄를 지었다고 책망한다.
그는 하나님에 대한 지식을 갖고 있다고 공언하고
스스로를 주의 자녀(또는 "종")라 부른다.
그는 우리를 천한 놈 취급하고
부정하다고 하여 우리의 길들을 피한다.
그는 의인들의 최후가 행복하다고 말하고
하나님이 그의 아버지라고 자랑한다.
그의 말이 참된지 알아보자.
그의 삶의 마지막에 무슨 일이 일어나는지를 시험해 보자;
의인이 하나님의 자녀라면, 하나님이 그를 도우시고
그를 대적들의 손에서 구하시리라.
모욕과 고문으로써 그를 시험에서
그가 얼마나 온유한지를 알아보고
그의 인내를 시험해 보자.
그를 단죄하여 수치스러운 죽음을 안겨 주자.
이는 그가 자기는 보호를 받을 것이라고 말하기 때문이다.[151]

솔로몬의 지혜서의 저자는 먼저 이런 일이 일어날 때에 이스라엘의 하나님이 의인을 영혼을 사람들에게는 보이지 않지만 평화롭게 그의 손으로 받으실 것이라고 말하고, 다음으로 정해진 때에 하나님이 그들을 죽은 자들로부터 일으키셔서 그들로 세상을 다스리게 하실 것이라고 말한다.[152] 한편, 불경건한 자들은 그들이 받아 마땅한 형벌을 받게 될 것이다.[153] 그런 후에, 이러한 교훈은 좀 더 폭넓게 적용되고, 의인들이 악인들의 손에 의해서 겪게 되는 운명에 관한 자세한 묘사와 그 결과로써 의인들을 기다리는 지극히 복된 상태에 관한 자세한 묘사가 나온 후에, 다시 한 번 이 땅의 왕들에게 그들이 다른 무엇보

---

151) Wis. 2:12-20.
152) 3:1-6; 3:7-9.
153) 3:10-19.

다도 필요한 것은 지혜라는 경계의 말이 초점으로 부각된다.[154] 종종 지적되어 왔듯이, 의인들의 운명을 묘사하기 위하여 사용된 언어는 이사야 52장과 53 장에 나오는 "고난받는 종"에 관한 대목으로부터 가져온 것으로 보이고, 악인들의 심판을 묘사하는 장면은 이사야 14장(하늘까지 치솟는 교만을 지닌 이상한 인물이 결국은 몰락한다고 말하는)과 시편 2편(그의 원수들을 패주시키는 다윗 가문의 왕) 같은 대목들에 뿌리를 두고 있다.[155] 솔로몬의 지혜서에 나오는 이 대목은 에녹1서와 그 밖의 다른 제2성전 시대 문헌들에 의해서 서로 독립적으로 사용되었던 주석 전통을 활용하고 있다고 생각할 만한 타당한 근거가 있다.[156] 따라서 우리의 현재의 목적에 있어서 이 대목이 지니는 가치는 그것이 우리가 단지 특정한 한 책의 독자들 속에서가 아니라 좀 더 널리 알려져 있었다고 조심스럽게 전제할 수 있는 하나의 주제에 대하여 문을 열어준다는 것이다.

이러한 주장은 쿰란 문헌으로부터의 증거들에 의해서도 강력하게 확증된다. 예를 들면, 하박국서에 대한 주석서에서처럼, 의의 교사의 고난들은 아주 빈번하게 언급된다:

해석하자면, [하박국서 1:13b은] 의의 교사가 징벌을 받을 때에 침묵하였고 거짓말쟁이에 대항하여 아무런 도움도 그에게 주지 않았던 압살롬과 그 일당들에 관한 것이다 … [157]

[하박국서 2:15]의 해석은 의의 교사를 추적하여 절기 때에 대속죄일의 나머지 기간 동안에 그의 유형지에서 격렬한 분노로 그를 대했던 악한 제사장에 관한 것이다 … [158]

---

154) 제4-6장; 의인들의 고난과 신원에 대해서는 5:4-5; 5:15-16.

155) cf. Nickelsburg 1992, 140(예를 들면, Wis. 4:18-19에서의 시 2:4, 9의 반영들).

156) Nickelsburg 1992, 138-42.

157) 1QpHab 5:10-11(Verities 1995 [1962], 342).

158) 1QpHab. 11:4-7(GM 201).

그러나 공동체 전체도 고난을 겪게 되고, 그렇게 해서 궁극적인 구원을 향한 길을 발견하게 될 것이다:

해석하자면, [하박국서 2:4b은] 하나님이 그들의 고난으로 인해서 및 의의 교사들에 대한 그들의 믿음으로 인해서 심판의 집으로부터 구원하실 유다 집에서 율법을 지키는 모든 자들에 관한 것이다.[159]

빛의 아들들과 어둠의 무리들이 그 재앙의 날에 무수한 무리들의 포효 소리와 신들 및 사람들의 외치는 소리 사이에서 하나님의 권능을 위하여 함께 싸울 것이다. 그 때는 하나님에 의해서 구속받은 모든 사람들을 위한 고난의 때가 될 것이다. 그들의 모든 고난들 중에서 그 어떤 것도 이와 같은 것이 없을 것이지만, 영원한 구속이 신속하게 성취될 것이다.[160]

쿰란 분파에 속해 있었던 어떤 사람이 고난받는 메시야라는 관점에서 생각했을 가능성은 대단히 희박하지만, 이 분파 전체의 고난과 특히 그 창건자들 중 한 사람의 고난이 다가올 해방을 보여주는 지표들이자 그 도래의 수단들 중 일부라는 폭넓은 믿음이 존재하였다는 것은 분명하다.[161] 이것은 종종 속죄라는 견지에서 표현되기도 하였다:

공동체의 공회에는 열두 사람과 세 명의 제사장들이 있을 것이다 … 그들은 거룩한 땅에 대한 믿음을 견실함과 온유함으로 보존할 것이고, 공의의 실천을 통해서 및 환난의 슬픔들을 겪음으로써 죄를 속할 것이다 … [162]

---

159) lQpHab. 8:1-3(Vermes 1995 [1962], 344). 그러나 GM 200은 이 핵심 용어를 "행사들"(deeds)로 번역한다.

160) 1QM 1:11-12(GM 95). 또한 cf. 1QH 11 [=3]:6-18(GM 331f.)(*NTPG* 277 n:136에 인용되어 있음). 이 시편에 대해서 Knibb(1987, 174)은 "이 시편의 관심은 전적으로 메시야 시대의 개막을 알리게 될 재앙들에 관한 것"이라고 쓴다.

161) Collins 1995, 123-6는 4Q451 fr. 9 & 24(GM 270)에서의 "고난받는 메시야"라는 개념을 거부하는데, 이는 옳다; Schiffman 1994, 346f.이 4Q285 fr. 5(GM 124)에서 "찔림을 받은 메시야"를 보기를 거부한 것은 옳다.

쿰란 문헌이 무죄한 또는 의로운 고난이 제2성전 시대 유대인들의 세계관 속에서 어떤 식으로 이해될 수 있었는지에 관한 추가적인 암시들을 제공해 주고 있다면, 특히 마카베오 시대의 순교자들에 관한 이야기들은 더욱 분명하게 그와 같은 것들을 보여준다.[163] 여기서 중요한 것은 실제로 일어난 일이 아니라, 순교에 관한 이야기들을 회고적으로서 기술하고 있는 방식이다. 또한 우리는 마카베오 형제들은 하누카(Hanukkah)라는 연례적인 큰 절기에서 기념되었고, 따라서 그들의 이야기는 널리 알려져 있었다는 것을 기억하여야 한다: 그리고 예수의 몇몇 상징 행위들 및 그것들을 설명하는 수수께끼 같은 말씀들은 의도적으로 마카베오 형제들의 행위를 상기시켰던 것으로 보인다는 것도 우리가 기억해야 한다.[164] 마카베오2서에서는 순교자들의 고난을 다른 열방들이 그들의 죄를 점점 축적해 가서 마침내는 심판을 받게 되는 것과는 달리 이스라엘로 하여금 장차 긍휼을 얻을 수 있도록 현재적으로 민족의 죄들을 처리하는 효과를 지니고 있는 것으로 묘사한다.[165] 그러므로 순교자들은 그들이 장래에 새로운 생명으로 부활할 것이라고 믿고서 기꺼이 고난과 죽음을 감당하였다.[166] 그들의 고난은 진노의 현재를 통과하여 그 너머에 놓여 있는 구원으로의 길을 만드는 것이고, 그들을 고문한 자들은 스스로에 대하여 진노를 쌓아가는 것이라고 그들은 주장하였다:

우리 형제들은 잠깐 동안 고통을 받은 후에 하나님께서 약속해 주신 영원한 생명을 실컷 누리겠지만 당신[시리아 왕 안티오쿠스]은 그 교만한 죄에 대한 하나님의 심판을 받아서 응분의 벌을 받게 될 것이오. 나는 형들과 마찬가지로 우리 선조들이 전해 준 율법을 지키기 위해 내 몸과

---

162) 1QS 8:1-4(Vermes 1995 [1962], 80). 이러한 속죄하는 행위에 대해서는 cf. 1QS 5:6; 9:4; cp. jYom. 38b; tYom. 5:6ff.

163) 마카베오 서신의 구절들에 대해서는 cf. e.g. Hengel 1981a; de Jonge 1988, 174-84, 208-11; 1991a, 45-8. Droge & Tabor 1992는, 내가 보기에, 최소한 편향되어 있는 것 같다; cf. *NTPG* 364f.

164) cf. Farmer 1956; 그리고 위의 제11장.

165) 2 Macc. 6:12-17; cf. 7:18-19.

166) 2 Macc. 6:30; 7:9, 11, 14, 16-17, 22-3, 29, 30-8.

내 생명을 기꺼이 바치겠소. 나는 하나님께서 우리 민족에게 속히 자비를 보여주시고, 당신에게는 시련과 채찍을 내리시어 그분만이 하나님이시라는 것을 인정하게 해 주시기를 하나님께 빌겠소. 우리 민족 전체에게 내리셨던 전능하신 분의 정당한 노여움을 나와 내 형들을 마지막으로 거두어 주시기를 하나님께 빌 따름이오.[167]

또한 예수 시대와 거의 동시대에 나온 작품 속에서는 이렇게 말하고 있다:

오 하나님, 나는 스스로를 구원할 수 있었지만 율법을 위하여 지독한 고문들 속에서 죽어간다는 것을 당신은 아십니다. 당신의 백성에게 긍휼을 베풀어 주시고, 우리에 대한 징벌로써 그들을 위해 충분하게 하옵소서. 나의 피로 그들을 정결케 하시고 내 생명을 그들의 생명 대신에 취하소서.[168]

형제들이여, 나를 본받으시오; 나의 싸움 속에서 당신들의 자리를 떠나지 말고, 우리의 용기 있는 가족적인 유대를 포기하지 마시오. 경건을 위하여 거룩하고 고상한 싸움을 싸우시오. 그렇게 함으로써, 우리 조상들의 의로운 섭리가 우리 민족에게 긍휼이 되어서 저주받은 압제자에게 복수하게 하시오.[169]

그러므로 하나님을 위하여 스스로를 성별한 이런 이들은 이러한 영예로써만이 아니라 그들로 인하여 우리 원수들이 우리 민족을 통치하지 못했고 압제자가 벌 받았으며 조국이 정화되었다는 — 그들이 우리 민족의 죄를 위한 대속물이 되었다는 — 사실에 의해서도 존경을 받는다. 이 경건한 이들의 피와 속죄 제물로서의 그들의 죽음을 통해서, 신적인 섭리는 이전에 고초를 겪었던 이스라엘을 보존하였다.[170]

---

167) 2 Macc. 7:36-8.
168) 4 Macc. 6:27-9; cp. 1:11.
169) 4 Macc. 9:23-4.

경건을 위하여 고난에 그 몸을 던진 이들은 죽을 인생들에 의해서 칭
송을 받을 뿐만 아니라 하나님의 유업에 참여할 가치가 있는 자들로 여
겨졌다. 그들로 인하여 민족은 평화를 얻었고 … [171]

이러한 기사들 전체를 관통하는 세 가지 흐름의 믿음이 존재한다. 첫째, 순
교자들의 운명은 민족 전체의 운명과 결부되어 있다. 둘째, 그 결과로써 그들
의 고난은 민족의 고난의 초점으로서, 예레미야서, 에스겔서, 이사야서 40-55
장, 다니엘서 같은 대예언서들 속에서 발견되는 죄에 대한 징벌로서의 포로생
활이라는 주제를 계승하면서, 그것에 좀 더 정확한 초점을 부여하고 있다. 셋
째, 이러한 대표성을 띤 포로생활과 관련된 고난은 구속의 역할을 수행한다:
순교자들은 이후에 그들 스스로가 천상의 축복과 부활 생명을 누릴 뿐만 아니
라, 그들의 고난은 민족 전체의 고난을 스스로 짊어지는 효과를 지니기 때문
에, 민족이 고난당하는 것을 면할 수 있게 된다.[172] 이 모든 요소들이 여러 다
양한 대목들 속에서 함께 발견된다는 사실은 이러한 복합적인 신학적(그리고
정치적) 사상이 마카베오4서가 씌어질 당시에, 즉 주후 1세기 중반 경에 이미
잘 알려져 있었다는 것을 보여준다.[173]
　예언자들에 관한 일반 백성들의 신앙들, 솔로몬의 지혜서, 쿰란 문헌, 마카
베오 문헌 등과 같은 것들 속에서 보여주는 이러한 증거들은 우리가 제2성전

---

170) 4 Macc. 17:20-2.

171) 4 Macc. 18:3-4.

172) 고난들이 지닌 속죄적 가치는 이후의 여러 다양한 유대 문헌들 속에서 통상적인
주제였다: 예를 들면, 레 R. 20:7; Sifre 신 333(on Dt. 32:43); Midr. Pss. 118:18; cf.
Moore 1927-30, 1:546-52; Schechter 1961 [1909], 307-11; Barrett 1959, 11-15;
Montefiore & Loewe 1974 [1938], 225-32; Hengel 1981a, 60-1.

173) cf. H. Anderson 1992, 453. 이와 비슷한 개념들이 후대의 랍비 문헌들 속에서
얼핏 등장하는데, 이것들에 대해서는 아래의 설명을 보라. 또한 짧은 (아르메니아어로
된) 판본에서조차 "너에게서 흠없는 자가 무법한 자들에 의해서 더럽혀질 것이고 죄없
는 자가 불경건한 자들을 위하여 죽게 될 것이라고 말하는 하늘의 예언이 성취되리라"
고 명확하게 말하고 있는 *T.Ben.* 3:8을 참조하라. 물론, 이것은 기독교적 가필일 수도
있다. Cf. Stuhlmacher 1986 [1981], 24와 거기에 나오는 전거들; Hengel 1996, 81-3.

시대에 꽤 널리 퍼져 있었고 잘 알려져 있었던 전승을 여기에서 접하고 있다는 것을 보여준다. 이 전승에 의하면, 몇몇 유대인들의 고난과 죽음은 자기 백성을 이교도들의 압제로부터 구속하고자 하는 야훼의 계획 속에서 모종의 기능을 하였다: 달리 말하면, 진노로부터의 구원, 죄사함, 계약의 갱신을 그들을 위하여 얻어주는 것. 이것 자체만으로도 우리가 주후 1세기의 전반기에 살았던 한 예언자이자 메시야라 자처했던 인물이 자신의 소명을 형성하는 데에 결정적인 작용을 하였던 사상 세계에 대한 어느 정도 실질적인 단서들을 찾아내기에 충분할 것이다.

그러나 이 전승은 어디에서 온 것인가? 그 언어와 성서에 대한 빈번한 간접 인용들은 다양한 자료들을 시사해 준다; 그리고 우리가 예수에 관한 전승들 속에서 발견하는 것들이 종종 이와 비슷한 구절들을 반영하고 있기 때문에, 우리는 이것들을 좀 더 자세하게 살펴볼 필요가 있다.

(v) "성서에 따라"

간접 인용은 언제 간접 인용이 아닌 것이 되는가? 이러한 질문은 신약학의 상당수의 연구 속에서 강력하게 저류하는 흐름을 형성하고 있다. 역사적 질문(바울 또는 그 누가 특정한 본문을 간접 인용하였는가, 만약 그랬다면, 왜 그렇게 하였는가)은 흔히 저자의 의도 등과 같은 것에 관한 문학적 질문들과 서로 뒤엉켜 있다; 히브리서 기자가 말하고 있듯이, 이러한 것들에 관하여 우리는 지금 자세하게 말할 수 없다. 제2성전 시대 유대교에 속했던 저술가들은 단어 하나 또는 어구 하나를 가지고 담론의 세계를 의도적으로 불러내기 위하여 상당수의 성서 본문들을 간접 인용했을 가능성이 대단히 높다. 또한 그러한 간접 인용들에 대하여 깨어 있는 20세기의 독자들은 그런 간접 인용이 전혀 의도되지 않은 대목에서 적어도 어느 정도의 간접 인용들을 듣게 될 가능성도 대단히 높다. 이러한 위험성을 잘 알고 있기 때문에 어느 정도 직접적인 인용문들 이외에는 그 어떠한 간접 인용들도 인정하지 않으려고 하는 오늘날의 독자들은 근본적으로 중요한 본문들을 잘못 읽게 될 것은 절대적으로 분명하다. 역사는 과학이 아니라 예술이라는 것을 역사가들이 상기할 필요가 있는 그런 때들이 존재한다.[174]

이러한 편치 않은 서론을 가지고, 우리는 지금까지 살펴보아 왔던 전승의 성서적인 뿌리들을 탐구하는 일을 시작할 수 있다. 거꾸로 추적해 나가는 방식을 택하고 있는 우리는 제일 먼저 다니엘서에 이르게 된다. 다니엘서의 전승들이 현재의 형태에 도달했을 때, 그것들은 마카베오의 위기의 때에 결정적으로 중요하였다는 것과 그것들이 이교도들의 통치에 대항한 거룩한 혁명에 관한 마카베오 형제들의 전승 속에 서 있었던 주후 1세기의 혁명가들에게 하나의 헌장으로서 열심히 읽혀졌다는 것은 분명한 사실이다.[175] 우리는 이미 다니엘서의 처음 몇 장들이 주후 1세기에 특히 이교도들의 통치를 대신하여 세워지게 될 야훼의 나라에 대한 열망의 일부로서 여러 가지 방식으로 읽혀졌다는 것을 자주 살펴본 바 있다. 뜨거운 용광로 속에 던져진 세 젊은이와 사자굴에 던져진 다니엘에 관한 이야기들은 마카베오 시대 및 그 이후에 핍박받고 있던 유대인들에게 온갖 고문과 죽음을 무릅쓰고 그들의 조상들의 율법을 굳게 붙잡으라는 격려로서의 기능을 하였을 것이 분명하다. 이러한 맥락 속에서, 우리는 다시 한 번 민족의 운명, 특히 성전 자체의 운명과 순교자들의 운명 간의 밀접한 연관관계를 발견한다:

> [이방 왕이 보낸] 군대는 그의 편에 서서 성소 곧 견고한 곳을 더럽히며 매일 드리는 제사를 폐하며 멸망하게 하는 가증한 것을 세울 것이며 그가 또 언약을 배반하고 악행하는 자를 속임수로 타락시킬 것이나 오직 자기의 하나님을 아는 백성은 강하여 용맹을 떨치리라 백성 중에 지혜로운 자들이 많은 사람을 가르칠 것이나 그들이 칼날과 불꽃과 사로잡힘과 약탈을 당하여 여러 날 동안 몰락하리라 … 또 그들 중 지혜로운 자 몇 사람이 몰락하여 무리 중에서 연단을 받아 정결하게 되며 희게 되어 마지막 때까지 이르게 하리니 이는 아직 정한 기한이 남았음이라 … [176]

---

174) 이 문제 전체에 대해서는 cf. Hays 1989. Hooker 1959, 62-4, 10lf.는 신약성서에서 "종"에 대한 언급으로 여겨질 수 있는 것에 대한 극히 엄격한 판별 기준들을 규정해 놓고 있다. 역사적/문학적 문제들에 대해서는 cf. *NTPG* chs. 2-4.

175) cf. Farmer 1956, ch. 6.

176) 단 11:31-5.

이 대목의 많은 부분은 우리가 방금 살펴본 주제들, 특히 솔로몬의 지혜서와 마카베오 형제들의 이야기 속에 나오는 주제들을 위한 자료였음이 분명하다. 이 대목 직후에 그러한 주제들은 다시 반복된다:

이는 개국 이래로 그 때까지 없던 환난일 것이며 그 때에 네 백성 중 책에 기록된 모든 자가 구원을 받을 것이라 땅의 티끌 가운데에서 자는 자 중에서 많은 사람이 깨어나 영생을 받는 자도 있겠고 수치를 당하여서 영원히 부끄러움을 당할 자도 있을 것이며 지혜 있는 자는 궁창의 빛과 같이 빛날 것이요 많은 사람을 옳은 데로 돌아오게 한 자는 별과 같이 영원토록 빛나리라 … 성도의 권세가 다 깨지기까지이니 그렇게 되면 이 모든 일이 다 끝나리라 … 많은 사람이 연단을 받아 스스로 정결하게 하며 희게 할 것이나 악한 사람은 악을 행하리니 … [177]

민족과 순교자, 지혜와 악함, "묵시 사상"과 계약: 이러한 주제들은 전체적으로 동일한 패턴 속에서 함께 결합되어 있다. 성전과 그 희생 제사 제도의 운명은 지혜서 2-6장에서처럼 죽임을 당하지만 장차 신원받게 될 "지혜자"의 운명과 밀접하게 결부되어 있다. "커다란 환난의 때"는 구원과 정화의 때를 낳을 것이다.

그러므로 다니엘서는 민족의 운명과 순교자의 운명이 함께 결합되어 있는 방식에 대한 주후 1세기의 성찰을 위한 명백한 자료였다. 그러나 다니엘서에 나오는 이러한 사상들은 도대체 어디에서 온 것인가? 어떤 차원에서는, 정화에 관한 사상은 레위기의 희생 제사 법전과 관련이 있다. 마카베오4서 17장에서와 마찬가지로 다니엘서 12장에서도, 우리는 적어도 원래는 성전과 제의의 세계에 속해 있던 신학이 인간의 고난의 영역으로 옮겨져 있는 것을 보게 된다:

"만족," "피," "정화," "속전," "속죄" 같은 말들은 분명히 대속죄일에 관한 레위기의 규정들(레 16장; 17:11 등) 같은 오래된 구약의 전승들을

요약하고 있다 … [178]

또 어떤 차원에서는, 해당 전승들은 아케다(Akedah), 즉 이삭을 제물로 드리기 위하여 "묶었던" 사건(창세기 22장에 자세히 설명된)에 대한 제2성전 시대의 성찰과 어느 정도의 연관관계들을 보여준다. 이러한 전승이 후대에서와 마찬가지로 우리가 살펴보고 있는 시대에서도 분명하게 발전되어 있었는지는 여전히 논란거리이다. 예수가 이 주제를 언급했다는 것을 보여주는 단서가 없기 때문에, 이 문제는 우리가 살펴보고 있는 문제와 관련해서는 그리 절박한 것은 아니다.[179]

그러나 제2성전 시대 유대교의 세계관과 기대를 형성함에 있어서 시편이 차지한 역할에 대해서는 아무런 논란도 없다. 시편들은 이 시기 전체에 걸쳐서 계속해서 이스라엘의 통상적인 제의 및 기도의 삶 속에서, 특히 성전 자체 속에서 불려졌다. 예루살렘으로 올라가는 사람들은 순례 시편들을 읊조렸고, 절기 때에 예배를 드리는 사람들은 절기 시편들(예를 들면, 유월절에는 할렐 시편)을 불렀을 것이다. 시편은 다윗 왕조가 그 기능을 멈춘 지 오랜 후에 현재의 형태로 결집되었다는 점에서, 다윗과 그의 후계자들에 대한 약속에 초점을 맞추고 있는 시편들은 갱신된 하나님 나라에 대한 소망을 생생하게 유지시키는 주요한 방식이었다.[180] 그 안에서 시편의 제1권과 제2권의 상당 부분을 차지했던 탄식 시편들(즉, 시편 1-41편, 42-72편)은 야훼의 백성의 고난과 그들이 신원받고 구원받기 위해서는 야훼를 의지해야 한다는 것에 대하여 거듭 거듭 말하고 있다. 하나의 두드러진 예 속에서, 명시적으로 다윗을 저자로 하고 있는 한 시편은 중간쯤에서 탄식 시편으로 바뀐다(89:1-37, 38-52). 시편들의 주기적인 사용에 의해서 적어도 부분적으로는 자신의 영성과 사고를 형성해 오면서 이교도들의 압제 밑에서 살아왔던 사람이라면 누구라도 이러한

---

178) H. Anderson 1992, 453.

179) cf. *NTPG* 273f., 그리고 예를 들면, Hengel 1981a, 61-3(이 전승은 이미 예수 시대에 알려져 있었다고 주장하는); Segal 1984.

180) 예를 들면, 시편 2; 18; 20; 21; 45; 72; 89; 101; 110; 132; 144편. 시편 45편은 메시야적인 것으로 여겨져서, 4Q171 4:24-7(GM 206; Vermes 1995 [1962], 352)에서 의의 교사에게 적용된다.

시편들의 주제들과 그들 자신의 상황을 연결시키는 데에 아무런 어려움도 없었을 것이다.

우리가 이미 살펴보았듯이, 예수에게 커다란 영향을 미친 것이 확인된 한 권의 책, 야훼의 백성이 반드시 겪어야 할 고난에 관한 암울한 암시들을 담고 있었던 한 책은 물론 스가랴서, 특히 그 두 번째 부분(9-14장)이다.[181] 스가랴서의 저자는 오랫동안 기다려 왔던 참된 왕의 도래(9:9-10), 갱신된 계약과 포로생활로부터의 진정한 귀환(9:11-12), 이스라엘의 원수들의 패배와 야훼의 참된 백성의 구원(9:13-17)을 약속한다. 그러나 현재로서는 이스라엘은 목자 없는 양떼와 같다(10:2); 그들에게는 목자들이 있으나, 목자들은 자신의 일을 제대로 하고 있지 않고, 포로생활로부터의 귀환을 위한 하나님의 계획의 일부로써(10:6-12) 장차 징벌을 받을 것이다(10:3). 예언자 자신은 목자로 행동함으로써 현재 이스라엘을 통치하고 있는 무가치한 목자들을 상징하라는 지시를 받는다(11:4-17). 이스라엘과 열방들 간에 큰 싸움이 있게 될 것이고, 거기에서 "다윗의 집은 예루살렘 거민들 앞에서 하나님과 같고 야훼의 천사와 같게 될 것이다"(12:1-9; 8절에서의 인용문). "그들이 찌른 자"를 위한 커다란 애곡(12:10); "다윗의 집과 예루살렘 거민들을 죄와 부정으로부터 깨끗케 해줄 … 샘"(13:1); 이스라엘의 예언자들에 대한 심판(13:2-6); 또한 이스라엘의 목자에 대한 심판으로 인해서 그 목자를 치심으로 양떼가 흩어지는 것(13:7) — 이런 일들이 있게 될 것이다. 에스겔서를 연상시키는 또 한 가지는 이것으로 인하여 백성들 중 3분의 2가 멸망을 당하고 그 나머지 3분의 1은 깨끗케 되어 야훼의 진정한 백성이 될 것이라는 것이다(13:8-9). 스가랴서는 모든 민족들이 예루살렘에 대항하여 싸우기 위하여 모이고, 야훼는 큰 승리를 거두어 실제로 왕이 되어서 열방들을 심판하고 예루살렘을 거룩하게 하는 내용의 위대한 드라마로 끝이 난다(14:1-21).

이러한 (우리에게) 흔히 혼란스러운 흐릿한 이미지들로부터 몇 가지 것들이 뚜렷하게 드러난다. 이 대목의 밑바탕에 깔려있는 주제는 당시의 많은 유대교 문헌들에서와 마찬가지로 야훼의 왕권의 수립, 압제와 포로생활로부터의

---

181) 스가랴서에 나오는 메시야 소망에 대해서 최근의 것으로 Collins 1995, 31-4를 보라.

이스라엘의 구원, 열방들과 이스라엘 내의 악한 지도자들에 대한 심판이다. 이러한 사건들은 예루살렘과 성전에 그 초점이 맞춰지게 될 것이다; 놀랄 일은 아니지만, 다윗 왕가는 분명히 왕이 말을 타고 예루살렘으로 가서(9장) 군대의 맨 앞에 서서 하나님과 같이 되어(12장) 그들을 지배하게 될 것이다. 스가랴서의 두 부분 간의 실제적인 관계가 무엇이든지 간에, 이 주제는 스가랴 1-8장에 나오는 스룹바벨에 관한 묘사와 자연스럽게 들어맞는다.[182] 스가랴서에서 지배적인 이미지들 중 하나는 양떼와 목자에 관한 이미지이다; 에스겔서 34장을 토대로 해서, 이 예언자는 이스라엘을 양떼로 보고, 왕을 결국 백성들의 운명을 공유할 목자로 본다. 목자를 치는 것에 관한 대목은 강력한 메시야적인 맥락 속에서 쿰란 문헌의 다메섹 문서의 한 사본에 인용되어 있다;[183] "저희가 찌른 자를 보게 되리라"(12:10)는 구절은 후대의 한 탈무드 본문 중에서 바르 코크바를 가리키는 메시야적 의미로 해석되고 있다.[184] 이러한 것들은 일부 유대인들이 우리가 살펴보고 있는 시기에 이 본문들을 어떤 식으로 읽었을지에 대한 약간의 암시들을 제공해 준다.

앞 절에서 설명한 전승들과 예수의 상징적 행위들 및 수수께끼 같은 예언들과 유비를 보여주는 이와는 다른 또 하나의 성서 본문은 에스겔서에 나오는데, 거기에서 이 예언자는 백성들의 포로생활을 상징적으로 겪게 된다:

> 너 인자야 토판을 가져다가 그것을 네 앞에 놓고 한 성읍 곧 예루살렘을 그 위에 그리고 그 성읍을 에워싸되 그것을 향하여 사다리를 세우고 그것을 향하여 흙으로 언덕을 쌓고 그것을 향하여 진을 치고 그것을 향하여 공성퇴를 둘러 세우고 또 철판을 가져다가 너와 성읍 사이에 두어 철벽을 삼고 성을 포위하는 것처럼 에워싸라 이것이 이스라엘 족속에게 징조가 되리라.
>
> 너는 또 왼쪽으로 누워 이스라엘 족속의 죄악을 짊어지되 네가 눕는

---

182) cf. Collins 1995, 29-31. 슥 3:8; 6:11f.에 나오는 "가지" 예언은 스룹바벨을 가리킬 가능성이 크다.

183) CD 19:7-11(Vermes 1995 [1962], 102; GM 45); cf. Collins 1995, 78-82.

184) bSukk. 52a(cf. SB 2:583f.).

> 날수대로 그 죄악을 담당할지니라 내가 그들의 범죄한 햇수대로 네게 날
> 수를 정하였나니 곧 삼백구십 일이니라 너는 이렇게 이스라엘 족속의 죄
> 악을 담당하고 그 수가 차거든 너는 오른쪽으로 누워 유다 족속의 죄악
> 을 담당하라 내가 네게 사십 일로 정하였나니 하루가 일 년이니라 … [185]

이 대목도 레위기의 희생 제사 제도의 의미들을 지니고 있는데, 거기에서 희생 제물인 짐승은 백성들의 죄악들을 "짊어진다"라고 말해진다.[186] 여기에도 기독교의 "속죄 신학"이라고 부를 수 있는 것이 전혀 없다; 먼저 예루살렘의 멸망을 상징적 방식으로 묘사한 후에 도성과 관련하여 행동으로 보여주었던 그 운명을 스스로 직접 겪어야 하는 에스겔의 소명이 우리가 앞에서 구축했던 그림, 즉 성전 및 다락방에서의 예수의 상징적 행위들과 그가 이러한 행위들을 설명하기 위하여 말했던 수수께끼 같은 말씀들이 그가 성전에 대하여 선포하였던 운명을 스스로 겪게 될 이중적 효과를 보여준다는 그러한 그림과 상당히 두드러진 유사성을 지니고 있다는 것만이 드러날 뿐이다.

제2성전 시대에서 고난과 순교에 관한 이야기들을 위한 성경적 배경으로서 다니엘서 또는 에스겔서보다 더 중요했던 것은 이사야서에 나오는 예언, 특히 40-55장, 그리고 그 속에 나오는 종이라는 인물이었다. 이것은 논란이 되어온 주제였기 때문에, 우리는 이 자료를 조심스럽게 접근하지 않으면 안 된다. 이 유명한 대목에 관한 기독교 이전 또는 비기독교적 유대교의 읽기들에 대해서 말해둘 네 가지 중요한 점들이 있다.[187]

첫째, 이사야 52:13-53:12 또는 그 밖의 다른 소위 "종의 노래들"에 나오

---

185) 에스겔서 4:1-6. Eichrodt(1970 [1965], 85)는 이 두 가지 행위(벽돌을 포위한 것, 옆으로 누운 것)를 설명하면서 "이 예언자가 그의 첫 번째 행위 속에서 야훼를 대표한 것이라면, 두 번째 행위에서는 분명히 이스라엘을 대표하고 있는 것이다" 라고 말한다.

186) 예를 들면, cf. 레 10:17; 16:22. 이것도 예루살렘에 대한 예수의 경고하는 예언들 중의 하나를 연상시킨다(눅 19:42-3); cf. Dodd 1968, 76.

187) 이 주제 전체에 대해서는 특히 Hengel 1996을 보라. 그는 Zimmerli & Jeremias 1967 [1957], 677-700에 나오는 아주 자세한 서술을 많은 점들에서 지양하고 있고, 몇 가지를 수정하고 있다.

는 "종"에 관한 묘사는 단지 근대에 와서 이사야서 40-55장 전체의 메시지로부터 추상적으로 도출된 것일 뿐이다.[188] 우리가 주후 1세기의 유대인들이 이러한 대목들을 어떠한 의미로 이해했을지를 제대로 알기 원한다면, 우리의 첫 번째 조치들 중 하나는 그 주변의 맥락들을 읽는 것이 되어야 한다. 그리고 거기에서 우리는 초연한 속죄 신학을 발견하는 것이 아니라, 우리가 본서에서 여러 차례 언급해 왔던 예언, 즉 야훼께서 그의 백성을 포로생활 후에 위로하시고 회복하실 것이며, 그들을 포로로 사로잡아 두었던 이교도들에 대한 그의 진노를 퍼부을 것이고, 친히 시온으로 돌아오셔서 왕으로 다스리게 되실 것이라는 예언을 발견한다. 실제로 이러한 주제들이 가장 분명하게 진술되고 있는 대목들 중의 하나(서두의 예언인 40:1-11과 아울러)는 직접적으로 네 번째 종의 노래로 이어지는 대목, 즉 52:7-12("산을 넘는 발이 어찌 그리 아름다운가")이다. 마찬가지로, 네 번째 노래 다음에 나오는 장들(54-55장)은 이스라엘의 회복, 계약의 갱신, 포로생활을 초래하였던 죄악들의 사함을 아주 분명한 어조로 송축하고 있다; 그리고 55장은 온갖 부류의 사람들에게 와서 이러한 축복에 동참하라는 초대를 제시한다. 달리 말하면, "종"에 관한 묘사를 이러한 좀 더 넓은 예언적(그리고 "하나님 나라"와 관련된) 맥락과 분리시키는 것은 아주 잘못이라는 말이다.

둘째, 이사야서 40-55장, 특히 고난받는 의로운 종에 관한 묘사는 우리가 방금 전에 살펴보았던 제2성전 시대 문헌들과 그 이후의 상당수의 다른 유대교 문헌들에 중요한 영향을 미친 본문들 중 하나였다는 인식이 꽤 널리 퍼져 있다. 분명히 마카베오 본문들은 이 점을 증언해 준다.[189] 특히, 다니엘서 11-

---

188) 쿰란의 이사야 두루마리들이 이사야서를 구분하고 있는 여러 서로 다른 방식들에 대해서는 Hengel 1996을 참조하라.

189) cf. Hengel 1996; 그리고 예를 들면, H. Anderson 1992, 453(마카베오4서에 대해서); Nickelsburg 1992, 140(지혜서에 대해서). 기독교적 사용에도 불구하고(또는 바로 그런 이유 때문에) 이사야서 53장은 후대의 랍비들에게 상당히 중요하였다: 예를 들면, 사 53:12을 출 32:32과 결합시켜서 모세에게 적용하고 있는(아마도 기독교적 사용에 대한 응답으로서, cf. Moore 1927-30, 1:550과 n:254) bSot. 14a; 이 구절을 "대회중의 사람들"에게 적용하고 있는 jShek. 48c; 이 구절을 비느하스에게 적용하고 있는 Sifre Num. 25:13. 메시야가 나병환자일 것이라는 것을 주장하기 위하여 이사야서 53:4

12장은 이사야서에 나오는 종이라는 인물에 대한 현존하는 가장 초기의 해석들 중 하나로 여겨져야 한다: 다니엘서의 저자는 당시의 순교자들을 적어도 이사야서 53장의 부분적인 성취로 보았던 것 같다.[190] 이것은 별로 놀랄 일이 아니다. 제2성전 시대 유대인들이 그들의 끊임없는 가혹한 고난에 대하여 의미를 부여하고자 애를 썼을 때마다, 이사야서는 포로생활로부터의 귀환과 하나님 나라의 도래에 대한 거시적인 영광스러운 소망을 제시해 주었을 것이다. 그러한 전망 속에서, 의인들의 현재의 고난은 야훼의 장기적인 목적들 속에 포함되어 있는 것으로 이해될 수 있었다.

셋째, 적어도 몇몇 유대인들은 "종"이라는 인물을 메시야적으로 해석하였다는 것을 보여주는 증거들이 있다. 스가랴서 3:8의 "가지"는 "내 종"으로 묘사된다; 스가랴서 12장과 13장에 나오는 메시야와 관련된 대목들도 이사야서를 간접 인용하고 있다고 말할 수 있을 것이다;[191] 또한 쿰란 문헌 속에서 발견된 두 개의 이사야서 두루마리들과 칠십인역 속에 나오는 난해한 본문들도 각각의 경우에 그 글들을 썼던 사람들이 이런저런 유의 메시야적 해석들의 가능성을 적어도 알고 있었다는 것을 보여준다.[192] 에녹1서에 나오는 "인자"라는 기

을 사용한(아마도 메시야 사상에 대한 조소적인 폄하를 목적으로; Urbach를 따라서 Collins 1995, 135 n:128) bSanh. 98b(또한 cf. 98a). Origen *C. Cels.* 1:55에 의하면, 유대인들은 이 장을 유대 백성 전체에 적용하였다. 이 문제 전체에 대해서는 Neubauer & Driver 1876-77 같은 과거의 저작과 Jeremias 1950; Zimmerli and Jeremias 1967 [1957]; Hooker 1959, chs. 2, 3; Schürer 2:547-9 같은 표준적인 연구서들을 참조하라.

190) 단 12:3("많은 사람을 의롭게 할 자들")로부터 사 53:11("그는 많은 사람을 의롭게 하리라")에 이르기까지의 간접 인용 — Montgomery 1927, 459, 472f.; Porteous 1965, 171; Lacocque 1979 [1976], 243, 245, 249; Fishbane 1985, 482-99 등이 지적하고 있다 — 은 고난받는 의인들에 관한 이 구절 전체[11:31-12:10]가 사 52:13 53:12의 영향을 받았다는 것을 보여주는 징표이다. von Rad의 논평(1965 [1960], 315)을 참조하라: "11:33, 35에 나오는 지혜자의 죽음과 그 정화 효과는 이사야서의 야훼의 종의 속죄적 기능을 연상시킨다."

191) Hengel 1996, 54-7: 이사야서 53:6에 나오는 제 갈길로 가는 양들은 스가랴서 13:7의 흩어진 양들이 된다.

192) cf. Hengel 1996, 63-6(A 두루마리가 제사장적 메시야를 나타낸다고 주장하는); 71-81. 사 40-55장이 쿰란 두루마리들의 다른 곳들에서 사용되었는지에 관한 문제(예를 들면, Hengel 1995b, 201-3; 1996, 83-6에서 논의한 4Q491 =4QM^a fr. 11, 1:8-18

이한 인물도 다니엘서 7장과 이사야서 53장을 합성한 것으로 보인다.[193] 일부 학자들이 주후 1세기의 것으로 추정하고 있는 이사야서 탈굼은 52:11의 "종"을 메시야로 규정하고 있다는 것은 잘 알려져 있는 사실이다.[194] 따라서 메시야적 해석이 주후 1세기의 한 유대인에게서 갑자기 생겨났다고 보는 것은 하등의 근거가 없다.[195]

넷째, 이러한 메시야적 해석이 행해질 수는 있었겠지만(백성 전체에 대한 좀 더 폭넓은 언급을 더 부각시키고 인격화하는 수단으로써), 이것은 기독교 이전의 유대교 전체 또는 그 중요한 일부가 고난받는 메시야 ― 죽는 메시야 ― 에 관한 교리를 지니고 있었다는 것을 의미하지는 않는다. 이사야서 탈굼은 이 점을 아주 뚜렷하게 보여준다: 종을 메시야로 규정한 후에, 그 다음에 나오는 고난에 관한 대목들은 이스라엘의 죄악으로 인하여 더럽혀진 성소(53:5), 또는 메시야가 이스라엘의 원수들에게 가할 고통(53:7, 9, 11), 또는 환난을 통해서 마침내 이스라엘에 대한 이교도들의 통치가 끝나고 포로생활이 구원으로 바뀌게 될 것이라는 것(52:14; 53:3-4, 8), 또는 (동일한 주제의 변형으로써) 고난을 통해서 참된 남은 자들이 정화되고 깨끗케 될 것이라는 것(53:10)을 언급한다. 오직 한 대목에서만 이와는 다른 분위기가 존재한다: 53:12에 대한 탈굼의 읽기 속에서, "그의 영혼을 사망에게 넘기는" 자는 메시야인 것으로 보인다.[196] 실제로, 기독교 이전의 유대교에서 이사야서 40-55장 전체 또는 그 일부분을 사용한 예들은 후대의 기독교 신학이 결합시켜 놓았던 (예를 들면, 베드로전서 2:21-25) 이러한 모든 요소들을 포함하고 있는 경우가 있다고 할지라도 극히 드물었다: 종, 메시야, 고난, 대속적인 죄의 담당.[197]

[GM 117f.]; Hengel 1996, 66-71에서 논의한 4Q540/541 [GM 269f.])는 현재로서는 여전히 미해결인 채로 남아 있다.

193) Nickelsburg 1992, 139(*1 En.* 62-3에 대해서); Manson 1953, 173-4, and Black 1992(*1 En.* 37-71 전반에 대해서).

194) Tg. Isa.에서의 메시야(그리고 이 탈굼의 기록연대)에 대해서는 cf. Chilton 1982, 86-96; 1984a, 197f.

195) 예를 들면, Hengel 1981a, 58f., 92f. Rese는 이에 반대.

196) 또는 "스스로를 죽음의 위험에 노출시켰다"; cf. North 1948, 11 f.와 거기에 나오는 그 밖의 다른 참고문헌들.

이사야서에 의거한 죄의 담당에 관한 사상을 우리는 몇몇 유대교 문헌들 속에서 발견할 수 있다고 생각하지 모르지만, 이것은 메시야적 의미들보다도 입증하기가 훨씬 더 어렵다.[198] 우리가 살펴보고 있는 시기에서 이 본문의 주된 강조점은 이스라엘이 여전히 포로생활을 계속함으로써 겪고 있는 고난들에 두어져 있다. 출애굽은 원래의 예언의 배경이자 내용이었다; 다니엘서 이후로 후대의 유대인들은 이 대목을 그들의 상황과 관련해서 읽는 것이 아주 정당하다고 생각했을 것이다.

예수가 유대 성서를 읽었고 자신의 소명에 대한 이해를 갖게 되었던 바로 그 세계라는 견지에서 볼 때, 이것으로부터 도출되는 결과는 무엇인가? 기독교 이전의 유대교 내에는 메시야로서 이스라엘 또는 세상을 구속하기 위하여 고난받고 죽게 될 이사야서에 나오는 "야훼의 종"에 대한 신앙 같은 것은 존재하지 않았다. 그러나 문자 그대로 수십 개의 본문들이 확증해 주고 있듯이, 그와는 다른 그 무엇이 존재하였다: 이스라엘의 현재의 고난의 상태는 하나님의 지속적인 목적 속에 자리잡고 있다는 것, 때가 되면 이러한 화의 시기는 끝이 나고, 하나님의 진노가 이스라엘을 압제하였던 이방 나라들(그리고 아마도 이스라엘 내부의 배교자들)에게 임할 것이라는 것, 이러한 현재의 상태를 설명해 줄 수 있는 것은 이스라엘 자신의 죄와 관련이 있고, 이 죄로 말미암아 이스라엘 또는 이스라엘의 의로운 대표자들이 징벌을 받고 있다는 것, 그러므로 이러한 고난과 징벌은 이스라엘의 환난이 끝나고 마침내 죄로부터 정결케 되어서 이스라엘의 포로생활이 종결되는 때를 앞당길 것이라는 것 등과 같은 이사야서 40-55장을 실질적인 근거로 하였던 거시적이고 널리 퍼진 믿음.[199] 달리 말하면, 추상적인 논쟁을 통해서 얻어지고 다듬어진 것이 아니라

---

197) Cf. Hooker 1959, 53f., 56-8.

198) Hengel 1996, 결론부: 그는 4Q540/541을 하나의 가능성으로 인용한다. 이것이 그 위에 논증을 제시해갈 수 있는 확고한 또는 폭넓은 토대는 아니다.

199) cf. 사 40:2: "너희는 예루살렘의 마음에 닿도록 말하며 그것에게 외치라 그 노역의 때가 끝났고 그 죄악이 사함을 받았느니라 그의 모든 죄로 말미암아 여호와의 손에서 벌을 배나 받았느니라 할지니라"; 54:8: "내가 넘치는 진노로 내 얼굴을 네게서 잠시 가렸으나 영원한 자비로 너를 긍휼히 여기리라 네 구속자 여호와께서 말씀하셨느니라."

가난과 포로생활과 처참한 삶과 순교를 통해서 얻어진 믿음, 즉 이스라엘의 고난들은 단순히 이스라엘이 야훼의 정하신 때에 그것으로부터 구속받아야 할 그러한 상태일 뿐만 아니라, 역설적으로 어떠한 상황들과 어떠한 의미들에서는 그러한 구속을 가져오는 수단의 일부이기도 하다는 믿음이 존재하였다는 말이다.

(vi) 결론: 예수의 유대적 배경

이제까지 우리가 살펴보았듯이, 예수의 세계는 풍부한 상징체계와 생생한 지배적인 이야기들을 중심으로 구조화되어 있었다. 우리가 방금 살펴본 본문들은 최후의 만찬에서의 예수 자신의 상징적 행위와 예수가 그러한 행위를 설명하기 위해 사용한 애매모호하고 암호화된 수수께끼 같은 말씀들과 이야기들, 그리고 예루살렘을 향한 예수의 마지막 여행 전체를 새로운 방식으로 생생하게 살아나게 해 줄 일련의 상징들과 하나의 복합적인 이야기를 제공해 준다. 그러나 나는 예수가 당시의 유대인들 가운데에서 유포되고 있었던 한 묶음의 사상들을 가져다가 단순히 그것을 자기 자신에게 적용하였다고 주장하고 있는 것이 아니다. 예수는 그의 동시대인들이 이스라엘의 원수들에 대한 군사적 승리를 기대하고 있었던 바로 그 지점에서 전승에 대한 기존의 해석들에 도전하였다; 그것은 예수의 메시지 전체의 핵심의 일부였다. 그러나 우리는 예수가 기존의 유대인들의 견해에 동조하였느냐, 아니면 전혀 다른 것을 주장함으로써 "유대교를 반대하였느냐"라는 양자택일식의 선택을 강요받음으로써 진퇴양난의 딜레마에 빠지는 우를 범해서는 안 된다. 우리가 복음서들에서 발견하는 것은 우리가 지금까지 살펴보아 왔던 뿌리 깊은 유대 전승을 재확인하는 동시에 그것을 하나님 나라의 도래와 관련된 자기 자신의 비전과 소명을 중심으로 재정의하는 예수상이다. 그러한 예수상은 역사적으로 정확할 가능성이 대단히 높다고 나는 생각한다.

그러므로 바울의 속죄 신학(우리가 지금 이렇게 부르고 있는)에 대한 기독교 이전의 유대교 판본 같은 것은 전혀 존재하지 않았다. 현재의 악한 포로 시대를 어떻게 이해할 수 있고, 자기 자신 속에 이스라엘의 고난을 구현하고 있는 어떤 인물들을 통해서 그 시대를 어떻게 끝장낼 수 있는지에 관한 온갖 다양한 이야기가 있었을 뿐이다. 그러므로 예수는 추상적인 속죄 신학을 제시한 것이 아니었다; 그는 자기 자신을 이스라엘의 고난과 동일시하였다. 우리는 여기서 다시 한 번 적절한 유사성과 상이성을 만나게 된다. 예수의 상징체계와 이야기하기는 이러한 유대 세계 내에서만 의미를 지니지만, 그것들은 유대인들의 어두운 주제에 대한 그들 나름대로의 기이하고 독특한 변형을 보여준다. 예수가 행하고 말하였던 것은 초기 기독교가 예수 및 그의 십자가 처형에 관하여 말하였던 것과는 상당한 차이를 보여주지만, 초기 기독교의 속죄 신학은 예수의 본질적으로 부활 사건 이전의 이해에 대한 부활 사건 이후의 성찰이라고 할 때에만 온전히 설명될 수 있다.

우리는 방법론적으로 앞서 여러 차례 우리가 있었던 자리로 되돌아 왔다. 역사가로서 우리는 유대 세계로부터 그것과 매우 유사하지만 매우 다르기도 한 초기 기독교의 세계로 움직여 가기 위해서는, 중간기를 전제하지 않으면 안 된다. 복음서들은 우리에게 그러한 중간기를 제시해 준다.

7. 예수의 의도(4): 기이한 승리

(i) 서론

그러나 그 중간기는 정확히 무엇으로 이루어져 있는가? 달리 말하면, 우리는 예수가 그의 기이한 소명에 접했을 때에 지녔던 사고방식을 어떻게 해명할 수 있는가? 우리는 예수의 철저하게 유대적인 부활 사건 이전의 배경 속에서 그의 고난에 관한 예고들을 어떻게 이해할 수 있는가?

이제까지 우리가 이 장에서 해왔던 논증을 짤막하게 요약해 보기로 하자. 예수는 두 가지 큰 상징적 행위들을 통해서 그의 사역을 통합하였는데, 그 가운데에서 두 번째인 최후의 만찬은 분명히 새로운 출애굽, 계약의 갱신, "죄사함," 포로생활로부터의 진정한 귀환을 상징하는 것이었다. 이러한 상징적 행위들이 행하여졌던 때를 중심으로 예수는 그가 자신의 운명과 민족의 운명이 밀접하게 서로 얽혀 있다고 보았음을 보여주는 수수께끼 같은 말씀들을 말하였다. 이스라엘 위에 걸려 있던 멸망과 예수를 기다리고 있던 죽음은 서로 맞물려 있었다. 또한 예수가 예루살렘에 올라가서 죽어야 하는 그의 소명을 잘 알고 있었다는 것을 아주 명시적으로(물론, 그의 청중들에게는 뭔지 모를 내용이었겠지만) 말하였다는 것을 전해주는 반복적인 보도들이 있다. 종종 이러한 예수의 인식은 성서에 기반을 두었던 것으로 보인다. 이러한 그림 — 일련의 수수께끼 같은 말씀들과 이야기들을 통해서 해석되고 있는 상징적 행위 — 을 제2성전 시대 유대교라는 좀 더 큰 그림 안에 둔다면, 우리는 그 결과로 나오는 그림이 초기 기독교의 속죄 신학과는 얼마나 다른 것인지를 생각해 볼 때, 정확히 딱 들어맞는 것은 아니라 할지라도 강력한 역사성을 지니고 있다는 것을 시사해 주는 정도로 충분한 통합점을 발견하게 된다. 예수는 왜 죽었는가? 궁극적으로, 그것은 예수가 그것이 그의 소명이라고 믿었기 때문이다.

그러므로 나는 슈바이처의 견해에 동의하고, 브레데와 그의 추종자들의 견해에 반대한다; 또한 나는 조심스럽게 중도적 입장을 취하여 온 무울(Moule)과 같은 학자들의 견해에도 반대한다.[200] 일관된 회의주의와 일관된 종말론, 이 둘 중의 하나를 선택하라고 한다면, 나는 후자를 선택할 것이다: 예수는 성서가 그에게 제공해 준, 그리고 지금 그 절정에 달하고 있는 주도적인 이야기 속에서 살았고, 그 이야기를 활용했다는 전제 위에서, 예수는 당시의 유대적 세계관에 대한 변형인 그의 사고방식을 구축하였다. 이것은 몇몇 추상적인 개념들 또는 신념들을 만들어 내거나 지탱해 주는 데에 도움을 주는 한두 가지 빈약한 증거 본문들로부터 예수가 자신의 사고방식을 구축했다는 말이 아니다. 또한 이것은 예수가 한 개인으로서 우리가 "괴짜"라고 말할 수 있는 방식으로 행동하였다고 말하는 것도 아니다.[201] 이것은 예수가 목표 지점을 향하여 나아가고 있었던 야훼와 이스라엘에 관한 이야기 속에서 살고 있었다는 것이다. 예수는 한 개인이 이스라엘의 운명, 즉 이스라엘의 포로 상태를 짊어지도록 부르심을 받았다고 믿는 것이 의미를 지니고 있었던 세계 속에서 살았다.

그러므로 나는 우리가 주후 1세기의 한 유대인이 야훼가 이스라엘의 고난

---

200) Moule 1977, 109는 예수는 실제로 죽을 의도가 없었지만, 자신의 소명을 따라 거기에서 행동한다면 그가 자기 목숨을 그 대가로 내놓을 가능성이 많다는 것을 알면서 의도적으로 예루살렘으로 갔다고 주장한다. 이러한 일반적인 차원에서 슈바이처의 견해를 따르는 것은 그의 논증을 내내 같이 따라가서 결국은 Manson 1953, 78이 지적한 함정이나 Sanders 1985, 327-9에 의해서 비판받은 입장으로 들어가는 것을 의미하지는 않는다.

201) cf. Sanders 1985, 333; 위의 839을 보라. Sanders는 사실 내가 제시하고자 하는 것과 그리 크게 다르지 않은 하나의 가능성을 인정한다.

을 짊어진 한 특정한 개인의 고난을 통해서 활동하실 것이고, 그 고난은 구속적 의미를 지닐 것이며, 바로 그 개인이 자기 자신이라고 믿을 수 있었던 그러한 사고방식을 신빙성 있게 재구성해 낼 수 있다고 주장한다. 그리고 나는 우리가 이것이 바로 예수 자신의 사고방식이었다고 꽤 유력한 근거 위에서 주장할 수 있다고 생각한다.

이렇게 일관된 종말론을 선택한 것은 결코 자의적인 것이 아니다. 그것은 "회의주의"에 반대하고 "신빙성 있는 것"을 선택한 그런 문제가 아니다.[202] 그것은 학문적이고 역사적 판단의 문제이다. 우리가 회의주의의 길을 간다면, 우리는 자료들을 포괄할 수도 없고, 단순성을 낳지도 못하며, 그 밖의 다른 연관 분야들에 대하여 빛을 조명해 주지도 못하게 될 것이다. 하지만 종말론을 선택한다면, 우리는 이 세 가지 모두를 얻게 될 것이다.

(ii) 제안: 종말론과 십자가

그러니까 이제 당신은 종말론을 이해한다. 나는 지금까지 계속해서 예수는 시공간으로 이루어진 우주의 종말을 기대하거나 선포한 것이 아니었다고 논증해 왔다. 또한 예수는 군사적 혁명이라는 통상적인 대안을 선택하지도 않았다. 또한 예수는 인간에 의해서든 초자연적 존재에 의해서든 성전의 재건을 내다보지 않았다. 도리어, 예수는 현재의 악한 시대의 종말, 두 배나 전복적인 진정한 혁명, 장차 성전이 아무런 역할도 하지 못하게 되는 가운데 이루어질 야훼의 백성의 재구성을 선포하였다. 내가 지금 제시하고자 하는 가설은 이 세 가지를 하나로 통합하는 것이다. 나는 예수가 그의 하나님 나라 실천, 이야기, 상징체계 전체의 내적 논리에 따라서 야훼의 백성의 고난과 포로생활에 관한 제2성전 시대의 이야기를 새로운 형태로 말하였고, 나아가 자기가 상징과 말씀으로 예루살렘 전체에 관하여 선포하였던 운명을 에스겔과 마찬가지로 상징적으로 겪게 될 소명을 받았다는 것을 깨닫고, 그것을 실천으로 옮겼다고 주장한다.[203] 이러한 그림은 차례차례로 한데 모아질 수 있다. 예수는 이

---

202) 이러한 일련의 사이비 대안들과 지식의 모든 영역들 속에서 이러한 것들을 비집고 그 사이로 난 길을 발견하는 것이 얼마나 중요한지에 대해서는 Polkinghorne 1994, ch. 2, esp. 31을 참조하라.

스라엘 역사가 그 초점에 도달하였다고 믿었다. 나아가, 그는 이스라엘의 포로 생활이 그 절정에 이르렀다고 믿었다. 우리가 앞 장에서 본 것처럼, 예수는 자기 자신이 이스라엘의 운명을 걸머졌다고 믿었다. 그는 그러한 운명을 스스로 걸머지고 그것을 그 초점으로 이끌게 되어 있었던 메시야였다. 예언자로서 예수는 엘리야, 예레미야, 에스겔과 같은 방식으로, 이스라엘-예루살렘-성전이 심판 아래 있다는 것을 엄숙하게 선포하였다. 여러 예언자들이 왔다가 갔으나, 모두 무시되었었다. 예수는 이러한 계보 속에서 마지막으로 온 예언자였고, 그들은 그를 죽이기로 계획하였다.

예수의 관점에서 볼 때, 이러한 것에 대한 하나님의 반응은 변덕스러운 것이거나 심술이 아니었다. 도리어, 예언자들과 메시야는 백성들에게 평화의 길, 살 길이 있다는 것을 말해주고자 애써 왔었다. 그들은 생명줄을 백성들에게 던져 주었다. 예언자들은 이스라엘에게 이교 제의들과의 타협의 결과들이 어떠할지에 대하여 경고했었다; 예수는 이교의 정치와 야합했을 때의 결과가 어떨지를 경고하였다. 마카베오 형제들은 안티오쿠스 에피파네스와 야합하였던 유대인들을 이교도들만큼이나 악한 자들이라고 규탄하였었다; 예수는 카이사르와의 힘겨루기를 통해서 카이사르와 야합하였던 자들만이 아니라 자기 자신의 무기를 가지고 카이사르를 패배시키겠다고 생각함으로써 카이사르와 야합한 자들도 이교도들만큼이나 악한 자들이라고 규탄하였다. 칼로 흥하는 자는 칼로 망할 것이다. 하나님 나라 이야기에 대한 예수의 말하기 속에는, 예수를 유

---

203) 이 시점 이후로의 나의 주장(cf. Wright 1985)은 실질적으로 새로운 것으로서, 서로 다른 토대들 위에서 제시된 여러 해석들과 자세하게 논쟁을 벌일 것이 거의 없다. 나는 특히 Schweitzer와 Caird의 어깨 위에 서 있는데, 그렇지만 몇 가지 (서로 다른) 점들에서 이 두 사람과 견해를 달리 한다. 동일한 방향이라는 암시들은 Farmer 1956, 200-2; Jeremias 1966a [1949], 261; Dahl 1974, 75; Zahl 1983; Antwi 1991; de Jonge 1991a, 42-8에서 찾아볼 수 있다. 인식론적인 차원에서는 나는 다시 한번 Polkinghorne 1994(또한 cf. Meyer 1979, 81-7)를 거론하고자 한다: "왜 나는 전하(電荷)를 띤 아주 작은 그 어떤 입자도 실험 속에서 명확하게 관찰되지 않았는데도 쿼크(quark)의 존재를 믿는 것인가? 당신의 의구심들을 일단 접어두고, 갇혀 있는 쿼크에 대한 믿음에 우리로 하여금 그 밖의 다른 방법으로는 그 근저에 있는 것을 알아낼 도리가 없었던 다양한 현상들(8개와 10개를 한 조로 하여 이루어진 하드론(hadron)의 스펙트럼; 탄성이 없는 깊은 흩어짐들)을 이해할 수 있게 해 주는지를 보라"(32). 읽는 자는 깨달을 진저.

대인들의 신학적·종말론적·정치적 배경으로부터 구별시켜주는 철저한 변화가 존재한다 — 물론, 예수는 오직 그러한 배경 속에서만 이해될 수 있다고 해야 하지만. 예수의 하나님 나라 선포는 진정으로 유대적인 모든 하나님 나라 선포들과 마찬가지로 이교의 세력, 이교의 신들, 이교의 정치에 반대하는 한 분 참 하나님, 이스라엘의 하나님의 메시지로서 온 것이었다. 그러나 갈릴리 사람 유다로부터 시몬 벤 코시바에 이르기까지 예수 당시에 하나님 나라를 선포했던 그 밖의 다른 인물들과는 달리, 예수는 하나님 나라의 길은 평화의 길, 사랑의 길, 십자가의 길이라고 선포하였다. 원수의 무기들로서 하나님 나라의 싸움을 싸우는 것은 우리가 이미 그 하나님 나라를 원칙적으로 상실하였다는 것, 그리고 그 나라를 곧 상실하게 될 것이라는 것, 그리고 실제로는 그 나라를 상당 부분 상실하고 있다는 것을 의미하는 것이었다.

예수는 이스라엘을 대신하여 이 싸움에서 지는 것이 이스라엘의 대표자로서의 그의 임무이자 역할이고 그의 소명이라고 생각하였다. 예레미야와 마찬가지로, 예수는 애쓴 보람도 없이 반역자로 낙인찍혔지만, 예루살렘 도성에 대하여 그 임박한 파국을 경고하였다. 아마도 예수가 염두에 두고 있었을 마카베오 가문의 순교자들과 마찬가지로, 예수는 압제자에 맞서서 그 결과들을 스스로 짊어지게 될 것이다. 예수가 염두에 두지 않았을 가능성이 대단히 많은 의의 교사처럼, 예수는 아무도 자기편을 들지 않는다고 하여도 악한 제사장과 맞설 것이다. 진정으로 지혜로운 자와 같이, 예수는 하나님 나라가 도래하면 자기가 신원받게 될 것이라는 것을 믿고 악한 자들을 책망하고, 그들이 자기에게 최악의 짓을 하도록 내버려 둘 것이다. 헤롯의 성전에서 독수리상을 끌어내린 젊은 열성분자들과 같이, 예수는 유대교의 부패한 중심 상징에 맞설 것이고, 그 수호자들의 분노를 정면으로 담당할 것이다.[204] 예수는 내부로부터의 비판, 즉 내부로부터의 반대만이 아니라 내부로부터의 비판과 반대의 결과들을 몸소 당하는 전적으로 유대적인 소명을 스스로 짊어졌다. 그리고 그것과 아울러, 예수는 야훼께서 그를 신원하실 것이라고 믿었다 — 물론! 이것도 전적으로 유대적인 것이었다.

그러나 예수는 그러한 틀 안에서 말하고 행동했지만, 근본적으로 새로운 것

---

204) Jos. *Ant.* 17:149-66; *War* 1:648-55. Cf. *NTPG* 172, 327.

이 두 가지 있었다. 첫째, 예수는 이러한 패러다임에 있어서 그의 전임자들과는 달리 이교도들에 대한 민족주의적 승리를 목적으로 한 사업이 아니라 이스라엘을 원래 이스라엘이 부르심을 받았던 것, 즉 세상의 빛이 되게 하려는 목적을 지닌 사업을 선포하고 직접 행동으로 실천하였다. 사실, 마카베오 가문과 그들의 후계자들이 주후 1세기에 토라에 대한 준수를 강화하고 그들의 경계 표지들(실제적 및 상징적)을 한층 더 견고하게 쌓도록 만들었던 열심 바로 그것이 예수가 그의 가르침 속에서 반대하였고 이제 직접 몸으로써 반대하고자 하는 것이었다. 이스라엘은 세상을 위한 창조주 하나님의 백성이 되도록 부르심을 받았다고 예수는 믿었다. 그러므로 예수가 자신의 죽음에 대하여 어떠한 해석을 부여하였든지 간에, 그것은 순교자들이 그들의 죽음에 대하여 부여하였던 해석, 즉 그들이 이스라엘 민족으로 하여금 포로생활을 면할 수 있게 해주고, 세상의 나머지 민족들은 그 파국을 향하여 비틀거리며 나아가게 한다는 해석과 일치할 수 없었다. 예수의 상징적 행위들은 그러한 경계들, 가죽 부대들, 금기들을 깨뜨리고 일련의 새로운 상징들을 통합시킨 이스라엘의 갱신을 보여주는 것이었다. 예수의 마지막 상징적 행위는 이러한 과정을 계승하고 완성시키려는 의도를 지니고 있었다고 우리는 전제할 수 있다.

둘째, 예수는 이스라엘이 이교 사상과 야합했기 때문에 이스라엘에게 임하고 있었고 그 결과로 포로생활을 겪고 있었던 바로 그 하나님의 "진노"(유대교의 사상 속에서, 이것은 통상적으로 적군의 군사적 행동을 가리킨다)를 스스로 짊어졌을 뿐만 아니라, 이스라엘이 그가 제시한 평화의 길을 거부하였기 때문에 이스라엘에게 임하고 있었던 "진노"도 스스로 짊어졌다. 마카베오 가문의 순교자들과 마찬가지로, 예수는 이스라엘의 이교적인 타락의 결과들을 스스로 겪어야 했다. 이스라엘은 이교 사상과 시시덕거리며 놀아났고, 항상 그랬던 것처럼, 그로 인하여 고난이 임하게 될 것이었다; 순교자들은 그 고난을 스스로 짊어졌다. 그러나 이러한 순교자들과는 달리, 예수는 이교 사상에 맞서서 싸우고자 하는 것 자체를 이교적인 부패로 보았다. 이스라엘은 민족주의적 혁명의 온상이 되어 있었다; 그 결과로 고난이 특히 로마의 칼, 떨어지는 돌, 무엇보다도 도성 바깥에 세워진 십자가라는 형태로 올 것이었다. 예수는 이스라엘의 대표자로서 나아가서 그것을 스스로 짊어질 것이다. 자신의 많은 비유들 속에서 그랬던 것처럼, 예수는 이스라엘의 잘 알려진 이야기를 다시 한 번 근본적이고 전복적인 수정을 담아서 말할 것이다. 예수는 저자거리에서 경구들을 서로 나누는 달변가로서가 아니라 자신의 사랑하는 도성 문 밖에 포로로 끌려간 왕으로서 그 이야기를 말하게 될 것이다.

그러므로 내 앞에 놓여 있는 모든 자료들을 의미 있게 해 주는 방식으로서의 나의 제안은 이제 누구나 예수의 말을 오해할 수 없게 된 그때에 비로소 예수가 진정한 반역 운동, 하나님 나라 운동의 성격을 밝히는 것이 하나님이 그에게 주신 소명이라고 믿었다는 것이다. 이스라엘은 이교도들의 손에 의해서 고난을 받으며 포로생활 중에 있었다; 로마인들의 십자가는 그러한 지속적인 포로생활의 상태를 보여주는 가장 뼈아픈 상징이었다. 예수는 그의 백성에 앞서서 그들이 이교 제국들의 손에 의해서 500년 동안이나 이런저런 방식으로 겪어왔던 운명과 그의 동시대인들이 그들의 머리 위로 뒤집어 쓰기 위하여 맹렬하게 기를 쓰고 있었던 운명을 스스로 짊어지기 위하여 나아갈 것이었다. 순교자 전승은 이것이 이스라엘이 마침내 고난을 통과해서 신원으로 나아가게 될 길이라는 것을 보여주었다. 민족의 운명과 자기 자신의 운명을 결합시키고 있는 예수의 수수께끼 같은 말씀들은 그가 이러한 전승을 상기시키고 직접 행동으로 실천하고자 했다는 것을 강력하게 시사해 준다. "메시야적 화(禍)들"에 관한 전승은 이러한 고난과 신원이 이스라엘의 역사와 세계의 역사가 마침내 그 위대한 전환점을 통과할 때, 그리고 야훼의 나라가 임하고 그의 뜻이 하늘에서처럼 땅에서도 이루어질 때, 단 한 번에 절정에 달하는 유일무이한 사건이 될 것임을 보여주었다. 예수가 그의 다가올 죽음에 대하여 의미를 부여하였던 그 중심적인 상징적 행위는 그가 이러한 순간이 왔다고 믿었다는 것을 강력하게 시사해 준다. 그것은 새로운 출애굽, 계약의 갱신, 죄사함, 포로생활의 끝이 될 것이다. 그것은 이스라엘이 스스로 할 수 없었던 것을 이스라엘을 위하여 해 줄 것이다. 그렇게 함으로써, 그것은 이스라엘의 소명, 즉 이스라엘이 섬김의 백성, 세상의 빛이 되어야 한다는 소명을 이룰 것이다.

(iii) 십자가와 성서

바로 이러한 이해의 모형 속에서만, 순교자 전승과 "메시야적 화"에 관한 전승 배후에 있는 성서의 패러다임들에 대한 예수의 언급들이 의미를 지니게 된다고 나는 생각한다. 너무도 오랫동안 학계에서는 예수가 스스로를 "종" 또는 "인자"로 생각하였는지 어떤지를 진공 속에서 물어 왔다 — 마치 예수가 오직 "개념들"만이 중요했고 실생활, 정치, 혁명, 토라 준수, 성전 제의 등과 같은 것들에 관한 상징들과 이야기들은 부차적이거나 아무 상관도 없었던 그런 세계 속에서 살았던 것처럼. 그러한 틀 속에서는 뒤에 있는 사람들이 "앞으로!"라고 외치고 앞에 있는 사람들이 "뒤로!"라고 외치는 것과 같은 논쟁은 커다란 의미를 지니지 않아 왔다는 것은 별로 의외의 일이 아니다.

그러나 우리가 역사적 맥락 전체를 역사로서 — 즉, 실생활을 구성하고 있는 실천, 이야기, 상징, 질문으로 풍부하게 짜여진 직물로서 — 읽게 되면 모든 것은 다르게 보여진다. 예수가 성서를 아주 잘 알고 있었다는 것은 의심의 여지가 없다; 쿰란 공동체의 의의 교사가 그의 추종자들에게 새로운 해석의 그 물망을 제시해 주고, 그것을 통해서 그들은 그들 자신의 상황을 성서에 비추어서 이해할 수 있었다면, 예수가 그것과 비슷한 것을 하지 않았을 이유가 전혀 없다. 도드(C. H. Dodd)가 주장했듯이, 이것에 대한 증거들 중 일부는 매우 초기의 기독교가 성서의 몇몇 특정한 책들과 구절들을 특정한 방식으로 읽는 데에 집중했다는 것에서 찾아볼 수 있지만, 초기 기독교의 모든 개별적인 흐름들 배후에 있는 하나의 위대한 창조적 사고를 전제하지 않을 수 없게 만드는 그러한 다양한 저작들 속에서 찾아볼 수 있다.[205] 그러나 이것이 그렇지 않다고 할지라도, 이제까지 본서에서 수행해 온 논증은 예수가 그런 식으로 사고했고 가르쳤을 것임에 틀림없다는 것을 거의 확실하게 보여준다.

그러므로 이러한 창조적 해석의 핵심적인 몇몇 부분들을 어디에서 찾아낼 수 있는지를 알아내는 것은 그리 많은 상상력을 필요로 하지 않는다. 다니엘서 전체의 근저에 있는 이야기와 그 주된 초점들 중 하나인 7장; 스가랴서, 특히 9-14장; 시편들과 특히 중요한 몇몇 시편들; 이사야서 40-55장 전체와 그 주된 초점인 52:13-53:12: 이것들은 모두 합쳐져서 포로생활과 회복, 고난과 신원, 예언자들의 약속을 따라서 야훼께서 온 세상의 왕이 되시는 방식에 관한 거시적이고 매우 시적이며 풍부한 상징을 지닌 진술들을 제공해 준다. 이것들은 한데 합쳐져서 야훼가 악을 단번에 패배시키실 것이라는 것, 그

---

205) Dodd 1965 [1952], 109f.

의 백성, 그의 종, 그의 메시야를 그들의 끔찍하고 구속적인 고난 이후에 신원하실 것이라는 것에 관하여 말하고 있다. 다니엘서 7장과 이사야서 52-53장이 에녹의 비유서 속에서 이미 결합되어 있었다는 것이 사실이든 아니든,[206] 예수가 고립적이거나 추상화된 증거 본문들로서가 아니라 그것들이 명백히 제시하고 있는 것, 즉 야훼의 오랜 구속 계획 속에서 절정의 순간의 절정의 진술들로서 다니엘서와 이사야서를 한데 결합시켰고, 스가랴서 9-14장과 몇몇 시편들을 마찬가지로 거기에 통합시켰다고 생각할 만한 온갖 타당한 근거들이 존재한다. 이러한 대목들의 각각은 하나님 나라의 도래에 관한 것이었다.[207] 또한 이 대목들의 각각은 악의 세력들의 근본적인 패배에 관한 것이었다.[208] 또한 이 대목들의 각각은 이스라엘과 그 대표자의 신원에 관한 것이었다. 이 대목들의 각각은, 그 정반대의 일반적인 인상들에도 불구하고, 주후 1세기에 메시야적 인물 또는 인물들에 관한 것으로 읽혀질 수 있었을 것이다.[209] 우리는 이미 이러한 것들이 예수의 하나님 나라 선포의 주요한 요소들을 이루고 있다는 것을 논증했기 때문에, 예수는 그의 좀 더 직접적인 맥락을 이루고 있었던 마카베오 전승과 그 밖의 다른 전승들의 배후에 있었던 구절들인 이러한 본문들을 자기 나름대로 자유롭게 활용할 수 있다고 느꼈을 것이라고 생각하는 것은 온갖 타당한 근거가 있다.

좀 더 구체적으로 나아가서, 예수는 그를 다락방, 동산, 십자가로 이끌었던 소명과 관련하여 성서의 이 네 가지 결정적으로 중요한 부분들을 어떻게 다시 읽었던 것인가?

나는 이미 예수가 다니엘서를 그의 소명 전체를 위한 주제로 삼았다는 것

---

206) cf. 위의 891f.

207) 사 52:7; Tg. Isa. 53:10("저희가 저희 메시야의 나라를 보리라"; 이것은 슥 12:10의 반영인가?); 단 7:14, 18, 22, 27; 슥 14:9("여호와께서 천하의 왕이 되시리니"); 시 93; 97편 등.

208) 사 52:7-12(여기서 요지는 야훼께서 바벨론을 멸망시켜서 이스라엘로 하여금 마침내 포로생활로부터 돌아오게 하심으로써 그의 권능과 왕권을 나타내 보이셨다는 것이다); 단 7:11-12, 26(다니엘서 전체의 초점들로서); 슥 3:1-5; 9:1-8; 9:13-15; 12:3-9; 14:3, 12-15; 시 2; 110편 등.

209) 위의 제11장을 참조하라.

을 어느 정도 자세하게 논증한 바 있다. 예수는 다니엘서가 마침내 야훼께서 네 번째 세계 제국을 패배시키고 그의 고난받는 백성을 신원하실 위대한 절정을 가리키고 있다고 이해하였다. 예수는 악한 제국이라는 개념을 현재의 예루살렘 체제에 투사하였고, 자기 자신과 그의 운동을 신원받을 백성으로 규정하였다. 이것은 그에게 메시야적 자기 이해를 제공해 주었다. 그렇다면 이것은 그 자체로 예수가 고난을 당해야 하고, 그 고난은 구속적인 것이라는 기대를 낳았던 것인가?

그러한 견해를 옹호하는 하나의 사례를 우리는 제시할 수 있다.[210] 이교도들의 손에 의한 야훼의 백성의 고난을 주된 주제로 삼고 있는 다니엘서의 전체적인 맥락; 그리고 순교자들의 고난을 그런 식으로 해석하였던 마카베오 가문으로부터 예수에 이르기까지의 역사적 맥락; 이러한 것들은 다니엘서 7장에서 네 번째 짐승과 "싸움을 한" 후에 높이 들림을 받게 되는 "인자"라는 인물이 고난받는 존재로 이해되는 것을 보장해 준다. 그러나 우리는 신중을 기하지 않으면 안 된다. 다니엘서 7장 속에는 고난을 직접적으로 보여주는 내용이 없다; 11:31-35과 12:1-3을 제외하고는, 다니엘서 전체에 있어서도 순교자들의 고난이 구속적 의미를 지닌다는 것을 시사해 주는 대목이 없다. 다니엘서 7장이 그 자체로 구속적으로 고난받는 자에 관한 그림을 제공해 줄 수 있다는 것을 보여주려고 하면서, 이러한 주제들을 우리에게 정면으로 제시해 주고 있는 그 밖의 다른 본문들을 도외시 하는 그 어떤 시도도 슈바이처의 논평과 같이 바로 옆에 개울이 흐르는데도 구멍 뚫린 물동이로 먼 곳에서 물을 길어다가 동산에 물을 대고자 하는 것과 같다고 할 수 있다. 그러나 다니엘서 전체가 묵시론적 기대, 메시야적 소망, 신실한 이스라엘의 신원에 관한 약속 등과 같이 예수의 소명 의식에 실질적으로 기여하였던 현재의 비참한 상황의 다른 면을 하나의 틀로서 제공해 주었다는 것은 의심의 여지가 없다.

또한 스가랴서도 대단히 중요하였다.[211] 우리는 앞 장에서 예수가 자신이 목자라는 이미지를 여러 차례에 걸쳐서 사용했다는 것을 보았다.[212] 스가랴서는

---

210) 예를 들면, Barrett 1959, 특히 13-14.

211) 이 주제를 탐구한 몇 안 되는 학자들 중에서 cf. France 1971, 103-10; Lindars 1973 [1961], 110-34; Kim 1987a.

양의 고난을 (왕적인) 목자의 고난과 결부시킬 수 있는 배경과 맥락을 제공해 주었다. 우리가 최후의 만찬에서의 예수의 상징적 행위와 관련이 있는 것으로 살펴보았던 몇몇 수수께끼 같은 말씀들은 이스라엘의 고난과 메시야의 고난의 이러한 연관성을 만들어 준다. 이러한 상황 속에서 우리는 예수가 스가랴서 13:7("목자를 치면 양이 흩어지려니와")을 명시적으로 인용하는 것을 볼 때,[213] 우리는 이것을 후대의 주석적 사고를 지닌 기독교 신학자가 교묘하게 삽입해 넣은 것이라고 생각할 것이 아니라, 이것을 예수 자신의 사고방식을 보여주는 하나의 단서로 보아야 한다. 물론, 이것은 고립적인 말씀들에 의해서 뿐만 아니라 상징적 행위들에 의해서도 두드러지게 확증된다: 스가랴서 9장은 포로생활로부터의 귀환과 계약의 갱신을 가져올 주체인 왕이 나귀를 타고 예루살렘으로 입성하는 것에 그 초점을 맞추고 있다; 야훼의 오심과 그 나라의 도래를 송축하는 스가랴서 14장은 성전이 매매하는 자들로부터 깨끗케 되는 것으로 끝이 난다. 예수가 이러한 대목 전체를 잘 알고 있었고, 그것을 단순히 개념 차원이 아니라 과제 차원에서 자신의 소명을 이루는 중심으로 보았다는 것은 의심의 여지가 없다.[214] 그리고 이번에는 우리는 단순히 이스라엘 전체와 관련된 고난이라는 주제가 아니라 특히 목자, 메시야와 관련된 고난이라는 주제를 발견한다.

우리가 보았듯이, 고난과 하나님 나라에 관한 주제들은 시편에도 등장한다. 우리는 이미 예수가 순례 시편인 118편("건축자가 버린 돌")과 제왕 시편인 110편("여호와께서 내 주에게 말씀하시기를")을 사용했다는 것을 지적한 바 있다. 심리학의 길을 과감히 걷지 않고서도, 우리는 예수가 이 시편들을 그의 소명에 영향을 끼친 것들로, 특히 예루살렘으로의 그의 기이한 왕적인 순례 여행과 예루살렘에서의 행위에 초점이 맞춰진 그의 소명에 영향을 준 것으로 생각했을 가능성은 역사적으로 대단히 높다고 할 수 있다. 그러나 마태와 마

---

212) cf. 위의 810-15.

213) 마 26:31/막 14:27; cf. 요 16:32.

214) 또한 예를 들면, 슥 12:10-12을 간접 인용하고 있는 마 24:30을 참조하라. 또한 스가랴서 1-8장은 예수의 사역을 위한 주제들도 제공해 준다; 예를 들면, 금식 논쟁을 다루는 8:19(위의 662f.).

가에 의하면, 예수에게 그의 마지막 말들 중 하나를 제공해 주었던 것은 탄식 시편이었다: "나의 하나님 나의 하나님 어찌하여 나를 버리시나이까?"[215] 물론 이것은 신학적 및 설교적 차원 모두에서 끊임없는 논란의 주제가 되어 왔다. 우리의 목적상 주목할 필요가 있는 중요한 것은 이 시편 전체(결코 시편집 전체는 아니더라도)가 우리가 예수의 사고방식, 목적들, 신념들에 관하여 지금까지 개략적으로 서술해 왔던 것과 너무도 잘 맞아떨어진다는 것이다. 어떤 의미에서, 그것은 시편 89편(나중에 탄식으로 변하는 제왕 시편)과는 정반대로 수치와 절망에서 마침내 소망과 야훼의 다가올 나라에 대한 확신으로 바뀌는 내용을 담고 있다:

> 내 하나님이여 내 하나님이여 어찌 나를 버리셨나이까
> 어찌 나를 멀리 하여 돕지 아니하시오며
> 내 신음 소리를 듣지 아니하시나이까
> 내 하나님이여 내가 낮에도 부르짖고
> 밤에도 잠잠하지 아니하오나 응답하지 아니하시나이다 …
>
> 내가 주의 이름을 형제에게 선포하고
> 회중 가운데에서 주를 찬송하리이다
> 여호와를 두려워하는 너희여 그를 찬송할지어다
> 야곱의 모든 자손이여 그에게 영광을 돌릴지어다
> 너희 이스라엘 모든 자손이여 그를 경외할지어다
> 그는 곤고한 자의 곤고를 멸시하거나 싫어하지 아니하시며
> 그의 얼굴을 그에게서 숨기지 아니하시고
> 그가 울부짖을 때에 들으셨도다 …
> 겸손한 자는 먹고 배부를 것이며
> 여호와를 찾는 자는 그를 찬송할 것이라
> 너희 마음은 영원히 살지어다

---

215) 마 27:46/막 15:34; 시편 22:1을 인용함. Lindars(1973 [1961], 89)는 "이 말씀의 진정성, 곧 예수께서 이 말씀을 실제로 하였다는 것은 거의 반박할 수 없다"고 말한다.

> 땅의 모든 끝이 여호와를 기억하고 돌아오며
> 모든 나라의 모든 족속이 주의 앞에 예배하리니
> 나라는 여호와의 것이요
> 여호와는 모든 나라의 주재심이로다
> 세상의 모든 풍성한 자가 먹고 경배할 것이요
> 진토 속으로 내려가는 자 곧 자기 영혼을 살리지 못할 자도
> 다 그 앞에 절하리로다
> 후손이 그를 섬길 것이요
> 대대에 주를 전할 것이며
> 와서 그의 공의를 태어날 백성에게 전함이여
> 주께서 이를 행하셨다 할 것이로다.[216]

예수의 사역과 사고방식에 대한 우리의 재구성 전체를 고려하면, 여기서 여러 주제들의 결합은 주목할 만한 것이다. "그 나라는 야훼의 것이다"; 이것은 전반부의 21개의 절들에 나오는 끔찍하게 비참한 상황을 통과하여 마침내 후반부의 신원, 회복, 부활로 나아오게 된 시편 기자의 외침이다. 다니엘서의 경우와 마찬가지로, 고난은 구속적인 것이라고 명시적으로 얘기되지는 않는다; 그러나 그것은 마침내 하나님 나라가 동터오는 그러한 기이한 과정의 일부이다.

역사적 관점에서 볼 때, 예수가 시편 22편(그리고 그 밖의 다른 많은 시편들)을 그의 머릿속에 간직하지 않았을 이유가 전혀 없고, 예수가 십자가 처형의 고뇌를 겪으면서 이 시편의 첫 구절을 기도하지 않았다고 생각할 이유가 전혀 없다.[217]

이렇게 다니엘서, 스가랴서, 시편은 예수의 사고방식의 여러 요소들과 그의 소명에 대한 인식에 기여하고 있다. 하나님 나라는 의인들의 고난을 통해서

---

216) 시 22:1-2, 22-31.

217) 이 시편은 분명히 수난 이야기를 그 밖의 다른 방식들로 채색하여 왔다: 예를 들면, 마 27:43/시 22:8; 요 19:23-5/시 22:18. 그러나 이러한 것들은 예수가 실제로 십자가상에서 시편 22:1을 말하였다는 전제 위에서 가장 잘 설명될 수 있다.

올 것이다; 참된 왕은 백성의 고난에 동참할 것이다. 그러나 구속적 고난은 명시적으로 언급되지 않는다; 우리는 단지 이러한 책들의 문학적이고 역사적 맥락 전체를 고려할 때에만 그와 같은 것을 얻게 된다. 순교자 문헌 속에서 그러한 본문들을 후대에 사용한 것과 랍비 문헌들 속에서 사용한 것이 우리에게 말해 주듯이, 우리도 그와 같이 하지 않으면 안 된다. 그러나 앞에서 본 것처럼, 그 문학적이고 역사적 맥락을 통해서만이 아니라 명시적이고 분명한 진술들을 통해서 우리가 지금까지 살펴본 모든 주제들(이교도들의 손에 의한 이스라엘의 고난, 야훼가 세상의 왕이 되어서 이스라엘을 포로생활로부터 구속하실 때에 있게 될 이스라엘의 신원; 메시야적 인물의 도래; 메시야적 인물의 고난)을 통합하고 있을 뿐만 아니라 거기에 건축자들이 버렸으나 후에 모퉁잇돌이 될 것이라고 주장되는 돌을 추가함으로써, 포로생활로부터의 이스라엘의 구속과 메시야적 인물의 고난은 결과와 원인으로서 서로 결부되어 있다는 강력한 주장을 덧붙이고 있는 하나의 책이 존재한다. 물론, 그것은 이사야서 40-55장이다.[218]

이제 우리는 확고한 토대 위에서 시작할 수 있다. 앞에서 보았듯이, 이사야서 52:7-12은 예수의 사역 전체를 위한 주제였다. 이스라엘의 하나님이 왕이 되실 것이고, 그 하나님이 바벨론을 물리치셔서 이스라엘을 포로생활로부터 구하실 것이라고 시온에게 말하고 있는 "복음"의 예언자적 선포는 예수가 말하고 이루고자 했던 모든 것에 대한 요약이라고 할 수 있다. 그러나 우리가 이사야서 52:7-12의 메시지가 어떤 식으로 이루어질 것인지에 대하여 묻는다면, 예수가 그것을 읽었던 대로의 그 예언이 분명한 대답을 준다. 이사야서 53:1에 의하면, 이스라엘을 포로생활로부터 구속하고 악을 패배시키기 위하여 나타날 야훼의 팔은 야훼의 종의 사역을 통해서 드러난다.

---

218) 예수가 이사야서 53장을 사용했느냐 안 했느냐에 관한 논쟁은 아주 오래된 잘 알려진 논쟁이다. 그 일부로서 cf. Barrett 1959; Hooker 1959; Jeremias 1967; France 1971; Lindars 1973 [1961], 75-88; Stuhlmacher 1986 [1981], 16-29; Caird & Hurst 1994, 310-16. 나는 1996년 2월 텍사스의 Baylor University에서 이 주제를 놓고 벌인 대회에 참여했던 동료들 – 특히, 이 대회의 주축들이었던 Morna Hooker 교수와 Otto Betz 교수 – 에게 많은 빚을 졌다.

우리는 이미 42장부터 53장에 나오는 "종"을 제2성전 시대에서 메시야에 대한 언급으로 보아졌다는 것을 살펴본 바 있다. 사실, 우리가 42:1-9에 나오는 종에 관한 묘사를 이사야 9:6-7과 11:1-10에 나오는 메시야에 관한 묘사들과 비교해 보면, 이것은 거의 놀랄 일이 아니다. 실제로, 이사야서의 "전령관" 자신이 쿰란 문헌의 한 본문에서는 메시야적 인물로 보아지고 있다.[219] 이 대목 전체는 이교도들의 손에 의한 야훼의 백성의 고난에 대해서도 마찬가지로 분명하게 말하고 있고, 야훼의 사랑과 신실하심으로 인해서 그들이 죄를 사함 받고 포로생활로부터 놓임을 받게 될 것이라는 변함없는 소망을 제시하고 있다. 이사야서 전체의 주된 내적 동력들 중의 하나는 종으로서의 이스라엘 자신과 분명히 이스라엘과 마주 서있는 종이라는 인물 사이에서의 사고의 유동성이다 — 이 점은 자주 주목되어 왔다.[220]

이 모든 것들은 우리가 지금까지 살펴보아 왔던 예수의 사역의 주제들이 꼭 들어맞는 맥락을 만들어 낸다. 따라서 우리는 다음과 같은 논증을 제시할 수 있다:

(1) 예수는 이사야서 40-55장 전체의 메시지와 아주 잘 부합하는 것들을 행하고 말하면서 야훼의 나라를 선포하고 직접 행동으로 실천한다.

(2) 이사야서 40-55장 전체의 하나님 나라와 관련된 강령은 종의 사역, 특히 그의 구속적 고난을 통해서 이루어진다.

(3) 예수는 마치 그의 하나님 나라 강령을 그가 이스라엘의 고난을 함께 하는 것을 통해서 이루려고 의도하고 있는 것처럼 상징적으로 행하고, 마치 그것이 실제로 그가 의도하는 것인 것처럼 말한다.

(4) 관련된 말씀들 중 하나는 이사야서 53장을 직접적으로 인용하고 있고, 그 밖의 다른 말씀들은 그것에 대한 간접 인용이라고 설명할 때에 가장 잘 해결될 수 있다.[221]

---

219) 사 61장; 단 9장을 언급하고 있는 11Q13 2:15-20(GM 140).

220) Origen이 이미 보았듯이: *C. Cels.* 1:55.

221) 직접 인용: 눅 22:37/사 53:12. 간접 인용: 막 9:12/사 53:3("기록하였으되"로 시작되는 본문에서 "인자가 멸시를 당하여야 한다"는 것을 설명하고 있는 유일한 본문으로서, 11Q13이 사 52장과 단 9장을 혼합하고 있듯이, 사 53장과 단 7장을 혼합한 것을

(5) 그러므로 그의 소명을 조명해 준 그 밖의 몇몇 대목들과 아울러, 예수
는 문학적 및 역사적 맥락 속에서의 이사야서 53장을 결정적인 것으로
여겼을 가능성이 대단히 높다.

(6) 그러므로 예수는 이스라엘의 고난을 함께 할 뿐만 아니라 이스라엘과
세상을 위한 하나님의 정하신 구속 계획 속에서 핵심 행위로서 그 고난
을 받기로 의도하였다.

이러한 논증은 강력하고도 매우 구체적이다. 나는 예수가 제2성전 시대 유
대인들이 현대적인 비평을 예상이라도 한 것처럼 "종의 노래들"을 이사야서
40-55장의 나머지 부분으로부터 분리해 내서 맥락으로부터 분리된 몇몇 본문
들을 추출해 내어 스스로의 "역할"을 만들어 내었다는 의미에서 "자기 자신을
종으로 여겼다"고 주장하고 있는 것이 아니다. 또한 나는 이사야서의 패턴이
반드시 예수의 소명 의식 속에서 지배적인 것이었다고 말하고 있는 것도 아니
다: 그것은 좀 더 복합적인 전체 속에서 하나의 독특하고 구체적인 요소를 제
공해 주었을 뿐이다. 예수는 가야바와 대면하였을 때에 이사야서 53장을 말하
지 않았다; 재판 장면은 다니엘서 7장의 심판 장면을 요구했고, 성전에 관한
질문은 메시야적 즉위에 관한 진술을 요구하였는데, 이것들 중 그 어느 것도
겸손한 고난에 관한 진술에 의해서 수정되거나 약화되지 않았다. 예수는 영문
을 몰라 하는 그의 제자들을 가르칠 때에도 그것을 직접적으로 말하지 않았
다; 그들이 그것을 이해했다면, 그들은 예루살렘까지 예수를 동행하지 않았을
것이다. 예수는 폭풍의 눈, 메시야적 환들이 최고조에 달하게 될 지점, "페이라
스모스," 즉 시험의 때가 가장 첨예해질 지점으로 기꺼이 가서 이스라엘의 포
로생활이라는 짐을 스스로 짊어지고 메시야로서 예루살렘 성 밖에서 죽기로
결심한 후에 특히 다락방에서의 그의 행위들을 통해서 그것에 관하여 말하였

보여준다); 막 10:45/사 53:10, 12(cf. Goppelt 1981 [1975], 193-5; Stuhlmacher 1986
[1981], ch. 2; Witherington 1990, 251-6; 그러나 Seeley 1993과 대비해 보라); 막
14:24/사 53:12. Jeremias 1971, 286f.는 탈굼과 칠십인역 속에서의 전거들을 포함한 좀
더 많은 목록을 제시한다. 이 모든 것들은 문헌들 속에서 지겹도록 논의되어 왔다; 나의
전반적인 논증은 이 논쟁을 좀 더 폭넓은 맥락 속에 놓기 위한 것이기 때문에, 나는 논
쟁들의 수렁에 빠지지 않게 되기를 희망한다.

다. 우리는 직접적인 진술들이 아니라 그의 행위들 주변에 모여 있는 예수의 말씀들을 통해서 이것의 반영들을 포착해 낼 수 있다. 인자는, 성서에 기록된 대로, 많은 고난을 당하고, 멸시를 받지 않으면 안 된다; 그는 많은 사람을 위한 대속물로 자신의 생명을 내어주기 위해서 왔다; 이것은 너희 및 많은 사람들의 죄사함(달리 말하면, 포로생활의 종결)을 위하여 흘리는 나의 계약의 피다: 그는 범죄자들 중의 하나로 여김을 받았다. 이것은 예수에 대한 "종의 영향"을 전제한 후에 "그것을 밑받침해 주는 것으로 보이는 구절들"을 발견해 내는 그런 문제가 아니다.[222] 그것은 예수의 하나님 나라 선포 전체를 유대 성서의 몇몇 주된 주제들에 비추어서 이해하고, 그 그림 전체를 감안할 때, 이사야서 40-55장 전체, 특히 52:13-53:12에 대한 언급과 간접 인용과 반영을 인정하지 않는 것은 불합리하다는 것을 보여주는 그런 문제이다.

그러므로 나는 이사야서 40-55장 전체가 예수의 하나님 나라 선포를 위한 주제였다고 주장한다. 예수의 사역은 추상적이고 무시간적인 신학 체계에 대한 가르침이라거나 속죄 신학이라는 관점에서 이해되어서는 안 되고, 악을 패배시키고 그의 백성을 포로생활로부터 구원하겠다는, 즉 마침내 그들의 죄를 사하시겠다는 야훼의 약속을 역사적이고 구체적으로 실천한 것으로 이해되어야 한다. 이것 속에서, 이사야서 53장에 대한 간접 인용들은 그의 죽음과 관련된 예수의 자기 이해에 관한 이론의 토대로 여겨져서는 안 되고, 오히려 그가 말로 할 수 없었던 소명, 이사야서 40:9과 52:7의 "전령관"이 되어야 할 소명, 그러니까 스스로 세상의 빛이 되라고 부르심을 받았지만 그러한 소명에 맞추어서 사는 것에 실패하였던 이스라엘을 대표하는 종이 되어야 한다는 소명을 보여주는 가시적인 표지들이라고 해야 한다. 그러한 소명을 왜곡됨이 없이 자세하게 드러낼 수 있는 유일한 방식은 이야기, 상징, 실천을 통해서였다: 이 세 가지 모두는 성전, 다락방, 궁극적으로는 성문 밖 언덕 위에서 결합되었다. 이사야서에 대한 예수의 읽기는 개념들의 역사에 속하는 것이 아니라 소명, 과제, 행위, 궁극적으로는 수난의 역사에 속한다. 그리고 예수는 이러한 소명, 과제, 행위, 수난을 메시야적인 것으로 이해하였다.

---

222) Hooker 1959, 20.

(iv) 메시야적 과제

나는 앞 장에서 메시야를 자처하는 자에게 기대되었던 특히 두 가지 과제에 대하여 말한 바 있다. 메시야로 자처하는 사람은 성전을 깨끗케 하고 회복하며 재건하여야 한다; 그는 이스라엘의 원수들과의 싸움을 싸워서 이겨야 한다. 나는 이제 지금까지의 나의 가설을 토대로 예수는 자신의 다가올 죽음을 통해서 철저하게 재정의 되었지만 의외이지는 않은 방식으로 이 두 가지 과제를 이루고자 의도하였다는 것을 주장하고자 한다.

앞에서 보았듯이, 뉴스너(Neusner)는 예수의 성전 행위와 최후의 만찬은 서로를 해석해 주는 것으로 보아야 한다고 주장하였다.[223] 나는 그의 견해에 동의하지만, 그의 결론에는 의문을 제기한다. 그는 최후의 만찬 자체가 성전 제의에 대한 예수의 대체물이었다고 주장한다. 그러나, 우리가 이미 살펴보았듯이, 최후의 만찬의 상징체계는 스스로를 대상으로 삼고 있었던 것이 아니었다. 특히 예수의 명시적 경고들과 성서에 대한 간접 인용들은 그만두고라도 그의 수수께끼 같은 말씀들과 이야기들에 의해서 설명된 것을 보면, 그것은 그 자체가 아니라 앞으로 일어나게 될 사건을 지시하는 것이었다: 달리 말하면, 예수의 죽음을 가리키는 것이었다는 말이다.

그렇다면, 성전 행위와 최후의 만찬의 병행 관계는 자신의 죽음에 관한 예수의 이해에 대하여 무엇을 말해 주는 것인가? 그것은 예수가 통상적으로 성전 자체를 통해서 이루어지는 것을 그의 죽음을 통해서 이루고자 하였다는 것을 분명하게 말해 준다. 달리 말하면, 예수는 그의 죽음이 어떤 의미에서 희생 제사로서의 기능을 하도록 의도하였다는 것이다.[224] 이것은 우리에게 참으로 의외의 일도 아니고, 또한 이러한 관점을 시사해 주는 본문들이 후대 기독교의 관점의 투영이라는 것을 의미하는 것으로 여겨져서도 안 된다. 처음부터 이 길을 보여주고 있는 것들은 증거 본문들이 아니라, 우리가 이미 역사적으로 극히 사실일 가능성이 있는 것으로 여길 만한 충분한 근거가 있다고 본 그러한 행위들과 사건들이다. 또한 우리는 앞서 예수의 사역 기간 동안에 그는 통상적으로 온갖 부류의 사람들에게 현장에서 죄사함을 수여함으로써 자기가

---

223) Neusner 1989.

224) 예를 들면, cf. Jeremias 1971, 290f.; Meyer 1979, 252.

성전 제도에 구애받지 않는 것처럼 행동하였다는 것을 논증한 바 있다.[225] 나아가, 우리는 이미 마카베오 가문의 순교자들이 어떤 의미에서 이스라엘을 깨끗케 하고 정결케 하는 희생 제물로서 스스로를 드린 것으로 여겨졌다는 것도 살펴보았다.[226] 또한 우리는 이사야서 53장의 핵심 가까이에는, 그 원래의 배경 속에서는 무엇을 의미하였든지 간에, 주후 1세기에는 분명히 희생 제물을 가리키는 것으로 해석되었던 기이한 어구가 나온다는 것을 지적할 수 있다:

> 그의 영혼을 속건제물로 드리기에 이르면
> 그가 씨를 보게 되며 그의 날은 길 것이요
> 또 그의 손으로 여호와께서 기뻐하시는 뜻을 성취하리로다.[227]

그러므로 예수가 자기 자신의 다가올 죽음을 희생 제사라는 관점에서 보았다고 주장하는 것은 결코 증거들을 뛰어넘는 것이 아니다. 그러나 예수의 제사는 많은 제사들 중의 한 제사가 아니었다. 예수가 그의 결정적으로 중요한 상징을 위하여 선택했던 지배적 은유는 대속죄일이 아니라 유월절이었다: 이스라엘의 과거 역사 속에서 단 한 번의 해방의 순간이었고, 지금은 이스라엘의 미래를 개시시킬 단 한 번의 순간으로 바뀔 바로 그 절기. 예수는 자신의 마지막 위대한 상징적 행위 속에서 메시야로서 성전을 지양하게 될 실체를 수립할 것이라는 것을 함축적으로 보여주고 있었다. 그러므로 예수는 자신의 다가올 죽음을 그의 메시야적 과제의 한 핵심 부분으로 보았다.

물론, 또 하나의 부분은 싸움이었다. 우리가 제10장에서 발견한 것처럼, 예수는 그가 싸워야 할 싸움을 진정한 원수인 고소하는 자, 즉 사탄과의 싸움이라고 재해석하였다. 그는 그의 동시대인들이 메시야가 싸울 싸움이라고 생각했던 것, 거의 같은 시기에 메시야를 자처하던 몇몇 사람들이 그러한 싸움을

---

225) 위의 419-429.

226) 위의 881f.

227) 이사야서 53:10. 칠십인역에서 **peri hamartias**로 번역된 "아삼"(asam)이라는 단어는 통상적으로 "속건제물"로 번역되는데, 원래는 좀 더 폭넓은 여러 가지 의미를 지니고 있었을 것이다; 주후 1세기 경에는 이 단어에 대한 레위기적인, 즉 희생 제사적인 의미가 아마도 우리가 "들을 수" 있었던 첫 번째, 아니 유일한 의미였을 것이다.

싸우고자 열심이었던 바로 그 싸움을 부정하였다. 대신에, 그는 그에게 노도와 같이 달려드는 가시적인 세력들(로마인들과 유대인들) 배후에 있는 어둠의 세력들에 대항하는 싸움에 직면해 있었다.

어떤 차원에서는, 예수는 그의 사역 전체에 걸쳐서, 특히 질병 및 귀신들림과 싸울 때에 바로 이 싸움을 싸우고 있었다고 할 수 있다("사탄이 결박한 이 여자": "만약 내가 하나님의 손가락으로 귀신들을 쫓아내는 것이라면 하나님 나라는 너희에게 임하였느니라"). 또 다른 차원에서는, 예수는 이스라엘이 되는 새로운 길, 세상의 빛이 되는 새로운 길과 관련된 그의 도전에 맞서서 민족의 안전, 민족적 상징들, 민족적 소망과 관련된 그들의 도식을 향하여 질주해 가고 있었던 대적자들과 논쟁을 벌였을 때에 이러한 싸움을 싸우고 있었다. 그러나 근본적인 차원에서는, 두 장소에서 예수는 이러한 싸움을 싸워야 했다.

첫째, 예수는 자기가 그의 고소자인 가야바와 얼굴을 맞대고 대면하게 되었을 때에 사탄과의 싸움을 싸우고 있다고 믿었을 것임에 틀림없다. (예수는 대제사장의 종들이 그를 잡으러 왔을 때에 동산에서 "지금이 너희의 때 곧 어둠의 권세의 때니라"고 말하였다.[228]) 분명히 의의 교사도 자기가 악한 제사장과 정면으로 맞섰을 때에 악의 화신과 대면하고 있다고 생각했을 것이다. 따라서 우리는 예수가 당시의 대제사장에 대해서 실질적으로 이와 다른 견해를 가졌을 것이라고 생각할 이유가 전혀 없다. 우리가 이미 보았듯이, 예수는 비극적으로 타협에 빠져 있던 예루살렘 자체를 사탄의 새로운 거주지로 여겼던 것으로 보인다. 가야바에 대한 예수의 반응은, 다른 무엇보다도 특히 가야바라는 골리앗을 대항하여 다윗과 같은 역할을 하고 있다는 것을 의미하였다; 그리고 또한 가야바라는 네 번째 짐승에 대항하여 다니엘서의 "인자"와 같은 역할을 그가 하고 있다는 것을 의미하였다. 가야바가 자신의 옷을 찢은 것은 결코 이상한 일이 아니었다.

둘째, 우리가 예수에 관하여 알고 있는 것의 모든 것을 감안할 때, 예수는 자기가 그의 전후로 100여 년 동안 출현했던 모든 메시야가 맞붙어 싸웠던 원수, 즉 로마의 세력과 직면했을 때에 진정한 싸움, 메시야적 싸움을 싸우고

---

228) 눅 22:53.

있다고 믿었을 것임에 틀림없다. 그들의 (유대인에 대한) 신성모독적 신념들과 악한 행위들을 지닌 이교의 무리들은 널리 어둠의 아들들로 인식되어 있었다. 그러나 예수는 단순히 그 자손과 싸우는 것이 아니라 흑암 자체와 싸워야 한다고 믿었다. 그랬기 때문에 겟세마네, 즉 예수의 소명을 극한까지 시험한 순간이 있었던 것이다. 예수는 그때 거기에서 살짝 빠져나가서 에세네파와 같은 은밀한 반-성전(counter-Temple) 운동을 세우는 쪽을 선택할 수도 있었다. 예수는 열두 군단이나 되는 천사들을 불러 모으거나 또는 그것에 해당하는 지상의 무리들을 불러 모으기로 선택할 수도 있었다; 예루살렘에는 예수를 따라서 그 기치 아래 기꺼이 모이고자 했던 수많은 사람들이 있었을 것이다. 예수가 연약하고 두려워하며 의심과 고뇌 속에 잠겨 있는 겟세마네 장면을 후대 기독교에서 만들어 내었다고 생각하기는 어렵다. 그것은 자서전으로 이해할 때에 온전하게 해결된다. 십자가 위에서 죽는 것으로 생을 마친다면, 그것은 실패한 메시야가 될 수밖에 없었다; 우리가 지금까지 내내 살펴보았던 예수는 자기가 철저하게 기만당할 심각한 가능성과 씨름하지 않을 수 없었을 것이다.

그러나 예수는 자기가 싸워야 할 싸움의 조건들을 이미 규정해 놓았었다.[229] "자기 목숨을 구하는 자는 잃을 것이요 제 목숨을 잃는 자는 구할 것이니라." 이러한 암호 같고 전복 성향을 띤 지혜는 언제나 그가 그의 제자들 앞에 제시했던 도전이었다; 이제 예수 자신이 바로 그러한 지혜를 따라서 살고 죽을 때였다. 이스라엘은 다른 쪽 뺨을 돌려 대고 십리를 더 감을 통해서 이 땅의 소금과 세상의 빛이 되어야 한다고 예수는 역설해 왔었다; 이제 예수는 그의 몸 전체를 로마의 채찍질 앞에 노출시키고, 병사들이 그를 이끄는 길을 따라 억지로 가는 것을 시작하지 않으면 안 된다. 그리고 예수가 그의 죽음을 맞기 위하여 갔을 때에 이 사건 주변에 모여 있었던 마카베오 순교자들과 관련된

---

229) Cf. Farmer 1956, 200-2, 그리고 Meyer 1979, 218에 나오는 매우 의미심장한 대목: "비난, 목숨을 잃는 것, 가난 등에 관한 비의적 가르침들 속에 반영되어 있는 신앙은 당시의 이스라엘에서 확인되는 경건의 패턴을 전혀 따르지 않았다. 그것은 능숙하고 독창적으로 죄와 구속이라는 영역 속으로 들어가서, '아나윔'의 주제[즉, 가난한 자라는 주제]에 새롭고 비할 바 없는 깊이를 부여해 주었다."

온갖 뉘앙스들에도 불구하고, 예수는 자기를 괴롭히는 이교도들에게 전통적인 방식으로 응수하지 않았던 것으로 보인다. 예수는 그들에게 모욕과 위협을 하는 말들을 내뱉는 대신에, 묵묵히 고난을 받거나 용서의 말들을 하였다; 이러한 것은 순교자 전승 속에서 깜짝 놀랄 만한 혁신으로서, 초기 기독교 전체에 걸쳐서도 그대로 반영되었는데, 이것을 우리는 그것이 실질적으로 역사적인 것이었다고 할 때에만 설명할 수 있게 된다.[230]

그러므로 이러한 것들은 매우 초기의 기독교가 예수의 사역을 지배하고 있던 기조라고 보았던 주제를 보여준다. 예수는 그의 공생애 사역 전체에 걸쳐서 무리들과 가난한 자들과 목자 없는 양떼를 향한 연민을 토대로 행동하였었다. 율법 속에서 가장 큰 계명이 무엇이냐는 질문을 받았을 때, 예수는 하나님 사랑과 이웃 사랑을 부각시켰다. 메시야가 그의 백성에 대하여 지니고 있는 사랑에 관한 토대로서의 성서 본문에 대해서는 잘 말해지고 있지 않지만, 예수에게 있어서 이것은 단순한 개념으로서가 아니라 하나의 현실로서 아주 중요했던 것으로 보인다. 우리는 다음 장에서 이 주제의 뿌리를 살펴보겠지만, 이 시점에서 그것을 주목하지 않는 것은 매우 이상한 일이 될 것이다. 가장 초기의 그리스도인들은 십자가 위에서 예수가 이룬 일을 악에 대한 결정적인 승리라고 보았다. 그들은 그것을 적극적으로 찾아 나서서 고쳐주는 사랑의 상표이자 보증서로 만든 사역의 절정으로 보았다. 이 점을 정서나 경건과 관련된 것으로 치부하고, 역사가가 제기하기에 쑥스러운 문제라고 말해버리기는 아주 쉽다. 그러나 우리가 역사라는 꾸러미를 우리가 해 온 방식대로 결집시킬 때, 이것은 역사의 주제로서 뚜렷하게 등장한다. 벤 마이어(Ben Meyer)는 이것을 다음과 같이 표현한다:

결국, 무엇이 예수를 이런 식으로 행동하게 만들었고, 무엇이 예수로 하여금 죽음과 사명을 결합시켜서 죽음에 직면하고 그것을 맞으러 가도록 힘을 주었던 것인가?

우리가 추상적으로 제시할 수 있는 대답들의 범위는 대단히 넓다 … 그러나 … 무엇보다도 특히 예수에 의해서 만들어진 전승 속에서 우리는

---

230) 예를 들면, 벧전 2:19-25; 3:17f.

그로 하여금 그런 식으로 행동하게 만들었던 것, 그로 하여금 죽음을 향하여 가는 단일한 행동 속에서 자신의 삶을 집약하게 만들었던 것을 발견하게 된다: 그는 "나를 사랑하사 나를 위하여 자기 몸을 드리셨으니 …": "세상에 있는 자기 사람들을 사랑하시되 그들을 끝까지 사랑하시니라." 말씀(막 12:28-34과 그 병행문들)과 행위(갈 2:20; 엡 5:2; 요 13:1; 계 1:5) 간의 정합성이 진정성의 표지라면, 우리의 질문은 대답을 발견한 것이 된다.[231]

그러므로 예수는 진정한 메시야적 싸움에서의 승리는 로마인들의 손에 의해서 죽는 것, 반역자들을 대신해서 반역자의 죽음을 죽는 것에 있다고 믿었던 것으로 보인다. 이것은 예수가 그의 동포에게 강권하여 왔었던(별 효과는 없었지만) 이스라엘이 되는 길의 절정이었다. 또한 이것은 예수가 그의 운명을 민족의 운명과 결부시켰다는 의미를 함축하고 있다. 예수는 이스라엘 민족이 세상의 빛이 되고 평화의 길을 따르는 데에 실패했다는 것을 근거로 민족에게 심판, 즉 로마의 진노를 선포하였었다. 이 심판은 자의적인 것이 아니었다; 그것은 로마와의 대결이라는 길을 선택한 이스라엘의 결정의 필연적 결과였다. 그러나 순교자의 길은 민족 전체 위에 걸려 있던 고난을 스스로 짊어지는 것이었다. 목자로서의 왕의 길은 양떼의 고난에 동참하는 것이었다. 종의 길은 민족 전체의 포로생활을 스스로 짊어지는 것이었다. 메시야를 자처한 자로서 예수는 스스로를 이스라엘과 동일시하였다; 그러므로 그는 이스라엘에 앞서가서, 그가 민족, 도성, 성전에 대하여 선포하였었던 실제적이고 상징적인 그 운명을 스스로 짊어져야 했다. 예수는 그의 공생애 사역 전체에 걸쳐서 가난한 자들 및 죄인들과 함께 어울리고 나병환자들, 시체들, 그 밖의 부정의 원천들과 접촉하면서 좀 더 작고 예비적인 행위들을 통해서 행하여 왔던 것을 이제 단번에 행할 것이다. "그는 죄인들과 함께 먹으러 들어갔다"(눅 19:7)는 말은 이제 "그는 반역자들과 함께 죽으러 나갔다"라는 말로 바뀌게 될 것이다.

---

231) Meyer 1979, 252f.(책의 마무리 부분).

마침내 오해의 소지가 없어졌을 때, 그는 자기 자신을 온전히 그의 백성의 민족적 열망들과 동일시 할 수 있다. 그는 이스라엘의 민족적 소망을 전파할 수는 없지만, 그것을 위하여 죽을 수 있다.[232]

그래서

[예수는], 사건이 입증해 주듯이, 그의 고소자들은 유죄였지만 그는 무죄였던 바로 그러한 죄목을 쓰고 로마의 재판관의 손에 의해서 죽음으로 향한다. 따라서 신학적 진리에서만이 아니라 역사상의(historic) 사실에서도, 많은 사람의 죄들을 짊어졌다.[233]

그러므로 이것은 예수가 진정한 원수에 대한 메시야의 승리를 어떻게 보았는지를 잘 보여준다. 사탄은 로마만이 아니라 예루살렘에도 자리를 잡고 있었고, 택함받은 민족과 거룩한 곳을 그것들에 대한 희화로 바꾸어 놓고자 하였다: 세상의 방법론들을 가지고 세상을 패배시키고자 하는 사이비 택함받은 백성, 언덕 위에 세워진 도성이 되어서 그 빛을 세상에 비추는 것이 아니라 세상에 대항하여 스스로를 방어하고자 하는 사이비 거룩한 곳. 다시 한 번 말해두지만, 이것은 예수가 택함받은 민족과 거룩한 곳이라는 개념들 자체를 거부하였다는 것을 의미하지 않는다. 여기서의 핵심은 예수가 그러한 개념들을 끌어안았고, 그러한 선택이 성서의 뿌리 속에서 실제로 무엇을 의미하는지를 분별하고 전하고자 했으며, 민족 전체가 그의 호소에 귀가 멀고 눈이 멀었다는 것을 깨닫고, 스스로 거룩한 곳으로 가서 거기에서 택함받은 백성이 해야 할 일을 하기로 결심하였다는 것이다. 예수는 부르심받은 바로 그 모습이 되는 것에 실패하였던 이스라엘을 대신하여 행동하고 있었다. 예수는 스스로 세상의 빛이 될 것이다. 그는 이 땅의 소금이 될 것이다. 그는 감추어질 수 없도록 언덕 위에 세워질 것이다.

그런 후에, 예수는 사탄이 거처를 정하고 있던 바로 그곳으로 갈 것이다. 그

---

232) Wright 1985, 87.
233) Caird 1965, 22(= Caird & Hurst 1994, 419).

는 하나님의 계획 전체를 위태롭게 할 사탄의 교활한 계획을 무찌를 것이다. 예수는 이스라엘의 존귀함, 택함 받음, 참된 전승들을 굳건히 붙들 것이다. 그는 맛다디아 또는 유다와 마찬가지로 이교도들만이 아니라 택함받은 백성 내의 부역자들, 좀 더 구체적으로 말하면, 권력을 휘두르고 거룩한 성소를 장악하고 있던 자들, 백성을 어그러진 길로 인도하여 왔던 목자들에게 맞설 것이다. 다시 한 번 말해 두지만, 예수는 20세기의 자유주의자가 아니라 주후 1세기의 한 유대인이었다.

그러므로 예수는 자기가 크게 잘못되었을 수도 있다는 것을 알고 있었을 것임에 틀림없다. 예수의 실천, 이야기들, 상징들을 제대로 파악하기 위해서 우리가 전제해야 하는 목적들과 목표들에 비추어 볼 때, 우리는 예수를 그의 소명과 비전에 모든 것을 건 파스칼 같은(Pascalian) 큰 도박사라고 부를 수 있는 부류에 포함시키지 않을 수 없다. 결국, 그것은 거대한 도박이었다. 메시야들은 이교도들의 손에 의해서 죽는 것이 아니라 이교도들을 패배시킬 것으로 기대되었다. 게다가 더 나쁜 것은 실제로 그런 식으로 죽는 것은 그 사람이 전혀 메시야가 아니었다는 것을 보여주는 증거가 된다는 것이었다; 결국 십자가에 못 박힌 메시야를 따랐던 추종자들은 의심할 여지 없이 그들이 잘못된 말에 걸었었다는 것을 알게 된다. 아이러니컬하게도, 만약 예수가 많은 유대인들이 당시에 기대하였던 그런 모습을 지닌 메시야였다면, 예수는 결국 마찬가지로 십자가에 처형되는 것으로 생을 마쳤을 가능성이 대단히 높다는 것이다. 그러므로 모든 점에서 그가 충성을 바쳤던 것으로 보이는 메시야적 소명이 그를 어두운 터널 속으로 이끌었고, 여기에서 그에게 남은 유일한 것은 순수한 믿음뿐이었다. 그러나 우리는 이것을 통해서 그가 얻으려고 했던 것이 무엇인지를 확신 있게 말할 수 있다. 예수는 이스라엘의 역사를 그 절정에 인도하고자 했다. 그의 사역을 통해서, 야훼는 악을 패배시키고, 하나님 나라를 탄생시키며, 결국 이스라엘로 하여금 세상의 빛이 되게 할 수 있으실 것이다. 그의 사역을 통해서, 야훼는 자신이 단순히 하나의 신(god)이 아니라 하나님(God)이라는 것을 계시하실 것이다.

(v) 하나님의 승리

그러므로 예수는 메시지를 전파하기 위해서가 아니라 죽기 위하여 예루살렘에 갔다. 슈바이처의 말이 옳았다: 예수는 메시야적 환난이 곧 이스라엘에게 덮칠 것이고, 그가 홀로 그것을 짊어져야 한다고 믿었다.

나는 예수가 이 점을 슈바이처가 생각했던 것보다(슈바이처는 이것은 이차적 발전, 즉 예수의 이전의 비전에 대한 수정이었다고 본다) 상당히 이전에 깨닫고 있었다고 생각하지만, 이 점은 실제로 그렇게 중요하지 않다. 중요한 것은 성전과 다락방에서 예수는 의도적으로 그의 사역과 과제 전체를 집약한 두 가지 상징을 행동으로 보여주었다는 것이다. 첫 번째 상징은 이렇게 말하고 있었다: 현재의 체제는 부패하고 완악하다. 이제 심판의 때가 무르익었다. 그러나 예수는 메시야, 즉 온 세계의 하나님인 야훼께서 이스라엘을 구원하시고, 그렇게 함으로써 세상을 구원하실 때에 사용할 자이다. 그리고 두 번째 상징은 이렇게 말하고 있었다: 이것은 참된 출애굽이 일어나게 될 방식이다. 이것은 악이 패배하게 될 방식이다. 이것은 죄들이 사함받게 될 방식이다.

예수는 그러한 상징들에 수반하고 그러한 상징들을 설명해 주는 이러한 행위들과 말씀들로 말미암아, 그가 이스라엘을 어그러진 길로 이끄는 거짓 예언자로서 및 메시야를 참칭하는 자로서 재판을 받게 될 가능성이 대단히 높다는 것과 그가 법정을 다른 식으로 설득하지 않는 한, 그러한 재판은 필연적으로 그가 로마인들에게 넘겨져서 (실패한) 혁명적인 왕으로 처형당하는 결과를 가져오게 될 것이라는 것을 알고 있었다 — 그는 알고 있었음에 틀림없다. 이것은 실제로 상당히 높은 "초자연적" 통찰력을 필요로 하지 않았다. 오히려, 이스라엘이 계속해서 로마에 대항하는 반란을 시도한다면, 로마가 결국에는 이스라엘 민족에 대하여 이 기이한 메시야를 참칭하는 자에게 이제 하게 될 것을 장차 할 것이라는 것을 예측하는 것이 훨씬 더 통상적인 상식 이상의 것을 요구했을 것이다.

그러나 예수의 상징적 행위들과 이스라엘의 이야기에 대한 그의 다시 말하기의 핵심 속에는 정치적 실용주의, 혁명을 위한 과감한 모험, 순교자의 영광을 바라는 욕구보다 훨씬 더 그 이상의 것이 있었다. 이스라엘, 세계, 이 둘과의 관계 속에서의 그의 자신의 역할에 대한 깊은 신학적 분석이 있었던 것이다. 깊은 소명 의식, 그리고 그가 물론 하나님이라고 믿었던 이스라엘의 하나님에 대한 신뢰가 있었다. 그가 그 길을 간다면, 그가 이 싸움을 싸운다면, 이스라엘의 포로생활이라는 긴 밤이 마침내 끝나게 되고, 이스라엘과 세계를 위한 새 날이 단번에 동터올 것이라는 흔들림 없는 믿음 — 겟세마네에서 이러한 믿음이 거의 흔들릴 뻔 했던 것처럼 보이지만, 예수는 그것 또한 이러한 싸움의 일부로 해석하였던 것 같다 — 이 있었다. 예수는 신원을 받게 될 것이다(물론, 모든 순교자들이 그것을 믿었듯이); 그리고 그것을 통해서 세상을 구원하는 이스라엘의 운명이 이루어지게 될 것이다. 예수는 로마의 진노를 스스로에게 돌리고 그들을 피하게 해 줌으로써 그의 제자들과 그 제자들에게 합류한 자들에게 숨쉴 공간을 마련해 줄 뿐만 아니라, 진정한 원수를 패배시킴으로써, 온 세상을 대신하여 그러한 일을 하게 될 것이다. 세상의 빛이 되어야 한다는 이러한 종의 소명은 예수 및 그의 신원 후에 재조직될 제자들 속에서 실현될 것이다. 목자의 죽음은 야훼가 온 땅의 왕이 되는 결과를 가져올 것이다. "인자"의 신원은 악의 단번의 패배와 전 세계적인 나라의 수립을 보게 될 것이다.

그러므로 예수는 자신의 십자가를 짊어졌다. 그는 그것도 깊은 상징적 견지에서 보게 되었다: 지금에 있어서 로마의 압제의 상징일 뿐만 아니라, 예수가 그토록 열렬하게 장려하였었던 사랑과 평화의 길, 그가 승리의 길로서 선포하였던 패배의 길에 대한 상징. 성전과 다락방에서의 그의 행위들과는 달리, 십자가는 실천의 상징이 아니라 수동성의 상징, 행위의 상징이 아니라 수난의 상징이었다. 그것은 승리의 상징, 그러나 카이사르의 승리나 카이사르의 방법론으로 카이사르에 반대하는 자들의 승리의 상징이 아니었다. 그것은 하나님의 승리의 수단임과 동시에 그 상징이 될 것이었다.

(vi) 결론

내가 지금까지 천착해 온 사고의 노선은 어떤 관점에서는 복잡한 것이지만, 또 다른 관점에서는 본질적으로 아주 단순하다. 물론, 오늘날의 서구인들의 사고는 습관적으로 이러한 것들과 순조롭게 잘 맞아들어가지 않는다. 그러나 주후 1세기의 유대인의 관점에서 보면, 이것은 충격적이긴 하지만 놀라울 정도의 의미를 지니게 된다. 우리의 처음 세 개의 질문들(예수와 유대교의 상호작용, 그의 사역 전체에 걸친 그의 목적들, 그의 죽음의 이유들)에 대한 일련의 대답들을 제시하면서, 우리는 일련의 무작위적이거나 산재된 사건들이 아니라 통일적인 역사적 전체를 대면하고 있다는 주장을 우리는 지금까지 해 왔다.

그리고 우리가 앞으로 보게 되겠지만, 역사 속에는 신학이 작업해야 할 수많은 자료들이 있을 것이다 — 물론, 그것이 발견하는 것에 놀랄 수도 있겠지만. 어두워진 하늘을 배경으로 한 십자가의 실루엣은 우리가 지금까지 살펴본 거기에 걸려 있는 인물의 초상과 잘 맞아떨어진다. 그리고 극히 복잡하면서도 단순성을 지닌 이러한 전체적인 역사적 그림은 가장 노련한 성상학자(iconographer)에게 도전장을 내밀 것이다.

이제 하나의 질문만이 남아 있다.

나는 앞 장에서 예수가 자기 자신이 마침내 포로생활로부터 돌아오게 될 이스라엘의 초점이라고 믿었다는 것을 논증하였다. 나는 이 장에서 예수가 그의 삶, 특히 그의 죽음을 통해서 악을 근본적으로 패배시키는 수단이 될 것이라고 믿었다는 것을 논증하였다. 이것들은 합쳐져서 장차 도래할 하나님 나라에 대한 예언자적 믿음의 세 가지 요소들 중 두 가지를 형성한다. 그렇다면, 세 번째 요소는 어떻게 되는 것인가? 예수는 시온으로의 야훼의 돌아오심에 관하여 무엇을 믿었는가?

제13장

왕의 귀환

1. 서론

우리가 지금까지 걸어왔던 정경(情景)은 꽤 잘 알려져 있다 — 물론, 내가 걸어온 길은 그리 잘 알려져 있지 않지만. 그러나 이제부터 우리 앞에 펼쳐지는 풍경은 전혀 다른 문제이다. 일부 행인들은 그런 길이 있다는 것 자체를 부정한다; 그리고 일부 행인들은 그 길이 아주 험하다고 분명하게 말한다; 그리고 일부 행인들은 그 길의 작은 모퉁이를 차지하고서는 그 길 전체를 식민지로 삼았다고 생각한다. 그러므로 내가 할 일은 이리저리 순회하는 일뿐만 아니라 지도를 작성하는 일도 포함한다: 그 길을 따라가는 것뿐만 아니라 지도를 만들어 가는 것.

우리 앞에 놓여 있는 이 문제는 이제까지 우리가 살펴 보았던 세 가지(예수와 유대교의 관계, 예수의 과제, 예수의 죽음의 원인들)를 결합시키고 그것들을 한데 통합해서 지금까지와는 다른 시각을 통해서 보는 것이다. 예수는 자기 자신을 야훼의 나라를 선포하고 개시시키는 예언자로 보았다; 그는 자기 자신이 이스라엘의 참된 메시야라고 믿었다; 그는 하나님 나라가 이교도들의 손에 의한 자신의 죽음을 통해서 도래하게 될 것이라고 믿었다. 즉, 예수는 이사야서의 전령관의 메시지가 마침내 실현되고 있다고 믿었다: 이스라엘의 하나님은 왕이 되시고, "바벨론"은 패배당하며, 포로생활은 마침내 끝이 났다. 그러나 이것은 한 가지 문제를 더 보여준다. 이사야서의 메시지는 시온으로의 야훼의 돌아오심에 그 초점을 맞추고 있었다. 그 주제는 예수의 과제와 선포 속에서 모종의 위치를 발견했는가? 만약 그렇다면, 그 위치는 어떤 것인가?

이러한 주제는 우리의 질문들 중 처음 세 개와 관련이 있을 뿐만 아니라,

아울러 네 번째 질문을 보여주기도 한다: 초기 기독교는 어떻게 시작되었고, 왜 그러한 형태를 취하게 되었는가? 특히 — 이것은 초대 교회에 관한 질문일 뿐만 아니라 예수에 관한 질문이기도 하다는 것을 강조해 두지 않으면 안 된다 — 예수가 후대의 헬레니즘화된 기독교에서 뿐만 아니라 매우 초기의 매우 유대적이고 여전히 일관되게 유일신을 섬기던 기독교에서 예배를 받게 된 것은 도대체 어떻게 된 것인가?[1] 달리 말하면, 우리의 질문은 흔히 "기독론"이라 불리는 것, 구체적으로 말하면, 최근에 "예수의 기독론"이라 불려왔던 것에 관한 것이다.[2] 지금까지 이러한 질문이 다루어져 왔다고 하더라도, 그러한 질문을 형성한 방식과 거기에 대답하기 위하여 제시되어 왔던 논거들은 이 문제를 해결해 주기보다는 흔히 모호하게 만들어 버리는 경우가 더 많았다. 나는 이 전과는 다른 노선을 시도하고자 한다. 달리 말하면, 나는 "예수의 칭호들"을 다시 한 번 검토하려고 하는 것도 아니고, 예수의 종교적 체험의 성격을 탐구함으로써 예수에 대한 초기 기독교의 견해들을 어느 정도 "설명해 줄 수 있는" "독특함"을 찾아내고자 하지도 않을 것이다. 나는 이러한 것들 중 첫 번째에 대해서 잠깐 언급하고자 한다; 그리고 아주 솔직히 얘기해서, 두 번째는 알 수 없는 것을 알고자 하는 시도이다.[3]

나는 앞서와 마찬가지로 예수의 상징적 행위들과 그가 그 행위들을 설명하고 그 행위들에 방향과 명료성을 부여하기 위하여 말하였던 이야기들과 수수께끼 같은 말씀들이라는 좀 더 확고한 토대 위에서 이 문제를 풀어 나가고자 한다. 내가 전에도 강조해서 말했듯이, 이것은 단지 개념들의 역사에 관한 문제가 아니라, 소명에 실제적인 표현을 부여해 준 행위들의 역사에 관한 문제이다. 그리고 내가 어떤 잊혀진 나라의 존재와 그 나라를 통과할 수 있는 길이 있다고 논증할 때에 내가 가지고 있는 주된 논거는 이것이 우리가 본서에서 지금까지 살펴보아왔던 그 밖의 다른 모든 것들에 대하여 제시해 주고 있

---

1) 예를 들면, cf. France 1982; Hurtado 1988, 1992; Bauckham 1992; Wright 1991, Part I; 그리고 *NTPG ch.* 15, 특히 456-8.

2) Witherington 1990(그러나 아주 적절하게도 예수의 메시야직에 관한 문제도 지적하고 있다). Chilton & Evans 1994b에 이 주제에 관한 서술이 없다는 것은 주목할 만한 일이다.

3) cf. Robinson 1984, ch. 11.

는 밀접한 통합성이다. 일부 저술가들은 일종의 공백을 메워주는 역사적 신을 자처하는 도식을 활용해서, 예수의 삶과 사역 속에는 나머지 다른 것들과는 뚜렷하게 구별되는 몇몇 핵심적인 것들이 존재하기 때문에, 예수가 행했던 것의 대부분은 인간적 견지에서 설명될 수 있지만, 몇몇 부분들은 우리로 하여금 "예수가 그런 일을 행한 것은 그가 신이었기 때문이다"라고 말할 수밖에 없게 만들었다. 물론, 이것은 예수가 인간으로서 행하였던 일들(굶주리고, 울고, 고통을 겪었던 것)과 그가 "신"으로서 행하였던 일들(이적들, 부활 등등)을 구분하고자 했던 교부들의 몇몇 시도들을 연상시키는 것이다. 그러나 이것은 소위 자연신학을 자처하고 공백들의 신을 자처하는 논증과 마찬가지로, 주후 1세기 유대교의 세계에서는 전적으로 이질적인 형이상학에 속한다. 그것은 마치 어떤 사람이 옛 대가의 그림 위에 콧수염을 그려 넣는 것과 마찬가지로 하나의 주제를 외부로부터 덧붙이는 것의 문제가 아니다. 그것은 선의의 경건 또는 선의의 불경건에 의해서 덧칠해진 그림의 층들을 깨끗이 벗겨내어서 그 밑에 있는 참된 초상을 발견해 내는 것과 같다.

이 장에서 나는 예수가 실제로 "신적" 인물이었는지 — 우리가 보통 이 말을 통해서 의미하는 그런 의미로 — 를 묻고자 하는 것이 아니라는 것을 강조해 두고자 한다. 나는 예수 자신의 목적들과 신념들에 관하여 묻고 있는 것이다: 주후 1세기의 유대인으로서 그가 행하였고 말하였던 것을 행하고 말하지 않을 수 없게 이끌었던 소명 의식과 그러한 행위들 및 말씀들을 의미 있게 해주는 신념 체계. 물론, 예수의 목적들과 신념들에 관한 이러한 설명은 원칙적으로 우리가 이미 살펴본 예수의 사고방식(야훼의 나라를 선포한 예언자로서의 사고방식), 예수의 목적들과 신념들의 그 밖의 다른 측면들(그가 메시야로서 포로생활로부터의 진정한 귀환과 악의 진정한 패배를 이루고자 했다는 것)과 서로 잘 맞아떨어져야 한다. 또한 그것은 우리가 자주 활용해 왔던 수단, 즉 유대교 및 초대 교회와의 이중적 유사성 및 이중적 상이성이라는 수단을 통해서 제시된 역사적 주장이 되어야 한다. 달리 말하면, 나는 살아있을 때의 예수의 초상, 그 자체로 의미가 통하고 실제로 우리 앞에 놓여 있는 증거들을 설명하는 데에 꼭 필요한 초상을 완결하고자 시도하고 있는 것이다.

이 주제에 관한 그 동안의 연구사에 대하여 자세하게 살펴볼 지면도 없고 또 그럴 필요도 없다. "새탐구"와 좀 더 최근에 그것을 계승한 후계자들은 이 주제 전체를 연구 범위로부터 배제한다고 선언하여 왔다. "제3의 탐구"는 예수 자신의 목적들과 신념들 속에는 예수에 관한 초기 기독교의 견해들의 뿌리가 되었던 어떤 내용이 존재했는지를 물을 수 있다고 생각하기는 했지만 대체로 그런 연구를 해 오지는 않았다.

어떤 사람이 다른 사람을 대신하여 행동한다는, 특히 아들이 아버지를 대신하여 자주 행동했다는 "대리"의 개념을 흥미롭게 논의한 하비(Harvey)는 하나의 예외에 속한다.[4] 오늘날의 상당수의 글 속에서, 이 문제는 마치 행위에 영향을 주긴 하지만 결코 실제로 아무런 말도 하지 않는 베케트(Beckett)의 희곡에 나오는 한 등장인물과 같이 우리의 시야에서 사라져서 공중에서 떠돌 뿐이다. 사람들이 자랑스럽게 그들은 역사가이기 때문에 그러한 것들에 흥미가 없다고 말할지라도, 그런 말을 한다고 해서 그들의 관심이 줄어드는 것은 결코 아니다: 여기 버미스(Vermes)가 한 좋은 예인데, 그는 한 책에서 이러한 신학적 문제를 완전히 배제한 후에 그 책의 말미에 가서 이 문제를 강조해서 말하고 있다.[5]

"예수의 기독론"에 관한 논의가 사양길에 접어든 한 이유 — 학자들은 지금까지 그들 자신의 순수한 창작물들인 몇몇 사람들과 집단들을 포함한 눈에 보이는 그 밖의 다른 사람들의 기독론들을 후안무치하게 만들어 낸 것에 비하여 실제로 이것과 관련해서는 별 주목할 만한 성과가 없는 것에 대하여 괴로워했다는 것은 그만두고라도 — 는 예수의 칭호들에 대한 연구가 아주 지당한 일이지만 사양길에 접어든 것과 맥을 같이한다. 이 분야의 연구는 아마도 쿨만(Cullmann)의 저작에서 최고조에 달했다고 할 수 있다: 이 저작은 40년 동안 계속해서 잘못된 종류의 탐구를 보여주는 주목할 만한 기념비로 여전히 남아 있다.[6] 쿨만의 저작은 개념사적인 방법론과 사전식 방법론을 기본적으로 결합시켜 놓은 것이었다; 불행히도, 이 두 가지 방법론은 둘을 더해도 역사에 이르지 못한다. 쿨만 이후에 이런 식의 연구가 계속되었을 때, 그것은 결국 입증할 수 없는 이론들과 무성한 각주들만이 난무하는 종교사(Religions-

---

4) Harvey 1982, ch. 7, etc.; cf. p. 203 n.136.

5) Vermes 1973, 212f.

6) Cullmann 1963 [1957].

geschichte)라는 늪으로 빠져들었을 뿐이다. 오늘날에는 "칭호들"에 관한 연구는 탐구되어야 할 방법론이 아니라는 암묵적 합의가 존재한다 — 심지어 몇몇 지도적인 예수 연구가들이 칭호들을 그들의 연구 범위의 주변으로 제쳐놓았을 정도로.[7] 내가 아는 한, 아무도 이 문제를 지금까지와는 판이하게 다른 방식으로 탐구해 보려고 시도해 오지 않았다. 나는 바로 그러한 것을 제시하고자 한다.

나의 주장은 꽤 방대하긴 하지만 아주 단순하다. 우리는 제9장과 제10장에서 성전에서의 예수의 행위가 이야기들과 수수께끼 같은 말씀들에 의해서 설명되는 가운데 성전에 대한 야훼의 심판을 선포하고 자기 자신을 메시야로 선언한 의도적인 상징으로서의 기능을 하고 있다는 것을 보았다. 우리는 제12장에서 다락방에서의 예수의 행위는 추가적인 이야기들과 수수께끼 같은 말씀들에 의해서 설명되는 가운데 그가 민족과 성전에 대하여 예고하였었던 심판을 스스로 짊어짐으로써 악을 패배시키고 위대한 계약의 갱신, 새로운 출애굽을 이루고자 하였다는 것을 보여주는 의도적 상징으로서의 기능을 하고 있다는 것을 보았다. 나는 이제 이 두 가지가 서로 합쳐져서 좀 더 큰 맥락 속에 놓여질 때에 하나의 복잡하지만 단일한 추가적인 상징적 행위를 구성한다는 것을 논증하고자 한다. 성전에서와 다락방에서의 예수의 행위들 속에서 절정에 달한 예루살렘으로의 예수의 여행은 그것으로 인한 결과들을 충분히 인식하는 가운데 행해진 것이지만 옆으로 누운 에스겔 또는 단지를 깨뜨린 예레미야와 동일한 기능을 하도록 의도된 것이었다. 이 예언자의 행위는 현실을 몸으로 구현한 것이었다. 예수는 하나님 나라의 도래의 세 번째이자 마지막 요소를 몸으로 구현하기 위하여 예루살렘으로 갔다. 예수는 야훼께서 시온으로 돌아오신다고 선포하는 것으로 만족하지 않았다. 그는 그러한 절정의 사건을 행동으로 보여주고 상징하고 인격화하고자 하였다.[8]

---

7) 예를 들면, Sanders, Crossan.

8) 이스라엘을 대표하는 예수로부터 완전히 만개한 기독론으로의 이러한 이동은 Caird 1982와 몇몇 유비들을 지니고 있다. 그러나 Caird는 그 논문에서 자세하고 온전한 주장을 펴는 것이 아니라 감질나게 넌지시 말하고 자세하게 전개하지 않은 암시로만 끝내고 만다.

예수가 예루살렘으로 마지막 여행을 한 것은 의심의 여지가 없다. 나는 그가 성전과 다락방에서의 그의 행위들로 끝나는 이러한 행위를 통상적으로는 인식할 수 없는 의미를 지니도록 의도하였다고 주장한다. 이러한 주장을 입증하기 위해서, 우리는 먼저 이 상징이 의미를 지니게 될 유대적 배경을 살펴보아야 하고, 다음으로 예수가 그 의미를 밝히기 위하여 말하였던 이야기들과 수수께끼 같은 말씀들을 살펴보지 않으면 안 된다.

2. 유대적 의미의 세계

(i) 야훼의 돌아오심에 관한 소망

이와 관련된 유대적 배경은 세 가지 것에 관한 것이다: 야훼의 돌아오심에 관한 소망, 야훼의 대리인이 높이 들어올려져서 그의 보좌에 참여하게 될 것이라는 사고, 세상에서의 야훼의 활동을 가리키기 위하여 사용된 상징적 언어. 우리는 이것들을 차례로 살펴보아야 한다.

야훼의 돌아오심에 관한 제2성전 시대 유대인들의 소망은 그 동안 마땅히 받아야 할 만큼의 주목을 받지 못해 왔다.[9] 이 소망은 브루스 칠턴(Bruce Chilton)이 여러 저작들 속에서 강조해 왔던 다음과 같은 것 배후에 있는 진실이라고 나는 생각한다: "하나님 나라"는 이스라엘의 하나님이 몸소 권능 가운데 오시는 것을 가리킨다.[10] 칠턴이 주장하듯이, 예수가 실제로 이사야서에 대한 초기 유대교의 주석서(이사야서 탈굼)를 사용했다는 것이 사실이든 아니든, 그 밖의 다른 비기독교적 유대교 문헌들 속에서와는 달리 이 주석서에서 특히 두드러지게 등장하는 하나님 나라의 선포라는 주제와 "하나님 나라"라는

---

9) 이것은 *NTPG* ch. 10에서 오직 짧게 언급되었는데(303), 사실은 거기에서 적절하게 강조되었어야 했다. Beasley-Murray(1986, Parts I and II)와 Glasson(1988)은 이 주제를 언급하지만, 전자는 이 주제를 (내가 보기에) 부적절하게 확장하고 있고, 후자는 단순히 이 주제를 (예수 이후의) 파루시아 교리에 적용한다.

10) cf. Chilton 1978, 1982, 1987 [1979]; 나중의 저작, 283-8(= 1984b, 124-7)의 결론들을 보라. 또한 cf. Meier 1994, 299: 유대인들의 소망은 "하나님이 마지막 날에 오셔서 그의 백성 이스라엘을 구원하고 회복하는 것이었다"; 452: "하나님 나라는 일차적으로 국가 또는 장소가 아니라 하나님이 종말에 권능 중에 오셔서 그의 백성 이스라엘을 통치하는 전적으로 역동적인 사건이다."

어구 자체가 우리가 예수에 관하여 아주 확실하게 알고 있는 것의 중심적인 특징들이라는 것은 분명히 사실이다.[11] 그리고 우리는 동터오는 하나님 나라에 관한 선포 속에서 지금 마침내 야훼께서 시온으로 돌아오고 계신다는 지속적인 강조점을 발견하게 된다. 야훼는 출애굽 때에 그가 행하였던 일을 다시 행하고 그의 백성 가운데 거하기 위하여 오실 것이다.[12]

이 주제는 통상적으로 이런 식으로 부각되지 못했다. 이런 이유로 나는 주요한 대목들을 아주 자세하게 제시함으로써 이 점을 강조하고자 한다:

그 날에 여호와의 싹이 아름답고 영화로울 것이요 그 땅의 소산은 이스라엘의 피난한 자를 위하여 영화롭고 아름다울 것이며 … 여호와께서 거하시는 온 시온산과 모든 집회 위에 낮이면 구름과 연기, 밤이면 화염의 빛을 만드시고 그 모든 영광 위에 덮개를 두시며 또 초막이 있어서 낮에는 더위를 피하는 그늘을 지으며 또 풍우를 피하여 숨는 곳이 되리라.[13]

그 때에 달이 수치를 당하고 해가 부끄러워하리니
이는 만군의 여호와께서 시온산과 예루살렘에서 왕이 되시고
그 장로들 앞에서 영광을 나타내실 것임이라.[14]

그 날에 말하기를
이는 우리의 하나님이시라 우리가 그를 기다렸으니 그가 우리를 구원하시리로다
이는 여호와시라 우리가 그를 기다렸으니
우리는 그의 구원을 기뻐하며 즐거워하리라 할 것이며
여호와의 손이 이 산에 나타나시리니.[15]

---

11) Stuhlmacher 1968, 142-51을 따르고 있는 Chilton 1982; 1987 [1979], 277을 참조하라.

12) 예를 들면, cf. 출 13:21-2; 14:19; 19:9, 11, 18; 33:12-17; 신 33:2.

13) 사 4:2-6. 물론, 구름과 불이 이 예언을 출애굽과 연결시킨다.

14) 사 24:23.

15) 사 25:9-10. Glasson 1988, 259의 주장에도 불구하고, 나는 사 26:21을 이 주제

너희는 약한 손을 강하게 하며
 떨리는 무릎을 굳게 하며
겁내는 자들에게 이르기를
 굳세어라, 두려워하지 말라,
보라 너희 하나님이 오사
 보복하시며
갚아 주실 것이라
 하나님이 오사 너희를 구하시리라 하라
그 때에 맹인의 눈이 밝을 것이며
 못 듣는 사람의 귀가 열릴 것이며
그 때에 저는 자는 사슴 같이 뛸 것이며
 말 못하는 자의 혀는 노래하리니 …
여호와의 속량함을 받은 자들이 돌아오되
 노래하며 시온에 이르러
그들의 머리 위에 영영한 희락을 띠고
 기쁨과 즐거움을 얻으리니
 슬픔과 탄식이 사라지리로다.[16]

외치는 자의 소리여 이르되
너희는 광야에서 여호와의 길을 예비하라
 사막에서 우리 하나님의 대로를 평탄하게 하라
골짜기마다 돋우어지며
 산마다, 언덕마다 낮아지며
고르지 아니한 곳이 평탄하게 되며
 험한 곳이 평지가 될 것이요

에 관한 추가적인 진술로 보지 않는다; 거기에서는 야훼께서 성전에서 오셔서 열방들을 심판하는 것인 듯하다(미 1:3에서처럼).

16) 사 35:3-6, 10. 이 장 전체에서 포로로 끌려갔던 자들이 돌아온다는 것과 야훼께서 시온으로 돌아온다는 것을 결합시키고 있는 것을 주목하라.

여호와의 영광이 나타나고
 모든 육체가 그것을 함께 보리라
 이는 여호와의 입이 말씀하셨느니라

아름다운 소식을 시온에 전하는 자여
 너는 높은 산에 오르라
아름다운 소식을 예루살렘에 전하는 자여
 너는 힘써 소리를 높이라
 두려워하지 말고 소리를 높여
유다의 성읍들에게 이르기를
 너희의 하나님을 보라 하라
보라 주 여호와께서 장차 강한 자로 임하실 것이요
 친히 그의 팔로 다스리실 것이라
보라 상급이 그에게 있고
 보응이 그의 앞에 있으며
그는 목자 같이 양 떼를 먹이시며
 어린 양을 그 팔로 모아
품에 안으시며
 젖먹이는 암컷들을 온순히 인도하시리로다.[17]

좋은 소식을 전하며 평화를 공포하며
 복된 좋은 소식을 가져오며 구원을 공포하며
 시온을 향하여 이르기를 네 하나님이 통치하신다 하는 자의
 산을 넘는 발이 어찌 그리 아름다운가
네 파수꾼들의 소리로다
 그들이 소리를 높여 일제히 노래하니
이는 여호와께서 시온으로 돌아오실 때에
 그들의 눈이 마주 보리로다

---

17) 사 40:3-5, 9-11.

너 예루살렘의 황폐한 곳들아
　기쁜 소리를 내어 함께 노래할지어다
이는 여호와께서 그의 백성을 위로하셨고
　예루살렘을 구속하셨음이라
여호와께서 열방의 목전에서
　그의 거룩한 팔을 나타내셨으므로
땅끝까지도 모두
　우리 하나님의 구원을 보았도다.[18]

여호와께서 이를 살피시고
　그 정의가 없는 것을 기뻐하지 아니하시고
사람이 없음을 보시며
　중재자가 없음을 이상히 여기셨으므로
자기 팔로 스스로 구원을 베푸시며
　자기의 공의를 스스로 의지하사
공의를 갑옷으로 삼으시며
　구원을 자기의 머리에 써서 투구로 삼으시며
보복을 속옷으로 삼으시며
　열심을 입어 겉옷으로 삼으시고 …
서쪽에서 여호와의 이름을 두려워하겠고
　해 돋는 쪽에서 그의 영광을 두려워할 것은
여호와께서 그 기운에 몰려
　급히 흐르는 강물 같이 오실 것임이로다
여호와의 말씀이니라 구속자가 시온에 임하며
　야곱의 자손 가운데에서 죄과를 떠나는 자에게 임하리라
여호와께서 이르시되 내가 그들과 세운 나의 언약이 이러하니 곧 네

---

18) 사 52:7-10. 이 문맥은 계속해서 이스라엘이 하나님의 호위를 받으며 바벨론에서
황급히 떠난다는 것과 그 후에 종이 이스라엘 백성의 죄로 인하여 고난받을 것에 대하여
말한다.

위에 있는 나의 영과 네 입에 둔 나의 말이 이제부터 영원하도록 네 입에
서 … 떠나지 아니하리라 하시니라.[19]

일어나라 빛을 발하라 이는 네 빛이 이르렀고
　여호와의 영광이 네 위에 임하였음이니라
보라 어둠이 땅을 덮을 것이며
　캄캄함이 만민을 가리려니와
오직 여호와께서 네 위에 임하실 것이며
　그의 영광이 네 위에 나타나리니
나라들은 네 빛으로,
　왕들은 비치는 네 광명으로 나아오리라.[20]

성문으로 나아가라 나아가라
　백성이 올 길을 닦으라
큰 길을 수축하고 수축하라
　돌을 제하라
　만민을 위하여 기치를 들라
여호와께서 땅끝까지 선포하시되
너희는 딸 시온에게 이르라
　보라 네 구원이 이르렀느니라
보라 상급이 그에게 있고
　보응이 그 앞에 있느니라 하셨느니라

에돔에서 오는 이 누구며
　붉은 옷을 입고 보스라에서 오는 이 누구냐
그의 화려한 의복
　큰 능력으로 걷는 이가 누구냐

---

19) 사 59:15-17, 19-21.
20) 사 60:1-3.

그는 나이니 공의를 말하는 이요 구원하는 능력을 가진 이니라 …
내가 홀로 포도즙 틀을 밟았는데 …
내가 본즉 도와주는 자도 없고
　붙들어 주는 자도 없으므로 이상하게 여겨
내 팔이 나를 구원하며
　내 분이 나를 붙들었음이라 …
자기 앞의 사자로 하여금 그들을 구원하시며
　그의 사랑과 그의 자비로 그들을 구원하시고
　옛적 모든 날에 그들을 드시며 안으셨으나 …
원하건대 주는 하늘을 가르고 강림하시고
　주 앞에서 산들이 진동하기를 …
주의 원수들이 주의 이름을 알게 하시며
　이방 나라들로 주 앞에서 떨게 하옵소서.[21]

여호와께서 이와 같이 말씀하시되
보라 내가 그[예루살렘]에게 평강을 강 같이,
　그에게 뭇 나라의 영광을 넘치는 시내 같이 주리니 …
너희가 이를 보고 마음이 기뻐서
　너희 뼈가 연한 풀의 무성함 같으리라
여호와의 손은 그의 종들에게 나타나겠고
　그의 진노는 그의 원수에게 더하리라
보라 여호와께서 불에 둘러싸여 강림하시리니
　그의 수레들은 회오리바람 같으리로다
그가 혁혁한 위세로 노여움을 나타내시며
　맹렬한 화염으로 책망하실 것이라
여호와께서 불과 칼로
　모든 혈육에게 심판을 베푸신즉
　여호와께 죽임 당할 자가 많으리니 …

---

21) 사 62:10-11; 63:1, 3, 5, 9; 64:1.

내가 그들의 행위와 사상을 아노라 때가 이르면 뭇 나라와 언어가 다른 민족들을 모으리니 그들이 와서 나의 영광을 볼 것이며 내가 그들 가운데에서 징조를 세워서.[22]

그 후에 그가 나를 데리고 문에 이르니 곧 동쪽을 향한 문이라 이스라엘 하나님의 영광이 동쪽에서부터 오는데 하나님의 음성이 많은 물 소리 같고 땅은 그 영광으로 말미암아 빛나니 … 여호와의 영광이 동문을 통하여 성전으로 들어가고 영이 나를 들어 데리고 안뜰에 들어가시기로 내가 보니 여호와의 영광이 성전에 가득하더라.

성전에서 내게 하는 말을 내가 듣고 있을 때에 어떤 사람이 내 곁에 서 있더라 그가 내게 이르시되 인자야 이는 내 보좌의 처소, 내 발을 두는 처소, 내가 이스라엘 족속 가운데에 영원히 있을 곳이라 이스라엘 족속 곧 그들과 그들의 왕들이 음행하며 그 죽은 왕들의 시체로 다시는 내 거룩한 이름을 더럽히지 아니하리라.[23]

또한 모든 나라를 진동시킬 것이며 모든 나라의 보배가 이르리니 내가 이 성전에 영광이 충만하게 하리라 만군의 여호와의 말이니라 … 이 성전의 나중 영광이 이전 영광보다 크리라 만군의 여호와의 말이니라 내가 이 곳에 평강을 주리라 만군의 여호와의 말이니라.[24]

예루살렘은 그 가운데 사람과 가축이 많으므로 성곽 없는 성읍이 될 것이라 하라 여호와의 말씀에 내가 불로 둘러싼 성곽이 되며 그 가운데에서 영광이 되리라 … 여호와의 말씀에 시온의 딸아 노래하고 기뻐하라 이는 내가 와서 네 가운데에 머물 것임이라 그 날에 많은 나라가 여호와께 속하여 내 백성이 될 것이요 나는 네 가운데에 머물리라 네가 만군의

---

22) 사 66:12, 14-16, 18-19.

23) 겔 43:1-7 물론, 이 환상은 종말론적 성전의 건축에 대한 전체적인 설명의 일부이다.

24) 학 2:7, 9; cp. 1:8.

여호와께서 나를 네게 보내신 줄 알리라 여호와께서 장차 유다를 거룩한 땅에서 자기 소유를 삼으시고 다시 예루살렘을 택하시리니.[25]

만군의 여호와가 이같이 말하노라 내가 시온을 위하여 크게 질투하며 그를 위하여 크게 분노함으로 질투하노라 여호와가 이같이 말하노라 내가 시온에 돌아와 예루살렘 가운데에 거하리니 예루살렘은 진리의 성읍이라 일컫겠고 만군의 여호와의 산은 성산이라 일컫게 되리라.[26]

여호와의 날이 이르리라 그 날에 네 재물이 약탈되어 네 가운데에서 나누이리라 내가 이방 나라들을 모아 예루살렘과 싸우게 하리니 … 그 때에 여호와께서 나가사 그 이방 나라들을 치시되 이왕의 전쟁 날에 싸운 것 같이 하시리라 그 날에 그의 발이 예루살렘 앞 곧 동쪽 감람 산에 서실 것이요 … 나의 하나님 여호와께서 임하실 것이요 모든 거룩한 자들이 주와 함께 하리라 … 여호와께서 천하의 왕이 되시리니 그 날에는 여호와께서 홀로 한 분이실 것이요 그의 이름이 홀로 하나이실 것이라 … 예루살렘을 치러 왔던 이방 나라들 중에 남은 자가 해마다 올라와서 그 왕 만군의 여호와께 경배하며 초막절을 지킬 것이라.[27]

보라 내가 내 사자를 보내리니 그가 내 앞에서 길을 준비할 것이요 또 너희가 구하는 바 주가 갑자기 그의 성전에 임하시리니 곧 너희가 사모하는 바 언약의 사자가 임하실 것이라 그가 임하시는 날을 누가 능히 당하며 그가 나타나는 때에 누가 능히 서리요 그는 금을 연단하는 자의 불

---

25) 슥 2:4-5, 10-12. 야훼께서 불로써 자기 백성을 보호하였다는 명시적 출애굽 표상을 주목하라.

26) 슥 8:2-3. 이 장은 계속해서 예루살렘이 회복되리라는 것(4-13), 그 안에 정의가 세워지리라는 것(14-17), 성전의 황폐화를 기념하는 금식일들이 축제일들이 될 것이라는 것(20-23), 회복된 시온은 야훼의 거처로써 세계 만민들이 순례를 올 초점이 될 것이라는 것을 약속한다.

27) 슥 14:1-5, 9, 16.

과 표백하는 자의 잿물과 같을 것이라 그가 은을 연단하여 깨끗하게 하는 자 같이 앉아서 레위 자손을 깨끗하게 하되 금, 은 같이 그들을 연단하리니 그들이 공의로운 제물을 나 여호와께 바칠 것이라 그 때에 유다와 예루살렘의 봉헌물이 옛날과 고대와 같이 나 여호와께 기쁨이 되려니와.[28]

> 우리 하나님이 오사 잠잠하지 아니하시니
> 그 앞에는 삼키는 불이 있고
> 그 사방에는 광풍이 불리로다
> 하나님이 자기의 백성을 판결하시려고
> 위 하늘과 아래 땅에 선포하여 … [29]

> 밭과 그 가운데에 있는 모든 것은 즐거워할지로다
> 그 때 숲의 모든 나무들이 여호와 앞에서 즐거이 노래하리니
> 그가 임하시되 땅을 심판하러 임하실 것임이라
> 그가 의로 세계를 심판하시며
> 그의 진실하심으로 백성을 심판하시리로다.[30]

> 여호와 앞에서 큰 물은 박수할지어다
> 산악이 함께 즐겁게 노래할지어다
> 그가 땅을 심판하러 임하실 것임이로다
> 그가 의로 세계를 판단하시며
> 공평으로 그의 백성을 심판하시리로다.[31]

이 목록은 그 분포 범위와 규모면에서 상당히 인상적이고, 이 주제가 제2성

---

28) 말 3:1-4.
29) 시 50:3-4.
30) 시 96:12-13.
31) 시 98:8-9.

전 시대에서 잘 알려져 있었다는 것을 보여준다. 우리는 당시의 유대인들이 언약궤가 돌아온 사건 같은 이야기들(삼상 5-7장)을 그들이 소망했던 것에 대한 전조로 읽었을 것이라고 추측해 볼 수 있다. 야훼께서는 돌아오실 것이다; 약속들은 성취될 것이다; 이스라엘 백성은 승리할 것이다.

그러나 실제로 고레스와 그의 후계자들 치하에서 이스라엘 백성이 지리적으로 포로생활로부터 돌아왔을 때, 출애굽기 40장, 레위기 9장, 열왕기상 8장, 이사야서 6장(한 개인에 대한 계시)에 나오는 것들과 같은 그러한 사건들은 수반되지 않았다. 우리는 광야에서 이스라엘 백성을 동행하였던 구름 기둥과 불기둥이 백성을 인도하여 그들의 포로생활로부터 돌아오게 하였다는 말을 결코 듣지 못한다. 그 어디에서도 우리는 야훼께서 지금 영광 중에 시온으로 돌아오셨다는 말을 듣지 못한다. 그 어디에서도 집은 다시 야훼의 영광을 가리고 있던 구름으로 가득 채워지지 않았다. 그 어디에서도 우리는 재건된 성전이 에스겔이 예언한 회복된 참된 성소로서 모든 사람들에 의해서 환영을 받았다는 말을 듣지 못한다. 또한 그 어디에서도 우리는 이스라엘의 원수들에 대한 최종적이고 결정적인 승리가 있었다거나, 모든 백성에 의해서 환영받는 왕조가 세워졌다는 말을 듣지 못한다. 신학적으로 이러한 것들과 매우 근접한 것은 나중에 토라와 동일시되고 있는 하나님의 지혜가 성전에 거하기 위하여 올 것이라는 시락서 24장의 비전이다; 시락서 50장에 나오는 대제사장의 높이 들림과 성전 제의는 이 저자가 이스라엘의 하나님이 그의 백성과 함께 거하시는 것을 자기 시대에서의 하나의 현실로 보고 있다는 것을 시사해 준다.[32] 사회정치적으로 이것과 매우 근접했던 것은 유다 마카베오에 의한 성전의 정화, 시리아인들의 패배, 하스모네 왕가의 수립이었다; 그러나 앞에서 보았듯이, 이것은 여전히 모호한 수수께끼로 남아 있었다.[33] 물론, 자신의 집을 참된 왕가로 세우고자 했던 헤롯 대왕의 이후의 행보도, 되돌아 보면, 결국 애초부터 파국을 맞게 되어 있었다.[34] 성전, 승리, 왕권은 여전히 서로 뒤엉켜 있었지만, 그것들이 대표하고 있었던 소망은 여전히 성취되지 않은 채로 남아 있었다.

---

32) cf. *NTPG* 211, 229, 264f.

33) cf. *NTPG* 158f.

34) cf. *NTPG* 160, 308f.

그러므로 포로생활 이후에 시온으로의 야훼의 돌아오심에 대하여 명확하게 언급하고 있는 성서의 전승이 성서 시대 이후의 저작들 속에서도 그대로 유지되었다는 것은 별로 놀랄 일이 아니다. 다음과 같은 대목들은 이스라엘의 지속적인 포로생활이라는 주제와 보조를 같이 한다:

만유의 하나님, 거룩한 위대한 분이 그의 거처로부터 나오실 것이다. 그리고 거기로부터 그는 시내산으로 강림하여 권능으로써 하늘로부터 출현한 그의 진영 속에 나타나실 것이다 … 보라, 그는 모든 자들에 대한 심판을 집행하기 위하여 무수한 거룩한 자들과 함께 임하실 것이다 … [35]

그 때 그의 나라는 그의 전체 피조 세계에 드러날 것이다 …

하늘에 계신 이가 그의 왕의 보좌로부터 일어나시리라.
그렇다. 그의 아들들을 대신한 분노와 진노로써
그는 그의 거룩한 거처로부터 나오시리라.

지극히 높으신 하나님이 갑자기 나타나시리라.
홀로 영원하신 이
모든 자들이 보는 앞에서 그는 열방들에게 보수하러 오시리라.
그렇다. 그들의 모든 우상들을 그가 멸하시리라.

세상의 모든 일들을 내다보신 하나님이 나오시겠고, 맺은 그의 계약은 … [36]

"내가 강림하여 영원토록 그들과 함께 거하리라." 그리고 그는 임재의 천사에게 이렇게 말하였다. "첫 번째 창조로부터 나의 성소가 그들 가운데 영원토록 지어질 때까지 모세를 위하여 써라. 그리고 여호와는 모든

---

35) *1 En.* 1:3-4, 9; cf. 25:3-5; 90:15; 91:7.
36) *T.Mos.* 10:1, 3, 7; 12:13.

사람들이 보는 앞에서 나타나실 것이다. 그리고 모든 사람이 내가 이스라엘의 하나님이요 야곱의 모든 자손들의 아버지요 시온산 위의 왕이라는 것을 영원토록 알게 될 것이다. 그리고 시온과 예루살렘은 거룩하게 될 것이다."[37]

내가 나의 이름을 둘 위에서 말한 집에서 [그들은] 그들의 자발적인 제사들 외에 이스라엘의 자손들로부터의 끊임없는 번제들을 [드리게 될 것이다] ⋯ 그들은 내게 백성이 되겠고, 나는 그들에게 영원히 있을 것이며, 나는 그들을 영원히 그리고 언제나 굳게 세우리라. 나는 나의 성전을 나의 영광으로 거룩하게 할 것이다. 나는 내가 나의 성전을 만들어서 벧엘에서 야곱과 맺은 계약을 따라 내 자신을 위하여 영원토록 그 성전을 세울 창조의 날까지 그 성전 위에 나의 영광으로 하여금 거하게 하리라.[38]

이스라엘의 하나님이 "임하실 것"이라는 개념은 그 하나님이 그의 백성을 "찾아오실" 것이라는 식으로도 표현될 수 있었다. 쿰란 두루마리들 속에 분명하게 나오는 이 주제는 그것이 예수 안에서 성취되었다고 본 초기 기독교의 문헌들 속에서도 알려져 있었다.[39]

이렇게 이 문제에 대하여 생각해 보았던 제2성전 시대의 대부분의 유대인들은 야훼께서 다시 돌아와서 과거의 왕정 시대에서 그랬던 것처럼 예루살렘 성전에 거하게 될 것을 소망하고 있었다는 것을 보여주는 풍부한 증거들이 존재한다.[40] 로버트 웹(Robert Webb)은 이 주제에 관한 그의 중요한 연구 속에

---

37) *Jub.* 1:26-8. 직전에 나오는 대목은 예레미야서 31장과 에스겔서 36장을 연상시키는 언어로써 계약의 갱신과 포로생활로부터의 귀환에 관하여 말한다.

38) 11Q19(=11Q Temple^a) 29:3-9(GM 161f.).

39) 1QS 3:18; 4:19; CD 7:9; 8:2-3(= 19:15); 눅 1:68, 78; 7:16; 15:14; cp. 눅 19:44, 벧전 2:12. 후자의 구절에서 어근 episkeptomai("오시다")의 용법은 LXX 창 50:24f.; 출 3:16; 4:31; 유딧 8:33의 용법을 따른 것인데, 이 각각의 경우에서 그것은 위대한 구원 행위를 가리킨다.

40) 분명히, Davies 1991이 말하고 있듯이, 증거들은 분명히 bYom. 21b보다 훨씬 더 광범위하다. 그는 욜 3:17; 시 135:21; 11QTemple 29:7-10(위에서 나의 입장을 위한

서[41] 이 시기의 유대인들이 그들을 구원하기 위하여 기대하였던 모든 인물들 중에서 가장 빈번하게 생각하였던 것은 바로 야훼 자신이었다는 상당히 인상적인 결론을 내리고 있다.[42] 메시야 같은 그 밖의 다른 인물들이 기대되었다고 해도, 이것은 야훼께서 오신다는 것을 배제하는 것이 아니라, 야훼께서 오신다는 것의 표현 또는 거기에 수반되는 것으로 보아졌다. 물론, 성전에서의 셰키나(Shekinah) 영광의 임재는 단순히 야훼가 공식적으로 거소를 삼았다는 것을 의미하지만은 않는다. 야훼는 그가 위임한 대리인들을 통해서 심판과 구원을 행하실 것이다.[43] 이러한 기대는 예수 당시의 유대교에서도 여전히 기본적인 것으로 남아 있었다.

야훼의 돌아오심에 대한 소망은 분명히 하나님 나라 기대의 다른 두 특징들, 즉 포로생활로부터의 귀환 및 악의 패배와 아주 밀접하게 관련되어 있다. 몇몇 학자들이 그래왔던 것처럼, 하나님 나라와 관련된 언어는 일차적으로 이스라엘의 하나님 자신을 가리킨다는 견해를 옹호하기 위하여 장차 도래할 하나님 나라에 관한 종말론적 또는 "묵시론적" 개념을 폄하할 필요는 전혀 없다. 특히 이사야서 탈굼에서 발견되는 후자의 개념은 종말론적 기대와 완벽하게 부합한다; 어쨌든, 다른 그 어디에서보다도 이사야서에서 시온으로 야훼께서 돌아오신다는 개념은 포로생활로부터의 귀환에 대한 소망과 밀접하게 결부되어 있다. 랍비들 진영 속에서 후대에 탈굼을 비종말론적이고 비묵시록적 전망 속에서 사용했다고 해서, 이것이 무효화되는 것은 아니다. 이사야서 탈굼이 실제로 주후 1세기에 존재하였고, 예수에 의해서 알려지고 사용되었다면,[44] 그것은 묵시론적인 저술가들의 혁명의 꿈들이 불신을 받게 되었던 주후 135

증거로 인용된!); 마 23:21; Jos. *War* 6:299; mSukk. 5:4이 제2성전 시대의 대부분의 유대인들은 야훼가 현재적으로 성전에 거하고 있는 것으로 생각하였다는 견해를 밑받침해 준다고 주장한다. 나는 반대 증거의 힘을 고려하지 않고도 이러한 대목들 중 그 어떤 것도 그러한 정도의 무게를 지니고 있지 않다고 생각한다.

41) Webb 1991, ch. 7. 위에 든 전거들 중 몇몇은 Webb 덕분이다.

42) 또한 cf. Mason 1992.

43) 예를 들면, cf. 유딧 8:33: "주께서 나의 손을 통해서 이스라엘을 권고/구원하시리라")(episkepsetai kyrios ton Israel en cheiri mou).

44) cf. Chilton 1982, 1984a.

년의 랍비들의 발전물들과는 판이하게 다른 시대를 반영하고 있었을 것이다. 이러한 이전의 맥락 속에서 이스라엘의 하나님이 그의 백성을 친히 찾아오시겠다고 말하는 것은 그 종말론적 맥락으로부터 추출되어서 일반화되어서는 안 된다. 야훼께서 그의 백성을 찾아오신다면, 그것은 포로생활이 끝났고, 악이 패배당했으며, 죄악들이 사함받았다는 것을 의미할 것이다. 역으로, 이러한 일들이 일어난다면, 그것은 야훼께서 마침내 돌아오고 계시다는 것을 보여주는 표징이 될 것이다.

야훼께서 역사 속에서 행하시고, 택하신 대리인을 통해서 행하실 것이라면, 그 택함받은 대리인은 어떤 식으로 묘사될 수 있는가? 이것은 우리로 하여금 예수의 상징적 행위와 그것을 둘러싼 이야기들 및 수수께끼 같은 말씀들의 맥락을 이해할 수 있도록 도움을 주는 주후 1세기 유대인들의 사고의 또 다른 측면이다.

(ii) 하나님의 보좌에 동참함

방금 보았듯이, 제2성전 시대의 대부분의 유대인들이 이스라엘의 총체적 구속의 일부로서 야훼께서 시온으로 돌아오실 것을 기대하였다고 말하는 것은 역사적으로 확고한 토대 위에 있는 것이다. 내가 이제 제시하고자 하는 또 하나의 내용은 그러한 확고한 토대는 갖고 있지 못하다. 그럼에도 불구하고, 하나의 특정한 방향을 보여주는 것으로 생각되는 몇몇 본문들이 존재하고, 그것은 초대 교회에 의해서만이 아니라 예수 자신에 의해서도 채택되었던 것으로 보인다.

그 기본적인 내용은, 이 시기의 몇몇 본문들에 의하면, 야훼께서 역사 속에서 행하실 때, 야훼께서 선택할 대리인은 전대미문의 방식으로 신원되고 높임을 받고 존귀를 얻게 될 것이라는 것이다. 이러한 매혹적이지만 상당히 어려운 주제를 제대로 다루자면, 적어도 별도로 책 한 권이 필요할 것이다[45] — 그리고 실제로 한 권의 책으로 다루어지고 있다. 따라서 나는 몇몇 구체적인 것

---

45) 가장 최근의 것으로는 cf. Hengel 1995b, ch. 3; 그리고 좀 더 폭넓은 주제에 대한 자세한 서술로는 Gruenwald 1980; Rowland 1982, Part IV; Alexander 1983, 229-53과 거기에 나오는 참고문헌들을 보라. 기본적인 일차 자료들로는 *3 En.*와 *T. Job.*이 있다.

들을 거론하면서 일반적인 방향만을 보여주는 것으로 만족하지 않을 수 없다.

우선 우리는 천사로 나오기도 하고 인간으로 나오기도 하는 한 존재의 높이 들림(승귀)과 하늘 보좌에 앉는 것에 관하여 말하고 있는 유대교 본문들이 여러 폭넓은 시기들에 걸쳐서 다양한 범위로 존재하고 있다는 것을 지적하지 않을 수 없다. 이러한 사변들은 에스겔 예언자가 야훼의 병거 보좌에 관한 환상을 보는 에스겔서 1장과 "인자 같은 이"가 "옛적부터 계신 이"에게 나아가서 그의 보좌에 동참하는 것을 말하고 있는 다니엘서 7장 같은 몇몇 핵심 본문들에 대한 묵상 또는 논의로부터 성장한 것으로 보인다. 그러한 사변들은 유대교 신비주의 및 거기에 수반된 신학적 · 우주론적 탐구의 전승 전체의 주요 식단이 되었다. 이 전승은 적어도 쿰란 문헌들만큼이나 오래된 것으로 보인다. 왜냐하면, 이 전승은 제11동굴에서 나온 멜기세덱 단편과 "천사 제의"에 관한 단편적인 본문들 속에 반영되어 있기 때문이다;[46] 이 전승은 수 세기 동안 지속되어 왔고, 주후 5세기 또는 6세기의 것으로 추정되는 에녹3서와 같은 책 속에 여전히 생생하게 반영되어 있다.

위에서 말한 주요한 두 본문의 관계는 대단히 흥미롭다. 모든 신비적 · 신학적 전승의 효시라고 할 수 있는 에스겔서 1장은 그 자체가 다니엘서 7장으로부터 개작된 것이었다: 바퀴 달린 보좌, 불꽃, 구름, 네 짐승, 보좌 위에 앉은 인물은 모두 우리가 동일한 지평 위에 있다는 것을 보여준다.[47] 그러나 차이점들도 만만치 않다: 짐승들은 천사가 아니라 악한 자들이고, 무엇보다도 다니엘의 환상은 에스겔의 환상 속에 나오는 하나의 보좌와는 달리 보좌들 위에 두 인물이 앉아 있다는 것을 함축하고 있다.[48] 이러한 후자의 특징은 이미 에스겔 8:2에서 어느 정도 감지된다: 다니엘서에 나오는 인물은 한 분 참 하나님의 왕적인 권능의 대표자인 반면에, 에스겔서 8장에 나오는 인물은 "사람의 형상으로 묘사된 하나님으로 보아져야 한다."[49] 다니엘서 7:13의 칠십인역 판본에서는, 번역자가 "그가 옛적부터 계신 이에게(to) 왔다"를 "그가 옛적부터

---

46) 11Q13; 4Q400-5; 11Q17.

47) 또한 cf. *1 En.* 14:14-25.

48) 이와 관련하여 겔 8:2의 중요성을 지적하고 있는 Rowland 1982, 94-8을 참조하라.

계신 이로서(as) 왔다"라고 번역하였다.[50] 따라서 이러한 칠십인역의 번역에 의하면,

> 인자는 사실 옛적부터 계신 이의 인격의 화신이다. 달리 말하면, 두 인물이 하늘에서 서로 나란히 존재하고 있는 다니엘서 7장의 원래의 장면은 대리인인 인자가 하나님의 형상과 인품을 스스로 취한 것으로 변경되어 있다는 말이다.[51]

이 본문들이 적어도 제2성전 시대의 일부 유대인들에 의해서 이런 식으로 읽혀졌다는 것은 몇몇 구절들로부터 분명하게 드러난다. 그 중에서 가장 분명한 대목은 다음과 같은 대목이다:

> 여호와께서 왕들과 용사들과 높이 들린 자들과 땅에 거하는 자들에게 명하여 말씀하였다. "너희가 택함받은 자를 인정할 수 있으려면, 너희 눈을 뜨고, 너희 뿔들(아마도: "너희 눈꺼풀들")을 열어라. 영들의 주께서 그를 그의 보좌 위에 앉히셨고, 의의 영이 그 위에 부어졌으며, 그의 입의 말씀은 모든 죄인들과 모든 무법한 자들을 죽이고, 그들은 그 앞에서 멸망당한다. 그리고 그 날에 모든 왕들과 용사들과 높이 들린 자들과 땅을 소유한 자들이 일어서게 될 것이다; 그리고 그들은 어떻게 그가 그의 영광의 보좌 위에 앉아 있는지를 보고 알게 될 것이고, 의인들은 그 앞에서 공의로써 심판받을 것인데, 그 앞에서 그 어떠한 허튼소리도 하지 못할 것이다. 그리고 산고를 겪는 여인에게 임하는 고통이 그들에게 임할 것이다 … 그들이 인자가 그의 영광의 보좌 위에 앉는 것을 볼 때, 고통이 그들을 사로잡게 될 것이다.[52]

---

49) Rowland 1982, 98.

50) 즉, 테오도션 역본의 heos가 아니라 hos로 읽고 있다. Cf. Hengel 1995b, 183f.

51) Rowland 1982, 98.

52) *1 En.* 62:1-5(Sparks 1984, 243f.에 실린 Knibb의 번역문). "인자"에 대해서 일부

여기서 우리는 무엇보다도 마지막 구절이 영들의 주의 보좌에 동참하는 택함 받은 자, 인자의 높이 들림에 관한 진술 속에서 다니엘서 7장과 시편 110편, 그리고 아마도 스가랴서 12:10을 결합시키고 있다는 것을 주목해야 한다. 이 인물은 여기서 및 다른 곳에서 시편 2편과 이사야서 11장 같은 메시야와 관련된 대목들, 이사야서 40-55장에 나오는 야훼의 종에 관한 묘사로부터 가져온 언어로 서술되기도 한다. 오늘날 대부분의 학자들은 에녹1서의 이 대목을 기독교 이전 또는 적어도 비기독교적인 것으로 여긴다; 그러므로 이 대목은 "영들의 주"가 자신의 대리인을 통해서 그의 목적을 이룬 후에 그 대리인을 높인다는 것을 전제하고 있는 것으로 보인다.[53]

우리 앞에 펼쳐지는 이 전승은 다양한 형태를 띠고 있다. 어떤 본문들은 한 분 참 하나님에 관한 비전에 이르기 위한 신비적인 여행에 관하여 말한다. 또 어떤 본문들은 그 속에 이스라엘의 하나님의 이름이 거하는 천사에 관하여 말한다.[54] 또 어떤 본문들은 이스라엘의 하나님의 보좌를 공유하는 인간 존재에 관하여 말한다.[55] 전승의 몇몇 흐름들은 모세에 관한 이야기를 이런 식으로 말하고 있다;[56] 또 어떤 흐름들은 순교자들이나 경건한 자들에 대하여 이런 식

사본들에는 "여자의 아들"로 되어 있다. 또한 cf. *1 En.* 14:18-21(이것에 대해서는 Rowland 1982, 219-22를 보라); 45:3; 51,3; 55:4; 61:8; 69:29. 이 구절들이 나오는 에녹의 비유서(The Similitudes of Enoch)는 지금은 비기독교적인 것으로 널리 여겨진다: 예를 들면. cf. Hengel 1995b, 185f.

53) 또한 예를 들면, *1 En.* 71:13-15(단 7장의 장면에 대한 또 하나의 개작)을 참조하라.

54) 예를 들면, *Apoc. Abr.* 10; 17; cf. bSanh. 37b; 출 23:21("내 이름이 그에게 있음이니라"에서 "그"는 이스라엘 자손의 광야 길을 인도하는 천사를 가리킨다)을 인용하고 있는 *3 En.* 12:4f.(천사 Metatron을 "야훼보다 조금 못한 자"로 부른다).

55) 예를 들면, *1 En.* 71:13-17; *2 En.* 24:1(주후 1세기 후반); *T. Abr*(rec. A) 11:4-12; 12:4-11; 13:1-8(Cl/2 AD); 4Q491 fr. 11 col. 1(GM 117f.; cf. Hengel 1995b, 201-3). 자세한 것은 Collins 1995, ch. 6을 보라.

56) 예를 들면, Philo *Vit. Mos.* 1:155-8; Sir. (LXX) 45:2-3; *Artap.* 27:6; 단 7장과 시편 110편의 이미지들을 활용하고 있는 *Ezek. Trag.* 68-89; *T. Mos.* 1:14; 11:16-17; cf. Jos. *Ant.* 2:232("신적인 아름다움"을 지닌 모세); 3:180("신적인 인간"으로서의 모세); 3:320(그의 인간적 본성보다 더 높은 직분에 오름); *War* 2:145(하나님 다음으로 경외의

으로 얘기한다.[57] 여러 시기와 여러 형태로 등장하는 한 유명한 이야기 속에서, 시몬 벤 코시바를 메시야로 환영하였던 위대한 랍비 아키바는 다니엘서 7:9에서 말하는 "보좌들"은 "하나는 하나님을 위한 것이고, 하나는 다윗을 위한 것"이라고 말한다; 비록 그의 견해는 수정되어야 마땅한 것이긴 하지만(또는 이것은 그의 명성을 보존한 후대의 전승일 수도 있다), 후대의 전승 속에서 그토록 높은 존경을 받고 있던 인물에게 이러한 입장을 거짓으로 돌렸을 가능성은 없어 보인다.[58] 동일한 시기(주후 1세기 후반과 2세기 초반)에 속하는 그 밖의 몇몇 유대 교사들은 "하늘" 내에서의 "권능들"의 복수성(plurality)의 가능성에 대하여 이와 비슷하게 생각했던 것으로 보인다.[59] 로울랜드(Rowland)가 지적하고 있듯이, 이러한 개념들이 가리키고 있는 듯이 보이는 성서의 대목들 중 하나는 솔로몬이 "그의 아버지 다윗을 이어 왕으로서 야훼의 보좌 위에 앉았다"라고 말하고 있는 역대기상 29:23이다.[60]

이 모든 것들은 정통 신앙에 대항하는 하나의 큰 사상과 실천의 흐름, 즉 겉으로는 유일신 신앙을 지닌 유대인들이었지만 야훼를 일종의 "하급 신"으로

대상). 이 전승은 출 7:1("내가 너를 바로에게 신 같이 되게 하였은즉")에 대한 성찰인 것 같다: Philo *Sacr.* 9(모세가 시내산에 오른 것을 출 7:1과 결합시키고 있다); *Leg. All.* 1:40; *Quod Det.* 161-2; *Migr Abr.* 84; *Mut. Nom.* 19; *Somn.* 2:188-9. 이것에 대해서는 cf. Meeks 1968; Tiede 1972, 101-240; Fossum 1985; Collins 1995, 145f.; Hengel 1995b, 190f., 196-201. 이 모든 것은 C. Fletcher-Louis 박사 덕분인데, 그는 내게 4Q374(GM 278)도 추가적인 예가 될 수 있다고 말해주었다.

57) 예를 들면, *T. Job* 33; *T. Ben.* 10:6; cf. e.g. Hengel 1995b, 204-12.

58) bHag. 14a, cf. bSanh. 38b; cf. e.g. Urbach 1987 [1975, 1979], 998 n.76; Segal 1977; Evans 1991, 222-7; Hengel 1995b, 194-6.

59) 예를 들면, *3 En.* 16: Elisha ben Abuya는 Metatron이 보좌에 앉아 있는 환상을 보고서, "하늘에는 정말 두 개의 권능이 있구나!"라고 소리친다 — 이 때문에, 그는 징계를 받는다. 이 이야기의 또 다른 판본은 bHag. 15a에 나온다. "두 권능"이라는 개념에 대해서는 cf. bBer. 33b; bMeg. 25a; 그리고 "많은" 권능들에 대해서는 cf. mSanh. 4:5(cf. bSanh. 38a).

60) Rowland 1982, 497 n:66과 거기에 나오는 참고문헌들. 또한 대상 28:5; 대하 9:8을 참조하라. 대하 13:8에서 아비야는 르호보암에게 자기가 "다윗의 아들들의 손에 있는 야훼의 나라"를 이길 수 없다고 말한다.

여겼던 흐름에 속한다는 주장이 최근에 제기되어 왔다.[61] 이러한 주장은 다소 과장된 감이 없지 않지만, 주후 1세기에 이런 유의 사변들이 가능했다는 것은 분명하다. 그와 같은 것들은 생각할 수 있는 것들이었다; 그러한 사변들은 제2성전 시대의 유대인들이 "유일신 사상"에 의해서 의미했던 것과 모순되거나 그것에 대하여 위협이 된다고 여겨지지 않았다. 나는 사실 다른 곳에서 유대인들의 유일신 사상의 핵심은 한 분 하나님의 내적인 상태에 대한 분석을 제시하는 것이 아니라 이스라엘의 하나님을 이교의 만신과 대비되는 참된 하나님으로 구별하고, 이원론적 사상 체계들에 대항하여 창조와 구원의 하나됨을 강조하는 것이었다는 것을 논증한 바 있다.[62] 내가 지금까지 논의해 온 사변들은 유대교의 유일신 사상을 부정하는 것들이 아니었다; 그것들은 유일신 사상이 실제로 무엇을 의미하는가를 발견해 내고자 하는 시도였다.

특히 이러한 사변의 흐름들 중 하나가 아키바와 결부되어 있다는 것은 대단히 흥미롭다; 왜냐하면, 시몬 벤 코시바를 메시야로 규정하고, 민수기 24:17을 암시하는 "바르 코크바," 즉 "별의 아들"이라는 이름을 그에게 붙여 준 사람이 바로 아키바였기 때문이다. 앞에서 보았듯이, 이 본문은 제2성전 시대의 다른 분파들 속에서 메시야적인 것으로 여겨졌다.[63] 아키바가 이런 말을 했다고 하는 것은 오직 한 대목에만 나오는데, 이 대목은 종종 그 역사적 진정성이 의심되는 것으로 여겨져 왔다;[64] 그러나 주후 135년 이후의 랍비들의 사고 속에서 메시야 사상이 거부되었다는 것은 당시 랍비들의 전승의 경향(아키바 같은 위인을 실패한 혁명에 연루시키는 것으로부터 구하려는)에 반하여 보존된 이러한 언급이 역사적으로 사실일 가능성이 대단히 높다는 것을 말해

---

61) 특히 , cf. Barker 1992; 또한 1987, 1991. 이와 비슷한 신념이 Philo(e.g. *Qu. Gen.* 2:62, 여기서 Philo는 로고스를 "두번째 신"[deuteros theos]이라 부른다; cf. *Som.* 1:229f.에 나오는 논의; 그리고 오늘날 논의로는 Schürer 3:881-5; Hurtado 1988, 44-8; Barker 1992, ch. 7 등을 보라)에도 나온다는 것이 신기하다. 여기에서 Philo의 사고과정은 랍비들의 사고와 판이하게 다르다(Segal 1977, 165).

62) *NTPG* ch. 9, esp. 248-59.

63) CD 7:19-21; 4QTest. 9-13; 1QM 11:6-7(GM 38; 137; 104). Cf. Collins 1995, 63f.

64) jTaan. 68d: cf. e.g. Schürer 1980.

준다. 그리고 이 점은 분명한 것 같다: 아키바가 하늘에 보좌들이 있는데 "하나는 하나님을 위한 것이고, 하나는 다윗을 위한 것이다"라고 말했을 때, 이것은 미래의 어떤 영광스러운 메시야적 인물에 관한 사변의 문제가 아니었다는 것이다. 아키바가 염두에 두고 있었던 후보자가 있었다: 민족의 원수인 로마인들을 전복시키고 성전을 재건하려는 목적을 지닌 혁명을 이끌 전사이자 왕인 인물.[65] 유세비우스(Eusebius)는 바르 코크바 자신이 "자기는 하늘로부터 그들에게로 내려와서 비참함 속에 있던 자들에게 마법같이 빛을 비춰주는 광명이라고 주장하였다"라고 말하고 있다.[66] 이 말이 사실이든, 또는 유세비우스가 그의 별명으로부터 아무런 증거도 없이 추론해 낸 것이든, 우리가 아키바에게 돌려진 이 두 가지를 함께 결합시켜 보면, 우리는 주목할 만한 입장에 도달하게 된다: 모든 시대의 위대한 랍비들 중 한 사람이었던 인물이 이스라엘의 하나님의 보좌를 공유하게 될 자로서의 동시대의 한 인간에 관하여 말하였다는 것.

우리는 그가 이 말을 통해서 정확히 무엇을 의미했었는지에 대하여 생각해 볼 수 있다.[67] 아마도 그는 메시야가 지상에서의 싸움에서 승리하였다는 것을 보여주기 위하여 어떤 위대한 천사, 어떤 메타트론(Metatron) 같은 인물이 옛 적부터 계신 이와 함께 나란히 하늘 영역에서 보좌에 앉아 있는 메시야를 대표한다고 생각했을 것이다. 또는 그는 메시야는 이교도들에 대한 결정적인 승리를 거두고 성전을 재건한 후에 위대한 지상의 왕으로 세움을 입고 이스라엘의 하나님이 그를 통하여 이제 전 세계를 통치하게 될 것이라고 생각했을지도 모른다 — 이것도 동일한 것을 말하는 또 다른 방식이다. 아키바가 이스라엘의 하나님은 공중의 어느 곳에 실제적이고 물리적인 보좌를 가지고 있고, 바르 코크바는 신비롭게 들림을 받아서 그 하나님 옆에 또 다른 보좌 위에 앉게 될 것이라고 생각했던 삼중 구조의 우주론을 그대로 받아들였던 인물이었다

---

65) 폭동의 원인들과 상황들에 대해서는 cf. Schürer 1:534-52.

66) Euseb. *HE* 4:6:2(tr. Lake in LCL); 또한 cf. Jer. *ad Ruf.* 3:31. "광명"은 phoster("별" 또는 해나 달 같은 "천상의 발광체")를 번역한 말이다; 이 단어는 유세비우스보다 한 세대 늦은 Themistius *Orationes* 16:204c에 의해서 왕을 가리키는 은유로 사용된다.

67) cf. Evans 1991,222-34.

고 생각할 이유가 전혀 없다. 그가 (그와 거의 동시대인이었던 에스라4서의 저자와 같이) 다니엘서 7장의 풍부한 이미지들을 해독하여 당시의 정치적 사건들에 적용할 수 있었다면, 그는 틀림없이 하늘 보좌들에 관한 언어도 정치적 사건들을 가리키는 데에 사용하여, 그것들에 그것들이 "하늘에서 지닌" 의미 또는 "신학적" 의미를 부여할 수 있었을 것이다.[68] 이런 관점에서 보면, 아키바는 거의 틀림없이 다음과 같은 것을 의미했을 것이다: 바르 코크바는 기름 부음받은 자, 메시야, 즉 우리의 하나님이 이교도들을 패배시키고 성전을 재건하기 위하여 사용하실 인물이다. 그러므로 그는 다니엘서에서 보좌에 앉아 "짐승들"을 심판하게 될 "인자 같은 이"에 관한 예언의 성취이다. 달리 말하면, 그는 이스라엘의 한 분 참 하나님의 대리 통치인이 될 것이다. 그의 승리와 통치는 우리 하나님의 승리와 통치가 될 것이다.

또한 우리는 아키바가 이런 사고를 통해서 유대교의 유일신 사상을 포기했다고 잠시라도 생각해서는 안 된다. 그것은 철저하게 아무런 근거도 없는 비방이 될 것이다. 우리는 아키바가 바르 코크바의 메시야적 승리를 이교의 신들에 대한 한 분 참 하나님의 최고의 승리 이외의 다른 것으로 보았다고 생각할 근거가 전혀 없다. 전승에 의하면, 아키바는 고문을 받아서 죽어가면서 그의 숨이 끊어질 때까지 쉐마(Shema)를 암송하였다고 한다.[69] 물론, 이것은 경건한 회상이 만들어 낸 성인 전기의 세부적인 이야기에 속하는 것이긴 하지만, 아키바가 유대교의 근본들과 관련하여 "건전하다"고 알려지지 않았다면, 이후의 세대들 전체에 걸쳐서 아키바가 그토록 존경과 숭앙을 받았을 가능성이 없었을 것이다. 분명히 우리는 그가 공인된 신학의 범주 속에 자기 자신이 속해 있다고 믿었다고 전제하지 않으면 안 된다. 만약 그가 조금이라도 이교 사상과 야합한 면이 있었다면, 그가 애초부터 바르 코크바를 지원했겠는가?

현재의 논의와 관련된 제한된 목적에 비추어서 이것이 보여주는 결론은 다음과 같은 것이다. 다양한 중보자적 인물들을 통한 이스라엘의 하나님의 행위

---

68) cf. 4 Ezra 11 12, 특히 12:31-4. 이러한 환상은 "사자"(즉, 에스라4서에 의해서 해석되고 있는 "인자")의 승귀 또는 즉위를 묘사하거나 해석하는 것이 아니다; 그러나 그 다음에 나오는 환상(13장)은 그러한 방향으로 한걸음 더 나아간다.

69) bBer. 61b.

에 관한 아주 방대하고 고도로 복잡한 일련의 사변들 중에서, 제2성전 시대의 몇몇 유대인들이 적어도 생각할 수 있는 것으로 여겼던 하나의 가능한 시나리오는 이교도들에 대한 메시야의 지상적이고 군사적 승리는 에스겔서 1장에 나오는 병거 환상의 발전물인 다니엘서 7장의 즉위 장면이라는 견지에서 보아졌다는 것이다. 이것으로 우리는 앞으로 논의하는 데에 충분한 발판을 얻은 셈이다.

(iii) 하나님과 하나님의 활동에 관한 상징들

나는 『신약성서와 하나님의 백성』에서 우리가 살펴보고 있는 시대에서 유대인들의 사고는 이스라엘의 하나님은 하늘에 거하고 이 지상의 범주들 속에 담겨지지 않는 초월적인 창조주이지만, 그 하나님은 세계 내에서 끊임없이 활동하고 있고 특히 이스라엘 역사 내에서 활동하고 있다는 지배적인 신념을 전달하기 위하여 다양한 상징들과 개념들을 사용하였다는 것을 논증한 바 있다.[70] 이것과 관련된 상징들은 아주 잘 알려져 있다: 셰키나, 토라, 지혜, 로고스, 성령.

이스라엘의 하나님은 성전에 거하였다(원칙적으로; 그리고 하나님은 다시 그렇게 하실 것이다); 성막에서의 하나님의 임재("셰키나")는 광야에서 구름 기둥과 불기둥이 했던 것과 동일한 역할을 하였다. 하나님은 토라를 통해서 자기 자신 및 그의 뜻을 계시하였다; 적어도 일부 랍비들에게 있어서는, 토라를 연구하는 것은 곧 성전에 있는 것과 마찬가지였다.[71] 하나님은 그의 지혜를 보내어 사람들의 인도자가 되게 하였다; 여기서도 또한 일부 유대교 저술가들에게 있어서는 이 지혜는 토라와 성전에서 발견될 수 있는 것이었다.[72] 특히 필로에게 있어서, 로고스에 관한 언어는 우주 전체에 걸쳐서 활동하고 계시는

---

70) *NTPG* ch. 9, esp. 248-59.

71) mAb. 3:2.

72) 예를 들면, Sir. 24; cf. *NTPG* 229, 265와 거기에 나오는 전거들, Hengel 1995b, 212-14. 이것은 아마도 *1 En.* 42(cf. *4 Ezra* 5:9f.; *2 Bar.* 48:36; *3 En.* 5:12; 6:3)에서 지혜가 이 땅에 내려왔다가 다시 올라가는 것은 초기 영지주의적 구원의 도식과는 상관이 없지만, 정상적으로는 야훼의 백성과 함께 있던 하나님의 지혜 또는 셰키나가 물러가고 백성으로 하여금 적대적 행위를 당하도록 내버려 두었다는 것을 보여준다.

한 분 참 하나님에 관하여 말하는 방식이 되었다; 여기서 다시 한 번 우리는 로고스와 지혜가 어느 정도 강화되고 있다는 것을 발견하게 된다. 끝으로, 야훼의 영은 창조 및 예언자들에게 영감을 불어넣는 일에 있어서 활동하였고, 메시야 자신의 최고의 무기였다.[73]

이제 이것을 거꾸로 돌려놓고 보면, 우리는 메시야가 하나님의 활동에 관하여 말하고 생각하는 이러한 방식들, 이러한 상징들의 대부분과 밀접하게 관련되어 있다는 것을 발견하게 된다(앞 절에 비추어 볼 때에 별로 놀랄 일은 아니지만). 메시야는 성전을 짓고 정결케 하며 재건하게 될 것이다. 그는 토라의 위대한 교사 또는 적어도 토라의 위대한 시행자가 될 것이다. 그는 위기에 직면해서는 로고스와 동일시될 것이다.[74] 솔로몬의 자손으로서 그는 물론 하나님의 영과 더불어 지혜도 수여받게 될 것이다. 이것은 내가 제11장에서 부정하였던 것, 즉 기독교 이전 또는 비기독교적 유대인들은 "메시야가 신적이라고 믿었다"라는 개념을 반복해서 말하고 있는 것이 아니다. 오히려, 이것은 메시야는 이스라엘의 하나님의 대리자 또는 섭정이 될 것이고, 그의 싸움들을 싸울 것이며, 그의 백성을 회복할 것이고, 집을 재건하거나 깨끗케 함으로써 셰키나로 하여금 다시 그 안에 거하게 할 것이라는 것을 강조하는 것이다. 아키바의 진술은, 일단 우리가 내가 제시한 방식대로 이해한다면, 종종 생각되었던 것과는 달리 그 밖의 다른 메시야적 기대들과 별반 다르지 않은 것이다.

달리 말하면, 유대교의 유일신 사상에 관한 언어는 아주 자연스럽게 그 자체에 충실한 방식들을 발전시켰다. 만약 그것이 야훼가 피조 세계 또는 이스라엘 속에 전적으로 부재하다는 것을 함축하는 것이었다면, 그것은 유대교의 신앙과 정체성에 절대적으로 근본적이었던 그 무엇을 부정하는 것이 되고 말 것이다; 만약 그것이 구원과 관련된 그 무엇은 그만두고라도 중요한 그 무엇이 야훼가 직접적으로 개입함이 없이 이스라엘 또는 세계에서 일어났다는 것을 함축한다면, 그것도 유일신 사상이 실제적으로 의미했던 모든 것을 부정하는 것이 되고 말 것이다.[75] 달리 말하면, 한 분 하나님은 멀리 출타중인 부재지

---

73) 창 1:2; 민 11:17, 23-9; 왕하 2:9, 15; 느 9:20; 사 11:2; 42:1; 48:16; 61:1; 63:11.

74) cf. Philo *Conf. Ling.* 62f. 그는 메시야를 슥 6:12의 "가지"와 "아버지"의 장자로 규정한다.

주가 아니었다. 우리는 야웨가 지리적으로 성전을 버린 것을 야웨와 그의 피조 세계 간의 커다란 형이상학적 간격이라는 개념과 혼동해서는 안 된다(그런데 나는 많은 학자들이 이 점을 혼동하여 왔다고 생각한다). 그러나 우리가 또 다른 극단으로 가서, 예를 들면, 야웨가 성전이나 토라 속에 하나도 남김없이 실제로 담겨져 있다고 생각한다면, 그것은 야웨를 이교도들의 신, 즉 우상으로 변질시켜 버리고 마는 것이다. 그래서 결국, "하늘과 하늘들의 하늘이라도 주를 용납하지 못하겠거든 하물며 내가 건축한 이 성전이오리이까."[76] 셰키나, 토라, 호크마(지혜), 로고스, 성령이라는 언어는 만유 전체에 대한 야웨의 주권 및 초월성을 단언함과 동시에 야웨가 그의 백성과 그의 세계에 직접적으로 개입하신다는 것을 단언하는 방식들이었다. 그런 의미에서, 그것들은 초월적 창조주 하나님이 피조 세계와 이스라엘의 삶 속에 인격적으로 임재해 계시고 행동하시는 것에 관하여 말하는 방식들이었다. 궁극적으로, 장차 이스라엘에게 임할 구원, 즉 이스라엘을 이방의 지배로부터 구원하고, 이스라엘의 통치자들을 처음과 같이 회복시키며, 이스라엘을 평화와 공의 속에 영원히 굳게 세우는 것 — 이러한 구원은 비록 인간 대리인들을 통해서 이루어진다고 할지라도 모두 야웨 자신의 사역일 수밖에 없었다. 출애굽의 하나님은 자기 자신을 갱신된 계약의 하나님으로 계시할 것이다. 위대한 구원 행위는 유일신 사상에 관한 이야기의 최고의 순간이자 최고의 신원의 순간이 될 것이다.

물론, 유대인들의 몇몇 이야기들과 상징들에 관한 이러한 요약적인 서술은 완벽한 것과는 거리가 있다. 이러한 서술은 어쨌든 대체로 『신약성서와 하나님의 백성』 제8-10장에 나오는 좀 더 자세한 서술에 의거한 것이다. 그렇지만, 이러한 요약은 예수의 상징적 행위들과 이러한 것들을 설명해 주는 그의 이야기들 및 수수께끼 같은 말씀들이 비록 충격적인 의미이긴 하지만 의미를 지닐 수 있게 해 주는 유대적 배경의 몇몇 측면들을 보여주는 데에 도움이 될 것이다. 이제 우리는 이러한 행위들과 말씀들을 살펴볼 차례이다.

3. 돌아옴과 높이 들림(승귀)에 관한 예수의 수수께끼 같은 말씀들

---

75) 예를 들면, cf. 암 3:6; 사 45:5-7 등등.

76) 왕상 8:27.

(i) 시온으로의 야훼의 돌아오심에 관한 이야기들

(a) 서론

나는 나의 주장을 다시 한 번 반복하는 것으로써 이 논의를 시작하고자 한다. 우리는 예수의 성전 행위를 성전에 대한 야훼의 심판의 상징적 공연이자 자신의 메시야직에 대한 상징적 주장이라고 보았다. 우리는 예수의 최후의 만찬을 그가 그의 죽음을 통하여 이루고자 의도했던 새로운 출애굽, 포로생활로부터의 귀환의 상징적 공연으로 보았다. 따라서 나는 우리가 그러한 두 사건 및 그것들로부터 파생된 것 속에서 절정에 달한 예루살렘으로의 예수의 최후의 여행을 야훼께서 마침내 심판과 구원을 행하기 위하여 시온으로 돌아오실 것이라는 하나님 나라의 위대한 중심 약속의 상징적인 공연으로 보아야 한다고 주장한다.

이것에 비추어서, 나는 마이어(J. P. Meier)가 또 다른 맥락 속에서 예수에 관하여 말하고 있는 것이 바로 여기에도 그대로 적용된다고 믿는다:

> 예수는 간접적인 언급들과 은유들을 통해서 자기 자신을 계속적으로 은폐한다 … 그것은 거의 마치 자기 자신을 수수께끼로 만들려는 의도가 있는 것처럼 보인다 … 예수가 누구이고 어떤 인물이건, 그는 하나의 신학적 표제 또는 사회학적 모형 아래 쉽게 포섭될 수 없는 복합적인 인물이었다.[77]

그러므로 우리는 예수가 예루살렘으로의 그의 여행을 해석하기 위하여 말해주었던 이야기들과 수수께끼 같은 말씀들 중 몇몇을 살펴보지 않으면 안 된다. 그것들은 예수의 하나님 나라 선포의 핵심 속에 자리잡고 있는 비밀을 열 수 있는 열쇠를 쥐고 있을지도 모른다. 그것들을 이런 식으로 읽는 것은 필연적으로 논란을 불러일으킬 것이다; 나는 그러한 논란도 열매가 있기를 소망한다.

학자들과 평범한 독자들은 모두 돌아온 왕 또는 주인에 관하여 말하고 있

---

77) Meier 1994, 453f. 또한 예수를 그 자신의 메시지의 비유적 화신으로 보고 있는 Witherington 1994, 203f.를 참조하라.

는 비유들은 의심할 여지 없이 예수 자신의 "돌아옴," 이른바 "다시 오심"을 가리키는 것으로 읽혀져야 한다고 오랫동안 생각해 왔다. 그러므로 이에 대하여 견해가 갈리는 것이 관례화되어 왔다: 예수는 스스로 이러한 이야기들을 말했는가? 오늘날 대부분의 학자들은 예수가 자기 자신의 "돌아옴"에 관하여 말하지 않았고, 따라서 그러한 이야기들은 복음서 기자들 또는 그들의 자료들을 통하여 초대 교회가 만들어 낸 것이라고 말한다. 이에 대한 또 다른 응답은 예수는 장차 올 인물에 관하여 말하였을 것이라고 생각한다 — 그 인물은 그가 스스로와 동일시하지 않았던 "인자"였다고 주장한다. 이러한 복잡한 논쟁 속에 나는 모든 증거들을 그 맥락 속에서 좀 더 정당하게 다룰 수 있는 주장을 제시하고자 한다.

첫째, 나는 나의 이전의 주장을 되풀이할 것이다. 예수는 "인자의 오심"에 관하여 말하였으나, 이 어구 전체는 다니엘서에 나오는 이 어구의 의미로 아주 엄격하게 해석되어야 한다는 것, 즉 여기서 "오심"은 인자가 옛적부터 계신 이에게 "나아가는 것"을 가리키는 것으로 해석되어야 한다는 것이다. 인자는 하늘에서 땅으로 "오는 것"이 아니라, 정반대로 땅에서 하늘로 나아가는 것이다.[78]

둘째, 나는 예수가 "이스라엘에게 올 자"라는 좀 더 통상적인 의미에서 장차 "올" 인물에 관하여 말하였다고 주장한다. 이 장차 올 인물은 우리가 위에서 제시한 본문들 속에서 약속된 대로 야훼 자신이었다. 예수는 야훼의 오심을 자기 자신의 사역 및 장차 도래할 그 사역의 절정과 결부되어 있는 사건으로 생각하였다고 나는 주장한다.

여기에서도 이 모든 것에 대한 일차적 증거는 하나님 나라에 대한 단순한 선포 속에 있다. 주후 1세기의 한 청중에게 이러한 선포는 그 자체로 야훼의 오심, 즉 시온으로의 야훼의 돌아오심을 주된 주제로 삼고 있는 이사야서 40장과 52장 같은 대목들을 상기시켰을 것이다. 그러나 오랫동안 다른 안경을 통해서 복음서를 읽는 데에 익숙해진 20세기의 독자에게는 이것이 이상하거나 괴이하게 들릴 것이다. 그러므로 우리는 우리의 안경을 벗어버리고 그것들

---

78) 이미 *NTPG* 291-7에서 논증한 바 있다; 본문들에 대해서는 위의 제8장과 제11장을 참조하라.

에 ─ 는 실제로 무엇에 관한 것인가? 이 이야기의 배경은 분명히 한 왕 또는 주인의 출타와 돌아옴에 관한 것이다: 그리고 이 이야기의 주된 강조점은 그가 없는 동안에 남아서 재산을 맡아 관리하게 된 종들의 책임에 두어져 있다. 특별한 강조점은 결국 벌을 받은 세 번째 종에게 두어진다.[84] 그렇다면, 왕은 누구인가? 그리고 종들은 과연 누구인가?

물론, 종들에게 할 일들을 맡겨 놓고 떠났다가 다시 돌아와서 그들이 얼마나 잘 관리를 했는지를 살펴보는 왕은 통상적으로 이 세상을 떠났다가 때가 되면 다시 돌아올 예수를 가리키는 암호로 읽혀져 왔다. 그러므로 종들은 예수가 부재한 동안에 그들이 한 일에 따라 판단받게 될 예수의 제자들이다. 그러므로 이러한 읽기는 흔히 이 비유를 예수의 것임을 부정하고 위에서와 비슷한 주석을 통해서 이미 적어도 10개 이상의 이러한 이야기들을 갖고 있었을 초대 교회의 것으로 돌리는 하나의 논거를 제공해 준다. 그러나 마태 또는 누가 또는 예수 자신과 관련하여 이러한 해석의 방향을 부정하는 소극적이거나 적극적인 상당한 근거들이 존재한다.[85]

첫째, 왕과 신민들, 또는 주인과 종들에 관한 대부분의 비유들 속에서, 왕 또는 주인은 이스라엘의 하나님을 나타내고, 신민들 또는 종들은 이스라엘 또는 이스라엘의 지도자들 또는 예언자들을 나타낸다. 이것은 예수의 가르침에서나 유대교의 몇몇 비유들 속에서 모두 그러하다.[86] "유대적 용법 속에서 하나님과

---

84) 이 두 개의 공관복음 판본들 속에서 세 번째 종에 관한 묘사는 17절로 된 비유 속에서 7개의 절을 차지하고 있다. Cf. Dodd 1961 [1935], 111; Talbert 1992, 178. 또한 *G.Naz.*와 그것에 관한 Eusebius의 논의 속에서도 징벌이 중심적이다.

85) 나는 내게 이러한 방향을 지적해 주고 나와 함께 여러 논거들을 토론해 준 Catherine Wilson에게 감사한다. 표준적인 해석은 Johnson 1982에 의해서 도전을 받았다: 그는 이 비유가 "파루시아"를 지향한다는 것을 보여주는 단서들이 거의 없고, 특히 누가복음 19:11은 하나님 나라의 도래가 무한정 연기되었다는 것이 아니라 곧 도래하게 될 하나님 나라의 끔찍한 결과들에 관하여 말하고 있다는 점을 지적한다. 그러나 그는 내가 중심적인 것으로 보는 시온으로의 야훼의 돌아옴이라는 주제를 부각시키지 않는다; 그는 이 이야기가 단순히 예수가 장차 오실 왕이라는 것을 언급하고 승리의 개선을 부각시키고 있다고만 생각한다.

86) 예를 들면, 눅 16:1-13; 막 12:1-12 pars.; mAb. 1:3; 2:14, 15, 16; 3:1, 17; 4:22. 미쉬나에 나오는 작은 비유들 중 몇몇은 자신의 신실한 종들에게 상을 줄 감독, 십장, 왕

이스라엘의 관계는 끊임없이 주인과 종들의 관계로 나타내졌기 때문에, 이 비유를 듣는 청중들은 거의 틀림없이 그러한 흐름을 따라 해석을 하고자 했을 것이다."[87]

둘째, 오랜 부재 후에 돌아오는 왕이라는 개념은 시온으로의 야훼의 돌아오심이라는 맥락과 정확히 부합한다. 제2성전 시대 유대교의 종말론 속에서 주된 주제였던 이것이 통상적으로 부각되어 오지 못했다는 사실은 이 비유에 관한 논의의 현재의 상태와 그것이 만들어 낸 혼란들을 어느 정도 설명해 준다 (아래 여섯 번째를 보라).

셋째, 우리가 곧 보게 되겠지만, 주인이 그의 종들에게 돌아가는 것에 관하여 말하고 있는 그 밖의 몇몇 작은 비유들이 존재한다. 이 비유들은 통상적으로 예수의 "다시 오심"을 가리키는 것으로 읽혀져 왔다. 그러나 나는 이 비유들이 적어도 일차적으로 가리키고 있었던 것은 마태복음 24장과 그 병행문들 속에 예고되어 있던 사건들, 즉 "인자의 오심(즉, 신원)"이라는 견지에서 보아진 예수와 예루살렘의 운명이고, 이것은 "옛적부터 계신 이"의 "도래" 및 즉위와 밀접한 연관이 있다는 것을 논증하고자 한다. 그러므로 나는 주인/종 비유들을 읽는 가장 좋은 길은 세 공관복음서 모두에 있어서 그 직접적인 배경이 되고 있는 예루살렘으로의 예수의 여행이라는 관점에서 읽는 것이라고 주장한다.

넷째, 예수의 돌아옴(이른바 "다시 오심")이라는 사상은 누가의 저작들 속에서 한 자리를 차지하고 있는 것은 사실이지만, 그것은 중심적이지도 않고 주요한 것도 아니며, 어쨌든 누가의 저작 속에서 오직 사도행전에만 나온다.[88] 그것은 예수 자신의 가르침의 특징이라기보다는 부활 사건 이후의 개작인 듯한 냄새를 물씬 풍긴다. 예수의 청중들이 그가 말하는 것을 언제나 파악했다고 할 수는 없더라도, 예수의 임박한 죽음이라는 사실조차 파악하지 못했던 사람들에게 죽음 이후에 어느 정도의 공백 기간이 있을 것이고 그 후에 뭔가

으로서의 이스라엘의 하나님과 직접적으로 관련되어 있다. 그 밖의 다른 랍비 문헌들 속에 나오는 예들은 Derrett 1970, 26-9에 논의되어 있다.

87) Dodd 1961 [1935], 112.

88) 예를 들면, 행 1:11; cf. *NTPG* 461-4.

굉장한 방식으로 "돌아올" 것이라는 것을 그 이전에 그에 대한 아무런 사전 준비도 없었던 상태에서 설명하려고 시도했다고 생각하는 것은 아무래도 견강부회적인 성격이 짙다.

다섯째, 예수의 "다시 오심"이 초기 기독교의 저작들 속에서 언급될 때, 교회 내의 몇몇 사람들에 대한 정죄를 암시하는 그런 내용은 전혀 나오지 않는다 — 이 비유에 대한 통상적인 읽기에서 그렇게 하는 것과는 달리. 신약성서에서 이것과 가장 근접한 것은 고린도전서 3:12-17의 매우 난해한 대목이다; 그런데 거기에서조차도 부정적인 판단을 받는 사람들은 비록 "불을 통과하는 것처럼" 할 뿐이지 여전히 구원을 받는다. 어쨌든, 이른바 Q 자료의 비유를 그 의미는 차치하고라도 바울에게 의존해 있다고 말하는 것은 참으로 대담한 발상이 아닐 수 없다.

여섯째, 통상적인 해석에 있어서, 특히 누가 판본의 비유는, 통상적인 읽기를 지지하는 학자들조차 인정하고 있듯이, 실제로 별로 의미가 통하지 않는다.[89] 누가복음에서 이 비유가 말해진 이유는 예수와 그의 제자들이 예루살렘에 가까이 왔고, 제자들과 무리들은 다같이 하나님 나라가 가까이 왔다고 생각했기 때문이다(11절). 만약 누가가 그의 자료를 편집하면서 하나님 나라(예수의 "돌아옴"이라는 의미에서)가 사실 주후 30년이나 그 어간에는 오지 않았다는 것을 강조하고자 했던 것이라면, 그는 이미 열려 있는 문을 다시 힘을 주어 밀치고 있다고 생각되었을 것이다. 그러나 누가의 취지는 시기에 관한 것이 아니라 효과들에 관한 것이다. 누가의 취지는 "하나님 나라가 오랫동안 오지 않을 것이다"라는 것이 아니라, "하나님 나라는 진실로 오고 있다 — 그러나 그것은 이스라엘에 대하여 축복이 아니라 심판을 의미할 것이다"라는 것

---

89) cf. Evans 1990, 666: "그러한 비유의 정확한 참조는 발견하기가 쉽지 않다." Fitzmyer 1985, 1232f.는 누가 서론(v. 11)을 완전히 무시하는 일반적인 "누가적 의미"를 창조한다(v. 11).

90) Dodd 1961 [1935], 112; Jeremias 1963a [1947], 59(경고의 이유들에 대한 분석은 없다); 그러나 Marshall 1978, 702는 이에 반대. Marshall은 누가가 왜 "부활 사건 이후에 그의 독자들에게 너무도 분명했을 것임에 틀림없는 내용을 그토록 강조하고 있는지"를 알기 어렵다고 말한다; 누가는 아마도 부활 사건을 파루시아와 동일시하였던

이다.[90] 누가복음의 다음 두 단락을 보면, 누가가 이것을 의도하였다는 것이 분명해진다: 28-40절에서 예수는 거의 왕적인 방식으로 예루살렘에 나아가고, 41-44절에서는, 무리들이 감람산을 내려올 때, 예수는 눈물을 흘리며 예루살렘이 "신원의 날"을 깨닫지 못한 것에 대하여 도성에 대한 심판을 엄숙하게 선포한다. 야훼는 그의 백성을 찾아오고 계시지만, 그들은 그것을 깨닫지 못한다; 그러므로 그들은 임박한 심판의 위험 속에 있고, 그 심판은 군사적 정복과 황폐화라는 형태를 띠게 될 것이다.[91] 이것은 하나님 나라의 임박성을 부정하는 것이 아니다. 그것은 그 임박한 하나님 나라가 수반하게 될 것에 관한 경고이다. 이 비유는 다른 많은 비유들과 마찬가지로 하나님 나라에 대한 철저한 재정의로서의 기능을 한다. 그렇다. 하나님 나라는 시온으로의 야훼의 돌아오심을 의미한다. 그렇다. 이 하나님 나라는 바로 지금 출현할 것이다. 그러나 그것은 민족주의적 이스라엘에게 결코 축복이 되지 못할 것이다.

일곱째, 통상적인 단언들에도 불구하고, 이 비유의 마태 판본은 통상적인 해석, 즉 예수 자신의 돌아옴에 관한 것이라는 해석을 밑받침해 주는 것으로 제시될 수 없다.[92] 마태복음에서 25장에 나오는 그 밖의 다른 비유들은 교회를 남겨둔 채 멀리 떠난 오랜 공백 후에 예수가 다시 돌아오는 것에 초점을 맞추고 있는 것이 아니라 예루살렘과 현재의 지도자들에게 아주 신속하게 임할 큰 심판, 예수와 참된 이스라엘인 그의 백성의 신원에 대한 신호탄이 될 큰 심판에 그 초점이 맞춰져 있다. 물론, 그 동안에 일정한 시간적인 간격이 존재하긴 하지만, 그것은 통상적으로 생각되고 있는 그런 것이 아니다. 그것은 예수가

견해를 반박하지 않을 수 없었을 것이라는 그의 설명은 전혀 근거가 없는 것이다.

91) Evans 1990, 669f.는 누가가 예루살렘에 대한 로마의 심판이라는 이러한 주제를 이전에는 그것을 담고 있지 않았던 비유 속에다 도입하였다고 생각한다. 나는 누가가 이러한 주제를 의도했다는 것에는 동의하지만, 그것이 누가의 창작이 아니었다는 것은 분명하다고 생각한다. 눅 19:41-4에 대해서는 위의 536f.를 보라. "찾아오시는 것"에 관한 언어에 대해서는 위의 940를 보라.

92) Jeremias 1963a [1947], 58-63에 의하면, 마태복음과 누가복음은 이스라엘에 대한 임박한 심판과 관련된 예수의 경고를 표현하고 있었던 비유를 가져다가, 그것은 "파루시아" 비유로 바꾸어 놓았다고 한다.

멀리 떠났다가 다시 돌아오는 것(문자 그대로의 다니엘서적이 아닌 의미에서 "인자의 오심") 간의 시간 간격이 아니라, 마태복음 24장에서 상정하고 있는 예수의 사역과 예루살렘의 멸망 사이의 시간 간격이다. 이 시간 간격은 예수의 부재 가운데서 그의 제자들이 거짓 메시야들의 속임수의 희생물이 될 수 있고 그들의 신원이 동터오기 전에 큰 고난을 받게 되는 그런 시기가 될 것이다.[93]

그러므로 마태와 누가 판본 모두에서, 주인/왕이 와서 신실치 못한 종을 심판하는 것은 시온으로의 야훼의 돌아오심과 그것이 낳을 끔찍한 결과들을 가리키는 것으로 읽는 것이 가장 좋다. 장차 도래할 하나님 나라에 관한 기대가 제기될 때, 백성들이 기다린 것은 바로 이것이었다: 야훼께서 오셔서 그의 백성을 그들의 원수들로부터 구원하시고, 그들의 합법적인 왕으로서 그들을 다스리게 되는 것. 따라서 예수의 이 비유는 말라기 3:1-3의 연장이다: 너희가 찾는 주님은 갑자기 그의 성전에 오실 것이다 — 그러나 그가 나타나실 때에 누가 그 앞에 설 수 있겠는가? 이스라엘의 열망들은 있는 그대로 긍정을 받지 못하게 될 것이다. 민족의 원수들에 대한 민족의 승리라는 이스라엘의 소망은 여전히 성취되지 않은 채로 남게 될 것이다. 그리고 그 대신에,

> 그가 은을 연단하여 깨끗하게 하는 자 같이 앉아서 레위 자손을 깨끗하게 하되 금, 은 같이 그들을 연단하리니 … 그 때에 … 내가 심판하러 너희에게 임할 것이라 … [… 하는 자들] 나를 경외하지 아니하는 자들에게 속히 증언하리라 만군의 여호와가 말하였느니라.[94]

이스라엘의 하나님은 마침내 그의 백성, 그의 성전으로 돌아오고 계신다. 그러나 이사야서 40-55장에 제시된 소망에는 말라기 3장의 경고가 덧붙여진다. 이것이 마태복음과 누가복음에 나오는 이 비유의 취지이다.[95]

---

93) 마 24:4-28과 그 병행문들에 대해서는 위의 제8장을 보라.

94) 말 3:3-5.

95) *G. Naz.* 18에 나오는 판본조차도 이와 동일한 점을 말하고 있는 것으로 보인다. 물론, Eus. *Theophania* 22(이 대목에 대한 유일한 자료)는 그것을 도덕화시킨 방식으로

그렇다면, 우리는 예수가 원래 말했던 대로의 이 비유에 관해서는 무엇이라고 말할 수 있는가?

첫째, 이것은 야훼께서 시온으로 돌아오실 때, 그는 이스라엘 속에서 그의 위임(commission)에 신실하지 못했던 자들에 대한 재판장으로서 오실 것이라는 경고였다. 이스라엘이 오랫동안 소망하고 기다려 왔던 대로 야훼께서 돌아오셨을 때, 그는 구원하기 위해서와 마찬가지로 심판하기 위해서도 오신 것이고, 그 심판은 그 자신의 집안에서부터 시작될 것이다. "너희가 어찌하여 여호와의 날을 사모하느냐 그 날은 어둠이요 빛이 아니라."[96] 민족적 승리에 대한 이스라엘의 소망들은 배제될 것이다; 그들의 하나님이 그의 약속을 이루기 위하여 행하시러 돌아오셨을 때에 신원받게 될 유일한 사람들은 지금 예수의 하나님 나라 선포 속에서 행해지고 있는 하나님의 부르심에 응답한 자들일 것이다.

둘째, 그것은 시온으로의 야훼의 이러한 오심이 실제로 임박했다는 추가적인 경고였다. 아이러니컬하게도, 거의 언제나 하나님 나라의 도래의 지연을 보여주는 근거로 제시되어 왔던 이 비유는 원래 임박성에 대한 경고였다. 이 모든 것은 이 이야기 속에서 청중이 어디에 위치해 있는 것으로 생각되고 있느냐에 달려 있다. 아무런 근거도 없이 흔히, 이 이야기는 주인이 출타 중인 시점인 이 전체 과정의 처음이라는 관점에서 말해지고 있다고 생각되어 왔다. 그러나 이 비유의 강조점에 비추어 볼 때, "이상적 청자"(ideal hearer)는 주인이 이제 곧 돌아오고자 할 때인 이 이야기의 끝부분에 위치해 있다고 보는 것이 훨씬 더 가능성이 높다. 이것은 예수의 공생애 사역 전체의 강조점과 부합한다: 중요한 순간이 지금 우리에게 임하고 있다. 야훼는 이제 마침내 그의 백성을 찾아오고 계신다. 이야기와 실천, 이 두 가지를 통한 예수의 공생애 사

취급한다; 이 이야기가 "주인의 재산을 창녀들 및 기생들과 어울려 탕진해 버린" 종에 관하여 말하고 있었다는 점을 감안하면, 그것은 아마도 필연적인 것이었을 것이다. 그러나 이것은 하나님이 준 유업을 탕진해 버린 이스라엘을 특징짓는 또 하나의 방식으로 설명될 수도 있다.

96) 아모스서 5:18; 흥미롭게도, 좀 더 넓은 맥락(5:21-27)은 희생 제사 제도에 대한 규탄, 진정한 공의와 계약에의 신실함을 추구하라는 도전, 이방 민족들에 의한 임박한 심판에 대한 경고이다.

역의 주요한 주제였던 이러한 하나님의 "찾아오심"은 우리로 하여금 이 비유를 역사적으로 꽤 신빙성이 있는 것으로 볼 수 있게 해 준다.

셋째, 이런 식으로 읽게 되면, 이 비유는 양식 및 취지에 있어서 그 밖의 다른 몇몇 비유들과 아주 잘 부합한다. 씨 뿌리는 자의 비유(누가복음 19:22/마태복음 25:26에 나오는 씨 뿌리는 것과 관련된 이미지와 비교해 보라)는 일부 씨앗은 통상적으로 기대한 것보다 훨씬 더 열매를 많이 맺게 될 것이라는 말로 끝나지만, 그 비유는 비극적으로 열매를 맺지 못하는 씨앗들에 상당한 강조점을 두고 있다. 므나/달란트 비유들 속에서도, 신실한 자들로서 결과적으로 상을 받게 되는 자들이 있지만, 주인이 맡긴 일에 순종하지 않은 한 종도 있게 될 것이다 — 그리고 앞에서 보았듯이, 주된 강조점은 바로 이 종에게 두어져 있다. 누가복음 16장에 나오는 청지기와 마가복음 12장에 나오는 악한 농부들도 그들이 맡았던 일로부터 쫓겨나게 될 것이다; 각각의 경우에 예수는 현재의 유대 민족과 그 지도자들을 가리킬 의도였을 가능성이 대단히 높다. 이와 동일한 운명은 지금 우리가 살펴보고 있는 이야기 속에 나오는 이문을 남기지 못한 종에게도 닥칠 것이다. 누가 판본의 부차적인 줄거리는 그 밖의 다른 몇몇 비유들, 특히 탕자의 비유의 부차적인 줄거리와 아주 잘 부합한다. 왕이 그들을 다스리기를 원치 않는 자들은 잔치에 참여하기를 거부하는 맏아들과 같다. 포로생활과 회복이라는 관점에서 볼 때, 그들은 성전이 재건되기를 원치 않는 자들이다. 므나 비유 속에서, 예수는 한 세대 전에 아켈라오를 거부했던 자들과 예수 당시에 참된 왕의 도래보다 민족적 독립이라는 그들 자신의 꿈을 선호하는 자들 간의 유비를 함축하고 있다. 왕이 로마로부터 와서 그의 통치를 거부했던 자들에게 복수하고 그들을 처형했던 것과 마찬가지로, "인자"가 와서 반역자들인 예루살렘을 분쇄할 것이다 — 로마의 군대를 사용해서. 기본적인 줄거리를 이런 식으로 "다듬은 것"은 여러 가지 다른 이유로 역사적 진정성이 있다고 주장될 수 있는 복음서들에 나오는 "경고" 전승과 완벽하게 일치한다.[97] 그것은 후대에 "다듬어진" "단순한" 이야기가 아니다. 예수는 이런 유의 이야기를 하면서 적어도 한 번은 그 이야기에 이러한 특정한 뉘앙스를 부여하였다고 생각할 만한 온갖 근거가 존재한다. 그러한 말씀들은 결

---

97) 위의 제5, 8장을 보라.

코 사후 예언(vaticinia ex eventu)이 아니다. 그것들은 예수가 빈번하게 언급하였던 당시의 상황에 대한 신학적 읽기들이었다.

넷째, 적어도 누가 판본 속에서 이 비유는 그것을 악한 농부들에 관한 이야기와 결부시키고 있다는 암시를 내포하고 있다. 그 이야기의 서사 문법 속에서 볼 때, 주인의 "오심"은 주인의 아들에 대한 "거부"와 결부되어 있다. 므나 비유의 독특한 서사 문법 속에서 볼 때, 장차 오게 되어 있는 왕은 그의 신민들에 의해서 "거부된다." 이 두 경우에서 그 결과는 심판이다. 이 둘은 그리 멀리 떨어져 있지 않다: 아들에 대한 농부들의 거부는 곧 주인에 대한 거부를 함축하고 있다. 각각의 이야기를 시온으로의 야훼의 돌아오심에 관한 기대를 배경으로 놓을 때, 각각의 이야기를 예수 자신의 사역과 선포라는 빛 하에서 읽을 때, 이러한 연결 관계는 한층 더 밀접해진다. 이스라엘이 야훼를 거부한 것은 이스라엘이 예수를 거부하는 것으로 나타날 것이다. 이스라엘의 이야기들에 대한 예수의 그 밖의 다른 다시 말하기들과 마찬가지로, 이 다시 말하기 속에는 지독한 의미의 비틀기가 담겨져 있다. 감람산 위에 등장하는 이사야서의 사자는 시온에 대한 기쁨의 메시지가 아니라 화의 메시지를 들고 있다. 이스라엘 자신의 이야기의 아주 많은 부분들에 함축되어 있는 비극적인 아이러니에 충실해서, 이스라엘은 이제 그의 합법적인 왕을 거부할 것이다.[98]

끝으로, 우리가 이 비유에 부여해 온 의미에서의 이 비유는 예수의 행위들, 특히 성전에서의 그의 행위와 완벽하게 부합한다. 예수는 그의 패역한 백성에 대한 야훼의 심판을 극적으로 및 상징적으로 보여주기 위하여 예루살렘으로 갔다. 에세네파와는 달리, 예수는 예루살렘의 지배층에 대항하여 먼 거리에서 말싸움을 하는 것으로 만족하지 않았다. 또한 그는 바리새인들과 같이 토라 해석에 대한 특정한 방식을 강권하고 지배층과의 제한된 협력을 모색하는 것으로 만족하지도 않았다. 그는 현재의 체제를 이중적인 초점 속에서 보았다: 주인의 돈을 땅에 묻어둔 종과 그들의 합법적인 왕을 거부한 반역자인 신민들이라는 견지에서. 이에 대한 유일하게 적절한 응답은 심판이었다.

그렇다면, 이 비유는 실제로 하나의 수사적 사건으로서 예수의 공생애 사역 속에서, 특히 예수가 예루살렘으로 온 것과 거기에서 그가 이룬 모든 것이라

---

98) cf. 삼상 8:7; 10:19; 12:12.

는 맥락 속에서 실제로 어떻게 작용하였는가? 이것에 대답하기 위해서, 우리는 그 밖의 다른 몇몇 비유들이 예수의 행위들을 설명했던 방식과 비교해 볼수 있다. 의원은 건강한 자에게는 소용이 없고 병든 자에게라야 소용이 있다는 이야기는 예수가 왜 세리들과 어울렸는지를 설명해 준다. 양떼, 동전, 아들들에 관한 이야기들은 왜 예수가 죄인들을 환영하였는지를 설명해 준다. "악한 농부들"에 관한 비유는 왜 예수가 성전에서 그러한 일을 행하였는지를 설명해 준다. 나는 이 비유는 예수 자신의 행위를 설명하기 위한 핵심적인 수수께끼 같은 말씀으로 보아져야 한다고 주장한다. 예수는 예루살렘으로의 그의 여행을 시온으로의 야훼의 돌아오심에 대한 상징이자 구현이라고 보았다. 그것은 우리가 앞서 살펴보았던, 당시에 널리 퍼져 있었고 잘 알려져 있었던 성서의 예언들을 행위에 의한 이야기를 통해서 새롭게 암호화한 것이었다. 그 행위는 예언적인 것이었다; 그것은 메시야적인 것이었다; 그리고 그것은 이 둘과 부합하지만 이 둘보다 더한 그 무엇, 분명히 적절한 형용사를 찾을 수 없는 그런 것이었다. 예수는 들을 귀 있는 자들에게 그가 감람산을 나귀를 타고 가면서 장차 도래할 하나님 나라를 송축하며 예루살렘에게 그와 그의 평화의 길을 거부한 자들에게 심판이 있을 것이라는 경고를 했던 것과 마찬가지로, 야훼께서 그의 백성, 그의 도성, 그의 성전으로 돌아오고 계신다는 것을 암시하고 있었다. 그러나 누가 그가 오실 그 날에 남아 있을 것인가?

(c) 야훼의 돌아오심에 관한 그 밖의 이야기들

이것이 달란트/므나의 비유의 의미라면 우리는 공관복음 전승의 다른 곳에 나오는 이와 비슷한 이야기들에 대한 단서를 발견한 셈이 된다. 그것들 모두를 자세하게 다루기에는 지면이 허락하지 않지만, 그것들이 동일한 방향을 보여주고 있다는 것을 입증하는 것은 그리 어렵지 않다.

우리가 살펴볼 수 있는 가장 좋은 예는 누가복음 12:35-48에 나오는 긴 대목과 마태복음 및 마가복음에 나오는 그 다양한 병행문들이다.[99] 누가복음의 대목 속에는 동일한 주제에 대한 세 가지 변형들이 나오는데, 이것은 예수가

---

99) 마 24:36-51; 25:1-13; 막 13:33-7. *Thom.* 21; 103에 나오는(분명히 이차적인) 판본들을 참조하라.

이런 유의 이야기들을 자주 했다는 것을 보여주는 것일 가능성이 크다. 주인이 혼인 잔치에 있는 동안, 종들은 주인이 집에 돌아올 것을 대비하여 등불을 켜놓고 자신의 일을 돌보지 않으면 안 된다(눅 12:35-38). 집을 지키는 사람은 도적이 어느 때에 침입할지를 알지 못하기 때문에 항상 깨어있지 않으면 안 된다(12:39-40). 종들을 관리하는 책임을 맡은 사람은 그들을 적절하게 돌보지 않으면 안 된다. 왜냐하면, 그의 주인이 돌아와서 그가 자신의 일을 어떻게 했는지에 따라서 그를 판단할 것이기 때문이다(12:41-48). 이러한 작은 비유들의 표면에는, 비유적인 이야기 줄거리가 엉망이 될 정도까지 하나의 암묵적인 해석이 계속해서 유지되고 있다: 주인은 종들에게 시중을 들기 위하여 식탁에서 기다리고 있을 것이고(12:37),[100] "인자는 예기치 않은 때에 올 것이며"(12:40), 자기에게 맡겨진 종들을 제대로 돌보지 않은 관리인은 "신실치 못한 자들이 받는 형에 처해"질 것이다. 위의 제8장에서 심판이라는 주제에 대하여 우리가 자세하게 살펴본 것과 방금 위에서 살펴본 달란트/므나 비유에 관한 해석은 이러한 만화경적인 일련의 전체적인 비유들을 해석하는 올바른 길은 시온으로의 야훼의 돌아오심이 임박했다는 것과 이스라엘이 준비되지 않았을 때에 발생하게 될 끔찍한 결과들에 관한 추가적인 이야기들로 보는 것이라는 것을 강력하게 시사해 준다. 이러한 복합적인 총체적 사건은 여러 가지 방식으로 지칭될 수 있는데, 그 중에서 한 가지 통상적인 명칭은 우리가 앞서 살펴보았던 의미와 온전히 일치하는 "인자의 오심"이다. 이것은 다니엘서에 나오는 장면 전체를 상기시키기 위한 것으로서, 거기에서 이 인물은 옛적부터 계신 이가 "오셔서" 그의 보좌에 좌정하고 그의 나라를 세우실 때에 옛적부터 계신 이에게 "나아간다."[101]

누가가 그의 독자들이 이러한 말씀들을 이런 식으로 이해할 것을 의도하고 있다는 것은 의심의 여지가 없다. 누가복음의 이 대목은 계속해서 하나님 나

---

100) Johnson 1991, 206은 이것을 누가복음 22:27과 최후의 만찬에서의 예수의 행위에 비추어서 해석해야 한다고 주장한다.

101) 대부분의 주석자들(예를 들면, Marshall 1978, 532-45)은 "인자의 오심"을 다니엘서에서와는 다른 의미로 해석하여 예수의 장래의 재림이라는 의미로 받아들여서 이 부분을 지배하게 함으로써 그것보다 더 역사적으로 개연성이 있는 의미를 배제해 버리고 만다.

라가 빨리 도래하기를 바라는 예수의 간절한 심정(12:49-50), 하나님 나라가 도래하면 그것은 사람들이 기대했던 하나됨이 아니라 분열을 의미하게 될 것이라는 것(12:51-53)에 관한 내용들이 나온다. 이러한 맥락 속에서 때의 징조들을 해석하고(12:54-56), 정죄를 받고 선고를 받아서 감옥에 갇히지 않기 위하여 아직 시간이 있을 때에 고소한 자와 화해하며(12:57-59),[102] 성전 경내에서의 대량 살상과 무너지는 건물더미에 깔려 죽는 것을 주된 특징으로 하는 끔찍한 심판을 피하기 위하여 회개할(13:1-5) 절박한 필요성이 존재하는 것이다. 이러한 일련의 말씀들은 주인의 돌아옴에 관한 추가적인 이야기로 끝이 나는데, 이것은 그 밖의 다른 것들과 마찬가지로 이 점을 강력하게 역설하고 있다:

한 사람이 포도원에 무화과나무를 심은 것이 있더니 와서 그 열매를 구하였으나 얻지 못한지라 포도원지기에게 이르되 내가 삼 년을 와서 이 무화과나무에서 열매를 구하되 얻지 못하니 찍어버리라 어찌 땅만 버리게 하겠느냐 대답하여 이르되 주인이여 금년에도 그대로 두소서 내가 두루 파고 거름을 주리니 이후에 만일 열매가 열면 좋거니와 그렇지 않으면 찍어버리소서 하였다 하시니라.[103]

이러한 일련의 말씀들은 케어드(**Caird**)에 의해서 잘 이해되고 있는데, 그는 누가가 이것들을 한데 결합시켜 놓은 방식에 관하여 다음과 같이 말한다:

예수의 사역의 다가올 절정과 ⋯ 곧 이스라엘 민족을 덮치게 될 심판 ⋯ 예수는 자기 자신에게는 죽음을 의미하고, 그의 제자들에게는 그들을

---

102) Fitzmyer 1985, 1001은 이러한 말씀들을 예수의 사역 속에서 이스라엘이 직면한 임박한 위기라는 맥락에서 분리하여 무시간적인 도덕적 교훈으로 바꾸어 놓았을 때에 어떤 일이 일어나는지를 보여주는 좋은 예이다: 이 강화(講話)는 "완전히 관계없는 주제"로 변해버리고, 그것은 단지 이 자리에 그것이 포함되게 된 "피상적인 이유"가 되고 만다. 또한 cp. Evans 1990, 542f.; 하지만 Evans는 13:5에서 이스라엘의 멸망을 염두에 두고 있다는 데에 동의한다(548).

103) 눅 13:6-9.

살펴볼 수 있는 시험을 의미하며, 이스라엘에게는 심판을 의미하게 될 하나의 큰 위기를 예상하고 있었다고 누가는 우리로 하여금 이해하기를 바란 것 같다; 그리고 이 사건은 겉보기는 패배와 실패처럼 보이는 것과는 정반대로 다니엘에 의해서 예언된 위대한 승리(7:13), 즉 하나님이 인자, 곧 하나님의 백성의 상징적 대표자에게 세상의 통치권을 수여하게 될 그 위대한 승리가 될 것이었다.

그러나 이것은 단지 누가만의 견해가 아니었다. 그것은 예수의 견해이기도 하였다:

> [예수가] 그의 죽음 이후에 일정 기간이 지날 때까지는 일어날 수 없었던 비상사태와 관련하여 그의 생애 동안에 그의 제자들에게 밤낮으로 깨어서 경계하라고 요구했을 것이라는 것은 별로 신빙성이 없다. 그러나 예수가 그의 사역에 대한 당국자들의 적대감이 마침내 치명적으로 폭발할 때가 언제일지를 알지 못했다면, 그는 그의 친구들에게 반복해서 진지하게 거기에 대비할 것을 경고했을 것임은 틀림없다.[104]

그러므로 예수는 예루살렘으로 발길을 옮겼다; 그리고 그는 이 여행이 종들에게 돌아오는 주인 또는 포도원으로 돌아오는 주인이라는 견지에서 보아지기를 의도하였다. 때의 징조들을 읽지 못한 자들, 회개치 않은 자들, 예수의 평화의 길과 "원수"와의 화해의 길을 받아들이지 않은 자들은 빌라도의 잔악무도함을 보여주는 작은 규모의 사건들은 한낱 맛보기가 될 뿐인 그러한 재앙을 자초하게 될 것이다.

이러한 맥락 속에서 보면, 우리가 이미 살펴보았던 하나의 말씀의 추가적인 차원이 드러나게 된다. 자기에게는 받아야 할 세례가 있다고 말한 것으로 보아, 예수는 분명히 이 일이 예루살렘, 즉 예언자들을 죽이고 보내심받은 사자들을 돌로 쳐서 죽인 도성(눅 13:34)에서 이루어질 것이라는 것을 내다보고

---

104) Caird 1963, 165f.; cf. 169f. 또한 cf. Wood 1956(내가 뒤늦게야 입수한 논문인데, 흥미롭게도 나의 논거들 중 일부를 예감하고 있다); Johnson 1991, 213f.

있었다. 예루살렘 도성은 임박한 곤경으로부터 구원받을 수 있는 예수가 제시한 길을 거부하였었다. 야훼는 이스라엘을 그 운명에 내버려 두었다; 이스라엘은 "주의 이름으로 오시는 이를 찬송하리로다!"라고 말할 때까지는 야훼를 다시 보지 못하게 될 것이다.[105] 여기서 다시 한 번 케어드(Caird)의 해석은 권장할 만하다. 예수는 다음과 같이 예언적으로 말하고 있었다: 이스라엘의 하나님은 그의 백성이 그들의 메시야를 기꺼이 영접할 때까지는 그의 백성으로부터 얼굴을 돌리고 계신 진정한 화자였다.[106] 예수 자신이 메시야로서 예루살렘으로 온 것에 관한 수수께끼의 배후에는 좀 더 깊은 의미가 숨어 있었다. 예수는 시온으로의 야훼의 돌아오심을 선포하고 구현하고 있었던 것이다.

(ii) 높이 들림(승귀)에 관한 수수께끼 같은 말씀들

이제 우리는 마침내 복음서들에 나오는 가장 난해한 말씀들 중 일부를 이해할 수 있는, 예수의 목적들과 신념들에 관한 역사적 그림 속에서의 한 맥락을 설정해 놓게 되었다. 예수가 시온으로의 야훼의 돌아오심을 선포할 뿐만 아니라 상징하고 구현하고자 의도했다면, 우리는 신원과 높이 들림에 관한 그의 말씀들을 우리가 앞에서 살펴보았던 제2성전 시대 유대인들의 사변들이라는 맥락 속에서 해석하는 것은 전적으로 옳다.

실제로 이것은 이러한 수수께끼 같은 말씀들 중 일부가 적극적으로 놓여지기를 요구하는 그런 맥락이다.[107] 예수가 시편 110편을 자신의 메시야적 수수께끼 같은 말씀의 일부로써 인용했을 때("어찌하여 서기관들이 그리스도를 다윗의 자손이라 하느냐"), 그는 다니엘서 7장과 아울러서 에녹1서에 나오는 "즉위" 본문들을 설명하기 위하여 제시될 수 있는 하나의 대목을 인용하고 있었다.[108] 이 시편에 의하면, 메시야는 야훼의 보좌를 공유하고 그의 우편에 앉게 될 것이다. 그러므로 이러한 의미는 마가복음 14:62과 그 병행문들에서 예

---

105) 13:35; cf. 위의 864 n. 117.

106) 호 11:8-9;사 65:1-2 속에서 "방해받은 사랑에 관한 비슷한 표현들"을 언급하고 있는 Caird 1963, 174.

107) 자세한 것은 위의 제11장을 보라.

108) cf. Hengel 1995b, 185-9.

수가 가야바와 그의 일당들이 그가 신원을 받아서 시편 110편에서 말하고 있듯이 메시야로서 야훼의 우편에 즉위하고 다니엘서 7장에서 말하는 것처럼 "하늘 구름을 타고 오는 것"을 보게 될 것이라고 예언하였던 재판 장면에 적용되어야 한다. 에녹1서에 따라서, 이 땅의 통치자들이 "나의 택함받은 자가 영광의 보좌 위에 앉는 것을 보게 될 것"과 마찬가지로,[109] 예수를 재판했던 자들은 그가 신원받고 보좌에 앉는 것을 보게 될 것이다. 이것을 예수가 구름을 타고 땅으로 강림하는 것을 가리키는 것으로 보는 것은 다니엘서의 본문에 대한 심각한 잘못된 읽기이자, 그 본문이 주후 1세기에 의미했던 것에 대한 심각한 오판이 될 것이다;[110] 또한 그것이 가야바와 그 무리들이 예수가 물리적으로 보좌 위에 앉는 것을 물리적으로 "보는 것"을 가리킨다고 해석하는 것도 조악한 문자주의적 해석이 되고 말 것이다. 예수는 그들이 하나님의 병거 보좌에 관한 메르카바(**Merkabah**)류의 환상을 보게 될 것이라고 말하고 있는 것이 아니었다. 그들은 훨씬 더 생생한 것을 목격하게 될 것이다: 의심할 여지 없이 이스라엘의 하나님이 예수를 높이셨고, 그의 고난 후에 그를 신원하셨으며, 그를 들어서 자신의 보좌에 함께 앉게 하였다는 것을 보여주는 현세적인 사건들.

여기에서 마침내 우리는 가야바가 자신의 옷을 찢고 "신성모독!"이라고 외쳤던 이유를 발견하게 된다고 나는 생각한다. 그것은 예수가 메시야라고 고백했기 때문이 아니었다. 그것은 예수가 성전을 쳐서 말했기 때문도 아니었다 — 물론, 이것은 중대한 것이긴 했지만. 메시야라고 주장하는 것, 심지어 어떤 의미에서 "하나님의 아들"이라고 주장하는 것은 그 자체로는 신성모독이 되지 않을 수도 있었다.[111] 가야바가 그토록 격분한 이유는 예수가 그의 성전 행위

---

109) *1 En.* 55:4; 62:3-5.

110) 이것과 반대되는 증거들의 무게에도 불구하고, Hengel(1995b, 185-9)은 계속해서 Schweitzer와 Bultmann의 전통을 따라서 이 본문을 이런 식으로 읽는다. 분명한 비판을 담고 있는 짤막한 진술 — 다니엘서 본문은 결코 그것을 의미하지 않았고, 유대교 내에서 그런 식으로 읽혀지지 않았다는 것 — 에 대해서는 Glasson 1988을 참조하라.

111) cf. 행 6:13f.; 7:48-50. Cf. Sanders 1985, 297f.; 1993, 270-3. Sanders는 마가의 기사가 초점을 맞추고 있는 것은 예수가 "그러한 명칭들을 스스로에게 적용되는 것으로 주장하였다는 것"이라고 말하면서 마가의 기사를 상대화시키고, 예수는 성전에서의 그

와 성전 진술들을 메시야직이라는 관점에서 설명하면서 제2성전 시대 유대교 속에서 몇몇 병행적이고 독립적인 전승들 속에서 메시야 또는 "인자"가 이스라엘의 하나님의 보좌를 공유하게 되고 하나님의 현현의 중심 특징들 중의 하나가 되는 왕으로의 즉위를 보여주는 두 개의 본문을 결합시켜서 그렇게 설명했기 때문이었다.[112]

우리는 가야바가 우리가 이미 살펴본 이 점에 대한 사변들을 알고 있었는지에 대해서는 알 도리가 없다(우리는 주후 1세기에 살았던 어떤 사람이 성서 이외의 어떤 책들을 읽었는지를 알 수가 없고, 또한 당시에는 잘 알려져 있었으나 그 후에는 없어져 버린 수많은 본문들이 있었을 것이라는 사실을 상기해야 한다). 또한 우리는 예수가 우리가 살펴본 성서 이외의 다른 본문들에 의해서 영향을 받았었는지, 또는 거의 동시대에 나온 다른 본문들과 병행적이긴 하지만 예수의 말씀 자체가 그런 것들과는 상관 없이 독창적이었는지를 알 수가 없다.[113] 우리는 이 장면의 역사적 의미를 밝히기 위하여 그러한 문제들을 해결할 필요가 없다. 예수는 참된 왕으로서 성전에 대한 권세를 지니고 있을 뿐만 아니라 이스라엘의 왕의 보좌에 하나님과 함께 앉게 될 것이라고 주장하였다; 그리고 그는 당시의 세계 속에서 복합적이고 전복적 의미로 가득 차 있던 본문들을 상기시키는 방식으로 그렇게 주장하였다.

우리가 이미 몇 가지 시각에서 살펴보았던 재판 장면은 이제 완전한 초점을 지니게 되었다. 여기에서 현안이 되고 있었던 것은 예루살렘으로의 여행에서 절정에 달했고 성전에서의 그의 행위 속에서 폭발되었으며 그의 최후의 만찬에 의해서 추가적으로 설명된 예수의 공생애 사역 전체였다. 재판은 성전에

의 행위와 그것이 지닌 함의들 때문에 유죄 선고를 받았다고 말한다. 일단 우리가 이 문제는 결코 단순히 "칭호들"에 관한 것이 아니었다는 것을 인정하게 되면, 샌더스가 잘못된 대비를 고집하고 있다는 것이 분명해진다. 칭호들이 나오지 않는다고 해서 거기에 기독론이 존재하지 않는 것은 아니다.

112) Evans 1991; Bock 1994에 나오는 몇 가지 점에서 이것과 병행되는 흥미로운 논의들을 보라. Chilton 1992b, 153f.는 예수의 과제에 관한 그의 좀 더 넓은 명제를 따라서 대안적 주장을 제시하고 있다. Brown 1994, 516-47은 학자들의 견해들에 대하여 아주 자세하게 논의를 전개한다.

113) Witherington(1990, 234-48)은 예수가 에녹1서의 영향을 받았다고 주장하지만.

관한 문제로 시작되었다 — 그리고 이것은 당연한 것이었다. 예수는 성전에 대한 권세, 실제로 그 파괴를 선포할 권세를 주장하였다. 예수가 이렇게 할 수 있었던 것은 스스로를 메시야라고 믿었기 때문인가? 예수는 그렇다고 대답하였다: 그리고 너희는 내가 신원을 받고 권능의 우편에 있는 보좌에 앉는 것을 보게 될 것이다.[114] 이러한 일련의 사건들은 정확하게 하나의 전체로서 통합되어 있다. 최후의 대답은 예루살렘으로의 여행, 성전 행위, 암묵적인 메시야적 주장의 의미를 하나의 진술 속에 통합시켰다. 이것들은 모두 합쳐져서 성전이 아니라 예수가 이스라엘의 하나님이 그의 백성과 함께 계실 장소이자 그것에 대한 단서라는 것을 말해주었다.[115] 사회학적으로 말해서, 이것은 예루살렘에 대항한 고도로 급진적인 갈릴리의 항변(protest)을 나타내는 것이었다. 정치적으로 말한다면, 그것은 가야바의 권력 기반과 그의 지위 전체에 대한 — 그리고 물론, 카이사르와 빌라도에 대한 — 직접적인 도전이었다. 신학적으로 말한다면, 그것은 진실이거나, 아니면 신성모독적인 것이었다. 가야바는 전자의 가능성을 생각하느라 시간을 허비하는 일을 하지 않았다.

(iii) 결론

그러므로 우리가 이 두 개의 결정적으로 중요한 대목들(막 12:35-37: 14:61-62과 그 병행문들)을 고립된 단위로써가 아니라 예루살렘으로의 예수의 최후의 여행과 성전에서의 그의 행위라는 맥락 속에서 살펴볼 때, 그리고 우리가 이러한 좀 더 큰 단위 전체를 그것이 명백하게 속해 있는 맥락, 즉 제2성전 시대 유대교의 복합적이고 다면적인 세계 속에 둘 때, 우리는 그 역사적 취지를 설득력 있게 해주는 총체적 통일성을 발견하게 된다. 여기서도 다시 한 번 이중적 유사성과 상이성이 적용된다. 이러한 그림은 오직 유대교 내에서만 의미를 지니게 되지만, 유대교 내에서는 정확한 병행이 존재하지 않는다. 예수에 대한 초기 기독교의 견해들은 이러한 입장으로부터의 발전물로 볼 때

---

114) 흔히 지적하듯이(e.g. Hengel 1995b, 187), 이러한 완곡어법(막 14:61에 나오는 다른 완곡어법을 따른)은 역사적 진정성을 보여주는 또 하나의 지표일 가능성이 크다.

115) cf. Neusner 1993, 69: "성소는 이동되었고, 주인과 그의 제자들로 구성된 무리들에 의해서 형성되어 가고 있었다."

에 의미를 지니게 되지만, 그것들은 이 입장을 그대로 반복하고 있는 것은 아니다: 우리는 다니엘서 7장이 예수의 말씀들이라고 보도되고 있는 것 이외의 내용들 속에서 초기 기독교에서 이런 식으로 기독론적 의미를 지닌 채 사용되고 있는 것을 발견하지 못한다. 초기 그리스도인들은 그들의 기독론을 여러 가지 방식으로 발전시켰지만, 이것과 아주 유사한 것은 존재하지 않는다.[116] 예루살렘으로의 여행에 대한 예수의 해석, 그러한 맥락 속에서 시편 110편과 다니엘서 7장에 기반을 둔 수수께끼 같은 말씀들에 대한 예수의 사용은 역사 속에 뿌리를 두고 있다.

그 밖의 다른 절정에 속한 예수의 상징적 행위들과 이야기 및 수수께끼 같은 말씀들을 통한 설명의 경우에서와 마찬가지로, 예수의 초창기 사역 속에는 우리가 지금까지 살펴보았던 행위와 설명이 오직 그의 삶의 마지막 나날들에서 그에게 생겨난 새로운 사상이 아니었다는 것을 보여주는 암시들이 존재한다. 우리는 중심 행위와 그 의미의 빛 하에서 볼 때에 동일한 방향을 보여주는 것으로 입증되는 예수의 사역과 가르침의 몇몇 특징들을 간략하게 살펴보고자 한다.

4. 미리 암시된 소명

예수는 그의 행위들을 설명하기 위하여 여러 이야기들을 말했다. 그러나 그 이야기들은 주인과 종들, 아버지와 아들들에 관한 것이었다. 그는 자신의 행동을 설명하기 위하여 야훼에 관하여 말하였다. 씨 뿌리는 자는 누구인가? 후하게 베푸시는 아버지는 누구인가? 목자는 누구인가? 잃어버린 동전을 찾고 있는 여자는 누구인가?

예수의 예언자적 및 메시야적 소명 내에서, 우리는 그 밖의 다른 많은 것들과 마찬가지로 마지막이 올 때까지 여전히 감추어진 채로 있게 될 좀 더 깊은 소명의 개략들을 추적해 낼 수 있다. 예수는 열두 제자를 불러서 한 무리를 이루게 하였다; 예수는 한 무리 중의 으뜸, 그러니까 새로운 르우벤, 유다, 레위, 요셉 같은 인물이 아니었다; 또한 예수는 새로운 아브라함도 아니었다.

---

116) 신약성서에 나오는 가장 초기의 기독론에 대해서는 cf. Wright 1991, Part I.

"너는 너의 고향과 친척과 아버지의 집을 떠나 내가 네게 보여 줄 땅으로 가라"; "네 아비와 배를 버려두고 나를 따라오라 내가 너희로 사람을 낚는 어부가 되게 하리라."[117] 예수는 스스로를 신랑이라고 말하였다.[118] 예수의 하나님 나라 잔치들은 메시야적 연회의 맛보기였지만, 또한 야훼와 이스라엘이 사이가 좋았던 옛 광야 시절을 따라서 다시 함께 열게 될 큰 잔치의 맛보기이기도 하였다.[119] 예수는 목자라는 이미지를 상기시켰다: 물론, 왕정에 관한 옛 이스라엘의 전승들 속에 깊이 뿌리를 박고 있는 왕에 관한 상징이지만, 야훼께서 양떼 대신에 스스로를 살찌웠던 거짓 목자들을 물리치고 그의 백성의 목자가 되셔서 진정으로 그의 백성에게로 돌아와 계약의 갱신을 이루는 것에 관하여 말하였던 상징.[120] 예수는 그가 이제 막 하려고 하는 것을 설명하고, 초대, 환영, 도전, 부르심, 경고에 관한 말씀들과 그의 특징적인 행위들을 해석하기 위하여 이 이미지를 사용하였다.

그러므로 예수는 마치 그가 새로운 율법 수여자인 것처럼 말할 수밖에 없었을 것이다: 시내산에서 새로운 토라를 가져오는 새로운 모세가 아니라, 자기 자신의 권세 위에서 새로운 가르침들을 베푼 자.[121] 다시 한 번 말해두지만, 이것은 토라 자체가 나쁘다거나 싸구려라거나 무가치한 것이라고 주장하는 것과는 아무런 상관도 없었다. 그것은 종말론적 주장이었다: 토라를 백성들의 마음 속에 새기게 될 위대한 갱신의 때가 이르렀다. 이 새로운 경륜은 마치 해가 떠오르면 양초가 소용없듯이 몇몇 계명들이 불필요하게 된다는 것을 의미한다; 그러나 하나님이 주신 거룩한 토라를 위한 그 순간이 도달했다는 것을 선포할 권세를 누가 가지고 있는가? 분명히 그것은 예수였다; 예수와 유대

---

117) 창 12:1; 막 1:16-20.

118) 마 9:15/막 2:19-20/눅 5:34-5; cf. 마 25:1-10.

119) cf. 호 2:14-15과 겔 16장.

120) 겔 34:23f.; 37:24(목자로서의 다윗; cf. 민 27:17; 왕상 22:17; 렘 3:15; 23:4-5; 미 5:2-9; 슥 11:4-17); 34:1-16(목자로서의 야훼; cf. 시 23:1; 78:52; 80:1; 사 40:11; 렘 31:10; 미 7:14; Sir. 18:13). 예수의 언어 속에서의 양과 목자: 마 10:6; 15:24; 18:12-14/눅 15:3-7; 마 25:32; 마 26:31/막 14:27; 눅 12:32; cf. 마 9:36/막 6:34; 그리고 물론 요 10.1-30 *passim*.

121) cf. 위의 제7장; 그리고 예를 들면, Harvey 1982, 168; Brown 1994, 545-7.

교에 관한 글을 쓴 두 명의 지도적인 저술가들이 분명하게 말했듯이, 예수는
이러한 의미에서 모세의 경륜은 더 이상 적절하지 않고, 이전에 하나님이 주
신 규례들 중 일부가 폐기되어야 할 새로운 때가 동터왔다고 선포하면서 "하
나님을 대신하여 말한다고 주장하였다":

> 여기에 토라가 하나님의 이름으로 무엇을 말하는지를 자신의 이름으로
> 말하고 있는 토라 교사가 있다 … 그러한 가르침들의 원천 — 원천은 바
> 로 하나님이다 — 을 인정함이 없이 토라의 가르침들을 개선하고 있는
> 그것은 어떤 종류의 토라인가? 나는 메시지 — 이런저런 메시지에 대한
> 예외를 인정할 수 있지만 — 가 아니라 메시지를 전하는 자에 대하여 고
> 민한다 … 지혜자들은 … 그들 자신의 이름으로 어떤 것들을 말하지만,
> 토라를 수정하고 있다고 주장하지는 않는다. 예언자 모세는 자기 자신의
> 이름으로 말하는 것이 아니라 하나님의 이름으로 말하였고, 하나님이 그
> 에게 말하라고 말씀하였다고 말한다. 예수는 지혜자로서 또는 예언자로서
> 말하고 있는 것이 아니다 … 따라서 우리는 토라라는 틀 속에서는 토라
> 로부터 떨어져 있는, 아니 토라 위에 있는 교사를 이해하기 어렵다는 것
> 을 발견하게 된다 … 우리는 이제 여기서 문제가 되고 있는 것은 가르침
> 자체가 아니라 예수라는 인물이라는 것을 인정한다.[122]

거짓 예언자가 백성들에게 그들의 옛 충성들을 버리고 새로운 것들을 받아
들이라고 강권한 것 같이(물론, 이것이 바로 그가 했던 것처럼 보이기 쉬웠고,
어떤 사람들이 실제로 그를 보았던 방식이었다), 예수는 토라를 경솔하게 폐
기한 것이 아니었다. 또한 예수는 모세에 대하여 신성모독을 범하고 있었던
것도 아니었다 — 이러한 신성모독은, 요세푸스의 말에 의하면, 사형을 선고받
을 죄였다: 물론, 여기에서도 그가 말한 것 중의 일부는 이런 식으로 해석되
었을 수도 있지만.[123] 다시 한 번 말해두지만, 예수는 모세의 율법이 지향하고

---

122) Neusner 1993, 30f.; 좀 더 조심스러운 입장으로는 cf. Sanders 1985, 271-4,
293, 298.

123) Jos. *War* 2:145(cf. 152).

있지만, 그것이 도래하면 모세의 율법은 부적절하게 되어 버릴 바로 그 새로운 시대, 이스라엘 역사의 새로운 시대를 개시시키고 있는 것이라고 주장하였다.

그러므로 우리는 예수가 다가올 새 시대를 얻는 것과 관련된 질문에 대한 대답 속에서 십계명을 재해석했을 때, 그가 처음 세 가지 계명을 그 자신의 초대, 도전, 부르심, 암묵적 경고로 대체했다는 것은 결코 놀라운 일이 아니다: 너희가 가지고 있는 모든 것을 팔아서 나를 따르라. 놀랍게도 이스라엘의 하나님에 대한 충성은 이제 예수에 대한 충성이라는 형태를 띠게 된다: 조상들의 땅을 버리는 것은 이교도들의 우상을 벗어버리는 것과 마찬가지가 될 것이다.[124] 예수가 자신이 성전이 지향했던 바로 그 실체 또는 성전에 대하여 권세를 지니고 있는 자라고 생각했던 것처럼 행동하였듯이, 예수는 마치 그가 어떤 의미에서 토라의 대체물 또는 토라 자체에 대하여 권세를 지니고 있는 자인 것처럼 행동하고 말하였다.

또한 예수는 자기가 하나님의 지혜의 대변인인 것처럼 말하였다. 예수는 시락서 24장에 나오는 지혜와 같이 예루살렘에 도달할 때까지는 안식을 찾을 수 없는 여행 중에 있었다. 지혜가 자신의 집을 찾는 것은 시온으로의 야훼의 돌아오심에 관한 좀 더 온건하지만 궁극적으로는 효과적인 예언을 이루었고, 예수는 그의 위대한 상징적 여행을 그런 식으로 생각했던 것으로 보인다.[125] 지혜는 그 행위들로 말미암아, 그러니까 그 자녀들로 말미암아 옳다함을 인정받게 될 것이다; 이스라엘은 지금 솔로몬보다 더 큰 이를 맞고 있었다.[126] 지혜가 그의 청중들을 초대한 것과 마찬가지로, 예수는 그의 청중들에게 그에게 와서 "안식"을 얻으라고 초대하였다.[127] 앞에서 보았듯이, 예수는 안식일 제도

---

124) 마 19:21/막 10:21/눅 18:22. 흥미롭게도 안식일 계명은 이 사건에서 완전히 빠져 있다; 아니면, 이 계명은 다가올 새 시대에 관한 약속 속에 내포되어 있는 것인가?

125) 마 8:18-20/눅 9.57-8/*Thom.* 86: 여러 가지를 시사해 주고 있는 Witherington 1994, 202f.를 참조하라.

126) 마 11:19/눅 7:34: cf. Witherington 1990, 51-3; 마 12:42/눅 11:31.

127) 마 11:28-30/*Thom.* 90은 Sir. 6:23-31과 밀접한 병행을 이룬다(Witherington 1994, 205-8, cf. 143f.).

가 지향하고 있었던 종말론적 안식을 제시하였다.[128] 예수는 마치 하나님의 지혜에게 맡겨졌던 역할이 그가 구현해야 할 역할인 것처럼 행동하고 말하였다.

이러한 말씀들은 그 자체로 종종 그것들 위에 두어지는 무게를 견딜 만큼 강력하다고 나는 생각하지 않는다. 그것들은 예수의 자기 이해에 관한 완전한 설명을 지탱해 줄 수 없다. 그러나 그것들은 예루살렘으로의 예수의 상징적 여행이라는 좀 더 넓은 맥락과 그러한 극히 중요한 행위에 관한 그의 다양한 설명들 내에서 아주 자연스럽게 잘 들어맞는다. 실제로, 그것들이 그러한 맥락 없이 존재하였을 것이라고 생각하는 것은 쉽지 않다. 여기서 다시 한 번, 우리는 공관복음 전승 자체의 외부에서 예수 시대 이후의 그 어떤 사람이 예수가 누구이고 그가 어떤 역할을 하였는지에 대한 그들의 이해에 중심적인 그러한 말씀들과 상징들을 만들어 내었다고 생각할 만한 근거가 전혀 없다. 우리는 여기에서 예수 자신의 목적들과 신념들, 그 자신의 소명 의식에 접하고 있는 것으로 보인다.

끝으로, 예수의 공생애 사역이 성전에서의 그의 행위와 그것에 대한 그의 해석에 의해서 초래된 신성모독이라는 고소로 끝나게 되었다면, 우리는 그러한 고소가 그의 사역의 초창기에서도 그에게 겨냥되어 있었다는 것을 발견하는 것은 결코 이상한 일이 아닐 것이다. 예수는 그가 어떤 의미에서 성전 제의 전체를 무시하고 있다는 것을 보여주는 것이 될 수 있었던 죄사함을 선포하였다.[129] 시온으로의 야훼의 돌아오심이 예수를 통하여 일어날 것이라면, 예수는 자기 자신을 중심으로 이스라엘을 재구성하여 죄사함 받은 자들, 즉 포로생활로부터 돌아온 자들, 한 분 참 하나님의 백성을 만들어 낼 권세와 권능을 지니고 있었다. 우리는 복음서들이 예수의 벗들이 그가 미쳤다고 말한 것으로 기록하고 있다는 것을 결코 잊어서는 안 된다; 초대 교회가 그러한 비난을 만들어 내었을 가능성은 거의 전무하다.[130]

예수의 초기 사역에 대한 이러한 극히 간략한 검토가 드러내 준 것은 우리

---

128) Neusner 1993, ch. 4, esp. 61f.; Witherington 1994, 207f. Cf. 위의 604f.

129) 마 9:1-8/막 2:1-12/눅 5:17-26; 눅 7:48. Cf. 위의 419-429.

130) 막 3:21; cf. 요 10:20. 그가 "귀신 들렸다"는 비난도 참조하라: 막 3:22/요 7:20 등.

가 예수의 유대적 배경으로부터 도출해내서 앞서 제시하였던 세 가지 것들 간의 내적 통일성이다. (1) 예수는 오래 전에 약속되었던 시온으로의 야훼의 돌아오심을 상기시키고 행위로써 보여줄 의도로 상징적 행위를 수행하였다. (2) 그렇게 함에 있어서, 예수는 자기 자신이 이스라엘의 한 분 참 하나님의 보좌를 공유하고 이스라엘을 대신한 고난과 신원을 통하여 높이 들림과 동시에 세상의 빛이 되어야 한다는 이스라엘의 운명을 이룰 기이한 메시야적 인물의 역할을 맡은 것으로 보았다. (3) 그러한 소명에 부합하여, 예수는 하나님 나라 선포, 환영, 경고, 도전과 관련된 그의 사역 속에서 이스라엘의 하나님, 특히 이스라엘 백성 가운데서의 하나님의 임재와 행위들에 관하여 생각하고 말할 때에 중심이 되었던 상징들 중 세 가지, 즉 성전과 토라와 지혜를 상기시켰다. 또한 예수는 그의 가르침을 이스라엘의 하나님의 예언적 말씀이라는 견지에서 이해하였다; 또한 예수는 그의 사역 전체를 야훼의 영에 의해서 인도받고 있는 것으로 보았다(예언자라면 모두 그러하지 않았을까?). 그러므로 이 장과 제3부에 대한 예비적인 결론으로서, 우리는 예수의 실천, 이야기들, 상징들, 세계관의 대답들은 한데 어우러져서 하나의 중심 신념을 보여주었다고 말할 수 있다: 야훼의 약속들과 목적들은 그 풍부한 다양성과 견고한 주제적 통일성을 지닌 채 성취되는 일이 곧 일어날 것이라는 것; 그리고 또한 그것들은 중심 목적을 보여주는 것이기도 했다: 예수는 그러한 약속들을 성취시키고 그러한 목적들을 열매 맺게 하는 그것들의 화신으로서 행동하고 말하였다는 것.

이러한 빛 하에서 우리는 어느 정도 성공의 희망을 가지고 예수의 자기 이해(내가 지금까지는 대체로 피해왔지만, 이제는 내가 지금까지 설명해 왔던 소명 의식을 뜻하는 의미로 사용하는 어구)라는 마지막 쟁점에 접근할 수 있다.

요아킴 예레미아스(Joachim Jeremias)는 "아바," 즉 "아빠"로서의 이스라엘의 하나님에 대한 예수의 체험을 예수의 사고방식과 자기 이해를 재구성하고자 하는 그의 시도를 위한 토대로 삼았다.[131] 예레미아스는 그의 주장에 대

----

131) 예를 들면, cf. Jeremias 1967, ch. 1 [= 1966b, 15-66]; 1971, 61-8. Cf. 1967, 52f.: "우리가 지금까지 논의한 '내 아버지'에 관한 모든 말씀들은 예수에게 주어진 독

한 몇몇 분명한 반대 사례들이 있다는 것(이스라엘의 하나님을 부르는 말로서의 "아바"는 예수 당시의 팔레스타인 유대교 내에서 발견되지 않는다는 것), 종종 생각되고 있는 것과는 달리, "아바"는 어린아이들의 용어만은 아니었다는 것 등과 같은 그의 비판자들의 몇몇 논거들을 잘 알고 있었지만, 그럼에도 불구하고 어느 정도 그의 주장을 과장했던 것으로 보인다.[132] 그의 주된 주장과는 반대로, 우리가 실제로 하나의 복음서의 오직 한 본문 속에서만 발견되는 "아바"라는 표현에서 시작하여[133] 그것 위에 이스라엘의 하나님에 관한 예수의 체험과 가르침의 독특성에 관한 이론 전체를 구축할 수 있는지는 의문이다. 그러나 예레미아스의 주장이 전적으로 잘못된 것으로 입증되었다고 생각해서는 안 된다: 예수의 기도문들 속에는 우리가 주목해 보아야 할 두드러진 현상이 존재하고, 일단 우리가 그것을 훨씬 큰 구조물을 떠받쳐야 하는 내벽으로서의 압박감으로부터 구출한다면, 그것은 그것과는 다른 구조물에 가치 있는 기여를 하게 될 것이다.

불필요하게 자세한 논의로 들어갈 것도 없이(예레미아스의 자세한 검토는 여전히 대체로 적절하다), 우리는 이스라엘의 하나님을 "아버지"라고 불렀던

특한 계시와 권세를 다루고 있다 … 권세는 하나님이 마치 아버지가 아들에게 그러하듯이 스스로를 예수에게 계시하였다는 사실에 그 토대를 두고 있다. 따라서 '내 아버지'는 계시의 용어이다. 그것은 예수의 사명에 관한 중심 진술을 나타낸다." Schillebeeckx 1979 [1974], 256-71은 이 점을 더 강력하게 말한다(요약: 269). Cf. Harvey 1982, 168-70; Kim 1983, ch. 5.

132) 위의 409f.를 보라; 예를 들면, cf. Vermes 1973, 210-13; 1983, 41-3; Barr 1988. Vermes는 bTaan 23b(Hanin이라는 사람이 자기 자녀들로부터 아바라는 말을 듣고 만유의 주에게 비를 내리는 아바와 그렇지 못한 아바를 구별하도록 자녀들에게 가르쳐야 되느냐고 물었다는 이야기)를 이 용어에 대한 팔레스타인적 용법의 한 예로 인용한다. 그러나 Jeremias(1967, 61 f.; 1971, 65f.)는 이 이야기 속에서 아바는 이스라엘의 하나님을 나타내기 위하여 사용된 것이지, 그 하나님을 부르는 데에 사용된 것은 아니라고 지적한다. "아바는 아빠를 의미한다"라는 예레미아스의 주장은 널리 받아들여지고 있다; 어떤 의미에서 그는 이러한 오해에 대하여 책임이 있을 수 있지만, 그는 결코 실제로 그것을 단언하지는 않았다. Barr도 이것을 인정하고(39), 예레미아스의 논증은 대체로 여전히 타당하다고 말한다.

133) 막 14:36.

예수의 표현은 우선 우리가 제11장에서 살펴보았던 기본적인 목적 및 신념과 관련이 있다는 것을 주장할 수 있다. 그러한 부름말은 특히 출애굽과 관련된 뉘앙스를 띤 채 이스라엘을 하나님의 아들로 불렀던 것에 대한 회상을 상기시킨다;[134] 또한 그것은 특별한 아들로서의 메시야, 아들로서의 이스라엘의 지위에 그 초점이 맞춰져 있는 메시야를 지시하기도 한다.[135] 이미 우리가 보았듯이, 이 모든 것은 악한 농부들에 관한 비유 속에 아주 첨예하게 등장한다. 예수는 자기 자신이 새로운 출애굽을 구현함으로써 이스라엘의 운명을 그 절정에 올려놓게 될 메시야라고 믿었기 때문에, 이러한 신념과 일치하는 방식으로 스스로 기도하고 그의 제자들에게 그렇게 기도하라고 가르쳤을 것이라고 생각하는 것은 자연스러운 일이다.

이제까지 이 장의 논증에 비추어서 우리가 지금 주장할 수 있는 것은 이러한 의미, 그리고 그것이 함축하고 있던 메시야적 소명 안에서 예수는 좀 더 깊은 의미를 발견하였고, 따라서 이스라엘의 하나님을 "아버지"라고 부르는 것이 극히 적절하다는 것을 알게 되었다는 것이다. 앞에서 내가 논증했듯이, 예수가 성서에 의하면 오직 이스라엘의 하나님만이 할 수 있는 것을 이스라엘과 세계를 위하여 해야 할 소명 위에서 행동한 것이 사실이라면, 우리는 무엇이 그러한 소명을 만들어 내었고 지탱했으며 적어도 중심 특징이 되게 하였는지를 알아낼 수 있는 단서들이 과연 존재하는지를 탐구하는 것은 정당한 일일 것이다. 그러한 질문을 던지고서 우리가 예수는 이스라엘의 하나님을 전적으로 유일무이하지는 않더라도 적어도 아주 주목할 만했던 방식으로 "아버지"라고 불렀던 것으로 보인다는 것을 발견할 때, 우리는 이미 대답 가까이에 있는 셈이다. 그리고 우리가 다음과 같은 대목을 발견할 때:

그 때에 예수께서 대답하여 이르시되 천지의 주재이신 아버지여 이것을 지혜롭고 슬기 있는 자들에게는 숨기시고 어린 아이들에게는 나타내심을 감사하나이다 옳소이다 이렇게 된 것이 아버지의 뜻이니이다 내 아

---

134) 출 4:22 등. Wis. 2:13-16에서 스스로를 "하나님의 아들"이라 부르는 자는 아마도 단순히 한 경건한 유대인일 것이다.

135) 삼하 7:14; 시 2:7, 12; 89:26-7.

버지께서 모든 것을 내게 주셨으니 아버지 외에는 아들을 아는 자가 없
고 아들과 또 아들의 소원대로 계시를 받는 자 외에는 아버지를 아는 자
가 없느니라.[136)]

우리는 이러한 우리의 추론이 옳다는 것을 확증받을 수 있다. 우리가 이 장
에서 발견해 왔던 모든 것에서와 마찬가지로, 예수가 "아버지"라고 불렀던 바
로 그분과 특별한 친밀감을 가졌을 가능성은 그런 의미에서 지금까지의 예수
상의 나머지 부분의 바깥쪽에 덧붙여질 새롭고 이상한 개념이 결코 아니다.
그것은 그러한 예수상의 안쪽에 있는 것이 아주 자연스러워 보이고, 그러한
예수상의 나머지 모든 부분을 의미 있게 하고 더 깊이 있게 해 준다.[137)]

그러므로 복음서들로부터 시작해서 거꾸로 작업해 온 우리는 그 자체로서
는 예수의 자기 이해에 관한 논거를 위한 토대로 불충분하지만 예수의 마지막
위대한 상징적 행위들과 그것들을 둘러싼 설명들이라는 맥락 속에 두어질 때
에 제 모습을 찾게 되는 몇몇 주제들을 발견해 냈다. 내가 지금까지 의도적으
로 피해 왔던 그 밖의 다른 것은 변화산 사건에 대한 언급 또는 논의였다.[138)]
좋게 말해서, 그것은 역사적 재구성, 본서와 같은 작은 재구성에서조차 토대로
사용될 수 없는 그런 유의 이야기이다. 그러나 우리가 이 기사를 신학, 심리학,
성서에 대한 간접 인용, 신비주의, 인류학 또는 그 어떤 것의 견지에서 분석한
다고 할지라도, 실제로 예수가 자기 자신의 소명에 관하여 내가 지금까지 설
명해 왔던 방식으로 생각하였고, 변화산 사건과 같은 그런 사건이 일어났다면,
그것은 그러한 소명을 강화시켜 주고 방향을 부여해 주었을 수밖에 없다는 것
을 그 어떤 역사가라도 인정하지 않을 수 없을 것이다. 그리고 이것에 비추어
볼 때, 우리는 단지 예수가 보도된 사건 직전에 말한 것으로 세 공관복음서
모두에 기록되어 있는 말씀들, 이 장과 본서의 제3부가 이제까지 말해 왔던

---

136) 마 11:25-7/눅 10:21-2. 주석서들과 아울러 Jeremias 1971, 56-61; Harvey 1982,
160을 참조하라.

137) Harvey 1982, ch. 7(위의 p. 203 n.136을 보라)에 의해서 유익하게 탐구된 "대
리"라는 개념은 복음서들에 나오는 아버지-아들에 관한 묘사의 많은 부분을 설명해 주
지만, 내가 보기에는 그 핵심을 포착하고 있지는 않다.

138) 마 17:1-9/막 9:2-10/눅 9:28-36.

것의 상당 부분을 결합시킨 말씀들을 언급해 보기만 하면 될 것이다:

> 누구든지 나를 따라오려거든 자기를 부인하고 자기 십자가를 지고 나를 따를 것이니라 누구든지 자기 목숨을 구원하고자 하면 잃을 것이요 누구든지 나와 복음을 위하여 자기 목숨을 잃으면 구원하리라 사람이 만일 온 천하를 얻고도 자기 목숨을 잃으면 무엇이 유익하리요 사람이 무엇을 주고 자기 목숨과 바꾸겠느냐 누구든지 이 음란하고 죄 많은 세대에서 나와 내 말을 부끄러워하면 인자도 아버지의 영광으로 거룩한 천사들과 함께 올 때에 그 사람을 부끄러워하리라 [또 그들에게 이르시되] 내가 진실로 너희에게 이르노니 여기 서 있는 사람 중에는 죽기 전에 하나님의 나라가 권능으로 임하는 것을 볼 자들도 있느니라 하시니라.[139]

지금쯤은 이것과 같은 대목을 내가 제시한 모형 속에서 어떻게 읽을 수 있는 지가 분명해졌을 것이다. 베드로는 조금 전에 예수가 메시야라고 분명하게 고백하였다. 예수는 제자들에게 자기가 버린 바 되고 죽임을 당해야 한다는 것을 말함으로써 이것에 대답하였다. 그런 후에, 예수는 그 밖의 다른 모든 그러한 "가르침"을 함축적으로 내포하는 하나의 부르심, 하나의 경고, 하나의 약속을 말한다: 제자들은 그의 두 배나 위험한 혁명 속에서 그를 따라야 한다; 그들은 그렇게 하기 위하여 모든 것을 버리지 않으면 안 된다; 하나님 나라가 곧 동터올 것이다. 이것이 지닌 함의는 예수가 하나님 나라의 도래를 자신의 메시야직, 자신의 다가올 죽음, 이 둘을 집약하게 될 예루살렘으로의 여행과 밀접하게 결부되어 있는 것으로 보았다는 것이다. 예수는 자기 자신 속에 포로생활로부터의 귀환, 악의 패배, 시온으로의 야훼의 돌아오심을 구현할 것이다. 일단 우리가 이러한 일련의 사고의 흐름을 전체적으로나 그 부분에 있어 내가 지금까지 주장한 방식대로 이해한다면, 우리는 예수의 관점에서 볼 때, 이것은 실제로 여기서 "하나님의 아들"이기도 한 "인자"가 신원될 방식이었다는 것을 볼 수 있다. 이것은 야훼께서 시온으로 돌아오실 방식이었다; 이것은

---

139) 막 8:34 9:1; par. 마 16:24-8/눅 9:23-7. 여러 편차들은 그 자체로는 흥미로운 것이지만, 여기에서의 논증과는 아무 상관이 없다.

예수가 거기에 당도했을 때에 야훼께서 이루실 것이었다. 이것은 하나님의 승리를 향한 길이 될 것이었다.

5. 결론

우리는 본서의 제3부에서 예수의 목적들과 신념들을 탐구하는 일을 착수하였다. 이제는 우리가 발견한 것들을 한데 통합할 때이다.

나는 예수의 근저에 있던 목적은 소명에 관한 그의 믿음과 인식에 기반을 두고 있었다고 논증하였다.[140] 예수는 자기 자신이 이스라엘의 하나님에 의해서 시온으로의 야훼의 돌아오심에 관한 약속을 말하고 있던 전승과 어떤 인간 존재가 하나님의 보좌를 공유할 것이라고 말하고 있던 모호하지만 여전히 중요한 전승들을 상기시키고, 예루살렘으로의 그의 여행, 성전에서의 그의 메시야적 행위, 이교도들에 의한 그의 죽음을 통해서 이러한 전승들을 직접 실천하며(이후의 신원을 소망하면서), 그렇게 함으로써 야훼의 돌아오심을 구현하도록 부르심을 받았다고 믿었다. 그러한 목적들을 실천에 옮겼을 때의 그의 의도들은 예루살렘으로의 여행, 예루살렘에의 도착과 성전에서의 행위, 최후의 만찬, 겟세마네 동산에서의 고뇌, 당국자들 앞에서 자신을 위한 그 어떤 변호도 거부한 것 등과 같은 세부적인 것들을 포함하고 있었다. 그러한 의도들을 실천하면서, 예수는 그렇게 함으로써 그러한 목적들을 자기가 이루고 있다고 믿었다.

그러므로 예수의 신념들은 장차 도래할 이스라엘의 하나님의 나라와 관련된 주후 1세기의 한 유대인의 신념들이었다. 예수는 유대교의 가르침에 대한 충성에 있어서 요동함이 없었다. 그러나 그의 신념들은 하나님 나라가 그의 사역을 통해서 오고 있다고 믿었던 주후 1세기의 한 유대인의 신념들이었다. 그러므로 이스라엘이 소중히 여겼던 신념들에 대한 예수의 충성은 내부로부터의 비판과 혁신, 그가 그 참된 목적이 심각하게 부패하고 왜곡되었다고 믿었던(오래 전의 예언자들과 당시의 급진주의자들과 마찬가지로) 전승들과 제도들에

---

140) "나는 보내심을 받았다 … " 또는 "나는 …하러 왔노라"는 소명을 나타내는 언어이다: 예를 들면, cf. 마 9:13/막 2:17/눅 5:32; 눅 19:10.

대한 도전, 결코 단순한 혁신에 지나지 않았던 것이 아닌 전례 없는 새로운 주장들의 형태를 띠고 있었다. 그것들은 언제나 높은 근거를 주장하였다: 성취, 완성, 절정.

우리는 예수의 신념들을 유대인들의 세 가지 가장 기본적인 신념들이라는 견지에서 요약할 수 있다: 유일신 사상, 선택 사상, 종말론.[141]

예수는 세상을 창조하셨고, 이스라엘을 그의 백성으로 부르신 한 분 하나님이 그의 백성과 함께 있어서 그들을 그들의 목적지, 즉 그들의 새로운 출애굽으로 인도하겠다고 약속하였다는 것, 하나님의 임재, 인도, 궁극적으로는 구원은 성전, 토라, 지혜, 말씀, 성령을 통해서 상징되었고 현실화되었다는 것을 믿었다. 그는 주후 1세기 유대적 유일신 사상을 믿는 자였다.

예수는 이스라엘이 세상의 빛이 되도록 부르심 받고, 고난을 통해서 자신의 소명을 이루도록 부르심을 받은 한 분 창조주 하나님의 참된 백성이라는 것을 믿었다. 예수는 이스라엘의 소명에 대한 당시의 해석들에 도전하였지만, 이스라엘의 특별한 소명에 대한 이러한 신앙을 소중히 간직하였다.

예수는 포로생활로부터의 진정한 귀환, 악의 최종적인 패배, 시온으로의 야훼의 돌아오심을 이루게 될 장차 도래할 이스라엘의 하나님의 나라를 믿었다. 그는 이러한 유대적 소망을 받아들여서, 그것을 자신의 사역을 위한 주제로 삼았다.

예수의 신념들과 당시의 그 밖의 다른 수많은 유대인들의 신념들 간의 차이는 단지 이런 것이었다: 그는 자기 자신을 통하여 이러한 모든 일들이 이루어질 것이라고 믿었다는 것이다. 예수에게 맡겨진 구체적 과제는 이러한 신학과 기대 전체를 자신의 삶과 사역이라는 견지에서 해석한 것(또는 해독한 것?)을 상징적으로 제시하는 것이었다. 예수가 배신당하던 그날 밤에 메시야로서 말하였던 말씀들은 예수 자신에 관하여 말했던 이스라엘의 하나님의 말씀으로 예언적으로 울려 퍼질 것이다. "이는 나의 사랑하는 자 내 아들이니 내가 그를 기뻐하노라"; "이는 내 사랑하는 아들이니 너희는 그의 말을 들으라"; 그리고 이제 예수는 이렇게 말한다: "이는 너희를 위하여 주는 나의 몸이니."[142]

---

141) 유대인들의 신념(신앙)의 패턴과 전통에 대해서는 cf. *NTPG* chs. 9, 10.

예수의 "소명"에 관하여 말하다 보면, 우리는 복음서의 기독론에 관한 몇몇 전통적인 진술들과는 판이하게 다른 곳에 와 있게 된다. "고" 기독론을 주장하는 데에 관심을 가지고 그러한 기독론을 오직 모종의 가현설적 입장을 취할 때에만 예수의 "신성"을 주장할 수 있는 암묵적 이신론이라는 18세기적 맥락 속에 놓고자 하는 학자들에 의해서 흔히 상정되고 있는 것과는 달리, "소명 의식"은 예수가 자기 자신, 이스라엘의 하나님, 이 둘의 관계에 관하여 모종의 "초자연적" 인식을 갖고 있었다고 말하는 것과 결코 동일하지 않다. 달리 말하면, 어떤 사람이 자기가 남자인지 여자인지, 배고픈지 목마른지, 또는 한 시간 전에 오렌지를 먹었는지를 아는 것과 동일한 방식으로, 예수는 "그가 하나님이라는 것을 알고" 있는 것이 아니었다. 예수의 "지식"은 좀 더 위태롭고, 하지만, 좀 더 의미심장한 종류에 속했다: 자기가 사랑받고 있다는 것을 아는 것과 같이. 우리는 그것에 의해서 사는 것을 통해서가 아니고는 그것을 "입증할" 수 없다. 이런 식으로 예수의 예언자적 소명은 그 속에 시온으로의 야훼의 돌아오심을 상징적으로 몸소 보여주어야 할 소명을 포함하고 있었다. 예수의 메시야적 소명은 그 안에 성서에 의해서 야훼가 자기 자신을 위하여 유보하여 두었던 몇몇 과제들을 시도해야 할 소명을 포함하고 있었다. 예수는 야훼께서 그러한 역할을 자신의 것으로 주장하였다는 것을 아는 가운데 메시야적 목자의 역할을 스스로 감당해야 했다. 예수는 야훼가 오직 그만이 이룰 수 있다고 말하였던 바로 그 구원의 과제를 수행해야 했다. 예수는 그 어떠한 사자도, 그 어떠한 천사도 이룰 수 없었고 오직 "야훼의 팔," 이스라엘의 하나님의 임재만이 이룰 수 있었던 것을 해야 했다.[143] 믿음에 붙잡히고 기도 속에서 지탱되며 대결 속에서 시험받고 기도와 의심 속에서 고뇌하며 행위 속에서 수행된 그의 인간적 소명의 일부로서, 예수는 그가 이스라엘과 세계를 위하여 성서에 의하면 오직 야훼만이 할 수 있었던 것을 해야 한다고 믿었다. 예수는 이스라엘의 메시야였다: 그러나 결국에는 "하나님 외에는 왕이 없을" 것이다.

요컨대, 나는 시온으로의 야훼의 돌아오심과 그것이 부각시키고 있는 성전

---

142) 막 1:11 par.; 9:7 par.; 눅 22:19 par.

143) 겔 34; 사 59:15-21; 63:8f. "야훼의 팔"은 이사야 40-55장에서 주요한 주제이고, 53:1에서는 실제로 "야훼의 종"과 혼용되고 있는 것으로 보인다.

신학이 복음서 기독론에 대한 가장 심오한 열쇠들이자 단서들이라고 주장한다.[144] 적어도 당분간은 예수의 "칭호들"을 잊어버려라; 나사렛 예수가 삼위일체의 제2위라는 것을 알고 있었다고 주장하려는 사이비 정통신앙적 시도들을 잊어버려라; 아무런 생각 없이 정통신앙인 것처럼 행세하는 것의 반영물인 무미건조한 환원주의를 잊어버려라. 그 대신에, 야훼께서 재판장과 구속자로서 시온으로 돌아오시는 것에 관한 이야기를 말하고 나서 예루살렘 도성으로 눈물을 흘리며 나귀를 타고 들어간 것과 성전의 파괴를 상징한 것과 최후의 출애굽을 기념한 것을 통해서 그것을 구현한 한 젊은 유대인 예언자에 초점을 맞춰라. 나는 역사의 문제로서 나사렛 예수가 소명을 인식하고 있었다고 주장한다: 이스라엘의 성서 속에서 하나님이 스스로 그 모든 것을 이루겠다고 약속하였던 것을 자기 속에서 몸소 실행으로 옮길 소명, 그가 "아버지"로 알고 있었던 바로 그분에 의해서 그에게 주어진 소명. 예수는 새로운 출애굽의 백성을 위하여 구름기둥과 불기둥이 될 것이었다. 예수는 자기 자신 속에 계약의 하나님의 돌아오심과 구속의 행위를 구현할 것이었다.

---

144) 이 단락은 Wright 1996d, 28f.에 실린 내용의 또 다른 판본이다.

제4부

결론

제 14 장

결과들

예수에 관한 이야기는, 제대로 된 배경 속에서 읽는다면, 고대사의 가장 매력적인 장(章)들 중의 하나이다. 예수의 삶과 과제는, 그것들 고유의 맥락과 범위 속에서 읽는다면, 우리가 알고 있는 그 어떤 다른 인물과도 필적한다. 예수의 가르침은, 원래의 배경으로부터 분리되어서 이런저런 다른 모양으로 변질되어 다른 과제들에 봉사하도록 강요받는다고 할지라도, 여전히 놀라울 정도로 빛을 발한다. 예수의 죽음은 소크라테스의 죽음과 어깨를 나란히 한다: 십자가와 독약은 "서구적인 감수성의 질감(質感)을 결정하였다."[1)]

그러나 이 모든 것은 하나의 기억이다. 여기에 큰 난제가 있다.

예수를 하나의 교사로 만들어라. 그러면, 너는 그 가르침을 그 밖의 다른 형태들로 바꿀 수 있다. 예수를 일차원적 혁명가(사회적·정치적·군사적)로 만들어라. 그러면, 너는 본받을 수 있는 모형을 갖게 된다. 그러나 예수를 한 분참 하나님의 나라를 선포하고 스스로 구현하고 있다고 주장한 종말론적 예언자로 보라. 그러면, 너는 내기를 했다가 분명히 진 어떤 사람에 관한 이야기를 갖게 된다. 하나님은 주사위 놀이를 하는 것인가라는 아인슈타인의 질문은 여기에서 새로운 신랄함을 얻게 된다.

슈바이처(Schweitzer)는 그 문제점을 아주 잘 보았다. 예수를 그의 역사적(즉, 종말론적이고 묵시론적인) 맥락 속에 두어라. 그러면, 너는 예수를 우리와는 별 상관이 없는 인물로 만들어 버릴 위험성을 안게 된다. 예수의 가르침이

---

1) Steiner 1996, 361.

지닌 지극한 구체성, 그 가르침의 방향이 당시의 이스라엘을 향해 있는 것은 그 가르침을 무시간적인 진리와는 점점 더 상관이 없고 예수 당시를 위한 소책자와 같이 점점 더 만들어 줄 것이다. 이것보다 더 나쁜 것은 다음과 같은 것이다: 예수는 하나님 나라를 약속했으나, 그 나라는 결코 도래하지 않았다. 이 두 가지 이유로 인해서, 우리는 "예수를 묵시 사상으로부터 구원해 내고자 하는 고뇌어린 시도"를 목격해 왔다: 슈바이처의 시대에서는 예수를 무시간적인 교사로 묶어 두고자 하는 경건한 자들에 의해서; 우리 시대에 있어서는 묵시론적 예언자로서의 예수를 거부하려고 하는 불경건한 자들에 의해서.[2]

슈바이처는 한 손에는 이러한 쐐기풀을 붙잡고 다른 손으로는 니체를 붙잡은 채, 예수의 "영" 또는 "인격"은 그의 계획의 실패로 인해서 해방되어 모든 시기와 장소에 걸쳐서 타당하게 되고 모든 시기와 장소를 품는 현존을 지니게 되었다고 선언하였다. 예수는 여전히 낯선 자, "미지의 인물"이지만, 우리를 손짓해서 부르고 명령하고 계시하는 분으로 남아 있을 것이다. 그러나 불트만은 이러한 노선이 잘못되었다고 주장하였다. 그는 자신의 강령적이지만 놀라울 정도로 잘못된 말 속에서 예수의 "인격"은 우리에게 미지의 것이지만 그의 "가르침"은 여전히 살아 있다고 말하였다.[3] 이렇게 해서, 불트만은 슈바이처가 "인격"에 의해서 얻었던 것을 탈신화화를 통해서 얻었는데, 이 둘 사이의 중요한 차이점은 (잠시 아주 단순화해서 말하자면) 슈바이처의 예수는 백성들에게 몇몇 과제들을 수행하라고 촉구한 행동의 사람이었던 반면에, 불트만의 예수는 백성들에게 생각하라고 강력히 권고했던 말씀의 사람이었다는 것이다. 슈바이처의 예수는 슈바이처로 하여금 의료 선교사가 되도록 이끌었다. 불트만의 예수는 불트만으로 하여금 "신약성서 신학"을 쓰게 이끌었다.

슈바이처의 분석이나 불트만의 분석이나 그 어느 쪽도 타당하지 않다. 불트만의 탈신화화된 예수는 주후 1세기와는 상관이 없다: 요세푸스의 저작들을 읽은 후에 『예수와 말씀』(*Jesus and the Word*)이라는 불트만의 책을 한 번 쭉 읽어보라. 슈바이처는 "묵시 사상"이 예수에게 있어서 중심적이었다고 말

---

2) Schweitzer 1954 [1906], 400; 이 조롱하는 어구는 Koch 1972, ch. 6의 책 제목이다.

3) Bultmann 1958a [1926], 8-10.

한 것은 옳았으나, 그것이 세상의 종말을 의미한다고 생각한 것은 잘못이었고, 영원히 타당한 의미의 핵심이 세상이 제 때에 종말에 이르지 않은 것으로부터 출현할 수 있다고 생각한 것은 잘못이었다. 그렇지 않다. 예수는 야훼께서 온 세상의 왕이 되실 장차 도래할 하나님 나라를 몸소 실천하고 구현하기 위하여 예루살렘으로 갔다. 예수는 모든 실패한 메시야들이 죽었던 그 방식으로 죽었다. 이 이야기가 거기에서 끝났다면, 그것이 준 유일하게 실제적인 메시지는 학생들이 학교에서 수사학 연습을 할 때에 배우는 글감 정도가 되었을 것이다. 공적인 삶으로부터 완전히 은퇴하라; 너는 더 잘 잠을 자게 될 것이다.[4]

달리 말하면, 예수의 실천, 이야기들, 상징들이 십자가 처형으로 끝나버렸다면, 우리는 그가 몇 가지 좋은 생각들을 지니고 있었으나 주사위를 마지막 던질 때에 모두 잃어버렸다고 말할 수조차 없을 것이다. 주제상으로 그의 과제 전체와 결부되어 있었던 예수의 죽음은 그러한 사상들 자체를 의문시하게 만들었다. 예수가 내가 지금까지 묘사했던 그런 인물이었다면, 그리고 예수의 죽음이 끝이었다면, 그것은 진정으로 끝이었을 것이다. 예수는 갈릴리 사람 유다 또는 시몬 벤 코시바 같은 인물이 되었을 것이고, 다만 좀 더 흥미로운 인물이 되었을 것이다; 그리고 그렇게 된 이유는 단지 유다와 시몬의 가르침들이 보존되어 오지 않았기 때문일 것이다. 결국, 유다는 요세푸스에 의해서 "소피스테스"(sophistes)로 묘사된다.

물론, 한 교사 또는 지도자의 죽음을 다루는 여러 가지 방식들이 존재하였다. 좀 더 넓은 세계 속에서 보면, 부당한 죽음의 모형이었던 소크라테스에 관한 묘사가 있었다. 유대교 내에서는, 이교도들에 맞서서 이교도들보다 결코 더 낮지 않은 자들과 손을 잡으면서도 여전히 야훼에게 충성하며 죽었던 "순교자"라는 범주도 활용될 수 있었다. 그러나 실패했지만 여전히 존경을 받았던 메시야라는 범주는 존재하지 않았다. 이교도들에 대항한 야훼의 싸움을 승리한 것이 아니라 이교도들의 손에 의해서 죽은 메시야는, 후대의 랍비들(그리고 기독교인들)이 바르 코크바에 대하여 말했던 것처럼, 속이는 자였다.[5]

그렇다면, 왜 사람들은 주목할 만한 비극적인 기억으로서가 아니라 그 외의

---

4) Juv. *Sat.* 1:15-17.

5) 예를 들면, Lam. R. 2:2; cf. Schürer 1:543f.와 위의 948-951.

다른 것으로 나사렛 예수에 관하여 계속해서 말했던 것일까? 이에 대한 분명한 대답은 우리가 실제로 알고 있는 모든 초기 그리스도인들에 의해서 주어진 대답이다(오늘날 신화 창조자들에 의해서 만들어진 것들과 반대되는): 예수는 죽은 자로부터 부활하였다. 물론, 이것은 또 한 권의 책으로밖에 다루어질 수 없는 그 밖의 다른 문제들을 불러일으킨다: 그들은 이 말을 통해서 무엇을 의미하였는가? 실제로 무슨 일이 일어났는가? 그것은 예수에게 일어난 사건이었는가, 아니면 단순히 제자들에게 일어난 것이었는가? 무슨 일이 일어났는지는 몰라도 그것은 왜 그 뒤에 출현했던 종류의 그런 운동을 만들어 내었는가? 우리가 부활을 어떤 식으로 이해하든, 부활은 그들이 예수는 실현될 수 있었지만 실현되지 않았던 꿈과는 다른 그 무엇을 나타낸다고 생각하게 된 유일한 이유였다. 부활은 예수의 삶과 말씀들이 그의 사후에 2000년은 그만두고라도 2주 동안 유효성을 소유하고 있었던 유일한 이유였다.

그러므로 역사가들과 신학자들 모두에게 있어서 진정한 문제점은 예수가 세상의 종말을 기대했으나 그런 일이 일어나지 않았다는 것도 아니고, 또한 제1세대의 그리스도인들이 예수의 재림("파루시아")이 한 세대 이내에 있을 것이라고 기대하였지만 그런 일이 일어나지 않았다는 것도 아니다. 그러한 것들은 다음과 같은 진정한 문제점의 희화화된 것들이다: 예수는 그의 다가올 죽음, 그러한 죽음 후에 그가 예상했던 신원을 악의 패배로 해석하였다; 그러나 부활 사건이 지난 최초의 월요일에도 악은 여전히 예루살렘에서 지브랄타(Gibraltar), 아니 그 너머에까지 이 땅을 활보하였고, 지금도 여전히 활보하고 있다. 기독교 전통 속에서 아주 자주 그래 왔듯이, 예수의 잠정적인 승리의 효력을 내세로 연기하거나, 관념론적 전통 속에서 종종 그래왔듯이, 예수의 승리를 거짓된 사상들에 대한 참된 사상들의 승리로 바꾸어 버리는 것은 예수의 이루신 일을 완전히 탈유대화시키는 것이다. 그것은 하나님 나라가 임하시고, 하나님의 뜻이 하늘에서와 마찬가지로 땅에서도 이루어지라고 기도했던 예수의 엄숙한 기도를 진지하게 받아들이지 않는 것이다.

흥미롭게도, 이러한 평범한 대안들 중 그 어느 것도 제1세대 그리스도인들의 특징이 아니었다는 것이다. 제1세대 그리스도인들은 예수의 부활과 마찬가지로 그들 자신의 부활에 관심을 가졌다. 그들은 흔히 그러한 진리를 잘 다듬고 믿는 데에 관심을 가졌다. 그러나 그들은 악에 대한 예수의 승리를 이미 일어난 일, 실제 세계, 그들이 살고 있던 세계와 직접적으로 결부된 일로 선포하였고 송축하였다. 그들이 싸워야 할 마무리 싸움은 여전히 남아 있었지만, 실제적인 승리는 이미 이루어진 상태였다. 이것이 정사와 권세들에 대하여 그들의 시대가 끝났다고 선포한 것의 토대였다.[6] 이것은 단순히 미리 소망을 맛본 것만이 아니라 과거와 현재 모두와 관련이 있었던 그들의 주목할 만한 기쁨의 토대였다. 이것을 탐구하기 위해서는 또 한 권의 책이 필요하다.

그러므로 예수의 유효성은 예수의 부활에 관한 초대 교회의 증언을 받아들이느냐 거부하느냐에 따라 근본적으로 달라지게 된다. 게다가, 그러한 증언을 받아들인다고 할지라도, 그것은 부활 이전의 예수에 대한 관점에 따라 근본적으로 다른 것들을 의미하게 된다. 정통신앙의 기독론에서 흔히 그러하듯이, 예수가 가현설적 인물이었다면, 그의 부활은 단순히 그가 계시하였고 제시하였던 구원을 유효하게 할 것이다. 그것은 예수가 결국 "신"(어떤 종류의 신?)이었다는 것을 입증하는 것이 될 것이다. 예수가 무시간적인 진리들을 가르치는 교사, 무시간적인 결단으로의 요구를 선포한 자, 또는 세상 속에서 존재하는 새로운 방식의 선구자였다면, 그의 부활은 그가 구체적으로 제시하였던 강령을 시인해 주는 것이 될 것이다; 물론, 흥미롭게도, 이와 같이 예수상을 구축한 사람들은 기독교 신앙의 등장에 대한 은유로서의 부활 이외에는 그들의 도식 속에 부활을 포함시키지 않는 경향을 보여주지만.

그러나 예수가 하나님 나라를 선포했고 그것을 가져오기 위하여 죽은 종말론적 예언자/메시야였다면, 부활은 그가 원칙적으로 그의 과업에 성공하였고, 장차 도래할 하나님 나라에 대한 그의 이전의 재정의들은 그의 제자들을 기다리고 있는 추가적인 과업, 즉 그가 이루었던 것을 보충하는 과업을 보여주는 것이었다는 것을 분명하게 말해주는 것이 된다. 어쨌든 예수는 주후 1세기의 한 선량한 유대인으로서 이스라엘이 세상의 나머지 부분에 대하여 문의 경첩 역할을 한다고 믿었다; 그가 이스라엘을 위하여 했던 것을 그는 원칙적으로 온 세상을 위하여 했다. 예수가 그의 제자들이 이사야서에 나오는 전령관들, 세상에 대하여 빛들이 될 것을 내다보았다고 생각하는 것은 우리가 앞에서 살펴보았던 그의 목적들 안에서 의미가 잘 통한다.

---

6) 예를 들면, cf. 고전 2:6-9; 엡 3:10 등.

그러나 그들은 단순히 사상을 지닌 백성이 아니라 하나의 과업을 지닌 백성이 될 것이었다. 이런 점에서 슈바이처는 옳았고, 불트만은 틀렸다. 이것이 "개념들의 역사"가 결코 예수 또는 초대 교회의 밑바닥까지 이르지 못하게 되는 이유이다. 내가 『신약성서와 하나님의 백성』 및 본서의 제1부에서 개략적으로 설명한 모형은 의도적으로 단순히 질문들과 대답들 — 물론, 이것들은 전체의 일부로서 중요하지만 — 에 초점을 맞춘 것이 아니라, 행위들과 행위로서의 말씀들에 초점을 맞추었다: 실천과 상징, 그리고 추상적 개념들의 "예화들"이 아니라 그 자체로 전복 또는 유지를 목적으로 하는 강력한 행위들인 이야기들. 이러한 모형 안에서, "신념들"은 "목적들"과 밀접하게 결부되어 있다: 목적은 가능한 한 많은 참된 것들을 단순히 믿는 것이 아니라, 참된 신념에 의해서 촉진되고 지탱되면서 예수의 이루신 일을 수행하며 순종 속에서 행동하는 것이다. (나는 선험적으로 이 모형을 발전시킨 것이 아니라, 내 자신이 내가 시작했던 개념들의 역사 모형들을 가지고는 예수를 이해할 수 없다는 것을 발견했기 때문에 이 모형을 발전시켰다. 나는 내가 다루고 있는 제재 자체가 방법론을 제시하도록 하는 데에 나의 최선을 다했고, 그 반대가 되지 않도록 애를 썼다. 실제로, 그것이 본서가 내가 예상했던 것보다 쓰는 데에 더 오랜 시간이 걸리게 된 한 가지 이유이다.) 그러므로 "신약성서 신학"이 그 자체로 참이 되고자 한다면, 그것을 "신약성서의 과제들"이라는 좀 더 넓은 범주 안에서 이해할 필요가 있게 된다. 이것도 또 한 권의 책을 필요로 하는 과제이다.

나는 본서에서 나의 논증의 아이러니컬한 한 가지 특징을 지적하고자 한다. 만약 내가 옳다면, 교회, 특히 정통신앙을 자처했던 시기들에 있었던 교회는 통상적으로 예수가 시온으로의 야훼의 돌아오심에 관하여 말할 때 사용했던 언어(자기 자신이 행하고 있었던 것에 대한 그의 이해의 일부로서)를 "다시 오심"에 대한 언급으로 읽었다. 아이러니는 세 가지이다. 교회의 몇몇 부분들, 특히 개신교의 몇몇 유형들은 성육신보다는 "다시 오심"에 대하여 훨씬 더 강력하고 열성적인 믿음을 가지고 있었고, 이러한 믿음은 예수가 실제로 "신적" 또는 초자연적 존재였기 때문에 인간으로서의 그의 이력은 그가 제시한 구원과 그렇게 관련이 없다는 것을 보장해 주는 기능을 하였다. 둘째, 정통 교리라고 하는 것과 그것이 이후의 역사 속에서 수반하였던 모든 것을 거부해 온 사람들은 통상적으로 그것을 역사적 토대가 없는 것으로 공격하여 왔다.[7] 셋째, 성육신 자체를 탐구하고 이해하고자 했던 사람들은 통상적으로 이 주제에 관한 가장 중심적이고 충격적이고 극적인 자료, 진지하게 받아들이기만 한다면 "신"이라는 단어의 의미가 예수의 실제 역사를 중심으로 거듭거듭 다시 고찰되었다는 것을 보여주는 자료를 간과해 왔다.

그토록 많은 사람들이 역사적으로 비진정한 방법론이라는 핑계를 들고 꽁무니를 빼면서 거룩한 땅을 밟지 않기 위하여 역사적으로 걸림돌이 되는 것들을 벗어버리고 예수에 관하여 그리 많이 알지 못한다고 주장함으로써 "하나님"을 일정한 거리에 두고 있는 것은 바로 이 마지막 조치를 행하기가 두렵기 때문일 것이다. 라이트푸트(R. H. Lightfoot)는 1934년 뱀프턴(Bampton) 강좌의 저 유명한 마지막 강의에서 그 분명한 예를 보여준다.[8] 그러나 탕자가 맨발로 집으로 돌아왔을지라도, 그에게는 아버지의 집에 도착했을 때에 신을 신발이 주어졌다. 아버지의 재산 중 절반을 가지고 도망가서 결코 다시는 얼굴을 보지 않고자 하는 그러한 교만을 벗어 버린다면, 역사는 가족의 식탁 위에 속하게 된다. 맏아들인 신학이 역사를 필요 없는 체하거나 못 본 체하더라도, 그것은 그가 그의 아버지가 누구인가를 잊었다는 것을 보여주는 표적일 것이다.

정통 신학은 흔히 이렇게 뭔가를 잊고 지내왔고, 그래서 흔히 계몽주의를 악당의 역할로 불러 들였다. 계몽주의는 그 밖의 다른 어떤 운동보다도 더 교활하였다. 금지된 주제가 존재하였는가? 그렇다, 한 가지가 존재하였다: 예수의 역사를 탐구하는 것. 좋다, 그러면 그것을 해보도록 해라: 그러면, 우리는 신들과 같이 되어서 허구 속의 사실을 알게 될 것이다. 그래서 역사는 동산에

---

7) 예를 들면, cf. Vermes 1973, 212f.

8) Lightfoot 1935, 225: "복음서들의 가치는 평가할 수 없을 정도로 무한한 것이지만, 복음서들은 우리에게 예수의 목소리의 속삭임 정도만을 들려주고 있다; 우리는 복음서들 속에서 단지 예수의 길들의 언저리들만을 추적한다. 우리가 예수를 이후에 온전히 보게 될 때에만, 우리는 지상에서의 예수의 모습이 어떠했는지를 알게 될 것이다. 그리고 우리가 이 문제를 좀 더 깊이 숙고하면 할수록, 우리는 좀 더 분명하게 이 문제의 원인을 이해하게 될 것이다. 그러므로 우리는 다른 식으로 그것을 받아들여서는 안 된다. 우리는 현재 전자에 대해서나 후자에 대해서 거의 준비가 되어 있지 않다."

서 쫓겨났고, 짐을 꾸려서 먼 나라로 갔으며, 가시나무와 엉겅퀴에 둘러싸인 채 쥐엄나무 열매를 먹게 되었다.

그러나 역사가 여전히 아버지의 참된 아들들 중 하나라고 한번 생각해 보는 것이 어떠한가?

어떤 의미에서 라이마루스(Reimarus)는 옳았고, 멜란히톤(Melanchton)은 틀렸다. 기독교는 역사로부터 멀어질 때, 중요한 것은 실제로 일어난 일이 아니라 "그것이 내게 의미하는 것"이라고 말할 때에 엄청난 폐해를 가져온다. 물론, 이와 동시에 두 세기 후에 라이마루스가 앉아 있다고 생각했던 가지는 이미 잘려 나간 가지라는 것이 드러났다. 그것이 기독교를 파괴할 것이라는 희망 속에서 역사에 호소했던 그의 작업은 실제로는 기독교를 다시 한 번 지금까지 잊고 있었던 뿌리들과 접촉하게 해 주었고 나무로 하여금 새로운 생명수에 접근할 수 있게 해 주었다. 멜란히톤의 의도(신학적 주석)는 결국 라이마루스의 노선(역사적 예수 연구)에 의해서 이루어질 수 있었다. (그것들이 역사 또는 신학을 인정하고자 했느냐와는 상관 없이, 그 결과물들은 또 다른 문제이다.) 이러한, "탐구"에 대한 적절한 반응은 진정한 신학, 선포, 경건을 위하여 그러한 것을 중단해야 한다는 것이 아니다. 이러한 탐구를 포함한 온갖 종류의 탐구들에 대한 적절한 반응은 흔히 올바른 질문이 제기되어 왔지만 그에 대한 온전한 대답이 아직 나타나지 않았다고 말하는 것이다. 우리는 역사로부터 꽁무니를 빼거나 역사가 우리와 함께 달리는 것을 막기 위하여 신학적인 핸드 브레이크를 계속해서 잡고자 해서는 안 된다. 진정으로 주후 1세기의 유대적인 신학적 관점은 우리에게 역사, 특히 주후 1세기 유대교의 역사는 세상을 창조한 하나님이 심판과 구원의 사역을 하고 있는 영역이라는 것을 깨닫도록 가르쳐 줄 것이다. 물론, 이것은 교회 밖에서나 교회 안에서 우리에게 닥친 근본적인 도전이 될 것이다. 그러나 우리가 이미 하나님에 관하여 알려져 있는 모든 것을 알고 있다는 전제 하에서 출발한다면, 그것은 우리를 당혹스럽게 하거나 깜짝 놀라게 할 것이다.

라이트푸트는 하나님의 인간적 얼굴을 위험스럽게 얼핏 쳐다보는 것을 피하여, 복음서들 속에서 우리는 단지 하나님의 길들의 가장자리들만을 추적할 수 있다고 말하였다 — 이것은 우리가 천상의 비전에 대해서와 마찬가지로 그것에 대해서도 준비되어 있지 않기 때문이다(그가 말한 것처럼). 복음서들은 사실 우리에게 예수에 관하여 그러한 학자들이 생각했던 것보다 훨씬 더 많은 것을 말해주고 있다는 것, 그런데도 몇몇 유형의 정통신앙이 그러한 결론들을 이끌어내기를 회피하고자 하지만 그러한 반응은 자기패배적이고 진실하지 못한 것이라는 것을 밝히는 것이 본서의 취지였다. 지금까지 내가 제시해왔던 예수의 사고방식, 목적들, 신념들에 관한 묘사는 우리가 그의 직접적인 현존을 꺼려해야 하는 무시무시한 하나님이 아니라 그 영광을 환영과 경고, 상징과 이야기, 성전에 대한 위협, 다락방에서의 송축, 골고다 언덕 위에서 정오의 어두운 밤 속에 기이하게 계시한 그러한 하나님을 보여준다.

슈바이처는 예수가 우리에게 미지의 존재로서 다가온다고 말하였다. 내가 옳다면, 어원학적으로 이것은 완전히 잘못된 것이다. 우리는 허랑방탕하고 파멸적인 역사주의에 우리의 가진 재산을 다 허비해 버렸던 저 먼 나라로부터 기어서 미지의 존재들로서 예수에게 나아온다. 그러나 쥐엄나무 열매들 — "오늘날의 비평학의 확실한 결과들" — 은 우리에게 교만으로 인해서 완전히 망각하고 있었던 그 지식을 상기시켜 주었고, 우리는 집으로 가는 여행을 시작하였다. 그러나 우리가 집에 가까이 다가왔을 때, 우리가 본서에서 행하고자 했던 대로, 우리는 우리가 학문 또는 신앙이라는 이름으로 내어버렸지만 여전히 인내심을 가지고 다시 한 번 찾아주기를 기다리고 계셨던 그분이 잘 알려져 있는 분으로서 우리에게 달려오고 있는 것을 발견하였다. 그리고 우리의 손가락에 끼어져 있는 반지와 우리의 발에 신고 있는 신발들은 우리에게 그의 나라를 송축하고 그의 식탁에서 함께 잔치를 벌이면서 우리는 거듭거듭 그분이 누구인지만이 아니라 우리 자신이 누구인지도 발견하게 될 것이라는 것을 확신시켜 준다: 미지의 존재, 그렇지만 잘 알려져 있는 존재, 죽어가는 존재로서, 보라, 우리는 살고 있다.

부록

초기 기독교 문헌 속에서의 "하나님 나라"

하나님 나라라는 주제는 본서의 논의 중 많은 부분에서 아주 중심적이기 때문에, 관련 구절들을 쉽게 찾아볼 수 있는 형태로 제시하는 것은 도움이 된다. 모든 구절들의 내용을 온전한 형태로 제시하게 되면, 분량이 감당할 수 없을 정도로 많아지게 될 것이다. 이것은 이를테면 병행 구절들이 사소한 편차들을 보이는 경우에 내가 판단해서 요약을 해야 했다는 것을 의미한다. 나는 이 목록을 논쟁의 목적으로 사용하고자 하는 것도 아니고, 또한 그 밖의 다른 의도가 있는 것도 아니며, 단지 관련 구절들을 접근하기 쉬운 형태로 제시하고자 하는 것뿐이라는 것을 강조해 두고자 한다.

나는 우선 구절들을 공관복음 전승 속에서 발견되는 것들과 그 외부에서 발견되는 것들로 나누었다. 첫 번째 범주에 속하는 구절들은 다시 세분되어서, 먼저는 그 구절이 등장하는 여러 전승들별로 제시되고, 다음에는 폭넓게 범주화된 주제들을 기준으로 제시된다.

1. 공관복음 전승

a. 위치에 의한 분류

(i) 세 공관복음서 모두에 나오는 것들

마 12:25/막 3:23-6/눅 11:17-18: 스스로 분쟁하는 나라마다 황폐하여질 것이요 스스로 분쟁하는 동네나 집마다 서지 못하리라 만일 사탄이 사탄을 쫓아내면 스스로 분쟁하는 것이니 그리하고야 어떻게 그의 나라가 서겠느냐.

마 13:11/막 4:11/눅 8:10: 천국의 비밀을 아는 것이 너희에게는 허락되었으나 그들에게는 아니되었나니 …

마 13:31/막 4:30/눅 13:18: 천국은 마치 … 겨자씨 한 알 같으니 …

마 16:28/막 9:1/눅 9:27: 여기 서 있는 사람 중에 죽기 전에 인자가 그 왕권을 가지고 오는 것/하나님의 나라가 권능으로 임하는 것/하나님의 나라를 볼 자들도 있느니라.

마 18:1-4/막 10:15/눅 18:16-17: 제자들이 예수께 나아와 이르되 천국에서는 누가 크니이까 예수께서 한 어린 아이를 불러 그들 가운데 세우시고 이르시되 진실로 너희에게 이르노니 너희가 돌이켜 어린 아이들과 같이 되지 아니하면 결단코 천국에 들어가지 못하리라 그러므로 누구든지 이 어린 아이와 같이 자기를 낮추는 사람이 천국에서 큰 자니라. [막/눅: 누구든지 하나님의 나라를 어린 아이와 같이 받들지 않는 자는 결단코 그 곳에 들어가지 못하리라.]

Cf. 마 19:14: 어린 아이들을 용납하고 내게 오는 것을 금하지 말라 천국이 이런 사람의 것이니라.

마 19:23f/막 10:23f/눅 18:25: 부자는 천국/하나님의 나라에 들어가기가 어려우니라.

마 26:29/막 15:43/눅 22:16, 18: 내가 포도나무에서 난 것을 이제부터 내 아버지의 나라에서 새것으로 너희와 함께 마시는 날까지 마시지 아니하리라. [누가는 떡과 잔에 대하여 비슷한 말씀을 반복한다.]

(ii) 마태와 마가에만 나오는 것들

마 4:17/막 1:15: 회개하라 천국이 가까이 왔느니라.

마 20:21/막 10:37: 나의 이 두 아들을 주의 나라[마가에는 "나라" 대신에 "영광"으로 되어 있다]에서 하나는 주의 우편에, 하나는 주의 좌편에 앉게 명하소서[막: 우리를 … 앉게 하여 주옵소서].

막 9:47: 한 눈으로 하나님의 나라에 들어가는 것이 두 눈을 가지고 지옥에 던져지는 것보다 나으니라. [Cf. 마가의 "나라"에 대하여 마 18:9에는 "생명"으로 되어 있다.]

(iii) 마태와 누가에만 나오는 것들

마 5:3/눅 6:20/도마 54: 천국이 그들[(마: 심령이) 가난한 자]의 것임이요.

마 6:33/눅 6:31: [마:먼저] 그의 나라 … 를 구하라.

마 6:10/눅 11:2: 나라가 임하시오며.

마 8:11/눅 13:28f.: 동서로부터 많은 사람이 이르러 아브라함과 이삭과 야곱과 함께 천국에 앉으려니와 그 나라의 본 자손들은 바깥 어두운 데 쫓겨나 … [누가의 첨가: 너희가 아브라함 … 하나님 나라에 있고 오직 너희는 밖에 쫓겨난 것을 볼 때에 거기서 슬피 울며.]

마 10:7/눅 9:2: 가면서 전파하여 말하되 천국이 가까이 왔다 하고. [눅: 하나님의 나라를 전파하며 앓는 자를 고치게 하려고 내보내시며]

마 11:11-12/눅 7:28; 16:16, cp. 도마 46: 여자가 낳은 자 중에 세례 요한보다 큰 이가 일어남이 없도다 그러나 천국에서는 극히 작은 자라도 그보다 크니라[par.: 눅 7:28] 세례 요한의 때부터 지금까지 천국은 침노를 당하나니 침노하는 자는 빼앗느니라. [par.: 눅 16:16 율법과 예언자는 요한의 때까지요 그 후부터는 하나님 나라의 복음이 전파되어 사람마다 그리로 침입하느니라]

마 12:28/눅 11:20: 그러나 내가 하나님의 성령[눅: 손(가락)]을 힘입어 귀신을 쫓아내는 것이면 하나님의 나라가 이미 너희에게 임하였느니라.

마 13:33/눅 13:20: 천국은 마치 … 누룩과 같으니라.

마 22:2: 천국은 마치 자기 아들을 위하여 혼인 잔치를 베푼 어떤 임금과 같으니 … [눅 14:15: 함께 먹는 사람 중의 하나가 이 말을 듣고 이르되 무릇 하나님의 나라에서 떡을 먹는 자는 복되도다 이르시되 어떤 사람이 큰 잔치를 베풀고 많은 사람을 청하였더니.]

눅 19:11: 그들이 이 말씀을 듣고 있을 때에 비유를 더하여 말씀하시니 이는 자기가 예루살렘에 가까이 오셨고 그들은 하나님의 나라가 당장에 나타날 줄로 생각함이더라. [마 25:14-30: "천국" 비유라는 소개는 없으나 넓은 맥락 속에서 이와 비슷한 비유.]

(iv) 마가와 누가에만 나오는 것들

눅 22:29-30: 내 아버지께서 나라를 내게 맡기신 것 같이 나도 너희에게 맡겨 너희로 내 나라에 있어 내 상에서 먹고 마시며 또는 보좌에 앉아 이스라엘 열두 지파를 다스리게 하려 하노라. [막 11:10: "나라" 대신에 "새 세상에서"(palingenesia)로 되어 있는 비슷한 말씀.]

막 15:43: 아리마대 사람 요셉은 ⋯ 하나님의 나라를 기다리는 자라.

(v) 마태에만 나오는 것들

마 3:2 (세례 요한): 회개하라 천국이 가까이 왔느니라.

마 4:23: 예수께서 온 갈릴리에 두루 다니사 그들의 회당에서 가르치시며 천국 복음을 전파하시며 백성 중의 모든 병과 모든 약한 것을 고치시니.

마 5:10: 의를 위하여 박해를 받은 자는 복이 있나니 천국이 그들의 것임이라.

마 5:19f.: 그러므로 누구든지 이 계명 중의 지극히 작은 것 하나라도 버리고 또 그같이 사람을 가르치는 자는 천국에서 지극히 작다 일컬음을 받을 것이요 누구든지 이를 행하며 가르치는 자는 천국에서 크다 일컬음을 받으리라 내가 너희에게 이르노니 너희 의가 서기관과 바리새인보다 더 낫지 못하면 결코 천국에 들어가지 못하리라.

마 7:21: 나더러 주여 주여 하는 자마다 다 천국에 들어갈 것이 아니요 다만 하늘에 계신 내 아버지의 뜻대로 행하는 자라야 들어가리라.

마 9:35: 예수께서 모든 도시와 마을에 두루 다니사 그들의 회당에서 가르치시며 천국 복음을 전파하시며 모든 병과 모든 약한 것을 고치시니라.

마 13:19: 아무나 천국 말씀을 듣고 깨닫지 못할 때는 악한 자가 와서 그 마음에 뿌려진 것을 빼앗나니 이는 곧 길 가에 뿌려진 자요.

마 13:24: 천국은 좋은 씨를 제밭에 뿌린 사람과 같으니. [cf. 도마 57.]

마 13:36-43(3번): (38) 좋은 씨는 천국의 아들들이요 ⋯ (41) 인자가 그 천사들을 보내리니 그들이 그 나라에서 모든 넘어지게 하는 것과 또 불법을 행하는 자들을 거두어 내어 ⋯ (43) 그 때에 의인들은 자기 아버지 나라에서 해와 같이 빛나리라.

마 13:44-52(4번): (44) 천국은 마치 밭에 감추인 보화와 같으니 ⋯ (45) 천국은 마치 좋은 진주를 구하는 장사와 같으니 ⋯ [cf. 도마 76.] (47) 천국은 마치 바다에 치고 각종 물고기를 모는 그물과 같으니 … (52) 천국의 제자 된 서기관마다 마치 새것과 옛것을 그 곳간에서 내오는 집주인과 같으니라.

마 16:19: 내가 천국 열쇠를 네게 주리니 …

마 18:23: 그러므로 천국은 그 종들과 결산하려 하던 어떤 임금과 같으니 …

마 19:12: 천국을 위하여 스스로 된 고자도 있도다. [Cp. 아래의 도마 22, *2 Clem.* 12:6.]

마 20:1: 천국은 마치 품꾼을 얻어 포도원에 들여보내려고 이른 아침에 나간 집 주인과 같으니.

마 21:31: 내가 진실로 너희에게 이르노니 세리들과 창녀들이 너희보다 먼저 하나님의 나라에 들어가리라.

마 21:43: 하나님의 나라를 너희는 빼앗기고 그 나라의 열매 맺는 백성이 받으리라.

마 23:13: 화 있을진저 … 너희는 천국 문을 사람들 앞에서 닫고 …

마 25:1: 천국은 마치 … 열 처녀와 같다 하리니.

마 25:34: 내 아버지께 복 받을 자들이여 나아와 창세로부터 너희를 위하여 예비된 나라를 상속받으라.

(vi) 마가에만 나오는 것들

막 4:26: 하나님의 나라는 사람이 씨를 땅에 뿌림과 같으니.

막 12:34: 네가 하나님의 나라에서 멀지 않도다. [Cf. 도마 82(아래).]

(vii) 누가에만 나오는 것들

눅 1:33: 그 나라가 무궁하리라.

눅 4:43: 내가 다른 동네들에서도 하나님의 나라 복음을 전하여야 하리니 나는 이 일을 위해 보내심을 받았노라.

눅 8:1: 예수께서 각 성과 마을에 두루 다니시며 하나님의 나라를 선포하시며 그 복음을 전하실새 …

눅 9:60: 죽은 자들로 자기의 죽은 자들을 장사하게 하고 [= 마 8:22] 너는 가서 하나님의 나라를 전파하라.

눅 9:62: 손에 쟁기를 잡고 뒤를 돌아보는 자는 하나님의 나라에 합당하지 아니하니라.

눅 10:9, 11(예수께서 제자들을 가르치신 말씀): 거기 있는 병자들을 고치고 또 말하기를 하나님의 나라가 너희에게 가까이 왔다 하라 … 너희를 영접하지 아니하거든 … 너희 동네에서 우리 발에 묻은 먼지도 너희에게 떨어버리노라 그러나 하나님의 나라가 가까이 온 줄을 알라 하라.

눅 17:20-1: 바리새인들이 하나님의 나라가 어느 때에 임하나이까 묻거늘 예수께서 대답하여 이르시되 하나님의 나라는 볼 수 있게 임하는 것이 아니요 또 여기 있다 저기 있다고도 못하리니 하나님의 나라는 너희 안에(entos hymon) 있느니라. [Cf. p. 469: "'너희 안에'보다는 '너희 가운데'가 낫지만, '너희가 닿을 곳에'가 가장 낫다." 이 말씀을 *P. Oxy.* 654:3과 도마 3, 113과 비교해 보라.]

눅 18:29: 하나님의 나라를 위하여 집이나 아내나 형제나 부모나 자녀를 버린 자는 … 받지 못할 자가 없느니라. [마 19:29과 막 10:30에는 "내 이름을 위하여/나와 및 복음을 위하여"로 되어 있다.]

눅 21:31: 이와 같이 너희가 이런 일이 일어나는 것을 보거든 하나님의 나라가 가까이 온 줄을 알라. [마 24:33/막 13:29에는 "그것"으로 되어 있다(통상적으로 "그"로 번역됨): cf. 위의 p. 560]

눅 22:29f.: (위의 마가/누가 항목을 보라.)

눅 23:42: 예수여 당신의 나라에 임하실 때에 나를 기억하소서.

b. 큰 범주들에 의한 분류

(i) 요약문들

마 3:2(세례 요한); 마 4:17/막 1:15; 마 4:23; 9:35; 눅 4:43; 8:1(예수); 마 10:7/눅 9:2; 눅 9:60; 10:9, 11(제자들); 마 24:14(예루살렘 멸망 이전의 중간기에)

(ii) 하나님 나라에 대한 초대들 또는 재정의들

마 5:3/눅 6:20; 마 5:10; 5:19; 5:20; 6:10/눅 11:2; 마 6:33/눅 6:31; 마 12:25-6/막 3:23-6/눅 11:17-18; 마 12:28/눅 11:20; 마 16:19; 마

18:1, 3, 4/막 10:15/눅 18:17(또한 cf. 마 19:14); 마 20:21/막 10:37; 마 21:31(cp. 눅 11:52); 막 12:34(cf. 아래의 도마 82); 눅 22:29f.; 마 25:34

  (iii) 하나님 나라로부터의 배제에 대한 경고들
  마 5:20; 7:21; 8:11/눅 13:28f.; 마 11:11-12/?눅 16:16; 마 19:12, 14, 23f/막 10:23f. 눅 18:24-9; 마 23:13, 눅 9:62; 막 9:47(cf. 마 18:9에서는 "생명"이 마가의 "나라"와 병행된다.); 마 21:43

  (iv) 비유에 의한 재정의 속에서
  마 13:11/막 4:11/눅 8:10; 마 13:19; 막 4:26; 마 13:24; 마 13:31/막 4:30/눅 13:18; 마 13:33/눅 13:20; 마 13:36-43(3번); 마 13:44-52(4번); 마 18:23; 마 20:1; 마 22:2/?눅 14:15, 22:2; 눅 19:11(cf. 마 25:14ff.); 마 25:1

  (v) 하나님 나라의 도래
  마 16:28/막 9:1/눅 9:27; 눅 17:20-21; 눅 22:29-30(cf. 막 11:10); 눅 21:31; 마 25:34; 마 26:29/막 15:43/눅 22:16, 18

  (vi) 기타
  눅 1:33; 23:42; 막 15:43/눅 23:51

2. 요한복음

  요 3:3: 사람이 거듭나지 아니하면 하나님의 나라를 볼 수 없느니라.
  요 3:5: 사람이 물과 성령으로 나지 아니하면 하나님의 나라에 들어갈 수 없느니라.
  요 18:36f.: 내 나라는 이 세상에 속한 것이 아니니라 만일 내 나라가 이 세상에 속한 것이었더라면 내 종들이 싸워 나로 유대인들에게 넘겨지지 않게 하였으리라 이제 내 나라는 여기에 속한 것이 아니니라 빌라도가 이르되 그러면 네가 왕이 아니냐 예수께서 대답하시되 네 말과 같이 내가 왕이니라 내가 이를 위하여 태어났으며 이를 위하여 세상에 왔나니 곧 진리에 대하여 증언하려 함이로라 …

3. 사도행전

행 1:3: 그들에게 확실한 많은 증거로 친히 살아 계심을 나타내사 사십 일 동안 그들에게 보이시며 하나님 나라의 일을 말씀하시니라.

행 1:6: 주께서 이스라엘 나라를 회복하심이 이 때니이까.

행 8:12: 빌립이 하나님 나라와 및 예수 그리스도의 이름에 관하여 전도함을 그들이 믿고 남녀가 다 세례를 받으니.

행 14:22: [바울과 바나바가] 제자들의 마음을 굳게 하여 이 믿음에 머물러 있으라 권하고 또 우리가 하나님의 나라에 들어가려면 많은 환난을 겪어야 할 것이라 하고.

행 19:8: 바울이 회당에 들어가 석 달 동안 담대히 하나님 나라에 관하여 강론하며 권면하되.

행 20:25: [바울이 에베소 장로들에게 말하기를] 보라 내가 여러분 중에 왕래하며 하나님의 나라를 전파하였으나 이제는 여러분이 다 내 얼굴을 다시 보지 못할 줄 아노라.

행 28:23: 바울이 아침부터 저녁까지 강론하여 하나님의 나라를 증언하고 모세의 율법과 예언자의 말을 가지고 예수에 대하여 권하더라.

행 28:31: [바울이] 하나님의 나라를 전파하며 주 예수 그리스도에 관한 모든 것을 담대하게 거침없이 가르치더라.

또한 cf. 행 4:24("대주재여[despota] … "); 17:7("다른 임금[basileia heteron] 곧 예수라 하는 이가 있다 하더이다").

4. 바울 서신

롬 14:17: 하나님의 나라는 먹는 것과 마시는 것이 아니요 오직 성령 안에 있는 의와 평강과 희락이라.

고전 4:20: 하나님의 나라는 말에 있지 아니하고 오직 능력에 있음이라.

고전 6:9: 불의한 자가 하나님의 나라를 유업으로 받지 못할 줄을 알지 못하느냐.

고전 6:10: [긴 목록 후에] 이러한 자들은 하나님의 나라를 유업으로 받지 못하리라.

고전 15:24: 그 후에는 마지막이니 그가 모든 통치와 모든 권세와 능력을 멸하시고 나라를 아버지 하나님께 바칠 때라.

고전 15:50: 혈과 육은 하나님 나라를 이어 받을 수 없고 또한 썩는 것은 썩지 아니하는 것을 유업으로 받지 못하느니라.

갈 5:21: [긴 목록 후에] 이런 일을 하는 자들은 하나님의 나라를 유업으로 받지 못할 것이요.

엡 5:5: 너희도 정녕 이것을 알거니와 음행하는 자나 더러운 자나 탐하는 자 곧 우상 숭배자는 다 그리스도와 하나님의 나라에서 기업을 얻지 못하리니.

골 1:13: 그가 우리를 흑암의 권세에서 건져내사 그의 사랑의 아들의 나라로 옮기셨으니.

골 4:11: [긴 목록 후에] 그들은 할례파이나 이들만은 하나님의 나라를 위하여 함께 역사하는 자들이니 이런 사람들이 나의 위로가 되었느니라.[1]

살전 2:12: 이는 너희를 부르사 자기 나라와 영광에 이르게 하시는 하나님께 합당히 행하게 하려 함이라.

살후 1:5: 이는 하나님의 공의로운 심판의 표요 너희로 하여금 하나님의 나라에 합당한 자로 여김을 받게 하려 함이니 그 나라를 위하여 너희가 또한 고난을 받느니라.

딤후 4:1: 하나님 앞과 살아 있는 자와 죽은 자를 심판하실 그리스도 예수 앞에서 그가 나타나실 것과 그의 나라를 두고 엄히 명하노니 …

딤후 4:18: 주께서 나를 모든 악한 일에서 건져내시고 또 그의 천국에 들어가도록 구원하시리니.

또한 cf. 롬 5:17, 21; 6:12-23(구속 받은 자들이 "다스리리라": "죄"의 지배 또는 통치와 대비되는 은혜가 "다스리리라"); 고전 4:8("너희가 … 우리

---

1) 이 구절은 이상하게도 Crossan 1991a, 460에 나오는 목록에 빠져 있다.

없이도 왕이 되었도다"); 15:23-8(하나님 나라의 도래에 있어서 사건들의 순서); 딤전 1:17("영원하신 왕 ⋯ 홀로 하나이신 하나님께 존귀와 영광이 ⋯ 있을지어다"); 딤전 6:15("하나님은 복되시고 유일하신 주권자이시며 만왕의 왕이시며 만주의 주시오").

5. 신약성서의 나머지 부분

히 1:8: 아들에 관하여는 하나님이여 주의 보좌는 영영하며 주의 나라의 규는 공평한 규이니이다.

히 2:9: 우리가 ⋯ 영광과 존귀로 관을 쓰신 예수를 보니.

히 12:28: 그러므로 우리가 흔들리지 않는 나라를 받았은즉 은혜를 받자.

약 2:5: 하나님이 세상에서 가난한 자를 택하사 믿음에 부요하게 하시고 또 자기를 사랑하는 자들에게 약속하신 나라를 상속으로 받게 하지 아니하셨느냐.

벧후 1:11: 이같이 하면 우리 주 곧 구주 예수 그리스도의 영원한 나라에 들어감을 넉넉히 너희에게 주시리라.

계 1:6: (우리를 사랑하사 그의 피로 우리 죄에서 우리를 해방하시고) 그의 아버지 하나님을 위하여 우리를 나라와 제사장으로 삼으신 그에게 영광과 ⋯

계 1:9: 나 요한은 너희 형제요 예수의 환난과 나라와 참음에 동참하는 자라.

계 5:10: 그들로 우리 하나님 앞에서 나라와 제사장들을 삼으셨으니 그들이 땅에서 왕 노릇 하리로다.

계 11:15: 세상 나라가 우리 주와 그의 그리스도의 나라가 되어 그가 세세토록 왕 노릇 하시리로다.

계 11:17: 감사하옵나니 ⋯ 주 하나님 곧 전능하신 이여 친히 큰 권능을 잡으시고 왕 노릇 하시도다.

계 12:10: 이제 우리 하나님의 구원과 능력과 나라와 또 그의 그리스도의 권세가 나타났으니 우리 형제들을 참소하던 자 곧 우리 하나님 앞에서 밤낮 참소하던 자가 쫓겨났고.

계 17:14: 어린 양은 만주의 주시요 만왕의 왕이시므로 그들을 이기실 터

이요 또 그와 함께 있는 자들 곧 부르심을 받고 택하심을 받은 진실한 자들도 이기리로다.

계 19:6: 할렐루야 주 우리 하나님 곧 전능하신 이가 통치하시도다.

계 19:16: 그 옷과 그 다리에 이름을 쓴 것이 있으니 만왕의 왕이요 만주의 주라 하였더라.

계 20:4: 또 내가 보좌들을 보니 거기에 앉은 자들이 있어 심판하는 권세를 받았더라 … 살아서 그리스도와 더불어 천 년 동안 왕노릇 하니.

계 20:6: 그들이 하나님과 그리스도의 제사장이 되어 천 년 동안 그리스도와 더불어 왕 노릇 하리라.

계 22:5: 이는 주 하나님이 그들에게 비치심이라 그들이 세세토록 왕 노릇 하리로다.

또한 cf. 벧후 2:1(그리스도를 "주재"(主宰, despotes)로 지칭함); 유 1:4("홀로 하나이신 주재[despotes] 곧 우리 주 예수 그리스도"); 계 6:10("거룩하고 참되신 대주재여[despotes]").

6. 그 밖의 초기 기독교 및 관련 문헌

1 Clem. 42:3: 사도들은 성령의 확신 속에서 나가서 하나님 나라가 오고 있다는 복음을 전하였다.

1 Clem. 50:3: 하나님의 은혜로 말미암아 사랑 가운데 완전해진 자들은 그리스도의[일부 사본: 하나님의] 나라가 임할 때에 나타나게 될 경건한 자들 가운데 속하여 있다.

2 Clem. 9:6: 그러므로 우리 모두가 하나님 나라에 이르기 위하여 서로 사랑하자.

2 Clem. 11:7: 그러므로 우리가 하나님 앞에서 의를 행한다면 그의 나라에 들어가겠고 귀로 듣지 못했던 약속들을 받게 되리라 …

2 Clem. 12:1-6: 그러므로 우리가 하나님이 나타나실 날을 알지 못하기 때문에, 항상 사랑과 의 안에서 하나님 나라를 기다리자. 어떤 사람이 주님께 그의 나라가 언제 오느냐고 물었을 때, 주님은 "둘이 하나가 되고 안이 밖이 되며 남자와 여자가 한 가지여서 남자도 여자도 없을 때"라고 말씀하셨다. 우리

가 서로에게 진실을 말하면, "둘이 하나가 되고," 거기에는 두 몸이 아무런 불화도 없이 한 영혼만이 존재하게 된다. 그리고 "안이 밖이 된다"는 말은 안은 영혼이요 밖은 몸이므로, 너희 몸을 눈으로 볼 수 있듯이, 너희 영혼이 너희의 선행들로 인하여 드러나게 하라는 뜻이다. "남자와 여자가 한 가지여서 남자도 여자도 없다"는 말은 형제가 자매를 볼 때 형제는 자매를 여자로 보지 않고 자매도 형제를 남자로 보지 않는다는 뜻이다. 너희가 이것을 행할 때에 내 아버지의 나라가 임할 것이라고 예수께서 말씀하신다. [Cf. 아래의 *Thom.* 22:1-7.]

Ignatius *Philad.* 3:3[고전 6:9f.를 인용한]: 내 형제들아, 속지 말라. 어느 누가 분열을 만드는 자를 따른다면, 그는 하나님의 나라를 유업으로 받지 못하리라.

Polycarp *Phil.* 5:3[갈 5:17과 고전 6:9f.를 인용한]: 모든 정욕은 영을 거스르고, 음행자나 동성애자들이나 남색하는 자들이나 악행하는 자들은 하나님 나라를 유업으로 받지 못하리라.

Barnabas 4:13: 악한 자가 우리를 제압하여 주의 나라로부터 우리를 밀쳐내지 않도록, 우리가 "부르심을 받았다" 하여 안심하고 죄 가운데 잠자지 말라.

Hermas *Sim.* 9:15:3: 이 [악한] 이름들을 지닌 종은 하나님 나라를 볼 것이나 거기에 들어가지는 못하리라.

Hermas *Sim.* 9:29:2: 그러므로 그러한 자들은 행위로써 하나님의 계명들을 더럽히지 않았고 그들이 사는 모든 날 동안에 동일한 마음으로 순수하게 살았기 때문에 하나님 나라에 들어가서 살게 될 것은 틀림없다.

Thomas 2:3f.: 저희가 어리둥절할 때, 저희는 기이히 여기며 만물을 다스리리라.

Thomas 3:1-3: 예수께서 말씀하시기를 "너희 지도자들이 너희에게 보라 하나님 나라가 공중에 있다라고 말하면 공중의 새들이 너희보다 먼저일 것이요 저희가 너희에게 그 나라가 바다에 있다라고 말한다면 물고기들이 너희보다 먼저일 것이니 하나님 나라는 너희 안에 있고 또한 너희 바깥에 있느니라" 하시더라.

Thomas 20:1f.: 제자들이 예수께 여짜오되 "천국이 무엇과 같은지를 말씀

해주소서" 하니 예수께서 저희에게 말씀하시기를 "천국은 겨자씨와 같으니. …"

Thomas 22:1-7: 예수께서 제자들에게 말씀하시기를 "젖을 빠는 이 아이들이 하나님 나라에 들어가는 자들과 같도다"라고 하시니, 제자들이 그에게 "그렇다면 자녀들인 우리는 그 나라에 들어가겠나이까?"라고 물었다. 예수께서 저희에게 말씀하시기를 "너희가 둘이 하나가 되고, 안을 밖처럼 만들고, 위를 아래처럼 만들며, 남자와 여자를 한 가지로 여겨서 남자는 남자가 아니고 여자는 여자가 아닐 때, 너희가 눈 대신에 눈을 만들고, 손 대신에 손을 만들며, 발 대신에 발을 만들고, 닮은 형상 대신에 닮은 형상을 만들 때, 너희는 [그 나라에] 들어가리라" 하시니라.

Thomas 27:1: 예수께서 이르시되 "너희가 세상을 놓고 금식하지 않으면, 너희는 그 나라를 발견하지 못하리라" 하시니라.

Thomas 46:1-2: 예수께서 이르시되 "아담으로부터 세례 요한에 이르기까지 여자로부터 난 자들 중에서 세례 요한보다 더 큰 이가 없도다. 그의 눈은 [그 앞에서] 낮아지지 않았다. 그렇지만 내가 말했느니라. 너희 중에 어린아이가 되는 자는 하나님 나라를 알게 되고 요한보다 더 크게 되리라" 하시니라.

Thomas 49: 예수께서 이르시되 "홀로 택함 받은 자들은 복이 있나니 너희는 하나님 나라를 발견하리라. 너희는 거기에서 와서 거기로 돌아가리라" 하시니라.

Thomas 82: 예수께서 이르시되 "내 가까이에 있는 자는 불 가까이에 있는 것이요 나로부터 멀리 있는 자는 하나님 나라에서 멀도다" 하시니라.

Thomas 96:1-2: 예수께서 이르시되 "아버지의 나라는 작은 누룩을 가져다가 반죽 속에 넣어서 큰 떡을 만든 어떤 여자와 같도다" 하시니라.

Thomas 97:1-2: 예수께서 이르시되 "아버지의 나라는 곡식이 가득 든 항아리를 지고 집에서 좀 떨어진 거리를 걸어가다가 항아리 손잡이가 부러져서 곡식을 쏟아버린 어떤 여자와 같도다" 하시니라.

Thomas 98:1-3: 예수께서 이르시되 "아버지의 나라는 힘센 남자를 죽이고자 하여 자기 집에서 칼을 손이 닿는 곳에 숨겨두었다가 힘센 남자를 벤 어떤 사람과 같도다" 하시니라.

Thomas 99:2-3: 예수께서 이르시되 "내 아버지의 뜻을 행하는 여기 있는

자들이 내 형제요 자매니라. 내 아버지의 나라에 들어갈 자들은 바로 저희니라" 하시니라.

Thomas 107:1-3: 예수께서 이르시되 "하나님 나라는 백 마리 양떼를 가진 어떤 목자와 같으니, 그 양떼 중 가장 큰 양이 길을 잃어버리자, 그는 아흔아홉 마리를 내버려두고 그 양을 찾을 때까지 찾아다녔다. 그 양을 찾게 되자, 그는 그 양에게 내가 너를 아흔아홉 마리보다 더 생각한다고 말하였다" 하시니라.

Thomas 113:1-4: 그의 제자들이 그에게 말하기를 "그 나라가 언제 임하나이까?" 하니, [예수께서 말씀하시기를] "그 나라를 기다린다고 오는 것이 아니다. 그 나라는 여기 있다 저기 있다고 말할 그런 것이 아니다. 아버지의 나라는 땅 위에 퍼져 있지만, 사람들이 그것을 보지 못할 뿐이다" 하시니라.

Thomas 114:2-3: 예수께서 이르시되 "내가 친히 그녀[마리아]를 이끌어서 남자가 되게 하여서 그녀로 하여금 너희 남자들을 닮은 산 영이 되게 하리라. 스스로를 남자가 되게 하고자 하는 여자들은 모두 천국에 들어가리라" 하시니라.

참고 문헌

약어표

ABD	*Anchor Bible Dictionary*, ed. David N. Freedman. 6 vols. New York: Doubleday, 1992.
Aland	Aland, K., ed. 1967 [1963]. *Synopsis Quattuor Evangeliorum: Locis Parallelis Evangeliorum Apocryphorum et Patrum Adhibitis*. 2nd edn. Stuttgart: Württembergische Bibelanstalt.
ANF	Ante-Nicene Fathers
cf.	confer
cp.	compare
Epict.	Epictetus (*Disc.* = *Discourses*)
esp.	especially
Euseb.	Eusebius (*HE* = *Historia Ecclesiae*)
Danby	H. Danby, *The Mishnah, Translated from the Hebrew with Introduction and Brief Explanatory Notes*. Oxford: OUP, 1933.
DJG	*Dictionary of Jesus and the Gospels*, ed. J. B. Green, S. McKnight, I. H. Marshall. Downers Grove, Ill., and Leicester: IVP, 1992.
GM	F. García Martínez, *The Dead Sea Scrolls Translated: The Qumran Texts in English*. Leiden: E. J. Brill, 1994.
Herm.	Hermas
Ign.	Ignatius
Jos.	Josephus
JSNTSS	*Journal for the Study of the New Testament* Supplement Series
JSOTSS	*Journal for the Study of the Old Testament* Supplement Series
Juv.	Juvenal (*Sat.* = *Satires*)
LCL	Loeb Classical Library
LSJ	H. G. Liddell and R. Scott, *A Greek-English Lexicon*, new edn. by H. S. Jones. Oxford: OUP, 1940 [1843].
LXX	Septuagint version of the Old Testament (see below)
MT	Masoretic Text (of the Hebrew Bible)
NIDNTT	*The New International Dictionary of New Testament Theology*, ed. Colin Brown. 3 vols. Exeter: Paternoster, 1975–78.
NRSV	New Revised Standard Version (see below)
NT	New Testament
NTA	*New Testament Apocrypha*, ed. E. Hennecke and W. Schneemelcher. 2 vols. London: SCM, 1973, 1974 [1959, 1964].
NTPG	N. T. Wright, *The New Testament and the People of God* (vol. 1 of *Christian Origins and the Question of God*). London: SPCK; Minneapolis: Fortress, 1992.
OT	Old Testament
par(r).	parallel(s) (in the synoptic tradition)

SB H. L. Strack and P. Billerbeck, *Kommentar zum Neuen Testament aus Talmud und Midrasch.* 6 vols. Munich: C. H. Beck, 1926–56.

SBL Society of Biblical Literature

SNTSMS Society for New Testament Studies Monograph Series

Schürer E. Schürer, *The History of the Jewish People in the Age of Jesus Christ (175 B.C.—A.D. 135).* Rev. and ed. M. Black, G. Vermes, F. G. B. Millar. 4 vols. Edinburgh: T. & T. Clark, 1973–87.

Suet. Suetonius

Tac. Tacitus (*Ann.* = *Annals*; *Hist.* = *Histories*)

TDNT *Theological Dictionary of the New Testament*, ed. G. Kittel and G. Friedrich. 10 vols. Grand Rapids, Mich.: Eerdmans, 1964–76.

TDOT *Theological Dictionary of the Old Testament*, ed. G. J. Botterweck and H. Ringgren. Grand Rapids, Mich.: Eerdmans, 1974– .

일차 자료

1. Bible

Biblia Hebraica Stuttgartensia, ed. K. Elliger and W. Rudolph. Stuttgart: Württembergische Bibelanstalt Stuttgart, 1968–76.

Septuaginta: Id est Vetus Testamentum Graece iuxta LXX interpres, ed. A. Rahlfs. 8th edn. 2 vols. Stuttgart: Württembergische Bibelanstalt Stuttgart, 1965 [1935].

Novum Testamentum Graece, ed. B. Aland, K. Aland, J. Karavidopoulos, C. M. Martini, and B. M. Metzger. 27th edn. Stuttgart: Deutsche Bibelgesellschaft, 1993 [1898].

The Holy Bible, Containing the Old and New Testaments with the Apocryphal/Deuterocanonical Books: New Revised Standard Version. New York and Oxford: OUP, 1989.

2. Other Jewish Texts

The Mishnah, Translated from the Hebrew with Introduction and Brief Explanatory Notes by H. Danby. Oxford: OUP, 1933.

The Old Testament Pseudepigrapha, ed. J. H. Charlesworth. 2 vols. Garden City, N. Y.: Doubleday, 1983–85.

The Apocryphal Old Testament, ed. H. F. D. Sparks. Oxford: Clarendon Press, 1984.

The Authorised Daily Prayer Book of the United Hebrew Congregations of the British Commonwealth of Nations, trans. S. Singer. New edn. London: Eyre & Spottiswood, 1962.

Josephus: *Works*, ed. H. St. J. Thackeray, R. Marcus, A. Wikgren and L. H. Feldman. 9 vols. LCL. Cambridge, Mass.: Harvard U. P.; London: Heinemann, 1929–65.

Philo: *Works*, ed. F. H. Colson, G. H. Whitaker, J. W. Earp and R. Marcus. 12 vols. LCL. Cambridge, Mass.: Harvard U. P.; London: Heinemann, 1929–53.

Qumran: *Die Texte aus Qumran*, ed. E. Lohse. Darmstadt: Wissenschaftliche Buchgesellschaft, 1964.

————, trans.: F. García Martínez, *The Dead Sea Scrolls Translated: The Qumran Texts in English*. Leiden: E. J. Brill, 1994.

————, trans.: G. Vermes, *The Dead Sea Scrolls in English*. 4th edn. London: Penguin Books, 1995 [1962].

Rabbinic Literature: cf. Schürer 1.68–118.

3. Other Early Christian and Related Texts

Apostolic Fathers: *The Apostolic Fathers*, ed. and trans. J. B. Lightfoot. 5 vols. London: Macmillan, 1889–90.

————: *The Apostolic Fathers*, ed. and trans. Kirsopp Lake. LCL. 2 vols. London: Heinemann; Cambridge, Mass.: Harvard U. P., 1965.

————: *Early Christian Writings*, trans. Maxwell Staniforth, intr. and ed. by A. Louth. London: Penguin Books, 1968.

Eusebius: *Eusebius. The Ecclesiastical History*, ed. and trans. Kirsopp Lake, H. J. Lawlor and J. E. L. Oulton. LCL. 2 vols. London: Heinemann; Cambridge, Mass.: Harvard U. P., 1973-75.

Hippolytus: in ANF 5.9-259.

Nag Hammadi texts: *The Nag Hammadi Library in English*, ed. J. M. Robinson. Leiden: Brill; San Francisco: Harper & Row, 1977.

New Testament Apocrypha, ed. E. Hennecke and W. Schneemelcher. 2 vols. London: SCM; Philadelphia: Westminster, 1963-65 [1959-64].

—————: in *The Complete Gospels: Annotated Scholars Version*, ed. R. J. Miller. Sonoma, Calif.: Polebridge, 1992.

Origen: *Contra Celsum*. in ANF vol. 4.

Thomas: *The Gospel According to Thomas*, ed. A. Guillaumont et al. Leiden: Brill; London: Collins, 1959.

4. Pagan Texts

Dio: *Dio Chrysostom*, ed. and trans. J. W. Cohoon and H. L. Crosbie. 5 vols. LCL. London: Heinemann; Cambridge, Mass.: Harvard U. P., 1932-51.

Epictetus: *The Discourses as reported by Arrian, the Manual, and Fragments*, ed. and trans. W. A. Oldfather. LCL. 2 vols. London: Heinemann; Cambridge, Mass.: Harvard U. P., 1978-79.

Juvenal: *Juvenal and Persius*, trans. G. G. Ramsay. LCL. London: Heinemann; New York: Putnam's, 1920.

—————, trans.: *Juvenal. The Sixteen Satires*, trans. and intr. P. Green. London: Penguin Books, 1974 [1967].

Lucian: *Lucian of Samosata*, ed. and trans. A. M. Harmon et al. LCL. London: Heinemann; Cambridge, Mass.: Harvard U. P., 1932.

Pliny the Younger: *C. Plini Caecili Secundi Epistularum Libri Decem*, ed. R. A. B. Mynors. Oxford: OUP, 1963.

—————, trans.: *The Letters of the Younger Pliny*, trans. and intr. B. Radice. London: Penguin Books, 1963.

Suetonius: *C. Suetoni Tranquili Opera*, vol. 1. *De Vita Caesarum Libri VIII*. Ed. M. Ihm. Stuttgart: Teubner, 1978 [1908].

—————, trans.: *Suetonius. The Twelve Caesars*, trans. R. Graves. London: Penguin Books, 1957.

Tacitus, *Annals*: *Cornelii Taciti Annalium ab Excessu Divi Augusti Libri*, ed. C. D. Fisher. Oxford: Clarendon Press, 1906.

—————, trans.: *Tacitus. The Annals of Imperial Rome*, trans. M. Grant. London: Penguin Books, 1956.

Tacitus, *Histories*: *Cornelii Taciti Historiarum Libri*, ed. C. D. Fisher. Oxford: Clarendon Press, n.d.

—————, trans.: *Tacitus. The Histories*, trans. K. Wellesley. London: Penguin Books, 1964.

Thucydides: *Thucydidis Historiae*, ed. H. S. Jones. 2 vols. Oxford: OUP, 1898.

—————, trans.: *Thucydides: History of the Peloponnesian War*, trans. R. Warner. London: Penguin Books, 1954.

이차 자료

Achtemeier, Paul J. 1970. 'Toward the Isolation of Pre-Markan Miracle Catenae.' *Journal of Biblical Literature* 89:265-91.

Ackroyd, Peter R. 1968. *Exile and Restoration: A Study of Hebrew Thought of the Sixth Century BC.* London: SCM.

Alexander, Philip S. 1983. '3 (Hebrew Apocalypse Of) Enoch.' In *The Old Testament Pseudepigrapha, Volume 1: Apocalyptic Literature and Testaments*, ed. J. H. Charlesworth, 223-315. Garden City, N. Y.: Doubleday.

————. 1992. '"The Parting of the Ways" from the Perspective of Rabbinic Judaism.' In *Jews and Christians: The Parting of the Ways, A.D. 70 to 135*, ed. J. D. G. Dunn, 1-25. Wissenschaftliche Untersuchungen zum Neuen Testament, vol. 66. Tübingen: Mohr.

Allison, D. C. 1983. 'Matt. 23:39 = Luke 13:35b as a Conditional Prophecy.' *Journal for the Study of the New Testament* 18:75-84.

————. 1985. *The End of the Ages Has Come: An Early Interpretation of the Passion and Resurrection of Jesus.* Philadelphia: Fortress.

————. 1987. 'Jesus and the Covenant: A Response to E. P. Sanders.' *Journal for the Study of the New Testament* 29:57-78.

————. 1994. 'A Plea for Thoroughgoing Eschatology.' *Journal of Biblical Literature* 113:651-68.

Alon, Gedaliah. 1989 [1980]. *The Jews in Their Land in the Talmudic Age (70—640 C.E.).* Cambridge, Mass.: Harvard U. P.

Alter, Robert. 1981. *The Art of Biblical Narrative.* New York: Basic Books.

Anderson, Gary A. 1992. 'Sacrifice and Sacrificial Offerings (OT).' In *ABD* 5:870-86.

Anderson, Hugh. 1992. 'Fourth Maccabees.' In *ABD* 4:452-4.

Anderson, Robert T. 1992. 'Samaritans.' In *ABD* 5:940-7.

Antwi, Daniel J. 1991. 'Did Jesus Consider His Death to Be an Atoning Sacrifice?' *Interpretation* 45:17-28.

Ashton, John. 1991. *Understanding the Fourth Gospel.* Oxford: Clarendon.

Ateek, Naim S. 1989. *Justice and Only Justice: A Palestinian Theology of Liberation.* Maryknoll, N. Y.: Orbis.

Aune, David E. 1980. 'Magic in Early Christianity.' In *Aufsteig und Niedergang der Römischen Welt*, ed. H. Temporini and A. Haase, vol. 2.23, 1507-57. Berlin: De Gruyter.

————. 1983. *Prophecy in Early Christianity and the Ancient Mediterranean World.* Grand Rapids, Mich.: Eerdmans.

————. 1991. 'On the Origins of the "Council of Javneh" Myth.' *Journal of Biblical Literature* 110:491-3.

————. 1992a. 'Christian Prophecy and the Messianic Status of Jesus.' In *The Messiah: Developments in Earliest Judaism and Christianity*, ed. J. H. Charlesworth, 404-22. Minneapolis: Fortress.

————. 1992b. 'Eschatology (early Christian).' In *ABD* 2:594-609.

Austen, Ralph A. 1986. 'Social Bandits and Other Heroic Criminals: Western Models of Resistance and Their Relevance for Africa.' In *Banditry, Rebellion and Social Protest in Africa*, ed. Donald Crummey. London: James Currey; Portsmouth, N.H.: Heinemann.

Bailey, Kenneth E. 1983 [1976, 1980]. *Poet and Peasant/Through Peasant Eyes*. Grand Rapids, Mich.: Eerdmans.

―――――. 1991. 'Informal Controlled Oral Tradition and the Synoptic Gospels.' *Asia Journal of Theology* 5(1):34–54.

Bailey, L. 1986. 'Gehenna: The Topography of Hell.' *Biblical Archaeology* 49:187–91.

Baillie, D. M. 1948. *God Was in Christ: An Essay on Incarnation and Atonement*. London: Faber.

Baird, William. 1990. '"One Against the Other": Intra-Church Conflict in 1 Corinthians.' In *The Conversation Continues: Studies in Paul and John in Honor of J. Louis Martyn*, ed. Robert T. Fortna and Beverly R. Gaventa, 116–36. Nashville: Abingdon.

Bammel, Ernst. 1974. 'Zum Testimonium Flavianum (Jos Ant 18,63–64).' In *Josephus-Studien*, ed. O. Betz, K. Haacker, and M. Hengel, 9–22. Göttingen: Vandenhoek & Ruprecht.

―――――. 1984. 'The *titulus*.' In *Jesus and the Politics of His Day*, ed. E. Bammel and C. F. D. Moule, 353–64. Cambridge: CUP.

Bammel, Ernst, and Charles F. D. Moule, eds. 1984. *Jesus and the Politics of His Day*. Cambridge: CUP.

Barker, Margaret. 1987. *The Older Testament*. London: SPCK.

―――――. 1991. *The Gate of Heaven: The History and Symbolism of the Temple in Jerusalem*. London: SPCK.

―――――. 1992. *The Great Angel: A Study of Israel's Second God*. London: SPCK.

Barr, James. 1988. '"Abba Isn't "Daddy".' *Journal of Theological Studies* 39:28–47.

Barrett, C. K. 1959. 'The Background of Mark 10:45.' In *New Testament Essays: Studies in Memory of Thomas Walter Manson, 1893-1958*, ed. A. J. B. Higgins, 1–18. Manchester: Manchester U. P.

―――――. 1967. *Jesus and the Gospel Tradition*. London: SPCK.

―――――. 1975. 'The House of Prayer and the Den of Thieves.' In *Jesus und Paulus: Festschrift für Werner Georg Kümmel zum 70. Geburtstag*, ed. E. Earle Ellis and E. Grässer, 13–20. Göttingen: Vandenhoek & Ruprecht.

―――――. 1978 [1955]. *The Gospel According to St John: An Introduction with Commentary and Notes on the Greek Text*. London: SPCK.

Barth, Karl. 1936-69. *Church Dogmatics*. Edinburgh: T. & T. Clark.

Barton, J. 1986. *Oracles of God*. London: Darton, Longman & Todd.

Bauckham, Richard J. 1978. 'The Sonship of the Historical Jesus in Christology.' *Scottish Journal of Theology* 31:245–60.

―――――. 1985. 'The Son of Man: "A Man in My Position" or "Someone"?' *Journal for the Study of the New Testament* 23:23–33.

―――――. 1986. 'The Coin in the Fish's Mouth.' In *Gospel Perspectives*. Vol. 6. *The Miracles of Jesus*, ed. D. Wenham and C. Blomberg, 219–52. Sheffield: JSOT Press.

―――――. 1988. 'Jesus' Demonstration in the Temple.' In *Law and Religion: Essays on the Place of the Law in Israel and Early Christianity*, ed. B. Lindars, 72–89, 171–6. Cambridge: James Clarke.

―――――. 1990. *Jude and the Relatives of Jesus in the Early Church*. Edinburgh: T. & T. Clark.

―――――. 1991. 'The Rich Man and Lazarus: The Parable and the Parallels.' *New Testament Studies* 37:225–46.

―――――. 1992. 'Jesus, Worship of.' In *ABD* 3:812–19.

————. 1993a. 'Papias and Polycrates on the Origin of the Fourth Gospel.' *Journal of Theological Studies* n.s. 44:24–69.

————. 1993b. 'The Parting of the Ways: What Happened and Why.' *Studia Theologica* 47:135–51.

————. 1995a. 'James and the Jerusalem Church.' In *The Book of Acts in Its Palestinian Setting*, ed. R. J. Bauckham. (*The Book of Acts in Its First Century Setting*, ed. B. W. Winter, vol. 4.) 415–80. Carlisle: Paternoster; Grand Rapids, Mich.: Eerdmans.

————. 1995b. 'James at the Centre.' *European Pentecostal Theological Association Bulletin* 14:22–33.

Beasley-Murray, G. R. 1954. *Jesus and the Future: An Examination of the Criticism of the Eschatological Discourse, Mark 13, with Special Reference to the Little Apocalypse Theory*. London: Macmillan.

————. 1957. *A Commentary on Mark 13*. New York: Macmillan.

————. 1983. 'Second Thoughts on the Composition of Mk. 13.' *New Testament Studies* 29:414–20.

————. 1986. *Jesus and the Kingdom of God*. Grand Rapids, Mich.: Eerdmans.

Beck, N. A. 1970. 'The Last Supper as an Efficacious Symbolic Act.' *Journal of Biblical Literature* 89:192–8.

Beckwith, Roger T. 1985. *The Old Testament Canon of the New Testament Church, and Its Background in Early Judaism*. London: SPCK; Grand Rapids: Eerdmans.

Best, Ernest. 1986. *Disciples and Discipleship: Studies in the Gospel According to Mark*. Edinburgh: T. & T. Clark.

Betz, Hans-Dieter. 1967. 'The Logion of the Easy Yoke and of Rest (Matt 11:28–30).' *Journal of Biblical Literature* 86:10–24.

————. 1985. *Essays on the Sermon on the Mount*. Philadelphia: Fortress.

————. 1992. 'Sermon on the Mount/Plain.' In *ABD* 5:1106–12.

Betz, Otto. 1968 [1965]. *What Do We Know About Jesus?* Trans. M. Kohl. London: SCM.

————. 1987. *Jesus der Messias Israels: Aufsätze zur biblischen Theologie*. Wissenschaftliche Untersuchungen zum Neuen Testament, vol. 42. Tübingen: Mohr.

Black, Matthew. 1971. 'The Christological Use of the Old Testament in the New Testament.' *New Testament Studies* 18:1–14.

————. 1992. 'The Messianism of the Parables of Enoch: Their Date and Contribution to Christological Origins.' In *The Messiah: Developments in Earliest Judaism and Christianity*, ed. J. H. Charlesworth, 145–68. Minneapolis: Fortress.

Blok, Anton. 1972. 'The Peasant and the Brigand: Social Banditry Reconsidered.' *Comparative Studies in Society and History* 14:494–503.

————. 1988 [1974]. *The Mafia of a Sicilian Village 1860–1960: The Study of Violent Peasant Entrepreneurs*. Cambridge: Polity Press.

Blomberg, Craig L. 1990. *Interpreting the Parables*. Leicester: Apollos.

Bock, Darrell L. 1994. 'The Son of Man Seated at God's Right Hand and the Debate Over Jesus' "Blasphemy".' In *Jesus of Nazareth: Lord and Christ. Essays on the Historical Jesus and New Testament Christology*, ed. Joel B. Green and Max Turner, 181–91. Grand Rapids, Mich.: Eerdmans; Carlisle: Paternoster.

Bockmuehl, Markus. 1994. *This Jesus: Martyr, Lord, Messiah*. Edinburgh: T. & T. Clark.

Boers, Hendrikus. 1989. *Who Was Jesus? The Historical Jesus and the Synoptic Gospels*. San Francisco: Harper & Row.

Bokser, Baruch M. 1992. 'Unleavened Bread and Passover, Feasts Of.' In *ABD* 6:755–65.

Booth, Roger P. 1986. *Jesus and the Laws of Purity: Tradition History and Legal History in Mark 7*. Journal for the Study of the New Testament Supplement Series, no. 13. Sheffield: JSOT Press.

Borg, Marcus J. 1984. *Conflict, Holiness and Politics in the Teachings of Jesus*. New York/Toronto: The Edwin Mellen Press.

————. 1986. 'A Temperate Case for a Non-Eschatological Jesus.' *Foundations and Facets Forum* 2(3):81–102.

————. 1987a. *Jesus: A New Vision*. San Francisco: Harper & Row.

————. 1987b. 'The Jesus Seminar and the Passion Sayings.' *Foundations and Facets Forum* 3(2):81–95.

————. 1987c. 'An Orthodoxy Reconsidered: The "End-of-the-World Jesus"' In *The Glory of Christ in the New Testament: Studies in Christology in Memory of George Bradford Caird*, ed. L. D. Hurst and N. T. Wright, 207–17. Oxford: OUP.

————. 1994a. *Jesus in Contemporary Scholarship*. Valley Forge, Pa.: TPI.

————. 1994b. *Meeting Jesus Again for the First Time: The Historical Jesus & the Heart of Contemporary Faith*. San Francisco: HarperSanFrancisco.

Boring, M. E. 1985. 'Criteria of Authenticity: The Lucan Beatitudes as a Test Case' *Foundations and Facets Forum* 1(4):3–38.

————. 1992. 'Prophecy (Early Christian).' In *ABD* 5:495–502.

Bornkamm, Günther. 1960 [1956]. *Jesus of Nazareth*. Trans. I. McLuskey, F. McLuskey, and J. M. Robinson. Preface by J. M. Robinson. New York: Harper & Row.

Borsch, F. H. 1992. 'Further Reflections on "The Son of Man": The Origins and Development of the Title.' In *The Messiah: Developments in Earliest Judaism and Christianity*, ed. J. H. Charlesworth, 130–44. Minneapolis: Fortress.

Bostock, D. G. 1980. 'Jesus as the New Elisha.' *Expository Times* 92:39–41.

Boucher, Madeleine. 1977. *The Mysterious Parable: A Literary Study*. *CBQ* Monograph Series, no. 6. Washington: Catholic Biblical Association of America.

Bowden, John. 1988. *Jesus: The Unanswered Questions*. London: SCM.

Bowker, John W. 1973. *Jesus and the Pharisees*. Cambridge: CUP.

————. 1974. 'Mystery and Parable: Mark iv.1–20.' *Journal of Theological Studies* n.s. 25:300–17.

————. 1977. 'The Son of Man.' *Journal of Theological Studies* 28:19–48.

————. 1978. *The Religious Imagination and the Sense of God*. Oxford: Clarendon.

Boyarin, Daniel. 1994. *A Radical Jew: Paul and the Politics of Identity*. Berkeley: University of California Press.

Boyd, Gregory A. 1995. *Cynic Sage or Son of God? Recovering the Real Jesus in an Age of Revisionist Replies*. Wheaton, Ill.: Bridgepoint.

Braaten, Carl E. 1994. 'Jesus and the Church: An Essay on Ecclesial Hermeneutics.' *Ex Auditu* 10:59–71.

Brandon, S. G. F. 1967. *Jesus and the Zealots: A Study of the Political Factor in Primitive Christianity*. Manchester: Manchester U. P.

Braun, Herbert. 1984 [1969]. *Jesus: Der Mann aus Nazareth und seine Zeit*. Tübingen: Mohr.

Breech, James. 1983. *The Silence of Jesus: The Authentic Voice of the Historical Man*. Philadelphia: Fortress.

Brown, Colin. 1969. *Philosophy and the Christian Faith: A Historical Sketch from the Middle Ages to the Present Day*. London: Tyndale Press.

————, ed. 1975–78. *The New International Dictionary of New Testament Theology*. Exeter: Paternoster.

————. 1984. *Miracles and the Critical Mind*. Grand Rapids, Mich.: Eerdmans.

————. 1988 [1985]. *Jesus in European Protestant Thought, 1778–1860*. Grand Rapids: Baker.

Brown, Raymond E. 1994. *The Death of the Messiah: From Gethsemane to the Grave. A Commentary on the Passion Narratives in the Four Gospels*. New York: Doubleday; London: Geoffrey Chapman.

Bruce, Frederick F. 1984. 'Render to Caesar.' In *Jesus and the Politics of His Day*, ed. E. Bammel and C. F. D. Moule, 249–63. Cambridge: CUP.

Buchanan, George W. 1959. 'Mark 11.15–19: Brigands in the Temple.' *Hebrew Union College Annual* 30:169–77.

———. 1984. *Jesus: The King and His Kingdom*. Macon, Ga.: Mercer U. P.

Bultmann, Rudolf. 1957. *History and Eschatology: The Presence of Eternity*. New York: Harper.

———. 1958a [1926]. *Jesus and the Word*. New York: Scribner's.

———. 1958b. *Jesus Christ and Mythology*. New York: Scribner's.

———. 1968 [1921]. *The History of the Synoptic Tradition*. Trans. John Marsh. 2nd edn. Oxford: Blackwell.

Bultmann, Rudolf, Ernst Lohmeyer, Julius Schniewind, Helmut Thielicke, and Austin Farrer. 1961. *Kerygma and Myth: A Theological Defense*. Revised Edition. Ed. Hans Werner Bartsch. New York: Harper.

Burridge, Richard A. 1992. *What Are the Gospels? A Comparison with Graeco-Roman Biography*. SNTSMS vol. 70. Cambridge: CUP.

Butts, J. R. 1987. 'Probing the Polling: Jesus Seminar Results on the Kingdom Sayings.' *Foundations and Facets Forum* 3(1):98–128.

Byrne, Bernard. 1979. *'Sons of God'–'Seed of Abraham': A Study of the Idea of the Sonship of God of All Christians in Paul Against the Jewish Background*. Rome: Biblical Institute Press.

Cadbury, H. J. 1950. 'The Kingdom of God and Ourselves.' *Christian Century* 67:172–3.

———. 1962 [1937]. *The Peril of Modernizing Jesus*. New York: Scribner's.

Caird, George B. 1963. *The Gospel of St. Luke*. London: Penguin Books.

———. 1965. *Jesus and the Jewish Nation*. London: Athlone Press.

———. 1980. *The Language and Imagery of the Bible*. London: Duckworth.

———. 1982. 'Jesus and Israel: The Starting Point for New Testament Christology.' In *Christological Perspectives: Essays in Honor of Harvey K. McArthur*, ed. R. F. Berkey and S. Edwards, 58–68. New York: Pilgrim Press.

Caird, George B., and L. D. Hurst. 1994. *New Testament Theology*. Oxford: OUP.

Cameron, P. S. 1984. *Violence and the Kingdom: The Interpretation of Matthew 11.12*. Arbeiten zum Neuen Testament und zum Judentum, vol. 5. Frankfurt: P. Lang.

Cameron, Ronald D. 1982. *The Other Gospels: Non-Canonical Gospel Texts*. Philadelphia: Westminster.

Capper, Brian J. 1985. *PANTA KOINA: A Study of Earliest Christian Community of Goods in Its Hellenistic and Jewish Context*. Ph.D. Dissertation. Cambridge.

Caragounis, Chrys C. 1986. *The Son of Man: Vision and Interpretation*. Tübingen: Mohr.

Carter, D., and F. A. Hutchison. 1985. 'The Reagan Paradigm.' *Foundations and Facets Forum* 1(4):39–55.

Casey, P. M. 1979. *The Son of Man*. London: SPCK.

Catchpole, David R. 1971. 'The Answer of Jesus to Caiaphas (Matt. xxvi.64).' *New Testament Studies* 17:213–26.

———. 1984. 'The "Triumphal" Entry.' In *Jesus and the Politics of His Day*, ed. E. Bammel and C. F. D. Moule, 319–34. Cambridge: CUP.

———. 1993. *The Quest for Q*. Edinburgh: T. & T. Clark.

Chadwick, Henry. 1959. *The Sentences of Sextus: A Contribution to the History of Early Christian Ethics*. Cambridge: CUP.

Charlesworth, James H., ed. 1983. *The Old Testament Pseudepigrapha*. Vol. 1. *Apocalyptic Literature and Testaments*. Garden City, N. Y.: Doubleday.

———, ed. 1985. *The Old Testament Pseudepigrapha*. Vol. 2. *Expansions of the 'Old Testament' and Legends, Wisdom and Philosophical Literature, Prayers, Psalms and Odes, Fragments of Lost Judaeo-Hellenistic Works*. Garden City, N. Y.: Doubleday.

———. 1988. *Jesus Within Judaism: New Light from Exciting Archaeological Discoveries*. London: SPCK.

————. 1992a. 'Forgiveness (early Judaism).' In *ABD* 2:833-5.

————. 1992b. 'From Messianology to Christology: Problems and Prospects.' In *The Messiah: Developments in Earliest Judaism and Christianity*, ed. J. H. Charlesworth, 3-35. Minneapolis: Fortress.

————, ed. 1992c. *The Messiah: Developments in Earliest Judaism and Christianity*. Minneapolis: Fortress.

Chilton, Bruce D. 1978. 'Regnum Dei Deus Est.' *Scottish Journal of Theology* 31:261-70.

————. 1982. *The Glory of Israel: The Theology and Provenience of the Isaiah Targum*. Journal for the Study of the Old Testament Supplement Series, vol. 23. Sheffield: JSOT Press.

————. 1984a. *A Galilean Rabbi and His Bible*. Wilmington, Del.: Michael Glazier.

————, ed. 1984b. *The Kingdom of God in the Teaching of Jesus*. London: SPCK; Philadelphia: Fortress.

————. 1987 [1979]. *God in Strength: Jesus' Announcement of the Kingdom*. Sheffield: JSOT Press.

————. 1988. 'Jesus and the Repentance of E. P. Sanders.' *Tyndale Bulletin* 39:1-18.

————. 1992a. 'The Purity of the Kingdom as Conveyed in Jesus' Meals.' In *SBL 1992 Seminar Papers*, ed. Eugene H. Lovering, 473-88. Atlanta, Ga.: Scholars Press.

————. 1992b. *The Temple of Jesus: His Sacrificial Program Within a Cultural History of Sacrifice*. University Park, Pa.: Pennsylvania State U. P.

————. 1994. *A Feast of Meanings: Eucharistic Theology from Jesus Through Johannine Circles*. Supplements to *Novum Testamentum*, vol. 72. Leiden: Brill.

Chilton, Bruce, and Craig A. Evans. 1994a. 'Jesus and Israel's Scriptures.' In *Studying the Historical Jesus: Evaluations of the State of Current Research*, ed. Bruce Chilton and Craig A. Evans, 281-335. Leiden: Brill.

————, eds. 1994b. *Studying the Historical Jesus: Evaluations of the State of Current Research*. Leiden: Brill.

Chilton, Bruce D., and J. I. H. MacDonald. 1987. *Jesus and the Ethics of the Kingdom*. London: SPCK.

Clayton, Ken. 1992. *Jesus and the Scrolls: Everyman's Guide to Christianity and the Dead Sea Scrolls*. Wilmslow, Cheshire: Belvedere.

Cleary, M. 1988. 'The Baptist of History and Kerygma.' *Irish Theological Quarterly* 54:211-27.

Collins, John J. 1993a. *Daniel*. Minneapolis: Fortress.

————. 1993b. 'The "Son of God" Text from Qumran.' In *From Jesus to John. Essays on Jesus and New Testament Christology in Honour of Marinus de Jonge*, ed. M. C. de Boer, 65-82. Sheffield: JSOT Press.

————. 1995. *The Scepter and the Star: The Messiahs of the Dead Sea Scrolls and Other Ancient Literature*. New York: Doubleday.

Collins, Raymond F. 1992. 'Mary.' In *ABD* 4:579-82.

Conzelmann, Hans. 1960 [1953]. *The Theology of Luke*. Trans. Geoffrey Buswell. London: Faber & Faber; New York: Harper & Row.

————. 1969. *An Outline of the Theology of the New Testament*. Trans. John Bowden. New York: Harper & Row.

Cranfield, Charles E. B. 1972 [1959]. *The Gospel According to Saint Mark*. Cambridge Greek Testament Commentary. Cambridge: CUP.

Crites, Stephen. 1989 [1971]. 'The Narrative Quality of Experience.' In *Why Narrative? Readings in Narrative Theology*, ed. Stanley Hauerwas and L. Gregory Jones, 65-88. Grand Rapids, Mich.: Eerdmans.

Crossan, J. Dominic. 1973. *In Parables: The Challenge of the Historical Jesus*. New York: Harper & Row.

————. 1983. *In Fragments: The Aphorisms of Jesus.* San Francisco: Harper & Row.

————. 1985. 'Exile, Stealth and Cunning.' *Foundations and Facets Forum* 1(1):59–61.

————. 1988a. *The Cross That Spoke: The Origins of the Passion Narrative.* San Francisco: Harper & Row.

————. 1988b [1975]. *The Dark Interval: Towards a Theology of Story.* 2nd edn. Sonoma, Calif.: Polebridge Press.

————. 1991a. *The Historical Jesus: The Life of a Mediterranean Jewish Peasant.* San Francisco: HarperCollins; Edinburgh: T. & T. Clark.

————, ed. 1991b [1986]. *Jesus Parallels: A Workbook for the Jesus Tradition.* 2nd edn. [1st edn. entitled *Sayings Parallels*] Philadelphia: Fortress.

————. 1992. 'Parable.' In *ABD* 5:146–52.

————. 1994. *Jesus: A Revolutionary Biography.* San Francisco: HarperSanFrancisco.

————. 1995. *Who Killed Jesus? Exposing the Roots of Anti-Semitism in the Gospel Story of the Death of Jesus.* San Francisco: HarperSanFrancisco.

Crummey, Donald, ed. 1986. *Banditry, Rebellion and Social Protest in Africa.* London: James Currey; Portsmouth, N.H.: Heinemann.

Cullmann, Oscar. 1956. *The State in the New Testament.* New York: Scribner's.

————. 1963 [1957]. *The Christology of the New Testament.* London: SCM; Philadelphia: Westminster.

Cummins, S. A. 1994. *Paul and the Crucified Christ in Antioch: Maccabean Martyrdom and Galatians 1 and 2.* D.Phil. Thesis, Oxford University.

Dahl, N. A. 1974. *The Crucified Messiah and Other Essays.* Minneapolis: Augsburg.

Dalman, Gustaf H. 1903. *The Words of Jesus Considered in the Light of Post-Biblical Jewish Writings and the Aramaic Language.* Edinburgh: T. & T. Clark.

————. 1926. 'Viererlei Acker.' *Palästina-Jahrbuch* 22:120–32.

————. 1929. *Jesus-Jeshua: Studies in the Gospels.* London: SPCK.

Danby, Herbert. 1933. *The Mishnah, Translated from the Hebrew with Introduction and Brief Explanatory Notes.* Oxford: OUP.

Daube, David. 1980. 'Typology in Josephus.' *Journal of Jewish Studies* 31:18–36.

Davies, Graham I. 1991. 'The Presence of God in the Second Temple.' In *Templum Amicitiae: Essays on the Second Temple Presented to Ernst Bammel*, ed. W. Horbury, 32–6. JSNTSS vol. 48. Sheffield: JSOT Press.

Davies, Philip R. 1982. *The Damascus Covenant: An Interpretation of the 'Damascus Document'.* JSOTSS vol. 25. Sheffield: JSOT Press.

Davies, S. L. 1983. *The Gospel of Thomas and Christian Wisdom.* New York: Seabury Press.

Davies, W. D. 1964. *The Setting of the Sermon on the Mount.* Cambridge: CUP.

————. 1974. *The Gospel and the Land: Early Christianity and Jewish Territorial Doctrine.* Berkeley: University of California Press.

Davies, W. D., and Dale C. Allison. 1988–91. *A Critical and Exegetical Commentary on the Gospel According to Saint Matthew.* 2 vols so far. Edinburgh: T. & T. Clark.

de Jonge, M. 1986. 'The Earliest Christian Use of *Christos.* Some Suggestions.' *New Testament Studies* 32:321–43.

————. 1988. 'Jesus' Death for Others and the Death of the Maccabaean Martyrs.' In *Text and Testimony (FS A.J. Klijn)*, ed. T. Baarda, A. Hilhorst, G. P. Luttik Luizen, and A. S. van der Woude. Kampen: J. H. Kok.

————. 1991a. *Jesus, the Servant-Messiah.* New Haven and London: Yale U. P.

————. 1991b. *Jewish Eschatology, Early Christian Christology and the Testaments of the Twelve Patriarchs. Collected Essays of Marinus de Jonge.* Leiden: Brill.

————. 1992. 'Messiah.' In *ABD* 4:777–88.

De Rosa, Peter. 1974. *Jesus Who Became Christ.* London: Collins.

Delling, G. 1957. 'ΒΑΠΤΙΣΜΑ, ΒΑΠΤΙΣΘΗΝΑΙ.' *Novum Testamentum* 2:92–115.

Denaux, Adelbert. 1996. Review of Vaage 1994. *Journal of Biblical Literature* 115:136–8.

Derrett, J. D. M. 1970. *Law in the New Testament*. London: Darton, Longman & Todd.

————. 1977. '*Nisi Dominus Aedificaverit Domum*: Towers and Wars.' *Novum Testamentum* 19:241–61.

————. 1973. *Jesus's Audience: The Social and Psychological Environment in Which He Worked*. New York: Seabury.

Dillistone, F. W. 1977. *C. H. Dodd: Interpreter of the New Testament*. London: Hodder & Stoughton.

Dodd, C. H. 1961 [1935]. *The Parables of the Kingdom*. Revised Edition. London: Nisbet; New York: Scribner's.

————. 1965 [1952]. *According to the Scriptures: The Sub-Structure of New Testament Theology*. London: Collins.

————. 1968. *More New Testament Studies*. Manchester: Manchester U. P.

————. 1971. *The Founder of Christianity*. London: Collins.

Donahue, John R. 1988. *The Gospel in Parable: Metaphor, Narrative and Theology in the Synoptic Gospels*. Philadelphia: Fortress.

Donaldson, T. L. 1985. *Jesus on the Mountain: A Study in Matthean Theology*. JSNTSS no. 8. Sheffield: JSOT Press.

Donovan, V. 1982. *Christianity Rediscovered: An Epistle from the Masai*. London: SCM.

Douglas, Mary. 1966. *Purity and Danger: An Analysis of the Concepts of Pollution and Taboo*. London: Routledge & Kegan Paul.

————. 1968. 'Pollution.' In *International Encyclopaedia of Social Sciences*, vol. 12, 333–43.

————. 1993. *In the Wilderness: The Doctrine of Defilement in the Book of Numbers*. Sheffield: Sheffield Academic Press.

Downing, F. Gerald. 1984. 'Cynics and Christians.' *New Testament Studies* 30:584–93.

————. 1987a. *Jesus and the Threat of Freedom*. London: SCM.

————. 1987b. 'The Social Contexts of Jesus the Teacher.' *New Testament Studies* 33:439–51.

————. 1988. *Christ and the Cynics: Jesus and Other Radical Preachers in First-Century Tradition*. Sheffield: Sheffield Academic Press.

————. 1992. *Cynics and Christian Origins*. Edinburgh: T. & T. Clark.

————. 1995. 'Words as Deeds and Deeds as Words.' *Biblical Interpretation* 3(2):129–43.

Downing, John. 1963. 'Jesus and Martyrdom.' *Journal of Theological Studies* n.s. 14:279–93.

Droge, Arthur J., and James D. Tabor. 1992. *A Noble Death: Suicide and Martyrdom Among Christians and Jews in Antiquity*. San Francisco: HarperSanFrancisco.

Drury, John. 1985. *The Parables in the Gospels: History and Allegory*. London: SPCK.

Duling, Dennis C. 1992. 'Kingdom of God, Kingdom of Heaven.' In *ABD* 4:49–69.

Dungan, David L. 1971. *The Sayings of Jesus in the Churches of Paul: The Use of the Synoptic Tradition in the Regulation of Early Church Life*. Oxford: Blackwell.

Dunn, J. D. G. 1970. *Baptism in the Holy Spirit*. London: SCM.

————. 1975. *Jesus and the Spirit: A Study of the Religious and Charismatic Experience of Jesus and the First Christians as Reflected in the New Testament*. London: SCM; Philadelphia: Westminster.

————. 1988. 'Pharisees, Sinners, and Jesus.' In *The Social World of Formative Christianity and Judaism: Essays in Tribute to Howard Clark Kee*, ed. J. Neusner, P. Borgen, E. S. Frerichs, and R. Horsley, 264–89. Philadelphia: Fortress.

————. 1991. *The Partings of the Ways Between Christianity and Judaism and Their Significance for the Character of Christianity*. London: SCM; Philadelphia: TPI.

————, ed. 1992a. *Jews and Christians: The Parting of the Ways, A.D. 70 to 135*. Wissenschaftliche Untersuchungen zum Neuen Testament, vol. 66. Tübingen: Mohr.

————. 1992b. 'Messianic Ideas and Their Influence on the Jesus of History.' In *The Messiah: Developments in Earliest Judaism and Christianity*, ed. J. H. Charlesworth, 365-81. Minneapolis: Fortress.

Edwards, Douglas. 1992. 'The Socio-Economic and Cultural Ethos of the Lower Galilee in the First Century: Implications for the Nascent Jesus Movement.' In *The Galilee in Late Antiquity*, ed. Lee I. Levine, 53-73. New York and Jerusalem: The Jewish Theological Seminary of America.

Eichrodt, Walther. 1970 [1965]. *Ezekiel: A Commentary*. London: SCM.

Eisenman, Robert H., and Michael Wise. 1992. *The Dead Sea Scrolls Uncovered: The First Complete Translation and Interpretation of 50 Key Documents Withheld for Over 50 Years*. Shaftesbury, Dorset and Rockport, Mass.: Element.

Ellis, E. Earle. 1966. *The Gospel of Luke*. London: Nelson.

Ellis, Marc H. 1994. 'The Brokerless Kingdom and the Other Kingdom: Reflections on Auschwitz, Jesus and the Jewish-Christian Establishment.' In *Jesus and Faith: A Conversation on the Work of John Dominic Crossan*, ed. Jeffrey Carlson and Robert A. Ludwig, 100-14. Maryknoll, N. Y.: Orbis.

Epp, Eldon J., and George W. MacRae, eds. 1989. *The New Testament and Its Modern Interpreters*. In *The Bible and Its Modern Interpreters*, ed. Douglas A. Knight. Atlanta, Ga.: Scholars Press.

Evans, Christopher F. 1990. *Saint Luke*. London: SCM.

Evans, Craig A. 1981. 'A Note on the Function of Isaiah vi.9-10 in Mark iv.' *Révue Biblique* 88:234-5.

————. 1985. 'On the Isaianic Background of the Sower Parable.' *Catholic Biblical Quarterly* 47:464-8.

————. 1989a. 'Jesus' Action in the Temple and Evidence of Corruption in the First-Century Temple.' In *SBL 1989 Seminar Papers*, ed. David J. Lull, 522-39. Atlanta, Ga.: Scholars Press.

————. 1989b. 'Jesus' Action in the Temple: Cleansing or Portent of Destruction?' *Catholic Biblical Quarterly* 51:237-70.

————. 1989c. *Life of Jesus Research: An Annotated Bibliography*. Leiden: Brill.

————. 1991. 'In What Sense "Blasphemy"? Jesus Before Caiaphas in Mark 14:61-4.' In *SBL 1991 Seminar Papers*, ed. Eugene H. Lovering, 215-34. Atlanta, Ga.: Scholars Press.

————. 1992. 'Opposition to the Temple: Jesus and the Dead Sea Scrolls.' In *Jesus and the Dead Sea Scrolls*, ed. J. H. Charlesworth, 235-53. New York: Doubleday.

————. 1993. 'Jesus and the "Cave of Robbers": Toward a Jewish Context for the Temple Action.' *Bulletin of Biblical Research* 3:93-110.

Farmer, W. R. 1956. *Maccabees, Zealots, and Josephus: An Inquiry Into Jewish Nationalism in the Greco-Roman Period*. New York: Columbia U. P.

————. 1982. *Jesus and the Gospel*. Philadelphia: Fortress.

Feldman, Louis H. 1993. *Jew and Gentile in the Ancient World: Attitudes and Interactions from Alexander to Justinian*. Princeton, N.J.: Princeton U. P.

Fergusson, David. 1992. *Bultmann*. London: Geoffrey Chapman.

Fernyhough, Timothy. 1986. 'Social Mobility and Dissident Elites in Northern Ethiopia: The Role of Banditry, 1900-69.' In *Banditry, Rebellion and Social Protest in Africa*, ed. Donald Crummey, 151-72. London: James Currey; Portsmouth, N.H.: Heinemann.

Firmage, Edwin. 1992. 'Zoology.' In *ABD*, vol. 6, 1109-67.

Fishbane, Michael. 1985. *Biblical Interpretation in Ancient Israel*. Oxford: OUP.

Fitzmyer, J. A. 1970. *The Gospel According to Luke (I–IX)*. Anchor Bible, vol. 28. New York: Doubleday.
————. 1979. *A Wandering Aramean: Collected Aramaic Essays*. SBL Monograph Series, no. 25. Missoula, Mont.: Scholars Press.
————. 1985. *The Gospel According to Luke (X–XXIV)*. Anchor Bible, vol. 28a. New York: Doubleday.
Flusser, David. 1959. 'Two Notes on the Midrash on 2 Sam. VII.' *Israel Exploration Journal* 9:99–109.
Fortna, Robert T. 1970. *The Gospel of Signs*. SNTSMS vol. 11. Cambridge: CUP.
————. 1988. *The Fourth Gospel and Its Predecessor*. Philadelphia: Fortress.
————. 1992. 'Signs/Semeia Source.' In *ABD* 6:18–22.
Fossum, Jarl E. 1985. *The Name of God and the Angel of the Lord: Samaritan and Jewish Concepts of Intermediaries and the Origin of Gnosticism*. Wissenschaftliche Untersuchungen zum Neuen Testament, vol. II.36. Tübingen: Mohr.
France, R. T. 1971. *Jesus and the Old Testament*. London: Tyndale.
————. 1982. 'The Worship of Jesus: A Neglected Factor in Christological Debate?' In *Christ the Lord: Studies in Christology Presented to Donald Guthrie*, ed. H. H. Rowdon, 17–36. Leicester: IVP.
————.1985. *The Gospel According to Matthew: An Introduction and Commentary*. Leicester: IVP; Grand Rapids, Mich.: Eerdmans.
Fredriksen, Paula. 1988. *From Jesus to Christ: The Origins of the New Testament Images of Jesus*. New Haven and London: Yale U. P.
————. 1995a. 'Did Jesus Oppose the Purity Laws?' *Bible Review* June, 20–47.
————. 1995b. 'What You See is What You Get: Context and Content in Current Research on the Historical Jesus.' *Theology Today* 52:75–97.
Frei, Hans W. 1974. *The Eclipse of Biblical Narrative: A Study in Eighteenth and Nineteenth Century Hermeneutics*. New Haven: Yale U. P.
Freyne, Sean. 1980a. 'The Galileans in the Light of Josephus' *Vita*.' *New Testament Studies* 26:397–413.
————. 1980b. *Galilee from Alexander the Great to Hadrian. a Study of Second Temple Judaism*. Wilmington, Del.: Glazier/Notre Dame U. P.
————. 1987. 'Galilee-Jerusalem Relations in the Light of Josephus' *Life*.' *New Testament Studies* 33:600–9.
————. 1988a. 'Bandits in Galilee: A Contribution to the Study of Social Conditions in First-Century Palestine.' In *The Social World of Formative Christianity and Judaism: Essays in Tribute to Howard Clark Kee*, ed. J. Neusner, P. Borgen, E. S. Frerichs, and R. Horsley, 50–68. Philadelphia: Fortress.
————. 1988b. *Galilee, Jesus and the Gospels: Literary Approaches and Historical Investigations*. Philadelphia: Fortress.
————. 1992. 'Urban-Rural Relations in First-Century Galilee: Some Suggestions from the Literary Sources.' In *The Galilee in Late Antiquity*, ed. Lee I. Levine, 75–91. New York and Jerusalem: The Jewish Theological Seminary of America.
Fuller, Reginald H. 1965. *The Foundations of New Testament Christology*. London: Lutterworth.
Funk, Robert W. 1966. *Language, Hermeneutic, and Word of God: The Problem of Language in the New Testament and Contemporary Theology*. New York: Harper & Row.
————, revised and trans. 1973 (1961). *A Greek Grammar of the New Testament and Other Early Christian Literature*. 5th edn. Chicago and London: The University of Chicago Press.
————. 1985a. 'The Issue of Jesus.' *Foundations and Facets Forum* 1(1):7–12.
————, ed & designed by. 1985b. *New Gospel Parallels*. Vol. 1. *The Synoptic Gospels*. Philadelphia: Fortress.

————, ed & designed by. 1985c. *New Gospel Parallels*. Vol. 2. *John and the Other Gospels*. Philadelphia: Fortress.

————. 1989. 'Unraveling the Jesus Tradition: Criteria and Criticism.' *Foundations & Facets Forum* 5(2):31–62.

————, ed. 1991. *The Gospel of Mark: Red Letter Edition*. Sonoma, Calif.: Polebridge Press.

Funk, Robert W., and Roy W. Hoover. 1993. *The Five Gospels: The Search for the Authentic Words of Jesus*. New York: Macmillan.

Funk, Robert W., Bernard B. Scott, and James R. Butts, eds. 1988. *The Parables of Jesus: Red Letter Edition. A Report of the Jesus Seminar*. Sonoma, Calif.: Polebridge Press.

García Martínez, F. 1994 [1992]. *The Dead Sea Scrolls Translated: The Qumran Texts in English*. Leiden: Brill.

Garnet, Paul. 1977. *Salvation and Atonement in the Qumran Scrolls*. Wissenschaftliche Untersuchungen zum Neuen Testament, vol. II.3. Tübingen: Mohr.

————. 1980a. 'Jesus and the Exilic Soteriology.' In *Studia Biblica 1978*, 111–14. Sheffield: JSOT Press.

————. 1980b. 'Qumran Light on Pauline Soteriology.' In *Pauline Studies: Essays Presented to F. F. Bruce on His 70th Birthday*, ed. Donald A. Hagner and Murray J. Harris, 19–32. Grand Rapids: Eerdmans.

————. 1982. 'Some Qumran Exegetical *cruces* in the Light of Exilic Soteriology.' *Texte und Untersuchungen* 126:201–4. In *Studia Evangelica VII*, Berlin: Akademie-Verlag.

————. 1983. 'The Parable of the Sower: How the Multitudes Understood It.' In *Spirit Within Structure: Essays in Honor of George Johnston on the Occasion of His Seventieth Birthday*, ed. E. J. Furcha, 39–54. Pittsburgh Theological Monographs, New Series, no. 3. Allison Park, Pa.: Pickwick.

Gärtner, Bertil. 1965. *The Temple and the Community in Qumran and the New Testament*. SNTSMS vol. 1. Cambridge: CUP.

Gaston, Lloyd. 1970. *No Stone Upon Another. Studies in the Significance of the Fall of Jerusalem in the Synoptic Gospels*. Supplements to *Novum Testamentum*, no. 23. Leiden: Brill.

Gerhardsson, Birger. 1961. *Memory and Manuscript: Oral Tradition and Written Transmission in Rabbinic Judaism and Early Christianity*. Uppsala: Gleerup.

————. 1964. *Tradition and Transmission in Early Christianity*. Uppsala: Gleerup.

————. 1979. *The Origins of the Gospel Tradition*. London: SCM.

————. 1986. *The Gospel Tradition*. Lund: Gleerup.

Giblin, C. H. 1971. '"The Things of God" in the Question Concerning Tribute to Caesar (Lk 20:25; Mk 12:17; Mt 22:21).' *Catholic Biblical Quarterly* 33:510–27.

Gibson, J. 1981. 'Hoi Telonai Kai Hai Pornai.' *Journal of Theological Studies* 32:423–9.

Glasson, T. F. 1963 [1945]. *The Second Advent: The Origin of the New Testament Doctrine*. 3rd edn. London.

————. 1984 [1977]. 'Schweitzer's Influence – Blessing or Bane?' In *The Kingdom of God*, ed. Bruce D. Chilton, 107–20. London: SPCK; Philadelphia: Fortress.

————. 1988. 'Theophany and Parousia.' *New Testament Studies* 34:259–70.

Goergen, Donald. 1986a. 'The Death and Resurrection of Jesus.' In *A Theology of Jesus*, vol. 2. Wilmington, Del.: Michael Glazier.

————. 1986b. *A Theology of Jesus*. Vol. 1. *The Mission and Ministry of Jesus*. Wilmington, Del.: Michael Glazier.

Goldingay, John E. 1989. *Daniel*. Dallas, Tex.: Word Books.

Goodman, Martin. 1987. *The Ruling Class of Judaea: The Origins of the Jewish Revolt Against Rome A.D. 66–70*. Cambridge: CUP.

Goppelt, Leonhard. 1981 [1975]. *Theology of the New Testament*. Vol. 1. *The Ministry of Jesus in Its Theological Significance*. Grand Rapids, Mich.: Eerdmans.

Goulder, Michael. 1989. *Luke - A New Paradigm*. Sheffield: Sheffield Academic Press.

Goulet-Cazé, M. -O. 1990. 'Le cynisme à l'époque impériale.' In *Aufsteig und Niedergang der Römischen Welt*, ed. H. Temporini and A. Haase, vol. 2.36.4, 2720-2823. Berlin and New York: De Gruyter.

————, ed. 1993. *Le cynisme ancien et ses prolongements*. Paris: Presses Universitaires de France.

Grabbe, Lester L. 1992. *Judaism from Cyrus to Hadrian*. 2 vols. Minneapolis: Fortress.

Grant, Robert M. 1966 [1959]. *Gnosticism and Early Christianity*. 2nd edn. New York: Columbia U. P.

Gray, Rebecca. 1993. *Prophetic Figures in Late Second Temple Jewish Palestine*. New York & Oxford: OUP.

Green, Peter, tr. & ed. 1974 [1967]. *Juvenal. The Sixteen Satires*. London: Penguin Books.

Gruenwald, Ithamar. 1980. *Apocalyptic and Merkavah Mysticism*. Arbeiten zur Geschichte des Antiken Judentums und des Urchristentums, vol. 14. Leiden: Brill.

Gruenwald, Ithamar, Shaul Shaked, and Gedaliahu G. Stroumsa, eds. 1992. *Messiah and Christos. Studies in the Jewish Origins of Christianity Presented to David Flusser on the Occasion of His Seventy-Fifth Birthday*. Tübingen: Mohr.

Guelich, Robert A. 1982. *The Sermon on the Mount*. Waco, Tex.: Word Books.

————. 1989. *Mark 1-8:26*. Dallas, Tex.: Word Books.

Gundry, Robert H. 1993. *Mark: A Commentary on His Apology for the Cross*. Grand Rapids, Mich.: Eerdmans.

Gunneweg, A. H. J. 1983. ''AM HA'ARES - A Semantic Revolution.' *Zeitschrift für die alttestamentliche Wissenschaft* 95:437-40.

Hagner, Donald A. 1984. *The Jewish Reclamation of Jesus: An Analysis and Critique of Modern Jewish Study of Jesus*. Grand Rapids, Mich.: Zondervan.

————. 1993. *Matthew 1-13*. Dallas, Tex.: Word Books.

Hall, John. 1984 [1974]. *Dictionary of Subjects and Symbols in Art*. London: John Murray.

Hamilton, Victor P. 1992. 'Satan.' In *ABD* 5:985-9.

Hampel, V. 1990. *Menschensohn und historischer Jesus. Ein Rätselwort als Schlüssel zum messianischen Selbstvertändnis Jesu*. Neukirchen-Vluyn: Neukirchener Verlag.

Hanks, Thomas D. 1992. 'Poor, Poverty (New Testament).' In *ABD* 5:414-24.

Hare, Douglas R. A. 1990. *The Son of Man Tradition*. Minneapolis: Fortress.

Hart, H. StJ. 1984. 'The Coin of "Render Unto Caesar . . ." (A note on some aspects of Mark 12:13-17; Matt. 22:15-22; Luke 20:20-26).' In *Jesus and the Politics of His Day*, ed. E. Bammel and C. F. D. Moule, 241-8. Cambridge: CUP.

Harvey, Anthony E. 1976. *Jesus on Trial: A Study in the Fourth Gospel*. London: SPCK.

————. 1980. 'The Use of Mystery Language in the Bible.' *Journal of Theological Studies* n.s. 31:320-36.

————. 1982. *Jesus and the Constraints of History: The Bampton Lectures, 1980*. London: Duckworth.

————. 1987. 'Christ as Agent.' In *The Glory of Christ in the New Testament: Studies in Christology in Memory of George Bradford Caird*, ed. L. D. Hurst and N. T. Wright, 239-50. Oxford: Clarendon.

————. 1989. Review of F. G. Downing, *Jesus and the Threat of Freedom* (1987) and *Christ and the Cynics* (1988). *Journal of Theological Studies* n.s. 40:550-3.

————. 1990. *Strenuous Commands: The Ethic of Jesus*. London: SCM; Philadelphia: TPI.

————. 1993. Review of J. D. Crossan, *The Historical Jesus. Journal of Theological Studies* 44:226-8.

Hay, David M. 1973. *Glory at the Right Hand: Psalm 110 in Early Christianity*. SBL Monograph Series, no. 18. Nashville: Abingdon.

Hays, R. B. 1989. *Echoes of Scripture in the Letters of Paul*. New Haven and London: Yale
U. P.

Healey, Joseph P. 1992. 'Am Ha'arez.' In *ABD* 1:168-9.

Hengel, Martin. 1971 [1970]. *Was Jesus a Revolutionist?* Philadelphia: Fortress.

————. 1973 [1971]. *Victory Over Violence: Jesus and the Revolutionists*. Philadelphia:
Fortress.

————. 1974. *Property and Riches in the Early Church: Aspects of a Social History of
Early Christianity*. Philadelphia: Fortress.

————. 1977 [1976]. *Crucifixion in the Ancient World and the Folly of the Message of the
Cross*. London: SCM; Philadelphia: Fortress.

————. 1981a. *The Atonement: The Origins of the Doctrine in the New Testament*.
London: SCM; Philadelphia: Fortress.

————. 1981b [1968]. *The Charismatic Leader and His Followers*. New York: Crossroad
Publishing.

————. 1989a. *The 'Hellenization' of Judaea in the First Century After Christ*. London:
SCM; Philadelphia: TPI.

————. 1989b. *The Johannine Question*. London: SCM; Philadelphia: TPI.

————. 1989c [1961]. *The Zealots: Investigations Into the Jewish Freedom Movement in
the Period from Herod 1 Until 70 A.D.* Edinburgh: T. & T. Clark.

————. 1993. '"Setze dich zu meiner Rechten!" Die Inthronisation Christi zur Rechten
Gottes und Psalm 110,1.' In *Le Trône de Dieu*, ed. M. Philoneko, 108-94. Wissens-
chaftliche Untersuchungen zum neuen Testament, vol. 69. Tübingen: Mohr.

————. 1995a. 'Jesus, the Messiah of Israel: The Debate About the "Messianic Mission"
of Jesus.' In *Crisis in Christology: Essays in Quest of Resolution*, ed. W. R. Farmer,
217-40. Livonia, Mich.: Dove Booksellers.

————. 1995b. *Studies in Early Christology*. Edinburgh: T. & T. Clark.

————. 1996. 'Zur Wirkungsgeschichte von Jes 53 in vorchristlicher Zeit.' In *Jeseja 53
und seine Wirkungsgeschichte*, ed. B. Janowski and P. Stuhlmacher, 47-87. Tübingen:
Mohr (forthcoming: pagination may alter).

Hick, John. 1993. *The Metaphor of God Incarnate*. London: SCM.

Hill, David. 1977. 'On the Use and Meaning of Hosea vi.6 in Matthew's Gospel.' *New
Testament Studies* 24:107-19.

————. 1979. *New Testament Prophecy*. London: Marshall, Morgan & Scott.

Hobsbawm, Eric J. 1965. *Primitive Rebels: Studies in Archaic Forms of Social Movement in
the 19th and 20th Centuries*. New York: Norton.

————. 1972. 'Social Banditry: Reply.' *Comparative Studies in Society and History*
14:503-5.

————. 1973a. 'Peasants and Politics.' *Journal of Peasant Studies* 1:3-22.

————. 1973b. 'Social Banditry.' In *Rural Protest: Peasant Movements and Social
Change*, ed. H. A. Landsberger, 142-57. New York: Barnes & Noble.

————. 1985 [1969]. *Bandits*. London: Penguin Books.

Hock, Ronald F. 1987. 'Lazarus and Micyllus: Greco-Roman Backgrounds to Luke 16:19-
31.' *Journal of Biblical Literature* 106:447-63.

————. 1992. 'Cynics.' In *ABD* 1:1221-6.

Hoehner, Harold W. 1980 [1972]. *Herod Antipas: A Contemporary of Jesus Christ*. Grand
Rapids, Mich.: Zondervan.

Hollenbach, Paul W. 1992. 'John the Baptist.' In *ABD* 3:887-99.

Holmberg, B. 1993. 'En Historisk Vändning I Forskningen Om Jesus.' *Svensk Teologisk
Kvartalskrift* 69:69-76.

Hooker, M. D. 1959. *Jesus and the Servant: The Influence of the Servant Concept of
Deutero-Isaiah in the New Testament*. London: SPCK.

————. 1967. *The Son of Man in Mark*. London: SPCK.

————. 1979. 'Is the Son of Man Problem Really Insoluble?' In *Text and Interpretation: Studies in the New Testament Presented to Matthew Black*, ed. E. Best & R. McL. Wilson, 155–168. Cambridge: CUP.

————. 1982. 'Trial and Tribulation in Mark XIII.' *Bulletin of the John Rylands Library* 65:78–99.

————. 1991. *A Commentary on the Gospel According to St Mark*. Black's New Testament Commentaries. London: A. & C. Black.

Horbury, William. 1972. 'The Passion Narratives and Historical Criticism.' *Theology* 75:58–71.

————. 1982a. 'The Benediction of the *Minim* and Early Jewish-Christian Controversy.' *Journal of Theological Studies* 33:19–61.

————. 1982b. 'I Thessalonians ii.3 as Rebutting the Charge of False Prophecy.' *Journal of Theological Studies* n.s. 33:492–508.

————. 1984a. 'Christ as Brigand in Ancient Anti-Christian Polemic.' In *Jesus and the Politics of His Day*, ed. E. Bammel and C. F. D. Moule, 183–95. Cambridge: CUP.

————. 1984b. 'The Temple Tax.' In *Jesus and the Politics of His Day*, ed. E. Bammel and C. F. D. Moule, 265–86. Cambridge: CUP.

————. 1985. 'The Messianic Associations of "The Son of Man"' *Journal of Theological Studies* 36:34–55.

Horsley, Richard A. 1979. 'Josephus and the Bandits.' *Journal for the Study of Judaism* 10(1):37–63.

————. 1981. 'Ancient Jewish Banditry and the Revolt Against Rome, A.D. 66.' *Catholic Biblical Quarterly* 43:409–32.

————. 1986. 'The Zealots: Their Origin, Relationships and Importance in the Jewish Revolt.' *Novum Testamentum* 28(2):159–92.

————. 1987. *Jesus and the Spiral of Violence: Popular Jewish Resistance in Roman Palestine*. San Francisco: Harper & Row.

————. 1992a [1986]. 'Ethics and Exegesis: "Love Your Enemy" and the Doctrine of Nonviolence.' In *The Love of Enemy and Nonretaliation in the New Testament*, ed. Willard M. Swartley, 72–101. Louisville, Ky.: Westminster/John Knox.

————. 1992b. '"Messianic" Figures and Movements in First-Century Palestine.' In *The Messiah: Developments in Earliest Judaism and Christianity*, ed. J. H. Charlesworth, 276–95. Minneapolis: Fortress.

————. 1992c. 'Messianic Movements in Judaism.' In *ABD* 4:791–7.

————. 1994. 'The Death of Jesus.' In *Studying the Historical Jesus: Evaluations of the State of Current Research*, ed. Bruce Chilton and Craig A. Evans, 395–422. Leiden: Brill.

Horsley, Richard A., and John S. Hanson. 1985. *Bandits, Prophets and Messiahs: Popular Movements at the Time of Jesus*. Minneapolis: Winston Press.

Houlden, J. Leslie. 1992. 'Lord's Prayer.' In *ABD* 4:356–62.

Howard, Geoffrey. 1993. *Weep not for Me*. London: Darton, Longman & Todd.

Huck, Albert, and Hans Lietzmann, eds. 1936 [1892]. *Synopsis of the First Three Gospels*. 9th edn. Tübingen: Mohr.

Hull, John M. 1974. *Hellenistic Magic and the Synoptic Tradition*. London: SCM; Naperville, Ill.: Alec R. Allenson.

Hurtado, Larry W. 1988. *One God, One Lord: Early Christian Devotion and Ancient Jewish Monotheism*. Philadelphia: Fortress.

————. 1992. 'God.' In *Dictionary of Jesus and the Gospels*, ed. Joel B. Green, Scot McKnight, and I. Howard Marshall, 270–6. Downers Grove, Ill. and Leicester: IVP.

Ito, Akio. 1995. 'Romans 2: A Deuteronomistic Reading.' *Journal for the Study of the New Testament* 59:21–37.

Janzen, W. 1992. 'Land.' In *ABD* 4:143-54.

Jaubert, A. 1957. *La Date de la Cène*. Paris: Gabalda.

Jeremias, Joachim. 1950. 'Zum Problem der Deutung von Jes. 53 im palästinischen Spätjudentum.' In *Aux Sources de la Tradition Chrétienne: Mélanges Offerts à M. Maurice Goguel*, 113-19. Neuchâtel.

————. 1958 [1956]. *Jesus' Promise to the Nations*. London: SCM.

————. 1963a [1947]. *The Parables of Jesus*. London: SCM; New York: Scribner's.

————. 1963b [1961]. *The Sermon on the Mount*. Philadelphia: Fortress.

————. 1966a [1949]. *The Eucharistic Words of Jesus*. London: SCM.

————. 1966b. *Abba: Studien zur neutestamentlichen Theologie und Zeitgeschichte*. Göttingen: Vandenhoek & Ruprecht.

————. 1966c [1936]. 'Die Salbungsgeschichte Mk. 14,3-9.' In *Abba: Studien zur neutestamentlichen Theologie und Zeitgeschichte*, 107-15. Göttingen: Vandenhoek & Ruprecht.

————. 1967. *The Prayers of Jesus*. London: SCM; Philadelphia: Fortress.

————. 1971. *New Testament Theology: The Proclamation of Jesus*. New York: SCM; London: Scribner's.

Jeremias, Joachim, and W. Zimmerli. 1967 [1957]. '$\pi\alpha\hat{\iota}\varsigma\ \theta\epsilon o\hat{\upsilon}$.' In *TDNT*, ed. G. Friedrich, vol. 5, 654-717. Grand Rapids: Eerdmans.

Johnson, L. T. 1982. 'The Lukan Kingship Parable (Lk. 19:11-27).' *Novum Testamentum* 24:139-59.

————. 1989. 'The New Testament's Anti-Jewish Slander and the Conventions of Ancient Polemic.' *Journal of Biblical Literature* 108:419-41.

————. 1991. *The Gospel of Luke*. Collegeville, Minn.: The Liturgical Press.

————. 1995. *The Real Jesus*. San Francisco: HarperSanFrancisco.

Jones, S. Gareth. 1991. *Bultmann: Towards a Critical Theology*. Cambridge: Polity Press.

Juel, Donald. 1988. *Messianic Exegesis: Christological Interpretation of the Old Testament in Early Christianity*. Philadelphia: Fortress.

Jülicher, Adolf. 1910 [1899]. *Die Gleichnisreden Jesu*. Tübingen: Mohr.

Kähler, Martin. 1964 [1892]. *The So-Called Historical Jesus and the Historic, Biblical Christ*. Philadelphia: Fortress.

Karrer, M. 1990. *Der Gesalbte: Die Grundlagen des Christustitels*. Forschungen zur Religion und Literatur des Alten und Neuen Testaments, no. 151. Göttingen: Vandenhoek und Ruprecht.

Käsemann, Ernst. 1964 [1960]. *Essays on New Testament Themes*. London: SCM.

Kee, Howard C. 1983. *Miracle in the Early Christian World*. New Haven: Yale U. P.

————. 1986. *Medicine, Miracle and Magic in New Testament Times*. Cambridge: CUP.

Keesmaat, Sylvia C. 1994. *Paul's Use of the Exodus Tradition in Romans and Galatians*. D.Phil. Dissertation, Oxford University. Oxford.

Kelber, Werner. 1983. *The Oral and Written Gospel*. Philadelphia: Fortress.

Kennedy, G. A. 1984. *New Testament Interpretation Through Rhetorical Criticism*. Chapel Hill, N.C.: University of North Carolina Press.

Kim, Seyoon. 1983. *The Son of Man as the Son of God*. Tübingen: Mohr.

————. 1987a. 'Jesus - The Son of God, the Stone, the Son of Man, and the Servant: The Role of Zechariah in the Self-Identification of Jesus.' In *Tradition and Interpretation in the New Testament: Essays in Honor of E. Earle Ellis*, ed. Gerald F. Hawthorne and Otto Betz, 134-48. Grand Rapids, Mich.: Eerdmans; Tübingen: Mohr.

————. 1987b. 'Die Vollmacht Jesu und der Tempel: Der Sinn der "Tempelreinigung" und der geschichtliche und theologische Kontext des Prozesses Jesu.' In *Aufsteig und Niedergang der Römischen Welt*, ed. H. Temporini & A. Haase, vol. II.26.6. Berlin and New York: de Gruyter.

King, K. 1987. 'Kingdom in the Gospel of Thomas.' *Foundations and Facets Forum* 3(1):48–97.

Kinman, Brent. 1994. 'Lucan Eschatology and the Missing Fig Tree.' *Journal of Biblical Literature* 113:669–78.

Kissinger, Warren S. 1979. *The Parables of Jesus: A History of Interpretation and Bibliography*. Metuchen, N.J.: The Scarecrow Press.

Klausner, Joseph. 1947 [1925]. *Jesus of Nazareth: His Life, Times, and Teaching*. London: George Allen & Unwin.

Klemm, H. G. 1982. 'De Censu Caesaris: Beobachtungen zu J. Duncan M. Derretts Interpretation der Perikope Mark 12:13–17 par.' *Novum Testamentum* 24:234–54.

Kloppenborg, J. S. 1987. *The Formation of Q: Trajectories in Ancient Wisdom Collections*. Philadelphia: Fortress.

————. 1988. *Q Parallels: Synopsis, Critical Notes, & Concordance*. Sonoma, Calif.: Polebridge Press.

————. 1992. 'The Theological Stakes in the Synoptic Problem.' In *The Four Gospels. 1992 Festschrift Frans Neirynck*, ed. F. van Segbroeck, C. M. Tuckett, G. van Belle, and J. Verheyden, 93–120. Leuven: Leuven U. P.

Knibb, Michael A. 1976. 'The Exile in the Literature of the Intertestamental Period.' *Heythrop Journal* 17:253–72.

————. 1987. *The Qumran Community*. Cambridge: CUP.

Knowles, Michael. 1993. *Jeremiah in Matthew's Gospel: The Rejected-Prophet Motif in Matthaean Redaction*. JSNTSS vol. 68. Sheffield: Sheffield Academic Press.

Koch, Klaus. 1972 [1970]. *The Rediscovery of Apocalyptic: A Polemical Work on a Neglected Area of Biblical Studies and Its Damaging Effects on Theology and Philosophy*. London: SCM.

Koester, Helmut. 1982a [1980]. *Introduction to the New Testament*. Vol. 1. *History, Culture and Religion of the Hellenistic Age*. Philadelphia: Fortress; Berlin: de Gruyter.

————. 1982b. *Introduction to the New Testament*. Vol. 2. *History and Literature of Early Christianity*. Philadelphia: Fortress; Berlin: de Gruyter.

————. 1990. *Ancient Christian Gospels: Their History and Development*. London: SCM; Philadelphia: TPI.

————. 1992. 'Jesus the Victim.' *Journal of Biblical Literature* 111:3–15.

Kraft, Robert A., and George W. E. Nickelsburg, eds. 1986. *Early Judaism and Its Modern Interpreters*. In *The Bible and Its Modern Interpreters*, ed. Douglas A. Knight. Atlanta, Ga.: Scholars Press.

Kuhn, Thomas S. 1970 [1962]. *The Structure of Scientific Revolutions*. Chicago: University of Chicago Press.

Kümmel, Werner G. 1972/3 [1970]. *The New Testament: The History of the Investigation of Its Problems*. Nashville: Abingdon; London: SCM.

————. 1973. *The Theology of the New Testament: According to its Major Witnesses, Jesus-Paul-John*. Nashville: Abingdon; London: SCM.

————. 1985. *Dreizig Jahre Jesusforschung*. Bonn: Hanstein.

Küng, Hans. 1976. *On Being a Christian*. Garden City, N. Y.: Doubleday.

Lacocque, André. 1979 [1976]. *The Book of Daniel*. London: SPCK.

Ladd, George Eldon. 1966. *Jesus and the Kingdom: The Eschatology of Biblical Realism*. London: SPCK.

————. 1974a. *The Presence of the Future: The Eschatology of Biblical Realism*. Grand Rapids, Mich.: Eerdmans.

————. 1974b. *A Theology of the New Testament*. Grand Rapids, Mich.: Eerdmans.

Lambrecht, J. 1983 [1976]. *Once More Astonished: The Parables of Jesus*. New York: Crossroad.

————. 1985. *The Sermon on the Mount*. Wilmington, Del.: Michael Glazier.

Lampe, Geoffrey W. H. 1984. 'A.D. 70 in Christian Reflection.' In *Jesus and the Politics of His Day*, ed. E. Bammel and C. F. D. Moule, 153–71. Cambridge: CUP.

Lane Fox, Robin. 1986. *Pagans and Christians*. New York: Knopf; London: Penguin Books.

Lane, William L. 1974. *The Gospel of Mark: The English Text with Introduction, Exposition and Notes*. Grand Rapids, Mich.: Eerdmans.

Lang, Bernhard. 1992. 'The Roots of the Eucharist in Jesus' Praxis.' In *SBL 1992 Seminar Papers*, ed. Eugene H. Lovering, 467–72. Atlanta, Ga.: Scholars Press.

Lapide, Pinchas. 1986. *The Sermon on the Mount: Utopia or Program for Action?* Maryknoll, N. Y.: Orbis.

Leaney, A. R. C. 1966 [1958]. *The Gospel According to St Luke*. London: A. & C. Black.

Leivestad, Ragnar. 1973. 'Das Dogma von der Prophetenlosen Zeit.' *New Testament Studies* 19:288–99.

————. 1987. *Jesus in His Own Perspective: An Examination of His Sayings, Actions, and Eschatological Titles*. Minneapolis: Augsburg.

Levine, Lee I., ed. 1992a. *The Galilee in Late Antiquity*. New York and Jerusalem: The Jewish Theological Seminary of America.

————. 1992b. 'Herod the Great.' In *ABD* 3:161–69.

Lewis, C. S. 1955 [1942]. *The Screwtape Letters*. London: Fontana.

————. 1967. *Christian Reflections*. London: Geoffrey Bles.

Liefeld, Walter L. 1967. 'The Wandering Preacher as a Social Figure in the Roman Empire.' Ann Arbor, Mich.: University Microfilms International.

Lieu, Judith. 1994. '"The Parting of the Ways": Theological Construct or Historical Reality?' *Journal for the Study of the New Testament* 56:101–19.

Lightfoot, J. B. 1893. *Biblical Essays*. London: Macmillan.

Lightfoot, Robert H. 1935. *History and Interpretation in the Gospels*. London: Hodder & Stoughton.

Lindars, B. 1973 [1961]. *New Testament Apologetic: The Doctrinal Significance of the Old Testament Quotations*. London: SCM.

————. 1983. *Jesus Son of Man*. London: SPCK.

————. 1985. 'Response to Richard Bauckham: The Idiomatic Use of Bar Enasha.' *Journal for the Study of the New Testament* 23:35–41.

Lindsay, D. R. 1993. *Josephus and Faith: πίστις & πιστεύειν as Faith Terminology in the Writings of Flavius Josephus and in the New Testament*. Arbeiten zur Geschichte des Antiken Judentums und des Urchristentums, vol. 19. Leiden: Brill.

Lohfink, Gerhard. 1984. *Jesus and Community*. Trans. J. P. Galvin. Philadelphia: Fortress; New York: Paulist Press.

Lüdemann, Gerd. 1980. 'The Successors of Pre-70 Jerusalem Christianity: A Critical Examination of the Pella-Tradition.' In *Jewish and Christian Self-Definition, Volume One: The Shaping of Christianity in the Second and Third Centuries*, ed. E. P. Sanders, 161–73. Philadelphia: Fortress.

————. 1994. *The Resurrection of Jesus: History, Experience, Theology*. London: SCM.

Lührmann, D. 1973. 'Pistis im Judentum.' *Zeitschrift für die neutestamentliche Wissenschaft* 64:19–38.

Maccoby, Hyam. 1980 [1973]. *Revolution in Judea. Jesus and the Jewish Resistance*. New York: Taplinger.

————. 1986. *The Mythmaker: Paul and the Invention of Christianity*. London: Weidenfeld & Nicolson.

————. 1991. *Paul and Hellenism*. London: SCM; Philadelphia: TPI.

————. 1992. *Judas Iscariot and the Myth of Jewish Evil*. London: P. Halben.

McGrath, Alister E. 1994 [1986]. *The Making of Modern German Christology 1750-1990*. Leicester: Apollos; Grand Rapids, Mich.: Zondervan.

————. 1989. 'Christian Ethics.' In *The Religion of the Incarnation*, ed. Robert Morgan, 189-204. Bristol: Bristol Classical Press.

Mack, Burton L. 1985. 'Gilgamesh and the Wizard of Oz: The Scholar as Hero.' *Foundations and Facets Forum* 1(2):3-29.

————. 1987. 'The Kingdom Sayings in Mark.' *Foundations and Facets Forum* 3(1):3-47.

————. 1988. *A Myth of Innocence: Mark and Christian Origins*. Philadelphia: Fortress.

————. 1993. *The Lost Gospel: The Book of Q and Christian Origins*. San Francisco: HarperCollins; Shaftesbury: Element.

————. 1995. *Who Wrote the New Testament? The Making of the Christian Myth*. San Francisco: HarperSanFrancisco.

MacMullen, Ramsey. 1981. *Paganism in the Roman Empire*. New Haven and London: Yale U. P.

Macquarrie, John. 1990. *Jesus Christ in Modern Thought*. London: SCM; Philadelphia: TPI.

Magonet, Jonathan. 1988. 'Religious Tensions in Counselling.' In *Soul Searching: Studies in Judaism and Psychotherapy*, ed. Howard Cooper, 143-8. London: SCM.

Maier, Johann. 1985. *The Temple Scroll: An Introduction, Translation & Commentary*. JSOTSS no. 34. Sheffield: JSOT Press.

Mairson, Alan. 1996. 'The Three Faces of Jerusalem.' *National Geographic Magazine* April, 2-31.

Maitland, Sara. 1995. *A Big-Enough God: Artful Theology*. London: Mowbray.

Malherbe, Abraham J. 1976. 'Cynics.' In *Interpreter's Dictionary of the Bible, Supplementary Volume*, 201-3. Nashville, Tenn.

————, ed. 1977. *The Cynic Epistles: A Study Edition*. Missoula, Mont.: Scholars Press.

————. 1989. *Paul and the Popular Philosophers*. Minneapolis: Fortress.

Malina, Bruce J. 1993. *Windows on the World of Jesus: Time Travel to Ancient Judea*. Louisville, Ky.: Westminster/John Knox.

Malina, Bruce J., and Jerome H. Neyrey. 1988. *Calling Jesus Names: The Social Value of Labels in Matthew*. Sonoma, Calif.: Polebridge Press.

Malina, Bruce J., and Richard L. Rohrbaugh. 1992. *Social-Science Commentary on the Synoptic Gospels*. Minneapolis: Fortress.

Manson, T. W. 1931. *The Teaching of Jesus: Studies of Its Form and Content*. Cambridge: CUP.

————. 1953. *The Servant-Messiah: A Study of the Public Ministry of Jesus*. Cambridge: CUP.

Marcus, Joel. 1986. *The Mystery of the Kingdom of God*. SBL Dissertation Series, vol. 90. Atlanta, Ga.: Scholars Press.

Marshall, I. Howard. 1969. 'Uncomfortable Words VI. "Fear Him Who Can Destroy Both Soul and Body in Hell"' (Mt. 10:28 RSV).' *Expository Times* 81:276-80.

————. 1978. *The Gospel of Luke: A Commentary on the Greek Text*. Exeter: Paternoster.

Martyn, J. Louis. 1979 [1968]. *History and Theology in the Fourth Gospel*. Nashville: Abingdon.

Mason, Steve. 1992. 'Fire, Water and Spirit: John the Baptist and the Tyranny of Canon.' *Studies in Religion/Sciences Religieuses* 21:163-80.

Massyngberde Ford, J. 1975. *Revelation: Introduction, Translation and Commentary*. Garden City, N. Y.: Doubleday.

Matson, Mark A. 1992. 'The Contribution to the Temple Cleansing by the Fourth Gospel.' In *SBL 1992 Seminar Papers*, ed. Eugene H. Lovering, 489-506. Atlanta, Ga.: Scholars Press.

Maxtone Graham, Ysenda. 1993. *The Church Hesitant: A Portrait of the Church of England Today*. London: Hodder & Stoughton.

Meeks, Wayne A. 1968. 'Moses as God and King.' In *Religions in Antiquity: Essays in Memory of Erwin Ramsdell Goodenough*, ed. Jacob Neusner, 354-71. Leiden: Brill.

Meier, John P. 1991. *A Marginal Jew: Rethinking the Historical Jesus*. Vol. 1. *The Roots of the Problem and the Person*. New York: Doubleday.

————. 1994. *A Marginal Jew: Rethinking the Historical Jesus*. Vol. 2. *Mentor, Message, and Miracles*. New York: Doubleday.

Melanchthon, Philipp. 1982 [OUP, 1965]. *Melanchthon on Christian Doctrine: Loci Communes 1555*. Ed. and trans. C. L. Manschreck. Grand Rapids, Mich.: Baker Book House.

Mendels, D. 1981. 'The Five Empires. A Note on a Hellenistic Topos.' *American Journal of Philology* 102:330-7.

————. 1992. 'Pseudo-Philo's *Biblical Antiquities*, the "Fourth Philosophy," and the Political Messianism of the First Century C.E.' In *The Messiah: Developments in Earliest Judaism and Christianity*, ed. J. H. Charlesworth, 261-75. Minneapolis: Fortress.

Metzger, B. M. 1971. *A Textual Commentary on the Greek New Testament*. London and New York: United Bible Societies.

Meyer, Ben F. 1979. *The Aims of Jesus*. London: SCM.

————. 1986. *The Early Christians: Their World Mission and Self-Discovery*. Wilmington, Del.: Michael Glazier.

————. 1987. 'The World Mission and the Emergent Realization of Christian Identity.' In *Jesus, the Gospels, and the Church: Essays in Honor of William R. Farmer*, ed. E. P. Sanders, 243-63. Macon, Ga.: Mercer U. P.

————. 1989. *Critical Realism and the New Testament*. Princeton Theological Monograph Series, vol. 17. Allison Park, Pa.: Pickwick Publications.

————. 1991. 'A Caricature of Joachim Jeremias and His Work.' *Journal of Biblical Literature* 110:451-62.

————. 1992a. *Christus Faber: The Master-Builder and the House of God*. Allison Park, Penn.: Pickwick Publications.

————. 1992b. 'Jesus Christ.' In *ABD* 3:773-96.

————. 1993. Review of Crossan 1991. *Catholic Biblical Quarterly* 55:575-6.

Meyer, Marvin W. 1985. 'Making Mary Male: The Categories "Male" and "Female" in the Gospel of Thomas.' *New Testament Studies* 31:554-70.

Meyers, Carol. 1992. 'Temple, Jerusalem.' In *ABD* 6:350-69.

Michel, O. 1967. 'οἶκος κ.τ.λ.' In *TDNT*, vol. 5, 119-59. Grand Rapids, Mich.: Eerdmans.

————. 1968. 'Studien zu Josephus: Simon bar Giora.' *New Testament Studies* 14:402-8.

Milbank, John. 1990. *Theology and Social Theory: Beyond Secular Reason*. Oxford: Blackwell.

Milikowsky, C. 1988. 'Which Gehenna? Retribution and Eschatology in the Synoptic Gospels and in Early Jewish Texts.' *New Testament Studies* 34:238-49.

Millar, Fergus. 1993. *The Roman Near East, 31 BC - AD 337*. Cambridge, Mass., and London: Harvard U. P.

Miller, John W. 1985. 'Jesus' "Age Thirty Transition": A Psychohistorical Probe.' In *SBL 1985 Seminar Papers*, ed. K. H. Richards, 45-56. Atlanta, Ga.: Scholars Press.

Miller, Robert J. 1991. 'The (A)historicity of Jesus' Temple Demonstration: A Test Case in Methodology.' In *SBL 1991 Seminar Papers*, ed. Eugene H. Lovering, 235-52. Atlanta, Ga.: Scholars Press.

————, ed. 1992 [1991]. *The Complete Gospels: Annotated Scholars Version*. Sonoma, Calif.: Polebridge Press.

Montefiore, C. G., and H. Loewe, compilers. 1974 [1938]. *A Rabbinic Anthology*. New York: Schocken Books.

Montgomery, James A. 1927. *A Critical and Exegetical Commentary on the Book of Daniel.* International Critical Commentary. Edinburgh: T. & T. Clark.

Moore, A. L. 1966. *The Parousia in the New Testament.* Supplements to *Novum Testamentum*, no. 13. Leiden: Brill.

Moore, George Foot. 1927–30. *Judaism in the First Centuries of the Christian Era: The Age of the Tannaim.* 3 vols. Cambridge, Mass.: Harvard U. P.

Morgan, Robert. 1987. 'The Historical Jesus and the Theology of the New Testament.' In *The Glory of Christ in the New Testament: Studies in Christology in Memory of George Bradford Caird*, ed. L. D. Hurst and N. T. Wright, 187–206. Oxford: Clarendon.

Moule, C. F. D. 1967. *The Phenomenon of the New Testament: An Inquiry Into the Implications of Certain Features of the New Testament.* London: SCM.

————. 1969. 'Mark 4:1–20 Yet Once More.' In *Neotestamentica et Semitica: Studies in Honour of Matthew Black*, ed. E. E. Ellis and M. Wilcox, 95–113. Edinburgh: T. & T. Clark.

————. 1977. *The Origin of Christology.* Cambridge: CUP.

————. 1984. 'Some Observations on *Tendenzkritik*.' In *Jesus and the Politics of His Day*, ed. E. Bammel and C. F. D. Moule, 91–100. Cambridge: CUP.

————. 1987. 'The Gravamen Against Jesus.' In *Jesus, the Gospels, and the Church: Essays in Honor of William R. Farmer*, ed. E. P. Sanders, 177–95. Macon, Ga.: Mercer U. P.

Muddiman, John. 1987. 'The Glory of Jesus, Mark 10:37.' In *The Glory of Christ in the New Testament: Studies in Christology in Memory of George Bradford Caird*, ed. L. D. Hurst and N. T. Wright, 51–8. Oxford: Clarendon.

Murphy-O'Connor, J. 1990. 'John the Baptist and Jesus: History and Hypotheses.' *New Testament Studies* 36:359–74.

Myers, Ched. 1990 [1988]. *Binding the Strong Man: A Political Reading of Mark's Story of Jesus.* Maryknoll, N. Y.: Orbis.

Neale, D. 1993. 'Was Jesus a *Mesith*? Public Response to Jesus and His Ministry.' *Tyndale Bulletin* 44(1):89–101.

Neill, Stephen C., and N. Thomas Wright. 1988 [1964]. *The Interpretation of the New Testament, 1861–1986.* Oxford: OUP.

Neirynck, F. 1994. 'The Historical Jesus: Reflections on an Inventory.' *Ephemerides Theologicae Lovanienses* 70:221–34.

Neubauer, A., and S. R. Driver. 1876–77. *The Fifty-Third Chapter of Isaiah According to the Jewish Interpreters.*

Neusner, Jacob. 1970. *A Life of Johanan Ben Zakkai.* Studia Post-Biblica, vol. 6. Leiden: Brill.

————. 1989. 'Money-Changers in the Temple: The Mishnah's Explanation.' *New Testament Studies* 35:287–90.

————. 1991. *Jews and Christians: The Myth of a Common Tradition.* London: SCM; Philadelphia: TPI.

————. 1993. *A Rabbi Talks with Jesus: An Intermillenial, Interfaith Exchange.* New York: Doubleday.

Neusner, Jacob, W. S. Green, and E. Frerichs, eds. 1987. *Judaisms and Their Messiahs at the Turn of the Christian Era.* Cambridge: CUP.

Neyrey, Jerome H., ed. 1991. *The Social World of Luke-Acts: Models for Interpretation.* Peabody, Mass.: Hendrickson.

————. 1992. 'A Review of *The Historical Jesus*: The Use of the Social Sciences in Crossan's Reconstruction.' Unpublished Paper. San Francisco.

Nickelsburg, George W. E. 1992. 'Son of Man.' In *ABD* 6:137–50.

Nietzsche, Friedrich. 1909–13. *The Complete Works of Friedrich Nietzsche.* Ed. O. Levy. 18 vols. London: Allen & Unwin.

Noble, Paul R. 1993. 'The *Sensus Literalis*: Jowett, Childs, and Barr.' *Journal of Theological Studies* 44(1):1-23.

Nolland, John. 1989. *Luke 1-9:20*. Dallas, Tex.: Word Books.

————. 1993. *Luke 9:21-18:34*. Dallas, Tex.: Word Books.

North, C. R. 1948. *The Suffering Servant in Deutero-Isaiah: An Historical and Critical Study*. London: OUP.

O'Collins, Gerald. 1995. *Christology: A Biblical, Historical, and Systematic Study of Jesus*. Oxford: OUP.

O'Donovan, Oliver M. T. 1986. *Resurrection and Moral Order: An Outline for Evangelical Ethics*. Leicester: IVP; Grand Rapids, Mich.: Eerdmans.

O'Malley, P. 1979. 'Social Bandits, Modern Capitalism and the Traditional Peasantry. A Critique of Hobsbawm.' *Journal of Peasant Studies* 7:489-99.

O'Neill, John C. 1980. *Messiah: Six Lectures on the Ministry of Jesus*. Cambridge: Cochrane Press.

————. 1991a. *The Bible's Authority: A Portrait Gallery of Thinkers from Lessing to Bultmann*. Edinburgh: T. & T. Clark.

————. 1991b. 'The Lost Written Records of Jesus' Words and Deeds Behind Our Records.' *Journal of Theological Studies* 42:483-504.

————. 1995. *Who Did Jesus Think He Was?* Leiden: Brill.

O'Toole, Robert F. 1992. 'Last Supper.' In *ABD* 4:234-41.

Oakman, Douglas E. 1986. *Jesus and the Economic Questions of His Day*. Studies in the Bible and Early Christianity, vol. 8. Lewiston/Queenston: Edwin Mellen Press.

Ong, Walter J. 1970. *The Presence of the Word: Some Prolegomena for Cultural and Religious History*. New York: Simon & Schuster.

————. 1982. *Orality and Literacy: The Technologizing of the Word*. London and New York: Methuen.

Oppenheimer, A. 1977. *The Am Ha-Aretz. A Study of the Social History of the Jewish People in the Hellenistic-Roman Period*. Leiden: Brill.

Otto, Rudolf. 1984 [1938]. 'The Kingdom of God Expels the Kingdom of Satan.' In *The Kingdom of God*, ed. Bruce D. Chilton, 27-35. London: SPCK; Philadelphia: Fortress.

Overman, J. Andrew. 1990. 'Deciphering the Origins of Christianity.' *Interpretation* 44:193-5.

Pagels, E. 1991. 'The Social History of Satan, the "Intimate Enemy": A Preliminary Sketch.' *Harvard Theological Review* 84:105-28.

————. 1994. 'The Social History of Satan, Part II: Satan in the New Testament Gospels.' *Journal of the American Academy of Religion* 62:17-58.

Painter, John. 1987. *Theology as Hermeneutics: Rudolf Bultmann's Interpretation of the History of Jesus*. Sheffield: The Almond Press.

Pamment, Margaret. 1981. 'The Kingdom of Heaven According to the First Gospel.' *New Testament Studies* 27:211-32.

Parker, Pierson. 1987. 'Herod Antipas and the Death of Jesus.' In *Jesus, the Gospels, and the Church: Essays in Honor of William R. Farmer*, ed. E. P. Sanders, 197-208. Macon, Ga.: Mercer U. P.

Patterson, Stephen J. 1989. 'Fire and Dissension: Ipsissima Vox Jesu in Q 12:49, 51-53?' *Foundations & Facets Forum* 5(2):121-39.

Payne, Philip B. 1980a. 'The Authenticity of the Parable of the Sower and Its Interpretation.' In *Gospel Perspectives: Studies of History and Tradition in the Four Gospels*, ed. R. T. France and David Wenham, vol. 1, 163-207. Sheffield: JSOT Press.

————. 1980b. 'The Seeming Inconsistency of the Interpretation of the Parable of the Sower.' *New Testament Studies* 26:564-8.

Penney, Douglas L., and Michael O. Wise. 1994. 'By the Power of Beelzebub: An Aramaic Inscription Formula from Qumran (4Q560).' *Journal of Biblical Literature* 113:627–50.

Perez, L. A. 1989. *Lords of the Mountain: Social Banditry and Peasant Protest in Cuba 1878-1918*. Pittsburgh, Pa.: University of Pittsburgh Press.

Perkins, Pheme. 1981. *Hearing the Parables of Jesus*. New York: Paulist.

Perrin, N., and D. C. Duling. 1982 [1974]. *The New Testament: An Introduction*. New York: Harcourt Brace Jovanovich.

Perrin, Norman. 1963. *The Kingdom of God in the Teaching of Jesus*. Philadelphia: Fortress.

————. 1966. 'The Wredestrasse Becomes the Hauptstrasse: Reflections on the Reprinting of the Dodd Festschrift.' *Journal of Religion* 46:296-300.

————. 1967. *Rediscovering the Teaching of Jesus*. London: SCM.

————. 1970. *What is Redaction Criticism?* London: SPCK.

————. 1976. *Jesus and the Language of the Kingdom: Symbol and Metaphor in New Testament Interpretation*. London: SCM; Philadelphia: Fortress.

Pesch, R. 1968. 'Levi-Matthäus (Mc 2,14/Mt 9,9; 10,3): Ein Beitrag zur Lösung eines alten Problems.' *Zeitschrift für die Neutestamentliche Wissenschaft* 59:40-56.

Phillips, Catherine, ed. 1986. *The Oxford Authors: Gerard Manley Hopkins*. Oxford: OUP.

Polkinghorne, John. 1994. *Science and Christian Belief: Theological Reflections of a Bottom-Up Thinker*. London: SPCK.

Porteous, Norman W. 1965. *Daniel: A Commentary*. London: SCM.

Porter, Stanley E. 1993. 'Did Jesus Ever Teach in Greek?' *Tyndale Bulletin* 44:199-235.

Prentis, Richard H. 1996. 'A View from the Old Organ Lofts.' *Friends of Lichfield Cathedral: Annual Report* 59:25-33.

Priest, J. 1992. 'A Note on the Messianic Banquet.' In *The Messiah: Developments in Earliest Judaism and Christianity*, ed. J. H. Charlesworth, 222-38. Minneapolis: Fortress.

Puech, Emile. 1992. 'Une apocalypse messianique (4Q521).' *Revue de Qumran* 15:475-519.

Quell, G. 1967. '$\pi\alpha\tau\acute{\eta}\rho$ κ.τ.λ. [sections A & B].' In *TDNT*, vol. 5, 945-74. Grand Rapids, Mich.: Eerdmans.

Rajak, Tessa. 1983. *Josephus: The Historian and His Society*. London: Duckworth; Philadelphia: Fortress.

Räisänen, H. 1982. 'Jesus and the Food Laws: Reflections on Mark 7.15.' *Journal for the Study of the New Testament* 16:79-100.

Reimarus, H. S. 1970 [1778]. *Fragments*. Ed. Charles H. Talbert. Philadelphia: Fortress.

Reinhartz, A. 1989. 'Rabbinic Perceptions of Simeon Bar Kosiba.' *Journal for the Study of Judaism* 20:171-94.

Remus, Harold E. 1983. *Pagan-Christian Conflict Over Miracle in the Second Century*. Patristic Monograph Series, no. 10. Cambridge, Mass.: The Philadelphia Patristic Foundation.

————. 1992. 'Miracles (NT).' In *ABD* 4:856-69.

Renan, E. 1863. *La Vie de Jésus*. Paris: Michel Lévy Frères.

Reumann, John. 1989. 'Jesus and Christology.' In *The Bible and Its Modern Interpreters*, ed. Douglas A. Knight, vol. 3. *The New Testament and Its Modern Interpreters*, ed. E. J. Epp and G. W. MacRae, 501-64. Atlanta, Ga.: Scholars Press.

Rey-Coquais, Jean-Paul. 1992. 'Decapolis.' In *ABD* 2:116-21.

Richardson, G. Peter. 1992. 'Why Turn the Tables? Jesus' Protest in the Temple Precincts.' In *SBL 1992 Seminar Papers*, ed. Eugene H. Lovering, 507-23. Atlanta, Ga.: Scholars Press.

Riches, John K. 1980. *Jesus and the Transformation of Judaism*. London: Darton, Longman & Todd.

————. 1988. 'Parables and the Search for a New Community.' In *The Social World of Formative Christianity and Judaism: Essays in Tribute to Howard Clark Kee*, ed. J. Neusner, P. Borgen, E. S. Frerichs, and R. Horsley, 235-63. Philadelphia: Fortress.

Richler, Mordecai. 1995. *This Year in Jerusalem*. Toronto: Vintage Canada.

Riesenfeld, Harald. 1970. *The Gospel Tradition*. Philadelphia: Fortress.

Riesner, Rainer. 1984 [1981]. *Jesus als Lehrer*. Wissenschaftliche Untersuchungen zum Neuen Testament. Tübingen: Mohr.

Rivkin, Ellis. 1978. *A Hidden Revolution*. Nashville: Abingdon.

————. 1984. *What Crucified Jesus?* London: SCM; Nashville: Abingdon.

Roberts, C. H. 1948. 'The Kingdom of Heaven (Lk. xvii.21).' *Harvard Theological Review* 41:1-8.

Robinson, James M. 1959. *A New Quest of the Historical Jesus*. London: SCM.

Robinson, James M., and Helmut Koester. 1971. *Trajectories Through Early Christianity*. Philadelphia: Fortress.

Robinson, John A. T. 1962. *Twelve New Testament Studies*. London: SCM.

————. 1979 [1957]. *Jesus and His Coming: The Emergence of a Doctrine*. London: SCM.

————. 1984. *Twelve More New Testament Studies*. London: SCM.

————. 1985. *The Priority of John*, ed. J. F. Coakley. London: SCM.

Roth, C. 1960. 'The Cleansing of the Temple and Zechariah XIV 21.' *Novum Testamentum* 4:174-81.

Rowland, Christopher C. 1982. *The Open Heaven: A Study of Apocalyptic in Judaism and Early Christianity*. New York: Crossroad.

————. 1991. 'The Second Temple: Focus of Ideological Struggle?' In *Templum Amicitiae: Essays on the Second Temple Presented to Ernst Bammel*, ed. W. Horbury, 175-98. JSNTSS vol. 48. Sheffield: JSOT Press.

Ruether, Rosemary R. 1974. *Faith and Fratricide: The Theological Roots of Anti-Semitism*. New York: Seabury Press.

Runnalls, Donna R. 1983. 'The King as Temple-Builder.' In *Spirit Within Structure: Essays in Honor of George Johnston on the Occasion of His Seventieth Birthday*, ed. E. J. Furcha, 15-37. Allison Park, Pa.: Pickwick Press.

Rüstow, A. 1960. '*Entos hymon estin*: Zur Deutung von Lukas 17.20-21.' *Zeitschrift für die neutestamentliche Wissenschaft* 51:197-224.

Safrai, S. 1974. 'Jewish Self-Government.' In *Compendia Rerum Iudaicarum Ad Novum Testamentum*, vol. 1. *The Jewish People in the First Century: Historical Geography, Political History, Social, Cultural and Religious Life and Institutions*, ed. S. Safrai and M. Stern, 377-419. Philadelphia: Fortress.

————. 1976a. 'Home and Family.' In *Compendia Rerum Iudaicarum Ad Novum Testamentum*, vol. 2. *The Jewish People in the First Century: Historical Geography, Political History, Social, Cultural and Religious Life and Institutions*, ed. S. Safrai and M. Stern. 728-92. Philadelphia: Fortress.

————. 1976b. 'Religion in Everyday Life.' In *Compendia Rerum Iudaicarum Ad Novum Testamentum*, vol. 2. *The Jewish People in the First Century: Historical Geography, Political History, Social, Cultural and Religious Life and Institutions*, ed. S. Safrai and M. Stern, 793-833. Philadelphia: Fortress.

————. 1976c. 'The Synagogue.' In *Compendia Rerum Iudaicarum Ad Novum Testamentum*, vol. 2. *The Jewish People in the First Century: Historical Geography, Political History, Social, Cultural and Religious Life and Institutions*, ed. S. Safrai and M. Stern, 908-44. Philadelphia: Fortress.

Safrai, Ze'ev. 1992. 'The Roman Army in the Galilee.' In *The Galilee in Late Antiquity*, ed. Lee I. Levine, 103-14. New York and Jerusalem: The Jewish Theological Seminary of America.

————. 1994. *The Economy of Roman Palestine*. London and New York: Routledge.

Saldarini, Anthony J. 1988. *Pharisees, Scribes and Sadducees in Palestinian Society*. Wilmington, Del.: Michael Glazier; Edinburgh: T. & T. Clark.

Sanders, E. P. 1977. *Paul and Palestinian Judaism: A Comparison of Patterns of Religion*. Philadelphia: Fortress; London: SCM.

————. 1983a. *Paul, the Law, and the Jewish People*. London: SCM; Philadelphia: Fortress.

————. 1983b. 'Jesus and the Sinners.' *Journal for the Study of the New Testament* 19:5-36.

————. 1985. *Jesus and Judaism*. Philadelphia: Fortress; London: SCM.

————. 1987. 'Jesus and the Kingdom: The Restoration of Israel and the New People of God.' In *Jesus, the Gospels, and the Church: Essays in Honor of William R. Farmer*, ed. E. P. Sanders, 225-39. Macon, Ga.: Mercer U. P.

————. 1990. *Jewish Law from Jesus to the Mishnah: Five Studies*. London: SCM; Philadelphia: TPI.

————. 1991. 'Defending the Indefensible.' *Journal of Biblical Literature* 110:463-77.

————. 1992a. 'Sin, Sinners (NT).' In *ABD* 6:40-7.

————. 1992b. *Judaism: Practice and Belief, 63 BCE - 66 CE*. London: SCM; Philadelphia: TPI.

————. 1993. *The Historical Figure of Jesus*. London: Penguin Books.

Sanders, J. T. 1969. 'Tradition and Redaction in Luke xv.11-32.' *New Testament Studies* 15:433-8.

Sanders, James A. 1992. 'Canon (Hebrew Bible).' In *ABD* 1:837-52.

Schäfer, Peter. 1980. 'Rabbi Aqiva and Bar Kokhba.' In *Approaches to Ancient Judaism*, ed. W. S. Green, 113-30. Chico, Calif.: Scholars Press.

Schechter, S. 1961 [1909]. *Aspects of Rabbinic Theology: Major Concepts of the Talmud*. New York: Schocken Books.

Schiffman, Lawrence H. 1994. *Reclaiming the Dead Sea Scrolls: Their True Meaning for Judaism and Christianity*. New York: Doubleday.

Schillebeeckx, Edward. 1979 [1974]. *Jesus: An Experiment in Christology*. New York: Seabury Press.

————. 1980 [1977]. *Christ: The Christian Experience in the Modern World*. London: SCM.

Schnackenburg, Rudolf. 1990 [1975]. *The Gospel According to St. John*. New York: Crossroad.

————. 1995 [1993]. *Jesus in the Gospels: A Biblical Christology*. Louisville, Ky.: Westminster/John Knox.

Schulz, Siegfried. 1972. *Q. Die Spruchquelle der Evangelisten*. Zürich: Theologischer Verlag.

Schürer, E. 1973-87. *The History of the Jewish People in the Age of Jesus Christ (175 B.C.-A.D. 135)*. Revised and ed. M. Black, G. Vermes, F. Millar, and M. Goodman. 3 vols. Edinburgh: T. & T. Clark.

Schüssler Fiorenza, Elisabeth. 1983. *In Memory of Her: A Feminist Theological Reconstruction of Christian Origins*. New York: Crossroad.

————. 1994. *Jesus. Miriam's Child, Sophia's Prophet: Critical Issues in Feminist Christology*. London: SCM.

Schwarz, D. 1981. '"To Join Oneself to the House of Judah," (Damascus Document IV,11).' *Révue de Qumran* 10:435-46.

Schweitzer, Albert. 1925 [1901]. *The Mystery of the Kingdom of God*. London: A. & C. Black.

————. 1954 [1906]. *The Quest of the Historical Jesus: A Critical Study of its Progress from Reimarus to Wrede*. London: A. & C. Black.

————. 1968a [1967]. *The Kingdom of God and Primitive Christianity*. London: A. & C. Black.

————. 1968b [1930]. *The Mysticism of Paul the Apostle*. London: A. & C. Black; New York: Seabury Press.

Scobie, C. H. H. 1964. *John the Baptist*. London: SCM.

Scott, B. B. 1983. *Jesus, Symbol-Maker for the Kingdom*. Philadelphia: Fortress.

————. 1989. *Hear Then the Parable*. Minneapolis: Fortress.

————. 1990. 'Jesus as Sage: An Innovating Voice in Common Wisdom.' In *The Sage in Israel and the Ancient Near East*, ed. J. G. Gammie and L. G. Perdue, 399–415. Winona Lake, Wis.: Eisenbrauns.

Scott, James M. 1993. 'Paul's Use of Deuteronomistic Tradition.' *Journal of Biblical Literature* 112:645–65.

Seeley, David. 1992. 'Jesus' Death in Q.' *New Testament Studies* 38:222–34.

————. 1993. 'Rulership and Service in Mark 10:41–45.' *Novum Testamentum* 35:234–50.

Segal, Alan F. 1977. *Two Powers in Heaven: Early Rabbinic Reports About Christianity and Gnosticism*. Leiden: Brill.

————. 1984. '"He Who Did not Spare His Own Son . . .": Jesus, Paul and the Akedah.' In *From Jesus to Paul: Studies in Honour of Francis Wright Beare*, ed. P. Richardson & J. C. Hurd, 169–84. Waterloo, Ontario: Wilfrid Laurier U. P.

Segundo, J. L. 1985. *Jesus of Nazareth Yesterday and Today*. Vol. 2. *The Historical Jesus of the Synoptics*. Trans. John Drury. London: Sheed & Ward.

Sellin, G. 1974/1975. 'Lukas als Gleichniserzähler: Die Erzählung vom barmherzigen Samariter (Lk 10:25–27).' *Zeitschrift für die neutestamentliche Wissenschaft* 65:166–89; 66:19–60.

Shaffer, Peter. 1985 [1980]. *Amadeus*. London: Penguin Books.

Shaw, Brent D. 1984. 'Bandits in the Roman Empire.' *Past and Present* 105:5–52.

Sherwin-White, Adrian N. 1969 [1963]. *Roman Society and Roman Law in the New Testament*. Oxford: OUP.

Shogren, Gary S. 1992. 'Forgiveness (NT).' In *ABD* 2:835–8.

Sloan, Robert B. 1977. *The Favorable Year of the Lord: A Study of Jubilary Theology in the Gospel of Luke*. Austin, Tex.: Schola Press.

Smalley, Stephen S. 1994. *Thunder and Love: John's Revelation and John's Community*. Milton Keynes: Nelson Word.

Smith, D. Moody. 1990. 'The Contribution of J. Louis Martyn to the Understanding of the Gospel of John.' In *The Conversation Continues: Studies in Paul and John in Honor of J. Louis Martyn*, ed. Robert T. Fortna and Beverly R. Gaventa, 275–94. Nashville: Abingdon.

Smith, Morton. 1973. *Clement of Alexandria and a Secret Gospel of Mark*. Cambridge, Mass.: Harvard U. P.

————. 1977 [1956]. 'Palestinian Judaism in the First Century.' In *Essays in Greco-Roman and Related Talmudic Literature*, ed. H. Fischel, 183–97. New York: Ktav.

————. 1978. *Jesus the Magician*. London: Gollancz.

Smith, R. H. 1992. 'Pella.' In *ABD* 5:219–21.

Smith, Ralph L. 1984. *Micah-Malachi*. Waco, Tex.: Word Books.

Snodgrass, Klyne. 1983. *The Parable of the Wicked Tenants*. Wissenschaftliche Untersuchungen zum Neuen Testament, no. 27. Tübingen: Mohr.

Soards, M. L. 1987. 'Tradition, Composition, and Theology in Jesus' Speech to the "Daughters of Jerusalem" (Luke 23,26–32).' *Biblica* 68:221–44.

Solomon, Maynard. 1988. *Beethoven Essays*. Cambridge, Mass.: Harvard U. P.

Sommer, Benjamin D. 1996. 'Did Prophecy Cease? Evaluating a Reevaluation.' *Journal of Biblical Literature* 115:31–47.

Sparks, H. F. D., ed. 1984. *The Apocryphal Old Testament*. Oxford: Clarendon.

Stanton, Graham N. 1989. *The Gospels and Jesus*. Oxford: OUP.

————. 1994. 'Jesus of Nazareth: A Magician and a False Prophet Who Deceived God's People?' In *Jesus of Nazareth: Lord and Christ. Essays on the Historical Jesus and New Testament Christology*, ed. Joel B. Green and Max Turner, 164–80. Grand Rapids, Mich.: Eerdmans; Carlisle: Paternoster.

Stauffer, Ethelbert. 1960. *Jesus and His Story*. London: SCM.

Stein, Robert H. 1981. *An Introduction to the Parables of Jesus*. Philadelphia: Westminster.

Steiner, George. 1996. *No Passion Spent: Essays 1978-1996*. London and Boston: Faber.

Stern, Menahem. 1974-84. *Greek and Latin Authors on Jews and Judaism*. Jerusalem: Israel Academy of Sciences and Humanities.

————. 1976. 'The Jews in Greek and Latin Literature.' In *Compendia Rerum Iudaicarum Ad Novum Testamentum*, vol. 2. *The Jewish People in the First Century: Historical Geography, Political History, Social, Cultural and Religious Life and Institutions*, ed. S. Safrai and M. Stern, 1101-59. Philadelphia: Fortress.

Stone, Michael E. 1990. *Fourth Ezra: A Commentary on the Book of Fourth Ezra*. Minneapolis: Augsburg Fortress.

Stowers, Stanley K. 1984. 'Social Status, Public Speaking and Private Teaching: The Circumstances of Paul's Preaching.' *Novum Testamentum* 26:59-82.

Strauss, David Friedrich. 1972 [1835-36]. *The Life of Jesus Critically Examined*. Philadelphia: Fortress.

Strecker, Georg. 1988. *The Sermon on the Mount: An Exegetical Commentary*. Edinburgh: T. & T. Clark.

Strobel, A. 1961. *Untersuchungen zum eschatologischen Verzögerungsproblem, auf Grund der spätjüdisch-urchristlichen Geschichte von Habakuk 2,2 ff.* Supplements to *Novum Testamentum*. Leiden: Brill.

————. 1980. *Die Stunde der Wahrheit*. Tübingen: Mohr.

Stuhlmacher, Peter. 1968. *Das paulinische Evangelium: I. Vorgeschichte*. Forschungen zum Religion und Literatur des Alten und Neuen Testaments, vol. 95. Göttingen: Vandenhoek und Ruprecht.

————. 1986 [1981]. *Reconciliation, Law and Righteousness: Essays in Biblical Theology*. Philadelphia: Fortress.

Sweet, John P. M. 1984. 'The Zealots and Jesus.' In *Jesus and the Politics of His Day*, ed. E. Bammel and C. F. D. Moule, 1-10. Cambridge: CUP.

Talbert, C. H. 1992. *Reading Luke: A Literary and Theological Commentary on the Third Gospel*. New York: Crossroad.

Tannehill, Robert C. 1985 [1977]. 'The Disciples in Mark: The Function of a Narrative Role.' In *The Interpretation of Mark*, ed. W. R. Telford. Philadelphia: Fortress; London: SPCK.

Tatum, W. Barnes. 1982. *In Quest of Jesus: A Guidebook*. Atlanta: John Knox.

Taussig, Hal. 1986. 'The Jesus Seminar and Its Public.' *Foundations and Facets Forum* 2(2):69-78.

Taylor, Justin. 1994. 'Why Were the Disciples First Called "Christians" at Antioch?' *Revue Biblique* 101:75-94.

Taylor, L. 1987. *Bandits and Politics in Peru: Landlord and Peasant Violence in Hualgayoc 1900-30*. Cambridge: Centre of Latin American Studies, University of Cambridge.

Taylor, Vincent. 1952. *The Gospel According to St. Mark: The Greek Text with Introduction, Notes, and Indexes*. London: Macmillan.

Telford, W. R. 1980. *The Barren Temple and the Withered Tree*. JSNTSS vol. 1. Sheffield: JSOT Press.

Thatcher, Adrian. 1993. 'Resurrection and Rationality.' In *The Resurrection of Jesus Christ*, ed. Paul Avis, 171-86. London: Darton, Longman & Todd.

Theissen, Gerd. 1978 [1977]. *Sociology of Early Palestinian Christianity*. [English Title *The First Followers of Jesus*]. Philadelphia: Fortress; London: SCM.

————. 1983. *The Miracle Stories of Early Christian Tradition*. Trans. Francis McDonagh. Ed. John Riches. Philadelphia: Fortress.

————. 1987 [1986]. *The Shadow of the Galilean: The Quest of the Historical Jesus in Narrative Form*. London: SCM.

————. 1991a [1989]. *The Gospels in Context: Social and Political History in the Synoptic Tradition*. Minneapolis: Fortress.

————. 1991b. *The Open Door: Variations on Biblical Themes*. London: SCM; Minneapolis: Fortress.

Thielicke, Helmut. 1960. *The Waiting Father: Sermons on the Parables of Jesus*. Cambridge: James Clark.

Thiselton, Anthony C. 1980. *The Two Horizons: New Testament Hermeneutics and Philosophical Description with Special Reference to Heidegger, Bultmann, Gadamer and Wittgenstein*. Exeter: Paternoster.

————. 1995. *Interpreting God and the Postmodern Self: On Meaning, Manipulation and Promise*. Edinburgh: T. & T. Clark.

Throckmorton, Burton H., ed. 1979 [1949]. *Gospel Parallels: A Synopsis of the First Three Gospels*. Nashville: Nelson.

Tiede, D. L. 1972. *The Charismatic Figure as Miracle Worker*. SBL Dissertation Series, vol. 1. Missoula, Mont.: Scholars Press.

Tillich, Paul. 1967. *On the Boundary*. London: Collins.

Trumbower, Jeffrey A. 1993. 'The Historical Jesus and the Speech of Gamaliel (Acts 5.35-9).' *New Testament Studies* 39:500-17.

Tuckett, Christopher M. 1989. 'A Cynic Q?' *Biblica* 70:349-76.

————. 1992. 'Q (Gospel Source).' In *ABD* 5:567-72.

Urbach, E. E. 1981. 'Self-Isolation or Self-Affirmation in Judaism in the First Three Centuries: Theory and Practice.' In *Jewish and Christian Self-Definition, Volume Two: Aspects of Judaism in the Greco-Roman Period*, ed. E. P. Sanders, A. I. Baumgarten, and Alan Mendelson, 269-98. Philadelphia: Fortress.

————. 1987 [1975, 1979]. *The Sages: Their Concepts and Beliefs*. Trans. I. Abrahams. Cambridge, Mass. and London: Harvard U. P.

Vaage, Leif E. 1987. *Q: The Ethos and Ethics of an Itinerant Intelligence*. Unpublished Dissertation. Claremont.

————. 1989. 'Q^1 and the Historical Jesus: Some Peculiar Sayings (7.33-34; 9:57-58; 59-60; 14:26-27).' *Foundations and Facets Forum* 5(2):159-76.

————. 1994. *Galilean Upstarts: Jesus' First Followers According to Q*. Valley Forge, Pa.: TPI.

van Beeck, F. J. 1994. 'The Quest of the Historical Jesus: Origins, Achievements, and the Specter of Diminishing Returns.' In *Jesus and Faith: A Conversation on the Work of John Dominic Crossan*, ed. Jeffrey Carlson and Robert A. Ludwig, 83-99. Maryknoll, N.Y.: Orbis.

Vancil, Jack W. 1992. 'Sheep, Shepherd.' In *ABD* 5:1187-90.

Vermes, G. 1967. 'The Use of בר נשא/בר נש in Jewish Aramaic.' Appendix E. In *An Aramaic Approach to the Gospels and Acts*, by M. Black. 3rd edn., 310-28. Oxford: OUP.

————. 1973. *Jesus the Jew: A Historian's Reading of the Gospels*. London: Collins.

————. 1981. *The Gospel of Jesus the Jew*. Newcastle: University of Newcastle upon Tyne.

————. 1983. *Jesus and the World of Judaism*. London: SCM.

————. 1993. *The Religion of Jesus the Jew*. London: SCM.

————. 1995 [1962]. *The Dead Sea Scrolls in English*. 4th edn. London: Penguin Books.

von Rad, Gerhard. 1965 [1960]. *Old Testament Theology*. Vol. 2. *The Theology of Israel's Prophetic Traditions*. New York: Harper & Row; Edinburgh: Oliver & Boyd.

Wallace-Hadrill, J. Michael. 1974. *The Vikings in Francia*. Stanton Lecture.

Wallis, Ian G. 1995. *The Faith of Jesus Christ in Early Christian Traditions*. SNTSMS vol. 84. Cambridge: CUP.

Wansbrough, Henry, ed. 1991. *Jesus and the Oral Gospel Tradition*. JSNTSS vol. 64. Sheffield: Sheffield Academic Press.

Watson, Duane F. 1992. 'Gehenna.' In *ABD* 2:926-8.

Weaver, Dorothy Jean. 1992. 'Transforming Nonresistance: From *Lex Talionis* to "Do not Resist the Evil One".' In *The Love of Enemy and Nonretaliation in the New Testament*, ed. Willard M. Swartley, 32-71. Louisville, Ky.: Westminster/John Knox.

Webb, Robert L. 1991. *John the Baptizer and Prophet: A Socio-Historical Study*. JSNTSS vol. 62. Sheffield: Sheffield Academic Press.

Weeden, T. J. 1971. *Mark - Traditions in Conflict*. Philadelphia: Fortress.

————. 1985 [1968]. 'The Heresy That Necessitated Mark's Gospel.' In *The Interpretation of Mark*, ed. W. R. Telford. Philadelphia: Fortress; London: SPCK.

Weinart, F. D. 1977. 'The Parable of the Throne Claimant [Luke 19:12, 14-15a, 27] Reconsidered.' *Catholic Biblical Quarterly* 39:505-14.

Weiss, Johannes. 1959. *Earliest Christianity: A History of the Period A.D. 30-150*. Vol. 1. New York: Harper & Brothers.

————. 1971 [1892]. *Jesus' Proclamation of the Kingdom of God*. London: SCM.

Wengst, Klaus. 1987 [1986]. *Pax Romana and the Peace of Jesus Christ*. London: SCM.

Wenham, David. 1984. *The Rediscovery of Jesus' Eschatological Discourse*. Gospel Perspectives, vol. 4. Sheffield: JSOT Press.

————. 1989. *The Parables of Jesus: Pictures of Revolution*. London: Hodder & Stoughton.

————. 1995. *Paul: Follower of Jesus or Founder of Christianity?* Grand Rapids, Mich.: Eerdmans.

Wenham, David, and Craig L. Blomberg, eds. 1986. *Gospel Perspectives*. Vol. 6. *The Miracles of Jesus*. Sheffield: JSOT Press.

Wenham, Gordon. 1982. 'Christ's Healing Ministry and His Attitude to the Law.' In *Christ the Lord: Studies in Christology Presented to Donald Guthrie*, ed. Harold H. Rowdon, 115-26. Leicester: IVP.

Wilder, Amos N. 1959. 'Eschatological Imagery and Earthly Circumstance.' *New Testament Studies* 5:229-45.

————. 1971 [1964]. *Early Christian Rhetoric: The Language of the Gospel*. Cambridge, Mass.: Harvard U. P.

————. 1982. *Jesus' Parables and the War of Myths: Essays on Imagination in the Scriptures*. London: SPCK; Philadelphia: Fortress.

Williams, Rowan D. 1994. *Open to Judgment: Sermons and Addresses*. London: Darton, Longman & Todd.

Willis, Wendell, ed. 1987. *The Kingdom of God in 20th-Century Interpretation*. Peabody, Mass.: Hendrikson.

Wilson, A. N. 1992. *Jesus*. London: Sinclair-Stevenson.

Wink, Walter. 1968. *John the Baptist in the Gospel Tradition*. SNTSMS vol. 7. Cambridge: CUP.

————. 1984. *Naming the Powers: The Language of Power in the New Testament*. The Powers, vol. 1. Philadelphia: Fortress.

————. 1986. *Unmasking the Powers: The Invisible Forces That Determine Human Existence*. The Powers, vol. 2. Philadelphia: Fortress.

————. 1992a. *Engaging the Powers: Discernment and Resistance in a World of Domination*. The Powers, vol. 3. Minneapolis: Fortress.

————. 1992b [1988]. 'Neither Passivity Nor Violence: Jesus' Third Way (Matt. 5:38-42 par.).' In *The Love of Enemy and Nonretaliation in the New Testament*, ed. Willard M. Swartley, 102-25. Louisville, Ky.: Westminster/John Knox.

————. 1992c. 'Counterresponse to Richard Horsley.' In *The Love of Enemy and Nonretaliation in the New Testament*, ed. Willard M. Swartley, 133-6. Louisville, Ky.: Westminster/John Knox.

Winter, Paul. 1974 [1961]. *On the Trial of Jesus*. Berlin: De Gruyter.

Wisse, Frederik. 1992. 'Sextus, Sentences Of.' In *ABD* 5:1146-7.

Witherington, Ben. 1985. 'Matthew 5.32 and 19.9 - Exception or Exceptional Situation?' *New Testament Studies* 31:571-6.

————. 1990. *The Christology of Jesus*. Minneapolis: Fortress.

————. 1992. *Jesus, Paul and the End of the World: A Comparative Study in New Testament Eschatology*. Downers Grove, Ill.: IVP; Exeter: Paternoster.

————. 1994. *Jesus the Sage: The Pilgrimage of Wisdom*. Minneapolis: Fortress.

————. 1995. *The Jesus Quest: The Third Search for the Jew of Nazareth*. Downers Grove, Ill.: IVP.

Wood, H. G. 1956. 'Interpreting This Time.' *New Testament Studies* 2:262-6.

Wrede, William. 1971 [1901]. *The Messianic Secret*. London and Cambridge: James Clarke; Greenwood, S. Carolina: Attic.

Wright, C. J. H. 1992. 'Jubilee, Year Of.' In *ABD* 3:1025-30.

————. 1995. *Walking in the Ways of the Lord*. Leicester: Apollos.

Wright, David P. 1992a. 'Day of Atonement.' In *ABD* 2:72-6.

————. 1992b. 'Holiness (OT).' In *ABD* 3:237-49.

Wright, N. T. 1980. 'Justification: The Biblical Basis and Its Relevance for Contemporary Evangelicalism.' In *The Great Acquittal: Justification by Faith and Current Christian Thought*, ed. G. Reid, 13-37. London: Collins.

————. 1982. 'Towards a Third "Quest": Jesus Then and Now.' *ARC* 10:20-7.

————. 1985. 'Jesus, Israel and the Cross.' In *SBL 1985 Seminar Papers*, ed. K. H. Richards, 75-95. Chico, Calif.: Scholars Press.

————. 1986. '"Constraints" and the Jesus of History.' *Scottish Journal of Theology* 39:189-210.

————. 1991. *The Climax of the Covenant: Christ and the Law in Pauline Theology*. Edinburgh: T. & T. Clark; Minneapolis: Fortress.

————. 1992a. *Christian Origins and the Question of God*. Vol. 1. *The New Testament and the People of God*. London: SPCK; Minneapolis: Fortress.

————. 1992b. 'Quest for the Historical Jesus.' In *ABD* 3:796-802.

————. 1992c. *Who Was Jesus?* London: SPCK; Grand Rapids, Mich.: Eerdmans.

————. 1992d. *New Tasks for a Renewed Church*. [USA title: *Bringing the Church to the World*.] London: Hodder & Stoughton; Minneapolis: Bethany House.

————. 1993. 'Taking the Text with Her Pleasure: A Post-Post-Modernist Response to J. Dominic Crossan's *The Historical Jesus: The Life of a Mediterranean Jewish Peasant*.' *Theology* 96:303-10.

————. 1994. 'Gospel and Theology in Galatians.' In *Gospel in Paul: Studies on Corinthians, Galatians and Romans for Richard N. Longenecker*, ed. L. Ann Jervis and Peter Richardson, 222-39. Sheffield: Sheffield Academic Press.

————. 1995a. 'Five Gospels but No Gospel: Jesus and the Seminar. A Critique of the *The Five Gospels: The Search for the Authentic Words of Jesus*, New Translation and Commentary by Robert W. Funk, Roy W. Hoover and the Jesus Seminar (New York: Macmillan, 1993).' In *Crisis in Christology: Essays in Quest of Resolution*, ed. W. R. Farmer, 115-57. Livonia, Mich.: Dove Booksellers.

————. 1995b. 'Two Radical Jews: Daniel Boyarin's *A Radical Jew*.' *Reviews in Religion and Theology* 3:15–23.

————. 1996a. 'Jesus.' In *Early Christian Thought in Its Jewish Context*. Ed. J. P. M. Sweet and John M. G. Barclay, 43–58. Cambridge: CUP.

————. 1996b. *The Lord and His Prayer*. London: SPCK

————. 1996c. 'Paul, Arabia and Elijah (Galatians 1:17).' *Journal of Biblical Literature* 115:683–92.

————. 1996d. 'How Jesus Saw Himself.' *Bible Review* 12 (June):22–9.

Yoder, John H. 1972. *The Politics of Jesus: Vicit Agnus Noster*. Grand Rapids, Mich.: Eerdmans.

Young, Brad H. 1989. *Jesus and His Jewish Parables: Rediscovering the Roots of Jesus' Teaching*. Mahway, N.J.: Paulist.

Young, Norman H. 1985. '"Jesus and the Sinners": Some Queries.' *Journal for the Study of the New Testament* 24:73–5.

Zahl, Paul F. M. 1983. 'The Historical Jesus and Substitutionary Atonement.' *Saint Luke's Journal of Theology* 26:313–32.

Zeitlin, Irving M. 1988. *Jesus and the Judaism of His Time*. Cambridge: Polity Press; Oxford: Basil Blackwell.

Zimmerli, W., and J. Jeremias. 1968. '$\pi\alpha\hat{\imath}\varsigma\ \theta\varepsilon o\hat{\upsilon}$.' In *TDNT*, ed. G. Friedrich, vol. 5, 654–717. Grand Rapids: Eerdmans.

우리말 번역서

Barrett 1978,『요한복음(1,2)』, 한국신학연구소 번역실 옮김(한국신학연구소)

Beasley- Murray 1986,『예수와 하나님 나라』, 박문재 옮김(크리스챤 다이제스트)

Betz 1968,『역사적 예수의 진실과 바울연구』, 전경연 옮김(대한기독교서회)

Boers,『예수는 누구였는가:역사적 예수와 공관복음서』, 박익수 옮김(대한기독교서회)

Borg 1986, "비교종말론적 예수를 위한 온건한 주장"『세계의 신학』2000년 가을호, 김준우 옮김(한국기독교연구소)

Borg 1987a,『예수 새로보기』, 김기석 옮김(한국신학연구소)

Borg 1994b,『미팅 지저스』, 구자명 옮김(홍성사)

Bornkamm,『나사렛 예수』, 강한표 옮김(대한기독교서회)

Bornkamm, 『나자렛 예수』, 정한교 옮김(분도출판사)

Brown,『예수와 그의 시대』, 김광식 옮김(대한기독교서회)

Bultmann 1957,『역사와 종말론』, 서남동 옮김(현대사상사)

Bultmann 1958a,『학문과 실존 1』, 허혁 옮김(성광문화사)

Bultmann 1958b,『예수 그리스도와 신화론』, 유동식 옮김(신태양사)

Bultmann 1968,『공관복음전승사』, 허혁 옮김(대한기독교서회)

Conzelmann 1969,『신약성서신학』, 박두환 옮김(한국신학연구소)(개정판)

Crossan 1991a,『역사적 예수』, 김준우 옮김(한국기독교연구소)

Crossan 1994,『예수: 사회적 혁명가의 전기』, 김기철 옮김(한국기독교연구소)

Cullmann 1963,『신약성서의 기독론』, 김근수 옮김(솔로몬)

Eichrodt,『에제키엘』, 강원돈 옮김(한국신학연구소)

Fergusson,『불트만』, 전성용 옮김(대한기독교서회)

Frei,『성경의 서사성 상실』, 이종록 옮김(한국장로교출판사)

Goppelt,『신약신학 I』, 박문재 옮김(크리스챤 다이제스트)

Hengel 1977,『십자가 처형』, 김명수 옮김(대한기독교서회)

Hengel 1981a,『신약성서의 속죄론』, 전경연 옮김(대한기독교서회)

Hick,『성육신의 새로운 이해』, 변선환 옮김(이화여대 출판부)

Jeremias 1963a,『예수의 비유』, 허혁 옮김(분도출판사)

Jeremias 1971,『신약신학』, 정충하 옮김(새순출판사)

Koester 1982a,『신약성서 배경 연구』, 이억부 옮김(은성)

Kuhn,『과학혁명의 구조』, 김명자 옮김(동아출판사)

Kuemmel 1972/3,『신약정경개론』, 박익수 옮김(대한기독교출판사)

Kuemmel 1973,『신약성서신학』, 박창건 옮김(성광문화사)

Kueng,『왜 그리스도인인가』, 정한교 옮김(분도출판사)

Ladd 1974a,『하나님 나라』, 원광연 옮김(크리스챤 다이제스트)

Ladd 1974b,『신약신학』, 신성종, 이한수 옮김(대한기독교출판사)

Lewis 1955,『스크루테이프의 편지』, 김선형 옮김(홍성사)

Lohfink,『예수는 어떤 공동체를 원했나』, 정한교 옮김(분도출판사)

Mack 1993,『잃어버린 복음서』, 김덕순 옮김(한국기독교연구소)

Marshall 1978,『누가복음 1, 2』, 한국신학연구소 번역실 옮김(한국신학연구
소)

Melanchthon,『신학총론』, 이승구 옮김(크리스챤 다이제스트)

Ong 1982,『구술문화와 문자문화』, 이기우, 임명진 옮김(문예출판사)

Perrin & Duling 1982,『새로운 신약성서개론』, 박익수 옮김(한국신학연구소)

Perrin 1963,『예수의 가르침 속에 나타난 하나님의 나라』, 이훈영, 조호연 옮
김(솔로몬)

Renan,『예수의 생애』, 최명관 옮김(전망사)

Rivkin 1984,『무엇이 예수를 십자가에 못박았는가』, 신혜란 옮김(한국신학연
구소)

Ruetter,『신앙과 형제살인』, 장춘식 옮김(대한기독교서회)

Sanders 1983a,『바울, 율법, 유대인』, 김진영 옮김(크리스챤 다이제스트)

Sanders 1985,『예수와 유대교』, 황종구 옮김(크리스챤 다이제스트)

Schuessler 1983,『크리스챤 기원의 여성신학적 재건』, 김애영 옮김(태초)

Schweitzer 1954,『예수생애 연구사』, 허혁 옮김(대한기독교서회)

Stanton 1989,『복음서와 예수』, 김동건 옮김(대한기독교서회)

Talbert,『세밀한 누가읽기』, 임인호, 오영근 옮김(성결신학연구소)

Theissen 1978,『원시 그리스도교에 관한 사회학적 연구』, 김명수 옮김(대한기
독교출판사)

Theissen 1987,『갈릴래아 사람의 그림자』, 차봉희 옮김(한국신학연구소)

Thielicke,『기다리는 아버지』, 이계준 옮김(컨콜디아사)

Thiselton,『두 지평』, 권성수 옮김(총신대 출판부)

Vermes 1993,『유대인 예수의 종교』, 노진준 옮김(은성)

von Rad,『구약성서신학 2』, 허혁 옮김(분도출판사)

Wengst,『로마의 평화』, 정지련 옮김(한국신학연구소)

Wenham,『바울: 예수의 추종자인가 기독교의 창시자인가』, 박문재 옮김(크리
스챤 다이제스트)

Wright 1992a,『신약성서와 하나님의 백성』, 박문재 옮김(크리스챤 다이제스
트)

● **독자 여러분들께 알립니다!**

'CH북스'는 기존 '크리스천다이제스트'의 영문명 앞 2글자와
도서를 의미하는 '**북스**'를 결합한 출판사의 새로운 이름입니다.

기독교의 기원과 하나님의 문제

예수와 하나님의 승리

1판 1쇄 발행 2004년 3월 25일
1판 중쇄 발행 2022년 6월 20일

발행인 박명곤 **CEO** 박지성 **CFO** 김영은
기획편집 채대광, 김준원, 박일귀, 이은빈, 이지은
디자인 구경표, 한승주
마케팅 임우열, 유진선, 이호
펴낸곳 CH북스
출판등록 제406-1999-000038호
전화 070-4917-2074 **팩스** 0303-3444-2136
주소 서울시 강서구 마곡중앙6로 40, 장흥빌딩 10층
홈페이지 www.hdjisung.com **이메일** main@hdjisung.com
제작처 영신사

© CH북스 2004

※ 이 책은 저작권법에 따라 보호받는 저작물이므로 무단 전재와 복제를 금합니다.

※ 잘못 만들어진 책은 구입하신 서점에서 교환해드립니다.

※ CH북스는 (주)현대지성의 기독교 출판 브랜드입니다.

'그리스도와 그의 나라를 위하여'
CH북스는 여러분의 의견 하나하나를 소중히 받고 있습니다.
원고 투고, 오탈자 제보, 제휴 제안은 main@hdjisung.com으로 보내 주세요.